KB129539

한국 5대 재벌백서

1995~1997

나남출판

나남신서 · 701

한국 5대 재벌백서

1995~1997

참여연대 참여사회연구소 경제분과

NANAM
나남출판

발간사

발간사를 쓰고 있는 이 시점에, 때마침 '대우'사태로 우리 경제가 몸서리를 앓고 있다. 우리는 일찍부터 재벌문제가 한국경제의 명운을 쥐고 있는 최대의 문제임을 경고해 왔고, 대책을 서둘러야 한다는 것을 누차 강조해 왔다. 대우 사태는 재벌문제가 한국경제의 '주요 모순'임을 다시 한번 확인해주었다. 참여사회연구소 경제분과가 모든 문제에 앞서 재벌문제에 파고들어, 1999년 초에 《한국재벌개혁론》(나남출판)을 통해 총론을 전개하고, 이번에 이 《한국5대재벌백서》로써 각론에 파고들게 된 것도, 재벌문제의 비중이 다른 어떤 문제보다 크다고 보았기 때문이다.

사실 족벌지배하의 몇몇 대재벌이 군림하는 경제는 제2차 세계대전을 고비로 선진국에서는 거의 사라졌다. 한국에서와 같은 혈족지배형의 대재벌은 오늘날 세계에서도 유례가 없다. 그만큼 시대착오적 현상이다. 재벌의 존재형태를 근본적으로 개혁하지 않고서는 우리 경제가 21세기에 낙오자로 전락할 위험조차 없는 것은 아니다.

재벌 옹호론자들은 흔히 자유시장경제의 원리를 금과옥조(金科玉條)마냥 내걸기 일쑤다. 그러나 자유시장 원리의 원조라고 할 수 있는 아담 스미스(Adam Smith)나 왈러스(Leon Walras)가 누구보다도 강력한 독점 반대론자였음은 똑똑히 기억할 필요가 있다. 특히 왈러스는 '조건의 평등과 지위의 불평등'의 원리를 강조했던 것으로 유명하다(주종환, 《재벌개혁론》, 정음문화사, 1985, p.249 참조). 오늘날 한국에서 대재벌과 중소·영세 상공업자들은 출발점에서부터 너무나 현격한 조건상의 불평등을 강요받고 있다. 이런 사실을 외면한다면 곡학아세(曲學阿世)한다는 비난을 면치 못할 우려마저 있다.

이제 재벌가족들은 자기들이 거느린 기업집단들을 자기와 자기 가족들이 마음대로 요리할 수 있는 개인자산이라는 생각을 버려야 한다. 그것들은 국민과 사회가 자기들에게 임시로 맡겨놓은 공적 성격이 강한 자산임을 분명히 인식해야 한다. 자기와 자기 가족의 지분이 단 5%도 안되는 경우도 있는데, 그것을 내 것이니까 내 마음대로 할 수 있다고 생각한다면 크나큰 오산이 아니겠는가.

흔히 정책당국자들은 재벌문제의 해결을 시장에 맡겨야 한다고 말한다. '대우'의 뒤처리에 정부가 적극 개입하면서 이런 앞뒤가 맞지 않는 논리를 펴면, 어리둥절해질 수밖에 없다. 재벌문제는 이제 싫든 좋든 정부가 적극 나서서 해결해야 할 문제이다. 이 판국에 시장원리를 운운한다는 것은 정책당국이 자기책임을 회피하려는 논리로 해석될 수밖에 없다.

기업지배구조개선정책에서도 정책당국자들은 재벌들에 의한 자율적 규제를 기대하는 것 같으나, 그렇게 해서 될 일이 아니다. 강력한 의지를 가지고 밀어붙여도 될까 말까한 판국에 재벌들의 자율에 맡기겠다는 것은 재벌개혁을 하지 않겠다는 것과 다를 바 없다. 국민의 대다수는 할 것을 확실하게 해내는 정부의 모습을 고대하고 있다는 것을 분명히 인식해야 한다.

재벌문제 해결에 정부가 전면에 나설 때, 문제가 되는 것은 관의 횡포를 규제할 수 있는 장치를 어떻게 마련할 수 있느냐 하는 점이다. 이 때문에 참여민주주의가 필요하다. 국민의 적극적 참여 속에 이루어지는 정치와 행정이 아니고서는 오늘의 난국을 헤쳐나갈 방법이 없다. 참여연대의 시대적 사명도 바로 그런 의미에서 재조명될 수 있으리라 믿는다.

이번에 발간된《한국5대재벌백서》의 내용은 바로 이와 같은 참여연대의 시대적 사명에 대한 깊은 성찰에 입각하여 기획되었다.

참여사회연구소의 그러한 노력이 우리나라 재벌의 체질개혁에 밑거름이 된다면 더 이상의 다행은 없겠다. 물론 이 책의 내용에 대해서 이견을 가진 분들도 있을 것이다. 건설적인 비판을 통해 재벌문제가 더욱 분명해지고 이에 대한 대책이 진일보하게 되기를 기대한다.

1999년 8월 1일 참여연대 부설 사단법인 참여사회연구소 이사장

주 종 환

책머리에

참여사회연구소 경제분과는 1998년도 분과활동을 재벌문제 하나에만 집중시키기로 하고 두 가지 사업을 기획하였다. 하나는 재벌개혁의 평가와 전망을 담은 연구서를 꾸미는 작업이었고, 다른 하나는 재벌백서 간행이었다. 이 중 앞의 것은 몇 차례의 집필자 토의와 심포지엄을 거쳐 1999년 초에 한 권의 책으로 출간되었다(《한국재벌개혁론》, 나남, 1999). 뒤의 백서간행을 위해서는 경제분과원을 중심으로 10명의 백서간행팀이 구성되었고, 내부토론을 통해 확정된 다음과 같은 작업방침에 따라 본격적인 백서간행작업이 추진되었다.

첫째, 한국의 재벌문제는 사실상 5대재벌 문제라는 판단에서 분석대상을 5대재벌에 국한하기로 하였다. 둘째, 연구인원 및 기간의 제약으로 인해 분석기간을 1995~1997년 3개년으로 한정하였다. 또한 향후 백서의 활용도를 고려한다면 가장 최신변화까지 포함시켜야 마땅하나 1997년도 기업재무관련 자료와 공정위 자료가 1998년 후반기에나 입수가능하고 또 예상 백서작업기간이 1년 이상이라는 등의 사정으로 인해 부득불 분석기간을 1997년 말까지로 하지 않을 수 없었다. 그러나 편집상의 일관성이 허용하는 한, 최대한으로 최신자료를 포함시키려는 노력을 아끼지 않았다. 셋째, 재벌에 대한 심층적인 연구분석보다는, 현재 여기저기에 흩어져 있거나 숨겨져 있는 관련자료들을 최대한 수집하여 이를 일관성있고 체계적인 자료로 1차 가공하고, 또 한걸음 더 나아가 이 가공된 자료를 이용한 미시적 수준의 기초적 분석을 제공하는 것을 백서작업의 실질적 목표로 상정하였다. 자료의 1차 가공과 미시적 기업수준의 분석만으로도 백서작업의 의의를 충분히 찾을 수 있다고 우리가 생각한 것은 표와 그림과 숫자가 스스로 드러내는 객관성보다 더 강력한 5대재벌 비판은 없을 것이라고 확신했기 때문이다.

예상하지 않은 바는 아니었지만, 백서작업은 더디고 힘들었다. 자료수집, 1차가공, 분석의 매 단계마다 지연과 재검토와 재조정이 되풀이되었고, 그 때문에 수십 회에 걸친 팀회의를 거치지 않을 수 없었다. 그러나 백서작업의 가장 큰 장애는 무엇보다도 자료와 정보의 빈곤이었다. 기본적으로 재벌관련 자료들은 너무나 부실하였다. 그나마 그 존재를 알고 있는 자료들도 정부부처 등 관련기관들은 전혀 설득력이 없다는 이유로 공개하지 않았다(심지어 이미 타기관에서 공개된 자료조차 제공하기를 거부하는 웃지 못할 경우도 있었다). 예컨대 재벌정책에 관한 한 주무부처 중의 하나인 공정거래위원회는 보유하고 있는 재벌기업 정보의 일부만을 공개하고 나머지는 철저한 비공개로 일관하고 있는데, 그 명분은 개별 기업정보는 그 기업의 경쟁력과 관계되므로 보호되어야 한다는 것이다. 그러나 기업경영의 투명성과 기업의 사회적 책임성을 고려할 때, 더구나 재벌이 개혁의 첫번째 대상임을 고려할 때, 재벌관련 정보를 공정위가 이토록 철저하게 '보호'하고 있는 것이 단순한 기업경쟁력 보호차원에서라고 믿기에는 그 설득력이 너무 약하다. 또 부처이기주의 탓으로만 돌리기에도 뭔가 석연치 않다. 굳이 복잡하게 생각하지 않더라도 제대로 된 자료에 바탕을 둔 재벌연구가 제대로 된 재벌정책으로 이어질 것은 자명하다. 이 기회에 공정위를 비롯한 정부기관들의 정보독점이 하루빨리 지양되기를 다시 한번 촉구한다.

기초자료의 제약이 백서 군데군데에서 작업의 완성도를 떨어뜨리고 있다는 사실을 눈밝은 독자들은 금세 알아차릴 것이다. 이 한계에도 불구하고 이처럼 서둘러 백서를 간행하는 것은 재벌문제의 심각성, 재벌개혁의 시급함 때문이다. 모쪼록 이 《한국5대재벌백서》가 재벌연구의 자료한계를 조금이라도 덜 수 있기를, 나아가 재벌문제의 해결에 기여할 수 있기를 바란다.

《한국5대재벌백서》는 철저한 협업과 협조의 산물이다. 백서팀 10인(김대환, 김진방, 김동운, 이윤호, 신금석, 강병구, 조영삼, 정중호, 권혁진, 김균)은 '진정으로 혁명적인 길은 달팽이 걸음'이라는 말을 믿으면서, 그 달팽이 걸음마다에서 크고 작은 도움을 준 많은 분들께 감사의 말을 전하고자 한다. 이들의 도움이 없었더라면 《백서》 간행은 그야말로 불가능했을 것이 분명하다. 한국신용평가(주)는 기업재무관련 기초자료인 KIS Line 데이터를, 참여연대 경제민주화위원회(이승희 간사)는 위원회가 보유한 삼성관련 자료를, 또 의정감시센터(이태호 국장, 이강준 간사)는 국정감사자료를 제공해주었다. 고려대 경제학과 대학원생 박수현, 김건호, 전용복은 재벌총수 가계 및 혼맥 조사를 담당해주었고, 이대엽은 채무보증 및 내부거래 흐름 그림을, 같은 대학 학부생 라현호는 재벌관련 기사를 수집하였다. 또한 같은 대학 대학원생 안정현, 백운광, 이동헌, 그리고 학부생 이남형은 교정을 전담해주었다. 참여사회연구소 이사이기도 한 나남출판 조상호 사장의 흔쾌한 출판승낙과 지원에도 감사드린다. 또 방순영 편집부장과 편집부 원소정 씨는 통계표 투성이인 까다롭기 짝이 없는 편집작업을 멋있게 처리해 주었다. 감사드린다.

1999년 8월

경제분과원들을 대신하여

김 균

나남신서 · 701

한국 5대 재벌백서

1995~1997

차 례

박스차례

표차례

그림차례

부표 및 부록그림 차례

재벌과 한국경제

김 대 환

1. 머리말

한국경제는 재벌의 지배하에 있다. 이들 재벌은 지난 40여 년 동안 한국경제의 양적 성장만이 아니라 구조변화의 중심축을 이루어왔다. 따라서 그동안 한국경제의 전개과정은 재벌을 빼놓고는 제대로 이해될 수 없다. 급속한 경제성장과 산업화만이 아니라 최근 경제위기의 발발 역시 재벌과 불가분의 관계에 있다. 그동안 경제발전의 주역으로 자부해오던 재벌이 이제 개혁의 단두대 아래 놓이게 된 것도 바로 이러한 사정 때문이다.

다소 새삼스러운 바가 없지 않지만, 경제위기를 계기로 재벌개혁의 필요성이 고조되고 이에 대한 논의도 무성하다. 현재 우리가 맞고 있는 위기는 단순히 현상적인 것이 아니라 구조적인 문제에서 비롯된, 사회시스템 전반의 부실에서 온 총체적 위기이므로 이를 극복하기 위해서는 한국사회의 총체적 개혁이 요구된다는 데에는 이미 국민적인 합의가 이루어져 있다. 그리고 그 핵심사안으로 재벌개혁이 지목되고 있는 것은, 그동안 재벌 위주의 경제운용이 경제위기의 근본적인 원인으로 진단되고 있기 때문이다.

그동안 정권이 바뀔 때마다 재벌개혁이 내걸렸지만 사실상 재벌지원으로 귀결되고 만 것이 사실이다. 최근의 경제위기 상황에 힘입어 '국민의 정부'는 이전과는 달리 재벌개혁의 고삐를 바짝 당길 수 있었지만 아직까지 만족할 만한 성과를 내지는 못하고 있다. 소유 및 지배구조의 개혁을 우회한 채 재무구조의 개선에 초점을 맞추고, 워크아웃(*work-out*) 방식을 취한 5대 이하의 재벌과는 달리 5대 재벌에 대해서는 빅딜(*big deal*)이라는 방식을 취함으로써 사실상 재벌체제의 안정화를 도모한 데서 '국민의 정부'의 재벌개혁도 한계를 안고 출발하였다.

이러한 한계를 넘어서는 재벌개혁의 과제는 5대 재벌에 대한 개혁으로 압축되고, 그것도 재무구조의 개선이라는 차원을 넘어 소유 및 지배구조의 차원에서 개혁이 이루어지지 않으면 안된다는 것이 우리의 입장이다. 5대 재벌에 초점을 맞추어 《재벌백서》를 발간하기로 한 이유도 바로 여기에 있다. 이를 통하여 우리는 우리 시대에 주어진 재벌개혁의 과제를 수행하는 데 기여하고자 한다.

《재벌백서》의 서론에 해당하는 이 글에서는 먼저 한국 재벌의 형성 및 성장과정을 개관한 다음, 재벌이 한국경제에서 차지하는 위상을 살펴봄으로써 다시 한번 5대 재벌의 소유 및 지배구조에 개혁의 초점을 맞추기를 강조할 것이다. 그리고 그 연장선상에서 5대 재벌에 초점을 맞춘 본 《재벌백서》 발간의 의의를 밝히고 그 구성을 간략히 소개하고자 한다.

2. 재벌의 형성과 성장

"외형적으로는 독립되어 있지만 실질적으로는 1인 또는 그 가족에 의해 소유·지배되어 자금, 인사, 경영 등 모든 면에서 일관된 체계하에서 복수의 시장에서 활동하고 있는 다수의 비관련 대규모 독과점적 기업들의 집단"[1] 인 재벌은 해방 후부터 1950년대 말까지의 원조경제기에 형성되었다. 따라서 한국 재벌의 역사는 50년 정도에 불과하다. 그러나 이들은 세계사에 그 유례가 없을 정도로 빠른 성장을 하였다. 1960년 한국의 최대 재벌인 삼성의 매출액은 당시 세계 최대기업(미국 GM)의 매출액 127억 달러의 1/300에 불과하였지만, 1985년에 이르면 세계 최대기업(GM)의 매출액 964억 달러의 1/7 수준으로 증가하였다. 대내적으로 보더라도 재벌의 성장은 급속한 것이었다. 예를 들어 1960년 삼성의 매출액은 27억 원이었지만 1985년에는 12조 2,306억 원으로 4,530배나 증가하였다. 같은 기간에 국민총생산이 295배 증가한 것과 비교해볼 때 15배 이상 빠른 성장을 한 것이다.

이하에서 그동안 한국 재벌의 형성과 성장을 시기별로 개관해 보기로 하자.

1) 김대환, "재벌문제의 인식과 재벌개혁의 방향", 김대환·김 균(공편), 《한국재벌개혁론》, 나남, 1999, p.17.

1) 1950년대

이 기간은 한국 재벌의 형성기이다. 당시 재벌의 주된 성장기반은 귀속재산의 불하와 미국의 원조였다. 일제가 남기고 간 산업시설인 귀속공장은 정부가 소유하고 있었는데, 민간기업의 성장은 정부로부터 이 귀속공장을 불하받아 시작되었다. 1950년대 미국원조를 통해 성장한 기업은 면방직, 제분제당 등 3백산업이라 불리는 업종의 기업들로서 이들이 부를 집적하여 1950년대 말에 이르면 삼성, 삼호, 개풍 등과 같이 독점적인 기업집단, 즉 재벌을 형성하였다.

이들 재벌은 외양으로는 생산에 종사하여 이윤을 얻는 산업자본이었으나 실제로는 생산과정이 아닌 유통과정에서 부를 축적하였다는 점에서 산업자본(기업가)이라기보다는 오히려 그 전단계의 자본 범주인 상인자본(상인)에 가까웠다. 이들 기업이 부를 축적한 원천은 당시 극단적으로 저평가된 환율로 인한 환율차익이었다. 이승만 정부는 원조량을 늘이기 위한 목적으로 공정환율을 시장환율보다 훨씬 낮게 유지하였는데 그 수준은 1953~1959년간 0.40~0.64 정도였다. 따라서 3백산업의 기업들은 원조물자인 원료를 정부로부터 배정받아 약간의 가공만 거치면 국내시장에 약 2배의 가격에 팔 수 있었다. 이런 폭리를 통해 당시 재벌은 유통과정에서 막대한 부를 축적하였고, 수입원료의 단순한 가공과정인 생산과정은 이들의 자본축적에 부차적인 의의밖에 지니지 못하였다.

2) 1960~1970년대

1960년대부터 정부는 수출산업 중심의 경제개발을 시작하였고, 1960년대에는 경공업을, 1970년대에는 중화학공업을 각각 주력수출산업으로 육성하였다. 이에 따라 재벌은 1960년대에는 섬유, 목재 등을 비롯한 경공업 수출산업에 진출하였고, 여기서 부를 축적한 재벌은 1970년대 들어 전자, 조선, 자동차, 기계, 철강, 석유화학 등 중화학공업에 진출하여 성장기반을 넓혔다. 결과적으로 1970년대 말에 이르면 한국 재벌은 경공업에서 중화학공업에 이르는 실물부문의 전영역에 진출하여 일정한 지위를 확보하게 되었다. 1970년 30대 재벌의 계열기업수는 평균 4.1개(총 125개)에 불과하였으나 1979년에는 평균 13.7개(총 412개)로 증가하였다. 그리고 실물부문에서 재벌의 비중이 증가하여 1979년에 이르면 30대 재벌은 광공업 총출하액의 35.2%를 차지하였다.

이는 이 시기를 통하여 일관되게 추진된 수출중심의 경제개발 정책이 가져온 결과였다. 1960년대 들어 수출증대가 주요 정책목표로 되면서 종래 저평가되었던 환율이 현실화(인상)되었다. 이에 따라 1950년대 자본축적의 주요 원천이었던 환율차익은 사라지게 되고 대신 저임금 노동력이 수출경쟁력을 높이고 수출을 증대시키는 주된 수단이 되었다. 즉, 생산과정에서 노동력에 대한 착취가 종래 유통과정에서의 환율차익을 대신하여 재벌의 성장원천이 되었다.

3) 1980년대 이후

실물부문에서 성장한 재벌에게 가장 시급한 것은 금융부문으로 진출하여 일정한 지위를 확보하는 일이다. 금융부문은 국민경제 전반을 지배하고 통제하는, 일종의 관제고지이기 때문이다. 재벌형성 초기인 1950년대부터 재벌들은 금융부문에 진출하기 위한 노력을 기울여왔고 1950년대 후반에 일시적이지만 시중은행을 소유하였다. 그러나 정부는 1961년 재벌의 은행주식을 환수하고 그 경영권을 아울러 장악하였다. 이렇게 함으로써 1970년대 말까지 정부는 수출경공업이나 중화학공업 같은 전략산업에 금융자원을 집중 배분하여 국내 기업들을 유인하였다.

그러나 1980년대 초 재벌의 금융권 참여 요구가 강화되었고 이러한 요구에 의해 시중은행의 민영화가 이루어졌다. 1981년 한일은행이 민영화된 이후 1983년 조흥은행까지 민영화됨으로써 전 시중은행의 민영화가 완료되었고 재벌은 종래 정부가 지배하던 은행산업에 진출할 수 있게 되었다. 그런데 재벌은 1970년대부터 시중은행에 비해 규모가 적긴 하지만 지방은행과 증권, 보험, 단자회사 등의 제2금융권을 이미 사적으로 소유해 왔다. 한국 재벌은 1980년대 들어 금융부문의 핵심인 시중은행을 소유하게 됨으로써 금융부문에서도 실물부문과 마찬가지로 지배력을 행사할 수 있게 되었다. 재벌마다 여러 시중은행과 소유관계를 맺고 있는데, 예컨대 1995년 현대재벌은 제일(2.30%), 한일(2.45%), 서울(2.04%), 강원(11.75%) 등 5개 은행에, 삼성재벌은 조흥(3.09%), 상업(6.66%), 제일(3.95%), 한일(4.60%), 서울(3.57%), 한미(5.79%), 대구(5.66%) 등 17개 은행에 진출해 있다. 아직까지는 정부의 금융부문에 대한 영향력이 일정하게 유지되고 법률적 제한[2]이 있기 때문에 시중은행을 재벌이 단독으로 지배하는 것은 불가능하다. 그러나 각 시중은행별로 30대 재벌에 소속된 지분율을 합치면 대개 30%를 상회하고, 게다가 50%를 상회하는 은행도 있어 몇몇 재벌이 담합하면 시중은행을 집단적으로 지배하고 경영에 영향을 미칠 수 있게 되었다.

한편 1980년대 들어 실물부문에서 재벌의 지배력이 한층 강화되었다. 먼저 재벌은 국

2) 현행 은행법은 특수관계자를 포함한 동일인의 은행지분을 4% 이내(지방은행 15% 이내)로 제한하고 있다. 다만 합작은행의 경우 외국인 소유 지분을 초과하지 않는 범위내에서 4% 이상 지분보유를 허용하고 있다.

내 생산물시장을 독점 또는 과점하고 있었을 뿐만 아니라, 국내 생산요소시장(특히 전자, 조선, 자동차 등 조립가공산업의 부품시장)에서도 하청관계를 통해 중소기업에 대한 지배를 강화하기 시작하였다. 중소기업 가운데 재벌 대기업의 하청생산에 종사하는 비중은 1978년까지 18.2%에 불과하였으나 1987년에 이르면 48.5%로 늘어나게 되었다. 중소기업의 절반 가량이 재벌의 하청기업으로 재편된 것이다. 이러한 변화를 통해 1980년대 실물경제에서 한국 재벌의 성장원천은 크게 확대되었다. 즉, 1970년대까지는 재벌의 축적원천은 생산과정에서의 저임금 노동력 이용에 한정되어 있었으나, 1980년대에 들어서면 이와 더불어 유통과정에서 소비자 및 중소기업에 대한 독점적 지배가 추가적인 축적원천으로 등장하게 된 것이다.

다른 한편, 1980년대 들어 한국 재벌의 국제화가 본격화되었다. 1960년대 시작된 재벌의 상품수출은 1980년대 이후 큰 폭으로 증가하였다. 1994년 현재 삼성의 경우 전체 매출액 639억 달러 중에서 수출은 293억 달러로 45.9%를 차지하였다. 이와 함께 1980년대 초반부터 시작된 재벌의 자본수출(직접투자)이 1990년대 들어 체계적이고 본격적으로 전개되었다. 1994년 현재 삼성의 경우 해외에 생산법인 35개, 연구개발법인 11개를 설립하였고, 해외에서 고용한 종업원수는 28,400명으로 국내 종업원수의 17.4%에 달하였다. 초과이윤 획득을 목적으로 하는 이러한 자본수출 역시 이 시기 한국 재벌의 새로운 축적원천이었다.

3. 재벌과 한국경제

1970년대까지 한국 재벌의 부침은 빈번하였다. 〈서장 표 1〉을 통해 알 수 있듯이 불과 몇 년 사이에 거대재벌로 성장한 경우도 많고 또 거대재벌이 일시에 몰락해버린 경우도 많이 있다. 1960년의 10대 재벌 중 1972년의 10대 재벌에서 탈락한 것이 6개이며, 1972년 10대 재벌 중 1979년 10대 재벌에 탈락한 것도 4개였다. 그러나 1980년대 이후에는 상위재벌을 중심으로 하여 재벌의 서열이 거의 고정되었다. 특히 5대 재벌의 경우는 1987년이나 1996년이나 서열상의 변화가 전혀 없으며, 10대 재벌의 경우도 한두 재벌을 제외하고는 거의 변동을 찾아볼 수 없다. 1980년대 이후 재벌서열의 고정화라는 새로운 경향은 특정재벌에 의한 한국경제 지배의 맥락 속에서 이해될 수 있다.

많은 사람들이 재벌에 대해 관심을 가지는 일차적인 이유는 재벌이 한국경제에서 차지하는 막강한 비중 때문이다. 그런 만큼 한국경제의 운명이 재벌에 의해 좌우된다고 해

〈서장 표 1〉 시기별 10대 재벌

순위	1960	1972	1979	1987	1997
1	삼성	삼성	현대	현대	현대
2	삼호	LG	LG	삼성	삼성
3	개풍	한진	삼성	LG	LG
4	대한	신진	대우	대우	대우
5	LG	쌍용	효성	SK	SK
6	동양	현대	국제	쌍용	쌍용
7	극동	대한	한진	한화	기아
8	한국유리	한화	쌍용	한진	한진
9	동립	극동	한화	효성	한화
10	태창	대농	SK	롯데	롯데

자료 : 공정거래위원회.

도 과언은 아니며, 이는 곧바로 개인의 삶을 지배하기 때문이다. 재벌이 한국경제에서 차지하는 비중은 앞으로 자세히 다루어질 것이므로 여기서는 몇 가지 지표를 통해 그 지위를 파악하는 것으로 만족하고자 한다. 먼저 공정거래위원회에서 '대기업집단'으로 지정하는 30대 재벌 전체에 대해 살펴본 다음, 5대 재벌로 논의의 초점을 모으기로 한다.

1) 재벌 전체 : 30대 재벌

먼저 재벌 전체, 즉 30대 재벌이 한국경제에서 차지하는 비중을 간략하게 살펴보자. 먼저 실물부문에서 차지하는 비중을 보면,[3] 1996년 현재 30대 재벌은 전산업 매출의 51.8%를 점하고 있는데, 10대 재벌만의 비중은 43.0%, 4대 재벌만의 비중은 31.2%로 나타난다. 이는 재벌 가운데서도 상위재벌에 집중되고 있음을 말해주는 것이다. 금융・보험업을 제외하고 보면 30대 재벌은 매출액의 47.9%, 부가가치의 14..7%를 차지하고 있다. 다시 10대 재벌은 35.6%와 11.4%, 4대 재벌만은 23.8%와 7.6%로서, 거대재벌일수록 집중이 심하다는 사실을 여실히 드러내고 있다. 이들 수치 거의 모두가 다소의 기복은 있지만 대체로 증가추세를 기록해온 것도 특기할 만하다.

제조업부문으로 국한해 보더라도, 1996년 현재 30대 재벌은 종업원의 13.8%, 총자

3) 이하의 내용은 김대환, "韓國財閥の所有構造と經營構造", 《産業組織と經營構造分析》, 北九州産業社會硏究所, 1995 및 "Economic Concentration and Disparities : The Political Economy of Class, Region and the Chaebol", in D.-H. Kim & T. Y. Kong(eds.), *The Korean Peninsula in Transition*, Macmillan, 1997; 최승노, 《1997년 한국의 대규모기업집단》, 자유기업센터, 1998 등에서 종합한 것임.

산의 52.5%, 부가가치의 36.6%를 점하고 있다. 여기서도 상위 소수재벌에의 집중이 심한 것은 마찬가지이다. 즉, 4대 재벌은 종업원수에서는 8.4%로 상대적으로 낮은 수준에 그치고 있지만, 총자산은 29.2%, 부가가치는 22.0%로 재벌 가운데서도 압도적인 지위를 점하고 있다.

이는 재벌의 시장지배와도 직결되는데, 1994년 현재 30대 재벌의 생산물 가운데 시장점유율이 3위 이내에 드는 비율은 64.5%에나 달하고 있다. 1위인 것만 하더라도 33.2%이다. 이 가운데 5대 재벌만의 생산물의 보면, 3위 이내가 71.7%, 1위가 37.4%로 나타난다. 이는 재벌의 막강한 시장지배력을 말해주는 것으로, 여기서도 역시 상위 재벌일수록 그 힘이 강하게 나타나고 있다. 실제 상위 3개사에의 집중률이 50% 이상 ($CR_3 \geq 0.5$) 인 품목은 전체 제조업품목의 77%나 된다. 70% 이상($CR_3 \geq 0.7$) 인 것만 하더라도 58.6%를 차지하고 있다. 이러한 재벌의 독과점적 지위 역시 그동안 대체로 강화되어 왔음도 주목된다.

금융부문에서도 재벌의 장악 현상이 두드러지고 있는데, 우선 금융산업에서의 재벌 비중도 꾸준히 증가하여 1990년 현재 30대 재벌의 점유율은 45.04%에 이르고 있다. 좀 더 자세히 보면, 20대 재벌이 37.67%, 10대 재벌이 28.08%, 5대 재벌이 19.60%의 점유율을 기록하여 대체로 같은 양상을 보이고 있다. 또한 금융기관의 총대출금은 1995년 현재 그 21.5%를 30대 재벌이 차지하고 있으며, 특히 제2금융권의 대출금에서 차지하는 비중이 38.4%로 매우 높게 나타나고 있다.[4)]

이상의 수치들이 가리키는 바는 결국 한국경제에서 차지하는 재벌의 지위가 막강하다는 것이다. 개별적으로는 상위에 속하는 재벌일수록 그 지위가 더욱 강하다는 것도 알 수 있다.

2) 5대 재벌

이러한 사실은 좀더 구체적으로 상위 5대 재벌이 한국경제에서 차지하는 비중을 통하여 확인될 수 있다.

먼저 1997년 현재 재벌이 거느리는 계열기업의 수를 보면 30대 재벌평균이 27.3개인데 반해 현대, 삼성, LG, 대우, SK 등 5대 재벌의 평균 계열기업 수는 52.4개에 이르고 있다. 최근 1994~1997년간의 변화를 보더라도, 30대 재벌이 20.5개에서 27.3개로

4) 이는 제2금융권이 여신관리제도의 규제 밖에 놓여진 때문이다. 이에 대해 자세한 것은 김상조, “재벌개혁을 위한 금융개혁의 방향과 과제”, 김대환·김 균(공편), 앞의 책, 제7장 참조.

〈서장 표 2〉 재벌의 계열기업수 추이 (단위, 개)

	1987	1991	1994	1997
재벌수	32	30	30 (상위5)	30 (상위5)
계열기업수	509	561	616 (210)	819 (262)
평균계열기업수	15.9	18.7	20.5 (42.0)	27.3 (52.4)

자료 : 공정거래위원회.

〈서장 표 3〉 30대 재벌의 광공업부문 출하액 비중

(단위 %)

	1980	1983	1987	1991	1994
5대재벌	16.9	22.6	22.0	23.4	24.6
6-30대재벌	19.1	17.8	15.3	15.4	15.0
30대재벌	36.0	40.4	37.3	38.8	39.6

자료 : 한국개발연구원.

6.8개 늘린 데 비해 5대 재벌은 42.0개에서 52.4개로 10.4개나 늘림으로써 보다 급속하게 확장하였음을 여실히 보여주고 있다(〈서장 표 2〉 참조).

또한 〈서장 표 3〉에서 보듯 광공업 출하에서 차지하는 비중에서도 재벌 전체의 비중이 증가하는 가운데 유독 상위 5대 재벌의 비중이 추세적으로 커지고 있는 반면, 나머지 6~25대 재벌은 작아지거나 또는 정체하고 있다는 사실이 확인된다. 1997년 현재 30대 재벌 중에서 상위 5대 재벌은 매출액의 67.4%, 자산의 58.5%, 자본금의 56.5%로 압도적인 비중을 차지하고 있다.

이러한 재벌 내부의 자본간 불균등발전 경향은 앞서 본 상위재벌의 서열 고정화 경향과 더불어, 오늘날 한국경제의 경제력집중 문제가 궁극적으로 소수의 상위 재벌문제, 구체적으로는 상위 5대 재벌의 문제로 귀착될 수 있음을 시사한다.

이들 5대 재벌은 1994년 현재 광공업 전체 출하액의 24.6%를 차지하고 있지만, 그 가운데 특히 기간산업 분야이자 가장 역동적인 산업분야인 중화학공업에서 이들의 점유율이 대단히 높다. 예컨대 1994년 5대 재벌은 석유공업의 29.1%, 금속공업의 41.6%, 전자공업의 64.6%, 자동차공업의 47.0%, 조선공업의 73.2%를 각각 차지하였다.

한편 각종 금융자원의 이용에서도 재벌내부의 불균등 발전 경향, 즉 상위 5대 재벌로의 집중경향이 최근 들어 심화되고 있다. 1997년의 경우 현대, 삼성, LG, 대우, SK 등 5대 재벌의 은행여신이 47.1%나 늘어났다. 1년 사이에 은행여신이 21조 7,500억 원 증가했는데, 이는 같은 기간 66개 재벌 전체의 은행여신 증가액 31조 원의 70%에 해당되는 것이다. 각종 금융자원의 이용에서도 상위 5대재벌에의 집중현상이 나타나고 있다.

〈서장 표 4〉 30대 재벌의 금융기관 대출금 비중

(단위 : %, 조원)

	1989	1991	1993	1995
은행	19.5	19.5	16.6	14.5
여신한도관리대상	12.096	12.032	12.862	14.401
여신한도관리제외	5.726	14.757	17.076	21.289
제2금융권	36.6	36.6	37.1	38.4
금융기관	24.6	24.4	23.2	21.5

자료 : 은행감독원.

1989~1995년간 30대 재벌은 금융기관 전체 대출의 1/4~1/5 정도를 차지해왔다(〈서장 표 4〉 참조). 이 기간 중 금융기관 대출에서 30대 재벌이 차지하는 비중이 1989년 24.6%에서 1995년에는 21.5%로 감소한 것은 무엇보다도 30대 재벌의 은행대출 비중이 감소한(19.5%에서 14.5%로) 데 기인한다. 재벌에 대한 은행대출 비중이 저하된 것은 정부의 강력한 대재벌 여신관리정책이 실시되고 있었기 때문이지만, 자체 금융능력이 강화된 재벌이 직접 금융시장에서 많은 자금을 조달할 수 있게 되었음을 의미하기도 한다. 이와 같은 직접적인 자금조달에서도 상위 5대 재벌은 발군의 실력을 과시한 바 있다.[5)]

이렇듯 오늘날 한국경제는 특히 상위 5대 재벌이 실물부문과 금융부문을 포함한 국민경제의 전부문에서 지배력을 형성하고 있으며, 국내에서의 독점적 지배력에 토대를 두고 해외시장으로의 자본수출도 크게 늘린 바 있다. 자본수출도 역시 상위 재벌이 주도하고 있다. 1994년 현재 개발도상국 10대 다국적기업에는 한국의 상위 4대 재벌인 대우, 삼성, LG, 현대가 포함되어 있어, 개발도상국의 자본수출은 한국기업에 의해 거의 주도되고 있다.[6)] 그리고 1994년 현재 미국을 포함한 세계 200대 다국적기업에는 일본 62개 기업, 미국 53개 기업, 독일 23개 기업, 영국 11개 기업, 스위스 8개 기업, 한국 6개 기업(재벌), 이탈리아 5개 기업, 네덜란드 4개 기업, 기타국가 28개 기업이 각각 포함되어 있다. 한국의 상위 5대 재벌들은 적어도 외형적 규모면에서는 선진국 독점자본에 버금가는 수준으로 성장하였다고 할 수 있다.[7)]

---

5) 1995년 상반기 중 5대 재벌이 주식(유상증자, 기업공개)과 회사채 발행을 통해 조달한 자금은 4.2조원이었고, 이는 전체 직접금융 12.1조원의 34.6%에 해당된다.

6) 유엔무역개발회의(UNCTAD)의 세계투자보고서, 1996.

7) *Le Monde Diplomatique*, 1994.3.

4. 5대 재벌과 《한국5대재벌백서》

바로 이러한 이유에서 우리는 5대 재벌에 초점을 맞추어 《한국5대재벌백서》를 발간한다. 이렇듯 한국경제에서 5대 재벌이 차지하는 막대한 비중에도 불구하고 적어도 최근까지 재벌개혁은 이들을 비켜가고 있다. 앞에서 지적하였듯이 6대 이하의 재벌에 대해서는 워크아웃(*work-out*)을 적용하면서 유독 5대 재벌에 대해서는 빅딜(*big deal*) 방식을 통하여 사실상 개혁을 회피, 우회하는 것이 바로 그것이다. 이에 우리는 이 5대 재벌에 대해 《한국5대재벌백서》를 발간함으로써 진정한 재벌개혁을 촉구하는 바이다.

이 《한국5대재벌백서》에서는 5대 재벌의 현황을 통하여 이들의 특징을 밝히는 데 주안점을 두었다. 이들 각각의 사업내용과 규모에 대한 자료를 통하여 다각화와 함께 경제력 집중의 현황을 밝힘과 동시에 재무제표의 분석을 통해 재무구조와 사업성과를 평가하였다. 더 나아가 주주의 인적 구성, 상호출자, 상호 채무보증 등의 자료를 통해 소유 및 지배구조를 밝히는 데 주력하였다. 이는 진정한 재벌개혁은 단순한 재무구조의 개선으로 이루어지는 것이 아니라, 소유 및 지배구조의 개혁을 통하여 비로소 재벌개혁이 이루어질 수 있다는 평소 우리들의 이론에 입각한 것이다. 여기에다 우리는 그동안 정부의 재벌정책을 평가함으로써 진정한 재벌개혁을 위한 정책적 제언도 첨가하였다. 이는 전 국민과 함께 재벌개혁을 위한 정부의 일관된 정책을 요구하는 것이기도 하다.

그렇다고 해서 재벌개혁을 정부나 정치권에만 맡겨두자는 뜻은 결코 아니다. 지금까지 그랬듯이 이들에게 맡겨놓아서 될 일이 아니다. 시장에 맡겨두는 것은 더구나 안된다. 한편으로는 과거와는 다른 정책적 대응이 요구되며, 다른 한편으로는 이를 촉구함과 동시에 국민이 주체적으로 나서는 운동적 대응이 절실히 요청된다. 《한국5대재벌백서》가 운동과 정책의 양 측면에서 재벌개혁을 추동하고 이행하는 데 도움이 되기를 바라는 간절한 마음을 발간과 함께 적어둔다. 우리의 이러한 충정은 후속 발간에도 그대로 이어질 것이다.

영 업 현 황

권 혁 진

1. 개 관

1.1. 국민경제내 비중과 비교

1.1.1. 30대 재벌은 공정거래위원회(1998년 4월)에 따르면, 자산총액 435조 3,180억 원, 산하의 계열사 총수는 804개로 그룹당 평균 26.8개를 가지고 있다. 이중에서 5대재벌은 273조 900억 원의 자산과 평균 51.4개의 소속 계열사를 가지고 있다. 또한 이들 5대재벌 계열사들의 영위업종은 한국표준산업분류의 중분류 60개 업종에서 평균 21.8여 개에 달한다. 이와 같이 국민경제내에서 큰 비중을 차지하고 있는 5대재벌의 경제적 규모와 비중을 이하에서 간략하게 살펴보고, 보다 구체적으로 재벌의 영업내용과 규모가 내부적으로 어떻게 구성되어 있는가를 파악해볼 것이다.

1.1.2. 우선 재벌그룹의 국민경제내 부가가치 비중을 보자면, 1997년도 기준으로 30대 기업집단이 국민경제 전체에서 차지하는 비중은 13.0%이며, 총액으로는 경제 전체 GNP 416조 179억 원 중에서 54조 2,700억 원에 달하는 것으로 나타났다. 또한 5대그룹은 전체 GNP에서 차지하는 비중이 8.48%에 달한다. 5대그룹은 30대그룹 부가가치의 65.0%를 차지하고 있는데, 현대 17.7%, 삼성 15.7%, 대우와 LG가 각각 11.3%, SK가 9.0%를 차지하고 있다. 또한 현대는 자동차·운송장비업에서 30대그룹 전체의 53.8%를, 삼성은 전자·전기·정밀업에서 41.6%, 대우는 조립금속·기계장비업에서 72.9%, SK는 석유정제업에서 54.5%를 차지하고 있어 주력업종을 나타낸다.

1.1.3. 〈표 1-1〉에서 볼 수 있듯이, 1997년을 기준으로 금융업을 제외한 전산업부문에서 5대그룹의 비중은 자산총계의 29.4%, 부채총계의 30.0%를 차지하고 있다. 1995년부터 1997년까지 자산총계는 꾸준히 증가하였으며, 부채총계는 1996년도에 약간 낮아졌다가 1997년도에 상당히 증가하였다. 한편, 금융업까지 포함하는 경우에는 자산총계와 부채총계의 5대그룹 비중이 각각 29.2%와 29.8%로 나타난다(공정위, 《1998년 대규모 기업집단지정》).

〈표 1-1〉 국민경제내 5대재벌의 비중 I : 자산총계와 부채총계

(단위 ; 십억 원)

	국민경제		5대재벌		비 중	
	자산총계(A)	부채총계(B)	자산총계(C)	부채총계(D)	자산총계(C/A)	부채총계(D/B)
1995	615,261	463,570	155,651	117,374	25.5	25.3
1996	713,102	549,401	193,800	133,867	27.2	24.4
1997	910,044	736,584	267,755	221,008	29.4	30.0

자료 : 한국은행, 《기업경영분석》, 각연도; 한국신용평가 KIS-Line 재무자료.
주 : 금융업 제외. 5대재벌 합계는 분석대상기업만을 합계함. 〈부표 1-1~5〉 참조.

1.1.4. 한편 〈표 1-2〉와 같이 매출액과 종업원수의 비중을 살펴보면, 1997년 기준으로 매출액의 경우 5대그룹의 비중이 32.4%, 종업원수의 비중은 2.9%로 나타났다. 1995~1997 3개년 동안 매출액은 30%를 상회하는 수치를 보였다. 이 표에서 전체 종업원수는 경제 전체의 취업자수를 의미하며, 5대그룹의 비중이 수치상으로는 매우 낮게 나타나지만, 이는 기업이 공시하는 사업보고서에서 집계되는 종업원수는 사무직·생산직의 정규직사원 및 임원만을 포함하기 때문이며, 여타 종사자들의 숫자를 포함시키고 하청관계 등을 통해 재벌그룹과 연결된 경제활동인구를 모두 감안하면 그 비중은 크게 증가할 것이다.

〈표 1-2〉 국민경제내 5대재벌의 비중 II : 매출액과 종업원수

(단위 : 십억 원, 명, %)

	국민경제		5대재벌		비 중	
	매출액(A)	종업원수(B)	매출액(C)	종업원수(D)	매출액(C/A)	종업원수(D/B)
1995	637,275	20,377,000	194,007	557,199	30.4	2.7
1996	729,764	20,764,000	235,923	600,952	32.3	2.9
1997	875,156	21,048,000	283,563	619,000	32.4	2.9

자료 : 한국은행, 《기업경영분석》, 각연도; 한국신용평가 KIS-Line 재무자료; 매일경제신문사, 《회사연감》, 각연도
주 1) 매출액은 금융업 제외, 5대재벌은 분석대상기업의 합계.
2) 종업원 수는 금융업 포함. 5대재벌은 공정위 발표 소속계열사의 합.

최근 5대재벌의 특징

매년 4월, 공정거래위원회에서는 대규모 기업집단을 지정· 발표(자산총계를 기준으로 순위 선정, 기업집단 소속회사 변동 내용 등을 포함)하고 있다. 이 발표내용에 기초하여, 아래의 표에서는 30대 기업집단 전체에서 이 백서의 분석대상인 5대재벌이 차지하는 비중을 간단하게 비교하고 있으며, 1994~1998년 동안 5대재벌과 관련된 내용을 간단하게 요약하면 다음과 같다.

- 1994년에는 반도체, 석유화학 부문 등의 호황으로 삼성과 LG는 당기순이익이 각각 3.3배(1.4조 원), 2.4배(0.8조 원) 증가했으며, 삼성이 자동차 산업부문에 신규진출하고 있음을 발표하고 있다.
- 1995년에는 1993년 9월에 삼성에서 계열분리된 한솔(당시에는 4개 계열사)이 대규모기업집단에 신규지정(이인희, 22위; 19개 계열회사, 자산; 2조 9,900억 원)되었다. 이후 한솔은 1996 : 16위/23개사, 1997 : 15위/19개 사, 1998 : 12위/19개 사, 자산이 7조 9,820억 원으로 그 규모나 순위가 증가·상승하고 있다.
- 1996년에는 30대 기업집단의 계열사가 총 115개 사 증가(1996년 미편입 계열사 조사시 편입된 77개사 포함. 5대재벌 삼성 : 25, 현대 : 11, 대우 : 7, SK : 14, LG : 1)했으며, 또한 30대 전체의 자산증가 61.5조 원 중에서 5대가 40.3조 원, 6~10대가 9.9조 원을 차지하고 있음을 특징으로 발표하고 있다.
- 1997년에는 하반기 IMF 이후 기업집단간 계열사 매매 등 구조조정에서 비롯된 순위와 계열사수 변동 등을 주요 특징으로 발표하고 있다. 대우는 쌍용자동차 인수에 따라 2위로 상승했으며, 30대 기업집단 중에서도 자산총액의 절대적 규모가 현대, 대우, LG순으로 증가했다. 또한 새한이 신규지정(이재헌, 30위; 16개 계열사, 자산 2조 6,590억 원)되었다.
- 1998년에는 5대재벌이 30대 기업집단 중에서 차지하는 자산비중이 전년과 비교해서 3.1%p 증가('99; 65.8%)했다는 것과 자산재평가, 유상증자에 따른 자기자본 증가로 부채비율이 축소(1997말 472.9% → 1998말 335.0%)가 주요 특징이다. 또한 삼성(3위)과 대우(2위)의 순위 바뀜, 97년에 계열분리된 제일제당이 대규모기업집단으로 신규지정(이재현, 15개 계열사, 자산 2조 7,289억 원)된 것이 눈에 띈다.

	계열사 수		5대재벌의 비 중	자산총계		5대재벌의 비 중
	30대 재벌	5대재벌		30대 재벌	5대재벌	
1994	623	207	33.2%	233.4조	129,9조	55.7%
1995	669	206	30.8%	286.9조(22.9%)	161,7조(24.5%)	56.4%
1996	821	264	32.2%	348.4조(21.4%)	202,0조(24.9%)	58.0%
1997	804	257	32.0%	435.3조(24.9%)	272,1조(34.7%)	62.7%
1998	686	234	34.1%	472.8조(8.6%)	310,9조(14.3%)	65.8%

자료 : 공정거래위원회, 대규모기업집단 지정, 각연도.
주 : (-)는 전년대비 증가율.

이때, 1997년의 발표내용을 보면 30대 기업집단은 금융 및 보험업을 포함해 평균적으로 27.3개의 계열사를 가지고 있다. 한국표준산업분류의 중분류를 기준으로 보면, 평균 영위업종수는 19.8개(6~30대)이며, 5대재벌의 평균 영위업종수는 종수는 21.8개로, 6대 이하 기업집단에 비해 평균 2개 업종이 더 많다. 중분류 산업이 총 60개로 구성되어 있음을 감안하면, 각 기업집단은 매우 다양한 업종에 진출해 있다고 평가할 수 있다.

1.1.5. 〈표 1-3〉에 따르면 30대 그룹이 주식시장에서 차지하는 상장주식수의 비중은 1998년 4월 15일 종가를 기준으로 40.4%이며, 시가총액비중은 45.8%였다. 5대그룹의 경우 삼성그룹이 발행한 주식의 시가총액이 전체 주식시장의 15.25%인 14조 원이며, LG는 6.66%, SK는 5.62%, 현대는 5.33%, 대우는 5.21% 순으로 나타났다. 또한 5대 그룹이 주식시장에서 차지하는 시가총액비중은 38.1%, 나머지 6~30대 비중은 7.7%이다. 이러한 지표를 보면 30대 그룹 안에서도 5대와 그 이하 그룹들간의 격차가 매우 크게 나타난다는 사실을 알 수 있다.

〈표 1-3〉 5대재벌 시가총액(1998)

(단위 : 백만 원, 천주, 개, %)

그 룹	상장회사수	상장주식수	자본금	시가총액	시가총액비중
현대	22	489,751	2,448,756	4,892,646	5.33
삼성	14	430,572	2,152,859	14,002,027	15.25
대우	12	801,814	4,009,068	4,783,122	5.21
LG	14	575,055	2,875,274	6,115,008	6.66
SK	8	264,780	1,323,899	5,158,583	5.62
5대재벌 소계	70	2,561,972	12,809,856	34,951,386	38.07
30대 재벌	188	3,963,863	19,819,315	42,062,923	45.82
상장사 전체	776	9,809,671	48,419,244	91,801,576	100.00
30대 비중	24.2	40.41	40.93	45.82	

자료 : 한국증권거래소, 《1998년 한국의 대규모기업집단》에서 재인용.
주 : 1998년 4월 15일 종가 기준.

1.1.6. 한편, 〈표 1-3〉에 나타난 시가총액은 IMF 사태 이후의 수치이기 때문에 급락한 주가지수를 반영하여 상장사 전체가 발행한 주식액면가 총액인 자본금규모가 48조 원인 데 반해, 시가총액은 91조 원에 불과하다. IMF 이전의 상황을 보기 위해 1997년 4월 1일 종가 기준으로 살펴보면, 상장사 전체의 자본금규모는 43조 원이었으며, 시가총액은 121조 원으로 나타난다. 여기에서 30대그룹의 시가총액 비중은 42.35%였으며, 5대그룹은 29.08%, 6대 이하 30대 그룹은 13.27%로 나타났다. IMF 이후에는 6대 이하 그룹들의 비중이 절반으로 줄어든 반면, 5대 기업은 오히려 9% 정도 증가한 셈이다.

1.1.7. 각 기업의 외형적 규모 및 경영성과를 보여주는 대표적인 재무지표들인 자산총계, 매출액, 부채총계, 부가가치의 5대 그룹별 구성을 살펴보면 아래의 그림과 같이 나타난다. 1997년을 기준으로 보면, 5대재벌 중에서도 현대가 각 항목에서 큰 비중을 차지하고 있다. 5위인 SK와 비교해 보면, 2배 정도의 차이가 있다. 다음으로는 삼성이 현대에 비해 3~4 %p 정도 적은 비중을 차지하고 있다. LG와 대우는 1995년에는 LG가 LG 반도체

의 호황, 엘지전자와 LG칼텍스정유(구 호남정유)의 투자로 3위로 올라섰다. 그러나 1997년에 대우가 쌍용자동차를 인수함으로써 다시 3위로 올랐지만, 두 재벌의 규모는 거의 비슷한 수준이다. 1997년의 이와 같은 비중의 구성은 1995·1996년과 비교해 보아도 거의 유사하며, 1997년에 들어서 SK가 10%대의 비중을 차지하기 시작했다는 것이 약간의 변화라고 할 수 있다(부표 참조).

〈그림 1-1〉 5대재벌 구성 : 자산

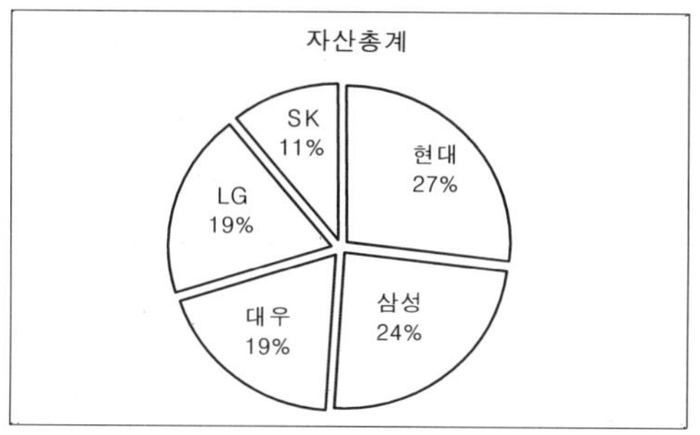

〈그림 1-2〉 5대재벌 구성 : 매출액

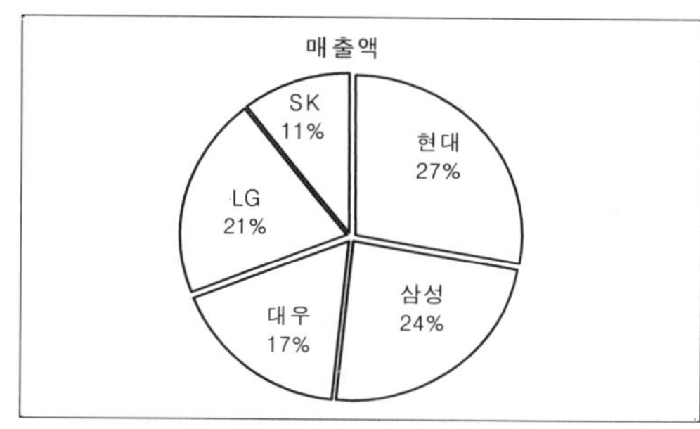

〈그림 1-3〉 5대재벌 구성 : 부채

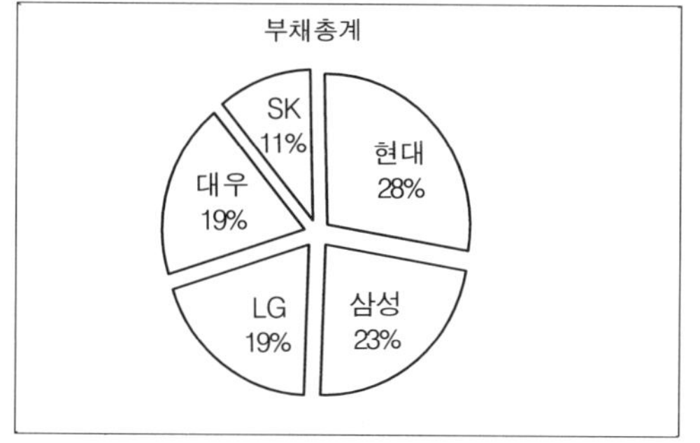

〈그림 1-4〉 5대재벌 구성 : 당기순이익

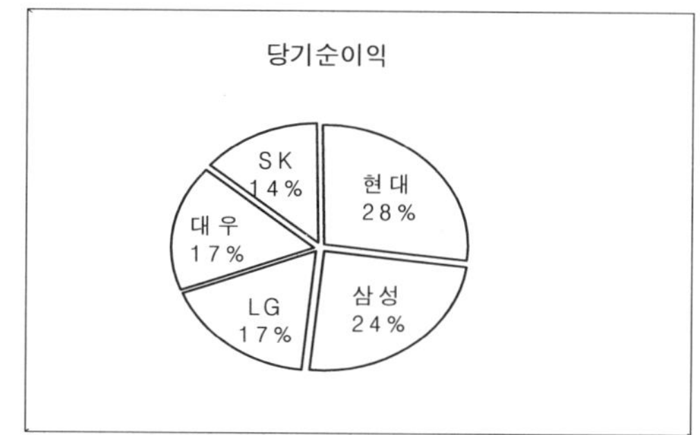

1.2. 그룹별 영업내용 개관

1.2.1. 이하에서는 5대재벌그룹의 영업 내용과 규모에 대한 개괄적인 소개를 목적으로 한다. 이때 1995~1997 3개년을 분석기간으로 하여 현대·삼성·LG·대우·SK 순으로 5대재벌을 각각 살펴볼 것이다. 우선 한국표준산업분류(통계청)의 중분류산업을 이 백서에서는 일정 정도 변형시켜 그 기준(〈표 1-11〉 참조)에 따라 각 그룹별 계열사 현황과 각 산업별로 주요 재무제표 항목들의 규모와 비중을 분석한다. 그 결과를 통해서, 해당 재벌의 전체적인 규모와 산업 간 구성을 살펴보고, 주요 진출업종과 주력산업 혹은 주력기업을 파악해 볼 것이다.

1.2.2. 각 재벌의 전체적인 규모와 비중을 살펴보기 위한 재무제표의 5가지 주요 항목에 대한 설명은 아래와 같다.

■ 자산총계는 과거의 거래나 사건의 결과로 특정 실체에 의해 획득되었거나 통제되고 있는 미래의 경제적 효익을 의미한다. 이는 주요 재무제표 중 하나인 대차대조표상의 항목으로 자기자본과 타인자본, 즉 부채총계와의 합으로 표현된다. 따라서 각 기업의 사업활동 규모를 가장 포괄적으로 보여주는 지표라 할 수 있다. 그 구성항목에 대해 살펴보면 기업에 투입된 총자본은 그 원천에 따라 타인자본인 부채와 자기자본으로 구분된다.

■ 부채란 과거의 거래나 사건의 결과로 다른 실체에게 미래에 자산이나 용역을 제공해야 하는 특정실체의 의무를 말하는 것이며, (자기) 자본은 주주지분 또는 소유주지분이라고도 하는데 기업의 총자산에서 총부채를 차감하고 남은 잔여분을 말한다.

■ (자기) 자본은 주주들이 직접 출자한 주식의 액면총액인 자본금, 주주들이 액면가액 이상으로 납입하거나 자본거래에서 발생한 잉여금인 자본잉여금, 손익거래에서 창출된 이익 중에서 배당금 등으로 사외에 유출되거나 자본금계정에 대체되지 않고, 기업 내에 유보되는 이익잉여금, 그리고 자본조정 항목으로 구성된다.

■ 여기서 이익잉여금이란 유보이익이라고도 하며 기업의 손익거래의 결과로 나타난 잉여금 중 사외유출분을 제외하고 사내에 유보된 이익을 의미한다. 이때, 자본전액잠식이란 일반적으로 해당 기의 당기순손실이 매우 커서, 이익잉여금 항목이 '음수'가 되고, 그 크기가 다른 자본계정항목보다 커서 자본계정 전체의 크기가 '영'(零) 보다 작게 되는 경우를 의미한다.

■ 매출액은 상품의 매출 또는 용역의 제공에 대한 수입총액으로 총매출액에서 매출환입액 및 에누리액을 공제한 순매출액을 의미한다.

■ 당기순이익은 법인세차감전순이익에서 법인세 등을 차감한 잔액을 말하며 당해 회계연도의 최종적인 경영성과를 나타내는 지표라고 할 수 있다. 이를 기준으로 해당 재벌의 적자사와 흑자사의 비중 및 규모에 대해서 살펴볼 것이다.

■ 각 그룹별로 상장사와 비상장사를 구분하여, 각각의 비중을 기업수, 매출액, 자산총계를 기준으로 비교·분석할 것이다.

■ 이 백서에서는 자료의 부족으로 부가가치 항목은 다른 항목과 같이 분석할 수 없었다. 이 점은 이 장의 한계로 남을 수밖에 없으며, 이후 관련된 기존 문헌을 검토하여 이 장의 내용과 비교·검토할 것이 요구된다. 하지만, 이 장의 목적이 5대재벌이 진출하고 있는 산업 중에서도 핵심이 될 만한 산업을 파악하는 데 있다는 점에서 보면, 그 결과가 큰 차이를 보이지는 않을 것이다.

1.2.3. 한국표준산업분류는 전체 산업을 대분류로는 9개, 중분류로는 60개의 업종으로 구분하

고 있다. 이 백서에서는 대분류에 따른 A, B를 농·어업으로 합치고, K, M, N, O, P, Q는 서비스·기타산업으로 통합하여 분석을 한다. 이들 산업은 국민경제에서 차지하는 비중이 작고 또한 분석대상인 5대재벌 안에 해당기업이 거의 존재하지 않기 때문에 별다른 문제는 없을 것이다. 반면에 전체 경제 내에서 가장 비중이 높고 다양한 산업이 존재함에도 대분류상으로는 단일한 산업으로 구분되어 있는 제조업 부문을 전부 8개 산업으로 구분하여 분석하였다. 여타 산업은 표준산업분류와 동일하게 구분함으로써 전부 16개 산업으로 분류하여 분석하였다.

■ 이 백서는 위의 분류기준에 따라 각 그룹들의 전체적인 규모나 경제력 집중과 관련해서 산업내 비중 등을 분석하였으며(제2장), 주요 재무제표를 이용, 재무관련비율을 추계(제5장) 하였다. 그러나 다각화 관련 지수의 추정에는 이러한 분류방법을 그대로 사용하게 되면 자의적인 해석의 여지가 발생하기 때문에, 기존의 표준산업분류상 중분류 및 소분류 기준으로 지수를 추계하였다.

〈표 1-4〉 한국표준산업분류와 이 백서의 산업분류 비교

표준산업분류		분류번호	신 분 류
농업, 수렵업 및 임업	농업 및 수렵업	A01	농·광업
	임업	A02	
어 업	일반어업 및 양식업	B05	
광 업	석탄광업	C10	
	원유, 천연가스 채취업	C11	
	우라늄 및 토륨 광업	C12	
	금속광업	C13	
	기타 광업 및 채석업	C14	
제조업	음식류품	D15	음식료품
	담배	D16	
	섬유	D17	섬유·가죽
	의복 및 모피	D18	
	가죽, 가방, 마구류 및 신발	D19	
	목재 및 나무제품	D20	목재, 종이, 출판
	펄프, 종이 및 종이제품	D21	
	출판, 인쇄 및 기록매체복제	D22	
	가구 및 기타	D36	
	코크스, 석유정제품 및 핵연료	D23	정유, 화학
	화합물 화학제품	D24	
	고무 및 플라스틱	D25	
	비금속광물제품	D26	비금속광물

표준산업분류		분류번호	신 분 류
제조업	제1차 금속	D27	제1차금속
	조립금속제품	D28	조립, 자동차, 장비
	기타 기계 및 장비	D29	
	자동차 및 트레일러	D34	
	기타 운송장비	D35	
	사무계산 및 회계용 기계	D30	전자, 정밀
	기타 전기기계, 변환장치	D31	
	영상, 음향 및 통신장비	D32	
	의료, 정밀, 광학기기 및 시계	D33	
	재생재료 가공처리업	D37	
전기, 가스 및 수도 산업	전기, 가스 및 증기업	E40	전기, 가스업
	수도산업	E41	
건설업	건설업	F45	건설업
도소매 및 소비자용품 수리	자동차판매, 수리, 차량연료 소매	G50	도소매(무역업 제외) 및 숙박업
	도매 및 상품중개	G51	
	소매 및 소비자용품 수선업	G52	
숙박 및 음식점	숙박 및 음식점	H55	
무역업		G5191	무역업
운수창고 및 통신업	육상운송 및 파이프라인 운송	I60	운수창고 및 통신업
	수상운송업	I61	
	항공운송업	I62	
	여행, 운수서비스	I63	
	통신업	I64	
부동산, 임대 및 사업서비스	부동산	K70	서비스, 기타
	기계장비 및 소비용품 임대	K71	
	정보처리, 기타 컴퓨터운용 관련업	K72	
	연구 및 개발업	K73	
	기타 사업관련 서비스업	K74	
교육서비스업	교육서비스업	M80	
보건 및 사회복지사업	보건 및 사회복지사업	N85	
기타공공, 사회 및 개인서비스	위생 및 유사서비스	O90	
	회원단체	O91	
	오락, 문화 및 운동관련업	O92	
	기타 서비스	O93	
가사 서비스업	가사 서비스업	P95	
국제 및 기타 외국기관	국제 및 기타 외국기관	Q99	
금융 및 보험	금융	J65	금융업
	보험 및 연금	J66	
	금융 및 보험관련서비스	J67	

자료 : 한국표준산업분류, 통계청(www.nso.or.kr)

2. 현 대

2.1. 계열사현황 및 주요 진출업종

〈표 1-5〉 현대 : 1997년도 계열사 현황

산 업	소속기업	산 업	소속기업	산 업	소속기업
목재 · 종이 · 출판	현대문화신문	건설	고려산업개발	서비스 · 기타	현대정보기술
	현대리바트		현대건설		현대경제사회연구원
정유 · 화학	현대정유		현대산업개발		금강기획
	현대석유화학		현대엔지니어링		다이아몬드베이츠
비금속광물	동서산업		현대중기산업		서울프로덕션
제1차금속	인천제철	도소매 및 숙박	현대자동차써비스		울산방송
	현대강관		현대세가엔터테이먼트		현대방송
	현대알루미늄공업		현대정유판매		동서관광개발
조립 · 자동차 · 장비	현대엘리베이터		티존코리아		현대유니콘스
	현대자동차		한국물류	무역	대한알루미늄공업
	현대정공		금강개발산업		현대종합상사
	케피코		주리원백화점	금융	울산종합금융
	한국프랜지공업		한무쇼핑		현대종합금융
	현대미포조선		현대자원개발		현대기술투자
	현대중공업	운수창고 및 통신	현대물류		현대파이낸스
	현대우주항공		선일상선		현대할부금융
	서한산업		한소해운		현대해상화재보험
전자 · 정밀	신대한		현대상선		현대증권
	현대전자산업		동해해운		현대선물
전기 · 가스	현대에너지		인천공항외항사터미널		국민투자신탁운용
					국민투자신탁증권
					현대투자자문

주 : 공정거래위원회, "1998년도 대규모기업집단지정," 1998. 4. 1. 발표.

2.1.1. 현대그룹의 계열사 수는 1995년 46개, 1996년 57개, 1997년 62개 사(공정위의 "대규모기업집단" 발표)이다. 분석대상인 1995~1997년 동안 현대의 계열사 수는 계속 증가했으며, 분석기간에는 농 · 광업, 섬유 · 가죽산업에는 진출하지 않았다. 그러나 1995년에 비해, 현대는 비금속광물(한국내화 : 1996년), 전기 · 가스업(현대에너지 : 1996년)에도 새롭게 진출했다. 따라서, 1997년 기준으로 현대는 이 백서의 16개 산업분류 중에서 총 13개 산업에 진출하고 있다.

5대 종합상사 비교

5대재벌의 종합상사는 현대종합상사, 삼성물산, LG상사, (주)대우, SK상사이다. 이들 종합상사는 해당 그룹 내에서 매우 큰 비중을 차지하고 있음은 주지의 사실이다. 특히, 매출액에서는 SK상사(1995~97년 2위)를 제외하고는 분석기간인 1995~97년 동안 그룹내 순위 1위 기업들이다. 또한 이들 기업은 그룹 차원에서뿐만 아니라 국민경제 차원에서도 주요 수출창구 역할을 하고 있다. 이들 기업의 규모를 1997년도를 기준으로 비교해 보면 다음과 같다.

5대재벌 종합상사 비교 1 : 규모 (단위 : 십억 원, %, 명, 개소)

	창립일	매출액	그룹 내 비중	종업원 수	해외지사 및 현지법인
현대종합상사	1976. 12.	25,041	31.8	713	72
삼성물산	1952. 3.	29,735	44.4	9,160	91
LG상사	1953. 11.	15,584	26.7	4,238	62
(주) 대우	1967. 3.	24,009	48.4	14,471	101
SK상사	1953. 3.	5,997	19.9	1,145	53

자료 : 매일경제신문사, 《회사연감》, 1998.
주 : 매출액, 종업원수는 1997년 12월 기준. '해외지사'는 1998년 5월 기준(최승노, 《1998년 한국의 대규모기업집단》, p.34에서 인용).

이들 종합상사의 주요 사업내용은 수출·입 및 동 대행업이며, 해당그룹 계열사의 제품 수출·입 창구로서 기능하고 있다. 따라서, 해당 계열사의 매출액과 중복되는 문제점이 있기 때문에 전체 그룹 매출액은 과대계산의 가능성이 있다.

5대재벌의 종합상사 비교 2

(단위 : %)

			매출액 대비		매출액 대비		경제전체 수출 대비 매출액(수출) 비중
	사업부문	구성비	상품관련 매출 비중	제품관련 매출	수출비중	내수비중	
현대종합상사	무역	100	100	0	59.7	40.3	11.6
삼성물산	무역 건설 의류	85.5 11.3 1.8	88	12	58.1	41.9	13.3
LG상사	무역 의류	96 4	96.5	3.5	59.0	41.0	7.1
㈜대우	무역 건설	83.5 16.5	83.5	17.5	75.3	24.7	14.0
SK상사	무역 의류	96.8 3.2	96.9	3.1	73.6	26.4	3.4
5대재벌 전체			91.5	8.5	63.7	36.3	49.3

자료 : 매일경제신문사, 《회사연감》, 1998; 한국은행, 경제통계정보(http://www.bok.or.kr).
주 1) 상품관련매출은 '상품매출과 대행매출'의 합으로 직접 생산한 제품과는 관련없는 매출액.
2) 제품관련매출은 '제품매출과 기타'의 합으로 직접생산한 제품의 매출액.
3) 경제 전체수출액은 수출부분 통관액을 연평균 환율로 환산하여 계산함.

5대재벌 종합상사 중에서, 현대종합상사가 무역업으로만 구성되어 있고, 삼성물산은 삼성건설을 합병(1996.1)하여, 무역, 건설, 의류(Essess 패션), 유통(삼성플라자, 유투존) 사업 부문으로 구성되어 있다. LG와 SK는 의류부문(LG패션;구 반도패션, SK패션:스마트, 카스피)을 포함하고 있으며, (주)대우는 무역과 건설부문으로 이루어져 있다.

2.1.2. 소속 계열사 이외에도 현대와 관련된 기업들로 알려진 기업들은 다음과 같다.

■ 공익법인으로는 금강장학회, 아산사회복지사업재단, 서울현대학원, 울산공업학원이 있다(보다 자세한 관련내용은 제3장 참조).

■ 현대계열사에서 친족분리 형태로 분리된 그룹은 한라(공정위, 대규모기업집단, 1998년 12위, 자산 8조5,620억 원, 1999년 17위, 자산 5조5,350억 원), 후성(1997년, 친족분리로 계열에서 제외)이 있다.

■ 금융감독위원회에서 주요 채무계열 소속기업체로 지정한 기업들을 보면, 계열사를 비롯해서, 칩팩코리아와 해외법인 112개 사(1998.12.24. 현재)가 있다(www.fsc.go.kr의 일반자료 참고).

■ 또한 계열사 이외에 국내에 소재한 관계사는 대성전기, 신고려관광, 한국송유관, 현대엘리베이터서비스, 현대A/S, 일진산업 등이 있다(한국신용평가 KIS-Line '관계회사현황', 1998년 6월 기준).

2.2. 기업 규모 관련

이하에서는 재무제표상의 주요항목들을 중심으로 살펴볼 것이다. 이때, 모든 기업들의 자료를 가지고 작업하는 것이 원칙이지만, 자료접근상의 어려움 때문에, 매년 공정위가 발표하는 소속 계열사 중에서도 금융업과 일부 비금융기업을 제외하였다. 즉, 1995년; 39사, 1996년; 45사, 1997년; 46사를 대상으로 이 백서의 산업분류 기준에 따라 그 산업별 규모와 내부구성을 살펴볼 것이다(구체적인 분석대상기업은 〈부표 1-1〉, 그굽내 순위는 〈부표 1-12〉 참조).

이때, 1996년부터 현대에너지가 속하고 있는 전기·가스산업 부문은 해당 기업의 자료부족으로 이 백서의 분석에는 포함되지 않았다.

〈표 1-6〉 현대 : 산업별 자산총계 규모 및 구성

(단위 : 십억 원, %)

	1995년		1996년		1997년	
	총액	그룹내 비중	총액	그룹내 비중	총액	그룹내 비중
목재·종이·출판	554	1.3	523	1.0	566	0.8
정유·화학	3,444	8.0	4,831	9.1	7,045	9.7
비금속 광물	-	-	37	0.1	306	0.4
1차 금속	1,609	3.7	1,992	3.8	3,246	4.5
조립·자동차·설비	16,609	38.7	18,923	35.8	23,551	32.5
전자·정밀	4,049	9.4	6,264	11.9	10,776	14.9
건설	8,587	20.0	10,089	19.1	13,607	18.8
도소매·숙박	4,904	11.4	6,180	11.7	6,801	9.4
운수창고·통신	1,811	4.2	2,379	4.5	4,027	5.6
서비스·기타	298	0.7	497	0.9	837	1.2
무역	1,045	2.4	1,080	2.0	1,634	2.3
계	42,910		52,796		72,396	

자료 : 한국신용평가 KIS-Line 기업재무자료.
주 : '-'는 해당기업이 없음을 의미.

2.2.1. 자산총계를 살펴보면, 현대그룹은 1995~97년 기간동안 42조 9,100억 원에서 72조 3,960억 원으로 68.7% 증가했다.

■ 산업별로는 조립, 건설, 전자, 화학 혹은 도소매 순으로 자산총계 규모가 크게 나타난다. 1995~97년 기간동안, 이들 산업의 그룹내 순위는 전체적으로는 별다른 변화가 없지만, 현대전자가 속해 있는 전자부문의 증가가 주목할 만하다. 전자산업의 1995년 대비 1997년의 그룹내 비중은 약 5%p 증가했으며, 규모는 약 4조에서 10조 7천여억 원으로, 거의 3배나 증가했다. 또한 특징적인 것은 자산규모가 다른 재벌과는 달리 비교적 넓게 분포하고 있다는 점이다. 즉, 10%를 내외로 그 이상의 비중을 차지하는 산업부문이 5개 정도가 된다.

■ 해당 산업의 주요 기업으로는 조립부문의 현대자동차, 현대중공업, 건설부문의 현대건설, 현대산업개발, 전자부문의 현대전자, 화학의 현대석유화학, 현대정유, 그리고 도소매부문의 현대자동차써비스, 금강개발산업을 들 수 있다. 이들 기업들은 해당 산업에서 80%이상의 비중을 차지하고 있다. 이 중에서 현대전자는 1995년 당시 자산총계 그룹내 4위의 규모를 가지고 있었지만, 1997년에는 10조 7,640억 원(14.9%)으로 1위 기

업이 되었다.

■ 현대는 상위 10대 기업에 있어서, 1위 기업과 10위 기업의 비중의 차이는 14%p에서 11%p로 3년 동안 조금씩 축소되었으며, 1위 기업의 그룹 내 비중 역시 계속 감소하고 있다(17.6%→14.9%).

〈표 1-7〉 현대 : 산업별 자기자본 규모 및 구성

(단위 : 십억 원, %)

	1995년		1996년		1997년	
	총액	그룹내 비중	총액	그룹내 비중	총액	그룹내 비중
목재·종이·출판	29	0.3	-28	-0.3	-129	-1.2
정유·화학	487	5.5	759	7.8	779	7.3
비금속 광물	-	-	16	0.2	65	0.6
1차 금속	488	5.5	600	6.2	704	6.6
조립·자동차·설비	4,002	44.9	4,102	42.1	4,471	41.9
전자·정밀	1,275	14.3	1,440	14.8	1,367	12.8
건설	1,329	14.9	1,576	16.2	1,963	18.4
도소매·숙박	686	7.7	791	8.1	837	7.8
운수창고·통신	388	4.4	326	3.3	418	3.9
서비스·기타	51	0.6	49	0.5	92	0.9
무역	171	1.9	114	1.2	104	1.0
계	8,907		9,745		10,671	

자료 : 한국신용평가 KIS-Line 재무자료.
주 : '-'는 해당기업 없음.

2.2.2. 자기자본의 경우 1995~97년 기간동안 그룹 전체 총액이 8조9,070억 원에서 10조 6,710억 원으로 19.8% 증가했다.

■ 산업별로는 조립이 41%, 건설, 전자업이 합해서 31%, 도소매, 화학, 1차금속이 합해서 21%를 각각 차지하고 있다. 이와 같은 구성은 자산총계와 유사한 구조를 갖고 있다. 하지만, 무역과 목재는 다른 산업과 달리, 1995년에 비해 1997년 자기자본 규모가 감소하고 있다. 특히, 리바트와 문화신문이 속해 있는 목재·출판부문은 자본전액잠식이 1996, 97년 연속 발생했고 그 규모가 더욱 증가하고 있다.

■ 기업차원에서는 별다른 변화가 없었으며, 현대전자의 경우 자산총계와는 달리 그룹 내 순위(3개년 동안 3위, 1997 : 1조3,660억 원)에는 변화가 없으며, 단지 그 비중이 감소(14.3%→12.8%)했다. 또한 1위 기업과 10위 기업의 차이는 16~17%로 별다른 변화가 없다. 자기자본 1위 기업은 3년 연속 현대중공업(약 19%, 1997 총액 2조630억 원)이 차지하고 있다. 다음으로 동기간 자본전액잠식이 발생한 기업목록은 다음과 같다.

〈표 1-8〉 현대 : 자본전액잠식 기업목록

(단위 : 십억 원)

1995년		1996년		1997년	
기 업	총액	기 업	총액	기 업	총액
현대물류(주)	-0.2	(주)현대문화신문	-31	현대리바트(주)	-26
(주)현대유니콘스	-3.6	(주)금강기획	-4	(주)현대문화신문	-104
		대한알루미늄공업(주)	-38	현대방송(주)	-5
				대한알루미늄공업(주)	-98
합 계	-3.9	합 계	-74	합 계	-232

자료 : 한국신용평가 KIS-Line 재무자료.

〈표 1-9〉 현대 : 산업별 부채총계 규모 및 구성

(단위 : 십억 원, %)

	1995년		1996년		1997년	
	총액	그룹내 비중	총액	그룹내 비중	총액	그룹내 비중
목재 · 종이 · 출판	525	1.5	552	1.3	695	1.1
정유 · 화학	2,957	8.7	4,071	9.5	6,267	10.2
비금속 광물	-	-	21	0.0	241	0.4
1차 금속	1,120	3.3	1,392	3.2	2,542	4.1
조립 · 자동차 · 설비	12,606	37.1	14,821	34.4	19,080	30.9
전자 · 정밀	2,774	8.2	4,823	11.2	9,409	15.2
건설	7,258	21.3	8,513	19.8	11,644	18.9
도소매 · 숙박	4,218	12.4	5,389	12.5	5,963	9.7
운수창고 · 통신	1,423	4.2	2,053	4.8	3,609	5.8
서비스 · 기타	247	0.7	449	1.0	745	1.2
무역	874	2.6	966	2.2	1,530	2.5
계	34,003		43,051		61,725	

자료 : 한국신용평가 KIS-Line 재무자료.
주 ; '-'는 해당기업 없음.

2.2.3. 부채총계는 1995~97년 기간동안 34조 30억 원에서 61조 7,250억 원으로 81.5%나 증가했다. ■ 산업별로는 조립, 건설, 전자, 도소매, 화학이 비중이 높았으며, 현대전자가 속해 있는 전자산업의 경우 1995년도 8.2%에서 1997년도 15.2%로 급속하게 비중이 증가했다. 특히 현대전자는 부채총계가 1995년 2조 7,740억 원에서 1997년 9조 4,090억 원으로 무려 238.8%나 증가했으며, 1997년도에는 그룹내 비중이 15.2%로 부채총계 1위인 기업이 되었다. 현대전자가 자산총계에서 1997년 1위 기업이 된 것은 자기자본보다는 부채의 영향이 크다는 것을 알 수 있다. 여하튼, 산업에서 전자부문, 기업에서 현대전자를 제외하고는 3개년 동안 현대의 그룹 내 부채의 산업별 구성은 별다른 변화가 없었던 것을 알 수 있다.

〈표 1-10〉 현대 : 산업별 매출액 규모 및 구성

(단위 : 십억 원, %)

	1995년		1996년		1997년	
	총액	그룹내 비중	총액	그룹내 비중	총액	그룹내 비중
목재 · 종이 · 출판	503	0.9	523	0.8	591	0.8
정유 · 화학	1,765	3.1	3,213	4.7	3,807	4.8
비금속 광물	-	-	38	0.1	174	0.2
1차 금속	1,939	3.4	2,082	3.1	2,349	3.0
조립 · 자동차 · 설비	16,879	29.4	19,547	28.8	21,235	27.0
전자 · 정밀	3,902	6.8	3,167	4.7	3,501	4.4
건설	6,075	10.6	7,280	10.7	8,818	11.2
도소매 · 숙박	7,192	12.5	8,500	12.5	8,934	11.4
운수창고 · 통신	1,720	3.0	2,244	3.3	3,278	4.2
서비스 · 기타	307	0.5	426	0.6	579	0.7
무역	17,189	29.9	20,949	30.8	25,414	32.3
계	57,470		67,969		78,681	

자료 : 한국신용평가 KIS-Line 재무자료.
주 : '-'는 해당기업 없음.

2.2.4. 매출액은 1995~97년 기간동안 57조 4,700억 원에서 78조 6,810억 원으로 36.9% 증가했다.

■ 산업별로는 무역, 조립, 도소매, 건설 순으로 비중이 높게 나타났으며, 각 연도별로 산업별 순위나 비중에는 커다란 변화가 없었다. 이전에 보았던 항목과는 달리, 무역업이 가장 비중이 크고, 전자와 화학부문의 비중이 상대적으로 매우 작다는 점이 눈에 띈다. 이때 전자부문은 비중이나 규모 면에서 감소하고 있지만, 석유 · 화학부문은 비중은 1.7%p, 규모는 1조 7,650억 원에서 3조 8,070억 원으로 115.7% 증가하였다.

■ 기업별로는 현대종합상사가 1997년도 기준 25조 410억 원으로 31.8%를, 현대자동차가 11조 6,620억 원으로 14.8%를 각각 차지했는데, 다른 항목과 비교해 보면 1, 2위 격차가 2배 정도 차이가 난다. 한편 현대전자는 자산 등에서는 3위권 이상이었지만, 매출액 기준으로는 5~6위에 그쳐 상대적으로 낮은 비중을 나타냈다. 더구나 1995~97년 기간동안 그룹내 비중이 6.8%에서 4.4%로 조금씩 낮아지고 있다(1995년; 3조 9,020억 원 → 1997년; 3조 5,010억 원). 반면에 현대정유는 자산, 자기자본과는 달리 상위 10위권 안에 1996년도부터 진입하여 매출액 규모가 1997년에는 2.7배(1995년 기준)나 증가했다.

2.2.5. 현대의 주력제품 및 사업내용을 보면, 선박, 반도체소자, 승용차 · 트럭 등의 각종 차량 제조, 컨테이너, 차량부품, 산업기계류, 연료유 · 윤활기유 등의 각종 석유류 정제 제품, 엔진, 중장비, 건축, 토목 등이 있다.

〈그림 1-5〉 현대 : 산업별 당기순이익 구성 : 1995년

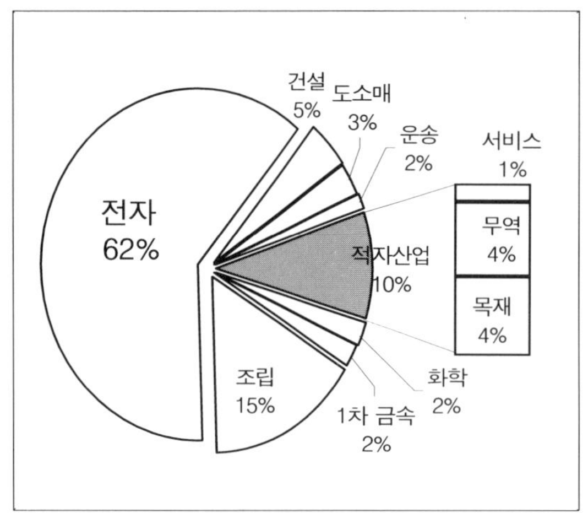

〈그림 1-6〉 현대 : 산업별 당기순이익 구성 : 1996년

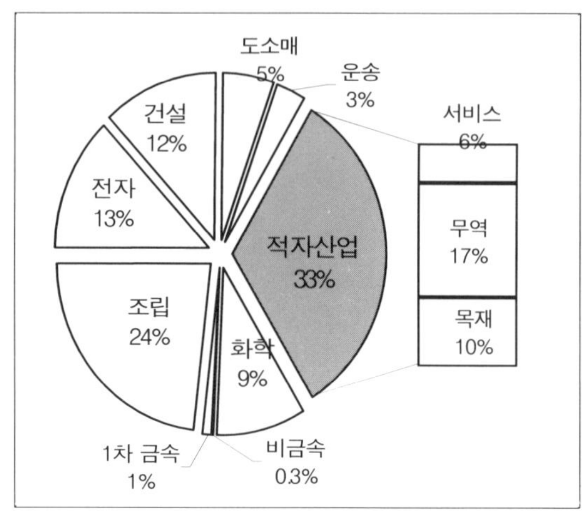

〈그림 1-7〉 현대 : 산업별 당기순이익 구성 : 1997년

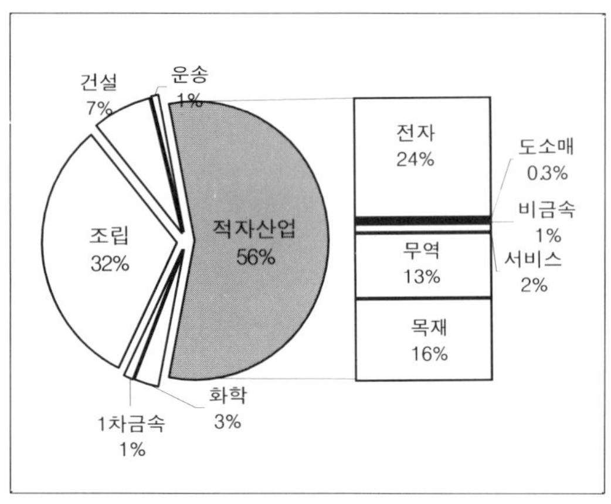

자료 : 한국신용평가 KIS-Line 재무자료.

주 1) P%에서 P는 당기순이익과 당기순손실의 절대값을 더한 값에서 해당 산업이 차지하는 비중.

2) □ 안의 산업은 당해연도 적자산업.

3) ◑의 검은 부분은 흑자액과 적자액의 절대값에서 적자액의 절대값이 차지하는 크기. 예를 들어, 흑자액+|적자액|이 100일 때, 검은 부분이 60%이면, 흑자액은 40, 적자액은 −60을 의미.

2.2.6. 현대그룹 전체의 당기순이익은 1995년 1조 800억 원, 1996년 1,860억 원이었으며, 1997년도에는 890억 원의 적자를 기록했다.

■ 1995년도의 경우에는 전자·정밀업이 그룹 전체의 68.3%인 8,255억 원의 흑자를 기록했으며, 그 다음으로는 조립업이 17.2%인 2,074억 원의 당기순이익을 기록했다. 1996년도에는 흑자 규모가 전년도의 1/5 이하로 대폭 감소하였는데 조립, 전자, 건설, 화학 순으로 각각 34.3%, 19.8%, 18.4%, 13.6%의 비중을 나타냈다. 1997년도의 경우에는 그룹 전체가 적자를 기록하였으며, 조립업에 속하는 현대중공업이 2,075억 원의 흑자를 기록하여 그룹내 비중 50.3%를 차지하고 있다.

2.2.7. 당기순이익 적자를 기록한 부문들을 살펴보면, 1995, 96년에는 무역, 목재, 서비스 산

업부문에서 그리고 1997년은 전자, 도소매, 비금속부문이 추가적으로 적자를 기록했다.

■ 무역업은 1995~97년 기간 내내 적자를 나타냈으며, 그 규모도 점점 증가하였다. 이 부문에 속하는 현대종합상사의 경우에는 1995년 119억 원, 1996년 122억 원, 1997년 80억 원의 흑자를 기록하여 상대적으로 낮은 비중이기는 하지만 지속적으로 흑자를 보인 반면, 같은 부문에 속해 있는 대한알루미늄공업이 1995년 693억 원, 1996년 1,043억 원, 1997년 1,087억 원의 적자를 각각 기록하였으며, 이 수치는 당해 연도에 해당하는 그룹 전체 적자에서 각각 32.3%, 40.7%, 21.7%의 비중에 해당되는 것이다(대한알루미늄공업을 제외한 5대재벌의 종합상사를 비교한 2.1절의 박스 참조).

■ 현대전자의 경우, 1995년도에는 8,255억 원의 흑자를 기록했으나, 1996년도에는 720억 원으로 흑자규모가 급감했으며, 1997년도에는 그룹 전체의 36.6%에 해당하는 1,835억 원의 적자를 기록했다.

■ 목재업에 속하는 현대리바트와 현대문화신문사 역시 1995~97년 내내 적자를 기록했으며, 1997년도에는 두 회사가 1,203억 원의 적자를 나타내 36.5%의 비중을 차지했다.

〈표 1-11〉 현대 : 당기순이익 기준, 흑자사와 적자사 비교

(단위 : 십억 원)

		매출액		당기순이익		기업수	
		총액	구성비	총액	구성비	구성	구성비
1995	흑자사	54,423	94.7%	1,294	100%	27	69.2%
	적자사	3,047	5.3%	-214	-16.6%	12	30.8%
	합 계	57,470	100%	1,080	83.4%	39	100%
1996	흑자사	64,540	95.0%	443	100%	31	68.9%
	적자사	3,429	5.0%	-257	-58.0%	14	31.1%
	합 계	67,969	100%	186	42.0%	45	100%
1997	흑자사	71,451	90.8%	412	100%	31	67.4%
	적자사	7,230	9.2%	-502	-121.7%	15	32.6%
	합 계	78,681	100%	-89	-21.7%	46	100%

자료 : 한국신용평가 KIS-Line 재무자료.

2.2.8. 〈표 1-11〉을 보면, 3개년 동안 적자사들의 총매출액은 10%에 훨씬 못미치고 있다. 그러나 적자사들의 당기순손실 규모가 계속 확대되어 1997년에는 결국 그룹 전체적으로 890억 원의 적자를 기록하고 있다. 이는 1996년도에는 전년에 비해 당기순이익이 절반 이상 감소한 것에서, 1997년도에는 전년도에 비해 당기순손실이 거의 2배 정도 증가한 데서 비롯되었다. 또한 흑·적자 기업은 7 : 3 정도의 비율로 별다른 변화가 없음을 볼 수 있다(제5장과 〈부표1-22〉 참조).

2.3. 상장사와 비상장사

〈표 1-12〉 현대 : 상장사와 비상장사 비교

(단위 : 십억 원, 개)

		비중 (b/a)	상장사(a)	비상장사(b)
1995	기업 수	1.79	14	25
	매출액	17.0%	49,110	8,360
	자산총계	40.2%	30,612	12,298
1996	기업 수	1.81	16	29
	매출액	19.9%	56,684	11,285
	자산총계	40.9%	37,478	15,318
1997	기업 수	1.56	18	28
	매출액	21.6%	64,694	13,987
	자산총계	38.2%	52,373	20,024

자료 : 한국신용평가 KIS-Line 재무자료.

2.3.1. 상장사는 1996년 한국프랜지공업, 현대엘리베이터, 1997년 동서산업, 주리원이 각각 증가해 1997년 현재 18개 사로 증가했다. 상장사의 경우, 1997년의 매출액, 자산총계는 1995년에 비해 각각 132%, 171%씩 증가했으며, 비상장사의 경우는 각각 167%, 163%씩 증가했다. 즉 비상장사들을 상장사와 비교해 보면, 자산증가에 비해 매출액의 증가가 상대적으로 크다는 것을 의미한다. 또한 비상장사는 상장사와 비교해 볼 때 3개년동안 매출액, 자산총계가 각각 약 20%, 38~40% 정도의 수준이다.

2.3.2. 비상장 기업 중에서 주요 기업들을 살펴보면 현대중공업, 현대정유가 눈에 띈다. 현대중공업의 경우 자기자본은 3년 동안 1위(약 19%), 매출액과 부채는 3~4위권(각각 약 7%, 약 13%)에 속할 정도로 그룹 내에서 차지하는 비중이 매우 크다. 당기순이익 규모는 1995년 272억 원에서 2,075억 원으로, 거의 7.6배 정도 증가했다. 다음으로 현대정유는 여러 항목에 걸쳐 그룹내 순위 10위권 안에 속하고 있으며(부표 〈1-13〉 참조), 당기순이익은 1995년도에는 450억 정도의 적자를 냈지만, 1996, 97년 각각 220억, 111억 원 정도의 흑자를 기록했다.

2.3.3. 이상에서 분석한 내용을 요약하면, 다음과 같다.

■ 현대그룹의 진출산업 중에서, 조립·기계부문이 그룹 내에서 가장 큰 규모와 비중을 차지하고 있으며, 다음으로는 건설과 전자, 그리고 석유·화학, 도소매 부문 순이다. 따라서 현대는 비교적 여러 산업에 경제력이 걸쳐져 있다고 판단할 수 있다. 각 산업에서 핵심이 되는 기업들을 보면, 현대중공업, 현대자동차, 현대정공, 현대건설, 현대산

업개발, 현대전자, 현대정유, 현대석유화학, 현대자동차써비스 라고 할 수 있으며, 이들 기업은 몇몇 경우를 제외하고는 각종 항목의 그룹내 10위권을 구성하고 있다.

■ 이들 외에 눈에 띄는 단일 기업으로는 무역업의 현대종합상사, 운수·통신부문의 현대상선을 들 수 있다. 현대종합상사는 자산, 자본 등에서는 작은 비중을 차지하고 있지만, 매출액에서는 단연 돋보인다. 그룹내 비중은 대략 30% 정도를 차지하고 있으며, 1997년에는 25조 410억 원의 매출을 올리고 있다. 다음으로 현대상선은 여러 부문에 걸쳐 그룹내 10위권에 속하는 기업이다.

■ 현대는 각종 항목에서 1위 기업과 10위 기업의 규모 차이가 다른 재벌에 비해서 상대적으로 매우 작다. 매출액을 제외하곤, 1위 기업의 그룹 내 비중이 20%가 안되며, 10위 기업은 대략 4% 정도의 비중을 차지하고 있다.

3. 삼 성

3.1. 계열사현황 및 주요 진출업종

〈표 1-13〉 삼성 : 1997년도 계열사 현황

산 업	소속기업	산 업	소속기업
섬유, 가죽	제일모직	건설업	중앙디자인
목재, 종이, 출판	중앙이코노미스트 중앙일보사 중앙엠앤비	도소매, 숙박업	보광훼미리마트 서해리조트 연포레저개발 호텔신라
정유, 화학	대한정밀화학 삼성정밀화학 삼성석유화학 삼성에스엠 삼성종합화학 대도제약 한덕화학	서비스, 기타	대경빌딩 삼성생명서비스 삼성에스디에스 중앙일보뉴미디어 삼성경제연구소 삼성엔지니어링 제일기획 제일보젤 휘닉스커뮤니케이션즈 에스원 보광환경개발 삼성에버랜드 무진개발 보광 삼성라이온즈
비금속광물	삼성코닝 삼성코닝정밀유리		
조립, 자동차, 장비	포항강재공업 광주전자 한일가전 삼성상용차 삼성자동차 삼성중공업 삼성항공산업		
전자, 정밀	이천전기 한일전선 삼성전관 스테코 스템코 아산전자 한국디엔에스 삼성전기 서울통신기술 삼성전자 삼성지이의료기기 삼성시계	무역업	삼성물산
		금융업	보광창업투자 삼성카드 삼성투자신탁운용 삼성할부금융 삼성생명보험 삼성화재해상보험 삼성증권 삼성선물

주 : 공정거래위원회, "1998년도 대규모기업집단지정," 1998. 4. 1. 발표.

3.1.1. 공정거래위원회가 발표한 삼성그룹의 계열사수는 1995년 55개, 1996년 80개, 1997년 61개사였다. 1997년도에 계열사수가 급격하게 감소한 것은 신세계그룹과 제일제당 그룹이 삼성그룹에서 분리되었기 때문이다. 1997년을 기준으로 삼성은 금융업 포함 신분류 16개 산업 중에서 농수산업, 광업, 제1차 금속, 전기·가스업, 운수창고 및 통신업 분야를 제외한 11개 산업에 진출하고 있다(1994~96년의 계열사 현황은 〈부표 1-2, 1-6〉 참조).

■ 공정거래위원회는 독점규제 및 공정거래에 관한 법률 시행령 제3조의2 제1항 제2호에 의한 독립경영인정요건을 모두 충족하고 있어, 1997년 4월 16일자로 대규모기업집단 '삼성'의 계열회사에서 제일제당(주) 등 10개 사(동일인; 이재현, 자산총액 1조 9,070억 원)와 (주)신세계백화점 등 11개사(동일인; 이명희, 자산총액 1조 7,590억 원)를 제외시켰다.

3.1.2. 소속 계열사 이외에도 삼성과 관련된 기업이라고 알려진 바는 다음과 같다.

■ 공익법인으로는 삼성공제회(장학사업), 삼성문화재단(미술관, 박물관 등의 건립 및 운영), 삼성복지재단(사회복지시설의 건립 및 운영), 삼성생명공익재단(각종 복지시설 설치운영), 삼성언론재단(언론인 양성 및 장학금 지급), 삼성의료재단(삼성병원), 중동학원(중동중·고등학교)이 있다(관련내용은 제3장 참조).

■ 삼성계열사에서 친족분리 형태로 분리된 그룹은 30대 재벌에 속하는 한솔(12위), 새한(25위), 제일제당(28위), 신세계가 있다[(-)안은 공정위 발표, 1999년도 대규모기업집단 지정 순위].

■ 금융감독위원회에서 주요 채무계열 소속기업체로 지정한 기업을 보면, 소속계열사를 비롯해, 동양투자신탁증권, 삼성생명투자신탁운용, 삼성전자서비스, 삼성화재손해사정서비스, 아이피시, 그리고 해외법인 179개 사(1998. 12. 24. 현재)가 있다(www.fsc.go.kr의 일반자료).

■ 또한 계열사 이외에 국내에 소재한 관계사는 대산정밀화학, 보광기업투자, 삼성BP화학, 중앙SUP, 충남화학, 포스코홀스 등이 있다(한국신용평가 KIS-Line '관계회사현황', 1998년 6월 기준).

3.2. 기업 규모 관련

이하에서는 현대와 마찬가지로 공정위가 매년 발표하는 소속계열사 중 제조업·비금융업에 소속된 기업을 대상으로 재무제표상의 주요항목을 중심으로 살펴볼 것이다. 이때 분석대상 업체수는 1995년; 39사, 1996년; 50사, 1997년; 48사이다(〈부표 1-2〉 참조).

여기서 주의해야 할 점은 제일제당 그룹은 1997년에 계열사에서 정식으로 분리되었지만, 한신평의 합산재무제표 작성대상 기업에서는 1995년부터 제외하고 있다. 이에 이

백서에서는 한신평의 자료를 원칙적으로 사용하여 여타 분석들을 행하고 있기 때문에 다소의 문제가 있음을 인정하면서도 제일제당 및 관련 기업들을 분석에서 제외하고 있다. 따라서 제일제당 등의 기업 등이 영위하고 있는 음식료품에 대해서는 이하의 내용에도 그 분석내용이 없다. 하지만, 제일제당에 대해서는 별도로 '박스'를 통해 그 규모를 파악하였으며, 다른 기업들은 그 규모가 작기 때문에 별도로 분석을 하지 않았다. 이들 기업의 목록에 대해서는 〈부표 1-6〉을 참조하라. 그리고 이하의 내용에서 그룹내 순위와 관련된 설명은 〈부표 1-13〉을 참조하라.

〈표 1-14〉 삼성 : 산업별 자산총계 규모 및 구성

(단위 : 십억 원, %)

	1995년		1996년		1997년	
	총액	그룹내 비중	총액	그룹내 비중	총액	그룹내 비중
섬유·가죽	1,308	3.4	1,481	3.1	1,721	2.7
목재·종이·출판	599	1.6	660	1.4	720	1.1
정유·화학	2,516	6.6	3,089	6.6	4,214	6.6
비금속광물	659	1.7	913	1.9	1,121	1.8
조립·자동차·장비	7,426	19.5	10,393	22.1	13,318	21.0
전자·정밀	17,203	45.1	20,809	44.2	29,973	47.2
건설	10	0.0	27	0.1	29	0.0
도소매·숙박	1,415	3.7	665	1.4	750	1.2
서비스·기타	1,724	4.5	3,044	6.5	3,678	5.8
무역	5,288	13.9	5,992	12.7	7,913	12.5
계	38,147	100	47,073	100	63,436	100

자료 : 한국신용평가 KIS-Line 재무자료.

3.2.1. 기업의 외형적 규모를 보여주는 자산총계를 보면, 삼성그룹 전체적으로는 1995~97년 기간동안 38조 1,470억 원에서 63조 4,356억 원으로 66.3% 증가했다. 또한 신분류 기준으로 전자·정밀, 조립·자동차·장비, 무역업 순으로 비중이 크게 나타난다.

■ 전자·정밀업 부문이 1997년도 기준으로 47.2%의 비중을 차지하고 있으며, 총액 기준으로는 29조 9,730억 원에 달한다. 이 부문에 속하는 기업들 중에서 삼성전자, 삼성전관, 삼성전기는 그룹 내에서 상위 10위권 안에 속하며, 해당산업에서는 98%의 비중을 차지하고 있다. 그 중에서도 삼성전자는 1997년 기준으로 그룹 전체에서 차지하는 비중이 36.4%, 총액 기준으로는 23조 655억 원으로 그룹 내에서 가장 크다.

■ 조립·자동차·장비부문에서는 삼성중공업, 삼성자동차, 삼성항공산업이 상위 10대 기업에 속하고, 산업의 89%를 차지하고 있으며, 총액 기준으로는 13조 3,182억 원

(1997)에 달한다.

■ 세번째로 비중이 높은 산업은 무역업인데, 이 부문에 속하는 계열사는 삼성물산 1개사이다. 삼성물산은 자산총계에서 그룹 내에서 삼성전자 다음이며, 1995년 대비 49%가 증가했다.

〈표 1-15〉 삼성 : 산업별 자기자본 규모 및 구성

(단위 : 십억 원, %)

	1995년		1996년		1997년	
	총액	그룹내 비중	총액	그룹내 비중	총액	그룹내 비중
섬유 · 가죽	410	3.4	436	3.5	437	3.2
목재 · 종이 · 출판	116	1.0	119	1.0	118	0.9
정유 · 화학	620	5.1	671	5.4	760	5.6
비금속광물	202	1.7	231	1.9	235	1.7
조립 · 자동차 · 장비	1,833	15.0	1,985	16.0	2,154	16.0
전자 · 정밀	7,069	57.9	6,929	55.8	7,810	58.1
건설	0.6	0.0	2	0.0	0.2	0.0
도소매 · 숙박	457	3.7	223	1.8	204	1.5
서비스 · 기타	315	2.6	526	4.2	635	4.7
무역	11,948	9.8	1,294	10.4	1,098	8.2
계	12,217	100	12,415	100	13,452	100

자료 : 한국신용평가 KIS-Line 재무자료.

3.2.2. 자기자본의 경우에는 1995~97년 기간동안 12조 2,168억 원에서 13조 4,516억 원으로 10.1% 증가했다.

■ 산업별로 살펴보면 전자 · 정밀, 조립 · 금속 · 기계 · 장비, 무역업 순으로 비중이 높게 나타났다. 전자 · 정밀업의 경우 그룹내 비중이 1997년도 기준 58.1%로 제일 높게 나타났으며, 그 중에서도 삼성전자가 43.3%를 차지하고 있고, 총액으로는 5조 8,299억 원에 달한다. 두번째로 비중이 높은 조립 · 금속 · 기계 · 장비업의 경우 16.0%로 1위 부문인 전자 · 정밀업과의 격차가 비교적 크게 나타났다.

■ 이 부문에 속하는 기업들 중에서 비중이 가장 높은 삼성자동차의 경우 1997년도 기준으로 그룹내 비중은 6.1%, 총액 기준으로는 8,200억 원이다. 그 다음이 삼성중공업으로 그룹내 비중은 5.3%, 총액 기준으로는 7,086억 원이다. 특히 삼성자동차의 경우는 1995년도에는 8위(2.6%), 1996년도에는 6위(4.5%), 1997년도에는 4위로 그 비중이 높아졌다. 1995~97년 기간동안 여타 기업들의 상대적인 비중이나 순위에 별다른 변화가 없었음에 비추어 볼 때, 이례적이라고 할 수 있다.

〈표 1-16〉 삼성 : 자본전액잠식 기업목록

(단위 : 십억 원)

1995	금액	1996	금액	1997	금액
한일전선(주)	-8	한일전선(주)	-15	한일전선(주)	-21
(주) 삼성라이온즈	-4	(주) 삼성라이온즈	-4	(주) 삼성라이온즈	-4
		(주) 대도제약	-5	(주) 대도제약	-10
		한일가전(주)	-6	한일가전(주)	-10
		이천전기(주)	-43	이천전기(주)	-63
				무진개발(주)	-1
합 계	-12	합 계	-73	합 계	-108

자료 : 한국신용평가 KIS-Line 재무자료.

3.2.3. 1995~1997년 삼성의 자본전액잠식 총액을 보면, 각각 120억, 730억, 1,080억 원으로 다른 재벌들과 비교해 볼 때, 큰 차이가 난다고 할 수는 없다. 하지만, 1995년에 비해 1997년의 자본전액잠식 총액이 거의 9배 이상 증가했다는 점은 눈에 띈다.

〈표 1-17〉 삼성 : 산업별 부채총계 규모 및 구성

(단위 : 십억 원, %)

	1995년		1996년		1997년	
	총 액	그룹내 비중	총 액	그룹내 비중	총 액	그룹내 비중
섬유 · 가죽	898	3.5	1,046	3.0	1,285	2.6
목재 · 종이 · 출판	482	1.9	541	1.6	602	1.2
정유 · 화학	1,896	7.3	2,419	7.0	3,454	6.9
비금속광물	457	1.8	682	2.0	886	1.8
조립 · 자동차 · 장비	5,593	21.6	8,408	24.3	11,165	22.3
전자 · 정밀	10,134	39.1	13,880	40.0	22,163	44.3
건설	9	0.0	26	0.1	29	0.1
도소매 · 숙박	958	3.7	442	1.3	546	1.1
서비스 · 기타	1,409	5.4	2,518	7.3	3,042	6.1
무역	4,093	15.8	4,698	13.6	6,814	13.6
계	25,930	100	34,658	100	499,840	100

자료 : 한국신용평가 KIS-Line 재무자료.

3.2.4. 부채총계는 1995~1997년 기간동안 25조 9,302억 원에서 49조 9,840억 원으로 92.8% 증가했다. 산업별로는 전자 · 정밀, 조립 · 자동차 · 장비, 무역업 순으로 비중이 높게 나타났다. 전자 · 정밀업의 비중이 1997년도 기준으로 44.3%였으며, 이 부문에 속하는 삼성전자가 34.5%를 차지했다. 또한 삼성자동차의 경우에는 1996년도에는 4.6%, 1997년도에는 5.1%, 총액으로는 1조 5,918억 원과 2조 5,727억 원의 부채를 각각 기록했다.

제일제당 그룹 현황

제일제당 그룹이 삼성에서 공식적으로 계열분리된 것은 1997년 4월 16일이지만, 이 책에서 사용하고 있는 한신평의 합산재무제표 자료에는 제일제당 그룹이 1995년 이후부터 제외되고 있다.* 따라서 여기서는 1995~97년을 대상기간으로 본문에서 검토하고 있는 항목을 중심으로 제일제당의 규모를 파악할 것이며, 이하의 내용에 주의하여 1995, 1996년 삼성의 전체적인 규모와 구성을 고려해야 할 것이다.

이때, 제일제당 그룹(동일인 이재현)이 삼성에서 계열분리 당시의 자산규모는 1조 9,070억 원이며, 소속계열사는 제일제당(주)를 비롯해 제일냉동식품, 삼일농수산 등 10개 사이다. 이 중에서 제일제당을 비롯해, 상대적으로 그룹내 비중이 큰 4개의 계열사가 음식료품에 진출하고 있다는 점, 제일제당(주)의 자산총액이 1조 7,680억 원으로 그룹 내 92.7%를 차지하고 있다는 점, 그리고 삼성 내에서는 제일제당을 제외하면 음식료품 산업을 영위하는 기업이 없다는 점을 고려하여 이하 내용을 살펴보자.

제일제당의 연도별 주요 항목의 규모

(단위 : 십억 원, 명)

	1995	1996	1997
자 산(비중)	1,614(4.2%)	1,768(3.8%)	2,225(3.5%)
부 채(비중)	979(3.8%)	1,143(3.3%)	1,557(3.1%)
자 본(비중)	635(5.2%)	625(5.0%)	668(5.0%)
매출액(비중)	1,588(3.2%)	1,806(3.2%)	2,037(3.0%)
당기순이익(비중)	24(0.8%)	16(19.9%)	10(5.1%)
종업원수	6,219	6,092	5,900

자료 : 한국신용평가, 《한국기업총람》, 1998.
주 : 비중은 제일제당을 제외한 삼성의 연도별, 항목별 총액에 대한 수치.

제일제당(주)은 1997년에 자산이 2조 2,220억 원(1995년 대비 37.9% 증가)이며, 매출액은 2조 366억 원으로 증가하고 있다. 하지만, 당기순이익은 1995년 240억 원에서 1997년 100억 원으로 감소하고 있으며, 종업원수도 조금씩 감소하여 1997년에는 5,900명이다.

제일제당(주)의 자산규모는 삼성그룹에서 4%내외 정도이며, 순위로는 각각 6위, 8위 정도에 해당한다. 자본의 규모는 삼성전기와 유사한 수준으로써, 그룹 내 6위권 정도가 된다. 부채는 제일모직보다 각 연도에 따라 1천억에서 2천억 정도 많은 수준이며, 그룹내 7~8위권 정도가 된다. 매출액을 살펴보면, 3% 정도로 거의 일정한 수준을 유지하고 있으며, 그룹내 순위는 3개년 내내 5위에 해당하는 매출을 올리고 있다.

삼성 전체적으로는 위에서 비교하고 있는 자산, 자본, 부채, 그리고 매출액에서, 1995년과 1997년을 비교해 보면 그 증가율이 각각 66.3%, 10.1%, 92.8%, 33%인데, 제일제당(주)의 경우에는 37.9%, 5.3%, 59.1%, 28.3%이다.

* 1993년 6월, 제일제당은 삼성으로부터 분리·독립경영을 선언한 바 있는데, 아마도 이것이 그 이유가 아닌가 추측된다.

〈표 1-18〉 삼성 : 산업별 매출액 규모 및 구성

(단위 : 십억 원, %)

	1995년		1996년		1997년	
	총액	그룹내 비중	총액	그룹내 비중	총액	그룹내 비중
섬유·가죽	903	1.8	984	1.7	1,010	1.5
목재·종이·출판	405	0.8	421	0.7	431	0.6
정유·화학	1,642	3.3	1,666	2.9	2,024	3.0
비금속광물	606	1.2	588	1.0	718	1.1
조립·자동차·장비	4,447	8.8	5,051	8.9	6,188	9.3
전자·정밀	19,654	39.1	20,201	35.8	23,247	34.8
건설	35	0.1	88	0.2	64	0.1
도소매·숙박	1,432	2.8	393	0.7	442	0.7
서비스·기타	1,921	3.8	2,974	5.3	3,037	4.5
무역	19,254	38.3	24,131	42.7	29,735	44.4
계	50,298	100	56,496	100	66,896	100

자료 : 한국신용평가 KIS-Line 재무자료.

3.2.5. 매출액은 1995～1997년 기간 동안 50조 2,979억 원에서 66조 8,955억 원으로 33.0% 증가했다.

■ 산업별로는 무역, 전자·정밀, 조립·자동차·장비산업 순으로 비중이 높게 나타나고 있는데 자산, 자본, 부채 항목과는 달리 무역업의 비중이 매우 크며, 조립·자동차·장비의 비중이 매우 낮게 나타난다. 우선, 무역업에 속하는 삼성물산 1개 사의 매출액 비중이 1997년도 기준으로 그룹 전체의 44.4%나 되며, 총액 기준으로는 29조 7,347억 원에 이른다. 그 다음으로는 삼성전자가 18조 4,654억 원으로 27.6%의 비중을 차지하고 있다.

■ 한편, 조립·자동차·장비 산업의 경우, 그룹내 3위이기는 하지만, 그룹내 비중이 9.3%로 1, 2위 부문과의 격차가 매우 크며, 내부적으로 보면 역시 다른 항목과 마찬가지로 항공산업과 중공업이 89%를 차지하고 있다.

3.2.6. 삼성그룹의 주력제품 내지 주요 사업내용을 살펴보면 전자제품, 중화학제품, 섬유류, 영상, 음향 및 통신장비제조, 사무, 계산 및 회계용 기계제조, 기타기계, 선박(벌크선, 원유운반선), 산업기계, 철구조물, 중장비사업, 건설사업 등이다.

〈그림 1-8〉 삼성 : 산업별 당기순이익 구성 : 1995년

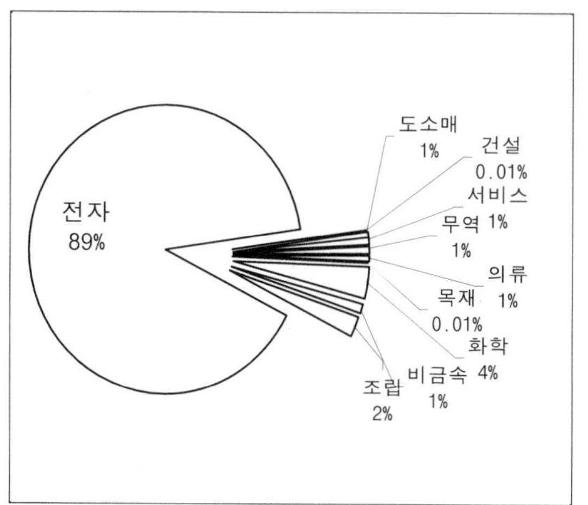

〈그림 1-9〉 삼성 : 산업별 당기순이익 구성 : 1996년

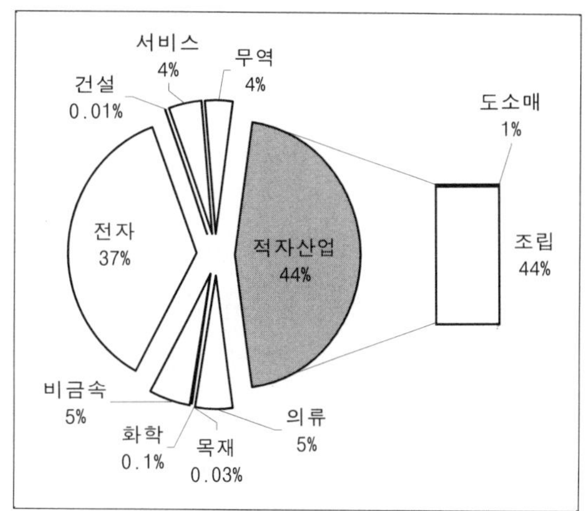

〈그림 1-10〉 삼성 : 산업별 당기순이익 구성 : 1997년

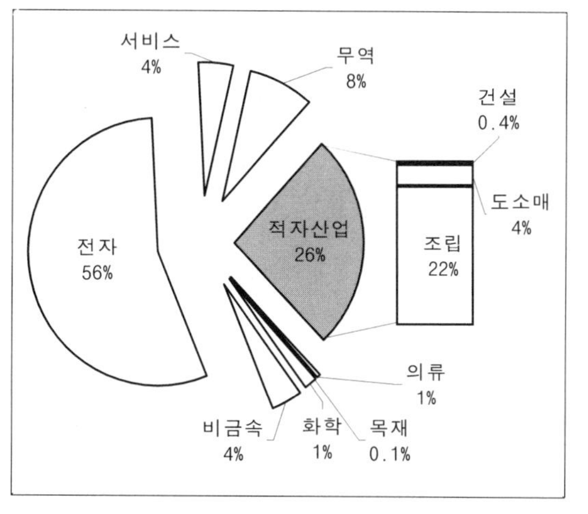

자료 : 한국신용평가 KIS-Line 재무자료.

주 1) P%에서 P는 당기순이익과 당기순손실의 절대값을 더한 값에서 해당 산업이 차지하는 비중.

2) □ 안의 산업은 당해연도 적자산업.

3) ◑의 검은 부분은 흑자액과 적자액의 절대값에서 적자액의 절대값이 차지하는 크기. 예를 들어, 흑자액+|적자액|이 100일 때, 검은 부분이 60%이면, 흑자액은 40, 적자액은 −60을 의미.

3.2.7. 삼성그룹 전체의 당기순이익은 1995년에는 2조 8,990억 원, 1996년 800억 원, 1997년에는 1,860억 원을 각각 기록했다. 1995년의 경우 전자·정밀업 부문이 그룹 전체 당기순이익의 90.3%를 차지했으며, 그 중에서도 삼성전자가 85.3%를 차지했다. 총액으로는 무려 2조 5,054억 원이나 된다. 그러나 반도체 경기의 하락으로 인해 1996~97년도에는 삼성전자의 당기순이익 규모가 급감하여 총액 기준으로 각각 1,655억 원, 1,235억 원을 기록했다. 그룹내 비중도 1996, 1997년도에 각각 30.2%, 31.7%로 감소했다. 그러나 삼성전자 이외에도 삼성전관, 삼성전기 등이 속해 있는 전자부문의 당기순익익 비중은 압도적으로 높아서 1996년도에는 그룹 전체 당기순이익 대비 68.4%, 1997년도에는

75.5%를 차지했다. 전자·정밀업 다음으로는 1995년도의 경우 정유·화학부문이 3.7%, 총액기준으로는 1,084억 원으로, 1996년도에는 비금속광물 부문이 8.9%, 415억 원, 1997년도에는 무역업의 삼성물산이 11.0%, 316억 원으로 각각 두번째로 높은 비중을 차지했다.

3.2.8. 반면에 1996, 1997년도에는 조립부문의 적자규모가 가장 커서 흑자규모 대비 적자의 비중이 각각 81.6%와 29.9%를 기록했다. 1996년도의 경우에는 조립부문의 적자총액 3,794억 원 중에서 삼성중공업이 2,980억 원으로 그룹 전체 적자규모의 63.7%를 차지했다. 그 다음으로는 같은 조립업 부문에 속하는 삼성항공이 652억 원의 적자로 그룹내 비중이 14.0%였다. 1997년도의 경우에도 조립업 부문의 적자규모가 가장 커서 그룹내 비중이 흑자규모 대비 29.9%였으며, 삼성중공업이 적자총액의 46.8%인 9,552억 원의 적자를 기록했다.

3.2.9. 〈표 1-19〉를 보면, 삼성 역시 적자사들의 매출액 비중은 그룹내에서 매우 적다. 또한 적자사들의 수가 1995년에 비해 1996~1997년에는 두배 이상 증가했다. 1996년에 그룹 전체 당기순이익이 가장 열악한데, 이것은 전년도에 비해 이익규모의 축소, 손실규모의 확대가 동시에 발생한 데서 비롯된다. 1997년도에는 손실규모가 줄어들기는 했지만 당기순이익은 1995년도에 비해 거의 1/10 수준밖에 되지 않는다(제5장과 〈부표 1-23〉 참조).

〈표 1-19〉 삼성 : 당기순이익 기준 흑자사와 적자사 비교

(단위 : 십억 원)

		매출액		당기순이익		기업수	
		총액	구성비	총액	구성비	구성	구성비
1995	흑자사	49,787	99.0%	2,938	100%	30	76.9%
	적자사	511	1.0%	-39	-1.3%	9	23.1%
	합 계	50,298	100%	2,899	98.7%	39	100%
1996	흑자사	50,902	90.1%	548	100%	30	60.0%
	적자사	5,594	9.9%	-468	-85.4%	20	40.0%
	합 계	56,496	100%	80	14.6%	50	100%
1997	흑자사	61,725	92.3%	390	100%	30	62.5%
	적자사	5,170	7.7%	-204	-52.3%	18	37.5%
	합 계	66,896	100%	186	47.7%	48	100%

자료 : 한국신용평가 KIS-Line 재무자료.

3.3. 상장사와 비상장사

〈표 1-20〉 삼성 : 상장사와 비상장사 비교

(단위 : 십억 원)

		비중(b/a)	상장사(a)	비상장사(b)
1995	기업 수	2.25	12	27
	매출액	8.6%	46,336	3,962
	자산총계	18.4%	32,208	5,939
1996	기업 수	3.17	12	38
	매출액	9.3%	51,694	4,802
	자산총계	26.3%	37,266	9,807
1997	기업 수	3.00	12	36
	매출액	9.2%	61,257	5,639
	자산총계	26.7%	50,084	13,352

자료 : 한국신용평가 KIS-Line 재무자료.

3.3.1. 상장사의 경우, 1997년 매출액, 자산총계는 1995년에 비해 각각 32%, 56%씩 증가했다. 비상장사의 경우는 각각 42%, 125%씩 증가했다. 이러한 차이는 비상장사의 수가 각 연도별로 차이가 나기 때문이다. 즉, 상장사의 수는 3개년 모두 12개사인 데 반해, 비상장사는 1996년에 들어 1995년에 비해 10여 개 기업이 증가했다. 이와 같은 기업수의 증가는 상장사 대비 비상장사의 자산총계 비중은 증가시켰지만, 규모의 증가에 비해 매출액 증가는 상대적으로 작게 나타난다.

3.3.2. 비상장 기업들은 〈표 1-20〉에서 보는 것처럼, 그 수에 비해서 차지하는 비중이 매우 작다. 다만, 삼성종합화학, 삼성석유화학, 삼성코닝, 삼성SDS, 삼성엔지니어링 정도의 기업이 해당 산업부문에서 나름의 비중을 차지하고 있지만, 삼성그룹 전체적으로 보면 이들 기업들의 각각의 규모나 비중은 매우 작다. 즉, 종합화학과 석유화학은 그 규모를 합친다면, 화학부문(7개 기업) 내에서 자산(78%), 자기자본(60%), 매출액(74%)을 차지하고 있으며, 당기순이익은 110억 원 정도이다. 그러나 그룹 전체적으로 보면 각각 5.2%, 3.4%, 2.2%, 6.1%에 지나지 않는다. 또한 삼성코닝은 자산총계 10위(1996, 97년), 자기자본 10위(1996), SDS와 엔지니어링이 1996·1997년 각각 매출액 10위권 안에 들었지만, 그 비중은 2%를 넘지 않는다.

3.3.3. 이상에서 분석한 내용을 요약해 보면 다음과 같다.

■ 각 재무제표 항목을 통해 삼성그룹의 경제활동 규모와 비중을 보면, 전자·정밀산업, 조립·자동차·장비산업, 무역업이 매우 큰 비중을 차지하고 있다. 이들 산업을 단순하

게 합쳐서 규모와 비중을 보면, 그룹에서 80~90% 이상을 차지하고 있다. 또한 전자·정밀부문에서는 삼성전자, 삼성전기, 삼성전관이, 조립·기계부문에서는 삼성중공업, 삼성항공산업이 각 산업의 90% 정도를 차지하고 있다.

■ 위 3개 산업과는 다른 산업부문에서 주목할 만한 기업은 섬유부문의 제일모직과 화학부문의 삼성종합화학이다. 이들 기업은 각종 항목에서 그 비중은 작지만 그룹내 10위권 기업에 속하며, 삼성종합화학은 화학부문에서 1997년 현재 자산 68%, 자기자본 45%, 부채 72%, 매출액 51%를 차지하고 있으며, 동기간 당기순이익 규모는 55억원 정도이다.

■ 상장사와 비상장사를 비교해보면 비상장사가 기업수에서는 3배 정도에 달하지만, 매출액과 자산총계를 기준으로 보면, 그 규모나 비중은 상장사에 비해 매우 작게 나타난다.

4. 대 우

4.1. 계열사현황 및 주요 진출업종

〈표 1-21〉 대우 : 1997년도 계열사 현황

산업	소속기업	산업	소속기업	산업	소속기업
정유·화학	코람프라스틱	전자·정밀	대우모터공업 한국산업전자 대우전자부품 오리온전기 오리온전기부품 대우통신 대우전자	무역업	대우
비금속광물	한일대우시멘트 한국전기초자			금융업	다이너스클럽코리아 대우창업투자 대우할부금융 대우증권 대우선물
제1차금속	경남금속				
조립·자동차·장비	대우중공업 대우자동차 쌍용자동차 대우기전공업 대우정밀공업 한국자동차연료시스템	서비스·기타	유화개발 대우정보시스템 대우ST반도체설계 대우경제연구소 대우투자자문 동우공영 대우제우스 경남시니어타운 대우레저		
건설	경남기업 광주제2순환도로				
도소매 및 숙박	대우자판 대우전자서비스 대우개발				

자료 : 공정거래위원회, "1998년도 대규모기업집단지정," 1998. 4. 1.

4.1.1. 공정위가 지정한 대우그룹의 계열사수는 1995년 25개, 1996년 30개, 1997년 37개사였다. 1995~97년에 대우그룹은 계열사수가 5개사, 7개사가 각각 증가했으며, 1997년에는 한국전기초자와 한일대우시멘트가 비금속광물업에 새롭게 진출했다. 따라서 대우는 이 백서의 분류에 따라 금융업을 포함해 총 10개 산업에 진출하고 있다. 즉, 농수산업, 광업, 섬유·가죽, 목재·종이·출판, 전기·가스, 운수창고 및 통신산업에는 진출하지 않았다.

4.1.2. 소속 계열사 이외에도 대우그룹과 관련된 기업이라고 알려진 바는 다음과 같다.

■ 공익법인으로는 대우재단(연구지원, 장학, 출판사업), 대우학원(아주대학교, 거제전문대학, 대천전문대학), 서울언론재단(언론관련 학술연구 및 지원사업), 지성학원(옥포·옥명·옥림 유치원, 대우초등학교, 거제여자중학교, 거제고등학교)이 있다.

■ 금융감독위원회에서 대우의 주요 채무계열 소속기업체로 지정한 기업을 보면, 소속 계열사를 비롯해, 경우정화기술, 대우남서울서비스, 대우분당서비스, 그리고 해외법인 253개 사(1998. 12. 24. 현재)가 포함되어 있다(www. fsc. go. kr의 일반자료).

4.2. 기업 규모 관련

다른 재벌들과 마찬가지로, 대우그룹 역시 금융업을 제외한 기업들 중에서 일부 기업들을 제외하고 분석한다. 즉 합산대상 기업체 수는 1995; 21사, 1996; 24사, 1997; 25사이다(〈부표 1-3〉 참조). 이하에서는 대우그룹의 산업별 규모와 구성에 대해서 살펴볼 것이다(그룹내 순위와 관련된 내용은 〈부표 1-14〉 참조).

〈표 1-22〉 대우 : 산업별 자산총계 규모 및 구성

(단위 : 십억 원)

	1995년		1996년		1997년	
	총액	그룹내 비중	총액	그룹내 비중	총액	그룹내 비중
섬유·화학	54	0.2	58	0.2	71	0.1
비금속광물	-	-	-	-	491	0.9
1차금속	42	0.1	58	0.2	97	0.2
조립·자동차·장비	14,366	47.6	15,229	44.5	25,856	50.0
전자·정밀	5,599	18.5	6,186	18.1	7,471	14.4
건설	1,060	3.5	1,079	3.2	1,286	2.5
도소매·숙박	256	0.8	2,175	6.4	2,022	3.9
서비스·기타	72	0.2	166	0.5	227	0.4
무역	8,743	29.0	9,251	27.0	14,222	27.5
계	30,191	100	34,203	100	51,744	100

자료 : 한국신용평가 KIS-Line 재무자료.

4.2.1. 대우그룹의 자산총계는 1995년 30조 1,910억 원에서 1997년 51조 7,440억 원으로 71.4% 증가한 것으로 나타났다.

■ 산업별로는 조립, 무역, 전자 부문 순으로 비중이 높게 나타나고 있다. 전자·정밀부문이 1995년에 비해 1997년에는 그룹내 비중이 4.1%p 감소한 반면에, 도소매부문은 3.1%p(1995년 대비 7.9배 증가) 증가했다. 이것은 대우자판이 1996년에 계열사로 편입한 데서 비롯된 것이다. 다음으로 다른 재벌과의 차이점은 1위 산업의 비중이 그룹내에서 압도적이라는 점과 무역업이 2위라는 점이다.

■ 조립·기계부문의 주요 기업으로는 대우중공업, 대우자동차, 그리고 1997년도에 계열사로 편입된 쌍용자동차(자산규모 3조 9,863억 원, 그룹내 비중; 7.7%)를 들 수 있다. 무역업의 (주)대우는 1997년도 기준 그룹내 비중이 27.5%, 총액 기준 14조 2,220억 원으로 기업별로는 1995~97년 동안 자산총계 1위인 기업이다. 다음으로 전자·정밀산업의 대우통신과 오리온 전기는 그룹내 비중이 각각 3% 정도이고, 대우전자는 그룹내 비중이 1995년에는 11.5%였으며, 1997년에는 7.9%로 조금씩 감소하고 있다.

〈표 1-23〉 대우 : 산업별 자기자본 규모 및 구성

(단위 : 십억 원, %)

	1995년		1996년		1997년	
	총액	그룹내비중	총액	그룹내비중	총액	그룹내비중
섬유·화학	13	0.2	15	0.2	16	0.2
비금속광물	-	-	-	-	40	0.4
1차금속	-6	-0.1	-6	-0.1	2	0.0
조립·자동차·장비	3,590	53.0	3,832	49.9	4,055	45.0
전자·정밀	1,455	21.5	1,503	19.6	1,571	17.4
건설	171	2.5	226	2.9	259	2.9
도소매·숙박	116	1.7	263	3.4	279	3.1
서비스·기타	21	0.3	26	0.3	30	0.3
무역	1,416	20.9	1,815	23.7	2,751	30.6
계	6,777	100	7,673	100	9,004	100

자료 : 한국신용평가 KIS-Line 재무자료.

4.2.2. 자기자본의 규모는 1995년 6조 7,770억 원에서 9조 40억 원으로 32.8% 증가했다.

■ 산업별로는 1997년 기준으로 조립, 무역, 전자 순이다. 이 기간에 무역업과 전자·정밀부문과의 차이는 보다 확대되고 있다. 전자부문의 경우 1995~97년 기간 동안 자기자본규모가 1조 4,160억 원에서 1조 5,710억 원으로 비교적 낮은 증가율을 보인 반면에, 무역업의 (주)대우는 1조 4,160억 원에서 2조 7,510억 원으로 무려 94.3%나 증가했다.

■ 대우중공업이 1995~97년 동안 계속해서 1위를 차지하고는 있지만, 2위인 (주)대우와의 격차는 크게 감소하고 있다(1995 ; 19.6%p → 1997 ; 0.8%p). 대우자동차와 대우전자가 그 뒤를 이어 3,4위를 차지하고 있으며 그 비중은 10% 정도 내외 수준이다.

■ 이 기간에 자본전액잠식이 일어난 기업들은 다음과 같다.

〈표 1-24〉 대우 : 자본전액잠식 기업목록

(단위 : 십억 원)

1995	금액	1996	금액	1997	금액
경남금속	-6	경남금속	-6	쌍용자동차	-151
한국산업전자	-7	한국산업전자	-6	한국산업전자	-11
합 계	-13	합 계	-12	합 계	-161

자료 : 한국신용평가 KIS-Line 재무자료.

〈표 1-25〉 대우 : 산업별 부채총계 규모 및 구성

(단위 : 십억 원)

	1995년		1996년		1997년	
	총액	그룹내 비중	총액	그룹내 비중	총액	그룹내 비중
섬유 · 화학	41	0.2	44	0.2	56	0.1
비금속광물	-	-	-	-	450	1.1
1차금속	47	0.2	64	0.2	95	0.2
조립 · 자동차 · 장비	10,776	46.0	11,397	43.0	21,802	51.0
전자 · 정밀	4,143	17.7	4,683	17.7	5,900	13.8
건설	889	3.8	853	3.2	1,027	2.4
도소매 · 숙박	140	0.6	1,913	7.2	1,743	4.1
서비스 · 기타	51	0.2	140	0.5	197	0.5
무역	7,326	31.3	7,436	28.0	11,471	26.8
계	23,414	100	26,530	100	42,740	100

자료 : 한국신용평가 KIS-Line 재무자료.

4.2.3. 부채총계는 1995~97년 기간 동안 23조 4,140억 원에서 42조 7,400억 원으로 82.5% 증가했다. 산업별로는 조립, 무역, 전자 순으로 비중이 높았으며, 대우중공업과 대우자동차가 속해 있는 조립부문의 그룹내 비중이 1997년도 기준으로 51.0%, (주)대우가 속해 있는 무역업이 26.8%를 각각 기록했다. 또한 도소매업의 경우 그룹내 비중은 그리 크지 않지만, 부채규모 증가율은 압도적으로 높아서 1995년 1,400억 원에서 1997년 1조 7,430억 원으로 12배 이상 증가했다.

■ 기업별로는 쌍용자동차가 1997년도에 4조 1,370억 원으로 17.7%의 비중을 기록, 부채총계 순위 4위 기업(자산총계 5위)이 되었다.

현대자동차 vs. 대우자동차

현대, 대우가 자동차 산업에서 차지하는 비중

	1995				1996				1997			
	자산	부채	매출액	당기순이익	자산	부채	매출액	당기순이익	자산	부채	매출액	당기순이익
현 대	36.0%	34.7%	50.2%	234.5%	35.4%	34.4%	48.2%	-1824%	33.0%	30.8%	46.2%	-5.8%
대 우	18.3%	19.6%	14.1%	14.1%	18.0%	18.5%	15.1%	-876.1%	22.0%	21.6%	18.8%	-28.0%
합 계	54.3%	54.3%	64.3%	248.7%	53.4%	52.8%	63.3%	-2701%	55.0%	52.4%	64.9%	-33.8%

자료 : 한국은행, 《기업경영분석》, 각 연도. 한국신용평가 KIS-Line 재무자료.
주 : 자동차산업부문 전체의 당기순이익은 1995, 1996년은 ㅌ 흑자, 1997년은 적자. 자동차부품산업은 제외.

5대재벌내에서 자동차 관련 사업에 참여하고 있는 재벌은 현대와 대우를 들 수 있다. 자동차제조업계의 국내시장 규모를 1997년 기준으로 보면, 현대 46.3%, 기아 24.4%, 대우 24%, 쌍용 3.8%를 점유하고 있는 과점형 시장구조를 갖고 있으며, 수급구조상 국내생산은 내수 53.3%, 수출 46.7%로 구성되어 있다. 두 재벌이 갖고 있는 자동차제조회사와 판매회사의 규모는 다음과 같다.

현대와 대우의 자동차 관련 업종 비교

(단위 : 십억 원)

		현 대 자동차	현대정공	현대자동차써비스	소 계	그룹내 비중	대 우 자동차	대우자판	소계	그룹내 비중
1995	자산총계	7,549	2,089	3,321	12,959	30.2%	4,910	71	4,982	16.5%
	부채	5,907	1,778	2,886	10,570	31.1%	4,329	107	4,436	18.9%
	매출액	10,339	1,986	5,301	17,626	30.7%	3,470	16	3,486	12.0%
	당기순이익	157	18	32	206	19.1%	11	-10	1	0.2%
1996	자산총계	7,999	2,338	4,201	14,538	27.5%	5,272	1,926	7,199	21.0%
	부채	6,360	2,024	3,692	12,076	28.1%	4,503	1,779	6,282	23.7%
	매출액	11,490	2,451	5,850	19,790	29.1%	4,365	2,167	6,532	17.1%
	당기순이익	87	21	32	140	75.2%	52	21	73	20.9%
1997	자산총계	10,002	2,760	4,461	17,223	23.8%	8,513	1,778	10,292	19.9%
	부채	8,307	2,322	3,960	14,588	23.6%	7,474	1,616	9,091	21.3%
	매출액	11,662	2,604	5,554	19,820	25.2%	5,798	3,681	9,479	19.1%
	당기순이익	46	6	5	58	-64.4%	251	15	266	199.9%

자료 : 한국신용평가 KIS-Line 재무자료.
주 : 그룹내 비중은 분석대상 기업의 합을 기준.

제조업체와 판매업체 간에는 상호거래관계가 있기 때문에 해당그룹 전체의 매출액은 중복계산의 문제점이 있을 수 있다. 하지만, 이들의 내부거래 규모나 구성을 정확하게 파악하기 위해서는 결합재무제표 작성을 해야 하면, 이것은 다른 여러 측면에서도 시급하고 중요한 문제이다.

여하튼, 현대는 기아자동차 및 아시아 자동차(1998. 12. 1. ; 주식인수계약 체결)를, 대우자동차는 쌍용자동차(1998. 3. 30.)를 인수함으로써 우리나라의 자동차 및 관련 산업을 양분하고 있다. 참고로 1998년 내수판매대수 기준의 시장점유율은 다음과 같았다.

	현대	기아	대우	삼성	수입	기타	합계
승용차	39.1	16.5	36.8	7.3	0.3	0.2	100
버스	58.3	15.9	25.8	-	-	-	100
트럭	50.3	44.3	4.6	0.5	0.1	-	100

자료 : 공정거래위원회, "현대의 기아자동차 인수에 대한 위원회 결정사항," 1999. 3. 24.
주 : 단위는 %, 기타 0.2%는 진도(주)의 특장차 판매분.

〈표 1-26〉 대우 : 산업별 매출액 규모 및 구성

·(단위 : 십억 원)

	1995년		1996년		1997년	
	총액	그룹내 비중	총액	그룹내 비중	총액	그룹내 비중
섬유 · 화학	72	0.2	84	0.2	81	0.2
비금속광물	-	-	-	-	238	0.5
1차금속	49	0.2	54	0.1	85	0.2
조립 · 자동차 · 장비	8,134	28.1	10,379	27.1	14,288	28.8
전자 · 정밀	5,057	17.5	5,763	15.1	6,398	12.9
건설	400	1.4	514	1.3	464	0.9
도소매 · 숙박	86	0.3	2,257	5.9	3,773	7.6
서비스 · 기타	125	0.4	184	0.5	237	0.5
무역	15,025	51.9	19,012	49.7	24,009	48.4
계	28,948	100	38,248	100	49,574	100

자료 : 한국신용평가 KIS-Line 재무자료.

4.2.4. 대우그룹의 매출액은 1995년 28조 9,480억 원에서 1997년 49조 5,740억 원으로 71.3% 증가했다.

■ 산업별로는 무역, 조립, 전자 순이며, 그룹내 비중이 90% 이상을 차지하고 있다. 1997년도 기준 그룹내 비중 7.6%인 도소매업(4위)의 경우 860억 원에서 3조 7,730억 원

으로 40배 이상 급신장했는데, 이것 역시 대우자판(구 우리자동차판매)의 계열사 편입(1996) 때문이다. 대우자판은 1996년에 비해서 1997년에는 1.7배 정도로 매출액이 증가했다.

■ 기업별로는 (주)대우가 50%에 가까운 비중을 차지하고 있으며, 다음으로는 자동차(1997; 11.7%)와 중공업(1997; 11.2%)이 2~3위권을 형성하고 있다. 그 뒤를 대우전자(1997; 7.8%)와 대우자판(1997; 7.4%)이 잇고 있다. 그러나 이들 기업이 매출액에서 그룹내 상위 기업이라고 하여도, (주)대우와의 차이는 매우 크게 나타난다.

4.2.5. 대우의 주력제품 및 사업내용을 보면, 승용차·트럭등의 각종 차량 제조, PC, 교환기, 건설중장비, 공작기계, 산업차량, 가정용 전자제품, 브라운관, 플랜트부문 등이 있다.

〈그림 1-11〉 대우 : 산업별 당기순이익 구성 : 1995년

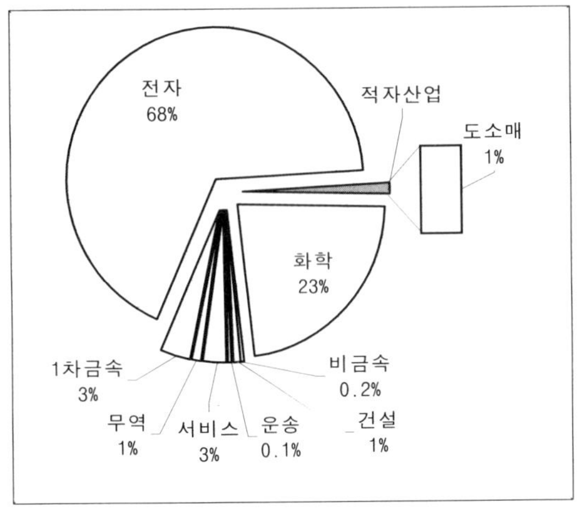

〈그림 1-12〉 대우 : 산업별 당기순이익 구성 : 1996년

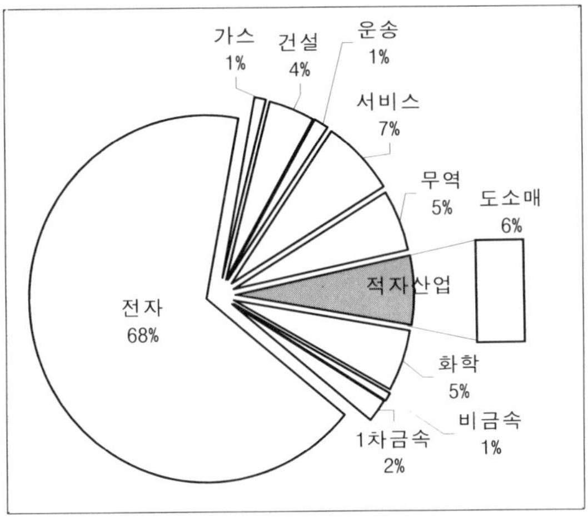

〈그림 1-13〉 대우 : 산업별 당기순이익 구성 : 1997년

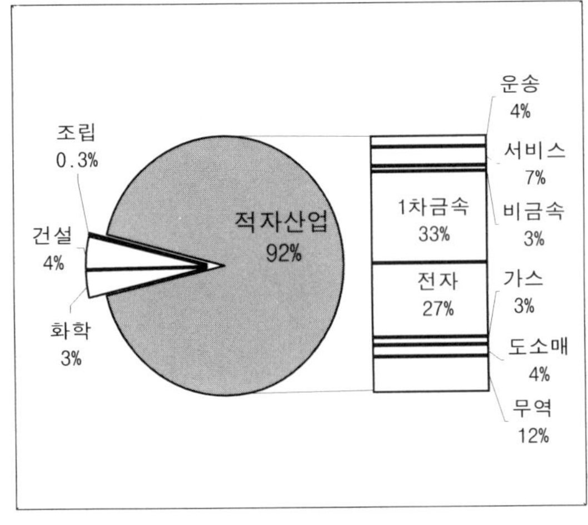

자료 : 한국신용평가 KIS-Line 재무자료.

주 1) P%에서 P는 당기순이익과 당기순손실의 절대값을 더한 값에서 해당 산업이 차지하는 비중.

2) □ 안의 산업은 당해연도 적자산업.

3) ◑의 검은 부분은 흑자액과 적자액의 절대값에서 적자액의 절대값이 차지하는 크기. 예를 들어, 흑자액 + | 적자액 | 이 100일 때, 검은 부분이 60%이면, 흑자액은 40, 적자액은 −60을 의미.

4.2.6. 대우그룹 전체의 당기순이익은 1995년 3,350억 원, 1996년 3,480억 원, 1997년 1,330억 원으로 나타났다.

■ 1995년도의 경우 전자부문, 특히 반도체사업에 뛰어들어 엄청난 당기순이익을 기록했던 삼성, 현대, LG그룹들과는 달리 대우그룹은 오히려 조립·자동차·장비부문에서 당해 연도 당기순이익의 49.1%에 해당되는 1,671억 원의 흑자를 기록했다. 그 다음이 전자부문으로 962억 원의 흑자를 기록, 그룹내 비중 28.3%를 차지했다. 이 해에는 1차 금속업에 속하는 경남금속이 51억 원의 적자를 기록했다. 1997년도의 경우 전자, 조립, 무역 부문의 그룹내 비중이 엇비슷하여 각각 29.0%, 28.8%, 27.9%를 차지했는데, 무역업의 경우 당기순이익 규모의 변동이 상대적으로 적은 편이었던 반면, 조립과 전자부문은 당기순이익 규모가 1995년도에 비해 각각 33.2%, 58.2% 수준으로 떨어졌다.

■ 특히 조립부문의 경우 대우자동차와 대우중공업이 그룹 전체 흑자총액의 67.4%에 해당하는 3,459억 원의 당기순이익을 기록하였으나, 같은 부문에 속하는 쌍용자동차가 1997년 적자총액의 82.4%인 3,133억 원의 적자를 기록함으로써 부문 전체의 비중을 크게 낮춘 것으로 나타났다. 한편 1997년도에는 대우그룹이 새로 진출한 비금속산업의 한국전기초자가 598억 원의 적자를 기록한 것으로 나타났다. 그러나 다른 상위 재벌들의 경우 이 해에 적자를 기록한 회사 수가 10여 개나 되는 데 반해 대우는 적자기업수가 4개에 불과한 것으로 나타났다(〈부표 1-25〉 참조).

〈표 1-27〉 대우 : 당기순이익 기준 흑자사와 적자사 비교

(단위 : 십억 원)

		매출액		당기순이익		기업수	
		구성	구성비	구성	구성비	구성	구성비
1995	흑자사	28,872	99.7%	342	100%	17	81.0%
	적자사	77	0.3%	-6	-1.9%	4	19.0%
	합 계	28,948	100%	335	98.1%	21	100%
1996	흑자사	38,190	99.8%	350	100%	21	91.3%
	적자사	58	0.2%	-2	-0.6%	2	8.7%
	합 계	38,248	100	348	99.4%	23	100
1997	흑자사	47,853	96.5%	513	100%	21	84.0%
	적자사	1,721	3.5%	-380	-74.0%	4	16.0%
	합 계	49,574	100	133	26.0%	25	100

자료 : 한국신용평가 KIS-Line 재무자료.

4.2.7. 〈표 1-35〉를 보면 흑자사들의 매출액 비중이 압도적으로 높다. 대우는 1996년도에는 다른 그룹과 달리 적자의 규모가 오히려 감소했지만, 1997년에는 당기순이익 규모가 증가

했음에도 당기순손실의 규모가 전년도에 비해 매우 크게 증가했다. 즉, 적자규모가 20억원(1996)에서 3,800억원(1997)으로 증가했다(〈부표 1-25〉와 제5장 참조).

4.3. 상장사와 비상장사

〈표 1-28〉 대우 : 상장사와 비상장사 비교

(단위 : 십억 원)

		비중(b/a)	상장사(a)	비상장사(b)
1995	기 업 수	1.63	8	13
	매 출 액	18.3%	24,465	4,484
	자산총계	23.9%	24,364	5,827
	계	21.1%	48,829	10,311
1996	기 업 수	1.67	9	15
	매 출 액	17.2%	32,639	5,609
	자산총계	23.1%	27,780	6,424
	계	19.9%	60,419	12,033
1997	기 업 수	1.27	11	14
	매 출 액	17.3%	42,250	7,324
	자산총계	24.2%	41,661	10,083
	계	20.7%	83,910	17,407

자료 : 한국신용평가 KIS-Line 재무자료.

4.3.1. 다른 재벌들과 비교해 볼 때, 대우는 상장사와 비상장사가 그 수에서나, 매출액 혹은 자산총계의 증가율 등이 유사하게 나타난다. 3개년의 분석기간 동안 상장사와 비교했을 때 비상장사의 규모는, 매출액은 17~8%, 자산은 23~4% 정도이다. 이 기간 동안 늘어난 상장사를 보면, 1996년에는 대우자판, 1997년에는 쌍용자동차와 한국전기초자이다.

4.3.2. 비상장사 중에서 주목할 만한 기업은 대우자동차(등록법인)뿐이다. 대우자동차는 조립·기계부문의 핵심기업이며, 여러 항목에 걸쳐서 그룹내 3위권에 속하고 있는 기업이다. 또한 당기순이익을 보면, 1995; 105억원, 1996; 519억, 1997; 2,512억 원으로 1997년에는 대우그룹내에서 가장 큰 당기순이익을 기록했다.

4.3.3. 이상에서 살펴본 내용을 요약하면 다음과 같다.

■ 조립·기계산업이 여러 항목에 걸쳐 그룹내에서 차지하는 비중이 거의 50%대에 육박하는 것이 특징이다. 매출액에서는 무역이 50%에 가까운 비중을 차지하지만, 여하튼 이 두 부문이 대우그룹의 80%에 가까운 비중을 차지하고 있다. 즉, 전자·정밀부문이 10% 이상을 차지하고 있다고 해도, 점차 감소하고 있는 추세이기 때문에 다른 재벌들

과 비교해 볼 때, 상대적으로 산업간의 격차가 크다고 평가할 수 있다.

■ 대우그룹의 주력기업으로는 대우중공업, 대우자동차, ㈜대우가 핵심을 이루고 있으며, 이외에 전자부문의 대우전자, 대우통신, 오리온전기, 도소매의 대우자판을 들 수 있다.

■ 도소매업의 경우 대우자판의 계열사 편입으로 그룹내 비중이 커지지만, 다른 재벌과 비교해 볼 때, 전체적으로 대우는 1995~97년 분석기간 동안에 상대적으로 별다른 변화가 없었던 것으로 판단된다.

5. LG

5.1. 계열사현황 및 주요 진출업종

〈표 1-29〉 LG : 1997년도 계열사 현황

산 업	소속기업
정유·화학	LG칼텍스정유 LG석유화학 LG화학 LG MMA LG얼라이드시그널
비금속광물	LG오웬스코닝
제1차금속	LG금속
조립, 자동차·장비	LG에너지
도소매 및 숙박	LG정유판매 LG백화점 LG유통 LG홈쇼핑 한무개발
운수창고 및 통신	호유해운 LG인터넷 LG텔레콤

산 업	소속기업
전기·가스	극동도시가스 원전에너지 LG칼텍스가스
건설	LG건설 LG기공
전자·정밀	LG산전 LG전선 LG실트론 LG마이크론 LG반도체 LG정밀 LG정보통신 LG전자 LG전자부품 LG포스타 LG하니웰

산 업	소속기업
서비스·기타	LG교통정보 LG소프트 LG히다찌 LG이디에스시스템 LG경제연구원 LG엔지니어링 LG이엔씨 LG애드 LG레저 LG스포츠
무역	LG상사
금융	부민상호신용금고 LG종합금융 LG투자신탁운용 LG창업투자 LG신용카드 LG화재해상보험 LG증권 LG선물

주 : 공정거래위원회, "1998년도 대규모기업집단 지정," 1998. 4. 1.

5.1.1. 공정거래위원회가 발표한 LG그룹의 계열사 수는 1995년 48개, 1996년 49개, 1997년 52개사였다. 1995~1997년 기간동안 다른 재벌그룹들에 비해 계열사 수의 변화가 적었으며, 농수산업, 광업, 섬유·가죽업, 목재·종이·출판업에는 진출하지 않았다. 1996년도에 LG에너지가 조립·자동차·장비업에 새롭게 진출함으로써 이 백서의 분류기준으로 1997년 현재 금융업을 포함해 총 12개 산업에 진출하고 있다(〈부표 1-3〉 참조).

5.1.2. 소속 계열사 이외에도 LG와 관련된 기업이라고 알려진 바는 다음과 같다.

■ 공익법인으로는 LG복지재단(사회복지시설 관리 및 운영), LG연암문화재단(장학사업), LG연암학원(연암축산원예전문대학, 연암공업전문대학)이 있다.

■ 금융감독위원회에서 LG의 주요 채무계열 소속기업체로 지정한 기업을 보면, 소속계열사를 비롯해, LG경영개발원, LG쉬플린, 그리고 해외법인 114개 사(1998.12.24. 현재)가 있다(www.fsc.go.kr의 일반자료).

■ 또한 계열사 이외에 국내에 소재한 관계사는 무석락금화공, 삼환럭키, 삼림산업 등이 있다(한국신용평가 KIS-Line '관계회사현황', 1998년 6월 기준).

5.2. 기업 규모 관련

주요 재무제표 항목에 대해서, 그룹 내 규모와 구성을 분석한 LG의 계열사는 1995년;

〈표 1-30〉 LG : 산업별 자산총계 규모 및 구성

(단위 : 십억 원, %)

	1995		1996		1997	
	총액	그룹내 비중	총액	그룹내 비중	총액	그룹내 비중
정유·화학	8,838	29.3	11,386	30.7	14,067	27.5
비금속광물	92	0.3	126	0.3	182	0.4
1차금속	816	2.7	976	2.6	1,768	3.5
조립·자동차·장비	-	-	-	-	18	0.0
전자·정밀	13,796	45.8	16,471	44.5	23,690	46.3
전기·가스	279	0.9	476	1.3	953	1.9
건설	1,608	5.3	1,886	5.1	2,203	4.3
도소매·숙박	2,543	8.4	3,061	8.3	3,526	6.9
운수창고·통신	186	0.6	467	1.3	1,509	2.9
서비스·기타	730	2.4	793	2.1	1,265	2.5
무역	1,250	4.1	1,389	3.7	2,033	4.0
계	30,138	100	37,029	100	51,213	100

자료 : 한국신용평가 KIS-Line 재무자료.
주 : '-'는 해당기업 없음.

40개 사, 1996년; 38개 사, 1997년; 43개 사이다(〈부표 1-4〉 참조). 이때 조립·자동차·장비 산업의 LG에너지는 1996년 10월 9일에 신설, 계열사로 지정되었지만 1997년부터 합산대상 기업으로 분석하였다(그룹내 순위와 관련된 내용은 〈부표 1-15〉 참조).

5.2.1. LG그룹의 자산총계는 1995~97년 기간동안 30조 1,380억 원에서 51조 2,130억 원으로 69.9% 증가하였다.

■ 산업별로는 1997년 기준으로 전자(46.3%), 화학(27.5%), 도소매업(6.9%) 순으로 비중이 높게 나타난다. 이때, 도소매업의 경우 3위이기는 하지만 그 비중은 현격하게 작다. 전체적으로 보면, 3개년 동안 그룹내 구성의 분포는 약간의 부침이 있었지만 크게 변화가 없었다. 하지만, 운수·통신업부문은 그룹내 전체에서 차지하는 비중은 작지만, 1995년 1,860억원에서 1997년 1조 5,090억원으로 약 8배가 증가했음을 알 수 있다.

■ 주요 기업들을 살펴보면, 전자·정밀에서는 LG 전자·반도체·산전·전선(혹은 정보통신)이 있으며, 11개 기업으로 이루어진 해당 산업의 자산의 약 80%를 차지하고 있다. 이들 5개 기업은 자산규모가 1조 원 이상이며, 특히 정보통신은 1996년 6천억 수준에서 1997년에는 1조 9천억 원 수준으로 3배 이상 증가했다.

■ 1997년도의 화학산업을 보면, LG화학과 LG칼텍스정유가 해당 산업의 90% 이상을 차지하고 있으며, 도소매의 경우, LG정유판매(LG정유유통을 흡수합병)가 60~70%의

〈표 1-31〉 LG : 산업별 자기자본 규모 및 구성

(단위 : 십억 원, %)

	1995		1996		1997	
	총액	그룹내 비중	총액	그룹내 비중	총액	그룹내 비중
정유·화학	2,410	33.9	2,736	33.7	2,713	32.2
비금속광물	28	0.4	43	0.5	33	0.4
1차금속	159	2.2	163	2.0	14	0.2
조립·자동차·장비	-	-	-	-	16	0.2
전자·정밀	3,651	51.4	4,020	49.5	4,147	49.2
전기·가스	32	0.5	110	1.4	233	2.8
건설	282	4.0	290	3.6	281	3.3
도소매·숙박	84	1.2	85	1.0	147	1.7
운수창고·통신	116	1.6	314	3.9	522	6.2
서비스·기타	78	1.1	101	1.2	99	1.2
무역	260	3.7	264	3.2	222	2.6
계	7,101	100	8,127	100	8,426	100

자료 : 한국신용평가 KIS-Line 재무자료.
주 : '-'는 해당기업 없음.

비중을 차지하고 있다. 다음으로 운수·통신업 부문에는 LG텔레콤이 있는데, 이 기업은 1996년에는 2천억 원 수준이었지만, 1997년에는 1조가 넘게 되었고 해당산업의 77% 이상을 차지하고 있다.

5.2.2. LG그룹은 자기자본의 경우 1995~97년 기간동안 7조 1,010억 원에서 8조 4,260억 원으로 18.7% 증가했다.

■ 산업별로는 전자와 화학 부문의 비중(81.4%)이 압도적으로 높으며, 자산총계와는 달리, 운수·통신산업이 비중은 작지만 3위로 나타나고 있다. 전체적으로는 각 산업의 규모나 비중은 1995~97년 동안 별다른 변화가 없었으며, 단지 전기·가스, 운수·통신의 증가추세(1995년 대비 각각 7.3배, 4.5배)가 눈에 띈다.

■ 단일 기업으로 자기자본 규모가 1조 원 이상이 되는 기업은 LG 전자, 반도체, 화학, 칼텍스정유이며, 이들은 각각 그룹내 비중이 13~20%를 차지하고 있다. 그룹내 순위에서는 LG정보통신 〔1995년 10위(2%) →1997년 5위(5.2%)〕, LG텔레콤 〔1996년 10위(2.5%) →1997년 6위(4.6%)〕의 도약이 있었다.

■ 분석기간 동안 자본전액잠식이 발생한 기업의 목록은 아래와 같다.

〈표 1-32〉 LG : 자본전액잠식 기업목록

(단위 : 십억 원, %)

1995		1996		1997	
한무개발(주)	-61	한무개발(주)	-69	한무개발(주)	-33
원전에너지(주)	-5	원전에너지(주)	-8	원전에너지(주)	-7
(주) LG스포츠	-1	(주) LG스포츠	-2	(주) LG스포츠	-2
(주) LG소프트	-8	(주) LG소프트	-4	(주) LG홈쇼핑	-1
합 계	-75	합 계	-83	합 계	-43

자료 : 한국신용평가 KIS-Line 재무자료.

SK(주) vs. LG 칼텍스정유

이 책의 산업분류에 따르면 LG와 SK는 그룹내에서 정유 · 화학부문의 비중이 매우 크다는 것을 알 수 있으며, 해당 산업 전체에서 차지하는 비중도 매우 높다. LG의 LG칼텍스정유(구 호남정유)와 SK의 SK(주) (구 유공)는 산업분류상 동일한 산업(D2321; 원유정제 처리업내 코크스, 석유 정제품 및 핵연료)에 속하고 있으며, 이들 기업에서 생산한 제품은 각각 LG정유판매와 SK에너지판매를 통해 상당량이 판매될 것이다. 이와 같이 제조-판매가 두 기업에서 이루어지기 때문에, 해당 기업간에 발생하는 내부거래의 규모는 매우 클 것이다. 따라서 각 그룹의 전체 매출액은 중복계산의 문제를 갖고 있다. 그러나 결합재무제표를 정확하게 작성하지 않는 한, 거래의 규모와 내용을 파악하기는 매우 어렵다. 어쨌든 그 규모를 비교해 보면 다음과 같다.

LG와 SK의 정유업종 규모 비교 (단위 : 십억 원)

연도	자산총계				부채총계			
	SK	LG칼텍스정유	SK에너지판매	LG정유판매	SK	LG칼텍스정유	SK에너지판매	LG정유판매
1995	7,292	4,206	1,289	1,822	5,258	3,082	1,182	1,774
1996	9,739	5,482	2,699	2,073	7,635	4,361	2,571	2,026
1997	12,649	7,050	2,644	2,180	10,529	5,939	2,551	2,138
연 도	매출액				당기순이익			
	SK	LG칼텍스정유	SK에너지판매	LG정유판매	SK	LG칼텍스정유	SK에너지판매	LG정유판매
1995	6,593	4,456	2,252	3,020	105	157	-1.5	1
1996	8,322	5,567	3,141	2,014	76	12	-2	0.2
1997	10,757	7,202	2,663	4,723	20	18	0.2	-6

자료 : 한국신용평가 KIS-Line 재무자료.

정유업종과 관련해서는 SK가 상대적으로 규모가 크다고 할 수 있지만, 연료 도매업종의 경우 우열을 판단하기 힘들다. LG정유판매(구 세방석유)는 LG정유유통(부산 · 대경 · 광일 · 금성 · 부흥석유와 삼화가스를 1994년에 흡수 · 합병)을 흡수 · 합병(1996. 12. 31)하면서, 그룹내 비중이 2배 가까이 증가했다. 하지만 최근 98. 10. 31. 에 LG칼텍스정유로 피흡수 · 합병되었다. SK에너지판매(구 삼일사) 역시 1997년 10월에 삼양 · 대광 · 영남 · 영동석유, 삼일사, 그리고 오륜에너지를 흡수 · 합병한 바 있다.

경제전체 정유업종과 도소매업에서 차지하는 비중

	매 출 액				당 기 순 이 익			
	SK	LG칼텍스정유	SK에너지판매	LG정유판매	SK	LG칼텍스정유	SK에너지판매	LG정유판매
1995	40.1%	27.1%	4.3%	5.7%	34.3%	51.3%	-0.32%	0.2%
1996	35.7%	23.9%	5.0%	3.2%	32.5%	5.2%	-0.37%	0.04%
1997	36.5%	24.4%	3.3%	5.8%	23.2%	20.4%	-0.02%	0.5%

주 : 1) 정유부문은 원유정제 처리업(D2321) 기준, 판매부문은 무역업 제외 도매 및 상품 중개업 기준.
2) 1997년 정유업종 전체의 당기순이익은 1조 1410억 원 적자.

위의 표들을 볼 때, 유의할 점은 SK에너지판매의 경우 1995년은 홍국상사와 SK에너지판매, 1996년은 홍국상사와 앞에서 말한 5개 회사의 수치를 합한 것이고, LG정유판매의 경우, 1995년은 LG정유유통의 수치와 합한 수치이다. 또한 판매회사들의 경제 전체에 대한 비중은 무역업을 제외한 도매 및 상품 중개업 대비 비중이며, 제조회사들의 경제 전체에 대한 비중은 원유정제처리업(D2321) 대비 비중을 의미한다. 그러므로 판매회사들의 세분류상 해당산업에 대한 비중은 실제로는 보다 높을 것이다.

〈표 1-33〉 LG : 산업별 부채총계 규모 및 구성

(단위 : 십억 원, %)

	1995		1996		1997	
	총액	그룹내 비중	총액	그룹내 비중	총액	그룹내 비중
정유·화학	6,429	27.9	8,650	29.9	11,354	26.5
비금속광물	64	0.3	82	0.3	149	0.3
1차금속	657	2.9	812	2.8	1,754	4.1
조립·자동차·장비	-	-	-	-	1	0.0
전자·정밀	10,145	44.0	12,451	43.1	19,543	45.7
전기·가스	247	1.1	366	1.3	721	1.7
건설	1,326	5.8	1,595	5.5	1,922	4.5
도소매·숙박	2,459	10.7	2,976	10.3	3,379	7.9
운수창고·통신	70	0.3	152	0.5	986	2.3
서비스·기타	651	2.8	692	2.4	1,166	2.7
무역	990	4.3	1,125	3.9	1,812	4.2
계	23,038	100	28,903	100	42,787	100

자료 : 한국신용평가 KIS-Line 재무자료.
주 : '-'는 해당기업 없음.

5.2.3. 부채총계는 1995~1997년 기간 동안 23조 380억 원에서 42조 7,870억 원으로 85.7% 증가했다.

■ 산업별로는 전자, 화학 부문의 비중(1997; 72.2%)이 높았으며, 3위 부문(도소매, 1997; 7.9%)과의 격차는 여전히 크게 나타난다. 기업별로는 LG전자, LG반도체, LG칼텍스정유, LG화학 등의 비중이 높게 나타났다.

■ 운수·통신부문에서는 절대적인 규모나 비중은 매우 작지만, 1995년에 비해 1997년에는 14배정도 증가했다. 즉, LG텔레콤(1996; 132억 원 → 1997; 7,847억 원)의 부채증가에서 비롯된 것임을 알 수 있다.

〈표 1-34〉 LG : 산업별 매출액 규모 및 구성

(단위 : 십억 원, %)

	1995		1996		1997	
	총액	그룹내 비중	총액	그룹내 비중	총액	그룹내 비중
정유・화학	8,279	20.7	9,585	20.5	12,126	20.8
비금속광물	41	0.1	43	0.1	55	0.1
1차금속	1,384	3.5	1,620	3.5	2,019	3.5
조립・자동차・장비	-	-	-	-	0	0.0
전자・정밀	12,876	32.1	14,363	30.8	17,622	30.2
전기・가스	574	1.4	685	1.5	1,164	2.0
건설	1,579	3.9	1,970	4.2	2,254	3.9
도소매・숙박	3,843	9.6	2,996	6.4	5,922	10.2
운수창고・통신	112	0.3	175	0.4	287	0.5
서비스・기타	948	2.4	1,175	2.5	1,312	2.2
무역	10,448	26.1	14,041	30.1	15,584	26.7
계	40,084	100	46,653	100	58,345	100

자료 : 한국신용평가 KIS-Line 재무자료.
주 : '-'는 해당기업 없음.

5.2.4. 매출액은 1995～97년 동안 40조 840억 원에서 58조 3,450억 원으로 45.6% 증가하였다.

■ 산업별로 살펴보면 전자에 이어 무역이 2위, 그리고 화학 순으로 차지하는 비중이 높다. 앞의 항목들은 1995～97년 동안 산업마다 약간의 부침이 있었지만, 매출액은 작지만 증가세를 유지하고 있다. 하지만, 도소매 부문에서는 이 부문의 70～80%를 차지하고 있는 LG정유판매의 부진으로 1996년에는 감소했다가 1997년에는 원래의 수준으로 복귀했다.

■ 매출액 상위기업들을 살펴보면 LG상사, LG전자, LG칼텍스정유 3사의 매출액 비중이 그룹 전체 매출액의 54.9%(1997)를 차지하고 있다. 특징적인 것은 LG반도체의 경우 그룹내 비중이 계속해서 낮아지는 추세를 보일 뿐 아니라 그 절대액도 1995년 2조 5,170억 원에서 1997년 2조 70억 원으로 감소하고 있다. 반면에, LG정유판매는 그룹내 비중이 점차 높아지고 있으며, 매출액도 1조 6,220억 원(1995)에서 4조 7,230억원(1997)으로 증가하고 있다.

5.2.5. LG의 주력제품 및 사업내용을 보면, Dram, 휘발유・경유 등의 석유화학제품, 교환기, 전송장비, 이동통신장비, 각종 전자제품, 엘리베이터, 환경플랜트, 세제, 창호재, 가구재, 생활소재 등이 있다.

〈그림 1-14〉 LG : 산업별 당기순이익 구성 : 1995년

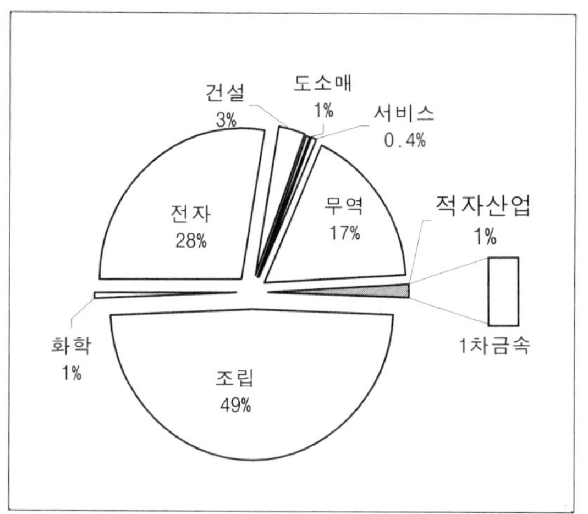

〈그림 1-15〉 LG : 산업별 당기순이익 구성 : 1996년

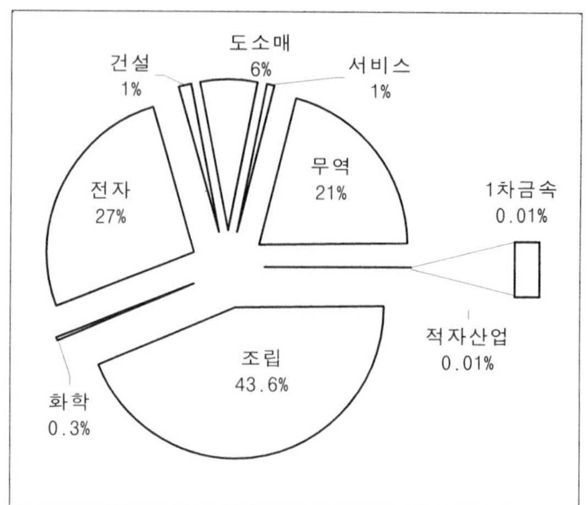

〈그림 1-16〉 LG : 산업별 당기순이익 구성 : 1997년

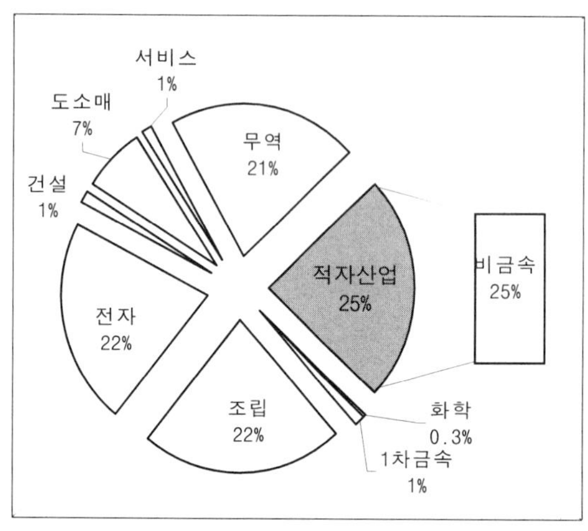

자료 : 한국신용평가 KIS-Line 재무자료.

주 1) P%에서 P는 당기순이익과 당기순손실의 절대값을 더한 값에서 해당 산업이 차지하는 비중.

2) □ 안의 산업은 당해연도 적자산업.

3) ◑의 검은 부분은 흑자액과 적자액의 절대값에서 적자액의 절대값이 차지하는 크기. 예를 들어, 흑자액+ | 적자액 | 이 100일 때, 검은 부분이 60%이면, 흑자액은 40, 적자액은 -60을 의미.

〈표 1-35〉 LG : 당기순이익 기준 흑자사와 적자사 비교

(단위 : 십억 원)

		매출액		당기순이익		기업수	
		총액	구성비	총액	구성비	구성	구성비
1995	흑자사	39,604	98.8%	1,378	100%	33	82.5%
	적자사	480	1.2%	-33	-2.4%	7	17.5%
	합계	40,084	100%	1,345	97.6%	40	100%
1996	흑자사	46,116	98.8%	394	100%	31	81.6%
	적자사	537	1.2%	-42	-10.6%	7	18.4%
	합계	46,653	100%	352	89.4%	38	100%
1997	흑자사	31,485	54.0%	282	100%	25	58.1%
	적자사	26,860	46.0%	-659	-233.6%	18	41.9%
	합계	58,345	100%	-377	-133.6%	43	100%

자료 : 한국신용평가 KIS-Line 재무자료.

5.2.6. LG그룹 전체의 당기순이익은 1995년 1조3,450억 원, 1996년 3,520억 원이었으며, 1997년에는 3,770억 원의 적자를 기록했다.

■ 1995년도에는 전자·정밀업이 그룹 전체의 68.7%인 9,359억 원, 화학업이 23.0%인 3,137억 원의 흑자를 기록했다. 반면에 한무개발, LG홈쇼핑, LG백화점 등이 속해 있는 도소매업은 그룹 전체 규모의 62.6%에 해당하는 적자를 기록했다. 1996년도에는 전자업이 전년도에 비해 흑자규모가 1/3 정도로 감소했음에도 그룹내 비중은 더욱 높아져서 71.7%를 차지했다. 1997년도에는 그룹 전체로 적자를 기록했을 뿐 아니라, 화학과 조립 부문을 제외한 모든 산업부문에서 적자를 기록했다. 이때, 〈표 1-27〉에서 알 수 있듯이, 매출액 구성에서 적자사의 비중이 엄청나게 증가했으며, 계열사 수만도 무려 18개 사나 되었다(〈부표 1-24〉 참조).

■ LG반도체의 경우 1995, 96년도의 경우에는 흑자규모가 그룹 전체 흑자의 56.6%, 23.3%를 기록하면서 당기순이익 1위인 기업이었으나, 1997년도에는 반대로 2,897억 원의 적자를 기록함으로써 그룹 전체 적자의 43.9%를 차지했다. 반면, LG정보통신은 1995년 그룹내 순위 8위(220억 원)에서 1997년에는 2위(660억 원)를 차지했다.

5.3. 상장사와 비상장사

〈표 1-36〉 LG : 상장사와 비상장사 비교

(단위 : 십억 원)

		비중 (b/a)	상장사(a)	비상장사(b)
1995	기업 수	3.00	10	30
	매출액	52.2%	20,755	10,836
	자산총계	32.1%	29,248	9,383
	계	40.4%	50,003	20,220
1996	기업 수	2.80	10	28
	매출액	33.5%	34,955	11,698
	자산총계	47.2%	25,155	11,874
	계	39.2%	60,110	23,573
1997	기업 수	2.91	11	32
	매출액	41.0%	41,386	16,959
	자산총계	45.1%	35,298	15,916
	계	42.9%	76,683	32,875

자료 : 한국신용평가 KIS-Line 재무자료.

5.3.1. 상장사의 경우, 매출액은 매년 증가하고 있지만, 자산총계는 1996년에 감소했다가 1997년에 다시 증가했다. 비상장사의 경우에는 매출액과 자산총계 모두 증가하고 있다. 3개년 동안 약간의 부침이 있지만, 여하튼 1997년에는 1995년에 비해 상장사 대비 비상장사 매출액은 11%p 감소하고, 자산총계는 13%p 증가한 것을 알 수 있다. 또한 비상장사의 경우에 주목할 만한 기업은 여러 항목에 걸쳐 그룹내 10위권 안에 속하는 LG칼텍스정유와 LG정유판매, 그리고 통신산업의 LG텔레콤을 들 수 있다.

5.3.2. 이상의 결과들을 요약해 보면, 다음과 같다.

■ LG는 각종 항목에서 보듯이, 전자·정밀과 화학부문이 그룹 내에서 가장 큰 비중을 차지하고 있으며, 3위 산업과의 차이는 매우 크게 나타나고 있다. 이들 산업에서 큰 비중을 차지하고 있는 기업들은 LG 전자, 반도체, 산전, 정보통신, 화학, 칼텍스정유 등이다.

■ 다른 산업부문에서 주목할 만한 기업은 무역업의 LG상사와 도소매의 LG정유판매, 운수·통신의 LG텔레콤을 들 수 있다. LG상사와 정유판매는 여러 항목에 걸쳐 그룹내 10위권 안에 속하고 있는 기업이며, LG상사는 매출액에서는 1위를 3년 동안 계속해서 유지하고 있다. 그리고 LG정유판매는 LG정유유통을 흡수·합병(1996.12.28.)한 후 규모가 더욱 커졌으며, 이후 1998년 10월 31일에 LG칼텍스정유로 흡수·합병되었다.

■ LG텔레콤은 1997년 현재 그룹 내에서 차지하는 비중에서는 매우 작지만, 그룹내에서 규모확대가 가장 큰 LG정보통신과 많은 관련이 있다는 점에서, 그리고 텔레콤 역시 자산이 1996년 2,150억 원에서 1997년 1조1,700억 원으로 증가했다는 점이 눈에 띈다.

6. SK

6.1. 계열사현황 및 주요 진출업종

〈표 1-37〉 SK : 1997년도 계열사 현황

산업	소속기업	산업	소속기업	산업	소속기업
섬유·가죽	SK케미칼 경성고무공업사	전기·가스	구미도시가스 대한도시가스 중부도시가스 청주도시가스 포항도시가스 SK가스	운수통신 및 통신	SK해운 양산국제물류 SK창고 경진해운 대한텔레콤 이리듐코리아 한국이동통신 SK텔레콤
정유·화학	SK 유공몬텔 동륭케미칼 SK옥시케미칼 SK유씨비 SK엔제이씨 SK제약 SKC	건설	중원 SK건설 대한도시가스엔지니어링 SK임업	서비스·기타	SK경제연구소 마이티브이 대한도시가스서비스 홍진유업
조립·자동차·정비	스피드메이트	도소매·숙박	국일에너지 SK에너지판매 SK컴퓨터통신 SK유통 워커힐 SK혹스	무역	SK상사
전자, 정밀	대구전력			금융	SK투자신탁운용 SK캐피탈 SK생명보험 SK증권

주 : 공정거래위원회, "1998년도 대규모기업집단 지정," 1998.4.1 발표.

6.1.1. 공정위가 발표한 SK그룹의 계열사는 1995년 32개 사, 1996년 46개 사, 1997년 45개 사였다. 1995~97년 동안 계열사 수가 크게 증가했으며, 농수산업, 광업, 목재·종이·출판, 비금속광물, 제1차금속 부문에는 진출하지 않았다. 그러나 1997년도에 전자·정밀업(대구전력)에 진출함으로써, 금융업을 포함해 총 11개 산업에 진출하고 있다.

6.1.2. 소속 계열사 이외에도 SK그룹과 관련된 기업이라고 알려진 바는 다음과 같다.

■ 금융감독위원회에서 SK의 주요 채무계열 소속기업체로 지정한 기업을 보면, 소속계열사를 비롯해 부산도시가스, 부산도시가스개발, 수인가스, 그리고 해외법인 40개 사(1998. 12. 24. 현재)가 있다(www.fsc.go.kr의 일반자료).

■ 또한 계열사 이외에 국내에 소재한 관계사는 여진유업, 한일에너지 등(한국신용평가 KIS-Line '관계회사현황', 1998년 6월 기준)이 있으며, 공익법인으로는 한국고등교육재단(장학사업)이 있다.

6.2. 기업 규모 관련

이하에서는 SK그룹의 산업간 규모와 구성을 살펴볼 것이다. 분석대상 기업은 1995; 25개사, 1996; 34개 사, 1997; 27개 사(〈부표 1-5〉 참조)이며, 앞에서와 마찬가지로 이 장에서는 제조업과 비금융업만을 분석한다. 이때, 조립·자동차·장비(1996; 스피드메이트), 전자·정밀(1997; 대구전력), 그리고 서비스 산업에 진출한 기업은 있지만, 분석대상 기업이 아니기 때문에, 이하에서는 7개 산업간 규모와 구성만을 살펴볼 것이다.

〈표 1-38〉 SK : 산업별 자산총계 규모 및 구성

(단위 : 십억 원, %)

	95년		96년		97년	
	총액	그룹내 비중	총액	그룹내 비중	총액	그룹내 비중
섬유·가죽	1,159	8.1	1,260	5.5	1,472	5.1
정유·화학	8,479	59.4	11,097	48.9	14,233	49.1
전기·가스	521	3.7	618	2.7	1,181	4.1
건설	1,257	8.8	1,416	6.2	1,739	6.0
도소매·숙박	1,114	7.8	3,063	13.5	3,258	11.2
운수·통신	782	5.5	4,165	18.4	5,634	19.5
무역	952	6.7	1,081	4.8	1,449	5.0
계	14,265	100	22,699	100	28,966	100

자료 : 한국신용평가 KIS-Line 재무자료.

6.2.1. SK그룹의 자산총계는 1995년 14조 2,650억 원에서 1997년 28조 9,660억 원으로 103.1% 증가했다.

■ 산업별로는 1996, 97년도 기준으로 화학, 운수·통신, 도소매업 순으로 차지하는 비중이 높다. 화학산업의 비중이 10.3%p나 감소한 것은 운수·통신업의 비중이 급격하게

증가한 데서 비롯된다. 운수·통신업은 1995년 7,820억 원에서 1997년 5조 6,340억 원으로 7배 이상 증가했는데, 이는 SK텔레콤(구 한국이동통신)이 계열사로 편입(1996)되었기 때문이다.

■ 화학 부문의 (주)SK는 1997년도 기준 그룹 전체에서 43.7%, 해당산업에서 88%를 점유하고 있다. 통신업의 SK텔레콤은 1997년도에 4조 1,030억 원으로 14.2%의 그룹내 비중을 점하고 있으며, 도소매업의 SK에너지판매(구 삼일사)는 1996년도에 홍국상사를 비롯해 6개 기업을 흡수·합병함으로써, 1997년도에는 3위(그룹내 비중; 9.1%, 자산 2조 6,440억 원)로 상승하였다.

〈표 1-39〉 SK : 산업별 자기자본 규모 및 구성

(단위 : 십억 원, %)

	1995년		1996년		1997년	
	총액	그룹내 비중	총액	그룹내 비중	총액	그룹내 비중
섬유·가죽	293	8.9	228	4.9	304	5.8
정유·화학	2,259	69.0	2,417	52.2	2,501	48.2
전기·가스	174	5.3	255	5.5	413	8.0
건설	95	2.9	114	2.5	152	2.9
도소매·숙박	105	3.2	132	2.9	112	2.2
운수·통신	40	1.2	1,126	24.3	1,361	26.2
무역	309	9.4	355	7.7	351	6.8
계	3,275	100	4,628	100	5,194	100

자료 : 한국신용평가 KIS-Line 재무자료.

6.2.2. SK그룹의 자기자본은 1995년 3조 2,750억 원에서 1997년 5조 1,940억 원으로 58.6% 증가했다.

■ 자기자본 1997년 기준으로 가장 높은 비중을 차지하고 있는 산업은 화학이며, 다음으로 운수·통신, 전기·가스산업 순이다. 역시 운수·통신업이 급격하게 증가했음을 알 수 있다. 하지만, 도소매업은 자산과 비교해 볼 때, 그 비중이 크게 낮다는 것이 주목할 만하다.

■ (주)SK의 그룹내 비중은 40.8%(1997)로 분석기간 동안 계속 수위를 차지하고 있으며, SK텔레콤은 1조 510억 원(1996)으로 해당산업 내 비중이 93.3%에 달했다. SK상사는 그룹내에서 세번째(1997; 6.8%)로 높은 비중을 차지하고 있지만, 2위와의 격차가 크게 난다. 한편, 분석기간 동안 자본전액잠식이 발생한 기업들은 다음과 같다.

〈표 1-40〉 SK : 자본전액잠식 기업목록

(단위 : 십억 원)

1995	금액	1996	금액	1997	금액
SK제약(주)	-8	SK제약(주)	-11	SK제약(주)	-11
SK유통(주)	-58	SK유통(주)	-58	SK유통(주)	-46
(주)경성고무공업사	-69	(주)경성고무공업사	-78	(주)중원	-13
		경진해운(주)	-2	경진해운(주)	-3
			0	SK해운(주)	-12
합 계	-69	합 계	-80	합 계	-86

자료 : 한국신용평가 KIS-Line 재무자료.

〈표 1-41〉 SK : 산업별 부채총계 규모 및 구성

(단위 : 십억 원, %)

	1995년		1996년		1997년	
	총액	그룹내비중	총액	그룹내비중	총액	그룹내비중
섬유·가죽	867	7.9	1,032	5.7	1,168	4.9
정유·화학	6,220	56.6	8,679	48.0	11,732	49.4
전기·가스	347	3.2	363	2.0	768	3.2
건설	1,162	10.6	1,302	7.2	1,587	6.7
도소매·숙박	1,009	9.2	2,930	16.2	3,147	13.2
운수·통신	741	6.7	3,039	16.8	4,273	18.0
무역	643	5.9	725	4.0	1,098	4.6
계	10,990	100	18,071	100	23,772	100

자료 : 한국신용평가 KIS-Line 재무자료.

6.2.3. 부채총계는 1995년 10조 9,900억원에서 1997년 23조 7,720억원으로 116.3% 증가하였다.

■ 산업별로는 역시 1995~97년 기간동안 화학부문의 그룹내 비중이 가장 높았으며, 1995년도에 그룹내 비중 10.6%로 2위 부문이었던 건설업은 1996, 97년도에는 4위로 떨어졌으며, 같은 기간에 2위로 올라선 운수·통신업의 경우 1995년에는 7,410억 원에서 1997년 4조 2,730억 원으로 476.3%나 증가했다. 무역업은 자산과 자기자본과는 달리 부채에서 차지하는 비중은 작다.

■ SK텔레콤은 1996, 97년 각각 그룹내 비중이 12.2%와 11.7%로 기업별 순위 2위에 올랐다. 한편 도소매업에 속하는 SK에너지판매는 1995년도에는 10위안에 들지 않았으나, 1996년도에는 6,410억 원으로 7위, 1997년도에는 2조 5,510억 원으로 3위에 올랐다.

〈표 1-42〉 SK : 산업별 매출액 규모 및 구성

(단위 : 십억 원, %)

	1995년		1996년		1997년	
	총액	그룹내 비중	총액	그룹내 비중	총액	그룹내 비중
섬유·가죽	858	5.0	673	2.5	745	2.5
정유·화학	7,464	43.4	9,254	34.8	11,745	39.1
전기·가스	804	4.7	1,035	3.9	1,325	4.4
건설	1,257	7.3	1,642	6.2	1,481	4.9
도소매·숙박	1,954	11.4	5,714	21.5	3,995	13.3
운수·통신	824	4.8	3,552	13.4	4,779	15.9
무역	4,046	23.5	4,687	17.7	5,997	19.9
계	17,207	100	26,557	100	30,067	100

자료 : 한국신용평가 KIS-Line 재무자료.

6.2.4. SK그룹의 매출액은 1995년 17조 2,070억 원에서 1997년 30조 670억 원으로 74.7% 증가했다.

■ 산업별로는 1997년 기준으로 화학, 무역, 운수·통신, 도소매업 순이다. 운수·통신 부문이 역시 가장 빠르게 증가했으며, 도소매업의 경우, 1995년 1조 9,540억 원에서 1996년 5조 7,140억 원으로 급격히 증가하였다가 1997년도에는 3조 9,950억 원으로 감소하였다.

■ 기업차원에서 보면, SK(주), SK상사, SK텔레콤, SK에너지판매 순으로 그룹내 비중이 크며, 이때 1~2위 기업간 격차(1997년 각각 35.8%, 19.9%)는 3개년 동안 내내 약 15%p 정도 수준이었다. SK텔레콤과 SK에너지판매는 3개년 동안 지속적으로 그 비중이 증가하고 있으며, 1997년은 각각 11.7%, 8.9%였다.

6.2.5. SK의 주력제품 및 사업내용을 보면, 경유·등유 등의 석유정제품과 석유화학제품, 가입자 이동전화 및 무선호출, 폴리에스터 필름, 레이저디스크 등이 있다.

〈그림 1-17〉 SK : 산업별 당기순이익 구성 : 1995년

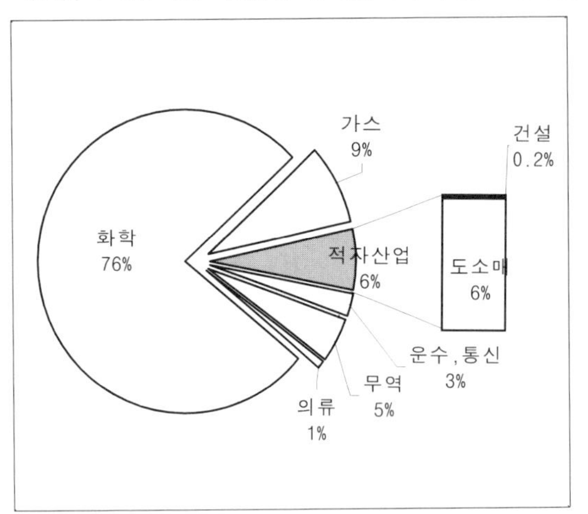

〈그림 1-18〉 SK : 산업별 당기순이익 구성 : 1996년

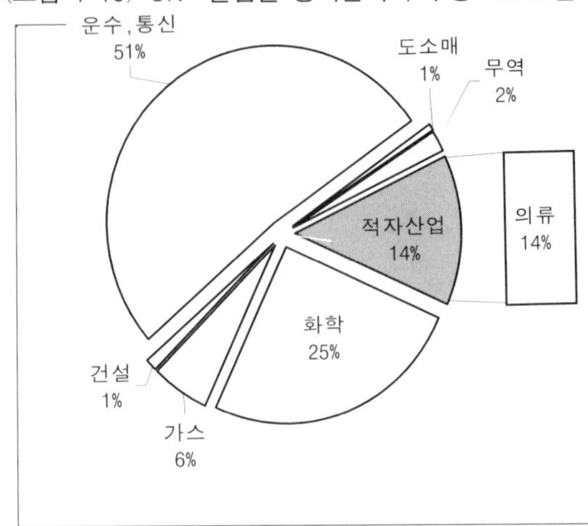

〈그림 1-19〉 SK : 산업별 당기순이익 구성 : 1997년

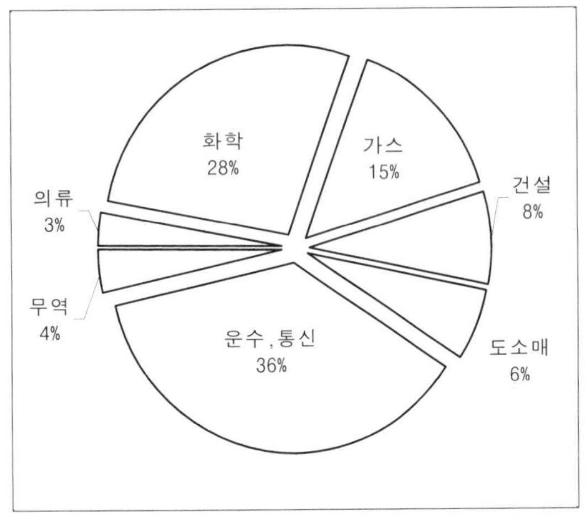

자료 : 한국신용평가 KIS-Line 재무자료.

주 1) P%에서 P는 당기순이익과 당기순손실의 절대값을 더한 값에서 해당 산업이 차지하는 비중.

2) □ 안의 산업은 당해연도 적자산업.

3) ◑의 검은 부분은 흑자액과 적자액의 절대값에서 적자액의 절대값이 차지하는 크기. 예를 들어, 흑자액+|적자액|이 100일 때, 검은 부분이 60%이면, 흑자액은 40, 적자액은 −60을 의미.

6.2.6. SK그룹의 당기순이익은 1995년 1,680억원, 1996년 3,360억원, 1997년 2,260억원이다.

■ 1995년도의 경우 화학산업이 1,487억 원의 흑자를 기록하여 당해연도 그룹 전체 당기순이익의 82.4%를 차지했다. 반면에 도소매업에 속하는 SK유통이 139억 원의 적자를 기록해 그룹 전체 적자내 비중 53.5%를 차지했다.

■ 1996년도에는 SK텔레콤이 속해 있는 서비스업 부문이 2,425억 원의 당기순이익으로 그룹내 비중 60.7%를 차지했으며, (주)SK가 속해 있는 화학업이 1,156억 원의 흑자로 그룹내 비중 28.9%를 차지했다. 반면에, 섬유·의복·가죽업에 속해 있는 SK케미칼이 542억 원, 경성고무공업사가 92억 원의의 적자를 내면서 이 부문이 그룹 전체 적자규모의 79.7%에 해당하는 비중을 차지했다.

■ 1997년도에는 서비스 부문의 당기순이익 규모가 1/3 수준으로 줄어들고, 화학부문도 흑자규모가 절반 정도 감소했다. 운수창고 및 통신업에 속하는 SK해운이 434억 원의 적자를 기록, 그룹 전체의 89.3%에 해당되는 손실을 기록했다.

〈표 1-43〉 SK : 당기순이익 기준 흑자사와 적자사 비교

(단위 : 십억 원)

		매출액		당기순이익		기업수	
		구성	구성비	구성	구성비	구성	구성비
1995	흑자사	15,568	90.5%	194	100%	19	76.0%
	적자사	1,638	9.5%	-26	-13.4%	6	24.0%
	합계	17,207	100%	168	86.6%	25	100%
1996	흑자사	24,174	91.0%	416	100%	26	76.5%
	적자사	2,383	9.0%	-80	-19.2%	8	23.5%
	합계	26,557	100%	336	80.8%	34	100%
1997	흑자사	28,855	96.0%	274	100%	22	81.5%
	적자사	1,213	4.0%	-49	-17.7%	5	18.5%
	합계	30,067	100%	226	82.3%	27	100%

자료 : 한국신용평가 KIS-Line 재무자료.

6.2.7. 〈표 1-43〉을 보면, SK는 다른 그룹과 비교해 상대적으로 분석기간 3개년 동안 별다른 변화가 없었다. 당기순이익과 손실의 규모가 비슷하게 변화하고 있었으며, 적자사의 1997년 매출액은 전년도에 비해 절대적·상대적으로도 축소되고 있어(제5장과 〈부표 1-26〉 참조).

6.3. 상장사와 비상장사

〈표 1-44〉 SK : 상장사와 비상장사 비교

(단위 : 십억 원)

		비중(b/a)	상장사(a)	비상장사(b)
1995	기 업 수	3.17	6	19
	매 출 액	33.7%	12,865	4,342
	자산총계	36.1%	10,479	3,786
	계	34.8%	23,344	8,128
1996	기 업 수	3.86	7	27
	매 출 액	47.8%	17,965	8,592
	자산총계	36.3%	16,650	6,049
	계	42.3%	34,615	14,641
1997	기 업 수	2.86	7	20
	매 출 액	31.5%	22,872	7,195
	자산총계	33.9%	21,637	7,329
	계	32.6%	44,509	14,524

자료 : 한국신용평가 KIS-Line 재무자료.

6.3.1. SK그룹은 다른 그룹과 비교했을 때, 우선 기업수에서 비상장 기업이 보다 높은 비중을 차지하고 있는데, 1997년에는 여러 회사의 흡수 및 통합으로 비상장 기업수가 많이 감소했다.

■ 비상장 기업 중에서 주목할 만한 기업은 SK에너지판매, SK건설, SK케미칼 등이다. SK에너지판매는 앞에서 본 것처럼, SK그룹 내, 여러 항목에 걸쳐 높은 비중을 차지하고 있는 기업이다. 건설과 케미칼은 SK텔레콤과 에너지판매가 있기 전에는 자산총계에서 2, 3위를 하는 등 SK그룹의 핵심기업이라고 할 수 있었지만, 이후에는 절대적인 규모가 확대되지 않았으며, 그 결과 중·하위권으로 밀려났다.

6.3.2. 이상의 내용을 요약하면 다음과 같다.

■ SK그룹의 주력산업은 화학, 운수·통신, 도소매업이라고 할 수 있다. 하지만, 각 산업내에는 핵심기업이라고 할 수 있는 기업이 2개 이상씩 있는 다른 그룹과는 달리, 해당 산업 내부에는 핵심기업이 1개 정도로 집중되어 있다.

■ SK그룹에서 압도적인 비중을 차지하는 산업은 화학부문이다. 화학부문은 각종 항목에서 1995년 당시에는 50% 이상을 차지하고 있으며, 이후 비중이 많이 감소하고는 있지만, 1997년에도 그 비중은 여전히 50% 정도에 근접해 있다. 그 중에서도 SK(주) (구

유공)는 핵심 중에 핵심이라고 할 수 있다.

■ 이와 같은 화학부문의 비중이 축소될 수 있었던 것은 SK텔레콤이 계열사로 편입되었기 때문이다. 운수·통신부문은 SK텔레콤의 편입으로 그룹내에서 차지하는 비중이 10%p 이상으로 증가하여, 그룹내 2위의 위치가 확고해졌다.

■ 다음으로는 도소매업의 SK에너지판매인데, 그 영향력이 SK텔레콤에는 미치지 못하지만, 여러 회사의 흡수·합병 등으로 그 규모가 매우 빨리 증가하고 있음을 알 수 있다.

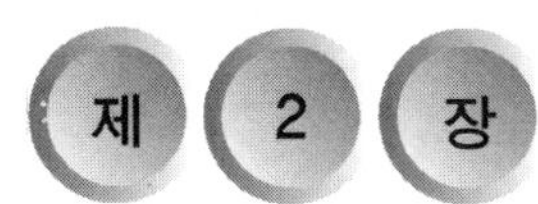

경제력 집중과 다각화

정 중 호

1. 시장지배 및 독과점 현황

1.1. 경제력 집중이란 일정한 경제활동 범위에서 각 기업 또는 기업집단이 차지하는 비중의 분포에 관한 것인데, 통상적으로 일반집중, 산업집중, 시장집중 등의 개념을 이용하여 분석한다. 일반집중은 모든 산업부문 또는 주요 산업부문을 포괄하는 범위에서의 경제력 집중이며, 산업집중은 특정 산업내에서의 경제력 집중이고, 시장집중은 특정 상품이 경쟁적으로 거래되는 시장내에서의 경제력 집중이다. 따라서 재벌에 의한 일반집중은 해당 재벌이 모든 산업부문 또는 주요 산업부문에서 지배하고 있는 경제활동 비중의 분포가 되는 것이고, 시장집중은 해당 재벌의 계열기업이 특정 시장에서 지배하고 있는 경제활동 비중의 분포가 된다.[1)]

1.2. 경제력을 경제영역에서 작용하는 경제주체의 힘이라고 규정한다면, 경제력을 가진 주체는 다른 경제주체에 두 가지 형태로 영향을 미친다고 말할 수 있다. 하나는 다른 경제주체의 의사결정에 관련되는 가격, 품질, 제도 등 제반여건을 변경시키는 것이며, 다른 하나는 공급자나 구매자들의 경제적 가치에 직접적으로 영향을 미치는 것이다. 이러한 경제력의 근거가 경제적 자원 및 수단의 조직적 소유에 있는 만큼 경제력의 크기는 그러한 소유량의 많고 적음에 따라 결정될 것이다. 그런데 오늘날 경제에서 가장 중요한 경

1) 이상과 같은 기준 이외에도 소유집중, 업종다각화 등을 통해 경제력집중 문제에 접근할 수 있으며, 우리나라의 공정거래법도 이러한 지표들을 함께 고려하고 있다(《공정거래백서》, 1997).

제조직은 기업이므로 결국 경제력 집중은 일반적으로 소수의 기업이 경제적 자원 및 수단의 상당부분을 점유하는 형태로 나타나기 마련이다. 특히 우리나라와 같이 재벌기업들이 각각 특정한 개인에 의하여 실질적으로 소유, 지배되는 경우에는 소수 개인의 의사가 경제 전체의 자원배분에 큰 영향을 주게 된다.

1.3. 우리나라에서 경제력 집중은 재벌의 복합적 지배력의 형태로 나타난다. 즉, 특정 개인 또는 그의 혈족이 다수의 대규모 독과점적 기업을 실질적으로 소유, 지배함과 동시에 이처럼 다각화되어 있는 기업집단이 다른 기업보다 우월한 총체적 경쟁력을 갖는다. 재벌체제가 지닌 여러 가지 문제들은 비단 경제영역에만 국한된 것이 아니며 사회 · 정치 · 문화적인 영역에까지 커다란 파급력을 갖는 것이지만, 경제영역에서는 소수의 개인이나 기업이 과도한 경제적 지배력을 행사함으로써 시장질서를 해치고 경쟁을 저해하여 국민경제의 발전에 나쁜 결과를 초래한다.

1.4. 흔히 시장구조의 기본적 유형으로 거론되는 것은 완전경쟁, 완전독점, 과점, 독점적 경쟁의 네 가지이다. 이러한 분류의 근거는 각 유형이 갖는 구조적 속성이 다르고 이에 따라 기업행동과 시장성과가 다르다는 데 있다. 시장구조가 경쟁양태를 결정한다고 말할 때 가장 중심적인 구조적 특징으로 지목되는 것은 기업의 숫자이다. 그렇지만 기업의 숫자를 포함한 시장구조와 기업행동, 시장성과 사이에 반드시 함수적인 관계가 있는 것은 아니며, 그 관계를 선험적 · 일반적으로 예측하기도 어렵다. 그럼에도 불구하고 독점이 문제시되고 별도의 시장구조로 분석되는 이유는 독점기업이 초래할 폐해의 개연성 때문이다. 독점기업은 시장 내부 또는 외부에서 획득한 자신의 지배력을 행사함으로써 공정한 경쟁을 저해하고 부당한 이익을 취득할 수 있다는 것이다.

1.5. 일반적으로 시장구조는 한 시장내에 존재하는 수요자 및 공급자의 수와 규모의 분포, 진입장벽의 유무와 특성, 기업결합의 범위 등 여러 요인을 포함한다. 그러나 여러 시장의 상이한 구조적 성격을 같은 차원에서 비교하기 위해서는 이러한 요인들을 동시에 고려할 수는 없으며, 근사적 접근으로 기업의 수와 규모의 특성을 주로 관찰하게 된다. 이때 기업수와 기업규모의 분포를 하나의 수량적 척도로서 동시에 측정하기 위해서 일반적으로 사용되는 것이 바로 집중지수이다. 그러나 시장구조를 지수화한다는 것은 어디까지나 시장구조의 다원적 성격을 단일차원으로 표현하려는 것에 불과하며, 여러 시장간의 지수간 차이가 그 자체로서 기업행동 및 시장성과의 차이를 나타내지 않는다는 점에 유의해야 한다.

1.6. 기업규모는 매출액 · 고용자수 · 자산총계 · 자기자본 · 부가가치 등 여러 가지 측면에서 측정될 수 있다. 이 중 어떤 규모변수를 기준으로 삼느냐에 따라 집중지수의 성격이 달라지므로 분석결과를 해석할 때 이를 고려해야 한다. 우선 고용자수는 생산력을 나타내

는 유력한 지표이지만 산업 및 기업의 규모에 따라 노동-자본 비율이 상이하다는 사실을 고려해야 한다. 일반적으로 대기업은 중소기업에 비하여 자본집약도가 높으므로 고용자수를 기준으로 기업규모를 비교하는 경우에는 대기업의 상대적 규모를 과소평가하게 되며, 나아가 집중지수는 대기업의 규모에 따라 크게 좌우되므로 집중지수가 상대적으로 낮게 산정될 수 있다. 또한 고용자수를 기준으로 하는 경우에는 각 기업의 노동생산성 차이가 무시되며, 노동시간·계절노동자·임시고용자 등의 문제도 감안되어야 하는 어려움이 존재한다. 한편 자산을 기준으로 하는 집중지수는 고용자수 기준의 지수와 반대로 자본집약도가 높은 대기업의 규모를 상대적으로 과대평가하는 경향을 갖는다. 자산은 유형자산이건 총자산이건 개념상으로는 기업이 갖는 시장력의 기초를 가장 잘 나타낸다고 할 수 있지만, 자산평가 및 감가상각의 방법이 기업에 따라 상당한 차이가 있으므로 장부상의 자산가치를 그대로 기준으로 채택할 수 없는 약점을 가지고 있다(윤창호, 1992).

1.7. 매출액은 일정기간에 걸친 기업활동의 성과를 나타내는 지표로서 기업의 총체적인 경제력을 결과적으로 나타낸다는 장점이 있으므로 집중지수의 기준으로 가장 널리 사용되고 있다. 특히 우리나라의 공정거래법에서도 시장점유율을 구할 때 매출액을 기준으로 산정하고 있다.

1.8. 한편 집중지수의 종류로는 크게 구조지수와 성과지수가 있다. 구조지수는 기업수와 각 기업의 상대적 규모를 가지고 시장구조를 계측하려는 것으로 시장성과와의 관계는 고려되지 않는다. 구조지수는 다시 소수 대기업의 시장지배력을 측정하려는 절대적 지수와 전체 기업 간의 규모 불균등도를 측정하려는 상대적 지수로 나눌 수 있지만 두 가지 측면을 동시에 고려하는 지수도 있다. 반면에 성과지수는 구조와 성과 간의 구조론적 인과관계를 역으로 적용하여 시장성과로부터 시장구조를 유추하려는 것이다. 그러므로 구조지수와는 반대로 시장의 구조적 변수는 집중지수의 산정에 고려되지 않으며 실제로 시장구조는 일정하더라도 수요조건의 변화 등으로 시장성과의 변동이 심할 경우 해당 시장의 구조적 성격이 상이하게 나타난다는 논리적 취약점을 갖고 있다.[2)]

2) 황인학(1998)은 네오-오스트리아학파 경제학자인 커즈너(Kirzner I. M.)의 시장과정론에 기대어 시장집중도와 같은 정태적 구조지수 대신 동태적 경쟁과정을 분석할 수 있는 이동지표를 이용해야 한다고 주장한다. 그에 따르면, 특정산업내의 진입과 퇴출, 기업간 순위변동 등을 반영하는 이동지표가 진정한 의미의 경쟁척도일 수 있다는 것이다. 구조지수를 통해 시장지배력 또는 시장독과점도를 측정하는 방법이 제한적이라는 비판은 오래 전부터 제기되어온 것이며, 이러한 한계를 극복하기 위한 시도들 역시 많이 존재한다. 따라서 이동지표를 이용하여 경쟁의 정도를 측정하려는 접근방법도 이러한 시도의 일환으로서 긍정적으로 평가할 만하다. 그러나 본인도 지적하고 있듯이 동태적 시장경쟁의 정도를 측정하기 위해 이동지표를 추계하면서 표준산업분류상 중분류를 기준으로 삼는 것은 타당하지 않다. 중분류는 전산업을 60개로 묶는 포괄적인 기준이므로, 동일산업에 속한다고

1.9. 우리나라의 경우 독과점규제행정을 위한 시장구조 분류에서는 대표적인 구조지수 중 하나인 CR3를 기준으로 하고 있다. 이 지수는 일반적으로 '상위 k기업집중률'로 불리는 것으로, $CR_k = \sum_{i=1}^{k} s_i$와 같이 표현되며, 한 시장에서 상위 k개 기업 각각이 차지하는 시장점유율의 누계로 정의된다. 이 지수는 측정이 간단하고 소수 대기업의 시장지배력을 직접적으로 표시해주므로 시장구조분석, 특히 독과점규제행정을 위한 시장구조 분류기준으로서 각국에서 널리 사용되고 있다.

1.10. 〈표 2-1〉은 CR3를 기준으로 본 우리나라의 시장구조의 유형별 비중이 각 연도별로 어떠한 추이를 나타내는지를 보여준다. 이 표에서 알 수 있듯이 우리나라의 상품시장구조는 집중형 구조, 즉 독과점시장구조의 비중이 상당히 높다. 전체적으로는 독과점시장구조의 비중이 1981년 기준 87.8%에서 1995년 기준 71.6%로 많이 줄어들었으나, 아직도 비중이 상당히 큰 편이라고 할 수 있다.

〈표 2-1〉 시장구조의 유형별 비중변화 추이

(단위 : %)

구 분	1981년	1990년	1991년	1992년	1993년	1994년	1995년
집중형 (CR3 50% 이상)	87.8	80.9	80.4	78.8	73.3	75.8	71.6
경쟁형 (CR3 50% 이하)	12.2	19.1	19.6	21.2	26.7	24.2	28.4

자료 : 공정거래위원회, 《공정거래백서》, 1998.

1.11. 한편 우리나라에서는 공정거래위원회가 매년 시장지배적 사업자를 지정·고시하며, 시장지배적 지위의 남용금지를 주내용으로 하는 독과점규제제도를 운영하고 있다. 공정거래법상에 규정되어 있는 시장지배적 사업자 지정기준을 보면, 우선 시장규모와 관련하여 해당 상품 또는 용역의 연간 국내 총공급액이 천억 원 이상인 경우에 1개 사업자가 시장점유율 50% 이상이거나 3개 이하의 사업자가 75% 이상(단, 10% 미만 사업자는 제외)이면 시장지배적 사업자로 지정한다.

1.12. 공정거래위원회에서 지정한 시장지배적 품목의 전체 숫자와 30대 및 5대재벌의 해당 품목수를 살펴보면, 〈표 2-2〉와 같이 나타난다. 이 표에서 알 수 있듯이 30대 재벌의 비

하더라도 실질적인 경쟁관계가 없는 기업들이 다수 포함되어 있기 때문이다. 이를 통해 측정된 이동지표는 당연히 실제보다 훨씬 높은 경쟁도를 나타내기 때문이다. 더구나 이동지표상의 수치가 높다고 해서 경쟁과 효율성이 높다는 결론이 바로 도출될 수 있는 것도 아니다. 이동지표의 변화는 경쟁 이외의 원인에 의해서도 나타날 수 있으며, 이 지표의 수치가 높더라도 시장은 독과점 구조를 유지할 수 있기 때문이다.

중이 60~70%에 이르며, 그 중에서 5대재벌의 비중은 전체 품목수의 34~38%에 이르는 것으로 나타나 상대적으로 높은 비율을 보이고 있다. 물론 시장지배적 품목의 지정이 전체적인 시장구조의 현황을 모두 보여주는 것은 아니므로, 현실적으로 존재하는 재벌의 시장지배력 크기나 그 행사유형들을 구체적으로 파악할 수는 없으나 간접적으로나마 재벌체제가 시장구조의 독과점화에 크게 기여하고 있다는 사실을 알 수 있다.

〈표 2-2〉 시장지배적 품목수 지정 변동추이

(단위 : 개, %)

	시장지배품목				
	전 체	30대	30대 비중	5대	5대 비중
1995년	138	82	59.4	47	34.1
1996년	140	90	64.3	49	35.0
1997년	166	117	70.5	60	36.1
1998년	128	85	66.4	49	38.3

자료 : 공정거래위원회, 《공정거래백서》, 각년도.

2. 5대재벌의 산업별 비중

2.1. 시장집중의 경우에는 특정시장에서의 경쟁에 영향을 미치는 주도적 기업이 재벌그룹의 계열사에만 국한되는 것이 아니며, 재벌에 의하여 야기되는 생산물시장 및 요소시장에서의 지배력 증대와 그것이 초래하는 정치·사회적 문제들은 좀더 넓은 범위에서의 집중 문제로 파악할 수 있다.[3] 따라서 이 책에서는 자산총계, 자기자본, 부채총계, 매출액, 당기순이익 5가지의 지표에 따라 5대재벌이 신분류 기준으로 각각의 산업부문내에서 차지하는 비중과 몇 가지 특징들을 살펴볼 것이다. 신분류 기준을 가지고 사업을 분류하는 경우에는 사실상 표준산업분류상의 중분류 기준보다 더욱 포괄적인 기준을 사용하는 것이기 때문에 통상적인 분류기준으로 보면 일반집중에 가까운 분석이라고 할 수 있다.

3) 좌승희(1998)는 우리나라의 경제력 일반집중도가 OECD 선진국에 비해 높지 않으며, 일반집중은 재벌문제의 핵심이 아닐 '수' 있다고 주장한다. 그러나 우리나라의 경우 일반집중문제는 이들 선진국들과는 달리, 소유집중, 정경유착, 취약한 기업지배구조 등과 결합되어 나타났다는 사실을 감안할 때, 일반집중 역시 중요한 문제라고 할 수 있다. 또한 이재형(1996)이 지적하고 있듯이, 1970년대 초반 미국에서 대규모 합병붐이 일어났을 때, 이에 대한 우려의 목소리가 높아졌던 것처럼 선진국에서도 경제력 일반집중을 전혀 문제시하지 않는 것은 아니다.

2.2. 〈표 2-3〉에서 볼 수 있듯이, 5대재벌의 자산총계가 각 산업내에서 차지하는 비중을 살펴보면 현대는 조립·금속, 건설, 도소매 부문에서, 삼성은 전자·정밀, 서비스, 무역업에서, LG는 화학, 전자·정밀 부문에서, 대우는 조립·금속, 무역업에서, SK는 화학, 운수창고 및 통신업 부문에서 각각 산업내 비중이 높게 나타났다. 특히 SK는 SK텔레콤이 1996년도부터 운수창고 및 통신업 부문에 진출함으로써 1995년도에는 5.4%에 불과했던 산업내 비중이 23.5%로 급격하게 높아졌다. 한편 전자·정밀업의 경우 현대는 산업내 비중이 꾸준히 상승해서 1995년 6.6%에서 1997년 10.2%로 증가한 반면, 동일한 산업에서 대우의 비중은 같은 기간 동안 9.1%에서 7.1%로 약간 하락했다. 그러나 대우는 조립·금속부문에서 5% 정도 상승했다. 무역업 부문의 경우 삼성과 대우가 거의 70%에 달하는 산업내 비중을 보이는데, 5대재벌 모두 1995~1996년 동안 무역업의 비중이 점차 하락하여 5대재벌을 합쳐 1995년도에 87.4%이던 산업내 비중이 1997년도에는 70.3%로 하락하였다.

2.3. 5대재벌의 합계를 살펴보면 무역업의 산업내 비중이 압도적으로 높았으며, 다음으로는 삼성전자나 LG 전자 등 주로 반도체나 가전제품 관련 기업들이 속해 있는 전자·정밀업

〈표 2-3〉 5대재벌 자산총계의 산업내 비중

(단위 : %)

	현대			삼성			LG			대우			SK		
	1995	1996	1997	1995	1996	1997	1995	1996	1997	1995	1996	1997	1995	1996	1997
농수산업															
광업															
섬유 의복				2.2	2.1	2.1							1.9	1.8	1.8
목재 종이	2.6	2.2	2.0	2.8	2.8	2.6									
화학 섬유	5.2	6.0	7.4	3.8	3.8	4.4	13.3	14.1	14.9	0.1	0.1	0.1	12.7	13.7	15.0
비금속광물	-	0.2	1.2	3.4	4.5	4.5	0.5	0.6	0.7	-	-	2.0			
제1차금속	4.1	4.8	6.5				2.1	2.4	3.6	0.1	0.1	0.2			
조립 금속	18.4	19.1	18.9	8.2	10.5	10.7	-	-	0.0	15.9	15.4	20.8			
전자 정밀	6.6	8.6	10.2	28.0	28.4	28.5	22.5	22.5	22.5	9.1	8.4	7.1			
전기 가스업							0.9	1.2	1.9				1.7	1.6	2.4
건설업	9.0	9.5	9.3	0.0	0.0	0.0	1.7	1.8	1.5	1.1	1.0	0.9	1.3	1.3	1.2
도소매	9.2	9.5	9.1	2.7	1.0	1.0	4.8	4.7	4.7	0.5	3.3	2.7	2.1	4.7	4.4
운수창고·통신	4.6	5.1	6.2				0.5	1.0	2.3				5.4	23.5	25.5
서비스 기타	2.1	2.8	3.8	12.0	17.2	16.6	5.1	4.5	5.7	0.5	0.9	1.0			
무역업	5.3	4.1	4.2	26.8	22.8	20.4	6.3	5.3	5.2	44.2	35.2	36.7	4.8	4.1	3.7

자료 : 한국신용평가정보(주), KIS-LINE 기업재무자료; 한국은행, 《기업경영분석》, 각년도.

주 : 금융·보험업 제외

부문의 비중이 66.2~68.4%로 높게 나타났다. 현대자동차와 대우자동차 등이 속해 있는 조립·금속 부문의 비중은 42.5~50.4%에 이르렀다. LG 칼텍스정유와 SK 등이 속해 있는 화학부문의 5대재벌 비중이 35.0~41.8%의 추이를 보였다. 이외에도 도소매, 운수창고 및 통신, 서비스 부문의 비중이 높게 나타났다. 금융·보험업을 제외한 신분류 기준 15개 사업부문 중에서 5대재벌이 참여하고 있는 13개 산업의 자산총계 비중 추이를 보면, 섬유·의복, 목재·종이, 무역업 3개 부문을 제외한 10개 산업에서 5대재벌의 비중이 증가한 것으로 나타났다.

2.4. 5대재벌의 자기자본이 각 산업내에서 차지하는 비중을 보면, 〈표 2-4〉에서 나타나는 바와 같이 현대는 조립·금속, 건설업 부문, 삼성은 전자·정밀, 서비스, 무역업 부문, LG는 화학, 전자·정밀 부문, 대우는 조립·금속, 무역업 부문, SK는 화학, 운수창고 및 통신업 부문의 비중이 각각 높은 것으로 나타났다. 연도별 추이에서 나타난 특징을 보면, 삼성의 경우 서비스부문의 산업내 비중은 1995~1997년 동안 거의 2배 정도 증가한 반면, 도소매업은 5.6%에서 1.9%로 하락했다. 무역업의 경우 5대재벌 전체의 비

〈표 2-4〉 5대재벌 자기자본의 산업내 비중

(단위 : %)

	현대			삼성			LG			대우			SK		
	1995	1996	1997	1995	1996	1997	1995	1996	1997	1995	1996	1997	1995	1996	97년
농수산업															
광업															
섬유 의복				3.2	3.2	2.9							2.3	1.7	2.0
목재 종이	0.6	-0.6	-2.7	2.5	2.3	2.5									
화학 석유	2.7	3.7	3.7	3.4	3.3	3.7	13.2	13.4	13.0	0.1	0.1	0.1	12.4	11.9	12.0
비금속광물	-	0.3	1.1	3.7	4.0	4.1	0.5	0.8	0.6	-	-	0.7			
제 1 차금속	3.8	4.8	5.6				1.2	1.3	0.1	0.0	0.0	0.0			
조립 금속	20.8	20.6	21.6	9.5	10.0	10.4	-	-	0.1	18.6	19.2	19.6			
전자 정밀	6.5	6.9	6.0	36.0	33.3	34.1	18.6	19.3	18.1	7.4	7.2	6.9			
전기 가스업							0.2	0.6	1.3				1.2	1.4	2.2
건설업	7.3	9.8	10.1	0.0	0.0	0.0	1.5	1.8	1.4	0.9	1.4	1.3	0.5	0.7	0.8
도소매	8.4	7.7	7.8	5.6	2.2	1.9	1.0	0.8	1.4	1.4	2.6	2.6	1.3	1.3	1.0
운수창고·통신	4.0	3.3	3.8				1.2	3.2	4.7				1.0	23.8	29.1
서비스 기타	1.2	1.0	2.0	7.6	11.1	13.6	1.9	2.1	2.1	0.5	0.5	0.6			
무역업	4.2	2.0	1.7	29.7	22.7	17.7	6.5	4.6	3.6	35.2	31.8	44.3	7.7	6.2	5.7

자료 : 한국신용평가정보(주), KIS-LINE 기업재무자료; 한국은행, 《기업경영분석》, 각년도.

주 1) 금융·보험업 제외.

2) 자본전액잠식기업 포함.

중은 83.2%에서 72.9%로 점차 감소하는 추세를 보이고 있으며, 상대적으로 비중이 높았던 삼성은 12% 가량 하락한 반면 대우는 오히려 9% 정도 증가한 것으로 나타났다.

2.5. 한편 자본전액잠식기업의 경우 자기자본이 음수로 나오게 되어, 해당 산업의 규모와 비중을 낮추게 된다는 점을 주의해야 한다. 예를 들어 현대종합상사는 1997년 자기자본 규모가 2천억 원이었으나, 동일 산업에 속해 있는 대한알루미늄공업은 자기자본이 전액 잠식됨으로써 수치상으로 -979억 원이었기 때문에 현대의 경우 무역업부문의 자기자본 규모와 비중은 절반 정도가 낮아지는 것이다. 현대가 무역업에서 차지하는 비중이 상대적으로 작은 건 사실이나 산업내 비중이 1995년 4.2%에서 1997년 1.7%로 감소한 것은 이 때문이기도 하다. 따라서 이러한 현상은 여타 재벌들의 경우에도 자본완전잠식기업이 존재하면 나타나기 마련이며, 위의 수치들은 이 점을 감안하고 해석해야 할 것이다. 각 연도별 5대재벌의 자본전액잠식 기업목록과 관련해서는 이 책의 제2부 제1장과 부록편의 해당 부표를 참고할 수 있다.

2.6. 5대재벌의 합계를 보면 무역업의 산업내 비중이 1995~1997년 기간 동안 72.9~83.2%의 분포를 보여 제일 높았고, 그 다음으로는 전자·정밀, 조립·금속, 운수창고 및

〈표 2-5〉 5대재벌 부채총계의 산업내 비중

(단위 : %)

	현대			삼성			LG			대우			SK		
	1995	1996	1997	1995	1996	1997	1995	1996	1997	1995	1996	1997	1995	1996	1997
농수산업															
광업															
섬유 의복				1.9	1.9	1.9							1.8	1.9	1.7
목재 종이	3.1	2.9	3.0	2.8	2.9	2.6									
화학 석유	6.1	6.7	8.5	3.9	4.0	4.7	13.3	14.3	15.4	0.1	0.1	0.1	12.8	14.4	15.9
비금속광물	-	0.1	1.3	3.3	4.6	4.7	0.5	0.6	0.8	-	-	2.4			
제1차금속	4.3	4.8	6.8				2.5	2.8	4.7	0.2	0.2	0.3			
조립 금속	17.8	18.8	18.4	7.9	10.7	10.8	-	-	0.0	15.2	14.4	21.0			
전자 정밀	6.6	9.2	11.4	24.3	26.5	26.9	24.3	23.7	23.8	9.9	8.9	7.2			
전기가스업							1.5	1.7	2.3				2.1	1.7	2.4
건설업	9.4	9.4	9.2	0.0	0.0	0.0	1.7	1.8	1.5	1.1	0.9	0.8	1.5	1.4	1.2
도소매	9.4	9.8	9.3	2.1	0.8	0.9	5.5	5.4	5.3	0.3	3.5	2.7	2.2	5.3	4.9
운수창고·통신	4.8	5.6	6.7				0.2	0.4	1.8				7.2	23.4	24.5
서비스기타	2.4	3.5	4.3	13.8	19.4	17.5	6.4	5.3	6.7	0.5	1.1	1.1			
무역업	5.6	4.7	4.7	26.0	22.8	20.9	6.3	5.5	5.6	46.6	36.2	35.2	4.1	3.5	3.4

자료 : 한국신용평가정보(주), KIS-LINE 기업재무자료; 한국은행, 《기업경영분석》, 각년도.
주 : 금융·보험업 제외.

통신업, 화학 부문의 순으로 나타났다. 또한 5대재벌 전체의 자기자본이 차지하는 산업내 비중이 증가한 것은 8개 부문이었으며, 목재·종이 부문은 현대문화신문과 현대리바트가 1997년도 기준으로 1,200억 원에 이르는 자기자본잠식을 당한 것에 영향을 받아 -0.2%의 비중을 차지했다.

2.7. 부채총계의 산업내 비중은 무역, 전자·정밀, 조립·금속, 화학 부문순으로 높게 나타났으며, 현대는 조립·금속 부문, 삼성은 전자·정밀, 무역, 서비스 부문, LG는 전자·정밀, 화학 부문, 대우는 조립·금속, 무역 부문, SK는 운수창고 및 통신업과 화학 부문에서 각각 비중이 높았다. 현대의 경우 전자·정밀 부문의 비중이 1995년 6.6%에서 1997년 11.4%로 상대적으로 높게 증가했으며, 삼성은 서비스 부문의 비중이 13.8%에서 17.5%로 증가했다. 또한 무역업에 속해 있는 삼성물산의 비중이 26.0%에서 20.9%로 감소했으며, 대우의 무역업 비중 역시 46.6%에서 35.2%로 감소했다. 대우는 조립·금속 부문의 비중이 15.2%에서 21.6%로 증가했다.

2.8. 5대재벌 전체로 보면, 부채총계의 산업내 비중이 증가한 부문은 9개 부문이었으며 화학, 조립·금속 부문의 증가율이 상대적으로 높게 나타났다. 한편 무역업의 부채총계

〈표 2-6〉 5대재벌 매출액의 산업내 비중

(단위 : %)

	현대			삼성			LG			대우			SK		
	1995	1996	1997	1995	1996	1997	1995	1996	1997	1995	1996	1997	1995	1996	1997
농수산업															
광업															
섬유 의복				1.5	1.5	1.3							1.4	1.0	1.0
목재 종이	2.4	2.4	2.5	2.0	1.9	1.8									
화학 석유	3.1	4.8	5.0	2.9	2.5	2.7	14.6	14.3	16.1	0.1	0.1	0.1	13.1	13.8	15.6
비금속광물	-	0.3	1.1	4.5	4.1	4.5	0.3	0.3	0.4	-	-	1.5			
제1차금속	6.2	6.8	6.4				4.5	5.3	5.5	0.2	0.2	0.2			
조립 금속	21.3	21.7	20.7	5.6	5.6	6.0	-	-	0.0	10.2	11.5	13.9			
전자 정밀	6.0	4.6	4.2	30.0	29.2	28.1	19.6	20.8	21.3	7.7	8.3	7.7			
전기가스업							4.6	4.7	7.1				6.4	7.1	8.1
건설업	6.9	7.2	6.9	0.0	0.1	0.0	1.8	2.0	1.8	0.5	0.5	0.4	1.4	1.6	1.2
도소매	9.1	8.8	7.5	1.8	0.4	0.4	4.8	3.1	4.9	0.1	2.3	3.2	2.5	5.9	3.3
운수창고·통신	5.6	6.3	7.4				0.4	0.5	0.7				7.4	24.1	25.1
서비스기타	2.8	2.9	3.0	17.2	20.2	16.0	8.5	8.0	6.9	1.1	1.3	1.2			
무역업	20.5	20.0	19.5	22.9	23.0	22.9	12.4	13.4	12.0	17.9	18.1	18.5	4.8	4.5	4.6

자료 한국신용평가정보(주), KIS-LINE 기업재무자료; 한국은행, 《기업경영분석》, 각년도.
주 : 금융·보험업 제외.

비중은 1995년 88.5%에서 1997년 69.8%로 크게 낮아진 것으로 나타났으나, 부채총계 규모는 같은 기간 동안 13조 9천억 원에서 22조 7천억 원으로 63.2%가 증가했다.

2.9. 5대재벌의 매출액이 차지하는 산업내 비중을 보면, 무역업, 전자·정밀, 화학, 운수창고 및 통신업 순으로 높게 나타났으며, 특징적인 것은 SK를 제외한 모든 재벌기업의 무역업 부문 매출이 상대적으로 높다는 점이다. 삼성과 대우의 경우에는 무역업에 속해 있는 기업의 다른 규모변수도 높은 편이나, 현대와 LG의 경우는 그렇지 않으면서도 매출액 비중은 상대적으로 매우 높은 편이다. 종합상사의 매출구성에서 대행매출이나 상품매출의 비중이 압도적으로 높기 때문에 이러한 현상이 나타난 것으로 보인다.

2.10. 무역업을 제외하면 현대의 경우 조립·금속 부문이, 삼성은 전자·정밀, 서비스, LG는 전자·정밀, 화학·석유, 대우는 조립·금속, SK는 화학·석유, 운수창고 및 통신 부문이 각 해당산업내에서 차지하는 비중이 높은 것으로 나타났다. 또한 LG의 전기·가스업 비중이 4.6%에서 7.1%로 증가하여, 상대적으로 높은 증가율을 보였으며, 대우가

〈표 2-7〉 5대재벌 당기순이익의 산업내 비중 (단위 : 십억 원, %)

	1995			1996			1997		
	5대	산업	비중	5대	산업	비중	5대	산업	비중
농수산업									
광업									
섬유 의복	17	177	9.9%	-24	-841	2.8%	8	-1,697	-0.5%
목재 종이	-59	266	-22.1%	-54	-142	38.3%	-120	-855	14.0%
화학 석유	604	1,366	44.2%	188	789	23.8%	107	278	38.5%
비금속광물	33	210	15.5%	46	158	29.5%	-62	-65	96.1%
제1차 금속	62	1,261	4.9%	12	445	2.6%	-136	-645	21.0%
조립 금속	440	1,117	39.4%	-103	345	-29.8%	214	-992	-21.6%
전자 정밀	4,474	4,934	90.7%	752	1,167	64.5%	-28	-317	8.8%
전기 가스업	20	1,015	1.9%	30	718	4.2%	21	637	3.4%
건설업	87	556	15.6%	94	105	89.0%	92	-575	-16.1%
도소매	27	583	4.6%	23	584	4.0%	-6	-1,652	0.3%
운수창고·통신	27	1,027	2.7%	264	184	143.7%	71	-1,241	-5.7%
서비스 기타	49	192	25.7%	33	74	44.5%	-23	171	-13.3%
무역업	45	147	30.8%	41	254	16.1%	-62	-52	120.6%
전체합계	5,827	12,851	45.3%	1,301	3,841	33.9%	78	7,003	-1.1%

자료 : 한국신용평가정보(주), KIS-LINE 기업재무자료; 한국은행, 《기업경영분석》, 각년도.
주 1) 금융·보험업 제외.
2) 위의 당기순이익은 적자, 흑자 구분없이 단순 합계한 수치임.
3) 비중값의 부호가 음수인 경우는 5대와 산업의 적자·흑자가 반대인 경우임.

조립 · 금속 부문에서 1995~1997년 기간 동안 2.7% 증가한 것으로 나타났다. 5대재벌 전체의 비중이 증가한 산업은 7개 부문이었으며, 다른 규모변수와 마찬가지로 SK텔레콤이 속해 있는 운수창고 및 통신업의 비중이 13.3%에서 33.2%로 급격히 성장한 것으로 나타났다.

2.11. 〈표 2-7〉은 1995~1997년 기간 동안 5대재벌의 각 산업별 당기순이익이 해당 산업 전체의 당기순이익에서 차지하는 비중을 나타낸 것이다. 금융 · 보험업을 제외하고 총 15개 산업 중에 5대재벌이 참여하는 산업은 13개 부문인데, 1995년도에는 당기순이익 적자를 기록한 산업이 하나도 없었으나, 1996년도에는 섬유 · 의복, 목재 · 종이 부문이 적자를 기록하였으며, 1997년도에는 화학 · 섬유, 전기 · 가스, 서비스업 부문을 제외한 10개 산업 모두 적자를 기록한 것으로 나타났다. 특히 1997년도의 경우는 연말의 외환위기가 크게 반영된 결과로 생각된다. 규모를 보더라도 1995년도에는 산업 전체의 당기순이익 총액이 12조 8천억 원이었으나, 1996년도에는 3조 8천억 원, 1997년도에는 7조 원의 적자를 기록했다. 우리 경제의 수익성이 급격히 악화되었음을 보여준다고 하겠다.

2.12. 5대재벌의 당기순이익 산업내 비중이 높은 산업들을 살펴보면, 1995년도에는 전자 · 정밀, 화학 · 석유, 조립 · 금속, 무역, 서비스업 부문 순이었으며, 1996년도에는 운수창고 및 통신, 건설, 전자 · 정밀, 서비스업 순으로 나타났다. 특히 운수창고 및 통신업의 경우에는 1996년도 5대재벌의 당기순이익이 2천 6백억 원으로 산업 전체의 당기순이익보다 높은 143.7%로 나타났는데, SK 텔레콤이 2천 2백억 원이나 되는 당기순이익 흑자를 기록한 데 힘입은 바 크다. 한편 반도체 3사가 속해 있는 전자 · 정밀업의 경우 95년도에는 해당 산업내 비중이 90.7%였으며, 당기순이익 흑자 규모가 4조 4천억 원으로 산업 전체 당기순익의 34.8%, 5대재벌 당기순익의 76.8%나 되어 압도적으로 높은 비중을 차지했다. 그러나 1996년도에는 흑자 규모가 급격히 하락하여 7천 5백억 원으로 줄어들었으며, 1997년에는 280억 원의 적자를 기록하기에 이르렀다. 제 1 장에서 그룹별로 살펴본 바와 같이, 이 부문의 매출액은 꾸준히 상승한 것에 비추어 볼 때, 수익성이 급격히 떨어졌음을 알 수 있다. 또한 삼성의 경우에는 1995~1997년 기간 동안 이 부문의 흑자규모가 급격하게 줄어들기는 하지만 지속적으로 흑자를 기록한 데 반해, 현대와 LG의 경우는 1997년도에 각각 1천 8백억 원과 1천 1백억 원의 적자를 기록한 것으로 나타났다.

2.13. 조립 · 금속업의 경우 해당산업의 당기순이익은 1995~1996년에는 흑자를 기록하고, 1997년도에 9천 9백억 원의 적자를 나타냈으나, 5대재벌은 오히려 1996년도에 1천억 원의 적자를 기록하고, 1997년도에 2천 1백억 원의 흑자를 기록한 것으로 나타났다. 특히 1996년도의 경우에는 다른 재벌들과 달리 삼성만이 이 부문에서 3천 7백억 원의 적자를

기록했는데, 이는 삼성중공업이 2천 9백억 원이나 되는 적자를 기록한 것이 크게 작용했다고 할 수 있다.

2.14. 1997년도의 경우 산업별로 보면 섬유·의복, 도소매, 운수창고 및 통신업 부문의 적자 규모가 커서 각각 1조 6천 9백억 원, 1조 6천 5백억 원, 1조 2천 4백억 원의 당기순이익 적자를 기록했다. 그럼에도 운수창고 및 통신업 부문에서 SK는 834억 원의 흑자를 기록하였다. 한편 무역업의 경우 그 산업의 특성상 당기순이익 규모가 크지는 않았으나 1995, 1996년도에는 흑자를 기록하다가 1997년도에는 해당산업의 적자 규모보다 큰 6백 2십억 원의 적자를 기록한 것으로 나타났다.

2.15. 이상으로 5대재벌의 당기순이익과 산업내 비중을 간략하게 살펴보았으며, 각 그룹별 당기순이익 추이는 제1장을, 당기순이익 관련 재무비율에 관해서는 제5장을 참고하면 된다. 또한 해당되는 각 장의 부표를 참고할 수 있을 것이다.

3. 다각화

3.1. 경제력 집중의 또 다른 이유는 기업집단의 다각화 과정에서 찾을 수 있다. 과거 우리나라와 같은 개발도상국에서는 경제발전이 주로 선진기술의 단순한 도입을 통하여 이루어졌으며 이러한 기술적 의존성은 개발도상국 경제의 상품시장구조를 독과점화하는 중요한 요인이었다. 이를 통해 원초적으로 확보된 독점적 지대는 바로 다각화를 통한 기업집단 형성의 한 원인이기도 했다. 즉, 기존의 시장에서 경쟁의 압력이 배제된 가운데 기업 내에서 축적된 인적·물적·재무적 잉여능력을 활용하기 위하여 새로운 시장에 진출하는 것이다.

3.2. 다각화된 재벌기업은 제품시장, 특히 요소시장에서 대부분의 중소기업에 비해 우월한 교섭력과 시장지위를 보유하기 마련이다. 예컨대 금융조달, 인력확보, 광고 및 기타 판매촉진 활동에서의 이미지효과 등에서도 중소기업에 비해 유리하다. 이러한 배경을 근거로 재벌기업은 여러 종류의 시장에서 여타의 중소기업을 부분적으로 배제시킬 수 있었던 것이다. 기본적으로 다각화는 기업 차원에서는 성장과 자산의 활용 그리고 재무상 위험의 분산을 위한 중요한 전략일 수도 있으며, 범위의 경제를 거두기도 한다. 그러나 우리나라의 경우에는 이러한 다각화 과정이 방만하고 불투명한 경영관행, 정경유착 및 차입경영과 결부되어 일반집중을 심화시켰을 뿐 아니라 기업의 비효율을 가져와 산업의 국제경쟁력을 약화시키는 결과를 초래했던 것이다.

3.3. 더구나 우리나라에서의 경제력 집중은 정부의 경제정책으로 인해서도 가속화되었다. 즉, 경제발전을 위해 선정된 전략적 산업은 대부분 기술·자금·인력·조직 등의 여러 측면에서 대규모의 기업능력을 필요로 하므로 다각화한 재벌기업이 중소기업보다 유리한 한편, 그러한 산업의 발전을 촉진하기 위한 조세·금융·무역면에서의 보호·지원시책의 과실은 이에 참여한 재벌기업에 귀속되었던 것이다. 이러한 과정을 통해 재벌기업의 외부금융 의존도가 심화되었으며, 차입경영 관행이 정착되었던 것이다.

3.4. 시장에 의한 분류에 따르면 다각화 또는 기업결합의 유형으로는 수평결합, 수직결합, 복합결합(또는 혼합결합) 세가지가 있다. 수평결합이란 동종제품 또는 인접제품시장내에 있는 기업간의 결합으로서, 특히 후자의 경우는 제품확대형 결합이라고도 한다. 수직결합은 원재료의 생산·공급에서부터 제품의 생산·수송·판매에 이르기까지의 수직적 흐름에 있는 기업들, 즉 공급자와 수요자 간의 결합을 말한다. 여기서 결합의 주체가 수직적 흐름의 상위 또는 하위에 있는지에 따라 각각 전방결합과 후방결합으로 나뉜다. 한편 복합결합은 결합하는 기업간에 수평적 또는 수직적 관계가 없는 경우, 즉 이종시장내에 있는 기업간의 결합을 의미하며 비관련 다각화라고 부르기도 한다.

3.5. 우리나라의 경우 공정거래법에서 경쟁을 제한하거나 불공정한 방법에 의한 기업결합을 금지하는 기업결합금지제도를 1981년 공정거래법 제정 당시부터 도입·운영하고 있다. 공정거래법은 주식취득, 임원겸임, 합병, 영업양수, 새로운 회사설립에의 참여 등 5가지를 기업결합으로 규정하고 있으며, 일정한 요건에 해당하는 기업결합에 대해서는 공정거래위원회에 신고하도록 하고 있다. 한편 1996년에 해당 법령을 개정하여 기업결합제도의 적용범위를 확대, 기업규모에 관계없이 경쟁제한적인 기업결합을 금지하며, 이전에는 규제대상에서 제외되었던 금융·보험회사도 포함하였다. 또한 대기업이 기업결합을 통하여 중소기업 분야에 진출하여 시장지배력을 행사하는 것을 막기 위하여 중소기업의 시장점유율이 2/3 이상인 시장에 대기업이 기업결합을 통해 진출하여 5% 이상의 시장점유율을 갖게 되는 경우 경쟁제한적인 기업결합으로 추정하도록 하였다. 우리나라의 기업결합 유형별 추이를 보면 〈표 2-8〉과 같다.

〈표 2-8〉 기업결합 유형별 추이

(단위 : 건수, %)

	1991년	1992년	1993년	1994년	1995년	1996년	1997년
수평결합	43	39	36	40	58	73	78
수직결합	45	38	34	24	43	69	80
혼합결합	66	72	53	131	224	252	260
합 계	154	149	123	195	325	393	418
대규모기업집단	66	64	39	65	82	110	155
대규모기업집단비중	42.9%	43.0%	31.7%	33.3%	25.2%	28.0%	37.1%
계 열	31	28	23	45	19	38	44
비계열	35	36	16	20	63	72	111
비계열비중	53.0%	56.3%	41.0%	30.8%	76.8%	65.5%	71.6%

자료 : 공정거래위원회, 《공정거래백서》 각년도; 《기업결합동향분석》, 1998

주 1) 신고건수 기준임.

2) 1993년 이후의 대규모기업집단의 수는 30대 대기업집단임.

3) 대규모기업집단비중은 대규모기업집단건수/전체건수이며, 비계열비중은 비계열건수/대규모기업집단건수임.

3.6. 공정거래법상 대규모기업집단 선정기준이 자산총액에서 30대로 바뀐 1993년 이후의 기업결합 추이를 보면 계속적으로 증가하고 있으며, 30대 재벌이 차지하는 비중은 1995, 1996년도에 줄었다가 1997년에 다시 급속하게 증가한 것으로 나타났다. 특히 1995~1997년 기간에는 지배관계가 이미 형성되어 있는 계열회사간의 기업결합보다는 실질적인 지배관계의 변동을 수반하는 비계열회사간의 기업결합 비율이 압도적으로 높은 추세를 보여준다. 이는 이 시기에 재벌기업들이 세계화 및 각종 규제철폐 등의 여건변화에 대응하여 사업구조를 개편하고, 새로운 유망산업으로 진출하기 위해 기업결합을 활발하게 추진한 결과라고 할 수 있다.

3.7. 시장지배력의 측면에서 기업결합을 보는 관점[4]에 따르면, 복합결합기업이나 비관련 다각화기업이 반경쟁적인 데에는 대략 세 가지 정도의 이유가 있다. 우선, 하나의 시장으로부터 얻는 이윤을 다른 시장내에서의 약탈적 가격활동을 지원하기 위해 사용하는 '교차보조 행위'. 또 여러 시장에서 경쟁관계에 있는 경쟁기업이 서로간의 의존성을 인식하여 경쟁상태를 유지하지 않게 되는 '상호자제'. 끝으로 다각화가 덜 된 경쟁자를 시장에서 축출하기 위해 광범위하게 다각화된 기업들간에 '상호구매'하는 행위(Montgomery, C.A.. 1994).

4) 다각화 결정요인에 대한 시각은 시장지배력 관점(*market-power view*) 이외에도 자원관점(*respurce voew*), 거래비용관점(*transaction cost view*), 대리인 관점(*agency view*) 등이 있으며, 이에 대한 간략한 소개로는 전인우(1996)를 참고하라.

3.8. 결국 다각화는 재벌체제의 주요한 특징 중 하나이며, 재벌의 다각화 증대는 경제력 집중의 주요한 요인으로 작용한다. 여기에서는 표준산업분류상의 중분류를 기준으로 5대재벌기업이 영위하는 업종수 현황을 간단하게 개괄한 다음, 다각화와 관련된 몇 가지 지수를 통해 여러 가지 산업수준에서 이루어지고 있는 다각화의 정도 및 비관련다각화가 차지하는 비중을 살펴볼 것이다.

〈표 2-9〉 각 재벌기업의 영위 업종수

(단위 : 개수)

	현대	삼성	LG	대우	SK	5대 평균
1995	22	23	20	13	15	18.6
1996	24	24	22	16	18	20.8
1997	25	22	23	20	19	21.8

주 : 영위 업종은 표준산업분류상의 중분류 기준임.

3.9. 1997년 현재 30대 기업들은 보험·금융업을 포함해서 자산총액 425조 1800억 원을 보유하고 있으며, 산하의 계열사 총수는 821개로 그룹당 평균 27.3개를 가지고 있다. 또한 그룹당 평균 업종수는 19.8개이다. 이 중 5대 그룹 평균 영위업종수는 〈표 2-9〉에서 볼 수 있듯이 21.8개로 6대 이하 그룹들에 비해 평균 2개 업종이 더 많다. 또한 분석대상기간인 1995∼1997년 동안 5대재벌의 평균 영위업종수는 18.6개에서 21.8개로 3.2개 업종이 증가하였다. 이 기간에도 5대재벌의 다각화가 지속적으로 진행된 것이다. 〈표 2-9〉의 평균 영위업종수는 표준산업분류상의 중분류를 기준으로 해서 구한 것이며, 중분류에 속하는 산업·업종이 전부 합해 60개임을 감안하면, 5대 그룹은 매우 다양한 분야에 진출해 있는 셈이다. 더구나 이들이 진출해 있는 산업의 규모나 비중이 다른 산업에 비해 훨씬 크기 때문에 실제적인 비중은 더욱 높다고 할 수 있다.

3.10. 다음부터는 주력산업특화도, 배리지수 및 엔트로피지수를 이용하여 5대재벌 각각의 다각화 정도를 살펴보고자 한다. 다음에 구한 모든 지수는 무역업을 제외하고 측정한 수치들임에 유의해야 한다. 무역업의 경우 매출액의 90% 이상이 대행매출이거나 상품매출이기 때문에 매출액의 상대적인 규모는 크게 나타나지만, 결합재무제표가 없는 상황에서 합산재무제표의 이중계산을 피하기 위한 것이다. 또한 지수산정에 포함된 기업수도 각 재벌의 전체 계열사가 아니라 상장, 등록, 외감법인에 속하여 상대적으로 규모가 큰 계열사들을 주대상으로 하였다.

3.11. 우선 주력산업특화도는 기업집단의 총매출액 중에서 중분류산업을 기준으로 가장 큰 비중을 차지하는 산업의 비율을 의미한다. 이 지수는 다각화의 범위를 알 수 없으며 또한

각 시장별 기업활동의 분포를 나타내지 못하는 한계를 가지지만 주력산업에 대한 의존도를 잘 보여준다. 이 지수는 일반적으로 기업집단의 업종전문화 지표로 이용되는데 분석대상이 되는 업종의 수에 따라 최대업종비율(한 기업집단내의 총매출액에 대한 최대업종의 매출액 비율), 2대업종비율(한 기업집단내의 총매출액에 대한 상위 2대업종의 매출액 합계의 비율), 3대업종비율(한 기업집단내의 총매출액에 대한 상위 3대업종의 매출액 합계의 비율) 등으로 구분되며 각각의 비율이 높을 수록 업종전문화 정도도 크다고 볼 수 있다. 따라서 이 지수값이 낮을수록 다각화의 정도가 크게 나타난다.

3.12. 〈표 2-10〉에서 보듯이 1995~1997년도 기간 동안 우리나라 5대재벌의 주력산업특화도를 살펴보면 현대와 LG의 주력산업특화도가 다른 재벌들보다 상대적으로 낮게 나타나 역으로 다각화가 많이 진척된 재벌이라는 사실을 알 수 있다. 최대업종비율의 경우 현대는 27%, LG는 33%였으며, 3대업종비율의 경우는 현대와 LG가 각각 55%, 61%를 차지하고 있는 것으로 나타났다. 주력산업특화도가 높게 나타난 세 재벌기업도 최대업종비율과 3대업종비율을 비교해 보면 차이가 드러나는데, 삼성의 경우 최대업종비율이 61%나 되는 반면에, 대우는 34%, SK는 44% 정도의 비중을 차지하는 것으로 나타났다. 3대업종비율은 상대적으로 차이가 적어 삼성은 82%, 대우는 80%, SK는 75%로

〈표 2-10〉 주력산업특화도

		1995년	1996년	1997년
현대	A	0.3065	0.3022	0.2726
	B	0.4556	0.4558	0.4370
	C	0.5858	0.5791	0.5554
삼성	A	0.6280	0.6169	0.6194
	B	0.7594	0.7581	0.7682
	C	0.8123	0.8095	0.8227
LG	A	0.3481	0.3435	0.3323
	B	0.4985	0.5143	0.5007
	C	0.6271	0.6370	0.6155
대우	A	0.3632	0.2923	0.3408
	B	0.6627	0.5642	0.5865
	C	0.9474	0.6769	0.8047
SK	A	0.5010	0.3805	0.4469
	B	0.6425	0.6372	0.6088
	C	0.7380	0.7628	0.7582

주 1) A : 최대업종, B : 2대업종, C : 3대업종.
2) 무역업 및 금융·보험업 제외.

나타났다. 1995~1997년 기간 동안 전반적으로 커다란 변화는 나타나지 않았으나, 대우의 경우 3대업종비율이 1995년 94%에서 1997년 80%로 크게 감소했으며, SK는 최대업종비율이 1996년도에 38%로 낮아졌다가 1997년도에 다시 상승한 것으로 나타났다.

3.13. 한편 기업의 다각화를 직접적으로 측정하는 지수로는 배리지수가 있는데, 일명 변형 허핀달지수라고도 불린다. 이 지수는 시장구조의 측정에 이용되는 허핀달 지수를 다각화지수로 이용하기 위한 것으로서 허핀달 지수는 보통 각 집단의 총매출액 중 개별산업 i의 매출액의 점유율을 S_i라 할 때, 다음과 같이 정의된다.

$H=\sum_i S_i^2$ (n=참여산업수) (H=Σ(업종별매출액/그룹전체매출액)^2)

즉, 특정 기업의 총매출액에 대한 각 업종별 매출액의 비율의 제곱을 합계한 수치로서, 최대치는 1이며 클수록 업종전문화 정도도 크게 나타난다. 또한 지수는 참여산업간의 상대적인 규모 차이가 참여산업수보다 중요하다는 관점에서 볼 때 각 기업(집단)이 참여하고 있는 산업의 규모분포를 나타내는 이점을 갖는다. 따라서 규모분포가 균등할수록 그 값이 적어지는 속성을 가지기 때문에 지수치가 클수록 다각화의 정도가 커지도록 하기 위해서 다음과 같이 변형하여 사용한 것이 바로 배리지수이다.

$H^*=1-H$

3.14. 〈표 2-11〉에서 우리나라 5대재벌을 대상으로 1995~1997년 기간 동안의 베리다각화지수를 구해 보았다. 위에서도 지적했듯이, 아래의 수치들은 지수값이므로 그 절대적인 크기가 아니라 상대적인 차이를 통해 해석해야 한다.

〈표 2-11〉 배리다각화지수

	소분류산업 기준			중분류산업 기준		
	1995년	1996년	1997년	1995년	1996년	1997년
현대	0.84150	0.84421	0.84182	0.81979	0.81824	0.81628
삼성	0.74118	0.72992	0.71800	0.69393	0.68364	0.67512
LG	0.86496	0.84896	0.86465	0.79210	0.79416	0.79039
대우	0.68305	0.70763	0.71767	0.66039	0.70912	0.70019
SK	0.76711	0.80959	0.78805	0.72098	0.73266	0.74192

주) 무역업 및 금융·보험업 제외

3.15. 주력산업특화도에서도 보았듯이, 현대와 LG의 배리지수가 여타 3개 재벌들보다 상대적으로 크게 나타난다. 또한 1995~1997년 기간 동안 모든 기업들의 배리지수에 커다란 변화는 없었던 것으로 나타났다. 특히 현대와 LG의 지수값이 상대적으로 매우 안정적이며, 삼성과 대우는 약간씩 감소하는 것으로, SK는 1996년도에 약간 올랐다가 다시 감소하는 것으로 나타났다.

3.16. 우리나라 재벌의 특징 중 하나인 다각화, 특히 그 중에서도 비관련 다각화를 측정하는 지수가 바로 엔트로피 다각화지수이다. 이 지수는 일반적으로 시장집중도를 나타내는 지수로 이용되며 다각화지수로도 이용된다. n개의 산업에 참여하는 기업의 엔트로피 다각화지수는 다음과 같이 정의된다.

$$E = \sum S_i \log(1/S_i) \quad (i= 1, 2, 3 \cdots n)$$

단 i는 해당기업의 출하액 중에서 i산업의 출하액이 차지하는 비중

3.17. 이 지수는 여러 가지 장점과 단점을 동시에 가지고 있지만, 다각화의 속성을 분석하기에는 유리한 점이 있다고 알려져 있다. 즉, 특정기업집단의 다각화는 관련 산업내에서의 다각화와 이종산업간에 걸친 다변화로 구분될 수 있는데 엔트로피지수를 이용해 이를 분해할 수 있다.[5] 엔트로피 다각화지수를 이용하여 1995~1997년 동안 우리나라 5대재벌의 비관련 다각화비중을 구해 보면 다음과 같이 나타난다.

3.18. 〈표 2-12〉를 보면 우리나라 5대재벌의 비관련 다각화비중이 매우 높은 편임을 알 수 있다. 또한 일반 다각화 정도를 측정했던 배리지수의 경우에서는 상대적으로 지수값이 높았던 현대와 LG 중에서, 현대는 비관련 다각화비중이 여전히 높은 반면, LG의 경우에는 상대적으로 낮은 비중을 보이고 있다. 반대로 배리지수가 상대적으로 낮았던 삼성의 경우는 오히려 비관련 다각화비중이 상대적으로 높게 나타났다.

3.19. 1995~1997년 기간 동안 5대재벌의 비관련 다각화비중은 1996년 SK를 제외하고는 모두 75%를 초과하는 것으로 나타났다. 이러한 수치는 우리나라 5대재벌의 특징 중 하나인

---

5) 특정기업집단의 매출액 중 i산업의 매출액 비중을 S_i 라 하고, i산업내에서 좀더 세분화된 j산업 매출액이 총매출액에서 차지하는 비중을 S_{ij}, 그리고 j산업의 매출액이 i산업내에서 차지하는 비중을 S_j 라고 할 때, 그 집단의 총엔트로피다각화지수(ET)와 관련산업다변화엔트로피(ER), 이종산업다각화엔트로피(EB) 사이에는 다음과 같은 관계가 성립한다.

$ET = EB + ER$

$ET = \sum_i \sum_j S_{ij} \log(1/S_{ij})$

$EB = \sum_i S_i \log(1/S_i)$

$ER = \sum_j S_j \log(1/S_j)$

(i=1, 2, ⋯ n : 중분류 산업수, j=1, 2, ⋯ m : 특정 중분류 산업내에서의 세세분류 산업수)

이재형(1996) 참고.

문어발식 사업확장의 실태를 여실히 보여준다. 한편 엔트로피지수는 그 특성상 재벌내 각 기업의 매출액 비중보다는 업종수에 의해 상대적으로 더 크게 변화하기 때문에 이를 감안하여 해석해야 한다.

〈표 2-12〉 엔트로피 다각화지수

(단위 : %)

	연도	엔트로피지수	비관련다각화지수	관련다각화지수	비관련다각화비중
현대	1995년	2.41495	2.03672	0.37823	84.3%
	1996년	2.45348	2.05116	0.40232	83.6%
	1997년	2.46876	2.06639	0.40236	83.7%
삼성	1995년	1.89431	1.56466	0.32965	82.6%
	1996년	1.88697	1.52676	0.36021	80.9%
	1997년	1.84511	1.49848	0.34663	81.2%
LG	1995년	2.51630	1.89333	0.62297	75.2%
	1996년	2.42142	1.91011	0.51131	78.9%
	1997년	2.49747	1.89994	0.59752	76.1%
대우	1995년	1.60834	1.32502	0.28332	82.4%
	1996년	1.71332	1.47798	0.23534	86.3%
	1997년	1.81531	1.50211	0.31320	82.7%
SK	1995년	1.93272	1.56940	0.36331	81.2%
	1996년	2.35622	1.61231	0.74391	68.4%
	1997년	2.04036	1.62962	0.41074	79.9%

주 1) 표준산업분류상 중분류 기준.
2) 무역업 및 금융·보험업 제외.

4 내부거래의 규모 및 실태

4.1. 재벌의 다각화는 그 재벌의 계열기업간 내부거래를 수반한다. 이러한 내부거래는 계열기업간 수직통합에 의한 거래비용의 내부화를 위한 거래와 그 밖의 목적을 위한 거래로 대별된다. 시장거래를 계열기업간 내부거래로 대체하는 전자의 내부거래는 기존의 전문기업을 시장으로부터 배제하는 시장배제 효과와 반경쟁적 압착효과 및 잠재적 기업의 진입을 저지하는 창업자본소요 진입장벽효과를 갖는다. 그러나 수직통합의 효과로는 이러한 시장지배력 증대효과뿐만 아니라 비용절감효과도 있다. 이 두 가지 효과 중 어느 쪽이 더 중요한 요인인가에 대한 논쟁은 아직도 합의에 도달하지 못한 상태이다. 한편 거래비용 내부화 이외의 목적을 위한 내부거래로는 생산이나 판매와 관계가 없는 재벌그룹 차원의 이익추구 활동이 있으며, 이러한 경우에는 실질적 교차보조효과를 갖거나 불공정 또는 탈법적 거래일 개연성이 있다(정병휴・양영석, 1992).

4.2. 결국 내부거래는 원칙적으로 상품・자본시장 등의 불완전성과 왜곡을 극복하여 효율을 창출・제고하는 수단이 될 수도 있으나, 교차보조・지원을 통하여 계열회사들에게 효율과는 무관한 경쟁상의 우위를 확보해 주는 수단이 되어 경쟁기업의 도태, 잠재 경쟁자의 진입저지 효과를 가져와 경제활동의 효율성을 저해할 수도 있다. 이와 같이 내부거래는 긍정적 효과와 부정적 효과를 함께 가지고 있으며, 경쟁정책에서 주목해야 할 점은 내부거래가 교차보조・지원을 통하여 계열회사에게 효율과는 무관한 경쟁상의 우위를 확보해 주는 수단이 되고 있느냐 하는 점이다. 따라서 계열회사간의 보조・지원을 통한 경제활동의 효율성 훼손 방지를 부당내부거래 규제의 근거로 삼는 경우 상품・용역 내부거래보다는 지원효과가 더 큰 내부거래 수단인 자금・자산 등의 부당지원 행위를 부당내부거래 규제대상에 포함하게 된다.

4.3. 우리나라의 경우에는 공정거래위원회에서 1993년 이후 직권실태조사를 통해 상품・용역 거래에서의 부당내부거래를 조사, 적발하여 시정명령, 과징금 부과 등의 시정조치를 취해왔다. 한편 1997년 4월 1일부터 시행된 개정공정거래법 제23조 1항 7호에서는 "부당하게 특수관계인 또는 다른 회사에 대하여 가지급금・대여금・인력・부동산・유가증권・무체재산권 등을 제공하거나 현저히 유리한 조건으로 거래하여 특수관계인 또는 다른 회사를 지원하는 행위"를 불공정거래행위로 규정하여 사업자의 부당한 자금・자산・인력지원행위를 금지하고 있다.

4.4. 우리나라 자본시장의 불완전성을 감안할 때, 상대적으로 자금동원능력이 우월한 대기업집단이 자금・자산의 내부거래를 통하여 계열사의 자금력을 강화함으로써 독립적 경쟁

자들과의 경쟁에서 우위를 확보하고 나아가 경쟁자들을 시장에서 배제할 가능성이 현실적으로 존재한다. 다만 계열사간의 자금·자산의 내부거래는 자본시장의 불완전성을 극복하여 효율을 제고하는 수단이 될 수도 있으므로 계열사간의 자금·자산거래를 모두 금지하는 것은 아니며, 계열사간의 거래가격이 시장가격과 상당히 괴리된 가격이거나 일정 기간에 걸쳐 특정 계열사로 이전된 자금의 규모가 관련업종 사업자의 평균 자산 또는 매출액과 비교하여 상당히 큰 경우에만 해당된다. 또한 내부거래를 통해 지원을 받는 계열사는 자기의 사업분야에서 어느 정도 시장지배력을 가지고 있어야 한다.

4.5. 재벌계열사간 자금·자산거래에 대해서는 제7장에서 자세하게 다룰 것이므로, 여기서는 각 재벌기업의 총매출액과 계열기업간 내부거래액 그리고 양자간 비율을 산출함으로써 내부거래의 전체적인 규모와 그 비중을 살펴본 다음, 각 재벌기업의 내부거래 흐름도를 간략하게 정리하여 그 특징에 대해 약술하고자 한다. 이러한 상품·용역 내부거래 규모에 대한 분석만으로 우리나라 재벌들이 계열회사간 내부거래를 통해 거래비용을 내부화하여 비용절감을 가져온 효과가 더 컸는지, 아니면 시장지배력을 증대시켜 경쟁자들을 배제시키는 효과가 더 컸는지에 대해 판단하기는 어렵다. 이에 대해서는 추가적인 연구가 필요할 것이다.

〈표 2-13〉 5대재벌의 내부거래규모 및 비중 (1997년)

(단위 : 십억 원, %)

그룹명	총매출액(A)	내부거래액(B)	내부거래비중(B/A)
현대	78,681	27,301	34.70%
삼성	66,896	20,102	30.05%
LG	58,345	13,436	23.03%
대우	49,574	19,286	38.90%
SK	30,067	5,963	19.83%
5대	283,563	86,089	30.36%

자료 : 한국신용평가정보(주), KIS-LINE 기업재무자료, 1998.
주 1) 내부거래액은 해외계열사의 내부거래액을 제외한 국내계열사간 내부거래총액임.
2) 총매출액은 금융·보험업을 제외한 각 재벌별 외감 이상 기업들의 매출액 합계임.

4.6. 〈표 2-13〉에 나타난 바와 같이 1997년도 5대재벌 전체의 총매출액 대비 평균 내부거래 비중은 30.36%로 나타났으며, LG와 SK가 각각 23.03%와 19.83%로 상대적인 비중이 낮았으며, 이들을 제외한 3개 재벌들은 모두 30%를 상회하는 것으로 나타났다. 정병휴·양영식(1992)이 1986~1989년의 재벌부문별 내부거래를 조사한 결과와 위의 결과를 비교해 보면, 1986~1989년의 5대재벌 내부거래비중이 25.5%에서 29.6%에 이르

는 분포를 보이는 것과 크게 다르지 않은 것으로 나타났다.

4.7. 한편 각 재벌기업내의 종합상사가 내부거래에서 차지하는 비중을 살펴보면, 삼성물산의 경우 총내부거래액 중 내부매입액의 비중이 56.18%, 내부매출액의 비중은 28.09%였으며, 현대종합상사는 각각 48.39%, 39.52%, LG 상사는 19.88%, 10.52%, (주)대우는 37.74%, 27.04%, SK 상사는 42.84%, 28.13%로 나타났다. 5대재벌 전체로 보면 종합상사의 총내부거래액 대비 내부매입액 비중은 42.84%, 내부매출액 비중은 28.13%였다. 내부거래에서 종합상사가 차지하는 비중이 여전히 높다는 사실을 알 수 있다.

4.8. 이상에서 살펴본 내용은 각 재벌 전체 차원의 내부거래액 규모와 비중이었다. 또한 점차 비중이 커지고 있는 해외계열사의 내부거래액을 제외한 분석이었다. 다음에는 매입·매출관계의 개별 내역에 대한 자료를 통해 재벌기업들의 해외계열사를 포함한, 각 재벌기업의 내부거래 현황에 대한 간략한 흐름도를 구성하여 보았다. 이러한 흐름도를 통해 각 재벌의 내부거래에서 나타나는 특징과 종합무역상사 및 해외계열사의 비중 등에 대해 분석할 것이다.

4.9. 한편 해외계열사의 내부거래를 포함하게 되면 그 액수만큼 전체 내부거래 규모가 증가하기 때문에 위의 수치와 일치하지 않게 된다는 점을 유의해야 한다. 또 하나 주의할 점은 이하의 흐름도들이 KIS-LINE 데이터베이스의 기업 재무자료를 재구성하여 만든 것인데, 계열사간 내부거래의 매입·매출관계가 서로 일치하지 않거나 누락된 경우가 많다는 사실이다. 심지어 내부거래 매입총액과 매출총액조차 일치하지 않는다. 이러한 오차는 의도적이라기보다는 각 기업별 재무자료상의 계정과목 설정 기준이 서로 다르거나 일관된 분류체계가 확립되지 않았기 때문인 것으로 보인다. 그러나 이러한 사실은 우리나라 기업들의 문제점 중 하나로 지적되는 불투명한 경영 및 회계관행과도 관련되어 있으며, 결합재무제표 작성이 얼마나 중요하고 필수적인지 보여주는 사례라고 할 것이다. 따라서 이 책에서는 원칙적으로 내부거래 매출 및 매입내역을 대조하여 그 수치가 큰 쪽을 기준으로 삼아 흐름도를 재구성하였다. 가급적 혼동을 줄이기 위하여 분명하게 명기된 금액만 표기하였으며, 상대적으로 크기가 작은 숫자들은 제외하기도 하였다. 그러므로 흐름도상에서 화살표나 액수 표시가 없더라도 각 단위간 내부거래가 있음에 유의해야 한다.

4.10. 〈그림 2-1〉에서 나타난 바와 같이, 현대의 경우 해외 계열사를 포함한 1997년도 내부거래총액은 30조 원에 이른다. 기업별로는 현대종합상사의 내부매출액이 10조 7천억 원으로 가장 높았는데, 이 회사의 1997년도 매출액 대비 내부매출액 비중은 43.08%나 되었다. KIS-LINE 재무자료에는 현대종합상사 내부매출·매입의 개별 내역이 나와 있지 않아 자세한 흐름을 파악할 수는 없으나, 무역업에 속해 있는 현대종합상사의 매출구성을 보면 대행매출이 84.3%, 상품매출이 15.7%이며, 제품매출은 없는 것으로 보아 기타 주력기업들의 제품을 매입하여 판매, 수출한 것이 주종으로 보인다. 현대자동차서비스 역시 유사한 경우라고 할 수 있는데, 자동차 및 철도차량, 컨테이너 등을 주요 제품으로 하는 현대자동차와 현대정공의 제품을 매입하여 내수시장에 판매하는 역할을 주로 하는 것으로 나타났다. 이 회사의 매출구성을 보면 자동차 판매가 총매출의 82.9%였으며, 이중 내수판매액이 98.4%였다. 한편 해외계열사의 내부매출 비중도 10% 가량 되는 것으로 나타나 규모가 상당히 큰 것으로 보인다. 현대의 경우 금융·보험업을 제외한 각 계열회사의 기업별 총매출액에서 내부매출액이 차지하는 비중이 50% 이상인 기업수는 12개사인 것으로 나타났다.

〈그림 2-1〉 현대의 1997년도 내부거래 흐름도

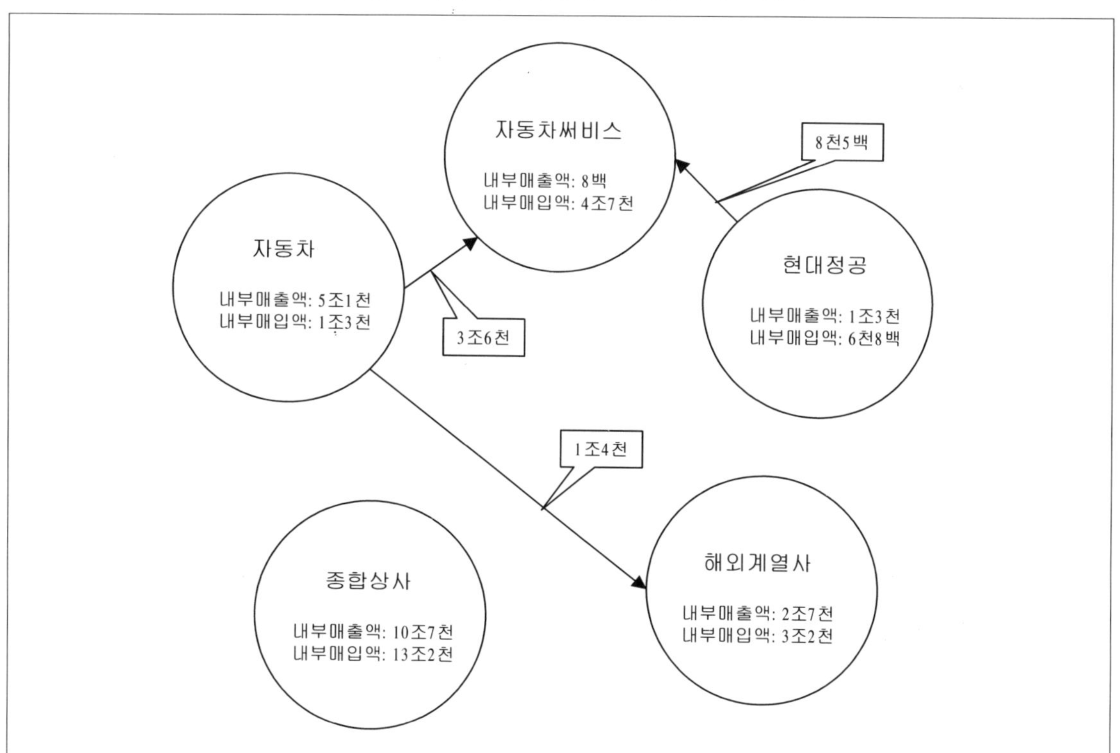

4.11. 〈그림 2-2〉에서 볼 수 있듯이, 삼성의 경우 해외계열사를 포함한 1997년도 내부매출총액은 24조 원에 이르며, 삼성물산은 내부매입액이 11조 2천억 원에 달하였다. 삼성전자의 경우 내부매출액이 6조 8천억 원이었는데, 이 중에서 6조 4천억 원을 삼성물산에 매출한 것으로 나타났다. 삼성전자의 총매출액 중 10조 2천억 원 가량이 수출이었는데, 이 중 60% 이상을 삼성물산을 통해 판매한 셈이다. 또 매출의 일부는 해외계열사를 통해 이루어졌겠지만, 자세한 내역은 파악되지 않았다. 삼성의 경우 금융·보험업을 제외한 각 계열회사의 기업별 총매출액에서 내부매출액이 차지하는 비중이 50% 이상인 기업수는 20개사나 되는 것으로 나타났다.

〈그림 2-2〉 삼성의 1997년도 내부거래 흐름도

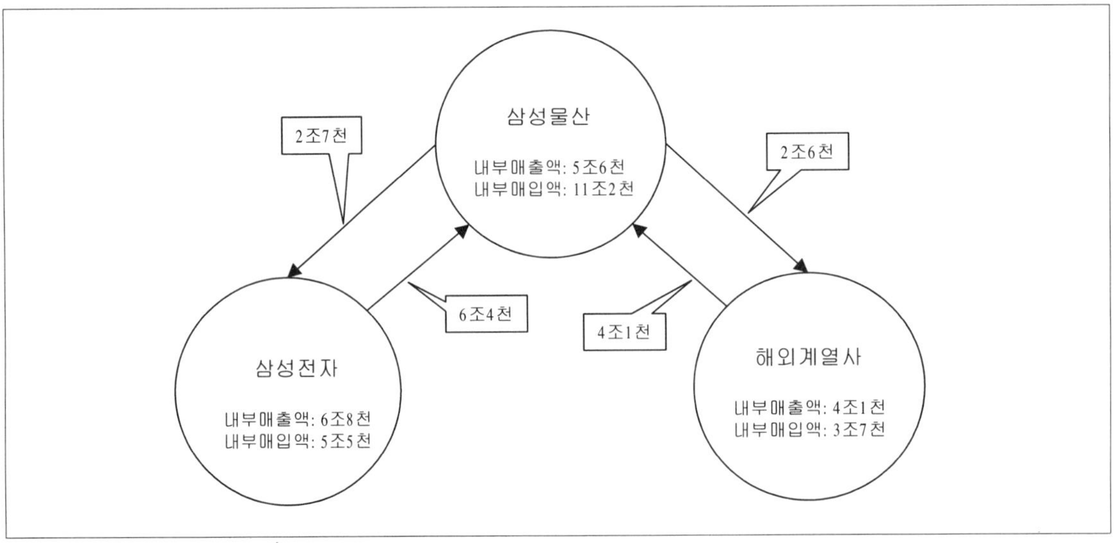

삼성물산
내부매출액: 5조6천
내부매입액: 11조2천

삼성전자
내부매출액: 6조8천
내부매입액: 5조5천

해외계열사
내부매출액: 4조1천
내부매입액: 3조7천

2조7천
2조6천
6조4천
4조1천

4.12. 〈그림 2-3〉에서 나타난 바와 같이, 대우의 경우 해외계열사를 포함한 내부매출총액은 20조 원 가량 되었으며, 대우자동차는 내부매출 총액 6조 8천억 원 중 종합상사인 (주)대우에 3조 6천억 원, 자동차판매업인 대우자판에 2조 9천억 원을 매출하였다. 또한 (주)대우는 4조 7천억 원을 해외계열사에 매출한 것으로 나타났다. 대우자판의 경우 자사 매출액의 96.5%가 자동차 판매를 통해 이루어진 것이었으며, 전액이 내수시장에서 판매된 것이다. 대우의 경우 금융·보험업을 제외한 각 계열회사의 기업별 총매출액에서 내부매출액이 차지하는 비중이 50% 이상인 기업수는 5개사인 것으로 나타났다.

〈그림 2-3〉 대우의 1997년도 내부거래 흐름도

대우자동차
내부매출액: 6조8천
내부매입액: 1조7천
대우자판
내부매출액: 6백
내부매입액: 3조6천
2조9천
3조6천
㈜대우
내부매출액: 5조2천
내부매입액: 7조2천
해외계열사
내부매출액: 1조
내부매입액: 5조6천
4조7천

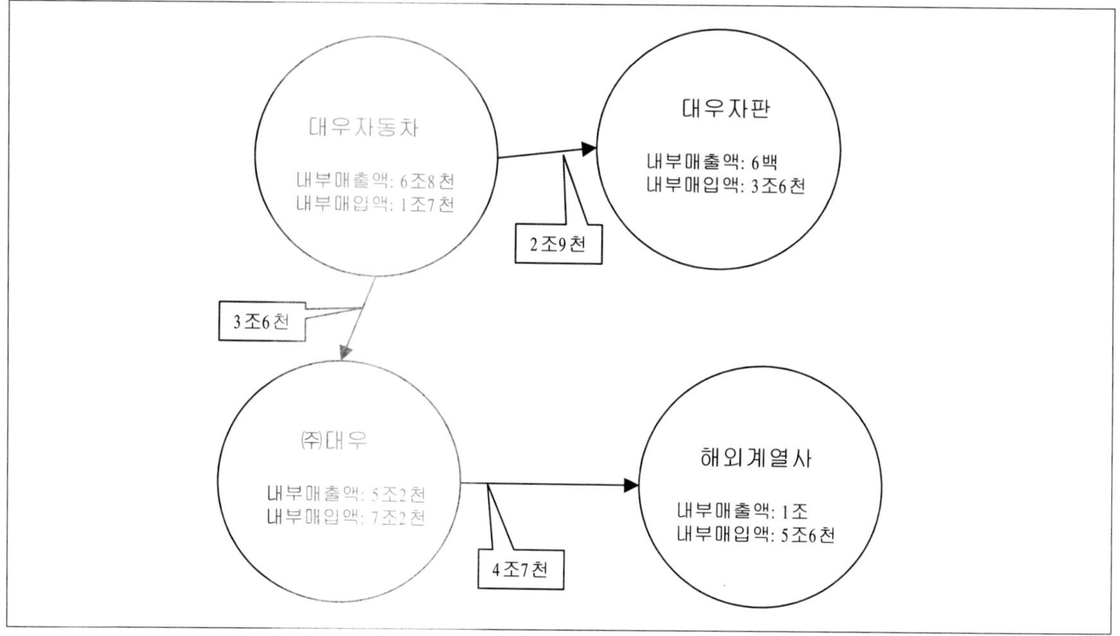

〈그림 2-4〉 LG의 1997년도 내부거래 흐름도

LG칼텍스정유
내부매출액: 5조4천
내부매입액: 8천9백
4조5천
LG전자
내부매출액: 2조7천
내부매입액: 8천8백
LG정유판매
내부매출액: 4백
내부매입액: 4조5천
6천4백
4천8백
1천3백
4천9백
LG상사
내부매출액: 1조4천
내부매입액: 2조6천
해외계열사
내부매출액: 5천6백
내부매입액: 1조4천
7천7백

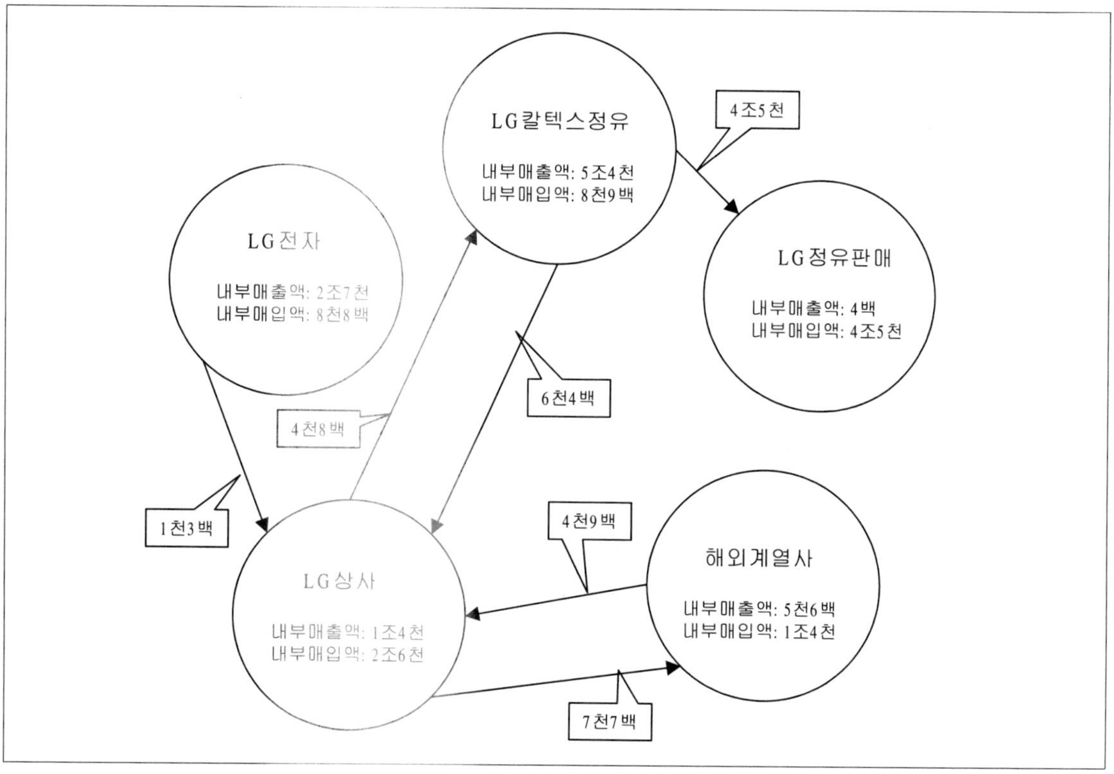

4.13. 〈그림 2-4〉를 보면, LG의 경우 종합상사나 해외계열사의 내부매출 비중이 현대나 삼성에 비해 현저하게 낮은 것으로 나타났으며, LG 칼텍스정유와 LG 정유판매 간의 내부매출·매입관계가 제일 두드러지게 나타났다. LG 칼텍스정유는 내부매출총액 5조 4천억 원 중에서 LG 상사에 6천 9백억 원, 정유판매에 4조 5천억 원을 각각 매출한 것으로 나타났다. LG 정유판매의 매출구성을 보면 유류도소매가 100%였다. LG의 경우 금융·보험업을 제외한 각 계열회사의 기업별 총매출액에서 내부매출액이 차지하는 비중이 50% 이상인 기업수는 9개사인 것으로 나타났다.

4.14. 〈그림 2-5〉에서 보는 바와 같이, SK의 경우 LG와 함께 종합상사의 비중이 작았으나, 해외계열사의 내부매출 비중은 상대적으로 커 3조 7천억 원이었으며, 이들 해외계열사를 포함한 내부매출총액 규모는 9조 6천억 원이었다. 석유정제업이 주요 업종인 (주)SK는 내부매출 3조 6천 억 원 중 SK 상사에 1조 8천억 원, SK 에너지판매에 2조 5천억 원을 각각 매출하였다. 이 회사의 총매출액 규모가 2조 6천억 원이었으므로 내부매입액과 거의 비슷한 액수의 매출을 거두었음을 알 수 있다. SK의 경우 금융·보험업을 제외한 각 계열회사의 기업별 총매출액에서 내부매출액이 차지하는 비중이 50% 이상인 기업수는 4개사인 것으로 나타났다.

〈그림 2-5〉 SK의 1997년도 내부거래 흐름도

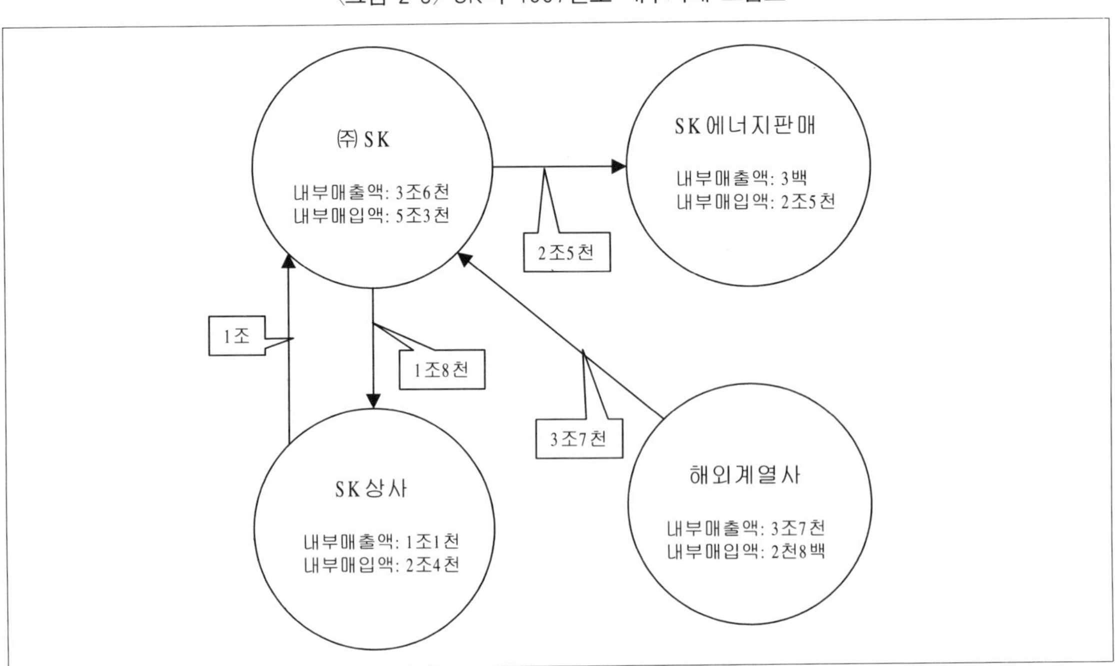

4.15. 이상과 같이 5대재벌 각각의 내부거래 흐름을 간략하게 살펴보았는데, 앞에서도 지적했듯이 모든 내부거래가 불공정하거나 부당한 것은 아니며, 동종 또는 유관업종간 수직통합관계를 통해 거래비용을 낮출 수도 있다. 반면 상이한 업종간 내부거래의 경우 그 규모나 형태에 대해 자세하게 파악할 필요가 있으며, 만일의 경우 상호구매를 통해 자기 계열사의 시장지배력을 높이거나 경쟁자를 배제하여 경쟁을 저해할 때에는 적절한 규제가 이루어져야 할 것이다.

4.16. 한편 이상과 같은 내부거래 현황을 통해 볼 때, 5대재벌의 주요 업종인 자동차, 화학, 전자 부문에서 생산한 제품을 판매하는 상품중개·도소매업, 무역업 등의 경우 합산재무제표의 한계를 잘 보여준다는 것을 알 수 있다. 즉, 이들 기업의 매출규모가 과대계상된다는 것이다. 향후 결합재무제표가 작성되면 이들 업종의 매출은 크게 낮아질 것으로 생각되며, 더욱 정확한 기업재무 실태를 파악할 수 있을 것으로 기대된다.

5 계열회사간 채무보증 실태

5.1. 재벌의 계열회사간 채무보증은 금융기관으로부터의 자금차입, 사채발행 또는 그 밖의 방법으로 차입자금을 용이하게 조달할 수 있게 한다. 특히 그것은 신규사업을 추진하는 계열회사의 담보가 부족하거나 사업의 수익성이 낮은 경우에 까다로운 대출심사를 받지 않고 자금을 조달하는 유효한 수단이 되고 있다.

5.2. 재벌의 계열회사간 채무보증에 의한 여신의 성격은, 재벌을 법적/형식적 측면에서 독립적 계열회사의 집단으로 보면 담보에 의한 여신이지만, 경제적/실질적 측면에서 단일기업으로 보면 신용에 의한 여신이다. 그러므로 계열회사간 채무보증과 관련된 재벌그룹 전체의 연쇄부실화의 위험은 실질적으로 계열회사간 채무보증 그 자체로부터 연원하는 것이 아니라 계열회사간 채무보증이라는 수단을 매개로 하여 신용에 의한 여신이 과도하게 이루어진 것에서 비롯한다. 그런데 이러한 과도한 여신에서 비롯한 위험의 존재는 여신이 재벌그룹 전체의 채무이행 능력에 바탕을 둔 것이 아니라 재벌그룹 전체의 도산 가능성은 국민경제 차원에서 희박하다는 대마불사심리, 따라서 궁극적으로는 재벌에 의한 과도한 경제력 집중에 근거한다는 것을 의미한다. 그러므로 계열회사간 채무보증을 매개로 한 재벌부문에의 여신편중과 재벌부문에 의한 과도한 경제력 집중은 상호의존적인 관계를 가지고 있는 것이다.[6]

5.3. 채무보증이란 금융기관으로부터 여신(대출 또는 지급보증)을 제공받아 채무를 지게 되는 경우 제3자가 그 채무에 대해 변제할 것을 보증하는 행위를 말한다. 따라서 금융기관이 직접 여신의 한 형태로서 일정한 수수료를 받고 고객의 지급의무를 보증해주는 지급보증이라는 말과는 구별된다. 우리나라에서의 채무보증은 자금수요가 늘 초과상태에 있는 상황에서 기업이 보다 많은 자금을 쉽게 확보하려는 행태와 금융기관이 기업의 재무상태나 사업성 등 신용보다는 담보나 연대보증에 근거하여 대출을 하는 전근대적 관행이 결합되어 나타난 합작품이라는 특징을 보이고 있다. 따라서 제3자의 보증을 세울 수 없거나 자체 담보가 충분치 않은 기업의 경우 금융기관으로부터 여신을 받는다는 것이 상당히 어렵다. 반면 많은 계열회사들과 기업집단을 이루어 계열회사간 상호채무보증을 하는 기업집단의 경우에는 손쉽게 금융기관의 여신을 받게 되어 여신의 편중이 심화된다. 이는 결국 기업집단을 이루지 못하고 있는 독립기업들 특히 능력있는 중소기업의 여신활용 기회를 제약해 자금운용의 효율성을 저해하고 기업집단내의 경쟁력없는 부실계열기업을 시장에서 퇴출하지 못하게 하여 원활한 사업구조조정을 제한한다. 나아가 채무보증으로 거미줄같이 연결된 기업집단이 어느 한 계열회사가 도산할 경우 도미노식으로 연쇄도산하는 운명을 초래하여 엄청난 사회적 비용을 야기하는 등 효율적인 국민경제 발전에 걸림돌로 작용한다.

5.4. 우리나라의 경우 1993년 4월 공정거래법에서 대규모기업집단의 계열사간 채무보증 제한제도를 도입하였다. 이에 따르면 대규모기업집단 소속회사는 동일 기업집단 계열회사에 대하여 채무보증을 할 때, 자기자본의 200%를 초과할 수 없도록 제한하였다. 단, 이러한 제한대상에는 예외가 있는데 금융·보험업을 영위하는 기업은 제한대상에서 제외하였으며, 산업합리화에 따라 인수되는 회사의 채무, 국내 금융기관의 해외지점여신, 해외건설입찰보증, 수출금융 등과 관련된 보증은 제한제외대상으로 지정하였다. 한편 이러한 내용은 1996년 말 공정거래법 개정으로 일부 수정되어 채무보증한도를 자기자본의 100% 이내로 낮추었으며, 1998년 2월에 공정거래법을 다시 개정하여 채무보증제한 대규모기업집단에 속하는 회사는 국내계열사에 대한 채무보증을 할 수 없게 하였다. 또한 공정거래법 제10조 3항을 신설하여 1997년 현재 채무보증제한 대규모기업집단에 속하는 회사들은 기존의 채무보증을 2000년 3월 31일까지 해소하도록 하고, 1998년부터 2000

---

6) 우리나라는 그동안 산업자본의 금융지배를 제도적으로 제한해왔음에도, 재벌기업들이 한편으로는 직·간접적으로 금융업에 꾸준히 진출함으로써(제6장 참조) 다른 한편으로는 상호채무보증을 통해 차입자금을 대거 동원함으로써 재무구조가 취약하면서도 적극적인 사업확장, 즉 다각화를 진행시켜왔다. 이러한 관행이 초래할 수 있는 파국적 결과는 IMF 사태가 단적으로 보여준다고 할 수 있다. 또한 이러한 사실은 1990년대 중반 이후 금융개방과 함께 논란이 되기도 했던, 재벌기업의 금융업진출 전면허용 문제와 관련해서도 일정한 시사점을 던져주고 있다.

년 사이에 신규 지정된 기업은 2001년 3월 말까지, 그 이후에 신규지정된 기업은 지정일로부터 1년 이내에 완전히 해소하도록 규정했다. 또한 1998년 4월 1일부터 신규 채무보증을 금지하도록 규정하였다.

5.5. 〈표 2-14〉는 1996~1998년도 기간 동안 5대재벌의 채무보증 상황을 나타낸 것이다. 공정거래위원회에서 발간한 《1998년도 공정거래백서》에 따르면, 1993년 4월 제도도입 당시 제한대상이 되는 채무보증 금액은 120조 6천억 원으로 자기자본대비 342.4%에 달하였으나, 1996년 4월에는 제한대상이 되는 채무보증이 35조 2천억 원, 자기자본대비 55.9%로 대폭 낮아졌다. 5대재벌의 경우 1996년 4월에 자기자본대비 제한대상 채무보증액의 비율이 33.3%로 30대 대규모기업집단 전체 평균보다 낮게 나타났다. 또한 5대재벌의 경우 1997년 4월에는 26.0%, 1998년 4월에는 23.4%로 지속적으로 낮아지는 추세를 보였다.

〈표 2-14〉 1996~1998년도 5대재벌의 채무보증 상황

(단위 : 백만 원, %)

		채무보증한도액	채무보증금액			자기자본대비비율(제한대상)
			제한대상	제한제외	합 계	
현대	1996	18,305,606	4,213,124	7,067,948	11,281,072	46.05
	1997	9,918,721	4,049,827	6,097,202	10,147,029	41.15
	1998	10,904,603	3,173,680	8,046,606	11,220,286	29.75
삼성	1996	26,518,732	2,579,458	455,096	3,034,554	19.49
	1997	14,167,240	1,970,239	556,646	2,526,885	14.00
	1998	13,598,456	2,277,506	1,458,338	3,735,844	16.88
LG	1996	14,749,180	2,060,944	742,981	2,803,925	28.23
	1997	8,392,523	1,288,161	1,130,911	2,419,072	15.49
	1998	8,574,816	1,558,015	928,351	2,486,366	18.35
대우	1996	13,951,046	3,917,029	4,400,258	8,317,287	56.26
	1997	7,836,855	3,738,158	6,385,589	10,123,747	47.77
	1998	9,196,608	3,747,159	7,498,071	11,245,230	41.47
SK	1996	6,928,164	620,816	285,802	906,618	18.68
	1997	4,852,915	711,941	79,324	791,265	15.14
	1998	5,306,025	375,648	440,329	815,977	7.33

자료 : 공정거래위원회, 국회 국감제출 자료, 1998.

주 : 위의 채무보증금액는 각년도 4월 1일 기준으로 공정위에서 발표한 금액임.

5.6. 한편 〈표 2-15〉에서는 각 재벌기업 중에서 채무보증 상위 3개사에 의한 채무보증액이 제한대상 채무보증총액에서 차지하는 비중을 나타냈다. 5대재벌 전체를 보면, 제한대상 채무보증액의 주기업체 비중이 1995년 77.3%였으며, 1998년에는 74.4%로 나타났다. 결국 재벌기업의 상호채무보증은 이들 주기업체 중심으로 이루어지고 있는 것으로 볼 수 있다. 기업별로 보면 대우와 SK의 비중이 상대적으로 높아 주기업체의 비중이 90% 전후로 나타났다.

〈표 2-15〉 주기업체 채무보증 비중 현황

(단위 : 백만 원, %)

	1996		1997		1998	
	주기업체	비 중	주기업체	비 중	주기업체	비 중
현대	2,791,918	66.27	2,531,991	62.52	1,921,975	60.56
삼성	1,789,327	69.37	-	-	1,525,444	66.98
LG	1,684,888	81.75	1,023,572	79.46	1,054,381	67.67
대우	3,517,031	89.79	3,341,213	89.38	3,447,024	91.99
SK	569,668	91.76	516,794	72.59	334,416	89.02
5대	10,352,832	77.31	7,413,570	75.74	8,283,240	74.41

자료 : 공정거래위원회, 국회 국감제출 자료, 1998.
주 : 비중은 제한대상 채무보증 총액 대비 주기업체 보증액의 비율임. 주기업체는 채무보증 상위 3개사를 말함.

5.7. 각 재벌기업이 금융권에서 차입한 차입금총액에서 채무보증총액이 차지하는 비중을 살펴보면 〈표 2-16〉과 같다. 5대재벌 전체로 보면 1996년 46.96%에서 1998년 25.85%로 크게 낮아졌으나, 대우그룹의 경우에는 1998년 4월에도 50%를 상회하여 여전히 채무보증액 비중이 높은 것으로 나타났다.

〈표 2-16〉 피보증기업의 금융권 차입금내 비중

(단위 : 백만 원, %)

기업명	1996		1997		1998	
	금융권차입금 총액	비 중	금융권차입금 총액	비 중	금융권차입금 총액	비 중
현대	15,519,715	72.69	20,496,419	49.51	31,962,322	35.10
삼성	12,330,662	24.61	17,266,558	14.63	27,038,328	13.82
LG	9,802,008	28.61	13,702,920	17.65	22,148,404	11.23
대우	13,747,282	60.50	14,936,298	67.78	22,172,958	50.72
SK	4,695,133	19.31	6,413,029	12.34	10,802,036	7.55
5대	56,094,800	46.96	72,815,224	35.72	114,124,049	25.85

자료 : 공정거래위원회, 국회 국감제출 자료, 1998; 한국신용평가정보(주), KIS-LINE 기업재무자료, 1998.
주 1) 금융권차입금총액은 각 기업별 대차대조표상에서 단기차입금, 장기차입금, 유동성장기부채를 합산한 금액.
2) 비중은 채무보증 총액 대비 금융권차입총액의 비율임.

5.8. 대규모기업집단의 계열사간 상호채무보증제한제도는 재벌기업으로의 경제력집중 억제 시책의 일환으로, 채무보증을 통한 여신을 축소하여 재벌에 대한 여신의 편중을 간접적으로 방지하여 여타 기업들의 여신활용기회를 증대시키기 위한 것이었다. 한편 과도한 차입을 억제함으로써 재벌기업들 자체도 재무구조를 건실화하도록 유도하기 위한 제도였다고 할 수 있다. 재벌기업들의 자금조달구조 특히 여신구성비에서 채무보증을 받는 여신의 비중이 낮아지고 신용대출이나 해외차입의 비중이 증가한 것으로 보아, 이러한 채무보증제한제도가 그 동안 소기의 성과를 이루었으며, 앞으로도 지속적으로 추진되어야 할 중요한 경쟁정책 중 하나임은 사실이다. 그러나 1995~1997년 기간 동안 5대재벌의 부채비율이 1995년 306.6%에서 1997년 472.8%로 급격히 증가한 사실에 비추어 볼 때 재벌기업들의 재무구조가 건실화되었다고 평가하기는 어렵다.

5.9. 한편 채무보증 제한제도의 적용대상을 재벌의 국내계열사에만 한정하고 있는 것도 이 제도의 실효성을 약화시키는 효과를 갖는다. 물론 해외 현지금융에 대한 지급보증이 해외현지법인의 저리 자금조달을 가능케 한다는 장점도 있으나, 이러한 형태의 지급보증 역시 국내 계열사간 채무보증과 마찬가지로 계열회사의 연쇄도산과 구조조정을 저해하는 요인으로 작용할 수 있으며, IMF 사태가 보여주듯이 무분별한 외화차입으로 인한 재무구조 부실화 등을 초래할 위험이 크다. 따라서 당장 전면적인 규제를 실시하는 것은 바람직하지 않더라도 우선 그 실태에 대한 파악과 감시·감독이 필요하며, 그 구체적인 유형과 효과를 분석하여 적절한 제한시책을 추진해야 할 것이다.

5.10. 이상에서 살펴본 내용은 공정거래위원회가 국회 국정감사자료로 제출한 채무보증현황자료를 통해 살펴본 것인데, 이 자료는 공정거래법상 채무보증제도의 적용대상이 30대 기업집단의 국내계열회사(금융·보험업을 영위하는 회사는 제외)에 한정하고 있기 때문에 재벌 계열사간 상호채무보증 중 해외법인을 제외한 국내 계열사간의 관계만을 보여주고 있으며, 전체 총액을 기준으로 그룹별 규모만을 다루었다. 따라서 이하에서는 한국신용평가주식회사의 KIS-LINE 재무제표 자료를 이용하여 1997년 12월 기준으로 해외계열사를 포함한 계열사간 상호채무보증 관계의 간단한 흐름도를 통해 그 전체적인 규모와 그룹별 특성을 파악해 보고자 한다. 참고로 이하의 채무보증액은 제한대상과 제한제외인 채무보증액을 합한 액수이며, 공정거래위원회에서 발표한 금액과 다를 수 있음에도 유의해야 한다.[7]

---

7) 공정거래위원회의 공식발표 액수와 다를 수 있음에도 이 자료를 사용한 것은 이 자료가 개별 기업들의 사업보고서를 토대로 구축된 것이기에 나름대로 공신력이 있을 뿐 아니라, 기업별 지급보증총액만 발표하는 공정거래위원회의 자료와는 달리 지급보증회사와 피지급보증회사간 채무보증 제공·수혜관계를 직접적으로 보여주고 있기 때문이다. 더구나 이 자료는 해외계열사에 대한 채무보증까지 포함하고 있어 그 전체적인 규모를 파악할 수 있

5.11. 〈그림 2-6〉에 나타난 바에 따르면, 해외현지법인 등을 포함한 현대의 계열사간 상호채무보증액 전체 규모는 24조 3천억 원이었으며, 채무보증 계열사 중 현대중공업, 현대상사, 현대건설 및 현대전자 4개사가 제공한 채무보증액이 전체 채무보증액의 68%인 16조 5천억 원에 달하는 것으로 나타났다. 이들 주기업체들 중에서 현대상사와 현대전자 두 회사의 채무보증 총액이 8조 2천억 원이었는데, 이 중에서 해외현지법인에게 제공한 액수가 6조 9천억 원으로 두 회사의 채무보증제공 총액의 85.5%에 이르렀다. 결국 이 두 회사는 주로 해외현지법인에 대해 채무보증을 제공한 것으로 나타났다. 반면에 현대중공업과 현대건설은 모든 채무보증을 국내 계열사들에게 제공한 것으로 나타났는데, 두 회사가 제공한 채무보증총액은 8조 3천억 원으로 전체 채무보증액의 34.2%를 차지하였다. 이 두 회사는 쌍방간에도 각각 1조 원과 1조 6천억 원의 채무보증을 제공하였으며, 현대중공업은 현대전자, 현대상사 및 현대상선에, 현대건설은 현대자동차에 주로 채무보증을 제공한 것으로 나타났다. 현대의 경우 계열사간 채무보증 전체 규모가 5대 재벌들 중에서 제일 클 뿐 아니라 각각의 주기업체들이 차지하는 비중도 상대적으로 고른 편이지만, 국내 계열사에 대한 채무보증만 보면 현대중공업이 중심적인 위치를 차지함을 알 수 있다.

〈그림 2-6〉 현대의 1997년도 상호채무보증 흐름도

(단위 : 억 원)

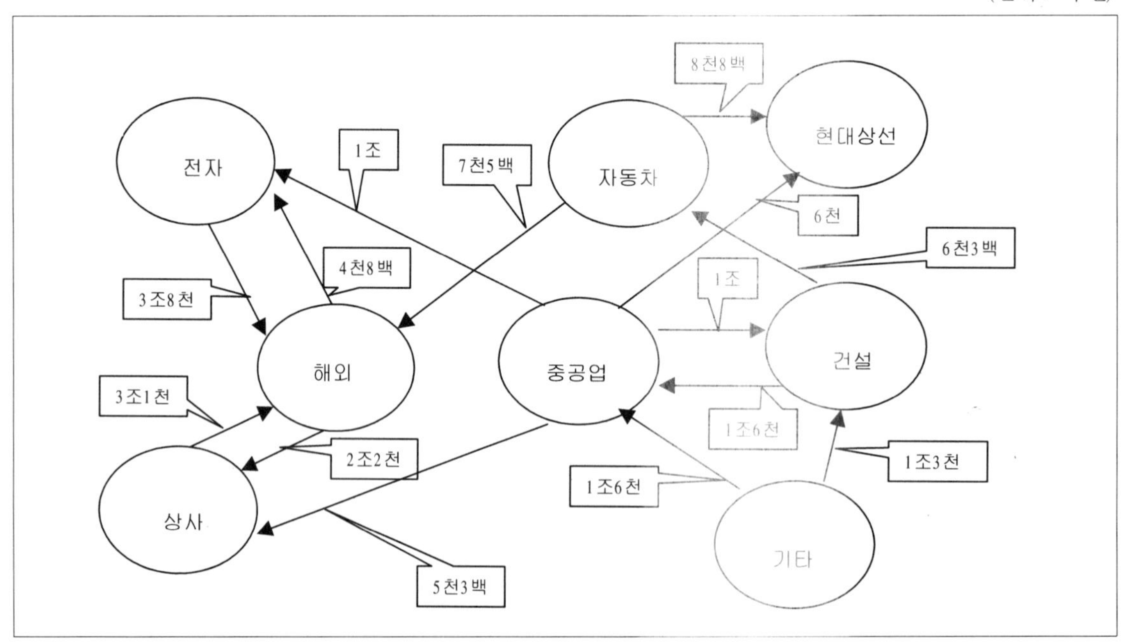

게 해주는 장점이 있다.

〈그림 2-7〉 삼성의 1997년도 상호채무보증 흐름도

(단위 : 억 원)

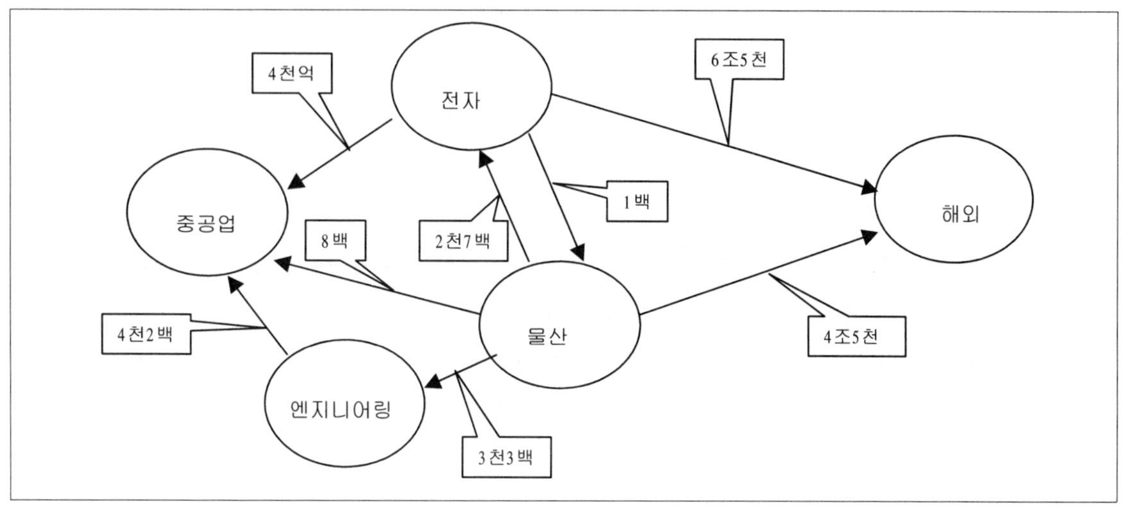

〈그림 2-8〉 LG의 1997년도 상호채무보증 흐름도

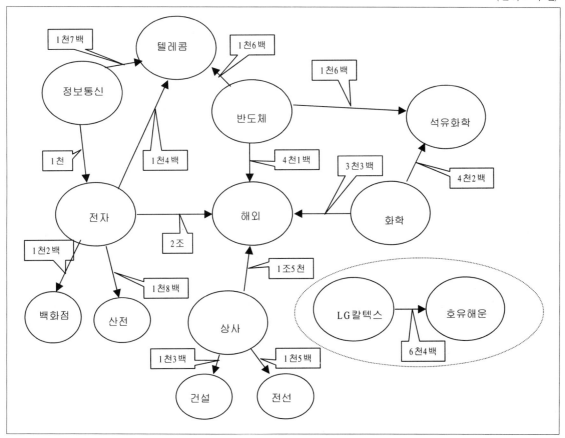

(단위 : 억 원)

1천7백
텔레콤
1천6백
1천6백
정보통신
반도체
석유화학
1천
1천4백
4천1백
3천3백
4천2백
전자
해외
화학
2조
1천2백
1조5천
1천8백
백화점
산전
상사
LG칼텍스
호유해운
6천4백
1천3백
1천5백
건설
전선

5.12. 삼성의 경우 해외관계사를 포함한 계열사간 채무보증 총액 규모는 15조 2천억 원이었으며, 삼성물산과 삼성전자 두 회사의 채무보증 제공액이 13조 원으로 전체의 85.7%에 달하였다. 또한 이들 두 회사가 해외현지법인에 제공한 채무보증액이 무려 11조 원에 이르렀다. 또한 현대의 경우와는 달리 이들 두 주기업체간에는 대규모의 채무보증 제공이나 수혜가 없는 것으로 나타났으며 여타 국내 계열사에 대한 채무보증도 거의 없었으나, 1996~1997년에 각각 2천 9백억 원, 9천 5백억 원의 당기순이익 적자를 기록했던 삼성중공업에 전자, 물산, 엔지니어링 3사가 집중적으로 채무보증을 제공한 것으로 나타났다. 특히 삼성물산이 삼성중공업에 직접적으로 제공한 채무보증액은 8백억 원으로 상대적으로 낮은 비중이지만, 삼성물산이 삼성엔지니어링에 3천 3백억 원, 삼성엔지니어링이 삼성중공업에 4천 2백억 원의 채무보증을 제공한 것으로 나타났다. 삼성엔지니어링이 삼성중공업에 제공한 채무보증액은 이 회사의 자기자본대비 비중 252.45%이었다.

5.13. LG가 해외관계사를 포함하여 자기 계열사들에 제공한 상호채무보증 총액 규모는 9조 원이었으며, 이 중 해외관계사에 제공된 채무보증액은 4조 5천억 원으로 전체 채무보증액의 50.97%였으며, LG 전자와 LG 상사가 각각 2조 원과 1조 5천억 원을 제공한 것으로 나타났다. 현대나 삼성에 비해 전체적인 규모는 상당히 작은 편이나, 채무보증이 여러 기업에 걸쳐 다양하게 이루어지고 있음을 볼 수 있다. LG 전자, LG 상사, LG 전자, LG 화학 4개사가 전체 금액의 78.4%인 7조 6백억 원의 채무보증을 제공했으며, 각각의 회사가 2~3개의 계열사들에 대해 1천억 원에서 6천 4백억 원에 이르는 금액을 채무보증한 것으로 나타났다. LG의 경우에는 주기업체들간의 채무보증은 거의 없으며, 각각의 주기업체들이 나누어 여타 계열사들에게 채무보증을 제공한 것으로 보인다. 또한 이러한 채무보증에는 LG 칼텍스 정유와 같이 유관업종에 제공한 경우도 있었으나, 상이한 업종의 기업에 대해서도 다양하게 제공되었다.

5.14. 대우의 경우 KIS-LINE 재무자료가 미비되어 전체적인 흐름도를 구성할 수는 없으나, 해외계열사에 대한 채무보증 현황을 제외하고 공정거래위원회가 국회 국정감사자료로 제출한 채무보증 현황에 따르면, 1997년도 국내계열사간 채무보증 총액은 11조 2천억 원으로 나타났다. 이중 대우중공업과 (주)대우가 각각 7조 5천억 원과 2조 7천억 원의 채무보증을 제공하여, 전체 채무보증 금액대비 91.3%의 비중을 차지하였다. 이 두 회사의 채무보증 제공금액 중 제한대상 채무보증 금액은 2조 원인 것으로 나타났다.

〈그림 2-9〉 SK의 1997년도 상호채무보증 흐름도

(단위 : 억 원)

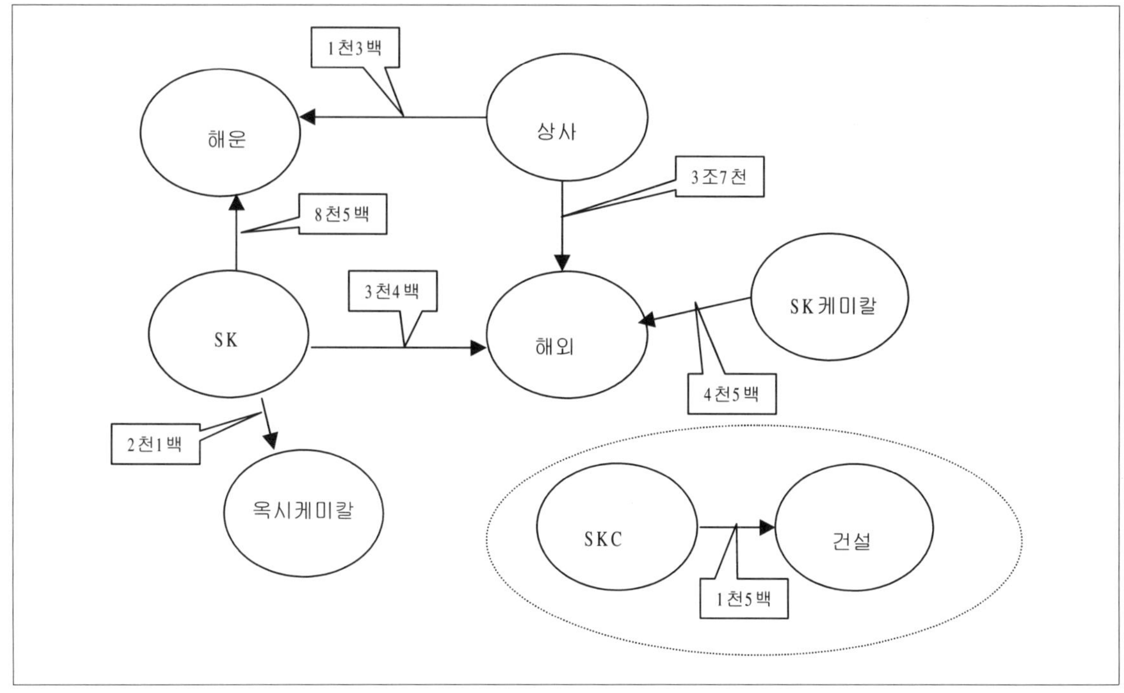

5.15. SK의 경우 해외계열사를 포함하여 계열사간 채무보증 총액이 5조 6천억 원이었으며, SK 상사와 (주) SK가 각각 4조 원과 1조 원으로 전체의 91.85%에 해당되는 액수의 채무보증을 제공하였다. 해외계열사에 대한 채무보증 제공액 4조 7천억 원 중에서 SK 상사가 제공한 금액은 3조 7천억 원이었으며, 1997년 434억 원의 당기순이익 적자를 기록한 SK 해운의 경우 9천 8백억 원의 채무보증을 수혜한 것으로 나타났다.

5.16. 이상과 같이 1997년도 5대재벌의 채무보증관계 흐름도를 살펴본 바에 따르면, 우리나라 5대재벌은 동일업종과 이종업종 모두에 걸쳐 계열사간 채무보증을 제공·수혜하고 있으며, 채무보증 제한제도로 인해 국내계열사간 채무보증은 그 규모가 급속하게 감소한 게 사실이나 이 제도가 적용되지 않는 해외 현지법인에 대한 채무보증이 차지하는 비중이 매우 높게 나타났다. 현대의 경우 총 계열사간 상호채무보증액의 35.00%, 삼성은 76.35%, LG는 50.97%, SK는 84.66%가 해외계열사에 대한 채무보증 제공금액의 비중이었다.

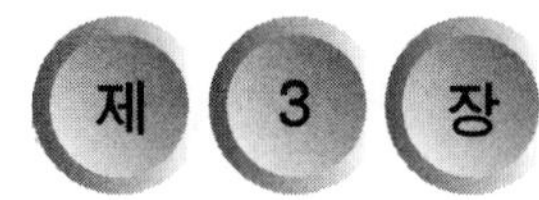

소유구조

김 진 방

1. 머리말

1.1. 분석 목적과 대상

1.1.1. 재벌의 계열회사 지배는 재벌의 주식 소유에 의존한다. 그러나 재벌이 소유하는 주식의 비율이 높은 것은 아니다. 적은 소유에 의한 절대적 지배의 비결은 계열회사의 계열회사에 대한 출자에 숨겨져 있다. 이 장의 목적은 재벌 계열회사의 주식분포를 분석하여 이 비결을 파악하는 것이다. 그리고 우리 경제의 효율성을 제고하기 위한 소유구조 개혁의 방향을 모색하는 데 도움이 되고자 한다.

1.1.2. 공정거래위원회는 매년 4월에 30개의 '대규모기업집단' 및 각 집단에 포함된 회사를 지정하는데, 1998년에는 현대, 삼성, 대우, LG, SK 등의 순서로 지정하였다. 그러나 우리는 공정거래위원회가 5개의 '대규모기업집단'에 포함시킨 계열회사를 모두 분석하지는 않는다. 주식이 증권거래소에 상장된 회사와 외부감사법이 적용되는 회사만을 분석한다. 외부감사법은 자산총계 70억 원 이상의 회사에 적용되는데 대부분의 재벌 계열회사가 적용대상이다. 예컨대 공정거래위원회가 지정한 삼성 계열회사 61개 중 5개를 제외한 56개가 외부감사법 적용 대상이다. 그리고 제외된 5개 계열회사의 비중은 미미하다.

1.1.3. 주식회사는 보통주와 우선주를 발행하는데, 우선주는 의결권이 없다. 우리는 소유구조를 지배구조의 기초로 이해하고서 분석하므로 보통주의 분포만을 검토한다. 공정거래위원회가 발표하는 각종 수치는 이 구분을 명시하지 않는 경우가 많다.

1.2. 자 료

1.2.1. 이 장의 소유구조 분석에는 세 가지 자료가 사용된다. 상장회사의 사업보고서와 비상장회사에 대한 KIS-LINE 기업정보가 주로 사용되며, 여러 가지 국정감사자료가 함께 사용된다. 이 세 가지 자료에 대한 상세한 설명은 부록으로 미루고, 여기서는 중요한 사항만 간단히 밝혀둔다. 부록에서는 공정거래위원회와 금융감독원이 공개하지 않고 있는 자료에 대해서도 설명한다.

1.2.2. 상장회사의 주식 분포는 공시된 사업보고서를 통해 확인한다. 인터넷(http://eds.kse.or.kr)을 통해 열람할 수 있는 사업보고서에는 '주식에 관한 사항'의 일부로서 '최대주주 및 그 특수관계인의 주식소유 현황'이 포함되어 있다. '특수관계인'의 내용은 '증권거래법 시행령' 제10조의 3에 규정되어 있는데, 최대주주의 친인척뿐만 아니라 본인 및 친인척이 30% 이상을 출자하거나 사실상 경영권을 행사하는 기업도 포함한다. 사업보고서에는 '회사의 개황'으로서 '자기주식', '자사주펀드', '우리사주조합 지분현황' 등도 포함되어 있다. 그리고 '지배구조 및 관계회사의 현황'의 한 항목인 '타법인출자현황'도 주식분포 파악에 사용된다.

1.2.3. 비상장회사의 주식 분포는 (주)한국신용평가의 'KIS-LINE 기업정보'를 통해 확인한다. 특히 '업체현황'의 한 항목인 '주요 주주현황', '개별 수정 및 주석사항'의 한 항목인 '타법인출자현황' 등이 많이 사용된다.

1.2.3. 사업보고서와 KIS-LINE 기업정보 이외에도 여러 가지 자료를 참고하였다. 그 가운데 중요한 것은 공정거래위원회가 제출한 국정감사자료 〈소속회사별 기업집단내부 출자지분 구성비율〉이다. 공정거래위원회가 필자의 자료요청을 거부하였기에, 필자는 공정거래위원회가 국회에 제출한 자료를 입수하여 사용하였다. 그 이외의 국정감사자료도 함께 참고하였다. 은행감독원이 작성하여 제출했으리라 짐작되는 〈10대계열의 금융회사 및 출자지분 현황〉, 증권감독원이 작성하여 제출한 〈30대 재벌소유 금융기관이 보유한 상장법인 주식수, 지분율〉, 작성자를 확인하지 못한 〈6대생보사 주주명부〉(보유주식 1% 이상), 〈공익법인의 상장회사 주식 보유현황〉 등이 그러한 국정감사자료이다. 이러한 자료들이 정상적 경로를 통해서는 연구자들에게 제공되지 않는 현실이 안타깝다. 특히 공정거래위원회가 확보하고 있는 재벌관련 자료의 전모는 외부에 전혀 알려져 있지 않다. 이 자료의 공개가 재벌체제의 문제점을 객관적으로 분석해 내고 또 올바른 재벌정책을 확립하는 데 크게 기여할 것이라는 점은 불 보듯 명백하다. 이해 비해 공정거래위원회가 내세우는 '개별기업정보의 보호'라는 자료 비공개 명분은 기업, 특히 재벌의 사회적 책임성을 고려하면 설득력이 없으며 심지어는 그 저의가 매우 의심스럽다. 공정거

래위원회의 재벌관련 자료의 공개를 다시 한 번 촉구한다.

2. 계열회사의 주식분포

2.1. 개 황

2.1.1. 우리나라 재벌은 계열회사의 주식을 다양한 방식으로 소유한다. 총수 혹은 회장으로 일컬어지는 개인과 그 친인척이 직접 소유하기도 하고, 이들이 지배하는 공익재단법인이 소유하기도 한다. 그리고 계열회사의 주식을 다른 계열회사가 소유하기도 한다. 이러한 주식의 비율을 '내부지분율'이라고 부르는데, 5대재벌의 내부지분율은 40%를 넘나든다. 그리고 나머지 주식의 대부분은 소액주주들에게 분포되어 있다.

2.1.2. 〈표 3-1〉은 각 재벌의 계열회사 소유 형태와 비율을 나타내고 있는데, 이 비율은 각 계열회사의 자본총계를 가중치로 사용하여 계산한 평균이다. 자본총계는 자본금에 자본잉여금과 이익잉여금을 합한 것이며, 자본금은 발행주식의 액면가격이다. 따라서 자본총계는 자본금에 비해 기업가치를 좀더 정확하게 반영할 것이다. 자본총계는 자기자본이라고도 부른다. 자본총계보다는 발행된 주식의 수에 매매가격을 곱한 수치가 더 적절한 가중치일 수도 있다. 그러나 재벌의 계열회사 중에는 주식이 증권거래소에 상장되지 않은 회사도 많으며, 이들의 주식은 잘 매매되지 않는다. 그리고 매매되더라도 그 가격을 확인하기 어렵다.

2.1.3. 〈표 3-1〉은 주식이 상장된 회사와 외부감사법이 적용되는 회사를 모두 포함하지는 않는다. 예를 들면, 공정거래위원회가 지정한 삼성의 계열회사 61개 중 50개만을 포함하는

〈표 3-1〉 재벌의 내부지분 현황 (1997회계년 결산일 기준)

(단위 : 10억원, %)

	회사수	자본총계	총수일가	공익법인	임직원	계열회사	자기주식	합계	우리사주
현대	47	11,843.3	13.80	0.62	0.08	28.49	2.23	45.23	3.38
삼성	50	14,688.5	4.16	0.61	3.53	25.94	2.23	36.47	3.80
대우	28	10,277.7	2.57	2.49	0.34	25.24	1.43	32.06	0.61
LG	47	9,902.8	4.10	0.30		31.05	0.28	35.73	1.59
SK	35	5,465.8	4.59	0.23	0.30	23.28	1.58	29.97	2.83
합계	207	52,178.1	6.07	0.88	1.11	27.72	1.58	37.35	2.56

주 : 자본 전액 잠식된 회사와 일부 중소기업 제외.

데, 제외된 11개 중 5개는 중소 계열회사이지만 6개는 자기자본이 전액 잠식된 회사이다. 부채가 자본보다 많을 경우 자본총계는 마이너스로 장부에 기재되는데, 〈표 3-1〉은 이러한 계열회사의 자본총계를 영으로 간주하면서 합산에서 제외한 것이다.

〈표 3-2〉 공정거래위원회가 발표한 재벌의 내부지분 현황

▪ 1998. 4. 15 기준 (단위: 10억원, %)

	회사수	자본금	동일인	특수관계인	계열회사	자기주식	합계
현대	62	4,765.9	2.8	8.4	41.7	0.8	53.7
삼성	61	4,455.5	1.0	1.9	40.8	0.9	44.6
대우	37	4,889.0	4.9	2.3	32.9	0.9	41.0
LG	52	4,088.6	0.3	5.0	36.3	0.3	41.9
SK	45	1,869.7	6.0	3.6	46.3	2.5	58.4
합계	257	20,068.7	2.7	4.3	38.7	0.9	46.6

▪ 1999. 4. 1 기준 (단위 : 10억원, %)

	회사수	자본금	동일인	특수관계인	계열회사	자기주식	합계
현대	62	┬12,257.3	1.1	4.3	50.5	0.5	56.4
삼성	49	5,838.0	0.7	1.3	39.2	1.4	42.5
대우	34	6,772.0	3.9	1.7	47.5	0.9	54.1
LG	48	6,229.7	0.3	3.4	48.0	0.7	52.4
SK	41	2,446.3	4.2	2.1	59.1	1.4	66.8
합계	234	33,543.3	1.7	2.9	48.1	0.8	53.5

공정거래위원회 자료

공정거래위원회는 매년 4월 기준으로 "내부지분율 현황"을 작성하여 발표한다. 〈표 3-2〉는 1998년에 발표된 것이다. 이것과 〈표 3-1〉은 범위뿐만 내용과 분류도 다르다. 첫째 〈표 3-2〉에서 각 재벌의 내부지분율은 계열회사들의 자본총계가 아닌 자본금을 가중치로 사용해 합산한 것이다. 둘째, 〈표 3-2〉는 총수와 '특수관계인'을 구분하는데, 특수관계인은 친인척, 공익재단법인, 임직원을 포함한 것이다. 공정거래위원회는 〈표 3-2〉보다 상세한 통계는 발표하지 않는다. 따라서 분석을 위해 〈표 3-2〉보다 더 자세한 분류가 필요하더라도 공정거래위원회로부터 도움을 받을 수 없으며, 〈표 3-2〉에 대해 의문이 있더라도 확인할 수 없다.

2.2. 내부지분의 구성과 비율

2.2.1. 〈표 3-1〉에서 보듯이, 현대의 47개 계열회사는 평균 13.8%의 주식이 정주영과 그 친인척에 의해 직접 소유되고 있다. 삼성의 50개 계열회사는 이 비율이 4.2%이다. 대우의 28개 계열회사, LG의 47개 계열회사, 선경의 35개 계열회사는 이 비율이 각각 2.6%, 4.1%, 4.6%이다. 이처럼 총수와 친인척이 직접 소유하는 주식의 비율은 그다지 높지 않으며, 재벌에 따라서 크게 다르다.

2.2.2. 재벌이 설립한 공익재단법인도 계열회사의 주식을 소유하는데, 그 비율은 그다지 높지 않다. 그러나 일부 핵심 계열회사에서는 공익재단법인의 지분율이 상당히 높다. 아산재단은 현대건설 주식의 5.9%를 소유하며, 삼성문화재단은 삼성생명 주식의 5.0%를 소유한다. 그리고 대우재단은 ㈜대우의 주식 4.3%와 대우전자 주식 1.7%를 소유한다. 공익재단법인이 소유하는 주식은 재벌 총수와 친인척이 소유하는 주식과 다를 바 없다. 공익재단법인의 이사회가 재벌 총수와 친인척에 의해 완전히 장악되기 때문이며, 이는 공익재단법인의 정관에 의해 뒷받침되고 있다.

2.2.3. 계열회사 임직원이 소유하는 주식의 비율은 어느 재벌에서도 높지 않다. 개별 계열회사를 살펴보더라도 대부분 1.0%를 넘지 않는다. 삼성자동차는 30.6%를 계열사 임직원이 소유하고 있는데 이것은 예외적이다.

2.2.4. 계열회사가 소유하는 주식의 비율은 모든 재벌에서 고르게 높다. 현대와 삼성은 이 비율이 28.5%와 28.2%이며, LG는 이보다 약간 더 높아서 31.1%이다. 대우와 SK의 계열회사를 통한 소유는 각각 25.2%와 23.3%이다. 이처럼 계열사가 소유하는 주식의 비율은 어느 재벌에서나 20%를 훨씬 넘는다.

2.2.5. 재벌 계열회사 가운데 증권회사, 투자신탁회사 등의 금융회사와 보험회사는 특별한 관심이 요구된다. 금융회사와 보험회사는 제조업보다 부채비율이 훨씬 높으며, 부채의 대부분은 고객이 예탁하거나 납입한 것이다. 금융회사와 보험회사는 이 부채로 주식을 매입하는데, 재벌 금융회사와 보험회사는 자기 계열회사의 주식을 매입한다. 금융회사와 보험회사가 취득한 주식은 공정거래법 제11조에 의해 의결권이 제한되기는 하지만, 재벌의 경영권 방어에 동원될 수 있다. 소극적으로는 계열회사의 주식을 보유함으로써 다른 법인이나 개인이 주식을 사들이지 못하게 하며, 적극적으로는 보유하던 주식을 계열회사 등에 매도하여 의결권을 행사하게 할 수 있다.

2.2.6. 회사의 자금으로 회사의 주식을 매입할 수 있다면 재벌의 경영권 방어는 훨씬 쉬울 것이다. 그러나 자기주식에 대해서는 여러 가지 규제가 있다. 상법 341조는 주식회사의 자기주식 취득을 예외적으로만 허용하며, 증권거래법 189조 및 시행령 84조는 그 규모를

재벌의 공익재단법인 지배

참여연대 경제민주화위원회가 발간한 《공익재단법인 백서》(1998)에 의하면, 재벌은 공익재단법인을 경영권 세습, 계열회사 지배, 상속세 회피 등의 수단으로 사용하고 있다. 그리고 이 백서는 재벌이 공익재단법인을 지배하는 방법과 현황에 대해서 자세히 설명한다. 공익재단법인의 최고의사결정기구인 이사회는 재벌총수의 친인척이나 계열사 임직원으로 구성되어 있으며, 이사회는 임기가 만료된 이사를 선출하므로 이러한 이사회 구성은 영원히 지속될 수 있다는 것이다.

재벌은 정관을 통해서 지배권을 더욱 확실하게 유지하려고 하는데, 삼성문화재단의 최초 정관 제3장 제10조는 그 대표적 사례이다. "① 본 재단의 인원은 다음 각호의 1에 해당하는 자 중에서 선임하고 문교부장관의 승인을 받는다. 단, 제3호에 해당하는 이사는 이사장을 포함한 이사 정원의 3분지1 이상을 초과할 수 없다. 1. 재단의 설립자 및 그 직계자손과 친족, 2. 본 재단의 목적에 찬동하는 관계회사의 임원, 3. 기타 교육문화 등 각계 저명인사 및 본 재단의 목적수행에 현저한 공로가 있다고 인정된 자. ② 전항의 관계회사라 함은 본 재단이 당해 회사의 주를 소유하고 있는 회사를 말한다." 또한 정관 부칙에는 "예외규정"이라는 것을 두었다. "① 설립자는 초대이사장이 되며 설립자에 한하여 제11조·제5장 각조의 규정에도 불구하고 이에 우선하는 임원임면권을 갖는다. ② 설립자의 유언에 의하여 지명된 이사장 또는 이사는 설립자가 그 선임을 배제하지 아니하는 한 본 정관에 의하여 이사장 또는 이사로 선임된 것으로 간주한다."

제한하였었다. 따라서 자기주식의 비율은 낮을 수밖에 없었다. 그런데 1998년에 증권거래법이 개정되면서 사정이 달라졌다. 2월의 개정에 의해 자기주식의 취득한도가 10분의 1에서 3분의 1로 확대되었으며, 5월의 개정에 의해 취득한도가 완전히 철폐되었다. 특별법 우선의 원칙에 의해서 상장회사에 대해서는 증권거래법이 적용되는데, 증권거래법은 재벌의 경영권 방어를 도와주는 법으로 개정된 것이다.

2.2.7. 공정거래위원회가 발표하는 내부지분율에는 우리사주조합이 소유하는 주식이 포함되어 있지 않다. 우리사주조합이 재벌에 대한 대항세력이 될 수도 있다면 이러한 분류가 타당하다. 그러나 실제는 전혀 그렇지 않다. 우리사주조합은 노동조합과 완전히 분리되어 있으며, 우리사주조합 소유의 주식은 계열사 임직원 소유의 주식보다 더 쉽게 경영권 방

어에 동원될 수 있다. 따라서 재벌의 일부 계열회사에서 우리사주조합이 많은 주식을 소유하더라도 놀랄 일이 아니다. 현대중공업(10.4%), 삼성중공업(7.6%), 제일모직(8.4%) 등이 그러한 예이다. 〈표 3-1〉의 수치는 전체 계열회사 주식에 대한 비율이며, 그 비율은 어느 재벌에서도 높지 않다.

2.3. 외부주주

2.3.1. 재벌 계열회사의 경우 총수 일가, 공익재단법인, 계열회사 등을 제외한 주주는 대부분 경영에서 배제되며, 따라서 외부주주라고 부를 수 있다. 그런데 재벌 계열회사의 사업보고서에서 '5% 이상 주주'에 외부주주가 포함되어 있는 경우를 발견하기는 힘들다. KIS-LINE에서 제공하는 비상장 계열회사의 '주요 주주' 명단에서도 외부주주를 발견하기 힘들다. 외부주주의 대부분은 소액주주인 것이다. 그리고 이것이 재벌의 계열회사에 대한 절대적 지배를 가능하게 한다.

2.3.2. 사업보고서는 '주식에 관한 사항'의 하나로서 '소유자별 분포'를 보여주는데, 이때 소유자를 증권회사, 투자신탁회사, 보험회사 등으로 나눈다. KIS-LINE 기업정보도 '업체현황'의 하나로서 '주식소유형태별분포'를 포함한다. 그런데 금융회사와 보험회사의 신탁재산에 편입되어 있는 주식에 대해서는 의결권이 제한되고 있다. 특히 투자신탁업법은 '중립적 의결권 행사' 조항을 갖고 있다. 신탁재산에 편입되어 있는 주식의 의결권은 "주주총회의 참석 주식수에서 신탁재산인 주식수를 차감한 주식수의 의결내용에 영향을 미치지 아니하도록 행사하여야 한다"(제25조)는 것이다. 그러므로 경영권과 관련해서는 금융회사나 보험회사가 신탁재산으로 보유하고 있는 주식은 내부주주, 즉 재벌의 주식이나 다름없다.

〈표 3-3〉 소액주주 지분율 분포 (1997회계년 결산일 기준)

(단위 : 개)

	지분율					합계
	20 미만	20~30	30~40	40~50	50 이상	
현대	5	0	3	3	13	24
삼성	4	1	0	1	6	12
대우	1	1	1	1	7	11
LG	4	2	1	1	7	15
SK	2	2	0	1	5	10
합계	16	6	5	7	38	72

자료 : 각 상장회사 사업보고서.
주 : 소액주주는 법인과 개인을 모두 포함.

2.3.3. 사업보고서나 KIS-LINE 기업정보에서 '주식소유규모별 분포'를 살펴보면, 1% 미만의 주식을 소유한 소액주주의 비중이 매우 높다. 〈표 3-3〉은 사업보고서에서 조사한 것을 요약하고 있다. 이 표에서 소액주주는 개인과 법인을 포함하는데, 개인 소액주주의 비중이 더 높은 경우가 많다.

2.3.4. 외부주주가 대주주인 경우가 드물다는 사실로부터 외부주주의 대부분이 소액주주임을 짐작할 수 있다. 재벌이 내부적으로 소유하지 않는 주식의 대부분이 수많은 소액주주들에게 분산되어 있다는 것이다. 그리고 소액주주의 비중이 높다는 사실을 확인하였다. 특히 규모가 큰 핵심 계열사에서 이러한 주식 분포가 두드러진다. 삼성전자의 예를 들면 총수, 친인척, 공익재단법인, 계열사가 11.21%를 소유하고, 삼성생명보험과 삼성화재보험이 8.2%와 1.5%를 소유하는데, 55.0%를 소액주주가 소유한다. 이러한 주식 분포가 재벌의 계열회사에 대한 절대적 지배를 뒷받침하고 있다.

2.4. 주식분포와 기업지배권

2.4.1. 단순하게 계산해서, 주주총회에서 과반수 출석과 과반수 찬성으로 의결할 수 있는 의안을 통과시키기 위해서는 25%의 지분율이 필요하다. 5대재벌이 직접 혹은 간접으로 소유하고 있는 주식의 비율은 이것보다 훨씬 높아서 40%를 넘나든다. 더구나 외부주주의 대부분은 소액주주들이다. 소액주주들은 대부분 주주총회에 참석조차 하지 않는다. 이러한 소유구조에서 재벌은 주주총회에서 이사선임을 포함한 어떠한 의안도 쉽게 통과시킬 수 있다. 재벌에 맞설 수 있는 대주주는 없으며, 소액주주들의 의견조정과 집단행동은 거의 불가능하다. 따라서 재벌의 경영권은 대내적으로 절대적이다.

2.4.2. 40%에 가까운 내부지분율을 가진 재벌은 적대적 인수도 염려할 필요가 없다. 경영권 시장과 관련하여 어떤 법규가 어떻게 바뀌더라도 이러한 사정은 달라지지 않는다. 누구도 재벌이 소유하고 있는 것보다 많은 주식을 재벌에 대항하여 사들일 수 없기 때문이다. 따라서 재벌의 기업지배권은 대외적으로도 절대적이다.

3. 계열회사 출자의 원리와 방식

3.1. 계열회사 출자와 외부인 출자

3.1.1. 〈그림 3-1〉의 (1)은 재벌이 자기돈 300억 원을 세 개의 기업에 100억 원씩 나누어 출자하면서 각 기업에 대해 50% 이상의 주식 지분율을 유지하는 경우를 나타내고 있자. 이 경우 각 기업에 대한 외부로부터의 출자가 100억 원을 초과하지 않아야 하며, 각 기업의 자본금은 200억 원 초과하지 않아야 한다. 300억 원으로 300억 원을 끌어들여 600억 원 미만의 자본금을 지배하는 것이다. 물론 이것은 우리나라의 상황이 아니다.

3.1.2. 〈그림 3-1〉의 (2)를 보자. 재벌이 자기돈 300억 원을 기업 A에 출자하고, 이 기업이 기업 B에 출자하고, 기업 B는 기업 C에 출자하는 경우를 생각해 보자. 단, 한 기업의 다른 기업에 대한 출자는 법규에 의해 자기자본의 25%를 초과할 수 없다고 가정하자. 이 경우 50% 이상의 내부지분율을 유지하려면, 기업 A에 대한 외부로부터의 출자는 300억 원을 초과하지 않아야 한다. 그리고 600억 원의 자본을 가진 기업 A는 기업 B에 대해 150억까지 출자할 수 있다. 한편 기업 B는 외부로부터 150억 원의 출자를 받아들이면서, 동시에 기업 C에 대해 75억 원을 출자할 수 있다. 기업 C는 외부로부터도 75억 원의 출자를 받아들일 수 있다. 그리하여 재벌은 300억 원으로 525억 원을 끌어들여 825억 원의 자본을 지배한다. 자기돈의 1.75배를 외부로부터 끌어들여 지배하는 것이다.

3.1.3. 앞의 예를 수정하여, 기업 C가 기업 D에 출자하고, 기업 D가 기업 E에 출자하는 등 무한히 계속되는 경우를 생각해 보자. 기업 D와 기업 E가 37.5억 원과 18.25억 원의 외부

〈그림 3-1〉 계열회사 출자와 외부인 출자

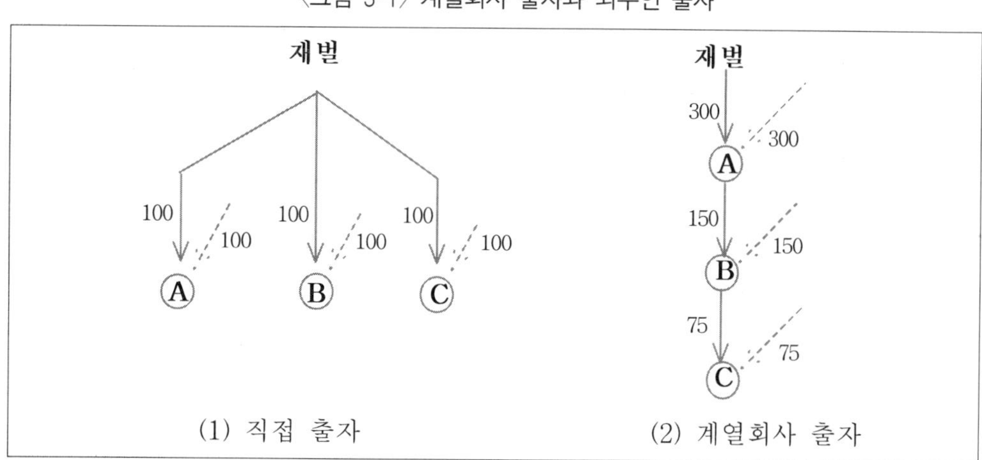

계열회사 출자와 가공자본

계열회사의 계열회사에 대한 출자는 가공자본을 만들어낸다. 앞의 예를 다시 사용하면, 기업 A의 자기자본은 600억 원이고, 기업 B와 기업 C의 자기자본은 각각 300억 원과 150억 원이다. 세 기업의 자기자본을 모두 합하면 1,050억이다. 그러나 실제로 출자된 자본은 재벌의 300억 원과 외부인의 525억 원을 합한 825억 원이다. 이러한 차이는 이중계산에서 생겨난다. 기업 A가 기업 B에 출자한 150억 원과 기업 B가 기업 C에 출자한 75억 원이 이중으로 계산된 것이다. 이 225억 원은 기업의 장부에만 존재하고 실제로는 존재하지 않는다. 장부에 기재된 자본금 가운데 약 21%가 가공자본인 것이다. 만약 기업 C가 다시 기업 D에 출자하면서 이러한 출자가 무한히 계속된다면, 가공자본의 비율은 25%까지 상승한다. 기업의 출자가 자기자본의 25%를 넘어선다면, 이 비율은 더욱 높아진다.

가공자본은 부채비율이 실제보다 낮게 보이도록 한다. 가공자본의 비율이 25%이고 부채비율이 400%라면, 실제 자본대비 부채비율은 533%이다. 가공자본의 비율이 25%이고 부채비율이 200%라면, 실제 자본대비 부채비율은 267%이다. 공정거래위원회의 발표(1999년 6월 18일 보도자료)에 의하면, 1998년 중 5대 재벌 계열회사의 출자가 11조 3천억 원에서 22.8조 원으로 대폭 증대하였다. 이것은 재벌들이 부채는 감소시키지 않으면서 가공자본을 증대시켜 부채비율을 낮추었음을 의미한다. 공정거래위원회의 분석에는 이 점이 지적되어 있지 않다.

출자를 끌이는 등 모두 75억 원의 외부출자를 더 끌어들일 수 있다. 재벌이 출자한 300억 원의 2배인 600억 원의 외부출자를 끌어들이더라도 내부지분율은 50%를 유지할 수 있다는 것이다.

3.1.4. 한 기업의 다른 기업에 대한 출자를 제한하는 법이 철폐되어 자본금의 25% 이상을 출자할 수 있다면, 재벌은 더 많은 외부출자를 끌어들여 지배할 수 있다. 예를 들어, 자본금의 50%를 출자할 수 있다면, 무한히 많은 외부출자를 끌어들여 지배할 수도 있다. 실제로 1998년 2월에 개정된 공정거래법에서는 재벌 계열회사의 출자를 자기자본의 25% 이내로 제한하는 조항이 삭제되었다.

3.1.5. 내부지분율을 50% 이하로 낮추더라도 경영권을 유지할 수 있다면, 재벌은 더 많은 외부출자를 끌어들여 지배할 수 있다. 예를 들어, 내부지분율을 25%로 낮출 수 있다면, 무한히 많은 외부출자를 끌어들여 지배할 수도 있다. 실제로 5대재벌의 평균 내부지분

율은 37.4%이다. 외부주주의 대부분이 지분율 1% 미만의 소액주주이므로 50% 미만의 내부지분율로도 경영권을 유지할 수 있기 때문이다.

3.2. 계열회사 출자의 방식 : 하향식, 복선식, 교차식

3.2.1. 계열회사의 계열회사에 대한 출자는 대부분 하향식으로 이루어지며, 순환하는 경우는 많지 않다. 현대의 예를 들면, 현대건설은 현대엔지니어링에 직접 출자하지는 않았으나, 현대중공업과 현대산업개발을 거쳐서 출자하였다. 따라서 현대엔지니어링이 현대건설에 출자한다면, 우리는 그것을 순환출자라고 부를 수 있다. 그리고 이러한 출자는 상호출자가 아니므로 현행법에서 허용되고 있다. 그러나 현대산업개발은 현대건설에 출자하지 않고 있다. 삼성에서도 순환출자는 발견하기 힘들다. 대우와 LG에서는 순환출자가 간혹 발견되지만 그 비중이 크지 않다. SK는 예외적이다. 뒤에서 상세히 보듯이, 상위 3개 계열회사 사이에서 순환출자가 이루어진다.

〈그림 3-2〉 하향 출자와 순환 출자

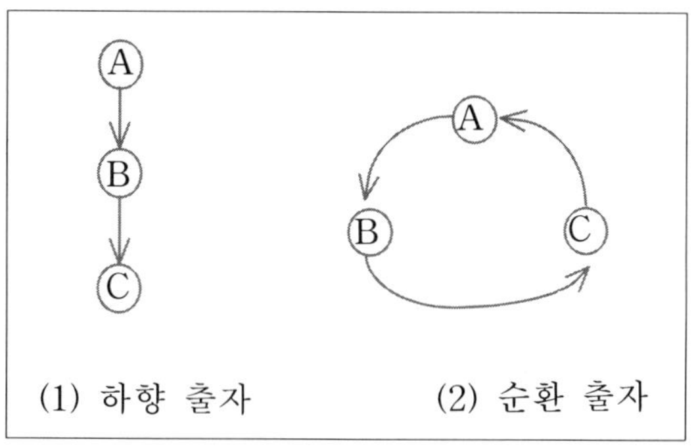

3.2.2. 계열회사 출자는 종종 복선식으로 이루어진다. 〈그림 3-3〉의 (1)과 같이 기업 A가 기업 B를 통해서만 기업 C에 출자하는 경우도 있지만, 〈그림 3-3〉의 (2)와 같이 기업 A가 기업 C에 직접 출자하기도 한다. 삼성중공업의 예를 들면, 삼성전자와 삼성전기가 각각 18.9%와 2.6%의 주식을 소유하는데, 삼성전자는 삼성전기의 최대주주이다. 삼성전자(A)는 삼성중공업(C)에 직접 출자하면서 동시에 삼성전기(B)를 거쳐서 출자한 것이다. 현대자동차의 예를 들면, 현대건설과 현대중공업이 각각 3.4%와 9.3%의 주식을 소유하는데, 현대중공업의 최대주주는 현대건설이다. 현대건설(A)은 현대자동차(C)에 직접 출자하면서 동시에 현대중공업(B)을 거쳐서 출자한 것이다.

〈그림 3-3〉 단선 출자와 복선 출자

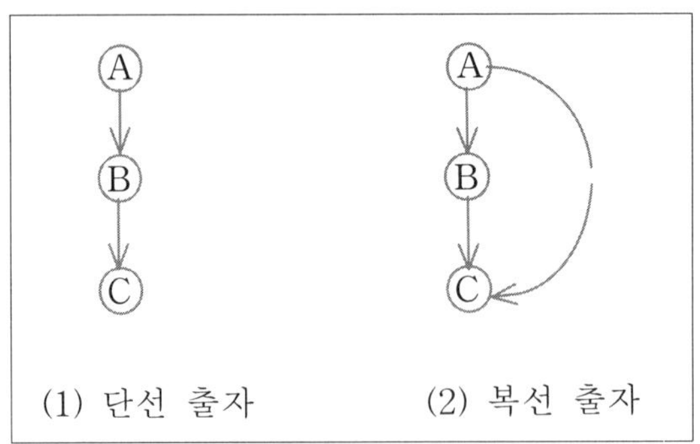

3.2.3. 계열회사의 계열회사에 대한 출자는 대부분 교차한다. 〈그림 3-4〉의 (2)와 같이 기업 A1과 기업 A2가 모두 기업 B1과 기업 B2에 출자한다. 〈그림 3-4〉의 (1)과 같이, 기업 A1는 기업 B1을 거쳐 기업 C1에 출자하여 제1계열을 형성하고, 기업 A2는 기업 B2를 거쳐 기업 C2에 출자하여 제2계열을 형성하는 경우는 드물다.

〈그림 3-4〉 분리 출자와 교차 출자

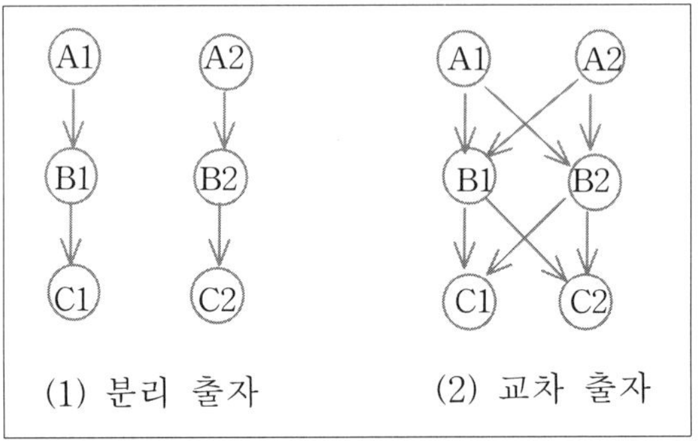

3.3. 계열회사 출자방식과 재벌의 기업지배

3.3.1 재벌이 높은 내부지분율을 유지하면서도 많은 외부출자를 끌어들이려면 하향 출자보다 순환 출자를 선택하는 것이 유리하다. 그러나 순환 출자는 재벌의 계열회사 지배를 위태롭게 만들 수도 있다. 〈그림 3-2〉의 (2)에서 재벌의 기업 C에 대한 지배는 기업 A와 기업 B를 거쳐서 이루어지므로, 기업 C의 경영자가 은밀히 외부주주와 결탁하여 기업 A의 경영권을 장악하려고 할 경우 재벌 총수가 신속하게 대응하기 어렵다. 따라서 재벌은 순환 출자를 통해 외부인의 출자를 약간 늘리기보다는 하향 출자를 통해 기업지배권에

대한 위협을 줄이기를 선호할 수 있다.

3.3.2. 하향 출자도 기업지배권에 대한 위협을 배제할 수 없다. 〈그림 3-3〉의 (1)에서 기업 C가 재벌의 지시를 받아들이지 않을 때 재벌이 그 경영자를 해임하기 위해서는 기업 B를 거쳐야만 하는데, 기업 B의 경영자가 재벌의 뜻에 순순히 따르지 않을 수 있다. 그렇지만 〈그림 3-3〉의 (2)처럼 기업 A도 기업 C에 직접 출자했다면, 재벌은 기업 B를 거치지 않고도 기업 C의 경영자를 교체할 수 있다. 그리고 이 사실을 알고 있는 기업 B의 경영자가 재벌의 뜻에 따르지 않을 가능성은 적다.

3.3.3. 복선 출자가 기업지배권의 안정성을 높이는 원리는 교차 출자에도 그대로 적용된다. 〈그림 3-4〉의 (2)에서 기업 C1에 대한 재벌의 지배권은 기업 B1뿐만 아니라 기업 B2를 통해서도 유지된다. 따라서, 기업 C1이 재벌의 지시를 받아들이지 않을 때, 기업 B1과 기업 B2는 경쟁적으로 기업 C1를 제재할 것이다. 달리 말하면, 재벌은 기업 C1에 대한 지배에서 기업 B1과 기업 B2로 하여금 서로를 견제하도록 하는 것이다.

3.3.4. 복선 출자와 교차 출자가 모두 재벌의 계열회사 지배를 강화하는 방법이 될 수 있다. 그렇지만 복선 출자는 교차 출자에 비해 외부출자에어서 불리하다. 〈그림 3-5〉는 이것을 예시하고 있다. 재벌이 300억 원을 출자하면서 50%의 내부지분율을 유지하려 할 때, 교차 출자는 단선 출자와 마찬가지로 525억 원의 외부출자를 끌어들일 수 있지만, 복선 출자는 500억 원의 외부출자를 끌어들일 수 있다. 따라서 재벌은 복선 출자보다 교차 출자를 선호할 이유가 있다.

〈그림 3-5〉 계열회사 출자방식과 외부인 출자

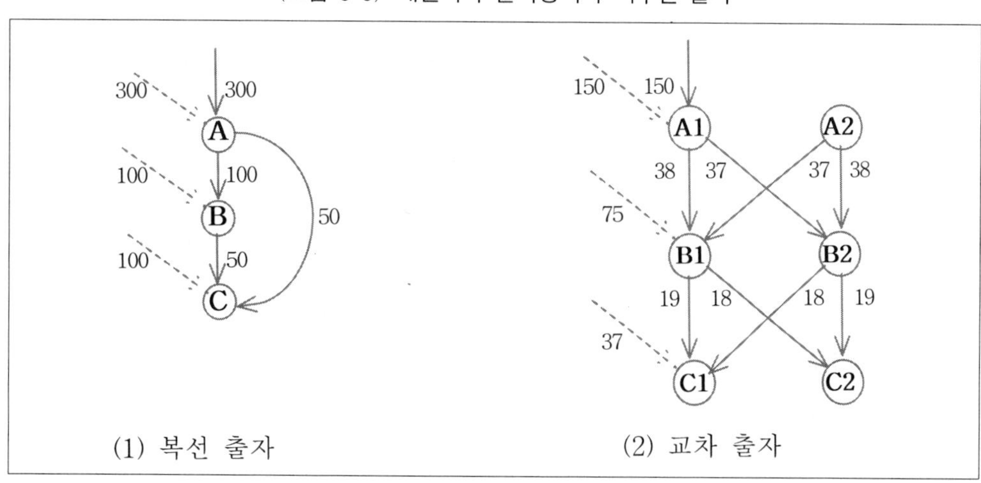

4. 현대의 소유구조

4.1. 개 황

4.1.1. 공정거래위원회가 공정거래법에 의거하여 현대의 계열사로 지정한 기업은 1998년 4월 기준으로 62개이다. 이 가운데 주식이 상장된 회사는 23개이며, 공시된 사업보고서를 통해 주식 분포를 파악할 수 있다. 비상장 계열회사 49개 중 30개는 외부감사법이 적용되는 회사이며, KIS-LINE을 통해 주식 분포를 파악할 수 있다. 그래서 이 장에서는 53개 계열회사의 소유구조를 검토한다.

4.1.2. 현대의 47개 계열회사의 자기자본 합계는 11조 8천억 원이며, 이 가운데 23개 상장회사의 자기자본 합계는 8천억 원이다. 즉 상장회사의 비중을 자기자본 기준으로 계산하면 71.5%이다. 그렇지만 비상장회사에는 현대중공업이 포함된다. 현대중공업은 계열사 가운데 자본총계 기준으로 가장 규모가 크며, 현대자동차와 인천제철을 비롯한 여러 핵심 계열사의 최대주주이다. 자본총계 7위의 현대석유화학과 12위의 현대정유도 비상장 기업이다.

4.2. 총수와 특수관계인의 소유

4.2.1. 〈표 3-5〉는 계열회사별로 정주영과 친인척의 지분을 보여준다. 정주영과 그의 여섯 아들은 47개 중 20개 계열회사의 주식을 소유하며, 그들의 주식을 자기자본으로 환산하면 1조 4천억 원이다. 즉 정주영 가족의 지분율은 12.2%이다. 정주영의 동생과 조카는 현대자동차의 주식을 집중적으로 소유하며, 사돈 일가가 한국프랜지공업과 주리원을 소유한다. 정주영 가족과 친인척의 주식을 모두 합하여 자기자본으로 환산하면 1조 6천억 원이고, 지분율을 계산하면 13.8%이다. 〈표 3-1〉에서 확인할 수 있듯이, 이 지분율은 다른 네 재벌에 비해 훨씬 높은 것이다.

4.2.2. 정주영 일가의 주식 소유는 일부 대규모 계열회사에 집중되어 있다. 특히 자기자본 기준 1위의 현대중공업은 이 비율이 31.4%이며, 10위의 현대상선과 13위의 금강개발산업은 이 비율이 37.9%와 29.9%이다. 3위의 현대전자산업(15.0%), 8위의 현대산업개발(13.7%), 16위의 고려산업개발(19.3%)도 이 비율이 높다. 현대건설은 정주영 일가의 지분율이 8.7%이지만 아산재단의 지분율이 5.9%이다. 그리하여 상위 20대 기업 가운데 총수와 특수관계인의 지분율이 10.0%를 넘는 기업은 9개이다.

4.2.3. 상위 20대 기업 중에도 현대자동차(6.5%), 인천제철(2.3%), 현대종합금융(4.3%) 등은 정주영 일가의 지분율이 그다지 높지 않다. 현대증권, 현대정유, 현대종합상사 등은 정주영 일가가 주식을 전혀 갖지 않고 있다. 20위 미만의 기업은 대부분 그러하다.

4.2.4. 공정거래위원회의 '특수관계인'에는 친인척뿐만 아니라 공익재단법인과 임원이 포함되는데, 현대의 대표적 공익재단법인은 아산재단이다. 아산재단은 현대건설의 5.9% 주주이다. 그러나 이 경우를 제외하면 공익재단법인의 계열사 주식 소유는 거의 없다. 임원이 보유하는 주식도 많지 않다. 이 두 유형의 '특수관계인'이 주식을 통해 소유하는 자기자본은 금액으로는 8,290억 원이고 비율로는 0.7%이다. 그리하여 총수와 특수관계인의 지분율은 14.5%이다.

4.2.5. 정주영 일가의 상속은 이미 상당히 진행되었다. 아산재단 소유의 현대건설 주식을 제외하더라도, 여섯 아들 소유의 주식을 모두 합하면 그 비율은 8.6%이다. 그런데 여섯 아들의 지분율은 같지 않다. 5남 몽헌은 2.7%이며, 2남 몽구와 6남 몽준은 각 2.1%이다. 다른 네 아들의 지분율은 훨씬 낮다. 그리고 2남 몽구의 지분은 현대자동차써비스(9.6%), 현대석유화학(9.4%), 현대산업개발(9.9%), 현대정공(8.7%) 등에 집중되어 있고, 5남 몽헌의 지분은 현대전자산업(11.0%), 현대건설(5.1%), 현대상선(18.4) 등에 집중되어 있으며, 6남 몽준의 지분은 현대중공업(11.7%)에 집중되어 있다. 현대중공업과 현대건설은 자기자본 기준 1위와 4위의 계열사이며, 현대의 2대 지주회사이다. 그렇지만 현대중공업의 최대주주는 정주영(17.7%)이며, 현대건설의 최대주주는 아산재단(5.9%)이다. 따라서 현대의 상속은 아직도 진행중이라고 말할 수 있다.

〈표 3-4〉 현대 내부지분 구성 (1997회계년 결산일 기준)

(단위 : 10억원, %)

순위	계열회사				A	B	C	D	E	합계	F
	이름	형태	자본총계	자본금	총수일가	공익재단법인	임직원	계열회사	자기주식		우리사주
1	현대중공업	등록	2,062.6	215.8	31.40			12.27		43.67	10.40
2	현대자동차	상장	1,695.4	326.2	6.07		0.38	21.14	7.77	35.36	
3	현대전자산업	상장	1,365.9	280.0	15.02			62.12	2.36	79.50	2.44
4	현대건설	상장	1,259.1	299.3	8.68	5.87		3.48	0.29	18.32	2.02
5	인천제철	상장	536.1	120.0	2.33		0.03	39.01	1.91	43.28	1.29
6	현대자동차써비스	상장	501.1	87.1	9.56		0.18	9.84	1.38	20.96	
7	현대석유화학	등록	479.3	435.2	11.90			88.03		99.93	
8	현대산업개발	상장	458.0	108.8	13.74			31.03	4.31	49.08	7.41
9	현대정공	상장	437.6	160.5	9.52			19.48	1.17	30.17	0.87
10	현대상선	상장	404.9	143.0	37.89			19.09	1.63	58.61	4.97
11	현대증권	상장	391.5	329.4				29.86	0.48	30.34	5.68
12	현대정유	등록	299.5	100.0				44.35		44.35	
13	금강개발산업	상장	203.1	90.8	29.87				5.25	35.12	2.87
14	현대종합상사	상장	202.2	74.4	0.01		0.16	13.18	8.38	21.73	6.38
15	현대종합금융	상장	198.5	49.0	4.30			16.50		20.80	
16	고려산업개발	상장	166.4	57.2	19.25			42.08	3.78	65.11	5.15
17	현대해상화재보험	상장	151.6	44.7	16.80			9.52	3.96	30.28	4.96
18	현대강관	상장	144.6	75.0	5.53		0.25	15.15		20.93	0.13
19	현대할부금융	외감	138.5	125.0				99.95		99.95	
20	현대미포조선	상장	90.8	40.0				45.41		45.41	
21	현대엘리베이터	상장	82.6	14.8	21.84		0.09	17.05	0.43	39.41	2.72
22	현대엔지니어링	등록	75.2	25.0				96.70		96.70	
23	동서산업	상장	64.8	15.0	8.90				8.66	17.56	3.40
24	현대정유판매	등록	52.5	100.0				62.20		62.20	
25	한국프랜지공업	상장	49.2	13.5	45.10					45.10	1.55
26	울산종합금융	상장	38.1	36.0	2.67			42.40		45.07	
27	현대정보기술	외감	38.2	50.0				100.00		100.00	
28	한무쇼핑	외감	37.9	30.5						0.00	

순위	계열회사				A	B	C	D	E	합계	F
	이름	형태	자본총계	자본금	총수일가	공익재단법인	임직원	계열회사	자기주식		우리사주
29	케피코	등록	34.9	20.0				50.00		50.00	
30	주리원백화점	상장	30.0	15.0	32.58		0.07		0.21	32.86	
31	울산방송	외감	27.6	30.0				30.00		30.00	
32	현대알루미늄공업	등록	23.5	21.2				34.57		34.57	
33	현대파이낸스	외감	20.3	20.0				100.00		100.00	
34	현대우주항공	외감	17.3	73.0	2.40			59.26		61.66	
35	현대중기산업	외감	10.6	10.0	2.00			98.00		100.00	
36	현대선물	외감	10.0	10.0				100.00		100.00	
37	현대경제사회연구원	외감	8.4	10.0				100.00		100.00	
38	현대물류	외감	7.3	19.5				75.14		75.14	
39	티존코리아	외감	7.0	9.0				50.00		50.00	
40	현대세가엔터테인먼트	외감	5.4	5.0	25.80			49.20		75.00	
41	한소해운	외감	5.1	1.5				91.00		91.00	
42	동서관광개발	외감	5.0	5.0				100.00		100.00	
43	금강기획	외감	1.6	18.0				83.33		83.33	
44	한국물류	외감	1.0	10.0						0.00	
45	신대한	등록	1.1	1.4			55.00			55.00	
46	선일상선	외감	0.7	2.0				100.00		100.00	
47	다이아몬드베이츠	외감	1.0	0.5	60.00					60.00	
	합계(자본총계)		11,843.3		13.80	0.62	0.08	28.49	2.23	45.23	3.38
48	현대유니콘스	외감	-2	0.6				100.00		100.00	
49	현대방송	외감	-5	10.0	5.0			100.00		105.00	
50	현대리바트	상장	-26	47.8				38.00		38.00	
51	대한알루미늄공업	상장	-98	50.7				18.20		18.20	
52	현대문화신문	외감	-104	50.0	50.8			26.42		77.22	
53	국민투자신탁증권	외감	-998	120.0				38.50		38.50	
	합계(자본금)			4,006.6	10.00	0.44	0.06	39.19	2.58	51.27	2.14

주 : 제외된 중소 계열회사(9) : 현대에너지, 현대기술투자, 인천공항터미널, 서울프로덕션, 국민투자신탁운용, 동해해운, 서한산업, 현대자원개발, 현대투자자문.

〈표 3-5〉 현대 특수관계인 소유 (1997회계년 결산일 기준)

(단위 : 10억원, %)

순위	계열회사			총수	자(2)	자(3)	자(5)	자(6)	자(7)	자(8)
	이름	형태	자본총계	정주영	정몽구	정몽근	정몽헌	정몽준	정몽윤	정몽일
1	현대중공업	등록	2,062.6	17.70	1.90		0.10	11.70		
2	현대자동차	상장	1,695.4							
3	현대전자산업	상장	1,365.9	1.06	0.12	0.60	10.96		0.12	
4	현대건설	상장	1,259.1	2.34	0.63		5.09			
5	인천제철	상장	536.1	2.33						
6	현대자동차써비스	상장	501.1		9.56					
7	현대석유화학	등록	479.3	0.90	9.40	1.00	0.10		0.50	
8	현대산업개발	상장	458.0	3.85	9.89					
9	현대정공	상장	437.6		8.71					
10	현대상선	상장	404.9	16.82	0.95		18.41	0.66		
13	금강개발산업	상장	203.1			29.70				
14	현대종합상사	상장	202.2				0.01			
15	현대종합금융	상장	198.5							4.30
16	고려산업개발	상장	166.4	4.98	3.08		2.94		3.08	
17	현대해상화재보험	상장	151.6					0.34	16.46	
18	현대강관	상장	144.6		5.53					
21	현대엘리베이터	상장	82.6				21.23	0.61		
23	동서산업	상장	64.8							
25	한국프렌지공업	상장	49.2							
26	울산종합금융	상장	38.1	2.67						
30	주리원	상장	30.0							
34	현대우주항공	외감	17.3		2.40					
35	현대중기산업	외감	10.6	1.00	1.00					
39	현대세가엔터테인먼트	외감	5.4				25.80			
45	신대한	등록	1.1							
47	다이아몬드베이츠	외감	1.0				60.00			
	합계(47개 회사)		11,843.3	4.40	2.05	0.62	2.66	2.07	0.29	0.07
49	현대방송	외감	-5							
52	현대문화신문	외감	-104	43.4				7.2		

제	질	질		A	B	C	A+B+C	비 고
정세영	정몽규	정몽혁	기타	소계	아산재단	임원	합계	
				31.40			31.40	
3.78	2.29			6.07		0.38	6.45	
	1.80	0.36		15.02			15.02	
			0.62	8.68	5.87		14.55	
				2.33		0.03	2.36	
				9.56		0.18	9.74	
				11.90			11.90	
				13.74		0.03	13.77	
	0.81			9.52			9.52	
0.66	0.35		0.04	37.89			37.89	
			0.17	29.87			29.87	
				0.01		0.16	0.17	
				4.30			4.30	
			5.17	19.25			19.25	기타: 정문선(2.2) 정일선(2.2)
				16.80			16.80	
				5.53		0.25	5.78	
				21.84		0.09	21.93	
			8.90	8.90			8.90	기타: 정은희(3.9) 정유희(3.7)
			45.10	45.10			45.10	기타:김윤수(23.3) 김영주(21.8)
				2.67			2.67	
			32.58	32.58		0.07	32.65	기타: 이석호 외 10명(32.6)
				2.40			2.40	
				2.00			2.00	
				25.80			25.80	
						55.00	55.00	임원: 고재호(55.0)
				60.00			60.00	
0.56	0.58	0.04	0.46	13.80	0.62	0.08	14.50	
			5.0	5.00			0.0	
0.2				50.80			0.0	

주 1) 총수와 특수관계인이 주식을 전혀 소유하지 않는 회사 21개 제외. 단 합계는 47개 계열회사 모두 포함.
2) 김영주(매제)-김윤수(생질), 정은희(손녀)-정유희(손녀), 정일선(손녀)-정문선(손녀).

〈표 3-6〉 현대 계열회사 출자 (1997회계년 결산일 기준)

(단위 : 10억원, %)

순위	계열회사			출자회사							
	이름	형태	자본총계	현대중공업	현대건설	현대자동차	현대상선	현대정공	현대산업개발	현대차써비스	인천제철
1	현대중공업	등록	2,062.6		10.37		0.70			1.20	
2	현대자동차	상장	1,695.4	13.98	5.36				1.10		
3	현대전자산업	상장	1,365.9	2.22	20.89	8.04	19.78	5.71		0.76	
4	현대건설	상장	1,259.1							1.04	1.40
5	인천제철	상장	536.1	22.20		7.82					
6	현대자동차써비스	상장	501.1					8.71			1.13
7	현대석유화학	등록	479.3	39.00	6.91	12.66		0.76	6.30	5.30	5.50
8	현대산업개발	상장	458.0	0.01	31.02						
9	현대정공	상장	437.6	11.41							6.91
10	현대상선	상장	404.9		0.05					0.86	
11	현대증권	상장	391.5	6.52		12.18	5.00	0.47	1.90	0.28	0.99
12	현대정유	등록	299.5	22.50	4.84	5.06		3.05	3.40		5.50
13	금강개발산업	상장	203.1								
14	현대종합상사	상장	202.2	5.30		6.60				1.28	
15	현대종합금융	상장	198.5	9.60	6.20				0.70		
16	고려산업개발	상장	166.4	2.19	17.95				21.94		
17	현대해상화재보험	상장	151.6	9.52							
18	현대강관	상장	144.6					12.59			
19	현대할부금융	외감	138.5		13.33	36.12				36.10	
20	현대미포조선	상장	90.8	45.41							
21	현대엘리베이터	상장	82.6	2.41			7.13				
22	현대엔지니어링	등록	75.2	43.00					42.80		
23	동서산업	상장	64.8								
24	현대정유판매	등록	52.5	62.20							
	합계(47개 회사)		11,833.3	7.56	7.18	3.15	2.77	1.31	1.17	1.11	0.85

출자회사						D	E	F	비 고
현대전자산업	현대종합상사	현대엘리베이터	현대강관	고려산업개발	기타	소계	자기주식	우리사주	
						12.27		10.40	
				0.70		21.14	7.77		미쓰비시(13.2)
		3.93			0.79	62.12	2.36	2.44	금강개발(0.79)
	0.35		0.69			3.48	0.29	2.02	
7.82	1.17					39.01	1.91	1.29	
						9.84	1.38		사업보고서 공시 않음.
	8.50			0.50	2.60	88.03			금강개발(1.60)
						31.03	4.31	7.41	
					1.16	19.48	1.17	0.87	현대엔지니어링(1.16)
			10.42	4.77	2.99	19.09	1.63	4.97	금강개발(2.99)
			0.20		2.32	29.86	0.48	5.68	한소해운(1.82)
						44.35			아말가메이티드(26.3)
							5.25	2.87	
						13.18	8.38	6.38	서울은행투신(9.1)
						16.50			사업보고서 공시 않음.
						42.08	3.78	5.15	자사주펀드 금액만 공시
						9.52	3.96	4.96	
					2.56	15.15		0.13	현대엔지니어링(2.56)
10.30				4.10		99.95			
						45.41			자사주펀드 공시 오류
	7.51					17.05	0.43	2.72	
				10.90		96.70			
							8.66	3.40	
						62.20			아말가메이티드(37.8)
0.77	0.53	0.46	0.44	0.41	0.81	28.49	2.23	3.38	

주 1) 자기자본 500억 미만 계열회사 23개 제외. 단, 합계는 47개 회사 모두 포함.

2) 현대차써비스와 고려산업개발의 자기주식 비율은 국감자료 '소속회사별 기업집단내부 출자지분 구성비율'에서 확인.

3) 국감자료 '금융기관이 보유한 상장법인 주식수, 지분율'의 현대 관련 수치는 의심스러운 점이 많아서 무시하고, 사업보고서와 KIS-LINE에만 의존.

4) 자기주식(자사주 펀드 포함)과 우리사주 주식 비율은 자료 제약으로 상장회사에 대해서만 파악.

4.3. 계열회사 출자

4.3.1. 〈표 3-6〉은 자본총계가 500억 원 이상인 24개 계열회사에 대한 주요 계열회사의 지분율을 보여준다. '합계' 행은 47개 계열회사를 모두 합산한 것이다. '합계' 열과 '소계' 행이 만나는 칸의 수치는 28.5%인데, 이 수치는 47개 계열회사의 자기자본 11조 8천억 원 중 3조 4천억 원은 계열회사들이 출자했음을 의미한다. 3조 4천억 원의 가공자본이 만들어진 것이다. 자기주식을 통해서도 3천억 원의 가공자본이 만들어졌다. 13.8%의 주식을 가진 정주영 일가는 이 가공자본을 통해 44.52%의 의결권을 행사하는 것이다.

4.3.2. 현대의 계열회사 지분율은 고르게 분포되어 있지 않다. 계열회사 지분율의 평균은 28.5%이지만, 현대전자산업은 발행 주식의 62.1%를 계열회사들이 보유하고 있으며, 현대석유화학은 이 비율이 88.0%이다. 이에 반해 현대건설과 현대자동차써비스는 계열사 지분율이 3.5%와 9.8%이며, 현대중공업은 좀더 높은 12.3%이다. 이 세 회사처럼 계열사 지분율이 낮은 경우에는 대부분 정주영 일가의 지분율이 높은데, 현대중공업은 정주영(17.7%)과 정몽준(11.7%)이 최대주주이다. 현대건설은 정주영 일가의 지분율은 8.7%이지만 아산재단이 5.9%의 최대주주이다.

4.3.3. 가장 많은 계열사의 가장 많은 주식을 소유하고 있는 회사는 현대중공업과 현대건설이다. 〈표 3-6〉의 '합계' 행에서 알 수 있듯이, 두 회사는 자본총계를 기준으로 47개 계열회사의 7.6%와 7.2%를 소유한다. 현대자동차와 현대상선은 3.2%와 2.8%를 소유한다. 그 다음으로는 현대정공, 현대산업개발, 현대차써비스가 계열사 주식을 많이 소유한다. 이 회사들이 1.0% 이상 출자한 계열사의 숫자를 보면, 현대중공업은 상위 24개 중 15개 계열사에 출자하고 있으며, 현대건설은 9개 계열사에 출자하고 있다. 현대자동차와 현대산업개발은 그 숫자가 7개와 6개이다. 현대상선은 상위 3개의 계열사에 출자하면서 하위 6개 계열사에도 출자하고 있다. 현대정공은 상위 24개 중 4개의 계열사와 하위 28개 중 2개의 계열사에 출자하고 있다.

4.3.4. 〈그림 3-6〉은 현대 계열회사의 계열회사에 대한 출자의 구조를 보여준다. 이 그림은 자본총계 기준 4위인 현대건설을 정점에 두고 있으며, 1위인 현대중공업을 그 아래에 두고 있다. 두 회사 아래에는 현대자동차, 현대상선, 현대정공, 현대산업개발 등이 놓여져 있다. 자본총계 기준 3위인 현대전자산업은 가장 낮은 곳에 자리잡고 있다. 이러한 배열이 나타나는 것은 자본의 크기와 출자의 방향이 반드시 일치하지 않기 때문이다.

〈그림 3-6〉 현대 계열회사 출자 구조

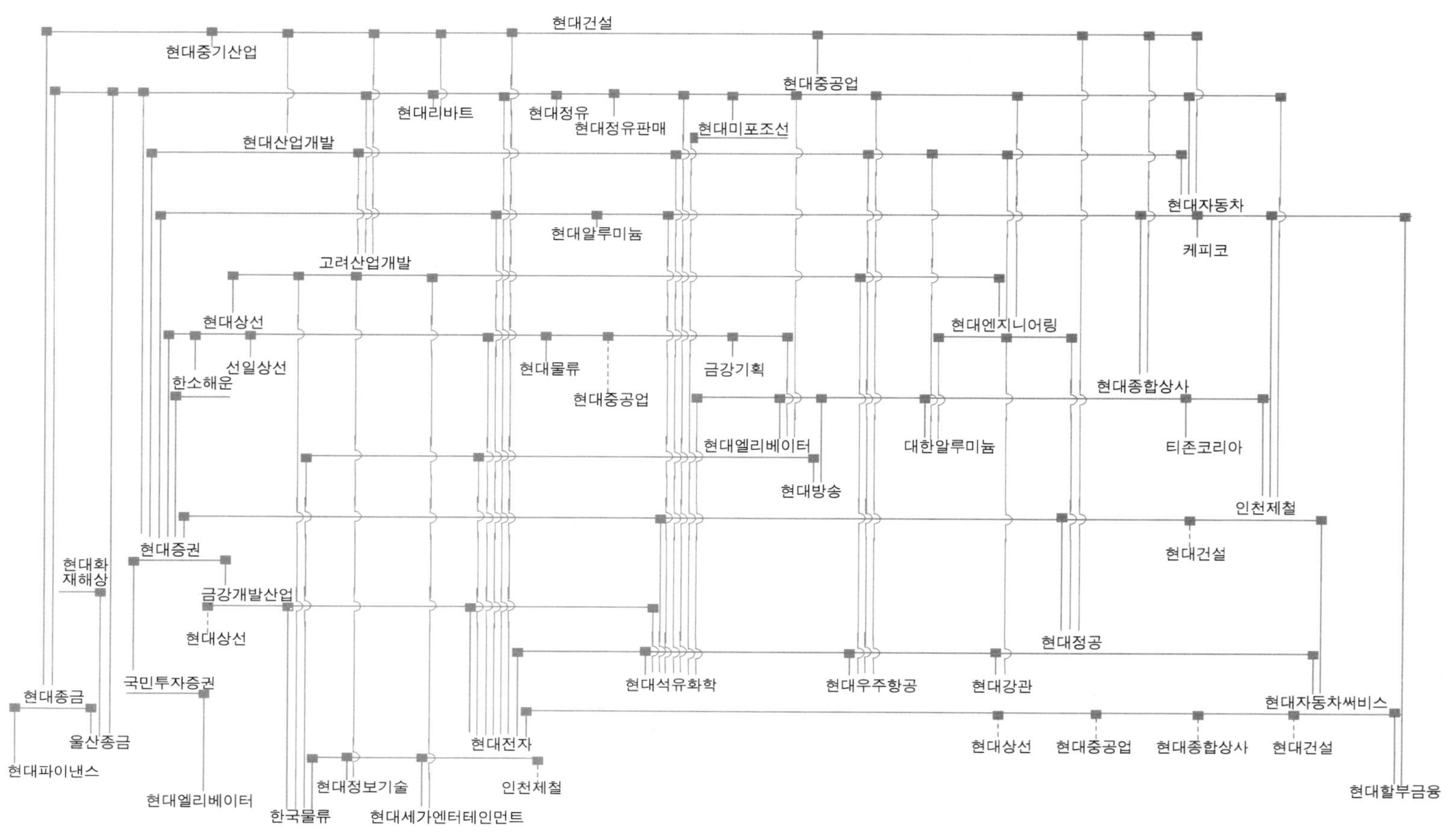

4.3.5. 현대의 계열사 출자는 대부분 하향식이지만 예외도 있다. 현대건설은 현대중공업의 대주주이고 현대중공업은 인천제철의 최대주주인데, 인천제철은 현대건설 주식 1.4%를 소유하고 있다. 3개 계열사 사이의 순환 출자인 것이다. 현대차써비스의 현대건설과 현대중공업에 대한 출자, 현대전자의 인천제철에 대한 출자, 금강개발산업의 현대상선에 대한 출자 등도 그러하다.

4.3.6. 현대는 소유에서 어느 정도 두 개의 소그룹으로 분리되어 있다. 현대건설은 현대산업개발의 최대주주로서 지분율이 31.0%이며, 두 회사의 고려산업개발에 대한 지분율은 39.9%이다. 현대건설은 현대중기산업과 현대리바트의 최대주주이기도 하다. 그리고 이 세 회사의 그 지분율도 압도적이다. 한편 현대중공업은 현대자동차와 현대정공의 최대주주이며, 현대정공은 현대강관의 최대주주이고 현대강관은 현대상선의 최대주주이다. 그리고 이 다섯 회사의 인천제철, 현대석유화학, 현대정유, 현대미포조선, 현대우주항공 등에 대한 지분율은 30%를 상회하며, 현대증권에 대한 지배도 절대적이다. 그렇지만 현대건설과 현대중공업은 전자의 후자에 대한 출자에 의해 연결되어 있으므로 두 소그룹의 분리는 전혀 완전하지 못하다.

4.3.7. 현대의 계열사 출자는 부분적으로 교차한다. 예를 들면, 현대건설이 20.9%를 출자한 현대전자에 현대상선도 19.8%를 출자한다. 현대상선은 현대중공업이 현대강관을 통해 지배하는 회사이다. 〈그림 3-7〉는 현대중공업과 현대자동차가 여러 계열사에 교차출자하고 있음을 보여준다. 교차출자는 두 개의 소그룹 사이에서도 발견된다. 현대중공업과 현대자동차가 주도하는 소그룹과 현대건설이 주도하는 소그룹은 현대전자, 현대석유화학, 현대정유, 현대종합금융 등에 함께 출자하고 있다.

〈그림 3-7〉 현대의 교차출자

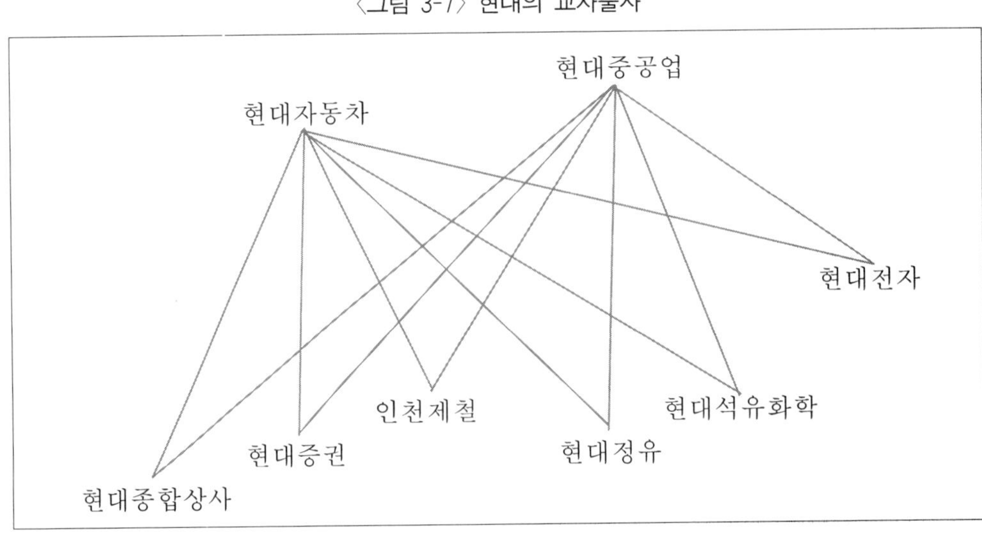

4.3.8. 현대의 일부 계열사에 대한 출자는 복선으로 이루어지는데, 고려산업개발에 대한 출자가 그러하다. 현대건설은 현대산업개발의 최대주주인데, 두 회사는 함께 고려산업개발에 출자한 것이다. 〈그림 3-8〉은 현대중공업의 현대정유과 현대정공에 대한 출자가 복선식임을 보여준다. 현대중공업은 인천제철을 통해서 현대정공과 현대정유에 출자하는 동시에 직접 출자하기도 한다. 현대정공의 현대전자에 대한 출자도 그러하다. 그러나 이러한 복선출자는 많지 않다.

〈그림 3-8〉 현대의 복선출자

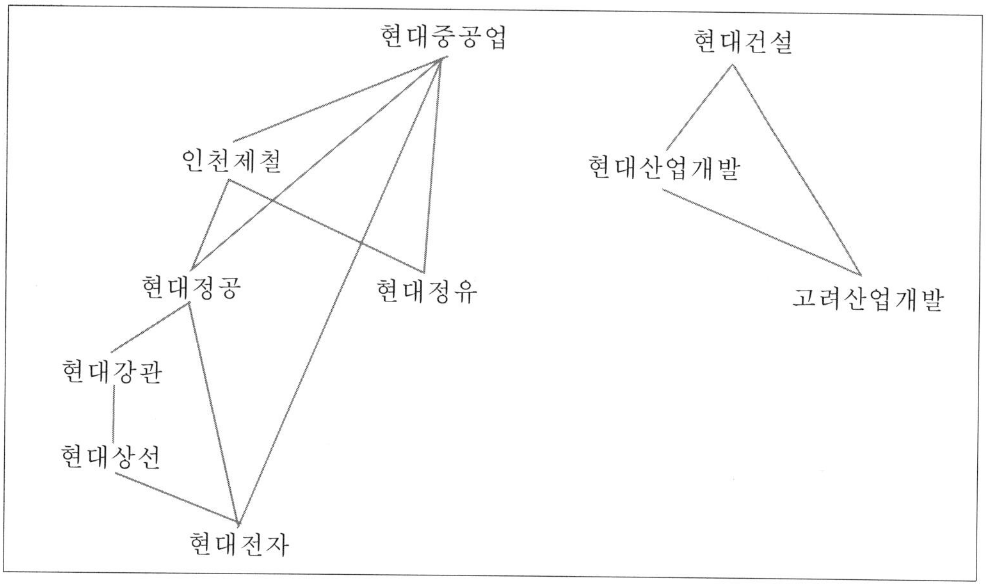

4.3.9. 교차출자와 복선출자는 한 계열회사의 주식을 여러 계열사가 나누어 소유하는 것이며, 총수로 하여금 적은 지분으로도 계열회사들을 지배할 수 있게 해준다. 따라서 총수 일가의 지분율이 높을수록 교차출자와 복선출자의 필요성이 줄어든다. 현대는 다른 재벌에 비해 총수 일가의 지분율이 높으며, 계열회사 출자구조가 단순한 편이다. 교차출자와 복선출자의 방식으로 한 계열회사에 여러 계열회사가 출자하더라도 지분율이 집중되어 있는 경우가 많다. 예를 들면, 인천제철에 현대중공업과 현대자동차가 함께 출자하지만 현대중공업의 지분율이 22.5%로서 훨씬 높다. 현대석유화학과 현대정유에 대한 현대중공업과 현대자동차의 출자에서도 현대중공업의 지분율이 3~4배이다.

4.4. 지주회사와 핵심 계열회사의 소유구조

4.4.1. 현대의 47개 계열사의 자본총계를 모두 합하면 10조 6천억 원인데, 중공업과 현대건설의 자본총계는 2조 1천억 원과 1조 3천억 원으로서 1위와 4위이다. 그리고 두 회사는 가장 많은 계열사에 가장 많이 출자하고 있다. 특히 현대중공업은 자본총계 2위인 현대자동차의 주식 14.0%를 소유하는 최대주주이며, 현대건설은 자본총계 3위인 현대전자산업의 주식 20.9%를 소유하는 최대주주이다. 현대자동차는 현대중공업과 현대건설 다음으로 많은 계열사에 많이 출자한 회사이기도 하다. 〈그림 3-9〉는 네 회사의 소유구조를 보여준다.

〈그림 3-9〉 현대 4대 계열회사의 소유구조

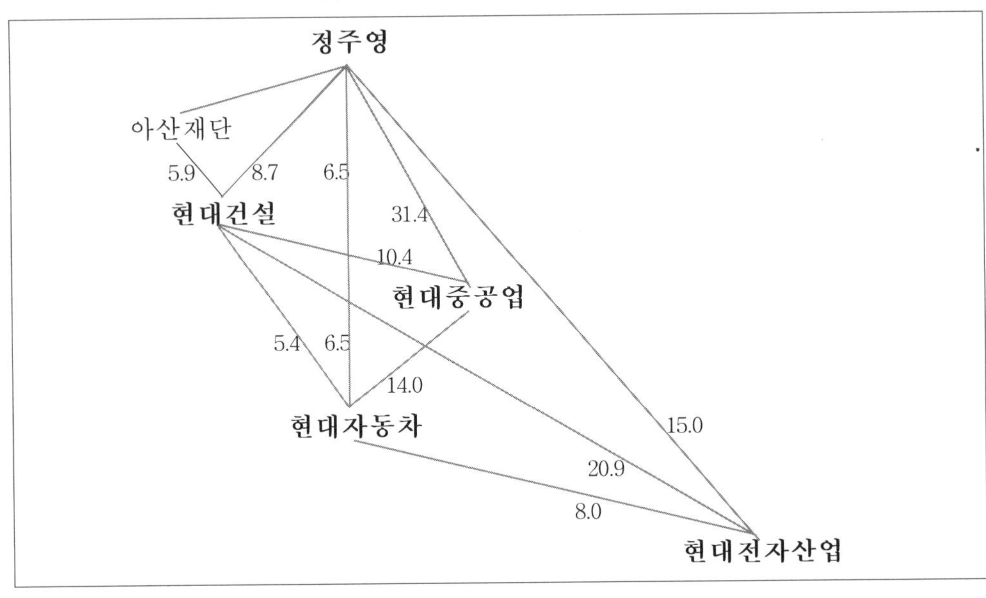

4.4.2. 현대중공업은 주식이 상장되지 않았으며, 정주영과 그의 아들들이 31.4%의 주식을 소유한다. 여기에 현대건설이 소유한 10.4%와 다른 두 계열사의 지분을 합한 내부지분율은 43.7%이다. 그리고 우리사주조합이 10.4%를 소유한다. 이처럼 현대중공업은 가족중심적이며 폐쇄적인 소유구조를 갖고 있다.

4.4.3. 현대건설의 소유구조는 현대중공업의 소유구조와는 다르다. 그러나 정주영과 그의 직계자손이 8.7%의 주식을 소유하고 아산재단이 5.9%의 주식을 소유하므로 정주영 일가가 지배하는 주식은 14.6%에 이른다. 이 지분율은 계열회사 전체에 대한 정주영 일가 및

아산재단의 지분율 평균 14.4%와 별로 다르지 않다. 현대건설의 소유구조에서 특징적인 것은 계열회사 지분율이 매우 낮으며, 따라서 내부지분율도 매우 낮다는 것이다. 계열회사 지분율은 3.5%이고, 내부지분율은 18.3%이다. 이러한 낮은 내부지분율에도 불구하고 정주영 일가의 경영권이 위협받지 않는 것은 나머지 주식 82.0%의 대부분이 분산되어 있기 때문이다. 현대건설 소액주주의 지분율은 81.0%이다. 그리고 이 가운데 35.0%는 금융회사가 보유하고 있는데, 이러한 주식의 대부분은 증권투자신탁업법이 적용되므로 의결권이 제한된다.

4.4.4. 현대자동차의 최대주주는 현대중공업이며, 그 지분율은 14.0%이다. 현대건설도 5.4%의 대주주이다. 다른 두 계열회사가 1.7%의 주식을 소유하므로 계열회사의 지분율은 21.1%이다. 정주영 일가의 지분율은 낮다. 정주영과 그의 여섯 아들은 주식을 전혀 갖고 있지 않으며, 정주영의 동생과 조카의 지분율은 6.1%이다. 그리고 눈에 띄는 것은 자기주식이다. 현대자동차가 현대자동차의 주식을 7.8% 취득한 것이다. 그래서 내부지분율은 35.4%이다. 한편 미쓰비시자동차와 미쓰비시상사가 13.3%의 주식을 절반씩 소유한다. 나머지 51.3%는 모두 소액주주들이 소유한다.

4.4.5. 현대전자산업의 최대주주는 현대건설(20.9%)과 현대상선(19.8%)이며, 현대자동차(8.0%), 현대정공(5.7%), 현대엘리베이터(3.9%), 현대중공업(2.2%) 등을 합산하면 62.1%이다. 개인 최대주주는 정주영의 5남 몽헌(11.0%)이며, 정주영 일가의 주식을 모두 합하면 15.0%이다. 따라서 현대전자산업은 소유구조는 현대중공업보다도 폐쇄적이며, 복수의 계열회사를 통한 간접소유와 정주영 일가의 직접 소유가 병행하고 있다고 말할 수 있다.

4.5. 주요 계열회사의 소유구조

4.5.1. 자본총계 5위 이하의 계열회사 중 자본총계 500억 원 이상인 것은 20개이다. 이 가운데 정주영의 사돈이 지배하는 동서산업을 제외한 19개 계열회사 중 2개는 정주영 일가의 지분율이 30% 이상이며(현대상선, 금강개발산업), 4개는 현대중공업의 지분율이 30% 이상이고(현대석유화학, 현대미포조선, 현대엔지니어링, 현대정유판매), 1개는 현대건설의 지분율이 30% 이상이다(현대산업개발). 그리고 1개는 정주영 일가의 지분율이 21.8%이고(현대엘리베이터), 2개는 현대중공업의 지분율이 22.2%와 22.5%이다(인천제철, 현대정유). 즉, 〈그림 3-10〉에서 보듯, 19개 계열회사 중 10개는 정주영 일가가 직접 혹은 하나의 지주회사를 통해 소유한다.

〈그림 3-10〉 현대 주요 계열사의 소유구조 : 직접소유 혹은 간접소유

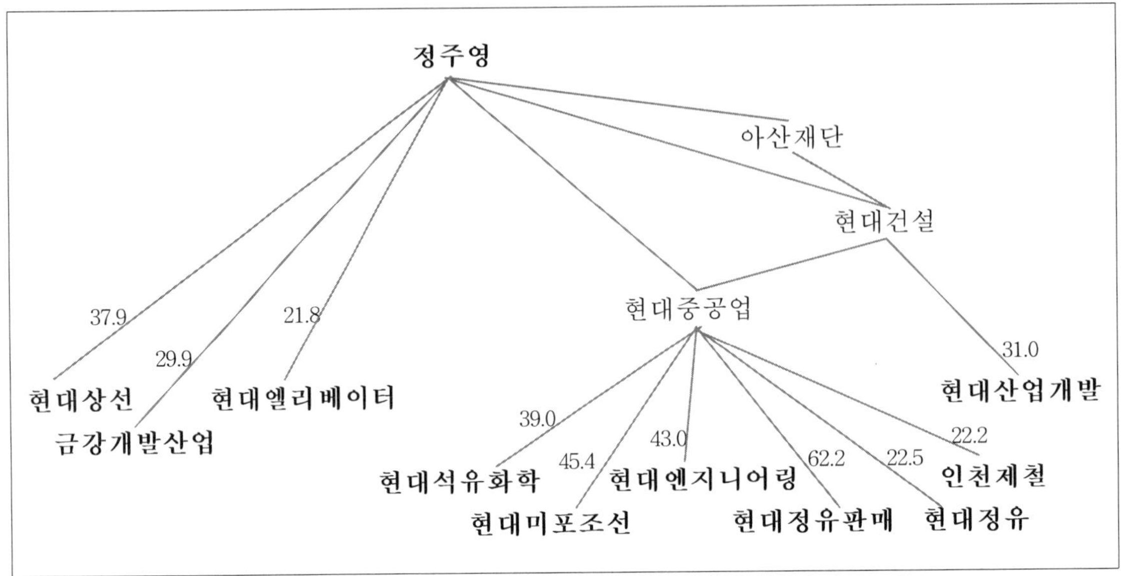

4.5.2. 현대자동차써비스, 현대정공, 고려산업개발, 현대화재해상보험, 현대강관은 정주영 일가가 직접소유와 복수의 계열사를 통한 간접소유를 병행하며, 금융회사나 보험회사를 통해 경영권을 보호하고 있다. 〈그림 3-11〉은 이 5개 계열회사의 소유구조를 나타낸다. 현대자동차써비스와 현대강관의 최대주주는 정주영의 2남 몽구(9.6%, 5.5%)와 현대정공(8.7%, 12.6%)이고, 현대정공의 최대주주는 몽구(8.6%)와 현대중공업(11.4%)과 인천제철(6.9%)이다. 고려산업개발은 정주영 일가, 현대건설, 현대산업개발이 각각 20% 내외의 주식을 소유한다. 현대해상화재보험의 최대주주는 정주영의 7남 몽윤(16.5%)과 현대중공업(9.5%)이다.

〈그림 3-11〉 현대 주요 계열사의 소유구조 : 직접소유와 간접소유의 병행

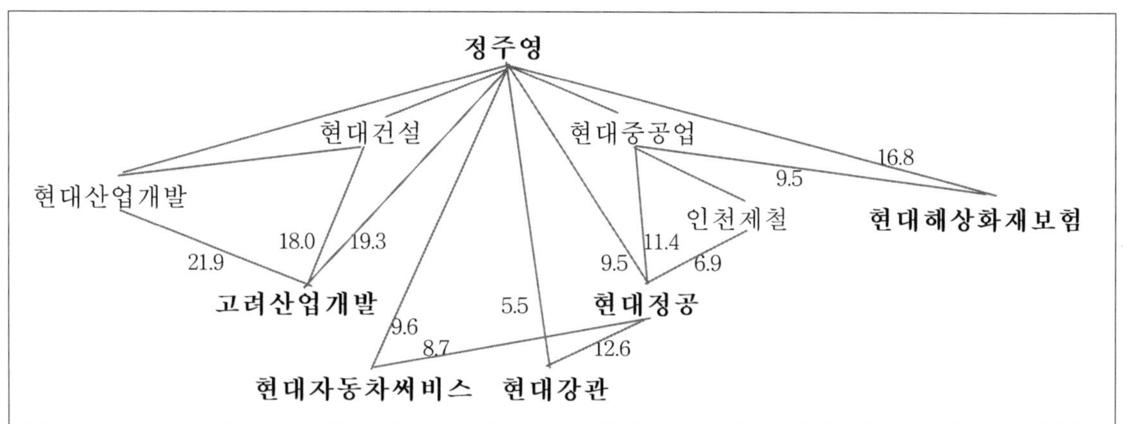

4.5.3. 〈그림 3-12〉에서 알 수 있듯이, 현대증권, 현대종합금융, 현대할부금융 등의 금융회사는 일반 계열회사와는 다른 소유구조를 갖고 있다. 현대증권의 대주주는 현대중공업(6.5%), 현대자동차(12.2%), 현대상선(5.0%)이며, 기타 계열사 지분과 자기주식을 모두 합하면 30.0%이다. 정주영 일가는 주식을 전혀 갖고 있지 않다. 현대종합금융의 대주주는 정주영의 8남 몽일(4.3%), 현대중공업(5.3%), 현대자동차(6.6%)이며, 기타 계열사의 지분을 합한 내부지분율은 20.1%이다. 한편 현대할부금융은 현대자동차(36.1%), 현대자동차써비스(36.1%), 현대건설(13.3%), 현대전자산업(10.3%) 등이 출자하였다. 이처럼 세 금융회사는 지주회사를 포함한 다수의 계열사가 소유한다. 그리고 어느 한 계열사도 압도적인 지분을 갖지 않는다. 이러한 소유구조는 현대가 최근에 경영권을 장악한 국민투자신탁증권, 새로 설립한 현대기술투자와 현대선물 등에서 재현된다. 그러나 울산종합금융은 현대중공업이 단독으로 42.2%의 주식을 소유한 최대주주이다.

〈그림 3-12〉 현대 주요 계열사의 소유구조 : 간접소유

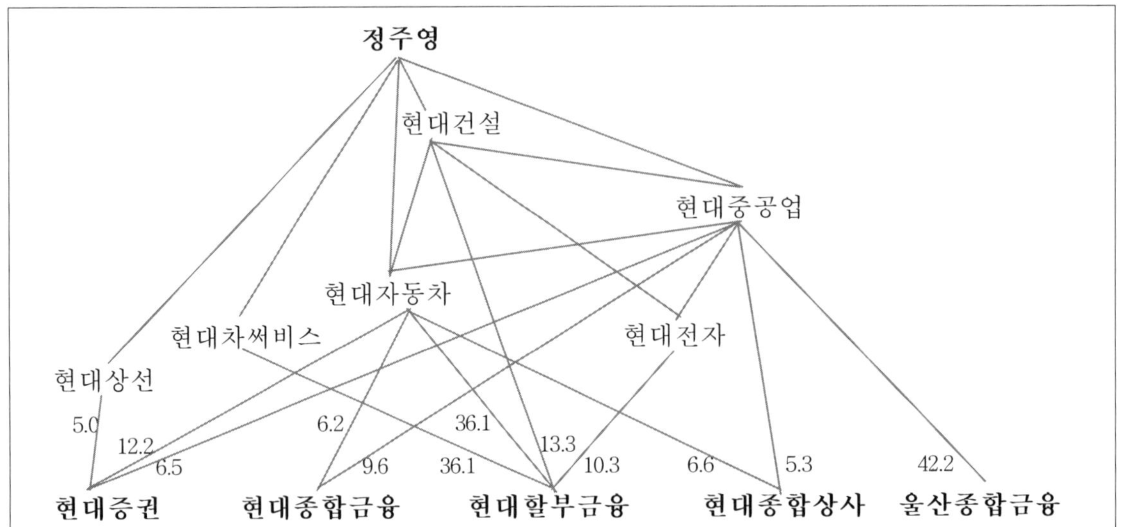

4.5.4. 현대종합상사도 지주회사를 포함한 복수의 계열회사와 금융회사를 통해 지배되고 있다. 즉 현대중공업(5.3%), 현대자동차(6.6%), 현대자동차써비스(1.3%)가 대주주이며, 국민투자신탁증권(12.0%)이 많은 주식을 보유하고 있다.

4.5.5. 현대의 하위 계열사는 대부분 현대건설, 현대중공업, 현대자동차, 현대상선 중의 한 회사가 단독으로 압도적인 지분을 가진 최대주주이다. 예외를 찾는다면 현대세가엔터테인먼트, 다이아몬드베이츠, 현대문화신문이 있을 뿐이다. 한국프렌지공업, 주리원백화점, 울산방송은 정주영의 사돈 일가가 지배한다.

5. 삼성의 소유구조

5.1. 개 황

5.1.1. 공정거래위원회는 1998년 4월에 61개 회사를 삼성의 계열회사로 지정하였다. 이 가운데 주식이 증권거래소에 상장된 회사는 14개이며, 공시된 사업보고서에서 주식 분포를 파악할 수 있다. 비상장회사 47개 중 중소기업 5개를 제외한 42개 계열회사의 주식 분포는 KIS-LINE에서 알아볼 수 있다. 우리는 56개 계열회사를 대상으로 삼성의 소유구조를 검토한다.

5.1.2. 삼성의 50개 계열회사의 자기자본 합계는 14조 7천억 원이다. 이 가운데 14개 상장회사의 자기자본 합계는 11조 6천억 원이다. 즉 상장회사의 비중을 자기자본으로 측정하면 78.9%이다. 그러나 비상장회사들 중에는 삼성생명보험도 포함되어 있다. 삼성생명보험은 1957년에 설립되었으며 자기자본이 4천 8백억 원이다. 뒤에서 보듯이, 삼성생명보험은 삼성의 3대 지주회사 중 하나이다.

5.1.3. 공정거래위원회가 지정한 삼성의 계열회사에는 새한, 한솔, 신세계백화점, 제일제당 등은 들어 있지 않다. 그렇지만 이 회사들은 삼성의 계열사와 마찬가지로 이병철의 자녀들이 지배하고 있다. 제일제당을 포함한 10개 회사는 이병철의 1남 맹희가 지배하며, 신세계백화점을 포함한 11개 회사는 이병철의 5녀 명희가 지배한다. 공정거래위원회는 1998년에 이 21개 회사가 독립 경영된다고 인정하여 삼성의 계열회사 명단에서 제외하였다. 한솔의 19개 기업과 새한의 16개 기업은 자산총계 기준으로 15위와 30위의 재벌이며, 각각 이병철의 1녀 인희와 2남 창희가 지배한다. 따라서 우리는 이러한 기업들을 삼성의 위성계열사라 부를 수 있다. 특히 제일제당과 신세계백화점은 삼성생명을 비롯한 삼성 계열사들의 주식을 많이 보유하고 있다. 그리고 제일제당은 1999년 4월의 자산총계 기준으로 28위의 재벌이다. 그렇지만 〈표 3-7〉의 내부지분율은 신세계백화점과 제일제당이 소유하는 주식을 포함하지 않은 것이다.

5.2. 총수와 특수관계인의 소유

5.2.1. 〈표 3-8〉의 '합계' 행은 50개 계열회사 주식 중 2.1%를 이건희가 소유하고, 0.9%를 그의 아들이 소유하고 있음을 보여준다. 그의 아내와 세 딸은 0.7%를 소유한다. 즉 이건희와 그의 가족은 50개 계열회사의 자기자본 14조 7천억 원 중 5천억 원을 소유한다. 처남을 포함한 기타 친인척이 소유한 주식을 합하면 4.2% 혹은 6천억 원이다.

〈표 3-7〉 삼성 내부지분 구성 (1997회계년 결산일 기준)

(단위 : 10억원, %)

순위	계열회사				A	B	C	D	E	합계	F	
	이름	형태	자본총계	자본금	총수일가	공익재단법인	임직원	계열회사	자기주식		우리사주	위성계열
1	삼성전자	상장	5,829.9	609.8	5.41	0.13	0.16	16.45	3.52	25.67	3.55	1.80
2	삼성전관	상장	1,302.7	143.5		2.44	0.19	19.77	2.89	25.29		
3	삼성물산	상장	1,098.2	352.7	2.32	0.41	0.13	18.91	5.17	26.94	11.27	2.52
4	삼성자동차	외감	820.9	805.4			44.37	55.63		100.00		
5	삼성중공업	상장	708.6	369.9		0.02	0.08	27.35		27.45	7.61	1.11
6	삼성전기	상장	692.2	143.2			0.46	26.61	1.42	28.49	6.76	0.17
7	삼성생명	등록	533.1	93.6	15.00	5.00	25.00	2.25		47.25		26.00
8	삼성항공산업	상장	453.7	162.5			0.05	26.47	0.03	26.55	8.99	1.01
9	제일모직	상장	436.5	81.0		3.23	0.10	2.20	3.00	8.53	8.39	
10	삼성종합화학	등록	348.6	460.0				89.40		89.40		2.85
11	삼성정밀화학	상장	274.3	33.8			0.74	39.09		39.83		0.66
12	삼성코닝	등록	232.6	37.9				49.40		49.40		
13	호텔신라	상장	191.8	95.0			0.21	12.18	1.34	13.73	7.22	1.96
14	삼성증권	상장	187.0	86.9	0.77	0.75	0.26	23.57	0.01	25.36	1.08	
15	삼성엔지니어링	상장	178.7	45.0			0.30	41.45		41.75	11.05	2.85
16	삼성카드	외감	161.0	150.0				90.30		90.30		4.60
17	에스원	상장	154.6	13.3			0.06	22.47		22.53	6.92	
18	삼성에버랜드	외감	143.8	10.0	67.30			23.90		91.20		
19	삼성할부금융	외감	121.0	120.0				100.00		100.00		
20	중앙일보사	외감	118.2	13.0	41.80			14.90		56.70		14.91
21	삼성석유화학	외감	108.2	25.9				36.30		36.30		4.00
22	삼성상용차	외감	100.1	100.0				100.00		100.00		
23	삼성SDS	외감	78.7	60.0	14.80			66.90		81.70		
24	삼성화재해상보험	상장	60.0	12.8	0.59	4.50	0.68	11.61	3.98	21.36		
25	광주전자	등록	43.7	32.0				100.00		100.00		
26	포항강재공업	등록	36.3	17.0	10.00			41.00		51.00		
27	삼성투자신탁운용	외감	28.9	30.0				30.00		30.00		
28	제일기획	상장	26.6	5.0	29.75		1.79	13.43		44.97	10.01	6.88
29	스테코	외감	24.5	24.0				44.00		44.00	7.00	

순위	계열회사				A	B	C	D	E	합계	F	
	이름	형태	자본총계	자본금	총수일가	공익재단법인	임직원	계열회사	자기주식		우리사주	위성계열
30	대한정밀화학	외감	21.6	24.6				50.00		50.00		
31	대경빌딩	외감	21.3	17.2				50.00		50.00		
32	스템코	외감	20.7	24.0				50.00		50.00		
33	삼성지이의료기기	외감	19.7	7.2				44.00		44.00		
34	삼성에스엠	외감	16.0	20.0				80.00		80.00		
35	서울통신기술	외감	13.5	3.0	50.70			33.30		84.00		
36	한국디엔에스	외감	10.7	5.0				43.70		43.70		
37	삼성선물	외감	10.4	10.0				100.00		100.00		
38	보광훼미리마트	외감	10.3	10.0	70.10			3.00		73.10		
39	보광창업투자	외감	10.0	10.0	49.80			10.00		59.80		
40	보광	외감	9.9	8.8	16.10					16.10		
41	삼성생명서비스	외감	6.1	4.0				100.00		100.00		
42	서해리조트	외감	5.9	6.2				100.00		100.00		
43	삼성경제연구소	외감	5.9	6.0				100.00		100.00		
44	아산전자	외감	3.8	4.0				60.00		60.00		
45	삼성코닝정밀유리	외감	2.4	6.4				10.60		10.60		
46	연포레저개발	외감	2.1	2.6				100.00		100.00		
47	한덕화학	외감	1.3	4.5				50.00		50.00		
48	삼성시계	외감	1.1	86.5				100.00		100.00		
49	제일보젤	외감	0.9	0.2				70.00		70.00		
50	중앙디자인	외감	0.2	0.4				50.00		50.00		
	합계(자본총계)		14,688.5	·	4.16	0.61	3.53	25.94	2.23	36.47	3.80	2.29
51	무진개발	외감	-0.6	0.2				100.00		100.00		
52	삼성라이온스	외감	-3.8	1.0				79.90		79.90		
53	한일가전	외감	-9.6	0.3				100.00		100.00		
54	대도제약	외감	-10.0	1.5				100.00		100.00		
55	한일전선	외감	-21.4	10.0				78.70		78.70		
56	이천전기	외감	-62.5	26.9				95.10		95.10		
	합계(자본금)			4,433.6	2.15	0.32	8.67	45.34	1.13	57.38	3.08	1.73

주 1) 제외된 중소 계열회사(5): 중앙이코노미스트, 중앙일보뉴미디어, 중앙엠앤비, 중앙컬쳐미디어, 휘닉스커뮤니케이션.

2) 공정거래위원회 수치(특수관계인 1.9%, 내부지분 44.6%)는 임직원이 보유하는 삼성자동차 주식(44.37%), 삼성증권이 보유하는 삼성물산 주식(12.60%)과 삼성엔지니어링 주식(9.95%), 삼성화재가 보유하는 삼성전자 주식(2.08%) 등을 제외한 것으로 추정됨.

〈표 3-8〉 삼성 특수관계인 소유(1997회계년 결산일 기준)

순위	계열회사			총수	처	아들	딸	처남	
	이름	형태	자본총계	이건희	홍라희	이재용	이부진 외 2	홍석현	기타
1	삼성전자	상장	5,829.9	3.51	0.98	0.92			
2	삼성전관	상장	1,302.7						
3	삼성물산	상장	1,098.2	2.32					
4	삼성자동차	외감	820.9						
5	삼성중공업	상장	708.6						
7	삼성생명	등록	533.1	10.00					5.00
9	제일모직	상장	436.5						
14	삼성증권	상장	187.0	0.77					
18	삼성에버랜드	외감	143.8	4.70		31.40	31.20		
20	중앙일보사	외감	118.2	20.30				21.50	
23	삼성SDS	외감	78.7			14.80			
24	삼성화재해상보험	상장	60.0	0.59					
26	포항강재공업	등록	36.3				10.00		
28	제일기획	상장	26.6			29.80			
35	서울통신기술	외감	13.5			50.70			
38	보광훼미리마트	외감	10.3					21.10	49.00
39	보광창업투자	외감	10.0					13.00	26.80
40	보광	외감	9.9					16.10	
	합계(50개 회사)		14,688.5	2.14	0.39	0.85	0.33	0.21	0.23

주 1) 총수와 특수관계인이 주식을 전혀 소유하지 않는 회사 22개 제외. 단, 합계는 50개 회사에 모두 포함.
2) 삼성자동차 주요주주에 대해 KIS-LINE은 '삼성그룹사의 임직원 44.3%'로만 기재. 이건희의 지분은 0.2%로 알려져 있음.
3) 삼성자동차에 대한 세동회계법인의 감사보고서에 의하면, 1997년 2월에 외국법인 팬퍼시픽이 출자하여 31.04%의 최대주주로 등장. 그러나 KIS-LINE에는 이 변동이 반영되지 않음. 팬퍼시픽의 출자는 삼성자동차가 주식을 되사주는 조건으로 이루어졌으며, 사실은 부채임.
4) 삼성생명 주주(개인 22, 법인 4)는 국감자료 '6대생보사 주주명부'(보유주식 1% 이상)에서 확인. 총수와의

A	공익	재단	법인	B	C	A+B+C	비고(기타친인척, 임직원)
소계	삼성문화재단	삼성복지재단	삼성공제회	소계	임직원	합계	
5.41	0.01	0.08	0.04	0.13	0.16	5.70	
	2.44			2.44	0.19	2.63	
2.32	0.11	0.26	0.04	0.41	0.13	2.86	
					44.37	44.37	계열회사 임직원(44.3)
	0.02			0.02	0.08	0.10	
15.00	5.00			5.00	25.00	45.00	이종기(5.0) 이수빈외임원20(25.0)
	1.80	0.89	0.54	3.23	0.10	3.33	
0.77	0.75			0.75	0.26	1.78	
67.30						67.30	
41.80						41.80	
14.80						14.80	
0.59	3.44	0.45	0.61	4.50	0.68	5.77	
10.00						10.00	
29.80					1.79	31.59	
50.70						50.70	
70.10						70.10	홍석조외12(49.0)
39.80						39.80	홍석조외4(26.0)
16.10						16.10	
4.15	0.49	0.08	0.04	0.61	3.53	8.29	

관계는 《삼성 60년사》 등에서 확인.

- 친인척(1) : 이종기(5.0)
- 임직원(20) : 이수빈(4.00) 강진구(3.00) 소병해(2.00) 신훈철(2.00) 윤재우(1.67) 박경팔(1.67) 이명환(1.67) 이해규(1.67) 홍종만(1.67) 황선두(1.67) 이수중(1.50) 김헌출(1.50) 송세창(1.50) 현명관(1.50) 원종섭(1.33) 이형도(1.33) 이필곤(1.17) 손영희(1.03) 안시환(1.00) 경주현(1.00)

5) 삼성생명 내부지분 구성은 1998년 4월 이후 급변. 이건희의 지분이 각각 26.00%와 20.67%로 증가하고, 임원 13인이 주주명단에서 사라짐. 삼성에버랜드 지분도 2.25%에서 20.67%로 급증.

5.2.2. 이건희와 그의 가족이 1.0% 이상의 주식을 소유하는 계열회사는 9개이다. 이들 중 삼성전자, 삼성물산, 삼성생명보험은 많은 수의 계열회사에 큰 금액을 출자하고 있다는 공통점을 가진다. 삼성전자는 5.8조억 원의 자본과 23.1조 원의 자산을 가진 초대형기업이며, 36개의 계열사를 포함한 100여 개의 국내외 기업에 출자하고 있다. 삼성물산은 2조 원의 자본과 7조 9천억 원의 자산을 가진 기업이며, 17개의 계열사를 포함한 60여 개의 국내외 기업에 출자하고 있다. 삼성생명보험은 이건희가 10.0%의 주식을 가진 최대 개인주주인데, 이 회사의 자본은 5천억 원이지만 자산은 33조 2천 원에 이르며, 삼성전자를 비롯하여 상장된 모든 계열사의 주식을 다량 보유하고 있다. 이처럼 이건희와 그의 가족은 삼성의 3대 지주회사인 삼성생명보험, 삼성전자, 삼성물산을 직접 소유하며, 삼성생명보험에 대해서는 높은 지분율을 유지하고 있다.

5.2.3. 이건희의 아들 재용은 이미 삼성전자(0.9%), 제일기획(29.8%), 삼성에버랜드(31.4%), 삼성 SDS(14.8%), 서울통신기술(50.7%)의 대주주이다. 이건희의 딸 부진도 이미 포항강재공업(10.0%)의 대주주이며, 다른 두 딸과 함께 삼성에버랜드의 31.2%를 소유한다. 경영권과 소유권의 상속이 진행되고 있음을 보여주는 것이다. 특히 삼성에버랜드는 1,438억 원의 자본을 포함한 9,804억 원의 자산을 대부분 부동산으로 보유하고 있는 회사이다.

삼성생명의 주주명단

삼성생명은 상장기업이 아니므로 사업보고서를 공시하지 않지만, 대규모 주식회사로서 외부감사 대상이다. 그런데 이상하게도 KIS-LINE에서 주요 주주에 관한 정보를 제공하지 않는다. 단지 신세계백화점이 14.5%의 최대주주임을 밝히고 있을 뿐이다. 그러나 1998년 9월 국회의 국정감사자료에 의하면, 이건희(10.0%), 이종기(5.0%), 이수빈(4.0%), 강진구(3.0%), 신훈철(2.0) 등도 대주주이다. 이종기는 이건희의 매제이며, 이수빈 등은 계열회사 임원이다. 이들은 모두 삼성문화재단(5.0%)과 함께 '특수관계인'으로 분류되어야 한다.

삼성총수의 횡령과 증여를 통한 경영권 세습

삼성 절묘한 세습, 정부를 비웃다

(한겨레21 1997년5월27일 제154호)

"삼성은 토끼, 정부는 거북이."

최근 삼성그룹의 3세승계를 위한 사전포석 작업이 본격화되고 있는 가운데 '세금부담없는 부의 세습'이라는 삼성의 절묘한 절세수법에 '닭 쫓던 개'처럼 당하고만 있는 세제당국을 빗대어 나오는 말이다.

삼성그룹 이건희(55) 회장의 장남인 재용(29) 씨는 지난해(1996년) 계열사인 중앙개발(1997년에 삼성에버랜드로 개명)과 제일기획의 최대주주 자리에 올랐다. 올 3월 말에는 삼성전자의 주요주주가 됐다.

이와같은 삼성의 '3세 승계 작전'은 잘 연출된 한편의 드라마와 같다. 삼성의 비상장계열사인 중앙개발(삼성에버랜드)은 지난해 12월초 재용씨가 제일기획의 최대주주가 된 과정도 비슷하다. 국내 최대 광고대행사로 비상장사인 제일기획은 지난해 3월 22일 18억원어치의 사모CB를 주당 전환가액 1만원 조건으로 발행했다. 재용씨는 기존 주주인 삼성전자, 신세계, 삼성물산 등의 협조속에 그 대부분을 사들였다. 재용씨는 보유했던 CB를 바로 주식으로 바꿔 지분율 29.7%(29만 9,375주)의 최대주주가 됐다. 〔중략〕

'사모전환사채'라는 요술방망이

재용씨는 중앙개발과 삼성전자, 제일기획의 지분을 획득하면서 한푼의 세금도 내지 않았다. 현행 세법은 대가없는 부의 세습을 막기 위한 각종 규정을 두고 있다. 비상장기업이라 하더라도 아버지가 아들에게 주식을 제가치보다 싼값으로 넘겨주면 증여로 간주해 세금을 물리고 있다. 재용씨가 세금을 피한 비법(秘法)은 CB라는 '요술 방망이'를 이용한 데 있다 . 지난해까지는 신종 금융상품인 CB를 이용해 사전상속이나 증여를 하더라도 세금을 물릴 수 있는 법적 근거가 없었다. 그러나 세금을 물리지 못하는 것은 지난 3월 말 이루어진 삼성전자건의 경우도 마찬가지다. 올해부터 시행된 개정 상속세법에 구멍이 뚫려 있기 때문이다. 신설된 상속세 법 40조(전환사채 이익에 대한 증여의제)는 "특수관계인(계열사나 친인척)으로부터 CB를 취득한 경우 CB의 취득가액과, CB를 주식으로 전환했을 때 주식가액과의 차액은 특수관계인으로부터 증여받은 것으로 본다"고 규정하고 있다. 회사가 발행한 CB를 취득한 특수관계인으로부터 다시 CB를 사들여 주식으로 전환했을 때 차액이 생기면 증여세를 물린다는 것이다. 그러나 이 조항은 재용씨의 경우처럼 발행사로부터 직접 CB를 취득한 경우는 과세대상으로 명시하지 않고 있다. 재정경제원 세제실은 재용씨에 대한 증여세 부과여부는 좀더 검토해 봐야 한다는 견해지만 과세당국인 국세청은 "조세법률주의에 따라 과세가 어렵다"는 입장이다. 결국 세제 당국이나 현행 세법이 삼성의 절세수법을 따라가지 못하고 있는 것이다. 재계와 증권계에서는 "삼성의 절세를 통한 세습 수법은 예술의 경지"라는 감탄까지 나오고 있다. 또 상속·증여세는 다시 한번 '바보세' 로 전락했다.

삼성의 '이재용 재산늘리기 및 절세작전'은 1995년 말로 거슬러올라간다 . 이 회장은 당시 재용씨에게 60억 8천여만원을 증여했다. 재용씨는 증여세 16억원을 내고 남은 돈으로 계열사인 에스원 주식 12만 1,800주(23억원) 와 삼성엔지니어링 주식 47만주(19억원)를 사들였다. 에스원은 1996년 초 상장된 뒤 주식값이 꾸준히 올라 바로 30만원대로 올라섰다. 재용씨는 올해 초까지 에스원 주식을 3백57억원에 모두 매각했다. 삼성엔지니어링 역시 지난해 상장된 뒤 주식값이 크게 뛰었다. 재용씨는 삼성엔지니어링 주식을 올 2월 2백30억원에 팔았다. 증권 관계자들은 에스원과 삼성엔지니어링의 주식값을 올리는 데 삼성 계열의 금융기관들이 보이지 않는 구 실을 했다고 말한다. 삼성은 결국 이 회장 부자간의 증여를 시작으로 비상장 계열사 주식 매입-증시 상장-주식값 급등 뒤 보유주식 매각이라는 단계를 거쳐 527억원의 거금을 재용씨에게 안겨주었다. 이 돈은 중앙개발과 삼성전자, 제일기획의 CB를 사들이는 종잣돈으로 활용됐다.

증권 전문가들은 삼성의 재용씨 재산불리기가 제일기획에서 다시 한번 재현될 것으로 보고 있다. 제일기획은 중앙개발이나 삼성전자와는 달리 수익성은 높은 대신 자산이 얼마 안되고, 다른 계열사 지분도 거의 없기 때문에 상장시킨 뒤 주식값이 많이 오른 시점에서 보유주식을 모두 내다팔 것이라는 분석이다 〔제일기획 주식은 1998년 3월에 상장되었으며, 이재용은 동년 11월에 자신의 주식을 153억원에 팔아 133억원의 이익을 내었다〕.

삼성 법틈새 악용 사전상속 의혹
(한계레신문 1999년7월2일자 기사)

삼성이 전환사채 발행을 통해 이건희 회장의 아들 재용씨의 지분을 늘리는 등 비상장사 계열사들을 이용해 사전상속을 해왔다는 의혹이 일고 있다.

2일 정부와 재계는 삼성에버랜드가 지난 1996년 12월 재용씨 등 이 회장의 아들과 딸 명의로 발행한 전환사채를 주식으로 전환해 이들의 지분을 60%로 높였다고 밝혔다. 주식을 하나도 갖고 있지 않던 재용씨는 31.9% 지분(62만 7천여주)을 가진 에버랜드 최대주주가 됐고, 맏딸 부진씨 등 3명에게도 각각 10.4%씩 62만여주가 돌아갔다.

에버랜드는 이어 지난해 3월 2.25%였던 삼성생명 지분을 1년 사이에 20.7%로 늘렸으며 이 회장의 사재출연으로 삼성생명의 최대주주가 됐다.

삼성SDS도 같은해 12월 유상증자를 하면서 주식을 갖고 있지 않던 재용씨 등 3명에게 유상증자분 400만주 가운데 177만여주(지분 14.8%)를 배정했다. 삼성SDS는 지난 2월에도 1주당 7150원에 230만주를 받을 수 있는 신주인수권부사채 160여억원어치를 사모방식으로 특정 주주에게 배정했으나 회사쪽은 대상자를 밝히지 않고 있는데, 재계 관계자들은 재용씨에게 매각된 것으로 추측하고 있다. 이 회사 주식은 장외거래에서 현재 15만원을 넘고 있다.

또 전기·통신 설비업체인 서울통신기술을 통해서도 삼성이 재용씨에게 재산을 부풀려 주고 있다는 의구심을 낳고 있다.

서울통신기술은 지난 1993년 자본금 5천만원으로 설립됐으나 삼성전자의 집중적인 지원으로 매년 매출이 50% 가량씩 증가해, 지난해 1천억원을 넘어섰다. 재용씨는 이 회사 지분 50.6%를 갖고 있다.

위의 두 기사는 이재용으로의 증여와 탈세에 초점을 맞추고 있으며, 이건희의 횡령은 간과하고 있다. 이재용이 가져간 것은 이건희의 재산이 아니라 삼성 계열회사 주주의 재산이다. 즉 이건희는 삼성 계열회사 외부주주들의 재산을 빼돌려 아들에게 넘겨준 것이다. 예를 들면, 삼성에버랜드와 제일기획의 최대주주는 삼성전자와 삼성물산이었으며, 따라서 삼성전자 주주와 삼성물산 주주의 재산이었다. 이재용이 삼성에버랜드, 제일기획, 삼성SDS 주식을 헐값에 산 것은 삼성전자 주주와 삼성물산 주주의 재산을 헐값으로 산 것이다. 물론 삼성전자 주주와 삼성물산 주주들 중 이건희를 제외한 누구도 그런 거래에 찬성하지 않았을 것이다. 삼성전자 주주들은 삼성전자 주식이 이재용에게 헐값에 넘어가는 것이나 삼성전자로부터 서울통신기술로 돈이 빼돌려지는 것에 대해서도 반대할 것이다. 그러나 60%이상의 주식을 가진 주주들은 6%미만의 주식을 가진 이건희를 주주총회 표결에서 이길 수 없다. 이처럼 이건희 부자 사이의 경영권 세습은 소수주주 재산의 횡령을 통해 이루어진다.

〈표 3-9〉 삼성 계열회사 출자 (1997회계년 결산일 기준)

(단위 : 10억원, %)

순위	계열회사			출자회사							
	이름	형태	자본총계	삼성 전자	삼성 생명	삼성 물산	삼성 전기	삼성 전관	삼성 화재	삼성 증권	삼성 중공업
1	삼성전자	상장	5,829.9		8.16	4.45			2.00	0.01	
2	삼성전관	상장	1,302.7	10.87	5.39				3.19	0.01	
3	삼성물산	상장	1,098.2		6.22					13.24	
4	삼성자동차	외감	820.9	21.11			6.08	7.45			2.48
5	삼성중공업	상장	708.6	18.92	4.92		2.56				
6	삼성전기	상장	692.2	21.92	5.59					0.03	
7	삼성생명	등록	533.1								
8	삼성항공산업	상장	453.7	8.13	7.75	10.14					
9	제일모직	상장	436.5		2.20						
10	삼성종합화학	등록	348.6	3.82		37.79	10.28	10.40			
11	삼성정밀화학	상장	274.3	9.31	3.45	6.20	0.29	12.74			0.21
12	삼성코닝	등록	232.6	48.36	1.00						
13	호텔신라	상장	191.8	5.72	6.95						
14	삼성증권	상장	187.0		10.62	1.47			5.49		
15	삼성엔지니어링	상장	178.7		6.20			6.23	1.34		
16	삼성카드	외감	161.0	54.37		14.40	21.50				
17	에스원	상장	154.6		9.95	11.39			1.01	0.13	
18	삼성에버랜드	외감	143.8			1.89					
19	삼성할부금융	외감	121.0	74.75		25.00					0.25
20	중앙일보사	외감	118.2			3.92	2.50				
21	삼성석유화학	외감	108.2	9.93		10.00					
22	삼성상용차	외감	100.1								100.00
23	삼성SDS	외감	78.7	29.94		25.28	11.70				
24	삼성화재해상보험	상장	60.0		11.49						
	합계(49개 회사)		14,688.5	7.41	5.65	3.93	1.21	1.19	1.06	1.03	0.84

출자회사			D	E	위 성	계 열	F	비고 (기타계열사, 외국법인)
제일모직	삼성에버랜드	기타	소계	자기주식	제일제당	신세계백화점	우리사주	
0.61	0.25	0.45	15.93	3.52	1.80		3.55	CITY BANK(7.1) 중앙일보(0.5)
	0.28	0.03	19.77	2.89				NEC(7.7) 자사주펀드(215억원) 제외
0.09			19.55	5.17	2.52		9.13	자사주펀드(3.13%) 포함
	1.24		38.36					Pan Pacific(31.04)
0.60		0.35	27.35		1.11		7.61	98년7월 자기주식 매입(11.2)
			27.54	1.42	0.17		6.76	
	2.25		2.25		11.50	14.50		
0.12	0.33		26.47	0.03	1.01		8.99	조흥은행(5.3)
			2.20	3.00			8.39	서울은행(8.4)
0.90		26.20	89.39		2.85			삼성항공(25.9)
3.51		3.43	39.14		0.66			호텔신라(2.5) 삼성엔지니어링(1.0)
			49.36					코닝인터내쇼날(50.0)
			12.67	1.35	1.96		7.22	
		4.75	22.33	0.01			1.08	삼성카드(5.2) 삼성할부금융(2.3)
16.03		1.40	31.20		2.85		11.05	국제엔지니어링(5.3) 삼성카드(1.4)
			90.27			4.60		
			22.48				6.92	SECOM(25.3)
5.00		17.10	23.99					중앙일보(17.1)
			100.00					
8.50			14.92		14.71	0.20		
16.40			36.33			4.00		AMOKO(35.0)
			100.00					
			66.92					
		1.66	13.15	3.98				삼성카드(1.7)
0.83	0.29	1.25	24.69	2.23	1.67	0.62	3.80	

주 1) 49개 계열회사 중 자본총액 500억원 미만 회사 25개 제외. 단, 합계는 49개 계열회사 모두 포함.
2) 자기주식, 자사주펀드, 우리사주 주식 비율은 자료제약으로 상장회사만 조사.
3) 삼성전관 자기주식 비율에는 자사주펀드(215억원)로 취득한 주식 산입되지 않았음. 사업보고서는 주식수 밝히지 않음.
4) 삼성생명에 대한 삼성에버랜드의 지분은 결산일 이후 급증하여 1999년 6월 28일 현재 20.67%.
5) 삼성물산 사업보고서에는 삼성생명과 삼성증권의 지분은 제외.

5.2.4. 이건희의 처남들이 최대주주인 회사도 있다. 중앙일보사(21.5%), 보광(16.1%), 보광훼미리마트(70.1), 보광창업투자(49.8%) 등이 그러하다. 공정거래위원회는 1999년 4월에 이들 회사를 삼성으로부터 분리된 회사로 인정한다.

5.2.5. 삼성의 총수와 계열사가 출연한 공익재단법인은 모두 7개이다. 이 가운데 가장 많은 자산을 가진 것은 삼성문화재단인데, 이 재단은 삼성전관(2.4%), 제일모직(1.8%), 삼성생명보험(5.0%), 삼성화재해상보험(3.4%) 등의 대주주이다. 삼성공제회와 삼성복지재단은 제일모직(0.5%, 0.9%)과 삼성화재해상보험(0.5%, 0.6%)의 주식을 보유하고 있다. 이러한 공익재단법인은 모두 삼성의 전현직 임원이 이사장 또는 이사로 등재되어 있으며, 삼성문화재단은 이건희의 처 홍라희가 이사로 등재되어 있다.

5.2.6. 삼성 계열사 임원들이 1.0% 이상의 주식을 소유하는 경우는 드물다. 제일기획(1.8%), 삼성생명보험(25.0%), 삼성자동차(30.6%) 등이 그런 예외적인 경우이다. 삼성생명보험은 25%의 주식을 이수빈(4.0%), 강진구(3.0%), 신훈철(2.0%) 등 20명의 전현직 임원이 소유하고 있다.

5.3. 계열회사 출자

5.3.1. 삼성의 50개 계열회사의 자기자본을 모두 합하면 14조 6천억 원이다. 그러나 이 가운데 4조 1천억 원은 일부 계열회사와 2개의 위성계열회사가 출자한 것이다. 즉 자기자본 중 28.2%는 장부에만 존재하는 것이다(〈표 3-9〉의 '합계' 행과 '소계' 열이 만나는 칸). 가공자본은 자기주식을 통해서도 만들어지는데, 그 비율은 2.0%이다. 4.1%의 주식을 가진 이건희 일가는 이 가공자본을 통해 34.3%의 의결권을 행사한다.

5.3.2. 계열회사 지분율은 삼성자동차를 제외한 상위 계열회사들에서 고르게 나타난다. 삼성전자(18.4%), 삼성전관(19.8%), 삼성물산(21.4%), 삼성중공업(28.5%), 삼성전기(26.8%) 등이 그 예이다. 삼성정밀화학(39.8%)과 삼성엔지니어링(44.3%)은 이 비율이 더 높으며, 신라호텔(14.1%)과 삼성화재해상보험(11.6%)은 더 낮다. 제일모직(2.2%)은 예외적으로 낮다. 삼성생명(28.3%)은 상장되지는 않았지만 전체 평균과 별로 다르지 않다. 한편 자기자본이 500억 원을 밑도는 계열회사들은 계열회사 지분율이 훨씬 높아서 50% 이상인 경우도 많다. 〈표 3-9〉는 500억 원 이상의 자기자본을 가진 24개 계열회사를 대상으로 계열사 지분율 분포를 보여준다.

5.3.3. 삼성의 3대 지주회사는 삼성생명보험, 삼성전자, 삼성물산이다. 이 세 회사는 삼성의 거의 모든 계열사에 출자하고 있다. 특히 삼성생명보험은 삼성전자(8.7%)와 삼성물산(6.2%)의 최대주주이므로 '지주회사의 지주회사'라고 부를 수 있다. 삼성생명보험은 삼

〈그림 3-13〉 삼성 계열회사 출자 구조

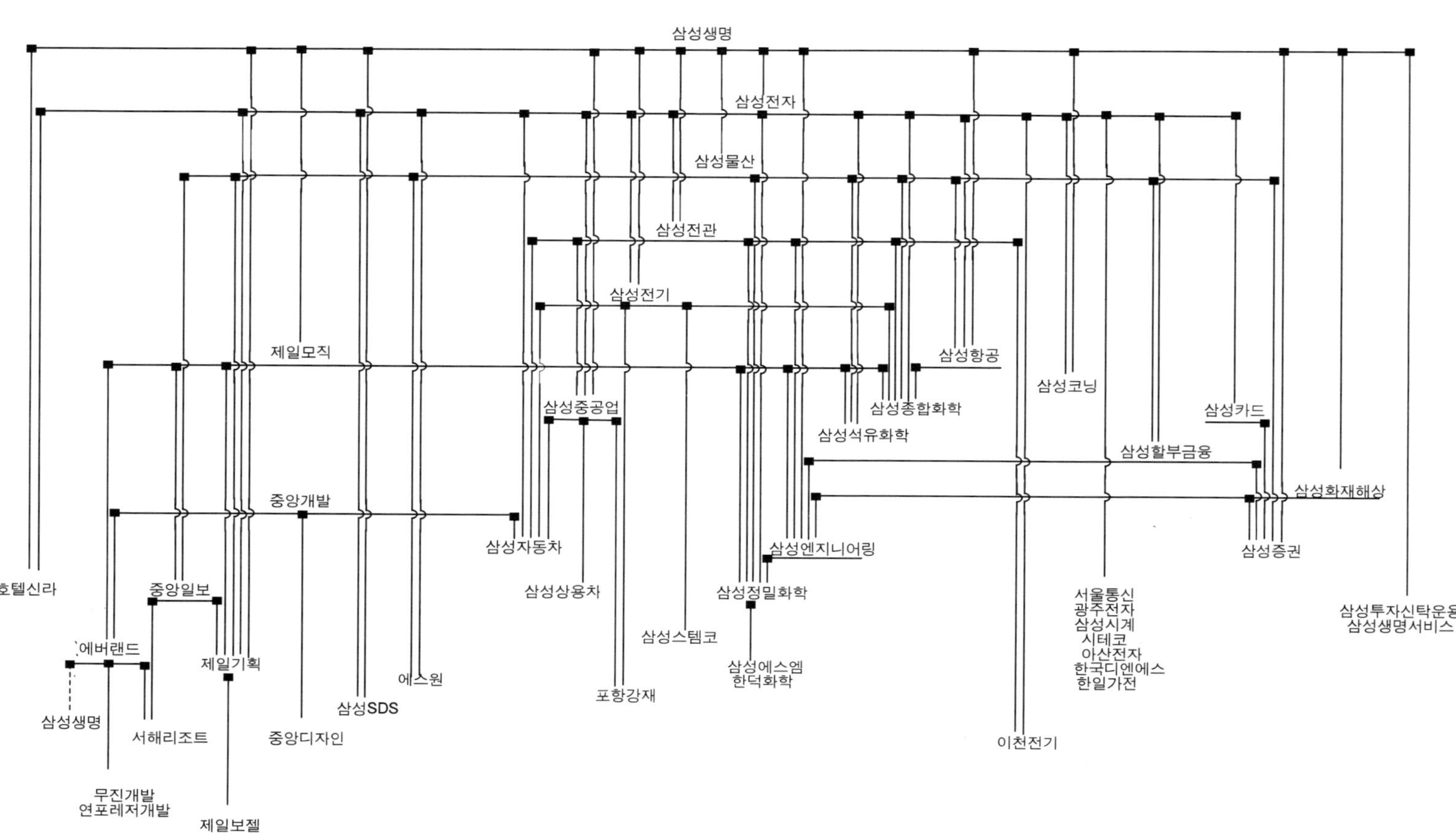

성전관(5.4%), 삼성전기(6.3%), 제일모직(2.2%)에도 출자하고 있는데, 이 세 회사도 다수의 계열회사에 출자하고 있다. 삼성전자도 '지주회사의 지주회사'이다. 삼성전자는 삼성전관(10.9%)과 삼성전기(20.3%)의 최대주주이다. 〈그림 3-13〉은 이러한 계열사 출자의 구조를 보여준다.

5.3.4. 삼성의 계열회사 출자는 하향식이다. 순환출자가 없지는 않지만 그 규모가 크지 않다. 그렇지만 삼성에버랜드를 통한 순환출자는 예외적이다. 삼성생명보험이 삼성물산에 출자하고, 삼성물산이 삼성에버랜드에 출자하고, 삼성에버랜드가 삼성생명보험에 출자하는데, 삼성에버랜드의 삼성생명보험 지분율은 2.3%이다. 삼성생명보험은 삼성의 핵심적인 지주회사이며, 삼성에버랜드는 이건희의 자녀들이 62.6%의 주식을 소유하는 회사이다. 삼성에버랜드는 삼성전자(0.2%), 삼성전관(0.3%), 삼성항공(0.3%)에도 출자하고 있다. 이러한 정황은 삼성에버랜드가 이건희 일가의 상속과 무관하지 않으리라는 추측을 가능하게 한다.

5.3.5. 삼성의 계열회사 출자는 복잡하게 교차하고 있다. 삼성전자와 삼성물산은 다수의 계열사에 함께 출자하고 있으며, 삼성생명은 상장된 모든 계열사에 출자하고 있다. 삼성항공, 삼성정밀화확, 제일기획 등에는 이 3대 지주회사가 모두 출자하고 있으며, 제일기획에는 제일모직도 출자하고 있다. 삼성종합화학과 삼성석유화학에는 삼성전자와 삼성물산이 제일모직과 함께 출자하고 있다. 제일모직은 삼성생명과 삼성전관이 출자하고 있는 삼성엔지니어링에도 함께 출자하고 있다. 위성계열사인 제일제당과 신세계백화점도 다수의 계열사에 출자하면서 소유구조를 더욱 복잡하게 만든다. 따라서 삼성은 소유에 있어 '독립적인 소그룹들의 연합'과는 거리가 멀다고 말할 수 있다.

〈그림 3-14〉 삼성의 교차-복선 출자

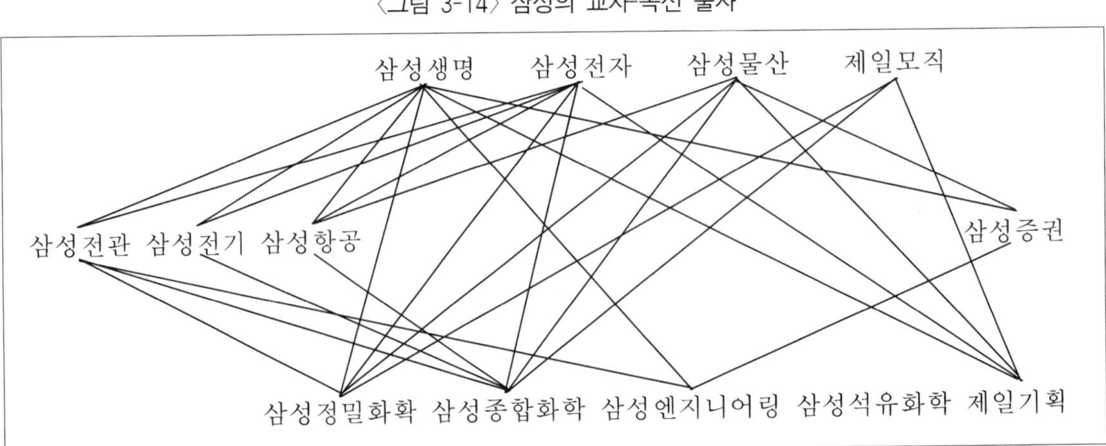

5.3.6. 삼성의 계열사 출자는 복선으로 이루어지기도 한다. 예를 들면, 삼성전관은 삼성정밀화학의 최대주주인데, 삼성전자는 삼성전관의 최대주주이면서 삼성정밀화학의 대주주이다. 즉 삼성전자와 삼성정밀화학 사이의 소유관계는 삼성전관을 경유하는 것(12.7%)과 직접적인 것(9.3%)이 있다. 이러한 복선 출자는 삼성전자와 삼성종합화학 사이에서도 발견된다. 삼성전관과 삼성전기를 경유하는 소유관계(10.4%, 10.3%)와 직접적인 소유관계(3.8%)가 병존한다는 것이다. 그렇지만 삼성시계, 광주전자, 스테코, 서울통신기술, 아산전자, 한국디엔에스 등 자기자본이 500억 원 미만인 계열사에 대한 출자는 대부분 단선식이다.

5.3.7. 앞에서 설명하였듯이, 교차 출자와 복선 출자는 총수의 지배가 위협받을 가능성을 줄이는 역할을 한다. 교차 출자는 하나의 자(子)회사가 다수의 모(母)회사를 갖도록 하며, 자(子)회사에 대한 통제와 관련하여 모(母)회사들이 경쟁적으로 총수의 뜻에 따르게 한다. 복선 출자는 손(孫)회사에 자(子)회사와 모(母)회사가 함께 출자하는 것이며, 손(孫)회사에 대한 통제와 관련하여 자(子)회사와 모(母)회사가 경쟁적으로 총수의 뜻에 따르게 한다. 그런데 삼성은 이 두 가지 중 교차 출자에 더 크게 의존하고 있다. 이는 교차 출자가 복선 출자보다 외부출자 유치에 유리하다는 사실과 무관하지 않을 것이다.

5.4. 3대 지주회사의 소유구조

5.4.1. 삼성생명, 삼성전자, 삼성물산은 삼성의 3대 지주회사인데, 세 회사의 소유구조는 〈그림 3-15〉에 볼 수 있듯이 동일하지 않다. 삼성생명의 소유구조는 지극히 배타적이다. 우선 이건희와 그의 매제가 10.0%와 5.0%의 대주주이며, 삼성문화재단은 5.0%의 대주주이다. 삼성에버랜드도 2.3%의 대주주인데, 삼성에버랜드는 이건희와 그의 자녀가 67.3%의 주식을 갖고 있는 회사이다. 삼성의 임원들도 삼성생명의 대주주이다. 이수빈(4.0%), 강진구(3.0%), 신훈철(2.0) 등 20명의 전현직 임원들이 25.0%의 주식을 나누어 소유한다. 여기에 제일제당의 11.5%와 신세계백화점의 14.5%도 합한 내부지분율은 73.3%에 이른다.

〈그림 3-15〉 삼성 지주회사의 소유구조

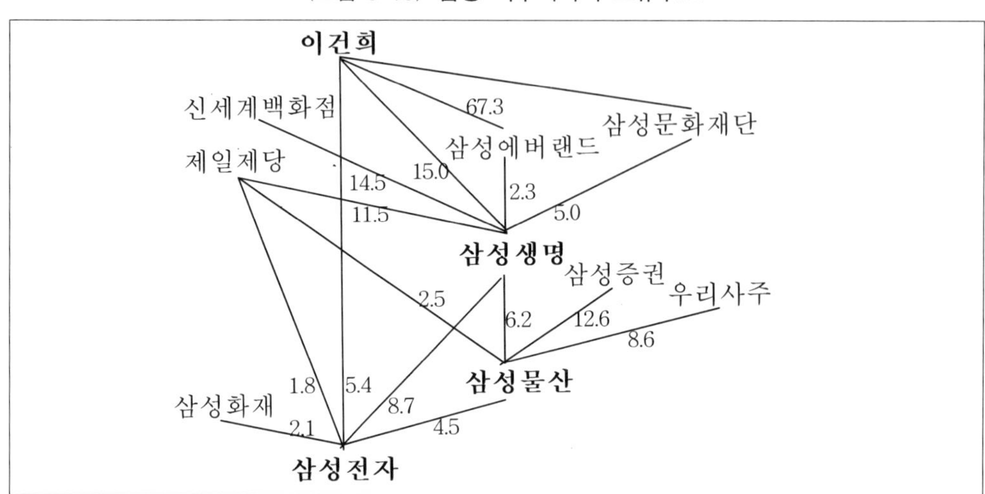

5.4.2. 삼성전자의 최대주주는 이건희이다. 그러나 그의 지분은 3.5%에 그치며, 그의 처와 아들의 지분을 합해도 5.4%이다. 삼성 계열 공익재단법인과 임원의 지분도 0.1%와 0.2%를 약간 넘을 뿐이다. 그러나 삼성생명보험(8.7%), 삼성물산(4.5%), 삼성화재해상보험(2.1%), 제일제당(1.8%) 등의 계열사 주식을 모두 합하면 18.0%이다. 그리고 삼성전자의 자기주식이 3.5%로서 상당히 많다. 즉 이건희와 그의 가족은 주식의 5.4%를 직접 소유하고, 21.8%를 계열회사를 통해 소유하는 것이다. 우리사주조합을 통해 확보하고 있는 주식도 3.6%이다. 나머지 주식 중 55.0%는 10만 6천여 명의 개인 소액주주와 4백여 개의 법인 소액주주들이 소유하고 있다. 이처럼 삼성전자는 총수 일가가 최대주주이지만 계열회사를 통한 소유 및 주식 분산에 크게 의존하고 있다.

5.4.3. 삼성물산의 최대주주는 이건희이며, 그의 지분은 2.1%이다. 가족이나 친인척의 지분은 없으며, 삼성복지재단 등이 0.5%를 소유한다. 그러나 자기주식이 2.3%이고, 삼성생명보험과 삼성증권이 6.2%와 12.6%의 주식을 소유하며, 제일제당의 지분도 2.5%이다. 그리고 우리사주조합의 무려 11.3%의 주식을 보유한다. 이건희는 2.1%를 직접 소유하고, 23.7%를 계열회사를 통해 소유하고, 11.5%를 공익재단법인과 우리사주조합 등을 통해 지배한다. 이 세 형태의 소유를 모두 합하면 37.7%이다. 나머지 주식 중 53.8%는 3만 5천여의 소액주주들이 소유하고 있다.

5.5. 주요 계열회사의 소유구조

5.5.1 자기자본을 기준으로 삼을 때 삼성전관은 삼성전자 다음으로 중요한 계열사이다. 삼성중공업과 삼성전기의 자기자본 규모는 5위와 6위이다. 그리고 삼성전관과 삼성전기는 다수의 계열사에 출자하고 있으며, 일부 핵심 계열사의 최대주주이다. 〈그림 3-16〉의 (1)와 (2)는 삼성전관, 삼성전기, 삼성중공업의 소유구조를 보여준다. 이 세 회사에 대한 이건희나 그의 가족의 지분은 전혀 없으며, 삼성생명과 삼성전자가 최대주주이다. 삼성전관에 대한 두 지주회사의 지분은 16.3%로서 상대적으로 낮은데, 삼성문화재단(2.4%)이 이를 보완한다.

5.5.2. 삼성화재해상보험, 삼성증권, 삼성카드는 삼성의 대표적인 금융회사 및 보험회사이다. 〈그림 3-16〉의 (3)은 이 세 회사의 소유구조를 보여준다. 삼성화재해상보험과 삼성증권의 최대주주는 삼성생명이며, 삼성카드의 최대주주는 삼성전자이다. 삼성카드에는 삼성물산과 삼성전기도 출자하고 있다. 세 회사에 대한 이건희와 그의 가족의 지분은 전혀 없거나 1.0% 미만이다. 단 삼성문화재단 등이 삼성화재해상보험의 4.5%를 소유한다.

5.5.3. 그 이외의 핵심 계열사들도 유사한 소유구조를 갖는다. 삼성항공, 삼성종합화학, 삼성정밀화학, 삼성코닝, 삼성엔지니어링, 에스원 등의 최대주주는 대부분 3대 지주회사이다. 삼성전관, 삼성전기, 제일모직도 이 계열사들에 많이 출자하고 있다. 그리고 이건희와 그의 가족의 지분은 거의 없다.

5.5.4. 3대 지주회사가 아닌 계열사 가운데 이건희와 그의 가족이 최대주주인 것도 있다. 제일기획, 삼성SDS, 서울통신기술은 이건희의 아들이 29.8%, 14.8%, 50.7%를 소유한다. 삼성에버랜드는 이건희의 아들과 딸이 62.6%를 소유한다.

〈그림 3-16〉 삼성 주요 계열회사의 소유구조

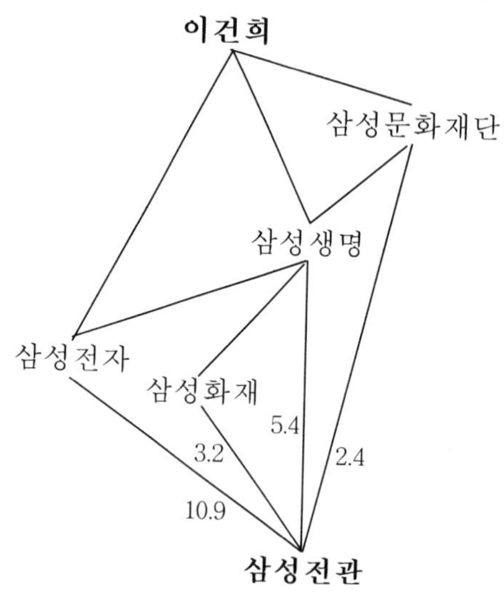

(1)삼성전관

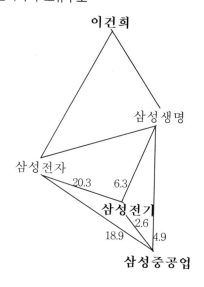

이건희
삼성생명
삼성전자
20.3
6.3
삼성전기
2.6
18.9
4.9
삼성중공업

(2)삼성전기와 삼성중공업

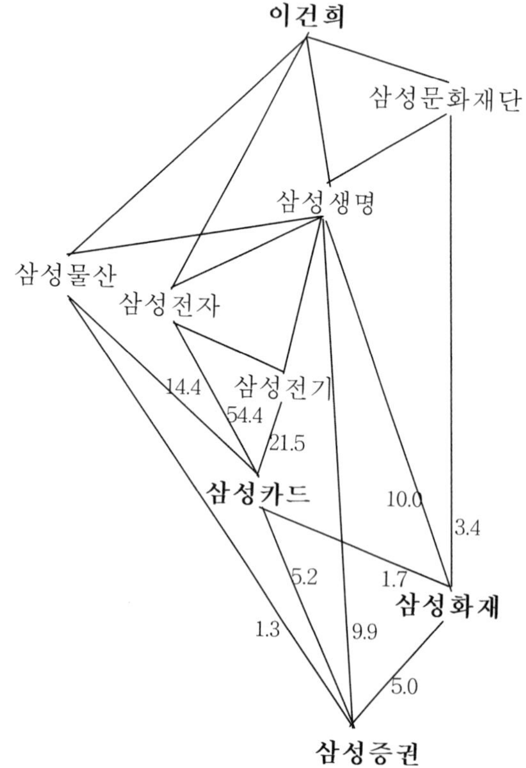

(3)삼성카드, 삼성화재, 삼성증권

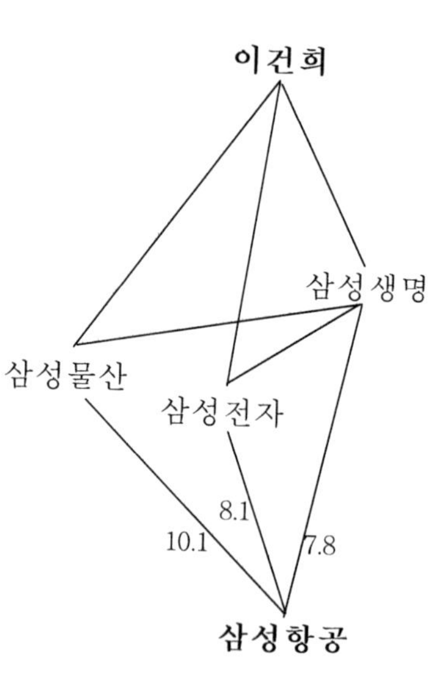

(4) 삼성항공

6. 대우의 소유구조

6.1. 개 황

6.1.1. 공정거래위원회가 공정거래법에 의거하여 대우의 계열회사로 지정한 기업은 1998년 4월 기준으로 모두 37개인데, 여기에는 쌍용자동차도 포함되어 있다. 대우 계열회사 37개 중 12개가 상장회사이며, 17개가 외부감사법이 적용되는 대기업이다. 따라서 29개 계열회사의 주식 분포는 사업보고서나 감사보고서에서 확인할 수 있다. 한편 중소기업으로 분류되는 대우선물의 주식 분포는 다른 계열회사의 사업보고서를 통해 알아낼 수 있다. 그러나 〈표 3-10〉의 '합계'행은 자본이 전액잠식된 한국산업전자와 쌍용자동차를 포함하지 않는다.

6.1.2. 대우의 28개 계열회사의 자기자본 합계는 10조 3천억 원이며, 이 가운데 11개 상장회사의 자기자본 합계는 9조 원이다. 즉 자기자본으로 측정한 상장회사의 비중은 85.5%이다. 그러나 대우자동차는 여기에 포함되지 않는다. 대우자동차는 자기자본이 1조 원을 넘는 회사이다.

6.1.3. 한국종합금융의 최대주주는 6.3%를 가진 대우전자이며, 대우 계열회사의 주식 지분을 모두 합하면 22.8%이다. 그러나 공정거래위원회는 한국종합금융을 대우의 계열회사로 분류하지 않는다. 공정거래위원회가 적용하는 지분율 기준은 30.0%이기 때문이다(공정거래법 시행령 제3조 제1항).

〈표 3-10〉 대우 내부지분 구성(1997회계년 결산일 기준)

(단위 : 10억원, %)

순위	계열회사				A	B	C	D	E	합계	F
	이름	형태	자본총계	자본금	총수일가	공익재단법인	임원	계열회사	자기주식		우리사주
1	대우중공업	상장	2,827.4	1,837.9	7.07	2.89	0.90	39.85		50.71	0.18
2	㈜대우	상장	2,751.5	575.7	0.01	4.52	0.11	2.68	4.34	11.66	1.10
3	대우자동차	등록	1,039.4	354.7				68.46		68.46	
4	대우증권	상장	929.1	317.0	1.68	1.19	0.03	10.25	0.03	13.18	0.13
5	대우전자	상장	814.5	412.7		3.05	0.11	2.45	1.73	7.34	0.47
6	대우통신	상장	323.0	134.1		1.39	0.03	5.66		7.08	2.08
7	오리온전기	상장	313.4	80.0	1.00	3.10	0.22	7.27	2.81	14.40	0.53
8	경남기업	상장	259.4	77.4			0.04	21.94	1.15	23.13	2.66
9	대우기전공업	등록	184.4	60.2				49.47		49.47	
10	대우차판매	상장	162.0	98.0	0.03		1.90	19.10	0.42	21.45	
11	대우정밀공업	상장	153.0	52.3	11.75			4.90		16.65	3.34
12	대우할부금융	외감	117.5	100.0				100.00		100.00	
13	대우개발	외감	116.6	91.3	21.90		0.80	39.00		61.70	
14	대우전자부품	상장	100.7	43.9			0.02	27.61	0.51	28.14	0.08
15	한국전기초자	상장	40.4	32.8				51.39		51.39	5.00
16	대우창업투자	외감	33.0	30.0				100.00		100.00	
17	다이너스클럽코리아	외감	23.1	20.1				99.80		99.80	
18	오리온전기부품	외감	16.2	13.2				80.00		80.00	
19	코람프라스틱	외감	15.5	13.2				30.00		30.00	
20	대우모터공업	외감	13.7	13.0				100.00		100.00	
21	대우정보시스템	외감	11.9	6.3				99.94		99.94	
22	대우선물	중소	10.0	10.0				100.00		100.00	
23	대우경제연구소	외감	9.5	8.5				90.00		90.00	
24	대우투자자문	외감	5.7	5.0				100.00		100.00	
25	경남금속	외감	2.3	5.2				99.10		99.10	
26	대우레저	외감	1.6	1.3	100.00					100.00	
27	한국자동차연료시스템	외감	1.5	6.4				51.00		51.00	
28	동우공영	외감	1.4	0.3				50.00		50.00	
	합계(자본총계)		10,277.7		2.57	2.49	0.34	25.24	1.43	32.06	0.61
29	한국산업전자	외감	-10.5	1.1			71.70			71.70	
30	쌍용자동차	상장	-151.0	346.0	25.00		26.98			51.98	
	합계(자본금)			4,747.4	5.27	2.10	2.42	29.37	0.76	39.91	0.43

주 : 제외된 중소 계열회사(7) : 경남시니어타운, 광주제2순환도로, 대우에스티반도체설계, 대우전자서비스, 대우제우스, 유화개발, 한일대우시멘트

6.2. 총수와 특수관계인의 소유

6.2.1. 〈표 3-11〉은 총수와 특수관계인의 주식 지분을 계열회사별로 정리한 것이며, '합계' 행은 28개 계열회사에 대해 계산한 것이다. 김우중이 소유한 계열회사 주식을 모두 자기자본으로 환산하면 2,580억 원이며, 28개 계열회사 자기자본의 2.5%이다. 그의 가족이나 친인척이 소유하는 주식은 0.1%뿐이다. 〈표 3-1〉에서도 보았듯이 이 비율은 다른 재벌에 비해 훨씬 낮은 것이다.

〈표 3-11〉 대우 특수관계인 소유 (1997회계년 결산일 기준)

(단위 : 10억원, %)

순위	계열회사			총수	가족	A	공익재단법인				B	C	합계
	이름	형태	자본총계	김우중	정회자 외 2	소계	대우재단	대우학원	대우의료재단	서울언론재단	소계	임원	
1	대우중공업	상장	2,827.4	7.07		7.07	2.61		0.24	0.04	2.89	0.90	10.86
2	㈜대우	상장	2,751.5		0.01	0.01	3.28	0.99	0.09	0.16	4.52	0.11	4.64
4	대우증권	상장	929.1	1.68		1.68	0.29	0.84	0.06		1.19	0.03	2.90
5	대우전자	상장	814.5			0.00	2.14	0.91			3.05	0.11	3.16
6	대우통신	상장	323.0			0.00	1.39				1.39	0.03	1.42
7	오리온전기	상장	313.4	1.00		1.00	3.10				3.10	0.22	4.32
10	대우차판매	상장	162.0		0.03	0.03						1.90	1.93
11	대우정밀공업	상장	153.0	11.75		11.75							11.75
13	대우개발	외감	116.6	18.60	3.30	21.90						0.80	22.70
26	대우레저	외감	1.6		100.00	100.00							100.00
	합계(28개 회사)		10,277.7	2.51	0.06	2.57	1.93	0.41	0.10	0.05	2.49	0.34	5.40
30	쌍용자동차	상장	-151.0	25.00		25.00							25.00

주 : 총수와 특수관계인이 주식을 전혀 소유하지 않는 회사 18개 제외. 단, 합계는 28개 회사에 대해 산출.

6.2.2. 대우의 총수나 계열회사가 출연한 공익재단법인 가운데 대표적인 것은 대우재단이다. 대우재단은 대우중공업(2.6%), 주식회사 대우(3.3%), 대우전자(2.1%), 오리온전기(3.1%) 등의 대주주이다. 대우학원, 대우의료재단, 서울언론재단 등도 계열회사의 주식을 소유하고 있는데, 4개 공익재단법인의 지분을 모두 합하면 2.5%에 이른다. 이 지분율은 현대와 삼성의 0.6%보다 훨씬 높은 것이다.

6.2.3. 총수, 친인척, 공익재단법인이 소유하는 계열회사 주식을 모두 합한 비율은 5.0%이다. 이 비율에서 대우는 현대를 제외한 다른 재벌들과 크게 다르지 않으나 약간 높다. 이는 〈표 3-1〉에서 확인할 수 있다(현대 14.4%, 삼성 4.8%, LG 4.4%, SK 4.8%). 그리고 총수와 특수관계인이 소유하는 주식은 대우중공업과 (주)대우에 집중되어 있다. 뒤에서 보듯이, 대우중공업은 (주)대우의 최대주주이며, (주)대우는 대우의 가장 중요한 지주회사이다.

6.2.5. 대우의 소유구조에서 김우중 일가의 경영권 상속을 위한 움직임은 감지되지 않는다. 김우중의 처와 두 아들이 대우개발(3.3%)과 대우레저(100%)의 주식을 소유할 뿐이다. 그러나 대우재단을 비롯한 공익재단법인이 대우중공업, (주)대우, 대우전자, 오리온전기 등의 대주주임을 고려한다면, 공익재단법인을 통한 경영권 상속이 시도될 가능성은 완전히 배제할 수 없다.

6.3. 계열회사 출자

6.3.1. 〈표 3-12〉는 대우의 계열회사에 대한 계열회사의 출자를 정리한 것이다. '합계' 행은 28개 계열회사가 발행한 주식의 25.2%는 상호 소유되고 있으며, 1.7%는 자체 소유되고 있음을 보여준다. 자기자본 10조 3천억 원 중 2조 7천억 원은 가공자본인 것이다. 물론 이 가공자본은 김우중에 의해 지배된다. 김우중은 2.6%의 주식을 소유하면서도 29.5%의 의결권을 행사하는 것이다. 여기에 공익재단법인과 임원이 소유한 주식을 더하면, 그 비율은 32.1%가 된다.

6.3.2. 대우는 계열회사 지분율이 고르게 분포되어 있지 않다. 자기자본이 500억 원 이상이고 주식이 상장된 10개 계열회사만을 보더라도 그러하다. 예를 들면, 대우중공업은 주식의 39.9%를 계열회사들이 소유하고, (주)대우와 대우전자는 그 비율이 2.7%와 2.5%이다. 계열회사 지분율과 자기주식 비율이 역관계를 보이긴 하지만, 두 비율의 합도 고르지 않기는 마찬가지다. 한편 비상장기업인 대우자동차, 대우기전공업, 대우할부금융은 모두 주식의 절반 이상을 여러 계열회사들이 나누어 소유한다. 대우개발은 (주)대우가 단독으로 39.0%를 소유하는데, 김우중과 그의 가족이 21.9%를 소유한다. 자기자본

이 500억 원 이하인 계열회사들은 대부분 한 계열회사에 의해 압도적으로 소유된다(부록 참조).

6.3.3. 대우의 대표적 지주회사는 (주)대우와 대우전자이다. 자기자본을 가중치로 사용하여 평균을 계산하면, 두 회사는 28개 계열회사의 주식 12.5%와 5.1%를 소유한다. 특히 두 회사가 소유하는 대우중공업과 대우자동차 주식은 34.4%와 60.0%이다. (주)대우와 대우전자에 이어서 대우중공업, 대우통신, 오리온전기, 대우자동차 등도 계열회사에 많이 출자하고 있다. 이 네 회사가 소유하는 계열회사 주식은 1.3~1.7%이다.

6.3.4. 대우의 대표적 금융회사는 대우증권이며, 투자신탁회사나 종합금융회사는 없다. 손해보험회사나 생명보험회사도 없다. 그리고, 증권거래원이 작성한 자료에 의하면, 1997년 8월말 현재 대우증권이 보유하고 있는 계열회사 주식은 많지 않다. 경남기업과 대우정밀이 발행한 주식 1.1%와 0.9%를 보유하고 있을 뿐이다. 대우증권은 대우선물과 대우투자자문의 최대주주이며 다이너스클럽코리아에 출자하고 있지만, 이것을 포함하더라도 대우증권이 보유하는 계열회사 주식의 비율은 0.2%에 그친다. 따라서 대우는 금융회사나 보험회사를 통한 소유의 비중이 매우 낮다고 말할 수 있다.

6.3.5. 〈그림 3-17〉은 계열회사 출자의 구조를 정리한 것이다. 이 그림과 〈표 3-11〉에서 알 수 있듯이, 대우는 세 개의 소계열로 나눌 수 있다. 첫째는 (주)대우가 직접 혹은 간접 출자하는 회사들인데, 출자구조는 단순한 편이다. (주)대우가 대우중공업을 거쳐서 다수의 회사에 출자하는 것이다. 단, 대우개발은 (주)대우가 직접 출자하고, 대우전자부품은 (주)대우와 대우중공업이 함께 출자한다. 둘째는 대우전자가 직접 혹은 간접 출자하는 회사들인데, 출자구조는 조금 더 복잡한 하향식과 복선식을 나타낸다. 대우전자가 대우통신에 출자하고, 대우통신이 오리온전기에 출자하고, 오리온전기가 대우정밀에 출자한다. 그리고 네 회사는 단독으로 혹은 공동으로 여러 계열회사에 출자한다. 셋째는 (주)대우와 대우전자가 함께 출자하는 회사들인데, 대우자동차, 대우증권, 경남기업, 대우기전공업 등이 여기에 포함된다. 우리는 이러한 출자를 교차식이라고 부르기로 하였었다.

〈표 3-12〉 대우 계열회사 출자(1997회계년 결산일 기준)

(단위 : 10억원, %)

순위	계열회사			출자회사						
	이름	형태	자본총계	㈜대우	대우전자	대우중공업	대우통신	오리온전기	대우자동차	대우정밀
1	대우중공업	상장	2,827.4	29.1	5.3		1.1	1.1		2.3
2	㈜대우	상장	2,751.5		0.4			1.8		
3	대우자동차	등록	1,039.4	37.0	23.0		8.5			
4	대우증권	상장	929.1		3.1	6.9	0.2		0.1	
5	대우전자	상장	814.5					2.0		
6	대우통신	상장	323.0		5.7					
7	오리온전기	상장	313.4				6.9			
8	경남기업	상장	259.4	4.7	4.7	2.3	2.3			1.6
9	대우기전공업	등록	184.4	7.6		6.1	11.1		24.7	
10	대우차판매	상장	162.0						19.1	
11	대우정밀공업	상장	153.0					4.1		
12	대우할부금융	외감	117.5			30.0			45.0	
13	대우개발	외감	116.6	39.0						
14	대우전자부품	상장	100.7	8.5		19.2				
15	한국전기초자	상장	40.4		5.1			46.0		
16	대우창업투자	외감	33.0		100.0					
17	다이너스클럽코리아	외감	23.1		39.9			39.9		
18	오리온전기부품	외감	16.2					80.0		
19	코람프라스틱	외감	15.5			30.0				
20	대우모터공업	외감	13.7		100.0					
21	대우정보시스템	외감	11.9		47.6	44.4	7.9			
22	대우선물	중소	10.0					20.0		
	합계(28개 회사)		10,255.7	12.54	5.09	1.46	1.66	1.44	1.28	0.69

주 1) 28개 계열회사 중 자본총계 100억원 미만 회사 6개 제외. 단, 합계는 28개 회사에 대해 산출.

2) 대우증권 내부지분 구성은 국감자료 '10대계열의 금융회사 및 출자지분 현황'과 '소속회사별 기업집단내부 출자지분 구성비율' 참고. 사업보고서는 김우중과 대우전자 지분 누락.

3) 대우통신 내부지분 구성은 국감자료 '소속회사별 기업집단내부 출자지분 구성비율(1998)' 참고. 공시된 사업보고서는 대우재단 지분 누락.

출자회사				D	E	F	비 고
대우 자판	대우 개발	대우 증권	기타	소계	자기 주식	우리 사주	
0.0	0.8			39.85		0.18	자사주펀드(410억원)
0.4				2.68	4.34	1.10	
				68.46			ARTEC Ltd. (26.0)
				10.25	2.85	0.13	
			0.41	2.45	1.73	0.47	자사주펀드(50억원)
		0.01		5.66		2.08	
0.4		0.01		7.27	2.81	0.53	자사주펀드(30억원)
	1.7	1.12	3.63	21.94	1.15	2.66	대우조선(3.6) 자사주펀드(10억원)
				49.47			
				19.10	0.84		98.1-3 대우자동차 매입(6.5)
		0.85		4.91		3.34	교보증권(8.6) 서울은행투신(7.2)
25.0				100.00			
				39.00			
				27.61	0.51	0.08	98.1-3 자기주식 취득->3.42
		0.26		51.39		5.00	TECHNEGLAS(10.7)
				100.00			
		20.00		99.80			
				80.00			
				30.00			
				100.00			
				99.94			
		60.00	20.00	100.00			경남기업(20.0)
0.42	0.27	0.23	0.14	25.22	1.69	0.61	

4) 공익재단법인 보유 지분은 국감자료 '97.8월말 현재 공익법인의 상장회사 주식 보유현황' 참고.

5) 대우증권 보유 지분은 국감자료 '97.8월말 현재 30대 재벌소유 금융기관이 보유한 상장법인 주식수, 지분율' 참고.

6) 자기주식과 우리사주조합 보유 주식은 상장회사만 확인.

7) 자기주식 비율은 자사주펀드로 취득한 주식 포함하지 않음. 사업보고서는 자사주펀드의 금액만 기재.

〈그림 3-17〉 대우의 계열회사 출자 구조

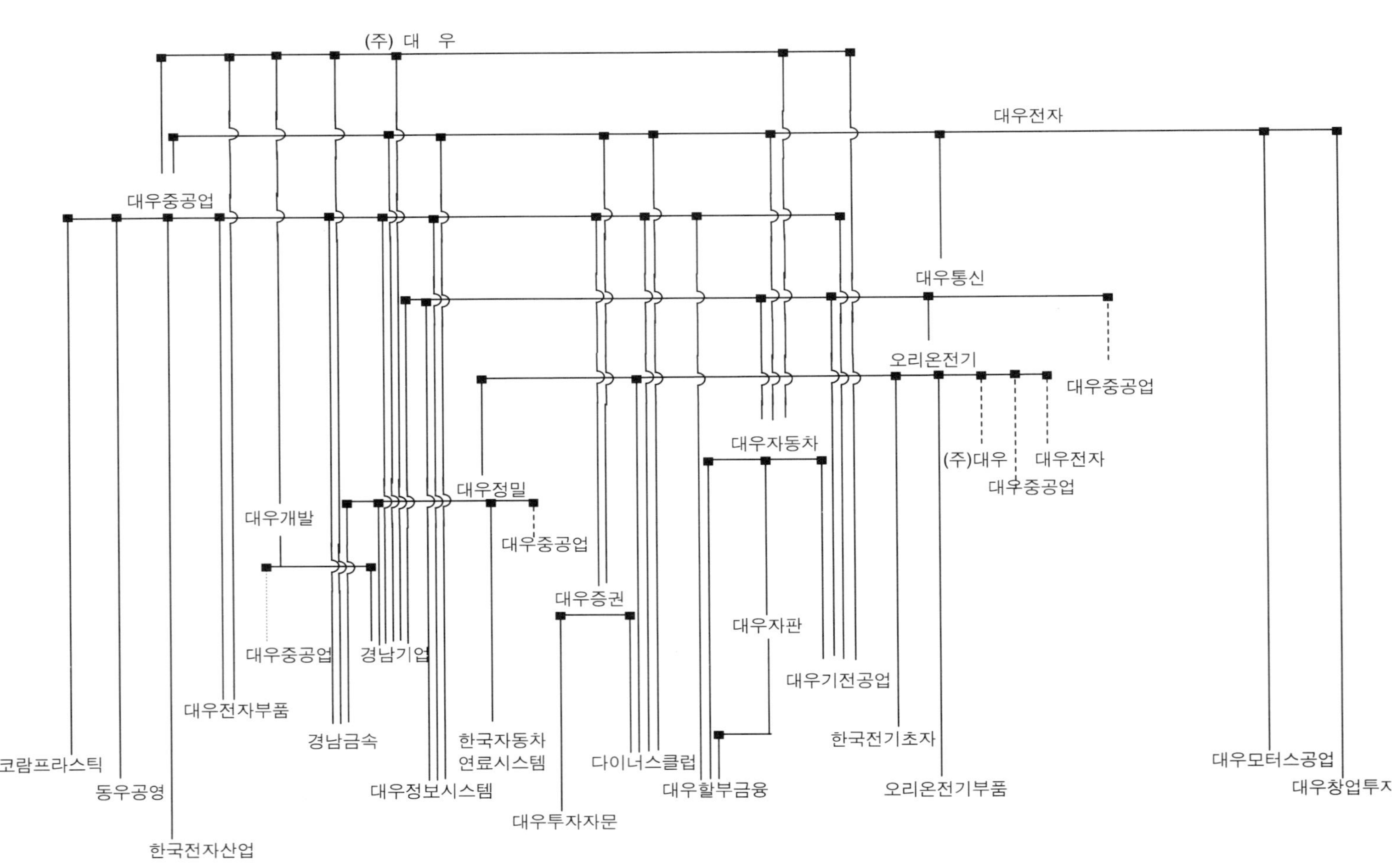

6.3.6. 전형적인 순환출자도 나타난다. 대우전자가 대우통신에 출자하고, 대우통신이 오리온전기에 출자하고, 오리온전기가 대우전자에 출자한다. 그러나 이러한 순환출자는 더이상은 발견되지 않는다. 그렇지만 이와 유사한 성격의 출자는 많다. 대우전자가 직접 혹은 간접 출자한 회사들이 (주)대우나 대우중공업에 출자하는 것이다. 예를 들면, 오리온전기가 (주)대우와 대우중공업에 출자하고, 대우정밀이 대우중공업에 출자한다.

6.4. 주요 계열회사의 소유구조

6.4.1. 대우의 28개 계열회사의 자기자본은 모두 10조3천억인데, (주)대우의 자기자본은 2조8천억 원이며, 대우전자의 자기자본은 8천억 원이다. 순위로는 2위와 5위이다. 그렇지만 계열회사 출자에서는 1위와 2위이다. (주)대우는 대우중공업을 비롯한 계열회사의 자기자본 중 1조3천억 원을 지배하며, 대우전자는 대우자동차를 비롯한 계열회사의 자기자본 중 5천억 원을 지배한다. 〈그림 3-18〉의 (1)에서 알 수 있듯이, 이러한 두 지주회사의 소유구조는 서로 비슷하다. 두 회사의 최대주주는 대우재단이며, 김우중과 그의 친인척이 가진 주식은 거의 없다. 그렇지만 대우재단을 비롯한 공익재단법인의 지분이 5%를 넘지 않으며, 계열회사의 지분도 3%를 넘지 않는다. 두 회사의 자기주식 비율이 높긴 하지만, 내부지분율이 15%를 넘지 못한다. (주)대우의 내부지분율은 11.7%이며, 대우전자의 내부지분율은 7.3%이다. 이처럼 낮은 내부지분율에도 불구하고 김우중의 경영권이 유지되는 것은 나머지 주식의 대부분이 분산되어 있기 때문인 듯하다. 소액주주들의 지분율은 77.4%와 93.5%이다.

6.4.2. 대우중공업과 대우자동차의 자기자본은 2조8천억 원과 1조 원으로서 1위와 3위이다. 대우중공업은 대우증권을 비롯한 계열회사의 자기자본 중 1천5백억 원을 지배하고, 대우자동차는 대우기전공업을 비롯한 계열회사의 자기자본 중 1천3백억 원을 지배한다. 즉 출자에서는 4위와 6위이다. 그런데 두 회사의 소유구조는 (주)대우와 대우전자의 소유구조와는 매우 다르다(〈그림 3-18〉의 (1)과 (2) 참고). 두 회사의 내부지분율은 50%를 넘으며, 최대주주는 (주)대우이다. 두 회사를 서로 비교하면, 대우중공업에 대한 (주)대우의 지배는 김우중(7.1%)과 공익재단법인(2.9%)에 의해 직접 견제되는데, 대우자동차에 대한 (주)대우의 지배는 대우전자(23.0%)와 대우통신(8.5%)을 통해 견제된다. 한편 두 회사의 소유구조와 대우개발의 소유구조를 비교할 수도 있다. 대우개발의 최대주주는 (주)대우(39.0%)와 김우중 및 그의 가족(21.9%)이다.

6.4.3. 대우증권, 대우통신, 오리온전기는 자기자본 기준 4위, 6위, 7위의 회사이다. 그리고 대우통신과 오리온전기는 계열회사 출자에서 3위와 5위이다. 〈그림 3-18〉의 (3)은 이

〈그림 3-18〉 대우의 계열회사별 소유구조

(1)(주)대우, 대우전자

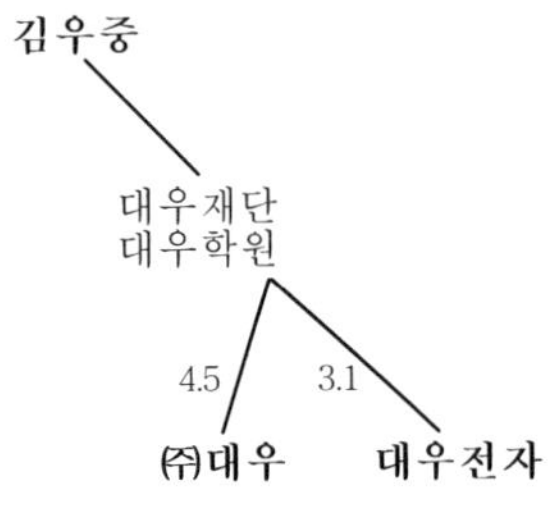

(2)대우중공업, 대우자동차

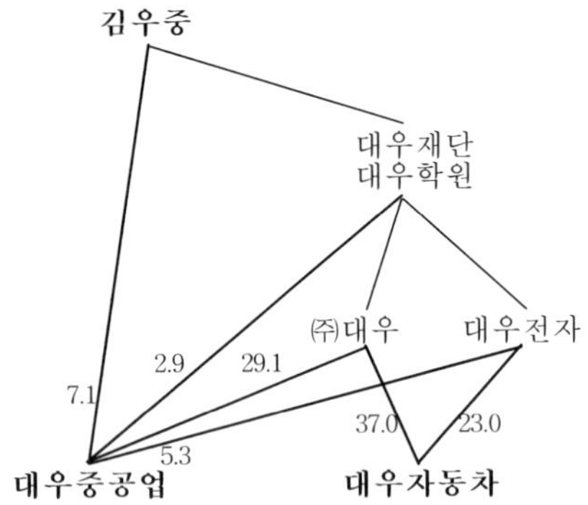

(3)대우증권, 대우통신, 오리온전기, 대우정밀

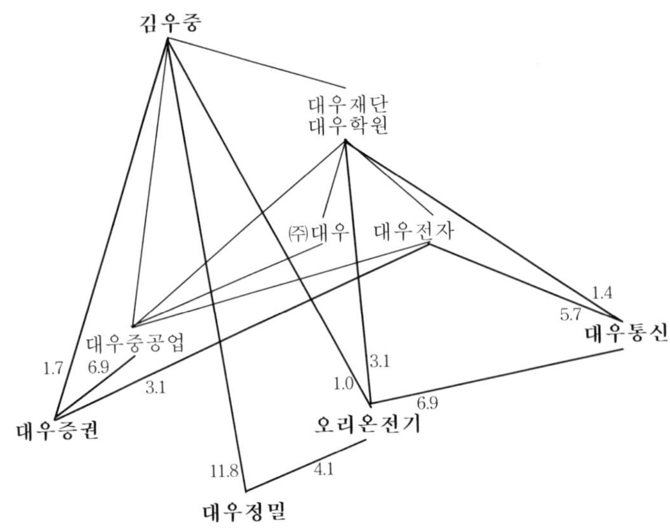

(4)경남기업, 대우기전공업, 대우차판매, 대우전자부품

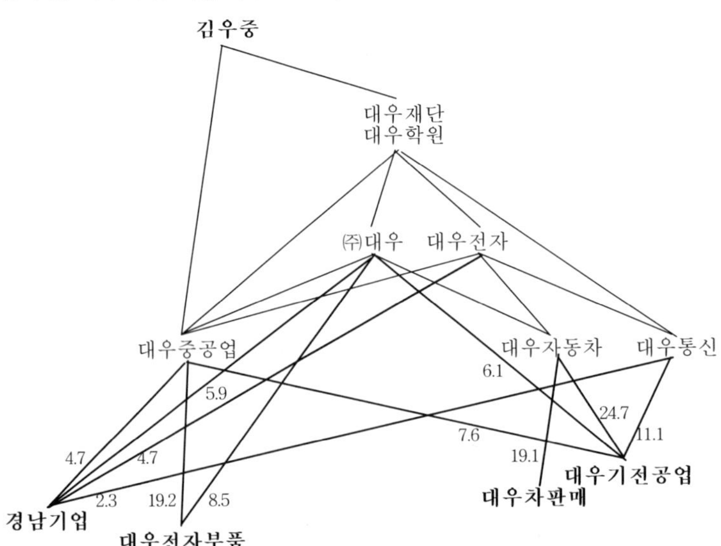

세 회사는 소유구조가 유사함을 보여준다. 대우증권의 대주주는 대우중공업(6.9%), 대우전자(3.1%), 김우중(1.7%)이다. 대우통신의 대주주는 대우전자(5.7%)와 대우재단(1.4%)이다. 오리온전기의 대주주는 대우통신(6.9%), 대우재단(3.1%), 김우중(1.0%)이다. 세 회사 모두 계열회사가 최대주주이면서 김우중 혹은 공익재단법인이 대주주인 것이다. 그리고 세 회사의 내부지분율은 높지 않다. 특히 대우통신의 내부지분율은 7.1%인데, 우리사주조합의 지분을 더해도 9.2%이다. 대우증권과 오리온전기의 내부지분율은 13.2%와 14.4%이다. 한편 이 세 회사의 소유구조와 대우정밀의 소유구조를 비교할 수 있다. 자기자본 기준 11위인 대우정밀의 내부지분율은 16.7%이며, 김우중(11.8%)과 오리온전기(4.1%)가 대주주이다.

6.4.4. 경남기업, 대우기전공업, 대우차판매, 대우전자부품은 자기자본 기준 8위, 9위, 10위, 14위의 계열회사이며, 다른 계열회사에 대한 출자는 미미하다. 이 가운데 세 회사의 내부지분율은 25% 내외이며, 대우기전공업의 내부지분율은 49.5%이다. 이러한 내부지분은 모두 계열회사들의 지분으로 구성된다. 특히 경남기업은 (주)대우 계열의 회사들과 대우전자 계열의 회사들이 비슷한 비율의 지분을 소유한다. 대우기전공업과 대우차판매는 대우자동차의 지분이 압도적으로 많으며, 대우전자부품은 대우중공업의 지분이 압도적으로 많다.

6.4.5. 자기자본 기준 15위 이하의 계열회사들은 대부분 내부지분율이 50% 이상이며, 한 계열회사가 압도적으로 많은 지분을 소유한다. 예를 들면, 한국전기초자와 오리온전기부품의 최대주주는 오리온전기이며(46.0%, 80.0%), 경남금속과 한국자동차연료시스템의 최대주주는 대우정밀이며(45.0%, 51.0%), 코람프라스틱과 동우공영의 최대주주는 대우중공업이다(30.0%, 50.0%).

7. LG의 소유구조

7.1. 개 황

7.1.1. 공정거래위원회가 공정거래법에 의거하여 LG의 계열회사로 지정한 기업은 1998년 4월 기준으로 모두 52개이며, 이 가운데 주식이 상장된 회사는 14개이다. 비상장 계열회사 중 LG교통정보를 제외한 37개는 모두 외감법이 적용되며, KIS-LINE에서 소유구조를 파악할 수 있다. 그러나 4개 계열회사(LG홈쇼핑, LG스포츠, 원전에너지, 한무개발)는 자본이 전액 잠식되었으므로 내부지분율 평균 계산에서는 제외하기로 한다. 〈표 3-13〉은 51개 계열회사의 내부지분 구성을 요약한 것이다. 단, 자본이 전액잠식된 4개 회사는 합계행에 포함되지 않는다.

7.1.2. LG의 47개 계열회사의 자기자본 합계는 9조 9천억이며, 이 가운데 14개 상장회사의 자기자본 합계는 7조 2천억 원이다. 즉 상장된 계열회사의 비중을 자기자본으로 계산하면 73.0%이다. 그리고 비상장회사 중 LG칼텍스정유는 미국 Caltex가 절반을 출자한 회사이며, 대림산업의 지분도 20%이다. 이 회사를 제외하면, LG의 계열회사에서 비상장회사가 차지하는 비중은 16.1%에 불과하다.

7.1.3. LG 계열의 금융회사와 보험회사는 각각 6개(LG증권, LG종합금융, LG신용카드, LG창업투자, LG투자신탁운용, 부민상호신용금고)와 1개(LG화재해상보험)이다. 증권감독원이 작성한 국감자료를 통해 LG증권과 LG종합금융이 보유하는 계열회사 주식을 부분적으로 확인하였다.

7.2. 총수와 특수관계인의 소유

7.2.1. 〈표 3-14〉은 계열회사별로 총수와 특수관계인의 지분 구성을 보여준다. 구본무와 그의 친인척은 14개 중 12개 상장회사와 33개 중 3개 비상장회사의 주식을 소유하고 있으며, 지분율은 4.1%이다. 즉 47개 계열회사의 자기자본 9조 9천억 원 중 4천억 원을 주식을 통해 소유한다. 이러한 지분율은 현대의 13.8%보다 훨씬 낮은 것이며, 삼성의 4.2%나 SK의 4.6%보다 약간 낮은 것이다. LG의 4.1%도 대우의 2.8%에 비하면 높지만, 공익재단법인의 주식 지분이 LG는 0.4%이고 대우는 2.5%이다. 즉 공익재단법인을 포함한 특수관계인의 주식 지분을 비교하면, 5대재벌 중 LG가 가장 낮다. 그리고 LG는 임원의 주식 지분은 거의 없다.

7.2.2. LG의 소유구조에서 특이한 점은 4.1%의 주식이 총수 및 직계가족에 집중되지 않고 60여 명의 친인척에게 분산되어 있다는 것이다. 총수 구본무의 지분도 0.14%에 불과하다. 계열회사별로 살펴보더라도 특정 친인척의 지분율이 압도적으로 높은 경우는 드물다. 구연경이 25.0%를 소유하는 LG애드, 구본무가 10.5%를 소유하는 LG레저 등은 예외적이다. 따라서 LG는 한 개인이나 가족이 아니라 한 가문이 공동으로 소유한다고 말할 수 있다. 이러한 소유분산의 원인을 3대에 걸친 상속과 유별나게 많은 자녀에서 찾을 수도 있지만, 소계열로 분리되거나 위성계열이 만들어지지 않은 점도 지적할 수 있다. 이 점에서 LG는 삼성과 구분된다.

7.2.3. 총수와 친인척이 소유하는 4.1%의 주식의 절반은 상위 3개 계열회사가 발행한 것이다. 총수와 친인척은 LG전자의 5.5%, LG화학의 5.0%, LG반도체의 4.1%를 소유하는데, 자기자본으로 환산하면 843억 원, 726억 원, 545억 원이다. 이것은 총수와 친인척이 주식을 통해 지배하는 4,056억 원의 52.1%이다. 그리고 나머지 47.9% 혹은 1,942억 원의 절반은 LG정보통신과 LG산전에 배당되어 있다. 즉 총수와 친인척이 소유하는 주식의 76.3%는 5개 계열회사가 발행한 것이다.

7.2.4. 연암학원과 연암문화재단은 LG의 대표적 공익재단법인이다. 두 공익재단법인이 소유하는 계열회사 주식은 0.36%에 그치지만 LG화학에 집중되어 있으며, 따라서 기업지배권과 무관하지 않다. 두 공익재단법인의 LG화학 지분은 2.2%이다. 뒤에서 보듯이, LG화학은 LG전자의 최대주주이고, LG전자는 LG의 지주회사이다.

7.3. 계열회사 출자

7.3.1. 〈표 3-15〉는 LG의 24개 계열회사에 대한 계열회사의 출자 내역을 정리한 것이다. 그러나 '합계' 행은 자본총계 500억 원 이하의 23개 계열회사를 포함하여 산출한 것이다. 이 '합계' 행에서 알 수 있듯이, 47개 계열회사가 발행한 주식의 30.1%는 상호소유되고 있으며, 0.3%는 자체 소유되고 있다. 달리 말하면, 47개 계열회사의 자기자본 9조 9천억 원 중 3조 1천억 원은 계열회사가 출자한 것이며, 따라서 장부에만 존재하는 가공자본이다. 이 30.4%의 가공자본 덕택에 구본무 일가는 4.1%의 주식만으로 34.4%의 의결권을 행사할 수 있다.

〈표 3-13〉 LG 내부지분 구성 (1977회계년 결산일 기준)

순위	계열회사				A	B	D	E	ㅅ 합계	F
	이름	형태	자본총계	자본금	총수일가	공익재단법인	계열회사	자기주식		우리사주
1	LG전자	상장	1,527.5	524.6	5.52	0.06	11.13		16.71	1.02
2	LG화학	상장	1,445.4	443.7	5.02	2.22	4.32		11.56	1.23
3	LG반도체	상장	1,334.9	348.3	4.08		71.33		75.41	2.50
4	LG칼텍스정유	등록	1,111.0	260.0			18.09		18.09	
5	LG증권	상장	586.2	300.2	0.55	0.16	16.38	4.42	21.51	
6	LG정보통신	상장	442.2	84.5	13.19		20.13		33.32	5.94
7	LG종합금융	상장	439.4	570.0	1.93		54.53	0.17	56.63	0.17
8	LG텔레콤	외감	386.7	400.0			28.48		28.48	
9	LG산전	상장	330.8	101.8	12.05	0.45	26.95		39.45	3.06
10	LG전선	상장	292.6	116.7	2.65	0.06	11.07		13.78	6.23
11	LG건설	상장	264.9	92.9	3.32	0.03	22.46		25.81	8.25
12	LG상사	상장	221.7	146.6	3.61	0.06	3.15		6.82	
13	LG칼텍스가스	상장	166.3	34.3			35.70		35.70	5.80
14	LG신용카드	외감	138.0	80.8			74.02		74.02	
15	LG석유화학	외감	128.2	196.0			100.00		100.00	
16	호유해운	외감	120.5	5.6			100.00		100.00	
17	LG돔		101.9	100.0			100.00		100.00	
18	LG화재해상보험	상장	84.4	21.7	7.24	0.05	12.93	0.96	21.18	
19	극동도시가스	상장	72.8	30.0	9.80		51.00		60.80	5.80
20	LG백화점	외감	70.7	110.0			100.00		100.00	
21	LG유통	외감	68.8	30.6			8.52		8.52	
22	LG정밀	외감	68.7	30.0			87.45		87.45	
23	실트론	등록	52.6	33.5			28.79		28.79	
24	LG마이크론	외감	50.3	20.0			50.00		50.00	
25	LG정유판매	외감	41.6	9.6			100.00		100.00	
26	LG오웬스코닝	등록	33.1	49.5			62.08		62.08	
27	LG창업투자	외감	31.5	30.0			100.00		100.00	

순위	계열회사				A	B	D	E	합계	F
	이름	형태	자본총계	자본금	총수일가	공익재단 법인	계열회사	자기주식		우리 사주
28	LG투자신탁운용	외감	30.4	30.0			30.00		30.00	
29	LG애드	등록	29.9	8.0	100.00				100.00	
30	LG MMA	외감	26.2	24.0			50.00		50.00	
31	LG-EDS시스템	외감	23.1	5.9			20.00		20.00	
32	LG하니웰	외감	21.2	10.0			35.00		35.00	
33	부민상호신용금고	외감	21.1	8.0			49.50		49.50	
34	LG에너지	외감	16.4	15.0			95.00		95.00	
35	LG기공	외감	16.1	3.0	100.00				100.00	
36	LG인터넷	일반	15.3	15.0			100.00		100.00	
37	LG금속	상장	13.5	60.0			30.14		30.14	
38	LG소프트	외감	13.4	25.0			93.00		93.00	
39	LG전자부품	외감	13.1	25.0			50.00		50.00	
40	LG포스타	외감	12.7	2.2			50.00		50.00	
41	LG선물	일반	12.5	3.0			100.00		100.00	
42	LG히다찌	외감	8.1	1.5			85.00		85.00	
43	LG경제연구원	중소	6.0	3.0			99.90		99.90	
44	LG엔지니어링	등록	5.5	15.0			54.67		54.67	
45	LG레저	외감	2.4	5.7	34.60				34.60	
46	LG얼라이드시그널	외감	2.1	4.3			50.00		50.00	
47	LG이엔씨	외감	1.2	5.0			60.99		60.99	
	합계(자본총계)		9,902.8		4.10	0.36	31.05	0.28	35.79	1.59
48	LG홈쇼핑	외감	-0.9	20.0			41.00		41.00	
49	LG스포츠	외감	-2.4	2.5			100.00		100.00	
50	원전에너지	외감	-6.6	0.1			100.00		100.00	
51	한무개발	외감	-33.0	68.5			45.22		45.22	
	합계(자본금)			4,530.6	2.88	0.25	38.11	0.32	41.56	1.04

주 : 제외된 중소 계열회사(1) : LG교통정보.

〈표 3-14〉 LG 특수관계인 소유 (1997년회계년 결산일 기준)

(단위 : 10억원, %)

순위	계열회사			총수	부	자	형제	3, 5촌	4, 6촌	사돈		A	공익재단법인		B	A+B
	이름	형태	자본총계	구본무	구자경	구연경	구본능외2	구자원외20	구본순외14	허정수외3	기타친인척	소계	연암학원	연암문화재단	소계	합계
1	LG전자	상장	1,527.5	0.20								5.52		0.06	0.06	5.58
2	LG화학	상장	1,445.4	0.26	0.17	0.02	0.62	1.50	0.88	0.28	1.29	5.02	1.88	0.34	2.22	7.24
3	LG반도체	상장	1,334.9	0.19			0.70	1.09	0.13	1.83	0.14	4.08				4.08
5	LG증권	상장	586.2									0.55	0.16		0.16	0.71
6	LG정보통신	상장	442.2	0.24			1.02	6.18	1.78	1.73	2.24	13.19				13.19
7	LG종합금융	상장	439.4	0.13	0.03		0.20	1.06	0.07	0.30	0.14	1.93				1.93
9	LG산전	상장	330.8	0.69	0.24		0.87	4.32	1.77	1.47	2.69	12.05	0.45		0.45	12.50
10	LG전선	상장	292.6									2.65	0.06		0.06	2.71
11	LG건설	상장	264.9			0.01	0.28	0.93	0.76	0.91	0.91	3.80	0.03		0.03	3.83
12	LG상사	상장	221.7	0.10		0.00				0.40	0.10	3.61	0.06		0.06	3.67
18	LG화재해상보험	상장	84.4	0.19								7.24	0.05		0.05	7.29
19	극동도시가스	상장	72.8								9.80	9.80				9.80
29	LG애드	등록	29.9			25.00					75.00	100.00				100.00
35	LG기공	외감	16.1							100.00		100.00				100.00
45	LG레저	외감	2.4	10.50								34.60				34.60
	합계 (47개 회사)		9,902.8	0.14	0.03	0.08	0.28	0.86	0.31	0.61	0.72	4.10	0.30	0.06	0.36	4.46

주 1) 총수와 특수관계인이 주식을 전혀 소유하지 않는 회사 32개 제외. 단, 합계는 47개 회사 모두 포함.

2) LG전자 총수 지분은 국감자료 '소속회사별 기업집단내부 출자지분 구성비율' 참고. 사업보고서에는 연암문화재단외 특수관계인 5.6%.

3) LG증권, LG화재해상의 특수관계인 지분은 상기 국감자료와 '공익법인의 상장회사 주식 보유현황'에서 확인. 사업보고서에는 특수관계인 지분 누락.

4) LG전선 사업보고서는 구자경외72명(2.65%)의 내역을 밝히지 않음.

5) LG상사 사업보고서는 특수관계인 53명(3.01%)의 내역을 밝히지 않음.

6) LG애드, LG레저의 지분구성에 대해 KIS-LINE은 허윤홍외(75.0%), 구연경외9(24.1%)의 내역을 밝히지 않음.

〈표 3-15〉 LG 계열회사 출자(1997회계년 결산일 기준)

(단위 : 10억원, %)

	계열회사			계열사												D	E	D+E		
순위	이름	형태	자본총계	LG전자	LG화학	LG상사	LG전선	LG산전	LG유통	LG건설	LG화재	LG종금	LG신용카드	LG증권	기타	소계	자기주식	합계	우리사주	비고
1	LG전자	상장	1,527.5		7.05	0.43	0.11				2.12	0.16			1.26	11.13		11.13	1.02	호유해운(1.26)
2	LG화학	상장	1,445.4			0.18		1.00			1.86				1.28	4.32		4.32	1.23	호유해운(1.21)
3	LG반도체	상장	1,334.9	46.32		8.61	5.87	6.88		3.61					0.04	71.33		71.33	2.50	
4	LG칼텍스정유	등록	1,111.0		5.00				13.09							18.09		18.09		
5	LG증권	상장	586.2		6.15	0.77			0.59	3.43		4.90			0.54	16.38	4.42	20.80		
6	LG정보통신	상장	442.2	17.40				2.73								20.13		20.13	5.94	
7	LG종합금융	상장	439.4		8.57	8.02				5.08			4.21		28.65	54.53	0.17	54.70	0.17	LG정밀외4(각5.26~4.26)
8	LG텔레콤	외감	386.7	5.03											23.45	28.48		28.48		LG반도체(9.05) LG정보통신(14.40)
9	LG산전	상장	330.8	25.84						0.04					1.07	26.95		26.95	3.06	
10	LG전선	상장	292.6		0.49	3.21		0.50		2.84				4.03		11.07		11.07	6.23	히다찌전선(9.9)
11	LG건설	상장	264.9	9.68	12.65						0.13					22.46		22.46	8.25	
12	LG상사	상장	221.7					1.75		1.00					0.40	3.15		3.15		
13	LG칼텍스가스	상장	166.3												35.70	35.70		35.70	5.80	LG칼텍스정유(35.70)
14	LG신용카드	외감	138.0	38.90	22.13					9.96		3.03				74.02		74.02		
15	LG석유화학	외감	128.2		100.00											100.00		100.00		
16	호유해운	외감	120.5												100.00	100.00		100.00		LG칼텍스정유(100.00)
17	LG돔		101.9	30.00	30.00		20.00								20.00	100.00		100.00		LG반도체(20.00)
18	LG화재해상보험	상장	84.4			0.11	1.71	1.30		0.85		0.98		5.00	2.98	12.93	0.96	13.89		LG전자부품(2.46)
19	극동도시가스	상장	72.8	23.00			9.50								18.50	51.00		51.00	5.80	LG정유(18.5)
20	LG백화점	외감	70.7	15.00	7.27	18.20	15.00	32.73							10.00	98.20		98.20		LG금속(10.0) LG정밀(1.80)
21	LG유통	외감	68.8	4.26	4.26											8.52		8.52		
22	LG정밀	외감	68.7	48.89	9.00		23.56								6.00	87.45		87.45		LG정보통신(6.00)
23	실트론	등록	52.6		28.79											28.79		28.79		
24	LG마이크론	외감	50.3	50.00												50.00		50.00		
	합계(47개 회사)		9,902.8	10.71	5.34	1.96	1.68	1.53	1.50	1.18	0.60	0.47	0.40	0.36	5.31	31.05	0.28	31.33	1.59	

주 1) 자본총계 500억원 이하 회사 23개 제외. 단, 합계는 47개 회사 모두 포함.
2) G증권 자기주식은 국감자료 '소속회사별 기업집단내부 출자지분 구성비율'에서 확인.

7.3.2. 구본무 일가가 소유하는 주식의 절반은 LG전자, LG화학, LG반도체가 발행한 것이다. 그런데 LG전자와 LG화학은 LG의 지주회사이다. 〈표 3-15〉의 '합계' 행이 'LG전자'와 'LG화학' 열이 만나는 칸에서 알 수 있듯이, LG전자는 47개 계열회사가 발행한 주식 중 10.7%를 소유하고, LG화학은 5.34%를 소유한다. 자기자본으로 환산하면 1조 1천억 원과 5천억 원이다. LG전자와 LG화학은 함께 출자하는 경우도 있지만(LG건설, LG신용카드, LG돔 등) 그렇지 않은 경우가 더 많다. 그래서 LG전자와 LG화학은 3위에서 24위 사이의 계열회사 22개 중 14개의 최대주주이며, 25위 이하의 계열회사 23개 중 11개의 최대주주이다(부록 참조). LG전자(10.7%)와 LG화학(5.3%) 다음으로는 LG상사(2.0%), LG전선(1.7%), LG산전(1.5%), LG건설(1.2%)이 계열회사 주식을 많이 소유하고 있다.

7.3.3. 〈표 3-15〉의 '소계' 열에서 확인할 수 있듯이, 자기주식을 포함한 계열회사 지분율은 전체적으로 고르지 않다. 상위 3개 회사(LG전자, LG화학, LG반도체)를 보더라도 11.1%, 4.3%, 71.3%이다. LG화학은 서울은행(5.5%)과 삼성생명(4.8%)이 대주주이다. 한편 5위에서 11위 사이의 회사는 2개(LG종합금융, LG전선)를 제외하면 계열회사 지분율이 20%를 크게 벗어나지 않는다. LG전선은 계열회사 지분율이 11.1%에 그치지만 우리사주조합 지분이 6.23%이다. 14위 이하로 내려가면 계열회사 지분율이 대부분 50%를 초과한다(부록 참조). 하위권에서 계열회사 지분율이 높은 것은 다른 재벌에서도 관찰된다.

7.3.4. 〈표 3-15〉는 LG의 금융·보험회사 7개 중 4개가 보유하는 계열회사 주식 지분을 보여준다. 이들의 주식 지분을 합하면 1.83%에 이른다. 그리고 이들의 주식 지분은 LG전자와 LG화학의 내부지분율을 높이는 데 적지 않게 기여한다. 특히 LG화재해상보험은 LG전자 주식의 2.2%와 LG화학 주식의 1.9%를 보유한다. 앞에서 지적했듯이, LG전자와 LG화학은 LG의 2대 지주회사이다. 따라서 LG의 소유구조에서 금융·보험회사가 상당한 중요성을 갖고 있다고 볼 수 있다. 그러나 그 중요성이 삼성에서처럼 크지는 않다.

7.3.5. LG의 계열회사 출자는 〈그림 3-19〉에서 보듯이 복잡하게 얽혀 있다. 그렇지만 LG전자가 최대주주인 회사들과 LG화학이 최대주주인 회사들을 나눌 수는 있다. 전자의 예로는 LG반도체, LG정보통신, LG산전, LG정밀 등이 있는데, 후자의 예로는 LG석유화학, 실트론, LG오웬스코닝, LG-MMA 등이 있다. LG전자와 LG화학이 함께 출자한 회사도 있는데, LG건설, LG신용카드, LG돔, LG유통 등이 그 예이다.

〈그림 3-19〉 LG 계열회사 출자 구조

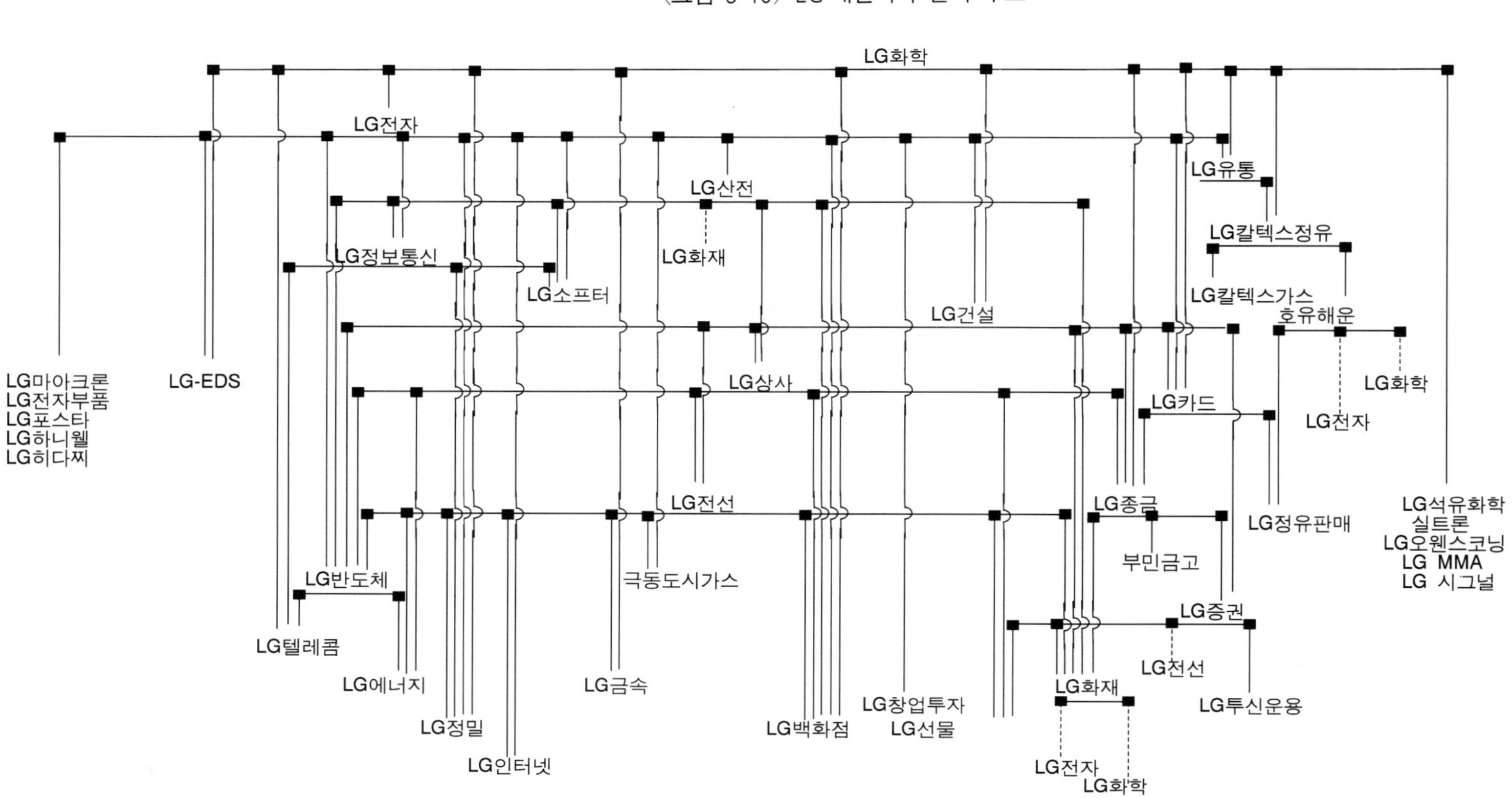

7.3.6. LG 계열회사 출자에서는 순환출자와 상호출자가 발견된다. 〈그림 3-20〉은 LG화재해상과 호유해운을 통한 순환출자를 나타낸다. 상호출자는 LG종금과 LG신용카드 사이에서 이루어진다. LG종금은 LG신용카드의 3.0% 주주이며, LG신용카드는 LG종금 4.2% 주주이다. 이러한 상호출자는 공정거래법을 위반한 것이다.

〈그림 3-20〉 LG의 순환출자

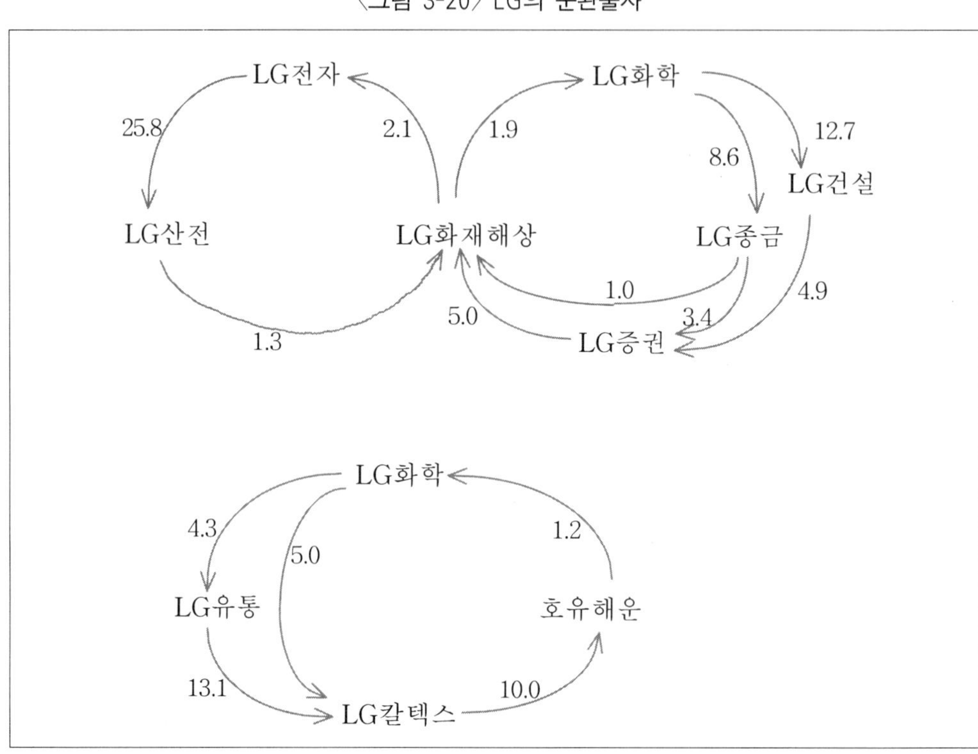

7.4. 주요 계열회사의 소유구조

7.4.1. LG화학은 LG전자의 최대주주이고, LG전자는 최대 지주회사이다. 구본무 일가의 LG화학에 대한 지배의 기반은 직접 소유하는 주식 5.0%, 연암학원과 연암문화재단이 소유하는 주식 2.2%, 그리고 여러 계열회사가 소유하는 주식 4.3%이다. 구본무 일가는 LG전자의 주식 5.5%도 소유한다. 〈그림 3-21〉의 (1)은 이러한 소유구조를 나타낸다.

7.4.2. LG산전과 LG통신에 대해서는 구본무 일가의 직접 소유와 계열회사를 통한 소유가 병행한다(〈그림 3-21〉의 (2) 참고). 구본무 일가의 주식 지분은 각각 12.1%와 13.2%이며, LG전자의 주식 지분은 각각 17.4%와 25.8%이다.

〈그림 3-21〉 LG의 계열회사별 소유구조

(1) LG전자, LG화학

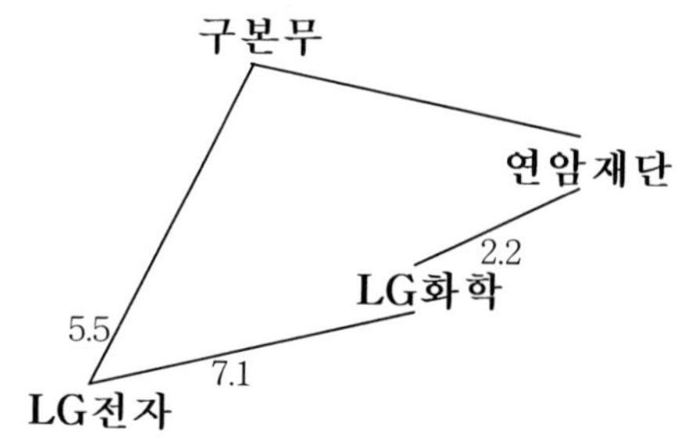

(2) LG정보통신, LG산전

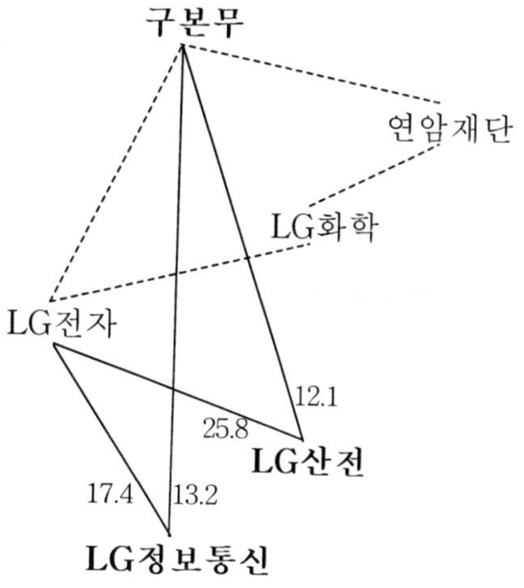

(3) LG반도체, LG텔레콤

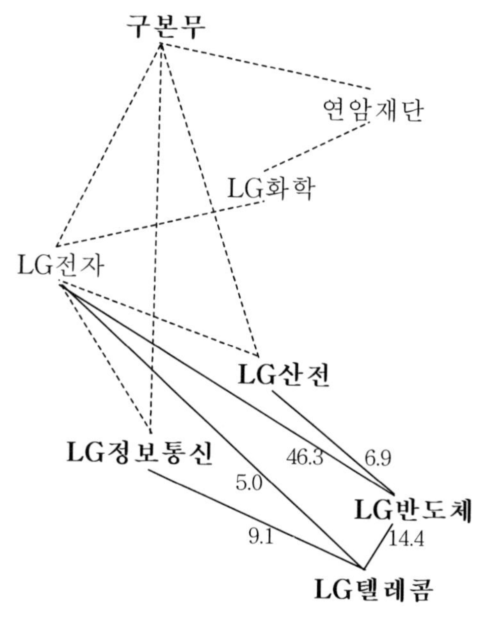

(4) LG건설, LG카드, LG유통, LG돔

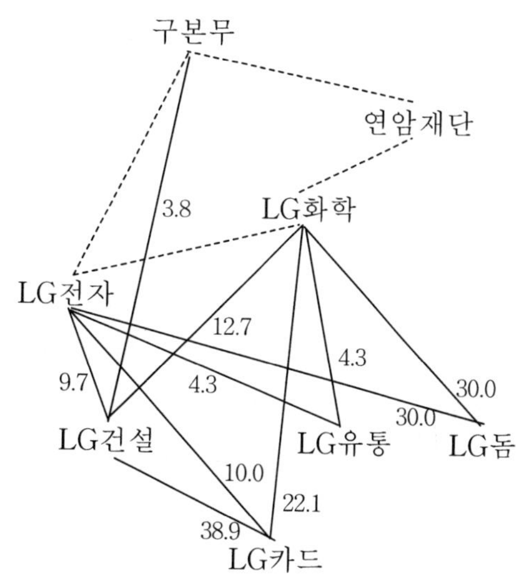

7.4.3. LG텔레콤의 대주주는 LG전자(5.0%), LG정보통신(14.4%), LG반도체(9.1%) 등이다. 그런데 LG전자는 LG정보통신과 LG반도체의 최대주주이므로 LG텔레콤은 복선 출자의 전형적인 예라고 할 수 있다. 한편 LG유통, LG건설, LG카드 등은 교차 출자의 전형적인 예이다(〈그림 3-21〉의 (3)과 (4) 참고).

8. SK의 소유구조

8.1. 개 황

8.1.1. 공정거래위원회가 공정거래법에 의거하여 SK의 계열회사로 지정한 기업은 1998년4월 기준으로 모두 45개이며, 이 가운데 주식이 상장된 회사는 8개이다. 비상장 계열회사 37개 중 4개(경진해운, 마이티브이, 중원, SK엔제이씨)는 KIS-LINE에서도 소유구조를 파악할 수 없다. 그리고 6개(SK생명보험, 유공몬텔, SK제약, SK해운, SK유통, 경성고무)는 자본이 전액 잠식되었으므로 내부지분율 평균 계산에서 제외된다. 즉 SK의 45개 계열회사 중 8개 상장회사와 27개 비상장회사의 소유구조를 검토한다. 〈표 3-16〉은 41개 계열회사의 내부지분 구성을 요약한 것이다. 단, 자본이 전액잠식된 6개 회사는 합계행 아래에 놓았다.

8.1.2. SK의 47개 계열회사의 자기자본 합계는 5조5천억 원이며, 이 가운데 8개 상장회사의 자기자본 합계는 4조8천억 원이다. 즉 전체 계열회사에 대한 상장 계열회사의 비중은 자기자본 기준으로 86.6%이다.

8.1.3. SK는 3개의 금융회사(SK증권, SK캐피탈, SK투자신탁)와 1개의 보험회사(SK생명보험)를 지배한다. 증권감독원이 작성한 국감자료를 통해 SK증권이 보유하는 계열회사 주식을 부분적으로 확인하였다.

〈표 3-16〉 SK 내부지분 구성(1997회계년 결산일 기준)

(단위 : 10억원, %)

순위	계열회사				A	B	C	D	E	합계	F
	이름	형태	자본총계	자본금	총수일가	공익재단법인	임직원	계열회사	자기주식		우리사주
1	㈜SK	상장	2,120.3	374.1	0.22		0.51	18.44	3.36	22.53	4.31
2	SK텔레콤	상장	1,315.6	31.1				21.46	0.03	21.49	0.23
3	SK상사	상장	350.9	128.8	5.13	0.49	0.79	5.03	2.51	13.95	6.54
4	SK케미칼	상장	303.9	60.1	12.31	2.26	0.66	7.12		22.35	0.69
5	SKC	상장	293.7	79.0	31.77	1.37		17.42	1.89	52.45	8.42
6	대한도시가스	상장	230.6	37.0				35.00		35.00	
7	SK건설	등록	160.5	94.3	22.90			4.72		27.62	
8	SK가스	상장	147.5	40.0			0.42	41.29		41.71	6.86
9	SK옥시케미칼	외감	93.5	45.0				100.00		100.00	
10	SK에너지판매	등록	93.4	16.6				43.43		43.43	
11	SK증권	상장	80.8	573.7	3.95		0.03	84.75	0.32	89.05	0.21
12	SK캐피탈	외감	51.7	50.0				100.00		100.00	
13	워커힐	외감	49.5	40.0	49.40			9.59		58.99	
14	대한텔레콤	외감	31.3	10.0	100.00			0.00		100.00	
15	SK투자신탁운용	외감	30.4	30.0				30.00		30.00	
16	한국이동통신	외감	25.4	20.0				100.00		100.00	
17	구미도시가스	등록	13.3	5.0				70.80		70.80	
18	SK컴퓨터통신	외감	11.1	7.8				100.00		100.00	
19	청주도시가스	등록	10.6	5.0				68.60		68.60	
20	중부도시가스	외감	6.2	7.5				100.00		100.00	
21	이리듐코리아	중소	5.3	4.0				100.00		100.00	
22	포항도시가스	외감	5.2	6.0				100.00		100.00	
23	SK UCB	외감	4.9	2.5				50.00		50.00	
24	SK창고	외감	4.7	4.0				100.00		100.00	
25	SK임업	외감	4.4	3.8	36.70			0.41		37.11	
26	국일에너지	외감	3.6	3.0				100.00		100.00	
27	스피드메이트	일반	3.2	0.1				100.00		100.00	
28	대한도시가스서비스	중소	2.7	2.0				100.00		100.00	
29	대한도시가스엔지니어링	일반	2.2	1.0				100.00		100.00	
30	대구전력	중소	2.0	2.0				69.00		69.00	
31	SK훅스	중소	0.9	0.8				50.00		50.00	
32	SK경제연구소	중소	0.6	1.0				99.99		99.99	
33	홍진유업	중소	0.3	0.1				100.00		100.00	
34	동륭케미칼	일반	0.0	0.1				100.00		100.00	
	합계(자본총계)		5,460.0		4.59	0.23	0.30	23.28	1.58	29.98	2.83
35	유공몬텔	중소	-0.8	4.4				50.00		50.00	
36	SK제약	외감	-11.2	5.0	51.00			49.00		100.00	
37	SK해운	외감	-12.4	22.4	25.80		1.90	63.28		90.98	
38	SK유통	외감	-45.6	21.4	94.60			1.22		95.82	
39	경성고무공업사	외감	-78.0	0.9				64.07		64.07	
40	SK생명보험	외감	-84.0	59.2				24.49		24.49	
	합계(자본금)			1,798.7	8.00	0.17	0.23	46.48	1.06	55.95	1.98

주 : 자료부족으로 제외된 회사(5) : 양산국제물류센타, 경진해운, 마이티브이, 중원, SK엔제이씨.

8.2. 총수와 특수관계인의 소유

8.2.1. 〈표 3-17〉은 계열회사별로 총수 가족 및 친인척의 지분을 보여준다. 이들은 8개 중 5개 상장회사와 27개 중 4개 비상장회사의 주식을 소유하고 있으며, 지분율은 4.6%이다. 즉 35개 계열회사의 자기자본 5조 5천억 원 중 2천 5백억 원을 주식을 통해 소유한다. 이 비율에서 SK(4.6%)는 삼성(4.6%), LG(4.1%)와 비슷하고 대우(2.6%)보다 높다. 한편 SK의 공익재단법인과 임원은 0.2%와 0.3%의 계열회사 주식을 소유한다. 따라서 총수와 모든 특수관계인의 주식 지분을 합한 비율에서 SK(5.1%)는 대우(5.4%), LG(4.4%)와 비슷하고 현대(14.5%), 삼성(8.6%)보다 훨씬 낮다.

〈표 3-17〉 SK 특수관계인 소유(1997회계년 결산일 기준)

(단위 : 10억원, %)

순위	계열회사			총수	아들	아들	사위	동생	조카	질서	A	B	C	A+B+C	비 고
	이름	형태	자본총계	최종현	최태원	최재원	김준일	최종관	최윤원 외6	고광천 외2	소 계	한국고등교육재단	임원	합 계	
1	㈜SK	상장	2,120.3	0.06	0.07	0.09					0.22		0.51	0.73	
3	SK상사	상장	350.9	3.02	0.01				2.10		5.13	0.49	0.79	6.41	임원: 김항덕(0.7)
4	SK케미칼	상장	303.9	7.83					4.27	0.21	12.31	2.26	0.66	15.23	임원: 손길승(0.2) 이노종(0.2)
5	SKC	상장	293.7	24.81		6.96					31.77	1.37		33.14	
7	SK건설	등록	160.5	20.70	0.40	0.40		1.40			22.90			22.90	
8	SK가스	상장	147.5										0.42	0.42	
11	SK증권	상장	80.8	3.83	0.06	0.06					3.95		0.03	3.98	
13	워커힐	외감	49.5	48.20					1.20		49.40			49.40	
14	대한텔레콤	외감	31.3		70.00		30.00				100.00			100.00	
26	SK임업	외감	4.4	36.70							36.70			36.70	
	합계 (35개 회사)		5,465.8	3.12	0.44	0.42	0.17	0.04	0.38	0.01	4.59	0.23	0.30	5.12	
37	SK제약	외감	-11.2	51.00							51.00			51.00	
38	SK해운	외감	-12.4	25.80							25.80		1.9	27.70	임원: 손길승(1.9)
39	SK유통	외감	-45.6	94.60							94.60			94.60	

주 : 총수와 특수관계인이 주식을 전혀 소유하지 않는 회사 25개 제외. 단, 합계는 35개 회사 모두 포함.

8.2.2. 5.1%의 주식 중 3.1%는 총수 최종현의 소유이며, 0.9%는 그의 두 아들의 소유이다. 최종현의 형제나 조카들이 소유하는 주식은 0.4%에 불과하다. 따라서 SK는 한 가족이 지배한다고 할 수 있다. 그런데 최종현 사후에 그의 주식이 어떻게 처리되는지 지켜볼 부분이다.

8.2.3. (주)SK는 SK의 최대회사이며 지주회사이다. 그러나 총수와 특수관계인은 (주)SK의 주식을 거의 소유하지 않고 있다. 총수와 특수관계인의 소유는 SK상사, SK케미칼, SKC, SK건설에 집중되어 있다. 즉 총수와 특수관계인이 소유하는 5.1% 중 3.7%의 주식은 이 4개 회사가 발행한 것이다. 그래서 이 4개 회사에 대한 총수와 특수관계인의 지분은 6.4%, 15.2%, 33.1%, 22.9%이다. 그런데 이 4개 회사는 모두 (주)SK에 출자하고 있으며, 4개 회사의 지분을 합하면 18.4%이다. 4개 회사와 함께 눈에 띄는 것은 워커힐이다. 워커힐 주식의 48.2%는 총수가 소유하고 있다.

8.3. 계열회사 출자

8.3.1. 〈표 3-18〉은 SK의 18개 계열회사에 대한 계열회사의 지분을 보여준다. 그러나 '합계' 행은 자본총계 100억 원 이하의 17개 계열회사를 포함하여 산출한 것이다. 이 '합계' 행에서 알 수 있듯이, 35개 계열회사가 발행한 주식의 23.3%는 상호 소유되고 있으며, 1.6%는 자체 소유되고 있다. 달리 말하면, 35개 계열회사의 자기자본 5조5천억 원 중 1조4천억 원은 계열회사가 출자한 것이며, 따라서 장부에만 존재하는 가공자본이다. 이 24.9%의 가공자본 덕택에 최종현 일가는 4.6%의 주식만으로 29.5%의 의결권을 행사할 수 있다.

8.3.2. 〈표 3-18〉의 '소계'(D) 열에서 확인할 수 있듯이, 계열회사 지분율은 전체적으로 고르지 않다. '합계'(D+E) 열에서 보듯이, 자기주식을 포함해도 크게 달라지지 않는다. (주)SK와 SK텔레콤은 21.8%와 21.5%이며, SK상사와 SK케미칼은 7.5%와 7.1%이다. 그리고 자기자본 1천억 원 이하의 회사들은 이 비율이 대부분 50%을 초과한다.

8.3.3. 〈표 3-18〉의 '합계' 행에서 알 수 있듯이, SK 계열회사 주식을 가장 많이 소유하고 있는 SK 계열회사는 (주)SK이다. (주)SK는 자기자본 100억 원 이상의 계열회사 17개 중 7개의 최대주주이며, 하위 계열회사 17개 중 5개의 최대주주이다. (주)SK는 34개 계열회사의 자기자본 3조3천억 원 중 5천4백억 원을 지배하고 있는 것이다. 비율로는 16.1%이다. 그런데 (주)SK의 최대주주는 13.8%의 주식을 가진 SK상사이다. SK상사는 SKC의 대주주이기도 하다. 〈그림 3-22〉는 계열회사 출자의 구조를 정리한 것이며, SK상사를 정점에 두고 있다.

〈표 3-18〉 SK 계열회사 출자 (1997회계년 결산일 기준)

(단위 : 10억원, %)

순위	계열회사			출자회사									D	E	D+E		
	이름	형태	자본총계	SK㈜	SK상사	SK텔레콤	SK케미칼	SK건설	SKC	SK에너지판매	SK증권	기타	소계	자기주식	합계	우리사주	비고
1	㈜SK	상장	2,120.3		13.78		2.73	0.94	0.97			0.02	18.44	3.36	21.80	4.31	98.1-3 자기주식 추가취득->9.9
2	SK텔레콤	상장	1,315.6	18.53			1.64		0.21	1.06		0.02	21.46	0.03	21.49	0.23	
3	SK상사	상장	350.9			4.07					0.96		5.03	2.51	7.54	6.54	
4	SK케미칼	상장	303.9						7.12				7.12		7.12	0.69	
5	SKC	상장	293.7	2.27	3.27			7.92				3.96	17.42	1.89	19.31	8.42	SK해운(3.96)
6	대한도시가스	상장	230.6	25.08		9.92							35.00		35.00		
7	SK건설	등록	160.5		0.48							4.24	4.72		4.72		워커힐(4.24)
8	SK가스	상장	147.5	38.91						2.38			41.29		41.29	6.86	
9	SK옥시케미칼	외감	93.5	100.00									100.00		100.00		
10	SK에너지판매	등록	93.4	43.43									43.43		43.43		
11	SK증권	상장	80.8					19.63	8.72	16.92		39.48	84.75	0.32	85.07	0.21	기타 = SK옥시케미칼, SK가스, SK유통
12	SK캐피탈	외감	51.7			100.00							100.00		100.00		
13	워커힐	외감	49.5		1.59		0.25		7.50			0.25	9.59		9.59		
14	대한텔레콤	외감	31.3														
15	SK투자신탁운용	외감	30.4								30.00		30.00		30.00		
16	한국이동통신	외감	25.4			100.00							100.00		100.00		
17	구미도시가스	등록	13.3	70.80									70.80		70.80		
18	SK컴퓨터통신	외감	11.1	100.00									100.00		100.00		
	합계 (35개 회사)		5,465.8	9.88	5.64	2.20	1.50	1.08	1.02	0.63	0.24	0.86	23.28	1.58	24.86	2.83	

주 1) 자본총계 100억원 이하 회사 17개 제외. 단, 합계는 35개 회사 모두 포함.

2) 자기주식과 우리사주 지분은 자료 제한으로 상장회사만 조사.

3) ㈜SK 등의 사업보고서와 국감자료 '소속회사별 기업집단내부 출자지분 구성비율(1998)'에는 우선주를 포함한 모든 주식에 대한 비율이 기재.

4) ㈜SK 등의 사업보고서에 포함된 '지배구조의 개요'에는 SK증권에 대한 계열회사 출자가 대부분 누락. 국감자료 '10대계열의 금융회사 및 출자지분 현황'에도 SKC의 출자만 기재.

〈그림 3-22〉 SK의 계열회사 출자구조

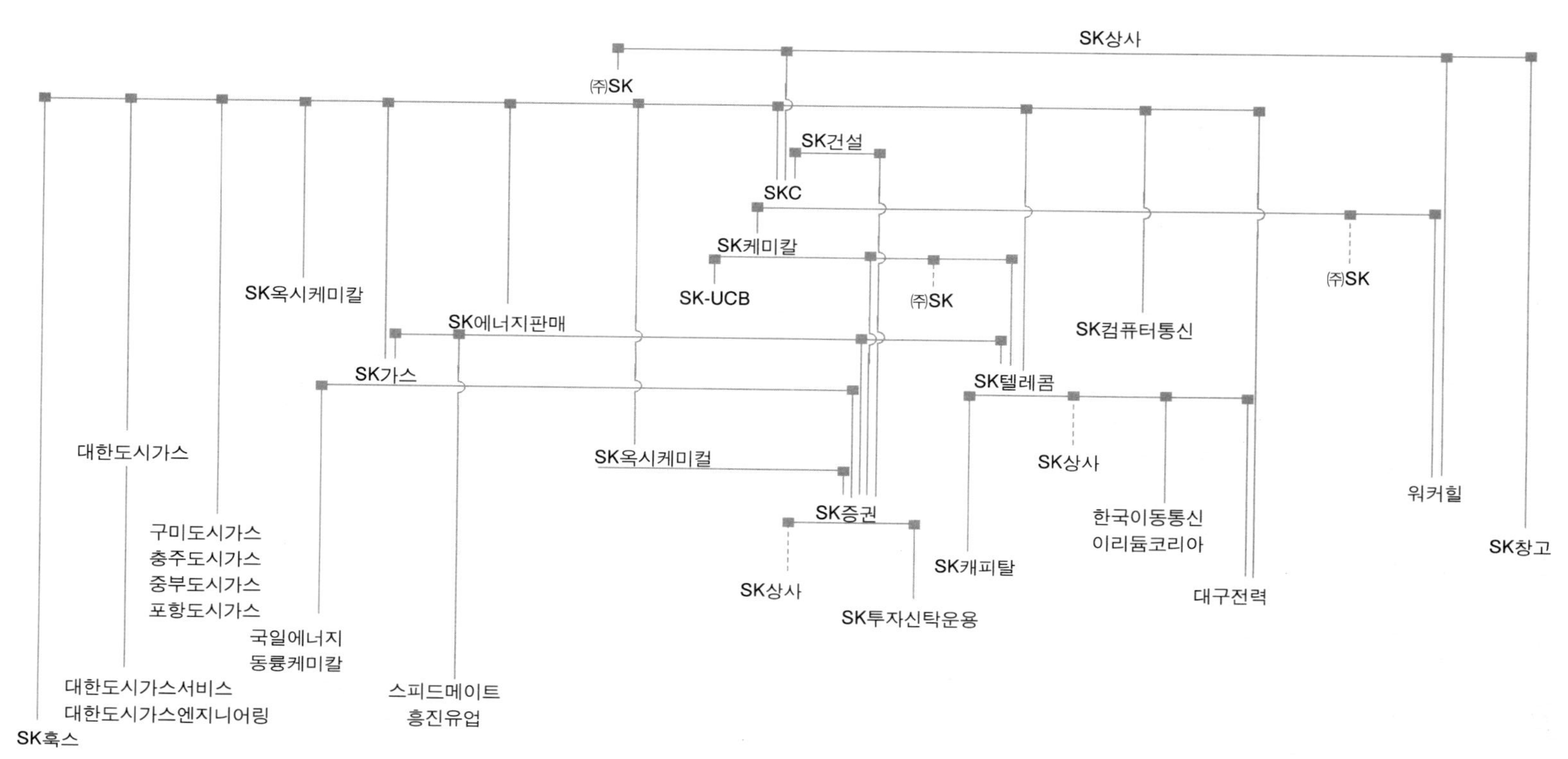

8.4. 주요 계열회사의 소유구조

8.4.1. SK의 최대 지주회사는 (주)SK이며, 자기자본 기준 1위의 계열회사이다. SK상사와 SK텔레콤는 2위와 3위의 계열회사이다. 그런데 (주)SK의 최대주주는 SK상사(13.8%)이며, SK상사의 최대주주는 최종현 일가(5.1%)와 SK텔레콤(4.1%)이며, SK텔레콤의 최대주주는 (주)SK(13.8%)이다(〈그림 3-23〉 참고). 그리고 (주)SK와 SK상사의 내부지분율은 자기주식(3.4%, 2.5%)에 의해 높여지고, 우리사주 지분(4.3%, 6.5%)에 의해 보완된다. 이 세 회사를 합산하면, 최종현 일가의 주식 지분은 0.6%이며, 계열회사 지분은 18.3%이다. 자기주식과 우리사주 주식의 비율은 2.1%와 3.1%이다. 즉 0.6%의 주식 지분을 가진 재벌이 24.5%의 의결권을 행사한다. 그리고 그 비결은 계열회사 출자, 특히 순환식 계열회사 출자이다.

〈그림 3-23〉 SK 주요 계열회사의 소유구조

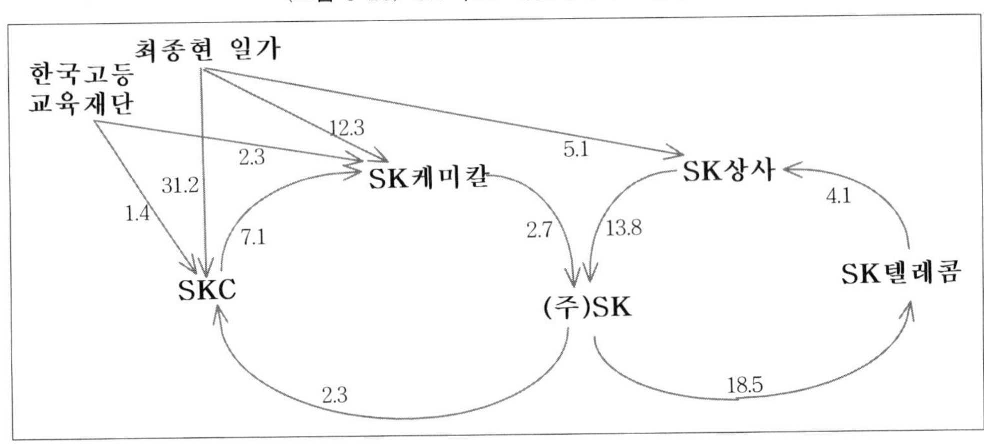

8.4.2. 4위 이하의 계열회사는 단순한 소유구조를 가진다. 최종현 일가가 압도적 지분을 가진 회사(SKC, SK건설, 워커힐, 대한텔레콤 등)와 한 계열회사가 압도적 지분을 가진 회사(대한도시가스, SK가스, SK옥시케미칼, SK에너지판매, SK캐피탈 등)이 대부분이다. SK증권은 예외적으로 여러 계열회사가 주식을 나누어 소유하는데, 이것도 1998년 초 유상증자의 결과이다.

9. 맺음말

9.1. 요 약

9.1.1. 전체 계열회사 주식 중 재벌 총수나 친인척이 소유하는 주식의 비율은 높지 않다. 재벌 계열 공익재단법인이 소유하는 주식을 합하더라도 그 비율은 높지 않다. 그러나 재벌의 소유는 소수의 계열회사에 집중되어 있으며, 이 소수의 계열회사는 지주회사 역할을 한다. 이러한 소유구조가 전체 계열회사에 대한 재벌의 절대적 지배를 가능하게 한다. 〈표 3-19〉는 각 재벌의 2대 지주회사의 내부지분 구성을 정리한 것이다.

〈표 3-19〉 지주회사의 내부지분 구성 (1997회계년 결산일 기준)

(단위 : 10억원, %)

	지주회사	자본총계	총수일가	공익법인	임직원	계열회사	자기주식	합계	우리사주
현	현대중공업	2,062.6	31.40			12.27		43.67	10.40
대	현대건설	1,259.1	8.68	5.87		3.48	0.29	18.32	2.02
삼	삼성전자	5,829.9	5.41	0.13	0.16	18.25	3.52	27.47	3.55
성	삼성생명	533.1	15.00	5.00	25.00	28.25		73.25	
대	㈜대우	2,751.5	0.01	4.52	0.11	2.68	4.34	11.66	1.10
우	대우전자	814.5		3.05	0.11	2.45	1.73	7.34	0.47
L	LG전자	1,527.5	5.52	0.06		11.13		16.71	1.02
G	LG화학	1,445.4	5.02	2.22		4.32		11.56	1.23
S	㈜SK	2,120.3	0.22		0.51	18.44	3.36	22.53	4.31
K	SK상사	350.9	5.13	0.49	0.79	5.03	2.51	13.95	6.54

주 : 자본 전액 잠식된 회사와 일부 중소기업 제외.

9.1.2. 계열회사의 계열회사에 대한 출자를 통해서 재벌은 높은 내부지분율을 유지하면서도 많은 외부인 출자를 받아들일 수 있다. 그런데 계열회사 출자가 단선으로 이어지면 높은 내부지분율에도 불구하고 재벌의 지배가 약화될 수 있다. 재벌이 손(孫)회사에 대해 가지는 지배력이 모(母)회사나 자(子)회사에 대해 가지는 지배력과 같을 수 없다. 그렇지만 계열회사의 계열회사에 대한 출자는 단선으로 이어지지 않는다. 교차 출자와 복선 출자가 일반적이며, 따라서 한 계열회사에 대해 여러 계열회사가 출자한다. 우리는 이것을 재벌의 분리통치 전략으로 규정하였다. 계열회사들이 서로 견제하면서 재벌의 지배에 순응하도록 만드는 소유구조라는 것이다.

9.2. 소유구조 개혁의 방향

9.2.1. 기업의 소유구조는 지배구조의 핵심 요소이며, 기업의 지배구조는 해당 기업과 국민경제 전체의 효율성을 좌우한다. 소유한 만큼 지배하고 지배한 만큼 책임지는 구조로부터 멀어질수록 기업과 국민경제의 효율성이 떨어진다. 이것이 재벌 소유구조를 개혁해야 하는 한 가지 이유이다(물론 유일한 이유는 아니다).

9.2.2. 소유지배구조의 개선은 두 가지 차원에서 이루어질 수 있다. 하나는 재벌이 소유하고 있는 주식을 분산시키는 것인데, 이것은 불법·편법 상속이나 증여를 막을 수 있다면 시간이 해결해 줄 수도 있다. 그러나 삼성의 예에서 보듯이 상속과 증여에서 재벌은 '초일류'이고 정부는 '삼류'이다. 다른 하나는 계열회사 출자를 규제하는 것인데, 이것은 다시 세 가지로 나눌 수 있다. 첫째, 1999년 2월에 폐지되었던 출자총액 제한을 부활시키면서 강화하는 것이다. 둘째, 상호출자뿐만 아니라 복선출자와 교차출자도 함께 금지하여 한 계열회사에 대해서는 한 계열회사만 출자할 수 있도록 하는 것이다. 복선출자를 금지하는 데 있어서는, 모(母)회사의 손(孫)회사에 대한 출자를 금지하는 것보다는 손(孫)회사를 설립하지 못하게 하는 것, 즉 출자받은 회사는 출자하지 못하게 하는 것이 더 효과적이다. 셋째, 계열회사가 보유하는 주식에 대해 의결권을 제한하는 것이다. 상법 369조는 자기주식의 의결권을 인정하지 않으며, 신탁업법은 금융기관이 신탁재산으로 취득한 주식의 의결권을 제한하는데, 이러한 법규를 계열회사가 보유하는 주식에도 적용할 수 있을 것이다.

지배 · 경영구조

김 동 운

1. 머리말

1.1. 1999년 4월 19일 대우그룹은 대규모 '구조혁신 방안'을 발표하였다(《조선일보》, 1999.4. 20). 핵심업종으로 육성하려던 조선업종(대우중공업의 조선부문) 포기를 포함하여, 1999년 3월 말 현재의 34개 계열회사를 1999년 말까지 8개 계열회사로 정리한다는 것이다.

1.1.1. 이 방안을 발표하면서 '그룹회장' 김우중은 이렇게 말하였다.

> 대우는 대그룹으로서 안해도 될 것을 너무 많이 했다. … 호텔, 영상사업, 하이마트, 백화점에 땅 사고 영화관을 짓는 등 이제 와 생각하면 소망스럽지 않은 것이었다. … 2~3년 후 구조조정을 성공적으로 마무리해 소유와 경영을 분리한 모범기업을 만들겠다. … 앞으로 구조조정을 잘하고 기업을 투명하게 키워서 좋은 경영자에게 넘기는 것이 남은 꿈〔이다〕. …

1.1.2. 문어발식 확장(사업다각화)을 주도한 이는 김우중 자신이었는데, 계열회사/영위업종의 매각/통폐합(구조조정)도 자신의 몫이라는 것이다. 후계자(차기 그룹회장) 지목도 직접 하겠다고 한다. 이러한 최고 의사결정은 그룹회장 혼자 해왔으며, 할 수 있었던 것은 그 자신 소유와 경영을 동시에 장악해 오고 있기 때문이다.

1.2. 김대중 정부는 재벌구조조정을 추진하면서 당연하게도 재벌총수를 그 파트너로 하고 있다. 대통령은 취임 이전 두 차례(1998년 1월 13일, 2월 6일), 그리고 취임 후 1998년 말까지 모두 여섯 차례(7월 26일, 8월 7일, 9월 9일, 10월 22일, 11월 5일, 12월 7일) 정·재계 간담회를 통해 재벌총수들을 만났다(《한국경제신문》, 1998.12.21). 재벌의 구조를 비

정상적으로 만든 사람도, 그것을 정상적으로 돌려놓을 수 있는 사람도 다름 아닌 각 재벌의 '김우중'이기 때문이다.

1.2.1. 제6차 정·재계 간담회(1998년 12월 7일)에서 채택된 "5대 그룹 구조조정 추진 합의문"(《조선일보》, 1998.12.8)은, "그 동안의 구조조정 관련 논의를 총정리함으로써 보다 신속하고 실효성있게 5대 그룹의 구조조정을 완결하기 위하여" 네 가지 실천사항을 재벌총수들에게 주문하였다.

1) 핵심 분야 중심으로의 사업구조 개편(회생 가능성 희박한 계열사의 과감한 정리, 핵심역량 배양 위한 계열기업 구조조정, 과잉 중복투자 분야에 대한 그룹간 자율구조조정 작업의 완결)
2) 상호채무보증의 해소
3) 실효성 있는 재무구조 개선
4) 경영의 투명성 제고 등

1.2.2. 이에 따라 5대 그룹은 비관련 계열사나 사업부문 매각, 종업원 또는 전문경영인의 기업인수를 통한 分社化, 합병 또는 계열분리 등의 방식을 활용하여 핵심분야 중심으로 사업구조를 개편한다는 것이다.

1) 현대 : 자동차, 건설, 전자, 중화학, 금융-서비스(63개 계열회사→30개 내외로 축소).
2) 삼성 : 전자, 금융, 무역-서비스(65개→40개 내외).
3) 대우 : 자동차, 중공업(조선), 무역-건설, 금융-서비스〔41개→10개 내외 : 1999년 4월 19일의 발표에 따라 중공업(조선)은 핵심업종에서 제외됨〕.
4) LG : 화학-에너지, 전자-통신, 서비스, 금융(53개→30개 내외).
5) SK : 에너지화학, 정보통신, 건설-물류, 금융(42개→20개 내외).

1.2.3. 재벌의 틀을 다시 짜는 이러한 일은 소유권과 경영권을 동시에 장악하고 있는 재벌 '최고통치권자'만이 할 수 있는 업무 영역이다. '합의문'에 포함되어 있는 경영구조 관련 사항은 이를 반증한다.

1) 5대 그룹은 과거처럼 선단식 경영과 계열사 간 내부지원을 통한 외형성장을 추구하기보다는, 각 계열기업이 독립된 경영체제를 갖추면서 경쟁력의 상승효과를 추구해 나가는 투명한 협력구조로 전환되어야 한다(前文 5항).
2) 5대 그룹은 소속 계열사에 대해 투명성과 책임성이 보장된 독립경영체제를 지향한다(실천사항 1항).
3) 각 그룹은 이사회 중심 경영체제로 전환하고, 사외이사 및 감사제도를 실질적으로 운영하며, 주주 권익이 우선 고려될 수 있는 선진화한 경영지배구조를 정착시킨다(실천사항 4항).

〈그림 4-1〉 경영조직의 유형

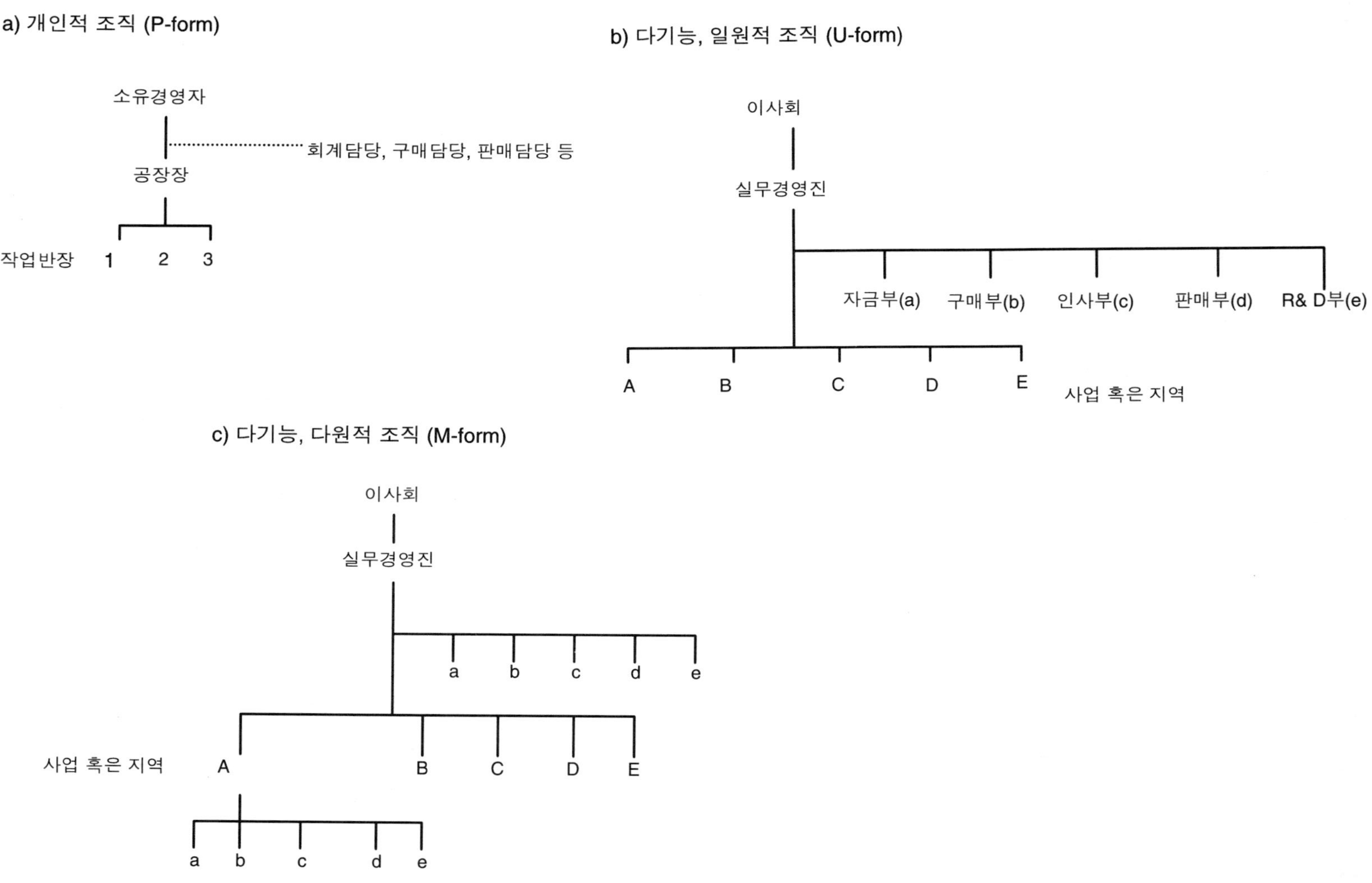

자료 : Schumitz, 1993:37~40.

1.3. 각 계열회사가 이사회 중심의 독립적인 경영체제를 갖추지 못하고, 그룹회장에 의해 일괄 경영되는 비선진화된 경영구조 — 이것이 한국재벌의 경영구조이다.

1.3.1. 영국, 미국, 독일 등 선진국에서의 경영조직은 시기에 따라 다음과 같이 변화해왔다(〈그림 4-1〉, Schumitz, 1993:37~40). 영국 산업혁명 이후 처음 형성된 조직형태는 개인적 조직(*entrepreneurial form* : P-form)이다. 사업/기업의 규모는 크지 않으며 소유자가 직접 경영을 담당하는 경우이다. 회계·구매·판매 담당 등 스태프를 따로 두기도 하지만 소유자 개인 혹은 파트너들이 일상적인 업무에서 장기목표 설정에 이르는 모든 경영 사항을 직접 관리하는 것이 특징이다.

1.3.2. 19세기 후반에 이르러 사업의 규모나 영역이 확대되면서 나타난 것이 다기능·일원적 조직(*functionally departmentalized, unitary structure* : U-form)이다. 사업내용은 상품별 혹은 지역별로 나뉘고 담당책임자가 배치된다. 각 사업내용은 이사회-실무경영진의 직접 지휘를 받으며, 기능별 부서(자금부, 구매부, 인사부, 판매부, R&D부 등)가 이들을 보좌한다.

1.3.3. 20세기 초 사업규모/영역이 더욱 확대·심화되면서 다기능·다원적 조직(*decentralized, divisional structure* : M-form)이 대규모기업들 사이에 확산되기 시작하였다. 각 사업/지역은 각자의 기능별 부서를 갖는 개별기업화되어 독자적인 경영을 하며, 최고경영진(이사회-실무경영진)은 자체 스태프의 도움을 받아 각 사업/지역을 관리·감독하고 장기계획 수립, 자원의 확보/배분 등 거시적인 역할을 수행한다.

1.3.4. 한국재벌의 경영구조는, 형식적으로는 M-form이면서 실질적으로는 P-form인 개인화된 다원적 조직(*Personalized M-form*)이다(〈그림 4-2〉, 〈표 4-1〉). 경영권은 법적 근거가 없는 임의조직인 실세지배기구에 집중되어 있으며, 그 핵심인 그룹총수가 수많은 계열회사를 포괄하는 주요 의사결정을 도맡아 한다. 이는 실세의결기구를 통해 이루어지며, 실세실무기구가 구체적인 실행사항을 입안한다. 총수의 결정은 각 계열회사에 시달되며, 실행 여부는 실세실무기구에 의해 점검되어 총수에게 보고된다. 한편, 각 계열회사는 각자의 단위경영진(이사회와 실무경영진)을 가지고 있으며 다양한 사업을 수행한다. 경우에 따라 계열회사들은 유사업종에 따라 몇 개의 소그룹으로 분류되고, 소그룹장을 중심으로 하는 중위경영진의 관리·감독을 받기도 한다.

1.3.5. 이하에서 5대 그룹의 그룹총수(2절), 실세의결기구와 실세실무기구(3절), 단위경영진(4, 5절), 중위경영구조(6절) 등의 면면을 살핀다.

〈표 4-1〉 한국재벌의 경영조직 : 5대 재벌의 경우

	현대	삼성	대우	LG	선경
Ⅰ. 실세지배기구1 - 총수					
(동일인)	정주영	이건희	김우중	구본무	최종현
명예회장	정주영			구자경	
회장	정몽구	이건희	김우중	구본무	최종현
부회장	정몽헌				
Ⅱ. 실세지배기구2					
실세의결기구	사장단운영의원회 -현대경영자문위원회	그룹운영위원회	그룹운영위원회 -회장단간담회	그룹회의체	운영위원회 -사장단회의 -5인기획회의
실세실무기구	종합기획실 -현대경영전략팀	비서실 -구조조정본부+ 삼성전자회장실	그룹기획조정실 -회장비서실	회장직할조직/ 회장실 -구조조정본부 +이사회지원실	본부경영기획실
Ⅲ. 중위경영진					
중간조직 최고경영기구		소그룹 소그룹장	소그룹 회장	사업문화단위(CU) - CU장+ CU협의체	
Ⅳ. 단위경영진					
계열회사	57	80	32	49	46
최고경영기구	이사회+ 실무경영진	이사회+ 실무경영진	이사회+ 실무경영진	이사회+ 실무경영진	이사회+ 실무경영진

〈그림 4-2〉 한국재벌의 경영조직 : 개인화된 다원적 조직 (Personalized M-form)

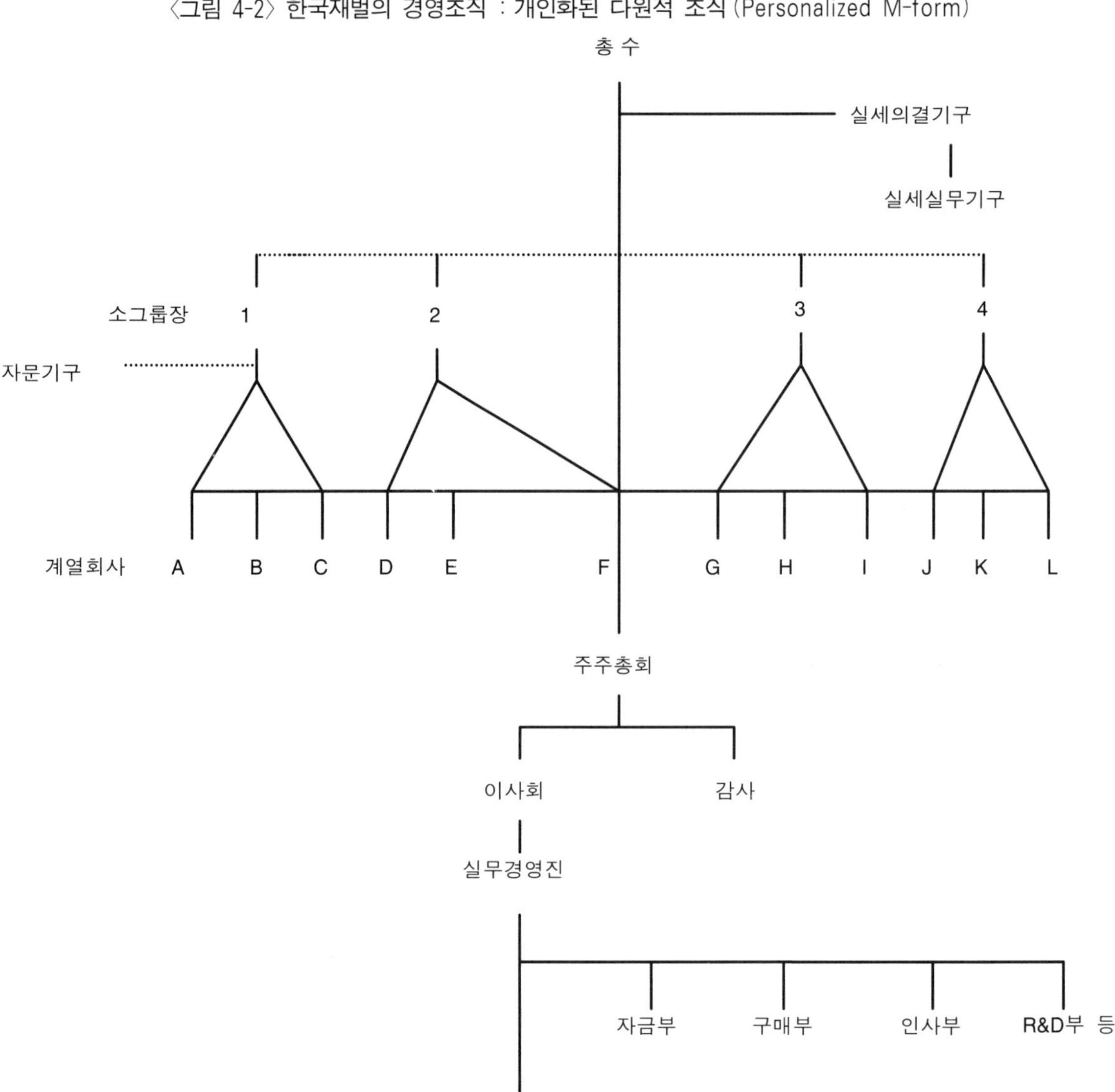

2. 실세지배기구 1 : 그룹총수

2.1. 실세지배기구의 핵인 그룹총수는 보통 그룹회장으로 불린다. 정몽구(현대), 이건희(삼성), 김우중(대우), 구본무(LG), 최종현(선경) 등이 그들이다(1997년 4월 1일 현재). 정몽구를 제외한 네 사람은 법률상 '동일인'으로 불리는 지배주주들이다(〈표 4-1〉).

2.1.1. 현대의 경우, 동일인은 정주영 그룹 '명예회장'이다. '王會長'으로 알려진 사실상의 그룹총수이다. 그룹 '부회장'(정몽헌 : 1998년 1월 제2의 그룹회장으로 승진됨)이란 직함도 있다. 정주영-정몽구-정몽헌 부자가 한 팀이 되어 그룹을 이끌고 있는 것이다. LG의 경우도 비슷하다. 구자경 명예회장은 정주영처럼 동일인도 아니고 실질적인 영향력을 행사하고 있다는 징후는 많지 않으나, 아들 구본무의 유력한 조언자임을 부정할 수는 없을 것이다. LG에는 또 5인의 '그룹창업고문'들(허준구 LG전선 명예회장, 구태회, 구평회, 허신구, 구두회)이 건재해 있다(공정거래위원회, 1997. 4. 1:1; 《현대 50년사》, 1997; 1092; 《LG 50년사》, 1997:부록 4, p. 35)[1] 그룹을 이끄는 것은 회장 직함을 갖는 한 사람이 아니라 회장 '가족'인 셈이다.

2.1.2. 삼성, 대우, 선경 등에는 회장 이외의 가족구성원들이 그룹을 총괄하는 공식직함을 가지고 있지는 않다. 그러나 이병철(이건희 아버지), 최종건(최종현 형) 등 창업주가 살아있다면 분명 삼성, 선경의 명예회장으로 추대되었을 것이다. 대우 김우중은 자신이 창업주이며, 둘째 아들(장남은 사망)은 아직 30대 초반이다. 선경의 경우, 최종현이 1998년 8월 사망한 이후 손길승이 그룹회장으로서 최태원(최종현 장남) 가족을 위해 대리경영을 하고 있다. '회장'이 반드시 실세가 아님을 보여주는 또 다른 예이다(《조선일보》, 1998. 9. 2).

2.2. 동일인 혹은 그 가족이 경영 전권을 행사할 수 있는 것은 특수관계인(친족, 비영리법인, 사용인) 및 일부 계열회사들과의 금전적 협조를 통해 안정적인 소유권을 확보하고 있기 때문이다.[2]

2.2.1. 동일인 자신의 지분은 0.3% (LG) ~8.4% (선경)에 지나지 않으며, 특수관계인 지분까지 합하더라도 3.6% (삼성) ~14.1% (선경)로 15%를 넘지 못한다. 30.5% (선경) ~43.2% (삼성)에 이르는 주요 계열사들의 출자(자기주식 포함)를 통해 비로소 38.3% (대우) ~

1) 정몽구, 정몽헌이 정주영에 의해 갑작스럽게 그룹회장에 오르는 과정에 대해서는 김동운(1999:67~69) 참조. '명예회장'에 대한 규정이 드물게 현대자동차(주)의 정관에 포함되어 있다. "창업자 또는 대표이사회장으로서 회사에 특별한 공헌을 한 자를 명예회장으로 선임할 수 있다."(제25조)

2) 이와 관련된 법률 조문(독점규제 및 공정거래에 관한 법률 제2조, 제7조 : 독점규제 및 공정거래에 관한 법률시행령 제3조, 제11조)은 김동운(1999:69~72)에 정리되어 있다.

56.2%(현대)에 이르는 절대적인 내부지분율을 확보하게 된다. 5대 그룹의 평균내부지분율은 45.2%로서 30대 그룹의 그것(43.0%)과 엇비슷하다(〈표 4-2〉).

〈표 4-2〉 5대 그룹의 내부지분율(%) (1997년 4월 1일 현재)

	현대	삼성	대우	LG	선경	5대그룹평균	30대그룹평균
A. 동일인	3.3	1	3.5	0.3	8.4	2.5	3.7
상장회사(a)	2.1	1.2	3.7	0.1	3		3.5
비상장회사(b)	4.7	0.7	2.4	0.3	16.1		4
B. 특수관계인	10.5	2.6	2.6	5.1	5.7	5.1	4.8
a	9	2.5	3	4.6	3		4.5
b	12.1	2.6	0.7	3.9	9.5		5
C. 계열회사	41.6	42.5	31.2	34	30.1	36.9	33.7
a	24.7	19.6	23.2	10.7	13.1		17.4
b	59.7	64.2	70.2	54.1	54.4		56
D. 자기주식	0.8	0.7	1	0.7	0.4	0.8	0.8
a	1.5	1.4	1.3	1.3	0.6		1.4
b	0	0	0	0	0.1		0.1
A+B+C+D	56.2	46.7	38.3	40.1	44.7	45.2	43
a	37.3	24.7	31.1	16.7	19.8		26.7
b	76.4	67.6	73.3	58.3	80.1		65

자료 : 상장/비상장회사 - 김동운, 1999 :78 ; 공정거래위원회, 97.7 : 6.

주 1) 특수관계인=동일인 친족+비영리법인+사용인.

2) 0=0.01% 이하.

3. 실세지배기구 2 : 실세의결기구와 실세실무기구

3.1. 재벌총수의 경영권 행사를 보좌하는 것이 실세의결기구와 실세실무기구이다. 현대의 사장단운영위원회와 종합기획실, 삼성의 그룹운영위원회와 회장비서실, 대우의 회장단간담회와 비서실, LG의 그룹회의체와 회장직할조직, 그리고 선경의 운영위원회/5인기획회의와 본부경영기획실 등이 그것이다. 1998년 12월 7일의 '5대그룹 구조조정 추진 합의문'에 포함된 네 가지 실천사항들은 당연히 실세의결기구의 심의사항들이다.

3.2. 현대의 사장단운영위원회는 1987년 7월1일 설치되었다. 1997년 현재, 7명의 위원(의장 1인 포함)과 1명의 간사(종합기획실장)로 구성되어 있다(《현대 50년사》, 1997: 814~815, 1059).

1) 의장 : 정몽구(그룹회장)
2) 위원 : 정몽헌(그룹부회장)
정몽규(현대자동차 대표이사 회장)
박세용(종합기획실장, 현대종합상사 대표이사 사장, 현대상선 대표이사 사장)
김정국(현대중공업 대표이사 사장)
이내흔(현대건설 대표이사 사장)
이익치(현대증권 대표이사 사장)
3) 간사 : 박세용

3.2.1. 운영위원회는 그야말로 알짜배기 사항들을 심의, 의결한다. 그룹의 연(年) 및 중장기 사업계획, 신규사업 및 신규설비투자, 회사의 인수·합병·해산 및 영업의 양수도, 그룹 중요기업의 공개, 주요 자산의 처분, 임금 인상 등 인사의 기본정책 수립과 중요임원의 인사, 그룹사간 이해의 조정이 필요한 사항, 그리고 기타 의장이 필요하다고 인정하는 사항 등.

3.2.2. 그룹 계열회사들은 심의사항에 관련된 자료를 미리 간사에게 제출해야 한다. 위원회 결정사항은 의장이 사장단회의에서 혹은 개별적으로 발표 및 '지시'하며, 계열회사들은 이를 '즉시 집행'해야 한다. 집행결과는 간사가 의장에게 보고한다(〈표 4-3〉).

〈표 4-3〉 현대그룹 '사장단운영위원회' 설치 규정

제 1 조(목적) 이 규정은 현대그룹(이하 '그룹'이라 한다)의 최고 심의기구인 현대그룹 사장단운영위원회(이하 '운영위원회'라 한다)의 조직 및 운영에 관한 사항을 정함을 목적으로 한다.

제 2 조(구성)

1) 운영위원회는 그룹회장인 의장과 의장이 임명한 운영위원으로 구성한다.
2) 그룹종합기획실장은 운영위원회의 간사가 된다.
3) 의장의 유고시에는 의장이 운영위원 중 미리 정하여 놓은 순위에 의하여 그 임무를 대행한다.

제 3 조(소집)

1) 운영위원회는 정기회의와 임시회의로 구분한다.
2) 정기회의는 매월 1 · 3주 월요일(사장단회의 종료 후)로 함을 원칙으로 한다.
3) 임시회의는 의장의 필요에 따라 수시로 소집할 수 있다.

제 4 조(심의사항)

1) 운영위원회는 그룹의 다음 사항을 심의한다.
   (1) 그룹의 年 및 중장기 사업계획에 관한 사항
   (2) 신규사업 및 신규설비투자에 관한 사항
   (3) 회사의 인수 · 합병 · 해산 및 영업 양수도에 관한 사항
   (4) 그룹 중요기업의 공개에 관한 사항
   (5) 주요 자산의 처분에 과한 사항
   (6) 임금 인상 등 인사의 기본정책 수립과 중요 임원의 인사에 관한 사항
   (7) 그룹사간 이해의 조정이 필요한 사항
   (8) 기타 의장이 필요하다고 인정하는 사항
2) 그룹社는 전항의 심의사항에 관한 관계자료를 사전에 운영위원회 간사에게 제출하여야 하며 간사는 필요한 경우 회의자료를 작성하여 의장 및 운영위원에게 배포하여야 한다.

제 5 조(심의결정사항의 집행)

1) 운영위원회에서 심의결정된 사항은 그룹내 모든 회사가 즉시 집행하여야 한다.
2) 회장은 동 결정사항을 사장단회의나 기타 개별적으로 발표 및 지시하고 종합기획실장은 그 집행결과를 회장에게 보고하여야 한다.

자료 : 《현대 50년사》, 1997:815 .

3.2.3. 실무기구인 종합기획실은 1996년 7월 현재 전략기획팀, 인재개발팀, 재무팀, 경영분석팀, 경영지원팀, 투자기획팀 등으로 구성되어 있으며, 운영위원회 위원겸 간사인 박세용 실장의 지휘 하에 있다(《현대 50년사》, 1997: 611).

3.3. 삼성의 실세의결기구는 소그룹장들(1997년 현재 5명)로 구성되는 그룹운영위원회이다. 그룹의 진로 및 방침, 사업구조 전략, 사회사업 등 공익활동, 국제화, 전략/재무/인사/감사/홍보 기능 등 핵심사항을 관장하면서 관점통합형 경영을 수행한다(《삼성 60년사》, 1998: 297~298). 이 운영위원회에 그룹회장이 참석하지 않는 것(1996년 말 현재)이 특징이다(중앙일보 경제2부, 1996:54).

3.3.1. '회장을 보좌하고 그룹 공동으로 추진해야 할 일들을 지원, 조정, 관리할 기구'(《삼성 60년사》, 1998:59)로서 1959년 5월 1일 설치된 비서실은 여전히 막강한 영향력을 발휘하고 있다. 1987년 11월 19일 이건희 제2대 회장이 추대될 당시 비서실 조직은 기능별 스태프조직(기획조사, 인사, 재무, 금융, 홍보, 감사, 기술)과 특수조직(운영팀)으로 구성된 매트릭스형태로 재편되었다.

3.3.2. 1995년 초에는 11개팀 180명의 인원을 가지는 10대 재벌 최대 규모를 자랑하였으며, '재계의 청와대 비서실'로 통할 정도였다. 1998년 4월 현재, 5개 조직(인사팀, 재무팀, 기획홍보팀, 경영지원팀, 비서팀)에 102명의 임직원을 거느리고 있다. 일명 '삼성 정보수집 Task Force팀'도 비서실 소속인데, 청와대, 정당, 검찰, 경찰, 관공서 등을 상대로 인맥을 형성하고 정보를 수집, 분석하는 임무를 띠고 있다(《삼성 60년사》, 1998:58; 서울경제신문산업부, 1995:167~168; 《조선일보》, 1998. 1. 7, 4. 5).

3.4. 대우의 최고의결기구는 '회장단간담회'이다. 1994년까지는 김우중 회장이 주재하는 그룹운영위원회가 있었으나, 1995년 2월 김 회장은 '제2의 창업'을 표방하면서 자율경영을 더욱 공고히 한다는 뜻에서 이 위원회를 회장단간담회로 대체하였다. 1996년 10월 현재, 회장과 9명의 주요 계열회사 임원이 그 구성원이다. 그러나 회장은 간담회에 참석하지 않으며, 그런 만큼 간담회의 위상은 이전의 운영위원회 같지는 않을 것이다(중앙일보 경제2부, 1996:100).

3.4.1. 그룹운영위원회를 보좌하는 그룹기획조정실(1994년 말 현재 8개팀에 86명의 인원 보유)도 1995년 2월 없어졌다. 대신, 회장비서실이 회장단간담회를 보좌하며, 비서실사장이 간담회 실무간사를 맡았다. 1998년 1월 현재, 10여 명의 임원(사장급 2명 포함)을 포함하여 90여 명이 비서실에서 일하고 있다. 주요 업무는, 단순히 회장을 보좌하는 순수 비서일, 투자사업 등을 결정하는 전략기획, 자금 등을 담당하는 경영관리, 인사, 그리고 문화 홍보 등이다(중앙일보 경제2부, 1996:101; 서울경제신문산업부, 1995:168; 《조선일보》, 1998. 1. 7).

3.5. LG의 실세의결기구는 네 개의 위원회로 구성된 '그룹회의체'로서 '〔그룹〕 회장의 판단을 돕고 회장의 활동 부담을 경감시키는 것을 목적'으로 하는 회장자문기구이다(〈표 4-4〉).

1) 경영정책

a. 그룹정책위원회 : 그룹의 비전 및 정책, 회장직할 조직의 운영방침 토의.

b. 감사위원회 : 그룹의 감사방침, 감사내용 토의. 위원은 계열회사의 이사회에 참석하고 경영 동향을 파악하며, 감사부서나 공인회계사가 실시하는 업무·회계 감사를 감독하여 보고서를 작성함.

2) 인사정책

c. 사장평가위원회 : 사업문화단위(Culture Unit = CU; 6절 참조) 장의 업적 평가, 향후 활동방침 조언. 위원은 담당 CU의 주요 인사와의 면담 및 재무보고를 근거로 사업과제 달성, 후계자 육성, 경영실적 등을 중심으로 CU장을 평가하고 동기부여안을 작성함.

d. 인사자문위원회 : CU장 후계자 후보선발 및 육성안을 심의하여 회장에게 보고. CU장의 추천 인사안을 접수하며, 위원은 담당 CU의 주요 인사와의 면담 및 인사자료를 기초로 추천 인사안을 심의함.

3.5.1. 각 위원회의 위원은 회장이 임명한다. 회장은 그룹회의체의 자문을 받는 별도의 최고그룹조직으로 명문화되어 있는 것이 LG그룹의 특징이다. 회장은 그룹가치의 상징으로서, 그룹의 이념과 비전을 확립하고 달성하는 사명을 가지고 있다. 또, CU장으로 하여금 CU별 비전을 확립, 실현토록 촉진하며, CU장이 추천하는 인사안을 최종 승인하고 CU장과 그 후계자를 선임하는 권한을 가진다.

3.5.2. 실세실무기구인 '회장직할조직'은 회장실, 비서실, 감사실 및 경영서비스를 제공하는 조직 등으로 구성되어 있다(〈표 4-4〉). 중심은 회장실이며, 11명의 임원(사장 1명, 부사장 1명, 전무이사 4명, 상무이사 1명, 그리고 이사 4명) 이 8개의 직속조직(경영정책팀, 재무팀, 금융기획팀, 홍보팀, 인사팀, 해외사업팀, 감사팀, 그리고 업무지원부) 과 2개의 독립조직(경영혁신추진본부와 전략사업개발단) 을 관장하고 있다. 해외지역본부(미주지역본부, 중국지역본부, 동남아지역 본부) 도 회장실 관할이다(《LG 50년사》, 1997: 부록 34, 38).

〈표 4-4〉 LG그룹 '경영헌장'

전 문

LG는 인간존중의 경영에 의해 고객을 위한 가치를 창조함으로써 사회에 공헌하고 주주에 대한 책임을 다한다.

LG는 합리적인 사업확대를 도모하고 자유시장경제하에서 고객에게 배우며 고객에게 도움을 주고 고객과 함께 발전한다. 또한 인간이야말로 가치의 원천이라는 신념을 공유하고 상호 신뢰관계를 바탕으로 개인의 창의와 자율을 존중하는 조직운영과 적극적인 인재육성을 도모한다.

개인은 능력계발과 기술연마에 힘써 각자의 사명을 달성한다. 이러한 노력을 쌓아 LG는 세계의 일류 기업집단으로서 영속적으로 발전한다.

제1조(그룹)

1. 그룹은 사업문화단위(이하 CU라 함)를 주체로 해서 회장을 중심으로 경영이념을 공유하고 자율경영을 실천하는 기업집단이다. 중앙집중에 의한 일원적 통합을 지향하지 않고 사업마다 서로 다른 문화를 허용하여 각 CU가 독립적으로 발전하도록 한다.
2. 그룹은 상호 자본관계를 가지며 그룹의 비전과 브랜드를 공유한다. 그룹은 CU, 회장, 그룹회의체 및 회장직할조직으로 구성된다. 각 구성주체는 서로 독자성을 존중하고 신뢰하며 가치를 창조함으로써 상호 공헌한다.
3. 각 CU는 그룹에 소속함으로써 사업경영에 관한 탁월한 전체관 및 식견과 실천능력을 향수하는 한편 그룹 비전의 실현과 그룹 브랜드의 유지·발전을 위하여 필요한 역할을 담당할 의무를 진다.
4. 그룹은 지구시민으로서의 자각과 시야를 가지고 기업활동을 통하여 자유경제체제를 유지·발전시키고 지역사회에 공헌하며 환경보전에 노력한다.

제2조(그룹비전) 21세기를 향한 비전으로서 그룹은 세 가지 방향으로 사업을 전개한다.

1. 제조업에서는 고객과의 관계강화를 추구하며 소비자와 밀착된 사업을 과감하게 전개한다.
2. 3차 산업에서는 풍요한 생활의 창조를 목표로 정보, 금융, 유통, 개발사업을 본격화하고 시장에서의 선도적 위치를 확립한다.
3. 사업의 국제전개에 있어서는 세계 주요 시장에서 토착화(Insider화)한다.

제3조(Culture Unit = CU)

1. 사업의 자율적 운영을 실천하는 경영체는 동일한 사업문화를 가지고 공통의 경영시스템하에서 효과적 운영이 가능한 경경단위로 하며 이를 사업문화단위라 한다.
2. 각 CU는 그 문화에 근거한 사업의 전문성을 깊이하고 시장의 리더를 지향한다. 사업문화의 계승을 위하여 인재의 내부 육성을 기본으로 한다.

3. CU장은 주주총회의 결의에 근거하여 경영에 관한 모든 권한을 가지고 목표설정, 사업범위 및 조직, 경영 자원의 조달과 배분을 자율적으로 결정한다. CU장은 경영의 최고책임자로서 사업에 관한 모든 책임을 지고 CU비전의 책정과 실현, 후계자 육성, 수익의 확보와 그 향상에 진력한다.
4. 각 CU는 대등하며 CU간의 거래는 시장가격원칙을 기본으로 한다. CU간의 사업중복이나 협력 등 조정이 필요한 사항은 상호 자율성과 신뢰에 바탕을 두고 협의하여 해결함을 기본으로 한다. CU의 협력기업에 대해서도 시장가격을 기초로 한 공정거래를 원칙으로 하여 공존공영을 지향한다.
5. 각 CU가 사업을 전개하는 과정에서 이질적인 사업문화를 확립할 필요가 있고 경영의 건전성이 유지될 경우에는 새로운 CU를 설치할 수 있으며 필요에 따라 통합하거나 폐지할 수 있다.

제 4 조(회장) 회장은 그룹가치의 상징으로서 CU가 자율적으로 발전할 수 있는 기반구축과 그룹비전의 달성을 사명으로 한다.

1. 회장은 그룹의 이념과 비전을 확립하고 이를 대내외에 홍보함으로써 그룹 전체가 공유하도록 한다. 또한 CU장과의 대화를 통하여 CU별 비전의 확립과 실현을 촉진한다.
2. 회장은 CU장이 추전하는 인사안을 최종 승인하며 비전을 공유하고 실현하는 데 적합한 CU장과 그 후계자를 선임하고 공정하게 평가하며 적절한 동기부여를 한다.
3. 회장은 CU가 필요로 하는 전문경영서비스를 제공함으로써 각 CU의 자율경영에 의한 발전을 지원하고 보완한다.

제 5 조(그룹회의체) 회장의 자문기구로서 경영정책에 대해서는 '그룹정책위원회'와 '감사위원회'를, 인사정책에 대해서는 '사장평가위원회'와 '인사자문위원회'를 구성하여 운영한다. 각 위원회는 다각적이고 전문적인 검토와 공정성을 확보함으로써 회장의 판단을 돕고 회장의 활동부담을 경감시키는 것을 목적으로 한다.

1. 그룹정책위원회는 회장이 임명하는 위원으로 구성하고 그룹의 비전 및 정책과 회장직할 조직의 운영방침에 관한 과제의 토의를 사명으로 한다.
2. 사장평가위원회는 회장이 임명하는 위원으로 구성하여 CU장의 업적을 평가하고 향후의 활동방침에 대하여 조언하는 것을 사명으로 한다. 사장평가위원회는 각 위원별로 담당 CU의 주요인사와의 면담과 재무보고를 근거로 하여 사업과제 달성, 후계자 육성, 경영실적 등을 중심으로 CU장을 평가하고 동기부여안을 작성한다.
3. 인사자문위원회는 회장이 임명하는 위원으로 구성하고 각 CU의 CU장 후계자 후보의 선발과 육성안을 심의하여 회장에게 보고하는 것을 사명으로 한다. 인사자문위원회는 각 CU장의 추천인사안을 접수하여 각 위원별로 담당 CU의 주요인사와의 정기적인 집중면담과 인사자료를 기초로 다각적으로 심의하고 검토한다.
4. 감사위원회는 각 CU의 감사 중에서 회장이 선임한 감사위원으로 구성하고 그룹의 감사방침과 감사내용을 토의하다. 감사위원은 CU의 자기책임체제 확립에 의한 주주의 보호를 사명으로 한다. 이를 위해서 감사위원은 이사회에 참석하고 경영동향을 파악하며 각

사 감사부서나 공인회계사가 실시하는 업무감사 및 회계감사를 감독하여 감사보고서를 작성하고 의견을 제시한다.

제 6 조(CU회의체) CU내 회의체로서 경영정책에 대해서는 이사회를, 인사정책에 대해서는 인재개발위원회를 구성하여 운영한다. 양 회의체는 다각적이고 전문적인 검토와 공정성을 확보함으로써 CU장의 자율경영확립과 경영책임 수행을 보좌한다.

1. 이사회는 상법의 규정에 따라 구성하는 CU의 최고의사결정기구로서 CU의 사회적 사명과 중요경영안건을 심의한다. 이사회에는 그룹 대표가 참석하여 그룹의 기본방침을 반영하고 감사위원인 감사가 참석한다.
2. 인재개발위원회는 경영자 인재육성에 관해 CU장을 지원하고 다각적인 인사정보의 파악과 경력관리계획에 대하여 심의하고 장기전략에 따른 인재육성을 도모한다.

제 7 조(회장직할조직)

1. 회장직할조직은 '자율경영확립을 위한 가치창조'를 이념으로 공유한다.
2. 회장직할조직은 회장실, 비서실, 감사실 그리고 경영서비스를 제공하는 조직으로 구성되고 각 조직마다 명확한 사명에 바탕을 두어 독자적으로 운영한다. 회장직할조직은 넓은 시야와 전문능력을 확보하여 회장, 그룹회의체 및 CU에 대하여 과제해결을 위한 조언과 지원서비스를 제공한다.
3. 회장직할조직의 운영방침, 예산, 업적에 관해서는 그룹정책위원회의 심의를 거쳐 회장이 승인하다.
4. 회장직할조직 내의 사원에 대해서는 각 CU와 인사교류를 하며, 특히 전문직에 대해서는 독자채용 및 내부육성경로를 설치한다.
5. 각 조직장의 평가는 사장평가위원회에서, 임원의 선임과 평가는 인사자문위원회에서 심의하고 회장이 승인한다. 사원의 인사는 각 조직의 인재개발위원회에서 심의한다.

3.6. 선경의 운영위원회는 1978년 8월 1일 발족되었으며, 이에 따라 본부경영기획실이 같은 날짜로 확대 개편되어 사무국이 되었다(《선경 40년사》, 1993:442~443).

3.6.1. 1993년 현재의 규정에 의하면, 운영위원회는 '관계회사〔11개 : 필자 주〕의 종합적인 운영에 관한 기본방침의 협의와 회장〔위원회의장〕의 의사결정을 보좌'하는 것을 목적으로 하고 있다(〈부표 4-2〉). 선경의 1993년 4월 1일 현재의 계열회사 수는 32개인데(김동운, 1999:100), '관계회사' 외의 나머지 회사들은 대부분 '투자회사'(관계회사에서 출자한 회사 중 경영지배권을 행사할 수 있는 회사)의 범주에 속하는 것으로 보인다. 현대와 LG처럼 실세의결기구가 그룹계열사 전체를 대상으로 하는 것이 아니라, 주요 '관계회사'만을 우선 대상으로 하고 이 관계회사들이 2차적으로 나머지 계열회사들을 통괄하는 이원적인 체제를 가지고 있는 점이 돋보인다.

3.6.2. 위원회의 심의사항은 ① 관계회사의 종합적인 경영 기본방침, ② 관계회사 공통의 중요사항, ③ 관계회사간의 중요 협조사항, ④ 경영기획실과 홍보실의 운영에 관한 사항 등이다. 한편, 관계회사는 다음 사항을 위원회에 보고해야 한다. ① 결산 내용, ② 신년도 사업계획, ③ 신규사업에의 투자, ④ 임원 인사, ⑤ 중요한 조직 개편, ⑥ 중요한 제도/규정의 시행, ⑦ 중요한 재산의 취득/처분, 그리고 ⑧ 증자, 주식의 변동, 사채발행, 차관도입 등.

3.6.3. 운영위원회는 1995년 초까지는 존속한 것 같으며(서울경제신문산업부, 1995:177~178), 1996년 말 현재의 최고의결기구는 주요 계열사 사장들의 모임인 '사장단회의'이다(중앙일보 경제2부, 1996:123~124). 1998년 8월 현재, 그룹의 핵심 사안을 결정하는 기구는 '5인기획회의'이며, 손길승 그룹부회장(1998년 9월 1일 회장으로 승진됨), 최태원(고 최종현 전 회장의 장남) 주식회사 SK부사장(1998년 9월 1일 대표이사회장으로 승진됨), 그리고 그룹경영기획실의 실무진 3명(유승렬 전무, 김대기 전무, 김창근 상무) 등이 그 구성원들이다. 사장단회의격인 SUPEX 추구협의회가 따로 운영되고 있으며, 손길승 부회장이 간사(1998년 9월 1일 의장으로 승진됨)로서 주도해 왔다(《조선일보》, 1998.8.27, 9.2).

3.6.4. 1998년 9월 1일 손길승은 그룹회장에 추대되었다. 대주주 가족 대표인 최태원의 '의뢰를 받아' SUPEX 추구협의회가 그를 추천한 것이다. 신임회장의 변을 들어보자.

> 최태원 〔SK〕회장과 기업구조조정 등 주요 문제를 논의해 결정할 것〔이다〕. … 최회장은 본인이 완전한 경영인으로서 검증된 뒤 그룹을 총괄하는 지위에 오르길 원한다. 시일을 못 박을 수는 없다. 개인적으로는 구조조정이 빨리 마무리되고 안정이 되면 기꺼이 물러날 생각이다(《조선일보》, 1998.9.2).

3.6.5. 최태원은 1998년 12월 아버지 최종현이 가지고 있던 주요 계열사 지분을 상속받기 시작

했으며 1999년 2월까지 마무리하기로 한 바 있다(《조선일보》, 1998.12.18). 그는 곧 동일인이 될 선경의 실질적인 총수이며, 실세의결기구는 어떤 형태로든 그를 보좌할 것임은 분명하다.

3.6.6. 실무기구인 경영기획실은 가장 최근까지 그 조직을 유지하고 있다. 실세의결기구인 5인 기획회의의 주무부처이다. 1993년 운영위원회의 사무국으로 확대 개편될 당시의 조직은 방대하고 기능은 막대하였다. 회장의 직속기구로서 10개 조직(국외 각 지역별 경영기획실, Corporate Planning Group, 인력관리위원회, R&D위원회, 1부, 2부, 3부, 4부, 5부, Super Excellent 추진팀)을 두고 관계회사/그룹 관련 실무 사항들을 구석구석 관리한다(〈부표 4-3〉).

3.7. 김대중 정부의 강압에 못이겨 실세지배기구들이 형태 변화를 겪고 있다(《조선일보》, 1998.4.5, 4.10). 현대는 1998년 4월 사장단운영위원회를 현대경영자문위원회로 대체하고, 종합기획실 대신 주력회사인 현대건설에 현대경영전략팀을 새로 만들었다. 현대건설에는 정주영 그룹명예회장이 최근 4명 중 1명의 대표이사로 등재되었다. 최고경영자의 경영 책임을 강화하기 위해 그룹회장들로 하여금 주력회사의 대표이사나 이사가 되게끔 한 정부 방침에 따른 것이었다. 정몽구 그룹회장은 사장단회의의 대체기구인 현대경영자협의회의 회장이란 직함을 새로 얻었다.

3.7.1. LG의 회장실은 네 개 조직으로 분리되었다. 구조조정본부는 한시적 그룹총괄기구로 설치되었고, 이사회지원실은 구본무 그룹회장이 대표이사로 등재한 LG전자와 LG화학 두 회사에 신설되었다. 경영정보팀과 홍보팀은 각각 LG경제연구원과 LG애드에 소속되었다.

3.7.2. 삼성에도 구조조정본부가 신설되었으며, 여기에 이전 비서실의 경영지원팀과 기획홍보팀이 흡수되었다. 비서실의 나머지 세 조직(인사팀, 재무팀, 비서팀)은 이건희 회장이 대표이사(회장)로 등재한 삼성전자 회장실 소속이 되었다.

3.7.3. 이러한 변화는 단순한 직함/직제의 변화일 뿐, 동일인/동일인가족은 여전히 총수로 남아 있고 겉모습만 변한 실세지배기구는 예전처럼 그를 보좌하고 있다. 총수의 명령이 일사분란하게 지시-집행-확인되는 '총수-실세의결기구-실세실무기구-계열회사'의 단선·하향식 위계구조는 건재해 있다.

3.7.4. '전문경영인의 자율경영체제를 정착시킨다'(〈현대 윤리강령〉, 1995년 12월 선포; 《현대 50년사》, 1997:1026~1027), "그룹은 사업문화단위(CU)를 주체로 해서 자율 경영을 실천하는 기업집단이다. 중앙 집중에 의한 일원적 통합을 지향하지 않고 각 CU가 독립적으로 발전하도록 한다"(〈LG 경영헌장〉, 1990년 2월 선포 제1조 제1조; 〈표 4-4〉)는 등의 표방은 허울에 지나지 않는다.

4. 단위경영진 1 : 현대, LG의 상장/비상장회사

4.1. 실세지배기구의 경영권이 미치는 범위는 25개(대우)~48개(LG) 계열회사가 영위하는 24개(선경)~38개(현대) 업종에 이른다(1996년 4월1일 현재). 평균 41.2개, 29.6개로서 30대 재벌(22.3개, 18.8개) 총수보다 거의 두 배 정도로 넓은 범위에 걸쳐 영향력을 행사하고 있다(〈표 4-5〉).

4.1.1. 1개 계열회사가 1개 또는 2개 이상의 업종을 영위하기도 하고, 여러 계열회사가 같은 업종을 영위하기도 한다. 1999년 4월 19일의 대우그룹구조혁신 방안에 의하면, ① 대우자동차와 쌍용자동차는 대우자동차로 통합되고, ② 대우통신, 대우정밀, 경남금속, 그리고 코람프라스틱은 새로운 이름의 통합부품회사로 합병될 예정이다. 또, ③ 대우중공업이 하고 있는 공작기계, 조선, 열차항공, 건설중장비 등 네 개 사업부문 중 뒤 세 부문은 각각 매각, 빅딜, 합작된다고 한다.

〈표 4-5〉 5대그룹의 계열회사수, 영위업종 : 1995~1998년

(단위 : 개, %)

	현대	삼성	대우	LG	선경	5대그룹평균	30대그룹평균
계열회사 수(개)							
1995년	48	55	22	50	32	41.4	20.8
1996년	46	55	25	48	32	41.2	22.3
1997년	57	80	32	49	46	52.8	27.4
1998년	62	61	37	52	45	51.4	26.8
영위업종(개)							
1995년	38	31	26	29	24	29.6	18.5
1996년	38	30	27	29	24	29.6	18.8
기업공개현황(96.4.1)							
회사수(개, A)	46	55	25	48	32	41.2	22.3
상장회사수(개, B)	16	14	9	11	5	11	5.7
B/A (%)	34.8	25.5	36	22.9	15.6	26.7	25.6
상장회사자본금/ 총자본금	44.3	55.2	86.2	60.2	56.9		62.1
(97.12.31)							
A	61	59	30	53	43	49.2	
B	21	13	10	14	8	13.2	
B/A	34.4	22	33.3	26.4	18.6	26.8	

자료 : 계열회사 수 - 김동운, 1997:100 ; 영위업종,
기업공개 현황(96) - 공정거래위원회, 96.7 :11,13 ; 기업공개 현황(97) -부록 〈표 4-1〉.
주 1) 계열회사수, 영위업종 - 4월 1일 현재
2) 영위업종 - 표준산업분류상 중단위 60개 업종 기준, 년간 1억원 이상 매출실적업종.

〈표 4-6〉 현대, LG그룹의 임원 규모, 1997년 5월경

(단위 : 명/개)

합 계	현대									LG								
	상장회사(A)			비상장회사(B)			A+B			A			B			A+B		
	회사수(a)	임원수(b)	b/a	a	b	b/a	a	b	b/a	a	b	b/a	a	b	b/a	a	b	b/a
	19	599	31.5	28	248	8.9	47	847	18	14	331	23.6	35	188	5.4	49	519	10.6
정주영가/구본무가 가족구성원이 임원인 회사/ 임원직 수	13	14		7	7		20	21		7	11		4	5		11	16	
실제 등장 가족 구성원 수		6			4			8			10			5			15	
명예회장	1	1*					1	1*										
회장	13	12*, 1		10	5*, 5		23	17*, 6		3	2*, 1		1	1		4	2*, 2	
부회장	2	2					2	2		5	1*, 4		1	1*		6	2*, 4	
사장	18	1*, 18		21	2*, 21		39	3*, 39		13	1*, 16		35	2*, 33		48	3*, 49	
부사장	16	48		14	25		30	73		11	2*, 26		7	10		8	2*, 36	
전무이사	19	121		10	31		29	152		13	3*, 51		15	1*, 27		28	4*, 78	
상무이사	19	189		16	79		35	268		14	99		21	1*, 60		35	1*, 159	
이사	19	206		17	80		36	286		13	2*, 123		21	52		34	2*, 175	
이사대우										13	209		23	77		36	286	

주 1) 임원수 는 임원직 수를 가리킴. *는 정주영가/구본무가 가족구성원이 차지하는 임원직을 가리킴.
2) 출처에는 어떤 성격의 임원인지에 대한 언급이 없으나, 다른 문헌과 비교해 볼때 '상임'임원인 것으로 보임.
3) 현대의 이사대우 수는 출처에 없음. 비교를 위해 LG의 임원수(b) 합계에는 이사대우 수를 포함시키지 않음.
4) 현대는 1997년 5월 현재; LG는 1997년 10월경.
5) 1997년 말 현재, 현대 계열회사수는 61개, LG계열회사 수는 53개임.

자료 : 부록 〈표 4-4, 4-5〉.

4.1.2. 계열회사/영위업종의 경계가 없는 셈이며 그 수도 큰 의미를 갖지는 못한다. 총수의 경영권이 구석구석 미친다는 점에서 보면, 수십 개의 계열회사나 영위업종은 실질적으로는 1개의 대규모 회사나 사업에 불과할 뿐이다.

4.1.3. 그러나, 각 계열회사에는 각자의 경영진(이사회와 실무경영진)이 있어 생산요소의 효율적인 결합을 통해 재화의 생산과 용역의 창출을 원활하게 이끌어가게 된다. 주요 직책을 차지한 소수의 총수가족 구성원들이 총수와 호흡을 맞추면서 일군의 전문경영인들을 통솔하는 것이 보통이다. 상장회사와 비상장회사 대부분의 임원 정보 수집이 가능한 현대(1997년 5월 현재)와 LG(1997년 10월 경)의 경우를 통해 단위경영진 규모의 대강을 먼저 살펴보자(〈표 4-6〉, 〈부표 4-4, 4-5〉).

4.2. 현대는 47개 계열회사(1997년 4월 1일 현재 회사 수는 57개임)에 총 847명의 임원('상임'인 것으로 보임)이 있어, 1개 회사당 평균 18명의 임원을 두고 있다. LG의 49개 회사(1997년 4월 1일 현재 회사 수는 49개임) 총 임원수는 519명으로, 1개 회사 당 평균 임원수는 10.6명이다.

4.2.1. 1997년 4월 1일 현재, 현대의 1개 회사 평균규모(자산 1조 408억 원, 매출액 1조 2,245억 원)는 LG의 그것(각각 9,282억 원, 9,926억 원)보다 조금 큰 편인데(공정거래위원회, 1998.7:8), 규모에 비해 현대가 LG보다 많은 임원을 두고 있는 것으로 볼 수 있다.

4.3. 두 그룹 모두, 상장회사(각각 평균 31.5명, 23.6명)가 비상장회사(각각 8.9명, 5.4명)보다 4배 정도 많은 수의 임원을 가지고 있다. 상장회사의 규모가 월등히 크다는 반증이다.

4.3.1. 물론 반드시 그렇지는 않다. 현대의 경우, 상장회사인 현대건설이 가장 많은 114명의 임원을 가지고 있으며, 비상장회사인 현대중공업이 그 다음으로 많은 104명을 보유하고 있다.

4.3.2. 19개 상장회사들 중 대한알루미늄공업(4명), 현대리바트(8명), 현대엘리베이터(8명), 현대종합금융(8명) 등을 제외한 15개 회사는 10명 이상의 임원을 가지고 있으며, 그 중에서도 현대건설(114명), 현대전자산업(93명), 현대자동차(71명), 현대정공(48명), 현대자동차써비스(40명) 등은 40명 이상의 대규모 경영진을 보유하고 있다.

4.3.3. 9개 비상장회사들 중에서는 현대중공업의 임원이 유독 많으며, 금강기획(13명), 현대석유화학(16명), 현대우주항공(12명), 현대엔지니어링(17명), 현대정보기술(19명) 등이 10명대의 임원을 가지고 있을 뿐 나머지 22개 회사들은 10명 이하의 임원에 의해 경영되고 있다(22개 중 18개의 임원수는 4명 이하임).

4.3.4. LG의 경우, LG전자(138명), LG화학(83명), LG건설(56명) 등 세 상장회사가 차례로 가장 많은 수의 임원을 보유하고 있으며, 비상장회사인 LG칼텍스정유(54명)가 그 뒤를 따르고 있다. 14개 상장회사 중에서는 극동도시가스(4명)와 LG-Caltex가스(7명)가 소규모

경영진을 두고 있으며, LG반도체(39명), LG산전(37명), LG상사(41명), LG유통(15명), LG EDS시스템(15명), LG애드(14명), LG정밀(13명), LG정유판매(11명), LG텔레콤(11명), LG신용카드(10명) 등 8개가 10명 이상의 중규모 임원수를 가지고 있고, 나머지 26개 회사들은 10명 이하의 임원을 가지고 있다(26개 중 19개의 임원수는 4명 이하임).

4.4. 동일인가족이 차지하는 임원직 수는 총 임원직 수의 3% 정도에 불과하다(현대 : 847개 중 21개, LG : 519개 중 15개, 〈표 4-6〉). 정주영 일가는 모두 최고경영직(명예회장, 회장, 부회장, 사장)만 가지고 있는데, 특히 23개 회장직 중 74%(17개)를 차지하고 있다. 반면, 구본무 일가의 최고경영직 점유율은 상대적으로 낮으며, 부사장 이하 직급에도 가족구성원들이 참여하고 있다. 두 일가 모두 상장회사의 경영에 더 적극적으로 참여하고 있으며, 특히 현대의 13개 상장회사 회장직 중 12개는 정주영 일가가 가지고 있다.

4.4.1. 현대의 경영에 참여하고 있는 정주영 일가 구성원 수는 8명으로 1명당 평균 2.6개의 임원직을 가지고 있다(〈표 4-7〉). 그러나, 실제로는 정몽구 그룹회장과 정몽헌 그룹부회장이 절대 권력을 행사하고 있다. 정몽구는 5개 상장회사(인천제철, 현대강관, 현대산업개발, 현대자동차써비스, 현대정공)와 1개 비상장회사(현대우주항공)의 회장이며, 정몽헌은 5개 상장회사(현대건설, 현대상선, 현대엘리베이터, 현대전자산업, 현대종합상사)와 3개 비상장회사(금강기획, 현대엔지니어링, 현대정보기술)의 회장이다. 정몽혁은 2개 비상장회사(현대석유화학, 현대정유) 사장이며, 정몽윤은 1개 비상장회사(현대할부금융) 회장이다. 나머지 네 사람은 각각 1개의 상장회사에 관여하고 있다. 정몽근 : 금강개발산업(회장), 정몽일 : 현대종합금융(사장), 정세영 : 현대자동차(명예회장), 정몽규 : 현대자동차(회장).

4.4.2. 정몽구-정몽헌을 'two top'으로 하여 혈족 1촌(정주영 자녀)이 고전적인 친정체제를 구축하고 있는 것이 현대 족벌경영의 특징이다.

4.4.3. 이에 비해, 딸만 하나인 구본무는 대규모 방계가족 구성원들의 도움을 분산적으로 받고 있다(〈표 4-8〉). 그 자신 계열회사 상임임원직을 가지고 있지 않으며, 2촌에서 5촌에 이르는 15명이 1개의 임원직만 가지고 있다(3촌인 구자학만 2개 보유). 특히 5촌(창업주인 할아버지 구인회의 다섯 남동생들의 자녀들 — 두 남동생은 사망, 세 남동생인 구태회, 구평회, 구두회는 현재 그룹창업고문임)들이 부회장에서 이사에 이르는 직책을 가지고 대거 경영수업을 받고 있는 점이 돋보인다. 허씨 일가(구인회의 처가) 쪽에서는 두 사람(허승조, 허동수)이 대표주자로 나와 있다.

〈표 4-7〉 현대그룹의 경영에 참여한 정주영가 가족구성원, 1997년 5월 현재

	그룹	상장회사													비상장회사						
		금강개발산업	인천제철	현대강관	현대건설	현대산업개발	현대상선	현대엘리베이터	현대자동차	현대자동차써비스	현대전자산업	현대정공	현대종합금융	현대종합상사	금강기획	현대석유화학	현대우주항공	현대엔지니어링	현대정보기술	현대정유	현대할부금융
A. 동일인 (정주영)	명예회장																				
B. 친족																					
혈족 1촌 : 정몽구	회장		회장	회장		회장				회장		회장					회장				
정몽근		회장																			
정몽헌	부회장				회장		회장	회장			회장			회장	회장			회장	회장		
정몽윤																					회장
정몽일													사장								
2촌 : 정세영									명예회장												
3촌 : 정몽규									회장												
정몽혁																사장				사장	

자료 : 《현대 50년사》, 1997:1992~1995.

〈표 4-8〉 LG그룹의 경영에 참여한 구본무가(家) 가족구성원, 1997년 10월경

	그룹	회장실	상장 회사							비상장회사			
			LG 건설	LG 금속	LG 반도체	LG 상사	LG 전자	LG 증권	LG 화재해상보험	LG 유통	LG MMA	LG 정밀	LG 칼텍스정유
A. 동일인-구본무	회장												
B. 친족													
혈족 1촌 : 구자경	명예회장												
2촌 : 구본준					전무이사								
3촌 : 구자학			회장		회장								
구자두										부회장			
4촌 : 구본걸		전무이사											
5촌 : 구자원				부회장									
구자훈									부사장				
구자준												전무이사	
구자섭											사장		
구자인					이사								
구자홍							사장						
구자엽			전무이사										
구자명													전무이사
구자열								전무이사					
구자용							이사						
기타 허동수													사장
허승조						부사장							

자료 : 《LG50년사》, 1997: 부록 35~38.

5. 단위경영진 2 : 5대그룹의 상장회사

5.1. 이제 〈1997년 사업보고서〉에 담긴 내용을 중심으로 5대그룹 상장회사 단위경영진의 모습을 좀더 자세히 살펴보자(〈표 4-9〉, 〈표 4-10〉, 〈그림 4-3〉). 상장회사 수는 전 계열회사의 1/3 정도(1997년 12월 말 현재 18.6~34.4%; 1996년 4월 1일 현재 15.6~36.0%)밖에 되지 않지만 그룹 내에서의 비중은 매우 크다(〈표 4-5〉). 자본금(1996년 4월 1일 현재 44.3~86.2%), 자산, 매출액, 종업원 등의 금액/인원수 비율이 매우 높으며, 더 많은 임원수를 갖는 상대적으로 크고 진전된 경영조직을 가지고 있다.

〈표 4-9〉 5대재벌 상장계열회사의 임원규모 및 총수가족구성원의 경영참여도, 1997년 12월 말경

(단위 : 개, 명, %)

	현대	삼성	대우	LG	선경
상장회사 수(개, a)	21	13	10	14	8
총임원직 수(개, b)	546	399	143	404	156
의결/집행기구, 총임원직 수(개, c)	514	367	124	379	141
총감사직 수(개, d)	32	32	19	25	15
b/a(개)	26	30.7	14.3	28.9	19.5
c/a(개)	24.5	28.2	12.4	27.1	17.6
d/a(개)	1.5	2.5	1.9	1.8	1.9
총수가족의 경영 참여					
보유임원직 수(개, A)	24	11	0	27	8
참여회사 수(개, B)	15	10	0	13	4
참여가족구성원 수(명, C)	11	3	0	13	6
(이 중 소유참여자 수(명))	(11)	(1)	(0)	(13)	(5)
(소유 참여 총가족구성원 수(명))	(24)	(10)	(21)	(102)	(14)
1개회사 임원직 보유 빈도(개)	1~3	1~2	0	1~5	1~3
1인 임원직 보유 빈도(개)	1~7	1~8	0	1~5	1~3
최고경영자직 보유수(개, D) (총수)	18(38)	3(24)	0	10(28)	5(14)
명예회장직	2(2)	1(1)			
회장직	15(15)	1(4)		6(7)	3(4)
부회장직	1(2)	1(5)		0(2)	2(3)
사장직	0(19)	0(14)		4(19)	0(7)
A/b(%)	4.4	2.8	0	6.7	5.1
A/B(개)	1.6	1.1	0	2.1	2
A/C(개)	2.2	3.7	0	2.1	1.3
D/A(%)	75	27.3	0	37	62.5

자료 : 〈그림 4-3〉, 〈표 4-10〉, 부록 〈표 4-6, 7, 8, 9, 10, 11〉.
주 : 삼성의 명예회장직 = '그룹회장직'.

〈표 4-10〉 총수가족 구성원들의 상장계열회사에 대한 경영참여, 1997년 12월 말경

A. 현 대	고려산업개발	금강개발산업	동서산업	대한알루미늄공업	인천제철	한국프랜지공업	현대강관	현대건설	현대리바트	현대미포조선	현대산업개발	현대상선	현대엘리베이터	현대자동차	현대자동차써비스	현대전자산업	현대정공	현대종합금융	현대종합상사	현대증권	현대해상화재보험
A. 동일인 (정주영)								대표이사 명예회장								ㅔ 이사					
B. 친족																					
혈족1촌: 정몽구					등기이사 회장		회장				대표이사 회장				대표이사 회장		회장		이사		
정몽근		대표이사 회장																			
정몽헌							비상근이사	대표이사 회장				회장	회장	비상근이사		대표이사 회장			대표이사 회장		
정몽일																		대표이사 회장			
2촌: 정세영														명예회장							
정은희			비상근감사																		
정유희			비상근감사																		
3촌: 정몽규														회장							
기타 김영주			대표이사 회장			회장															
김윤수						부회장															

B.삼 성	삼성	삼성엔지니어링	삼성전기	삼성전관	삼성전자	삼성정밀화학	삼성중공업	삼성증권	삼성항공산업	삼성화재해상보험	에스원	제일모직	호텔신라
A. 동일인-이건희	그룹회장		비상근 이사	비상근 이사	대표이사 회장		비상근 이사		비상근 이사			비상근 이사	비상근 이사
B. 친족: 기타 홍석준				이사									
이종기								비상근 이사		대표이사 부회장			

C. LG	극동도시가스	LG 건설	LG 금속	LG 반도체	LG 산전	LG 상사	LG 전선	LG 전자	LG 정보통신	LG 종합금융	LG 증권	LG-Caltex 가스	LG화재해상보험	LG 화학
A. 동일인-구본무		회장				비상근 이사		대표이사 회장						대표이사 회장
B. 친족-혈족2촌: 구본준				대표이사 사장										
3촌: 구자학		회장		회장				비상근등기 이사	비상근등기 이사					
구자극						이사								
4촌: 구두회												고문		
5촌: 구자엽		전무이사												
구자홍				비상근 사장	비상근등기 이사			대표이사 사장	비상근등기 이사					
구자용								미등기 이사						
구자열											전무 이사			
구자훈													사장	
기타 허동수	비상근 이사											비상근등기 이사		
허창수			비상근 이사			비상근 이사	대표이사 회장	비상근등기 이사						비상근 이사
허승조						이사								

D. 선 경	대한도시가스	SK	SKC	SK 가스	SK 상사	SK 증권	SK 케미칼	SK 텔레콤
A. 동일인-최종현			비상근이사 회장		대표이사회장		비상근 대표이사 회장	
B. 친족-								
혈족 1촌 : 최태원		대표이사 부사장						
최재원			이사					
2촌 : 최종관			비상근이사 부회장					
3촌 : 최윤원							대표이사 부회장	
최창원							등기이사 상무이사	

주) 등기이사는 주주총회에서 선출되는 이사, 미등기이사는 그렇지 않은 경우임, 등기/미등기 표시가 없는 것은 출처에 명확한 표시가 없는 경우임.
자료 : 부록 〈표 4-6~10〉의 출처.

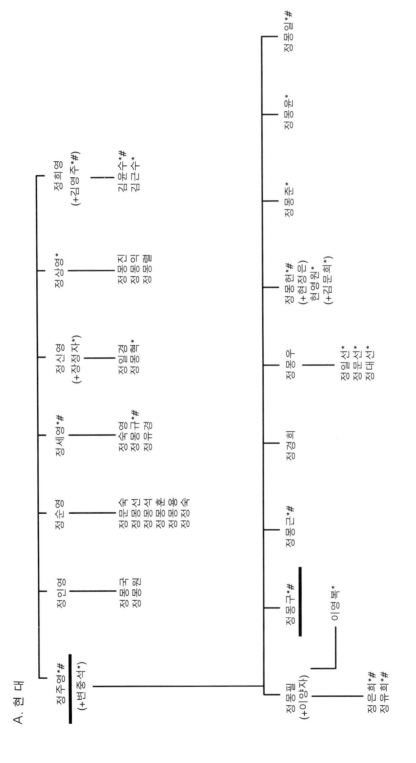

〈그림 4-3〉 총수가족구성원들의 상장계열회사에 대한 소유 및 경영참여도

A. 현 대

자료 : 소유, 경영 참여 여부 - 〈표 4-10〉, 〈부표 4-6, 7, 8, 9, 10, 11〉; 가족구성원 간의 관계
백승열, 1991 : 60, 117, 179, 226, 320.

주 1) * 표시된 사람은 지분소유자, # 표시된 사람은 경영참여자.
2) 사망(1991년 현재) : 현대 - 정신영, 정몽필, 정몽우.

B. 삼 성

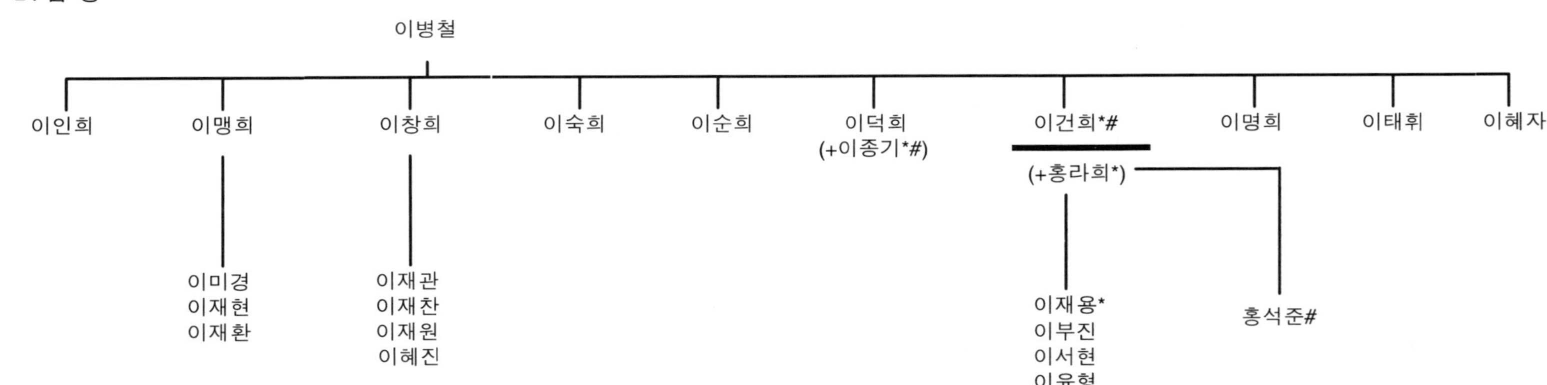

자료 : 소유, 경영 참여 여부 - 〈표 4-10〉, 〈부표 4-6, 7, 8, 9, 10, 11〉; 가족구성원 간의 관계 백승열, 1991 : 60, 117, 179, 226, 320.

주 1) * 표시된 사람은 지분소유자, # 표시된 사람은 경영참여자.

2) 사망(1991년 현재) : 삼성 - 이병철, 이창희.

C. 대 우

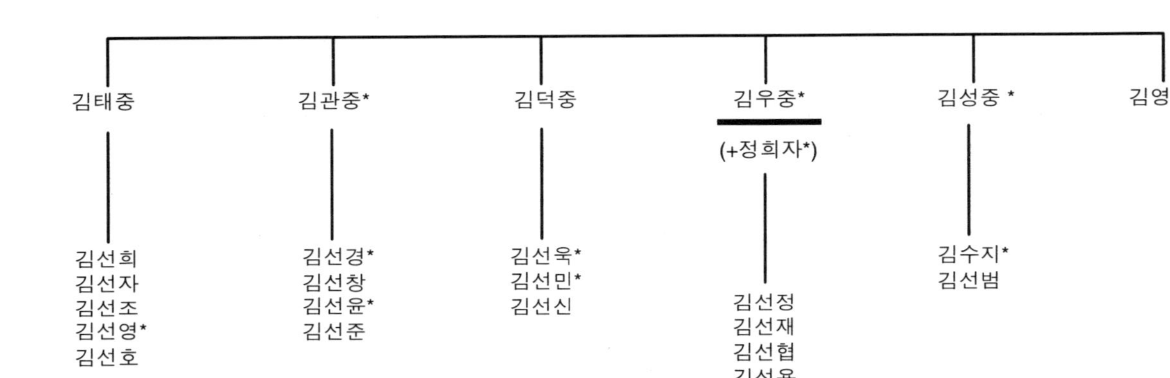

자료 : 소유, 경영 참여 여부 - 〈표 4-10〉, 〈부표 4-6, 7, 8, 9, 10, 11〉; 가족구성원 간의 관계 백승열, 1991 : 60, 117, 179, 226, 320.

주 1) * 표시된 사람은 지분소유자, # 표시된 사람은 경영참여자.

2) 사망(1991년 현재) : 대우 - 김선재

3) 대우는 경영참여자 없음.

D. LG

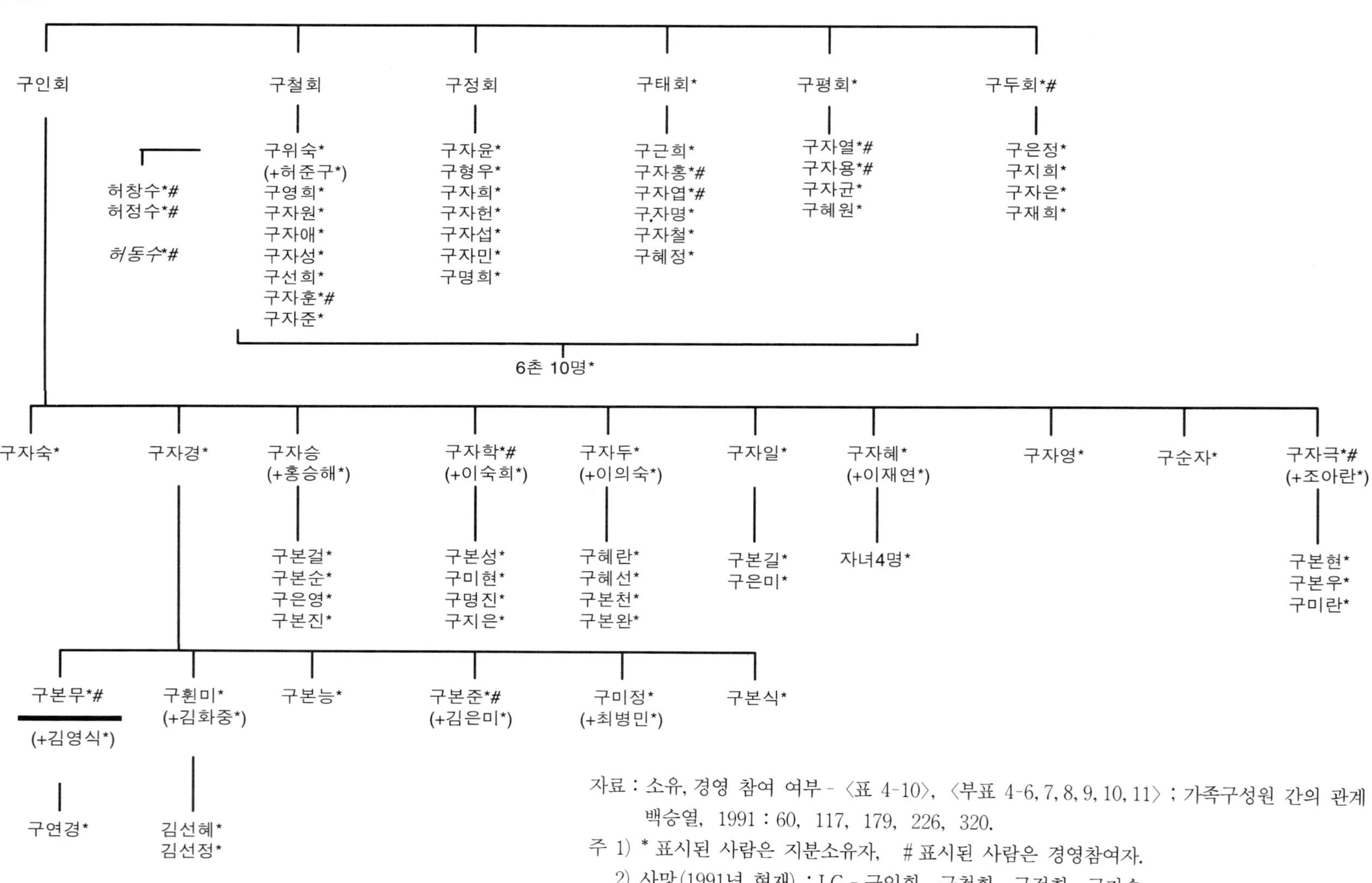

자료 : 소유, 경영 참여 여부 - 〈표 4-10〉, 〈부표 4-6, 7, 8, 9, 10, 11〉; 가족구성원 간의 관계 백승열, 1991 : 60, 117, 179, 226, 320.

주 1) * 표시된 사람은 지분소유자, # 표시된 사람은 경영참여자.

2) 사망(1991년 현재) : LG - 구인회, 구철회, 구정회, 구자승

E. SK

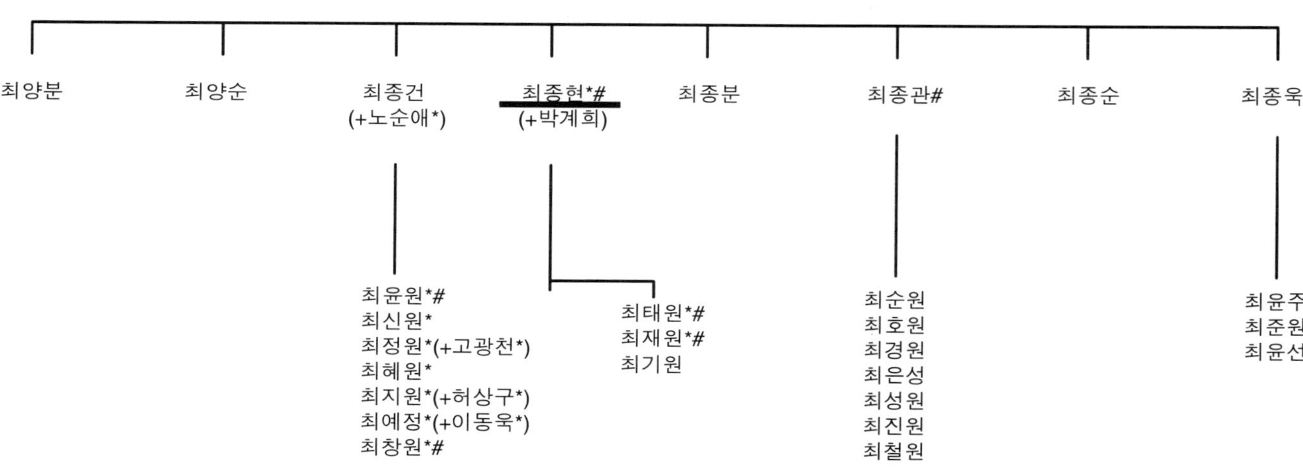

자료 : 소유, 경영 참여 여부 - 〈표 4-10〉, 〈부표 4-6, 7, 8, 9, 10, 11〉 ; 가족구성원 간의 관계 백승열, 1991 : 60, 117, 179, 226, 320.

주 1) * 표시된 사람은 지분소유자, # 표시된 사람은 경영참여자.
2) 사망(1991년 현재) : 선경 - 최종건.

5.1.1. 더구나 상장회사들은 총수가족으로 하여금 소유자경영(*owner-control*)을 할 수 있게 하는 매개체라는 중요성을 가지고 있다. 즉, 총수가족(과 그가 지배하는 비영리법인)은 주로 상장회사들에 큰 지분을 가지고 있으며, 이 상장회사들이 개별적 혹은 집합적으로 다른 상장회사와 비상장회사들에 절대지분을 가지고 있는 것이 보통이다.[3] 이에 따라 총수가족구성원들은 더욱 빈번하게 상장회사들의 경영에 참여하게 된다.

5.1.2. 한편 〈사업보고서〉에 담긴 정보는 총괄적이지 못하며, 그룹 내 회사간에 또는 그룹간에 체계성과 일관성이 결여되어 있기도 하다(현대와 LG의 경우, 제4절에서의 정보와 상충되기도 함). 따라서 여기서의 비교는 개략적이고 잠정적일 수밖에 없다.

5.2. 대우와 선경의 총 임원직수는 150개 정도이고, 삼성, LG, 현대는 그보다 2.5~3.5배 많은 400~550개의 임원직을 가지고 있다. 1개 상장회사당 임원직수에서도 뒤 세 재벌(26~31개)이 앞 두 재벌(14~20개)보다도 많다(〈표 4-9〉).

5.2.1. 각 상장회사의 임원직수는 5개에서 129개에 이르기까지 큰 차이를 보이고 있다. 현대, 5~129개; 삼성, 12~91개; LG, 11~144개; 대우, 7~28개; 그리고 선경, 9~43개(〈부표 4-6, 4-7, 4-8, 4-9, 4-10〉).

5.2.2. 현대의 21개 회사들 중에서는 금강개발산업(10명), 동서산업(10), 대한알루미늄공업(5), 현대리바트(8), 현대산업개발(9), 현대상선(10), 현대종합금융(5) 등 7개가 10명 이하의 임원을 두고 있으며, 현대건설(129명), 현대자동차(61), 현대전자산업(77), 현대정공(51), 그리고 현대종합상사(40)는 40명 이상의 대규모 임원에 의해 경영되고 있다.

5.2.3. 삼성의 13개 회사는 모두 10명 이상의 임원을 보유하고 있으며, 규모가 큰 회사는 삼성물산(91명), 삼성전자(59), 삼성화재해상보험(37), 삼성중공업(37) 등이다.

5.2.4. LG의 14개 회사도 모두 보유 임원수가 10명 이상이며, LG전자가 144명으로 제일 많은 임원을 가지고 있다. 그 다음으로, LG건설(37명), LG산전(41), LG정보통신(30) 등이 30~40명의 임원을 가지고 있다.

5.2.5. 대우에서는 대우중공업(28명)과 주식회사대우(24)가 20명대의 임원을 가지고 있으며, 나머지 8개 회사 중 3개(대우전자부품, 대우정밀공업, 오리온전기)는 10명 미만의 임원을 가지고 있다.

5.2.6. 선경의 1개 회사당 임원수(19.5명)는 대우(14.3명)보다 많은데, SK가스(9명)와 SK텔레콤(43)을 제외한 나머지 6개 회사는 12~25명의 중규모 임원진에 의해 경영되고 있다.

5.3. 임원은 의결기구인 이사회 이사, 집행기구인 경영진 임원, 감사 등 크게 셋으로 나뉜다(〈부표 4-6, 4-7, 4-8, 4-9, 4-10〉). 이사회 이사와 감사는 주주총회에서 선출되며 법인

---

3) 더욱 상세한 논의는 김동운(1999); 김동운(1999.2) 참조.

등기부에 등록하도록 되어 있다. 이사회 이사 중 몇 명은 대표이사가 된다. 이사회 이사의 대부분은 경영진에 참여하며, 이들 외에 더 많은 수의 미등기임원들이 있다. 이들은 역할에 따라 회장, 부회장, 사장, 부사장, 전무이사, 상무이사, 이사 등의 직책을 갖게 되며, 회사에 따라 명예회장, 이사대우, 이사보, 자문역, 상담역, 고문 등의 명칭을 가지는 경우도 있다. 어떤 임원이든 상임, 비상임일 수 있는데, 감사는 대다수가 비상임이다.

5.3.1. 회사의 정관에는 법적 기구인 주주총회, 이사회 그리고 감사에 관한 각종 규정이 포함되어 있으며, 그 규정은 재벌간에 그리고 한 재벌 중의 상장회사간에 대동소이하면서도 상당한 차이를 보이고 있다. 특히, 각 기구/임원의 역할이 명확히 제시되는 경우는 많지 않은데, 현대의 인천제철 정관(1998월 3월 21일 개정) 규정이 비교적 자세한 편이다('이사회 이사의 직무'는 현대산업개발 정관 규정임).[4]

1) 주주총회 의결사항(제24조)
   ① 결산 승인, 이사 및 감사의 선임 및 해임
   ② 발행 예정 주식 총수의 증가 및 자본 감소
   ③ 영업의 전부 임대 또는 양도 및 양수
   ④ 주식의 병합
   ⑤ 합병 및 해산
   ⑥ 정관의 변경
   ⑦ 기타 법령에서 정한 사항 및 이사회에서 요구한 사항.
2) 이사회 의결사항(제36조)
   ① 주주총회 소집과 이에 제출할 의안에 관한 사항
   ② 매사업년도의 사업계획과 예산 및 결산에 관한 사항
   ③ 중요한 규정의 제정 및 개폐
   ④ 주주 및 종업원에 대한 신주인수권 부여
   ⑤ 중요한 차입, 차관(사채 및 주식발행에 관한 사항)
   ⑥ 중요한 투자 및 시공계획
   ⑦ 기타 특히 중요하다고 인정된 사항
   ⑧ 법률로 제정된 사항.
3) 이사회 이사의 직무(제33조)
   ① 대표이사는 이사회를 통괄하고 주요 시책 수립 및 집행을 지휘하며 당회사 업무를 총괄한다.
   ② 이사는 이사회의 구성원으로서 회사 업무집행의 의사결정에 참여하고, 이사회를 통

4) '인천제철주식회사 정관'(제33기 사업보고서에 첨부); '현대산업개발주식회사 정관'(제21기 사업보고서에 첨부).

하여 경영진의 직무집행을 감독하는 권한을 가진다.

4) 경영진의 선임(제39조의 3)

① 회사는 이사회의 의결사항을 집행하기 위하여 경영진을 둔다.

② 경영진은 인사소위원회의 추천으로 이사회의 결의에 의하여 선임한다.

③ 경영진은 명예회장, 회장, 사장, 부사장, 전무, 상무, 이사로 구분하며, 명예회장, 회장, 사장은 최고경영자라 칭하고, 경영진은 이사회의 이사가 될 수 있다.

④ 경영진의 업무 분장에 관하여는 최고경영자가 정한다.

5) 감사의 직무(제32조)

① 감사는 이사의 직무의 집행을 감사한다.

② 감사는 회사의 회계와 업무를 감사하고 결산재무제표에 대한 감사보고서를 작성하여 주주총회에 보고한다.

③ 감사는 언제든지 회계에 관한 장부기록과 서류를 열람 또는 복사할 수 있으며 이사에 대하여 영업에 관한 보고를 요구하거나 회사의 업무와 재산상태를 조사할 수 있다.

④ 감사는 이사회에 출석하여 의견을 진술할 수 있다.

⑤ 감사는 이사가 법령 또는 정관에 위반한 행위를 하거나 그 행위를 할 염려가 있다고 인정한 때에는 이사회에 보고하여야 한다.

⑥ 감사는 이사가 주주총회에 제출할 의안 및 서류를 조사하여 법령 또는 정관에 위반하거나 현저하게 부당한 사항이 있는지의 여부에 관하여 주주총회에 그 의견을 진술하여야 한다.

⑦ 감사는 그 직무를 수행하기 위하여 필요한 때에는 자회사에 대하여 영업의 보고를 요구할 수 있다. 이 경우 자회사가 지체없이 보고를 하지 아니할 때 또는 그 보고의 내용을 확인할 필요가 있는 때에는 자회사의 업무와 재산상태를 조사할 수 있다.

그러나, 총수를 위시한 실세지배기구의 영향력이 절대적인 '개인화된 다원적 경영구조' 하에서 이러한 법적 기구/임원의 역할은 극히 제한되어 있는 것이 현실이다.

5.4. 총수가족구성원들이 차지하는 임원직수는 총임원직수의 5% 내외에 불과하다(〈표 4-9〉, 〈그림 4-3〉, 〈부표 4-11〉). LG(6.7%), 선경(5.1%), 현대(4.4%), 삼성(2.8%)의 순이며, 대우에는 김우중 본인이나 가족이 개별 상장회사 경영에 전혀 참여하지 않고 있는 것으로 되어 있다.

5.4.1. 구본무 일가(13명)와 정주영 일가(11)의 참여자수가 많은 편이며, 최종현 일가(6)과 이건희 일가(3)의 참여자수는 적다. 1인당 평균 1~4개 정도의 임원직을 보유하지만, 어떤 사람은 1개만 갖는 데 반해 어떤 사람은 8개를 갖는 등 가족구성원 개개인간의 경영 참여 정도는 큰 차이를 보이고 있다. 한편, 경영에 참여하는 이들은 모두(정주영, 구본무 일가) 또는 대부분(최종현, 이건희 일가) 소유에도 참여하고 있어 소유자경영(*owner-control*)을 하고 있다.

5.4.2. 구본무 일가(14개 중 13개)와 이건희 일가(13개 중 10개)는 대부분의 회사에 임원직을 가지고 있는 반면, 정주영 일가(21개 중 15개)와 최종현 일가(8개 중 4개)는 상대적으로 그렇지 못하다. 1개 회사당 평균 1~2개의 임원직을 가지고 있으며, 구본무 일가의 경우 한 개 회사에 최고 5명이 경영에 참여하고 있다.

5.4.3. 총수가족구성원들은 대부분 최고경영자(명예회장, 회장, 부회장, 사장)나 이사회 이사로서 큰 영향력을 행사하고 있다. 정주영 일가 보유 24개 임원직 중 18개(75%)가 최고경영자직이며, 여기에는 회장직 15개 모두가 포함되어 있다. 최종현가의 경우도 8개 중 5개(62.5%)가 회장직·부회장직이다. 구본무가(37%; 27개 중 10개)와 이건희가(27.3%; 11개 중 3개)의 경우, 전자는 부사장직 이하의 경영진에의 참여가 많은 반면, 후자는 비상임이사로서 이사회에 참여하는 빈도가 높다.

5.4.4. 현대에서는 동일인인 정주영이 임원규모가 가장 큰 현대건설의 대표이사 명예회장으로서 경영 일선에 있으며, 현대전자산업에도 이사로서 간여하고 있다. 정몽헌의 보유 임원직수가 7개(이중 5개는 회장직)로 가장 많고, 정몽구는 6개(이중 5개는 회장직)를 가지고 있다. 회사별로는 동서산업(3명), 현대자동차(3) 경영에의 참여가 제일 빈번하다.

5.4.5. 삼성에서는 이건희 그룹회장이 13개 회사 중 8개에 임원직을 가지고 있다. 이 중 삼성전자만 대표이사회장으로서 직접 관리하고, 6개는 비상임이사로서 이사회를 통한 간접경영을 하고 있다. 삼성물산에서의 직책은 '그룹회장'으로 되어 있는데, 비상임이사직인 것으로 보인다.

5.4.6. LG에서도 구본무 그룹회장의 개별기업 참여도가 높다. LG건설, LG전자, LG화학 등 주력회사의 회장이며, LG상사의 비상임이사이다. 구자학, 구자홍도 각각 4개씩의 임원직을 가지고 있으며, 허창수는 5개를 가지고 있다. 회사별로는 LG전자에 5명이 관여하고 있으며, LG상사에 4명, LG건설과 LG반도체에 각각 3명이 관여하고 있다.

5.4.7. 선경의 최종현도 마찬가지이다. SKC, SK상사, SK케미칼의 회장으로서 적극적인 경영참여를 하고 있다. 나머지 5명은 각각 1개씩의 임원직만 가지고 있다. 회사별로는 SKC(3개)와 SK케미칼(3개)에서의 보유 임원직 수가 가장 많다.

6. 중위경영진

6.1. 각 계열회사에 '단위경영진'이 있는 한편으로, 유사업종에 종사하는 몇 개의 계열회사들을 관할하는 '중위경영진'이 있는 경우가 있는데, LG의 CU 회의체가 대표적이다(〈표 4-4〉). 말 그대로 CU내의 회의체로서 다음 두 기구로 구성된다(경영헌장 제6조).

1) 이사회 : 상법 규정에 따라 구성하는 CU의 최고의사결정기구로서 CU의 주요 경영안건을 심의한다. 그룹 대표가 참석하여 그룹의 기본방침을 반영하고, 실세의결기구인 감사위원회의 위원인 감사가 참석한다.
2) 인재개발위원회 : 다각적으로 인사정보를 파악하고 장기전략에 따른 인재육성을 도모한다.

6.1.1. 각 CU의 최고경영자는 CU장이며, 주주총회의 결의에 근거하여 경영에 관한 모든 권한을 가지고, 추구할 목표, 사업범위 및 조직, 경영자원의 조달과 배분 등을 결정한다. 또, CU 비전의 책정과 실현, 후계자 육성, 수익의 확보와 그 향상에 진력할 의무를 갖는다(경영헌장 제3조 제3항).

6.1.2. CU(Culture Unit;사업문화단위)는 "사업의 자율적 운영을 실천하는 경영체로서, 동일한 사업문화를 가지고 공통의 경영시스템 하에서, 효과적 운영이 가능한 경영단위"이다(경영헌장 제3조 제1항). 1990년 2월 자율경영추진시스템을 확립한다는 의도로 도입된 조직이다. 사업별 특성에 맞는 운영시스템의 적용, 소비자의 다양한 욕구에 순발력있게 부응하기 위한 기술과 조직의 확보 등이 그 주요 취지이다(《LG 50년사》, 1997:468). 1997년 10월 현재, 49개 계열회사들 중 41개가 5개 분야의 21개 CU로 편성되어 있다(《LG 50년사》, 1997:부록 6~38).

1) 화학 · 에너지분야(3CU, 10회사)
   a. 화학 CU(1회사 일부) : LG화학(CU장=성재갑 부회장)
   b. 생활건강 CU(1회사 일부+4회사) : LG화학(CU장=조명재 사장), LG석유화학, LG실트론, LG오웬스코닝, LG MMA.
   c. 정유 CU(5회사) : LG-Caltex정유(CU장=허동수 사장), LG칼텍스가스, LG정유판매, 호유해운, 원전에너지.
2) 전기 · 전자분야(5CU, 12회사)
   d. 전자미디어 CU(6회사) : LG전자(CU장=구자홍 사장), LG전자부품, LG마이크론, LG포스타, LG소프트, LG히다찌.
   e. 산전 CU(2회사) : LG산전(CU장=이종수 사장), LG하니웰.
   f. 반도체 CU(2회사) : LG반도체(CU장=문정환 부회장), LG정보통신.

g. 정보통신 CU(1회사) : LG텔레콤(CU장=정강호 사장).
h. 정밀 CU(1회사) : LG정밀(CU장=손기락 사장).

3) 기계·금속분야(3CU, 3회사)
i. 전선 CU(1회사 일부+1회사) : LG전선(CU장=권문구 사장), LG기공.
j. 기계 CU(1회사 일부) : LG전선(CU장=유환덕 사장).
k. 금속 CU(1회사) : LG금속(CU장=최구명 사장).

4) 무역·서비스분야(6CU, 10회사)
l. 상사 CU(1회사 일부) : LG상사(CU장=이수호 사장).
m. 패션 CU(1회사 일부) : LG상사(CU장=신홍순 사장).
n. 건설·엔지니어링 CU(4회사) : LG건설(CU장=신승교 사장), LG엔지니어링, LG에너지, LG ENC.
o. 유통 CU (2회사) : LG유통(CU장=강말길 사장), LG백화점.
p. 애드 CU (1회사) : LG애드(CU장=이인호 사장).
q. 시스템 CU(1회사) : LG-EDS시스템(CU장=김범수 사장).

5) 금융분야(4CU, 7회사)
r. 증권 CU(3회사) : LG증권(CU장=진영일 사장), LG투자신탁운용, LG선물.
s. 보험 CU(1회사) : LG화재해상보험(CU장=민수기 사장).
t. 카드 CU(2회사) : LG신용카드(CU장=최진영 사장), LG할부금융.
u. 종금 CU(1회사) : LG종합금융(CU장=정진구 사장).

6) CU에 소속되지 않은 회사(8회사) :LG스포츠, 한무개발, LG경제연구원, LG레저, LG홈쇼핑, LG창업투자, 극동도시가스, LG인터넷.

6.2. 각 CU가 정말 '동일한' 사업문화를 가지고 '자율적이고 효과적인' 경영을 하고 있는지에 대해서는 상당한 의문이 있다.

6.2.1. 무엇보다, 각 CU에 속하는 계열회사가 평균 2개도 안될 정도로 적고 그에 따라 CU수가 너무 많다는 점이다. 21개 CU 중 7개는 1개 계열회사만 있고 4개 CU는 1개 계열회사의 일부로 구성되어 있다. 5개 CU는 2개 계열회사를 가지고 있으며, 3개 이상 계열회사를 갖는 CU는 5개에 불과하다. CU라는 중간 조직을 설정하는 의의가 크게 떨어진다고 볼 수 있다.

■ 그만큼 각 계열회사가 영위하는 업종이 다양해서 몇 개의 큰 단위로 묶기가 쉽지 않다는 반증이다. 8개 회사는 CU에 소속되지 못할 정도이다. 1996년 4월1일 현재 LG그룹의 48개 계열회사가 영위하는 업종은 표준산업분류상 중단위 60개 업종 중 거의 절반(29개)에 달한다(〈표 4-5〉).

■ 더 낮은 분류 단위를 기준으로 하면 단위업종은 굉장히 많을 것이다. 1997년 말(금융관련 회사는 1998년 3말) 현재 14개 상장회사가 영위하고 있는 목적사업(표준분류상 소단

위에 해당하는 것 같음) 수는 1개(LG상사)~60개(LG화학)로 매우 다양하며, 8개 회사는 10개 이상(이중 4개 회사는 30개 이상)의 사업을 가지고 있다. 영위하지 않는 사업들도 많아 영위 가능한 사업수가 10개 이상인 회사는 10개에 이른다(〈표 4-11〉). 현재 각각 두 개의 CU로 나뉘어져 있는 LG상사, LG전선, LG화학은 목적사업수가 각각 12개, 38개, 74개인데, 다른 회사들도 목적사업을 모두 영위하는 경우 각각 두 개의 CU로 나뉘어지게 될지 모른다.

〈표 4-11〉 LG그룹 상장계열회사의 영위사업

회사	목적사업 총수	영위하는 사업수	영위하지 않는 사업수	공시대상 사업부문 수	공시대상 사업부문의 유형 및 비중(매출액기준)
극동도시가스	10	3	7	3	도시가스부문(84%), 공사부문, 기타사업부문
LG 건설	50	33	17	5	건축(46.2%), 토목(18.6%), 플랜트(10.9%), 주택(24.0%), 기타(0.3%)
LG 금속	13	13	0	3	제련, 귀금속, 가공
LG 반도체	2	2	0	?	
LG 산전	5	5	0	4	빌딩설비, 전력기기, 플랜트, 기타
LG 상사	12	1	11	2	상사, 패션
LG 전선	38	38	0	2	전선(74%), 기계(26%)
LG 전자	21	16	5	4	디스플레이, 리빙시스템, 멀티미디어, LCD.
LG 정보통신	11	11	0	2	통신기기 및 방송장비 제조(95%), 건물설비설치공사(5%)
LG 종합금융	12	12	0	0	
LG 증권	30	30	0	3	위탁/인수, 금융부문, 자기매매 등
LG-Caltex 가스	4	2	2	2	LPG(99.8%), 가스기기(0.2%)
LG 화재해상보험	2	2	0	0	
LG 화학	74	60	14	2	화학CU(79%), 생활건강CU(21%)

자료 : 회사 1. 〈사업보고서〉, 1, 11쪽.
2. 〈사업보고서〉, 1-2, 12쪽.
3. 〈사업보고서〉, 1, 14-15쪽.
4. 〈사업보고서〉, 6쪽.
5. 〈사업보고서〉, 1, 11쪽.
6. 〈사업보고서〉, 1, 15-16쪽.
7. 〈사업보고서〉, 1-2, 19쪽.
8. 〈사업보고서〉, 1, 10-11쪽.
9. 〈사업보고서〉, 1, 10쪽.
10. 〈사업보고서〉, 1, 12쪽.
11. 〈사업보고서〉, 1, 16쪽.
12. 〈사업보고서〉, 1, 9쪽.
13. 〈사업보고서〉, 1, 13쪽.
14. 〈사업보고서〉, 1-2, 17쪽.

주 : 회사이름은 〈부표 4-1〉 참조.

6.2.2. CU장 소속 회사는 CU 소속 다른 회사들의 지배주주인 경우가 많으며, 뒤의 회사들은 앞의 회사의 사업과 관련된 사업을 하는 경우가 많다. 따라서 CU내 회사들이 유사한 사업문화를 갖게 될 가능성은 큰 편인데, 이는 CU라는 조직을 새로 만들지 않더라도 마찬가지일 것이다. CU라는 조직은 이미 지분으로 지배-피지배의 관계가 성립되어 있는 회사들에 명시적으로 테두리를 쳐준다는 의미가 상당히 큰 것으로 여겨진다.

■ 21개 CU의 장이 속한 회사는 18개이며, 이 중 상장회사가 11개이다. 다른 재벌의 경우처럼 LG의 경우도 내부지분율의 대부분은 상장회사들의 몫이다. 1997년 말 현재, 14개 상장회사 중 13개는 상장·비상장회사들에 빈번하게 다양한 크기의 지분을 가지고 있는 반면, 나머지 41개 비상장 회사 중에서는 14개만이 일부 상장·비상장회사들에 적은 지분을 가지고 있을 뿐이다. 각 CU내 회사들 간의 지분관계는 다음과 같다(상=상장회사, 숫자=화살표 앞 회사의 지분). [5]

b. 생활건강 CU : LG화학(상) →LG석유화학(100%), LG실크론(28.79%), LG오웬스코닝(62.08%), LG MMA(50%).
c. 정유 CU : LG-Caltex정유 →LG칼텍스가스(상;35.68%), LG정유판매(51.89%; 호유해운의 지분=48.11%), 호유해운(100%), 원전에너지(0%; LG칼텍스가스의 지분=100%).
d. 전자·미디어 CU : LG전자(상) →LG전자부품(50%), LG마이크론(50%), LG포스타(50%), LG소프트(58.33%), LG히다찌(85%).
e. 산전 CU : LG산전(상) →LG하니웰(0%; LG전자의 지분=25%).
f. 반도체 CU : LG반도체(상) →LG정보통신(상; 0%; LG전자의 지분=17.40%).
i. 전선 CU : LG전선(상) →LG기공(0%).
n. 건설·엔지니어링 CU : LG건설(상) →LG엔지니어링(0%; LG전선의 지분=20%), LG에너지(5%; LG반도체의 지분=40%), LG ENC(38.99%).
o. 유통 CU : LG유통 →LG백화점(0%; LG산전의 지분=45%).
r. 증권 CU : LG증권(상) →LG투자신탁운용(30%); LG선물(40%).
t. 카드 CU : LG신용카드 →LG할부금융(0%; LG전자의 지분=40%).

■ 각 CU 내에서 CU장 소속 회사가 반드시 지배주주는 아니다. 그러나, 계열회사가 가장 많은 생활건강(5개회사), 정유(5개), 전자미디어(6개) CU에서는 CU장 소속의 회사가 확실한 지배주주이며, 증권 CU(3개)도 마찬가지이다. 건설·엔지니어링(4개)에서는 일부만 그렇다. 나머지 '2개 회사' CU에서는 회사간에 지분 관계가 전혀없다.

---

5) LG 각 상장회사 〈1997년도 사업보고서〉 중 '타법인 출자 현황'과 '주식의 분포'.

6.2.3. 그러나 LG산전(25.84%), LG반도체(46.32%), LG신용카드(38.90%) 등 CU장 소속회사들과 그 산하 회사들인 LG하니웰(25%), LG정보통신(17.40%), LG할부금융(40%) 등은 모두 LG전자의 지배 하에 있다. LG에너지와 LG백화점도 마찬가지이다. 이처럼 CU장 소속회사들, 그리고 서로 다른 소속회사들간에 소유-피소유 관계가 있다면, 각 CU의 자율성이 얼마나 확보되고 지켜질 수 있을지 미지수이다. 더구나 CU는 필요에 따라 신설, 통합, 폐지될 수 있게 규정되어 있는데(경영헌장 제3조 제5항; 〈표 4-4〉), 피지배 위치에 있는 CU가 이러한 변화를 당할 가능성이 클 것이다.

6.2.4. 임원, 경영조직간의 서열관계가 분명하지 않다. CU의 최고경영자는 CU장인데 21명 중 19명이 사장이고 2명은 부회장이다. 그런데, 산전 CU장(=이종수 사장; 이희종 부회장), 반도체 CU장(=문정환 부회장; 구자학 회장), 금속 CU장(=최구명 사장; 구자원 부회장), 건설・엔지니어링 CU장(=신승교 사장; 구자학 회장, 이송만 부회장), 유통 CU장(=강말길 사장; 구자두 부회장) 등은 자기보다 높은 직책의 임원을 모시고 있다. 이 CU장들이 과연 독자적인 최고의사결정을 할 수 있을까?

■ LG상사의 경우, 상사 CU에는 CU장(이수호 사장) 외에 변규칠 회장이 있고 패션 CU에는 CU장(신홍순 사장)이 최고직이다. 변규칠-이수호, 변규칠-신홍순 간의 관계가 명확해 보이지 않는다. LG화학의 경우도 마찬가지이다. 화학 CU장인 성재갑 부회장이 생활건강 CU장인 조명재 사장에게 전혀 영향력이 없다고 한다면 잘못일 것이다.

■ CU장은 주주총회의 결의에 근거하여 최고경영권을 가진다고 규정되어 있는데, 개개 계열회사의 법적 기구인 주주총회가 임의기구인 CU장을 선출하지도 않거니와 그에게 그런 권한을 부여할 수 있게 되어 있지도 않다. 1개 회사가 1CU인 경우에는 문제가 없으나, 2개 이상의 회사가 1CU를 구성하는 경우에는 CU장과 주주총회 간의 관계를 설정하기는 쉽지 않을 것이다. 'CU회의체'가 이사회와 인재개발위원회로 구성되고 이사회가 각 CU의 최고의사결정기구라는 규정도 애매모호하다. 이사회는 개개 계열회사의 법적 기구이기 때문이다.

6.3. 최근 LG는 4개 주력사업부문을 중심으로 하는 새로운 경영체제를 채택했다(《조선일보》, 1998.5.29). 구조조정에 동참한다는 의도 외에 위에서 지적한 문제점들을 인식한 때문인지도 모른다.

1) 그룹을 화학, 전자, 금융, 상사-유통 등 4개 주력사업부문으로 재편하고 각 부문은 독립경영체제를 갖는다. 각 계열회사들은 이를 중심으로 통폐합, 매각될 것이며, 그룹은 장차 'LG 브랜드'만 공유하는 기업협의체로 발전시킨다.
2) 화학과 전자는 구본무 그룹회장이 책임지며, 허창수 LG전선회장, 전자 이사회지원실,

화학 이사회지원실 등의 지원을 받는다. 상사-유통은 LG상사 변규칠 회장이, 금융은 정영의 LG증권회장이 각각 맡는다.

3) 각 계열회사의 구체적인 경영은 사장이 책임을 지며, 위의 네 부문별 회장들이 사장들을 평가하고 거시적인 경영 방향을 제시한다.

6.3.1. 네 주력사업부문은 전혀 새로운 것은 아니며, 앞에서 설명한 21개 CU를 묶는 5개 '분야'(화학·에너지, 전기·전자, 기계·금속, 무역·서비스, 금융) 중 기계·금속만 빠진 셈이다. CU 개념은 없어진 것 같으며, 각 '분야'에 속한 계열회사들이 각 '주력사업부문'에 대체로 속하는 것으로 보인다. 1998년 12월 7일의 '5대그룹 구조조정 추진 합의문'에는 LG의 핵심업종으로 화학·에너지, 전자·통신, 서비스, 금융 등 네 개가 설정되어 있다.

6.4. 삼성의 '중위경영진'은 소그룹장이다. 해당 소그룹의 장기 비전 및 전략 제시, 소속 회사별 전략 및 사업 조정, 감사기능 수행 등 전략통합형 경영을 하는 주체이다. 인사·급여·승진·채용·업적평가 등 인사권도 갖는다(《삼성 60년사》, 1998:298).

6.4.1. 소그룹제는 1994년 10월 27일 발표된 삼성의 장기발전계획의 일환으로 채택되었는데, 시장 변화에 신속하게 대응하는 창의적이고 자율적인 조직을 지향하였다(《삼성 60년사》, 1998:296~297). 1998년 초 현재, 5개 소그룹에 20개 회사가 속해 있으며, 1개 독립회사군에 11개 회사가 포함되어 있다(상=상장회사)(《삼성 60년사》, 1998:528).

1) 전자소그룹(5개회사): 삼성전자(상), 삼성전관(상), 삼성전기(상), 삼성코닝, 삼성SDS.
2) 기계소그룹(3개): 삼성중공업(상), 삼성항공(상), 삼성시계.
3) 화학소그룹(4개): 삼성종합화학, 삼성석유화학, 삼성정밀화학(상), 삼성비피화학.
4) 금융소그룹(6개): 삼성생명, 삼성화재(상), 삼성카드, 삼성증권(상), 삼성투자신탁운용, 삼성할부금융
5) 자동차소그룹(2개): 삼성자동차, 삼성상용차.
6) 독립회사군(11개): 삼성물산(상), 제일모직(상), 신라호텔(상), 삼성엔지니어링(상), 에스원(상), 삼성에버랜드, 중앙일보, 제일기획, 삼성GE의료기기, 삼성라이온즈, 삼성경제연구소.

6.4.2. 1997년 12월 말 현재 삼성의 계열회사 수는 59개인데, 28개는 소그룹에도 독립회사군에도 속해 있지 않다. 아마, 이들은 위 31개 회사들의 실질적인 지배를 받고 있을 것이다. 31개 회사 중에는 13개 전 상장회사와 삼성생명이 포함되어 있는데, 이들은 다른 계열회사들에 광범위한 지분을 소유하고 있는 지배주주들이다.

6.4.3. 1998년 12월 7일의 '합의문'에는 삼성의 핵심업종이 전자, 금융, 무역-서비스 등 셋으로 설정되어 있으며, 계열기업 수는 40개 내외로 줄이도록 되어 있다. 삼성은 이에 충실한

다는 방침이며, 계열기업간의 관계를 종래의 그룹비서실과 주력회사를 중심으로 한 수직적, 상하의존적 관계에서 계열기업간 수평적, 호혜적 관계로 변화시키기로 하였다(《한국경제신문》, 1999. 1. 9).

6.5. 대우는 1995년 2월 계열회사들을 6개 소그룹((주)대우, 중공업, 자동차, 전자, 통신, 증권)으로 나누고 소그룹의 대표기업의 회장이 각 소그룹을 관할하도록 하였다((주)대우는 무역부문과 건설부문에 각각 회장이 있음). 이 회장들과 2~3개 다른 주요 기업 회장들이 그룹의 최고의결기구인 회장단간담회 멤버들이다. 이와 같은 경영체제는 연방공화국에 비유되기도 한다. 소그룹 관할 회장은 각 연방국 대표로서 자치권을 부여받는 한편, 김우중 그룹회장은 연방 대통령으로서 외교·국방 등 전 연방국들에 관계되는 사항들을 관장한다는 식이다(중앙일보 경제2부, 1996:100-103). 논문 서두에 소개된 대로, 대우는 1999년 4월 19일 대규모 구조혁신 방안을 발표하였으며, 1998년 12월 7일의 '합의문'에 규정된 자동차, 중공업(조선), 무역·건설, 금융·서비스 등 네 핵심업종 중 중공업(조선)은 포기하기로 하였다.

6.5.1. 현대에는 공식적인 '중위경영진'이 없다. 그러나 앞서 설명한 대로 정몽구와 정몽헌이 계열회사들을 거의 양분하여 소유-경영하고 있으며, 정주영의 다른 아들들은 1~2개의 다른 회사를 맡아 운영하고 있다. 이들이 실질적인 중위경영진이라 할 수 있다. 현대도 '합의문'에 따라 자동차, 건설, 전자, 중화학, 금융·서비스 등 5개 핵심업종을 중심으로 계열회사들을 재정비할 예정으로 있다(《조선일보》, 1999. 1. 9, 2. 4, 4. 24; 《한국경제신문》, 1999. 1. 9, 2. 11, 4. 24).

6.5.2. 중위경영진이 없는 선경도 '합의문'에 따라 계열회사들을 4개 핵심업종(에너지화학, 정보통신, 건설-물류, 금융)을 중심으로 재편성할 것으로 보인다(《조선일보》, 1998. 5. 8, 8. 27).

7. 맺음말

7.1. 제1절에서 소개된 대로, 제6차 정·재계간담회(1998년 12월 7일)에서 채택된 '5대그룹 구조조정 추진 합의문'에는 '선진화한 경영구조를 정착시킨다'는 내용이 포함되어 있다. 즉, 주식회사의 3대 법적기구인 주주총회, 감사, 그리고 이사회의 본래 기능을 되살림으로써 각 계열회사가 독립적인 경영체제를 갖게 한다는 것이다.

7.2. 1999년 4월 8~9일 OECD는 제4차 '기업지배구조원칙을 위한 특별회의'에서 최초의 기업지배구조 국제원칙을 확정하였는데, 여기에도 위 '합의문'의 취지가 그대로 담겨 있다. 이 국제원칙은 1999년 5월 26~27일의 OECD각료회의에서 공식 채택될 예정으로 있다(《조선일보》, 1999. 4. 12).

1) 주주의 권리

① 주주의 권리는 소유권 등록, 주권의 양도, 관련 기업정보의 정례적 획득, 주주총회 참석 및 의결권 행사, 이사 선임, 잔여이익 분배 참여 등이다.

② 주주는 기업의 근본적인 변화(정관 변경, 주식 발행, 합병 및 기업자산의 중요부문 매각 등)에 관한 의사결정에 참여하고 이러한 의사결정에 대한 정보를 충분히 받을 수 있어야 한다.

③ 주주는 주주총회에서 의결권을 행사할 수 있어야 하고, 이사회에 질문하고 의안을 낼 수 있어야 한다.

④ 특정주주가 자신의 주식소유 비율에 비해 과도한 지배권을 가질 경우 그 내용이 공개되어야 한다.

2) 공시의무 및 투명성

① 공시 내용에 최소한 다음 내용이 포함되어야 한다. 기업의 재무 및 영업 결과; 기업목표; 주요 주주 분포 및 의결권; 이사 및 핵심 집행 임원과 이들의 보수; 예측가능한 중요 위험요소; 종업원 및 기타 이해관계자에 관한 중요한 사항; 기업지배구조 및 정책 등.

② 공시정보는 재무공시, 非재무공시 및 감사 등에 관해 높은 수준의 기준에 따라 작성-감사-공시되어야 하며, 회계감사는 독립적인 감사인(CPA)이 수행해야 한다.

3) 이사회의 역할

① 이사는 충분한 정보를 가지고 최선의 기업이익을 위해 행동해야 한다.

② 이사회는 기업이 관련 법률을 준수할 수 있도록 해야 하며, 기타 이해관계자

의 이익을 고려해야 한다.

③ 이사회는 기업전략 및 목표 설정, 업무 집행 및 성과 감독, 임원의 선임, 보상, 교체, 감독 등 핵심 기능을 수행할 책임이 있다.

7.3. 한국재벌의 개인화된 다원적 경영구조가 과연 이러한 사항들을 얼마나 받아들일 수 있을지는 미지수이다. 총수가족이 주로 주요 상장계열회사들을 통해 전계열회사들에 대한 소유권을 확보하고 그에 따른 소유자경영(*owner-control*)을 행하고 있는 현실에 비추어 볼 때, '특정주주가 자신의 주식소유 비율에 비해 과도한 지배권을 가질 경우'에 대한 특단의 조치가 없는 한 '총수-실세지배기구-계열회사'의 단선·하향식 경영구조는 사라지지 않을 것이다.

■ 보 론

재벌의 가계와 혼맥

1. 머리말

1.1 우리나라의 경우 재벌하면 으레 '족벌체제'라는 수식어가 따라 붙는다. 즉 대부분의 재벌기업에서는 총수와 그 직·방계 가족들에 의한 지분소유와 경영참여를 통해 총수 일족의 독단적인 기업지배가 관철되어 왔으며, 또한 총수는 이러한 전횡적 지배권력을 이용하여 마치 왕조시대의 대물림처럼 자신의 2세나 혈족에게 경영권을 세습해왔다. 더구나 재벌들은 다양한 혼맥, 학연, 지연관계를 통해 여타 재벌이나 정·관계 고위층과 거미줄처럼 서로 연결함으로써 정경유착을 강화하고, 재벌간 경쟁완화와 상호협조를 통한 재벌체제의 공고화를 가능하게 했던 것이다.

1.2 우리나라 재벌기업의 소유·경영권 세습에 관한 한 연구(조동성, 1997)에 따르면, 한국 재벌의 기업승계 유형 중 전문경영인 승계는 4.5%에 불과했으며, 혈족승계가 무려 95.5%나 차지하는 것으로 나타났다. 또한 승계자의 입사시 직책이 이사 이상의 중역인 경우가 55%였으며, 총수가 되기까지 걸리는 시간이 평균 15.1년인 것으로 밝혀졌다. 이 기간은 대다수의 전문경영인들보다 훨씬 짧을 뿐 아니라 과반수가 곧바로 중역에 임명된다는 사실은 후계자의 경영능력보다는 총수의 혈족이기 때문이라고 볼 수 있다. 이는 곧 우리나라 재벌이 기업경영권을 세습의 대상으로 간주하고 있음을 나타낸다.

1.3. 이 장은 5대 재벌 총수의 가계 및 주요 혼맥관계와 관련된 부분, 즉 총수가족들의 경영 및 소유지분 참여, 그룹총수의 세습과정, 주요 가계와의 통혼관계 등을 살펴볼 것이다. 이러한 고찰을 통해 재벌의 중요한 특징 중 하나인 이른바 족벌체제가 어떻게 형성되고, 또 얼마나 복잡한 인적 네트워크를 구성하고 있는지 분석해 보고자 한다. 한편 이 장에서 다루고 있는 '가족의 경영 및 소유 참여'에 대한 좀더 자세한 내용은 이 백서의 다른 장들, 특히 제3장 "소유구조"와 제4장 "지배·경영구조"를 참고할 수 있을 것이다.

2. 현대그룹

2.1 가족의 경영 및 소유 참여

2.1.1. 1997년 현재 총 62개의 계열기업을 거느린 현대의 최상층은 대부분 정주영 현 그룹 명예회장의 직계·방계 가족들로 구성되어 있다. 〈보론그림 4-1〉은 정주영가의 가계도인데, 정주영은 6남 1녀 중 장남으로 태어났으며, 8남 1녀를 두고 있다. 그룹 전체적으로 이사급 이상 임원직 총 847개 중에서 정주영의 가족들이 24개(2.8%, 참여가족수는 9명)의 자리를 차지하고 있는데, 그 모두가 사장급 이상 임원직이다. 2개의 명예회장직과 그룹 전체로 총 24개가 있는 회장직 중 18자리(75%)를 그의 가족들이 차지하고 있다. 또한 부회장으로 1자리, 사장으로 3자리를 맡고 있다. 그룹전체로 사장급 이상 임원직이 총 71개임을 고려하면, 이것은 사장급 이상 임원의 34%가 그룹총수와 그의 가족들에 의해 장악되고 있음을 보여준다.

2.1.2. 이를 구체적으로 살펴보면, 2개의 명예회장직에는 정주영이 그룹명예회장, 정세영이 현대자동차 명예회장으로 각각 자리하고 있다. 또한 창업자인 정주영의 차남이자, 현 그룹회장으로 있는 정몽구가 인천제철, 현대자동자써비스, 현대정공, 현대강관, 현대산업개발, 현대우주항공 등 총 6개 계열사의 회장으로 자리하고 있으며, 5남인 정몽헌 그룹부회장이 현대건설, 현대상선, 현대전자산업, 현대엘리베이터, 현대종합상사, 금강기획, 현대엔지니어링, 현대정보기술 등 총 8개 계열사 회장으로 있다. 그 외에 3남 정몽근, 7남 정몽윤, 동생인 정세영의 아들인 정몽규가 각각 금강산업개발, 현대할부금융, 현대자동차의 회장으로, 8남인 정몽일이 현대종금 사장, 동생 정신영의 아들인 정몽혁이 현대석유화학, 현대정유 사장으로 자리하고 있다.

2.1.3. 현대에는 정주영 가계가 사장급 이상 임원으로 총 9명이 참여하고 있다. 수십명에 달하는 정주영 씨의 직·방계 가족수를 고려하면 이 자체로는 그다지 많은 수라고 할 수 없지만, 정주영 회장의 형제들이 대부분 현대로부터 회사를 분리시켜 독립하거나 정주영 회장이 자기 사돈들 중 일부에게 회사를 주어 분리, 독립시키기도 하였기 때문에 나타난 현상이라고 할 수 있다. 예를 들어 둘째 동생인 정인영이 한라그룹을, 셋째 동생 정순영이 현대시멘트를, 일곱째 동생 정상영이 KCC(전 금강고려그룹)를 분리하여 독립했다. 한편 매제이면서 창업시기부터 그와 함께 회사를 이끌어왔던 김영주에게 한국프랜지공업을 분리시켜 주었고, 장남 정몽필의 사망 이후 며느리인 이양자의 친동생인 이영복에게 동서산업을 분리시켜 주었다. 현재 이영복 씨는 그룹경영에서 물러나 있는 상황이고, 정몽필의 자녀인 정은희와 정유희가 동서산업의 감사로 재직하고 있다. 이렇게 현대로부터 분리된 한라그룹이나

〈보론그림 4-1〉 현대그룹 가계도

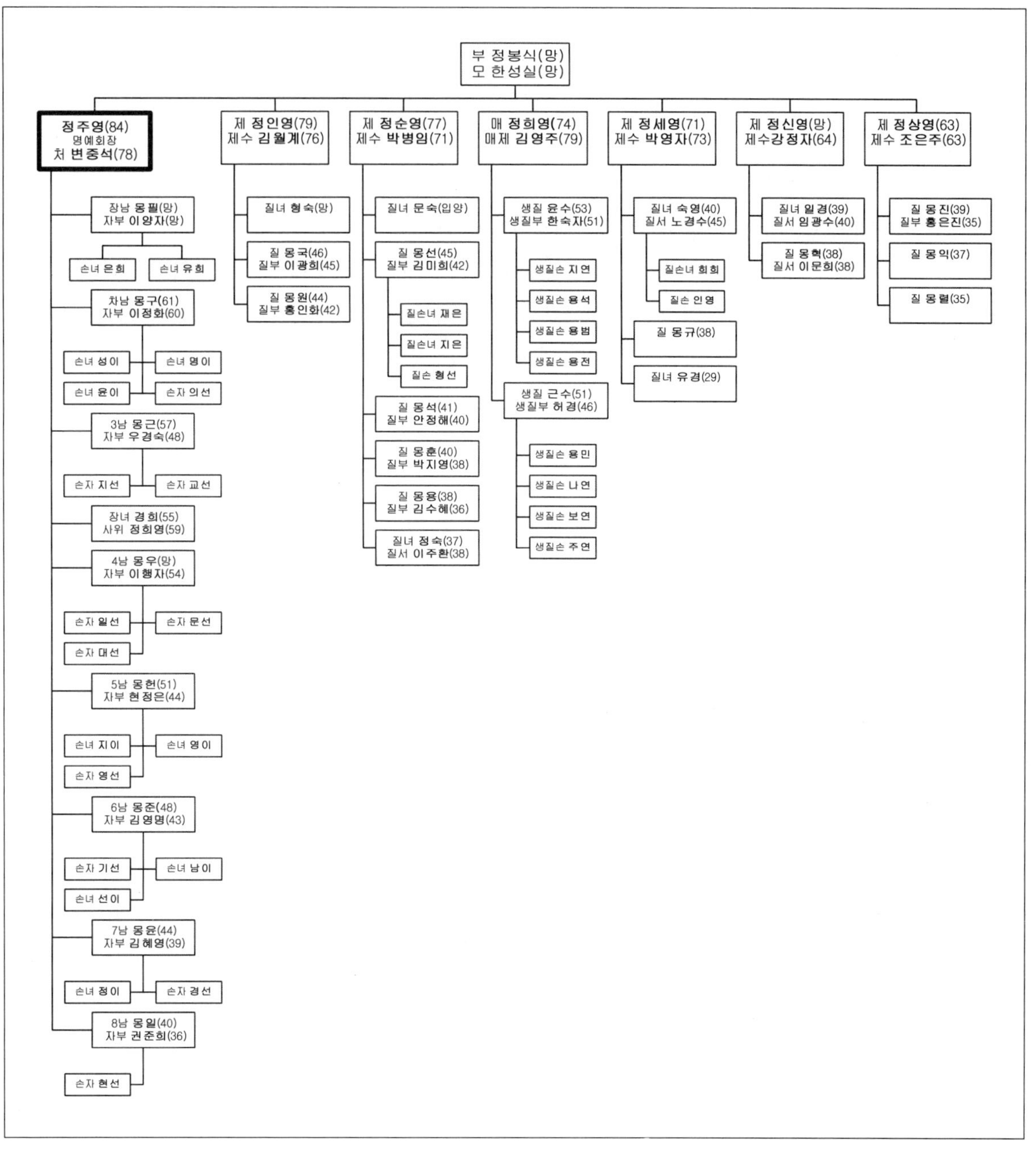

KCC 등은 그 자체로도 하나의 거대그룹이고, 이 그룹들에서도 가족들의 경영참여는 높은 수준에 있다. 따라서 이러한 현대의 위성계열사나 형제그룹들까지 고려한다면, 정주영가는 이른바는 '족벌경영체제'의 전형을 보여준다고 할 수 있을 것이다.

2.1.4. 이러한 특징은 기업소유지분 현황에서도 드러난다. 현대의 경우 내부지분율을 살펴보면, 총수와 총수가족의 지분율이 5대 그룹 중에서 가장 높은 13.8%이다. (총수 : 3.3%, 친족 : 10.5%) 여기에 공익법인까지 포함하면 이 비율은 14.5%가 된다. 게다가 이러한 정주영 일가의 주식소유는 일부 대규모 계열회사에 집중되어 있다. 현대중공업(31.4%), 현대상선(37.9%), 금강개발산업(29.9%)를 비롯해 총 9개 기업에 대해 10% 이상의 지분을 소유하고 있는 것이다. 이것은 계열사간 상호소유지분을 고려할 때, 소유지분을 통한 정주영 일가의 현대그룹에 대한 지배력이 매우 높음을 보여준다.

2.2. 총수 승계 과정

2.2.1 현대는 총수의 장자(長子) 승계원칙을 따랐다고 할 수 있다. 정주영의 장남 정몽필이 사망했기 때문에 차남인 정몽구가 현재그룹 회장직을 맡고 있다. 그러나 아직은 정주영 명예회장이 살아있을 뿐 아니라 정 명예회장이 그룹전체적인 사안에 대해서는 여전히 강력한 영향력을 행사하는 것으로 알려져 있어 후계상속 문제가 완전히 매듭지어진 것으로 보기는 어려운 측면도 있다. 또한 현 그룹회장인 정몽구가 현대정공 등 6개 계열사의 회장으로 있는데 반해, 오히려 5남 정몽헌은 그룹부회장으로 있으면서 그룹 핵심기업이라 할 수 있는 현대건설과 현대전자 등 8개 계열사의 회장을 맡아 그룹회장 못지않는 영향력을 행사하고 있다. 한편 그룹 초창기부터 정세영 명예회장에 의해 운영되어 왔던, 현대의 가장 핵심기업이라 할 수 있는 현대자동차는 정세영의 장남인 정몽규가 회장으로 있었으나, 1998년 기아자동차를 인수한 이후 정세영이 현대자동차 경영에서 물러나고, 정몽규가 기아자동차 회장으로 옮기면서 어느 정도 정리되는 것으로 파악된다. 현대의 경영에 직접 참여하고 있지는 않지만 현 대한축구협회 회장인 6남 정몽준의 경우도 현대 전체 지분의 2.1%(2남 정몽구와 같음)를, 현대중공업 지분의 11.7%를 소유하고 있다.

2.2.2. 이러한 2세 승계과정을 통해 극명하게 드러나는 것은 총수의 가족들이 기업의 경영권을 자신들의 재산쯤으로 인식하고 있다는 사실이다. 더구나 최근에 불거져 나온 불법·탈법적인 상속·증여 문제까지 고려할 때, 사회적으로 심각한 악영향을 끼치는 현상이라고 할 수 있을 것이다.

2.3. 혼맥관계

2.3.1 〈보론그림 4-2〉에 나와 있듯이, 정주영家의 혼맥관계는 비교적 단순한 편이라고 할 수 있다. 정주영의 6남 정몽준을 결혼시킨 전 외무장관 김동조가와 정세영의 장녀 정숙영을 시집보낸 전 국무총리 노신영가, 넷째 동생 정신영의 처인 장정자 씨의 동생인 극동정유의 장홍선가 정도가 전부이다.

2.3.2. 한편 현대그룹의 통혼관계에서 두드러진 특징은 혼사 이후 사돈에게 일정사업을 맡긴다는 것과 그럼에도 불구하고 고관출신(정·관계출신) 사돈들은 절대로 그룹경영에 관여시키지 않았다는 점이다. 4남 정몽우의 처 이행자의 동생인 이진호에겐 현대알루미늄 부회장직을, 5남 몽헌의 처 현정은의 부친인 현영원에겐 현대상선 회장직(현재는 정몽헌이 회장)을, 8남 몽일의 처 권준희의 부친이자 재미사업가였던 권영찬에게는 현대중전기 회장직을 맡겼었다. 현영원 씨는 전에 신한해운 회장이었는데, 딸의 결혼 이후 아세아상선(현 현대상선)에 흡수되어 회장을 역임했었다. 또한 장남 몽필의 처남인 이영복에게 동서산업을, 정주영 회

〈보론그림 4-2〉 현대그룹 혼맥도

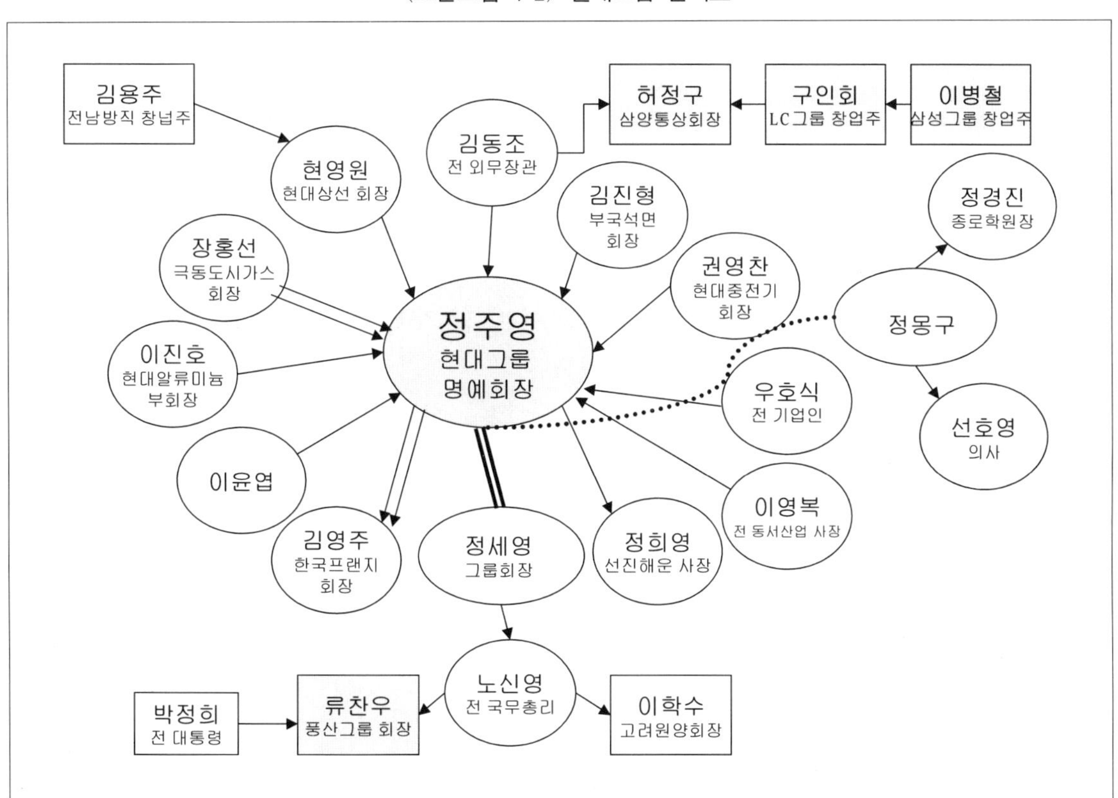

장의 사위인 정희영에게 선진해운을, 그의 유일한 매제이면서 창업동기인 김영주에게 한국프렌지를 분리 독립시켜 주었다. 그러나 전직 고관출신인 노신영이나 김동조는 은퇴한 이후에도 그룹경영에는 전혀 관계하고 있지 않은 것으로 나타났다.

2.3.3. 이상과 같은 특징과 함께 현대그룹은 노신영가와 김동조가를 연결고리로 하여 다양한 인적 관계를 형성하고 있다. 우선 김동조家를 통해 삼양통상(허정구家) → LG(구인회家) → 삼성(이병철家)로 연결되어 있으며, 노신영家를 통해 홍진기家를 거쳐 바로 삼성으로, 풍산그룹(류찬우家) → 박정희(전 대통령) → 벽산그룹(김인득) → 삼양통상 → LG로 연결된다. 〈보론그림 4-12〉는 현대, 삼성, LG 간의 혼맥관계를 보다 직접적으로 보여주고 있다.

3. 삼성그룹

3.1. 가족의 경영 및 소유 참여

3.1.1. 삼성의 경우 총수가족들의 직접적인 경영참여는 거의 없는 편이다. 총 59개의 계열사 중 13개의 상장계열사에만 한정해서 살펴볼 경우, 총 3명의 가족이 이사급 이상의 임원직을 총 11개 보유하고 있다. 그것도 대부분이 이건희 그룹회장이 비상근 이사로서 보유하고 있는 것이다. 즉, 이건희 회장이 2개의 회장직(삼성물산, 삼성전자)과 6개의 비상근이사직(삼성전기, 삼성전관, 삼성중공업, 삼성항공산업, 제일모직, 호텔신라)을 맡고 있고, 홍석준이 삼성전관 이사를, 이병철의 사위인 이종기가 삼성증권 이사와 삼성화재해상보험 부회장을 맡고 있다. 이는 상장기업의 사장급 이상 임원직 총 19개 직위 중 3개(16%)를, 상장기업의 전체 임원직 399개 중 11개(2.8%)를 이건희家 가족들이 맡고 있음을 나타내는 것으로, 전체 임원직 대비 비율은 현대(2.8%)와 같고 LG(5.4%)나 SK(5.6%)보다는 낮으며, 사장급이상 임원직 비율은 현대(34%), LG(17%), SK(26%)보다 낮다.

3.1.2. 그러나 이렇게 상대적으로 낮은 비중은 삼성이 창업주인 이병철에서 3남 이건희로 2세 승계를 완료했으며, 이 과정에서 상당수의 그룹이나 계열사들이 분리, 독립했기 때문에 나타난 현상으로 보인다. 한솔그룹, 제일제당, 신세계백화점, 중앙일보 등 그 자체만으로도 거대한 기업들이 삼성에서 분리, 독립한 것이다. 창업주 이병철의 장녀인 이인희가 한솔그룹을 지배하고 있고, 5녀 이명희가 신세계백화점 이사, 그의 남편 정재은이 조선호텔 회장 등 11개 기업을 지배한다. 또한 장자 이맹희의 아들인 이재현이 제일제당이사로 있는 등 이맹희 집안이 제일제당 등 10개 기업을 지배하고 있다. 또한 현 회장 이건희의 둘째형인 이창희는 애초부터 독립하여 새한미디어를 창업하여 이끌어오고 있다. 즉 이런 위성계열사

〈보론그림 4-3〉 삼성그룹 가계도

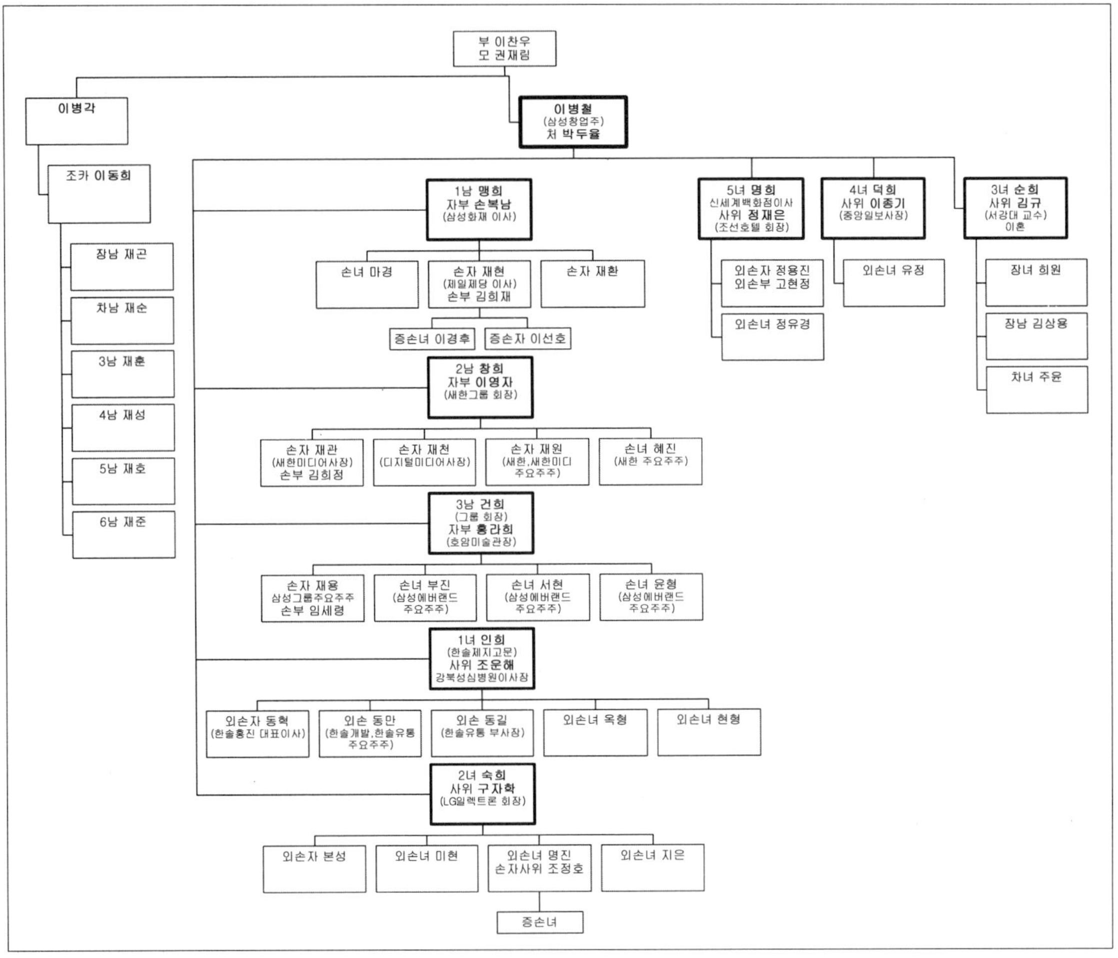

들까지 포함하면 창업주인 이병철의 직계자손들 대부분이 삼성과 관련해서 활동하고 있는 것이다. 위성그룹들까지 포함하여 계열사 분리가 없었던 LG와 비교했을 경우, 삼성이나 현대의 총수가족들의 경영참여비율은 대단히 높게 나타난다.

3.1.3. 한편 가족의 소유지분 참여 면에서도 단 5명의 가족만이 지분을 소유하고, 그 지분율도 다른 그룹에 비해 높은 편이 아니다. 즉 이건희 자신이 2.1%, 그의 친인척이 2.1%를 소유하고 있어서, 현대(13.8%)보다는 매우 낮은 편이지만 LG(4.1%), SK(4.7%)와는 비슷하고 대우(2.6%)보다는 높은 편이다. 하지만 이건희와 그의 가족들이 삼성의 3대 지주회사인 삼성생명보험, 삼성전자, 삼성물산에 대해서는 꽤 높은 지분율을 보이고 있는 점을 고려한다면, 이건희家의 삼성에 대한 실제 소유지분과 그에 따른 지배력은 상당히 높다고 평가될 수 있다.

3.2. 총수 승계 과정

3.2.1. 삼성은 장남인 이맹희가 아닌 3남인 이건희가 회장직을 승계했다. 이는 우리나라 재벌에서 일반적으로 나타나는 장자승계원칙을 벗어난 것이라고 할 수 있다. 초기에 안국화재, 삼성물산, 중앙일보, 삼성전자 등을 거치면서 경영수업을 받았던 장남 이맹희는 1971년 '경영능력 부족'을 이유로 그룹경영에서 물러났으며, 차남인 이창희도 그룹경영에는 관여치 않고 독립적으로 새한미디어를 창업해 회장으로 있다.

3.2.2. 한편 삼성은 현재 3세 승계도 진행중에 있다. 이건희의 장남 이재용이 아직 유학중이기 때문에 그룹경영에 직접적으로 참여하고 있진 않지만, 소유지분의 상속은 이미 상당 정도 이루어진 상태이다. 1997년에 이미 이재용은 삼성전자(0.9%), 제일기획(29.8%), 삼성애버랜드(31.4%) 지분소유를 포함하여 그룹 전체적으로 1%의 지분을 소유하고 있었다. 게다가 최근 삼성그룹 최대의 지주회사인 삼성생명의 상장과 이건희 회장의 삼성생명지분 20%의 사재출연은 삼성그룹의 3세 후계구도를 완성시켜준 셈이다. 이재용이 최대지주로 있는 삼성에버랜드가 1997년 3월 2..5%에 불과하던 삼성생명 지분율을 20.6%로 끌어올림으로써, 이재용은 삼성생명에 대한 지분율이 6.47%로 높아져 삼성생명의 최대주주가 되었다. (이건희의 삼성생명 지분율은 20%의 사재출연으로 6%가 됨) 이러한 삼성의 후계상속 과정에서 눈에 띄는 것은, 삼성이 이 과정 중에 상속세나 증여세를 전혀 물지 않았다는 것이다. 삼성은 전환사채 발행, 주식전환, 상장후 매각 등의 방법을 사용하여 단 한번의 기업경영이나 자산운용 경험도 없는 학생신분의 이재용을 수조원 대의 재력가로 만들었다. 이재용은 1995년 이건희 회장이 증여한 60억 9천만원(증여세 16억원)으로 상장을 앞둔 에스원과 삼성엔지니어링 주식을 사들여 527억원의 시세차익을 남기고, 이 돈으로 삼성애버랜드의 최대주주가 되었다. 이것은 높은 상속·증여세를 통해 재벌의 세습을 막겠다던 정부의 의지를 교묘히 빠져나간 것으로, 재벌의 세습과정이 얼마나 교묘하며, 철저한지를 잘 보여주는 사례라고 할 수 있다.

3.3. 혼맥관계

3.3.1. 삼성의 혼맥관계는 상대적으로 복잡하고 다양한 편이다. 재계쪽으로는 LG그룹 구인회家(이병철의 차녀 이숙희와 구인회의 3남 구자학의 결혼), 대상그룹 임창욱家(이건희의 장남 이재용과 임창욱의 장녀 임세령의 결혼), 동방그룹 김용대家(새한그룹회장 이창희의 장남 이재관과 김용대의 장녀 김희정의 결혼), 삼호무역 정상희家(이병철의 5녀 이명희와 정상희의 차남 정재은의 결혼)가 있고, 정·관계쪽으로는 전 내무장관 홍진기家(이건희와 홍라희의 결혼)와 전 경기지사 손영기家(이맹희와 손복남의 결혼)이 있다. 정·관계와 재계, 기타 사돈

〈보론그림 4-4〉 삼성그룹 혼맥도

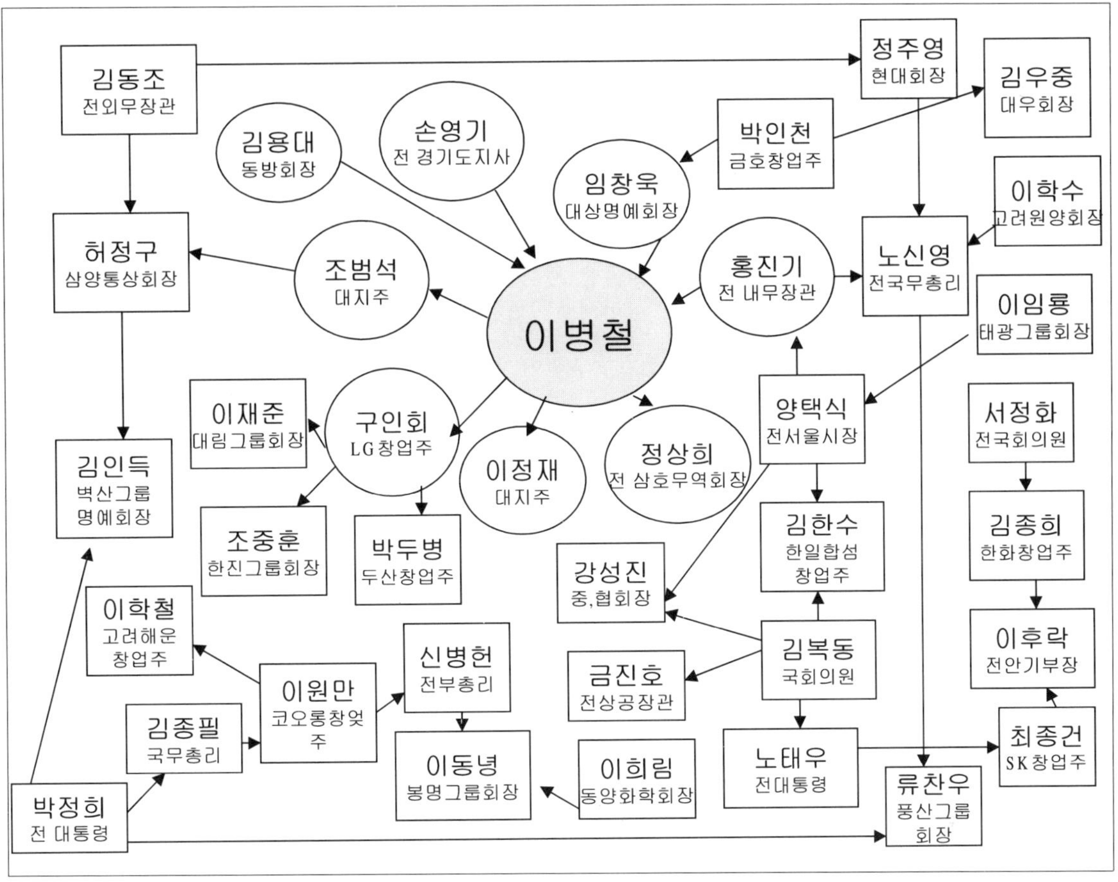

의 비율은 2 : 4 : 3 정도 되는 것으로 나타났다. 삼성의 혼맥에서 나타나는 특징은 정·관계 사돈보다는 상대적으로 재계 사돈이 많이 있다는 점이다. 특히 3세들의 통혼관계에서는 이러한 특징이 더욱 두드러지게 나타난다.

3.3.2. 삼성은 홍진기家와 LG의 구인회家, 대상의 임창욱家를 연결고리로 해서 결과적으로는 얽히고 설킨 財界-政界-官界의 거미줄 혼맥도의 중심 연결고리가 된다. LG의 구씨家는 한국 재벌 혼맥도의 본산이라 할 수 있을 만큼 연결되지 않은 재벌이 없고, 홍진기家도 양택식 전 서울시장과의 사돈관계를 통해 정·관계와 연결되어 있다. 대상은 금호와의 통혼을 통해 삼성과 대우를 연결하고 있다. 또한 LG를 매개로 하여 대림, 한진, 두산, 삼양통상과 연결되고, 홍진기家를 매개로 하여 노신영(前총리) → 현대(정주영家)로, 양택식(전 서울시장)를 매개로 하여 김복동(전 국회의원), 노태우(전 대통령) 등과 연결되어 있다.

4. 대우그룹

4.1. 가족의 경영 및 소유 참여

4.1.1. 대우는 창업주인 김우중이 그룹회장으로 있는 것 말고는, 그의 가족 중 그룹경영에 참여하고 있는 사람은 한 사람도 없으며, 김우중 자신도 각 계열사의 임원직은 맡고 있지 않다. 이는 우선 그의 2세들이 아직 경영에 참여할 처지에 있지 못하기 때문으로 장남 김선재는 1990년 미국유학 중에 사고로 사망했고, 차남 김선협은 보스턴대 경영학과 기계공학을 전공하고 1998년에 귀국하여 대우연구소에서 병역특례 연구원으로 일하고 있으며, 막내 김선용은 MIT대 경제학과에서 학업중이다. 또한 김우중의 다섯 형제들도 대부분 사업에 관여하지 않거나 독립했다. 김우중의 둘째 형인 김관중은 대우 계열사인 대창기업 사장으로 있다가 독립했고, 셋째 형인 김덕중은 대우실업 사장으로 있다가 서강대 교수로 복귀하여 현재는 아주대 총장을 거쳐 교육부 장관으로 있다. 또한 가장 최근까지 대우자동차 사장으로 김우중과 함께 그룹경영에 참여했던 동생 김성중은 1992년 미국으로 유학을 떠났다.

4.1.2. 소유지분에 있어서도 김우중 자신이 2.5%, 그의 가족들이 0.1%(총21명)를 소유하고 있어, 현대가 13.8%, 다른 5대그룹이 보통 4~5%를 총수 자신과 친인척들이 소유한 데 비해 매우 낮은 편이다. 그러나 대우는 대우재단, 대우학원, 대우의료재단, 대우언론재단의 4개 비영리법인을 통해 2.5%를 소유하고 있어 실질적으로는 김우중의 영향력하에 있는 지분이 5%선이 되어 현대를 제외한 나머지 그룹들과 비슷한 수준이다.

4.1.3. 대우는 다른 재벌들과는 달리 친인척을 배제하고 김우중을 중심으로 하여 전문경영인들이 활발하게 경영에 참가하고 있는 편이다. 1994년까지 김우중 자신을 포함하여 경기고 동문과 관계·금융계·학계 등으로부터 영입한, 총 17인으로 구성된 '그룹운영위원회'에 의해 그룹의 핵심사항이 결정, 집행되었다. 1995년엔 자율경영을 강화한다는 취지로 이것이 그룹회장과 9명의 주요 계열사 임원으로 구성된 '회장단간담회'로 대체되었다.

4.1.4. 그러나 대우의 전문경영인 중심의 경영방식은 엄밀하게 말해서 '소유-경영의 분리'와는 차원이 다르며, 총수 또는 소수에게 경영·지배권이 집중되어 있고, 이들이 기업 전체의 의사결정과정을 전적으로 좌우한다는 재벌의 특징은 동일하게 공유한다고 볼 수 있다. 더구나 김우중 회장의 2세들이 병역과 학업을 마치고 그룹경영에 참여할 수 있을 때가 되면 기업 경영·지배구조가 어떠한 형태로 변모할 것인지는 앞으로 지켜보아야 할 문제일 것이다.

〈보론그림 4-5〉 대우그룹 가계도

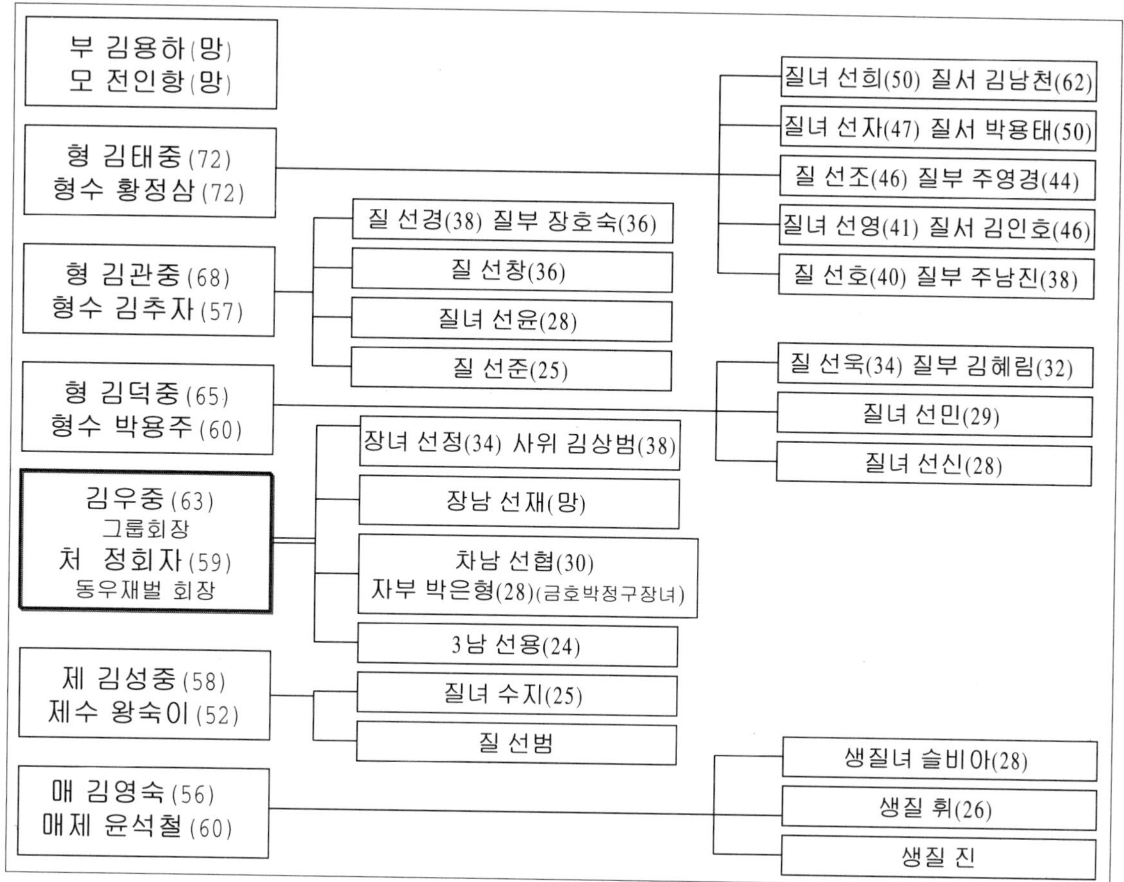

4.2. 총수 승계 과정

4.2.1. 대우는 김우중 자신이 창업주이고 60대 중반이며, 2세들 역시 20~30대로 어린 편이기 때문에, 2세승계는 아직까지 착수하지 않고 있다. 이는 삼성이 아직 학생신분인 이재용에게 소유지분의 상당정도를 이전함으로써 후계체제를 구축하고 있는 것과 대조적인 모습이기도 하다.

4.3. 혼맥관계

4.3.1. 김우중家의 혼맥도를 보면, 형제들의 사돈家들은 대체로 평범한 집안들이다. 작은 사업가나 의사, 학자, 군인 집안들이다. 가장 눈에 띄는 집안이 전 영국대사인 김영주家와 신풍제약의 장용탁家 정도이다. 반면에 김우중 자신의 2세들의 혼사는 모두 뚜렷한 특징을 보인다. 한국은행 총재와 경제기획원장관을 지낸 바 있는 김준성家(장녀 김선정과 김상범과의 결혼)와 금호그룹의 박정구家(차남 김선협과 박은형의 결혼)가 그것이다.

4.3.2. 김우중家는 김준성家와의 통혼을 통해 홍아상사(박치현家), LG석유화학(허신구家)을 거쳐 재계 혼맥도의 총본산인 LG그룹(구인회家)과 연결되고, 금호그룹(박정구家)과의 통혼을 통해 대상그룹(임창욱家)을 거쳐 삼성그룹과 연결된다. 또한 대우의 혼맥이 LG와 삼성으로 연결됨으로 인해 현대, 벽산, 대림, 한진, 두산, 한일, 효성 등과 연결된다.

〈보론그림 4-6〉 대우그룹 혼맥도

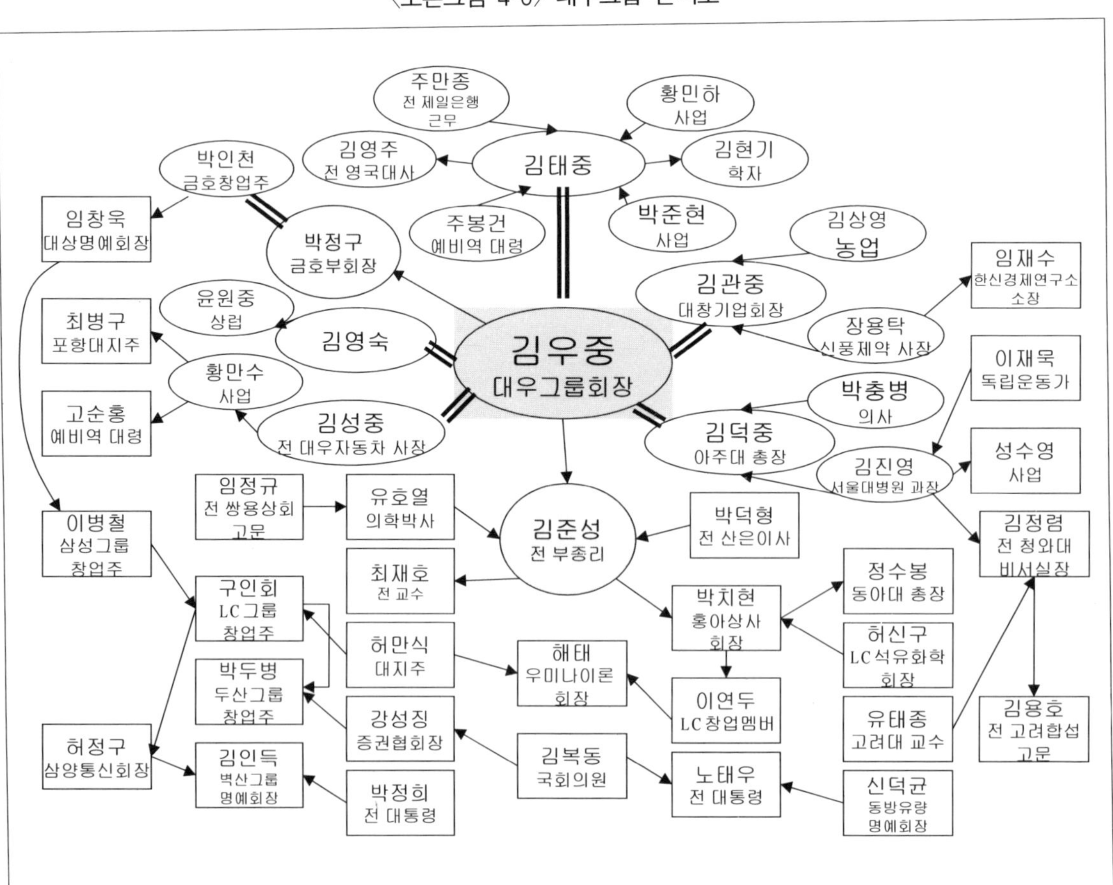

5. LG그룹

5.1. 가족의 경영 및 소유 참여

5.1.1. LG그룹은 이른바 '족벌경영'이라고 일컬어지는 재벌의 경영형태의 전형이라고 할 수 있다. 하지만 그 모습은 다른 기업과 상당히 다르다. 현대나 삼성이 그룹분리를 통해 재산분배를 이룬 데 반해 LG는 지금까지 그룹분리가 없었고, 그로 인해 LG는 가족 대부분이 그룹경영에 참여한다.

5.1.2. 다른 재벌들과는 달리 딸·며느리들은 일체 경영에 관여하지 못하게 하는 데 반해, 아들들은 거의 대부분 그룹경영에 참여시키고 있다. 1992년을 기준으로 구씨가의 아들 중에 35세를 넘는 사람이 26명인데, 이중 24명이 그룹경영에 참여하고 있다.

5.1.3. 1997년을 기준으로 부회장급 이상의 임원직 총 12자리 중에서 6개(50%), 사장급 이상 총 54자리 중 9자리(17%), 이사급 이상 총 594개의 임원직 중 32자리(5.4%)를 창업주 구인회의 손자이자, 2대 그룹회장이었던 구자경의 장남인 현 그룹회장 구본무의 직·방계 가족들 18명이 차지하고 있다. 이는 부회장급 이상 임원직 비율〔현대(75%), SK(71%)〕이나 사장급 이상 비율〔현대(34%), SK(26%)〕에서는 타 재벌에 비해 낮은 편인데 반해, 전체 임원직 비율〔현대(2.8%), 삼성(2.8%), SK는 5.6%로 비슷〕이나 참여가족수〔현대(9명), 삼성(3명), SK(6명)〕에서는 높은 편임을 보여준다.

5.1.4. 또한 삼성이나 현대의 경우 한 사람이 여러 직위를 겸임하고 있는 데 반해 LG는 구본무 그룹회장이 LG화학 등 3개 기업 회장과 LG상사 이사로, 구인회의 3남인 구자학이 LG건설 등 2개 기업 회장과 LG전자등 2개 기업 이사로 있는 것을 제외하면 대부분이 한두 개의 직위만을 가지고 있다. 따라서 다른 재벌과는 달리 많은 수의 가족구성원이 최고위경영층에서 활동하는 특징을 보인다.

5.1.5. 가족구성원 다수가 그룹에 관여하는 특징은 그룹지분소유 현황에서도 드러난다. LG의 소유지분율 구성에서 총수와 친족의 지분율이 각각 0.3%와 3.8%로 현대에 비하면 매우 낮고, 나머지 그룹에 비해서도 낮은 편에 속한다. 그러나 그룹총수의 지분율이 0.3%밖에 되지 않는 것에서도 볼 수 있듯이, 소유지분이 한 사람에게 집중되어 있지는 않다. 그래서 가족구성원 중 소유지분 소유자의 수에 있어서는 상장회사에 한정해서 볼 때 102명이 되고, 이는 다른 기업과 비교가 되지 않을 정도로 높은 것이다〔상장회사 소유지분 참여 가족구성원 수 : 현대(24명), 삼성(10명), 대우(21명), SK(14명)〕. 요컨데 LG는 집안 전체에 의한 기업지배의 모습을 보여준다. 이것은 LG가 지금까지 다른 그룹들과는 달리 그룹분리가 없었고, 모든 가족에게 적은 비율이나마 지분을 골고루 분배해주었기 때문이다.

〈보론그림 4-7〉 LG그룹 가계도(구씨家)

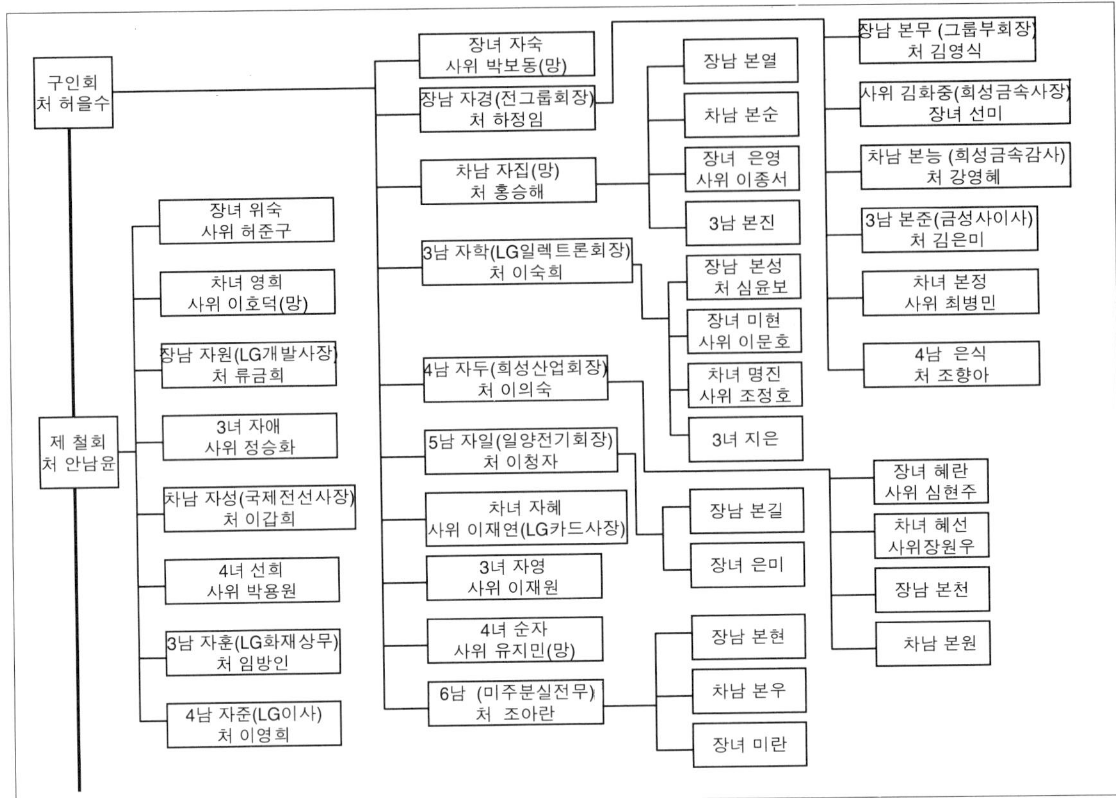

〈보론그림 4-8〉 LG그룹 가계도 (허씨家)

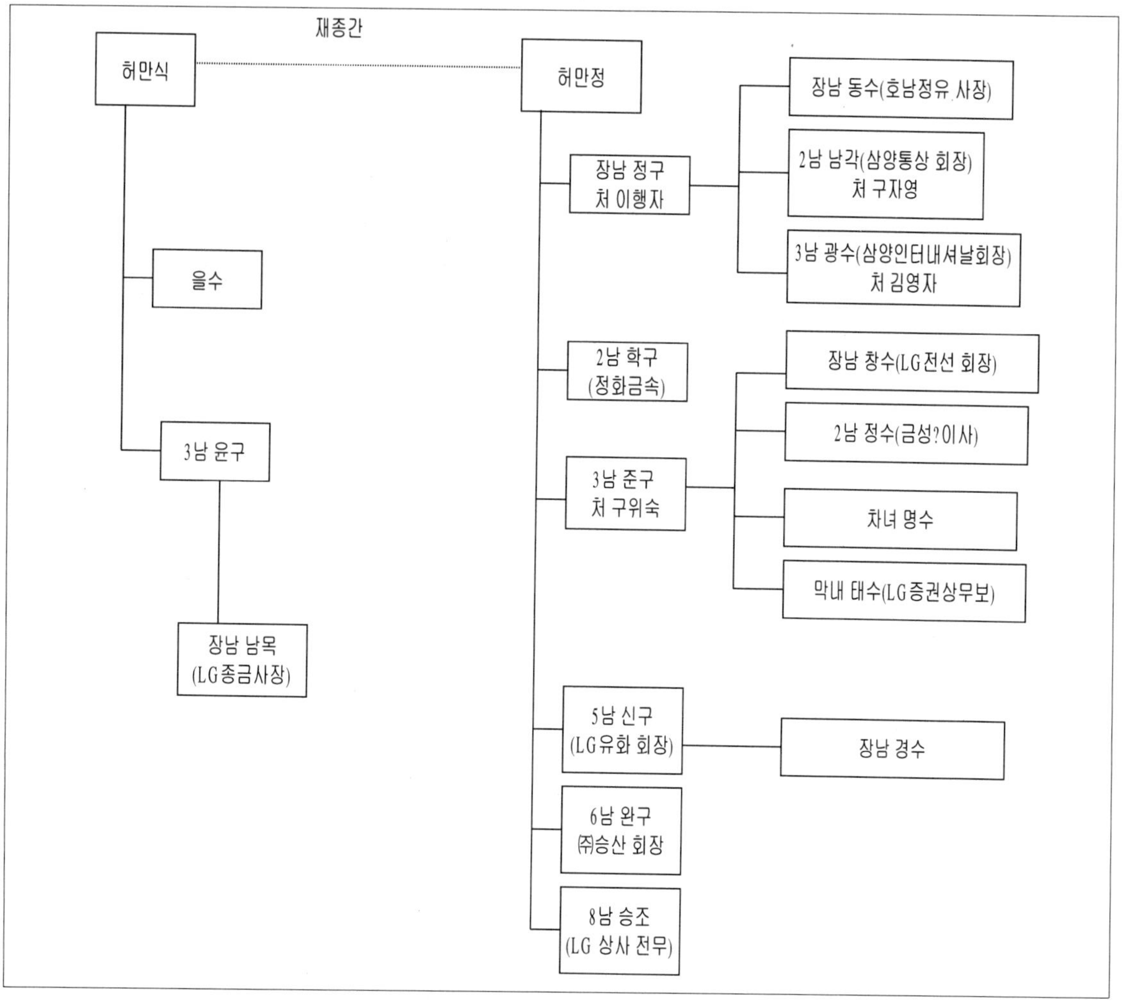

재종간
허만식
을수
3남 윤구
장남 남목 (LG종금사장)
허만정
장남 정구 처 이행자
장남 동수(호남정유 사장)
2남 남각(삼양통상 회장) 처 구자영
3남 광수(삼양인터내셔날회장) 처 김영자
2남 학구 (정화금속)
3남 준구 처 구위숙
장남 창수(LG전선 회장)
2남 정수(금성?이사)
차녀 명수
막내 태수(LG증권상무보)
5남 신구 (LG유화 회장)
장남 경수
6남 완구 ㈜승산 회장
8남 승조 (LG 상사 전무)

5.1.6. 한편 구씨家와 함께 LG의 중심 허씨家는 구씨家와 사돈관계인 동시에 공동창업주이자 대주주이다. 이들 역시 LG에서 중요 요직에 포진하고 있다. 구인회의 동생인 구철회의 맏사위이자, 구인회의 아내인 허을수와는 8촌관계인 허준구는 LG전선 명예회장이고, 그의 아들 허창수가 LG전선 회장으로 있다. 허준구의 동생인 허신구도 LG케미칼회장으로 회장단에 포함돼 있다. 이들은 구인회의 장인인 허만식의 6촌인 허만정의 아들들로서, LG내에는 허만정과 허만식 집안을 중심으로 한 허씨家 인물들이 대거 포진해있다. LG는 구씨・허씨 두 사돈집안의 사람들 대부분이 그룹경영에 참여하고 있고, 여러 사돈들까지 그룹경영에 참여시키면서, '족벌경영'의 틀을 가장 잘 보여주고 있다.

5.2 총수 승계 과정

5.2.1 LG는 지금까지 그룹분리가 없었으며, 총수승계 과정 또한 장자승계 원칙을 명확하게 고수했다. 현대가 장자승계원칙을 유지했음에도 불구하고 다른 형제들의 지배력을 그대로 유지한다거나 삼성이 3남에 의해 승계되었다는 것, SK가 창업주의 동생이 그룹회장직을 맡았다가 그의 장남에 의해 승계토록 했다는 사실에 비추어 볼 때, LG의 승계과정은 장자승계 원칙의 대표격이라 할 수 있다.

5.3. 혼맥관계

5.3.1. LG는 재계 혼맥의 중심이라고 할 수 있다. 재계의 모든 혼맥이 LG를 중심으로 모이고 LG를 경유하여 다른 곳으로 연결된다고 해도 과언이 아닐 정도이다.

5.3.2. 우선 삼성그룹(이병철家), 대림산업(이규덕家), 삼양통상(허정구家), 한진그룹(조중훈家), 두산그룹(박두병家) 등의 대그룹들이 연결되어 있고, 홍재선 전 전경련 회장, 이보형 전 제일은행장, 김태동 전 보사장관, 김용관 전 대한보증보험부사장, 전 대한교과서대표 등이 있다. 이들을 통해 국내의 재계・정계・관계의 거미줄 혼맥도 거의 전체를 포괄할 정도가 된다. 또한 LG그룹의 창업동료이자 구씨家의 중심 사돈 집안으로서, LG 경영의 다른 한축을 이루고 있는 허씨 집안을 고려하면 더욱더 그러하다. 벽산그룹, 효성그룹등과 연결되고, 현대, SK, 대우 등과도 간접적으로 연결되어 있는 셈이다.

5.3.2. 위에서 볼 수 있듯이 LG그룹의 통혼관계에서 두드러지는 특징은 직접적인 사돈가가 매우 많다는 것과 이 많은 수의 사돈가를 고려했을 때 정계나 관계와의 통혼이 매우 희소하다는 점이다. 구인회 창업주 시기뿐만 아니라 2대 회장이었던 구자경의 2세들도 마찬가지이다. 지금까지 정・관계 집안과 맺은 혼사는 단 세건으로, 김택수 전 공화당 원내총무 집안(구두회의 장녀 구은정), 이계순 전 농림장관 집안(구태회의 장녀 구근희), 김태동 전 보사장관

〈보론그림 4-9〉 LG그룹의 혼맥도

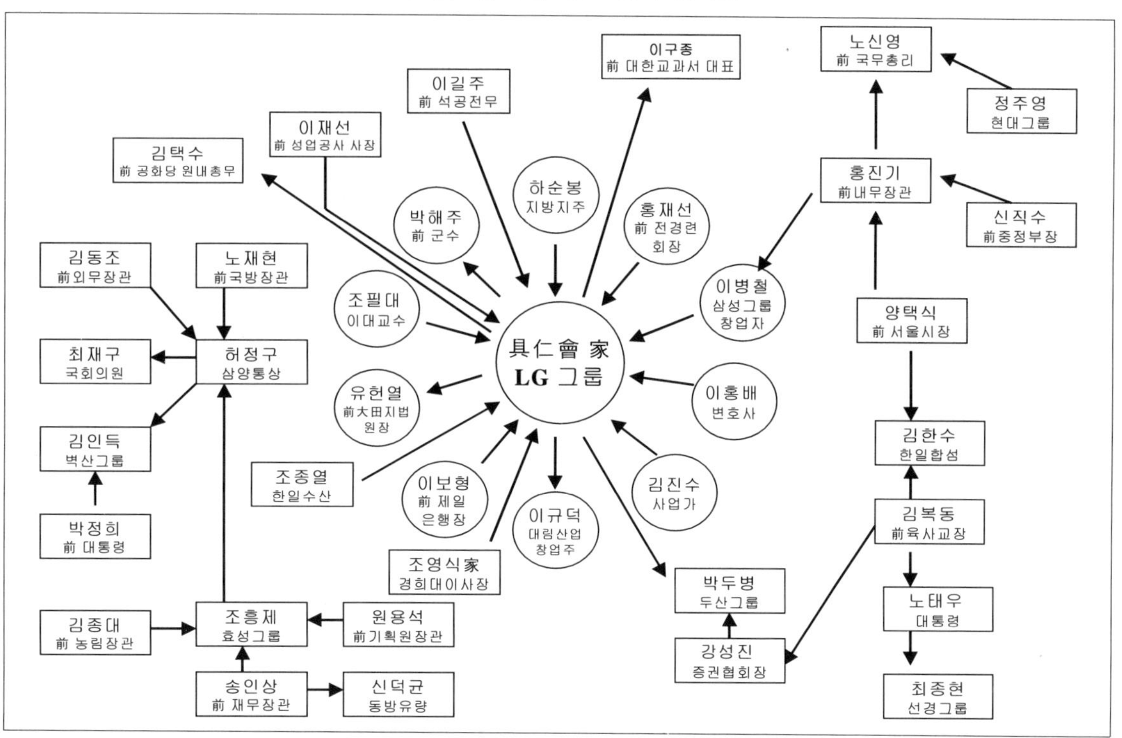

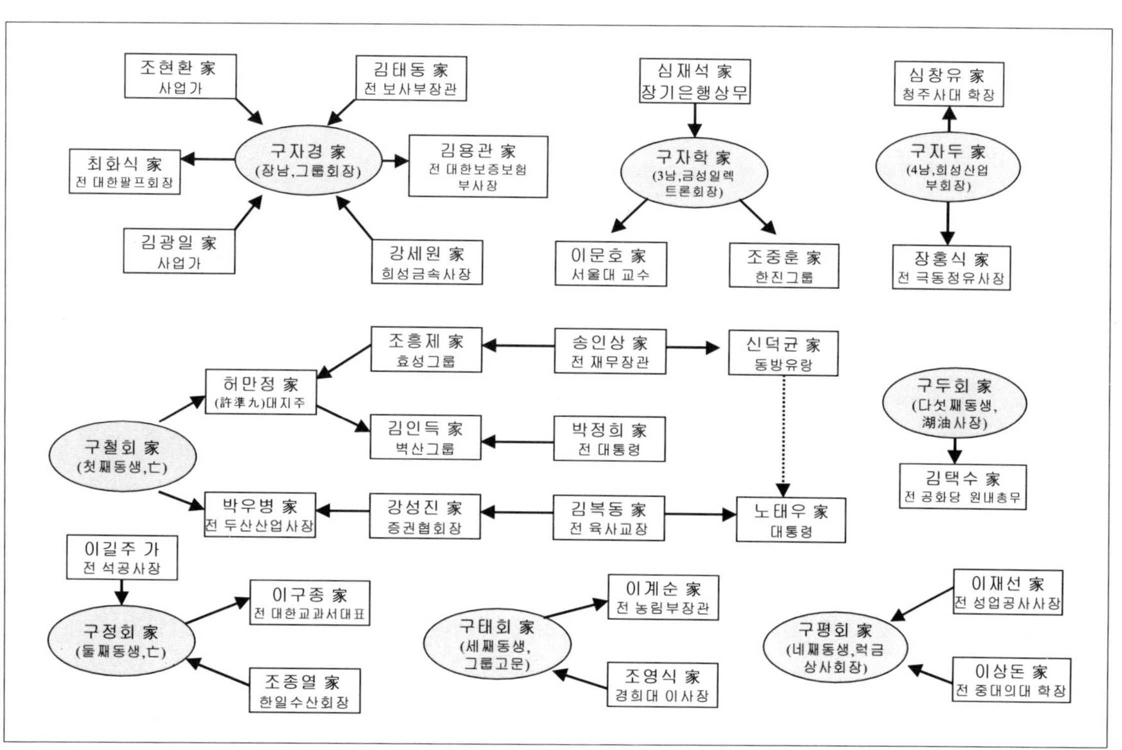

집안(현 그룹회장인 구본무) 등이다. 이러한 LG그룹의 통혼관계를 정·관계, 재계, 기타로 구분하여 정리해보면, 정·관계가 위에서 보았듯이 3건, 경제계가 18건, 기타가 10건 정도(9%, 58%, 33% 정도)이다.

5.3.3. 한편 LG의 구씨家는 다손(多孫)집안으로, 구인회 창업주는 6형제의 장남이고 6남 4녀의 자녀를 두었다. 그의 형제들도 구철회가 4남 4녀, 구정회가 5남 2녀, 구태회가 4남 2녀, 구평회가 3남 1녀, 구두회가 1남 3녀로 총 29명의 자녀를 두었다. 구인회의 장남인 구자경도 4남 2녀를 두는 등 구인회의 직계 손자·손녀만도 22명이나 된다. 또한 구인회는 통혼관계를 맺는 데 적극적이었다. 구인회는 장녀 구자숙과 장남 구자경을 결혼시킬 때까지만 해도 가까운 곳에서 사돈을 맞는 것이 고작이었지만, 차남 구자승의 결혼부터는 본격적으로 그의 '통혼경영'을 시작하여 재계혼맥의 총본산을 구축했다.

6. SK그룹

6.0. SK그룹은 최종건 창업주에 의해 그룹의 기반이 잡혔지만, 동생인 최종현 전 회장에 의해 실질적으로 성장하였다고 할 수 있다. 따라서 최종현 회장을 중심으로 SK그룹의 전반적인 특징을 살펴보고자 한다. 그러나 최종현 회장이 얼마 전에 타계하였기 때문에, 경영참여나 소유참여, 혼맥 등에 대해서는 최종현 회장을 중심으로, 그룹승계과정에 대해서는 현재 SK그룹의 실질적인 총수라고 할 수 있는 최태원을 중심으로 살펴본다.

6.1. 가족의 경영 및 소유 참여

6.1.1. SK의 총수가족의 경영 및 소유참여 현황과 관련해서 상장계열사에 국한하여 보면, 부회장급 이상 임원직 총 7자리 중 5자리(71%)를, 부사장급 이상 임원직 총 23자리 중 6자리(26%), 이사급 이상 총임원직 143자리 중 8자리(5.6%)를 최종현家 직·방계 가족들이 맡고 있다. 모두 6명의 가족이 경영에 참여하고 있으나, 최종현 회장이 SKC, SK상사, SK케미칼의 회장으로서 그룹의 중추를 장악하고 있고, 나머지는 한 개의 기업씩을 맡고 있다.

6.1.2. 전체적인 임원규모에 비한 총수가족의 경영참여비율은 다른 그룹에 비해 높은 편에 속한다〔회장급 이상 현대(75%), LG(50%), 부사장급 이상 현대(34%), 삼성과 LG(17%), 이사급 이상 총임원직 현대와 삼성(2.8%), LG(5.4%)〕. 하지만 이런 현상은 SK그룹의 임원 규모가 다른 그룹에 비해 작다는 점을 감안하고 해석해야 한다. 상장기업의 임원직 수에 있어 현대가 546개, 삼성이 399개, LG가 404개인데 비해 SK는 156개로 타그룹의 절반수준도 되지 않기 때문이다.

〈보론그림 4-10〉 SK그룹 가계도

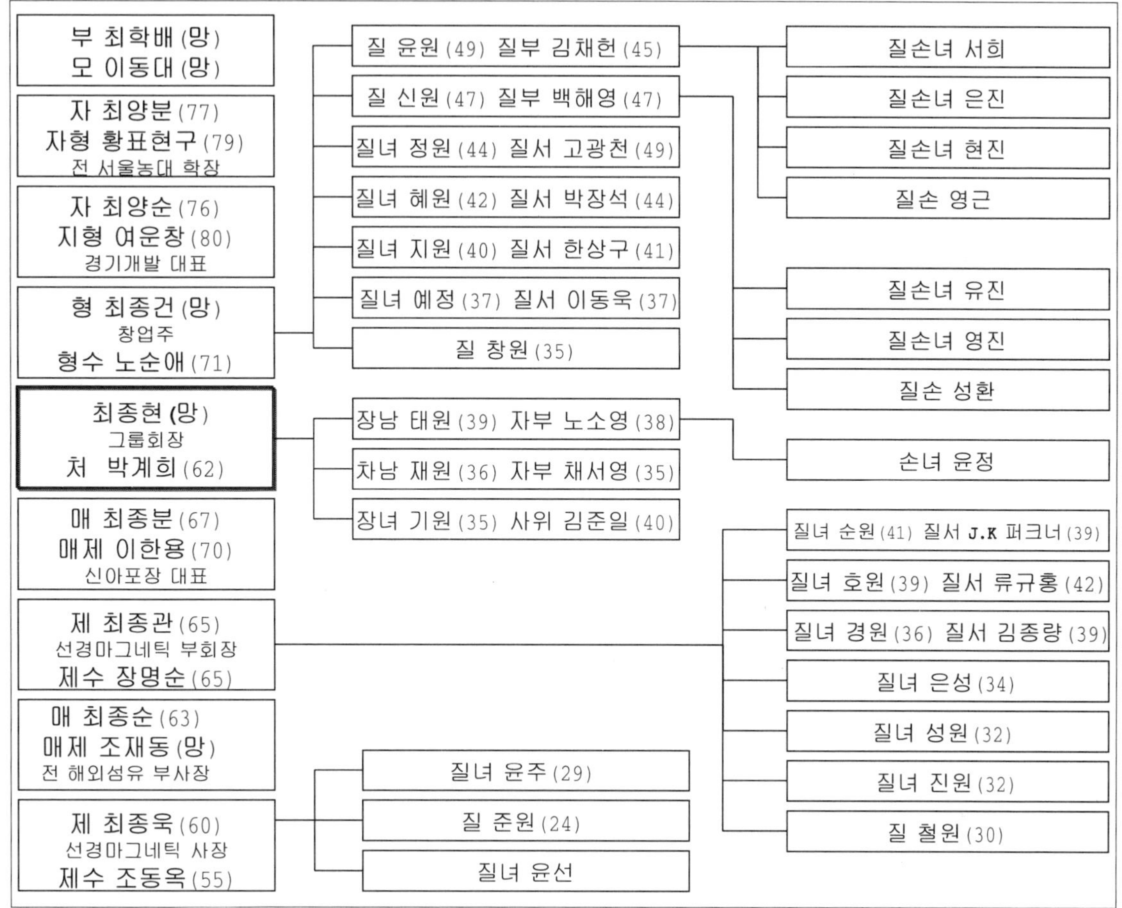

6.2. 총수 승계 과정

6.2.1. SK는 1998년 최종현 회장의 죽음 이후 현재는 전문경영인인 손길승이 그룹회장직을 맡아 일하고 있다. 그러나 최종현은 죽기 전부터 장남인 최태원에게 소유지분의 일부를 이전하는 등 총수승계를 준비해 오고 있었다. 이것은 최종현 회장의 타계 이후 최태원이 가족들에 의해 가족대표로 선임되는 것으로 나타났다. 그러나 최태원 SK(주) 회장이 30대(39세)로 그룹총수직을 맡기엔 아직 나이가 어리고, 그룹구조조정 등의 당면문제를 빠르게 대처해 나가기 위해 과도기적인 체제로 손길승이 일단 그룹회장직을 승계한 것으로 해석된다.

6.2.2. 손길승도 "최태원이 경영능력을 갖추는 대로 내일이라도 회장승계를 하고 싶다"라고 말하면서 자신이 한시적인 그룹총수임을 명시하고 있듯이, SK도 장자승계원칙을 유지한 셈이 된다. 1999년 들어 최종현의 모든 보유주식이 최태원에게 상속되면서 총수승계과정이 가시화

되고 있다. 또한 최근 SK는 최재원을 SKC 전무로, 최창원을 SK케미칼 전무로 승진시키는 등의 인사이동을 통해 최태원에게 한층 무게중심을 실어주었다.

6.2.3. 앞으로의 SK그룹은 최태원 회장을 중심으로 나머지 4형제의 위치를 어떻게 잡느냐에 따라 달라질 것이다. 최태원 회장 중심체제가 될지, 형제들이 각각 한두 기업씩을 맡아 한 그룹 내에서 독자적으로 운영할지, 그룹분리가 일어날지는 더 지켜볼 문제이다. 단 SK케미칼 회장인 최윤원이 건강상의 이유로 그룹경영보다는 가족일에 전념하고 있고, 최창원이 뛰어난 경영능력을 바탕으로 급부상하고 있다는 점을 고려했을 때, 앞으로의 SK는 최태원과 최창원 두 사람을 축으로 하는 경영체제로 나아갈 가능성이 높다. 그룹분리가 일어나더라도 이 두 사람이 그룹의 핵심기업을 맡고 나머지 형제들이 한두 기업씩을 맡아 운영해 나갈 것으로 보인다.

6.2.4. SK도 삼성처럼 최종현 회장이 최태원에게 소유지분을 이전하면서 변칙적인 방법을 사용하여 물의를 일으켰다. 최태원에게 재무구조가 나빴던 대한텔레콤의 주식을 거의 무상(주당 400원)으로 넘긴 뒤, 이 기업을 부당내부거래 등을 통해 우량기업으로 만듦으로써, 막대한 액수의 지분을 상속세 한푼 물지 않고도 이전할 수 있었던 것이다.

6.3. 혼맥관계

6.3.1. SK그룹과 관련되는 최종건, 최종현, 최종관, 최종욱 집안만을 고려하면, SK의 혼맥에서 가장 눈에 띄는 것은 전 대통령인 노태우家와 현직 고등학교 교사인 채희경家가 동시에 최종현 회장과 사돈관계로 있다는 점이다. SK그룹의 혼맥은 정계쪽으로는 노태우家, 이후락家(전 중앙정보부장)처럼 이름있는 집안과 직접 혼사를 맺었는데 반해, 재계쪽으로는 우림산업(한길수), 제일원양(백종성), 태화기연(김영철)처럼 재계 중심과는 거리가 먼 집안과 혼사를 맺고 있다.

6.3.2. SK가 직접적인 사돈관계를 맺고 있는 집안들을 정·관계, 경제계, 기타로 나누어 보면, 정·관계는 김이건 전 조달청 국장을 포함하여 3곳, 경제계는 박주의 전 중기은행전무를 포함하여 4곳, 기타가 현직 고등학교 교사인 채희경家를 포함하여 6곳으로, 각각 23%, 31%, 46%의 비중을 보이고 있다.

6.3.3. SK그룹의 직접 혼맥은 노태우家와 이후락家를 제외하면 그리 두드러진 특징을 보이지 않는다. 그러나 전체 혼맥도를 보면 다양한 정·관계 및 재계와의 통혼관계가 나타난다. LG, 삼성, 현대, 벽산, 두산, 효성, 삼양통상 등의 대그룹들과 박정희 전 대통령, 노신영 전 총리, 홍진기 전 내무장관 등이 그것이다. 최씨家를 중심으로 하는 이 혼맥도 안에는 전직 대통령이 2명, 전직 총리(노신영) 1명, 전직 장관급이 7명, 대기업 총수가 15명이나 등장하고 있다. 이후락家를 통해 한화그룹과 바로 연결되며, 노태우家를 통해 동방유량(신덕

균) → 대전피혁(김종대) → 효성그룹(조홍제) → 삼양통상(허정구)으로 연결되고, 이 삼양통상을 통해 바로 LG와 현대로 연결된다. 재계 혼맥의 총본산이라 할 수 있는 LG를 통해 삼성, 대우, 두산, 대림, 한일, 한진 등 국내 유수의 그룹들과 연결되어 있는 것이다.

〈보론그림 4-11〉 SK그룹 혼맥도

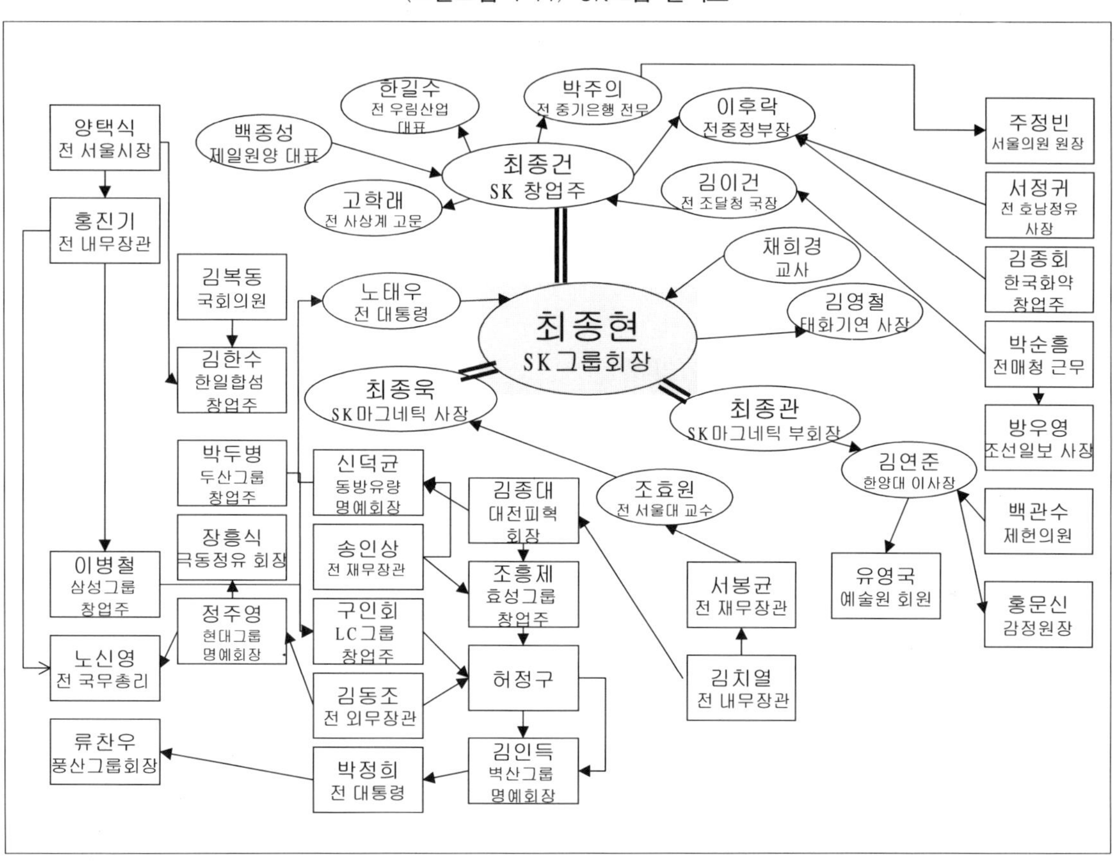

7. 맺음말

7.1.1. 대우를 제외한 모든 그룹에서 그룹총수와 그의 가족들에 의한 경영참여가 나타나고 있다. 전체 임원직을 고려했을 때는 3~6% 정도로 그다지 높게 나타나지 않는 편이지만, 직급이 올라갈수록 그 비율이 상승하여 현대의 경우 회장급 이상에서 75%, 사장급 이상에서 34%를 나타내고 있다. 이것은 총수와 그의 가족들이 그룹의 최상층부를 장악함으로써, 그룹 전체를 지배하고 있는 모습을 보여준다고 할 수 있다.

7.1.2. 현대와 삼성은 그룹분리를 통해 재산상속 및 배분을 했다. 따라서 이들 재벌의 형제그룹들까지 고려한다면, 이 두 재벌의 가족들 대부분이 경영에 참여하고 있다고 볼 수 있다. 이것은 그룹분리가 없었던 LG와 대조를 이룬다.

7.1.3. LG의 경우는 사장급 이상의 임원직 비율에서는 현대를 비롯한 다른 기업에 비해 낮은 비율을 나타내지만, 이사급 이상에서는 높은 비율을 드러내고 있고, 참여하고 있는 가족구성원 수에 있어서도 상당히 많게 나타난다. 이는 LG의 경우 총수 및 가족 전체에 의한 기업지배 형태를 보여준다고도 할 수 있다.

7.1.4. 대우는 김우중 자신이 그룹회장으로 있는 것 말고는 그 자신을 포함하여 그의 가족들이 그룹경영에 참여하지 않고 있다. 그룹경영위원회 또는 회장단간담회 등이 최고 실세기구로 그룹 전반의 핵심사안들을 결정, 집행하고 있다.

7.1.5. 재벌 총수일가의 소유지분 대부분은 핵심계열사나 지주회사에 집중되어 있다. 이는 비영리법인에 의한 지분소유와 계열사 출자를 통해 그룹전체에 대한 총수가족의 지배권 행사를 가능하게 만든다. 현대는 현대중공업, 현대건설, 현대상선을 통해, 삼성은 삼성생명, 삼성전자, 삼성물산, 삼성애버랜드를 통해, 대우는 대우중공업과 (주) 대우를 통해, LG는 LG전자, LG화학을 통해, SK는 SK(주)와 SK텔레콤을 통해 그룹전체에 대한 지배를 가능하게 한다.

7.1.6. 대우의 경우 아직까지 총수승계가 없었기 때문에 제외하고, 삼성 이건희 회장이 3남임에도 불구하고 총수승계를 했던 것을 예외로 한다면, 모두 장자승계원칙을 지키고 있다. SK의 경우 과도체제로 전문경영인에 의해 그룹회장직이 승계됐지만 곧 장자인 최태원에 의해 승계가 이루어질 것으로 보인다.

7.1.7. 삼성과 SK의 경우는, 전환사채 발행, 주식전환, 상장후 매각 등의 방식을 통해 변칙적으로 소유지분을 상속했다. 이는 상속·증여세를 높게 물림으로써 그룹의 세습을 막겠다던 정부의 목표를 교묘히 빠져나간 것으로, 재벌세습체제의 견고성을 보여준다. 또한 이것은 시급히 이러한 변칙증여를 막을 수 있는 법제도의 개편이 이루어져야 함을 제기한다.

7.1.8 〈보론그림 4-12〉에서는 '5대그룹 중심 재계 혼맥도'는 5대그룹을 중심으로 하여 통혼관계를 통해 서로 연결되는 기업들을 표시한 것이다. 정·관계 및 기타 사돈家들은 생략하고 있다. 예를 들어 삼성과 현대 사이가 직접적으로 연결되어 잇는 것처럼 표현되고 있지만, 실

제로는 중간에 홍진기家(前내무장관)와 노신영家(前총리)가 생략되어 있는 것이다. 현대와 삼양통상 사이에도 김동조家(前외무장관)가 생략되어 있다.

7.1.9. 지금까지 살펴본 대로 대부분의 재벌들은 통혼관계를 매개로 복잡한 정·관·재계 혼맥도에 포함된다. 이러한 직·간접적인 혼맥관계가 곧바로 이들간의 담합이나 정경유착의 근거라고 하기는 어렵지만, 재벌들의 인적 네트워크가 얼마나 복잡하며 긴밀한 것인지를 가늠할 수 있게 해준다. 더구나 우리나라 재벌체제가 총수의 독단적 경영, 그 일족에 의한 경영·지배권 승계, 정경유착 등과 같은 문제들을 노정해 왔다는 측면에서 볼 때, 이러한 인적 결합이 그 기반으로 활용될 개연성은 충분하다 할 것이다. 물론 이러한 인적 결합 중에서 통혼관계와 같은 경우는 법적, 제도적으로 금지할 이유가 없지만, 이러한 관계가 재벌간의 담합, 결탁이나 정경유착을 초래하지 못하도록 기업지배구조를 개선하는 것이 시급하다 할 것이다.

〈보론그림 4-12〉 5대 그룹 중심의 재계 혼맥도

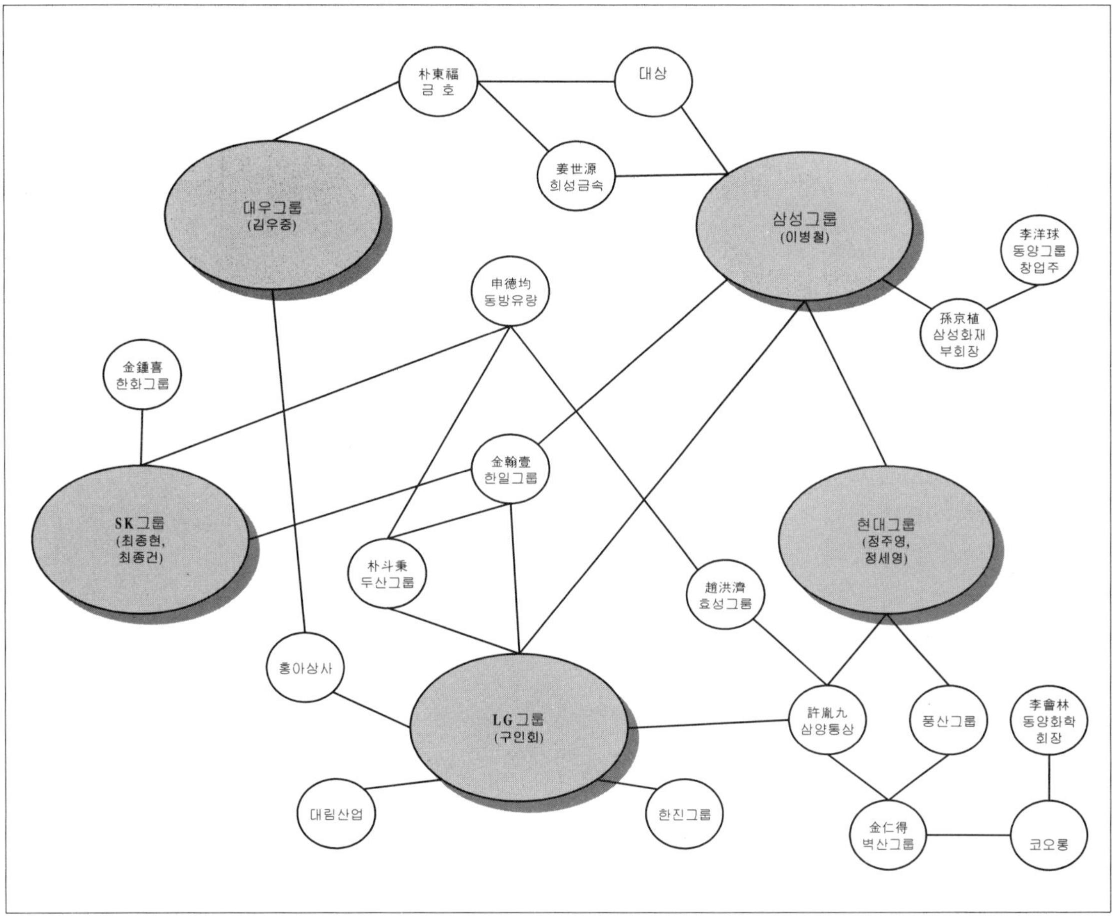

비금융업부문 재무비율분석

신 금 석

1. 머리말

1.1. 분석 목적과 대상

1.1.1. 우리나라 기업의 외형적 특징은 높은 성장률과 부채비율이다. 개발독재시대에 정부는 관치금융을 통해 기업의 외형적 성장을 최대한 지원하였고, 재벌은 금융지원을 이용해 무분별한 다각화와 과잉·중복투자를 일삼았던 것이다. 그 결과는 막대한 비효율과 낮은 수익성이다. 이 장에서는 재벌의 이러한 특징을 재무비율분석을 통해 분석한다.

1.1.2. 경제위기 이후 재벌간 빅딜을 위시한 기업구조조정이 본격적으로 추진되고 있다. 이와 관련하여 어느 재벌이 어느 업종에서 좀더 나은 경쟁력을 가졌는지를 살펴보는 것은 의미있는 일이다. 한 발 더 나아가 5대 재벌과 그 이외의 기업들을 비교하면서 5대 재벌이 열등한 부문은 없는지를 살펴보는 것도 필요하다.

1.1.3. 업종 분류는 이 백서 제1장에서 사용된 것과 같다. 즉 한국표준산업분류상의 제조업을 8개 산업으로 구분하는 등 전부 16개 산업으로 구분한다. 단, 해당사항이 없는 농수산업과 광업, 그리고 별도의 장에서 분석될 금융업은 제외한다. 분석은 우선 5대 재벌의 재무비율을 총괄적으로 살펴본 후 각 그룹별로 1995~1997년의 추세분석을 시도한다. 이어서 1997년 현재 기준으로 업종별 횡단면분석이 진행될 것이다. 이러한 분석을 통해 IMF 구제금융이 도래할 당시 5대 재벌의 재무비율은 어떻게 변화하였으며 각 그룹간 우위업종과 열위업종은 무엇인가를 살펴보도록 하겠다.

1.2. 각 재무비율의 의의

1.2.1. 안정성에 관한 지표로서 다음 세 가지를 선정하여 사용한다.

▪ 부채비율 : (부채총계/자기자본) ×100

재무구조의 안정성을 평가하는 데 사용되는 대표적인 비율이다. 지금 활발하게 논의되고 있는 기업구조조정에서 이 부채비율을 낮추는 것이 화두로 대두되어 있는데, 높은 부채비율은 기업의 부도위험을 증대시켜 기업부실화를 초래할 뿐 아니라 금융비용을 상승시켜 기업의 국제경쟁력을 저해한다는 점 때문이다. 그러나 추가차입이 없더라도 계속된 적자에 따른 자본잠식으로 자기자본의 크기가 0에 가까워지면 이 비율의 수치가 지나치게 커지는 단점이 있다.

▪ 유동비율 : (유동자산/유동부채) ×100

일년내로 현금화할 수 있는 유동자산과 일년내에 지급해야 할 유동부채 사이의 비율이며, 기업의 단기적 채무지급능력을 판단하는 대표적 비율이다. 단기부채는 만기가 도래할 때마다 상환하거나 새로운 금리와 차입조건으로 만기연장을 해야 하는데, 이 단기부채로 장기자산에 투자하였다가 상환자금이 묶인 채 만기연장이 안될 경우 부도로 이어지는 위험을 유동성위험이라 하며 1997년 말의 외환위기가 대표적인 예라 할 수 있다.

▪ 금융비용부담률: (이자비용/매출액) ×100

매출액 중 금융비용이 차지하는 비중을 나타내어 '금융비용 대 매출액비율'이라고도 하며, 기업이 부담하고 있는 금융비용의 수준을 나타내고 있는 대표적인 지표이다. 금융비용은 조업도와 관계없이 차입금에 대한 대가로서 지급되는 고정비성격의 항목이므로 기업경영의 장기적인 안정성을 확보하기 위해서는 이 비율을 낮추는 것이 중요하다. 우리나라 기업의 경우 지나친 차입의존 경영 때문에 이 비율이 높아 국제경쟁력이 낮은 원인 중 하나가 되고 있다고 알려져 있다.

1.2.2. 수익성에 관한 지표로서 다음 세 가지를 선정하여 사용한다.

▪ 매출액순이익률: (당기순이익/매출액) ×100

이익률의 극대화, 원가 및 비용절감의 극대화 등 궁극적인 기업목표의 달성도를 측정하기 위한 비율이다. 우리나라의 기업부실화는 재무구조의 취약성에 기인한다고 보기보다는 이와 같은 비율이 낮은 데 더 직접적으로 기인한다고 평가되기도 한다. 분자에 당기순이익 대신 경상이익을 쓸 수도 있는데 이는 통제가 용이하지 않은 특별손익을 제외하여 경상적인 경영성과만을 측정하기 위함이다.

▪ 총자본경상이익률: (경상이익/평균총자본) ×100

기업이 소유하고 있는 총자본운용의 효율성을 나타내는 지표로서 수익성분석의 대표적인 비율이다. 이 비율은 (매출액경상이익률×총자산회전율)로 표시할 수 있는데 매출액경상이익률은 높으나 총자산회전율이 낮은 경우에는 판매마진은 높았으나 기업의 판매활동이 부진하였음을 나타낸다. 또한 (자기자본경상이익률×자기자본비율)로도 표시할 수 있는데, 즉 자기자본경상이익률이 높다하더라도 타인자본의존도가 높은 기업에서는 총자산이익률이 낮아진다는 것을 의미한다.

▪ **자기자본순이익률: (당기순이익/평균자기자본)** ×100

자기자본에 대한 당기순이익의 창출정도를 측정하는 비율로서 주주 또는 투자자에게 매우 중요한 지표로서 사용된다. 자기자본순이익률이 기타의 일반적 투자이익률에 미달하게 되면 증권시장에서의 해당기업에 대한 투자선호도가 낮아져서 주가가 낮아지며 기업의 추가 자금조달도 곤란에 처할 수 있기 때문이다. 이 비율도 부채비율과 마찬가지로 자본잠식으로 자기자본의 크기가 0에 가까워지면 수치가 지나치게 커지는 단점이 있다.

1.2.3. 성장성에 관한 지표로서 다음 세 가지를 선정하여 사용한다.

▪ **매출액증가율: (당기매출액/전기매출액)** ×100 -100

기업의 외형적 신장세를 판단하는 대표적인 지표이다. 경쟁기업보다 빠른 매출액증가율은 결국 시장점유율의 증가를 의미하므로 경쟁력 변화를 나타내는 척도의 하나가 된다. 매출액은 물가변동률 이상으로 성장해야 경제적 활동이 실제로 성장하였다고 볼 수 있다.

▪ **총자산증가율: (당기말총자산/전기말총자산)** ×100 -100

기업의 전체적인 성장규모를 측정하는 지표이다. 그러나 총자산의 범주에는 '미래의 경제적 효익'이라는 자산의 요건을 충족하지 못하는 환율조정차와 같은 이연자산이 포함되므로 1997년 말과 같은 급격한 환율변동시에는 실질적인 성장규모를 왜곡하는 단점이 있다.

▪ **유형고정자산증가율: (당기말유형고정자산/전기말유형고정자산)** ×100 -100

토지, 건물, 기계 등의 유형고정자산에 대한 투자가 당해연도에 얼마만큼 활발하게 이루어졌는가를 나타내는 지표이다. 이 비율이 두드러지게 높다는 것은 신규사업에 진출하고 있다는 것의 반증이라고 할 수 있는데 이에 소요되는 자금수요로 인하여 유동성이 악화되는 경우가 많으므로 안정성의 지표들과 연계하여 살펴보아야 한다.

1.2.4. 활동성에 관한 지표로서 다음 세 가지를 선정하여 사용한다.

▪ **총자산회전율: (매출액/평균총자산)**

총자본회전율이라고도 하는 이 비율은 총자산이 1년 동안 수익을 창출하기 위해 몇 번 회전하였는가를 나타내며, 기업에 투하한 총자산의 운용효율을 총괄적으로 표시하는 지표이다. 총자산회전율이 높다는 것은 한 단위의 자산에 의하여 보다 높은 매출액이 실현된 것이므로 자산이 효율적으로 이용되고 있다고 볼 수 있다.

- 자기자본회전율: (매출액/평균자기자본)

자기자본의 회전속도, 즉 자기자본 이용의 효율성을 측정하는 지표이다. 그러나 이 비율이 높다는 것이 일률적으로 자기자본이 효율적으로 이용되고 있다고 해석될 수 있는 것은 아니다. 왜냐하면 총자산회전율이 동일하다고 해도 부채비율이 높을수록, 또는 자본잠식으로 자기자본의 크기가 감소해도 이 비율이 높아질 수 있기 때문이다.

- 유형고정자산회전율: (매출액/평균유형고정자산)

유형고정자산의 이용도를 나타내는 지표로서 기업이 보유하고 있는 설비자산의 적정 여부를 판단하는 데 유용하다. 이 비율이 높으면 고정자산의 유지를 위하여 지출되는 상각비, 보험료, 수선비 등의 고정비가 제품단위당 체감적으로 배분되어 원가절감이 효율적으로 이루어지고 있음을 나타낸다. 이 비율이 낮은 경우 영업활동의 부진이 원인일 수도 있고 신규투자가 진행중일 수도 있지만 혹시 비업무용 고정자산의 과다보유로 인한 것이 아닌지 유의할 필요가 있다.

1.3. 분석의 한계

1.3.1. 재무비율분석은 재무제표의 자료에 근거한 것이므로 재무제표의 한계점을 그대로 갖는다. 예를 들면 취득원가에 의하여 자산평가를 하고 있기 때문에 자산이 적절히 평가되고 있지 못하며, 회계처리방법이 다양하여 기업간 회계자료의 비교가능성이 저해되는가 하면 동일기업이라도 회계처리방법을 변경하여 기간별 비교가능성이 저해되기도 한다. 또한 계수화가 불가능한 항목인 경영자의 능력, 조직의 효율성, 기술개발능력, 노사관계 등이 고려되지 못한다는 것이다.

1.3.2. 재무비율분석의 근본적인 한계 이외에 본 분석이 갖는 한계는 다음과 같다. 첫째 분석대상자료가 각 그룹의 합산재무제표라는 점이다. 즉 그룹 내에서의 계열사간 상호내부거래와 내부채권·채무 등을 제거하지 못하여 각 그룹의 실질적인 통합재무상태와 영업실적을 보여주는 데 한계가 있는 것이다. 이러한 문제점은 1999년 회계연도부터 결합재무제표가 작성되면 해소될 것으로 전망된다. 둘째 합산재무제표는 해마다 공정거래위원회가 선정·발표하는 계열사명단을 기초로 하여 한국신용평가(주)가 선정한 계열사의 재무자료에 근거하여 작성되었기 때문에 특정 기업이 제외되느냐 포함되느냐에 따라 그룹 전체의 재무비율이 변동될 수 있다는 점이다. 이는 기간별 비교가능성을 저해하여 계열사들 자체의 경영성과에 따른 영향을 왜곡하여 해석할 위험성이 있다.

2. 재무비율 개관

〈표 5-1〉 5대 재벌의 재무비율 (1997)

(단위 : %, 회)

구 분		현대	삼성	대우	LG	SK	5대재벌평균	5대재벌제외
안정성	부채비율	578.45	371.58	474.70	507.78	457.65	472.78	397.07
	유동비율	89.84	88.61	100.98	92.45	85.60	91.80	95.48
	금융비용부담률	4.49	3.51	6.05	3.66	4.35	4.35	5.02
수익성	매출액순이익률	-0.11	0.28	0.27	-0.65	0.75	0.03	-1.17
	총자본경상이익률	0.10	0.50	0.52	-0.40	1.33	0.32	-0.43
	자기자본순이익률	-0.88	1.44	1.60	-4.56	4.60	0.18	-5.48
성장성	매출액증가율	15.76	18.41	29.61	25.06	13.22	20.19	20.45
	총자산증가율	37.12	34.76	51.28	38.30	27.61	38.16	24.92
	유형고정자산증가율	25.81	26.70	39.11	22.93	10.64	25.25	7.23
활동성	총자산회전율	1.26	1.21	1.15	1.32	1.16	1.23	1.02
	자기자본회전율	7.71	5.17	5.95	7.05	6.12	6.35	4.69
	유형고정자산회전율	3.45	2.98	4.15	3.52	2.90	3.37	2.78

자료 : 한국신용평가, KIS-Line 재무자료로부터 도출; 5대 재벌 제외의 수치는 한국은행, 《기업경영분석》(1998) 으로부터 재구성.

〈그림 5-1〉 재무비율 비교 (1997)

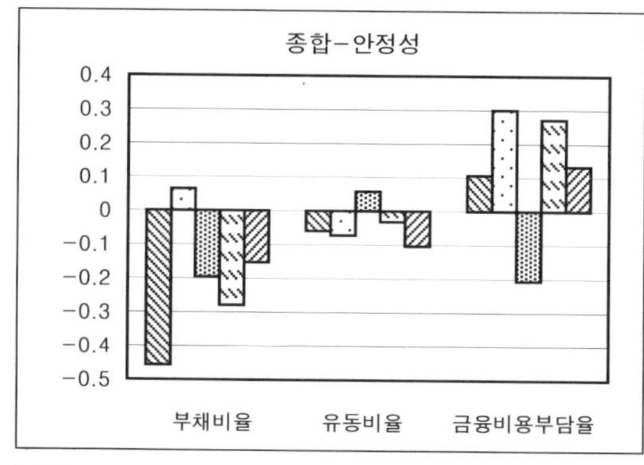

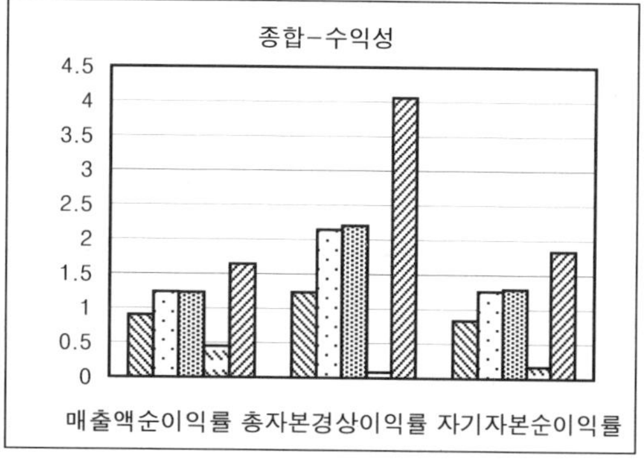

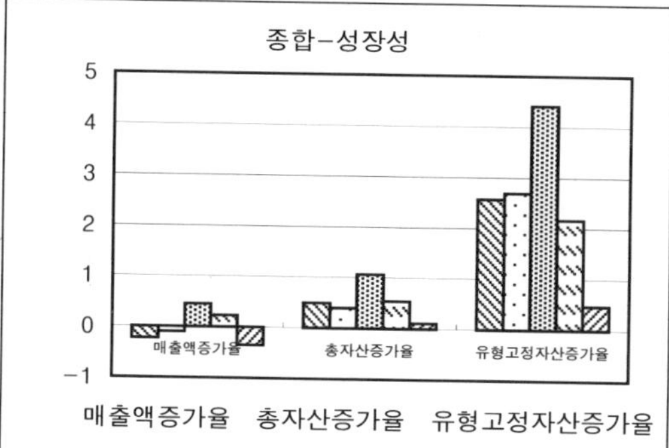

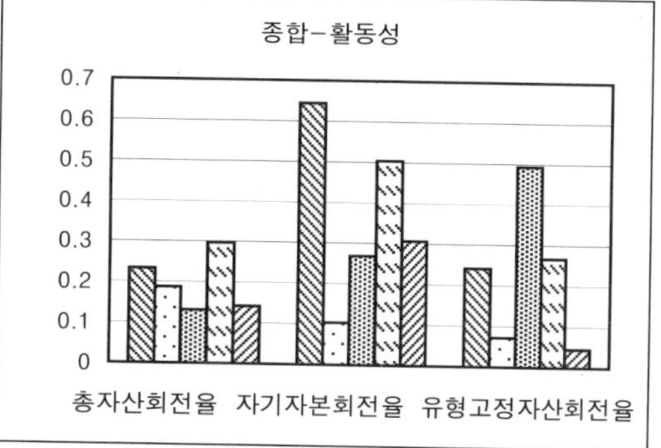

주 : 5대재벌 제외의 비율을 기준으로 했을 때 상대적인 크기를 표시한 것으로 (+)는 우등함을, (-)는 열등함을 나타낸다.

2.1. 안정성

1997년 말 현재 5대 재벌의 안정성은 〈표 5-1〉에서 보듯이 5대 재벌을 제외한 비금융업 전체(이하 5대 재벌 제외라 한다)보다 나쁘다. 삼성의 부채비율이 371.58%로서 유일하게 5대 재벌 제외의 397.07%를 밑돌 뿐, 5대재벌 평균이 부채비율 472.78%에 이르고 있다. 그 중에서도 현대가 578.45%로서 가장 나쁜 것으로 나타났다. 〈그림 5-1〉의 추세를 보면 3개년에 걸쳐 5대 재벌의 부채비율은 모두 증가하였는데 이는 수익성 악화로 인한 내부유보의 감소와 1997년 말 환율급등으로 외화부채의 원화환산액이 증가한 때문인 것으로 분석되고 있다. 한편 유동비율은 1997년 말 현재 대우만이 100.98%로서 5대 재벌 제외의 95.48%를 상회하고 있으며 삼성의 유동비율이 타재벌에 비해 급격히 악화되고 있는 것이 눈에 띈다.

〈그림 5-2〉 재무비율의 변화 (1995~1997) : 안정성

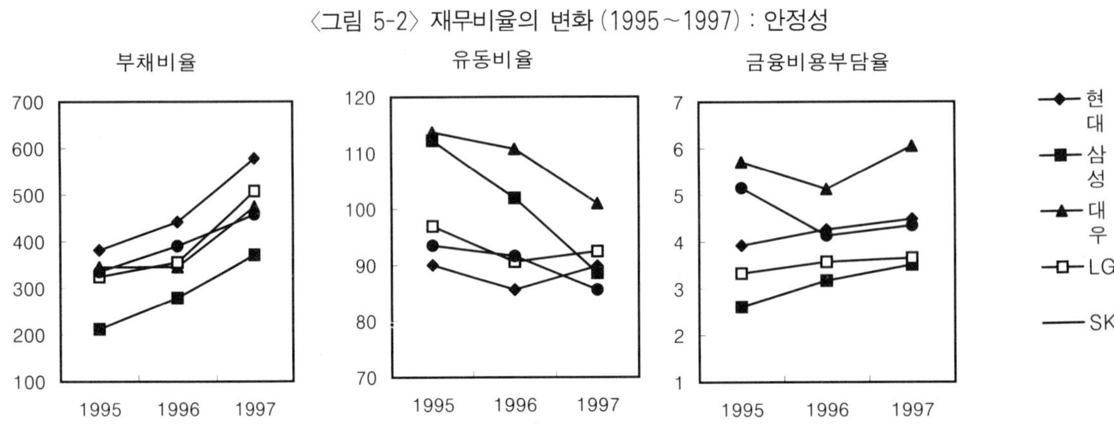

2.2. 수익성

1997년 5대 재벌의 수익성은 5대 재벌 제외보다 좋다. 수익성의 세 가지 지표 중 하나라도 5대 재벌 제외보다 나쁜 재벌이 없다. 합산재무제표상 흑자를 낸 재벌은 삼성, 대우, SK이고 적자를 낸 재벌은 현대와 LG이다. 1997년 기준으로 SK의 수익성은 타재벌보다 월등히 좋은 것으로 나타났는데 전 업종의 수익성이 5대 재벌의 평균보다 높았다. 반면 LG의 경우 1995년 2위에서 1997년 최하위로 수익성이 급격히 나빠졌는데 이는 반도체업 및 석유화학업에서의 환율급등으로 인한 손실이 타재벌보다 컸던 탓으로 분석되고 있다.

〈그림 5-3〉 재무비율의 변화 (1995~1997) : 수익성

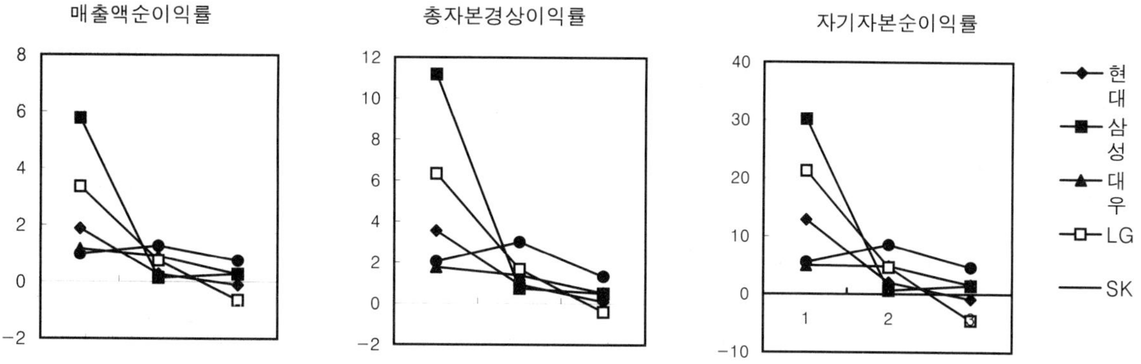
매출액순이익률
8
6
4
2
0
−2
총자본경상이익률
12
10
8
6
4
2
0
−2
자기자본순이익률
40
30
20
10
0
−10
1
2
3
현대
삼성
대우
LG
SK

2.3. 성장성

1997년 5대 재벌의 성장성은 평균적으로 매출액 증가율은 20.19%로서 5대 재벌 제외와 비슷하나 총자산증가율은 38.16%로서 5대 재벌 제외의 24.92%보다 월등히 높았다. 이는 '5대재벌 제외'의 유형고정자산증가율 7.23%보다도 훨씬 높은데 그 주원인은 장기화폐성 외화부채와 관련하여 1997년말 급격한 환율상승으로 거액의 환율조정차가 자산으로 계상되었기 때문이다. 대우는 매출액 증가율이 29.61%이고 유형고정자산증가율이 39.11%로서 성장성이 두드러졌는데 이는 쌍용자동차를 인수한 것이 주요인이며, 반면에 SK는 매출액증가율이 13.22%, 유형고정자산증가율이 10.64%로서 성장성이 가장 낮았다. 한편 SK의 1996년 매출액증가율과 총자산증가율이 급격히 높았던 것은 SK텔레콤 및 삼양석유등 대리점들이 계열사로 편입되었기 때문이다.

〈그림 5-4〉 재무비율의 변화 (1995~1997) : 성장성

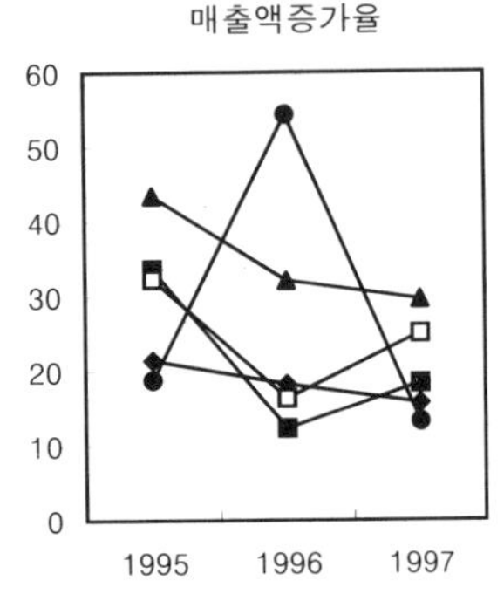

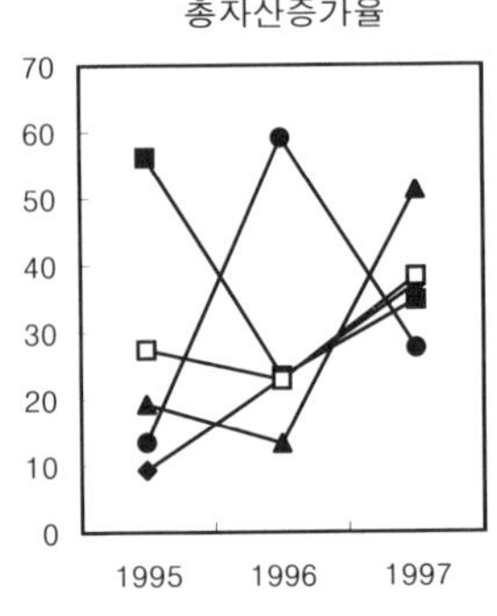

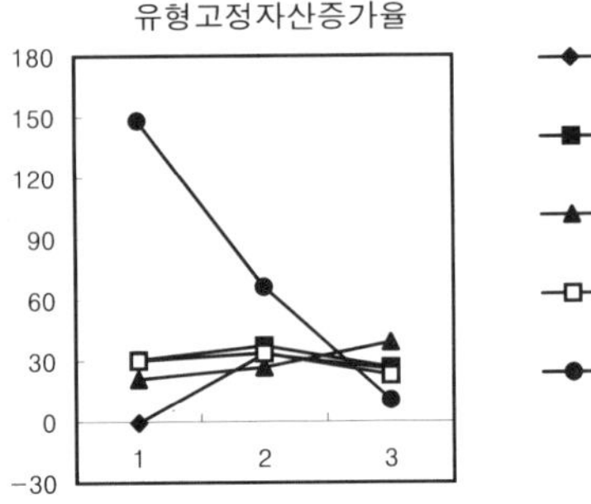

2.4. 활동성

1997년 5대재벌의 활동성은 5대재벌 제외보다 좋다. 따라서 그만큼 투하된 자본이 더 효율적으로 운용되었다고 할 수 있다. 그런데 〈그림 5-5〉를 보면 5대재벌간 총자산회전율의 차이가 두드러지게 작아졌는데 이는 5대재벌 모두 총자산증가율이 매출액증가율보다 훨씬 높았기 때문이다. 대우의 경우 총자산회전율은 1.15회로서 근소한 차이로 가장 낮으나 유형고정자산회전율은 4.15회로서 가장 높은데 이는 삼성, LG, SK의 유형고정자산회전율이 상대적으로 많이 낮아졌기 때문이다.

〈그림 5-5〉 재무비율의 변화 (1995~1997) : 활동성

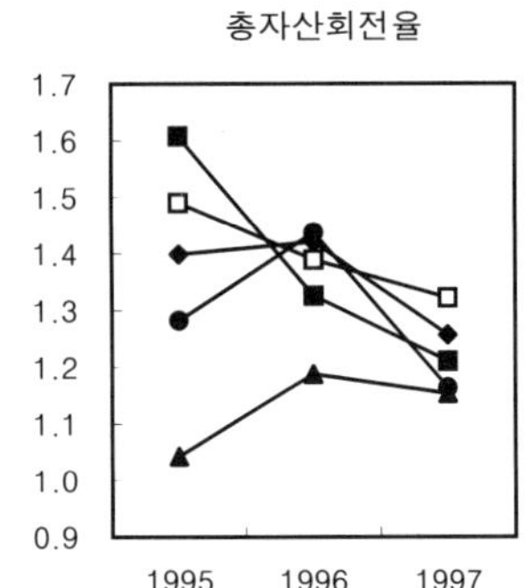

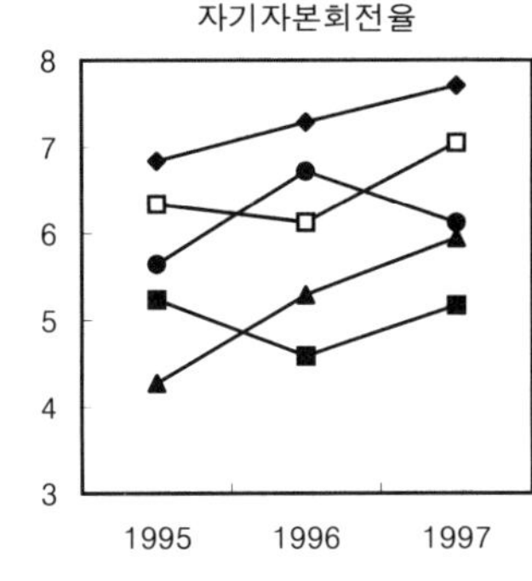

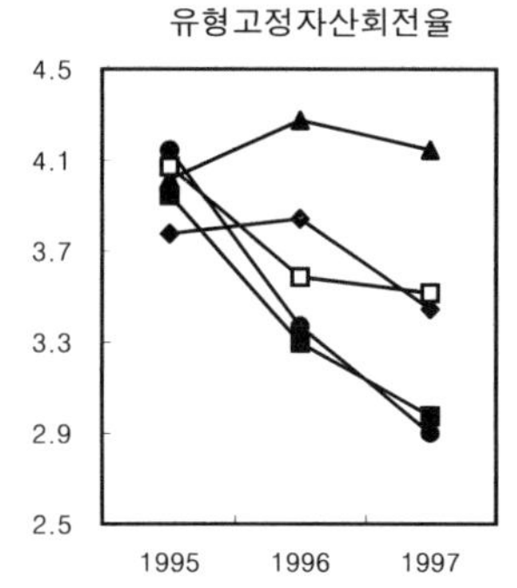

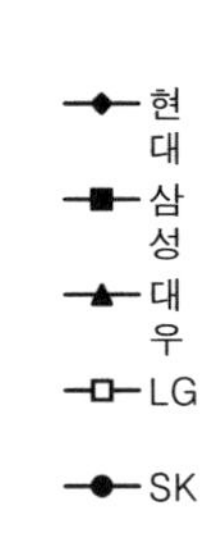

2.5. 〈표 5-2〉는 우리나라 기업 특히 5대 재벌의 특징을 극명하게 보여주고 있다. 1997년 외환위기로 각종 재무비율이 더 악화된 것을 감안하여 1996년 수치로 비교하더라도 부채비율이 미국의 2배, 대만의 3.6배에 이르고 있으며 그 결과 금융비용부담률이 높아지는 등 전형적인 차입의존경영의 양태를 보여주고 있다. 또한 유동비율이 비교대상 3개국 평균의 70%밖에 되지 않아 유동성 부족 위험에 처할 가능성이 더 높은데 이는 단기부채를 차입하여 장기 고정자산에 투자하는 데 따른 결과라고 할 수 있다. 수익성은 더 열악하여 매출액순이익률이 미국, 대만 2개국 평균의 12%에 불과하며 총자본경상이익률은 31%에 지나지 않아 국제경쟁력에 심각한 문제가 있음을 단적으로 보여주고 있다. 대만과 비교할 때 시장점유율의 추이를 볼 수 있는 매출액증가율은 낮으면서 총자산증가율은 더 높은데 이는 5대 재벌이 수익증대보다는 자산의 외형성장에 더 치중하여 지속적인 신규투자를 하고 있음을 보여주며 유형고정자산회전율이 미국, 일본 2개국 평균의 57%에 불과한 것도 같은 이유이다. 또한 총자산회전율은 엇비슷하나 자기자본회전율이 대만의 약 2.3배나 되는 것은 결손누적으로 자기자본의 크기가 감소한 기업들이 많기 때문인 것으로 분석되고 있다.

〈표 5-2〉 재무비율 국제비교 (제조업)

(단위 : %, 회)

구 분		미 국	일 본	대 만	5대재벌	
		1996	1996	1995	1996	1997
안정성	부채비율	153.55	193.3	85.69	312.16	444.08
	유동비율	137.94	130.0	129.37	92.79	89.80
	금융비용부담률	–	1.0	2.2	5.73	6.65
수익성	매출액순이익률	6.17	–	6.62	0.75	-0.01
	총자본경상이익률	–	3.7	4.27	1.24	0.19
	자기자본순이익률	–	–	10.17	2.61	-0.05
성장성	매출액증가율	–	–	16.44	12.84	19.56
	총자산증가율	–	–	15.17	21.56	40.08
	유형고정자산증가율	–	–	–	32.61	24.29
활동성	총자산회전율	1.09	1.08	0.83	0.90	0.82
	자기자본회전율	–	–	1.54	3.49	3.94
	유형고정자산회전율	3.61	3.60	–	2.07	1.94

자료 : 한국은행, 《기업경영분석》(1998) 으로부터 재인용; 5대 재벌의 수치는 한국신용평가, KIS-Line 재무자료로부터 도출.

3. 재무비율 변화

1995년에서 1997년 사이 5대 재벌의 각종 재무비율은 극심한 변화를 보여주고 있는데, 이 절에서는 어느 업종이 그룹전체 비율변화에 어느 정도 영향을 미쳤는지, 그리고 그 원인은 무엇인지 분석해 보기로 한다.

3.1. 현 대

3.1.1. 현대의 부채비율은 1995년 381.77%에서 1997년 578.45%로 196.68% 높아졌는데, 〈표 5-3〉을 보면 이는 전 업종에 걸친 부채비율증가에 기인하며 현대전자산업이 속해 있는 전자・정밀업의 부채비율 증가가 가장 크게 영향을 미친 것을 알 수 있다. 전자・정밀업의 부채비율은 1995년 가장 낮은 217.63%에서 1997년 688.30%로 무려 470.67% 증가했다. 한편 목재・출판・종이・인쇄업의 부채비율이 대폭 감소한 것으로 나타난 것은 자본완전잠식으로 자기자본이 (-)이기 때문이다.

3.1.2. 현대의 유동비율은 1995년 90.03%에서 1997년 89.84%로서 0.19%의 미미한 감소를 보이고 있으며 이는 주로 전자・정밀업에서 기인하는데, 그 중 현대전자산업은 관계사 단기차입금 1조3,069억 원의 발생으로 동비율이 44.36%나 감소하였다. 반면 조립금속・기계장비업의 동비율은 11.58% 상승하여 타업종의 감소세를 상당부분 둔화시켰다.

3.1.3. 현대의 금융비용부담률은 1995년 3.93%에서 1997년 4.49%로 0.56% 늘었는데 이는 현대자동차써비스가 매출액이 거의 같은 수준에서 금융비용이 4배나 증가하여 도소매・숙박업의 동비율이 2.03%에서 5.47%로 증가하였고, 총자산비중이 가장 큰 조립금속・기계장치업의 동비율이 4.38%에서 5.76%로 증가한 데 주로 기인한다.

〈표 5-3〉 재무비율 변화 : 현대-안정성

(단위 : %)

부채비율			유동비율			금융비용부담율		
구 분	비율증감	공헌도	구 분	비율증감	공헌도	구 분	비율증감	공헌도
전자, 정밀	470.67	64.24	전자, 정밀	-44.36	-2.82	도소매, 숙박	3.44	0.42
조립금속, 기계장비	111.83	51.87	화학, 석유, 석탄, 고무	-2.25	-0.91	조립금속, 기계장비	1.38	0.37
운수, 창고, 통신	496.45	19.94	건설	-3.99	-0.74	전자, 정밀	6.37	0.25
화학, 석유, 석탄, 고무	197.99	16.76	무역	-18.21	-0.49	서비스, 기타	5.00	0.03
건설	46.98	10.94	목재, 출판, 종이, 인쇄	-32.40	-0.46	1차금속	-0.05	0.00
무역	955.55	9.05	서비스, 기타	-34.61	-0.32	목재, 출판, 종이, 인쇄	-1.74	-0.02
목재, 출판, 종이, 인쇄	-2359.47	7.99	1차금속	4.76	0.13	운수, 창고, 통신	-1.04	-0.03
도소매, 숙박	97.35	7.83	운수, 창고, 통신	11.64	0.18	무역	0.01	-0.08
1차금속	131.56	5.88	도소매, 숙박	4.15	0.90	화학, 석유, 석탄, 고무	-6.77	-0.17
서비스, 기타	328.67	2.84	조립금속, 기계장비	11.58	4.40	건설	-2.29	-0.22
차이조정	***	-0.65	차이조정	***	-0.06	차이조정	***	0.02
비금융업 계	196.69	196.69	비금융업 계	-0.19	-0.19	비금융업 계	0.56	0.56

자료 : 한국신용평가, KIS-line으로부터 도출.

주 1) 비율증감은 (1997년 비율－1995년 비율) 임.

2) 각 비율 모두 공헌도가 큰 업종순임.

3) 공헌도는 각업종이 그룹전체의 비율증감에 미친 영향의 크기를 말하는데, 이는 각 업종의 비율증감이 미친 영향과 각 업종의 구성비(해당비율공식 중 분모의 크기에 의한) 증감이 미친 영향의 합이다. 여기서 구성비증감이 미친 영향은 그룹평균비율과 업종비율의 차이 곱하기 구성비 증감으로 표시할 수 있다. 이것을 수식으로 표시하면 아래와 같다.

A : 업종 A의 비율, a : 업종 A의 구성비, T : 그룹전체의 비율이라고 하고 2개 업종만 있다면,

업종A의 공헌도 $= (A2-A1)\times(a1+a2)/2 + (a2-a1)\times\{(A1+A2)/2-(T1+T2)/2\}$

$= (A2a1+A2a2-A1a1-A1a2+A1a2+A2a2-A1a1-A2a1)/2-(a2-a1)(T1+T2)/2$

$= A2a2-A1a1-(a2-a1)(T1+T2)/2$

업종B의 공헌도 $= (B2-B1)\times(b1+b2)/2+(b2-b1)\times\{(B1+B2)/2-(T1+T2)/2\}$

$= (B2b1+B2b2-B1b1-B1b2+B1b2+B2b2-B1b1-B2b1)/2-(b2-b1)(T1+T2)/2$

$= B2b2-B1b1-(b2-b1)(T1+T2)/2$

공헌도의 합계 $= (A2a2+B2b2)-(A1a1+B1b1)-(a2+b2-a1-b1)(T1+T2)/2$

그런데 $a2+b2=0$, $a1+b1=0$ 이므로 공헌도의 합계 $= T2-T1$ 이 성립한다.

4) 차이조정은 신규로 진출한 업종(예를 들어 현대의 경우 비금속광물업)의 공헌도이나 비율증감을 계산할 수 없으므로 이와 같이 표시함.

〈표 5-4〉 재무비율 변화 : 현대-수익성

(단위 : %)

매출액순이익률			총자본경상이익률			자기자본순이익률		
구 분	비율증감	공헌도	구 분	비율증감	공헌도	구 분	비율증감	공헌도
전자, 정밀	-26.40	-1.65	전자, 정밀	-29.35	-2.80	전자, 정밀	-108.84	-11.83
도소매, 숙박	-0.55	-0.06	조립금속, 기계장비	-0.65	-0.22	도소매, 숙박	-6.19	-0.49
무역	-0.06	-0.05	도소매, 숙박	-1.38	-0.14	목재, 출판, 종이, 인쇄	329.49	-0.40
목재, 출판, 종이, 인쇄	-8.55	-0.05	운수, 창고, 통신	-1.47	-0.07	화학, 석유, 석탄, 고무	-4.02	-0.28
건설	-0.39	-0.04	1차금속	-1.75	-0.07	1차금속	-4.00	-0.26
화학, 석유, 석탄, 고무	-1.17	-0.04	화학, 석유, 석탄, 고무	-0.56	-0.07	무역	-60.98	-0.24
운수, 창고, 통신	-0.99	-0.04	목재, 출판, 종이, 인쇄	-12.47	-0.05	건설	-1.18	-0.21
조립금속, 기계장비	-0.08	-0.03	무역	-1.58	-0.02	운수, 창고, 통신	-4.28	-0.16
1차금속	-0.96	-0.03	서비스, 기타	5.05	0.00	서비스, 기타	9.61	0.03
서비스, 기타	2.12	0.01	건설	-0.03	0.02	조립금속, 기계장비	0.40	0.20
차이조정	***	-0.01	차이조정	***	-0.01	차이조정	***	-0.08
비금융업 계	-1.99	-1.99	비금융업 계	-3.45	-3.45	비금융업 계	-13.72	-13.72

자료 및 주 : 〈표 5-3〉 참조

3.1.4. 매출액순이익률은 1995년 1.88%에서 1997년 (-)0.11%로 약 2% 감소하면서 적자로 전환하였는데 이는 대부분 전자·정밀업의 동비율이 1995년 21.16%에서 1997년 (-)5.24%로 급속히 감소한 것이 주요한 원인이다. 현대전자산업은 반도체경기의 악화로 1995년 대비 매출원가는 4,606억 원 증가했음에도 매출액은 오히려 4,111억 원 감소하여 1,835억 원의 적자를 기록한 것이다.

3.1.5. 총자본경상이익률은 1995년 3.55%에서 1997년 0.10%로 3.45% 감소하였고 자기자본순이익률도 1995년 12.85%에서 1997년 (-)0.88%로 13.73% 감소하였는데 이 역시 전자· 정밀업의 동비율들이 급속히 감소한 데 기인한다.

3.1.6. 서비스·기타업은 유일하게 수익성의 3가지 비율이 모두 증가했으며, 〈표 5-4〉에서 목재·출판·종이·인쇄업의 자기자본순이익률이 크게 증가한 것으로 나타난 것은 자기자본이 부(−)수이므로 사실은 수익성이 더 악화한 것이다.

〈표 5-5〉 재무비율 변화 : 현대-성장성

(단위 : %)

매출액증가율			총자산증가율			유형고정자산증가율		
구 분	비율증감	공헌도	구 분	비율증감	공헌도	구 분	비율증감	공헌도
전자, 정밀	-76.61	-3.40	건설	51.67	12.75	건설	65.31	14.55
조립금속, 기계장비	-9.52	-2.73	전자, 정밀	48.24	5.74	전자, 정밀	45.98	7.13
무역	-9.91	-2.66	화학, 석유, 석탄, 고무	33.60	2.93	화학, 석유, 석탄, 고무	26.42	4.47
도소매, 숙박	-14.95	-1.87	조립금속, 기계장비	7.19	2.59	1차금속	74.74	2.94
서비스, 기타	-142.05	-0.26	운수, 창고, 통신	56.70	2.51	운수, 창고, 통신	4.55	0.33
화학, 석유, 석탄, 고무	-4.58	-0.14	1차금속	56.86	2.16	서비스, 기타	-135.00	0.28
1차금속	-4.27	-0.12	무역	34.07	0.71	무역	-1.58	0.06
목재, 출판, 종이, 인쇄	4.28	0.05	목재, 출판, 종이, 인쇄	12.99	0.27	목재, 출판, 종이, 인쇄	1.77	0.03
운수, 창고, 통신	26.67	0.88	서비스, 기타	-203.62	-0.08	도소매, 숙박	-16.75	-0.45
건설	31.37	4.40	도소매, 숙박	-20.68	-2.26	조립금속, 기계장비	-10.41	-3.39
차이조정	***	0.19	차이조정	***	0.49	차이조정	***	0.49
비금융업 계	-5.66	-5.66	비금융업 계	27.81	27.81	비금융업 계	26.44	26.44

자료 및 주 : 〈표 5-3〉 참조

3.1.7. 현대의 매출액증가율은 1995년 21.42%에서 1997년 15.76%로 5.66% 감소하였는데 전자·정밀업과 조립금속·기계장비업, 그리고 무역업에서의 매출액증가율 둔화가 주요인이며 전반적인 감소세에도 불구하고 건설업의 동비율이 31.37% 증가한 것이 눈에 띈다.

3.1.8. 현대의 총자산증가율은 1995년 9.31%에서 1997년 37.12%로 27.81% 증가했는데 이는 주로 매출채권의 증가로 인한 건설업의 동비율 증가에 기인하며 서비스·기타업과 도소매·숙박업의 동비율은 크게 둔화된 것으로 나타났다.

3.1.9. 현대의 유형고정자산증가율은 1995년 (-)0.62%에서 1997년 25.81%로 26.44% 증가했는데 이 역시 건설업의 증가율이 많이 호전된 것에 힘입은 때문이며 전자·정밀업의 증가율도 상당히 높아졌으나 조립금속·기계장비업의 유형고정자산에의 신규투자는 상당히 둔화된 것으로 분석되고 있다.

〈표 5-6〉 재무비율 변화 : 현대-활동성

(단위 : 회)

총자산회전율			자기자본회전율			유형고정자산회전율		
구 분	비율증감	공헌도	구 분	비율증감	공헌도	구 분	비율증감	공헌도
전자, 정밀	-0.66	-0.10	무역	139.11	0.53	전자, 정밀	-1.12	-0.28
도소매, 숙박	-0.29	-0.03	조립금속, 기계장비	0.66	0.42	도소매, 숙박	-2.65	-0.12
조립금속, 기계장비	-0.10	-0.02	운수, 창고, 통신	3.73	0.14	조립금속, 기계장비	-0.36	-0.11
1차금속	-0.34	-0.01	건설	0.74	0.12	화학, 석유, 석탄, 고무	0.14	-0.07
무역	0.97	-0.01	목재, 출판, 종이, 인쇄	-22.58	0.08	1차금속	-1.07	-0.06
서비스, 기타	-0.75	-0.01	서비스, 기타	1.83	0.01	서비스, 기타	-10.64	-0.02
화학, 석유, 석탄, 고무	0.10	0.00	화학, 석유, 석탄, 고무	1.01	0.00	목재, 출판, 종이, 인쇄	0.31	0.00
운수, 창고, 통신	0.02	0.00	도소매, 숙박	-0.23	-0.01	무역	19.38	0.02
목재, 출판, 종이, 인쇄	0.20	0.00	1차금속	-0.40	-0.05	운수, 창고, 통신	0.40	0.03
건설	0.10	0.05	전자, 정밀	-2.03	-0.38	건설	2.48	0.28
차이조정	***	0.00	차이조정	***	-0.01	차이조정	***	0.00
비금융업 계	-0.14	-0.14	비금융업 계	0.87	0.87	비금융업 계	-0.33	-0.33

자료 및 주 : 〈표 5-3〉 참조

3.1.10. 현대의 총자산회전율은 1995년 1.4회에서 1997년 1.26회로 0.14회 감소하였는데 전반적으로 매출액보다 총자산이 더 크게 증가하였기 때문이며 현대전자산업의 전자・정밀업에서의 0.66회 감소가 가장 큰 영향을 미쳤다.

3.1.11. 현대의 자기자본회전율은 1995년 6.84회에서 1997년 7.71회로 0.87회 상승하였으며 이는 무역업의 139.11회 증가가 가장 큰 요인인데 매출액증가보다는 적자확대로 자기자본이 가장 크게 감소했기 때문이다.

3.1.12. 현대의 유형고정자산회전율은 1995년 3.78회에서 1997년 3.45회로 0.33회 감소했는데 이 역시 유형고정자산의 증가에 비해 매출액의 증가가 저조한 것이 주요인이며 전자・정밀업의 1.12회 감소가 가장 큰 요인으로 나타나 있다.

3.2. 삼 성

〈표 5-7〉 재무비율 변화 : 삼성-안정성

(단위 : %)

부채비율			유동비율			금융비용부담률		
구 분	비율증감	공헌도	구 분	비율증감	공헌도	구 분	비율증감	공헌도
전자, 정밀	140.39	81.21	전자, 정밀	-42.97	-12.18	전자, 정밀	1.62	0.58
조립금속, 기계장비	213.22	34.27	무역	-38.08	-7.90	조립금속, 기계장비	2.75	0.27
무역	277.93	21.87	조립금속, 기계장비	-21.49	-5.45	서비스, 기타	1.10	0.05
화학, 석유, 석탄, 고무	148.80	8.48	화학, 석유, 석탄, 고무	-7.82	-0.58	비금속광물	3.73	0.04
서비스, 기타	30.70	4.81	서비스, 기타	-7.92	-0.52	무역	0.40	0.01
도소매, 숙박	57.68	2.71	건설	-18.56	-0.02	섬유, 의복, 가죽	1.75	0.01
비금속광물	150.10	2.56	비금속광물	8.66	0.14	목재, 출판, 종이, 인쇄	1.98	0.01
섬유, 의복, 가죽	75.45	2.53	목재, 출판, 종이, 인쇄	2.86	0.44	건설	1.63	0.00
목재, 출판, 종이, 인쇄	94.60	0.74	섬유, 의복, 가죽	12.58	0.56	도소매, 숙박	2.35	-0.02
건설	10,137.02	0.15	도소매, 숙박	-8.50	1.87	화학, 석유, 석탄, 고무	-0.99	-0.05
차이조정	***	0.00	차이조정	***	0.00	차이조정	***	0.00
비금융업 계	159.34	159.34	비금융업 계	-23.65	-23.65	비금융업 계	0.90	0.90

자료 및 주 : 〈표 5-3〉 참조.

3.2.1. 삼성의 부채비율은 1995년 212.25%에서 1997년 371.58%로 159.34% 증가했는데 전업종에 걸쳐 동비율이 증가했으나 자기자본비중이 가장 큰 전자·정밀업의 140.39% 증가가 가장 큰 요인이다. 건설업에서의 동비율이 10,137.02% 증가한 것은 부채는 약 3배 증가했으나 자기자본은 적자폭 확대로 인해 약 57% 감소했기 때문이다.

3.2.2. 삼성의 유동비율은 1995년 112.25%에서 1997년 88.61%로 23.65% 감소했는데 역시 전자·정밀업이 감소폭도 42.97%로 가장 크고 그룹 전체의 감소율에도 가장 큰 영향을 미쳤다.

3.2.3. 삼성의 금융비용부담률은 1995년 2.61%에서 1997년 3.51%로 0.90% 증가했는데 비금속광물업이 3.73% 증가로 가장 높으나 매출액비중이 가장 큰 전자·정밀업의 1.62% 증가가 가장 큰 영향을 미쳤다.

〈표 5-8〉 재무비율 변화 : 삼성-수익성

(단위 : %)

매출액순이익률			총자본경상이익률			자기자본순이익률		
구 분	비율증감	공헌도	구 분	비율증감	공헌도	구 분	비율증감	공헌도
전자, 정밀	-12.38	-4.75	전자, 정밀	-20.76	-9.55	전자, 정밀	-45.13	-25.61
조립금속, 기계장비	-2.87	-0.27	조립금속, 기계장비	-1.91	-0.49	조립금속, 기계장비	-8.55	-1.42
화학, 석유, 석탄, 고무	-6.33	-0.20	화학, 석유, 석탄, 고무	-5.43	-0.36	화학, 석유, 석탄, 고무	-19.85	-1.09
무역	0.00	-0.18	무역	-0.74	-0.20	서비스, 기타	-5.52	-0.35
서비스, 기타	-0.76	-0.05	서비스, 기타	-1.48	-0.14	비금속광물	-11.67	-0.21
비금속광물	-2.96	-0.03	비금속광물	-3.35	-0.06	무역	-0.04	-0.18
섬유, 의복, 가죽	-1.58	-0.02	섬유, 의복, 가죽	-3.02	-0.04	섬유, 의복, 가죽	-3.82	-0.07
건설	-2.95	0.00	건설	-7.01	0.00	건설	-196.69	-0.01
목재, 출판, 종이, 인쇄	0.03	0.00	목재, 출판, 종이, 인쇄	1.99	0.06	목재, 출판, 종이, 인쇄	0.13	0.05
도소매, 숙박	-4.46	0.01	도소매, 숙박	-3.09	0.10	도소매, 숙박	-10.76	0.15
차이조정	***	0.00	차이조정	***	0.00	차이조정	***	0.00
비금융업 계	-5.49	-5.49	비금융업 계	-10.68	-10.68	비금융업 계	-28.74	-28.74

자료 및 주 : 〈표 5-3〉 참조

3.2.4. 삼성의 매출액순이익률은 1995년 5.76%에서 0.28%로 5.49% 감소했는데 매출액비중이 가장 큰 전자·정밀업의 동비율이 1995년 13.31%에서 1997년 0.94%로 무려 12.38% 감소한 탓이 크다. 이는 대부분 환율급등으로 외환차손 및 환율조정차상각액이 큰 폭으로 증가한 때문이다.

3.2.5. 삼성의 총자본경상이익률은 1995년 11.17%에서 1997년 0.50%로 10.68% 감소하고 자기자본순이익률은 1995년 30.18%에서 1.44%로 28.74% 감소했는데 역시 전자·정밀업의 동비율감소가 가장 큰 요인이다.

3.2.6. 건설업의 자기자본순이익률이 1995년 35.25%에서 1997년 (-)161.44%로 196.69% 감소한 것은 중앙디자인의 단기차입금 증가로 지급이자가 4배 이상 증가한 것이 중요한 요인이다.

〈표 5-9〉 재무비율 변화 : 삼성-성장성

(단위 : %)

매출액증가율			총자산증가율			유형고정자산증가율		
구 분	비율증감	공헌도	구 분	비율증감	공헌도	구 분	비율증감	공헌도
전자, 정밀	-25.39	-9.28	무역	-288.45	-15.87	전자, 정밀	-14.47	-5.97
조립금속, 기계장비	-26.94	-2.17	조립금속, 기계장비	-22.94	-4.96	조립금속, 기계장비	-5.43	-1.02
서비스, 기타	-35.19	-1.68	전자, 정밀	-4.36	-2.02	비금속광물	-23.26	-0.61
화학, 석유, 석탄, 고무	-47.49	-1.24	서비스, 기타	-16.92	-1.20	서비스, 기타	-8.98	-0.42
섬유, 의복, 가죽	-16.20	-0.26	비금속광물	-19.07	-0.37	무역	-23.06	-0.14
무역	-0.39	-0.20	건설	-29.28	-0.02	도소매, 숙박	-13.07	-0.08
목재, 출판, 종이, 인쇄	-25.93	-0.20	목재, 출판, 종이, 인쇄	-4.28	0.18	섬유, 의복, 가죽	-7.77	-0.04
비금속광물	-9.78	-0.11	도소매, 숙박	-5.97	0.84	건설	-10.13	0.00
도소매, 숙박	-7.57	0.10	섬유, 의복, 가죽	6.98	0.86	목재, 출판, 종이, 인쇄	7.26	0.40
			화학, 석유, 석탄, 고무	11.57	1.11	화학, 석유, 석탄, 고무	27.46	4.12
차이조정	***	-0.17	차이조정	***	0.00	차이조정	***	0.00
비금융업 계	-15.21	-15.21	비금융업 계	-21.45	-21.45	비금융업 계	-3.75	-3.75

자료 및 주 : 〈표 5-3〉 참조

3.2.7. 삼성의 매출액증가율은 33.62%에서 18.41%로 15.21% 감소했는데 전 업종에 걸쳐 동비율이 둔화되었으나 전자·정밀업의 동비율이 25.39% 감소한 것이 주요인이다.

3.2.8. 삼성의 총자산증가율은 1995년 56.21%에서 1997년 34.76%로 21.45% 감소했는데 무역업에서 무려 288.45% 감소한 것이 주요인이다.

3.2.9. 삼성의 유형고정자산증가율은 1995년 30.45%에서 1997년 26.70%로 3.75% 감소했는데 전자·정밀업의 14.47% 감소가 주요인이며 화학·석유·석탄·고무업은 오히려 27.46% 증가한 것으로 나타났다.

〈표 5-10〉 재무비율 변화 : 삼성-활동성

(단위 : 회)

총자산회전율			자기자본회전율			유형고정자산회전율		
구 분	비율증감	공헌도	구 분	비율증감	공헌도	구 분	비율증감	공헌도
전자, 정밀	-0.45	-0.21	전자, 정밀	-0.46	-0.27	전자, 정밀	-1.14	-0.47
무역	-1.61	-0.11	서비스, 기타	-1.17	-0.04	무역	-15.50	-0.24
조립금속, 기계장비	-0.20	-0.05	화학, 석유, 석탄, 고무	-0.29	-0.02	조립금속, 기계장비	-0.51	-0.20
서비스, 기타	-0.39	-0.03	비금속광물	-0.51	-0.01	서비스, 기타	-1.85	-0.13
비금속광물	-0.37	-0.01	조립금속, 기계장비	0.02	-0.01	비금속광물	-0.70	-0.02
화학, 석유, 석탄, 고무	-0.17	-0.01	건설	-13.33	0.00	건설	-483.02	0.00
건설	-1.89	0.00	목재, 출판, 종이, 인쇄	0.18	0.01	목재, 출판, 종이, 인쇄	0.01	0.02
목재, 출판, 종이, 인쇄	-0.09	0.00	섬유, 의복, 가죽	-0.09	0.01	섬유, 의복, 가죽	-0.11	0.02
도소매, 숙박	-0.47	0.00	도소매, 숙박	-1.35	0.03	도소매, 숙박	-1.06	0.03
섬유, 의복, 가죽	-0.09	0.01	무역	-0.41	0.23	화학, 석유, 석탄, 고무	-0.17	0.03
차이조정	***	0.00	차이조정	***	0.00	차이조정	***	0.00
비금융업 계	-0.40	-0.40	비금융업 계	-0.06	-0.06	비금융업 계	-0.97	-0.97

자료 및 주 : 〈표 5-3〉 참조

3.2.10. 삼성의 총자산회전율은 1995년 1.61회에서 1997년 1.21회로 0.40회 낮아졌는데 역시 전자・정밀업의 동비율이 0.45회 낮아진 것이 가장 큰 요인이다.

3.2.11. 삼성의 자기자본회전율은 1995년 5.24회에서 1997년 5.17회로 0.06회 소폭 감소했으며 유형고정자산회전율은 1995년 3.94회에서 1997년 2.98회로 0.97회 감소했는데 전자・정밀업의 회전율 감소가 가장 큰 영향을 미쳤다.

3.3. 대 우

〈표 5-11〉 재무비율 변화 : 대우-안정성

(단위 : %)

부채비율			유동비율			금융비용부담율		
구 분	비율증감	공헌도	구 분	비율증감	공헌도	구 분	비율증감	공헌도
조립금속, 기계장비	237.53	115.69	조립금속, 기계장비	-18.55	-9.76	조립금속, 기계장비	1.59	0.48
전자, 정밀	90.84	20.90	무역	-3.32	-2.05	전자, 정밀	1.59	0.17
도소매, 숙박	505.06	11.62	도소매, 숙박	20.72	-1.89	무역	-0.08	0.03
서비스, 기타	408.21	1.32	건설	-3.74	-0.21	1차금속	2.92	0.00
화학, 석유, 석탄, 고무	53.28	0.12	서비스, 기타	-75.78	-0.21	화학, 석유, 석탄, 고무	1.00	0.00
1차금속	4938.19	-0.09	화학, 석유, 석탄, 고무	16.83	0.04	서비스, 기타	0.59	0.00
건설	-123.83	-3.18	1차금속	20.98	0.06	건설	-1.09	-0.02
무역	-100.36	-20.31	전자, 정밀	19.20	1.76	도소매, 숙박	-5.34	-0.35
차이조정	***	3.16	차이조정	***	-0.50	차이조정	***	0.02
비금융업 계	129.23	129.23	비금융업 계	-12.75	-12.75	비금융업 계	0.34	0.34

자료 및 주 : 〈표 5-3〉 참조

3.3.1. 대우의 부채비율은 1995년 345.46%에서 1997년 474.70%로 129.23% 증가했는데 자기자본비중이 높은 조립금속・기계장비업의 237.53%의 증가가 가장 큰 영향을 미쳤다. 무역업의 경우 부채비율이 100.36% 감소하였는데 이는 부채증가보다 자기자본 중 영업성과와 관계없는 재평가적립금이나 자본조정항목이 더 증가했기 때문이다. 한편 1차금속업(경남금속)의 부채비율이 4,938.19% 증가한 것으로 나타난 것은 자기자본이 1995년 완전잠식상태에서 1997년 소액이나마 (+)상태로 돌아섰기 때문이다.

3.3.2. 대우의 유동비율은 1995년 113.73%에서 1997년 100.98%로 12.75% 감소했는데 이에 가장 큰 영향을 미친 업종은 역시 조립금속・기계장비업으로서 1995년 106.76%에서 1997년 88.21%로 18.55% 감소하였다.

3.3.3. 대우의 금융비용부담률은 1995년 5.71%에서 1997년 6.05%로 0.34% 증가했는데 역시 조립금속・기계장비업의 영향이 가장 크다. 도소매・숙박업은 오히려 5.34% 감소했는데 이는 매출액은 대폭 늘어난 반면 지급이자는 약간 늘어난 때문이다.

〈표 5-12〉 재무비율 변화 : 대우-수익성

(단위 : %)

매출액순이익률			총자본경상이익률			자기자본순이익률		
구 분	비율증감	공헌도	구 분	비율증감	공헌도	구 분	비율증감	공헌도
조립금속, 기계장비	-1.67	-0.47	조립금속, 기계장비	-1.41	-0.67	조립금속, 기계장비	-3.28	-1.63
전자, 정밀	-1.03	-0.19	전자, 정밀	-1.46	-0.28	전자, 정밀	-3.06	-0.66
무역	-0.18	-0.08	무역	-0.43	-0.12	무역	-1.89	-0.45
건설	-1.97	-0.03	건설	-1.29	-0.04	건설	-5.90	-0.14
도소매, 숙박	-2.06	-0.03	도소매, 숙박	-1.11	-0.02	화학, 석유, 석탄, 고무	-13.66	-0.02
화학, 석유, 석탄, 고무	-2.23	-0.01	화학, 석유, 석탄, 고무	-4.30	-0.01	서비스, 기타	9.57	0.04
서비스, 기타	0.21	0.00	서비스, 기타	0.66	0.00	1차금속	-341.82	0.11
1차금속	14.05	0.02	1차금속	17.90	0.02	도소매, 숙박	4.42	0.12
차이조정	***	-0.12	차이조정	***	-0.14	차이조정	***	-0.73
비금융업 계	-0.89	-0.89	비금융업 계	-1.25	-1.25	비금융업 계	-3.35	-3.35

자료 및 주 : 〈표 5-3〉 참조

3.3.4. 대우의 매출액순이익률은 1995년 1.16%에서 1997년 0.27%로 0.89% 감소했는데 조립금속·기계장비업의 영향이 가장 크며, 1차 금속업이 흑자 전환하면서 14.05%의 증가를 보였으나 그룹 전체에 미치는 영향은 미미하다.

3.3.5. 대우의 총자본경상이익률은 1995년 1.77%에서 1997년 0.52%로 1.25% 감소했으며 자기자본순이익률은 1995년 4.95%에서 1997년 1.60%로 3.35% 감소하였는데 역시 조립금속·기계장비업의 영향이 가장 크다.

3.3.6. 1차금속업(경남금속)은 자본잠식으로 자기자본이 부(−)수이므로 당기순손실이 발생한 1995년의 자기자본순이익률이 (+)로 표시되었고 1997년은 당기순이익이 발생하여 동비율이 (-)로 표시되어 341.82% 감소한 것으로 나타났으나 그룹 전체에 미치는 영향은 미미하다.

〈표 5-13〉 재무비율 변화 : 대우-성장성

(단위 : %)

매출액증가율			총자산증가율			유형고정자산증가율		
구 분	비율증감	공헌도	구 분	비율증감	공헌도	구 분	비율증감	공헌도
무역	-16.42	-8.31	조립금속, 기계장비	46.83	21.05	조립금속, 기계장비	15.09	10.50
조립금속, 기계장비	-26.76	-6.53	무역	30.88	8.49	서비스, 기타	172.17	3.66
전자, 정밀	-13.95	-1.53	건설	23.42	1.22	무역	19.92	1.40
건설	-27.45	-0.31	서비스, 기타	111.08	1.20	건설	140.05	0.34
화학, 석유, 석탄, 고무	-32.17	-0.07	전자, 정밀	5.19	1.14	전자, 정밀	-2.47	-0.02
1차금속	52.85	0.10	1차금속	19.22	0.04	1차금속	-56.93	-0.03
서비스, 기타	48.68	0.40	화학, 석유, 석탄, 고무	-18.81	-0.03	화학, 석유, 석탄, 고무	-33.27	-0.07
도소매, 숙박	40.01	1.84	도소매, 숙박	-21.69	-2.51	도소매, 숙박	3.41	-0.25
차이조정	***	0.62	차이조정	***	1.43	차이조정	***	2.57
비금융업 계	-13.77	-13.77	비금융업 계	32.03	32.03	비금융업 계	18.11	18.11

자료 및 주 : 〈표 5-3〉 참조

3.3.7. 대우의 매출액증가율은 1995년 43.39%에서 1997년 29.61%로 13.77% 감소했는데 매출액비중이 가장 높은 무역업의 16.42%의 감소가 가장 큰 영향을 미쳤으며 26.76%의 감소를 기록한 조립금속·기계장비업이 그 다음을 차지한다. 한편 1차금속업과 서비스·기타업, 그리고 도소매·숙박업의 매출액증가율은 40% 이상 증가하여 타업과 대조를 보이고 있다.

3.3.8. 대우의 총자산증가율은 1995년 19.25%에서 1997년 51.28%로 32.03% 증가했으며 유형고정자산증가율은 1995년 21%에서 1997년 39.11%로 18.11% 증가했는데 이는 상당부분 쌍용자동차가 1997년부터 계열사로 편입된 조립금속·기계장비업에서의 증가에 기인한다.

〈표 5-14〉 재무비율 변화 : 대우-활동성

(단위 : 회)

총자산회전율			자기자본회전율			유형고정자산회전율		
구 분	비율증감	공헌도	구 분	비율증감	공헌도	구 분	비율증감	공헌도
도소매, 숙박	1.44	0.04	조립금속, 기계장비	1.34	0.79	도소매, 숙박	8.62	0.26
무역	0.15	0.03	도소매, 숙박	13.19	0.36	조립금속, 기계장비	0.13	0.13
조립금속, 기계장비	0.07	0.03	무역	-0.06	0.33	서비스, 기타	1.08	0.02
건설	0.02	0.01	전자, 정밀	0.64	0.16	화학, 석유, 석탄, 고무	-0.17	0.00
서비스, 기타	0.48	0.00	서비스, 기타	6.85	0.05	1차금속	-2.13	0.00
1차금속	-0.30	0.00	1차금속	-31.54	0.00	건설	-10.54	-0.02
화학, 석유, 석탄, 고무	-0.31	0.00	화학, 석유, 석탄, 고무	-0.57	0.00	전자, 정밀	-0.18	-0.03
전자, 정밀	-0.03	0.00	건설	-0.79	-0.04	무역	-9.60	-0.20
차이조정	***	0.00	차이조정	***	0.02	차이조정	***	-0.02
비금융업 계	0.11	0.11	비금융업 계	1.67	1.67	비금융업 계	0.13	0.13

자료 및 주 : 〈표 5-3〉 참조

3.3.9. 대우의 총자산회전율은 1995년 1.04회에서 1997년 1.15회로 0.11회 증가했는데 이는 도소매·숙박업과 무역, 그리고 조립금속·기계장비업에서의 증가에 기인한다.

3.3.10. 대우의 자기자본회전율은 1995년 4.28회에서 1997년 5.95회로 1.67회 증가했는데 조립금속·기계장비업의 영향이 가장 크다. 무역업의 경우 비율은 비록 감소했지만 여전히 그룹전체비율의 2배 가까이 되며, 그룹내 비중이 6.39% 증가했기 때문에 전체에 (+) 요인이 되었다.

3.3.11. 대우의 유형고정자산회전율은 1995년 4.02회에서 1997년 4.15회로 0.13회 증가했는데 도소매·숙박업의 영향이 가장 크다.

3.4. LG

〈표 5-15〉 재무비율 변화 : LG-안정성

(단위 : %)

부채비율			유동비율			금융비용부담률		
구 분	비율증감	공헌도	구 분	비율증감	공헌도	구 분	비율증감	공헌도
전자, 정밀	193.19	98.11	전자, 정밀	-13.52	-4.86	전자, 정밀	1.14	0.32
화학, 석유, 석탄, 고무	151.73	51.45	건설	-6.45	-0.98	화학, 석유, 석탄, 고무	0.53	0.11
1차금속	12554.83	20.24	1차금속	-18.48	-0.89	무역	0.20	0.03
무역	436.09	11.84	운수, 창고, 통신	-473.06	-0.61	서비스, 기타	0.91	0.02
건설	214.70	6.82	무역	-10.23	-0.51	1차금속	0.34	0.01
서비스, 기타	342.96	4.35	비금속광물	-29.16	-0.04	운수, 창고, 통신	1.67	0.00
도소매, 숙박	-617.93	3.15	전기, 가스	4.74	0.18	전기, 가스	0.12	0.00
비금속광물	223.06	0.88	서비스, 기타	7.79	0.22	비금속광물	-2.09	0.00
전기, 가스	-457.56	-4.52	도소매, 숙박	-5.80	0.52	도소매, 숙박	-0.74	-0.08
운수, 창고, 통신	128.40	-8.28	화학, 석유, 석탄, 고무	8.55	2.44	건설	-2.27	-0.09
차이조정	***	-0.80	차이조정	***	0.04	차이조정	***	0.00
비금융업 계	183.23	183.23	비금융업 계	-4.49	-4.49	비금융업 계	0.32	0.32

자료 및 주 : 〈표 5-3〉 참조

3.4.1. LG의 부채비율은 1995년 324.55%에서 1997년 507.78%로 183.23% 증가했는데 전자·정밀업의 영향이 가장 크다. 1차금속의 비율증가가 12,554.83%나 되는 것은 LG금속의 1997년 결손액이 1,470억 원에 이르러 자기자본이 1996년 대비 90% 이상 감소했기 때문이다.

3.4.2. LG의 유동비율은 1995년 96.95%에서 1997년 92.45%로 4.49% 감소했는데 역시 전자·정밀업이 대부분의 영향을 미쳤다. 운수·창고·통신업의 경우 부채비율이 128.40% 증가하면서 유동비율이 473.06% 감소한 것을 보아 자금조달의 상당부분을 단기차입금에 의존했다는 것을 알 수 있다.

3.4.3. LG의 금융비용부담률은 1995년 3.33%에서 1997년 3.66%로 0.32% 증가했으며 전자·정밀업의 영향이 가장 크다.

〈표 5-16〉 재무비율 변화 : LG-수익성

(단위 : %)

매출액순이익률			총자본경상이익률			자기자본순이익률		
구 분	비율증감	공헌도	구 분	비율증감	공헌도	구 분	비율증감	공헌도
전자, 정밀	-7.94	-2.51	전자, 정밀	-10.67	-4.59	전자, 정밀	-33.43	-16.30
화학, 석유, 석탄, 고무	-3.66	-0.76	화학, 석유, 석탄, 고무	-4.51	-1.32	화학, 석유, 석탄, 고무	-13.38	-4.55
1차금속	-10.32	-0.36	1차금속	-16.72	-0.50	1차금속	-196.22	-2.34
서비스, 기타	-6.06	-0.14	서비스, 기타	-9.05	-0.21	서비스, 기타	-88.31	-0.95
무역	-0.48	-0.14	무역	-3.69	-0.14	무역	-28.33	-0.81
운수, 창고, 통신	-8.29	-0.04	비금속광물	-9.72	-0.03	운수, 창고, 통신	-6.53	-0.55
전기, 가스	-1.57	-0.04	건설	-0.37	-0.01	전기, 가스	-16.52	-0.32
비금속광물	-25.71	-0.02	운수, 창고, 통신	-1.95	0.00	비금속광물	-38.49	-0.18
건설	-0.15	-0.01	전기, 가스	2.09	0.03	건설	0.96	0.06
도소매, 숙박	0.12	0.00	도소매, 숙박	0.22	0.05	도소매, 숙박	-4.30	0.10
차이조정	***	0.00	차이조정	***	0.00	차이조정	***	0.01
비금융업 계	-4.00	-4.00	비금융업 계	-6.73	-6.73	비금융업 계	-25.83	-25.83

자료 및 주 : 〈표 5-3〉 참조

3.4.4. LG의 매출액순이익률은 1995년 3.36%에서 1997년 (-)0.65%로 4% 감소했는데 도소매·숙박업을 제외한 전업종에서 동비율이 감소했으나 전자·정밀업에서 가장 큰 영향을 미쳤다. 이렇게 수익성이 악화된 주원인은 급격한 환율상승으로 외환차손 및 외화환산손실이 급증했기 때문이다.

3.4.5. LG의 총자본경상이익률은 1995년 6.33%에서 1997년 (-)0.40%로 6.73% 감소했으며 자기자본순이익률은 1995년 21.28%에서 1997년 (-)4.56%로 25.83% 감소했는데 역시 매출액비중이 가장 큰 전자·정밀업에서 가장 큰 영향을 미쳤다.

〈표 5-17〉 재무비율 변화 : LG-성장성

(단위 : %)

매출액증가율			총자산증가율			유형고정자산증가율		
구 분	비율증감	공헌도	구 분	비율증감	공헌도	구 분	비율증감	공헌도
무역	-83.90	-17.04	운수, 창고, 통신	313.16	11.93	전자, 정밀	-45.67	-19.49
전자, 정밀	-14.52	-4.49	1차금속	49.34	1.30	화학, 석유, 석탄, 고무	-20.60	-6.99
서비스, 기타	-61.10	-1.23	전기, 가스	67.34	0.87	비금속광물	22.46	0.22
건설	-30.63	-1.19	무역	20.10	0.78	서비스, 기타	16.44	0.30
1차금속	-12.70	-0.43	서비스, 기타	21.87	0.46	무역	50.45	0.66
비금속광물	-12.41	-0.01	화학, 석유, 석탄, 고무	0.89	0.24	전기, 가스	57.11	0.70
전기, 가스	34.03	0.50	건설	1.48	0.22	건설	89.48	1.36
화학, 석유, 석탄, 고무	4.16	0.97	비금속광물	49.33	0.19	도소매, 숙박	25.07	1.79
도소매, 숙박	64.52	4.00	도소매, 숙박	-10.14	-0.82	1차금속	152.86	2.82
운수, 창고, 통신	160.11	11.67	전자, 정밀	-13.85	-4.30	운수, 창고, 통신	518.79	11.36
차이조정	***	0.00	차이조정	***	0.05	차이조정	***	0.02
비금융업 계	-7.24	-7.24	비금융업 계	10.93	10.93	비금융업 계	-7.23	-7.23

자료 및 주 : 〈표 5-3〉 참조

3.4.6. LG의 매출액증가율은 1995년 32.30%에서 1997년 25.06%로 7.24% 감소했으며 무역업이 이에 가장 큰 영향을 준 것으로 분석되고 있다. 운수·창고·통신업이 160.11% 증가한 것은 호유해운의 매출액 증가와 아울러 LG텔레콤 및 LG인터넷이 신규로 편입되었기 때문이다.

3.4.7. LG의 총자산증가율은 1995년 27.37%에서 1997년 38.30%로 10.93% 높아졌는데 LG텔레콤이 계열사로 편입된 운수·창고·통신업의 영향이 크다.

3.4.8. LG의 유형고정자산증가율은 1995년 30.6%에서 1997년 22.93%로 7.23% 감소했는데 이는 LG텔레콤에서의 신규투자에도 불구하고 총자산비중이 가장 큰 전자·정밀업에서의 신규투자가 감소했기 때문이다.

〈표 5-18〉 재무비율 변화 : LG-활동성

(단위 : 회)

총자산회전율			자기자본회전율			유형고정자산회전율		
구 분	비율증감	공헌도	구 분	비율증감	공헌도	구 분	비율증감	공헌도
전자, 정밀	-0.26	-0.13	화학, 석유, 석탄, 고무	0.77	0.33	전자, 정밀	-0.65	-0.37
무역	-0.22	-0.03	무역	18.98	0.28	무역	-8.64	-0.12
화학, 석유, 석탄, 고무	-0.08	-0.02	도소매, 숙박	23.24	0.16	도소매, 숙박	-0.74	-0.04
1차금속	-0.46	-0.01	1차금속	13.09	0.10	1차금속	-2.15	-0.04
서비스, 기타	-0.23	-0.01	건설	2.27	0.09	전기, 가스	-7.33	-0.02
전기, 가스	-0.72	0.00	전자, 정밀	0.11	0.03	건설	5.03	-0.01
비금속광물	-0.08	0.00	비금속광물	-0.21	0.00	서비스, 기타	1.32	0.00
건설	0.05	0.01	서비스, 기타	-2.32	-0.01	비금속광물	-0.03	0.00
도소매, 숙박	0.12	0.01	전기, 가스	-10.45	-0.05	화학, 석유, 석탄, 고무	-0.08	0.02
운수, 창고, 통신	0.18	0.02	운수, 창고, 통신	-0.47	-0.22	운수, 창고, 통신	0.31	0.03
차이조정	***	0.00	차이조정	***	-0.01	차이조정	***	0.00
비금융업 계	-0.17	-0.17	비금융업 계	0.71	0.71	비금융업 계	-0.56	-0.56

자료 및 주 : 〈표 5-3〉 참조

3.4.9. LG의 총자산회전율은 1995년 1.49회에서 1997년 1.32회로 0.17회 감소했는데 이는 1995년과 1997년을 비교할 때 총자산은 70% 증가했으나 매출액은 46%밖에 증가하지 못했기 때문이다.

3.4.10. LG의 자기자본회전율은 1995년 6.34회에서 1997년 7.05회로 0.71회 증가했으나 이는 자기자본의 효율성이 좋아졌다기보다는 결손 등으로 매출액에 비해 자기자본의 증가폭이 작았기 때문이다.

3.4.11. LG의 유형고정자산회전율은 1995년 4.07회에서 1997년 3.52회로 0.56회 감소했는데 이는 특히 전자·정밀업에서 유형고정자산의 증가에 비해 매출액의 증가가 저조했기 때문이다.

3.5. SK

〈표 5-19〉 재무비율 변화 : SK-안정성

(단위 : %)

부채비율			유동비율			금융비용부담률		
구 분	비율증감	공헌도	구 분	비율증감	공헌도	구 분	비율증감	공헌도
화학, 석유, 석탄, 고무	193.69	118.50	도소매, 숙박	-34.54	-5.64	화학, 석유, 석탄, 고무	-0.35	-0.24
도소매, 숙박	1852.63	33.99	화학, 석유, 석탄, 고무	-7.68	-3.68	운수, 창고, 통신	-0.87	-0.22
무역	104.80	12.14	무역	6.75	-0.78	도소매, 숙박	-0.89	-0.17
섬유, 의복, 가죽	88.55	8.30	건설	1.71	-0.12	건설	-1.38	-0.16
건설	-180.76	-5.05	전기, 가스	11.84	0.39	섬유, 의복, 가죽	1.58	-0.06
전기, 가스	-14.14	-6.35	섬유, 의복, 가죽	-1.72	0.69	전기, 가스	0.06	0.01
운수, 창고, 통신	-1519.29	-39.40	운수, 창고, 통신	18.28	1.22	무역	-0.29	0.04
차이조정	***	0.00	차이조정	***	0.00	차이조정	***	0.00
비금융업 계	122.13	122.13	비금융업 계	-7.92	-7.92	비금융업 계	-0.80	-0.80

자료 및 주 : 〈표 5-3〉 참조

3.5.1. SK의 부채비율은 1995년 335.52%에서 1997년 457.65%로 122.13% 증가했는데 자기자본비중이 가장 큰 화학·석유·석탄·고무업에서 대부분의 영향을 미쳤으며 이는 주로 단기차입금 등 유동부채의 증가 때문이다. 운수·창고·통신업에서는 SK텔레콤의 흑자누적으로 자기자본이 크게 증가하여 부채비율이 1,519.29%나 감소했다.

3.5.2. SK의 유동비율은 1995년 93.52%에서 1997년 85.60%로 7.92% 감소했으며 도소매·숙박업에서 34.54% 감소한 것이 가장 큰 영향을 미쳤는데 이는 1997년중에 홍국상사 등 판매대리점들을 흡수합병한 SK에너지판매의 동비율이 63%로 낮기 때문이다.

3.5.3. SK의 금융비용부담률은 타재벌과 달리 1995년 5.15%에서 1997년 4.35%로 0.80% 감소했는데 이는 매출액의 증가에 비해 이자비용의 증가가 낮았기 때문이다. 특히 매출액비중이 큰 화학·석유·석탄·고무업과 1997년 동비율이 2.72%로 낮은 SK텔레콤이 편입된 운수·창고·통신업의 영향이 가장 크다.

〈표 5-20〉 재무비율 변화 : SK-수익성

(단위 : %)

매출액순이익률			총자본경상이익률			자기자본순이익률		
구 분	비율증감	공헌도	구 분	비율증감	공헌도	구 분	비율증감	공헌도
화학, 석유, 석탄, 고무	-1.45	-0.62	화학, 석유, 석탄, 고무	-1.93	-1.06	화학, 석유, 석탄, 고무	-4.58	-2.67
무역	-0.09	0.01	전기, 가스	-1.42	-0.04	무역	-0.91	-0.03
전기, 가스	0.46	0.02	무역	-0.48	-0.02	전기, 가스	-1.06	0.04
섬유, 의복, 가죽	0.64	0.03	섬유, 의복, 가죽	-0.38	0.01	섬유, 의복, 가죽	1.79	0.29
건설	1.21	0.08	도소매, 숙박	1.22	0.04	운수, 창고, 통신	-5.41	0.32
도소매, 숙박	0.96	0.10	건설	0.73	0.08	건설	13.54	0.39
운수, 창고, 통신	1.14	0.15	운수, 창고, 통신	1.75	0.27	도소매, 숙박	22.29	0.73
차이조정	***	0.00	차이조정	***	0.00	차이조정	***	0.00
비금융업 계	-0.23	-0.23	비금융업 계	-0.72	-0.72	비금융업 계	-0.92	-0.92

자료 및 주 : 〈표 5-3〉 참조

3.5.4. SK의 매출액순이익률은 1995년 0.98%에서 1997년 0.75%로 0.23% 감소했는데 환율 급등으로 인한 손실이 가장 크게 반영된 화학·석유·석탄·고무업의 영향이 가장 크다. 한편 1997년 동비율이 3.23%인 SK텔레콤이 편입된 운수·창고·통신업은 이와 같은 감소세를 상당부분 완화시켰다.

3.5.5. SK의 총자본경상이익률은 1995년 2.05%에서 1997년 1.33%로 0.72% 감소했으며 자기자본순이익률은 1995년 5.52%에서 1997년 4.60%로 0.92%로 감소했는데 그 원인은 대체로 매출액순이익률과 비슷하다.

〈표 5-21〉 재무비율 변화 : SK-성장성

(단위 : %)

매출액증가율			총자산증가율			유형고정자산증가율		
구 분	비율증감	공헌도	구 분	비율증감	공헌도	구 분	비율증감	공헌도
도소매, 숙박	-57.04	-11.08	화학, 석유, 석탄, 고무	16.53	9.09	화학, 석유, 석탄, 고무	-420.15	-157.13
건설	-44.67	-2.81	운수, 창고, 통신	-2.06	1.94	운수, 창고, 통신	-38.43	-9.71
섬유, 의복, 가죽	-18.02	-0.72	무역	28.12	1.69	도소매, 숙박	0.46	1.31
전기, 가스	-0.06	-0.06	전기, 가스	52.58	1.38	무역	12.76	2.91
무역	11.34	1.96	건설	13.60	1.18	전기, 가스	48.21	4.26
운수, 창고, 통신	9.87	2.08	섬유, 의복, 가죽	8.82	0.86	건설	23.99	7.11
화학, 석유, 석탄, 고무	13.63	5.04	도소매, 숙박	-15.29	-1.99	섬유, 의복, 가죽	3.92	13.68
차이조정	***	0.00	차이조정	***	0.00	차이조정	***	0.00
비금융업 계	-5.58	-5.58	비금융업 계	14.16	14.16	비금융업 계	-137.57	-137.57

자료 및 주 : 〈표 5-3〉 참조

3.5.6. SK의 매출액증가율은 1995년 18.79%에서 1997년 13.22%로 5.58% 감소했는데 도소매·숙박업에서 홍국상사 등 대리점들이 1997년에 SK에너지판매로 흡수통합되어 내부거래로 인한 매출액이 제거됨에 따라 매출액이 1996년 대비 30.07% 감소한 것이 주원인이다.

3.5.7. SK의 총자산증가율은 1995년 13.46%에서 1997년 27.61%로 14.16% 증가했으며 화학·석유·석탄·고무업이 이에 가장 큰 영향을 미쳤는데 고정자산보다는 매출채권 등 유동자산에서의 증가율이 두드러졌다.

3.5.8. SK의 유형고정자산증가율은 1995년 148.21%에서 1997년 10.64%로 무려 137.57%나 감소했는데 이는 1995년에는 SK(주)의 신규투자로 인해 유형고정자산이 대폭 증가했으나 1996년에 마무리되었기 때문인 것으로 분석된다.

〈표 5-22〉 재무비율 변화 : SK-활동성

(단위 : 회)

총자산회전율			자기자본회전율			유형고정자산회전율		
구 분	비율증감	공헌도	구 분	비율증감	공헌도	구 분	비율증감	공헌도
도소매, 숙박	-0.66	-0.05	화학, 석유, 석탄, 고무	1.18	1.00	화학, 석유, 석탄, 고무	-1.01	-0.55
운수, 창고, 통신	-0.24	-0.05	도소매, 숙박	14.88	0.24	무역	22.32	-0.35
무역	0.37	-0.04	섬유, 의복, 가죽	-0.09	0.12	운수, 창고, 통신	0.13	-0.19
전기, 가스	-0.32	-0.01	무역	2.57	0.01	도소매, 숙박	-3.29	-0.15
건설	-0.10	0.00	건설	-1.91	-0.08	건설	5.76	-0.08
섬유, 의복, 가죽	-0.22	0.00	전기, 가스	-1.41	-0.11	전기, 가스	-0.73	-0.03
화학, 석유, 석탄, 고무	0.00	0.03	운수, 창고, 통신	-16.11	-0.71	섬유, 의복, 가죽	-0.49	0.11
차이조정	***	0.00	차이조정	***	0.00	차이조정	***	0.00
비금융업 계	-0.12	-0.12	비금융업 계	0.48	0.48	비금융업 계	-1.24	-1.24

자료 및 주 : 〈표 5-3〉 참조

3.5.9. SK의 총자산회전율은 1995년 1.28회에서 1997년 1.16회로 0.12회 감소했는데 도소매·숙박업과 운수·창고·통신업에서 매출액 증가가 총자산 증가에 못미친 결과다.

3.5.10. SK의 자기자본회전율은 1995년 5.64회에서 1997년 6.12회로 0.48회 상승했으나 이는 역시 수익성 악화로 매출액 증가에 비해 자기자본의 증가폭이 둔화되었기 때문이다.

3.5.11. SK의 유형고정자산회전율은 1995년 4.14회에서 1997년 2.90회로 1.24회 감소했는데 이는 SK(주)의 신규설비투자로 유형고정자산이 크게 증가한 데 비추어 매출액이 아직 따라주지 못한 데 주원인이 있다.

4. 업종별 비교

4.1. 섬유 · 의복 · 가죽업

이 업종은 삼성과 SK만이 영위하고 있는데 각각 제일모직과 SK케미칼이 있다. 두 그룹 모두 성장성과 활동성에서는 5대 재벌 제외보다 뒤떨어지나, 수익성은 5대 재벌 제외가 매우 나쁜 데 비해 비교적 양호한 편이며, SK가 삼성보다 훨씬 양호하다. 반면에 부채비율과 유동비율에서는 삼성이 더 양호하다. 특이한 점은 양 그룹 모두 이 업종의 금융비용부담률이 5대 재벌 제외보다 높을 뿐 아니라 각각 전 업종 중 가장 높다는 것이다. 이는 부채의 규모에 비해 매출액이 작기 때문인 것으로 분석되고 있다.

〈표 5-23〉 업종별 비교 : 섬유 · 의복 · 가죽업

(단위 : %, 회)

구 분		현대	삼성	대우	LG	SK	5대재벌평균	5대재벌제외
안정성	부채비율	-	294.31	-	-	384.35	331.27	397.80
	유동비율	-	97.59	-	-	68.29	84.55	90.35
	금융비용부담률	-	10.55	-	-	10.29	10.44	6.06
수익성	매출액순이익률	-	0.20	-	-	0.81	0.46	-3.17
	총자본경상이익률	-	-1.29	-	-	0.23	-0.59	-2.35
	자기자본순이익률	-	0.46	-	-	2.27	1.14	-16.68
성장성	매출액증가율	-	2.68	-	-	10.70	5.94	23.15
	총자산증가율	-	16.17	-	-	16.84	16.48	29.03
	유형고정자산증가율	-	6.05	-	-	6.35	6.21	24.62
활동성	총자산회전율	-	0.63	-	-	0.55	0.59	1.08
	자기자본회전율	-	2.32	-	-	2.80	2.50	5.27
	유형고정자산회전율	-	1.52	-	-	0.91	1.19	2.96

자료 : 한국신용평가, KIS-Line 재무자료로부터 도출; 한국은행, 《기업경영분석》(1998)으로부터 재구성.

〈그림 5-6〉 재무비율 비교(1997) : 섬유·의복·가죽업

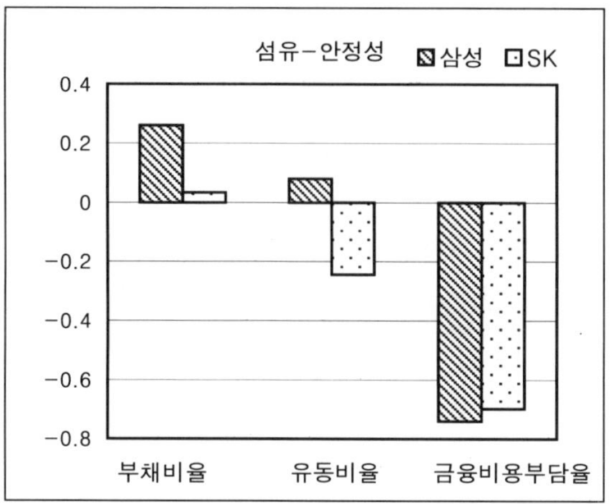

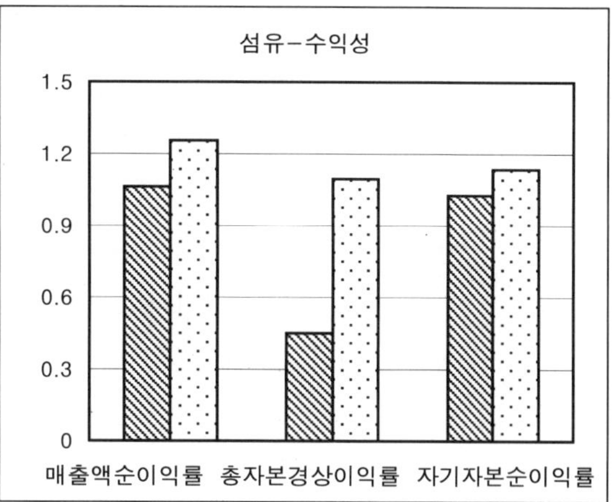

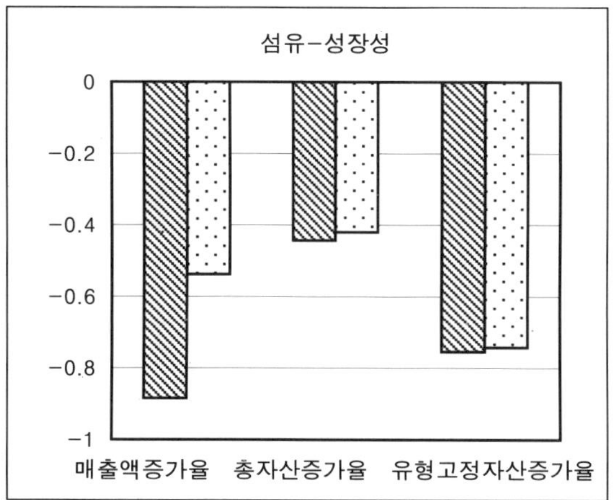

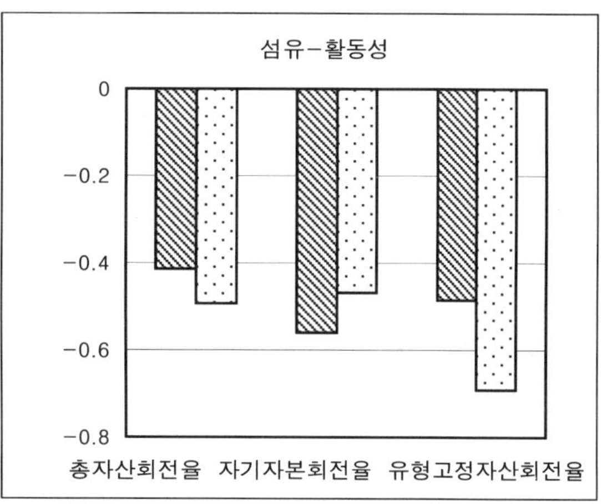

주 : 5대 재벌 제외의 비율을 기준으로 했을 때 상대적인 크기를 표시한 것으로 (+)는 우등함을, (-)는 열등함을 나타낸다.

4.2. 목재 · 출판 · 종이 · 인쇄업

이 업종은 현대와 삼성만이 영위하고 있다. 현대의 경우 현대리바트와 현대문화신문이 모두 자본이 전액 잠식된 상태이므로 자기자본을 분모로 하는 각종 비율은 왜곡을 방지하기 위해 표에서 제외하였으며 추가적인 분석은 생략하기로 한다. 삼성의 경우 이에 해당하는 기업은 중앙일보사로서 수익성은 5대 재벌 제외보다 높은 반면 나머지 지표들은 모두 낮은 것으로 나타나고 있다. 특히 매출액성장률은 2.53%로 1995년 이후 거의 정체되어 있어 5대 재벌 제외의 10.90%와 많은 차이를 보이고 있다.

〈표 5-24〉 업종별 비교 : 목재 · 출판 · 종이 · 인쇄업

(단위 : %, 회)

구 분		현대	삼성	대우	LG	SK	5대재벌평균	5대재벌제외
안정성	부채비율	***	508.83	-	-	-	***	394.81
	유동비율	59.31	54.25	-	-	-	56.70	91.07
	금융비용부담률	9.49	8.66	-	-	-	9.14	7.21
수익성	매출액순이익률	-20.30	0.10	-	-	-	-11.70	-1.77
	총자본경상이익률	-21.14	2.09	-	-	-	-8.16	-0.60
	자기자본순이익률	***	0.35	-	-	-	***	-7.15
성장성	매출액증가율	12.97	2.53	-	-	-	8.32	10.90
	총자산증가율	8.08	9.14	-	-	-	8.67	18.89
	유형고정자산증가율	8.50	9.66	-	-	-	9.24	10.90
활동성	총자산회전율	1.09	0.63	-	-	-	0.83	0.88
	자기자본회전율	***	3.64	-	-	-	***	4.04
	유형고정자산회전율	3.37	1.41	-	-	-	2.13	2.09

자료 : 한국신용평가, KIS-Line 재무자료로부터 도출; 한국은행, 《기업경영분석》(1998)으로부터 재구성.

〈그림 5-7〉 재무비율 비교(1997) : 목재·출판·종이·인쇄업

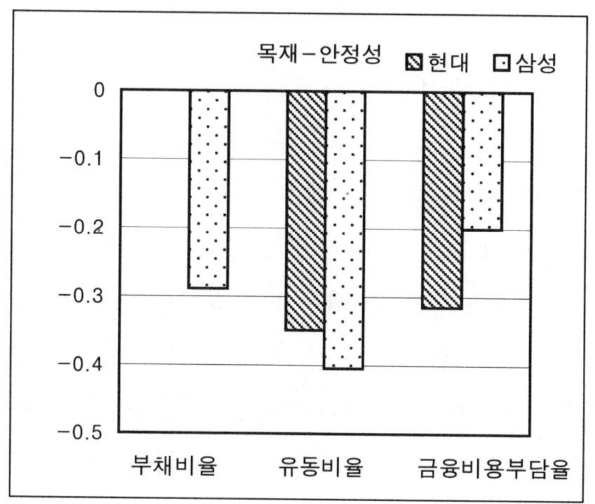

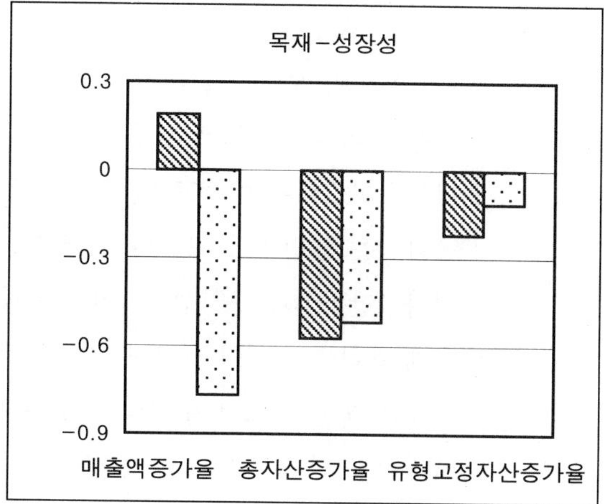

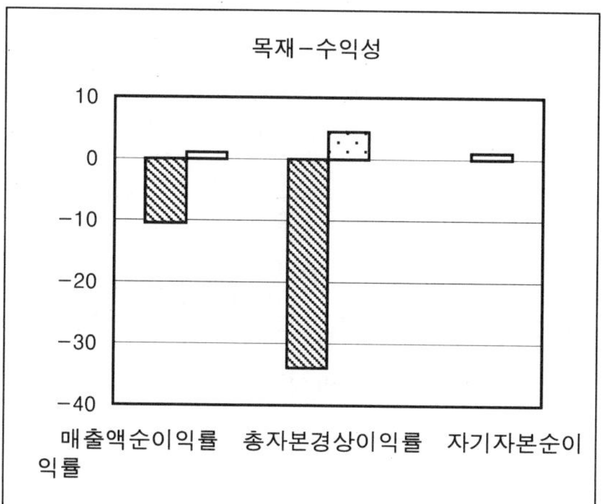

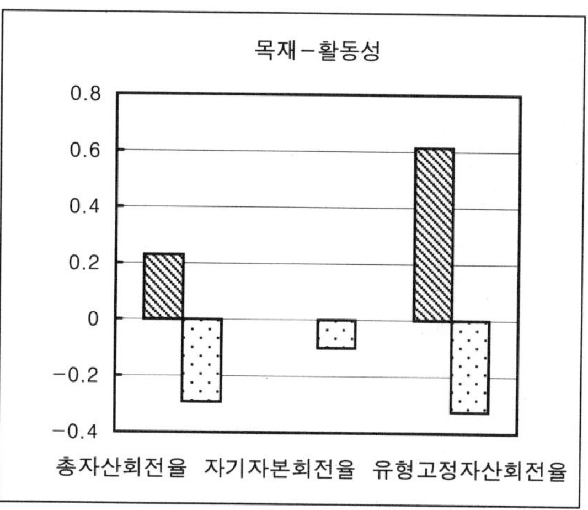

주 : 5대 재벌 제외의 비율을 기준으로 했을 때 상대적인 크기를 표시한 것으로 (+)는 우등함을, (-)는 열등함을 나타낸다.

4.3. 화학 · 석유 · 석탄 · 고무업

5대 재벌이 모두 진출하고 있는데, 5대 재벌 제외와 비교할 때 평균적으로 성장성을 제외한 나머지 지표들은 모두 나쁜 것으로 나타났다. 특히 현대의 부채비율은 매우 높아서 타재벌의 2배에 이르고 있다. 현대는 유형고정자산증가율도 매우 높았다. 특히 현대석유화학은 전년대비 64%나 늘어난 시설투자의 재원을 전부 부채로 충당한 것으로 나타났다. 안정성과 수익성, 그리고 활동성에서는 5대 재벌 중 대우가 가장 양호하나 이 업종에 속하는 기업이 규모가 극히 작은 코람프라스틱뿐이어서 큰 의미는 없다. 삼성의 경우 5대 재벌 중에서 수익성도 낮은 편이고 활동성이 가장 저조한데도 시설투자를 계속 늘려가고 있는 것으로 분석되고 있다. LG는 수익성이 가장 낮은데, 환율급등으로 인한 손실이 주원인인 것으로 분석되고 있긴 하지만 이의 손실을 가장 크게 입은 그룹인 SK의 약 1/4에 불과한 것은 판매비 및 일반관리비의 비중이 SK보다 훨씬 높기 때문이다.

〈표 5-25〉 업종별 비교 : 화학 · 석유 · 석탄 · 고무업

(단위 : %, 회)

구 분		현대	삼성	대우	LG	SK	5대재벌평균	5대재벌제외
안정성	부채비율	804.65	454.70	357.76	418.52	469.05	485.55	292.82
	유동비율	57.85	56.66	103.43	103.98	81.69	83.29	99.38
	금융비용부담률	6.24	8.58	3.28	5.62	6.74	6.34	6.24
수익성	매출액순이익률	0.58	0.27	0.92	0.12	0.54	0.36	0.37
	총자본경상이익률	0.38	0.28	1.36	0.21	0.80	0.46	0.96
	자기자본순이익률	2.86	0.77	4.91	0.56	2.59	1.60	1.23
성장성	매출액증가율	18.50	21.54	-4.50	26.50	26.91	25.12	5.22
	총자산증가율	45.85	36.41	21.83	23.54	28.26	30.10	9.36
	유형고정자산증가율	45.12	28.42	-5.66	0.66	3.30	14.24	5.32
활동성	총자산회전율	0.64	0.55	1.25	0.95	0.93	0.85	0.87
	자기자본회전율	4.95	2.83	5.33	4.45	4.78	4.46	3.29
	유형고정자산회전율	0.95	0.81	3.75	2.37	2.04	1.71	2.05

자료 : 한국신용평가, KIS-Line 재무자료로부터 도출; 한국은행, 《기업경영분석》(1998) 으로부터 재구성.

〈그림 5-8〉 재무비율 비교(1997) : 화학·석유·석탄·고무업

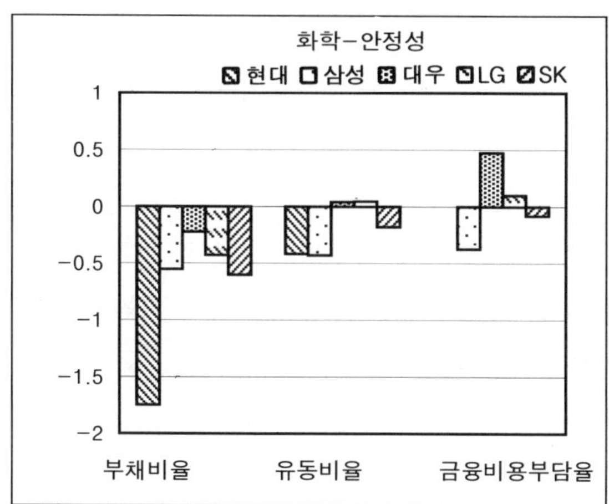

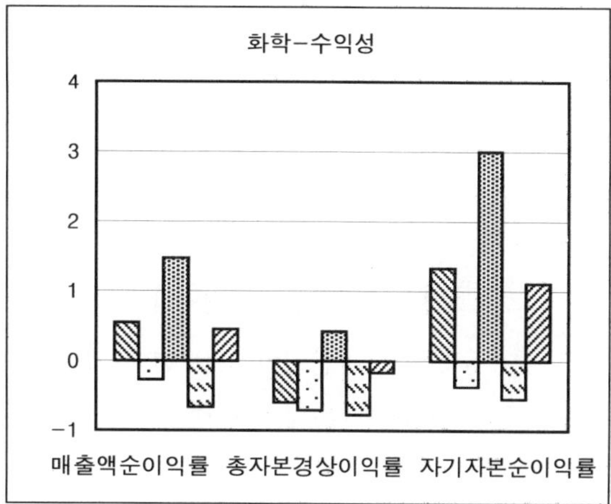

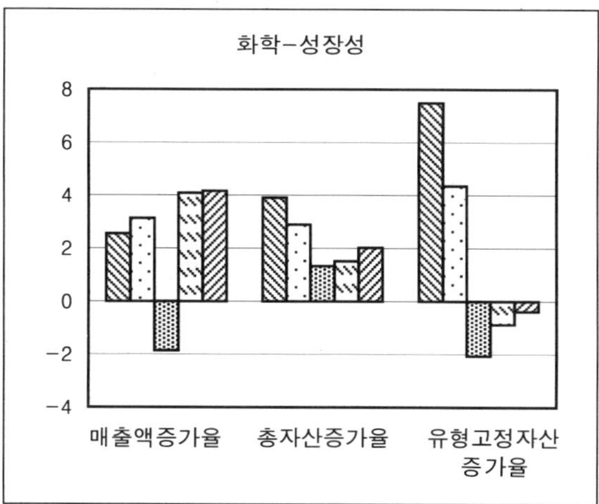

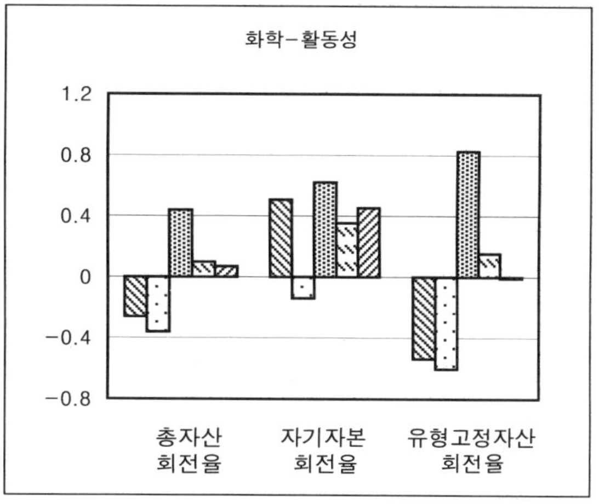

주 : 5대 재벌 제외의 비율을 기준으로 했을 때 상대적인 크기를 표시한 것으로 (+)는 우등함을, (-)는 열등함을 나타낸다.

4.4. 비금속광물업

SK를 제외한 4개 그룹이 영위하고 있으나 현대는 1996년에 대우는 1997년에 처음으로 계열사로 선정된 업종이다. 규모 면에서 비중이 낮은 업종인데 삼성의 삼성코닝이 가장 규모도 크고 이 업종에서는 유일한 흑자기업이다. 대우의 한국전기초자는 매출총이익률이 (-)6.26%로서 극히 비정상적인 양태를 보이면서 약 6백억 원의 결손을 기록하여 안정성과 수익성이 가장 나쁜 것으로 나타났다. 표에서 현대의 성장률이 매우 높게 나온 것은 동서산업이 1997년에 새로이 계열사로 편입되었기 때문인데 사실상 동 기업은 1996년에 비해 오히려 자산이나 매출액이 줄어들었다.

〈표 5-26〉 업종별 비교 : 비금속광물업

(단위 : %, 회)

구 분		현대	삼성	대우	LG	SK	5대재벌평균	5대재벌제외
안정성	부채비율	372.71	376.84	1114.09	450.01	-	462.44	323.06
	유동비율	78.62	83.29	55.74	92.43	-	75.29	75.95
	금융비용부담률	13.80	8.72	9.99	13.80	-	9.96	7.82
수익성	매출액순이익률	-3.28	2.03	-25.15	-20.13	-	-5.24	-0.02
	총자본경상이익률	-3.17	4.08	-24.15	-7.26	-	-2.17	0.41
	자기자본순이익률	-14.25	6.26	-295.89	-29.24	-	-18.72	-0.05
성장성	매출액증가율	363.02	22.09	-	27.97	-	77.22	6.66
	총자산증가율	732.93	22.78	-	45.07	-	95.31	16.27
	유형고정자산증가율	601.51	15.08	-	13.84	-	69.27	17.12
활동성	총자산회전율	1.02	0.71	0.97	0.36	-	0.75	0.70
	자기자본회전율	4.34	3.08	11.76	1.45	-	3.57	2.72
	유형고정자산회전율	2.58	1.22	1.85	0.58	-	1.34	1.39

자료 : 한국신용평가, KIS-Line 재무자료로부터 도출; 한국은행, 《기업경영분석》(1998)으로부터 재구성.

〈그림 5-9〉 재무비율 비교(1997) : 비금속광물업

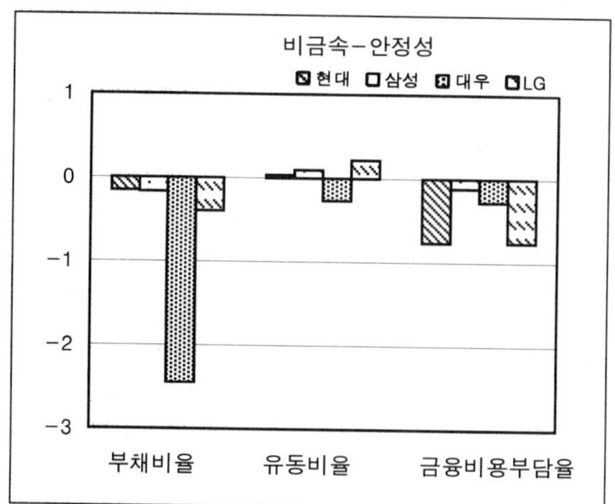

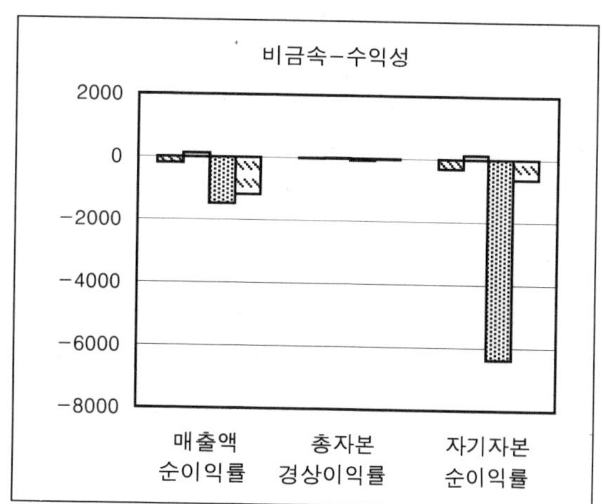

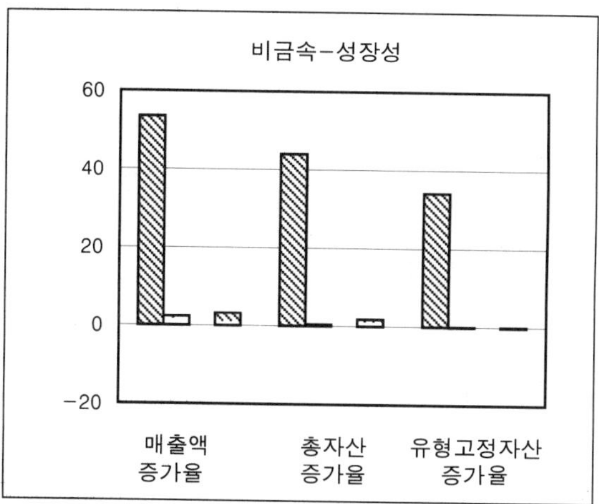

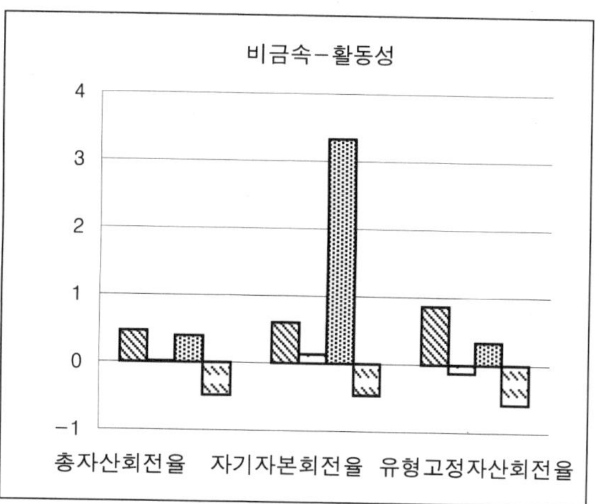

주 : 5대 재벌 제외의 비율을 기준으로 했을 때 상대적인 크기를 표시한 것으로 (+)는 우등함을, (-)는 열등함을 나타낸다.

4.5. 1차금속업

현대와 대우, 그리고 LG가 영위하고 있으나 대우의 경남금속은 총자산 970억 원에 불과해 상대적으로 규모가 미미하다. 동 기업은 1996년까지 결손누적으로 자기자본이 부수였으나 1997년 증자와 이익실현으로 (+) 상태로 돌아서면서 수익성이 가장 좋은 것으로 나타났다. LG금속은 환율급등으로 인해 3천억 원 이상의 손실을 입으면서 자기자본이 급격히 감소하고 수익성이 극도로 악화되었으나 시설투자는 오히려 크게 확대하였으며 이에 대한 재원은 전액 차입금에 의존하여 부채비율이 비정상적으로 높아졌다. 현대의 경우는 현대강관이 약 6천 5백억 원 규모의 추가 차입으로 부채비율이 전년에 비해 나빠지긴 했지만 수익성은 전년도에 비해 소폭 나아지는 등 타 재벌과 같은 특이점은 없다고 할 수 있겠다.

〈표 5-27〉 업종별 비교 : 1차금속업

(단위 : %, 회)

구 분		현대	삼성	대우	LG	SK	5대재벌평균	5대재벌제외
안정성	부채비율	360.91	-	4090.76	12966.98	-	609.73	278.95
	유동비율	83.31	-	90.55	82.38	-	83.06	101.99
	금융비용부담률	4.15	-	5.75	2.58	-	3.47	6.28
수익성	매출액순이익률	0.36	-	3.62	-7.29	-	-3.05	-1.59
	총자본경상이익률	0.61	-	4.07	-9.85	-	-2.85	-0.97
	자기자본순이익률	1.29	-	***	-166.71	-	***	-4.35
성장성	매출액증가율	12.85	-	59.26	24.68	-	18.61	18.91
	총자산증가율	62.92	-	66.32	81.20	-	68.88	16.57
	유형고정자산증가율	78.22	-	51.87	148.20	-	94.26	-94.83
활동성	총자산회전율	0.90	-	1.10	1.47	-	1.09	0.78
	자기자본회전율	3.60	-	-47.73	22.86	-	6.03	2.75
	유형고정자산회전율	2.12	-	3.57	4.61	-	2.84	3.10

자료 : 한국신용평가, KIS-Line 재무자료로부터 도출; 한국은행, 《기업경영분석》(1998) 으로부터 재구성.

〈그림 5-10〉 재무비율 비교(1997) : 1차금속업

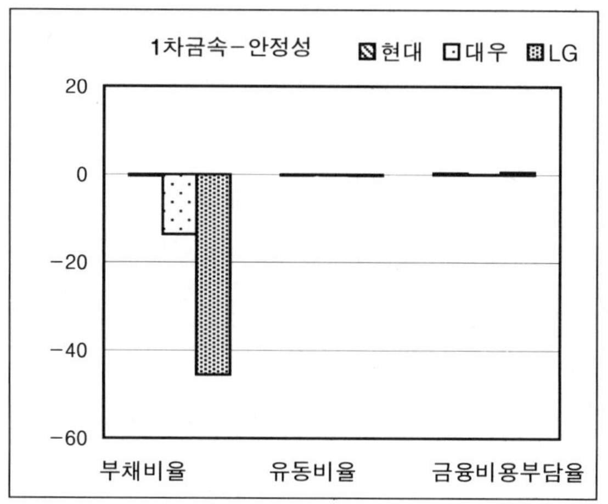

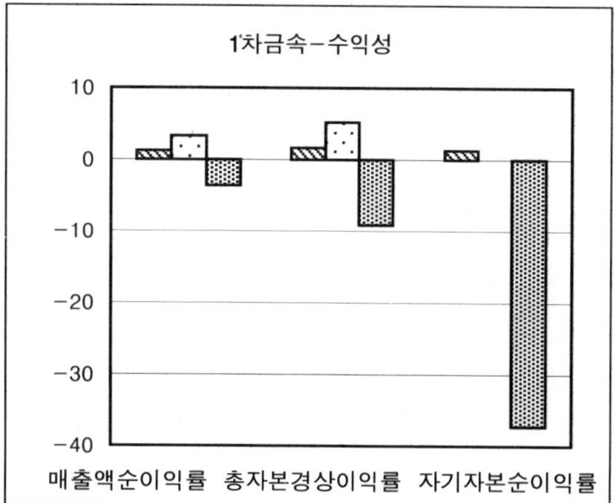

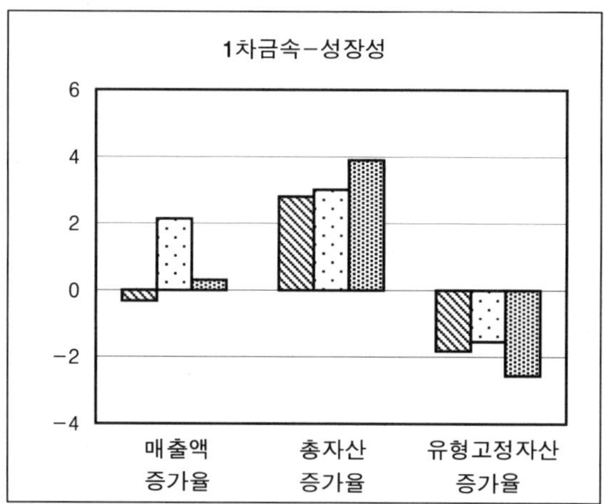

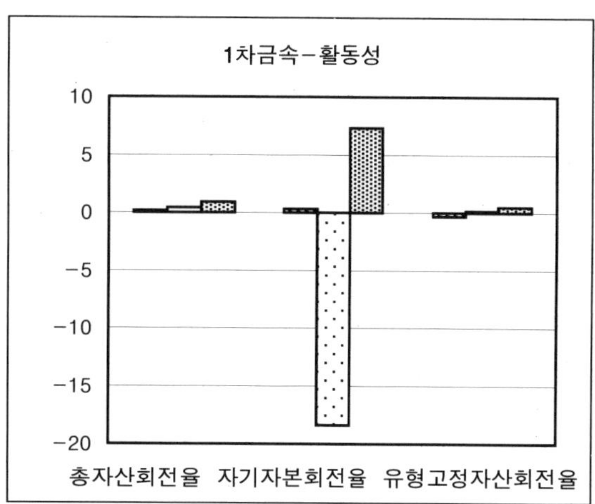

주 : 5대 재벌 제외의 비율을 기준으로 했을 때 상대적인 크기를 표시한 것으로 (+)는 우등함을, (-)는 열등함을 나타낸다.

4.6. 조립금속 · 기계장비업

1997년 LG에너지가 새로이 이 업종에 진출하였으나 매출도 없고 규모가 극히 미미하다. 현대, 삼성, 대우는 이 업종의 비중이 매우 높다. 현대가 안정성, 수익성, 활동성에서 가장 좋은 수치를 보여주고 있으며 삼성은 삼성중공업이 환율급등으로 인한 손실 등으로 약 955억 원의 결손을 보임에 따라 수익성이 가장 저조한 것으로 나타났다. 또한 삼성자동차가 1997년 말 현재 총자산규모는 3조 4천억 원이나 매출이 아직 발생하지 않아 매출을 분자로 하는 활동성의 각 지표들이 가장 낮아지게 되었다. 한편 대우는 1997년 쌍용자동차를 인수함으로써 성장성이 두드러지게 높아졌으나 동 기업이 결손누적으로 자본이 완전잠식됨에 따라 부채비율이 가장 높아졌으며 수익성 악화에도 많은 영향을 받은 것으로 분석되고 있다.

〈표 5-28〉 업종별 비교 : 조립금속 · 기계장비업

(단위 : %, 회)

구 분		현대	삼성	대우	LG	SK	5대재벌평균	5대재벌제외
안정성	부채비율	426.80	518.37	537.69	8.47	-	486.64	518.64
	유동비율	91.48	70.53	88.21	1206.08	-	85.61	105.21
	금융비용부담률	5.76	9.88	10.35	-	-	7.94	6.19
수익성	매출액순이익률	1.15	-1.39	0.39	-	-	0.51	-1.98
	총자본경상이익률	1.30	-0.67	0.41	19.54	-	0.53	-1.04
	자기자본순이익률	5.68	-4.16	1.41	15.18	-	2.08	-12.05
성장성	매출액증가율	8.64	22.51	37.67	-	-	19.25	10.16
	총자산증가율	24.46	28.14	69.79	-	-	40.85	13.76
	유형고정자산증가율	11.51	32.67	44.35	-	-	28.86	-3.06
활동성	총자산회전율	1.00	0.52	0.70	0.00	-	0.78	1.05
	자기자본회전율	4.95	2.99	3.62	0.00	-	4.05	6.08
	유형고정자산회전율	2.74	1.06	1.68	0.00	-	1.89	3.30

자료 : 한국신용평가, KIS-Line 재무자료로부터 도출; 한국은행, 《기업경영분석》(1998) 으로부터 재구성.

〈그림 5-11〉 재무비율 비교(1997) : 조립금속 · 기계장비업

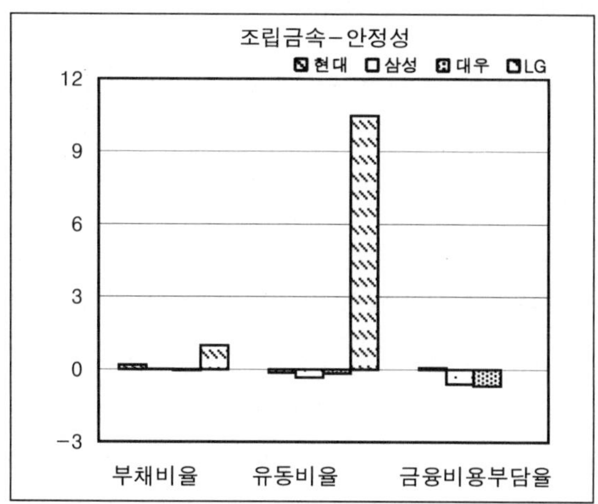

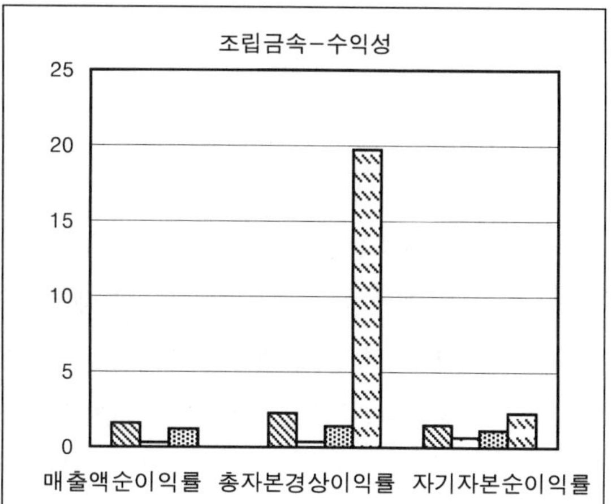

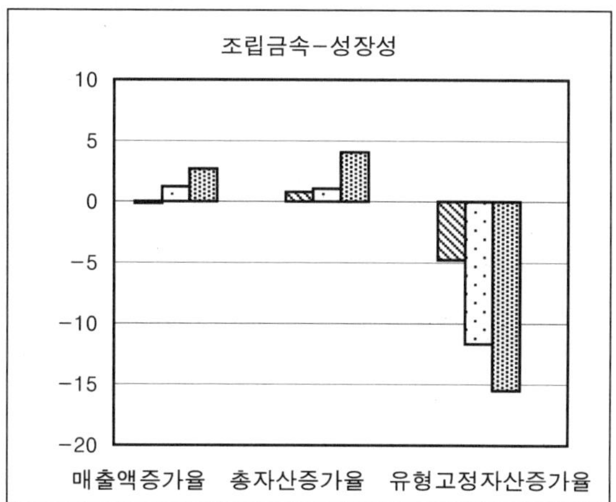

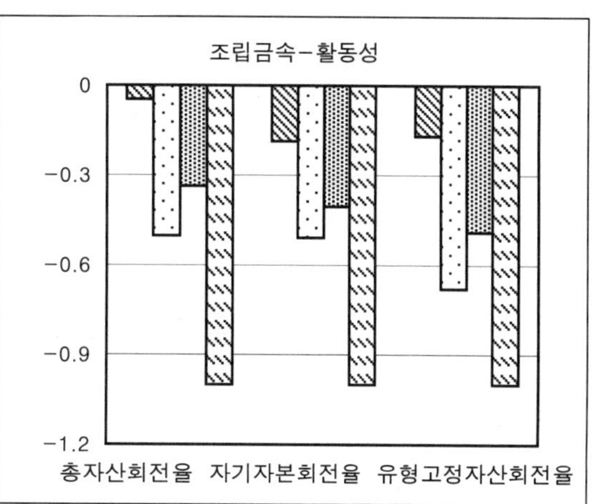

주 : 5대 재벌 제외의 비율을 기준으로 했을 때 상대적인 크기를 표시한 것으로 (+)는 우등함을, (-)는 열등함을 나타낸다.

4.7. 전자 · 정밀업

대우의 대우전자를 제외하면 현대의 현대전자산업, 삼성의 삼성전자, 그리고 LG의 LG전자 등 각 그룹의 주력기업으로서 자산비중이 가장 큰 기업들이 속해 있는 업종이다. 현대가 안정성과 수익성, 그리고 활동성이 가장 낮은 것으로 나타나고 있는데, 이는 현대전자산업이 영업이익은 1996년 대비 약 19% 정도 증가했으나 시설투자를 약 40% 늘리면서 이의 재원을 전액 부채로 조달함과 아울러 환율이 급등하자 부채규모가 1996년 대비 거의 2배에 이르게 되었고 이에 따라 지급이자와 외화환산손실 등이 급증하였기 때문이다. LG의 수익성이 낮은 것은 반도체경기 악화로 인한 영업이익 감소와 환율급등에 따른 손실 때문이다. 삼성전자도 같은 환경 하에 있었으나 재무구조와 수익구조가 매우 튼튼하였기 때문에(부채비율과 금융비용부담률이 가장 낮다) 이로 인한 영향을 타 그룹보다 적게 받은 것으로 보인다.

〈표 5-29〉 업종별 비교 : 전자 · 정밀업

(단위 : %, 회)

구 분		현대	삼성	대우	LG	SK	5대재벌평균	5대재벌제외
안정성	부채비율	688.30	283.76	375.51	471.31	-	382.77	314.45
	유동비율	85.08	120.08	132.40	86.29	-	103.63	101.52
	금융비용부담률	11.95	4.14	8.23	5.84	-	5.79	5.37
수익성	매출액순이익률	-5.24	0.94	0.88	-0.67	-	-0.05	-0.90
	총자본경상이익률	-2.12	1.09	1.23	-0.27	-	0.21	-0.15
	자기자본순이익률	-13.07	2.95	3.65	-2.89	-	-0.19	-3.87
성장성	매출액증가율	10.54	15.08	11.03	22.69	-	16.73	24.30
	총자산증가율	72.05	44.04	20.77	43.83	-	44.60	41.46
	유형고정자산증가율	39.28	22.45	11.69	22.46	-	24.47	50.81
활동성	총자산회전율	0.41	0.92	0.94	0.88	-	0.83	1.12
	자기자본회전율	2.49	3.15	4.16	4.32	-	3.53	4.28
	유형고정자산회전율	0.85	2.52	4.17	2.04	-	2.16	3.64

자료 : 한국신용평가, KIS-Line 재무자료로부터 도출; 한국은행, 《기업경영분석》(1998)으로부터 재구성.

〈그림 5-12〉 재무비율 비교(1997) : 전자·정밀업

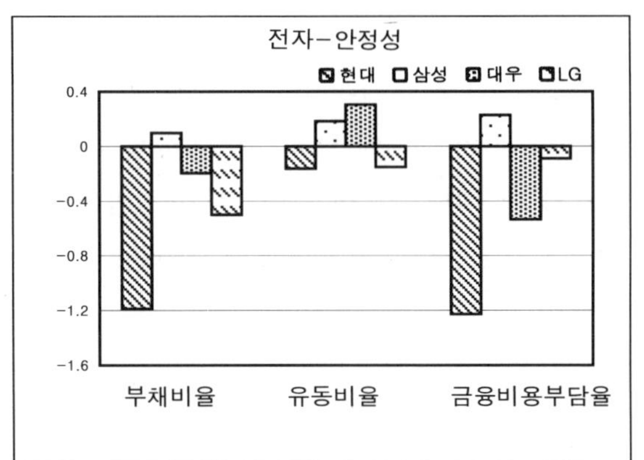

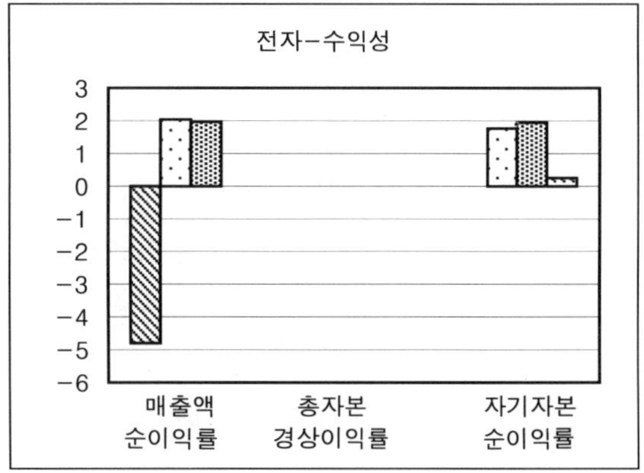

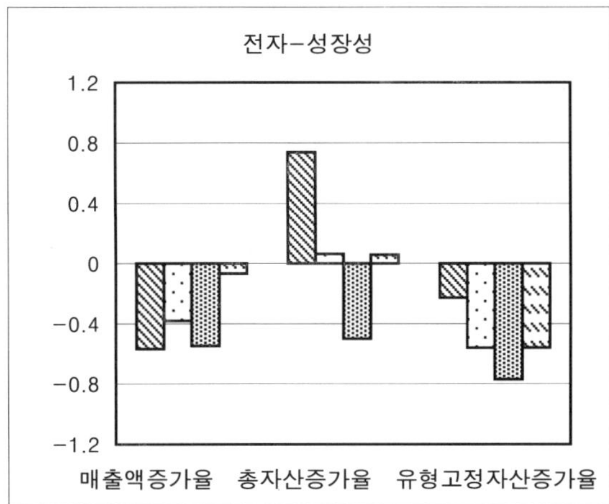

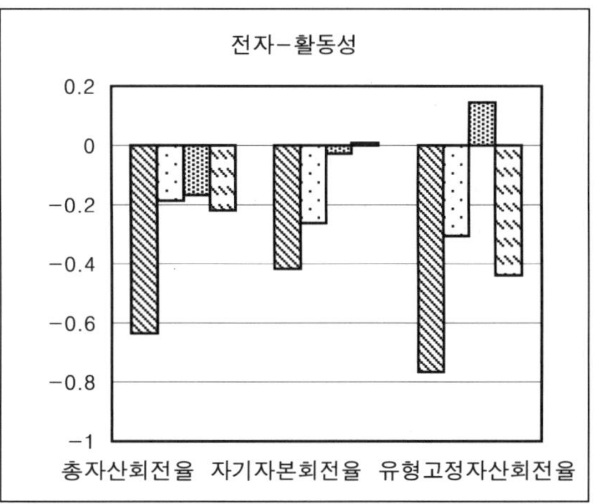

주 : 5대 재벌 제외의 비율을 기준으로 했을 때 상대적인 크기를 표시한 것으로 (+)는 우등함을, (-)는 열등함을 나타낸다.

4.8. 전기 · 가스업

LG와 SK 두 그룹만 영위하고 있는데 LG칼텍스가스와 SK가스가 각각 대표적인 기업이면서 비중이 가장 크다. 안정성과 수익성에서는 SK가 우위에 있고 성장성과 활동성에서는 LG가 앞서는 것으로 나타나고 있다. LG의 매출액수익률이 (-)가 된 주원인은 극동도시가스가 특별손실(유형고정자산처분손실 등) 370억 원이 발생했기 때문이다.

〈표 5-30〉 업종별 비교 : 전기 · 가스업

(단위 : %, 회)

구 분		현대	삼성	대우	LG	SK	5대재벌평균	5대재벌제외
안정성	부채비율	-	-	-	310.03	185.71	230.47	170.22
	유동비율	-	-	-	108.39	112.81	110.68	36.76
	금융비용부담률	-	-	-	2.70	2.38	2.53	2.32
수익성	매출액순이익률	-	-	-	-1.01	2.50	0.86	4.43
	총자본경상이익률	-	-	-	4.04	5.15	4.66	2.59
	자기자본순이익률	-	-	-	-6.84	9.94	4.25	3.41
성장성	매출액증가율	-	-	-	69.96	28.05	44.74	7.34
	총자산증가율	-	-	-	100.41	91.12	95.16	24.80
	유형고정자산증가율	-	-	-	117.32	60.62	79.64	23.33
활동성	총자산회전율	-	-	-	1.63	1.47	1.54	0.32
	자기자본회전율	-	-	-	6.80	3.97	4.93	0.77
	유형고정자산회전율	-	-	-	5.32	3.72	4.33	0.36

자료 : 한국신용평가, KIS-Line 재무자료로부터 도출; 한국은행, 《기업경영분석》(1998)으로부터 재구성.

〈그림 5-13〉 재무비율 비교(1997) : 전기 · 가스업

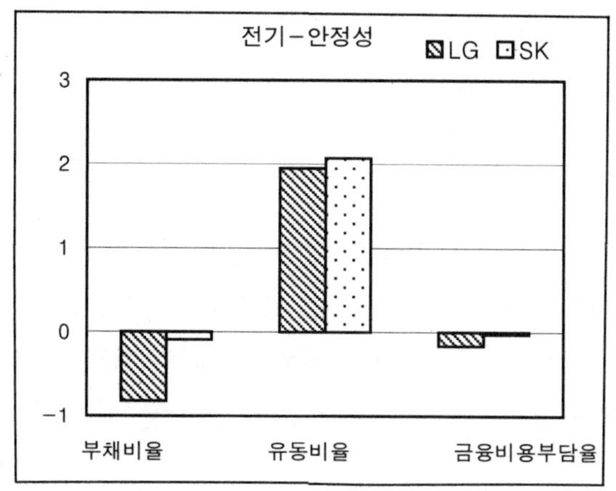

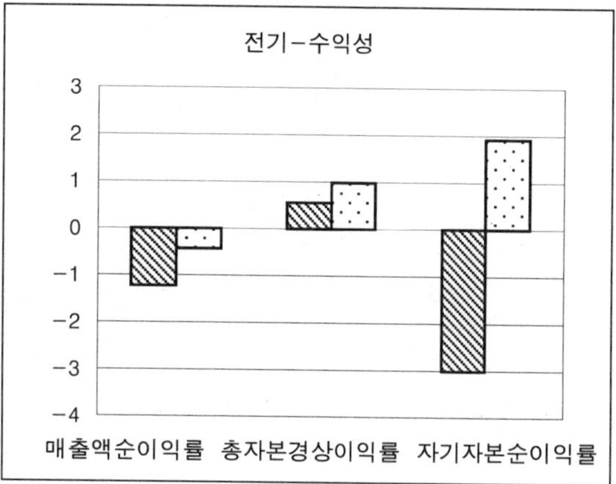

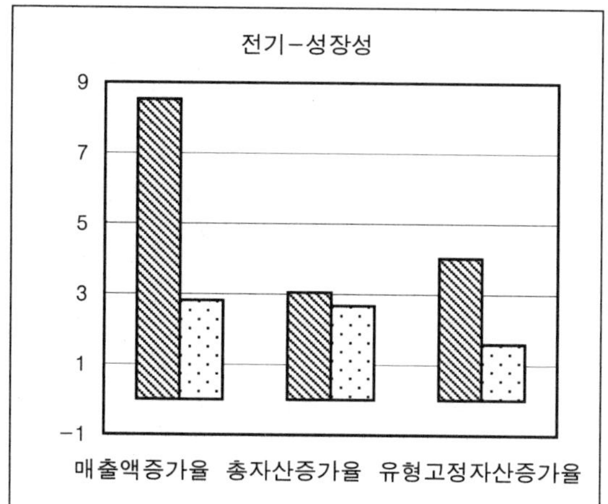

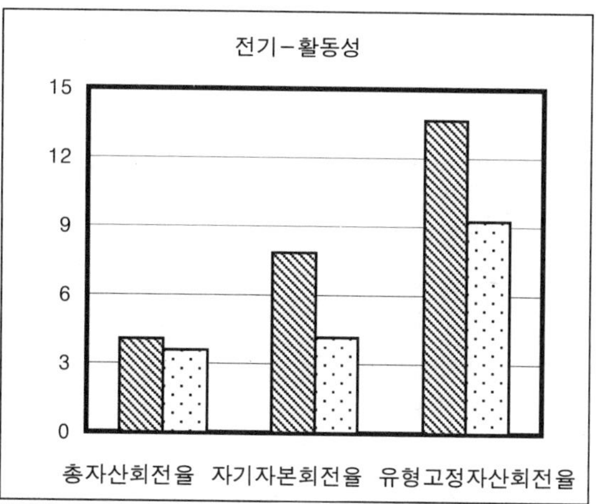

주 : 5대 재벌 제외의 비율을 기준으로 했을 때 상대적인 크기를 표시한 것으로 (+)는 우등함을, (-)는 열등함을 나타낸다.

4.9. 건설업

5대 재벌이 모두 영위하고 있으나 현대가 규모 면에서도 가장 크고 그룹내 비중도 가장 커서 총자산 순위 2위, 매출액 순위 3위에 이르고 있다. 반면에 삼성의 중앙디자인은 규모가 가장 작으면서 5대 재벌 중 유일하게 결손을 기록하고 있고, 부채비율이 극단적으로 높은데 대부분 매입채무이므로 금융비용부담률은 가장 낮다(이와 같은 이유로 자기자본을 분모로 하는 지표를 그림에서 제외하였다). 안정성은 대우가, 성장성은 현대가 가장 좋은 것으로 분석되고 있으며, 수익성은 〈그림 5-14〉에서 보듯이 각 지표가 나뉘고 있다. 특이한 점은 전 업종평균 중 건설업의 유동비율이 가장 높다는 것이다.

〈표 5-31〉 업종별 비교 : 건설업

(단위 : %, 회)

구 분		현대	삼성	대우	LG	SK	5대재벌평균	5대재벌제외
안정성	부채비율	593.16	11716.47	395.85	684.02	1044.93	610.37	662.89
	유동비율	121.87	86.93	124.14	140.86	95.40	120.69	111.62
	금융비용부담률	7.55	1.63	7.35	4.24	7.44	6.93	5.85
수익성	매출액순이익률	0.63	-2.50	0.75	0.78	1.18	0.71	-0.58
	총자본경상이익률	1.13	-4.44	0.29	2.01	1.06	1.17	-0.24
	자기자본순이익률	3.13	-161.44	1.42	6.18	13.16	3.80	-4.35
성장성	매출액증가율	21.12	-27.17	-9.78	14.41	-9.77	13.81	28.43
	총자산증가율	34.87	6.56	19.18	16.84	22.84	30.13	38.66
	유형고정자산증가율	10.20	69.40	129.28	44.56	-11.10	12.25	79.91
활동성	총자산회전율	0.74	2.26	0.39	1.10	0.94	0.78	1.04
	자기자본회전율	4.98	64.63	1.91	7.89	11.16	5.38	7.48
	유형고정자산회전율	5.01	33.36	12.44	18.70	14.81	6.47	8.54

자료 : 한국신용평가, KIS-Line 재무자료로부터 도출; 한국은행, 《기업경영분석》(1998)으로부터 재구성.

〈그림 5-14〉 재무비율 비교(1997) : 건설업

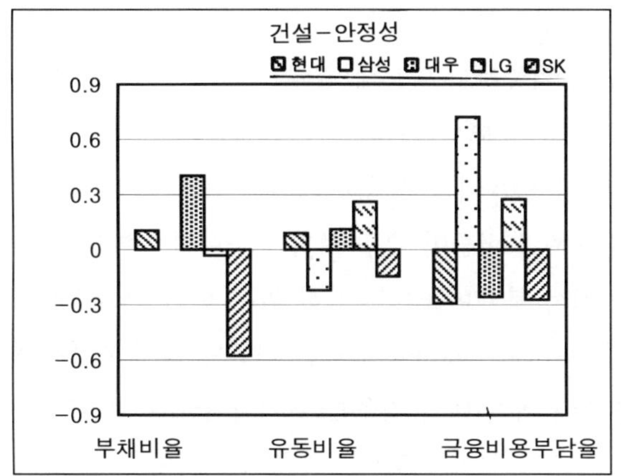

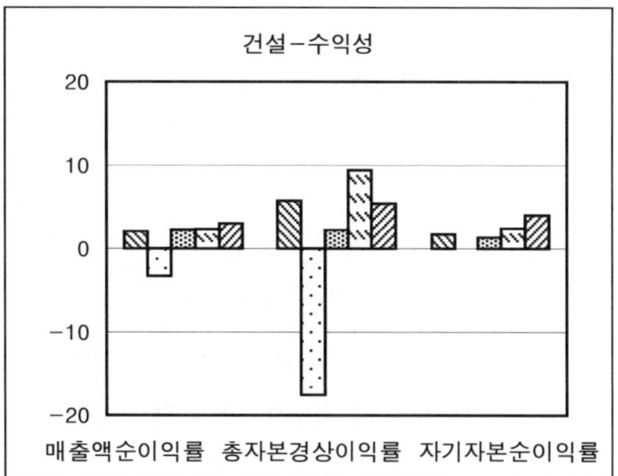

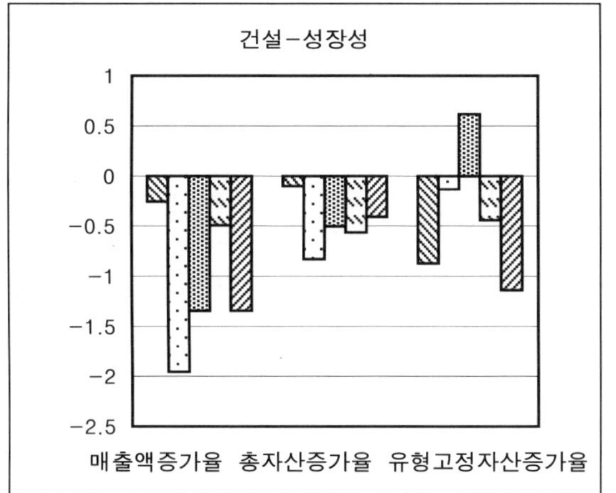

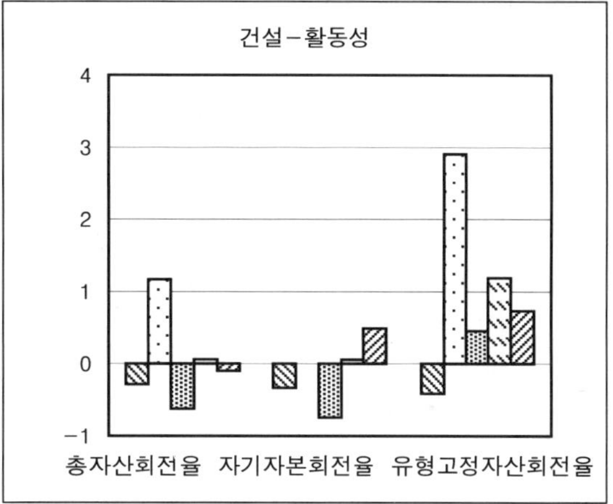

주 : 5대 재벌 제외의 비율을 기준으로 했을 때 상대적인 크기를 표시한 것으로 (+)는 우등함을, (-)는 열등함을 나타낸다.

4.10. 도소매 · 숙박업

삼성을 제외한 나머지 그룹들은 도소매업에 치중하고 있는데 현대는 현대자동차써비스, 대우는 대우자판, LG는 LG정유판매, SK는 SK에너지판매가 각각 대표적인 기업이다. 삼성은 부채비율이 가장 낮으면서 금융비용부담률이 가장 높은데 이는 숙박업의 특성상 부채 중에서 차입금이나 사채보다는 매입채무의 비중이 매우 낮기 때문이다. 반면에 LG나 SK는 관계사매입채무의 비중이 매우 커서 부채비율이 상당히 높은 반면 금융비용부담률은 낮을 수밖에 없는 것이다. 현대나 대우의 부채비율이 높은 이유도 역시 관계사매입채무의 비중이 높기 때문이라고 할 수 있는데 현대의 경우는 단기차입금의 비중도 총부채의 1/3에 이르러 금융비용부담률이 높은 원인이 되었다. 한편 수익성이 가장 좋은 그룹은 대우이고 가장 나쁜 그룹은 숙박업만 영위하는 삼성인 것으로 분석되고 있다.

〈표 5-32〉 업종별 비교 : 도소매 · 숙박업

(단위 : %, 회)

구 분		현대	삼성	대우	LG	SK	5대재벌평균	5대재벌제외
안정성	부채비율	712.27	267.20	625.72	2296.51	2809.72	935.77	537.51
	유동비율	73.01	39.87	72.02	60.33	66.58	67.87	81.08
	금융비용부담률	5.47	7.23	1.28	1.32	1.17	3.01	2.65
수익성	매출액순이익률	-0.03	-3.33	0.45	-0.33	0.35	-0.02	-1.70
	총자본경상이익률	0.19	-2.09	0.94	-0.36	0.53	0.14	-1.59
	자기자본순이익률	-0.31	-6.87	6.30	-16.75	11.44	-0.37	-18.43
성장성	매출액증가율	5.11	12.32	67.17	97.66	-30.07	16.15	25.95
	총자산증가율	10.04	12.78	-7.06	15.19	6.40	8.01	15.94
	유형고정자산증가율	27.26	9.08	6.29	33.76	9.82	21.34	9.22
활동성	총자산회전율	1.38	0.62	1.80	1.80	1.26	1.46	1.79
	자기자본회전율	10.97	2.07	13.94	51.07	32.71	15.01	10.83
	유형고정자산회전율	6.14	0.92	9.13	5.12	5.37	5.43	6.08

자료 : 한국신용평가, KIS-Line 재무자료로부터 도출; 한국은행, 《기업경영분석》(1998)으로부터 재구성.

〈그림 5-15〉 재무비율 비교(1997) : 도소매 · 숙박업

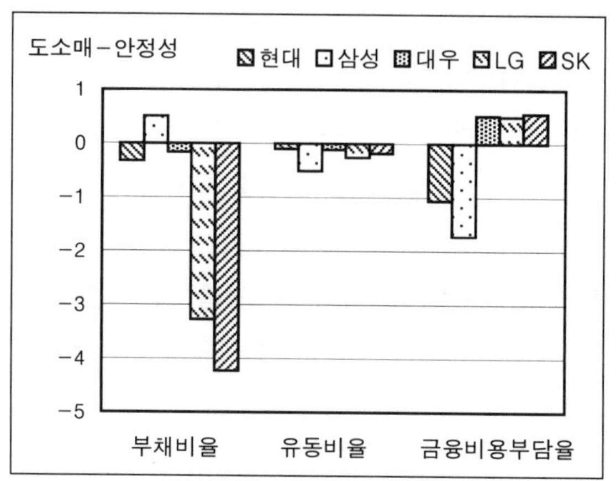

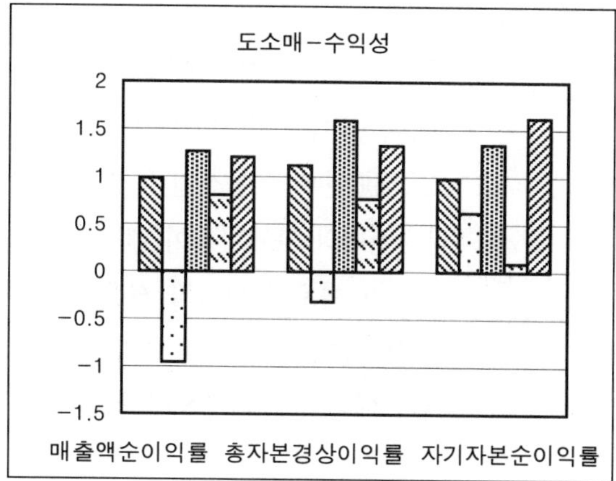

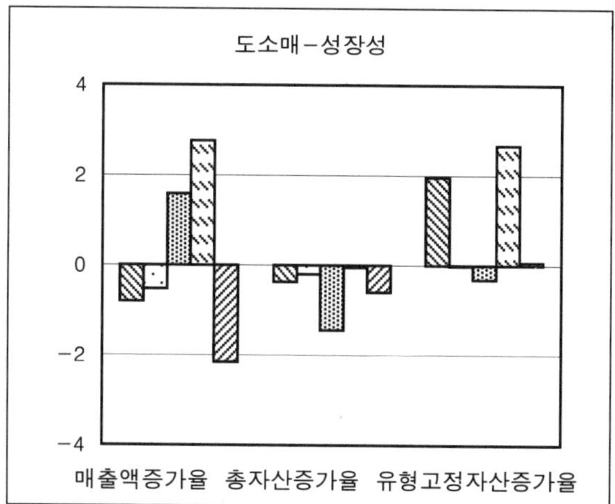

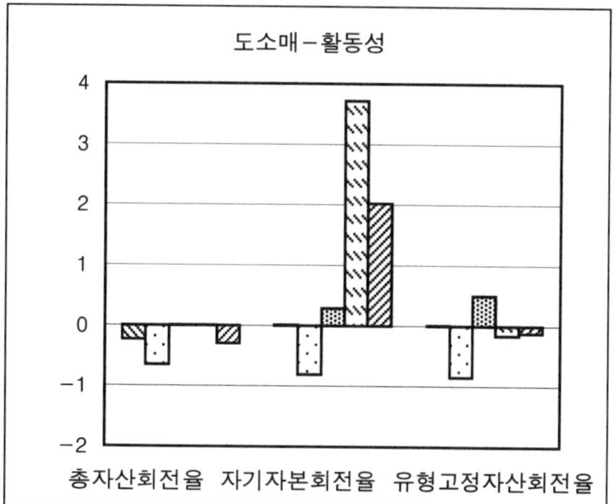

주 : 5대 재벌 제외의 비율을 기준으로 했을 때 상대적인 크기를 표시한 것으로 (+)는 우등함을, (-)는 열등함을 나타낸다.

4.11. 운수 · 창고 · 통신업

현대와 LG, 그리고 SK만이 영위하고 있는데 현대는 통신업에는 진출하고 있지 않아 현대상선이 대표기업인 데 반해, SK는 SK텔레콤이 이미 그룹의 주력기업이 되어 있고 LG도 1996년부터 통신업에 진출하여 LG텔레콤의 자산규모가 호유해운을 넘어서게 되었다. 현대의 부채비율이 매우 높으며 전년에 비해서도 233% 가량 증가했는데 이는 차입금 증가 때문이 아니라 환율급등에 따라 장기미지급금이 9천억 원 정도 늘어난 것이 주원인이 되었다. LG의 수익성이 낮게 나온 것은 LG텔레콤이 아직 정상궤도에 오르지 않았기 때문이고 성장성이 높은 것도 시설투자가 계속되었기 때문이다.

〈표 5-33〉 업종별 비교 : 운수 · 창고 · 통신업

(단위 : %, 회)

구 분		현대	삼성	대우	LG	SK	5대재벌평균	5대재벌제외
안정성	부채비율	863.44	-	-	188.76	313.92	385.30	508.35
	유동비율	82.52	-	-	91.29	97.41	91.08	67.06
	금융비용부담률	4.49	-	-	2.54	3.13	3.65	4.51
수익성	매출액순이익률	0.20	-	-	-6.50	1.75	0.86	-3.67
	총자본경상이익률	0.45	-	-	-1.72	2.98	1.58	-2.77
	자기자본순이익률	1.77	-	-	-4.46	6.71	3.51	-15.50
성장성	매출액증가율	46.03	-	-	64.10	34.53	39.72	19.67
	총자산증가율	69.27	-	-	223.28	35.26	59.32	36.25
	유형고정자산증가율	11.78	-	-	428.72	26.65	34.12	12.26
활동성	총자산회전율	1.02	-	-	0.29	0.98	0.92	0.77
	자기자본회전율	8.82	-	-	0.69	3.84	4.10	4.23
	유형고정자산회전율	1.87	-	-	0.67	1.92	1.79	1.22

자료 : 한국신용평가, KIS-Line 재무자료로부터 도출; 한국은행, 《기업경영분석》(1998)으로부터 재구성.

〈그림 5-16〉 재무비율 비교(1997) : 운수·창고·통신업

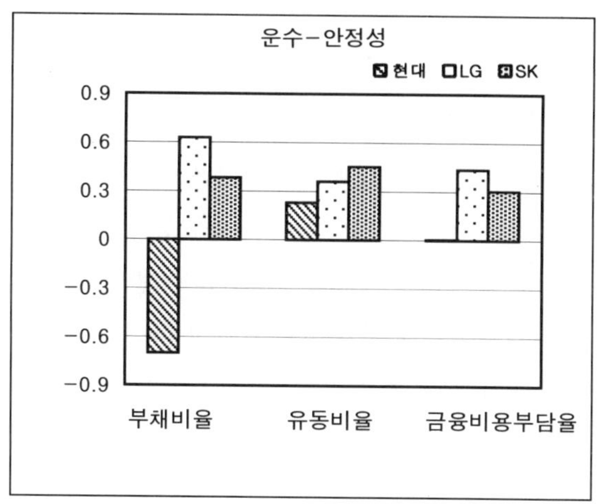

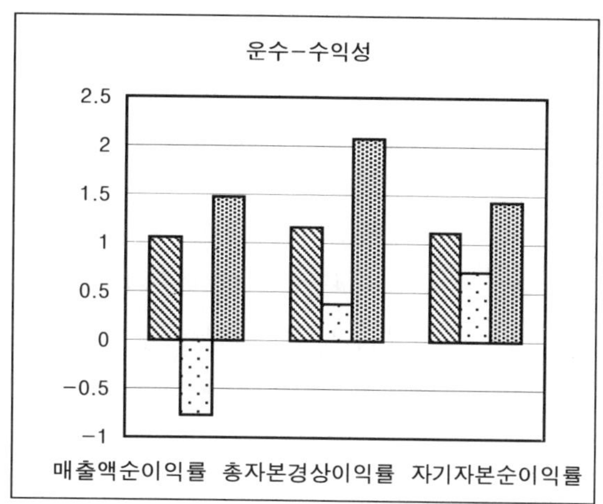

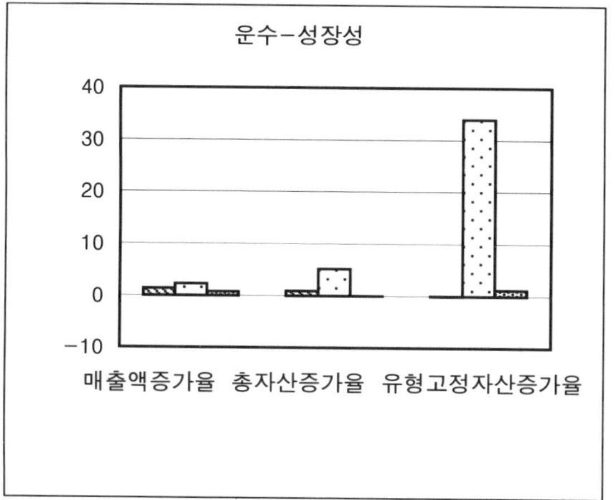

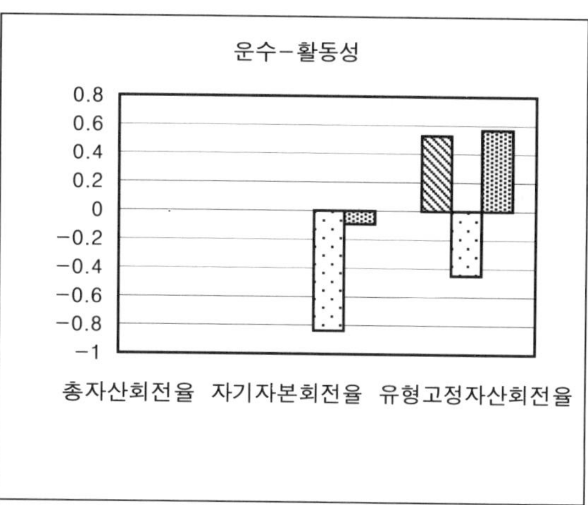

주 : 5대 재벌 제외의 비율을 기준으로 했을 때 상대적인 크기를 표시한 것으로 (+)는 우등함을, (-)는 열등함을 나타낸다.

4.12. 서비스 · 기타업

5대 재벌이 모두 진출한 업종이지만 SK의 경우 마이티브이가 1997년에야 계열사로 선정되었고 총자산 40억 원 규모에 지나지 않으면서 자본 완전잠식 상태이므로 비교가능성을 위하여 분석에서 제외하였다. 안정성과 수익성에서 5대 재벌 제외보다 나은 그룹이 없는 가운데 LG의 부채비율과 수익성이 특히 나쁜 것은 LG엔지니어링이 환율급등으로 인한 손실로 4백억 원의 결손이 발생하여 자기자본이 급격하게 줄어든 때문이다. 반면에 현대의 수익성이 나쁜 이유는 현대정보기술의 단기차입금과 사채규모가 크게 늘면서 지급이자가 전년에 비해 약 2백억 원 정도 늘어났기 때문이다.

〈표 5-34〉 업종별 비교 : 서비스 · 기타업

(단위 : %, 회)

구 분		현대	삼성	대우	LG	SK	5대재벌평균	5대재벌제외
안정성	부채비율	809.43	478.85	654.28	1177.44	-	601.30	320.59
	유동비율	85.35	66.43	77.89	109.93	-	80.36	96.89
	금융비용부담률	6.29	4.17	0.67	3.11	-	3.98	2.75
수익성	매출액순이익률	-2.18	0.54	1.35	-2.26	-	-0.44	1.40
	총자본경상이익률	-1.95	0.94	2.06	-1.70	-	0.10	2.97
	자기자본순이익률	-17.95	2.83	11.42	-29.67	-	-2.92	4.94
성장성	매출액증가율	36.08	2.11	28.51	11.63	-	8.52	39.18
	총자산증가율	68.28	20.83	37.01	59.40	-	33.47	21.95
	유형고정자산증가율	68.68	26.87	75.14	19.47	-	31.60	18.38
활동성	총자산회전율	0.87	0.90	1.20	1.27	-	0.98	0.95
	자기자본회전율	8.23	5.23	8.48	13.11	-	6.63	3.53
	유형고정자산회전율	2.81	1.83	2.49	8.19	-	2.43	2.19

자료 : 한국신용평가, KIS-Line 재무자료로부터 도출; 한국은행, 《기업경영분석》(1998) 으로부터 재구성.

〈그림 5-17〉 재무비율 비교(1997) : 서비스·기타업

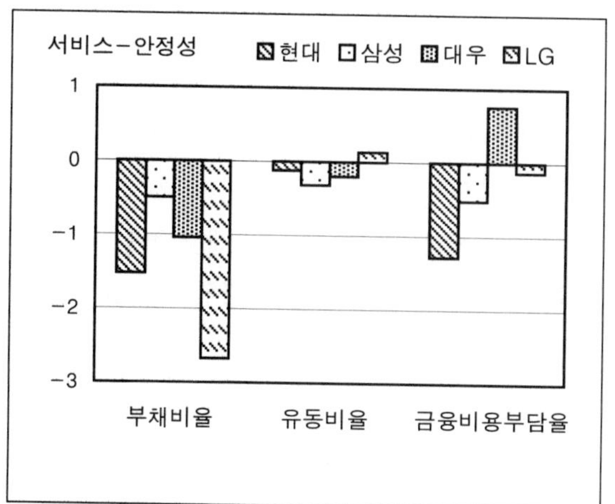

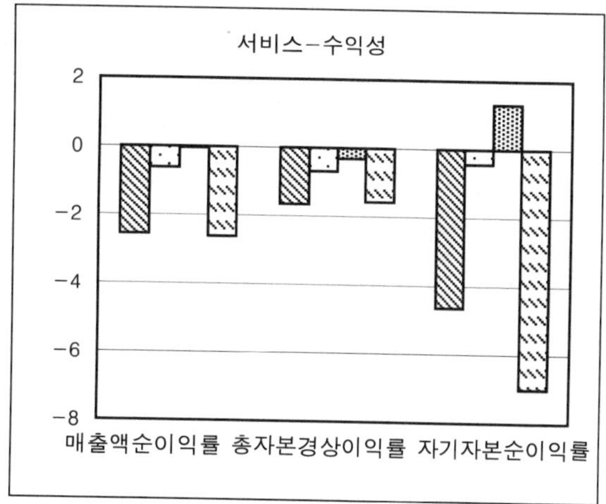

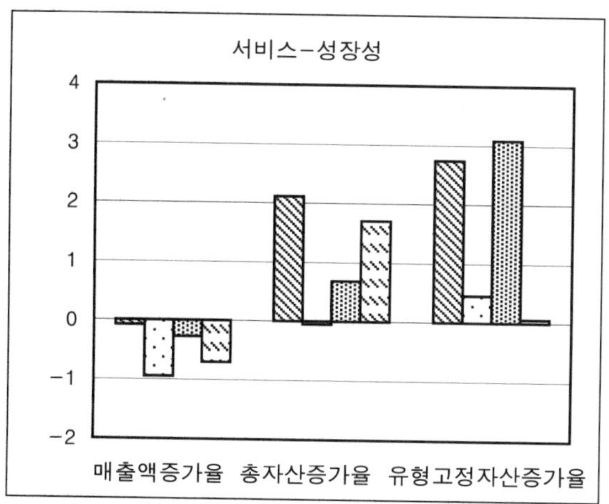

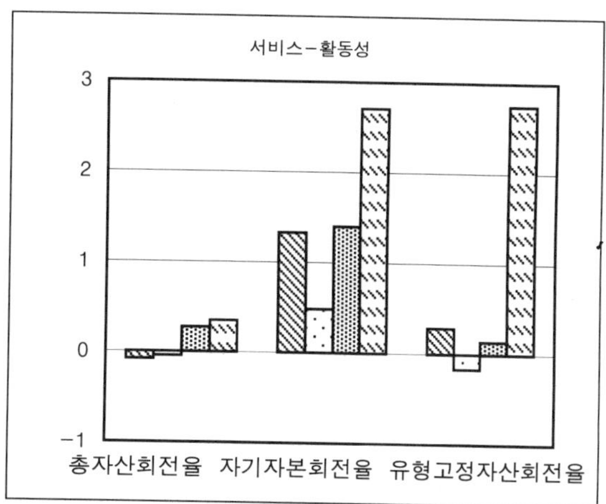

주 : 5대 재벌 제외의 비율을 기준으로 했을 때 상대적인 크기를 표시한 것으로 (+)는 우등함을, (-)는 열등함을 나타낸다.

4.13. 무역업

각 그룹의 주력업종이며, SK를 제외한 모든 재벌 내에서 매출액 비중이 가장 큰 업종이다. 현대의 안정성이 가장 나쁜 것으로 나타난 것은 대한알루미늄공업이 외형에 비해 부채규모가 지나치게 클 뿐 아니라 감당할 수 없는 이자비용으로 인한 결손누적으로 완전자본잠식 상태가 초래되었기 때문이다. 안정성은 SK가 가장 좋으며 매출액증가율은 LG를 빼고는 엇비슷한 수준인 것으로 분석되고 있다. 한편 수익성은 대우가 가장 좋은 것으로 나와 있는데 환율급등으로 인한 영향이 기업마다 달라 이를 배제하더라도 (주)대우의 수익성이 월등히 좋은 것으로 분석되고 있다.

〈표 5-35〉 업종별 비교 : 무역업

(단위 : %, 회)

구 분		현대	삼성	대우	LG	SK	5대재벌평균	5대재벌제외
안정성	부채비율	1466.69	620.49	416.90	817.07	312.89	502.02	585.83
	유동비율	76.37	85.16	120.11	92.31	135.12	102.59	104.43
	금융비용부담률	0.53	0.79	3.67	0.71	1.69	1.45	2.00
수익성	매출액순이익률	-0.40	0.11	0.22	-0.35	0.13	-0.06	0.04
	총자본경상이익률	-7.17	0.24	0.71	-1.70	1.07	-0.06	1.38
	자기자본순이익률	-92.10	2.64	2.36	-22.71	2.25	-1.49	0.60
성장성	매출액증가율	21.31	23.22	26.28	10.99	27.95	21.63	33.21
	총자산증가율	51.29	32.05	53.73	46.44	34.05	45.01	53.99
	유형고정자산증가율	-2.62	63.44	26.73	57.32	0.12	35.80	67.82
활동성	총자산회전율	18.72	4.28	2.05	9.11	4.74	4.38	3.09
	자기자본회전율	232.30	24.86	10.52	64.23	16.98	24.08	16.61
	유형고정자산회전율	59.93	24.54	20.03	68.85	68.47	32.00	17.26

자료 : 한국신용평가, KIS-Line 재무자료로부터 도출; 한국은행, 《기업경영분석》(1998) 으로부터 재구성.

〈그림 5-18〉 재무비율 비교(1997) : 무역업

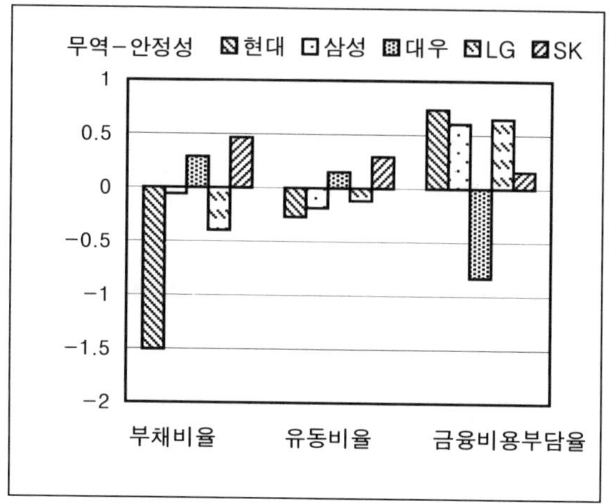

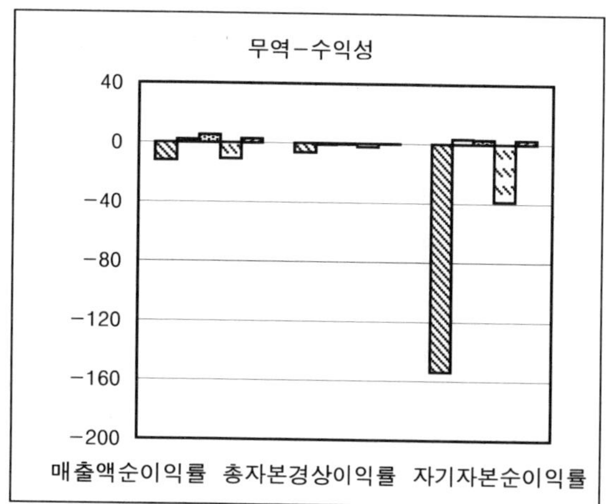

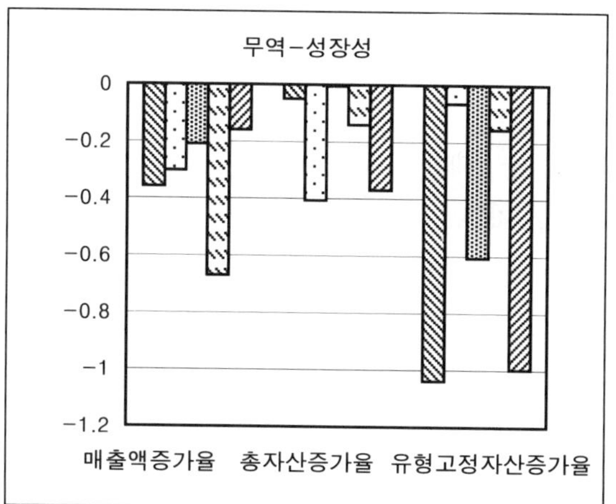

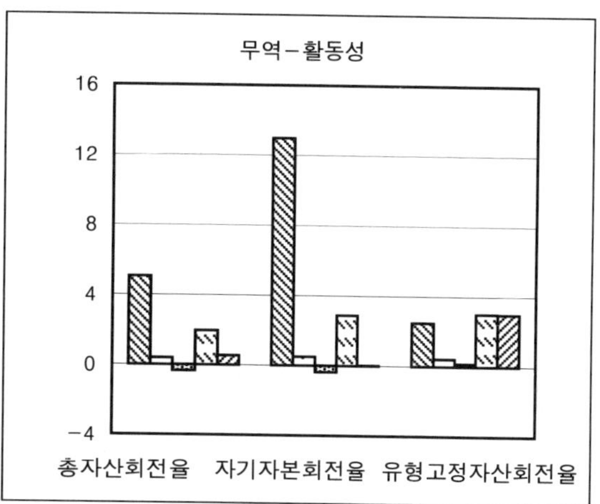

주 : 5대 재벌 제외의 비율을 기준으로 했을 때 상대적인 크기를 표시한 것으로 (+)는 우등함을, (-)는 열등함을 나타낸다.

5. 맺음말

외환·금융위기가 도래하기 전 3년 동안 5대 재벌의 재무비율은 급속히 악화되었다. 반도체 3사를 가지고 있는 현대, 삼성, LG는 전자·정밀업이 재무비율 변화에 가장 큰 영향을 미쳤다. 대우는 조립금속·기계장치업, SK는 화학·석유·석탄·고무업의 영향이 가장 컸던 것으로 분석되고 있다.

1997년 기준으로 5대 재벌 중 안정성이 가장 좋은 그룹은 삼성이며 수익성이 가장 좋은 그룹은 SK이다. 그러나 〈표 5-2〉에서 보듯이 선진국과는 비교가 되지 않을 정도로 후진성을 면치 못하고 있다. 지속적인 차입의존경영과 제동장치 없는 비효율적인 투자로 수익성이 악화되어 외형성장을 위한 소요자금을 내부로부터 조달하지 못하자 다시 외부차입에 의존하는 고질적인 관행으로 기업부실화가 심화되어 온 것이다. 수익성이 곧 경쟁력이라는 관점에서 1997년 총자본경상이익률 기준으로 5대 그룹과 5대 그룹 제외를 비교하면 〈표 5-36〉과 같다.

〈표 5-36〉에서 보듯이 5대재벌이 진출한 업종 중 5대재벌 제외보다 경쟁력이 떨어지는 업종이 대단히 많다. 그러면서도 내부거래를 통한 지원으로 버티고 있다. 우리나라 경제의 효율성을 제고하기 위해서는 이러한 경쟁력없는 사업들이 과감히 정리되어야 할 것이다.

〈표 5-36〉 5대 재벌 경쟁력 비교

업종 구분	현대		삼성		대우		LG		SK	
	우열	순위	우열	순위	우열	순위	우열	순위	우열	순위
섬유·의복·가죽			○	2					○	1
목재·출판·종이·인쇄	×	2	○	1						
화학·석유·석탄·고무	×	3	×	4	○	1	×	5	×	2
비금속광물	×	2	○	1	×	4	×	3		
1차금속	○	2			○	1	×	3		
조립금속·기계장비	○	2	○	4	○	3	○	1		
전자·정밀	×	4	○	2	○	1	×	3		
전기·가스							○	2	○	1
건설	○	2	×	5	○	4	○	1	○	3
도소매·숙박	○	3	×	5	○	1	○	4	○	2
운수·창고·통신	○	2					○	3	○	1
서비스·기타	×	4	×	2	×	1	×	3		
무역	×	5	×	3	×	2	×	4	×	1

주 : ○는 5대 재벌 제외보다 우등함을, ×는 열등함을 나타낸다.

금융업부문의 소유와 경영

이 윤 호

1. 서 론

이 장에서는 1995년에서 1997년 기간을 중심으로 5대 재벌의 금융기업의 소유와 경영에 대해서 살펴본다.

우리나라 재벌에 대한 기존의 연구들에서 흔히 금융부문에 대한 분석은 단편적이거나 소홀히 다루어졌다. 그 결정적 이유는 자료상의 제약 때문이라고 할 수 있다. 금융업의 영업내용은 비금융 제조업과는 상이하여 재무적 분석을 행할 때 산업기업에 대해서와 같은 분석방법을 적용할 수 없다. 금융기업과 산업기업의 재무자료를 합산하는 것이 불가능할 뿐 아니라, 더욱이 금융업내의 업종간 영업내용이 상이하여 이(異)업종 금융기업간 재무자료의 합산 자체도 흔히 의미를 잃게 된다. 그런 연유인 듯 재벌에 대한 공표자료들 속에서도 금융업과 관련된 자료를 찾아보기 쉽지 않으며, 또 관련자료들은 여기저기 단편적으로 흩어져 있을 뿐이다. 재벌의 금융업 부문에 대한 분석의 결여가 재벌에 대한 총체적 이해를 가로막아온 하나의 주요장애였다고 해도 과언이 아닐 것이다.

먼저 제2절에서는 5대재벌의 금융기업 소유실태 및 그 특징에 대해 살펴본다. 제3절에서는 재벌의 금융기업 소유와 경영에 대한 분석시각을 확보함과 아울러 재벌소속 금융기업들의 재벌내 역할과 기능에 대한 가설을 수립하고, 이에 근거해 제4절에서 실증적 자료들을 이용하여 금융기업 계열사들의 행태 및 성과를 분석한다. 이어 제5절에서 금융계열사들의 자금자산 관련 부당내부거래 자료에 대한 분석을 통해 금융계열사들의 역할과 기능에 대한 추가적이고 보강적인 구명작업을 행한다. 제6절은 정리 및 결론이다.

2. 5대 재벌의 금융기업 계열사와 소유 개관

2.1. 금융기업 계열사

2.1.1. 1997년 현재 5대 재벌 모두가 금융보험업에 진출해 있다.[1] 5대 재벌은 소유한도가 법적으로 제한되어 있는 은행업에서도 법적 한도 이내에서 다수 일반은행들의 지분을 보유하고 있을 뿐 아니라, 소유에 대한 제한이 거의 없는 비은행 금융보험업 분야에서는 출

〈표 6-1〉 금융기업에 대한 소유 제한

금융업종	소유 규제 내용	비 고
은 행	〈1996. 12 은행법 제17조의 3, 시행령 제4조〉 *의결권있는 주식의 자유로운 보유 한도 4% 이내 *예외 조항 ①외국과의 합작투자에 의해 외국인이 대주주인 경우 제한 없음, ②금융전업기업가의 경우 12%, ③ 지방은행은 15% 이내, ④은행 지배를 목적으로 하지 않는 기관투자가(연기금, 증시안정기금)의 경우 8% 이내	〈1998. 1. 13 개정 은행법〉 *일정 자격요건을 갖춘 법인 및 개인에 대해 4% 초과 10% 이내에 대해서는 금융감독위원회 신고대상, 금감위의 승인이 있을 경우 10%(지방은행 15%) 이상을 초과하여 보유 가능, 단 30대 계열의 경우에는 4%(지방은행은 15%)를 초과하여 주식을 보유할 수 있는 은행 수를 1개로 제한.
투자신탁사	*기존 투신사의 경우, 서울 투신사는 15%, 지방 투신사는 30%로 제한 *운용 전문의 신설 투신사의 경우 10대 기업집단 소속 증권사는 30% 미만으로 공동출자만 가능. *동일인이 동시에 2개 이상 투신사 지분의 10% 이상 소유 제한	*1998. 6. 6 증권투자신탁업법 개정안에서 소유제한 폐지
생명보험사	*공정거래법상 5대 기업집단에 속하는 회사로서 여신관리상 5대 계열기업군에 속하는 회사의 신규참여 금지. *10대 기업집단 중 참여 금지에 해당하지 않는 집단 중 10대 계열기업군에 속하는 회사는 50% 미만으로 지분 참여 제한	*5대 기업집단의 경우 2003. 3월말까지는 부실 생보사를 인수하는 경우에 한하여 지분참여 허용.
리스사	*산업자본의 진출에 대한 비공식적 규제	*현재 리스사는 대부분 은행 자회사
기타사	*소유 제한 없음	

자료 : 박경서(1997), 〈표 4-1〉; 재정경제원(1998. 1. 13), "은행법 시행령 개정"; 재정경제부(1998. 6. 6), "증권투자신탁업법 개정안 입법 예고".

주 : 기타사는 증권사, 투자신탁사, 종합금융사, 상호금융, 상호신용금고, 신용협동조합, 새마을금고 등임.

1) 손해보험업은 금융업종으로 분류되지 않는다. 그러나 손해보험회사의 재무제표 계정이 일반 비금융기업과 상이하여 재벌의 비금융기업 합산재무제표 작성시 분석에서 제외되고 있다. 이하에서는 특별한 언급이 없는 한 '금융업' 또는 '금융보험업'이라고 할 때 손해보험업을 포함하는 것으로 한다.

자한 대다수의 금융기업에 대해 지배주주로서 소유경영권을 행사하고 있다.

2.1.2. 1997년 현재 5대 재벌은 총 36개, 평균 7.2개의 금융보험기업을 계열사로 거느리고 있다. 현대가 11개 사로 가장 많으며, 삼성 8개 사, LG 8개 사, 대우 5개 사, SK 4개 사 등이다(〈표 6-2〉 참조).

■ 현대만이 은행(강원은행)을 계열사로 갖고 있다.

■ 5대 재벌 모두가 증권회사를 계열사로 갖고 있다. 대우를 제외한 4개 재벌이 투자신탁업에 진출해 있으며, 대우도 한국투자신탁과 대한투자신탁에 상당한 지분을 갖고 있다(〈표 6-7〉 참조).

■ 생명보험업에는 삼성과 SK 두 재벌이, 손해보험업에는 현대, 삼성, LG 3개 재벌이 진출해 있다.

■ 종합금융업에는 현대의 2개사를 비롯해 삼성, LG가 각 1개씩의 계열사를 갖고 있다. 이 가운데 신세계종금은 1997년 4월 삼성으로부터 계열 분리되었다.

■ 신용카드업에는 삼성, 대우, LG 등 3개 재벌이 진출해 있다. 파이낸스사, 창업투자회사, 선물회사 등 기타 금융업종에 5개 재벌이 8개의 계열사를 거느리고 있다.

〈표 6-2〉 5대 재벌의 금융보험업 계열사 현황(1997년 현재)

(단위 : %, 개)

		현대	삼성	대우	LG	SK	합계	비 고
은 행		강원은행					1	
증 권		현대증권 국민투신증권	삼성증권	대우증권	LG증권	SK증권	6	
투자신탁		국민투신운용	삼성투신운용		LG투신운용	SK투신운용	4	
보험	생보		삼성생명			SK생명	2	
	손보	현대해상	삼성화재		LG화재		3	
종금사		현대종금 울산종금	신세계종금		LG종금		4	신세계종금은 1997. 4. 16일자로 삼성계열에서 분리
상호신용금고					부민금고		1	
할부금융사		현대할부금융	삼성할부금융	대우할부금융	LG할부금융		4	
신용카드사			삼성신용카드	다이너스클럽 코리아	LG신용카드		3	
기타		현대파이낸스 현대기술투자 현대선물	보광창업투자	대우창업투자 대우선물	LG창업투자	SK캐피탈	8	
계열사 합계		11	8	5	8	4	36	

자료 : 재정경제원 제출, 《국회 국정감사 요구자료》로부터 작성.

2.1.3. 5대 재벌의 금융보험 계열사 36개 사 가운데 1997년말 현재 그 3분의 1인 12개 사가 상장되어 있다. 현대가 5개 사로 가장 많고, LG 3개 사, 삼성 2개 사, 대우와 SK가 각각 1개 사이다. 금융보험 계열사 자본총액 기준으로 보면, 상장 비율은 기업수 기준의 2배가 넘는 68.5%로, 이는 상장사일수록 대개 상대적으로 자본이 크기 때문이다(〈표 6-3〉 및 〈표 6-7〉 참조).

■ 현대의 경우가 기업수로 보나 자본총액으로 보나 상장 비율이 가장 높다. 삼성의 경우 다른 재벌에 비해 자본총액 기준 상장비율이 크게 낮은데, 이는 상장기업수가 적은 데다 자본총액의 크기가 큰 삼성생명보험이 비상장된 데 따른 결과이다.

〈표 6-3〉 금융보험 계열사 상장 비율

(단위 : 개, %)

	상장 금융보험 계열사	상장 비율	
		기업수 기준	자본총액 기준
현대	강원은행, 현대증권, 현대종합금융, 울산종합금융, 현대해상화재	45.5	85.0
삼성	삼성증권, 삼성화재해상보험	25.0	22.1
대우	대우증권	20.0	83.5
LG	LG증권, LG종합금융, LG화재해상보험	37.5	82.5
SK	SK증권	25.0	72.2
합계	12	-	-
평균	2.4	33.3	68.5

자료 : 한국신용평가정보(주) KIS-Line 기업정보 자료를 이용하여 작성.
주 : 자기자본이 음인 금융보험 계열사는 분석대상에 포함하지 않고 계산.

2.1.4. 제2금융권 주요 업종에서 5대 재벌의 시장점유 현황이 〈표 6-4〉에 나타나 있다. 5대 재벌의 5개 계열 증권사가 증권업에서 1998년 3월말 현재(이하 동일) 총자산 기준 38.24%의 시장점유율을 보이고 있다. 종합금융업에서는 3개 계열사가 18.35%의 점유율을 나타내고 있다. 생명보험업에서는 2개 생보사가 35.90%의 점유율을 기록하고 있는데, 그 가운데 삼성생명(주)의 점유율이 35.90%로 압도적이다. 손해보험업에서는 5대 재벌 소속 3개 계열사가 절반에 가까운 47.68%의 시장을 점유하고 있다.

〈표 6-4〉 5대 재벌의 주요 금융업종별 시장점유율 (총자산 기준)

(단위 : %)

금융 업종	1996. 3	1997. 3	1998. 3
증권업	32. 13	32. 87	38. 24
종합금융업	13. 66	18. 68	18. 35
생명보험업	35. 53	35. 82	35. 90
손해보험업	49. 78	53. 79	47. 68

자료 : 한국신용평가정보(주) KIS-Line 기업정보 재무자료; 한국은행, 《경제통계연보》, 각호의 관련 자료를 이용하여 계산.

2.2. 금융기업에 대한 지분과 자본

2.2.1. 5대 재벌이 보유하고 있는 금융기업 지분총액 및 자본총액에 대한 자료가 〈표 6-5〉에 나타나 있다. 5대 재벌은 금융기관 포함 지분 보유총액 24조 2, 771억 원 가운데 8. 70%인 2조 1, 111억 원만큼을 금융보험기업 지분으로 보유하고 있다. 이 가운데 은행 보유 지분액이 1. 38%인 3, 352억 원, 비은행금융기관 보유지분액이 7. 32%인 1조 7, 760억 원이다.

■ 5대 재벌별 금융업 보유지분 총액의 크기는 삼성이 9, 998억 원으로 가장 크고, LG 5, 565억 원, 대우 4, 381억 원, 현대 740억 원, SK 429억 원 순이다.

■ 5대 재벌의 내부지분보유액 가운데 금융업 부문의 지분보유액이 차지하는 비율을 보면, 삼성이 15. 47%로 가장 높고, 대우 10. 42%, LG 9. 69%, SK 1. 94%, 현대 1. 31% 등이다.

■ 재벌별 금융보험 계열사 자본총액의 크기는 LG가 1조 3, 448억 원으로 가장 크고, 삼성 1조 1, 217억 원, 대우 1조 1, 127억 원, SK 383억 원, 현대 -891억 원의 순이다.

2.2.2. 계열사를 기준으로 해서 따져 보면, 5대 재벌 전체 계열사의 자본총액 50조 3, 570억 원 가운데 금융보험 계열사의 자본총액은 전체의 7. 01%인 3조 5, 284억 원이다.

■ 재벌의 계열사 자본총액 가운데 금융보험 계열사 자본총액이 차지하는 비중은 LG가 13. 68%로 가장 높고, 대우 10. 85%, 삼성 7. 74%, SK 0. 73%, 현대 - 0. 85% 순이다.

2.2.3. 현대의 경우 재벌 가운데 유일하게 은행(강원은행)을 계열사로 거느리고 있으며, 10개 비은행금융 계열사의 자본총액은 -1, 411억 원이다. 계열사들의 자기자본으로 따져서 현대에서 금융업종이 차지하는 비중은 -0. 85%이다. 이처럼 현대가 금융업 분야 전체를 통틀어 자본잠식 상태에 놓여 있는 이유는 전적으로 자기자본 기준 -1조 1, 193억 원에 달하는 거대 누적 부실을 안고 있는 국민투자신탁(주)를 국민투자증권(주)로 1997년 5

월 계열사로 편입한 데 따른 결과이다. 한편 보유지분액 기준으로 보면, 현대는 총 5조 6,578억 원 어치의 내부지분을 보유하고 있는데, 금융업종에서의 보유지분의 가치는 330억 원으로 이는 총 내부지분액의 1.31%에 불과한 크기이다. 그러나 국민투자신탁증권을 제외하고 보면, 현대의 금융업 계열사 자본총액은 9,782억 원으로 SK를 제외한 나머지 3대 재벌과 그 크기가 엇비슷하며, 금융업 보유지분 총액은 대우와 그 규모가 엇비슷하다(〈표 6-5〉 참조).

■ 삼성의 경우 금융업 보유지분 총액이 9,998억 원으로 다른 재벌에 비해 월등히 크다. 이는 삼성의 금융업 계열사 자본총액 1조 1,217억 원 가운데 47.5%의 절대적 비중을 차지하는 대규모 금융기업인 삼성생명보험의 내부지분율이 72.9%로 매우 높은 데 중요한 원인이 있다(〈표 6-7〉 및 〈표 6-10〉 참조).

■ 대우의 경우 계열사 자본총액 기준으로 볼 때는 금융보험업종의 비중이 10.85%에 달한다. 그러나 지분을 보유하고 있는 비계열 금융기업 한국투자신탁과 대한투자신탁의 자기자본 잠식으로 인해 내부지분액 기준 금융보험업종의 비중은 5.28%로 급격하게

〈표 6-5〉 5대 재벌의 금융보험기업 자본총액 및 지분보유 (1997년말 기준)

(단위 : 10억 원, %)

		현대	삼성	대우	LG	SK	합계, 평균
전체 계열사	자본총액(A)	10536.0	14491.0	10258.0	9829.0	5243.0	50357.0
	내부지분율(B)	53.7	44.6	41	58.4	42.2	48.21
	A×B	5657.8	6463.0	4205.8	5740.1	2212.5	24277.1
은행	계열사자본총액(Db)	52.0	0	0	0	0	52.0
	보유지분총액(C)	57.7	212.6	11.6	40.5	12.8	335.2
	(C/A×B)	1.02	3.29	0.27	0.71	0.58	1.38
비은행	계열사자본총액(Dn)	-141.1	1121.7	1112.7	1344.8	38.3	3476.4
	(Dn/A)	-1.34	7.74	10.85	13.68	0.73	6.90
	보유지분총액(E)	16.2	787.2	426.5	516.0	30.1	1776.0
	(E/(A×B))	0.29	12.18	10.14	8.99	1.36	7.32
금융기업 보유지분 총액(C+E)		74.0	999.7	438.1	556.5	42.9	2111.1
(C+E)/(A×B)		1.31	15.47	10.42	9.69	1.94	8.70
금융계열사 자본총액(Db+Dn)		-89.1	1121.7	1112.7	1344.8	38.3	3528.4
(Db+Dn)/A		-0.85	7.74	10.85	13.68	0.73	7.01

자료 : 〈표 6-6〉 및 〈표 6-7〉로부터 재구성; 공정거래위원회, "1998년도 대규모기업집단 및 채무보증제한 대규모기업집단의 지정," "1998년도 기업집단별 내부지분율 현황".

주 1) 비은행금융기업에는 손해보험사도 포함.
2) 재벌별 자본총액과 내부지분율(=총수+친인척+계열사 및 재단법인+자기주식)은 1998.4.15일 기준.
3) 〈표 6-6〉 및 〈표 6-7〉의 주를 참조.

낮아진다(〈표 6-5〉 참조).

■ SK는 여타 4개 재벌에 비해 금융업 진출 정도가 매우 약하다. 금융기업 계열사 수가 4개에 그치고 있으며, 총 내부지분보유액 가운데 금융보험업 지분보유액의 비율은 1.36%, 계열사 자본총액 가운데 금융보험기업 계열사 자본총액이 차지하는 비중도 0.73%로 미미하다(〈표 6-2〉 및 〈표 6-5〉 참조).

2.2.4. 따라서, 자본총액 기준으로 볼 때 LG가 금융업에 대한 가장 큰 지배력을 갖고 있으며, 삼성이 보유지분 가운데 금융업 지분을 갖고 있는 비율이 가장 높다는 점에서 또 금융업 소유지분 규모가 가장 크다는 점에서 소유가 금융업 쪽에 가장 집중되어 있다고 평가할 수 있다.

2.3. 은행지분의 소유

2.3.1. 5대 재벌 모두가 시중은행 또는 지방은행의 지분을 소유하고 있다. 1997년말 현재 5대 재벌의 일반은행 지분 보유현황이 〈표 6-6〉에 제시되어 있다. 5대 재벌의 은행지분 보유총액은 1997년 주식시장 최종일 종가 기준 3,352억 원이다. 5대 재벌은 1997년말 주가 기준 일반은행(시중은행+지방은행) 자본총액의 4.52%에 해당하는 지분을 보유하고 있다. 이는 5대 재벌의 금융업 포함 전체 계열사 자본총액의 0.67%에 해당하는 크기이다.[2)]

2.3.2. 5대 재벌의 은행지분 보유액은 삼성이 2,126억 원으로 다른 재벌에 비해 압도적으로 크다. 그 뒤를 현대 577억 원, LG 405억 원, SK 128억 원, 대우 116억 원 순으로 잇고 있다(〈표 6-6〉 참조).

■ 전체 계열사의 자본총액 대비 은행지분 보유총액 비율은 삼성이 1.47%로 가장 높고, 현대 0.55%, LG 0.41%, SK 0.24%, 대우 0.11%이다.

■ 자본투자액 면에서나 투자한 은행수 면에서나 삼성이 은행지분 소유에 가장 적극적이다. 삼성의 경우 16개 시중은행 가운데 12개 은행, 10개 지방은행 가운데 7개 은행의 지분을 보유하고 있으며, 대개의 경우 지분율 1% 이상의 주요 주주이다.

---

2) IMF 외환 위기의 영향으로 1997년말 주가는 크게 하락하였다. 재벌의 자본총액이 자본금 + 이익잉여금 + 자본잉여금의 합계로 역사적·누적적 개념인 반면, 1997년말 주가는 그 시점에서의 시장가격이다. 따라서 1997년말 주가로 평가한 은행 지분보유액과 자본총액을 비교하게 되면, 재벌의 은행지분 보유가 저평가되는 편향이 발생한다. 1997년중 평균주가로 평가한 은행들의 가치로 따지면 이런 문제가 완화될 것이다. 1997년 평균주가로 평가하였을 때, 5대 재벌이 보유한 은행지분의 가치는 6천억 원으로 이는 5대 재벌 전체 계열사 자본총액의 1.19%에 상당한다. 따라서 5대 재벌의 비은행보험업 계열사들의 자본총액 대비 은행지분 보유 비율은 0.67%과 1.19% 사이의 값을 갖는다고 볼 수 있다.

2.3.3. 1997년말 현재 시중은행 가운데 서울신탁은행, 동화은행, 동남은행 및 대동은행; 지방은행 가운데 경기은행, 충청은행, 광주은행에 대해 5대재벌의 지분참여가 이루어지지 않고 있다.

〈표 6-6〉 5대 재벌의 은행주식 보유 현황

(1997년 말 현재, 10억 원, %)

	보유 지분율 / 은행명	현대	삼성	대우	LG	SK	5대 재벌 보유 총지분율	5대재벌의 은행별 보유지분액
시중은행	조흥은행	1.24	3.05				4.29	27.62
	한국상업은행	0.97	6.91				7.88	38.45
	제일은행	0.16	0.18		0.19		0.53	1.53
	한일은행	2.73	4.90		2.48		10.11	53.37
	한국외환은행		1.24			0.44	1.68	10.95
	국민은행	2.02	0.96	0.42	0.40	0.48	4.28	40.08
	신한은행	0.42	3.49				3.91	36.37
	한미은행		18.56	18.56			37.12	13.17
	하나은행		3.61				3.61	15.89
	보람은행		1.16	0.21	7.57	0.24	9.18	12.64
	평화은행	0.37	1.28	0.82	0.73	0.92	4.12	3.76
	한국주택은행		0.55				0.55	3.42
지방은행	대구은행		5.30				5.30	12.82
	부산은행		1.31				1.31	1.76
	제주은행		2.17				2.17	0.48
	전북은행		1.50				1.50	1.44
	강원은행	11.89	1.54		0.63		14.06	7.32
	경남은행		2.68				2.68	2.88
	충북은행		0.92				0.92	0.31
개발기관	한국장기신용은행	0.12	5.31		1.82	0.67	7.92	50.9
은행지분 보유총액(A) (은행지분 평균 보유율)		57.7	212.6	11.6	40.5	12.8	(4.52)	335.2
재벌의 자본총액(B)		10536	14491	10258	9829	5243		50357
A/B(%)		0.55	1.47	0.11	0.41	0.24		0.67

자료 : 재정경제원, "국회 국정감사 자료"; 증권거래소, 《증권통계연보》, 1997; 증권거래소, KOSDAQ 인터넷 전자정보(www. ksda. or. kr); 공정거래위원회(1998. 4. 16), "1998년도 대규모기업집단 및 채무보증제한 대규모기업집단의 지정".

주 1) 5대 재벌 은행지분 보유 총액(A) = 5대 재벌 총지분율 * 은행별 1997년 주식시장 최종일 종가.

2) 재벌별 자본총액은 1998년 4월 15일 기준 금융업 포함 전체 계열사의 자기자본 합계임.

3) 장기신용은행 지분율은 1997년 7월 14일 현재임.

2.4. 비은행금융기관 소유와 지배

2.4.1. 비은행 금융보험업의 경우 5대 재벌 모두 투자업 및 보험업, 기타금융업에 골고루 진출해 있다. 5대 재벌 소속 금융 및 보험업종 계열사는 1997년말 현재 모두 35개 사로서, 재벌당 평균 7개의 비은행 금융보험사를 계열사로 갖고 있다. 현대가 10개 사로 가장 많고, 삼성 8개 사, 대우 5개 사, LG 8개 사, SK 4개 사 등이다(〈표 6-7〉 참조).

■ 출자가 이루어진 비은행 금융기업에 대해 대우를 제외한 나머지 4개 재벌들은 제1대 주주로서 출자대상 금융기업에 대해 소유 및 경영권을 행사하며 당해 기업들을 계열사로 거느리고 있는 경우가 거의 대부분이다.

■ 대우의 경우는 예외적이다. 14개 금융기업에 대해 각각 6% 이상의 지분을 보유하고 있으나 그 가운데 5개 사만이 대우의 계열사이다. 특히 교보생명보험이나 한국종합금융에 대해 높은 지분율 유지에도 불구하고, 대우가 제1 대주주가 아니고 지배권을 행사하지 못하는 이유로 두 회사들은 대우의 계열사로 편입되어 있지 않다.

■ 5대 재벌 모두가 증권회사를 계열사로 갖고 있으며 투자신탁회사에 지분 참여하고 있다. SK를 제외한 4대 재벌이 나머지 금융업종에서도 지분을 보유하거나 계열사를 거느리고 있는 경우가 일반적이다. 소유 및 진입에 대한 규제가 가해진 생명보험업의 경우 삼성만이 삼성생명보험(주)를 자회사로 갖고 있었으나, 1997.12.22일자로 SK가 SK생명보험(주)를 인수하여 계열사로 편입하였다.

2.4.2. 정부는 비은행금융기관에 대해서는 소유 제한을 부과하지 않고 영업활동에 대해서도 은행에 비해 상대적으로 큰 폭의 자유를 인정해 왔다. 이는 비은행금융기관이 지불결제제도에 직접적으로 참여하지 않고 금융시장에서 차지하는 비중도 상대적으로 작아 공공성이 약하다는 점 및 사금융을 제도권 내로 흡수하여 추가적인 산업자본을 동원하기 위한 금융시장을 제공한다는 취지를 바탕으로 한 것이었다.

■ 반대로, 정부는 제2금융권 금융기관의 진입에 대해서는 인허가 형태로 엄격한 규제를 행해 왔다. 이는 과당경쟁에 따른 폐해의 예방, 특히 진출기업들의 수익성 확보를 통해 신규 금융시장을 안정적으로 형성, 발전시키기 위한 것이 가장 큰 이유였다(콜·박영철, 83~92, 158~166; 박경서, 1997, 22).

■ 진입이 엄격하게 규제되고 있는 상황에서 새로운 금융업종으로의 진출은 진출자에게는 그 자체로서 영업권 프리미엄을 확보할 수 있는 기회가 되었다. 더욱이 금리규제로 자본의 만성적 부족을 경험하고 있으며 진입규제로 독과점적 시장구조가 보장되고 있는 상황에서, 재벌의 신규 금융업 진출은 수익성 있는 사업기회의 획득 및 자체 필요자금의 조달창구 확보라는 이중적 의의 또는 기능을 갖는다.

〈표 6-7〉 5대 재벌의 비은행금융기관 지분 소유 및 계열사

(단위 : 백만 원, %)

그룹명	금융업종	회사명	설립일	상장 여부	계열소속 여부	지분 확인시점	자본총액	내부지분율
현대	투자신탁	국민투자신탁운용	n. a	×	O	97. 12. 31	4200	30. 0
	증권	국민투자신탁증권	1982. 06	×	O	97. 12. 31	-1119341	38. 6
		현대증권	1962. 06	O	O	98. 03. 01	391461	30. 3
	종합금융	현대종합금융	1976. 12	O	O	98. 03. 01	198539	20. 1
		울산종합금융	1981. 10	O	O	98. 09. 30	38144	79. 6
	보험	현대해상화재보험	1955. 03	O	O	98. 09. 30	151645	31. 8
	기타	현대할부금융	1993. 12	×	O	97. 12. 31	138514	100. 0
		현대파이낸스	1996. 02	×	O	97. 12. 31	20320	100. 0
		현대기술투자	1997. 04	×	O	97. 12. 31	30594	70. 0
		현대선물	1997. 01	×	O	98. 03. 31	4852	100. 0
		연합기계할부금융	1995. 12	×	×	97. 12. 31	108804	19. 9
		기협파이낸스	1995. 10	×	×	97. 12. 31	30947	10. 3
소 계				4개사	10개사		-141072	43. 29
삼성	투자신탁	삼성투자신탁운용	n. a	×	O	98. 03. 31	28300	30. 0
	증권	삼성증권	1982. 01	O	O	98. 09. 30	187005	31. 0
	보험	삼성생명보험	1957. 05	×	O	98. 07. 31	533074	72. 9
		삼성화재해상보험	1952. 01	O	O	98. 03. 31	60491	20. 6
	기타	삼성카드	1983. 03	×	O	97. 12. 31	160760	90. 4
		삼성할부금융	1995. 02	×	O	97. 12. 31	138757	100. 0
		보광창업투자	1989. 06	×	O	97. 12. 31	9401	49. 8
		삼성선물	1992. 11	×	O	98. 03. 31	3896	100. 0
		연합기계할부금융	1995. 12	×	×	97. 12. 31	108804	19. 9
		기협파이낸스	1995. 10	×	×	97. 12. 31	30947	17. 2
소 계				2개사	8개사		1121684	67. 77
대우	투자신탁	한국투자신탁	1974. 07	×	×	97. 12. 31	-1418500	6. 8
		대한투자신탁	1977. 01	×	×	97. 12. 31	-1028200	9. 9
	증권	대우증권	1970. 09	O	O	98. 09. 30	929061	14. 4
	보험	교보생명보험	1958. 08	×	×	98. 07. 31	523326	35. 0
	종합금융	한국종합금융	1976. 04	×	×	98. 03. 31	228360	22. 9
		금호종합금융	1974. 06	O	×	98. 03. 31	50600	7. 3
	기타	다이너스클럽코리아	1984. 06	×	O	97. 12. 31	23118	99. 8

〈표 6-7〉 계 속

		대우할부금융	1994.02	×	O	97.12.31	117472	100.0
		쌍용할부금융	1994.04	×	×	97.12.31	58529	48.5
		연합기계할부금융	1995.12	×	×	97.12.31	108804	20.0
		기협파이낸스	1995.10	×	×	97.12.31	30947	12.0
		한국증권금융	1955.10	×	×	98.03.31	231295	6.2
		대우창업투자	1996.02	×	O	97.12.31	33043	100.0
		대우선물	1997.05	×	O	97.12.31	10029	100.0
소 계				2개사	5개사		1112723	28.52
LG	투자신탁	LG투자신탁운용	1988.03	×	O	98.03.31	31895	100.0
	증권	LG증권	1969.01	O	O	98.03.31	586175	11.2
	종합금융	LG종합금융	1973.05	O	O	98.03.31	439386	52.2
	보험	LG화재해상보험	1959.01	O	O	98.09.30	84379	20.2
	기타	부민상호신용금고	na	×	O	98.06.30	21537	97.7
		LG캐피탈	1985.03	×	O	97.12.31	138020	74.0
		LG창업투자	1996.07	×	O	97.12.31	31538	100.0
		LG선물	1992.08	×	O	98.03.31	11840	100.0
		연합기계할부금융	1995.12	×	-	97.12.31	108804	5.0
소 계				3개사	8개사		1344770	37.96
SK	투자신탁	SK투자신탁운용	1997.03	×	O	98.03.31	31037	30.0
	증권	SK증권	1955.07	O	O	98.09.30	80759	86.0
	보험	SK생명보험	1988.03	×	O	98.03.31	-73509	70.6
	기타	SK캐피탈	1995.08	×	O	97.12.31	50	100.0
		기협파이낸스	1995.10	×	-	97.12.31	30947	10.3
소 계				1개사	4개사		38337	70.47
총 계				12개사	35개사		3476442	44.70

자료 : 재정경제원 제출, 《국정감사 요구자료》 중 "10대 계열기업군의 제2금융권 주식보유 현황"(1997년 말 현재), "10대 계열의 금융회사 및 출자지분 현황"; 한국신용평가정보(주), KIS-Line 기업정보.

주 1) 각 기업의 자기자본은 1998.8월에 가장 가까운 직전 결산 시점(1997.12.31 또는 1998.3.31)에서의 값.

2) 소속업체는 1998.8.24 현재. 출자계열사의 지분율은 1998년 8월 24일 현재에 가까운 결산 시점에서 파악된 자료. 출자지분은 KIS-Line 기업정보의 기업별 '주요주주구성'에서 확인하여 보충함. KIS-Line 기업정보에서 확인이 불가능할 경우 국정감사 자료(1997년말 현재)를 그대로 사용함. 단, 생명보험회사에 대해서는 《제198회 정기국회 국정감사 요구자료 (I)》 중 "5대 재벌의 생보사 지분 현황"(1998년 7월말 기준), "6대 생보사 주주명부"의 자료를 사용.

3) 각 재벌의 평균 내부지분율을 구할 때, 가중치를 자기자본으로 함. 다만, 자본총액이 음인 국민투자신탁증권과 SK생명보험은 계산에서 제외함. 즉 가중치를 0으로 놓음.

4) 자본총액의 소계 및 총계는 계열사만의 합계임.

2.4.3. 최근 수년간 제2금융권에서 신규 허용된 금융업 쪽으로 5대 재벌의 진출이 활발하게 이루어졌다. 이는 금융에 대한 사회적 수요의 양적·질적인 팽창의 영향으로 금융산업이 급속한 성장과 다양한 업종 분화를 나타내고 있으며, 한편으로는 금융산업에서의 자유화 추세로 진입이 자유로워지고 있는 환경을 반영하는 결과이다.

■ 현대는 1993년 현대할부금융(주), 1995년 현대파이낸스(주), 1997년 1월 현대선물(주), 3월 국민투자신탁운용(주), 4월 현대기술투자(주)를 설립하였다. 또한 기존의 국민투자신탁(주)를 인수, 증권업으로 업종 변경하여 국민투자신탁증권(주)라는 이름으로 1997년 5월 24일자로 계열사로 편입시켰다. 또 울산종합금융(주)도 1997년중 주식 취득을 통해 현대 계열에 속하게 되었다. 공정거래위원회의 1998년도 대규모기업집단 지정에 따르면, 현대의 계열사 숫자는 1997년 4월 1일 현재 57개에서 1998년 4월 5일 현재 62개로 총 5개의 계열사 증가가 이루어졌는데, 이 가운데 5개가 금융회사로서 금융업 쪽에서의 팽창이 확연하다(〈표 6-7〉 참조).

■ 삼성의 경우에도 삼성투자자문(주)이 업종 변경한 삼성투자신탁운용(주), 1995년 삼성할부금융(주), 1996년 삼성선물(주), 1997년 보광창업투자(주)가 특수관계가 인정되어, 각각 신규 금융회사로 계열 편입되었다.

■ 대우의 경우 1994년 대우할부금융(주), 1996년 대우창업투자(주), 1997년 대우선물(주)를 계열사들이 100% 지분 출자, 설립하여 계열에 편입함으로써 금융계열사의 숫자가 종전의 2개에서 5개로 증가하였다.

■ LG에서는 1996년 4월~1997년 4월 1년간 계열사가 49개에서 52개로 3개 늘었는데, 그 가운데 2개가 LG선물(주), LG창업투자(주)의 금융회사였다.

■ SK의 경우 1996년 4월에 업종 변경을 통해 SK투자신탁운용(주)가, 1997년 1월에 SK캐피탈(주)이 계열에 편입되었으며, 1997년 12월에 주식 취득을 통해 SK생명보험(주)이 신규로 계열 편입되어 금융계열사가 종전의 1개에서 4개로 늘어났다.

2.4.4. 최근 수년간 신규 편입된 금융계열사에 대한 출자는 그 금융회사와 업무적으로 관련이 있는 기존 계열사들로부터 이루어진 경우가 대부분이다. 증권회사가 투자신탁운용회사를 설립한다든지 내구재 생산판매기업이 소비자금융을 위해 할부금융회사에 지분출자한다든지 함으로써, 비은행 금융업종 각 분야에서 자본 및 업무상 연계성을 갖는 금융소집단 또는 금융-산업자본 간 소집단이 형성되는 모습이 관찰된다(〈표 6-8〉 참조).

■ 초기 출자가 이렇듯 계열사 자금으로 이루어지는 것을 대주주와 소액주주 간의 대리인문제 시각에서 볼 수도 있다. 계열사의 신규 인수 또는 설립 초기에 기존 계열사(들)의 자본으로 출자하고 이후에 이 신규 계열사가 안정된 사업기반을 구축한 후 이루어지는 증자 과정에 동일인 및 특수관계인이 출자 계열사의 소유경영자 지위를 이용하여

〈표 6-8〉 최근 5대재벌에 계열소속된 금융보험사의 지분구조

(단위 : %)

재벌	회사명	내부 지분율	계열사 보유 내부지분율	내부지분 보유 금융보험계열사	내부지분 보유 비금융보험계열사
현대	국민투자신탁증권	38.6	38.6	현대증권(16.9)	현대전자산업(21.6)
	국민투자신탁운용	30.0	30.0	국민투자증권(30.0)	
	울산종합금융	79.6	79.6	현대종금(0.1)	현대중공업(76.3), 현대해상화재(3.0), 현대정공(0.2),
	현대할부금융	100.0	100.0	-	현대차서비스(36.1), 현대자동차(36.1), 현대건설(13.3), 현대전자산업(10.3), 고려산업개발(4.1)
	현대파이낸스	100.0	100.0	현대종금(100.0)	-
	현대기술투자	70.0	51.6	-	현대전자산업(36.6), 현대자동차(15.0)
	현대선물	100.0	100.0	현대종금(50.0), 현대증권(20.0), 현대해상(15.0)	현대종합상사(15.0)
삼성	삼성투자신탁운용	30.0	30.0	삼성증권(16.7), 삼성생명(10.0), 삼성화재(3.3)	
	삼성할부금융	100.0	100.0	-	삼성전자(74.7), 삼성물산(25.0), 삼성중공업(0.3)
	삼성선물	100.0	100.0	삼성생명(80.0), 삼성화재(10.0)	삼성물산(10.0)
대우	대우할부금융	100.0	100.0	-	대우자동차(45.0), 대우중공업(7.0), 대우자판(25.0)
	대우창업투자	100.0	100.0	-	대우전자(100.0)
	대우선물	100.0	100.0	대우증권(60.0)	오리온전기(20.0), 경남기업(20.0)
LG	LG투자신탁운용	100.0	100.0	LG증권(100.0)	
	LG창업투자	100.0	100.0	-	LG전자(50.0), LG전선(50.0)
	LG선물	100.0	100.0	LG증권(40.0)	LG전선(20.0), LG금속(20.0), LG상사(20.0)
SK	SK투자신탁운용	30.0	30.0	SK증권(30.0)	
	SK생명보험	70.6	32.1	SK캐피탈(7.6)	SK가스(17.7), SK상사(3.4), SKC (3.4)
	SK캐피탈	100.0	100.0	-	SK텔레콤(100.0)

자료 : 재정경제원 제출 국정감사 요구자료, "10대 계열기업군의 제2금융권 주식보유 현황"(1997년 말 현재), "10대 계열의 금융회사 및 출자지분 현황"; 한국신용평가정보(주) KIS-Line 기업정보.

주 1) ( ) 안은 보유 지분율.

2) 〈표 6-7〉의 주 참조.

참여하게 되는 경우 초기 투자위험 대부분을 외부 소액주주들이 떠안게 되는 대리인 문제가 발생한다. 즉 초기 투자위험이 어느 정도 제거된 단계에서 지분 참여함으로써 동일인 및 특수관계인은 초기 사업에 따르는 위험을 기존 계열사들의 외부주주들에게 떠넘기는 이득을 취할 수 있다.[3)]

■ 최근 수년간 금융업 진출이 가장 활발히 이루어진 현대의 경우를 보면, 국민투자신탁증권, 국민투자신탁운용, 현대할부금융, 현대파이낸스, 현대선물에 대한 현대 그룹의 출자 전액이 계열사들에 의해 이루어졌다. 다른 재벌의 경우에도 1990년대 들어 신설된 금융기업의 경우 예외 없이 자본출자 전액이 계열사들에 의해서 이루어졌다. 삼성의 경우 삼성투자신탁운용, 삼성할부금융, 삼성선물; 대우의 경우 대우창업투자, 대우선물; LG의 경우 LG창업투자, LG선물; SK의 경우 SK투자신탁운용, SK캐피탈 등이 모두 이 경우에 해당한다(〈표 6-8〉 참조).

2.4.5. 〈표 6-9〉에는 5대 재벌의 금융보험계열사에 대한 재벌 내부의 지분구조의 특징이 나타나 있다. 5대 재벌의 전체 내부지분율 평균은 46.6%이고 금융보험계열사의 평균 내부지분율은 44.7%로, 금융보험계열사의 경우가 전체에 비해 1.9%포인트 낮다.

■ 그러나 각 재벌별로는 차이가 크다. 현대, 대우, LG의 경우는 금융보험업 계열사의 내부지분율이 전 계열사의 내부지분율보다 각각 10.4% 포인트, 12.5% 포인트, 3.9%

〈표 6-9〉 5대재벌 금융보험계열사 내부지분 구조의 특징

(단위 : %, %포인트)

	전 계열사			금융보험업 계열사			B-A	D/B-C/A
	내부지분율 〈A〉	A중 계열사 보유 내부지분율 〈C〉	C/A	내부지분율 〈B〉	B중 계열사 보유 내부지분율 〈D〉	D/B		
현대	53.7	41.7	77.7	43.3	38.4	88.8	-10.4	11.1
삼성	44.6	40.8	91.5	67.8	38.3	56.5	23.2	-35.0
대우	41.0	32.9	80.2	28.5	26.4	92.7	-12.5	12.5
LG	41.9	36.3	86.6	38.0	36.2	95.3	-3.9	8.7
SK	58.4	46.3	79.3	70.5	67.4	95.7	12.1	16.4
평균	46.6	38.7	83.0	44.7	34.0	76.1	-1.9	-6.9

자료 : 재정경제원 제출, 《국정감사 요구자료》 중 "10대 계열기업군의 제2금융권 주식보유 현황"(1997년말 현재), "10대 계열의 금융회사 및 출자지분 현황"; 한국신용평가정보(주) KIS-Line 기업정보; 〈표 6-7〉로부터 도출.

주 1) 전 계열사 내부지분율의 평균 및 그 중 계열사 보유 내부지분율 평균치는 각 재벌의 자본금을 가중치로 하여 구함. 금융보험계열사 내부지분율 및 그 평균치, 그 중 계열사 보유 내부지분율은 각 회사의 자본총액을 가중치로 하여 구함.

2) B, D의 각 수치를 구할 때, 자본총액이 음인 국민투자신탁증권과 SK생명보험은 계산에서 제외함.

3) 기업경영에 있어 소유 및 재무와 관련된 경영자의 대리인문제에 대해서는 Jensen and Meckling(1976) 참조.

포인트 낮다.

■ 반대로, 삼성의 경우는 유난히 금융보험업 계열사의 내부지분율이 67.8%로 전 계열사 내부지분율 44.6%보다 크게 높다. 이는 삼성의 금융업 계열사 자본총액 1조 1,217억 원 가운데 47.5%의 절대적 비중을 차지하는 대규모 금융기업인 삼성생명보험의 내부지분율이 72.9%로 높은 데 주요한 이유가 있다(〈표 6-7〉 참조).

2.4.6. 5대 재벌 전체의 평균 내부지분율 46.6% 가운데 그것의 83.0%인 38.7%를 계열사가 보유하고 있다. 금융보험계열사만 분리해서 보면, 금융보험계열사 평균 내부지분율 44.7% 가운데 그것의 76.1%인 34.0%를 계열사들이 보유하고 있다. 후자(76.1%)가 전자(83.0%)보다 6.9% 포인트 낮다(〈표 6-9〉 참조).

■ 그러나 삼성과 나머지 4대 재벌과는 차이가 크다. 현대, 대우, LG, SK의 경우는 금융보험업 계열사의 내부지분율 중 계열사 보유 비율이 전 계열사 평균수치보다 10% 포인트 안팎으로 높다.

■ 현대의 경우 이는 주로 금융업 진출이 최근에 이루어지고 진출시 기존 계열사에 의해 대부분의 출자가 이루어진 데 그 이유가 있다.

■ 대우의 경우는 금융보험업 계열사 평균 내부지분율이 28.5%로 낮으면서 금융보험계열사에 대한 내부지분율 중 계열사 보유 비율은 92.7%로 높게 나타났다. 그 주된 이유는 주요 금융계열사인 대우증권이 상장사로서 주식분산이 잘 이루어져 있으면서, 대우증권에 대한 내부지분율의 대부분을 대우중공업 등의 계열사가 보유하고 있기 때문이다.

■ 그러나 삼성의 경우에는 전 계열사의 당해 수치가 금융보험업의 당해 수치보다 무려 35.0% 포인트나 낮다. 삼성의 수치가 56.5%로 낮은 이유는 삼성생명의 주주구성에서 동일인 및 그 친인척의 지분보유율이 매우 높기 때문이다.

〈표 6-10〉 삼성생명보험(주)의 주주 구성 (보유주식 1% 이상, 1998년 7월 말 현재)

구분	개인주주	계열사 및 공익법인 주주	비고
주주명	이건희(10.00), 이종기(5.00), 이수빈(4.00), 강진구(3.00), 소병해(2.00), 신훈철(2.00), 박경팔(1.67), 이명환(1.67), 윤재우(1.67), 이해규(1.67), 홍종만(1.67), 황선두(1.67), 김헌출(1.50), 송세창(1.50), 이수증(1.50), 현명관(1.50), 원종섭(1.33), 이형도(1.33), 이필곤(1.17), 손영희(1.03), 안시환(1.00), 경주현(1.00)	신세계(14.50) 제일제당(11.50) 삼성문화재단(5.00) 삼성에버랜드(2.25)	97.4.16일자로 제일제당 및 신세계가 삼성으로부터 계열 분리됨.
소계	22명 48.88%	4개 법인 33.25%	

자료 : 대한민국 국회, 《198회 정기국회 국정감사 요구자료》(I).
주 : ( ) 안의 수치는 보유지분율.

2.4.7. 〈표 6-10〉에 비공개기업인 삼성생명의 지분구조가 나타나 있다. 삼성의 총수 이건희 1인이 10.0%의 지분을 보유하고 있을 뿐 아니라 친인척 및 특수관계자, 계열회사 등의 내부지분율을 모두 합하면 72.9%(1998년 7월말 현재 시점)에 이른다. 그 중에서도 총수 및 그 일족 보유의 내부지분율이 39.65%로 전체 내부지분율의 54.4%를 차지하여 일족에 의한 완전한 소유지배가 이루어지고 있다. 또한 삼성생명은 삼성그룹 주요 계열사의 지분을 다수 보유하고 있어 사실상 삼성그룹의 지주회사로서 역할하고 있다(계열사 보유지분 내역에 대해서는 〈표 6-19〉 참조).

3. 재벌의 금융업 소유와 경영에 대한 분석틀

3.1. 재벌의 소유구조의 형성과 특징

3.1.1. 기업은 사업을 다각화하여 복합기업을 형성하거나 또는 다수의 기업이 법적으로 독립적이지만 공동의 지배 아래 결합하여 기업집단을 형성하기도 한다. 그럼으로써 사업간 또는 기업집단 소속기업들간에 거래를 내부화함으로써 거래비용을 절감하고 그를 통해 이윤이나 성장 등 목표하는 바를 더 효율적이고 효과적으로 달성하고자 한다.

■ 우리나라의 경우 특히 경제개발 초기에 요소시장의 발달이 불완전하고 또한 경제의 빠른 성장으로 새로운 투자기회가 속속 출현하는 경제 환경 아래서, 기업들이 결합을 통해 시장을 내부화함으로써 자본, 노동, 경영능력과 같은 생산요소를 안정적으로 확보·조달하고, 기업집단 내부에서 자원을 효율적으로 배분·활용하는 데 따르는 이익을 추구하고자 한 것은 자연스런 현상이었다(장지상, 1995:589~593).

■ 그러나 경제성장 초기에 자본 축적 수준이 낮고 자본시장의 발달이 미약한 상황에서 빠르게 성장해 나가고 있는 우리나라 기업집단, 즉 재벌들은 기업결합을 기업집단의 내부시장적 기능보다는 오히려 기업성장에 결정적인 제약요소로 작용하는 부족한 자본을 내부적으로 창출해 내고 외부로부터 조달하는 데 적극 활용하였다. 재벌 내부에서 부족한 자기자본을 효율적으로 이용하기 위해 사용된 전형적인 방법이 계열사간 상호출자였다. 그리고 간접금융 중심의 자본시장체계와 담보와 보증에 근거한 대출 관행 하에서 타인자본을 조달하는 데 이용된 수단이 계열사간 상호지급보증이었다. 이런 점에서 볼 때 계열사 확장은 재벌의 성장의 결과이자 동시에 성장을 위한 주된 수단이었다.

■ 금리가 낮은 수준에서 규제되고 인플레이션의 진행으로 낮은 실질금리가 유지되는 경

제환경 하에서 기업들은 성장에 필요한 자본의 조달을 타인자본에 크게 의존하는 재무 행태를 보였다. 수출주도적 압축성장 전략 하에서 신규 사업의 개척과 규모의 경제 달성을 통한 수출경쟁력 확보라는 논리 아래, 자금의 배분과 지원이 수출 대기업 중심으로, 또 경영능력이 입증되고 정치권력과 연결고리를 맺은 일부 기업인들에게 집중되었다.

3.1.2. 고속성장에 소요되는 막대한 자금의 많은 부분을 차입을 통해 조달하는 한편, 계열사 자금을 이용한 상호출자를 통해 높은 내부지분율을 유지함으로써, 재벌 총수 및 그 일족들은 자본규모의 급격한 확대를 따라가지 못하는 데 따른 지분율 저하에도 불구하고 전 계열사들에 대한 소유지배를 계속적으로 유지시켜 나갈 수 있었다. 〈표 6-11〉을 보면 1983년 이후 동일인(재벌 총수) 및 친인척 등 그와 특수관계에 있는 자들의 보유지분율은 꾸준히 감소해 나가고 있으나 계열사 지분율이 높아지면서 그 감소분을 메워, 전반적으로 재벌의 내부지분율은 안정적인 수준을 유지하는 뚜렷한 모습이 나타나 있다.4)

■ 기업들은 "창업 → 성장 → 유상증자 및 또는 기업공개 → 지분 분산"이라는 과정을 일반적으로 거치며, 그 과정에서 소유 분산이 이루어지게 된다. 그러나 우리나라 재벌들은 "가족 창업 → 성장(기업집단 형성) → 차입에 의한 자금조달, 계열사 상호출자 → 내부지분율 유지, 가족소유경영체제 유지"라는 경로를 밟아 오늘에 이르렀다.

〈표 6-11〉 재벌의 내부지분율 추이

(단위 : %, 조 원)

	1983. 4	1987. 4	1989. 4	1991. 4	1993. 4	1995. 4	1997. 4	1998. 4
상위 5대	n. a	60. 3	49. 4	51. 6	49. 0	47. 6	45. 3	47. 2
가족		15. 6	13. 7	13. 2	11. 8	8. 6	7. 6	7. 0
계열사		44. 7	35. 7	38. 4	37. 2	39. 0	37. 7	40. 2
상위 30대	57. 2	56. 2	46. 2	46. 9	43. 4	43. 3	43. 0	44. 5
가족	17. 2	15. 8	14. 7	13. 9	10. 3	10. 5	8. 5	7. 9
계열사	40. 0	40. 4	32. 5	33. 0	33. 1	32. 8	34. 5	36. 6
현대	81. 4	79. 9	n. a	67. 8	57. 8	61. 4	56. 2	53. 7
삼성	59. 5	56. 5		53. 2	52. 9	49. 0	46. 7	44. 6
대우	70. 6	56. 2		50. 4	46. 9	41. 7	38. 3	41. 0
LG	30. 2	41. 5		38. 3	38. 8	39. 9	40. 1	41. 9
SK	n. a	n. a		n. a	50. 9	48. 6	44. 7	58. 4

자료 : 공정거래위원회, "각년도 대규모기업집단 주식소유 현황", "각년도 대규모기업집단 채무보증 현황"; OECD(1998), 123의 〈표 16〉.

주 1) 가족=동일인+특수관계인

2) 계열사=소속회사+자기주식

4) 구석모(1997)는 재벌이 자본의 가공성 정도를 결정할 때 고려하는 요소들 및 재벌 자본의 가공성 정도를(간접적으로) 측정하는 데 활용할 수 있는 하나의 수식을 제시하고 있다.

재벌 총수가 계열사 상호출자 지분을 통해 기업지배권을 확보하게 되는 구조

계열사가 지분을 보유하고 있을 때 재벌 총수 및 특수관계인(이하 '총수'로 표현)의 실제 지분율이 얼마인가를 계산해내려는 방식들이 제시되고 있다. 예를 들어 100×Sh/(100−Sm)로 정의되는 총수의 실효(實效) 지분율(She)이라는 개념이 있다. 설명의 편의를 위해, 총수지분율(Sh) 10%, 계열사지분율(Sm) 30%, 외부지분율(So) 60%의 지분구조를 가지며 계열사가 n-1개인 가상적인 한 재벌의 예를 통해 이 문제를 검토해보자. 우리의 예에서 She=100×10/(100−30)=14.29%이다.

흥미롭게도 이 실효지분율 개념은 두 가지 전혀 다른 의미로 해석이 가능하다. 첫번째는 계열사간 상호출자에 의해 이루어진 모든 자본을 가공자본으로 보고 지분율을 계산하는 것이다. 실효지분율 계산시 전체지분에서 Sm을 빼준다는 것이 Sm이 완전한 가공자본임을 의미하는 것으로 볼 수 있다. 이 가공자본을 제외한 나머지 자본에 대한 지분율이 위의 실효지분율 계산식에 따라 결정된다.

두번째 해석은 계열사 출자자본의 가공성 문제를 정면으로 다루지 않으면서 지분의 소유는 종국적으로는 자연인만이 할 수 있다는 관점에서 지분율을 계산하는 것이다. 이렇게 보면, 계열사 보유 지분율 30%는 나머지 70의 지분중 10을 갖고 있는 총수에게 30×10/(10+60)=4.29% 포인트(30%의 14.29%)만큼, 70의 지분중 60을 갖고 있는 외부주주에게 30×60/(10+60)=25.71%(30%의 85.71%) 포인트만큼 귀속된다. 따라서 재벌소속회사의 지분 100%에 대해 총수가 14.29%(10%+4.29%), 외부주주가 나머지 85.71% (60%+25.71%)만큼 주인이 되는 지분구조가 성립한다.

이제, n-1개의 계열사를 갖고 있던 문제의 재벌이 동일한 지분구조로 n번째 계열사를 편입하는 경우를 두번째 해석에 따라 생각해보자. n번째 계열사에 대해 '동일한' 총수와 '새로운' 외부주주들은 각각 10%와 60%의 지분을 갖게 된다. 그리고 n-1개의 기존 계열사 가운데 일부가 n번째 계열사에 대해 30%의 지분을 출자하게 된다. 그런데 계열사들이 투자한 이 30% 지분에 대해 총수는 14.29%에 상응하는 4.29% 포인트의 지분을 갖고 있다. 그리고 출자계열사(들)의 외부주주들이 30%의 85.71%인 25.71% 포인트의 지분을 갖고 있다. 따라서 n번째 기업의 실질적인 지분구조는 총수 14.29%, 출자계열사(들)의 외부주주들 25.71%, n번째 계열사의 새로운 외부주주들 60%로 이루어지게 되어, 결국 총수 14.29%, 외부주주 85.71%(25.71%+60%)%의 지분구성을 이루게 된다. 기존 계열사의 경우에도 총수 14.29%, 외부주주 85.71%로 동일한 지분구조가 성립하고 있음에 주목하라.

그런데 중요한 것은 n번째 계열사의 지분 가운데 총수가 결국은 40%의 주주권 행사를 사실상 '보장받게 된다'는 점이다. 그리고 이 n번째 계열사는 임의의 i번째 계열사이므로 총수는 모든 계열사에 대해 40%의 주주권을 행사하게 된다. 그 이유 또는 메커니즘에 대해 살펴보자. 계열사(들)이 신규 계열사에 출자(이른바, 상호출자)한 지분율 30% 가운데 외부주주 지분율 25.71%에 대해서 외부주주들은 신규 계열사에 대해 직접적으로 주주권을 행사하는 것이 불가능하다. 왜냐하면, 실질적으로 자신들의 자본이 그만큼 투자된 것임에도 불구하고 형식상 주주는 출자계열사(들)로 되어 있기 때문이다. 이들 외부주주들은 신규계열사에 실질적으로 자본을 댄 주주이면서도 그 회사의 주주명부에 자신의 이름이 나타나지 않는 '허깨비 주주'가 된다. 이들이 지분율 25.71%에 대해 주주권을 행사하려면 출자계열사 주주총회를 통해 집단적 의사를 표명하고 그 지분만큼 출자계열사가 피출자계열사 주주총회에서 주주권을 대리행사하는 복잡한 경로를 통해서만 가능할 뿐이다. 그런 만큼 외부주주들의 주주권 행사는 사실상 불가능에 가깝다. 그런데 출자계열사(들)에 대해 총수가 지배를 행하고 있는 한 지분율 25.71%에 대해서도 총수의 지배가 이루어진다. 총수는 계열사에 대한 자기지분율 14.29%와 출자계열사(들)의 외부주주 지분율 25.71%, 총 40% 지분에 대한 주주권 행사를 보장받는 강고한 주권행사 구조를 확보하고 있는 것이다.

공정거래위원회에서 공식적으로 사용하고 있는 '내부지분율'이라는 용어는 이런 측면을 잘 묘사하고 있는 알맞은 표현이라고 하겠다. 총수가 계열사 상호출자를 통해 자신의 실효지분율 이상으로 기업지배권을 행사하게 되는 구조를 설명하는 데는 실효지분율에 대한 두 번째 해석이 보다 적합해 보인다.

통상적으로 계열사가 타 계열사에 상호출자할 때 출자계열사 외부 소액주주들의 의사는 확인되지 않는다. 이 과정에서 대주주인 재벌 총수와 외부 소액주주간의 대리인문제가 발생할 소지가 항시적으로 존재한다. 계열사 지분에 의존한 소유지배가 이루어지는 우리나라 재벌의 기업지배구조 하에서 소수주주권 보호가 매우 중요한 이유의 하나가 여기에 있다.

또 하나 주목해야 할 것이 있다. 계열사 지분율이 높을수록, 또 계열사간 다단계 상호출자를 많이 행할수록 전계열사의 장부상 자기자본을 합한 합산자기자본의 크기가 커지고 그 가운데 가공적인 자본의 비율이 높아지게 된다. 그러나 가공성의 정도와는 상관없이 총수와 외부주주간의 지분구조는 위에서 제시된 실효지분율 계산공식의 두번째 해석에 따라 도출되는 구조를 언제나 따르게 된다. 다만 자본의 가공성이 높아질수록 계열사 보유 지분율이 높아지고 그만큼 총수의 지배력은 높아지게 된다.

이것이 시사하는 바의 하나는 재벌 자본의 가공성 정도에 따른 이익과 손해는 총수와 외부주주들이 같이 향유하고 있다는 점이다. 자본의 가공성 정도가 높을수록 실질적인 레버리지가 높아지는 것은 특정 재벌에 속한 특정 기업에 투자한 주주들의 입장에서 볼 때 투자시 이미 투자의사결정에서 고려한 요소이므로, 이 자체가 외부주주 보호의 대상이 될 수는 없다. 외부주주들의 입장에서 볼 때, 또 다시 문제의 핵심은 소유경영자가 자신의 대주주 경영자 신분을 이용하여 외부주주들의 부를 자신에게 이전시키려 할 때 일어나는 대리인문제에 있음을 알 수 있다. 외부주주 보호에서 기업경영의 투명성이 갖는 의미는 매우 근본적이다.

3.2. 재벌의 경영지배구조의 특징

3.2.1. 기업지배구조상 재벌의 핵심적인 특징의 하나는 총수와 소수의 친인척이 대주주의 지위를 이용하여 소속 계열사들의 경영에 대한 전권을 행사하고 있다는 점이다(정병휴·양영식, 1992:22~27). 소유경영자로서의 재벌 총수는 계열사 경영진에 대한 인사, 투자 및 재무계획의 수립 등 경영상의 핵심적이고 전략적인 의사결정을 직접적으로 관장한다. 재벌은 계열사들의 인적 자원 및 자본을 집중하고, 계열사에 대한 내부 평가에 근거하여, 집중된 자원을 전 계열사를 대상으로 하여 배분하는 사실상의 단일한 의사결정 조직으로서, 다수의 준독립적 사업부로 구성되는 M형 기업조직의 변형·확장된 형태라고 할 수 있다.[5] 자본의 배분이라는 측면에서 보자면, 재벌은 재벌 내외부의 다양한 원천으로부터 현금흐름을 집중시키고, 집중된 현금흐름과 내부의 기존 실물자산의 용도를 내부 평가에 따라 수익성이 높은 곳으로 재벌 내부에서 배분하고 전용하는 효율적인 내부자본시장(*internal capital market*)을 위한 조직, 축소된 자본시장(*miniature capital market*)이다(Williamson, 1985:281, 286~289; Gertner, Scharfstein, and Stein, 1994; 김상조, 1999:227).

■ 내부자본시장으로서의 재벌조직은 재벌 내부의 사업성과 및 투자기회에 대해 외부인보다 더 정확하고 신속하게 정보를 입수하고 평가할 수 있다.[6] 내부자본시장으로부터 필요 자금을 조달함으로써 투자계획의 가치를 외부의 투자자들에게 알리는 데 드는 비용, 자본시장에서의 정보적 불완전성으로 인해 입게 되는 자본조달비용의 상승, 사업정보의 외부 유출에 따르는 잠재적 피해 등의 손실을 피할 수 있다(Myers and Majluf, 1984; 이윤호, 1994:32~45; Lamont, 1997).

3.2.2. 재벌 총수가 다수의 계열사를 지배하기 위해서는 사령탑이 필요하다. 종합기획실이나 회장비서실과 같은 조직이 우리나라 재벌에서 사령탑의 역할을 수행해 온 것은 잘 알려진 사실이다(한국경제연구원, 1995:197~206). 사령탑에서는 계열사의 경영실적에 대한 감시와 평가, 계열기업의 사업 조정이나 인수 투자 등 전략적 사업계획의 수립, 계열사들의 인력 및 자금 수요에 대한 파악과 재벌 전체적 입장에서의 인력 및 재무 자원의 배

5) 사업부형 조직(M형 조직)의 기업에서는 ① 기업 내의 경제활동을 수개의 단위로 확연하게 구별하여, ② 각 경제활동에 대하여 별개의 사업부를 확립하고, ③ 영업상의 책임을 각 사업부로 분권화하는 한편, ④ 전략적 기능 및 개개 사업부에 대한 평가 기능, 전반적인 재무관리기능은 기업본부로 집중시킨다는 구조적 특징을 갖는다(이규억·박병형, 1993:131~132; Williamson, 1985:283~284).

6) 재벌 총수가 재벌 조직의 그런 장점을 활용하여 기업을 더 잘 경영할 수 있는가는 전혀 다른 문제이다. 총수 지위의 세습에 따른 최고경영자 선발 대상의 제한성과 경영능력 검증의 미비, 총수의 독단적 의사결정에 따르는 폐해가 그런 장점을 상쇄하고도 남을 수 있다.

분 조정과 조달 계획의 수립 등 "정보 집약, 내부통제, 전략적 의사결정"이라는 중추적 기능들을 복합적으로 수행한다.

3.2.3 . 1997년 외환위기 이후 기업지배구조에 대한 전면적인 재검토가 진행되기 전까지만 해도 우리나라에서는 실질적으로 작동해 온 기업경영에 대한 전형적인 기업 내외부 통제장치가 거의 전무하다시피 하였다. 기업경영에 대한 감시통제가 아니라 반대로 경영권 보호를 통한 경영활동의 안정적 보장이라는 논리 아래 주식의 대량소유 제한, 공개매수의 제한, 위임장 권유의 제한, 외국인의 주식취득 제한 등 기존 소유경영자의 소유경영권 보호를 위한 각종 장치들이 정부에 의해 채택, 시행되어 왔다(임웅기·윤봉한, 1989:197~202).

■ 또한 은행을 비롯한 금융기관들은 보유 지분의 주권 행사에 있어 다수 주주들에게 동의하는 방향으로 투표하게 하는 '중립적 의결권 행사' 조항으로 인해 사실상 주주권 행사의 제한을 받아왔다.7) 금융기관들은 1997년 한국증권거래소에 상장된 주식의 21.6%를

〈표 6-12〉 증권거래소 상장 주식의 투자자 종류별 지분

(단위 : 구성비 %)

투자자 구분	1996	1997
개인투자자	34.3	39.8
비금융법인투자자	20.6	22.8
금융기관투자자	26.1	21.6
은행	10.5	9.4
보험회사	6.5	6.3
투자신탁회사	5.8	2.7
증권회사	2.2	2.1
종합금융회사	1.0	1.0
기타 금융기관	0.1	0.1
외국인투자자	11.6	9.1
정부 및 공공단체	7.4	6.6
총계	100.0	100.0

자료 : 한국은행, 《경제통계연보》, 각호; 금융감독원, 《금융통계월보》, 각호.

7) 기관투자가(거의 모든 금융기관과 연기금을 포함)가 보유한 주식의 주권을 행사할 때, 주주총회의 성립에만 참여하며 그 결의 내용에는 영향을 미치지 않는 식으로 행동하는 것이 중립적 의결권 행사(*shadow voting*)이다. 우리나라 금융기관들은 금융업종별 관련 법규와 감독규정 등에 의해 소유주식의 의결권 행사에 대한 규제를 받아 왔다. IMF 외환위기 이후 자본시장이 완전 자유화되면서 외국 기관투자가의 국내기업에 대한 경영관여가 가능해진 상황에서 국내 기관투자가의 의결권 행사 제한은 역차별의 성격을 갖게 되었다. 이에 정부는 1998년 하반기에 역차별의 해소 및 종전 대주주 1인 위주의 기업지배구조를 개선할 목적으로 각 금융업종 기관투자가의 의결권행사 제한을 폐지하였다. 정윤모·손영락(1998:IV장) 참조.

보유하고 있는데, 재벌 소속 계열사가 총수의 지배 하에 놓여 있는 상황에서 금융기관 보유 지분은 '중립적 의결권 행사' 조항으로 인해 재벌 총수의 지배권을 더욱 강화해 주는 데 일조해왔다.

■ 재벌 총수 1인에 의한 전권적 소유경영 및 급속한 외형 확대에 따른 소유집중과 경제력집중이 심각한 사회문제로 대두되자, 정부는 재벌의 정치경제적 영향력 행사에 대한 견제와 그 폐해를 줄이기 위해 여신관리제도(1984년 금융기관 여신운용규정으로 정식도입), 출자제한(1986년 도입), 상호지급보증규제(1992년 도입), 신규 투자에 대한 인허가 등을 통해 재벌의 경제활동에 대한 각종 규제를 가하게 된다.[8] 재벌에 대한 이와 같은 규제들은 우리 경제 현실에서 최근까지도 거의 제대로 작동하지 못해 온 기업통제(*corporate governance*) 기능을,[9][10] 정부가 선별적 정책자금의 지원 조절, 신규투자 등에 대한 인허가, 때로는 경제외적인 압력과 강제를 통해서 불완전하게나마 대체 수행한 것으로 규정지을 수 있을 것이다. 재벌에 대한 규제는 정치경제적 환경의 변화에 따라 그 내용과 강도를 달리하며 변해 왔는데, 여신관리제도의 변천에서 이런 모습이 잘 드러난다.[11]

3.3. 재벌의 소유경영지배구도에서 금융기업 계열사의 위치

3.3.1. 재벌이 금융기업을 지배하고 계열사로 거느리는 이유를 다음 4가지 면에서 생각해 볼 수 있다. 첫째로, 해당 금융업 영위가 사업적 이익을 제공할 수 있다는 점이다. 둘째로, 재벌이 성장에 필요한 자본을 조달하는 창구로서 금융기관 계열사를 활용한다는 점이다.

---

8) 대규모기업집단에 대한 법적 규제 일반의 소개에 대해서는 권오승(1995), 김주영(1999) 참조.

9) 산업화 기간 동안 그리고 IMF 외환위기 이전까지 우리나라의 기업지배구조를 개략적으로 정형화하여 말한다면, 기업이 정상적인 상태에서는 소유경영자의 일인지배 하에 놓이고 부실화되어 채무불이행 상태에 처하게 되면 주채권자인 은행의 지배 아래 놓이는 체계로 규정할 수 있다. 소유경영자의 지배를 견제할 수 있는 전형적인 경영통제장치 — 기업의 이사회제도와 내외부 감사제도, 소수의결권 행사 장치, 자본시장 규율 등 — 가 실질적으로 도입되어 작동하기 시작한 것은 IMF 외환위기 이후부터이다. 은행을 정부가 소유하거나 또는 대주주의 위치에 서거나 또는 대주주가 아니더라도 지분이 분산되어 있어 지배주주가 존재하지 않을 경우 은행에 대한 경영권을 사실상 정부가 행사해 왔으며, 따라서 채무불이행 기업에 대한 처리는 실질적으로 정부 지배 아래 놓여 왔다. 한편 은행은 중립적 의결권 행사(*shadow voting*) 규정으로 인해 보유주식에 대해 주주로서 의결권을 행사할 수 없었다. 따라서 형식적으로 볼 때 정부는 오직 은행대출금을 사용한 기업이 부실화된 이후에만 주채권자의 자격으로서 해당 기업을 지배할 수 있었다.

10) 기업지배 또는 기업통제에 대한 개관 논문으로 Shleifer and Vishney(1997)를 참조. Shleifer and Vishney는 기업통제장치의 핵심으로서 투자자들을 보호하는 법적 보호장치들의 구비 및 소유와 경영에 대한 책임을 물을 수 있는 대주주 또는 그와 상응하는 기능을 하는 M&A와 같은 제도적 장치의 존재를 가장 중요한 것으로 꼽는다.

11) 여신관리제도의 변천에 대해서는 이 책의 제7장 "재벌의 자본구성과 자금조달", 438쪽의 박스 자료를 참조.

셋째로, 산업자본을 중심으로 하는 재벌이 금융업 진출을 통해 공동효과나 위험분산과 같은 다각화에 따르는 이득을 기대할 수 있다는 측면이다. 끝으로, 사령탑을 통한 총수의 재벌 지배에서 사령탑의 어떤 기능을 수행하는 데 있어, 재벌 총수가 자신의 전면적 통제 아래 놓인 금융계열사의 존재를 필요로 할 수 있다는 점이다. 즉 금융계열사가 재벌 지배의 중요한 수단과 통로로 활용되는 측면이다.

3.3.2. 또한 자본에 대한 정치권력의 경제외적 압력과 강제가 행해져 온 정치경제적 환경 아래서(한상진, 1988:제5, 6장) 재벌들은 비상적 시기에 자신의 완전한 통제 하에 있는 자금조달 창구 및 자금관리 조직으로서의 금융기업 계열사 확보의 필요성을 느꼈을 것이다.

3.3.3 . 재벌이 특정 금융업에 진출하여 계열사를 소유하고자 할 때의 목적은 충분히 복합적일 수 있으며, 또 각각의 경우에 따라서 다를 것이다. 금융계열사의 규모가 작고 특정한 금융 기능에 국한될수록 그 금융계열사의 지배 목적은 앞의 두 측면에 제한되기 쉽다. 반면에 금융계열사의 규모가 크고 여신과 수신, 유가증권 투자 등 다양한 금융업무를 수행할 수 있을수록 재벌 지배의 도구와 통로로서 이용될 수 있는 여지는 커질 것이다.

4. 금융기업 계열사의 역할과 기능

4.1. 재벌 지배에서 금융기업 계열사의 역할과 기능

4.1.1. 재벌 계열사 금융기업이 본연의 금융업무를 수행하는 외에 소속 재벌 전체와 관련하여 행할 수 있는 역할을 다음 세 가지로 나누어 생각할 수 있다. 첫째로 재벌의 외부로부터 금융기업 자신이 재벌이 필요로 하는 자금을 조달하여 재벌 내부로 자금을 공급하고 나아가서 다른 계열사가 유리한 조건으로 수월하게 자금을 조달할 수 있도록 지원하는 자금조달 기능, 둘째로 금융계열사가 다른 계열사들에게 직접 자금을 제공하거나 또는 계열사간에 자금을 중개하는 형태로 기업집단 내부에서 금융자원의 재배치 또는 이동을 집행하는 자금배분의 집행기능, 셋째로 재벌에 대한 총수의 효과적이고 효율적인 소유지배를 위해 지분을 관리하는 지분관리 기능, 즉 지주회사의 기능을 수행하는 것이다. 반대로 계열사 금융기업이 곤경에 처할 경우에는 계열사 산업기업들이 금융기업을 지원하는 경우도 물론 발생할 수 있다.

■ 〈표 6-13〉에는 동일 재벌내의 금융기업과 산업기업 간에 일어날 수 있는 일반적 내부거래 유형과 금융업종별 유형이 제시되어 있다.

〈표 6-13〉 계열 관계 산업기업과 금융기업 간 내부(자금)거래의 유형

	금융기업의 산업기업 지원	산업기업의 금융기업 지원
일반적 유형	· 자금의 직접 지원(대출, 사채 인수와 매입, 증자 참여 등) · 자금조달의 지원(지급보증 등) · 주가 및 지분 관리 · 금융정보 및 경쟁업체 정보 제공	· 금융업무의 우선 배정 · 자금 지원 · 비금융자원의 이용 기회 제공
증권회사	· 계열사에게 유가증권 발행 서비스 제공 · 계열사 발행증권에 대한 지급보증 · 계열사의 주가 관리 · 동일인 및 계열사의 지분 관리	· 유가증권 발행 및 유통 업무(위탁거래) 등 금융업무의 우선 배정 · 발행 사채의 인수 · 고객예탁금 예탁
투자신탁회사	· 계열사 발행 유가증권의 펀드 편입 · 계열증권사가 인수한 증권의 펀드 편입 및 주가관리 · 계열증권사를 통한 위탁거래 · 콜론 등에 의한 자금 지원	· 장단기 운영자금의 우선 배정 · 계열 금융기업의 수익증권 매입 · 옵션 등을 이용한 계열 금융기업이나 펀드간 이익의 대체
종합금융회사	· 계열사 어음의 인수 및 매출 · 계열사 어음의 CMA 편입 · 리스자금의 제공	· 단기여유자금의 우선 배정 · 발행사채의 인수
보험회사	· 계열사에 대한 대출 · 계열사 발행 유가증권에 대한 투자 · 유상증자 참여	· 기업의 영업망 제공 · 계열사 직원의 보험 가입

자료 : 박경서(1996) 〈표 4-7〉을 참조하여 보완.

4.1.2. 금융계열사가 행하는 이런 기능들은 기본적으로 재벌 전체의 전략적 의사결정 및 그의 화폐적 반영인 재무계획의 전체적 구도 하에서 수행될 것이다. 따라서 재벌 내에서의 자금 이동의 내역 및 의도와 관련된 정보는, 총수를 비롯해 전략적 의사결정에 관여하는 소수의 내부자들만이 알게 되는 본질적으로 기밀한 내부정보의 성격을 갖게 된다. 더구나 실물의 이동에 비해 자금의 이동은 훨씬 용이하게 이루어질 수 있고 각종 규제를 회피하기가 쉽기 때문에 재벌 내부에서의 자금 내부거래의 실상을 제대로 파악하기는 매우 어려울 수밖에 없다. 특히 대출 등 간접금융의 경우에는 이른바 우회대출,[12] 재벌간 교차금융(*cross financing*)[13] 등을 통해 계열사간 자금거래를 비계열사와 계열사 간의 외

12) 금융기업이 계열사(A)에 자금을 제공하고자 할 때, A에게 직접 자금을 제공하는 것이 아니라 먼저 비계열 금융기업에게 예치 등의 형식을 통해 자금을 제공하고 그 자금을 예치받은 비계열 금융기업이 기업 A에게 자금을 대출해 주는 것을 우회대출 또는 쿠션대출이라고 부른다. 이 우회는 몇 단계를 거쳐서 이루어질 수도 있으며 좀더 교묘한 방법으로 이루어질 수도 있다. 우회적 자금 제공과 관련하여 이 장의 자금·자산 부당내부거래 부분에서 몇 가지 실례가 제시되고 있다.

부거래로 위장하는 일이 비교적 쉽게 이루어질 수 있다. 또한 구속성예금 등의 존재로 인해 실효 대출금리와 장부상 대출금리가 차이를 나타내는 등 정확한 실상을 파악하기가 용이하지 않다. 이하의 자료 분석에서는 이와 같은 한계를 충분히 염두에 두어야 할 것이다.

4.2. 보험업에서의 실태

4.2.1. 생명보험업에서의 자기계열사에 대한 대출 실태를 살펴보자. "보험회사의 자산운용에 관한 준칙"에 따르면, 재벌 소속 보험회사의 자기계열집단[14]에 대한 대출은 총자산의 3% 이내로 제한된다. 1997년 7월말 현재 생명보험사들의 5대 재벌에 대한 대출잔액은 4조 184억 원으로, 이는 생명보험업계 총기업대출금 21조 2863억 원의 18.8%이다. 한편 자기계열에 대한 대출액은 7.6%인 1조 6,179억원이다(〈표 6-14〉 참조).

〈표 6-14〉 생명보험사의 자기계열사에 대한 대출

(단위 : 10억 원, %)

	1994.3	1995.3	1996.3	1997.3	1997.7	비율
5대 계열 대출	n.a	3,379.3	3,194.3	3,428.8	4,018.4	18.8
30대 계열 대출	6,322.5	6,156.9	6,215.4	7,208.3	8,001.6	37.4
자기계열 대출	1,184.3	1,116.1	1,023.3	1,249.1	1,617.9	7.6
기업대출금	14,953.5	15,401.0	16,318.6	20,842.7	21,386.3	100.0
총대출금	24,451.1	28,480.4	31,580.9	38,227.6	41,609.5	

자료 : 관련 "국회 국정감사 자료"들을 취합하여 작성.
주 1) 총대출금 = 기업대출금 + 가계대출금.
2) 대출금 평균 이율은 각 보험사의 당해 대출금을 가중치로 하여 구해진 값임.
3) 비율은 97.7월의 기업대출금에 대한 비율임.

4.2.2. 1997.7월말 현재 손해보험사들의 5대 재벌에 대한 대출잔액은 845억 원으로, 이는 손해보험업계 기업대출금 총액 5,375억 원의 15.7%이다. 한편 자기계열에 대한 대출액은 8.4%인 449억 원이다(〈표 6-15〉 참조).

13) 교차금융이란 A재벌의 금융계열사 a가 동일계열 기업 α에게 대출할 것을 B재벌 계열사 β에게 대출해주고, 그에 대한 교환으로 B재벌 금융계열사 b가 A재벌 계열사 α에게 대출해주는 식으로 재벌간에 상호금융을 행하는 것이다. 그럼으로써 당해 재벌들은 사실상의 자금내부거래를 외부거래로 둔갑시키고 관련규제를 회피할 수 있다.

14) 자기계열집단은 보험사업자와 사실상 지배관계가 있다고 인정되어 금융감독원장이 선정한 자를 의미한다.

〈표 6-15〉 손해보험사의 자기계열사에 대한 대출

(단위 : 10억 원, %)

	1994.3	1995.3	1996.3	1997.3	1997.7	비율
5대 계열 대출	n.a	55.9	64.4	94.2	84.5	15.7
30대 계열 대출	67.0	100.9	140.3	221.7	226.0	42.0
자기계열 대출	41.4	36.9	31.6	42.4	44.9	8.4
기업대출금	619.0	611.4	560.2	882.2	537.5	100.0
총대출금	1,390.9	2,136.1	2,787.7	3,708.3	4,072.3	

자료 : "국회 국정감사 자료"로부터 재구성.
주 1) 총대출금 = 기업대출 + 가계대출.
2) 비율은 1997년 7월의 기업대출금에 대한 비율임.

4.2.3. 〈표 6-16〉는 5대 재벌 각각이 보험업계로부터 차입한 금액과 그 가운데 자기계열 보험사들로부터 차입한 금액을 보여주고 있다. 여수신 업무를 동시에 하고 있는 생명보험회사를 계열사로 거느리고 있는 삼성과 대우의 경우 보험사로부터의 차입금 중 많은 부분을 자기계열 보험사에 의존하고 있는 모습을 볼 수 있다. 삼성은 그 비율이 99.8%에 이르며, 대우는 48.4%이다. 따라서 생명보험사를 계열기업으로 거느리고 있는 재벌들은 생명보험사로부터 차입을 할 경우 자기계열 생명보험사로부터 손쉽게 또 우선적으로 차입하는 경향을 갖는다고 할 수 있다.

〈표 6-16〉 5대 재벌의 자기계열 보험사로부터의 자금차입 비중

(단위 : 10억 원, %)

	보험사로부터의 총차입금(A)	자기계열보험사로부터의 차입금(B)	B/A
현대	1,734.7	35.0	2.0
삼성	503.9	502.8	99.8
대우	966.9	468.2	48.4
LG	597.8	0.0	0.0
SK	299.6	-	-

자료 : "국회 국정감사자료"로부터 재구성.

4.2.4. 30대 재벌 소속 개별 보험회사의 자기계열 대출 현황이 〈표 6-17〉에 나타나 있다. 생명보험의 경우, 30대 재벌의 자기계열 대출액은 자기계열 대출한도의 64.8%인 1조 306억원이다. 자기계열 평균 대출금리는 11.64%로, 총대출금 평균 금리보다 0.73% 포인트 낮다. 5대 재벌만 보면, 자기계열 대출액은 자기계열 대출한도의 65.3%이며, 대출금리차는 0.78% 포인트이다.

〈표 6-17〉 30대 재벌 소속 보험회사별 자기계열 대출 현황

(1997. 7월 말 현재, 10억 원, %, %포인트)

업종	회사명	소속 계열	대출총액	대출 평균 이율(A)	자기계열 대출한도(C)	자기계열 대출(D)	D/C	자기계열 대출 평균이율(B)	A-B
생명보험업	삼성생명	삼성	15,324.8	12.76	936.3	502.8	53.7	12.50	0.26
	교보생명	대우	9,251.0	11.82	549.6	468.2	85.2	10.70	1.12
	5대 재벌 소계, 평균		24,575.8	12.41	1,485.9	971.0	65.3	11.63	0.78
	동아생명	동아건설	813.9	11.82	71.1	29.3	41.2	13.00	-1.18
	금호생명	금호	290.8	11.66	17.5	16.7	95.4	10.36	0.94
	동부생명	동부	213.2	11.30	16.3	13.6	83.4	10.90	-0.44
	30대 재벌 소계, 평균		25,893.7	12.37	1,590.8	1,030.6	64.8	11.64	0.73
손해보험업	삼성화재	삼성	1,280.7	13.02	120.8	0.0	0.0	-	-
	현대화재	현대	521.7	12.69	63.5	35.0	55.1	12.43	0.26
	LG화재	LG	436.1	12.54	58.5	0.0	0.0	-	-
	5대 재벌 소계, 평균		2,238.5	12.85	242.8	35.0	14.4	12.43	0.42
	쌍용화재	쌍용	252.6	13.00	24.1	6.6	27.4	10.85	2.15
	동양화재	한진	641.1	13.05	38.9	0.0	0.0	-	-
	동부화재	동부	359.2	12.60	56.9	0.3	0.5	12.50	0.10
	30대 재벌 소계, 평균		3,491.4	12.87	362.7	41.9	11.6	12.18	0.69
총계, 평균			29,385.1	12.43	1,953.5	1,072.5	54.9	11.66	0.77

자료 : "국회 국정감사 자료"로부터 재구성.

■ 손해보험의 경우, 30대 재벌의 자기계열 대출은 자기계열 대출한도의 11.6%에 그치고 있으며, 자기계열 평균 대출금리는 12.18%로, 총대출금 평균 금리보다 0.69% 포인트 낮다. 5대 재벌만 보면, 삼성화재와 LG화재의 자기계열에 대한 대출이 전혀 없으며, 현대화재가 대출한도의 55.1%를 자기계열에 대출하고 있을 뿐이다. 현대화재의 자기계열 대출금리는 총대출금 평균금리보다 0.26% 포인트 낮다.

■ 보험업계 전체로는 30대 재벌 자기계열 대출액은 자기계열 대출한도의 54.9%인 1조 725억 원이며, 자기계열 평균 대출금리는 11.66%로, 총대출액 평균 대출금리보다 0.77% 포인트 낮다.

■ 1997년 7월말 현재 삼성생명의 경우 자기계열집단에 대한 대출액은 5,028억 원으로 대출한도 9,363억 원에 크게 못미치는 것으로 나타났다. 한편 삼성생명의 대출금 평균 금리는 12.76%이며 자기계열대출 평균금리는 12.50%로, 후자가 전자에 비해 0.26%

포인트 낮다. 삼성그룹 소속 계열사들의 신용도가 평균적으로 높은 편임을 감안하면, 자기계열사 대출에 대해서 금리 우대가 이루어졌다고 보기 어렵다.

■ 1997년말 현재 대우가 30.0%의 지분을 갖고 있지만 지배주주는 아니라서 계열사로 분류되어 있지는 않은 교보생명의 경우 대우에 대해 자기계열 대출한도의 85.2%에 해당하는 4,682억 원을 대출해 주고 있으며, 대우에 대한 대출금리는 교보생명의 평균 대출금리보다 1.12% 포인트 낮은 10.70%이다.

4.2.5. 간접금융의 경우 우회대출을 통해 규제를 피할 수 있는 것에 비해, 직접금융 형식의 내부거래에서는 결국은 유가증권 보유라는 형태로 기록이 남기 때문에, 왜곡되지 않고 좀 더 실상에 가까운 파악이 가능하다.[15)]

---

15) 기관투자가의 주식 소유에 대한 제한 (1998년)

금융업종	주식 소유 제한 내역
투자신탁, 투자신탁운용	- 고유계정 ·상장주식 : 자기자본의 50%, 비상장주식 : 자기자본의 10% ·동일인 발행주식 : 발행주식 총수의 5% - 신탁계정 ·동일종목 유가증권 : 각 신탁재산의 10% ·동일인 발행주식 : 발행주식 총수의 20%
은행	- 신탁계정과 예금계정 공통 ·동일인 발행주식 : 발행주식 총수의 15% ·유가증권 총보유액 : 자기자본의 100% - 신탁계정(불특정금전신탁) ·주식 및 주가지수선물·옵션 : 신탁종류별로 전월 평균수탁금액의 30%
보험회사	- 주식 소유 총한도 : 총자산의 30% - 동일인 대출 및 투자 : 총자산의 5% - 동일 계열기업군 투자 : 총자산의 5% ·자기계열기업군 투자 : 총자산의 3% - 중소기업 발행 비상장주식 : 총자산의 1% - 비상장주식 : 자기자본의 10% - 동일인 발행주식(담보 포함) : 발행주식 총수의 10% - 계열기업군 소속 보험사의 경우 : 동일계열 소속사가 아닌 타회사 발행 의결권 주식에 대해 발행주식 총수의 5%
증권회사	- 영업용순자본비율 규제에 의해 간접적으로 주식취득을 규제 - 증권회사의 최대주주 및 주요주주인 법인 발행 주식 : 소유 금지 - 특수관계인 발행주식 : 자기자본의 8%

자료 : 정윤모·손영락(1998), 〈표 VI-2〉의 인용.

■ 〈표 6-18〉에는 생명보험사의 자기계열 투자 내역이 나타나 있다. "보험회사의 자산운용에 관한 준칙"에 따르면 보험회사는 총자산의 5% 범위 내에서 자기계열 투자(주식과 채권의 소유 및 이를 담보를 한 대출)를 할 수 있도록 규제받고 있다. 1997.3월말 현재 생명보험사의 자기계열사에 대한 투자는 1조 4,259억 원으로 이는 총유가증권 투자액의 6.67%, 총자산의 1.71%에 해당한다. 손해보험사의 자기계열사에 대한 투자는 2,457억 원인데, 이는 총유가증권 투자액의 4.97%, 총자산의 1.51%에 해당한다.

〈표 6-18〉 5대 재벌 소속 보험회사의 자기계열사에 대한 투자

(단위 : 10억 원, %)

	1994.3	1995.3	1996.3	1997.3	유가증권 투자액 대비	총자산 대비
생명보험사	1,097.8	1,172.8	1,234.5	1,425.9	6.67	1.71
손해보험사	135.1	157.5	193.0	245.7	4.97	1.51
합 계	1,232.9	1,330.3	1,427.5	1,671.6	6.35	1.68

자료 : 재정경제원 제출, "국회 국정감사 요구자료"; 보험협회, 《보험조사월보》, 각호 자료를 이용하여 작성.

4.2.6. 〈표 6-19〉에 각 보험사의 자기계열사 주식에 대한 투자내역이 제시되어 있다. 1997.7월말 현재 삼성생명은 총자산의 3.0%에 상당하는 7,621억 원 어치, 17개 계열사의 주식을 보유하고 있다. 삼성전자, 삼성전관, 삼성전기, 삼성물산 등 보유주식 계열사들은 대개가 삼성그룹의 내부소유구조에서 여타 계열사들을 지배하는 위치에 있는 중핵기업들이다.

〈표 6-19〉 5대 재벌 소속 보험회사의 자기계열사 주식에 대한 투자 (1997.7월 말 현재)

보험회사	금액 (10억원)	보유유가증권 대비(%)	총자산대비(%)	투자대상 계열사(지분율)
삼성생명	762.1	9.38	2.44	제일모직(2.1), 삼성정밀(8.0), 삼성전자(8.8), 삼성전관(5.3) 삼성전기(5.4), 삼성중공업(4.9), 삼성항공(7.5), 삼성물산(6.0) 호텔신라(6.9), 삼성증권(9.6), 삼성화재(9.8), 에스원(1.4), 제일기획(1.7), 삼성코닝(2.0), 삼성투자자문(33.3) 삼성생명서비스(100.0), 삼성경제연구소(30.0)
현대해상	19.5	2.92	0.92	강원은행(7.6)
삼성화재	79.8	7.18	1.98	삼성정밀(2.9), 삼성전자(1.6), 삼성전관(3.0), 삼성증권(1.1)
LG화재	31.4	6.33	1.61	LG화학(1.6), LG전자(1.7)

자료 : "국회 국정감사 요구자료"; 금융감독위원회, 금융감독통계(http://www.fsc.go.kr/kfsc/static) 상 관련 수치를 이용하여 작성.

■ 삼성생명의 내부지분율은 72.9%(1998년 7월말 현재), 그 가운데 총수 및 일족의 내부지분율은 39.65%에 이르러 일족에 의한 완전한 소유지배가 이루어지고 있다(〈표 6-10〉 참조). 삼성생명이 삼성 주요 계열사들의 지분을 다수 보유하고 있을 뿐 아니라(〈표 6-19〉 참조) 삼성생명에 대한 총수 일족의 완전한 지배가 이루어지고 있다는 점을 종합하면, 삼성생명이 삼성그룹의 사실상의 지주회사로서 역할하고 있다고 볼 수 있다. 대규모기업집단에 속하는 회사로서 금융 및 보험업을 영위하는 회사는 갖고 있는 계열사 주식에 대해 의결권을 행사할 수 없도록 규제받고 있지만(〈독점규제 및 공정거래에 관한 법률〉 제11조), 유사시에 이 지분을 대주주에 우호적인 지분으로 활용하는 것은 어려운 일이 아닐 것이다.[16]

4.3. 증권업에서의 실태

4.3.1. "증권회사 자산운용 준칙"에 따르면, 증권회사는 상장법인 발행주식 보유총액이 자기자본의 60%를 넘지 못하도록 주식투자 규모 총량이 규제될 뿐 아니라, 동일 상장법인 발행주식의 5% 초과 보유 및 증권회사 자기자본의 6% 초과 보유가 금지되고, 자기계열회사 유가증권의 10% 초과 소유가 금지되는 등 개별 주식 투자규모에 대한 규제가 이루어지고 있다.

■ 〈표 6-20〉에는 5대 재벌 소속 각 증권회사가 보유하고 있는 자기계열 주식 규모가 나타나 있다. 5대 재벌의 1997년 3월말 자기자본 대비 1997년 8월말 현재 자기계열 주식 보유 평균 비율은 10.5%이다. 또 1998년 3월말 자기자본 대비 1998년 7월말 자기계열 주식보유 평균 비율은 19.3%이다. 1998년 7월말 시점에서 현대증권과 삼성증권이 규제비율 10%를 크게 초과해 자기계열 주식을 보유하고 있다. 동일시점 자료를 사용한 비율값이 아니라 수치가 정확하지는 않지만, 그 시점에서 관련 규제가 제대로 지켜지지 않고 있었음을 알 수 있다.

16) 예를 들어, 삼성생명이 투자 목적으로 보유하고 있는 특정 계열사의 지분을, 그 계열사와 관련하여 기업지배권에 대한 다툼이 벌어질 경우, 비금융 계열사들에게 매각하고 그 비금융 계열사들이 주주권을 행사할 수 있을 것이다.

〈표 6-20〉 5대재벌 소속 증권회사의 자기계열사 유가증권 보유

(단위 : 10억 원, %)

증권사	1996년 8월말	1997년 8월말	자기자본 대비 비율	1998년 7월말				1998년 7월 소계
				주식	자기자본 대비 비율	회사채	기업어음	
현대증권	27.9	30.9	8.0	111.4	28.5	367.7	0.0	479.1
삼성증권	13.6	11.6	7.4	27.6	14.8	1.7	0.0	29.3
대우증권	75.7	103.4	10.1	13.6	1.5	33.0	6.8	53.4
LG증권	68.2	87.5	11.9	18.2	3.1	10.2	1.2	29.6
SK증권	14.8	18.8	20.9	4.1	5.1	2.8	0.0	6.9
합 계	200.2	252.2	10.5	191.2	19.3	418.6	23.2	633.0

자료 : "국회 국정감사 요구자료"와 한국신용평가정보(주) KIS-Line 재무자료로부터 재구성.
주 1) 자기계열사 주식 보유액 = 투자유가증권 중 관계회사주식 + 상품유가증권 중 관계회사 발행주식.
2) 장부가 기준.

4.3.2. 〈표 6-21〉은 5대 재벌 소속 증권회사들의 자기계열사 회사채 인수에 대한 자료를 보여주고 있다. 5대 재벌 소속 증권사들은 1996년 한 해 동안 평균적으로 자기계열이 발행한 회사채 가운데 66.8%를 인수하였는데, 이는 이들의 회사채 인수총액의 46.6%에 해당한다. 1996년 동안 우리 경제의 회사채 발행총액은 29조 5,025억 원이며 5대 재벌은 그 가운데 30.0%인 8조 8,452억 원 어치를 발행하였다. 1997년 1~7월 동안의 자료도 거의 유사한 경향을 나타내고 있다. 따라서 어떤 기준에 의해 평가하건 회사채 인수 업무에 있어, 재벌 소속 기업들과 자기 계열 증권사들 간에 우선적인 업무관계가 형성되어 있다고 결론지을 수 있다.

〈표 6-21〉 5대 재벌 소속 증권사의 자기계열사 회사채 인수

(단위 : 10억 원, %)

회사명	1996년			1997년 1~7월	
	인수금액	비율 1	비율 2	금액	비율 1
현대증권	2,172.0	66.1	74.0	2,350.0	76.6
삼성증권	2,189.0	64.5	87.0	1,076.0	69.3
대우증권	1,129.0	27.6	54.0	1,436.4	51.1
LG증권	1,629.7	42.9	69.0	1,389.9	62.6
SK증권	466.4	27.4	32.0	446.0	60.4
합계, 평균	7,586.1	46.6	66.8	6,698.3	64.5
증시 발행총액	29,502.5			22,159.4	

자료 : "국회 국정감사 요구자료"와 한국신용평가정보(주) KIS-Line 재무자료로부터 재구성.
주 1) 비율 1은 증권사별 인수총액 대비, 비율 2는 자기계열 총발행액 대비 비율임.
2) 각 비율의 평균치는 인수금액을 가중치로 하여 구해진 값임.

4.3.3. 〈표 6-22〉에는 5대 재벌 소속 각 증권회사의 자기계열사에 대한 지급보증 실적이 나타나 있다. 1997년 8월말 현재 5대 재벌 소속 증권사들의 지급보증 잔액 중 자기계열사 회사채 지급보증의 평균 비율은 11.4%이다. 〈증권회사 자산운용 준칙〉에 따르면, 증권회사의 자기계열기업군에 대한 지급보증한도는 자기자본의 30% 이내이다. 5대 재벌의 1997년 3월말 자기자본 대비 1997년 8월말 현재 자기계열사 발행 회사채 지급보증 평균 비율은 14.5%이다.

〈표 6-22〉 5대 재벌 소속 증권회사의 자기계열사 발행 회사채 지급보증

(단위 : 10억 원, %)

회사명	96.8월말	비율 1	97.8월말	비율 1	비율 2
현대증권	92.8	15.1	95.9	15.7	24.8
삼성증권	12.3	5.0	11.0	4.8	7.0
대우증권	119.0	6.8	122.4	8.6	12.0
LG증권	34.2	3.4	118.4	11.4	16.1
SK증권	10.3	3.0	0.0	0.0	0.0
합계 및 평균	268.6	9.0	347.7	11.4	14.5

자료 : "국회 국정감사 요구자료"와 한국신용평가정보(주) KIS-Line 재무자료를 이용하여 작성.
주 1) 비율 1은 증권사별 지급보증 총액에 대한 비율임.
2) 비율 2는 자기자본 대비 비율임.

4.4. 종합금융업에서의 실태

■ 종합금융업계의 재벌 관련 자료는 공표되지 않고 있어 보험업이나 증권업에서와 같은 정도의 실태파악조차 불가능하다. 종합금융업계 재벌관련 유일하게 공표된 자료는 1994년부터 1996년 12월 말까지의 30대 재벌 대출금 점유비중이다. 1994년 말 41.2%이던 동 비중은 1996년 말에는 54.0%까지 높아졌다. 이와같이 높은 점유율은 보험권이나 은행권에서의 재벌의 점유비중을 크게 웃도는 수치이다.[17]

■ 종합금융사에 대한 소유 및 자산운용 규제는 다른 금융업종에 비해 훨씬 느슨하다. 그 결과 종합금융회사 가운데는 소유경영자의 사금고처럼 운용되는 경우가 적지 않은 것으로 알려지고 있다(이 장의 마지막 박스 글 참조).

17) 이 책의 제7장 참조.

〈표 6-23〉 종합금융업 대출금에서 30대 재벌 점유비중 추이

(단위 : 10억원, %)

	1994. 12	1995. 12	1996. 12	1997. 6
종금사대출금	48, 556. 1	67, 244. 6	89, 232. 9	110, 746. 4
30대 재벌 대출액	199, 83. 0	31, 649. 1	48, 162. 0	53, 308. 9
비중	41. 2	47. 1	54. 0	48. 1

자료 : 《국회 국정감사 요구자료》; 한국은행, 《경제통계연보》, 《자금순환》 각호.
주 : 종금사대출금=금융자산부채잔액표상 종금사대출금+금융자산부채잔액표상 기업어음+종금사계정상 리스자산.

5. 자금 · 자산 부당내부거래

5.1. 자금 · 자산 관련 부당내부거래

"정책 있는 곳에 대책 있다"고, 재벌들은 각종 규제에 대응하여 이익이 되고 필요할 경우 이러한 규제들을 회피하기 위한 방법을 개발하고 노력을 기울여왔다. 재벌의 그와 같은 행위들이 공정거래법, 여신관리규정, 각 금융기관의 자산운용 준칙 등에서 부과하고 있는 규제 또는 한도 등을 어기는 것이 되면 불공정거래행위 또는 부당내부거래행위가 된다. 금융거래의 규제 회피의 용이성으로 인해 공식적인 재무자료를 통해서는 잘 드러나지 않는 내부거래 실태를 부당내부거래 자료를 통해서 단면을 엿볼 수 있다.

5.1.1. 앞에서의 〈표 6-13〉의 계열 관계 산업기업과 금융기업 간 상호 지원의 유형에서 제시되고 있는 자금이나 자산과 관련한 계열사간의 거래가 현저히 유리한 조건으로 이루어지게 되면 부당내부거래가 된다. 보다 구체적으로, 가지급금 또는 대여금, 기타자금을 거래함에 있어 정상금리보다 높거나 낮은 금리로 제공하거나 결제기일을 늦추어주는 경우, 회사채나 기업어음 등 유가증권과 건물, 토지 등 부동산을 정상가격에서 벗어나는 가격으로 제공하거나, 시세보다 높거나 낮은 가격 조건으로 유상증자에 참여하는 경우 등이 자금과 자산 거래의 전형적인 부당내부거래 유형들이다.

5.1.2. 재벌들의 부당내부거래는 계열사에 대한 교차보조(*cross subsidization*)를 통해 계열사 확장의 수단으로써 적극적으로 활용되어 왔다. 부당내부거래는 비계열 독립기업과의 공정경쟁을 저해할 뿐 아니라 지원기업의 경영자원을 소진시키고 수혜기업이 부실기업인 경우 퇴출을 지연시켜 재벌 전체의 부실화와 국민경제적 차원에서 자원배분의 비효율성을 초래한다. 또한 이는 지원기업의 부가 부당하게 다른 기업으로 빠져나가는 데 따라 지원

기업의 채권자 및 외부주주들의 이익이 침해당하는 대리인문제를 야기한다.

5.2. 5대 재벌의 자금 · 자산 내부거래 실태[18)]

5.2.1. 공정거래위원회는 1997.4.1~1998.3.31 기간중 5대 대규모기업집단의 계열사간 자금 및 자산 내부거래에서의 부당행위에 대해 1998년 5월부터 7월에 두 차례에 걸쳐 최초의 전면적인 조사를 벌였는데, 이 조사를 통해 재벌들의 자금 · 자산 관련 부당내부거래 실태가 처음으로 밝혀지게 되었다.

5.2.2. 1997.4.1~1998.3.31의 1년 동안 5대 재벌의 계열사간에 이루어진, 1차 조사에서 밝혀진 자금내부거래 총액은 4조 7,325억 원, 자산내부거래 총액은 33조 4,310억 원이며, 이 가운데 13.8%가 부당거래 성격을 갖는 것으로 나타났다. 1, 2차 조사에서의 지원업체수 및 수혜업체수는 각각 113개와 56개(중복계산 제외시는 각각 87개, 46개)였다(〈표 6-24〉 참조).

〈표 6-24〉 대규모기업집단 내부거래 현황 (1997.4.1~1998.3.31)

(단위 : 10억 원, %)

	1차조사시 자금내부거래 (A)	1차조사시 자산내부거래 (B)	1차조사시 지원성 거래규모(C)	2차조사시 지원성 거래규모(D)	지원 업체수		수혜 업체수		C/(A+B)
					1차	2차	1차	2차	
현대	683.4	7,383.0	770.6	348.5	35	13	11	7	9.6
삼성	499.7	3,981.0	720.0	200.0	7	2	9	3	16.1
대우	27.1	12,500.0	422.9	41.5	6	11	7	3	3.4
LG	187.1	2,714.0	1,057.3	6.82	20	3	6	2	36.4
SK	562.6	546.0	1,055.5	834.5	12	4	2	6	95.2
5대 재벌 합계	1,959.9	27,124.0	4,026.3	1,429.7	80	33	35	21	13.8

자료 : 공정거래위원회 조사기획과(1998.5.8), "대규모기업집단 계열사간 부당지원행위 조사 실시", "5대 기업집단의 부당내부거래 조사결과"; 공정거래위원회 조사기획과(1998.7.30), "5대 기업집단에 대한 부당내부거래 2차 조사결과".

주 1) 지원성 거래규모는 예탁금, 대여금, 선급금, 기업어음 등의 자금거래의 기간을 감안하지 않은 단순합계임.
2) 부동산임대료는 월간 임차료를 연간보증금으로 환산하여 임차보증금과 합산한 것임.

18) 이 부분의 서술은 공정거래위원회 조사기획과(1998.5.8), "대규모기업집단 계열사간 부당지원행위 조사 실시", "5대 기업집단의 부당내부거래 조사결과"; 공정거래위원회 조사기획과(1998.7.30), "5대 기업집단에 대한 부당내부거래 2차 조사결과"에 의거한다.

5.2.3. 부당내부거래에서 나타난 주요 특징을 보면, 첫째로 기업집단의 주력기업이 재무구조가 취약한 계열사를 집중 지원하였다. 수혜기업 56개 가운데 75.0%인 25개 사가 최근 3년 중 1년 이상 적자인 기업이었으며, 완전자본잠식에 이른 기업이 23.2% (중복 계산) 인 13개 사였다.

둘째로는, 1997년말 외환위기 이후 경영이 악화된 계열금융기업의 '재무건전성 기준' 충족을 위해 계열사들이 후순위사채 고가 매입, 주식예탁금 저리 예치, 유상증자 참여 등 다양한 방법으로 지원하였다. 자기계열의 자금지원을 받은 결과 SK증권(주)의 영업용 순자본 비율은 1998년 2월 -268.4%에서 1998년 3월 155.7%로 높아졌으며, LG증권(주)의 경우에는 1997년 12월 90.8%에서 1997년 12월 138.7%로, 대우증권(주)의 경우 1997년 12월 126.6%에서 1998년 1월 170.9%로 높아졌다.

셋째로, 계열사에 대한 자금지원이 이루어지는 과정에서 일부 계열금융기업들(현대의 현대종합금융, 삼성의 삼성생명, LG의 LG종금)이 부당지원행위의 자금을 모집해서 중개하는 창구 기능을 수행하였다.

끝으로, 계열에서 분리된 동일인의 친인척 회사에 대해서도 지원이 이루어졌다.

5.3. 5대 재벌별 부당내부거래 사례

5.3.1. 현대의 경우, 현대자동차(주) 등 19개 계열사가 1997.11.19~1998.3.12 기간중 3년 연속 적자이고 자본이 잠식된 대한알루미늄공업(주)와 현대리바트(주)가 발행한 무보증 사모전환사채 2,100억 원과 500억 원을 11~18%의 금리로 각각 인수하였다. 당시 수혜업체의 당좌대출금리는 18.11~30.00%였다.

■ 현대중공업(주) 등 11개 계열사가 현대증권(주)가 1998년 2월 5일자 22.25%의 금리로 발행한 1,700억 원 및 1998년 3월 16일자 23.28%로 발행한 후순위사채 500억 원을 전액 인수하였다. 이 발행금리는 당시 현대증권(주)에 적용되던 당좌차월금리 26.5%와 25.78%보다 낮은 수준이었으며, 이 후순위채는 계열사들만에 의해 인수되었다.

■ 현대자동차(주) 등 5개사도 친족 독립경영회사인 한라건설(주), 만도기계(주) 등 5개사가 부도 직전에 발행한 기업어음 4,323억 원 어치를 12.00~23.10%의 금리로 인수하였다. 당시 은행의 평균 당좌대출금리는 37.48%였다. 또 현대자동차(주)는 현대중공업(주)와 친족 독립경영회사인 현대종합금속(주)에게 선급금 명목으로 350억 원을 무이자 지원하였다.

5.3.2. 삼성의 경우, 삼성생명보험(주)가 특정금전신탁제도[19]를 이용하여 1997.4.1~1998.3.31 기간중 조흥은행 등 8개 은행의 특정금전신탁계정에 2,335억 원을 예치하고 조흥

은행 등은 대한종금 등 8개 종금사로부터 삼성자동차(주), 삼성에버랜드(주), 한솔제지(주)가 발행한 CP를 동일 신용등급 CP의 할인율보다 낮게 할인매입토록 하는 방법으로 부당내부지원을 행하였다. 삼성생명보험(주)는 특정금전신탁제도를 동일한 방식으로 이용하여 삼성상용차(주)가 발행한 CP 600억 원 어치를 동일 신용등급 CP보다 낮은 금리로 고가에 할인매입하였다. 삼성생명보험(주)는 친족독립경영회사인 한솔제지 및 한솔전자의 요청에 따라 한일은행 등에 특정금전신탁 460억 원을 예치한 후 이를 통해 한솔제지와 한솔전자가 1997. 7. 1~1998. 9. 15 기간 동안 17회에 걸쳐 발행한 2,720억 원 어치의 CP를 비계열회사가 매입한 할인율보다 24.4% 포인트 낮은 할인율로 매입하였다.

■ 삼성물산(주)는 1997년 12월 30일 장기신용은행에 400억 원의 특정금전신탁을 가입한 후 특금운용지시서를 통해 장기신용은행으로 하여금 동 자금으로 삼성증권(주)가 같은 날 17.26%의 수익률로 발행한 400억 원의 후순위채를 인수하게 하였다. 그런데 당시 일반회사채의 유통수익률은 28~33%로 삼성증권(주) 발행 후순위채 유통수익률을 훨씬 능가하고 있었다.

■ 삼성전자(주) 등 5개사는 삼성물산(주) 소유 국제경영연수원과 삼성중공업(주) 소유 연수원을 임차하면서 고가의 임대차 보증금과 임대료를 지불하는 방식으로 각각 334억 원과 438억 원을 지원하였다.

〈그림 6-1〉 삼성생명의 계열사 부당지원 내역

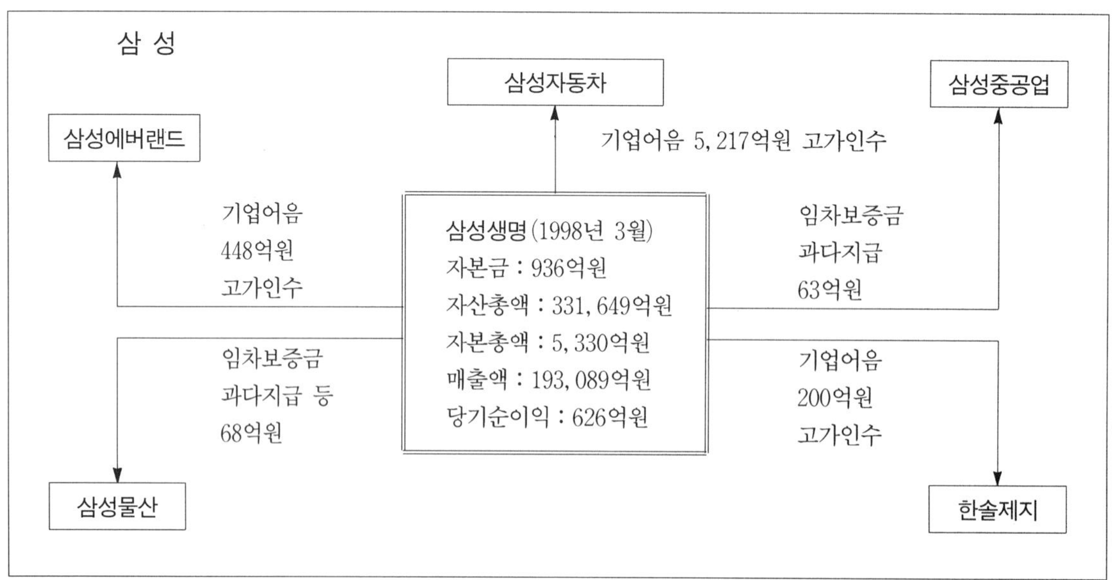

19) 특정금전신탁이란 신탁자금이 지정된 자산으로만 운용되는 신탁제도이다.

5.3.3. 대우의 경우, 대우증권(주)가 영업용순자본 비율을 높이기 위해 1998.1.23~1998.1.30 기간중 발행한 후순위사채(주) 2,000억 원 어치를 (주)대우 등 4개 계열사가 4회에 걸쳐 전액 인수하였다. 후순위사채의 위험성으로 후순위사채의 이자율은 시장금리보다 높아야 함에도 불구하고 동 사채는 동일시점 CD 수익률보다 오히려 1% 포인트 낮게 발행되었다.

■ 대우전자(주) 등 9개 계열사는 대우증권(주)의 회사채 인수실적을 높여주기 위해 비계열 증권사를 간사회사로 선정한 후 편법적인 하인수 방식을 통해 자신들이 발행한 무보증회사채를 대우증권(주)가 다시 인수, 중개토록 하였다. 이 과정에서 대우증권은 55.3억 원의 중개수수료를 취득하였다.

■ 대우전자(주) 등 8개 계열사는 대우자동차를 구입하는 소속 임직원에게 구입대금 160억 원을 무이자로 융자해 주고 그 이자는 임직원이 소속한 각사가 부담하도록 함으로써 대우자판(주)를 지원하였다.

5.3.4. LG의 경우, LG반도체(주) 등 14개 계열사는 1997.12.15~17일 기간중 3회에 걸쳐 LG증권(주)가 발행한 3년 만기 2,000억 원의 후순위채권을 이자율 9.94%~11.00%로 인수하였다.

■ (주)LG화학 등 9개 계열사도 LG종금(주)가 발행한 5년 6개월 만기 이자율 13%로 발행한 896억 원의 후순위사채를 인수하였다.

■ LG반도체(주)는 1997.4.1~1998.3.31 기간중 LG종금(주)에 총 55회에 걸쳐 4,642억 원을 예치하였다. 이때 예치금리는 LG종금(주)의 기준수신금리보다 2~22% 포인트 낮았다.

■ LG정보통신(주)는 1997.4~1998.6 기간중 개인휴대통신용 단말기 판매대금 수령에 있어 계열사인 LG텔레콤(주)로부터는 외상매출금 447억 원을 평균 126일 후 수령한 반면 비계열사인 선경유통(주) 등 이동통신 사업자 4개 사로부터 7,271억 원을 평균 87~90일 후 수령함으로써, 계열회사에 대해 대금결제기간을 유리하게 하는 방식으로 차별적 지원을 행하였다.

5.3.5. SK의 경우, 계열사들이 1997년 말과 1998년 초에 걸쳐 재무상태가 극도로 악화된 SK증권(주)에 대해 집중적인 자금지원을 행하였다. SK상사(주) 등 6개 계열사는 SK증권(주)가 1998년 2월 28일 및 3월 30일자로 발행한 후순위사채 3,500억 원을 12.75%와 14.66%의 수익률로 인수하였는데, 이는 당시 은행보증 회사채 유통수익률 18.5~20.5%보다 현저히 낮다. 당시 SK증권(주)는 자본잠식 상태에다 영업용순자본 비율이 -268.4%로 이미 폐쇄된 동서증권(주)나 고려증권(주)보다 재무상태가 더욱 부실하였다. SK(주) 등 8개 계열사는 1997.12~1998.3 기간중에 SK증권(주)에 고객예탁금 명

목으로 3,875억 원을 예치(예치금리 5%)했는데, 그 예탁금으로 주식투자는 전혀 행하지 않았다. 또 SK건설(주) 등 6개 계열사는 98.3.20일 SK증권(주)의 유상증자시 액면가 5,000원 9,400만 주를 주당 3,200원에 매입하고 총 2,996억 원을 지급하였다. 그런데 그 당시 자본잠식 상태에 있던 SK증권(주)의 유상증자에는 계열사들만이 참여하였으며 또 기존 주주가 아니며 거래관계가 없는 계열사들이 이 유상증자에 참여한 점에서 볼 때 계열사들의 유상증자 참여는 부당지원행위의 성격을 갖는다.

■ SK텔레콤(주)는 특정금전신탁을 이용해 SK유통(주)와 SK건설(주)가 각각 발행한 CP 500억 원 및 250억 원 어치를 동일 신용등급 CP 할인율보다 보다 크게 낮은 할인율에서 고가 매입하였다.

〈그림 6-2〉 SK 계열사들의 SK증권에 대한 자금지원

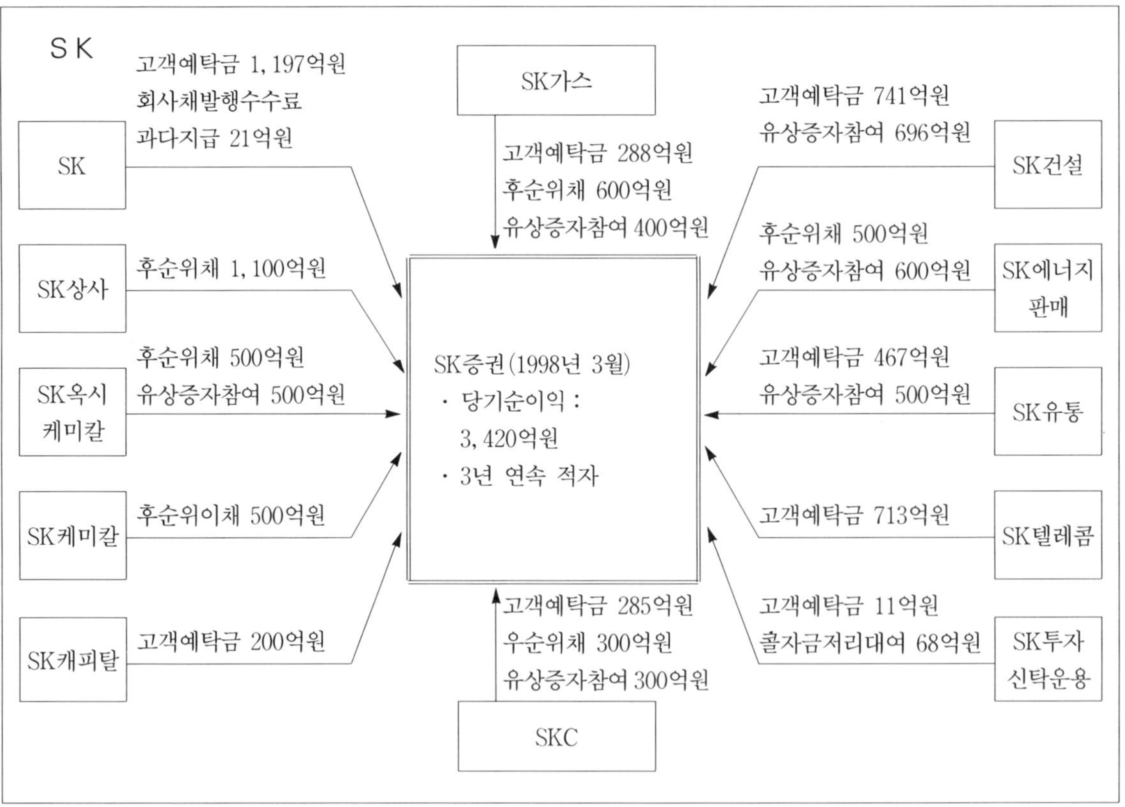

6. 5대 재벌의 금융업 경영성과 분석

6.1. 증권업

6.1.1. 1997년 말 현재 영업을 행하고 있는 증권회사(외국사 불포함)는 모두 34개 사였다. 그 이후 1998년중 2개사가 인가 취소 당하고 2개 사가 영업정지를 당해 1998년 9월 16일 현재 30개 사가 영업을 행하고 있다(한국경제신문, 1998. 9. 22일자).

■ 1997년 현재 5대 재벌 모두가 증권사를 계열사로 거느리고 있다. 현대의 경우 현대증권(주) 외에도 신탁업을 영위하던 국민투자신탁(주)를 1997. 5. 24일자로 증권회사인 국민투자신탁증권(주)로 업종 변경하여 계열사에 편입시켰다. 그러나 국민투자신탁증권(주)의 1997년중 재무자료는 이용 불가능한 관계로 이하에서는 5대 재벌 소속 5개 증권사에 대해서만 분석이 이루어진다.

6.1.2. 1998년 3월말 또는 1997. 3. 1~1998. 3. 31 기준 증권업 전체에서 5대 재벌 소속 증권사들(이하, 재벌사)의 시장점유율은 〈표 6-25〉와 같다. 총자산, 자기자본, 영업수익 어떤

〈표 6-25〉 5대 재벌 소속 증권회사의 시장점유율

(단위 : 10억 원, %)

	연도	5대 재벌 계	5대 재벌 이외	증권업 전체	5대 재벌 점유율	현대	삼성	대우	LG	SK
						현대증권	삼성증권	대우증권	LG증권	SK증권
총자산	1994	7885.7	17162.3	25048.1	31.48	5.01	2.05	11.91	8.14	4.37
	1995	8074.9	17056.9	25131.9	32.13	6.44	2.18	10.53	8.56	4.42
	1996	9000.5	18379.4	27380.0	32.87	8.48	3.00	10.05	7.56	3.78
	1997	8883.6	14350.2	23233.9	38.24	8.89	4.72	10.89	7.39	6.35
자기자본	1994	2600.2	7670.6	10270.9	25.32	4.08	1.27	10.05	8.19	1.73
	1995	2541.8	7052.9	9594.8	26.49	3.91	1.86	10.98	8.17	1.57
	1996	2392.0	6734.0	9126.1	26.21	4.23	1.72	11.20	8.08	0.99
	1997	2174.4	4994.0	7168.5	30.33	5.46	2.61	12.96	8.18	1.13
영업수익	1994	472.9	3996.9	4469.9	10.58	1.79	1.23	3.32	2.85	1.39
	1995	659.9	2703.1	3363.1	15.97	4.59	2.03	5.27	4.72	3.00
	1996	726.7	3404.6	4131.4	21.61	4.19	2.47	5.19	3.72	2.01
	1997	1771.6	3690.1	5461.8	32.44	7.72	4.52	10.48	6.79	2.93
당기순이익	1994	-22.4	533.7	511.2	-	-12.3	-6.4	-14.8	39.5	-28.4
	1995	-124.6	-487.6	-612.3	-	3.6	-8.3	-7.3	-78.2	-34.3
	1996	-64.3	-600.0	-664.4	-	-12.2	5.2	-1.5	-20.7	-35.0
	1997	-826.7	-2060.4	-2887.2	-	-206.5	12.2	-96.8	-193.3	-342.2

자료 : 한국신용평가정보(주) KIS-Line 재무자료; 증권감독원, 《증권통계연감》, 《증권조사월보》, 각호.

기준에서든 5대 재벌이 증권업에서 차지하는 비중이 30%를 넘고 있다.

■ 각 기준에서 시장점유율이 증가하는 추세를 나타내고 있는데, 특히 영업수익 기준 점유율이 1994년 10.58%에서 1997년 32.44%로 급속하게 높아졌다. 모든 기준에서 대우증권의 점유율이 업계 수위이다(〈표 6-25〉 참조).

6.1.3. 1994~1997 4개년간 총자산과 영업수익 면에서 재벌사의 성장률이 업종 평균보다 월등히 높았다. 4개년 기하평균 총자산 연간 성장률은 재벌사가 15.87%로 업계 평균보다 14.60% 포인트 높았으며, 영업수익 연평균 성장률은 재벌사가 38.20%로 업계 평균보다 26.85% 포인트 높았다(〈표 6-26〉 참조).

■ 자기자본은 같은 기간중 증권시장의 침체로 증권사들이 적자를 보임에 따라 감소하였는데, 재벌사의 연평균 감소폭은 4.78%, 업계 전체의 연평균 감소폭은 11.65%로 재벌사가 업계 평균보다 낮았다. 그 결과 이 기간 동안 모든 외형 기준에서 재벌사의 시장점유율이 높아지게 되었다(〈표 6-26〉 참조).

〈표 6-26〉 5대재벌 소속 증권회사의 성장성 관련 재무지표

(단위 : %, %포인트)

	연 도	5대 재벌 평균(A)	업종 평균(B)	A - B
총자산 증가율	1994	13.19	11.40	1.79
	1995	16.66	0.34	16.32
	1996	14.54	8.55	5.99
	1997	19.19	-15.20	34.39
	평균	15.87	1.27	14.60
자기자본 증가율	1994	-4.23	-5.71	-9.94
	1995	1.33	-7.06	8.39
	1996	-4.23	-6.40	2.17
	1997	-11.55	-25.72	14.17
	평균	-4.78	-11.65	6.87
영업수익 증가율	1994	-16.80	2.70	-19.50
	1995	41.87	-24.76	66.63
	1996	11.28	22.82	-11.54
	1997	33.29	31.00	2.29
	평균	38.20	11.35	26.85

자료 : 한국신용평가정보(주) KIS-Line 재무자료; 증권감독원, 《증권통계연감》, 《증권조사월보》, 각호.

주 1) 각 연도 5대 재벌 자료는 각 증권사의 총자산을 가중치로 하여 구한 값임.

2) 평균은 4개년 연평균 기하증가율.

6.1.4. 재벌사의 4개년 평균 자기자본순이익률은 -23.59%로 업계 평균보다 11.35%포인트 낮았다. 특히 1997년 외환위기의 영향으로 1997년 증권업 전체가 대규모 적자를 기록하였는데, 부채비율이 높은 재벌사들의 순이익 감소가 현저하였다(〈표 6-27〉 참조).

■ 총자본순이익률도 재벌사가 비재벌사보다 낮아 재벌사의 자본 전체의 수익성이 비재벌사에 비해 떨어지는 것으로 나타났다(〈표 6-27〉 참조).

〈표 6-27〉 5대 재벌 소속 증권회사의 이익률 재무지표 1

(단위 : 백만 원, %, %포인트)

	연 도	5대 재벌 평균(A)	업종 평균(B)	A - B
자기자본순이익률	1994	-8.11	4.98	-13.09
	1995	-7.25	-6.38	-0.86
	1996	-10.17	-7.28	-2.89
	1997	-68.83	-40.28	-28.55
	평균	-23.59	-12.24	-11.35
총자본순이익률	1994	-3.04	2.04	-5.08
	1995	-1.79	-2.44	0.64
	1996	-2.21	-2.43	0.22
	1997	-11.20	-12.43	1.23
	평균	-4.56	-3.81	-0.75

자료 : 한국신용평가정보(주) KIS-Line 재무자료; 증권감독원, 《증권통계연감》, 《증권조사월보》, 각호.
주 1) 각 연도 5대 재벌 자료는 각 증권사의 총자산을 가중치로 하여 구한 값임.
2) 평균은 4개년 단순 산술평균.

6.1.5. 영업수지율은 증권사들이 증권의 거래나 인수 또는 그와 연관된 자금의 대차와 같은 영업행위를 통해서 소요비용 대비 얼마의 수익을 실현하고 있는가를 보여주는 수익성 지표이다. 재벌사의 평균 영업수지율은 148.68%로 업계 평균보다 6.89% 포인트 높아 재벌사들이 비재벌사들에 비해 본래의 영업활동을 상대적으로 잘 영위하고 있다(〈표 6-28〉 참조).

■ 상품수지율은 증권사가 증권투자로부터 얼마의 수익을 올렸는가를 나타내는 수익성 지표이다. 1997년 유가증권 가격의 폭락 영향으로 증권업 전체의 4개년 평균치가 음의 값을 보이고 있다. 재벌사가 비재벌사에 비해 유가증권 투자 손실률이 낮으며 변동도 덜하다(〈표 6-28〉 참조).

〈표 6-28〉 5대 재벌 소속 증권회사의 이익률 재무지표 2

(단위 : %, %포인트)

	연 도	5대 재벌 평균(A)	업계 평균(B)	A - B
영업수지율	1994	125.94	166.45	-40.51
	1995	157.17	121.43	35.74
	1996	162.08	138.33	23.75
	1997	145.91	140.96	4.95
	평균	148.68	141.79	6.89
상품수지율	1994	3.53	7.09	-3.56
	1995	-1.82	0.64	-2.44
	1996	-4.23	-2.12	-2.11
	1997	-20.29	-38.30	18.01
	평균	-5.70	-8.17	2.47

자료 : 한국신용평가정보(주) KIS-Line 재무자료; 증권감독원, 《증권통계연감》, 《증권조사월보》, 각호.

주 1) 영업수지율=(수입수수료+금융수입)/(일반관리비+금융비용+지급수수료).
상품수지율=(증권매매이익-증권매매손실+증권상환이익-증권상환손실+수입배당금+상품채권이자)/상품유가증권. 단위는 모두 %.

2) 각 연도 5대 재벌 자료는 각 증권사의 총자산을 가중치로 하여 구한 값임.

3) 평균은 4개년 단순 산술평균.

6.1.6. 재벌사의 4개년 평균 자기자본비율은 36.41%, 업종 평균은 43.36%로 재벌사가 업계 전체에 비해 6.95% 포인트 낮다. 1994~1997 기간 동안 줄곧 재벌사가 업종 평균보다 낮았다(〈표 6-29〉 참조).

■ 재벌사나 비재벌사나 이 기간 동안 자기자본비율이 추세적으로 낮아졌다(〈표 6-29〉 참조). 재벌사는 1994년 43.11%에서 1997년 27.86%로 15.25% 포인트만큼, 비재벌사는 50.87%에서 33.58%로 17.29% 포인트만큼 낮아졌다. 자기자본비율의 이와 같은 저하는 이 기간 동안 증권시장의 침체로 증권사들이 적자를 지속하여 자기자본이 감소한 데서 그 일차적 원인을 찾을 수 있다(〈표 6-25〉 참조). 이는 〈표 6-29〉에서 유보율의 감소로부터 잘 읽을 수 있다.

〈표 6-29〉 5대 재벌 소속 증권회사의 안정성 및 유동성 관련 재무지표

(단위 : %, %포인트)

	연 도	5대 재벌 평균(A)	업종 평균(B)	A-B
자기자본비율	1994	43.11	50.87	-7.76
	1995	40.52	47.41	-6.89
	1996	34.14	41.59	-7.45
	1997	27.86	33.58	-5.72
	평균	36.41	43.36	-6.95
부채비율	1994	152.20	96.59	55.61
	1995	192.72	110.91	81.81
	1996	288.71	140.44	148.27
	1997	455.44	197.84	257.60
	평균	272.27	136.45	135.82
유보율	1994	205.52	172.37	33.15
	1995	182.40	147.70	34.70
	1996	170.16	125.61	44.55
	1997	83.20	40.19	43.01
	평균	160.32	121.47	38.85
유동비율	1994	134.11	148.33	-14.22
	1995	127.44	131.41	-3.97
	1996	112.48	120.93	-8.45
	1997	116.22	106.04	10.18
	평균	122.56	126.68	-4.12
고정장기적합률	1994	67.93	58.58	9.35
	1995	74.56	70.29	4.27
	1996	90.45	76.25	14.20
	1997	88.27	93.82	-5.55
	평균	80.30	74.74	5.56

자료 : 한국신용평가정보(주) KIS-Line 재무자료; 증권감독원, 《증권통계연감》, 《증권조사월보》, 각호.

주 1) 평균은 4개년 단순 산술평균.

2) 자기자본비율=(자본총계+증권거래준비금)/(자산총계-보관유가증권),
부채비율={부채총계-(수입담보증권+증권거래준비금)}/(자기자본+증권거래준비금)
유보율=(자기자본+자기주식-납입자본금)/납입자본금,
유동비율=(유동자산-수입담보증권)/(유동부채-수입담보증권),
고정장기적합률=(고정자산+투자와기타자산)/(자기자본+고정부채), 단위는 모두 %.

■ 재벌사의 경우 이 기간 동안 자기자본의 감소에도 불구하고 총자산은 줄곧 10%대의 성장을 보여, 타인자본에 의한 외형 확대가 계속해서 이루어져 재무적 안정성이 빠르게 저하되었다. 재벌사의 부채비율은 1994년 152.20%이던 것이 1997년에는 455.44%로 3.0배로 높아졌다. 비재벌사도 부채비율이 1994년 96.59%에서 1997년 197.84%로 추세적으로 높아지기는 했지만 재벌사보다 상대적으로 낮은 2.1배로 높아지는 데 그쳤다(〈표 6-29〉 참조).

■ 유동부채에 대한 유동자산의 비율인 유동비율을 보면, 5대 재벌사가 업계 전체에 비해 다소 작아 재벌사들의 유동성이 비재벌사에 비해 다소 낮으나, 그 차이는 크지 않다. 아울러 두 집단 모두에서 유동비율의 값이 추세적으로 낮아지고 있다(〈표 6-29〉 참조).

■ 고정성이 높은 자산에 대한 투자가 안정적인 자금에 의존하는 정도를 나타내는 고정장기적합률은 그 값이 높을수록 자금이 유동성이 낮은 자산에 묶여 있고 재무적 안정성이 낮음을 뜻한다. 재벌사의 고정장기적합률이 비재벌사에 비해 높은 값을 보여주고 있어, 재벌사가 비재벌사에 비해 자금운용상 유동성과 안정성이 상대적으로 낮음을 알 수 있다(〈표 6-29〉 참조).

■ 재무적 안정성과 유동성 관련 재무지표로 측정된 성과를 종합하자면, 재벌사가 비재벌사에 비해 재무적 안정성과 자본의 유동성이 상대적으로 낮다. 이는 재무적 곤경에 처할 경우 두 집단의 대처능력, 자금조달 능력의 차이를 반영하는 것이라고 볼 수 있다. 재벌사의 재무적 곤경에 대한 대처능력이 비재벌사에 비해 우수한 것은 이들이 대형 증권사로서 자본시장 자금조달 능력이 더 우월할 뿐 아니라 그에 덧붙여 자기계열사간의 상호거래와 교차지원의 이용가능성으로 기술적 지급불능 상태를 모면하기가 쉬워 파산의 위험으로부터 더 안전할 수 있기 때문이다. 이와 같은 가능성은 IMF 외환위기 이후 재벌 소속 증권사들이 자기계열사들로부터 집중적인 자금지원을 받아 어느 증권사도

〈표 6-30〉 5대 재벌 소속 증권회사의 생산성 관련 재무지표

(단위 : 천 원, %)

	연 도	5대 재벌 평균(A)	업종 평균(B)	A/B
종업원 1인당 영업수익	1994	59549	162580	36.63
	1995	85848	117730	72.92
	1996	95393	150930	63.20
	1997	240391	239810	100.24
	평균	120295	167762	71.71

자료 : 한국신용평가정보(주) KIS-Line 재무자료; 증권감독원, 《증권통계연감》, 《증권조사월보》, 각호.
주 1) 4년 평균은 4개년 단순 산술평균.
2) 천원 미만 절사.

영업정지를 당하지 않은 데서 현실로 입증되었다.

6.1.7. 〈표 6-30〉에는 종업원 1인당 영업수익 자료가 제시되고 있다. 영업수익은 제조업체의 매출액에 상응하는 개념으로 1인당 영업수익은 매출액 기준 노동생산성의 의미를 갖는다. 4개년 평균 재벌사의 노동생산성이 업종 전체의 71.71%에 불과해 재벌사가 비재벌사에 비해 비효율적 경영을 해왔다. 그러나 1997년으로 오면서 재벌사와 비재벌사의 노동생산성이 동일해졌다. 이는 주로 재벌사의 총자산 증가에 따른 외형확대에 기인한다.

6.2. 종합금융업

6.2.1. 1997년말 현재 종합금융회사는 모두 30개 사였는데, 그 절반인 15개 사가 1998년 2~8월중 인가취소로 문을 닫고, 그 이후 15개 사가 남아 1998.9.22일 현재 영업을 행하고 있다(《한국경제신문》, 1998.9.22).

6.2.2. 1994년부터 1998년 3월말 현재까지 5대 재벌에 속한 종합금융회사는 현대의 현대종합금융(주)와 울산종합금융(주), 삼성의 신세계종합금융(주), LG의 LG종합금융(주) 등 모두 4개 사이다. 이 가운데 울산종합금융은 1997년중 주식 취득을 통해 현대 계열에 속하게 되었다. 신세계종합금융은 1997년 4월 16일자로 삼성 그룹으로부터 계열 분리되었는데, 1997년 12월 2일자로 영업정지를 당하고 1998년 2월 17일자로 인가 취소되었다(재정경제원, 1998.2.16). 따라서 이하의 분석에서는 1994 회계연도부터 1996 회계연도까지는 현대종금, 신세계종금, LG종금 3개 사를, 1997 회계연도에는 현대종금, 울산종금, LG종금 3개 사를 분석대상으로 삼아 5대 재벌사 소속 종합금융회사들(이하, 재벌사)에 대한 경영성과를 분석한다.

6.2.3. 1998.3월말 현재 재벌사의 시장점유율은 자산 기준으로는 18.35%, 자기자본 기준으로는 23.56%이다. 자산 기준으로 보나 자기자본 기준으로 보나 재벌사의 시장점유율이 추세적으로 높아지고 있다. 특히 자기자본 기준으로는 1995년 3월말 현재 8.75%에서 1998년 3월말 현재 23.56%로 2.7배 높아졌다.

■ 자기자본 기준 재벌사의 시장점유율이 급격히 높아진 이유는 1997년말 발생한 외환위기 이후 종합금융업계의 극심한 구조조정 과정에서 재벌 소속 종금사들은 소속 계열의 자금 지원을 받아 자기자본을 강화하여 퇴출되지 않은 데 있다. 현대종금은 1998년 5월 1,000억 원의 유상증자(1998년 3월 자기자본 규모는 1,985.4억 원)를, 울산종합금융도 98.3월 150억 원과 5월 50억 원의 유상증자(1997년 3월 결산시점에서의 자기자본 규모는 140억 원)를 행하였고, LG종금도 1998년 3월 5,400억 원의 대규모 유상증자(1998년 3월 자기자본은 4,393.9억 원)를 실시하여 자기자본을 확충하였다.

〈표 6-31〉 5대 재벌 소속 종합금융회사의 시장점유율

(단위 : 10억 원, %)

	연도	5대 재벌 계(A)	업종 전체 (B)	점유율 A/B(%)	현대		삼성	LG
					현대종금	울산종금	신세계종금	LG종금
총자산	1994	4342.9	38595.0	11.25	5.88	-	1.39	3.99
	1995	6272.4	45908.0	13.66	5.81	-	2.23	4.91
	1996	7436.6	39812.0	18.68	8.29	-	2.04	7.35
	1997	8149.5	44408.8	18.35	7.95	1.00	-	9.40
자기자본	1994	339.4	3876.7	8.76	4.41	-	0.64	3.71
	1995	433.7	3876.7	11.19	4.88	-	0.89	4.59
	1996	535.0	3981.2	13.44	6.24	-	1.65	4.58
	1997	676.1	2869.5	23.56	6.92	1.33	-	15.31
당기 순이익	1994	32.6	n.a	n.a	26083	1301	860	4338
	1995	27.6	n.a	n.a	24080	551	1036	1889
	1996	33.8	n.a	n.a	24516	1111	4449	3761
	1997	-311.2	n.a	n.a	-29774	-14109		-267296

자료 : 한국신용평가정보(주) KIS-Line 재무자료; 한국은행, 《경제통계연보》, 각호; 금융감독위원회, 전자정보 (www.fsc.go.kr).

주 1) 연도는 회계연도(표기년도 4.1~익년도 3.31) 기준. 단, 업종 전체의 1994, 1995, 1996년 자료는 당해년 12월말 수치임.

2) 1996.7.1부터 종합금융회사로 전환된 기존 투자금융회사 포함. 1996년 6월까지는 투자금융회사계정과 종합금융회사 계정의 단순 합계.

6.2.4. 재벌사의 4개년 평균 자기자본비율은 업종 평균보다 다소 낮다. 총자산의 증가와 더불어 자기자본도 늘어남에 따라 재벌사의 자기자본비율은 시계열상 대체로 안정적인 모습을 보이고 있다. 1997 회계연도중 LG종금의 2,673억 원에 달하는 대규모 적자에도 불구하고 그 2배에 달하는 대규모 증자가 이루어져 자기자본 규모를 유지함으로써 1997 회계연도의 자기자본비율이 큰 저하를 보이지 않을 수 있었다(〈표 6-32〉 참조).

■ 자기자본대차입금비율은 자기자본에 대한 이자부(利子附) 부채의 비율로서, 자본구성의 안정성과 금융비용 부담 정도를 측정하는 재무비율이다. 재벌사의 경우 1994년에서 1995년 사이에 총자산이 45% 정도 급격히 늘어나는데, 이 증가의 거의 대부분이 차입금에 의해 이루어졌다. 그 결과 이 비율이 1994년 119.37%에서 1995년 856.42%로 크게 높아지고 자본구성의 안정성이 급격히 낮아지게 되었다(〈표 6-32〉 및 〈표 6-31〉 참조).

■ 유동부채에 대한 유동자산의 비율을 나타내는 유동비율은 재벌사나 업종 전체나 1997년 최근으로 올수록 그 수치가 빠르게 낮아지고 있다(〈표 6-32〉 참조). 유동비율은 4개년 기간 동안 줄곧 재벌사가 업종 평균보다 낮았으며, 4개년 평균 재벌사가 68.98%로

업계 평균보다 17.44%포인트나 낮아, 재벌사들이 자금을 더 고정성이 높게 운용하였다.

■ 유동비율의 저하는 1996, 97 양년간 장기 외화대출금 및 리스자산 등 고정성을 갖는 자산의 비중이 급격히 증대한 데서 그 주요 원인을 찾을 수 있다. 1994년말 4조3,899억 원이었던 리스자산은 1997년 9월말에는 10조8,488억 원으로 2.5배 증가하여 총자산에

〈표 6-32〉 종합금융회사의 안정성 및 유동성 관련 재무지표

(단위 : %, %포인트)

	연 도	5대 재벌 평균(A)	업종 평균(B)	A - B
자기자본비율	1994	7.81	8.41	-0.60
	1995	6.92	7.29	-0.37
	1996	7.14	7.88	-0.74
	1997	6.67	6.46	0.21
	평균	7.14	7.51	-0.37
자기자본대차입금비율	1994	119.37	387.08	-267.71
	1995	856.42	468.25	388.17
	1996	811.08	593.44	217.64
	1997	716.17	657.52	58.65
	평균	625.76	526.57	99.19
유동비율	1994	78.13	96.27	-18.14
	1995	74.09	92.77	-18.68
	1996	72.09	87.58	-15.49
	1997	51.62	69.07	-17.45
	평균	68.98	86.42	-17.44

자료 : 한국신용평가정보(주) KIS-Line 재무자료를 이용하여 작성.

주 1) 연도는 회계연도(표기년도 4.1~익년도 3.31) 기준.

2) 평균은 4개년 단순 산술 평균.

3) 각 연도 5대 재벌 자료는 각 종금사의 총자산을 가중치로 하여 구한 값임.

4) 자기자본비율=자기자본/자산총계, 자기자본대차입금비율=(장단기차입금+콜머니)/자기자본, 자기자본대예금비율=예금/자기자본, 유동비율=유동자산/유동부채, 단위는 모두 %.

〈표 6-33〉 종합금융업계 자산 구성

(단위 : 구성비 %)

시 점	총자산	유가증권	총대출금(원화)	외화대출금	리스자산
1994.12	100.00	15.13	50.56	1.18	11.37
1995.12	100.00	13.67	46.01	1.29	14.66
1996.12	100.00	16.49	40.05	1.81	17.59
1997.09	100.00	16.85	27.35	2.08	18.68

자료 : 금융감독원, 《금융통계월보》, 각호.

서 차지하는 비중이 11.37%에서 18.68%로 높아졌다. 또 외화대출금도 1994년말 4,560억 원에서 1997년 9월말 1조 2,081억 원으로 2.7배 늘어났는데, 종금사들은 이 기간 동안 주로 단기로 외자를 조달하여 국내에서 장기로 많은 부분을 운용한 것으로 알려지고 있다(〈표 6-33〉 참조).[20]

■ 분석 기간 동안 줄곧 5대 재벌의 계열사였던 현대종금과 LG종금의 재무제표를 단순 합산한 재무자료를 통해 분석해 보자. 총자산에서 유가증권이 차지하는 비중은 재벌사가 업계 전체에 비해 낮은 모습이나 1995년 이후로는 근접하는 모습이다. 재벌사의 유가증권 비중은 95.3월말 현재 총자산의 9.3%에서 97.3월말 현재 15.4%로 빠르게 높아졌다(〈표 6-33〉 및 〈표 6-35〉 참조). 그런데 이 유가증권의 증가는 주로 외국 유가증권에 대한 투자 증가에서 비롯되고 있다. 관련 재무항목이 입수 가능한 현대종금의 경우 전체 투자 유가증권 중 외화유가증권의 비율이 95.3월말 현재 32.7%에 불과하던 것이 1년 후에는 83.8%로 급격하게 역전되며 투자규모가 계속 늘어나는 가운데 비슷한 비중이 유지되고 있다(〈표 6-34〉 참조).

〈표 6-34〉 현대종금의 원화, 외화 유가증권 구성

(단위 : 백만 원, 구성비%)

	1995.3	1996.3	1997.3	1998.3
유가증권	18967	38247	59268	27127
외화유가증권	9234 (32.7)	197820 (83.8)	233778 (79.8)	246297 (90.1)

자료 : 한국신용평가정보(주), KIS-Line 재무자료.
주 1) 백만 원 미만은 절사.
2) ( ) 안의 수치는 유가증권 전체에 대한 구성비.

20) 종합금융사들의 외화자산 운용규모가 늘어난 것은 자본시장 자유화 조치의 영향을 받은 결과이다. 1993년 1월 기업의 설비투자 촉진책의 일환으로 외화대출 연간한도제가 폐지되고, 같은 해 3월에는 외화대출 융자대상의 확대와 융자비율의 인상 조치가 취해졌다. 또 자본시장 자유화의 일환으로 외화 단기차입이 먼저 자유화되어 있었고, 중장기 차입에 대해서는 연간한도제가 유지되다가 1997년 3월에 폐지되었다. 그 결과 금융기관의 외화자산이 급증하게 되었는데, 일반은행의 경우 1993년 말에서 1996년 말 사이에 2배로 증가하였고, 종금사는 3배 이상 늘어났다. 그러나 외화자산의 조달 및 운용과 관련된 감독은 도입되지 않았다. 특히 종금사에 대해서는 1997년 3월까지 외화리스 및 외화대출에 대한 중장기의무비율을 제외하면 외화자산의 운용 조달과 관련하여 어떤 감독기준도 마련되어 있지 않았다. 또 그조차도 제대로 감독이 이루어지지 않고 방치되고 있었다(재정경제부 · 한국개발연구원, 1998:25~27; 재정경제원, 1997.3.14).

〈표 6-35〉 현대종금과 LG종금의 자산 구성(합산)

(단위 : 10억 원, 구성비%)

	1995.3	1996.3	1997.3	1998.3
자산총계	3808 100.0	4921 100.0	6224 100.0	7707 100.0
유가증권	373 9.8	596 12.1	956 15.4	1128 14.6
원화대출금	3611 94.8	4315 87.7	5987 96.2	5218 67.7
외화단기대출금(A)	79 2.1	80 1.6	79 1.3	120 1.6
외화장기대출금(B)	191 5.0	326 6.6	403 6.5	523 6.8
외화대출금합계(A+B)	292 7.7	464 9.4	608 9.8	864 11.2
리스자산	1308 34.4	1850 37.6	2197 35.3	2717 35.3

자료 : 한국신용평가정보(주) KIS-Line 재무자료를 이용하여 작성.
주 1) 10억 원 미만은 절사.
2) 대출금 = 할인어음 + 할인무역어음 + CMA + 관리어음 + 기일경과어음 + 팩토링금융 + 장단기대출금(원화 및 외화) + 외화어음매입(매입외환) + 내국수입유산스.

■ 자산 가운데 외화대출금이 차지하는 비중은 재벌사가 업계 평균보다 월등히 높다(〈표 6-33〉 및 〈표 6-35〉 참조). 이는 현대종금과 LG종금이 선발 종금사로서 국제금융업무 취급 역사가 오래된 데서 비롯되는 현상일 것이다. 재벌사의 이 수치는 95.3월말 현재 7.7%에서 1997년 3월말 현재 9.8%로 꾸준히 높아지고 있다. 그런데 외화대출의 증가는 전적으로 장기대출 쪽에서 이루어지고 있어 자산구성상 유동성을 저하시키는 데 일조하고 있다(〈표 6-34〉 참조).

■ 전체 자산에서 리스자산이 차지하는 비중은 재벌사의 경우가 월등히 높다. 1996.12월말 현재 업계 전체의 동 비중은 17.6%인 데 비해 97.3월말 현재 재벌사는 그 수치가 2배에 달하는 35.3%이다(〈표 6-33〉 및 〈표 6-35〉 참조). 이처럼 리스자산의 비중이 높은 것이 재벌사의 자산구성의 유동성을 저하시키는 중요한 요인이다. 리스대출은 대표적인 장기대출로서, 현대종금의 경우를 보면, 금융리스 중 1년 이내 상환이 이루어지는 유동성 금융리스 부분이 전체 금융리스 잔액의 20% 정도이다.

6.2.5. 재벌사의 4개년 평균 자기자본순이익률은 -3.24%로 업계 평균 -0.08%보다 다소 낮다. 1995~1997년 동안에는 두 집단의 평균이 거의 같으나, 1997년에 그 차이가 다소 확대된다. 이는 1997년중 종금사들이 모두 적자를 기록하였는데, 재벌사의 재무적 안정성이 업계 평균에 비해 낮은 데 따라 레버리지 효과가 작용하였기 때문이다(〈표 6-36〉 참조).

〈표 6-36〉 종합금융회사의 수익성 관련 재무지표

(단위 : %, %포인트)

	연 도	5대 재벌 평균(A)	업종 평균(B)	A - B
총자본순이익률	1994	0.85	0.83	0.02
	1995	0.35	0.79	-0.44
	1996	0.75	0.61	0.14
	1997	-3.25	-2.08	-1.17
	평균	-0.33	0.04	-0.37
자기자본순이익률	1994	10.14	10.34	-0.20
	1995	4.96	10.17	-5.21
	1996	10.33	7.98	2.35
	1997	-38.40	-28.82	-9.58
	평균	-3.24	-0.08	-3.16
영업수지율	1994	111.05	111.03	0.02
	1995	104.87	108.58	-3.71
	1996	109.47	107.38	2.09
	1997	76.50	92.57	-16.07
	평균	100.47	104.89	-4.42

자료 : 한국신용평가정보(주) KIS-Line 재무자료를 이용하여 작성.
주 1) 연도는 회계연도(표기년도 4.1~익년도 3.31) 기준.
2) 평균은 4개년 단순 산술 평균.
3) 각 연도 5대 재벌 자료는 각 종금사의 총자산을 가중치로 하여 구한 값임.
4) 영업수지율 = 100 * 영업수익/영업비용.

■ 자기자본 기준으로 따진 수익률도 거의 같은 움직임과 상대적 구조를 보여주고 있다.

■ 종합금융사는 자금의 대차, 유가증권의 인수와 매매, 리스 등 본래의 영업활동을 통해 수입이자, 유가증권 매매이익, 리스수입 등 수익을 올리고 그 과정에서 지급이자, 매매손실, 지급수수료, 일반관리비 등 비용을 부담한다. 영업수지율은 영업비용에 대한 영업수익의 비율로서 영업을 얼마나 효율적으로 행하는가를 측정하는 수익성 지표이다. 재벌사의 4개년 평균 영업수지율은 100.47%로, 재벌사들은 이 기간 동안 본래적 영업

활동을 통해 초과이윤을 거의 창출하지 못했다. 업계 평균은 104.89%로 이보다 다소 높다. 재무적 안정성이 낮은 재벌사들이 적자를 본 1997년에 레버리지 효과로 영업수지율이 업계 전체에 비해 더 크게 낮아졌다.

6.2.6. 종업원 1인당 여신은 재벌사가 업계 전체에 비해 크다. 4개년 평균치로 보면, 재벌사의 1인당 여신이 업계 전체의 1.12배에 이른다. 그러나 최근으로 오면서 그 차이는 계속 축소되다가 1997년에는 역전되는 모습이다(〈표 6-37〉 참조).

■ 종업원 1인당 영업수익은 재벌사가 비재벌사에 비해 현격히 작았다. 그러나 최근으로 오면서 그 차이가 계속 줄어들어, 1997년에는 거의 같아진다. 재벌사의 종업원 1인당 여신이 비재벌사에 비해 높은 점을 동시에 고려하면, 재벌사의 여신당 영업수익이 비재벌사에 비해 현저히 낮은 것을 알 수 있다.

〈표 6-37〉 종합금융회사의 생산성 관련 재무지표

(단위 : 천 원, 배)

	연 도	5대 재벌 평균(A)	업종 평균(B)	A/B
종업원 1인당 여신	1994	6744006	4917000	1.37
	1995	7421341	5861630	1.27
	1996	8336260	7353750	1.13
	1997	7261403	8415510	0.86
	평균	7440753	6636973	1.12
종업원 1인당 영업수익	1994	918463	1481970	0.62
	1995	1017830	1565340	0.65
	1996	1238323	1703600	0.73
	1997	3879109	3939240	0.98
	평균	1763431	2172038	0.81

자료 : 한국신용평가정보(주) KIS-Line 재무자료를 이용하여 작성.

주 1) 연도는 회계연도(표기년도 4.1~익년도 3.31) 기준.

2) 각 연도 5대 재벌 자료는 각 종금사의 총자산을 가중치로 하여 구한 값임.

3) 평균은 4개년 단순 산술 평균.

종금사 소유 및 경영에 대한 느슨한 규제와 사금고화

종합금융회사에 대한 규제는 다른 금융업종에 비해서 느슨하다. 소유에 대한 규제가 없는 것은 물론이고, 동일계열에 대한 대출 규제도 제2금융권 다른 업종에 비해 약하다. 대주주에 대한 여신한도는 자기자본의 100%, 동일계열기업군에 대한 여신한도는 자기자본의 150%이며, 거액여신 총액한도에 대한 규제는 없다.

더구나 1997년 7월 종합금융회사에 대한 행정규제 완화라는 명목 아래 계열기업군에 대한 여신관리규제가 대폭 완화되었다. 거액기업어음은 계열기업군 여신관리한도대상에서 제외되었으며, 전환종금사의 대주주 및 계열기업군에 대한 여신한도가 종전의 50% 및 120%에서 기존사와 동일하게 100%와 150%로 확대되었다(재정경제부, 1997. 7. 11). 1997년 8월부터 은행여신에 대한 <동일계열기업군 여신한도제>의 도입과 더불어 종합금융사 자산운용에 대한 규제 완화는 재벌들의 제2금융권 의존을 더욱 심화시키는 계기가 되었다. 예를 들어, 은행 여신한도 관리대상에 포함되지 않는 신탁계정을 통해 은행들은 기업이 발행하고 종금사가 할인한 거액기업어음을 매입함으로써 재벌, 종금사, 은행 모두가 동일계열에 대한 여신규제를 회피할 수 있다. 그리고 이런 느슨한 규정의 위반조차도 규제당국에 의해 묵인되거나 간과되어온 것으로 보인다(OECD, 1998:132).

그 결과 제도적 환경이 '구비'되어 있는 상황에서 적지 않은 제2금융권 금융사들이 그 소유경영자들의 사금고처럼 운영되어 왔다. 종금사, 투자신탁회사 등 일부 제2금융권 금융기업들의 사금고적 운영 행태는 적발된 부당내부거래에서 그 정도의 심각성과 유형이 잘 드러나 있다(공정거래위원회, 1998. 7. 30, 1998. 11. 13; 증권감독원, 1998. 8. 25; 은행감독원, 1998. 8. 24 자료 참조). 정책당국은 지금까지도 종금업계의 재벌 여신에 대한 자료를 공개하지 않고 있다. 그 이유는 여신의 재벌 편중이 너무 지나쳐 그것이 밝혀지는 것을 꺼리기 때문으로 알려지고 있다.

7. 정리 및 결론

■ 이상으로 5대 재벌의 금융업 관련 소유와 경영에 대해서 살펴보았다. 재벌의 금융업 영위와 관련된 실증적 자료에 근거하여 서술이 이루어지도록 노력하였다. 흩어져 있는 재벌의 금융업 관련 자료를 모으고 엮어서 하나의 종합적인 상을 그려내려고 하였다. 자료의 분석으로부터 얻어진 몇 가지 중요하다고 생각되는 내용을 정리하는 것으로 결론에 대신한다.

■ 5대 재벌 모두가 소유에 대한 제한이 없는 제2금융권 금융업종에 두루 진출하여 계열사 금융기업에 대해 지배주주로서 소유경영권을 행사하고 있다. 1997년말 현재 5대 재벌은 평균적으로 7개의 금융기업을 계열사로 거느리고 있다. 특히 삼성과 LG가 다른 재벌에 비해 상대적으로 금융업에 치중하고 있다.

■ 증권업, 종합금융업, 보험업 등 제2금융권 주요 금융업종에서 5대 재벌의 시장지배력이 높아지는 추세이다. 증원업에서의 시장점유율은 1996년 3월말 32.13%에서 1998년 3월말에는 38.24%로 높아졌고, 종합금융업에서의 시장점유율은 13.66%에서 18.35%로 높아졌다.

■ 5대 재벌 모두가 최근으로 오면서 금융업 진출을 확대하고 있다. 금융업에 대한 자본출자는 대개의 경우 출자 대상 금융기업에 대한 지배, 즉 계열사 편입을 전제로 하여 이루어지고 있다. 또 신규로 진출하는 금융업 계열사에 대한 출자는 기존 계열사 자금에 크게 의존하여 이루어지고 있다. 이를 통해 재벌 총수는 초기 투자에 따르는 위험을 외부주주들에게 전가하는 이득을 누릴 수 있다.

■ 재벌의 금융업 계열사 보유는 단순히 그 계열사의 본연의 금융사업 영위만을 목적으로 한다고 보기 어렵다. 특히 규모가 크고 다양한 금융업무를 수행할 수 있는 금융계열사일수록 재벌 총수의 재벌 지배수단 또는 통로로서 의도하는 기능과 역할을 수행한다. 금융계열사는 총수의 일인 지배 아래 놓여 있는 실질적 동일체로서의 특정 재벌 전체를 위해 재벌 내부로의 자금조달 기능, 재벌 내부에서의 자금배분 집행 기능, 총수의 효율적 지배를 위한 지분관리 기능을 수행할 수 있다. 5대 재벌 소속 보험사 및 증권사의 자산 운용 및 자금·자산 관련 부당내부거래 실태에 대한 분석으로부터, 그렇지 않다는 귀무가설을 기각시킬 수 있을 정도로, 또 그렇다는 대립가설을 기각시키지 않을 수 있을 정도로 충분한 증거가 밝혀졌다고 판단된다.

■ 금융기업의 재벌 소속 여부가 그 기업의 경영 성과에 유의한 차별적 영향을 미치는가에 대해서는 일괄적인 판단을 내릴 수 없는 것으로 보인다. 재벌 소속 금융기업들이 보

다 위험한 자본구성 또는 재무구조 하에서 영업을 행한다고 평가할 수 있다. 이는 재무적 곤경에 대한 재벌 소속 금융기업의 대처능력이 비재벌 금융기업에 비해 더 우월한 점을 반영하는 것으로, 성장성 및 수익성 측면에서 그로부터 비롯되는 불이익만 있는 것이 아니라 이익도 누리게 된다. 그러나 국민경제 전체적인 관점에서 보자면, 재무적 안정성이 낮은 기업들이 많을수록 국민경제는 경기변동에 더 민감하고 취약해지게 될 것이다.

■ 자산운용에 대한 규제가 느슨한 종합금융 업종에서 금융계열사들의 사금고화가 심각한 수준에 도달해 있는 것으로 보인다. 1996년 12월말 현재 종금사 대출금의 54%가 30대 재벌에 대한 대출금일 뿐 아니라, 계열사들간에 자금이 부당하게 지원되는 사례가 매우 보편화되어 있는 것으로 드러나고 있다.

■ 자본주의 시장경제에서 기업은 기본적으로 주어진 제도적 환경 속에서 이익의 극대화를 도모하는 조직이다. 재벌이 문제를 갖고 있다면 재벌 자체에 대해 윽박지르는 것이 아니라 그런 문제를 유발시켜 온 환경에 대한 점검과 개선, 즉 제도의 개선과 변경을 통해서 재벌이 문제되는 행동을 하지 않도록 또한 할 수 없도록 해나가야 할 것이다. 특히 부실한 기업 경영에 대해 신속하고 냉정하게 책임을 묻는 사회적 장치로서의 기업지배구조의 강화·확립, 그 전제조건인 기업경영의 투명성 확보, 부(富)의 세습을 막고 소유 분산을 촉진시키는 세제(稅制) 강화가 무엇보다 중요하다. 경제외적·초법적 압력과 강제와 조치들은 잠시 그럴 듯하게 보일지 몰라도, 중세의 면죄부와 같은 해악을 끼친다. 면죄부를 발급한 정부는 그것으로 책임을 다한 듯이 자만하며 정말 해나가야 할 일에 소홀해지고, 면죄부를 발급받은 재벌은 그것으로 그 동안의 비난과 잘못이 속죄되었다고 생가하고 새로운 미래를 계획하려 할 것이다. 정치권력에 의해 행해져온 비제도적 강제와 조치들이야말로 그동안 정치권력과 경제권력 재벌의 타협과 유착의 토대이고 원천이었다(이윤호, 1998).

자본구성과 자금조달

이 윤 호

1. 서 론

이 장에서는 1995년에서 1997년 기간을 중심으로 5대재벌의 자본구성과 자금조달에 대해 살펴본다.

먼저 제2절에서는 우리나라의 부채비율이 다른 나라에 비해 높은 이유, 나아가 대기업의 부채비율이 중소기업의 부채비율보다 높은 이유, 5대재벌 계열사의 평균 부채비율이 대기업의 그것에 비해 높은 이유를 우리나라 금융체계 및 금융시장의 특성을 중심으로 살펴본다. 제3절에서는 1995년에서 1997년 기간 동안의 5대재벌의 자본구성상의 특징을 비5대재벌 기업들과 비교하여 분석하고, 제4절에서는 이 기간 동안 5대재벌 및 비5대재벌 기업의 자금조달의 특징을 재무자료를 이용하여 비교 분석한다. 이어 제5절에서는 은행 및 비은행 금융권별 집계성 자료를 이용하여, 제6절에서는 직접금융시장의 집계성 자료를 이용하여, 제7절에서는 현지금융 관련 집계성 자료를 이용하여 5대재벌 및 30대재벌의 금융이용 실태 및 그 특징에 대해 분석한다. 제8절은 정리 및 결론이다.

2. 자본구조의 국제 비교와 우리나라 금융체계의 특징

2.1. 제조업 부채비율의 국제 비교

2.1.1. 〈표 7-1〉에 우리나라와 일본, 대만, 미국의 제조기업 평균 부채비율이 제시되어 있다. 우리나라는 다른 나라들에 비해 부채비율이 한결 높다. 우리나라 제조기업의 부채비율은 1980년 487.9%까지 높아졌다가 그 이후로는 낮아지는 추세를 보이고 있다. 우리나라처럼 높은 부채비율을 보이던 일본도 1980년대부터 그 값이 급속하게 떨어져 1995년에는 206.7%로 대폭 낮아졌다. 그러나 여전히 우리나라와 일본의 부채비율이 미국이나 여타 선진국에 비해 절대적으로 높은 수준이다.

〈표 7-1〉 제조업 부채비율의 국제비교

(단위 : %)

	한국	일본	미국
1965	93.7	-	74.4
1968	201.3	329.0	75.4
1970	328.4	365.9	86.0
1975	339.5	474.0	86.2
1980	487.9	412.4	101.4
1985	348.4	268.8	121.0
1990	286.3	227.1	148.7
1995	286.8	206.7	159.7
1997	396.3	-	-

자료 : 한국은행, 《기업경영분석》, 각호.

2.2. 우리나라 기업이 부채비율이 높은 이유

2.2.1. 기업의 최적 자본구조는 어떻게 결정되는가, 나아가 과연 최적 자본구조가 존재하는 것인가에 대해서조차 아직까지 일치된 견해는 없다(Myers, 1984; Brealey and Myers, 1991:992). 그러나 오히려 나라별 기업의 평균적인 자본구조[1]상 차이는 거시경제적 또는 금융제도적 환경의 차이 등 기업 외적인 요인들에 의해 설명될 수 있는 부분이 적지

1) '평균기업'의 자본구조를 분석하게 되면 기업특수적 및 산업특수적 요인들은 경제내의 기업들을 평균하는 과정에서 서로 상쇄되어 사라져 버린다.

않다. 일반적으로 기업의 자본구조에 영향을 미치는 기업 외부의 제도나 환경으로는 금융시장구조 및 발전 정도, 거시경제적 상황, 조세제도가 꼽힌다.

2.2.2. 우리나라나 일본과 같이 은행 중심의 금융제도를 형성하고 있는 나라에서는 부채비율이 높은 반면, 자본시장 중심으로 금융제도가 발전한 미국, 영국과 같은 나라에서는 부채비율이 낮다. 그리고 유니버설 뱅킹과 같이 간접금융과 직접금융이 혼합된 나라에서는 부채비율이 양자의 중간 수준에 위치하는 모습을 보여준다(〈표 7-2〉 참조; 한국은행 통화금융실, 1999; 박찬일, 1995).

〈표 7-2〉 금융체계와 부채비율 (1990~1995년 평균)

(단위 : 구성비 %)

중심 금융체계	해당 국가	부채비율
자본시장 중심 체계	미　　국	103.2
	영　　국	80.0
	캐 나 다	106.7
직·간접 금융 혼합체계	독　　일	154.4
	오스트리아	125.2
	스 페 인	143.2
간접금융 중심 체계	일　　본	396.1
	한　　국	314.0

자료 : 한국은행 조사부 통화금융실(1999. 4. 23).

■ 이는 매우 당연한 현상이다. 왜냐하면 어떤 한 시점에서 기업의 자본구조란 그 시점까지 기업이 행해온 자금조달의 역사적 누적결과이기 때문이다. 예를 들어 한 나라의 금융제도가 직접금융 중심으로 짜여 있다는 것은 기업들이 직접금융을 통해 자본을 많이 조달해 왔다는 의미이자 직접금융을 통해 자본을 많이 조달할 수밖에 없는 금융환경에 처해 있다는 것을 뜻하며, 따라서 그 나라 기업의 평균 부채비율은 낮은 값을 보이게 될 수밖에 없다. 즉, 한 시점에서의 자본구조는 그 시점까지의 자금조달 역사의 누적적 결과이며, 그 경로에 결정적 영향을 미치는 요소의 하나가 당해 국민경제의 지배적 금융양식이다.

■ 〈표 7-3〉에는 우리나라 자금유통시장의 추이가 나타나 있다. 이 표에서 증권시장을 통한 자금공급은 개인부문과 기업부문의 유가증권 매입만을 포함하고 금융기관에 의한 매입은 포함하고 있지 않은데, 금융기관의 유가증권 매입은 대출과 마찬가지로 자금의 중개행위로서 간접금융으로 분류되기 때문이다. 이런 기준을 적용할 때 우리나라에서 증권시장을 통해 이루어지는 자금공급의 비중은 1970년 11.2%에서 1990년에 와서도

여전히 15.6%에 머물고 있다. 반면에 금융기관의 대출금이 차지하는 비중은 1970년의 27.7%에서 1990년에는 53.8%로 배증하는데, 그 같은 증대는 거의 전적으로 비은행금융기관의 성장에서 비롯되고 있다.

■ 금융증권의 형태로 구분해 보더라도 직접금융(유가증권을 매개로 금융이 이루어지는 경우)이 차지하는 비중은 1970년에 13.8%(증권시장 11.2%+금융기관 증권매입 2.6%)에 지나지 않는다. 최근으로 오면서 이 비중은 비교적 빠른 속도로 높아지고 있으나, 여전히 간접금융의 비중이 우세하다.

■ 금융기관 이외의 타부문이 직접 해외로부터 조달하는 자금이 공급되는 외자시장과 정부자금의 비중이 시간의 경과에 따라 급속히 줄어들고 있다. 이는 개발연대 초기에 국내 민간부문으로부터의 자본동원이 매우 제한적인 상황에서 상업차관, 직접투자 등 외국자본과 정부의 직접출자 및 대민간융자 등 정부자금이 매우 중요한 자금공급원의 역할을 하였으나, 경제성장에 따라 국내 금융시장이 성장하고 1980년대 후반에는 국제수지가 대규모 흑자를 보이면서 외자의 비중이 크게 줄어든 데 따른 결과이다. 외자 가운데 외국인 직접투자나 기업의 외화채권 발행의 비중이 왜소할 뿐 아니라 또한 기업의 상업차관 도입시 국내 은행이 지급보증을 제공하는 경우가 대부분으로 외자시장을 통한 자금공급의 대부분이 간접금융에 포함된다.

〈표 7-3〉 우리나라 자금유통시장 추이(잔액 기준)

(단위 : 구성비 %, 10억 원)

	1970	1975	1980	1985	1990
금융시장	30.4	40.7	54.0	62.7	73.7
대출금	27.7	36.9	46.2	52.2	53.8
은행	22.1	27.0	29.3	27.7	24.9
비은행	5.6	9.9	17.0	24.5	28.9
증권매입	2.6	3.8	7.8	10.4	19.9
증권시장	11.2	14.0	14.9	15.2	15.6
채권	0.9	0.6	1.5	1.7	1.5
주식	6.9	9.7	8.5	7.8	8.9
출자금	3.4	3.0	3.0	4.0	2.3
기업어음	0.0	0.7	1.9	1.7	2.8
외자시장	21.6	26.2	22.5	14.6	5.6
정부금융	36.8	19.1	8.6	7.6	5.2
합계	100.0 〈3,831.6〉	100.0 〈12,719.6〉	100.0 〈52,571.8〉	100.0 〈138,824.4〉	100.0 〈338,661.5〉

자료 : 한국은행(1992), 50쪽 〈표 Ⅳ-5〉.

주 : 〈 〉는 금액.

2.2.3. 기업의 역사가 오래되고 경제가 안정적인 단계에 들어서 있는 선진국 경제일수록 성숙기업이 차지하는 비중이 높아지는데, 성숙기업들은 안정적 수익 실현, 대규모 감가상각 등을 통해 내부자금을 창출하는 능력이 높으므로 외부자금에 의존하는 정도가 작아지고 그 결과 기업의 평균 부채비율이 낮아지는 경향이 있다. 〈표 7-4〉에서 우리나라 기업들의 내부자금조달 비중이 선진국 기업에 비해 현저히 낮은 것을 볼 수 있다.

〈표 7-4〉 기업의 내부자금조달 비중

(단위 : %)

	1980～1985	1986～1990
한 국	28.6	31.8
일 본	48.4	40.0
미 국	69.9	73.2
독 일	61.7	70.3

자료 : 한국은행(1992), 99쪽.

2.2.4. 경제가 왕성하게 성장하고 있는 경제일수록 기업의 투자활동이 활발하고 그에 따라 외부자금 소요가 커지게 된다. 또 인플레이션율이 높고 그 진행이 불규칙할수록 기업은 부채상환의 부담이 줄어들기 때문에 타인자본 의존적인 자금조달을 선호한다. 1990～1995년의 OECD 14개국 자료를 이용한 실증분석(한국은행 통화금융실, 1999) 결과에 따르면, 물가의 변동성과 그 나라 기업들의 평균 부채비율간에는 유의수준 5% 이내의 강한 상관관계가 있다. 우리나라는 분석대상 14개국 가운데 물가변동성이 가장 높은 나라이다.

2.2.5. 개발도상국에서 기업의 투자자금 조달이 자본시장에 의존하지 못하는 중요한 이유의 하나는 자본시장의 불완전성, 특히 정보적 불완전성 때문이다. 정보적 불완전성은 회계감사제도, 정보공시제도 등 자본시장의 하부구조가 취약하고 소액주주 보호 및 경영감시를 위한 법제도 및 사회적 장치가 불완전할수록 현저하게 된다. 자본시장에서 투자자와 자금수요자인 기업간에 정보의 비대칭성이 심할수록, 투자자들은 투자대상기업이 불량한 기업이기 때문에 입을 수 있는 잠재적 손실을 보상받기 위해 자금제공시 프리미엄, 즉 더 높은 할인율을 요구한다. 그 결과 우량기업들조차 주식발행을 통해 자본을 조달하려는 경우에 더 높은 자본비용을 부담하게 되어 주식발행을 통한 자금조달을 꺼리게 되고, 극단적으로는 레몬의 원리가 작용하여 자본시장의 성립 자체가 어렵게 된다(이윤호, 1994:3, 43～44; Akerlof, 1970). 결국 자본시장의 발전이 불완전할수록 기업들이 고객관계를 통해 거래를 행하는—그럼으로써 정보적 비대칭성 문제를 직접금융 방식에 비해 상대적으로 완화시킬 수 있다—간접금융에 의존하는 정도가 높아지고, 그 나라 기업들

의 평균 부채비율도 높아지게 된다.

■ 개발연대 동안 우리나라 기업지배구조의 원칙은 한 마디로 기존 소유경영자의 경영권 보호로 요약될 수 있다. 분식 등 방어적 회계 관행이 묵인되는 아래 기업회계정보는 공시자료로서의 유용성이 크게 미흡했고, 소액투자자들의 권리를 보호해줄 법제도 및 기업경영을 감시하고 제어할 기업 내·외부적 장치는 거의 전무하다시피 하였다(임웅기·윤봉한, 1989:197~202 참조).

■ 일반적으로 자본시장의 이러한 구조적인 문제점들로 인해 개발도상국 경제에서는 회사채시장, 주식시장 등의 자본시장이 활성화되지 못한다. 성가를 누리는 일부 대기업들만이 자본시장을 이용해 자본을 조달하고, 중소기업들의 자본시장 접근은 어렵게 된다(Fama, 1985; Calomiris and Hubbard, 1990). 그 결과 은행제도가 기업의 고정투자에 필요한 자본의 형성 및 공급기능까지 떠맡게 된다. 또 은행신용은 가격기능에 의해 배분되기보다는 금융억압 하에서 통상적으로 비가격적인 할당에 의해서 배분된다.[2]

2.2.6. 우리나라의 경우 개발연대 대부분의 기간 동안 투자촉진을 위한 저금리정책으로 인해 금융시장은 낮은 규제금리가 적용되는 공금융시장과 시장금리가 적용되는 사금융시장이라는 이중의 금리구조 아래 놓여 있었다. 규제금리 하에서 초과 자금수요가 상존하는 가운데 정부주도에 의한 신용의 할당은 수출주도적 압축성장 전략 하에서 주로 중화학 및 수출산업 분야에, 그리고 규모의 경제 실현과 수출경쟁력 확보라는 논리 아래 대기업에게 집중되었다(이경태, 1991:126; 소병희, 1995). 이와 같은 금융정책 하에서 그 집중적 수혜자인 대기업들은 타인자본 의존적 자금조달 행태를 보이고, 이것이 우리나라 대기업들이 높은 부채비율을 갖게 만든 결정적 이유 가운데 하나이다.[3]

2) 개발도상국에서 금융억압이 채택되는 이유 및 환경에 대해서는 Shaw(1973:제4장), 금융억압 하에서 은행중개의 역할에 대해서는 McKinnon and Mathieson(1981), 자본시장이 기능하지 못하는 금융환경에서 규제금리 하에서의 정책적 신용할당이 갖는 의의에 대해서는 Cho(1986) 참조.

3) 1980년대 초반까지의 자료를 사용하여 우리나라 이중금융구조 하에서의 기업재무구조 결정에 초점을 맞추어 연구한 논문으로 남상우(1984) 참조.

〈그림 7-1〉 1970년 이후 금리 추이

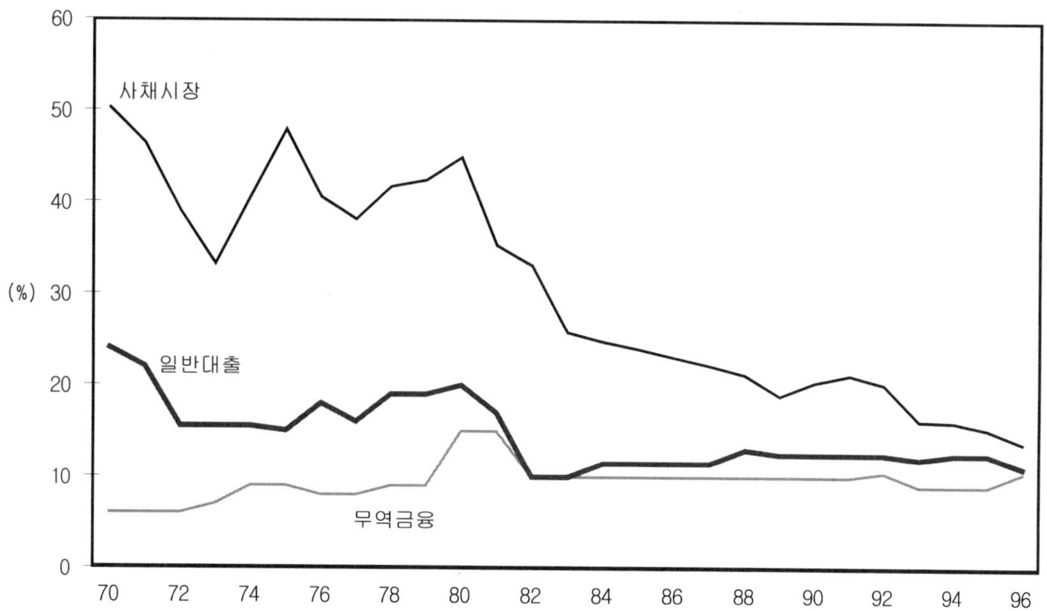

■ 〈표 7-5〉에서 보듯이, 차입금의 평균 조달금리에서 그러한 신용할당구조의 특색이 잘 드러난다. 1970, 1980년대 동안 수출기업의 차입비용이 내수기업보다, 또 중화학공업 기업의 차입비용이 경공업 기업보다 1.4~2.8% 포인트나 낮다. 기업규모별로도 1980년대 중반기를 제외하면 대기업의 차입비용이 중소기업의 차입비용보다 근 2% 포인트 정도 낮다.

〈표 7-5〉 제조업 부문별 평균차입비용 추이

(단위 : %, % 포인트)

	1973-1981	1982-1986	1987-1990	1991-1994	1995-1997
대기업(A)	13.0	14.0	12.6	14.0	10.9
중소기업(B)	14.9	14.2	14.3	16.1	12.1
A-B	-1.9	-0.2	-1.7	-2.1	-1.2
수출기업(C)	12.6	12.7	12.6	14.0	10.8
내수기업(D)	14.0	14.8	13.2	14.6	11.3
C-D	-1.4	-2.1	-0.6	-0.6	-0.5
중화학공업(E)	12.1	13.5	12.7	14.0	10.8
경공업(F)	14.9	14.9	13.5	15.4	12.4
E-F	-2.8	-1.4	-0.8	-1.4	-1.6

자료 : 조윤제(1995), 57쪽 〈표 3-6〉; 한국은행, 《기업경영분석》, 각호.

2.2.7. 중소기업 총차입금 중 은행차입금의 비중이 70~80%, 대기업의 경우 50~60%에 이르는 등 기업의 은행신용 의존도가 높은 상황에서, 예금은행 대출금 대부분을 차지하는 금융자금의 20~30%에 해당하는 부분이 1970~1980년대에 각종 정책금융으로 대출되었다. 여기에 재정자금, 외화대출자금, 개발은행 대출금 등까지 고려하면 정책금융의 비율은 이 수치를 훨씬 상회한다. 〈표 7-6〉에서 보듯이, 1962년부터 1991년까지 예금은행과 개발기관의 총대출금 가운데 정책금융이 차지하는 비중은, 낮을 때 44.1%에서 높을 때는 53.7%에 이르고 있다.

〈표 7-6〉 정책금융 비중의 추이

(단위 : %)

	1962~1966	1967~1971	1972~1976	1977~1981	1982~1986	1987~1991
정책금융/총대출금	65.2	44.1	53.7	57.1	55.8	53.0

자료 : 이기영(1994), 18쪽 〈표 3-1〉에서 재인용.

■ 이처럼 은행신용의 상당 부분이 정책금융으로서 융자조건 또는 자금가용면에서 정책적으로 선정된 산업부문에 공급되었을 뿐 아니라, 나머지 비정책적 은행신용의 할당에 있어서도 정부의 개입과 지시가 흔히 이루어졌다. 예금은행 대출금 중에서 그 자금이 한국은행이나 정부로부터 지원되지 않고 은행 자신의 중개로부터 조성된 일반자금의 대출에 있어서도 정부는 필요시 취급지침의 제정이나 협조공문 형식을 취하여 융자대상에 특별한 제한을 가하였다.

2.2.8. 우리나라 기업들의 자본구조상 특징의 하나로 기업규모와 부채비율이 비례하는 뚜렷한 특징이 관찰되는데, 그러한 현상을 야기한 주원인의 하나로서 우대금리가 적용되는 제도금융권 신용에 대한 접근이 대기업일수록 용이했던 신용할당구조의 특징을 들 수 있다. 대기업들일수록 외부자금 조달시 우대금리가 적용되는 금융기관차입금을 우선적으로 또 최대로 확보하려 했고 그럴 수 있었다.

■ 부채비율, 차입금의존도 등 주요 재무비율들이 기업규모에 따라 매우 체계적으로 변하는 모습을 〈표 7-7〉에서 볼 수 있다. 소1규모 기업의 부채비율은 64.4%이며, 기업규모가 커질수록 그 값이 단조적으로 높아져 종업원수 300인 이상의 대규모 기업에 오면 356.0%에 이른다. 차입금의존도도 소1규모 기업에서는 17.3%로 낮으나 기업규모가 커질수록 높아져 대규모 기업에 오게 되면 49.4%로 월등하게 높아진다.

〈표 7-7〉 기업규모별 주요 재무비율(1976~1990년 평균)

(단위 : %)

기업규모	부채비율	차입금의존도
소1규모	64.4	17.3
소2규모	109.7	24.5
중1규모	175.8	31.3
중2규모	249.4	35.0
중3규모	325.7	34.1
중4규모	340.4	40.4
대규모	356.0	49.4

자료 : 이윤호(1994), 117쪽, 〈표 Ⅲ-22〉에서 인용.

주 : 기업의 규모분류는 종업원수 기준에 따라 다음과 같이 이루어짐. 소1규모(5~9인), 소2규모(10~19인), 중1규모(20~49인), 중2규모(50~99인), 중3규모(10~199인), 중4규모(200~299인), 대규모(300인 이상). 단, 대규모 기업의 경우는 업종에 따라 상시종업원 100인 또는 200인 이상의 표본업체들로부터 얻어진 경우도 있다.

■ 〈표 7-8〉에 기업규모별로 매출액 1원당 은행차입금 및 금융기관(은행+비은행) 차입금 규모 및 차입금에 대한 상대적 접근도가 나타나 있다. 기업규모가 커질수록 매출액 1원당 은행 및 금융기관 차입금의 크기가 비례적으로 늘어나고 있다. 가장 규모가 작은 소1규모 기업은 기업들의 매출액 1원당 평균 은행대출금보다 42.4% 적게 은행자금을 사용한 반면, 대규모 기업은 36.5%만큼 더 많이 은행자금을 사용하였다.

■ 은행과 비은행을 포괄하는 금융기관 차입금의 기업규모별 이용도 비슷한 구조이나, 기업규모별 차이가 은행의 경우보다는 더 크다. 이는 제도권 금융의 대기업 편중을 의식

〈표 7-8〉 기업규모별 금융기관차입금 규모 및 접근도(1976~1990년 평균)

(단위 : 원, %)

	은행차입금 규모 (매출액 1원당)	은행 접근도	금융기관차입금 규모 (매출액 1원당)	금융기관 접근도
소1규모	0.103	-42.4	0.115	-45.1
소2규모	0.153	-14.4	0.171	-18.6
중1규모	0.178	-0.4	0.199	-5.2
중2규모	0.185	-3.5	0.209	-0.6
중3규모	0.174	-2.6	0.209	-0.5
중4규모	0.214	19.8	0.258	22.7
대규모	0.244	36.5	0.317	50.7
평균	0.178	0.0	0.210	0.0

자료 : 이윤호(1994), 52쪽 〈표 Ⅱ-5〉 및 94쪽 〈표 Ⅲ-11〉로부터 작성.

주 : 은행 및 금융기관접근도 = 100×(규모－평균)/평균.

하여 정부가 은행대출에 대해서 '중소기업의무대출비율' 등의 자산운용 규제를 가한 데 따른 결과이다.[4)]

2.2.9. 만성적 자금부족, 대기업 중심 신용할당체계 하에서 신용할당에서 배제당하는 중소기업들은 흔히 자금제약에 처하게 되고 유리한 투자계획을 충분히 실행에 옮기지 못하게 된다.[5)] 그러나 중소기업들은 자본시장의 불완전성 때문에 증자를 통한 자금조달이 어렵고 그 결과 영업활동을 통해 창출되는 내부자금에 의존하는 정도가 높아질 수밖에 없다. 따라서 우리나라 중소기업들은 개발연대 동안 낮은 부채비율을 강요당해 왔다고 할 수 있다. 〈표 7-9〉에는 기업규모가 작을수록 시설투자자금 조달에 있어 내부자금에 의존하는 정도가 높고 차입금에 의존하는 정도가 낮은, 기업규모와 시설투자자금조달 사이에 매우 체계적인 관계가 있음을 볼 수 있다.

■ 기업규모가 작을수록 시설투자자금의 조달액 가운데 자기자금이 차지하는 비중이 높아진다. 또한 기업규모가 작을수록 자기자금 가운데 내부자금이 차지하는 비중이 큰 규모 기업에 비해 현저히 높다. 유상증자에 의한 외부 자기자본 및 회사채 자금의 조달은 작은 규모의 기업에서는 그 비중이 무시할 만하다. 이는 앞에서 서술한 자본시장의 불완전성으로 작은 규모기업이 자본시장에 접근하기 어려운 사정을 단적으로 보여주고 있다.

〈표 7-9〉 기업규모별 연간 시설투자자금 조달과 그 구성 (1969~1990 평균)

(단위 : 천 원, 구성비 %)

기업규모	시설투자규모	구성비	자기자금			차입금					
				내부자금	증자		금융기관	외자	회사채	사채	기타
소1규모	3,152	100.0	69.8	66.9	0.1	29.7	23.6	0.1	0.5	5.1	2.5
소2규모	9,764	100.0	64.9	57.2	0.4	34.9	29.9	0.4	0.4	4.0	2.4
중1규모	25,561	100.0	51.9	45.7	1.2	47.9	44.3	0.4	0.5	2.1	2.0
중2규모	65,746	100.0	51.1	43.6	2.4	48.5	45.1	0.4	1.2	1.7	2.1
중3 규모	138,453	100.0	47.6	39.8	2.7	51.8	47.2	1.0	1.8	2.0	2.9
중4 규모	295,435	100.0	44.3	40.5	2.4	54.4	47.7	0.6	3.1	1.6	3.0
대규모	9,060,326	100.0	36.9	30.7	6.2	64.1	36.0	20.7	5.9	0.1	n.a

자료 : 이윤호(1994), 90쪽 〈표 Ⅲ-9〉의 재인용. 기업규모별 연도별 상세 자료에 대해서는 이윤호(1994), 129~135쪽 〈부록 1〉 참조.

주 : 각 기업규모 자금조달 항목의 시계열 기간의 상이로 구성비의 합계가 불일치할 수 있음.

---

4) 중소기업 대출의무비율 제도의 변경 추이에 대해서는 최진배(1995:134쪽의 〈표 4-10〉) 및 재정경제원 금융정책과(1997. 7. 4) 참조.

5) 금융기관의 기업에 대한 신용할당에 관해서는 이윤호(1994:19~32); Stiglitz & Weiss(1981); Jaffee & Russell(1976) 참조. 기업의 자금제약이 고정투자에 미치는 영향에 대해서는 이윤호(1994), Hubbard, Kashyap, & Whited(1995), Fazzari, Hubbard, & Peterson(1988)을 참조.

■ 시설투자 소요자금의 차입금 조달 비중은 기업규모가 커질수록 높아지는데, 특히 외자는 대기업들이 거의 독차지하였다(〈표 7-9〉 참조). 〈표 7-10〉에서 보듯이, 1980년대 초반까지도 국내외 금리차가 10~20% 포인트로 매우 컸는데, 그에 따른 금리차 지대를 대기업들이 거의 독식하다시피 하였다. 차관의 도입과 외자의 배분은 이 기간 동안 전적으로 정부통제 하에 놓여 있었으며, 선별금융이 행해지는 주요 통로의 하나였다.[6]

■ 제도권 자금의 조달에 제약을 많이 받은 소규모 기업일수록 설비투자자금의 조달에 있어서 사채(私債) 자금에 의존하는 정도가 높았다(〈표 7-9〉 참조).

〈표 7-10〉 차관자금의 이자율

(단위 : %, % 포인트)

	상업차관 평균이자율(A)	일반은행 대출금리(B)	B－A
1967	5.87	26.0	20.13
1969	7.14	24.5	17.36
	산업은행 차관자금 대출금리	산업은행 일반시설자금 대출금리	
1978.1	7.5	18.5	11.0
1980.1	7.5	21.5	14.0
1982.1	7.5	10.0	2.5

자료 : 최진배(1995), 〈표 5-23〉, 〈표 5-24〉에서 인용; 한국은행, 《경제통계연보》, 각호.
주 : 일반은행 대출금리는 상업어음할인 금리임.

2.3. 재벌과 비재벌기업의 자본구조의 차이

2.3.1. 〈표 7-11〉에는 30대 재벌의 평균 부채비율과 기업규모별 부채비율이 제시되어 있다. 1986년부터 1990년간 평균 부채비율을 보게 되면 기업규모에 따라 부채비율이 높아지는 모습을 볼 수 있을 뿐 아니라, 30대 재벌의 부채비율이 377.1%로 어떤 규모의 기업군에 비해서도 유난히 높음을 볼 수 있다. 이는 같은 기간 동안 대규모 기업군의 부채비율 295.9%보다도 현저히 높다. 특히 1987년부터 1989년 사이에 증시 활황 상황에서 정부에 의해 상장기업들의 유상증자 자금조달에 의한 차입금 상환 조치가 취해졌음에도 불구하고 그랬다(〈표 7-29〉 참조).

6) 외화자금의 공급과 배분에 대한 상세 자료에 대해서는 김상조(1993:90~98); 재벌에 대한 차관 특혜에 대해서는 소병희(1995:76~78) 참조.

〈표 7-11〉 기업규모별 부채비율과 30대 재벌 부채비율의 비교(1986~1990년 평균)

(단위 : %)

	소1규모	소2규모	중1규모	중2규모	중3규모	중4규모	대규모	30대 재벌
1986	71.0	143.4	175.9	262.4	333.7	320.4	355.7	474.7
1987	65.7	111.8	195.8	260.2	337.0	321.2	332.4	405.1
1988	65.4	111.7	215.8	255.0	294.4	327.9	280.2	304.9
1989	96.0	120.4	230.8	311.4	288.0	320.7	237.9	320.2
1990	91.2	128.3	255.9	337.2	273.5	289.8	273.3	380.8
'86-'90 평균	77.9	123.1	214.9	285.2	305.3	316.0	295.9	377.1
'76-'90 평균	64.4	109.7	175.8	249.4	325.7	340.4	356.0	n.a

자료 : 중소기업은행·중소기업협동조합중앙회, 《중소기업실태조사보고》, 각년도; 한국은행, 《기업경영분석》, 각년도; 30대 재벌 자료는 김상조(1993), 159쪽 〈표 6-2〉에서 재인용.

2.3.2. 재벌과 비재벌 간의 자본구조상 현저한 차이는 별도의 설명을 요한다.

■ 수출지향적 정부주도 압축성장의 발전전략 하에서 부족한 자본의 조달과 효율적인 배분은 발전을 주도해 나가는 정부가 해결해야 할 핵심적 사안이었다. 금융시장의 발달이 미약하여 산업화에 요구되는 성장자본의 국내 공급에 한계가 있는 상황에서, 정부는 자신의 의도에 따라 금융자원을 배분하는 체계를 구축하고 정부주도에 의한 금융자원의 조달과 배분을 통해 경제성장을 추동해 나갔다. 금융이 경제성장을 위한 도구로 적극 이용되는 발전금융체계 또는 관치금융체계를 수립한 것이다.[7)]

■ 경제성장 초기에는 경영 인적 자원의 제한으로 인해, 1970, 1980년대 중화학공업 중심 산업화 전략에서는 규모의 경제 실현이라는 논리 아래, 또 부실기업 정리와 산업합리화 조치가 취해지는 과정에서 정리대상기업들을 기존의 대기업들이 인수하는 과정에서, 금융자원은 소수의 대기업들, 즉 재벌에게 집중적으로 배분되었다. 이런 과정들이 바로 재벌이 급속히 성장할 수 있었던 정부정책상의 배경과 기회에 다름아니었다.

■ 발전금융체계 하에서 정부의 역할은 자본의 조달과 배분에 그친 것이 아니라 민간기업의 사업위험을 같이 떠안아주는 위험분담에까지 이르렀다(조윤제, 1995:32, 66~68). 이는 산업화에 필요한 자본의 상당 부분을 외국차관에 의존할 수밖에 없었고 기업의 외자 도입에 대해 정부 소유 은행이 — 결국은 정부가 — 지급보증을 제공하는 외자조달 방식의 필연적 귀결이었다. 1972년의 '8·3 조치'는 정부가 민간부문 사업위험의 동반자가 되게 만든 최초의 결정적인 계기였다. 1960년대 후반 은행지급보증 하에 대량 도입한 차관자금을 재원으로 기업들은 적극적인 투자를 행했다. 그러나 1960년대 후반 고금리 정책과 세계경제의 불황으로 기업들이 자금난을 겪으며 대거 부도사태에 직면하게 되자,

7) 발전금융체계의 성립 과정에 대해서는 조윤제(1995:23~36) 참조.

도입외자에 대해 지급보증을 서준 은행들의 소유자인 정부는 기업들의 사채 동결, 은행 금리의 대폭 인하, 은행차입금의 장기 저리로의 전환 조치를 통해 기업들을 구제해주었다.[8)]

■ 1960년대 말부터 1980년대까지 간헐적으로 지속되어온 부실기업 정리, 산업합리화 과정에서도 정부는 은행대출금 상환의 면제 및 유예 등의 조치로 기업부실에 따른 손실을 은행들이 떠안게 하고,[9)] 그로 인해 은행이 입게 되는 손실에 대해서는 한국은행의 발권(發券)에 의한 특별저리 융자금 지원을 통해 보전해 주었다. 한국은행의 이러한 발권은 결국 인플레이션 조세를 통해 국민 전체의 부담으로 귀결되었다. 경제성장 추진에 따른 위험을 이런 구조로 국민 모두가 분담해온 것이다. 지난 30여 년 간 발전체계 하에서 이와 같이 기업-은행-정부-국민으로 연결되는, 기업투자에 대한 암묵적 보험장치가 작동해 왔다.

■ 사적 기업의 투자위험에 대해서 이렇게 이해가 얽히게 된 공동운명체로서의 정부는 사적 기업부문의 위기를 국가(경제)의 위기와 동일시하게 되고 그 위기를 국가위기 차원에서 관리하게 되었다. 기업의 위기와 국가의 위기가 동일시됨에 따라, 기업부문의 위기시 그 기업이 망함으로써 국민경제가 입게 되는 타격이 큰 기준으로 기업에 대한 구제가 이루어지게 됨은 당연한데, 중요한 기준의 하나가 기업규모였다. 기업들은 덩치를 키울수록 사적 기업활동의 결과에 대해 국가로부터 보호받기가 쉬웠다. 이런 개연성은 경제의 성장과정에서 꾸준히 입증되었으며, 이로부터 대마불사(大馬不死, *too big to fail*)의 신화가 자리잡기에 이르렀다.

■ 정부는 발전금융체계의 구축을 통해 경제운영의 결정권을 갖게 됨으로써 기업을 통제할 수 있는 위치에 서게 되었다. 그러나 재벌들은 운명공동체로서의 정부의 위치를 고리로 하여 오히려 정부가 그들을 보호할 수밖에 없다는 확신을 갖게 되었고, 막강한 경제적 의사결정권을 지닌 정치권력으로부터 정책자금의 확보 및 신규사업권 획득 등 경제적 특혜를 얻어내기 위한 노력에 열중하게 되었다. 경제발전구도의 부정적 부산물로서 정경유착이 자리잡게 된 것이다(이윤호, 1998; 한상진, 1988:제5장).

■ 채권자로서의 은행, 실질적으로는 은행의 소유경영자인 국가는 차입자인 기업이 부실화되어 채무불이행에 빠지거나 그럴 위험이 높다고 판단될 경우 채권자로서 권리를 행사하였다. 부실기업 정리 및 산업합리화 조치는 바로 국가가 해당 기업들에 대해 채권자로서 권리를 행사한 것이었다.[10)] 부실기업의 통폐합 형태로 대부분 이루어진 이런 조

8) '8·3조치'의 내용 및 효과에 대해서는 콜·박영철(1984:158~166) 참조.
9) 부실기업 정리와 산업합리화 조치에 대해서는 최진배(1995:제3장과 제4장); 강철규 외(1991:제2장) 참조.
10) 산업화 기간 동안 그리고 IMF 외환위기 이전까지의 우리나라의 기업지배구조를 개략적으로 정형화하여 말한다

치들에서 부실기업을 인수하는 기업들에게는 각종 조세·금융상의 특혜가 제공되었다.[11] 그런데 부실기업을 공기업화하지 않는 경우라면 그것을 인수·경영할 수 있는 재정상·인력자원상의 능력에 있어 기존 재벌들이 상대적으로 월등히 우월하였기 때문에, 결국 이런 조치들의 결과 거의 언제나 상위 재벌들의 경제력은 더욱 팽창되기 마련이었다. 또한 부실기업 정리 관련 의사결정에 정치권력의 자의성이 일정 부분 개입될 수밖에 없는데, 이 자의성이 곧 재벌의 대정부 로비와 정경유착이 발생하는 주된 장의 하나를 제공하였다.

■ 암묵적 보험장치 하에서 그 집중적 수혜자인 재벌들은 투자사업 실패시 그 위험을 정부와 국민에게 전가하는 반면 성공시에는 그 과실을 일차적으로 자신이 향유한다. 산업화 과정에서 신규사업에 대한 불확실성이 높은 상태에서 이는 기업들로 하여금 신규산업 분야의 위험투자에 적극적으로 뛰어들게 함으로써 우리 경제의 산업구조가 빠른 속도로 고도화되는 데 분명한 기여를 하였다. 그러나 암묵적 보험 혜택을 제공받게 된 기업들이 실패시 투자위험을 타인자본에게 더 많이 전가하고 성공시 자신의 수익률을 극대화하는 도덕적 해이의 행태를 보이는 것은 경제논리상 매우 자연스런 현상이었다.

■ 사적 투자에 따르는 위험은 사회화—즉, 사회가 공동으로 부담—되고 그 결실은 사적으로 전유(專有)되는 환경 하에서 사적 기업들은 자금을 가급적 차입금으로 조달하여 투자를 수행함으로써 자신의 위험을 최소화하고 이익을 극대화할 수 있었다. 금리규제 하의 정책적 신용배분체계 하에서 재벌들의 이러한 행동의 결과 재벌부문의 부채비율이 비재벌 부문에 비해 현저히 높게 되었다고 할 수 있다.

2.3.3. 위와 같은 발전금융체계 하에서 재벌들은 상황을 어떻게 활용하고 그에 적응하였는가?

■ 압축성장 과정에서 경제의 빠른 성장으로 새로운 투자기회가 속속 출현하는 경제 환경 아래 능력있는 기업가들은 신규 산업 분야로 계속적으로 진출하였다. 이를 위해 막대한 신규 자본이 필요하였다. 성공적인 기업가들이 이를 위해 채택한 방법이 바로 기업집

면, 기업이 정상적인 상태에서는 소유경영자의 일인 지배 하에 놓이고 부실화되어 채무불이행 상태에 처하게 되면 주채권자인 은행의 지배 아래 놓이는 체계로 규정할 수 있다. 소유경영자의 지배를 견제할 수 있는 전형적인 경영통제장치—기업의 이사회제도와 내외부 감사제도, 소수의결권 행사 장치, 자본시장 규율 등—가 실질적으로 도입되어 작동하기 시작한 것은 IMF 외환위기 이후부터이다. 은행을 정부가 소유하거나 또는 대주주의 위치에 서거나 또는 대주주가 아니더라도 지분이 분산되어 있어 지배주주가 존재하지 않을 경우 은행에 대한 경영권을 사실상 정부가 행사해 왔으며, 따라서 채무불이행 기업에 대한 처리는 실질적으로 정부 지배 아래 놓여 왔다. 한편 은행은 중립적 의결권 행사(*shadow voting*) 규정으로 인해 보유주식에 대해 주주로서 의결권을 행사할 수 없었다. 따라서 형식적으로 볼 때 정부는 오직 은행대출금을 사용한 기업이 부실화된 이후에만 주채권자의 자격으로서 해당 기업을 지배할 수 있었다. 정윤모·손영락(1998:VI장) 참조.

11) 부실기업 정리 및 산업합리화 조치에 대해서는 강철규 외(1991:제2장) 참조.

단을 형성하는 것이었다. 이런 점에서 볼 때 계열사 확장, 기업집단의 형성은 재벌의 성장 결과이며 동시에 성장을 위한 중요한 수단이었다.

■ 성공적인 기업가들은 기업집단을 형성함으로써 성장에 결정적인 제약요소로 작용하는 부족한 자본을 내부적으로 창출해내고 외부로부터 조달하는 데 적극 활용하였다. 간접금융 중심의 자본시장체계와 담보와 보증에 근거한 대출관행 하에서 타인자본을 조달하는 데 이용된 수단이 계열사간 상호지급보증이었다. 그리고 재벌 내부에서 부족한 자기자본을 효율적으로 이용하기 위해 사용된 전형적인 방법이 계열사간 상호출자였다.

■ 은행자금의 많은 부분이 정부에 의해 정책적·지시적으로 이루어져 온 개발연대 동안, 대출심사를 제대로 행할 권한과 의지, 능력도 부족한 은행으로서는 그에 대한 편리한 방편이자 자기보호책으로서 대출에 대해 담보와 보증을 요구하였다. 여기에 대해 재벌은 계열사간 지급보증으로 이 문제를 해결할 수 있었고, 반면에 계열을 이루지 못하고 있는 기업들은 담보에 대부분 의존할 수밖에 없었다. 1980년대 후반 자료를 보면 대기업에 대한 대출을 포함하고 있는 총대출의 경우 담보대출의 비율은 50~60%에 불과하나 중소기업만을 놓고 보면 그 값이 75~80%로 크게 높아져, 대기업과 재벌들이 보증대출 등의 신용대출에 의존하는 정도가 평균치보다 크게 높음을 알 수 있다(〈표 7-12〉 참조).

〈표 7-12〉 담보별 예금은행 대출금 추이

(단위 : %)

연도	총대출			중소기업대출	
	담보대출	부동산담보	신용대출	담보대출	신용대출
1971년 9월말	62.6	48.0	37.4	n.a	n.a
1976년 9월말	65.5	55.0	34.5	n.a	n.a
1981년 12월말	50.8	42.3	49.2	n.a	n.a
1986년 12월말	61.3	42.4	38.7	n.a	n.a
1987년 12월말	54.1	40.7	45.9	80.5	18.0
1988년 12월말	55.3	43.4	44.7	75.4	22.0
1989년 12월말	56.2	38.3	43.8	78.7	19.5
1990년 12월말	49.9	36.2	50.1	76.3	21.7

자료 : 이윤호(1994), 50쪽 〈표 II-3〉에서 인용.

주 : 신용대출은 법인지급보증, 연대보증, 순수신용 등에 의한 대출.

■ 〈표 7-13〉에는 1988년과 1992년 재벌의 채무보증 관련 자료가 제시되어 있다. 1988년의 경우 30대 재벌의 채무보증액은 은행차입금 대비 235.8%, 자기자본 대비 239.8%에 이른다. 5대재벌은 각각 273.0%와 314.8%로 30대 재벌보다 더 높아 덩치가 큰 상위 재벌일수록 은행대출시 계열사 지급보증에 의존하는 정도가 더 심함을 알 수 있다. 채무보증액이 차입금이나 여신규모를 초과하는 것은 중복 및 과다보증에 따른 결과이다. 어쨌든 재벌들이 은행여신을 제공받을 때 계열사간 지급보증에 의존해온 관행이 매우 일반적임을 알 수 있다.

〈표 7-13〉 은행여신에 대한 재벌 계열사간 채무보증액 및 관련 비율

(단위 : 10억 원, %)

	1988년 말			1992년 3월 말		
	채무보증액	은행차입금 대비 비율	자기자본 대비 비율	채무보증액	은행여신 대비 비율	자기자본 대비 비율
5대 재벌	28097.6	273.0	314.8	72500	232.6	444.2
30대 재벌	44128.5	235.8	239.3	113400	199.8	361.1

자료 : 정병휴 · 양영욱(1992), 108쪽 〈표 3-15〉의 인용.
주 1) 은행차입금의 범위는 국내 모든 은행의 원화 및 외화 대출금, 신탁계정 대출금 및 국내은행 해외점포의 대출금을 포함한다.
2) 은행여신은 여신관리대상에서 제외되는 은행대출 및 지급보증을 포함한 전체 은행여신이다.

■ 특정 재벌 소속 계열사들은 법적 측면에서 보면 독립적이지만, 계열사의 총체로서의 재벌은 실질적으로는 총수라는 동일인의 소유지배 아래 놓여 있는 동일체이다. 따라서 계열사 지급보증에 의한 대출은 담보대출이라기보다는 자기신용에 근거한 대출의 성격을 갖게 된다.

■ 결과적으로 재벌에 대해서는 자기신용에 근거한 대출이 과도하게 이루어졌다. 그 귀결로 한 계열사가 부실화되면 그 계열사와 지급보증으로 연결되어 있는 계열사들도 같이 부실화되며, 계열사간 지급보증 정도가 심할수록 더 큰 연쇄 부실화의 위험 아래 놓인다.

■ 이와 같이 계열사간 지급보증의 강한 자기신용성에도 불구하고 은행들이 재벌에 대해 계열사 지급보증에 근거해 대규모 대출을 해준 것은, 바로 앞에서 언급된 암묵적 보험체계 하에서 단일의 대규모 경제실체로서의 재벌은 망하지 않는다는 현실인식에 근거한 것이라고 볼 수 있다(정병휴 · 양영식, 1992:108~109). 또한 국가에 의한 경제위기 관리체계 하에서 은행들도 부실시에는 한은특융, 평상시에는 수익을 보장해주는 예대금리차 등의 방법으로 기업으로서의 안정성을 정부에 의해 보장받고 있었기 때문에 대출의 부

대규모기업집단의 채무보증에 대한 규제의 변천

- 1993년 개정 공정거래법에서 최초로 대규모기업집단의 채무보증한도에 대한 규제 도입, 자기자본의 200% 이내로 제한.
- 1996년말 개정된 '공정거래법'에서 대규모기업집단 계열사의 채무보증한도액이 종전 자기자본의 200%에서 100%로 하향 조정.
- 1998년 4월 1일 여신관리규정 개편에 따라 계열사의 신규 채무보증에 의한 여신 취급이 금지됨.
- 1999년 2월 개정 '공정거래법'에서 ① 대규모기업집단 소속 회사에 대하여 1999년 4월부터 신규 채무보증을 금지하고, ② 기존의 채무보증은 원칙적으로 2000년 3월 말까지 해소하며, ③ 1999년 대규모기업집단은 종전 규정에 의하여 3월 말까지 계열사에 대한 채무보증을 자기자본의 100% 이내로 축소.

실화 자체에 대해 심각하게 염려하지 않아도 되었다(원승연, 1996:70).

■ 따라서 계열사간 채무보증을 매개로 한 재벌부문으로의 편중 여신과 재벌부문에 의한 과도한 경제력집중은 긴밀한 상호의존적 관계를 맺어 왔다. 이런 구조는 사실상 은행의 주인인 정부가 그것을 인정하지 않고 받아들이지 않았다면 불가능한 것이었다.

■ 고속 성장에 소요되는 막대한 자금의 많은 부분을 인플레 경제 하에서 가급적 차입을 통하여 조달하는 한편, 재벌들은 성장과 신규사업 진출에 소요되는 자기자본의 많은 부분을 계열사 자금의 출자라는 방식을 통해 조달하였다. 이를 통해 재벌 총수는 외형상 부채비율을 일정 수준에서 유지하여 금융기관 대출시 요구되는 재무적 안정성을 충족시킬 수 있었다. 아울러 빠른 성장에 요구되는 자본규모의 급격한 확대를 따라가지 못하는 데 따른 자기지분율 저하에도 불구하고 내부지분율을 안정되게 유지함으로써 계열사들에 대한 소유지배를 계속적으로 유지시켜 나갈 수 있었다(이 책의 제6장 참조).

■ 〈표 7-14〉에는 30대 재벌의 타회사 출자총액 관련 자료가 제시되어 있다. 30대 재벌 소유 순자산액에 대한 타회사출자액의 비율은 1987년 4월 43.6%이다. 이 수치는 점차 감소하여 1997년 4월에는 27.5%까지 낮아진다. 비율의 이와 같은 저하는 전적으로 정부의 출자총액 제한 관련 정책이 점차 강화된 데 연유한다. 정부는 1987년 4월 1일 시행한 '공정거래법'에서 계열사 자금에 의한 재벌의 무리한 기업확장을 방지하기 위해 최초로 타회사출자총액을 순자산액의 40% 이내로 제한하였고, 1994년 12월 개정 공정거래법에서 출자한도 비율을 재차 25%로 인하하였다.[12]

〈표 7-14〉 30대재벌의 타회사 출자총액 추이

(단위 : 10억 원, %)

	순자산액	타회사출자액	비율(B/A)
1987.4	7458	3257	43.6
1988.4	9430	3569	43.6
1989.4	13460	4401	32.7
1990.4	18334	5890	32.1
1991.4	21248	6747	31.8
1992.4	25820	7435	28.8
1993.4	29145	8158	28.0
1994.4	36100	9683	26.8
1995.4	42884	11292	26.3
1996.4	54830	13572	24.8
1997.4	61343	16784	27.5

자료 : 김상조(1999), 233쪽 〈표 7-2〉에서 인용.
주 1) 1992년까지는 1987년 지정 29개 재벌 기준임.
2) 순자산액=자본총계-(부채총계+국고보조금+계열사로부터의 액면가액 기준 출자금액).

■ 타회사출자는 동일 재벌 계열사에 대한 출자뿐 아니라 비계열사에 대한 출자도 포함되는데, 1990년의 경우 타회사출자총액 중에서 계열사간 출자액이 차지하는 비중은 5대 재벌의 경우 92.9%, 29대 재벌의 경우 89.0%로서 타회사출자액의 거의 대부분이 동일 재벌내 계열사에 대한 출자이며, 상위 재벌일수록 계열사에 대한 출자비율이 높다(정병휴·양영욱, 1992:96, 〈표3-9〉 참조).

12) 출자총액 제한은 1998년 2월 제6차 '공정거래법' 개정시 폐지되었다. 폐지 이유는 구조조정의 촉진과 적대적 인수합병의 허용에 따른 역차별 발생의 시정이었다.

3. 5대재벌의 자본구성

3.1. 5대재벌의 자본구성의 특징

3.1.1. 1995년부터 1997년까지 3년간 평균치를 보면, 5대재벌 비금융기업의 총자본은 205조 7,198억 원으로, 이는 5대재벌 이외 비금융기업 전체(이하 비5대재벌)의 총자본 540조 4,159억 원의 0.38배이다. 이 수치는 1995년 0.34배에서 1997년에는 0.42배로 커졌다 (〈표 7-15〉 참조).

■ 총자본의 자기자본과 타인자본 구성비는 5대재벌이 21.3 : 78.7이며, 비5대재벌이 22.6 : 77.4로 5대재벌의 자기자본 구성비율이 비5대재벌보다 다소 낮다.

■ 자기자본 중에서 기업이윤의 내부축적을 보여주는 이익잉여금의 총자본에 대한 비율은 5대재벌이 6.0%, 비5대재벌이 6.3%로. 5대재벌이 다소 낮다.

■ 타인자본 중 이자발생부채(차입금+사채)의 비중을 보면 5대재벌의 경우 총자본 대비

〈표 7-15〉 5대재벌의 자본구성

(단위 : 10억 원, 배, 구성비 %, % 포인트)

	1995			1996			1997			3개년 평균		
	5대 재벌 (A)	5대 재벌 이외(B)	A/B	5대 재벌 (A)	5대 재벌 이외(B)	A/B	5대 재벌 (A)	5대 재벌 이외(B)	A/B	5대 재벌 (A)	5대 재벌 이외(B)	A/B
총자본	155651.1	459609.8	0.34배	193793.6	519308.3	0.37배	267714.6	642329.5	0.42배	205719.8	540415.9	0.38배
구성비	100.0	100.0	A-B	100.0	100.0	A-B	100.0	100.0	A-B	100.0	100.0	A-B
자기자본	24.6	24.7	-0.1	22.0	23.3	-1.4	17.4	19.7	-2.3	21.3	22.6	-1.2
이익잉여금	7.2	7.9	-0.7	6.3	6.5	-0.2	4.6	4.4	0.1	6.0	6.3	-0.3
타인자본	75.4	75.3	0.1	78.0	76.7	1.4	82.6	80.3	2.3	78.7	77.4	1.2
이자발생부채	45.3	45.2	0.1	48.7	48.5	0.2	64.1	44.1	20.0	52.7	46.0	6.7
차입금	30.7	36.0	-5.3	32.3	39.1	-6.9	39.4	37.0	2.4	34.1	37.4	-3.3
사채	14.6	9.2	5.4	16.4	9.4	7.0	24.7	7.1	17.6	18.6	8.6	10.0

자료 : 한국신용평가정보(주) KIS-Line 재무자료(합산재무제표) ; 한국은행, 《기업경영분석》.

주 1) '5대재벌'의 수치는 개별 그룹의 비금융보험계열사 합산재무제표로부터, '5대재벌 이외'의 수치는 《기업경영분석》 상 비금융보험기업 합계 자료에서 5대재벌의 해당 수치를 빼서 얻은 값임.

2) 한국은행, 《기업경영분석》 대상업체는 농림수산업, 금융보험업 및 매출액 10억 원 미만의 영세업체 등을 제외한 영리법인기업을 모집단으로 하고 있다. 1996년의 경우 모집단이 전체 법인기업에서 차지하는 비중은 매출액 기준 91.1%이다. 5대재벌의 경우 농림수산업에 종사하는 계열사가 없으며 또 모든 계열사가 법인 형태이므로, 《기업경영분석》 상의 전체 기업 자료를 5대재벌(비금융보험업 제외)이 속하는 비교 기준 모집단으로 상정하는 데 별 문제가 없다.

3) 반올림으로 인해 끝자리 숫자구조가 정확히 일치하지 않을 수 있다.

비중이 52.7%로 비5대재벌의 46.0%보다 6.7% 포인트나 크다. 이자발생부채 중 차입금의 비중은 5대재벌이 오히려 낮음에도 불구하고 사채(社債)의 비중이 18.6%로 비5대재벌의 8.6%보다 10.0% 포인트나 월등히 크다.

3.1.2. 〈표 7-16〉에는 이자발생부채의 세부구성 내역이 제시되고 있다. 먼저 이자발생부채 가운데 외화차입금이 차지하는 비중이 1995년 16.9%이던 것이 계속 높아져 1997년에는 22.8%에 이른 점이 눈에 띈다. 반대로 국내차입금의 비중은 1994년 83.1%에서 1997년에는 77.2%로 낮아지고 있다.

■ 국내차입금의 구성은 큰 변화를 보이지 않고 있다. 국내차입금 비중의 감소는 거의 대부분이 국내단기차입금 구성의 감소로부터 비롯되고 있어, 분석기간 동안 5대재벌의

〈표 7-16〉 5대재벌의 이자발생부채 세부 구성의 추이

(단위 : 구성비 %)

	1994	1995	1996	1997
국내단기차입금	34.3	33.0	28.3	27.8
국내장기차입금	13.9	17.4	18.4	17.4
사채	30.5	32.7	26.3	32.0
국내차입금 계	78.7	83.1	80.4	77.2
외화단기차입금	6.5	5.2	7.6	8.7
외화장기차입금	14.8	11.6	12.0	14.1
외화차입금 계	21.3	16.9	19.6	22.8
이자발생부채 총계	100.0	100.0	100.0	100.0

자료 : 한국신용평가정보(주) KIS-Line 재무자료를 이용하여 작성.
주 : 장기와 단기의 구분은 발생 기준이다. 즉 유동성차입금과 유동성사채는 장기로 분류하였다.

〈표 7-17〉 5대재벌의 이자발생부채의 만기구조 추이

(단위 : 구성비 %)

	1994	1995	1996	1997
국내단기차입금	34.3	33.0	28.3	27.8
외화단기차입금	6.5	5.2	7.6	8.7
단기차입금 계	40.8	38.2	35.9	36.5
국내장기차입금	44.4	50.1	44.7	49.4
외화장기차입금	14.8	11.6	12.0	14.1
장기차입금 계	59.2	61.7	56.7	63.5
이자발생부채 총계	100.0	100.0	100.0	100.0

자료 : 한국신용평가정보(주) KIS-Line 재무자료를 이용하여 작성.
주 1) 장기와 단기의 구분은 발생 기준이다. 즉 유동성차입금과 유동성사채는 장기로 분류하였다.
2) 국내장기차입금에는 사채가 포함된다.

국내차입금 만기구조가 다소 장기화되는 경향을 보이고 있다.

■ 외화차입금은 장기와 단기 모두 이자발생부채에 대한 구성비가 증가하고 있다. 단기외화차입금의 비중은 1995년 5.2%에서 1997년에는 8.7%로 3.5% 포인트 증가하고, 장기 외화차입금의 비중은 1995년 16.9%에서 1997년 22.8%로 5.9% 포인트 증가한다.

■ 〈표 7-17〉은 〈표 7-16〉을 만기 기준으로 재작성한 것이다. 단기차입금 구성비는 1994년 40.8%에서 1997년에는 36.5%로 4.3% 포인트 줄어들어 만기구조가 다소 장기화되었다. 단기차입금 구성의 감소는 전적으로 국내단기차입금의 구성비 감소에서 비롯된다. 외화단기차입금의 구성비는 1994년의 6.5%에서 1997년 8.7%로 높아졌다.

3.2. 재무비율로 본 5대재벌의 자본구성 및 재무적 안정성

3.2.1. 1995년에서 1997년의 3개년 평균 자기자본비율은 5대재벌이 21.7%로 비5대재벌의 22.5%보다 다소 낮다.

〈표 7-18〉 5대재벌의 자본구조 및 재무적 안정성 관련 재무지표

(단위 : %, %포인트)

		1995	1996	1997	3개년 평균
자기자본비율	5대재벌(A)	25.1	22.3	17.8	21.7
	5대재벌 이외(B)	24.6	23.3	19.6	22.5
	A-B	0.5	-1.0	-1.8	-0.8
부채비율	5대재벌(A)	320.4	364.3	485.4	390.0
	5대재벌 이외(B)	300.4	325.5	403.2	343.0
	A-B	20.4	38.8	82.2	47.0
차입금의존도	5대재벌(A)	45.6	48.8	56.3	50.2
	5대재벌 이외(B)	40.1	42.5	47.6	43.4
	A-B	5.6	6.3	8.7	6.8
고정비율	5대재벌(A)	213.6	252.8	291.3	252.6
	5대재벌 이외(B)	212.5	230.0	257.0	233.1
	A-B	1.1	22.8	34.3	19.5
금융비용부담률	5대재벌(A)	3.9	4.0	4.3	4.1
	5대재벌 이외(B)	5.1	5.0	5.2	5.1
	A-B	-1.2	-1.0	-0.9	-1.0

자료 : 한국신용평가정보(주) KIS-Line 재무자료; 한국은행, 《기업경영분석》, 각호.

주 1) 차입금의존도=(장단기차입금+사채)/총자본, 고정비율=(고정자산+투자자산)/자기자본, 금융비용부담률=금융비용/매출액, 단위는 모두 %.

2) 5대재벌 평균치를 구할 때, 자기자본비율 및 부채비율은 각 재벌의 자기자본을, 차입금의존도는 차입금을, 고정비율은 총자본을, 금융비용부담률은 매출액을 가중치로 채택.

■ 최근으로 오면서 5대재벌과 비5대재벌 모두 재무적 안정성이 저하되고 있다. 5대재벌의 자기자본비율은 1995년 25.1%에서 1997년에는 17.8%로 낮아지고 부채비율은 320.4%에서 485.4%로 크게 높아진다. 비5대재벌의 자기자본비율도 1995년 24.6%에서 1997년에는 19.6%로 낮아지며 부채비율은 300.4%에서 403.2%로 높아진다. 5대재벌의 재무적 안정성이 비5대재벌에 비해 더 빠르게 낮아졌다.

3.2.2. 총자본 중에서 이자발생부채의 비중을 나타내는 차입금의존도는 5대재벌이 50.2%로 비5대재벌의 43.4%보다 6.8% 포인트 높다. 금융기관차입금의 비중은 두 집단간에 큰 차이가 없으나 5대재벌의 사채의존도가 비5대재벌에 비해 현저히 높다.

3.2.3. 고정성이 높은 자산(고정자산과 투자자산)을 안정성이 높은 자본(자기자본)이 지지하는 정도(의 역수)를 나타내는 고정비율은 5대재벌이 252.6%로 비5대재벌에 비해 높으며, 그 차이 정도가 최근으로 오면서 확대되고 있다.

■ 이 기간 동안 자기자본의 연평균 증가율은 5대재벌이 10.5%, 비5대재벌이 5.7%이며, 두 집단의 고정자산+투자자산의 증가율은 자기자본의 증가율을 훨씬 웃도는 29.7%, 17.1%였다. 5대재벌이 상대적으로 타인자본에 더 높게 의존하여 자산을 증가시킨 결과, 1995년에는 거의 차이가 없던 고정비율이 1997년에 와서는 5대재벌의 고정비율이 비5대재벌에 비해 크게 높아져 안정성이 더 크게 저하되었다.

〈표 7-19〉 비금융기업의 고정자산 중 유형자산 스톡 추이 (단위 : 10억 원, %, % 포인트)

	1994		1995		1996		1997		평균
	규모	증가율	규모	증가율	규모	증가율	규모	증가율	증가율
5대재벌(A)	43473	19.1	54556	25.5	74775	37.1	93621	25.2	29.1
5대재벌 이외(B)	162198	17.6	183385	13.1	207513	13.2	242215	16.7	14.3
비중 및 (A-B)	비중 21.1	1.5	비중 22.9	12.4	비중 26.5	23.9	비중 38.7	8.5	14.8

자료 : 한국신용평가정보(주) KIS-Line 재무자료; 한국은행, 《기업경영분석》, 각호.
주 : 비중은 100×A/(A+B)의 값임.

〈표 7-20〉 비금융기업의 투자자산 스톡 추이 (단위 : 10억 원, %, % 포인트)

	1994		1995		1996		1997		평균
	규모	증가율	규모	증가율	규모	증가율	규모	증가율	증가율
5대재벌(A)	19638	21.2	25972	32.3	32556	25.4	41792	28.4	28.6
5대재벌 이외(B)	70302	28.9	82779	17.7	101494	22.6	122561	20.8	20.3
비중 및 (A-B)	비중 54.6	-7.7	비중 23.9	14.6	비중 24.3	2.8	비중 25.4	7.6	8.3

자료 : 한국신용평가정보(주) KIS-Line 재무자료; 한국은행, 《기업경영분석》, 각호.
주 : 비중은 100×A/(A+B)의 값임.

3.2.4. 매출액에 대한 금융비용 부담 정도를 측정하는 금융비용부담률은 손익관련 지표이면서 또한 경영의 안정성 및 불황에 대한 저항력을 나타내는 재무지표이다. 일반적으로 매출이 부진하면 현금흐름이 악화되면서 차입금 및 금융비용이 증가한다. 그 결과 금융비용부담률이 높아지며 기업은 재무적 안정성의 저하를 겪게 된다.

■ 5대재벌의 동 비율의 평균치는 4.1%로서 비5대재벌의 5.1%에 비해 낮다. 그러나 최근으로 오면서 그 값이 높아지고 있다. 이는 이 기간 동안 매출액 증가율은 둔화된 반면 이자발생부채의 증가율이 빠르게 높아지고 그 결과 매출액 대비 이자발생부채의 비율이 1995년 36.3%에서 1997년에는 60.5%로 급격하게 높아진 데 따른 것이다. 비5대재벌은 매출액과 이자발생부채의 증가율이 비슷하여 이 비율이 큰 변화를 보이지 않고 있다(〈표 7-21〉 참조).

〈표 7-21〉 비금융기업의 이자발생부채와 매출액 추이

(단위 : 10억 원, %, % 포인트)

		1995		1995		1995		평균
		규모	증가율	규모	증가율	규모	증가율	증가율
5대 재벌	매출액(A)	194000.0	33.5	235914.1	21.6	283561.8	20.2	20.9
	이자발생부채(B)	70479.0	27.7	94433.8	34.0	171435.4	81.5	56.0
	B/A	36.3	-	40.0	-	60.5	-	-
5대 재벌 이외	매출액(C)	386405.7	14.7	443275.0	11.4	493850.1	19.8	13.1
	이자발생부채(D)	207846.3	4.6	252323.6	21.4	283701.6	12.4	16.8
	D/C	53.8	-	56.9	-	57.4	-	-

자료 : 한국신용평가정보(주) KIS-Line 재무자료; 한국은행, 《기업경영분석》, 각호.

4. 재무원천별 자금조달

4.1. 자금조달 규모

4.1.1. 5대재벌의 연간 자금조달 규모는 1994년 19조 2,315억 원에서 1997년에는 58조 4,801억 원으로, 3년 동안에 연평균 44.9%(기하평균)의 속도로 증가하여 규모가 3.0배가 되었다. 같은 기간 동안에 비5대재벌의 자금조달 규모는 1994년 68조 7,810억 원에서 1997년 123조 9,774억 원으로 1.8배로 늘어났는데, 그 연평균 증가율은 21.7%이다(〈표 7-22〉 참조).

■ 그 결과 5대재벌의 자금조달액이 전체 기업의 자금조달에서 차지하는 비중은 1994년의 21.9%에서 1997년에는 32.1%로 높아졌다.

〈표 7-22〉 5대재벌의 연간 자금조달 규모

(단위 : 10억 원, %, %포인트)

	1994			1995			1996			1997		
	5대재벌(A)	5대재벌 이외(B)	A-B	5대재벌(A)	5대재벌 이외(B)	A-B	5대재벌(A)	5대재벌 이외(B)	A-B	5대재벌(A)	5대재벌 이외(B)	A-B
자금조달액	19231.5	68781.0	-	37621.8	71931.3	-	43779.0	68427.7	-	58480.1	123977.4	-
전년비 증가율	-	-	-	95.6	4.6	91.0	16.4	-4.9	21.3	33.6	81.2	-47.6
5대재벌 비중	21.9			34.3			39.0			32.1		
5대재벌 매출액 비중	27.3			30.4			32.3			32.4		

자료 : 한국신용평가정보(주) KIS-Line 재무자료; 한국은행, 《기업경영분석》, 각호.

주 1) 《기업경영분석》 상 전체 비금융보험기업 자금조달액에서 '타인자금 중 기타' 항목의 내역을 확인할 수 없어 이를 제외한 금액을 전체 비금융보험기업 자금조달액으로 함.

2) 내부자금=당기순이익−배당금의 지급+자산상각비+충당금.

3) 자기자금=내부자금+유상증자.

4) 5대재벌 비중=100×A/(A+B)는 《기업경영분석》 상 비금융보험 기업 전체의 자금조달액에 대한 5대재벌 자금조달액의 비중임.

4.1.2. 이 기간 동안 5대재벌의 자기자본 조달액은 1994년 11조 8,551억 원에서 1997년에는 27조 7692억 원으로 연평균 32.8%의 속도로 증가하였다. 반면에 비5대재벌의 경우에는 1994년 32조 4,913억 원에서 3년 후인 1997년에는 오히려 크게 줄어든 27조 7,692억 원에 그치고 있다.

■ 이 기간 동안 기업들은 자금조달에서 이자발생 타인자본에 훨씬 크게 의존하였다. 5대재벌의 경우 이자발생 타인자본의 3년 연평균 증가율이 81.6%, 비5대재벌의 경우에도 50.8%에 이르고 있다. 5대재벌의 이자발생 타인자본 조달액의 크기는 1994년 5조 8,987억 원에서 1997년 35조 3,274억 원으로 6.0배로 커지고, 비5대재벌의 경우에도 1994년 24조 4,936억 원에서 1997년에는 83조 9,330억 원으로 3.4배로 커진다(〈표 7-23〉 참조). 그 결과 이 기간 동안 5대재벌, 비5대재벌 할것없이 재무구조가 빠르게 악화되었다.

〈표 7-23〉 5대재벌의 자기자금과 이자발생타인자금 조달

(단위 : 10억 원, 배, %, %포인트)

	1994			1995			1996			1997			평균 증가율	
	5대재벌 (A)	5대재벌 이외(B)	A/B	5대재벌 (A)	5대재벌 이외(B)	A/B	5대재벌 (A)	5대재벌 이외(B)	A/B	5대재벌 (A)	5대재벌 이외(B)	A/B	A	B
자금조달액 (C)	19231.5	68781.0	0.28	37621.8	71931.3	0.52	43779.0	68427.7	0.63	58480.1	123977.4	0.47	44.9	21.7
자기자금 조달액(D)	11855.1	32491.3	0.36	19969.5	32679.4	0.61	17124.5	26930.8	0.64	19110.8	27769.2	0.69	32.8	-5.1
전년비 증가율	-	-	-	68.4	0.6	-	-14.2	-17.6	-	11.6	22.4	-	-	-
이자발생 타인자금 조달액(E)	5898.7	24493.6	0.24	14963.8	29731.8	0.51	22145.8	35535.8	0.62	35327.4	83933.0	0.42	81.6	50.8
전년비 증가율	-	-	-	153.7	21.4	-	48.0	19.5	-	59.5	136.2	-	-	-

자료 : 한국신용평가정보(주) KIS-Line 재무자료; 한국은행, 《기업경영분석》, 각호.

4.1.3. 우리나라 경기는 1993년 1월을 제6순환의 저점으로 출발하여(통계청, 《경기종합지수》, 각호) 약 3년 동안의 확장 국면을 거친 후 1996년 3월부터 하강국면으로 전환된다. 1996년부터 기업들의 매출액 증가가 둔화되고 순이익 규모가 급격히 축소되기 시작한다. 이에 따라 매출액순이익률이 빠르게 낮아지는데, 특히 비5대재벌의 위축이 심했다(〈표 7-24〉 참조). 그에 따라 내부자금 조달 규모가 급격히 위축되자 상대적으로 자본시장 접근이 어려웠던 비5대재벌 기업들은 소요자금의 많은 부분을 차입에 의존하여 조달하였다.

〈표 7-24〉 5대재벌의 매출액 증가 및 순이익 추이

(단위 : 10억 원, %)

	1994		1995		1996		1997		평균	
	5대재벌(A)	5대재벌 이외(B)	5대재벌(A)	5대재벌 이외(B)	5대재벌(A)	5대재벌 이외(B)	5대재벌(A)	5대재벌 이외(B)	A	B
매출액 증가율	18.7	17.6	33.5	14.7	21.6	11.4	20.2	19.8	25.0	15.2
당기순이익	2632.0	7221.7	5819.6	6979.3	1293.9	2544.7	37.3	-7290.9	-	-
매출액순이익률	1.81	1.86	3.00	1.58	0.55	0.52	0.01	-2.57	1.34	0.35

자료 : 한국신용평가정보(주) KIS-Line 재무자료; 한국은행, 《기업경영분석》, 각호.

4.1.4. 5대재벌은 외부차입 위주의 왕성한 자금조달을 통해 유형자산과 투자자산에 대한 활발한 투자를 행하였다. 1995년부터 1997년 3년간 유형자산의 연평균 증가율은 29.1%로 비5대재벌의 14.3%의 2배를 넘고 있다. 투자유가증권 및 관계회사유가증권을 주요 계정요소로 포함하는 투자자산의 연평균 증가율도 5대재벌이 28.6%로 비5대재벌에 비해 8.3% 포인트 높다(〈표 7-19〉 참조).

4.2. 원천별 자금조달의 구성

4.2.1. 1995년부터 1997년 3개년 평균 5대재벌은 조달자금의 41.6%를 자기자금으로, 나머지 58.4%를 타인자금으로 조달하였다. 이에 비해 비5대재벌은 각각 35.7%와 64.3%를 조달하여, 5대재벌이 비5대재벌에 비해 자기자금조달 의존비중이 5.9% 포인트 높다(〈표 7-25〉 참조).

■ 내부자금의 비중은 5대재벌이 35.5%, 비5대재벌이 34.2%로 별 차이를 보이지 않는다. 반면에 유상증자는 5대재벌이 6.1%, 비5대재벌이 1.5%로 전자가 후자보다 크게 높다. 이는 5대재벌의 계열사 중에서 대기업을 중심으로 상장되어 있는 비율이 높고 계열사간 상호출자에 의한 증자의 기회이용 등 전반적으로 5대재벌의 주식자금에 대한 접근도가 용이한 현실을 반영하는 것이다.

■ 5대재벌과 비5대재벌의 타인자금조달 의존도는 각각 58.4%와 64.3%인데, 각각에서 이자발생 타인자금(사채+차입금)과 비이자발생 타인자금(매입채무)의 구성은 5대재벌이 86.1 : 13.9, 비5대재벌이 83.4 : 16.6으로 비5대재벌이 상거래신용에 의존하는 정도가 다소 높다.

■ 자금조달에 있어 직접금융의존도(유상증자+회사채)는 5대재벌이 26.2%, 비5대재벌이 7.2%로 5대재벌이 월등히 높다. 간접금융의존도는 5대재벌이 30.1%, 비5대재벌이 47.9%로 후자가 전자보다 크게 높다. 이는 두 집단의 자본시장에 대한 접근도의 차이를 반영하는 것이다.

〈표 7-25〉 5대재벌의 조달자금의 원천별 구성

(단위 : %, 구성비 %)

	1995			1996			1997			3개년 평균		
	5대재벌(A)	5대재벌 이외(B)	A-B	5대재벌(A)	5대재벌 이외(B)	A-B	5대재벌(A)	5대재벌 이외(B)	A-B	5대재벌(A)	5대재벌 이외(B)	A-B
구성비	100.0	100.0		100.0	100.0		100.0	100.0		100.0	100.0	
자기자금	53.1	47.2	5.9	39.1	39.4	-0.3	32.7	22.4	10.3	41.6	35.7	5.9
내부자금	45.0	43.3	1.7	31.9	37.6	-5.7	29.6	21.2	8.4	35.5	34.2	1.3
유상증자	8.0	3.9	4.1	7.2	1.7	5.5	3.1	1.2	1.9	6.1	1.5	4.6
타인자금	46.9	52.8	-5.9	60.9	60.6	0.3	67.3	77.6	-10.3	58.4	64.3	-5.9
사채+차입금	39.8	35.6	4.2	50.6	51.9	12.3	60.4	67.7	8.6	50.3	53.6	-3.4
사채	15.4	5.3	10.1	20.2	9.0	11.2	24.7	5.0	19.7	20.1	5.7	14.4
차입금	24.4	30.3	-5.9	30.3	42.9	1.1	35.7	62.7	-11.0	30.1	47.9	-17.8
상거래신용	7.1	17.2	-10.1	10.3	8.7	1.6	6.9	9.9	-3.0	8.1	10.6	-2.5

자료 : 한국신용평가정보(주) KIS-Line 재무자료; 한국은행, 《기업경영분석》, 각호.

주 : 《기업경영분석》 상에서는 단기차입금 계정에서 유동성사채가 별도 항목으로 분류되어 있지 않다. 따라서 분석에서 비금융기업 전체 자금조달액 가운데 유동성사채를 포함하고 있는 단기차입금 항목의 금액을 모두 차입금으로 처리하였다. 그 결과 비5대재벌의 사채 자금조달액이 그만큼 과소평가되고 있다.

4.2.2. 〈표 7-26〉에는 5대재벌의 국내외로부터의 이자발생타인자금 조달구조가 나타나 있다. 먼저 국내외 자금조달 구성을 살펴보면, 총 타인자금조달액 가운데 국내자금이 차지하는 비중은 1994년 72.7%에서 1995년 69.2%, 1996년 63.5%로 빠른 속도로 낮아지고 반대로 그만큼 외화자금조달의 비중은 높아진다. 이렇게 줄어들던 국내자금조달 비중은 1997년에는 88.0%로 급격하게 높아지고 외화자금조달 비중은 1996년의 36.5%에서 12.0%로 급락하였다.

■ 1997년 국내 경제의 불안과 신용도의 급락에 따라 5대재벌의 경우에도 기존 차입금의 차환과 신규 장기외화차입이 어렵게 되어 장기외화자금조달이 급감하였다. 장기외화자금의 6조 219억 원에 달하는 대규모 순상환은 부분적으로 외화단기자금 조달(2조 5566억 원)에 의해 보충되었다. 외화장기차입금 상환 규모의 증가는 부분적으로 신용하락으로 인한 대출한도의 축소에 따른 차입금의 조기상환 현상을 반영하는 것으로 보인다(〈표 7-26〉 참조).

〈표 7-26〉 5대재벌의 이자발생타인자금 조달(순증 기준) 세부 구성의 추이

(단위 : 구성비 %, 10억 원)

	1994	1995		1996		1997	
	구성비	구성비	증가율	구성비	증가율	구성비	증가율
국내단기자금조달	21.7	19.3	n.a	13.6	4.8	29.3	259.7
국내장기자금조달	51.0	49.9	134.2	49.9	48.6	58.7	95.8
장기차입금	-1.0	9.0	2349.0	7.8	29.7	17.4	268.8
회사채	52.0	40.9	88.5	42.1	52.7	41.3	63.5
국내자금조달 계(A)	72.7	69.2	n.a	63.5	36.4	88.0	130.8
외화단기자금조달	n.a	1.0	n.a	16.4	2270.0	17.2	74.2
외화장기자금조달	27.3	29.8	162.0	20.1	0.0	-5.2	-143.0
외화자금조달 계(B)	27.3	30.8	n.a	36.5	75.7	12.0	-45.3
A+B(%)	100.0	100.0	-	100.0	-	100.0	-
A+B(10억원)	5898.7	14128.6	139.5	20983.0	48.5	34953.1	66.6

자료 : 한국신용평가정보(주) KIS-Line 재무자료를 이용하여 작성.

주 1) 현금흐름표 상에는 국내단기차입금조달액과 외화단기차입금조달액이 구분되지 않고 단기차입금이라는 단일 항목으로 나타나 있다. 그래서 대차대조표 상에서 외화단기차입금의 증분을 구해서 이를 현금흐름표상의 외화단기차입금조달액으로 보고, 이를 이용해서 국내외 각각의 단기차입금조달액을 구하여 이용하였다.[13]

2) 1994년의 국내단기자금조달에는 외화단기자금조달이 포함되어 있다.

3) 자금의 만기 구분은 발생기준으로 하였다. 즉, 유동성차입금이나 유동성사채는 장기자금으로 구분하였다.

〈표 7-27〉 1996~1997년 5대재벌의 외화자금 조달과 상환

(단위 : 구성비 %, 10억 원)

	1996(A)	1997(B)	B - A
외화단기차입금 조달(순증)	3445.1	6001.7	2556.6
외화장기차입금 조달(순증)	4212.6	-1809.3	-6021.9
외화장기차입금 조달	6444.5	1709.0	-4735.5
유동성외화장기차입금 상환	1394.7	2144.5	749.8
외화장기차입금 상환	837.2	1373.8	536.6
장·단기 외화자금 조달(순증)	7657.7	4192.4	-3465.3

자료 : 한국신용평가정보(주) KIS-Line 재무자료를 이용하여 작성.

13) 대차대조표상 외화단기차입금 항목에는 무역금융도 포함되어 있는데, 이를 차입금 성격으로 보기에는 무리가 있다는 지적이 있다.

■ 국내조달자금의 만기구성에 뚜렷한 구성 변화가 관찰된다. 〈표 7-26〉을 보면 이자발생타인자금 조달총액 가운데 국내단기자금의 비중은 1996년 13.6%까지 낮아졌다가 1997년에 와서는 29.3%로 15.7% 포인트나 급증하여 국내차입금 만기구조가 단기화되고 있다(〈표 7-26〉 및 〈표 7-17〉 참조).

4.2.3. 〈표 7-28〉에는 5대재벌과 30대 재벌의 조달자금 구성이 비교되어 있다. 5대재벌이 30대 재벌에 비해 자기자금 구성 비중이 한결 높다. 1994년 5대재벌의 자기자금 비중은 66.8%로 30대 재벌의 42.4%보다 24.4% 포인트나 높다. 이 비중은 시간이 지남에 따라 5대재벌이나 30대 재벌이나 급속히 낮아져, 1996년에 5대재벌은 43.6%, 30대 재벌은 23.7%로 낮아지나 두 집단간의 차이는 19.9% 포인트로 여전히 크다. 30대 재벌 안에 이미 5대재벌의 실적이 포함되어 있는 점을 감안하면 6~30대 재벌이 타인자금조달에 의존한 정도는 〈표 7-28〉의 30대 재벌 관련 수치를 훨씬 능가할 것이다.

■ 내부자금 및 유상증자 조달 의존도 모두 5대재벌이 30대 재벌보다 크게 높다. 특히 유상증자의존도는 현저한 차이를 보인다. 30대 재벌의 유상증자 비중이 1% 수준의 낮은 값이라면, 6~30대 재벌의 자금조달은 내부자금 일부를 제외하고는 거의 대부분이 이자발생타인자금(차입금+사채)에 의해 이루어졌다는 말이 된다.

〈표 7-28〉 5대재벌과 30대 재벌의 조달자금의 원천별 구성 비교

(단위 : %, %포인트)

	1994			1995			1996		
	5대재벌 (A)	30대재벌 (B)	A-B	5대재벌 (A)	30대재벌 (B)	A-B	5대재벌 (A)	30대재벌 (B)	A-B
구성비	100.0	100.0		100.0	100.0		100.0	100.0	
자기자금	66.8	42.4	24.4	57.2	38.2	19.0	43.6	23.7	19.9
내부자금	56.8	41.2	15.6	48.5	36.8	11.7	35.6	22.4	13.2
유상증자	10.0	1.2	8.8	8.7	1.4	7.3	8.0	1.3	6.7
이자발생타인자금	33.2	57.5	-24.4	42.8	61.8	-19.0	56.4	76.3	-19.9

자료 : 5대재벌 자료는 한국신용평가정보(주) KIS-Line 재무자료를 이용하여 작성; 30대재벌 자료는 김동원(1998), 407쪽 〈표 9〉에서 인용.

4.3. 평균차입금리

■ 1994년부터 1997년까지 4년간의 5대재벌의 이자부 타인자금조달 평균표면금리(평균차입금리)는 11.10%로 비5대재벌의 11.30%보다 0.20% 포인트 낮다(〈표 7-29〉 참조).

■ 5대재벌 내에서는 삼성이 4개년 평균차입금리가 9.20%로 가장 낮고, LG가 10.65%, 대우와 SK가 각각 11.97%, 11.93%이며, 현대가 12.15%로 가장 높다.

〈표 7-29〉 5대재벌의 평균차입금리

(단위 : %, % 포인트)

	1994	1995	1996	1997	4개년 평균
현대	12.08	12.92	12.98	10.62	12.15
삼성	9.70	9.93	9.11	8.04	9.20
대우	11.51	11.74	12.00	12.63	11.97
LG	11.08	11.80	10.77	8.94	10.65
SK	11.70	12.96	12.62	10.44	11.93
5대재벌 평균(A)	11.24	11.74	11.42	10.00	11.10
비금융업 전체(B)	11.53	11.95	11.34	10.36	11.30
A-B	-0.29	-0.21	0.08	-0.36	-0.20
은행금리	8.5~12.5	9.0~12.5	11.10	15.32	-
회사채 금리	12.9	13.8	11.9	13.4	13.0

자료 : 한국신용평가정보(주) KIS-Line 재무자료(합산재무제표); 한국은행, 《기업경영분석》; 통계청, 《한국주요경제지표》, 각호.

주 1) 5대재벌 차입금리의 평균은 차입금을 가중치로 하여 구함.

2) 은행금리는 시중은행의 프라임 레이트 연동 일반대출 금리임.

3) 회사채 금리는 잔존기간 3년물 보증부 사채의 연간 단순산술평균 수익률임.

4.4. 자금내부거래

4.4.1. 동일 재벌 소속 계열사들 사이의 자금내부거래는 자본출자와 대여-차입 두 가지 형태로 발생한다. 계열사간 자금내부거래는 대차대조표상 관계회사유가증권과 관계회사대여금 및 차입금 항목에 나타난다. 분석기간 동안 적용되던 '연결재무제표에 관한 준칙'에 따르면, 연결재무제표는 전 계열사와 관계회사를 대상으로 작성되는 것이 아니라 지분 소유 50% 이상, 대여·담보 및 지급보증의 합계가 자본금의 30% 이상, 경영정책을 지배하고 있는 것이 명백한 경우 등 제한적인 관계회사들(종속회사)만을 대상으로 작성된다. 그에 따라 앞의 조건을 충족시키는 지배회사와 종속회사 간에만 연결이 이루어지고 동일 재벌내에서 여러 개의 연결재무제표가 작성된다. 그러나 각 연결재무제표 간에는 연

결이 이루어지지 않기 때문에 동일 재벌내 상이한 연결집단간의 내부거래는 기록에서 누락될 수 있으며, 그 귀결로서 재벌 전체의 내부거래 실상을 파악하는 것이 불가능하다. 아울러 감사보고서상 내부거래에 대한 기록도 개개 내부거래가 기록되지 않고 내부거래 총액만 기록되는 경우가 많아 이 또한 내부거래 실태 파악을 어렵게 한다.

■ 〈표 7-30〉에는 재벌별 연결재무제표 작성 현황이 제시되어 있다. 5대재벌 전체로 볼 때 전체 계열사 가운데 연결에 포함된 계열회사의 비율은 56.4%에 불과하다.

〈표 7-30〉 대규모기업집단 연결재무제표 작성 현황

(단위 : 개, %)

	계열사 숫자			연결에 포함된 계열사 숫자				B/A
	국내	해외	소계(A)	지배회사	국내종속	해외종속	소계(B)	
현대	67	97	164	10	19	47	76	46.3
삼성	66	177	243	13	23	145	181	74.5
대우	30	219	249	6	13	93	112	45.0
LG	49	96	145	9	19	58	86	59.3
SK	46	41	87	6	23	17	46	52.9
계	258	630	888	44	97	360	501	56.4

자료 : 증권감독원(1998.3). 김정국·유인금(1998), 〈표 2-5〉에서 재인용.

■ 이런 사정을 감안할 때 재무제표상 포착되어 있는 내부거래는 실제 규모에 미치지 못하는 명백한 축소 편향을 갖는다. 이하 분석은 각 재벌의 단순 합산재무제표의 자료에 근거하여 이루어진다. 재벌의 합산재무제표란 재벌 비금융보험 계열사의 동일 계정항목을 단순히 합하여 작성된 재무제표이다.[14]

4.4.2. 5대재벌의 동일 재벌내 계열사간의 자본출자액과 대여 또는 차입금을 합한 자금내부거래 규모(스톡 기준, 이하 동일)는 1994년 6조 5,576억 원에서 1997년에는 15조 4,697억 원으로 2.4배가 되었다(자금내부거래 규모의 파악방법에 대해서는 〈표 7-31〉의 주 2)를 참조). 그 가운데 자본내부거래 규모는 1994년의 6조 2,459억 원에서 1997년에는 그 2.4배인 14조 9,973억 원으로 늘어났다.

■ 5대재벌의 계열사간 차입금 규모는 1994년 3,117억 원에서 1997년에는 4,724억 원으로 늘어났다.

14) 1998년 4월 개정된 '주식회사의 외부감사에 관한 법률'에 따라, 기업집단 결합재무제표의 도입 시기가 종전의 2000년 1월 1일 이후 시작되는 사업연도에서 1999년 1월 1일 이후 시작되는 사업연도로 1년 앞당겨졌다. 결합재무제표란 계열기업군 소속 모든 지배회사와 그 종속회사 및 계열회사를 대상으로 해서 작성되는 1개의 재무제표이다. 연결재무제표와 결합재무제표의 자세한 차이점에 대해서는 김정국·유인금(1998) 참조.

〈표 7-31〉 5대재벌의 계열사간 자금 내부거래 비중 (스톡 기준)

(단위 : %, 10억 원)

	1994. 12			1995. 12			1996. 12			1997. 12		
	자금 전체	대차	자본	자금 전체	대차	자본	자금 전체	대차	자본	자금 전체	대차	자본
현대	6.7	0.3	24.0	8.0	0.9	21.2	7.7	0.8	23.9	9.5	0.7	44.3
삼성	4.2	0.3	10.8	6.1	0.6	11.7	7.3	0.2	18.2	11.9	0.3	46.0
대우	12.1	0.3	44.7	16.3	0.6	54.0	19.1	1.0	59.4	11.5	0.3	48.3
LG	8.6	0.2	22.4	14.0	1.0	34.5	13.6	0.0	41.3	14.5	0.5	71.9
SK	11.8	3.0	41.7	16.4	4.6	35.0	12.5	4.1	24.7	9.4	2.0	25.2
평균	8.2	0.6	25.5	10.6	0.8	25.9	10.9	0.8	29.8	11.3	0.4	47.3
5대재벌 계	6557.6	311.7	6245.9	8268.2	384.5	7883.7	10251.1	482.1	9769.0	15469.7	472.4	14997.3
증가율	-	-	-	26.1	23.4	26.2	24.0	25.4	23.9	50.9	-2.0	53.5
매출액 1원당 자금내부거래액	0.0451	0.0021	0.0430	0.0426	0.0020	0.0406	0.0435	0.0021	0.0414	0.0546	0.0017	0.0529
계열사지분율/ 내부지분율	39.0/47.6(=0.819)			39.7/47.9(=0.829)			37.7/45.3(=0.832)			40.2/47.2(=0.852)		

자료 : 한국신용평가정보(주) KIS-Line 5대재벌 각각의 합산재무자료를 이용하여 계산; 공정거래위원회, "각년도 대규모기업집단 주식소유 현황", "각년도 대규모기업집단 채무보증 현황".

주 1) 금융보험 계열사 제외.

2) 자금 전체 내부거래 비중=100×{max(관계회사대여금, 관계회사차입금)+관계회사유가증권}/(합산자기자본+합산차입금−관계회사주식−관계회사출자금). 원리상으로 보면, 관계회사대여금과 관계회사차입금은 동일해야 한다. 그러나 대여하는 쪽에서는 대여금으로 처리하고 차입하는 쪽에서는 차입금 성격이 아닌 다른 항목으로 처리할 수 있고 또는 그 반대의 경우도 발생할 수 있기 때문에 양자가 일치하지 않는 경우가 발생하게 된다. 계열사간 자금거래를 어느 한 쪽이 내부자금거래로 인식하고 회계처리할 경우 그 거래는 내부자금거래의 성격을 갖는다고 판단하는 데 무리가 없다.

3) 대차내부거래 비율=100×{max(관계회사대여금, 관계회사차입금)+관계회사사채}/합산차입금.

4) 자본내부거래 비율=100×(관계회사주식+관계회사출자금)/(합산자기자본−관계회사주식−관계회사출자금).

5) 내부지분율은 익년도 4월 1일 현재 시점의 지분율임.

■ 1997년의 경우 전체 자금내부거래 가운데 자본거래의 비중이 96.9%로, 자본거래가 자금내부거래의 거의 대부분을 차지하고 있다. 그러나 합산재무제표상의 자금내부거래는 비금융보험 산업기업간의 자금내부거래만 포함하고 있다는 점을 고려해야 한다. 재벌의 합산재무제표 작성 과정에서 금융보험계열사가 제외되어 있고 자금거래는 산업기업과 금융보험기업 간에 본연의 업무관계로서 발생하므로, 재벌내에서 금융보험업을 포함하는 전 계열사간 자금대차거래 규모는 훨씬 크다고 보아야 한다.

■ 동일 재벌 계열사간의 자본출자액과 대여 및 차입금을 합한 자금내부거래 규모의 자기자본과 차입금 스톡에 대한 비율(〈표 7-31〉의 주 2) 참조)은 1994년 8.2%에서 꾸준히

증가하여 1997년에는 11.3%로 높아져, 이 기간 동안 재벌내에서 자금내부거래 정도가 한결 심화되었다.

■ 매출액 1원당 자금내부거래액도 자금내부거래의 심화를 반영하여 1994년의 0.0451원에서 1997년에는 0.0546원으로 21.1% 증가했다.

■ 자본내부거래 비율(〈표 7-31〉의 주 4) 참조)은 1994년의 25.5%에서 1997년에는 47.3%로 크게 높아졌는데, 이 기간 동안의 자금내부거래의 증대는 거의 대부분이 계열사간 자본내부거래로 이루어졌음을 알 수 있다.

■ 1997년 기준 자금내부거래 비율은 LG가 14.5%로 가장 높고, 삼성과 대우가 각각 11.9%, 11.5%이며, 현대와 SK가 각각 9.5%, 9.4%이다.

■ 1997년 자본내부거래 비율은 LG가 71.9%로 다른 재벌에 비해 월등히 높다. 현대, 삼성, 대우 등 상위 3대 재벌의 자본내부거래 비율은 44.3%, 46.0%, 48.3%로 엇비슷하다. SK는 다른 재벌보다 낮은 25.2%이다.

4.4.3. 1995년 초부터 1997년 말 시점까지 3개년간 각 재벌의 총자본 증가내역이 〈표 7-32〉에 제시되어 있다. 5대재벌 전체로 총자본이 147조 4,319억 원 증가하였다. 그 가운데 10.8%가 자기자본의 증가로 채워졌는데, 자기자본의 증가 가운데 절반이 넘는 54.8% (총자본 증가분의 5.9%), 8조 7,514억 원이 관계사로부터의 자본출자였다. 자기자본 증가 가운데 관계사에 의한 자본출자를 제외한 자본의 증가분(표에서 'A−B' 항목, 즉 잉여금이나 개인 유상증자에 의해 이루어진 자본증가분)의 비율((A−B)/A)은 5대재벌 평균치가 45.2%인데, 재벌별로는 큰 차이를 보여주고 있다.

■ SK가 이 비율이 90.6%로 가장 높다. 대우가 62.9%이며, 현대와 삼성은 각각 44.1%와 45.5%이다. LG의 경우 그 비율이 -71.1%이다. 즉, LG는 3년간 자기자본이 1조 2,925억 원 증가하였지만, 계열사에 의한 자본출자분을 빼고 나면 오히려 자기자본이 9,192억 원이나 감소하였다.

■ 자본의 증가 가운데 계열사 출자가 차지하는 비중이 이와 같이 커서 내부지분율 중에서 계열사지분율이 차지하는 비중이 크게 높아졌다. 〈표 7-31〉의 맨 마지막 줄에서 그 비중값이 1994년의 0.819에서 계속 증가하여 1997년에는 0.852가 되었다.

〈표 7-32〉 5대재벌의 1994.12~1997.12 3년간 자본 증가 내역

(단위 : 10억 원, %)

	총자본의 증가	자기자본의 증가(A)	(관계사주식+관계사출자금) 의 증가(B)	A−B
현대	36322.0	3310.5	1851.6	1458.9
구성비	100.0	9.1	5.1	44.1
삼성	38717.7	6537.5	3561.7	2975.9
구성비	100.0	16.9	9.2	45.5
대우	26649.4	2424.4	900.4	1524.0
구성비	100.0	9.1	3.4	62.9
LG	29350.1	1292.5	2211.7	-919.2
구성비	100.0	4.4	7.5	-71.1
SK	16392.6	2415.7	226.0	2189.8
구성비	100.0	14.7	1.4	90.6
5대재벌 합계	147431.9	15980.8	8751.4	7229.4
구성비	100.0	10.8	5.9	45.2

자료 : 한국신용평가정보(주) KIS-Line 5대재벌 각각의 합산재무자료를 이용하여 계산.

주 1) 금융보험기관 계열사 제외.

2) 구성비에서 자기자본 및 관계사주식+관계사출자금 항목의 구성비는 총자본 대비 구성비율이며, A−B 항목의 값은 (A−B)/A의 값임.

▪ 총자본 대비 계열사간 자본거래 비율의 추이를 재벌별로 보면, LG의 경우 1994년 22.4% →1997년 71.9%로 3년간 상호출자 비율이 49.5% 포인트나 높아졌다. 삼성이 10.8% →46.0%, 35.2% 포인트; 현대 24.0% →44.3%, 20.3% 포인트; 대우 44.7% →48.3%, 3.6% 포인트의 증가를 보였다. SK의 경우는 1994년 41.7%이던 것이 1997년 25.2%로 5대재벌 가운데 유일하게 줄어들었다(〈표 7-31〉 참조).

▪ 총자본 대비 계열사간 자금대차 비율은 1994년 0.6%, 1997년 0.4%로 별 차이를 보이지 않는다. 자금대차 비율은 SK가 다른 재벌에 비해 유독 높은 값을 나타내고 있다. 이는 SK가 최근까지도 그룹내에 이렇다 할 금융회사를 갖고 있지 않아 계열사간 자금거래가 금융기업계열사-산업기업계열사 간의 형태로 이루어질 수 없었던 사정을 어느 정도 반영하는 것으로 보인다(〈표 7-31〉 참조).

5. 재벌의 금융권별 자금조달

지금까지는 재무제표 자료를 이용하여 재벌의 자본구성과 자금조달에 대해 살펴보았다. 여기서는 금융시장 자료를 이용하여 5대재벌 및 30대 재벌의 금융이용 실태 및 그 특징을 분석한다.

〈표 7-33〉 재벌의 금융권별 대출금액 및 점유 비중

(단위 : 말잔 기준, 10억 원, %)

	1991	1992	1993	1994	1995	1996.6	1996	1997.6	1996B	1997B
은행대출금(B)	137407.3	159786.6	180019.3	218699.4	253572.6	278270.6	300912.1	325066.7	300912.1	363231.7
5대재벌(B5)	14340.5	16268.5	14033.4	15852.2	17490.4	20094.5	23858.2	26938.6	29381.5	42112.6
B5/B	10.4	10.2	7.8	7.2	6.9	7.2	7.9	8.3	9.8	11.6
10대 재벌(B10)	19642.6	22499.3	21594.9	23307.6	25265.1	29016.7	32973.4	38505.8	38496.7	54053.4
B10/B	14.3	14.1	12.0	10.7	10.0	10.4	11.0	11.9	12.8	14.9
30대 재벌(B30)	26788.2	30372.4	29938.4	32482.6	35292.8	39588.5	n.a	n.a	52514.4	73827.5
B30/B	19.5	19.0	16.6	14.9	13.9	14.2	n.a	n.a	17.5	20.3
제2금융권대출금(NB)	55496	73803	85934	102354	137210	n.a	n.a	n.a	159391.3	182235.3
5대재벌(NB5)	n.a	n.a	n.a	n.a	n.a	n.a	n.a	n.a	29578.9	34825.8
NB5/NB	n.a	n.a	n.a	n.a	n.a	n.a	n.a	n.a	18.6	19.1
30대 재벌(NB30)	20316	26547	31926	38128	52869	n.a	n.a	n.a	56905.5	59949.1
NB30/NB	36.6	36.0	37.2	37.3	38.5	n.a	n.a	n.a	35.7	32.9
금융기관총대출금(B+NB)	192903.3	233589.6	265953.3	321053.4	390782.6	n.a	n.a	n.a	460303.4	545467
B5+NB5	n.a	n.a	n.a	n.a	n.a	n.a	n.a	n.a	58960.4	76938.4
(B5+NB5)/(B+NB)	n.a	n.a	n.a	n.a	n.a	n.a	n.a	n.a	12.8	14.1
B30+NB30	47104.2	56919.4	61864.4	70610.6	88161.8	n.a	n.a	n.a	109419.9	133776.6
(B30+NB30)/(B+NB)	24.4	24.4	23.3	22.0	22.6	n.a	n.a	n.a	23.8	24.5

자료 : 은행 관련 자료는 《국회 국정감사 요구자료》 및 은행감독원, 《감독업무정보》 각호; 은행 및 제2금융권 관련 1996, 1997년 5대 및 30대 재벌 자료(B)는 은행연합회, "국회 국정감사 제출자료"에서 인용. 1991년부터 1995년까지 30대 재벌 제2금융권 대출금 자료는 김상조(1998)에서 재인용; 1996, 1997년 자료는 은행연합회(1998), "국회 국정감사 제출자료"에서 사용.

주 1) 1996년 7월부터 계열기업군에 대한 여신관리한도 대상이 30대 계열에서 10대 계열로 변동되면서 30대 계열기업군에 대한 자료가 발표되지 않고 있다. 그후 은행연합회에서 작성된 30대 계열기업군 대출자료(위 표에서 1996B, 1997B로 표시된 자료)가 1998년 정기국회 국정감사 요구자료로 제출되었으나, 종전에 발표되었던 자료와 시계열의 불일치를 나타내고 있다. 그 불일치의 이유를 파악할 수 없어 두 자료를 병기한다.

2) 은행대출금(가계대출금 포함) = 예금은행 은행계정 및 신탁계정의 원화와 외화 대출금 + 개발기관의 원화 및 외화 대출금. 단 국내은행 국외지점 대출금 및 수출입은행 연불금융 제외.

5.1. 금융권별 여신 점유

5.1.1. 5대재벌의 은행대출금 점유율은 1991년 10.4%에서 1995년에는 6.9%까지 낮아졌으나, 그 이후로는 높아지기 시작하여 1997년 6월 말에는 8.3%에 이르렀다. 10대 재벌의 경우도 14.3% → 10.0% → 11.9%의 동일한 구조의 궤적을 나타낸다(〈표 7-33〉 참조).

■ 1990년대 초반에 재벌의 은행대출금 점유 비중이 줄어든 것은 정부의 여신관리정책의 결과이다. 은행감독원장은 매년 기준비율을 새롭게 정해 동일계열(재벌)에 대한 은행대출금을 그 기준한도(이른바 바스켓, *basket*) 이하로 제한해 왔는데, 1990년대 초반에는 그 기준비율이 〈표 7-34〉에서 보는 것처럼 축소 조정되어 왔다. 그 결과 1986년 28.6%에 이르던 30대 재벌의 은행대출금 점유율이 빠른 속도로 낮아져 1989년 20.7%, 1990년 20.8%이 되고 1991년 10%대로 떨어진 후 1995년에는 13.9%까지 떨어졌다(〈표 7-33〉 및 1991년 이전 자료에 대해서는 김상조, 1993:159쪽, 〈표 6-2〉 참조).

〈표 7-34〉 여신한도 기준비율의 변화

(단위 : %)

	1990	1991	1992	1993	1994	1995	1996	1997
5대 재벌	6.10	5.73	5.56	6.15	5.68	5.27	4.88	8.86
10대 재벌	-	-	-	-	-	-	-	12.16
30대 재벌	11.01	10.98	10.65	10.93	10.59	9.88	9.63	

자료 : 은행감독원, 《감독업무정보》, 각호; 재정경제원 금융정책과(1997.7.11), "여신관리제도 개편".
주 : 1997년의 여신한도 기준비율은 종전과 달리 주력업체 대출금을 포함.

■ 특히 정부는 1980년대 말 증시 활황을 이용해 직접금융을 통한 은행대출금 상환 조치를 취하게 함으로써 재벌의 차입금 규모를 손쉽고 효과적으로 축소시킬 수 있었다. 〈표 7-35〉과 〈그림 7-2〉에서 보듯이, 1980년대 후반 증시 활황으로 주주요구수익률(수익/주가, PER의 역수)이 크게 낮아지자 상장기업들은 낮은 자본비용으로 자기자본을 적극적으로 조달하였다. 상장기업들은 의무액을 훨씬 초과하는 자기자본을 조달하여 의무액 정도의 차입금을 상환하였다.

〈표 7-35〉 1980년대 말 직접금융을 통한 은행대출금 상환 실적

(단위 : 10억 원, %)

		1987	1988	1989
자기자본 조달	의무액	747.2	588.4	-
	실 적	1021.0	1771.6	-
차입금 상환	의무액	687.6	588.4	1244.4
	실 적	691.0	620.6	1262.1
주주요구수익률		9.2	8.9	7.2
회사채 수익률		12.6	14.2	15.2

자료 : 최진배(1995), 144쪽 〈표 4-16〉; 한국은행, 《경제통계연보》, 각호; 통계청, 《한국주요경제지표》, 각호.
주 1) 주주요구수익률=100×수익/주가(주가수익비율의 역수).
2) 회사채수익률은 잔존기간 3년물 보증부사채 단순산술연평균수익률임.

〈그림 7-2〉 주주요구수익률과 회사채수익률 추이

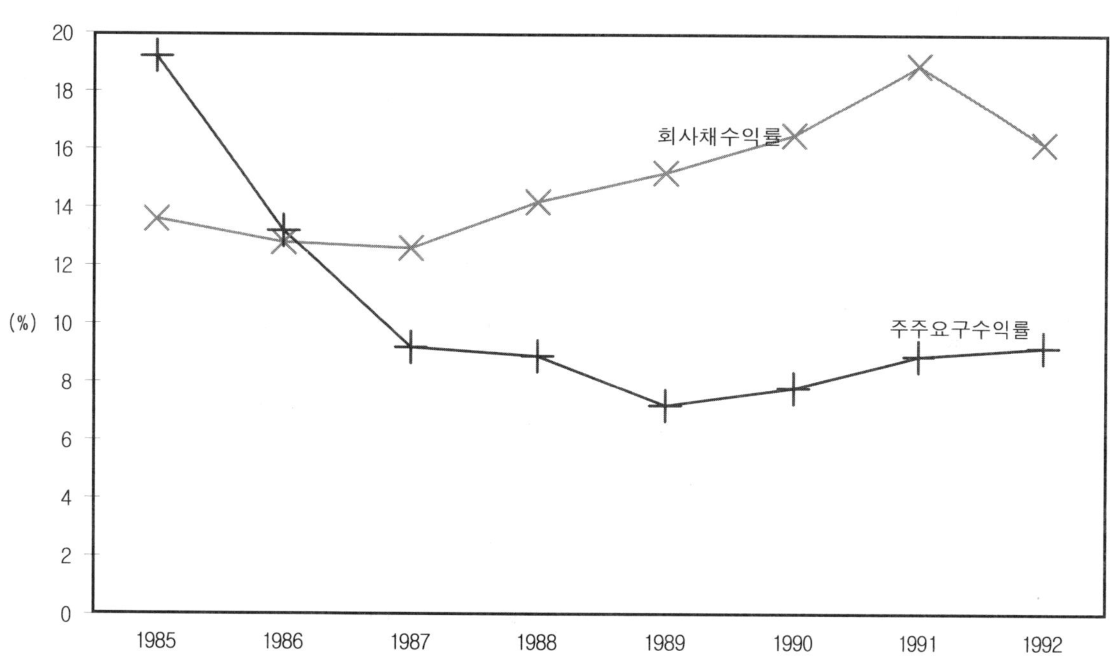

여신관리제도의 변천 *

1974년 5월 '계열기업군에 대한 여신관리협정'이 '금융단 협정'으로 도입되고, 1976년 6월에는 '주거래은행제 운용협정'의 제정으로 대기업 및 계열기업군에 대한 주거래은행이 지정되어 종합적인 여신관리가 시작된다. 1978년 6월에는 위의 두 협정이 '주거래은행 여신관리협정'으로 통합 제정된다. 금융단 협정으로 운용되던 이 제도는 1982년 말 개정 '은행법'에서 법적 근거를 확보(법 제30조의 2(1))하여, 1984년 7월 금융통화운영위원회의 '금융기관여신운용규정' 및 금융감독원의 '계열기업군에 대한 여신관리시행세칙'으로 구체화된다. 그 기본내용은 은행별로 총대출금 중에서 계열기업군에 대한 대출금이 차지하는 비율을 매년 은행감독원장이 정하는 일정 한도(바스켓, *basket*) 내로 규제하는 것이다. 선진국에서 이 규제는 은행에 대한 대표적인 건전성 규제항목이나, 우리나라에서는 도입 초기부터 재벌의 경제력집중 억제가 주요 목적으로 추가되어 운용되어 왔으며, 그런 만큼 정치환경을 민감하게 반영하며 변화해 왔다.

1980년 정치적 혼란기에 정부는 기업체질을 강화한다는 이름 아래 재벌에 대해 부동산 처분촉진 및 소유제한, 기업투자 및 부동산 취득 승인, 여신한도를 초과할 경우 초과한 재벌의 자구노력 수행을 골격으로 하는 이른바 '9·27 조치'를 발표하였으며, 이는 1991년 개편까지 여신관리제도 운영의 기본 방식이 된다. 1984년부터 창구지도 형식을 통해 단편적이고 비체계적으로 이루어지던 여신한도관리는 1988년부터 기준율을 설정하고 그 이하로 규제하기 시작함으로써 관리의 체계성 및 유효성이 한층 강화된다. 또한 1985년 3월의 1차 개정을 시작으로 1980년대 후반 동안 수차례의 시행세칙 개정을 통해, 중소기업 고유업종 및 재벌별 비주력업종에 대한 투자를 제한하는 등 재벌을 주력업종 중심으로 전문화하기 위한 정책적 유도가 꾸준히 이루어진다.

1991년 6월 1일 제조업 경쟁력 강화를 위한다는 이름 아래 여신관리제도에 대한 큰 폭의 개편이 이루어진다. 먼저 재벌의 업종전문화와 소유분산 촉진을 목적으로 '주력업체제도'와 '주식분산 우량기업체제도'가 만들어져, 주력업체 및 소유분산 우량업체로 선정—주력업체는 30대 계열별로 3개 업체 선정—된 계열사에 대한 여신이 바스켓에서 제외되는 조

* 여신관리제도에 대해서는 재정경제원, "1990년 이후 여신관리 규정 개정 내용", "국회 국정감사 답변자료"; 재정경제원 금융정책과(1997. 7. 4), "여신관리제도 개편"; 한국은행, "우리나라의 여신관리제도 해설"; 은행감독원(1996), "편중여신관리제도 현황," 《감독업무정보》 제148호 및 각년호; 최진배(1996), 제3장 및 제4장 참조할 것.

치가 취해졌다. 업종전문화 강화를 위해 1992년 1월 29일에는 30대 계열의 신규업종 진출에 대한 규제가 강화되었다. 그러나 1994년 1월 19일에는 기업경쟁력 강화를 위한 규제완화 조치의 일환으로 11~30대 계열기업군에 대한 투자 및 부동산 취득 승인 관련제도 그리고 자구노력 의무 부과제도가 폐지되었다. 그리고 '주력업체제도'가 '주력업종제도'로 바뀌면서 여신이 바스켓에서 제외되는 혜택을 누리는 주력업체 수를 늘려주는 조치가 취해졌다. 1995년 4월 10일에는 편중여신 억제기능을 보완하기 위해 은행별 '거액여신한도제'가 도입되는 한편, 기업경쟁력 강화책의 일환으로 10대 계열에 대한 기업투자규제를 폐지하였다.

1996년 5월 16일에는 여신한도관리 대상 계열이 종전의 30대에서 10대로 축소되었다. 게다가 '주력업종제도' 및 '주식분산우량기업체제도'로 인해 10대 계열 대출금 가운데 한도관리 대상은 불과 36.5%에 불과하여 바스켓 제도는 사실상 유명무실하게 되었다. 재벌에 의한 경제력집중 완화를 위해 1993년 4월 공정거래법상 '대규모기업집단의 계열사간 채무보증제한제도', 1995년 4월 출자총액제한의 강화(40%에서 25%로), 1995년 6월 은행별 '거액여신총액한도제' 등이 도입되고, 1997년 8월 1일 유명무실해진 바스켓 제도를 보완하기 위해 '동일계열기업군여신한도제'가 추가도입되어 시행에 들어간다. '동일계열기업군여신한도제'에서의 여신한도는 동일계열에 대한 여신(대출+원화지급보증)이 은행자기자본의 총 45% 이내가 되도록 정해졌다. 그러나 이런 제도의 도입과 변경에도 불구하고 10대 재벌의 은행대출금 점유비중은 오히려 높아졌다.

여신관리제도의 변화에 비추어 김영삼 정부 기간 동안의 재벌정책을 평가하자면, 그것은 기업경쟁력 강화의 논리 아래 업종전문화와 규제완화라는 방향축에서 친재벌적으로 전개되었으며, 경제력집중 억제라는 면에서 보자면 일관성을 갖고 있지 않았다. 1997년 말 외환위기를 배경으로 탄생한 김대중 정부는 우리 경제의 아킬레스건을 재벌에서 찾고, 재벌의 규모 축소 및 재무구조 건전화와 기업통제 제도 강화를 위한 다각적인 조치들을 취하고 있다. 은행여신한도 산정의 기준이 종전에는 은행의 자기자본에서 총자본으로, 또 동일계열에 대한 여신개념도 종전의 여신에다 회사채와 어음매입액 및 미수이자 등을 포함하는 '신용공여'로 확대전환된다. 새로운 기준하에서 동일계열여신한도는 은행 자기자본의 25% 이내로 제한된다. 이에 따라 재벌들은 앞으로 직접적·간접적 방식의 타인자본 조달 전체적으로 규제를 받게 된다. 더구나 1999년 말까지 부채비율을 200%까지 낮추어야 하기 때문에, 짧은 기간 동안에 자기자본을 늘리든지 아니면 자산을 매각하여 외형을 축소하든지 함으로써 급격한 구조조정을 수행해야 할 처지에 놓이게 되었다.

■ 그러나 1991년부터 주력업종 소속 기업 및 주식분산우량기업이 한도 관리대상에서 제외된 데다 1996년 7월부터 여신한도관리 대상 계열이 종전의 30대에서 10대로 축소되면서 바스켓 제도의 실효성이 크게 저하되었다. 1997년 3월 말 현재 10대 재벌의 은행 총차입금 중 한도관리에 포함되는 비율은 36.4%에 지나지 않는다(〈표 7-36〉 참조). 1996년부터 한도관리대상 계열이 종전의 30대 재벌에서 10대 재벌로 바뀌고 또 1997년부터는 여신한도관리 기준에 주력업체 대출금이 포함되면서 기준비율이 높아지는 등 제도변경의 와중에 10대 재벌에 대한 은행여신 한도가 사실상 확대되었다.

〈표 7-36〉 10대 계열 대출금 현황(1997년 3월 말 현재)

(단위 : 조 원, %)

	한도관리대상	한도관리 제외대상			대출금 합계
			주력업체대출금	소유분산우량회사	
대출금액	13.3	23.1	17.9	5.2	36.4
비중	36.5	63.5	49.2	14.3	100.0

자료 : 재정경제원 금융정책과(1997.7.11), "여신관리제도 개편".

5.1.2. 제2금융권 대출금에 대한 5대재벌의 점유율 자료는 1995년까지 발표된 자료가 없다. 〈표 7-33〉에서의 새로운 시계열 자료(1996B, 1997B 자료)에 따르면, 1996년과 1997년 5대재벌의 제2금융권 대출금 점유율은 각각 18.6%와 19.1%이다. 동일 시계열 자료에서 5대재벌의 은행 대출금 점유율이 9.8%와 11.6%인 것과 비교하면, 5대재벌의 제2금융권 대출금 점유율이 근 2배에 달하여 5대재벌에 의한 제2금융권 자금의 편중 이용 정도가 훨씬 심한 것을 알 수 있다.

■ 30대 재벌의 제2금융권 자금 점유율은 1991년 36.6%이며, 추세적으로 증가하여 1995년에는 38.5%까지 높아진다. 신자료에 따르면 30대 재벌의 제2금융권 대출금 점유 비중은 1996년 35.7%, 1997년 32.9%이다.

5.1.3. 은행권과 비은행권 대출금 전체를 기준으로 할 때, 5대재벌이 차지하는 점유율은 1996년 12.8%, 1997년 14.1%이다(〈표 7-33〉 참조).

■ 30대 재벌의 점유율은 1991년 24.4%에서 1994년 22.0%까지 낮아진 후 다시 상승하는 모습을 보이고 있다. 새로운 시계열 자료에 의하면, 1996년과 1997년 30대 재벌의 대출금 점유율은 각각 23.8%와 24.5%이다.

5.1.4. 차입성 지급보증인 원화지급보증과 대출금을 합한 여신 기준으로 볼 때, 1997년의 경우 5대재벌의 은행여신 규모는 80조 6,945억 원, 은행전체 여신에 대한 점유비중은 17.9%로서 대출금 점유 비중 11.6%보다 한결 높다. 이는 5대재벌의 은행지급보증 점유율이

무려 44.3%에 이르는 데 따른 결과이다(〈표 7-37〉 참조).

■ 30대 재벌의 경우도 지급보증 점유율이 68.3%로 대출 점유율 20.3%보다 월등히 높고 그 결과 여신 점유율이 29.6%에 이르고 있다.

〈표 7-37〉 재벌에 대한 대출금과 지급보증

(단위 : 10억 원, %)

		1996. 12			1997. 12		
		대출금(L)	지급보증(G)	여신(L+G)	대출금(L)	지급보증(G)	여신(L+G)
은행권	전체(B)	300912.1	65840.3	366752.4	363231.7	87152.4	450384.1
	5대 재벌(B5)	29381.5	29222.1	58603.6	42112.6	38581.9	80694.5
	B5/B(%)	9.8	44.4	16.0	11.6	44.3	17.9
	30대 재벌(B30)	52514.4	45054.2	97568.6	73827.5	59524.1	133351.6
	B30/B(%)	17.5	68.4	26.6	20.3	68.3	29.6
제2금융권	전체(N)	159391.3	n.a	n.a	182235.3	n.a	n.a
	5대 재벌(N5)	29578.9	4810.7	34389.6	34825.8	32546.4	67372.2
	N5/N(%)	18.6	n.a	n.a	19.1	n.a	n.a
	30대 재벌(N30)	56905.5	11577.6	68483.1	59949.1	50240.1	110189.2
	N5/N(%)	35.7	n.a	n.a	32.9	n.a	n.a

자료 : 《국회 국정감사 요구자료》; 한국은행, 《경제통계연보》, 각호.
주 : 은행은 예금은행과 개발기관을 포함.

5.2. 은행차입 관련 세부 자료

5.2.1. 〈표 7-38〉에는 5대재벌 각각의 은행대출 자료가 나타나 있다. 5대재벌의 은행대출금은 1992년 16조 2,685억 원에서 1996년(1997년 신자료)에는 23조 408억 원(42조 1,126억 원)으로 1.42배(2.59배) 규모가 된다.

■ 매출액 1원당 은행자금 사용액은 5대재벌 평균치가 1992년의 0.137에서 1996년 0.098원으로 0.039원(28.5%) 줄어든다. 같은 기간 동안 5대재벌의 은행대출금 증가에도 불구하고 매출액 증가율이 전자의 증가율을 웃돈 데 따른 결과이다. 시계열의 추이를 보면, 1995년까지 동 비율이 0.090까지 낮아졌다가 이후로는 상승세로 전환되고 있다. 신자료 기준으로는 1997년에 0.149원으로 1992년에 비해 8.8% 늘어났다.

■ 1997년을 기준으로 5대재벌 은행대출금 총액에서 각 재벌이 차지하는 비중은 삼성이 26.9%로 가장 높고, 이어 현대 26.2%, 대우 20.5%, LG 19.7%, SK 6.8% 등이다.

■ 1992년에 비해 1997년 5대재벌 은행대출금중 현대가 차지하는 비중은 6.0% 포인트나 크게 늘어난 반면, 대우와 LG는 거의 변화가 없고, 삼성과 SK는 각각 2.8% 포인트

와 3.4% 포인트 줄어들었다.

■ 1997년 기준, 매출액 대비 은행대출액의 크기를 보면, 대우가 0.173으로 가장 크고, 삼성 0.169, LG 0.142, 현대 0.140, SK 0.095 순이다.

■ 1996년 현대의 매출액 1원당 은행자금 사용규모는 1992년에 비해 0.002원 줄어들어 5대재벌 중에서 감소율이 2.4%로 가장 작다. 삼성의 경우 줄어든 크기가 0.022원, 15.0%; 대우 0.086원, 42.6%; LG 0.077원, 43.5%; SK 0.082원, 61.2%이다. 규모가 큰 재벌일수록 매출액 1원당 은행자금 사용규모의 감소폭이 더 작았다.

〈표 7-38〉 5대재벌의 은행대출액 및 점유 비중(말잔 기준)

(단위 : 10억 원, 원, 구성비 %, % 포인트)

	1992	1993	1994	1995	1996	'96-'92	1996B	1997B	'97-'92
현대	2891.3	3200.6	3819.5	4086.5	5510.0	-	7467.1	11043.8	-
구성비	20.2	22.8	24.1	23.4	23.9	-	25.4	26.2	6.0
매출액 대비	0.083	0.085	0.084	0.071	0.081	-0.002	0.110	0.140	-
삼성	4252.0	3939.3	4448.8	4696.7	7043.8	-	8519.9	11312.9	-
구성비	29.7	28.1	28.1	26.9	30.6	-	29.0	26.9	-2.8
매출액 대비	0.147	0.118	0.117	0.093	0.125	-0.022	0.151	0.169	-
대우	2891.3	2955.5	3363.3	3427.2	4439.3	-	5786.9	8614.2	-
구성비	20.5	21.1	21.2	19.6	19.3	-	19.7	20.5	0.0
매출액 대비	0.202	0.176	0.167	0.118	0.116	-0.086	0.151	0.173	
LG	2785.8	2634.1	3076.3	4197.5	4676.5	-	5377.3	8287.7	-
구성비	19.5	18.8	19.4	24.0	20.3	-	18.3	19.7	0.2
매출액 대비	0.177	0.120	0.119	0.105	0.100	-0.077	0.115	0.142	
SK	1456.1	1303.9	1144.3	1082.5	1371.2	-	2220.3	2854.0	-
구성비	10.2	9.3	7.2	6.2	6.0	-	7.6	6.8	-3.4
매출액 대비	0.134	0.104	0.079	0.063	0.052	-0.082	0.084	0.095	
5대재벌 계	14317.6	14033.4	15852.2	17490.4	23040.8	-	29381.5	42112.6	-
구성비	100.0	100.0	100.0	100.0	100.0	-	100.0	100.0	0.0
매출액 대비	0.137	0.115	0.109	0.090	0.098	-0.039	0.125	0.149	-

자료 : 재정경제원 제출, 《국회 국정감사 요구자료》; 한국신용평가정보(주) KIS-Line 재무자료.

주 : 〈표 7-33〉의 주를 참조.

5.2.2. 〈표 7-39〉에는 30대 재벌에 대한 은행권별 대출자료가 제시되어 있다. 먼저 5대재벌의 각 은행권으로부터의 조달구성을 살펴보자. 1996년 말 현재, 5대재벌은 은행차입금의 46.2%를 시중은행으로부터, 1.6%를 지방은행으로부터, 8.2%를 외국은행 국내지점으로부터, 나머지 44.0%를 특수은행으로부터 조달하고 있다.

〈표 7-39〉 30대 재벌에 대한 은행권별 대출 (말잔 기준)

(단위 : 10억 원, %)

	1994.12	1995.12	1996.12
시중은행 대출금(A)	98443.4	128329.7	149502.7
30대 재벌 대출액(B)	17127.7	17911.1	15230.6
비율(B/A)	17.4	14.0	10.2
구성비(B/T)	52.7	50.8	46.2
지방은행 대출금(C)	17675.4	21432.4	25100.9
30대 재벌 대출액(D)	718.6	866.6	527.8
비율(D/C)	4.1	4.0	2.1
구성비(D/T)	2.2	2.5	1.6
외은지점 대출금(E)	5649.8	6201.1	7031.9
30대 재벌 대출액(F)	2051.7	2221.7	2703.9
비율(F/E)	36.3	35.8	38.5
구성비(F/T)	6.3	6.3	8.2
특수은행 대출금(G)	58664.6	53796.7	62824.7
30대 재벌 대출액(H)	12584.6	14293.4	14520.1
비율(H/G)	21.5	26.6	23.1
구성비(H/T)	38.7	40.5	44.0
30대 재벌 대출금 합계(T)	32482.6	35292.8	32982.4
구성비	100.0	100.0	100.0

자료 : 재정경제원 제출, 《국회 국정감사 요구자료》, 각호; 은행감독원, 《은행경영통계》, 각호.

주 : 은행계정과 신탁계정의 합계임.

■ 30대 재벌 전체 은행차입금 가운데 시중은행으로부터의 차입금이 차지하는 비중은 1994년 52.7%에서 1996년에는 46.2%로 6.5% 포인트 줄어든 반면, 특수은행의 비중은 같은 기간 동안 38.7%에서 44.0%로 5.3% 포인트 늘어났다.

■ 각 은행권 대출금 중에서 30대 재벌에 대출된 비중은 1997년 말 기준 시중은행이 10.2%, 지방은행이 2.1%, 외국은행 국내지점이 38.5%, 특수은행이 23.1%이다. 외국은행 국내지점의 비율이 특히 높다. 외국은행 국내지점이 신용이 좋은 대기업들을 상대로 영업을 행하고 있음은 잘 알려져 있는 사실이다(〈표 7-40〉 참조).

■ 시중은행의 30대 재벌 대출비중은 1994년 17.4%에서 1996년 10.2%로 7.2% 포인트만큼 대폭 작아졌다. 외국은행 국내지점 및 특수은행의 동 비중은 소폭 증가하였다.

〈표 7-40〉 외국은행 국내지점의 재벌에 대한 대출

(단위 : 10억 원, %)

	1996.6월말	1997.6월말
5대 재벌 계	2109.5(31.4)	2674.9(32.6)
10대 재벌 계	2530.5(37.6)	3123.8(38.1)
30대 재벌 계	2867.7(42.6)	n.a
전체 대출금	6724.4(100.0)	8199.2(100.0)

자료 : 재정경제원 제출, 《국회 국정감사 요구자료》.

주 1) ( ) 안의 숫자는 전체 대출금에 대한 비중.

2) 은행계정과 신탁계정의 합계임.

5.2.3. 〈표 7-41〉에는 재벌과 중소기업에 대한 담보별 은행대출 조건 자료가 비교되어 있다. 5대재벌에 대한 은행대출금 중에서 79.9%가 지급보증대출 등의 신용대출인 반면, 중소기업의 경우에는 신용대출의 비중은 11.8%로 작고 담보대출의 비중이 74.1%로 대부분을 차지한다.

〈표 7-41〉 담보별 은행대출금 현황

(단위 : 구성비 %)

	대출금	신용대출	담보대출	보증대출
5대 재벌	100.0	79.9	17.8	2.3
30대 재벌	100.0	68.8	28.1	3.1
중소기업	100.0	11.8	74.1	12.8

자료 : 재정경제원 제출, 《국회 국정감사 요구자료》; 중소기업진흥공단(1998), 《중소기업 경제 · 경영지표》.
주 1) 재벌의 은행대출금=원화 및 외화대출금+내국수입유산스+지급보증대지급금+신탁대출금. 단, 산업은행, 수출입은행, 기업은행, 외은지점 및 퇴출은행은 제외.
2) 재벌은 1998년 9월 30일 현재 자료, 중소기업은 1997년 자료.
3) 신용대출은 법인지급보증, 연대보증, 순수신용 등에 의한 대출.
4) 보증대출은 보증보험, 정부, 금융기관, 신용보증기금 등의 보증에 의한 대출.

■ 1998년 4월 1일 현재 공정거래위원회 지정 대규모기업집단의 총여신금액 25.2조 원에 대한 계열사간 채무보증 규모는 여신의 106.8%에 달하는 26.9조 원이다. 여신에 대한 보증비율이 100%를 넘는 것은 은행여신 제공시 130~150%의 보증이 요구되는 금융관행 때문이다(정병휴 · 양영식, 1992:107).

〈표 7-42〉 대규모기업집단의 계열사간 채무보증 비율(1998년 4월 1일 현재, 제한대상 기준)

(단위 : 조 원, %)

	여신금액	보증금액	비율
전체	25.2	26.9	106.8
은행	n.a	n.a	116.6
제2금융권	n.a	n.a	98.6

자료 : 공정거래위원회(1998.9.1).

5.3. 제2금융권 주요 업종별 자금조달

■ 〈표 7-43〉에는 제2금융권 주요 업종의 자금공급 규모와 30대 재벌의 점유규모가 제시되어 있다. 1997년 6월 말 현재 종합금융업, 보험업, 리스업 등 제2금융권 주요 업종에서 공급되는 자금 가운데 30대 재벌이 차지하는 평균 점유비중은 45.0%이다. 이는 은행권의 30대 재벌 점유비중 20.3%을 2배 이상 웃도는 높은 수치로서 제2금융권 자금에 대한 재벌의 편중 점유 정도가 훨씬 심하다.

■ 1980년대 말부터 은행여신관리가 체계화되고 강화되자 재벌들이 대재벌 여신규제가 느슨한 종금사, 리스사 등 제2금융권 자금원을 적극 활용하게 되면서 제2금융권 자금

의 재벌 편중도가 높아지게 된다.

■ 30대 재벌이 차지하는 평균 점유비중 45.0%는 〈표 7-33〉에서의 제2금융권대출금중 30대 재벌 점유율 32.9%과 비교해 큰 차이를 보이고 있다. 이는 〈표 7-43〉에 포함되어 있는 업종이 기업 상대의 도매금융을 대기업 중심으로 행하고 있는 반면에, 카드업, 상호신용금고 등의 나머지 제2금융권 금융기관들은 대부분 소매금융업을 취급하는 데 따른 현상이다.

〈표 7-43〉 재벌의 제 2 금융권 주요 업종별 자금 점유비중 추이

(단위 : %, 10억 원, 말잔 기준)

	1994. 12	1995. 12	1996. 12	1997. 6
종금사대출금(MB)	48556. 1	67244. 6	89232. 9	110746. 4
재벌 대출액(MB30)	19983. 0	31649. 1	48162. 0	53308. 9
MB30/MB(%)	41. 2	47. 1	54. 0	48. 1
보험사대출금(I)	16012. 4	16878. 8	21724. 9	21923. 8
재벌 대출액(I30)	6257. 8	6355. 7	7430. 0	8227. 6
I30/I(%)	39. 1	37. 7	34. 2	37. 5
리스사 리스(L)	n. a	n. a	n. a	30236. 6
재벌 리스액(L30)	4777. 1	8708. 8	11404. 9	11781. 5
L30/L(%)	n. a	n. a	n. a	39. 0
제2금융권 합계(T)	n. a	n. a	n. a	162906. 8
30대 재벌 합계(T30)	n. a	n. a	n. a	73318. 0
T30/T(%)	n. a	n. a	n. a	45. 0

자료 : 《국회 국정감사 요구자료》; 한국은행, 《경제통계연보》, 《자금순환》, 각호; 보험감독원, 《보험통계월보》, 각호.

주 1) 은행대출금=예금은행 은행계정과 신탁계정의 원화 및 외화대출금+개발기관(한국산업은행+장기신용은행+한국수출입은행)의 원화 및 외화대출금. 단, 국내은행 국외지점 대출금 및 수출입은행 연불금융 제외.

2) 종금사대출금=금융자산부채잔액표상 종금사대출금+금융자산부채잔액표상 기업어음+종금사계정상 리스자산.

3) 보험사대출금은 생명보험사 및 손해보험사 합산대차대조표상 기업대출금 계정.

4) 보험사 자료는 익년도 3월 31일 현재 시점.

5) 리스사 리스(L)는 전업리스사만 해당. 리스총액(L)은 1997년 3월 말 현재, 재벌리스액(L30)은 1997년 6월 말 현재.

5.3.1. 1997년 6월 말 현재 종합금융사 대출금 잔액 11조 7,464억 원 가운데 30대 재벌이 차지하는 비중은 48.1%인 53조 3,089억 원이다. 이와 같이 높은 점유율은 보험권이나 은행권에서의 재벌의 점유비중을 크게 웃도는 수치이다.

■ 30대 재벌의 점유비중은 1994년 41.2%에서 1996년에는 54.0%에까지 급격히 높아졌다.

■ 종합금융사에 대한 소유 및 자산운용 규제는 다른 금융업종에 비해 훨씬 느슨하다. 그 결과 종합금융회사 가운데는 소유경영자의 사금고처럼 운용되는 경우가 적지 않은 것으로 알려지고 있다.

5.3.2. 보험사 대출금 중에서 30대 재벌이 점하는 비중은 1997년 6월 말 현재 37.5%이다. 대출은 규제한도 내에서 이루어지고 있으나, 계열 산업기업들은 동일계열 금융회사와 우선적 자금거래 관계를 갖는 모습을 보이고 있다(이 책의 제6장 제4절 참조).

5.3.3. 1989년부터 1994년 사이에 리스회사가 대거 설립되면서[15] 리스를 통한 설비조달액이 1989년 2조 1,795억 원에서 1995년에는 무려 14조 3,285억 원으로 대폭 늘어난다. 그 결과 국내기계설비투자에서 리스가 차지하는 비중은 1989년 10%이던 것이 1995년에는 31%로 크게 높아진다.

■ 1997년 6월 말 현재 전업리스사들의 리스액 중에서 30대 재벌이 점유하는 비중은 39.0%이다.

15) 1989년부터 1991년 사이에 모두 14개사의 전업리스사가 신설되었다. 1994년에는 9개 지방 투자금융회사가 종합금융회사로 전환하였고, 1996년 7월에는 15개 기존 투금사가 종금사로 전환됨에 따라 리스시장 참여사는 전업사 25개사, 겸업사 34(종금사 30, 신기술금융 4)개사 등 총 59개사로 급격히 증가하였다. 한국산업리스 기획팀(1997.12), 37~40.

6. 재벌의 직접금융시장에서의 자금조달

■ 30대 재벌은 1996년에 주식 및 회사채 발행을 통해 22조 2,270억 원을 조달하였는데, 이는 자본시장에서 조달된 자금총액의 63.6%에 이른다(〈표 7-44〉 참조).

■ 1996년중 30대 재벌의 주식을 통한 자금조달 규모는 주식시장 총발행액의 57.2%이며, 회사채를 통한 자금조달 규모는 회사채 총발행액의 64.7%에 이른다.

■ 30대 재벌의 직접금융시장 점유율은 1993년 58.3%에서 1997년 상방기 중에 67.0%로 증가하는 추세이다. 30대 재벌이 회사채시장에서 차지하는 비중은 1993년 56.6%에서 꾸준히 증가하여 1996년에는 64.7%까지 커졌다. 반면에 30대 재벌의 주식발행액이 총발행액에서 차지하는 비중은 시간적으로 큰 기복을 보이고 있다.

〈표 7-44〉 30대 재벌의 직접금융을 통한 자금조달

(단위 : 10억 원, %)

		1993	1994	1995	1996	1997 1-6
주식	30대 재벌(S30)	1979.5	2254.4	3173.3	2882.9	463.5
	총조달액(S)	2970.1	5958.2	6164.0	5043.0	1124.8
	S30/S(%)	66.6	37.8	51.5	57.2	41.2
사채	5대 재벌(Bd5)	n.a	n.a	7823.9	11391.8	n.a
	Bd5/Bd(%)	n.a	n.a	33.2	38.1	n.a
	30대 재벌(Bd30)	8837.1	12006.7	14536.0	19344.1	10453.2
	Bd30/Bd(%)	56.6	59.9	61.6	64.7	68.9
	총조달액(Bd)	15598.3	20033.2	23581.2	29902.5	15173.5
합계	30대 재벌(T)	10816.6	14261.1	17709.3	22227.0	10916.7
	총조달액(T30)	18568.4	26008.4	29745.2	34945.5	16298.3
	T30/T	58.3	54.8	59.5	63.6	67.0

자료 : 재정경제원 제출, 《국회 국정감사 자료》; 증권감독원, 《금융통계월보》, 각호; 증권거래소, 《증권통계연보》, 각호; 한국은행, 《경제통계연보》, 각호.

주 : 주식 총조달액(S)=공모+상장법인 유상증자, 단 코스닥 공모 및 기타공모는 포함되어 있지 않다.

7. 재벌의 현지금융 이용 실태

■ 현지금융(*overseas financing*)이란 우리나라 기업(거주자) 또는 그 해외지점 및 현지법인이 외국에서 사용하기 위해 국내외에서 외화자금을 차입하거나 지급보증을 수혜하는 것을 가리킨다. 이 중에서 거주자의 해외지점 및 현지법인이 '국내' 외국환은행으로부터 차입하는 경우를 따로 역외금융(*off-shore financing*)이라고 한다.

■ 〈표 7-45〉에는 재벌의 현지금융 추이가 나타나 있다. 재벌의 현지금융 이용규모는 활발한 현지법인 설립으로 그 규모가 꾸준히 늘어나고 있다. 1993년 1,876억 달러이던 것이 1997년에는 2.7배인 5,146억 달러 규모로 커졌다.

■ 5대재벌의 현지금융 이용규모는 1993년의 1,125억 달러에서 1997년에는 3.2배인 3,594억 달러로 커지고 6~30대 재벌의 이용 규모는 503억 달러에서 1.8배인 907억 달러로 커져, 이 기간 동안 해외 현지법인 설립 등 기업의 해외진출이 5대재벌 중심으로 활발하게 이루어졌음을 알 수 있다.

■ 그 결과 현지금융 이용액 가운데 5대재벌이 차지하는 비중은 1993년 60.0%에서 1997년에는 69.8%로 커졌으나 6~30대 재벌이 차지하는 비중은 1993년 26.8%에서 1997년 17.7%로 크게 낮아졌다.

〈표 7-45〉 재벌의 현지금융 추이(말잔 기준)

(단위 : 10억 미국달러, %)

	1993.12		1994.12		1995.12		1996.12		1997.12	
	금액	구성비	금액	구성비	금액	구성비	금액	구성비	금액	구성비
5대 재벌	112.5	60.0	135.4	60.3	220.8	68.0	310.6	67.2	359.4	69.8
6-30대 재벌	50.3	26.8	53.8	24.0	59.7	18.4	80.6	17.4	90.7	17.7
30대 재벌	162.8	86.8	189.2	84.3	280.5	86.4	391.2	84.6	450.1	87.5
현지금융 총잔액	187.6	100.0	224.5	100.0	324.6	100.0	462.2	100.0	514.6	100.0

자료 : 재정경제원 제출, 《국회 국정감사 자료》.

8. 정리 및 결론

이상으로 우리나라 5대재벌의 자본구성과 자금조달에 대해서 살펴보았다. 재벌의 자금조달과 자본구성을 분석하는 데 있어, 한 시점에서 기업의 자본구성이란 그 기업이 행해온 자금조달 역사의 누적이라는 분석시각을 갖고 자본구성과 자금조달간의 연계성에 대해 좀 더 주의를 기울이고자 하였다. 또한 5대재벌의 자본구성과 자금조달 실태 분석에서 각 재벌의 재무자료를 이용한 분석과 금융시장별 자료를 이용한 작업을 병행함으로써 분석의 종합성·다각성을 제고하고자 하였다. 그러나 글의 구성이 분야별 자료를 나열하는 식으로 이루어져 의도를 제대로 살리지 못했다.

또한 1990년대 초반 기업규모별 자금조달 및 자본구성에 대한 분석이 제대로 이루어지지 않았다. 그러나 이 기간 동안 주목할 만한 구조적 변화가 발생한 것으로 보인다. 구조변화의 핵심은 재벌 및 대기업이 직접금융 중심의 자금조달을 행하면서 재무적 건전성의 큰 개선을 이루었으며, 1997년 외환위기 전후하여 재벌의 재무구조가 비재벌 기업에 비해 급속히 악화되었다는 점이다.

이상의 분석으로부터 얻어진 주요 내용을 정리하는 것으로 결론에 대신한다.

■ 우리나라 기업의 부채비율이 다른 어떤 나라들에 비해서도 높은 구조적인 원인으로서 간접금융 중심의 금융체계, 자본시장의 불완전성, 급속한 산업화의 진행과 인플레이션의 진행, 기업의 막대한 성장자금의 소요와 내부자금 동원능력의 한계 등을 들 수 있다. 정부의 대기업 중심 수출주도형 산업정책과 이를 뒷받침하는 금융정책(저금리정책과 신용할당정책), 기업의 사업위기가 국가위기로 직결되는 구조하에서 기업 투자위험의 사회화는 대기업들로 하여금 더 높은 부채비율을 추구하게 만들었다. 이런 경제구조 하에서 성공적인 재벌들은 기업집단을 형성함으로써 계열사간 상호출자와 지급보증을 부족한 금융자원을 동원하는 방법으로 활용하였다. 그 결과 재벌은 비재벌 기업들에 비해 월등히 높은 부채비율의 자본구성을 갖게 되었다.

■ 1994~1997년에도 5대재벌 또는 30대 재벌의 재무적 안정성이 비재벌기업에 비해 낮았다. 또한 이 기간 동안 경제의 하강과 기업들의 팽창적인 행동으로 인해 재벌, 비재벌 가릴 것 없이 전반적으로 재무적 안정성이 저하되어 갔다. 그러나 1997년 경제위기시에 재무적 대처 능력은 5대재벌이 6대 이하의 하위재벌이나 비재벌 독립기업에 비해서 한결 높았던 것으로 평가된다.

■ 분석기간 동안 5대재벌의 자금내부거래는 과거보다 더욱 활발하게 이루어졌다. 1994년부터 1997년 사이에 총자본의 증가 가운데 10.8%가 자기자본에서 이루어졌는데, 그

중 54.8%가 관계사들의 자본출자였다. 1997년의 자금내부거래 규모는 1994년에 비해 2.4배로 커졌으며, 매출액 1원당 자금내부거래액도 1994년 0.0451에서 1997년에는 0.0546으로 21.1% 증가하였다. 자금내부거래의 거의 대부분이 계열사간 출자인데, 자금내부거래의 증대로 5대재벌의 내부지분율 중 계열사지분율이 차지하는 비중이 1994년 81.9%에서 1997년에는 85.2%로 높아졌다.

■ 5대재벌의 은행대출금 점유비중은 1990년대 들어 정부의 여신관리정책 강화로 1995년 6.9%까지 낮아졌다가 그 이후 정책이 사실상 완화되면서 다시 높아졌다.

■ 은행여신에 대한 관리가 강화되자 재벌은 제2금융권 자금조달을 통해 그 규제를 실질적으로 피해 나갈 수 있었다. 특히 소유 및 자산운용에 대한 규제가 느슨한 종합금융사 대출금 중 재벌이 차지하는 비중이 크게 높아졌다. 1995년 말 47.1%이던 30대 재벌의 종금사대출금 점유비중은 1996년 말에는 무려 54.0%로 급증하였다. 1997년 5월 말 현재 제2금융권 전체적으로 30대 재벌의 대출금 점유비중은 45.0%이다.

■ 자본시장에서 재벌이 차지하는 비중도 분석기간 동안 줄곧 높아졌다. 주식시장에서의 주식자금 조달에서 30대 재벌이 차지하는 비중은 1994년 37.8%에서 1996년에는 57.2%로, 사채시장에서의 비중은 59.9%에서 64.7%로 높아졌다.

하도급거래관계

조 영 삼

1. 서

1.1. 최근 세계경제에서 시장수요의 다양화와 기술혁신의 심화에 부응하여 표준화된 제품 위주의 대량생산체제가 전반적으로 쇠퇴하는 반면 유연하고 탄력적인 새로운 생산체제를 모색하는 움직임이 증대하고 있다. 대내적으로는 우리 경제가 전반적인 산업경쟁력 위기에 직면하고 있음에 따라 개별 기업의 경쟁력 제고와 이를 뒷받침할 수 있는 효율적인 산업생산체제의 구축 필요성이 크게 부각되고 있다.

1.2. 산업생산체제의 효율성은 산업조직상의 유연성과 생산과정에서의 분업관계의 효율성에 의해 크게 규정된다고 할 수 있다. 산업조직상의 유연성은 시장구조가 어느 정도의 경쟁성을 띠고 있는가 라는 문제와 결부되는데, 우리나라의 경우 대규모기업집단 위주의 경직된 산업조직이라 할 수 있다. 그리고 분업관계는 주로 생산공정내 분업관계를 의미한다고 할 수 있는데, 우리나라의 경우 완제품을 생산하는 대기업과 부품을 공급하는 중소기업간의 하도급생산체제가 분업관계의 근간으로 기능하고 있다. 이에 따라 재벌 또는 대규모기업집단의 문제를 다룰 때 하도급관계는 적지 않은 중요성을 갖는다고 할 수 있다.

1.3. 이와 관련하여 산업생산의 기본적 분업관계라는 성격을 갖는 대·중소기업간 하도급거래관계는 발전적 재정립이 절실한 부분으로 인식되고 있다.

1.3.1. 경제의 범세계화라는 기본적인 환경변화 속에서 산업경쟁력의 개념이 개별 기업, 개별 산업 차원이 아닌 총체적 경쟁우위의 개념으로 확대되고 있음에 따라 분업적 속성을 갖는 하도급거래관계의 건전한 발전과 질적 고도화가 긴요한 과제로 인식되고 있다. 특히

무차별적인 경쟁환경에 노출되어 있는 상황에서 기업간 경쟁과 협력의 조화가 절실히 요구되고 있는 실정이다.

1.4. 하도급거래관계는 산업구조적 측면에서의 분업적·상호의존적 관계임과 동시에 산업조직적 측면에서 시장지배력을 행사하는 발주대기업(모기업)과 교섭력 열위에 있는 수탁기업간의 역관계가 반영된 경쟁·대립적 관계이기도 하다.

1.4.1. 이는 하도급거래관계가 거래 쌍방에 보완적 요소와 대립적 요소를 동시에 내포하고 있음을 의미한다. 여기서 보완적 요소는 사회적 분업으로서의 내용성과 관련되며, 대립적 요소는 지배력의 남용과 위험 부담의 전가라는 문제와 관련된다고 할 수 있다.

1.4.2. 따라서 하도급거래관계를 생산과정의 내제, 외제라는 가치중립적 시각에서 볼 경우, 거래관계의 전체상을 파악하고 규명하기 어렵게 된다.

1.5. 하도급거래관계의 구체적 형태는 자본주의체제의 발전과정과 시장구조의 차이에 따라 달리 나타나고 있다. 구미 자본주의에서는 기업간 수직적, 준수직적 결합관계가 아닌 비교적 독립적 관계에서 단속적인 거래 위주로 이루어지는 반면, 일본과 우리나라는 기업간 수직적, 준수직적 결합관계를 근간으로 한 비교적 장기·지속적 거래 위주이다.

1.6. 하도급관계를 재벌 또는 대규모기업집단과 관련하여 논의하기 위해서는 개별 기업간 하도급거래관계의 정확한 실상을 근거로 해야 하지만, 이에 관한 통계적 접근이 불가능한 것이 현실이다. 이에 따라 이 글에서는 우리나라 하도급거래관계 전반에 관한 거의 유일한 통계라 할 수 있는 《중소기업 실태조사보고》를 기초자료로 삼고 관련연구가 비교적 잘 되어 있는 자동차산업의 하도급관계에 관한 자료들을 적절히 활용하는 방법을 취하고자 한다.

1.6.1. 따라서 여기서 다루는 하도급거래관계는 5대 재벌의 하도급관계를 제대로 나타내지 못한다는 설명력의 제약을 갖는다.

2. 하도급거래관계의 일반 현황

2.1. 도급거래 비율 및 유형

2.1.1. 도급거래 비율은 중소제조업의 생산 및 판매가 도급거래에 어느 정도 의존하고 있는가를 나타내는 지표 중의 하나이다.

2.1.2. 중소제조업 전체에서 도급거래를 행하고 있는 비율은 1995년 72.1%, 1996년 73.6%, 1997년 71.7%로 나타나고 있다.

2.1.3. 도급을 주기도 하고 받기도 하는 업체 비율은 1995년 31.0%, 1996년 42.9%, 1997년 37.9%로 도급거래유형에서 가장 많은 것으로 나타나는데, 이는 하도급관계가 중층적 구조임을 반영한 것이라 할 수 있다.

2.1.4. 도급을 받는 입장인 수탁기업의 비율은 1995년 57.4%, 1996년 66.9%, 1997년 37.9%이다. 이러한 결과는 제조업을 영위하는 중소기업이 도급거래에 크게 의존하며, 주로 도급을 받는 수탁기업인 경우가 많음을 반영한 것이라 할 수 있다.

〈표 8-1〉 중소제조업의 도급거래 비율

(단위 : %)

		중소제조업 전체	소기업	중기업
도급을 주기만 한다	1995년	14.7	14.6	15.5
	1996년	6.7	6.2	11.1
	1997년	14.1	13.1	26.4
도급을 받기만 한다	1995년	26.4	13.1	27.6
	1996년	24.0	24.6	18.9
	1997년	19.7	20.5	10.5
도급을 주기도 하고 받기도 한다	1995년	31.0	30.5	36.0
	1996년	42.9	42.5	46.7
	1997년	37.9	37.2	44.8
도급거래관계가 없다	1995년	27.9	27.3	34.3
	1996년	26.4	26.7	23.3
	1997년	28.3	29.2	18.3

자료 : 중소기업청 · 중소기업협동조합중앙회, 《중소기업 실태조사보고》, 각년판.

주 : 소기업은 5~49인, 중기업은 50~299인 기준임.

2.2. 도급거래 단계

2.2.1. 수탁중소기업의 도급거래 단계별 분포는 도급생산에 의한 분업구조가 어느 정도 다층화되어 있는가를 나타내는 지표이다.

2.2.2. 1997년 기준으로 도급거래를 행하는 중소제조업체 중 1차 도급기업인 경우는 72.9%, 2차 도급기업은 21.8%, 3차 도급기업은 5.2%, 4차 도급기업은 0.1%인 것으로 나타났다.

2.2.3. 또한 1차 도급기업의 경우 중기업이 소기업에 비해 상대적으로 많은 비율을 차지하였다. 실제로 도급거래가 많은 자동차부품, 전기, 전자 등의 업종에서는 특례업종 규정에 의해 300인 이상도 중소기업으로 분류되고 있으나 실태조사의 대상기업은 300인 미만인 것을 감안하면 1차 도급기업의 비중은 통계상으로 과소평가되어 있다고 볼 수 있다.

■ 이는 우리나라의 도급생산구조가 주로 1, 2차 도급에서 끝나 약한 중층적 구조임을 반영한 것으로 볼 수 있다.

〈표 8-2〉 수탁중소기업의 도급단계별 분포

(단위 : %)

		중소제조업 전체	소기업	중기업
1차 도급기업	1995년	72.6	71.4	86.1
	1996년	78.0	77.7	81.0
	1997년	72.9	72.2	80.6
2차 도급기업	1995년	23.2	24.2	13.0
	1996년	19.4	10.0	19.6
	1997년	21.8	22.2	17.2
3차 도급기업	1995년	3.9	4.1	0.9
	1996년	2.3	2.4	1.3
	1997년	5.2	5.5	2.2
4차 도급기업	1995년	0.3	0.3	-
	1996년	0.3	0.3	0.1
	1997년	0.1	0.1	-

자료 : 중소기업청 · 중소기업협동조합중앙회, 《중소기업 실태조사보고》, 각년판.

주 : 소기업은 5~49인, 중기업은 50~299인 기준임.

2.3. 수탁중소기업의 거래모기업에 대한 의존도

2.3.1. 수탁중소기업의 거래모기업에 대한 의존도는 수탁중소기업의 전체 매출액에서 도급거래를 통한 매출액 비중을 나타내는 것으로, 수탁중소기업의 도급거래에 대한 양적 의존도를 의미한다.

2.3.2. 1997년 기준으로 매출액대비 납품액 비율이 60% 미만인 경우가 수탁중소기업 전체의 13.2%인 반면 매출액의 60% 이상을 도급거래에 의존하는 업체 비율이 86.8%에 달한 것으로 나타났다.

■ 특히 매출액의 95% 이상을 도급거래에 의존하는 경우가 수탁중소기업의 74.4%에 달한 것으로 나타났다.

■ 이는 수탁중소기업의 대부분이 독자적인 판로를 갖지 못한 채 도급거래에 의존하고 있음을 반영한다.

〈표 8-3〉 수탁중소기업의 거래모기업 의존도별 분포 (매출액대비 납품액 기준)

(단위 : %)

		중소제조업 전체	소기업	중기업
20% 미만	1995년	3.8	3.6	6.4
	1996년	2.7	2.4	5.8
	1997년	6.1	5.9	8.8
20~40% 미만	1995년	3.4	3.3	4.1
	1996년	2.7	2.3	7.1
	1997년	4.1	4.0	5.4
40~60% 미만	1995년	4.8	4.8	4.9
	1996년	5.1	4.9	7.2
	1997년	3.0	2.7	5.8
60~80% 미만	1995년	7.1	7.1	6.6
	1996년	11.8	12.0	9.9
	1997년	7.2	7.2	6.9
80~95% 미만	1995년	6.0	5.9	8.0
	1996년	11.6	11.7	10.7
	1997년	5.2	5.1	7.4
95% 이상	1995년	74.9	75.3	70.0
	1996년	66.1	66.7	59.3
	1997년	74.4	75.1	65.7

자료 : 중소기업청 · 중소기업협동조합중앙회, 《중소기업 실태조사보고》, 각년판.
주 : 소기업은 5~49인, 중기업은 50~299인 기준임.

2.4. 거래모기업 및 주거래모기업에 대한 평균의존도

2.4.1. 거래모기업 및 주거래모기업에 대한 평균의존도는 수탁중소기업이 도급거래에 의존하는 정도를 수탁중소기업의 평균 개념으로 환산한 것이며, 주거래모기업에 대한 의존도는 전속도를 나타내고 있다.

2.4.2. 1997년 기준으로 수탁중소기업 전체의 도급거래에 대한 매출 의존도는 82.8%인 것으로 나타났으며, 소기업이 의존도가 더 큰 것으로 나타났다.

2.4.3. 주거래모기업에 대한 매출의존도의 경우에는 평균 45.4%인 것으로 나타나는데 이는 수탁중소기업이 매출액의 절반 정도를 주거래모기업에 전적으로 의존하는 것을 보여주는 것이다.

〈표 8-4〉 거래모기업 및 주거래모기업에 대한 평균의존도 (매출액대비 납품액 기준)

(단위 : %)

		중소제조업 전체	소기업	중기업
거래모기업 전체	1995년	85.5	87.5	82.5
	1996년	83.6	86.9	79.5
	1997년	82.8	86.2	77.9
주거래모기업	1995년	46.4	46.4	46.5
	1996년	46.3	48.3	43.9
	1997년	45.4	46.8	43.2

자료 : 중소기업청 · 중소기업협동조합중앙회, 《중소기업 실태조사보고》, 각년판.
주 : 소기업은 5~49인, 중기업은 50~299인 기준임.

2.5. 거래모기업과 수탁중소기업의 협력관계

2.5.1. 수탁중소기업에 대한 거래모기업의 지원 내역은 모기업과 수탁기업간의 협력관계가 어떤 성격과 발전 정도에 있는가를 나타내는 지표의 하나라 할 수 있다.

〈표 8-5〉 수탁중소기업에 대한 거래모기업의 지원 내용 (복수응답)

(단위 : %)

		중소제조업 전체	소기업	중기업
기술지도	1995년	43.7	42.3	56.0
	1996년	44.1	43.5	49.5
	1997년	50.4	49.7	58.7
경영지도	1995년	15.7	23.6	15.5
	1996년	16.9	16.2	22.7
	1997년	24.7	24.8	23.4
자금지원	1995년	13.4	12.1	23.8
	1996년	14.8	13.4	25.5
	1997년	12.4	11.9	18.3
융자 보증	1995년	8.7	7.9	15.3
	1996년	7.2	6.3	14.1
	1997년	6.8	6.7	8.1
원자재 제공	1995년	53.8	54.6	46.4
	1996년	47.9	48.2	45.6
	1997년	34.2	33.6	41.3
설비 대여	1995년	12.8	12.2	17.8
	1996년	19.4	20.0	14.6
	1997년	9.4	8.9	14.3
제품설계 제공	1995년	40.7	42.2	28.5
	1996년	33.4	33.7	30.8
	1997년	32.6	32.5	33.8
자본참여	1995년	1.9	1.8	2.9
	1996년	2.1	2.1	2.0
	1997년	2.8	2.7	3.8
인력 파견	1995년	5.0	4.8	6.9
	1996년	4.2	3.7	8.9
	1997년	5.8	5.3	12.1
부품 공동개발	1995년	10.0	9.2	17.6
	1996년	11.0	10.8	12.9
	1997년	-	-	-

자료 : 중소기업청 · 중소기업협동조합중앙회, 《중소기업 실태조사보고》, 각년판.
주 : 소기업은 5~49인, 중기업은 50~299인 기준임.

2.5.2. 수탁중소기업에 대한 거래모기업의 지원은 기술지도나 경영지도가 다른 지원에 비해 많은 반면, 부품공동개발, 자본참여, 자금지원, 설비대여 등은 활성화되어 있지 않은 것으로 나타났다.

■ 이는 우리나라 도급거래관계에서 거래모기업과 수탁기업간의 협력내용이 다양하지 못하고 심화된 형태도 아님을 반영한 것으로 보인다. 즉, 분업구조의 고도화가 만족스럽게 진전된 수준이 아님을 반영한 것으로 볼 수 있다.

〈표 8-6〉 수탁중소기업의 도급거래상 애로 (복수응답)

(단위 : %)

		중소제조업 전체	소기업	중기업
지나친 품질수준 요구	1995년	30.8	30.4	35.1
	1996년	32.0	31.6	35.9
	1997년	33.1	32.5	39.4
인수증 교부일 장기화	1995년	6.7	6.6	6.9
	1996년	7.0	7.0	7.2
	1997년	6.9	6.8	7.7
저렴한 납품단가	1995년	75.4	75.7	72.1
	1996년	68.4	68.2	70.0
	1997년	61.3	61.0	65.0
대금 결제기일 장기화	1995년	40.7	41.8	27.7
	1996년	44.9	46.5	29.7
	1997년	53.3	54.2	42.5
수시 발주	1995년	44.5	44.1	48.5
	1996년	48.3	48.5	46.6
	1997년	41.5	41.3	43.6
납기단축 및 촉박	1995년	35.0	34.1	45.1
	1996년	34.2	33.5	40.6
	1997년	29.6	29.4	32.6
거래선 변경 가능성	1995년	23.1	23.1	22.7
	1996년	26.2	26.4	24.1
	1997년	22.7	22.8	21.4
기타	1995년	2.8	2.9	1.5
	1996년	4.2	4.3	2.4
	1997년	5.7	5.9	2.6

자료 : 중소기업청 · 중소기업협동조합중앙회, 《중소기업 실태조사보고》, 각년판.
주 : 소기업은 5~49인, 중기업은 50~299인 기준임.

2.6. 수탁중소기업의 도급거래상 애로

2.6.1. 한편 수탁중소기업의 도급거래상 애로요인을 보면, 저렴한 납품단가와 납품대금 결제기일의 장기화가 가장 주된 애로요인인 것으로 나타난 가운데, 모기업의 품질수준에 대한 요구가 강화되고 있는 것으로 나타났다.

2.6.2. 또한 거래선 변경 가능성에 대한 우려는 다른 요인들에 비해 상대적으로 적은 비율을 나타내 도급거래관계가 비교적 지속적임을 반영한다.

2.7. 납품단가 결정방식

2.7.1. 납품단가 결정방식은 수탁기업의 모기업에 대한 교섭력의 정도를 나타내는 지표의 하나라 할 수 있다.

2.7.2. 우리나라의 경우 납품단가의 결정이 모기업 위주로 이루어진다는 비율이 74.1%로써 납품단가 결정에서 모기업의 이해가 더 크게 반영되고 있는 것으로 나타나고 있다. 이는 도급거래에서 모기업의 교섭력 우위가 관철되고 있음을 의미한다.

2.7.3. 일본의 경우도 우리나라와 크게 다르지 않은 것으로 나타나, 도급거래가 모기업과 수탁기업간의 교섭력 격차를 그대로 반영하는 특성을 갖고 있음을 시사한다.

〈표 8-7〉 납품단가 결정방식의 한·일 비교

(단위 : %)

	한국	일본		
		타사보다 우수한 기술수준	타사와 동등한 기술수준	타사보다 열위의 기술수준
위탁기업이 일방적으로 결정	5.8	6.0	8.8	12.9
견적에 기초해 위탁기업이 결정	27.1	24.6	25.1	27.4
합의에 의하지만 위탁기업 의사가 강하게 반영	41.2	44.9	47.8	46.8
합의에 의해 결정하며 당사의 입장도 충분히 반영	20.7	23.0	15.0	8.1
당사가 일방적으로 결정	2.2	1.1	2.2	1.6
입찰 및 기타 방식으로 결정	3.1	0.5	1.1	3.2

자료 : 중소기업청·산업연구원, 《중소기업의 거래관행에 관한 실태조사》, 1996 및 일본 중소기업청, 《중소기업백서》, 1992년판.

3. 재벌의 하도급거래관계 : 자동차산업

3.1. 외주비율

3.1.1. 외부조달비율

■ 하도급거래는 모기업 입장에서 보면 필요한 생산을 외제화한 것이라 할 수 있으며, 그 선택의 기본적인 근거는 외제화와 내제화 사이의 비용 차이라 할 수 있다.

■ 자동차부품의 외부조달비율은 일본과 한국이 70% 이상인 반면 미국 GM의 경우 1980년대에는 30%에 불과했고 최근에는 40% 수준으로 산업조직이나 생산방식의 차이에 따라 달리 나타났다.

〈표 8-8〉 자동차 3사의 외부조달비율

(단위 : %)

업체명	외부조달비율(납품액/총매출원가)	
	1995년	1996년
현대	66.9	72.0
대우	52.7	64.7
기아	72.5	76.7
평균	65.6	71.1

자료 : 한국자동차공업협동조합, 《자동차공업편람》, 각년판.

■ 하도급거래라는 관점에서 보면 외부조달비율은 하도급거래관계의 활성화 정도를 나타내는 지표의 하나로 이해할 수 있다.

■ 1996년 기준으로 우리나라의 재벌을 대표하는 자동차 3사의 외부조달비율은 71.1%이며, 기아, 현대, 대우의 순으로 나타났다.

3.1.2. 한국과 일본에 비해 미국 등 구미국가들의 외주비율이 상대적으로 낮게 나타나는 이유의 하나로 거래조직 구성의 차이에서 비롯된 외주 성격의 차이를 들 수 있다. 즉, 일본이나 우리나라 완성차업체들은 외부거래에서 계열회사나 관계사를 통해 거래하는 비율이 높은 반면 구미국가들은 그렇지 않다.

■ 우리나라의 경우 자동차 3사의 계열 및 관계회사 부품납품 현황을 보면 전체 거래부품업체 수의 6.4%인 계열 및 관계사가 납품액 비중에서는 전체의 33.5%에 달한 것으로 나타났다. 이중 계열회사의 납품액은 13.3%, 관계사는 20.2%인 것으로 나타났다.

■ 계열 및 관계사는 형태상 독립법인이지만 그 지배구조는 사실상 내부조직에 준하는 것으로 모기업의 발주전략에 따라 때로는 경쟁성이 부과되기도 하지만 이들과의 거래는

내부거래에 가까운 것이라 할 수 있다.

■ 계열 및 관계사의 납품액을 제외하더라도 우리나라의 외주비율은 구미국가들에 비해 월등히 높다고 할 수 있다.

3.1.3. 외주비율의 차이는 생산방식, 즉 부품조달체제의 차이에 의한 측면도 있다. 일본과 우리나라는 부품업체와 밀접한 관계를 유지하면서 지속적인 거래관계에 있는 준수직적 통합체제의 성격을 갖는 반면, 구미국가들은 시장조달 우위의 조달체제라 할 수 있다.

■ 최근에는 구미국가들도 일본적 생산방식의 영향을 받아 외주비율을 높이고 하도급거래를 늘리는 경향을 나타낸다.

〈표 8-9〉 자동차 3사의 계열 및 관계회사 부품납품 현황

(단위 : 백만 원, %)

		업체 수 및 비중		납품액 및 비중	
현대	납품업체 전체	413	100.0	5,624,837	100.0
	계열·관계회사	15	3.6	1,898,382	33.7
	계열사	4	1.0	344,036	6.1
	관계사	11	2.7	1,554,346	27.6
	비계열·관계회사	398	96.4	3,726,455	66.3
대우	납품업체 전체	279	100.0	2,681,783	100.0
	계열·관계회사	19	6.8	798,959	29.8
	계열사	7	2.5	467,668	17.4
	관계사	12	4.3	33,291	12.4
	비계열·관계회사	260	93.2	1,882,824	70.2
기아	납품업체 전체	185	100.0	1,462,189	100.0
	계열·관계회사	9	4.9	570,869	39.0
	계열사	6	3.2	484,769	33.2
	관계사	3	1.6	86,100	5.9
	비계열·관계회사	176	95.1	891,320	61.0
3사 합계	납품업체 전체	670	100.0	9,768,809	100.0
	계열·관계회사	43	6.4	3,268,210	33.5
	계열사	17	2.5	1,296,473	13.3
	관계사	26	3.9	1,971,737	20.2
	비계열·관계회사	627	93.6	6,500,599	66.5

자료 : 박중구·주현, 《한국 자동차산업의 도급관계와 활성화방안》, 산업연구원, 1997. 12.

주 1) '계열회사'는 "독점규제 및 공정거래에 관한 법률"에 의거해 공정거래위원회가 1996년 4월 1일 기준으로 대규모 기업집단 소속회사로 지정한 회사에 국한하였음. 즉, 여기서 '계열회사'는 자본계열사의 최소치로 이해할 수 있음.

2) 여기서 '관계회사'는 계열회사에 포함되지 않은 자본참여사, 친인척 경영회사 등을 포함하는데, 자료제약에 의해 위의 통계는 '관계회사'의 최소치라 할 수 있음.

3) 3사 합계의 납품업체 수는 중복업체를 제외한 순업체 수 기준임.

3.2. 거래의 지속성

3.2.1. 완성차업체와 부품업체간의 거래 지속성 여부는 공급계약 기간과 거래관계에 대한 전망을 통해 알 수 있다.

3.2.2. 먼저 공급계약 기간에서는 3년 이상의 공급계약을 맺고 있다는 응답비율이 36.2%에 달해 비교적 지속적인 거래관계를 유지하고 있는 것으로 나타났다.

3.2.3. 이에 반해 장기공급 계약을 맺지 않거나 공급계약 기간이 1년 미만이라는 응답비율은 28.9%에 불과한 것으로 나타났다.

〈표 8-10〉 완성차업체와 부품업체간 공급계약 기간

(단위 : %)

계약기간	응답업체 비율
장기공급계약 맺지 않음	19.3
6개월~1년 미만	9.6
1~2년 미만	31.2
2~3년 미만	3.7
3년 이상	36.2

자료 : 박중구 · 주현, 《한국 자동차산업의 도급관계와 활성화방안》, 산업연구원, 1997.12.
주 : 응답업체 수는 1차 수탁기업 218개사임.

3.2.4. 한편 향후 거래관계의 전망에서는 계속적인 거래관계가 중심이 될 것이라는 응답비율이 87.3%에 달해, 완성차업체와 자동차 부품업체간의 지속적인 거래관계가 앞으로도 유지될 것임을 시사한다.

〈표 8-11〉 향후 거래관계의 전망

(단위 : %)

	응답업체 비율
계속적인 거래관계가 지속될 것	21.4
계속적인 거래관계가 보다 강화될 것	2.5
계속적인 거래를 중심으로 하되, 보다 기술력을 중시한 거래관계가 될 것	63.4
계속적인 거래관계에 구애받지 않을 것	12.6
종래부터 계속적인 거래관계가 아니며, 향후에도 그럴 것	0.0

자료 : 박중구 · 주현, 《한국 자동차산업의 도급관계와 활성화방안》, 산업연구원, 1997.12.
주 : 응답업체 수는 238개사임.

3.3. 거래관계의 개방성

3.3.1. 거래관계의 개방성은 크게 모기업의 복수화와 부품기업의 복수화로 나누어 볼 수 있다. 모기업의 복수화는 하나의 부품업체가 둘 이상의 모기업과 거래관계를 맺는 것을 의미하며, 부품기업의 복수화는 동일 부품에 대해 공급업체를 복수화하는 것이다.

3.3.2. 거래관계의 개방성은 경쟁성 강화를 통한 부품조달체제의 시장기능 제고라는 측면과 관련된다고 할 수 있다. 모기업의 복수화는 단위기업당 납품액의 증대효과를 통해 부품업체 입장에서 대형화를 기할 수 있다는 이점이 있다. 반면에 부품기업의 복수화는 모기업 입장에서 부품기업간 경쟁효과를 통해 품질, 가격경쟁력 제고와 부품기업에 대한 통제력 강화를 꾀할 수 있다.

3.3.3. 1996년 기준으로 우리나라 자동차부품업체 중 1개 모기업과 거래하는 업체수 비중은 전체의 58.2%, 납품액 비중은 16.3%인 것으로 나타난다. 현대, 기아, 대우 등이 자동차 관련 계열사를 갖고 있기 때문에, 거래 모기업 수가 2개인 경우도 복수거래로 보기 어렵다는 점을 감안하여 거래 모기업이 2개인 경우까지 포함하면 업체수 비중 79.5%, 납품액 비중 40% 정도이다.

■ 이는 부품업체의 모기업에 대한 전속성이 매우 강하다는 것을 의미하며, 일본에 비해서도 전속성이 더 강한 것으로 나타났다.

■ 또한 완성차업체들이 부품업체에 대해 모기업 복수화를 허용하지 않는 것으로 나타났는데, 1997년 4월 자동차공업협동조합의 실태조사 결과에 따르면 응답기업의 75.6%가 다른 완성차업체와의 거래를 원칙적으로 혹은 선별적으로 금지당하고 있는 것으로 나타났다.

〈표 8-12〉 복수거래 수탁기업수 (완성차 7개사 기준)

(단위 : 개사, %)

		거 래 모 기 업 수							합계
		1개사	2개사	3개사	4개사	5개사	6개사	7개사	
수급기업(개)		649	238	93	58	39	22	17	1,116
	누계	649	887	980	1,038	1,077	1,099	1,116	
비율(%)		58.2	21.3	8.3	5.2	3.5	2.0	1.5	100.0
	누계	58.2	79.5	87.8	93.0	96.5	98.5	100.0	
납품액(억원)		23,318	39,654	11,851	19,077	17,224	14,095	17,926	143,145
	비율(%)	16.3	27.7	8.3	13.3	12.0	9.8	12.5	

자료 : 한국자동차공업협동조합, 《자동차공업편람》, 1997.

3.3.4. 한편 우리나라의 경우에도 모기업 복수화가 이전에 비해 진전된 것으로 나타났는데, 1996년 기준으로 단독거래 부품업체 비중이 현대는 10% 정도, 기아나 대우는 20% 정도 감소한 것으로 나타났다.

■ 완성차업체별로는 1996년 말 현재 현대는 단독거래 부품업체 비중이 37.8%인 반면 기아, 대우는 각각 15.5%, 16.4%로 현대 부품업체의 복수거래가 가장 저조한 것으로 나타났다.

〈표 8-13〉 자동차부품업체의 복수거래 현황

(단위 : 개, %)

	현 대	기 아	대 우	아시아	쌍 용	대 우 중공업	현 대 정 공	타업체와 거래없음	총거래 업체수
현 대		102 (21.5)	119 (25.1)	71 (15.0)	85 (17.9)	78 (16.5)	144 (30.4)	230 (48.5)	474
		101 (26.5)	78 (20.5)	92 (24.2)	114 (29.9)	132 (34.6)	122 (32.0)	144 (37.8)	381
기 아	102 (37.6)		101 (37.3)	132 (48.7)	72 (26.6)	64 (23.6)	45 (16.6)	122 (36.2)	271
	101 (38.1)		93 (35.1)	164 (61.9)	92 (34.7)	103 (38.9)	47 (17.7)	41 (15.5)	265
대 우	119 (35.3)	101 (30.0)		81 (24.0)	105 (31.2)	90 (26.7)	48 (14.2)	122 (36.2)	337
	78 (40.0)	93 (47.7)		72 (36.9)	77 (39.5)	121 (62.1)	45 (23.1)	32 (16.4)	195
아시아	71 (25.5)	132 (47.3)	81 (29.0)		77 (27.6)	41 (14.7)	30 (10.8)	102 (36.6)	279
	92 (28.9)	164 (51.6)	72 (22.6)		94 (29.6)	118 (37.1)	36 (11.3)	41 (12.9)	318
쌍 용	85 (28.0)	72 (23.7)	105 (34.5)	77 (25.3)		47 (15.5)	42 (13.8)	137 (45.1)	304
	114 (34.3)	92 (27.7)	77 (23.2)	94 (28.3)		135 (40.7)	54 (16.3)	128 (38.6)	332
대 우 중공업	78 (48.2)	64 (39.5)	90 (55.6)	41 (25.3)	47 (29.0)		39 (24.1)	35 (21.6)	162
	132 (30.3)	103 (23.7)	121 (27.8)	118 (27.1)	135 (31.0)		52 (12.0)	181 (41.6)	435
현 대 정 공	114 (86.4)	45 (24.1)	48 (36.4)	30 (22.7)	42 (31.8)	39 (29.6)		11 (98.3)	132
	122 (79.7)	47 (30.7)	45 (29.4)	36 (23.5)	54 (35.3)	52 (34.0)		22 (14.4)	153

자료 : 한국자동차공업협동조합, 《자동차공업편람》, 1992, 1997 등을 이용해 재작성한 것을 조철, 《자동차 부품조달체제의 현황과 개선방향》, 산업연구원, 1998. 9에서 재인용.

주 1) 각 셀 안에서 위의 숫자는 다른 협력회에 가입하고 있는 부품업체 수를 나타내고, ( ) 안은 그 부품업체들이 총협력회원 수에서 차지하는 비율을 나타냄.

2) 상단은 1991년, 하단은 1996년 실적임.

3.3.5. 반면에 일본의 경우 복수거래에서 우리나라와 대조적인 양상을 보인다.

■ 1위 완성차업체인 도요타와 2위 업체인 닛산의 단독거래 부품업체의 비중이 각각 13.9%, 22.8%에 불과한 것으로 나타나 우리나라 1위 업체인 현대가 단독거래 비중이 높은 것과는 대조적이다. 그리고 3, 4위 업체인 미쓰비시, 혼다의 경우 단독거래 비중이 40%를 상회해 우리나라의 기아나 대우의 단독거래 비중이 현대보다 낮게 나타난 것과는 대조적인 양상을 나타내고 있다.

〈표 8-14〉 일본 부품업체의 협력회 중복가입 현황 (1994년)

(단위 : 개)

	도요타	닛산	미쓰비시	혼다	마쓰다	이스즈	후지중공업	다이하츠	스즈키	히노	닛산디젤	타협력회불참가	총협력회원수
도요타		67 27.3%	90 36.7%	82 33.5%	69 28.2%	84 34.3%	56 22.9%	106 43.3%	1 0.4%	85 34.7%	3 1.2%	34 13.9%	245
닛산	67 34.7%		88 45.6%	94 48.7%	71 36.8%	89 46.1%	84 43.5%	50 25.9%	3 1.6%	57 29.5%	15 7.8%	44 22.8%	193
미쓰비시	90 23.8%	88 23.3%		97 25.7%	93 24.6%	106 28.0%	77 20.4%	89 23.5%	3 0.8%	93 24.6%	15 4.0%	176 46.6%	378
혼다	82 24.6%	94 28.1%	97 29.0%		74 22.2%	87 26.0%	78 23.4%	77 20.4%	7 2.1%	68 20.4%	10 3.0%	166 49.7%	334
마쓰다	69 36.1%	71 37.2%	93 48.7%	74 38.7%		76 39.8%	66 34.6%	67 35.1%	1 0.5%	63 33.0%	2 1.0%	55 28.8%	191
이스즈	84 27.7%	89 29.4%	106 35.0%	87 28.7%	76 25.1%		82 27.1%	66 21.8%	3 1.0%	87 28.7%	15 5.0%	83 27.4%	303
후지중공업	56 30.8%	84 46.2%	77 42.3%	78 42.9%	66 36.3%	82 45.1%		51 28.0%	4 2.2%	53 29.1%	6 3.3%	38 20.9%	182
다이하츠	106 58.2%	50 27.5%	89 48.9%	77 42.3%	67 36.8%	66 36.3%	51 28.0%		2 1.1%	73 40.1%	4 2.2%	39 21.4%	182
스즈키	1 1.0%	3 2.9%	3 2.9%	7 6.8%	1 1.0%	3 2.9%	4 3.9%	2 1.9%		0 0.0%	0 0.0%	89 86.4%	103
히노	85 33.3%	57 22.4%	93 36.5%	68 26.7%	63 24.7%	87 34.1%	53 20.8%	73 28.6%	0 0.0%		14 5.5%	60 23.5%	255
닛산디젤	3 5.3%	15 26.3%	15 26.3%	10 17.5%	2 3.5%	15 26.3%	6 10.5%	4 7.0%	0 0.0%	14 24.6%		23 40.4%	57

자료 : Fourin, 《日本の自動車部品産業》, 1996. 4.

주 : 각 셀 안에서 위의 숫자는 다른 협력회에 가입하고 있는 부품업체 수를 나타내고, 아래의 퍼센트(%)는 그 부품업체들이 총협력회원 수에서 차지하는 비율을 나타냄.

3.3.6. 부품업체의 복수화에서는 1996년 현재 현대, 기아, 대우 등은 부품당 평균 조달업체 수가 2.0개사를 상회하여 일본과 큰 차이가 없으나, 1사 의존도가 높은 것으로 나타났다.

■ 부품당 평균 조달업체 수는 현대, 기아가 1991년의 2.2개사, 1.9개사에서 1996년의 2.3개사, 2.1개사로 늘어난 반면, 대우는 1991년의 2.2개사에서 1996년 2.0개사로 다소 줄어들었음을 보여준다.

■ 이에 따라 1사 의존도의 경우 현대와 기아는 1991년에 비해 줄어든 반면, 대우는 다소 늘어난 것으로 나타났다.

〈표 8-15〉 부품당 평균 조달업체수

(단위 : 개사, %)

	현 대	기 아	대 우	아시아	쌍 용	대우중공업	현대정공	전체평균
1991년	2.2	1.9	2.2	2.1	1.8	1.6	1.0	2.0
1사 조달	70 (36.5)	85 (49.1)	71 (39.2)	62 (36.5)	57 (44.2)	37 (50.7)	55 (98.2)	437 (44.9)
1996년	2.3	2.1	2.0	2.1	1.8	1.8	1.3	2.0
1사 조달	97 (33.7)	107 (40.8)	100 (43.1)	108 (45.6)	101 (52.9)	100 (49.5)	93 (78.2)	706 (46.4)

자료 : 한국자동차공업협동조합, 《자동차공업편람》, 1992, 1997 등을 이용해서 재작성한 것을 조철, 《자동차 부품 조달체제의 현황과 개선방향》, 산업연구원, 1998.9 에서 재인용.

3.3.7. 요컨대 우리나라 자동차산업의 하도급거래에서는 모기업 복수화는 다소 증가하였으나 일본에 비해 낮은 수준을 보이고 있으며, 부품업체 복수화는 일본에 비해 절대적 수준도 낮으면서 점차 낮아지는 추이를 나타내 거래의 개방화가 덜 진전된 것으로 보인다.

4. 하도급거래관계의 문제점 및 과제

4.1. 거래관계의 폐쇄성

4.1.1. 하도급거래관계의 개방화는 모기업이나 부품기업의 경영성과에 다음과 같은 긍정적 영향을 미칠 수 있다.

■ 첫째, 부품업체는 다수의 모기업과 거래함으로써 범위의 경제를 누릴 수 있는 기회를 더 많이 갖게 된다.

■ 둘째, 부품업체는 모기업과의 거래에서 적지 않은 학습효과를 향유하게 되는데, 다수의 모기업과 거래함으로써 더 많은 학습기회를 갖게 된다.

■ 셋째, 다수의 모기업과 거래할 경우 그렇지 않은 경우에 비해 부품업체의 교섭력이 증대할 수 있다.

■ 넷째, 일반적으로 거래 부품업체의 복수화는 경쟁의 강화, 부품조달의 대체 용이성 등을 통해 모기업의 경영성과에 긍정적 요소로 작용하게 된다.

4.1.2. 이와 관련하여 우리나라의 하도급거래관계에서는 거래관계의 개방성을 나타내는 모기업 복수화와 부품기업의 복수화가 덜 진전되어 부품기업의 거래모기업에 대한 전속성이 강한 것으로 나타나고 있다.

4.1.3. 이는 도급거래관계가 통제효과에 초점을 맞추고 있음을 반영한 것으로 부품업체의 발전을 저해한 요인으로 지적되고 있다. 따라서 거래관계의 개방화가 중요한 과제라 할 수 있다.

4.2. 협력관계의 다양화 및 내실화의 미흡

4.2.1. 금융협력은 꾸준히 늘어나는 추세를 보여 협력 분위기의 고조를 반영하고 있지만 지원의 내용이 운영자금 위주로 이루어지고 있다. 따라서 금융협력이 갖는 중요한 의미의 하나인 협력업체의 부족한 투자 여력 보완을 통한 경영 근대화에의 기여라는 측면이 상대적으로 미흡한 것으로 보인다.

4.2.2. 기술협력의 경우 기술지도 위주의 기존 협력패턴으로부터 좀더 다양한 협력내용으로 변화하는 양상을 보이고 있다. 그러나 여전히 기술지도가 주된 내용을 이루고 있으며 기술이전의 경우 제조·가공기술 위주의 협력패턴에서 크게 벗어나지 못하는 것으로 보인다. 즉, 기술협력에서 공동기술개발과 기술이전이 협력의 주된 영역으로 자리잡는 형태

로의 협력내용 심화가 미흡하다고 할 수 있다.

4.2.3. 이와 함께 우리 경제의 전반적인 산업경쟁력 약화를 고려할 때 기존의 조립·가공 및 생산관리 기술과 기본적인 설계기술보다는 수준높은 설계기술 및 연구개발에 협력의 초점을 맞추도록 해야 할 것이다.

4.2.4. 경영협력에서도 경영지도 일변도의 협력에서 벗어나 최근 판매, 입지, 물류분야의 지원에도 노력하는 등 협력분야가 크게 다양화되는 현상을 보이고 있다. 그러나 경영협력의 경우 소프트웨어 측면의 협력이 중요하다는 점에서 볼 때 대기업측의 협력업체에 대한 상시적인 자문기능이 더욱 확충될 필요가 있다.

4.3. 동반자적 협력 마인드의 부족

4.3.1. 하도급거래관계에서 모기업과 수탁기업간 협력은 기본적으로 경제적 이해에 기초한 것이기 때문에 그 내용이 호혜적이기 위해서는 상호신뢰와 자율성이 뒷받침되는 것이 중요하다.

■ 이와 관련하여 거래 쌍방간의 상호신뢰는 양자의 거래에서 객관적이고 균형적인 계약적 관계에 관한 성실한 이행이 전제되어야 하며, 또한 거래관계의 지속을 통해 대기업과 함께 동반성장할 수 있다는 수탁중소기업의 믿음이 중요하다.

4.3.2. 상호신뢰의 구체적 내용은 대기업이 공정하고 호혜적인 거래를 솔선함으로써 수탁중소기업측이 갖는 교섭력상의 비대등성에 따른 불이익에 대한 우려를 불식시키고, 수탁중소기업들은 호혜적 협력에 대한 신뢰를 기반으로 생산성 향상을 통해 대기업의 수요에 부응하도록 노력하는 형태라고 할 수 있다.

4.3.3. 그러나 현실의 대·중소기업간 하도급거래관계에서 대기업은 수탁중소기업을 지원, 육성함으로써 자신의 요구를 충족시키기보다는 아직 부담전가가 용이한 조달전략이라는 차원을 크게 벗어나지 못하고 있다. 수탁중소기업도 대기업의 요구에 적극적으로 부응하기보다는 거래의 현상유지에 안주하는 등 동반자적 협력관계의 내용이 부족한 반면 대립적 측면은 상존하는 형태로 상호신뢰의 기반이 제대로 조성되지 못한 것으로 평가된다.

4.3.4. 따라서 상호신뢰에 입각한 동반자적 협력 마인드의 제고는 하도급거래관계가 갖는 사회적 분업으로서의 내용성과 관련하여 중요한 과제로 인식되어야 할 것이다.

4.4. 불공정 하도급거래에 대한 감시 및 시정기능 미흡

4.4.1. 하도급거래관계는 장기간에 걸친 공정한 거래의 정착을 통해 축적된 거래 쌍방간의 상호신뢰라는 무형의 자산으로 매개되는 거래라 할 수 있으므로 거래의 공정성은 호혜적 협력의 기본전제라 할 수 있다.

4.4.2. 그러나 현실적으로는 모기업과 수탁기업 사이에 있는 교섭력의 불균형 때문에 모기업이 우월적 지위를 남용함에 따른 불공정거래의 가능성이 상존한다.

4.4.3. 현재 '하도급거래 공정화에 관한 법률'(이하 '하도급법')에 의해 불공정 하도급거래로부터의 거래 당사자 보호가 보장되고 있으나, 현실적으로 법의 실효성 측면에서는 적지 않은 문제가 있다.

■ 특히 대기업을 크게 의식할 수밖에 없는 수탁중소기업 입장에서 실제로 발생한 불공정거래의 시정을 호소할 방법이 마땅치 않으며, 대기업의 불공정 하도급거래에 대한 제소는 사후의 불이익을 감수해야 하는 위험부담을 안게 된다.

4.4.4. 이에 따라 '하도급법'상의 사후적 보호와 함께 제 3 자에 의한 거래의 상시적 감시기능이 더욱 강화될 필요가 있다고 할 수 있다.

■ 즉, 현재와 같은 공정거래위원회 및 중소기업협동조합중앙회에 설치된 하도급분쟁조정협의회를 통한 사후조정을 중심으로 하도급거래의 공정화가 이루어질 수 있다면 가장 바람직하지만, 현실이 그렇지 못함에 따라 추가적 보완장치를 강구할 필요성이 제기된다고 할 수 있다.

■ 공정거래위원회나 중소기업청을 통한 광범위한 하도급 실태조사를 정기적이고 체계적으로 시행함으로써 상시적인 감시기능을 확보하는 한편, 불공정 하도급거래행위에 대한 시정조치를 강화해야 할 것이다.

재벌정책 및 법규

강 병 구

1. 재벌정책 개관

1.1. 1980년대 중반 이후 정부의 재벌정책은 기존의 대기업 육성정책에서 탈피하여 경제력집중 억제와 지배경영구조 및 재무구조의 개선에 중점을 두었으며, 정부는 다양한 법·제도를 마련하여 이와 같은 정책을 추진해 왔다. 〈표 9-1〉에서 보듯이 재벌(1991년 이래 자산총액기준 30대 대규모기업집단)의 경제력집중 억제와 관련된 법규 및 제도는 '독점규제 및 공정거래에 관한 법률'(이하 공정거래법)과 상속세 및 증여세법, 그리고 '여신관리제도'를 중심으로 마련되었으며, 재벌의 지배경영구조 및 재무구조의 개선과 관련된 법규 및 제도는 '여신관리제도'를 포함하여 상법, 은행법, 증권거래법, 주식회사의 외부감사에 관한 법률(이하 외감법), 법인세법, 조세감면법 등에 다양한 형태로 나타나 있다.

1.2. 경제력집중 억제정책은 출자규제(상호출자 금지 및 출자총액 제한), 기업의 소유분산, 상속세 및 증여세의 개선 등을 내용으로 하는 소유구조의 개선정책, 기업결합의 제한, 시장지배적 지위의 남용금지, 부당한 공동행위의 제한, 불공정거래행위의 금지 등을 내용으로 하는 반독점 및 공정거래에 관한 규제, 계열기업군에 대한 여신한도 관리, 기업투자 및 부동산취득의 규제, 업종전문화의 유도, 상호지급보증의 제한 등을 내용으로 하는 금융관련규제 등으로 구분할 수 있다.

1.3. 기업의 지배경영구조와 관련된 정책에는 지주회사의 설립규제, 인수 및 합병(M&A) 정책, 사실상의 이사제도, 사외이사 및 감사제도, 소수주주의 권익보호 장치 등이 포함된다. 마지막으로 기업의 재무구조 개선은 계열회사에 대한 채무보증의 제한과 결합재무

제표의 작성의무화를 통하여 추진되고 있으나, 이러한 정책은 여신관리제도와 함께 재벌에 대한 경제력집중 억제장치이기도 하다.

1.4. 1980년대 중반 이후 1990년대 중반까지의 재벌정책이 전반적으로 경제력집중 억제에 중심을 두었다면, 그 이후의 재벌정책은 기업의 지배경영구조 및 재무구조의 개선에 중점을 두고 있다. 1994년 12월 22일에 개정된 공정거래법은 30대 재벌기업에 속하는 회사가 타기업에 대해서 자기순자산의 25%를 초과하여 출자할 수 없도록 출자한도액을 하향조정하였으며, 부당한 공동행위에 대한 과징금 규모를 매출액의 1%에서 5%로 인상하였다. 1994년 12월 31일에는 은행법 개정을 통하여 동일인에 대한 대출 및 지급보증을 각각 은행자기자본의 15%와 30%로 하향조정하였으며, 1995년 4월 1일의 공정거래법시행령 개정은 소유분산 및 재무구조 우량기업집단에 대해서 졸업제를 적용함으로써 재벌기업의 소유분산 및 재무구조의 개선을 유도하였다. 그러나 1995년 4월 10일 정부는 10대 재벌기업에 대한 기업투자승인 관련제도를 폐지하여 재벌기업에 의한 자유로운 투자를 허용하였다.

1.5. 1996년 7월 1일에는 11~30대 재벌기업에 대한 바스켓 관리제도를 폐지하였으며, 1996년 8월 1일에는 주거래은행제도를 개편하여 관리대상 계열의 선정기준을 30대 재벌기업에서 여신기준 2,500억 원 이상의 재벌기업으로 축소하였다. 1996년 12월 30일 정부는 공정거래법의 개정을 통하여 재벌기업의 채무보증 한도액의 하향조정, 기업결합의 심사기준 명시, 부당한 공동행위의 금지 및 독과점적 시장구조의 개선 등을 추진하였으며, 외감법의 개정을 통해 기업의 공시제도를 도입하고, 외부감사의 선임절차를 개선하며, 외부감사의 독립성을 제고시키는 등 기업의 지배·경영구조 개선에 주력하였다. 또한 상속세 및 증여세법의 개정을 통하여 공익법인의 사후관리와 증여의제에 대한 과세를 강화하고, 경영권이 반영된 주식에 대해 할증평가제도 및 비상장주식의 평가방법을 개선하였다.

1.6. 1997년 1월 13일 정부는 증권거래법의 개정을 통하여 상장기업의 감사선임·해임시 대주주의 권한을 제한하였으며, 반면에 소수주주권의 행사요건을 완화하였다. 또한 인수·합병(M&A)의 공정성을 높이기 위하여 공개매수신고자가 공시해야 하는 특별관계인의 범위를 확대하였으며, 기업공개 촉진과 관련된 자본시장 육성에 관한 법률을 폐지하였다. 또한 5대재벌기업에 조건부로 생명보험업 진출을 허용하고, 6~10대 재벌기업에 대한 생명보험업 지분참여 기준을 폐지하는 등 재벌의 경제력집중 억제에 역행하는 정책을 취하였다. 더욱이 1997년 8월 1일 정부는 바스켓 관리제의 폐지시기를 2000년 7월 1일로 확정하고, 10대 재벌기업 및 주거래 계열에 대한 대여금·가지급금 규제를 폐지함으로써 재벌기업에 대한 여신규제를 완화하였다. 한편 1997년 12월 31일 상속세 및

증여세법 시행령의 개정을 통하여 증여의제 과세대상의 포괄규정에 근거하여 변칙증여 사례에 대한 과세를 강화하였다.

1.7. 한편 1997년 12월 국제통화기금(IMF)과의 경제정책에 대한 합의(금융시스템에 대한 포괄적인 구조조정 촉진, 기업간 상호지급보증의 축소, 독립외부감사의 강화, 결합재무제표의 도입) 이후 김대중 정부는 기업경영의 투명성 제고, 기업간 상호지급보증의 해소, 기업재무구조의 개선, 지배주주(사실상의 지배주주 포함) 및 경영진의 책임강화, 재벌기업간의 사업교환을 통한 업종전문화 등에 재벌정책의 중심을 두고 있으나, 재벌기업에 의한 경제력집중에 대해서는 상대적으로 규제를 완화하는 방향으로 나아가고 있다.

1.8. 1998년 2월 1일 정부는 증권거래법의 개정을 통하여 상장법인과 비상장법인의 합병시 요구하던 금융감독위원회에 대한 사전등록을 폐지하였다. 1998년 2월 24일의 공정거래법 개정을 통하여 정부는 30대 재벌기업에 대한 출자총액의 제한 규정을 폐지하였으며, 재벌기업에 대한 신규채무보증을 금지시키고, 기존의 채무보증에 대한 해소시한을 제시하였다. 또한 증권거래법의 개정을 통하여 상장기업의 소수주주권 행사의 요건을 완화시킨 반면, 기업의 의무공개매수제도를 폐지하고 상장기업의 자기주식취득한도를 확대하였으며, 외감법의 개정을 통하여 결합재무제표의 도입시기를 1999년 1월 1일로 앞당겼다. 1998년 4월 1일 정부는 여신관리규정을 개편하여 계열사의 신규채무보증에 의한 여신취급을 금지시켰고, 이어 1998년 5월 25일에는 상장기업의 자기주식취득한도를 폐지하여 기업의 경영권 방어를 보장하는 반면 소수주주의 대표소송제기권에 대한 요건을 완화하였다.

1.9. 한편 1998년 6월 12일 정부는 5대 및 10대 재벌기업에 대한 바스켓 관리제를 조기에 폐지하기로 하였으며, 7월 24일에는 기업의 비업무용 부동산 처분에 대한 사후관리제를 폐지하고, 이어 12월 22일에는 여신위원회제도, 전담심사역제도, 부실징후조기경보체제, 재벌기업에 대한 여신심사체제를 구축함으로써 재벌기업에 대한 직접적인 여신관리체제를 은행에 의한 자율적 관리체제로 전환시켰다.

1.10. 또한 기업간 구조조정을 촉진시키기 위하여 1998년 6월 15일 기업결합의 심사기준을 완화시키고 기업결합의 예외조건을 확대하였으며, 8월 28일 법인세법 시행규칙을 개정하여 기업간 구조조정을 위하여 매각 또는 취득하는 부동산을 비업무용 부동산에서 제외하였다. 이어 9월 16일에는 조세감면규제법을 개정하여 양도소득세 또는 특별부가세의 감면대상이 되는 구조조정대상 부동산을 1999년 12월 31일 이전에 취득한 후 이를 양도하는 경우에는 5년간의 양도차익에 대한 양도소득세 또는 특별부가세를 감면하도록 조치하였고, 12월 28일에는 법인세법 개정을 통하여 합병법인이 피합병법인의 이월결손금을 승계할 수 있도록 하고, 법인이 분할하는 경우 법인세 및 특별부가세를 과세이연할

수 있도록 하였다. 이와 같은 정부의 구조조정정책은 1998년 12월 28일의 상법개정을 통해 회사합병 절차를 간소화시키고 회사분할제도를 도입함으로써 좀더 적극적으로 추진되었다.

1.11. 한편 1998년 12월 28일의 상법개정은 기업의 지배경영구조 개선에 초점을 두어 주주제안제도와 집중투표제도를 도입하고, 소수주주에 의한 대표소송의 당사자 요건을 완화하였으며, 업무집행 지시자(사실상의 이사)의 책임을 강화하고, 이사의 충실의무 조항을 신설하였다. 또한 상속세 및 증여세법의 개정을 통하여 증여의제에 대해 기존의 열거주의에 의한 과세방식을 포괄주의로 전환하고, 상속세와 증여세의 합산과세기간 및 증여재산공제기간을 5년에서 10년으로 연장하였다. 한편 12월 31일 법인세법 시행령 개정을 통하여 부당내부거래를 하는 경우 세제상 규제대상의 범위에 당해 법인의 경영에 대하여 사실상의 영향력을 행사하는 자와 재벌의 계열사를 추가하였다.

1.12. 1999년 1월 9일 정부는 기업의 부당 지원행위를 효율적으로 감시하기 위하여 2년간 한시적으로 공정거래위원회에 금융거래정보요구권을 허용하고, 독과점적 시장구조의 개선책을 강화하며, 불공정거래행위를 포괄적으로 규정하는 등 공정거래관련 규제를 강화하였지만, 동시에 순수지주회사의 설립 및 전환을 제한적으로 허용하고 기업결합의 제한대상을 축소함으로써 재벌기업의 경제력집중 억제를 완화하는 방향으로 공정거래법을 개정하였다.

〈표 9-1〉 재벌관련 법규 및 제도

	관련법규 및 제도
출자규제	- 공정거래법 제9조(상호출자의 금지 등) - 공정거래법 제10조(출자총액의 제한)
상속 및 증여	- 상속세 및 증여세법 제13조(상속세 과세가액) - 제32조(증여의제 과세대상) - 제40조(전환사채이익에 대한 증여의제) - 제47조(증여세 과세가액) - 제48조(공익법인 등이 출연받은 재산에 대한 과세가액 불산입 등) - 제49조(공익법인 등의 주식 등의 보유기준) - 제53조(증여재산공제) - 제63조(유가증권 등의 평가) - 상속세 및 증여세법시행령 제31조의 4(실권주의 배정 등에 대한 증여의제) - 시행령 제31조의 5(신종사채 등에 대한 증여의제) - 시행령 제54조(비상장주식의 평가)
기업결합의 제한	- 공정거래법 제7조(기업결합의 제한) - 공정거래법 제12조(기업결합의 신고)
시장지배적 지위의 남용금지	- 공정거래법 제3조(독과점적 시장구조 의 개선) - 공정거래법 제3조의 2(시장지배적 지위의 남용금지) - 공정거래법 제4조(시장지배적 사업자의 추정)
부당한 공동행위의 제한	- 공정거래법 제19조(부당한 공동행위의 금지) - 공정거래법 제32조(부당한 국제계약의 체결제한)
불공정거래행위의 금지	- 공정거래법 제23조(불공정거래행위의 금지) - 공정거래법 제29조(재판매가격유지행위의 제한) - 공정거래법 제30조(재판매가격유지계약의 수정)
계열기업군 여신한도 관리	- 은행법 제35조(동일한 개인, 법인 및 계열기업군에 대한 여신한도) - 여신 바스켓 관리제도 및 주거래은행제도 - 여신위원회제도, 전담심사역제도, 부실징후 조기경보체제
상호지급보증의 제한	- 공정거래법 제10조의 2(계열회사에 대한 채무보증의 제한) - 공정거래법 제10조의 3(기존채무보증의 해소)
기업투자 및 부동산취득 규제	- 5.8 부동산투기억제를 위한 특별보완대책 - 10대계열에 대한 기업투자승인제도 - 조세특례제한법 제43조(구조조정대상부동산의 취득자에 대한 양도소득세의 감면)
업종전문화	- 30대 계열기업군의 업종전문화 방안 - 7.26 구조조정합의안(재벌기업간의 사업교환)
지주회사의 규제	- 공정거래법 제8조(지주회사설립·전환의 신고) - 공정거래법 제8조의 2(지주회사의 행위 제한 등) - 공정거래법 제8조의 3(채무보증제한대규모기업집단의 지주회사 설립제한)

〈표 9-1〉 계 속

인수 및 합병(M&A)	- 상법 제232조(채권자의 이익) - 상법 제329조(자본의 구성, 주식의 권면액) - 상법 제341조(자기주식의 취득) - 상법 제527조의 3(신설합병의 창립총회) - 상법 제530조의 2(회사의 분할·분할합병) - 증권거래법 제21조(공개매수의 적용대상) - 증권거래법 제189조의 2(자기주식의 취득) - 증권거래법 제190조의 2(주권상장법인의 합병 등) - 법인세법 제44조(합병평가차익상당액의 손금산입) - 법인세법 제45조(합병시 이월결손금의 승계) - 법인세법 제46조(분할평가차익상당액의 손금산입) - 법인세법 제49조(합병 및 분할시의 자산·부채의 승계 등) - 법인세법 제80조(합병에 의한 청산소득금액의 계산) - 법인세법 제81조(분할에 의한 청산소득금액의 계산)
결합재무제표의 작성	- 외감법 제1조의 3(결합재무제표 작성 기업집단의 범위 등)
이사 및 감사제도	- 상법 제382조의 3(이사의 충실의무) - 상법 제401조의 2(업무집행지시자등의 책임) - 증권거래법 제191조의 11(주권상장법인의 감사의 선임·해임 등) - 증권거래법 제191조의 12(주권상장법인의 감사의 자격 등) - 주식회사의 외부감사에 관한 법률
소수주주의 권익보호	- 상법 제363조의 2(주주제안권) - 상법 제382조의 2(누적투표) - 상법 제403조(주주의 대표소송) - 증권거래법 제191조의 13(주권상장법인의 소수주주권 행사)
주식에 대한 의결권 제한	- 상법 제369조(의결권) - 공정거래법 제11조(금융회사 또는 보험회사의 의결권 제한) - 증권거래법 제21조의 3(의결권 제한 등) - 증권거래법 제200조의 3(위반주식 등의 의결권행사 제한)

주 : 관련법규는 1999년 1월 6일 법률개정을 기준으로 작성.

2. 소유구조의 개선

2.1. 출자규제

2.1.1. 출자규제를 통한 경제력집중 규제는 공정거래법 제9조(상호출자금지 등)와 제10조(출자총액의 제한)를 중심으로 추진되어 왔다. 먼저 상호출자 금지란 매년 4월 1일 직전사업년도 말 총자산을 기준으로 30대 대규모기업집단에 속하는 계열회사간에 주식을 취득하지 못하게 한 것으로 실질적인 자금의 도입없이 가공적으로 자본금을 증액시키거나 계열기업수를 늘려가는 것을 방지하고자 마련된 조치이다.

2.1.2. 출자총액의 제한은 직접적인 상호출자의 규제가 불가능한 순환적 출자와 계열확장을 제한하기 위한 조치이다. 공정거래법 제10조(출자총액의 제한)에 따르면 30대 재벌에 속하는 비금융·보험회사의 경우 출자총액의 제한을 통하여 다른 회사의 주식을 취득·소유하는 것을 금지하고 있는데, 1994년 12월 22일의 법개정에 의하여 이 출자총액의 제한이 당해 회사 순자산액의 40%에서 25%로 감소되었고, 1998년 2월의 법개정에 의하여 동 조항이 삭제됨으로써 재벌계열사들은 타회사의 출자에 제약을 받지 않게 되었다.

2.1.3. 공정거래위원회는 출자총액의 제한을 철폐한 이유로 "결합재무제표의 조기도입, 계열사간 상호채무보증의 금지, 외국인에 대한 적대적 인수·합병(M&A)의 허용 등에 따른 기업들의 무분별한 사업다각화 가능성 감소, 출자총액의 제한에 따른 기업의 구조조정 제약, 외국기업에 대한 우리 기업의 역차별" 등을 제시하였다.

2.1.4. 그러나 출자총액제한의 철폐로 인하여 재벌그룹에서 사업지주회사의 역할을 해온 회사들은 총자산의 50%를 넘지 않으면(즉, 순수지주회사로 전환될 정도만 아니면) 완전히 자유롭게 다각화 및 계열사 추가출자를 행할 수 있게 되었다.[1)]

2.1.5. 〈표 9-2〉에서 보듯이 출자총액제한제도가 폐지된 이후 재벌에 의한 출자총액은 급격히 증가하였다. 1998년 4월 현재 17.7조 원이었던 30대 재벌의 출자총액은 1999년 4월 29.9조 원으로 증가하여 68.9%의 증가율을 보였다. 이러한 출자총액의 증가는 주로 유상증자 참여를 통해 이루어졌는데, 〈표 9-3〉에서 나타나듯이 증가된 출자총액 12.2조 원 가운데 71.8%인 8.8조 원이 유상증자를 통하여 조달되었다. 더욱이 유상증자 가운데 계열회사에 대한 유상증자 참여가 8.2조 원으로 대부분을 차지하였으며, 5대재벌의 유상증자 참여액은 30대 재벌 전체 유상증자 참여액의 90%인 7.9조 원을 차지하였다. 이와 같이 5대재벌의 계열회사 유상증자 참여가 크게 늘어난 이유는 5대재벌이 재무구

1) 김주영(1999), "김대중 정부 초기의 공정거래정책과 재벌개혁," 김대환·김균 공편, 《한국재벌개혁론》, 나남출판,

조 개선을 위해 대규모의 유상증자를 실시했고, 동 증자물량의 상당부분을 계열회사가 인수했기 때문이다. 즉, 5대재벌을 중심으로 상호출자에 의한 가공자본의 형성이 지난 1년 사이에 급격히 진행되었다.

〈표 9-2〉 30대 재벌의 연도별 출자총액 및 자기자본 변동추이

(단위 : 조 원, %)

	1995	1996	1997	1998	1999
출자총액(증가율)	11.3(16.6)	13.6(20.2)	16.9(24.3)	17.7(4.7)	29.9(68.9)
자기자본(증가율)	49.2(15.8)	62.2(26.4)	69.8(12.2)	68.5(△1.9)	96.7(41.2)
출자비율	23.0	21.9	24.2	25.8	31.0

자료 : 공정거래위원회, 《1999년도 대규모기업집단 주식소유현황》, 1999.6.18.
주 1) 금융·보험업 영위회사를 제외한 수치임.
2) 출자비율은 자기자본 대비 출자총액의 비율임.

〈표 9-3〉 30대 재벌의 출자총액 증가내역

(단위 : 10억 원, %)

계	유상증자	주식취득[1]	회사설립	기타[2]
12,267 (100)	8,802 (71.8)	2,199 (17.9)	951 (7.7)	316 (2.6)

자료 : 공정거래위원회, 《1999년도 대규모기업집단 주식소유현황》, 1999.6.18.
주 1) 계열사 신규편입, 기존계열사 주식매입, 비계열사 주식매입 등에서 주식매각을 차감.
2) 전환사채(CB) 전환, 주식평가익 등에서 주식평가손, 청산, 피합병 등을 차감.

2.1.6. 또한 출자총액은 5대재벌을 중심으로 급격히 증가하였다. 〈표 9-4〉에서 보듯이 동기간에 증가된 30대 재벌의 출자총액 12.2조 원 가운데 94.3%에 해당하는 11.5조 원이 5대재벌에 집중되어 있다. 5대재벌에 집중된 출자총액을 재벌그룹별로 살펴보면, 1998년 4월부터 1999년 4월 사이에 현대, 삼성, 대우, LG, SK의 출자총액은 각각 3조 9,880억 원(155%), 1조 170억 원(39%), 3조 1,310억 원(148%), 1조 8,330억 원(71%), 1조 5,490억 원(106%) 증가하여, 출자총액이 특히 현대와 대우를 중심으로 증가되었음을 알 수 있다.

〈표 9-4〉 5대재벌의 출자총액 증가현황

(단위 : 10억 원, %)

	5대 재벌	현대	삼성	대우	LG	SK
1998년 4월 15일	11,321	2,581	2,579	2,113	2,593	1,455
1999년 4월 1일	22,837	6,569	3,596	5,243	4,425	3,004
증가액(증가율)	11,516(102)	3,988(155)	1,017(39)	3,131(148)	1,833(71)	1,549(106)

자료 : 공정거래위원회, 《1999년도 대규모기업집단 주식소유현황》, 1999.6.18.

2.1.7. 이와 같이 계열회사 유상증자 참여방식을 중심으로 5대재벌의 출자총액이 급격히 증가한 결과 5대재벌의 내부지분율이 크게 증가하였다. 〈표 9-5〉에서 나타나듯이 5대재벌의 내부지분율은 1998년 4월 46.6%에서 1999년 4월 53.5%로 6.9% 증가하였다. 이는 6대 이하 재벌의 내부지분율이 동기간에 2.2% 증가한 것과 좋은 대조를 이루고 있다. 이와 같은 내부지분율의 변화를 구체적으로 살펴보면, 동기간에 30대 재벌의 경우 재벌 총수 및 그 가족으로 구성되는 동일인과 특수관계인의 지분율은 7.9%에서 5.4%로 2.5% 감소한 반면, 계열회사의 지분율은 35.7%에서 44.1%로 8.4% 증가하였다. 특히 계열회사의 지분율은 1999년 4월 현재 5대재벌의 경우 48.1%로 6대 이하 재벌의 34.8%를 크게 상회하고 있으며, 대우(13.1%)와 LG(10.5%)의 증가가 뚜렷하다.

〈표 9-5〉 30대 재벌의 내부지분율 현황

(단위 : %)

	소계			동일인			특수관계인			계열회사			자기주식		
	98.4	99.4	증감	98.4	99.4	증감	98.4	99.4	증감	98.4	99.4	증감	98.4	99.4	증감
현대	53.7	56.4	2.7	2.8	1.1	-1.7	8.4	4.2	-4.2	41.7	50.5	8.8	0.8	0.5	-0.3
삼성	44.6	42.5	-2.1	1.0	0.7	-0.3	1.9	1.3	-0.6	40.8	39.2	-1.6	0.9	1.4	0.5
대우	41.0	54.1	13.1	4.9	3.9	-1.0	2.3	1.7	-0.6	32.9	47.5	14.6	0.9	0.9	0.0
LG	41.9	52.4	10.5	0.3	0.3	0.0	5.0	3.4	-1.6	36.3	48.0	11.7	0.3	0.6	0.3
SK	58.4	66.8	8.4	6.0	4.2	-1.8	3.6	2.1	-1.5	46.3	59.1	12.8	2.5	1.4	-1.1
5대 재벌	46.6	53.5	6.9	-	1.7	-	-	2.9	-	-	48.1	-	-	0.8	-
6~30대 재벌	41.3	43.5	2.2	-	2.8	-	-	4.4	-	-	34.8	-	-	1.6	-
30대 재벌	44.5	50.5	6.0	3.1	2.0	-1.1	4.8	3.4	-1.4	35.7	44.1	8.4	0.9	1.1	6.0

자료 : 공정거래위원회, 《1999년도 대규모기업집단 주식소유현황》, 1999.6.18.

2.1.8. 결국 재벌그룹은 출자총액의 제한을 받지 않는 가운데 재벌총수 및 그 가족의 지분율을 상대적으로 축소시키면서 계열회사의 지분율을 증대시키는 방식으로 출자총액을 팽창시켰다. 이는 곧 순환출자방식을 통하여 계열사에 대한 재벌총수의 지배력을 더욱 강화하고 동시에 경제력집중을 심화시키는 것으로 재벌개혁에 명백히 역행하는 결과이다. 따라서 재벌의 상호출자를 실질적으로 금지시킬 수 있는 방법의 마련과 더불어 출자총액의 폐지에 대한 전면적 재검토가 요구된다.

2.2. 소유분산정책

2.2.1. 1995년 4월 1일 공정거래법시행령 개정을 통하여 상장기업의 요건을 명시함으로써 30대 재벌의 공개를 촉진하고 소유분산 및 재무구조가 우량한 기업(집단)에 대해서는 졸업제를 적용하여 연차적으로 규제대상 기업(집단)의 수를 축소시키고자 하였다. 소유분산우량기업(집단)으로 선정되면 출자규제제도는 물론 상호출자금지, 채무보증제한, 금융·보험회사의 국내계열사 주식에 대한 의결권 행사금지 등 각종 규제를 적용받지 않도록 하였다.

2.2.2. 동 시행령의 개정으로 우량기업의 기준은 내부지분율의 경우 10%, 동일인 및 특수관계인의 지분율의 경우 5% 미만에서 각각 15%와 8%로 상향조정되었으며, 여기에 자기자본비율이 20% 이상인 공개기업으로서 업종전문화 시책상의 주력기업이 아닌 기업이라는 조건이 부가되었다. 한편 우량기업집단의 자격은 내부지분율 20% 미만, 동일인 및 특수관계인 지분율 10% 미만, 자기자본비율 20% 이상, 자본금기준 기업공개비율 60% 이상인 기업집단으로 제한하였다.

2.2.3. 이상의 조치는 재벌에 의한 과도한 기업확장을 막고 소유분산 유도를 통해 선단식 기업집단의 경영방식을 개선하려는 정책으로 평가된다. 그러나 〈표 9-6〉에서 나타나듯이 1998년 4월부터 1999년 4월까지 30대 재벌의 기업공개는 자본금기준으로 57.2%에서 53.1%로 4.1% 감소하였고, 회사수 기준으로는 단지 0.2% 증가하였다. 따라서 동기간에 재벌기업에 대한 정부의 기업공개 유도정책은 실패하였다고 할 수 있다. 이것은 재벌의 입장에서 볼 때 우량기업집단으로 지정됨으로써 얻는 각종 금융상의 혜택보다는 소유집중과 선단식 경영체제를 유지함으로써 얻는 이득이 더욱 크다는 것을 역설적으로 나타내는 것이라 할 수 있다.

〈표 9-6〉 30대 재벌의 기업공개 현황

(단위 : 개, 조 원, %)

	계열회사		공개회사		공개비율	
	회사수	자본금	회사수	자본금	회사수	자본금
1998년 4월 15일	804	32.4	186	18.5	23.1	57.2
1999년 4월 1일	686	42.7	171	23.4	23.3	53.1
증감	△118	10.3	△15	4.9	0.2	△4.1

자료 : 공정거래위원회, 《1999년도 대규모기업집단 주식소유현황》, 1999.6.18.

2.3. 상속세 및 증여세

2.3.1. 1996년 12월 30일 상속세 및 증여세법 개정을 통하여 정부는 공익법인의 사후관리와 증여의제에 대한 과세를 강화하고, 경영권이 반영된 주식에 대한 할증평가제도 및 비상장주식의 평가방법을 개선하였다.

2.3.2. 먼저 공익법인의 사후관리와 관련해서는 제48조(공익법인 등이 출연받은 재산에 대한 과세가액 불산입 등) 제3항을 개정하여 공익법인에게 면세한 증여세를 추징하는 범위를 확대하였다. 즉, 공익법인의 자기내부거래를 규제하기 위해 공익법인의 임원, 당해 공익법인 및 그 출연자와 특수관계에 있는 법인과 그 임원을 규제대상에 추가하였다. 이때 특수관계에 있는 법인이라 함은 출연자 및 당해 공익법인의 이사가 출자에 의해 사실상 지배하고 있는 법인을 지칭한다. 다만 공익사업과 관련한 용역을 제공하고 그 대가를 정상적으로 지급받는 경우는 규제대상에서 제외하였다.

2.3.3. 또한 제49조(공익법인 등의 주식등의 보유기준)을 개정하여 공익법인이 종전의 경과규정에 의하여 1996년 12월 31일 현재 동일종목의 주식을 5% 초과 보유하고 있는 경우에는 일정기간내 5% 이내로 축소를 의무화하고, 축소하는 부분은 다른 종목의 우량주식으로 보유토록 하여 분산투자를 유도하였다. 이와 같이 공익법인의 보유주식을 분산시킴으로써 주식투자에 따른 위험도를 낮추고 동시에 공익법인이 지주회사화하는 폐해를 방지할 수 있다.

2.3.4. 증여의제에 대한 과세를 강화하기 위해 제40조(전환사채이익에 대한 증여의제)를 신설하여 특수관계자로부터 전환사채를 취득한 경우 당해 전환사채를 주식으로 전환시 평가액과 전환사채의 인수가액의 차액만큼을 증여한 것으로 간주하여 과세대상에 추가하였다.

2.3.5. 비상장법인과 상장법인 간의 과세불형평을 시정하고, 주식양도 차익에 대해 과세하지 않는 제도를 보완하기 위해 제63조(유가증권 등의 평가)를 개정하여 주식에 대한 할증평가(10%) 대상에 상장법인과 장외등록법인을 추가하였으나, 최대주주의 범위를 당해 법

인의 주식을 가장 많이 소유한 최대주주로서 그와 특수관계에 있는 주주와의 주식지분을 합하여 10% 이상 소유한 경우로 축소하였다.

2.3.6. 상장준비중인 주식을 통한 변칙증여를 방지하기 위해 1996년 12월 31일 상속세 및 증여세법 시행령 제54조(비상장주식의 평가)를 개정하여 순자산가치로만 평가하는 대상에 총자산가액 중 부동산이 50% 이상이거나 3년 이상 계속하여 결손인 법인을 추가하였으며, 할증평가대상을 지분율 1% 이상에서 10% 이상으로 축소하였다. 또한 유가증권신고일 6개월 이전부터 상장일까지의 기간중에는 공모가격으로 평가하던 방식을 공모가액과 비상장주식의 평가방법에 의한 가액 중 큰 금액으로 평가하도록 하였다.

2.3.7. 1997년 12월 31일 상속세 및 증여세법 시행령의 개정을 통하여 증여의제 과세대상의 포괄규정에 근거하여 변칙증여 사례에 대한 과세를 강화하였다. 먼저 시행령 31조의 2(실권주의 배정 등에 대한 증여의제)를 개정하여 증여의제의 과세대상을 확대하였다. ① 실제가치보다 높은 가액으로 책정된 신주의 인수를 포기한 자와 특수관계에 있는 자가 그 포기된 실권주를 인수함으로써 당해 신주의 인수를 포기한 자가 얻는 이익, ② 실제가치보다 높은 가액으로 책정된 신주의 인수를 포기한 자와 특수관계에 있는 자가 신주를 인수함으로써 당해 신주의 인수를 포기한 자가 얻는 이익(그 이익이 30% 이상 차이가 있거나 1억 원 이상인 경우에 한함), ③ 저가의 신주를 주주 아닌 자 등이 직접 배정받음으로써 얻는 이익, ④ 고가의 신주를 특수관계자가 인수함으로써 포기한 자가 얻는 이익.

2.3.8. 시행령 제31조의 3(신종사채 등에 대한 증여의제)을 개정하여 종전에는 특수관계자간 전환사채의 매매를 통하여 무상이전되는 자본이익에 대해서만 증여의제 대상으로 규정하였으나, 전환사채의 발행시 최초인수자가 얻는 자본이익에 대해서도 증여세를 과세하도록 하고, 신주인수권부사채, 교환사채 등 주식전환권이 있는 신종사채의 매매 및 발행시 무상이전되는 이익에 대해서도 전환사채와 동일하게 증여의제 과세토록 하였다. 또한 시행령 제31조(특정법인의 범위 등)를 개정하여 과세대상에 저가양도재산 중 부동산 외에 유가증권을 추가하고, 특정법인의 재산을 고가로 매입하는 방법으로 경제적 이익을 분여하는 경우를 포함시켰다.

2.3.9. 1998년 12월 28일의 상속세 및 증여세법 개정은 세제측면에서 소유분산을 유도하기 위해 추진되었다. 먼저 변칙적인 증여를 통하여 상속세 또는 증여세를 내지 아니하고 부를 이전하는 사례를 방지하기 위하여 제32조(증여의제 과세대상)의 개정으로 증여의제의 과세대상에 계산가능한 경제적 이익을 추가하였다. 또한 제42조(기타의 증여의제)의 개정으로 기존의 의제증여의 유형(저가 또는 고가의 양도에 의한 의제증여, 채무면제에 의한 의제증여, 합병에 의한 의제증여 등)에 준하여 당초의 재산보유자가 제3자를 통하여 간접적으로 재산을 무상으로 이전한 경우에는 재산보유자가 증여한 것으로 보아 증여세를 부

과할 수 있도록 하였다. 특히 법에서 열거한 증여의제와 유사한 거래는 대통령령에 구체적인 과세요건을 정하지 않고도 과세할 수 있도록 근거규정을 마련함으로써 기존의 열거주의에 의한 과세방식을 포괄주의로 전환하였다

2.3.10. 또한 제13조(상속세 과세가액), 제47조(증여과세 가액), 제53조(증여재산공제)를 개정하여 적정한 세부담을 하지 아니하고 부를 이전하는 사례를 방지하며 상속세 및 증여세제의 실효성을 높이기 위하여 상속세 및 증여세의 합산과세기간을 연장하고 증여의제제도 및 상속공제제도를 합리적으로 조정하였다. 구체적으로 사전증여를 통하여 상속세 및 증여세의 누진과세를 회피하는 사례를 방지하기 위하여 상속세와 증여세의 합산과세기간 및 증여재산공제기간을 5년에서 10년으로 연장하였다.

2.3.11. 한편 1998년 12월 31일 상속세 및 증여세법 시행령 제54조(비상장주식의 평가)를 개정하여 종전에는 비상장주식 1주당 가치를 1주당 순자산가치와 1주당 수익가치의 단순평균으로 계산하였으나, 1주당 수익가치가 1주당 순자산가치의 100분의 50에 미달하는 경우 순자산가치로만 평가하도록 하였다.

2.3.12. 이와 같은 법령개정의 변화를 통해 볼 때 최근의 상속세 및 증여세법은 공익법인에 대한 자기내부거래를 규제하고 증여의제의 범위와 대상을 지속적으로 확대시키는 방향으로 개정되었다고 할 수 있다. 특히 1998년 12월의 상속세 및 증여세법 개정은 변칙증여에 대해 기존의 열거주의에 의한 과세방식을 포괄주의로 전환시킴으로써 사실상 재벌이 법적으로 변칙증여할 수 있는 수단을 근본적으로 차단하였다.

3. 반독점 및 공정거래관련 규제

3.1. 기업결합의 제한

3.1.1. 기업결합의 규제는 개별시장에서의 경쟁제한을 문제시하는 것으로서 수직, 수평, 혼합결합방식에 의해 경제력을 확장하려는 재벌을 견제할 수 있기 때문에 경제력집중억제정책에 포함된다. 공정거래법 제7조(기업결합의 제한)는 일정한 거래분야에서 경쟁을 실질적으로 제한하는 기업의 행위(타회사 주식의 취득 또는 소유, 임원의 겸임, 합병, 영업의 양수, 새로운 회사설립에의 참여 등)를 금지하고 있다.

▪ 공정거래법 제7조 (기업결합의 제한)

1. 누구든지 직접 또는 대통령령이 정하는 특수한 관계에 있는 자(이하 '특수관계인'이라 한다)를 통하여 다음 각 호의 1에 해당하는 행위(이하 '기업결합'이라 한다)로서 일정한 거래분야에서 경쟁을 실질적으로 제한하는 행위를 하여서는 아니된다. 다만, 산업합리화 또는 국제경쟁력의 강화를 위한 것으로서 대통령령이 정하는 요건에 해당한다고 공정거래위원회가 인정하는 기업결합에 대하여는 그러하지 아니하다. 〈개정 1996. 12. 30〉
   ① 다른 회사의 주식(지분을 포함한다. 이하 같다)의 취득 또는 소유
   ② 임원 또는 종업원(계속하여 회사의 업무에 종사하는 자로서 임원외의 자를 말한다. 이하 같다)에 의한 다른 회사의 임원지위의 겸임(이하 '임원의 겸임'이라 한다)
   ③ 다른 회사와의 합병
   ④ 다른 회사의 영업의 전부 또는 주요부분의 양수·임차 또는 경영의 수임이나 다른 회사의 영업용고정자산의 전부 또는 주요부분의 양수(이하 '영업의 양수'라 한다)
   ⑤ 새로운 회사설립에의 참여
2. 제1항 단서의 규정에 의하여 공정거래위원회가 산업합리화 또는 국제경쟁력의 강화를 위하여 기업결합을 인정하고자 할 때에는 미리 주무부장관과 협의하여야 한다. 이 경우에 산업합리화 또는 국제경쟁력의 강화에 관한 입증은 당해 사업자가 하여야 한다.
3. 누구든지 강요 기타 불공정한 방법으로 기업결합을 하여서는 아니된다. 〈개정 1996. 12. 30〉
4. 기업결합이 다음 각호의 1에 해당하는 경우에는 일정한 거래분야에서 경쟁을 실질적으로 제한하는 것으로 추정한다. 〈신설 1996. 12. 30〉
   ① 기업결합의 당사회사의 시장점유율(계열회사의 시장점유율을 합산한 점유율을 말한다. 이하 이 조에서 같다)의 합계가 다음 각목의 요건을 갖춘 경우
      가) 시장점유율의 합계가 시장지배적 사업자의 요건에 해당할 것

나) 시장점유율의 합계가 당해 거래분야에서 제1위일 것
다) 시장점유율의 합계와 시장점유율이 제2위인 회사(당사회사를 제외한 회사 중 제1위인 회사를 말한다)의 시장점유율과의 차이가 그 시장점유율의 합계의 100분의 25 이상일 것

② 자산총액 또는 매출액의 규모(계열회사의 자산총액 또는 매출액을 합산한 규모를 말한다)가 대통령령이 정하는 규모에 해당하는 회사(이하 '대규모회사'라 한다)가 직접 또는 특수관계인을 통하여 행한 기업결합이 다음 각목의 요건을 갖춘 경우
가) 중소기업기본법에 의한 중소기업의 시장점유율이 3분의 2 이상인 거래분야에서의 기업결합일 것
나) 당해 기업결합으로 100분의 5 이상의 시장점유율을 가지게 될 것

5. 제1항의 규정에 의한 일정한 거래분야에서 경쟁을 실질적으로 제한하는 기업결합 및 제3항의 규정에 의한 강요 기타 불공정한 방법에 의한 기업결합에 관한 기준은 공정거래위원회가 정하여 이를 고시할 수 있다. 〈신설 1996. 12. 30〉

3.1.2. 공정거래위원회는 1996년 12월 30일 기업결합기준 가운데 시장점유율기준을 강화하는 방향으로 공정거래법을 개정하였다. 개정법률에 따르면 결합회사의 시장점유율의 합계가 시장지배적 사업자의 요건에 해당되거나, 당해 거래분야에서 제1위인 경우, 그리고 제2위인 회사의 시장점유율과의 차이가 결합회사의 시장점유율합계의 25% 이상인 경우에는 일정한 거래분야에서 경쟁을 실질적으로 제한하는 것으로 추정하였다.

3.1.3. 그러나 공정거래위원회는 1998년 6월 15일 기업결합심사기준을 새로이 제정하여 경쟁을 제한하는 시장점유율 기준을 완화하였다. 즉, 시장점유율 증가분이 미미(5% 미만)하거나 기업결합 후 1위 또는 2위와의 시장점유율 격차가 큰 경우엔 예외적으로 기업결합을 허용하였다.

3.1.4. 더욱이 공정거래위원회는 1999년 1월 6일 법개정을 통하여 규제대상 기업결합의 범위를 축소하였다. 즉, 이전의 공정거래법은 제7조 제1항에서 규제대상이 되는 기업결합의 유형으로서 주식취득, 임원겸임, 합병, 영업의 양수와 새로운 회사설립에의 참여 등 다섯 가지 유형을 규정하고 있는데, 기업결합에 대한 예외조항을 개정하여 대규모회사가 아닌 경우에 임원겸임을 허용하였다. 또한 '특수관계인 외의 자는 참여하지 아니하는 경우' 또는 '상법 제530조의 2(회사의 분할 · 분할합병) 제1항의 규정에 의한 회사설립에 참여하는 경우'에는 새로운 회사설립에의 참여를 허용하여 1개 회사 단독의 회사신설을 규제대상 기업결합의 유형에서 제외하였다. 특히 제7조 제2항의 기업결합 예외인정 판단기준을 포괄적으로 적용하여 사실상 자유로운 기업결합을 허용하였다. 즉, 기업결합으로 달성할 수 있는 효율성 증대가 경쟁제한으로 인한 폐해보다 큰 경우와 부실기업(상당

기간 대차대조표상의 자산총계가 납입자본금보다 작은 상태에 있는 등 회생이 불가한 회사)에 대해서는 예외적으로 기업결합을 허용하였다.

3.1.5. 기업의 인수 및 합병(M&A)에 대한 정부의 활성화조치로 기업결합은 1995년에 325건에서 1998년에는 486건으로 49.5%의 증가를 보였으며, 기업결합의 유형도 변화를 나타냈다. 〈표 9-7〉에서 보듯이 전체기업의 경우 1997년에는 혼합결합의 비중이 62.2%(260건)이었으나, 1998년에는 42.6%(207건)로 감소하였으며, 수평결합의 비중은 동기간에 18.7%(78건)에서 35.4%(172건)로 증가하였고, 수직결합의 비중 또한 19.1%(80건)에서 22.0%(107)로 증가하였다. 기업결합의 유형에서 이와 같은 변화는 기업들이 IMF 구제금융 이후 문어발식의 타업종 신규진출보다는 관련업종간의 기업결합에 치중하였음을 반영하는 것이다.

3.1.6. 30대 재벌의 기업결합을 유형별로 보면 1997년에 비해 1998년에 혼합결합은 40% 감소하고, 수평·수직결합은 각각 35.7%와 31.3% 증가하여 전체기업의 경우와 같은 추세를 나타내고 있다. 그러나 30대 재벌의 수직결합은 전체기업보다 그 비중이 높아 30대 재벌의 경우 수직계열화가 보다 활발히 진행되었음을 나타내며, 이러한 경향은 5대재벌의 경우에 더욱 뚜렷하게 나타났다.

3.1.7. 또한 30대 재벌의 계열사간 기업결합은 1998년에 53.3%(73건)로 비계열사간의 기업결합 46.7%(64건)를 앞지르고 있으나, 5대재벌에서 이 비중은 각각 44.9%와 55.1%를 나타내 5대재벌의 경우에는 비계열사간의 기업결합이 더욱 활발히 진행되고 있음을 알 수 있다. 이는 곧 5대재벌의 경우에는 6~30대 재벌보다 구조조정의 과정을 통하여 상대적으로 기업확장 노력에 주력하였음을 보여주는 것이다.

〈표 9-7〉 유형별 기업결합 동향

(단위 : 기업수, %)

	1997년			1998년		
	전체	30대 재벌	5대재벌	전체	30대 재벌	5대재벌
계열사간	123(29.4)	44(28.4)	-	196(40.3)	73(53.3)	31(44.9)
비계열사간	295(70.6)	111(71.6)	-	290(59.7)	64(46.7)	38(55.1)
수평결합	78(18.7)	28(18.1)	-	172(35.4)	38(27.7)	22(31.9)
수직결합	80(19.1)	32(20.6)	-	107(22.0)	42(30.7)	24(34.8)
혼합결합	260(62.2)	95(61.3)	-	207(42.6)	57(41.6)	23(33.3)

자료 : 공정거래위원회, 《기업결합동향분석》, 1998.

주 : 괄호안의 수치는 비중을 나타냄.

3.1.8. 한편 기업결합을 내용별로 살펴보면 〈표 9-8〉에서 보듯이 30대 재벌에서 1997년에는 회사신설(37.4%), 주식취득(24.5%), 합병(23.9%), 임원겸임(7.7%), 영업양수(6.5%)의 구성비를 나타냈으나, 1998년에는 합병(38.0%), 회사신설(21.2%), 영업양수(20.4%), 주식취득(14.6%), 임원겸임(5.8%)의 구성비를 나타내, 1998년 들어 합병과 영업양수가 기업결합의 주요수단으로 이용되었음을 보이고 있다. 또한 30대 재벌의 계열사간 기업결합에서는 합병과 영업양수가 1997년과 1998년의 2년 동안 각각 총 81건(69.2%)과 23건(19.7%)을 차지하였으며, 비계열사간 기업결합에서는 회사신설과 주식취득이 각각 87건(49.7%)과 50건(28.6%)을 차지하여 계열사와 비계열사 간에 기업결합방식의 차이를 나타내고 있다.

〈표 9-8〉 기업결합의 내용

(단위 : 건수, %)

	1997년					1998년				
	주식취득	합 병	영업양수	임원겸임	회사신설	주식취득	합 병	영업양수	임원겸임	회사신설
전체	130(31.1)	75(17.9)	23(5.5)	27(6.5)	163(39.0)	92(18.9)	151(31.1)	81(16.7)	32(6.6)	130(26.7)
30대재벌	38(24.5)	37(23.9)	10(6.5)	12(7.7)	58(37.4)	20(14.6)	52(38.0)	28(20.4)	8(5.8)	29(21.2)
계열사	5(11.4)	33(75.0)	4(9.1)	2(4.5)	0(0)	3(4.1)	48(65.8)	19(26.0)	3(4.1)	0(0)
비계열사	33(29.7)	4(3.6)	6(5.4)	10(9.0)	58(52.3)	17(26.6)	4(6.3)	9(14.1)	5(7.8)	29(45.3)
5대재벌	-	-	-	-	-	13(21.0)	17(24.6)	17(24.6)	3(4.3)	19(27.5)

자료 : 공정거래위원회, 《기업결합동향분석》, 1998.

3.2. 시장지배적 지위의 남용금지

3.2.1. 공정거래법 제2조 제7호에 의하면 시장지배적 사업자란 일정한 거래분야에서 1 사업자의 시장점유율이 50% 이상이거나 3 이하의 사업자의 시장점유율의 합계가 75% 이상인 경우의 사업자를 지칭하며, 공정거래법 제3조의 2(시장지배적 지위의 남용금지)는 시장지배적 사업자에 대하여 가격을 부당하게 결정·유지 또는 변경하는 행위, 상품의 판매 또는 용역의 제공을 부당하게 조절하는 행위, 다른 사업자의 사업활동을 부당하게 방해하는 행위, 새로운 경쟁사업자의 참가를 부당하게 방해하는 행위, 기타 경쟁을 실질적으로 제한하거나 소비자의 이익을 현저히 저해할 우려가 있는 행위를 금지하고 있다.

3.2.2. 공정거래위원회는 1994년 12월 22일 법개정을 통하여 시장지배적 사업자가 시장지배적 지위를 남용한 경우에는 당해 시장지배적 사업자에 대하여 당해 위반행위가 있는 날부터 그 행위가 없어진 날까지의 기간에 매출액의 3%를 초과하지 아니하는 범위 안에서

과징금을 부과할 수 있도록 하였다.

3.2.3. 1996년 12월 30일에는 공정거래법 제3조(독과점적 시장구조의 개선)를 신설하여 공정거래위원회로 하여금 독과점적 시장구조가 장기간 유지되고 있는 상품이나 용역의 공급 또는 수요시장에 대하여 경쟁을 촉진하기 위한 시책을 수립·시행하고, 필요한 경우에 관계행정기관의 장에게 경쟁의 도입 및 기타 시장구조의 개선 등에 관하여 필요한 의견을 제시할 수 있도록 하였다.

3.2.4. 또한 1999년 1월 6일의 법개정을 통하여 공정거래위원회가 시장구조의 조사·공표에 필요한 자료를 사업자에 요청할 수 있도록 하였으며, 시장지배적 사업자를 규정하는 데 그 대상을 상품이나 용역의 공급자뿐만 아니라 수요자까지 확대하고, 금융업 또는 보험업을 영위하는 사업자도 포함시켰다.

3.2.5. 〈표 9-9〉에서 보듯이 시장지배적 품목 및 사업자는 1981년 이후 계속 증가하였다. 1981년도 시장지배적 사업자의 경우 42개 품목 102개 사업자에 불과하였으나 1996년의 경우 140개 품목 326개 사업자로 증가하였고, 이후 시장지배적 사업자에 대한 규제의 강화로 1997년의 경우 129개 품목 306개 사업자로 약간 감소하였다. 그러나 1997년도 시장지배적 품목 129개 중 최근 5년 이상 계속 지정된 품목이 69개로 53.4%, 1981년 이후 계속 지정된 품목은 20개로 15.5%를 차지하여 그 동안의 독과점 규제정책의 추진에도 불구하고 시장집중 현상이 크게 개선되지 못하고 특정업종에서는 독과점 시장구조가 오히려 심화된 것으로 나타났다.[2)]

〈표 9-9〉 시장지배적 품목·사업자 지정 추세

(단위 : 개)

구 분	1981	1985	1990	1994	1996	1997
품 목	42	85	135	140	140	129
총사업자	102	216	314	332	326	306

자료 : 공정거래위원회, 《공정거래백서, 1998년판》, 1998.

주 : 1997년의 경우 시장지배적 사업자 지정대상규모를 500억원에서 1,000억원으로 상향조정함에 따라 37개 품목 80개 사업자가 지정제외됨.

2) 공정거래위원회(1998), 《공정거래백서 1998년판》, 89~90쪽.

3.3. 부당한 공동행위의 제한

3.3.1. 부당한 공동행위라 함은 일정한 거래분야에서 경쟁을 실질적으로 제한하는 사업자간의 행위로서 그 구체적인 내용은 공정거래법 제19조(부당한 공동행위의 금지)에 명시되어 있다(가격판매조건의 공동결정, 거래지역 및 거래상대방의 제한, 상품종류 및 규격의 제한, 사업자단체의 부당한 공동행위, 구성사업자의 불공정거래행위 등).

3.3.2. 1994년 12월 22일에 개정된 공정거래법은 공동행위를 행한 사업자에 대하여 부과하는 과징금을 매출액의 1%에서 5%로 인상하였으며, 1996년 12월 30일의 법개정을 통하여 산업합리화, 연구・기술개발, 불황의 극복, 산업구조의 조정, 거래조건의 합리화, 중소기업의 경쟁력 향상을 위하여 행해지는 공동행위의 경우에는 부당한 공동행위로 간주하지 않았다. 한편 1999년 1월 6일에는 부당공동행위에 대해 당연위법원칙을 적용할 수 있도록 관련규정을 개정하였다.

3.3.3. 공정거래위원회가 적발・시정한 부당한 공동행위는 〈표 9-10〉에서 보듯이 1993년 16건에서 1996년 36건으로 증가한 후 1997년에는 22건으로 감소하였다. 1997년의 총 22건에 달하는 부당한 공동행위 가운데 가격의 공동결정・유지행위가 14건(63.6%)으로 대부분을 차지하고, 거래지역・거래상대방 제한이 3건, 사업활동내용의 제한이 2건으로 나타나 있다.

〈표 9-10〉 유형별 부당공동행위 시정실적

(단위 : 건)

구 분	1981~1992	1993	1994	1995	1996	1997	계
가격의 공동결정・유지	45	11	13	20	27	14	130
판매조건등의 공동결정	8	-	1	1	1	1	12
생산・출고등의 제한	16	1	2	1	-	1	21
거래지역・거래상대방 제한	14	2	2	2	3	3	26
상품 종류・규격등의 제한	8	-	-	1	-	-	9
공동회사 설립	-	1	-	1	2	1	5
사업활동내용의 제한	-	1	1	-	3	2	7
계	91	16	19	26	36	22	210

자료 : 공정거래위원회, 《공정거래백서》(1998년판), 1998.

주 1) 1981~1992년은 1개 사건당 위반유형은 2개 이상이 될 수 있음(1993년부터는 1개 사건당 대표위반유형 1개로 분류)

2) 1981~1992년은 시정권고이상, 1993년 이후는 경고이상.

3.4. 불공정거래행위의 금지

3.4.1. 불공정거래행위란 부당하게 거래를 거절하거나 거래의 상대방을 차별하여 취급하는 행위, 경쟁자를 배제하기 위하여 거래하는 행위, 경쟁자의 고객을 자기와 거래하도록 유인하거나 강제하는 행위, 다른 사업자의 사업활동을 부당하게 구속하거나 방해하는 행위, 허위표시·광고를 하는 행위 등을 포괄하는 것으로 공정거래법 제23조(불공정거래행위의 금지)에 구체적으로 명시되어 있다.

3.4.2. 1994년 12월 22일 불공정거래행위에 대하여 당해 사업자에게 3천만 원 이하의 과징금을 부과하도록 한 규정을 "당해 위반행위가 있는 날부터 그 행위가 없어진 날까지의 기간에 있어서의 매출액의 2%를 초과하지 아니하는 범위 안에서 과징금을 부과"할 수 있도록 공정거래법을 개정함으로써 불공정거래행위에 대한 벌칙을 강화하였다..

3.4.3. 한편 1996년 12월 30일의 공정거래법 개정을 통하여 정부는 부당하게 특수관계인 또는 다른 회사에 대하여 가지급금·대여금·인력·부동산·유가증권·무체재산권 등을 제공하거나 현저히 유리한 조건으로 거래하여 특수관계인 또는 다른 회사를 지원하는 행위를 불공정 거래행위에 포함시킴으로써 불공정거래 행위의 범위를 확대하였다.

3.4.4. 또한 1998년 12월 31일 법인세법시행령의 개정으로 부당내부거래를 하여 세제상 규제대상이 되는 특수관계자의 범위에 당해 법인의 경영에 대하여 사실상 영향력을 행사하는 자와 대규모기업집단소속 계열회사를 추가하여 규제의 강도를 강화하였다.

3.4.5. 기존의 공정거래법에서는 7가지 유형의 불공정거래행위를 한정적으로 열거하였지만 1999년 1월 6일 법개정을 통하여 새로운 불공정거래행위 발생에 탄력적으로 대응하기 위하여 불공정거래행위를 포괄적으로 규정하였다. 또한 불공정거래행위의 혐의가 있는 대규모기업집단에 대한 조사와 관련하여 공정거래위원회에 2년간 한시적으로 금융거래 정보요구권을 허용하였다.

3.5. 재벌기업의 부당내부거래 현황

3.5.1. 공정거래위원회는 1998년 중 2차에 걸쳐 1997년 4월 1일부터 1998년 3월 31일까지의 기간중 5대재벌 계열사간에 이루어진 부당내부거래행위를 조사하여 88개사가 47개 계열회사에 대하여 5조 5,190억 원의 지원성거래를 한 사실을 적발하고 총 914억 원의 과징금을 부과하였다. 5대재벌의 내부거래 내용은 〈표 9-11〉과 〈표 9-12〉에 나타난 바와 같다.

〈표 9-11〉 5대재벌의 내부거래 내용 (1차조사)

	내부거래 내용
현대	- 현대자동차(주) 등 19개사는 1997. 11. 19~1998. 3. 12 기간중 대한알루미늄공업(주)와 현대리바트(주)가 발행한 무보증사모전환사채 2,100억 원과 500억 원을 11~18%의 이자율로 각각 인수. - 현대자동차(주) 등 5개사는 친족독립경영회사인 한라건설(주), 만도기계(주) 등 5개사가 부도직전(1997. 12. 6 부도)에 발행한 CP를 인수하기 위하여 4,323억 원을 지원. - 기타 현대중공업(주) 등 32개사는 계열사인 현대전자산업(주)가 신축중인 연구소건축비를 임대차계약을 체결하여 임대보증금을 지급하는 방법으로 1997. 5. 31~1997. 9. 30기간중 300억 원을 지원하였으며, 현대자동차(주)는 현대중공업(주)와 친족독립경영회사인 현대종합금속(주)에게 선급금 명목으로 350억 원을 무이자로 지원.
삼성	- 삼성생명보험(주)는 특정금전신탁제도를 이용하여 1997. 4. 1~1998. 3. 31 기간중 조흥은행 등 8개 은행의 특정금전신탁계정에 2,335억 원을 예치하고 조흥은행 등은 대한종금 등 8개 종금사로부터 삼성자동차(주), 삼성에버랜드(주), 한솔제지(주)가 발행한 CP를 동일등급 CP의 할인율보다 낮은 11.63~14.70%로 계속하여 할인·매입토록 함으로써 관련회사들을 부당하게 지원. - 삼성전관(주) 등 5개사는 삼성물산(주) 소유 국제경영연수원과 삼성중공업(주) 소유의 연수원을 임차해 주면서 고가의 임대차보증금과 임대료를 지불하는 방식으로 334억 원 및 438억 원을 각각 지원. - 기타 삼성에버랜드(주)는 무진개발(주) 및 (주)보광에 대하여 골프장 시설공사대금과 대여금 313억 원을 지급기일이 경과되었음에도 회수하지 않았으며 삼성전관(주)는 천안에 소재한 컴퓨터모니터 액정화면 생산공장을 삼성전자(주)에게 임대하고 임대료 171억 원을 3개월 지연회수하였음.
대우	- (주)대우 등 4개사는 1998. 1. 23~1998. 1. 30 기간중 4회에 걸쳐 대우증권(주)가 발행한 무보증후순위사채 2,000억 원을 전액인수하였음. - 대우중공업(주)는 1994년 9월 2,700억 원 상당의 부신 수영만 매립지(약 43천 평)를 (주)대우에게 매각하고 매각대금 362억 원과 지연이자 235억 원을 지급기일이 경과되었음에도 회수하지 아니하였음. - 기타 (주)대우는 (주)대우레저가 1994년 7월에 발주한 포천 골프장 건설공사를 시행하면서 1997년 4월~1998년 1월중에 발생한 공사기성금 550억 원을 회수하지 않았음.
LG	- LG반도체(주) 등 14개사는 1997. 12. 15~17일 기간중 3회에 걸쳐 계열사인 LG증권(주)가 3년만기 이자율 9.94~11.00%로 발행한 2,000억 원의 후순위채권을 인수하였음. - (주)LG화학 등 9개사는 1997년 11월 29일 계열사인 LG종금(주)가 5년 6개월 만기이자율 13%로 발행한 896억 원의 후순위채권을 인수하였음. - LG반도체(주)는 1997. 4. 1~1998. 3. 31 기간중 계열사인 LG종금(주)에 대하여 총 55회에 걸쳐 4,642억 원을 예치하였음.
SK	- SK상사(주) 등 6개사는 SK증권(주)가 1998년 2월 28일 및 3월 30일자로 발행한 3,500억 원의 후순위사채를 12.57%와 14.66%의 수익률로 인수하였음 - SK(주) 등 8개사는 1997. 12~1998. 3 기간중 계열사인 SK증권(주)에 개설한 자사의 거래구좌에 고객예탁금명목으로 3,875억 원을 예치만 하고 주식투자를 전혀 하지 않았음. - SK건설(주) 등 6개사는 1998년 3월 20일 SK증권(주)의 유상증자시 9,400만 주를 주당 3,200원(액면가 5,000원)에 매입하고 총 2,996억 원을 지급하였음.

자료 : 공정거래위원회, 《5대기업집단의 부당내부거래 1차조사결과》, 1998.

〈표 9-12〉 5대재벌의 내부거래 내용 (2차조사)

	내부거래 내용
현대	- 현대중공업(주)는 1998년 1월 12일 계열사인 현대리바트(주)가 발행한 기업어음(200억 원)을 할인율 26%로 매입하여 지원. - 현대정유(주) 등 5개 현대계열사는 1997. 12. 1～1997. 12. 5 기간중 친족독립경영회사인 만도기계(주) 등 한라그룹 4개 계열사가 부도직전(1997. 12. 6)에 19～23%의 할인율로 발행한 기업어음(835억 원)을 인수. - 현대중공업(주)는 상품·용역거래가 없음에도 불구하고 현대종합금속(주)에게 선급금 명목으로 250억 원을 무이자로 대여. - 현대중공업(주) 등 11개 현대계열사는 현대증권(주)가 1998년 2월 5일 22.55%로 발행한 후 순위사채 1,700억 원, 1998년 3월 6일 23.28%의 금리로 발행한 후순위채 500억 원을 전액 인수함으로써 현대증권(주)를 지원.
삼성	- 삼성물산(주)는 1997년 12월 30일 장기신용은행에 400억 원의 특정금전신탁을 가입한 후, 특금 운용지시서를 통하여 장기신용은행으로 하여금 동 자금으로 삼성증권(주)가 같은 날 17.26%의 수익률로 발행한 400억 원의 후순위사채를 인수하게 함으로써 삼성증권(주)를 지원. - 삼성물산(주)는 1997. 4. 1～1998. 6. 30 기간중 삼성종합화학(주)가 2회에 걸쳐 발행한 총 1,000억 원의 기업어음(CP)을 고가로 매입하여 지원. - 삼성생명보험(주)는 1997. 4. 1～1998. 6. 30 기간중 한일은행에 예치한 특정금전신탁 200억 원을 활용, 3회에 걸쳐 계열사인 삼성상용차(주)가 발행한 총 600억 원의 기업어음을 고가로 매입하여 지원.
대우	- 대우전자(주)는 1998년 1～2월중 계열사인 한국전기초자(주)가 발행한 기업어음 총 200억 원(평잔 50억 원)을 저리로 매입. - 대우전자(주) 등 대우계열 8개사는 대우자동차를 구입하는 소속임직원에게 구입대금 16,002백만원을 무이자로 융자(21～40개월)하고 그 이자는 임직원소속 각사가 부담함으로써 (주)대우자판을 지원. - 대우전자(주) 등 대우계열 9개사는 대우증권(주)의 회사채 인수실적을 높여주기 위하여 비계열증권사를 간사회사로 선정한 후 편법적인 하인수방식을 통해, 피심인들이 발행한 무보증회사채를 대우증권(주)가 다시 인수·중개토록 함으로써 대우증권(주)를 지원.
LG	- LG정보통신(주)는 1997년 10～12월중 PCS 3사에 단말기 판매촉진을 위해 판매장려금을 지급. - (주)LG애드 및 (주)LG유통은 그룹회장실의 요구에 따라 1997년 4월 26일 계열사들로부터 받는 광고비, 부동산임차료의 수금방식(1997년 4～6월중 거래규모 3,880억 원)을 종전의 현금 또는 어음결제방식에서 LG법인카드 매출발생을 통한 결제방식으로 변경시행함으로써 LG신용카드(주)를 지원. - LG정보통신(주)는 1997. 4～1998. 6 기간중 개인휴대 통신용 단말기 판매대금 수령에 있어 계열사인 LG텔레콤(주)로부터는 외상매출금 447억 원을 평균 126일 후 수령한 반면, 비계열사인 선경유통(주) 등 이동통신 사업자 4개사로부터는 7,271억 원을 평균 87～90일 후에 수령함으로써 계열회사에 대해 대금결제기간을 유리하게 함.
SK	- SK텔레콤(주)는 1998. 1. 23～6. 30 기간중 특정금전신탁(500억 원)을 통하여 7회에 걸쳐 SK유통(주)가 발행한 기업어음을 SK유통과 신용등급이 동일한 업체들의 평균 CP 할인율보다 최고 8.0% 낮은 할인율로 매입. - SK텔레콤(주)는 1998. 1. 14～6. 30일 기간중 직접 또는 특정금전신탁(250억 원)을 통하여 SK건설(주)가 발행한 기업어음을 같은 기간중 비계열사가 매입한 SK건설(주) 발행 기업어음의 평균할인율보다 최고 10.78% 낮은 할인율로 매입.

SK	- SK건설(주)는 1997. 4. 14~1998. 1. 9 기간중 계열사인 (주)중원이 발행한 83억 원의 기업어음을 10회에 걸쳐 시중은행 당좌대출금리보다 최고 24.18% 낮은 할인율로 매입. - SK케미칼(주)는 1997. 11. 25~1998. 2. 20 기간중 SK제약(주)가 발행한 10억 원의 기업어음을 SK제약과 신용등급이 동일한 업체들의 평균 기업어음할인율보다 최고 22.85% 낮은 할인율로 매입. - SK건설(주)는 1997. 4. 21~11. 10 기간중 SK케미칼(주)의 화재복구사업을 수행하고 공사대금을 정산수령하면서 공사대금항목인 일반관리비 및 이윤 등을 면제하여 정상공사비보다 과소수령. - SK가스(주)는 1997. 5. 1~1998. 6. 30 기간중 LPG제품을 판매하면서 계열사인 (주)국일에너지에 대한 판매대금을 비계열사보다 평균 19일 늦게 회수.

자료 : 공정거래위원회, 《5대기업집단의 부당내부거래 2차조사결과》, 1998.

3.5.2. 재벌기업의 계열회사간에 이루어진 부당내부거래의 주요 특징은 다음과 같다.

■ 주력기업이 재무구조가 취약한 계열사를 집중지원하였다. 5대재벌의 경우 지원받은 회사 총 43개사 중 32개사(74.4%)가 최근 3년 중 1년 이상 적자인 기업이며 자본잠식상태에 이른 기업도 11개에 달하였다.

■ 적자기업이 계열사 지원에 동원되기도 하였다(대한알루미늄, 현대리바트, 현대증권, 한국전기초자, 삼성에버랜드, 삼성중공업, 대우증권, LG종금, LG텔레콤, SK유통, SK케미칼).

■ 계열사에서 분리된 동일인의 친인척회사에 대하여 다수의 계열사들이 지원하였다(현대중공업 등 → 한라소속 5개사, 삼성생명 → 한솔제지, LG반도체 → 희성소속 2개사).

■ 계열금융회사는 계열사간 부당지원행위의 자금매개창구로 이용되었다(현대종합금융, 삼성생명, LG종금 등).

3.5.3. 재벌기업들은 부실계열사를 지원하기 위한 수단으로 기업어음(CP)의 고가 매입, 후순위채의 고가 인수, 어음관리계좌 예탁수익금의 과다지급, 유상증자참여, 단기자금저리예치, 용역대금·임대료·건설공사대금의 지연회수, 선급금 등의 결제조건 차별, 합병교부금의 지연수령, 기업어음대여, 무이자로 어음 만기연장, 임차보증금의 과다지급, 콜자금의 저리대여, 주식의 고가매입, 무이자로 자금대여, 보유채권의 저가매각, 인력지원 등을 주로 이용하였다.

3.5.4. 부당내부거래의 규모를 재벌그룹별로 살펴보면, 〈표 9-13〉에서 보듯이 현대그룹의 경우 35개 회사가 계열사 및 계열사로부터 분리된 동일인의 친인척회사 13개 기업에 대하여 1조 1,191억 원의 지원성거래를 하였다. 수혜업체는 1년적자기업 5개사(현대전자산업, 만도기계, 한라건설, 현대종합금속, 현대방송), 2년적자기업 3개사(한라시멘트, 한라해운, 현대증권), 3년적자기업 4개사(대한알루미늄, 현대리바트, 한라자원, 한라중공업), 흑자기업 1개사(현대중공업)로 구성되어 있으며, 이 가운데 5개회사(대한알루미늄, 현대리바트, 현대방송, 한라자원, 한라해운)가 자본잠식상태에 있었다.

〈표 9-13〉 5대재벌의 부당내부거래 규모

기업집단	지원업체	수혜업체		지원성거래규모 (단위: 억원)
		적자/흑자기업	자본잠식회사	
현대	현대중공업, 현대자동차, 현대전자 현대산업개발, 현대종금, 현대정유 현대차써비스, 현대할부금융, 현대정공 고려산업개발, 인천제철, 현대상선 현대엘리베이터, 미포조선, 현대건설 현대화재, 현대증권, 현대종합상사 현대정보기술, 현대리바트, 현대강관 현대엔지니어링, 국민투자, 현대물류 현대석유화학, 금강개발, 금강기획 현대우주항공, 현대방송, 현대정유판매 현대알루미늄, 케피코, 대한알루미늄 현대경제연구원, 현대중기산업	① 현대전자산업, 현대종합금속, 만도기계, 한라건설, 현대방송 ② 한라시멘트, 한라해운, 현대증권 ③ 대한알루미늄, 현대리바트, 한라자원, 한라중공업 ④ 현대중공업	대한알루미늄 현대리바트 현대방송 한라자원 한라해운	11,191
삼성	삼성물산, 삼성생명보험, 삼성전자 삼성전관, 삼성에버랜드, 삼성화재 삼성항공, 삼성중공업	② 삼성중공업, 삼성자동차 ③ 삼성에버랜드, 무진개발 연포레저개발 ④ 삼성전자, 삼성물산 삼성종합화학 한솔제지, 보광	무진개발	9,200
대우	대우중공업, 대우자동차, 대우전자 대우통신, 오리온전기, 대우정밀공업 경남기업, 대우증권, 대우할부금융 다이너스클럽코리아, 경남금속 한국전기초자, 대우	① 대우자판 한국전기초자 스피디코리아 ② 대우증권 ④ 대우, 대우레저, 대우개발, 대우중공업	스피디코리아	4,644
LG	LG반도체, LG칼텍스가스, LG산전 LG석유화학, LG텔레콤, LG백화점 LG정밀, LG건설, LG마이크론, LG유통 LG소프트, LG종금, LG화학, LGMMA LG정보통신, LG상사, LG신용카드 LG실트론, LG애드, LG오웬스코닝	① LG종금, LG텔레콤 LG파이낸스홍콩 희성금속 ③ LG증권 ④ LG신용카드, 희성전선		11,255
SK	SK, SK건설, SK에너지판매, SK상사 SK가스, SK옥시케미컬, SK유통, SKC SK텔레콤, SK투자신탁운용, SK캐피탈	① SK유통, SK케미칼 ② SK제약, 중원 ③ SK증권, 원전에너지 ④ SK건설, 국일에너지	SK유통 SK제약 원전에너지 중원	18,900
합 계	88개사	47개사	11개사	55,190

자료 : 공정거래위원회, 《5대 기업집단에 대한 부당내부거래 조사결과》, 1998.

주 1) ①, ②, ③, ④는 각각 1년, 2년, 3년 적자기업 및 흑자기업을 나타낸다.

2) 지원성거래규모는 예탁금, 대여금, 선급금, 기업어음 등의 자금거래의 기간을 감안하지 않은 단순합계이다.

3) 부동산임대료는 월임차료를 연간보증금으로 환산하여 임차보증금과 합산한 것이다.

3.5.5. 삼성그룹의 경우 8개 회사가 계열사 및 계열사로부터 분리된 동일인의 친인척회사 10개 기업에 대하여 9,200억 원의 지원성거래를 하였다. 수혜업체는 2년적자기업 2개사(삼성중공업, 삼성자동차), 3년적자기업 3개사(삼성에버랜드, 무진개발, 연포레저타운), 흑자기업 5개사(삼성물산, 삼성전자, 삼성종합화학, 보광, 한솔제지)로 구성되어 있으며, 이 가운데 1개 회사(무진개발)가 자본잠식상태에 있었다.

3.5.6. 대우그룹의 경우 13개 회사가 8개 계열기업에 대하여 4,644억 원의 지원성거래를 하였다. 수혜업체는 1년적자기업 3개사(대우자판, 한국전기초자, 스피디코리아), 2년적자기업 1개사(대우증권), 흑자기업 4개사(대우, 대우레저, 대우개발, 대우중공업)로 구성되어 있으며, 이 가운데 1개회사(스피디코리아)가 자본잠식상태에 있었다.

3.5.7. LG그룹의 경우 20개 회사가 계열사 및 계열사로부터 분리된 동일인의 친인척회사 8개 기업에 대하여 1조 1,255억 원의 지원성거래를 하였다. 수혜업체는 1년 적자기업 4개사(LG종금, LG파이낸스홍콩, LG텔레콤, 희성금속), 3년적자기업 2개사(LG증권, 원전에너지), 흑자기업 2개사(LG신용카드, 희성전선)로 구성되어 있으며, 이 가운데 자본잠식상태의 기업은 없었다.

3.5.8. SK그룹의 경우 12개 회사가 7개 계열회사에 대하여 1조 8,900억 원의 지원성거래를 하였다. 수혜업체는 1년적자기업 2개사(SK유통, SK케미칼), 2년적자기업 2개사(SK제약, 중원), 3년적자기업 1개사(SK증권), 흑자기업 2개사(SK건설, 국일에너지)로 구성되어 있으며, 이 가운데 2개사(SK유통, SK제약)가 자본잠식상태에 있었다.

3.5.9. 또한 공정거래위원회는 1997년 4월 1일부터 1998년 3월 31일까지의 기간에 이루어진 6대 이하 재벌의 부당내부거래행위를 조사하였다. 그 결과 〈표 9-14〉에서 보듯이 6대 이하 재벌의 경우 35개사가 45개사에 대하여 총 2조 4,837억 원의 지원성거래(이러한 거래를 통해 순수하게 지원된 지원금액(실제거래가액-정상거래가액)은 총 693억원 임)를 하였으며, 공정거래위원회는 이에 대하여 181억 원의 과징금을 부과하였다.

〈표 9-14〉 6대 이하 재벌의 부당내부거래 규모

(단위 : 기업수, 억 원)

	재계순위	지원업체수	수혜업체수	거래규모	지원금액
한진	6위	10	12	5,613	163
한화	8위	6	6	3,670	229
한솔	15위	7	8	3,004	45
동부	20위	2	4	2,345	27
동양	23위	10	15	10,204	228
합계		35	45	24,837	693

자료 : 공정거래위원회, 《6대이하 기업집단에 대한 부당내부거래 조사결과》, 1998.
주 1) 1998년 4월 1일 대규모기업집단 지정기준임.
2) 지원금액은 과징금산정의 기준금액이 됨.
3) 수혜업체 가운데 82.2%인 37개사는 적자회사이고, 17.8%인 8개사는 흑자회사임.

3.5.10. 한편 IMF 사태 이후 경영이 악화된 부실증권회사의 '재무건전성기준'의 충족을 위해 다수의 계열사들이 계열증권회사를 집중적으로 지원하였다. 재벌기업들이 부실증권회사의 재무구조를 건전하게 유지하려는 이유는 영업용 증권회사의 순자본비율이 100% 미만시 정부로부터 경영개선 조치명령, 120% 미달시 경영개선 요구, 150% 미달시 경영개선 권고를 받게되어 기업의 금융활동에 상당한 제약을 받을 수 있기 때문이다. 5대재벌기업의 계열증권회사에 대한 지원현황을 보면, 〈표 9-15〉에서 나타나듯이 재벌소유의 증권회사에 대한 영업용순자본비율이 주로 1997년 말에서 1998년 초 사이에 급격히 개선됨을 보이고 있다.

〈표 9-15〉 재벌소속 증권회사에 대한 지원

(단위 : %)

	현 대	삼 성	대 우	LG	SK
수혜회사	현대증권	삼성증권	대우증권	LG증권	SK증권
지원시기	1998.2 ~3	1997년 12월	1998년 1월	1997년 12월	1997.12~1998.3
영업용순자본 비율변동(%)	64.8(97.11) 174.4(98.3)	68.0(97.11) 141.7(97.12)	126.6(97.12) 170.9(98.1)	90.8(97.11) 138.7(97.12)	268.4(98.2) 155.7(98.3)

자료 : 공정거래위원회, 《5대 기업집단에 대한 부당내부거래 조사결과》, 1998.

4. 금융관련규제

4.1. 계열기업군 여신한도 관리

4.1.1. 금융관련규제의 주요수단인 여신관리제도는 기본적으로 계열기업군에 대한 은행여신이 편중되는 현상을 완화하기 위한 조치이다. '금융기관 여신운용규정'과 동 규정에 의한 '계열기업군에 대한 여신관리의 시행세칙'을 중심으로 운영되고 있는 여신관리제도는 여신편중억제뿐만 아니라 기업의 신규투자나 부동산 매입, 업종다변화 등을 억제함으로써 경제력집중에 대한 억제수단으로 활용되고 있다.

4.1.2. 1991년 6월 1일에는 여신관련제도를 개편하여 여신관리의 대상계열선정기준을 대출금기준으로 일원화하고 주력업체제도 및 주식분산우량기업체제도를 도입하였으며, 1993년 2월 8일에는 여신관리대상 계열의 범위를 50대에서 30대 재벌기업으로 축소하였다.

4.1.3. 1994년 12월 31일 은행법 개정을 통하여 거액여신 총한도제를 신설하고, 동일인 여신한도를 대출의 경우에 은행자기자본의 15%, 지급보증의 경우에는 은행자기자본의 30%로 각각 낮추었다. 거액여신 총한도제란 동일인 또는 동일계열에 대한 여신이 은행자기자본의 15%를 초과하는 경우 동 거액여신총액을 은행자기자본의 5배 이내로 유지하는 제도이다. 이 제도는 특정기업에 대한 편중여신을 억제하여 은행의 자산건전성을 확보하고 기업의 간접금융의존도를 낮춰 재무구조를 개선하는 효과를 겨냥하고 있다.

4.1.4. 1996년 7월 1일 여신 바스켓 관리제도를 10대 재벌로 축소시켜 11~30대 재벌이 제한을 받지 않고 은행에서 돈을 빌려쓸 수 있게 되었다. 그 결과 여신관리에서 제외된 11대 재벌 이하 계열기업들은 업종전문화의 규제에서도 벗어나 자유로운 투자를 할 수 있게 되었다.

4.1.5. 1996년 8월 1일에는 주거래은행제도를 개편하여 관리대상계열의 선정기준을 30대 재벌에서 여신기준 2,500억 원 이상 계열로 축소하였다. 한편 1997년 8월 1일에는 동일계열기업군에 대한 여신한도제를 도입하여 한 계열기업군이 은행자기자본의 45% 이상을 대출받을 수 없도록 규정하고, 바스켓 관리제의 폐지시기를 2000년 7월 1일로 확정하였으며, 주력업체의 대출금을 관리대상에 포함시켰다. 또한 주거래계열에 대한 대여금・가지급금의 규제를 폐지하였다.

4.1.6. 한편 1998년 4월 1일에는 계열사의 신규채무보증에 의한 여신취급을 금지시키고, 1998년 6월 12일에는 5대 및 10대 재벌기업에 대해서 적용되던 바스켓 관리제의 조기폐지를 확정하였으며, 1998년 12월 22일에는 여신위원회제도, 전담심사역제도, 부실징후 조기경보체제 등을 도입하고, 계열기업군단위 여신심사체제를 구축함으로써 은행으로 하여

금 여신심사 및 사후관리를 자율적으로 추진하도록 하였다.

4.2. 상호지급보증의 제한

4.2.1. 정부는 재벌그룹 가운데 채무보증제한대규모기업집단에 속하는 계열회사에 대하여 국내 계열회사에 대한 채무보증한도액을 당해 회사 자기자본의 200% 이내로 제한하였으나 1996년 12월 30일 동 규정을 개정하여 채무보증한도액을 자기자본의 100% 이내로 낮추고, 금융업 또는 보험업을 영위하는 계열회사는 규제대상에서 제외하였다.

4.2.2. 한편 1998년 2월 24일 공정거래법 개정으로 대규모기업집단 가운데 채무보증제한대규모기업집단에 속하는 회사(금융업 또는 보험업을 영위하는 회사는 제외)는 국내계열회사에 대하여 채무보증을 할 수 없게 되었다. 다만 공업발전법, 조세감면규제법에 의한 합리화계획 또는 합리화기준에 따라 인수되는 회사의 채무와 관련된 보증, 기업의 국제경쟁력 강화를 위해 필요한 경우에는 예외로 인정하였다.

4.2.3. 또한 공정거래법 제10조의 3(기존채무보증의 해소)을 신설하여 채무보증제한대규모기업집단에 속하는 회사가 기존의 채무보증을 해소하도록 하였다.

- 제10조의 3 (기존 채무보증의 해소)
  1. 제14조 제1항의 규정에 의하여 채무보증제한대규모기업집단으로 지정된 기업 집단에 속하는 회사는 지정 당시의 채무보증잔액(이하 '기존 채무보증'이라 한다)을 다음 각호의 1에서 정한 날까지 해소하여야 한다. 다만, 제1호의 경우에는 대통령령이 정하는 경우로서 금융감독원장이 해소시한의 연장을 요청하고 공정거래위원회가 필요하다고 인정할 경우 1년 이내의 범위 안에서 이를 연장할 수 있다.
     ① 1997년에 지정된 채무보증제한대규모기업집단으로서 1998년에 채무보증제한 대규모기업집단으로 지정된 기업집단에 속하는 회사는 2000년 3월 31일
     ② 1998년부터 2000년까지의 기간중에 신규 지정된 채무보증제한대규모기업집단에 속하는 회사는 2001년 3월 31일
     ③ 2001년 이후에 신규 지정된 채무보증제한대규모기업집단에 속하는 회사는 지정일부터 1년이 되는 날
  2. 제1항의 기존 채무보증에는 기한연장을 위하여 재약정하는 채무보증을 포함하고 제10조의 2 제1항 각호의 1에 해당하는 채무보증은 제외한다.

4.2.4. 정부의 재벌그룹에 대한 채무보증해소 추진에 따라 재벌그룹의 채무보증이 급격히 해소되었다. 〈표 9-16〉에서 보듯이 5대재벌의 채무보증이 1998년 9월 말 21조 3,659억 원에서 동년 12월 말 6조 2,663억 원으로 15조 996억 원 감소하여 70.7%의 해소율을 보이고 있다. 그러나 5대재벌의 계열사보증 해소금액 내역을 보면 원차금상환을 통한 해소가

6.4%에 불과하고, 차입이자율 인상과 우량피보증사에 의한 방법이 각각 46.2%와 27.4%를 차지하고 있어 실질적인 채무보증의 해소가 이루어지지 않았음을 보이고 있다. 왜냐하면 차입이자율의 인상에 의한 방법은 은행이 보증사의 채무액에 대해 이자율을 인상시킴으로써 피보증사의 채무보증이 해소대상에서 제외되며, 우량피보증사에 의한 방법은 피보증사가 우량기업으로 판정될 경우 보증사의 채무보증액이 해소해야 할 채무보증대상에서 제외되기 때문이다.

4.2.5. 재벌집단의 채무보증 해소내역을 구체적으로 보면, 1998년 9월 말부터 1998년 12월 말까지의 기간에 현대, 삼성, 대우, LG, SK의 채무보증해소율은 총액기준으로 각각 78.3%, 69.6%, 64.1%, 73.0%, 45.5%를 보이고 있어 현대의 채무보증해소율이 가장 높은 것으로 나타나고 있다. 그러나 1998년 12월 말 5대재벌의 채무보증잔액 6조 2,663억 원에서 현대, 삼성, 대우, LG, SK가 차지하는 비중은 각각 30.5%, 13.3%, 43.0%, 6.8%, 6.3%를 보여 대우와 현대의 계열사에 대한 채무보증이 높은 것으로 나타났다. 채무보증의 해소방법에 있어 차입이자율 인상 및 우량피보증사에 의한 해소비중이 현대, 삼성, 대우, LG, SK의 경우에 각각 80.3%, 72.7%, 68.5%, 66.4%, 35.7%를 나타내고 있다.

4.2.6. 이와 같은 채무보증의 해소는 동종업종간보다는 이종업종간에서 좀더 집중적으로 이루어져 동기간에 채무보증해소율은 각각 40.1%와 79.6%를 나타내었다. 1998년 12월 말을 기준으로 동종업종간 및 이종업종간 채무보증액은 각각 2조 8,938억 원과 3조 3,725억 원을 보이고 있다. 그러나 이업종간 채무보증의 급격한 감소가 곧 5대재벌의 업종전문화 노력의 결과로 평가하기는 어렵다. 왜냐하면 〈표 9-17〉에서 보듯이 이업종간 채무보증이 대부분 차입이자율 인상(49.4%)과 우량피보증사(28.1%)의 방법에 의해서 해소되고, 3.5%만이 원차입금 상환에 의해 해소되었기 때문이다.

4.2.7. 재벌집단의 이종업종간 채무보증 해소내역을 구체적으로 보면 1998년 9월 말부터 1998년 12월 말까지의 기간에 현대, 삼성, 대우, LG, SK의 채무보증해소율은 총액기준으로 각각 82.0%, 79.1%, 76.4%, 80.3%, 83.0%를 보이고 있지만, 1998년 12월 말 5대재벌의 이종업종간 채무보증잔액 3조 3,725억 원 가운데 현대, 삼성, 대우, LG, SK가 차지하는 비중은 각각 41.1%, 10.8%, 42.8%, 3.5%, 1.7%를 보여 대우와 현대의 계열사에 대한 이종업종간 채무보증이 높은 것으로 나타났다. 이종업종간 채무보증의 해소방법에 있어 차입이자율 인상 및 우량피보증사에 의한 해소비중이 현대, 삼성, 대우, LG, SK의 경우에 각각 82.9%, 89.0%, 68.3%, 85.3%, 41.7%를 나타낸다.

〈표 9-16〉 5대재벌 채무보증 해소내역

A. 해소실적

(단위: 억원, %)

		98.9말 잔액	98.4/4분기중 해소실적	98.12말 잔액	해소율(%) (98.9말~12말)
현 대	보증총액	88,008	68,874	19,134(30.5)	78.3
	법상제한대상	44,383	29,103	15,280	65.6
	법상제한제외대상	43,625	39,771	3,854	91.2
삼 성	보증총액	27,418	19,072	8,346(13.3)	69.6
	법상제한대상	12,654	6,723	5,931	53.1
	법상제한제외대상	14,764	12,349	2,415	83.6
대 우	보증총액	75,140	48,178	26,962(43.0)	64.1
	법상제한대상	29,688	18,028	11,660	60.7
	법상제한제외대상	45,452	30,150	15,302	66.3
LG	보증총액	15,873	11,589	4,284(6.8)	73.0
	법상제한대상	11,852	9,459	2,393	79.8
	법상제한제외대상	4,021	2,130	1,891	53.0
SK	보증총액	7,220	3,283	3,937(6.3)	45.5
	법상제한대상	2,479	951	1,528	38.4
	법상제한제외대상	4,741	2,332	2,409	49.2
계	보증총액	213,659	150,996	62,663(100)	70.7
	법상제한대상	101,056	64,264	36,792	63.6
	법상제한제외대상	112,603	86,732	25,871	77.0
	동종업종간	48,269	19,331	28,938	40.1
	이종업종간	165,390	131,665	33,725	79.6

B. 해소방법

(단위 : 억 원, %)

	현대	삼성	대우	LG	SK	합계
계열사보증 해소금액	68,874	19,072	48,178	11,589	3,283	150,996(100%)
원차입금 상환	2,665	1,614	2,625	2,309	389	9,602(6.4%)
담보대출전환	5,885	111	1,084	-	4	7,084(4.7%)
차입이자율 인상	26,225	8,660	29,728	3,991	1,173	69,777(46.2%)
우량피보증사	29,112	5,214	3,267	3,708	-	41,301(27.4%)
계열주 입보	26	279	268	-	-	573(0.4%)
계열사 정리	-	847	-	-	-	847(0.6%)
기타	4,961	2,347	11,206	1,581	1,717	21,812(14.4%)

자료 : 금융감독위원회, 《5대계열 채무보증 해소실적 점검결과》, 1999.2.

주 1) 법상제한제외대상에는 산업합리화에 따라서 인수되는 회사의 채무, 국내금융기관의 해외지점여신, 해외건설 입찰보증, 수출금융 등과 관련된 보증 등이 포함된다.

2) 기타에는 조건없는 무상해지, 만기약정해지, 이중보증해소 등이 포함된다.

〈표 9-17〉 5대재벌 이종업종간 채무보증 해소내역

A. 해소실적

(단위 : 억 원, %)

		98.9말 잔액	98. 4/4분기중 해소실적	98.12말 잔액	해소율(%) (98.9말~12말)
현 대	보증총액	77,228(63,356)	63,356	13,872(41.1)	82.0
	법상제한대상	36,580	24,935	11,645	68.2
	법상제한제외대상	40,648	38,421	2,227	94.5
삼 성	보증총액	17,424(13,776)	13,776	3,648(10.8)	79.1
	법상제한대상	6,734	3,086	3,648	45.8
	법상제한제외대상	10,690	10,690	-	100.0
대 우	보증총액	61,328(46,883)	46,883	14,445(42.8)	76.4
	법상제한대상	25,675	16,863	8,812	65.7
	법상제한제외대상	35,653	30,020	5,633	84.2
LG	보증총액	6,024(4,840)	4,840	1,184(3.5)	80.3
	법상제한대상	5,358	4,179	1,179	78.0
	법상제한제외대상	666	661	5	99.2
SK	보증총액	3,386(2,810)	2,810	579(1.7)	83.0
	법상제한대상	561	479	82	85.4
	법상제한제외대상	2,825	2,331	494	82.5
계	보증총액	165,390(131,665)	131,665	33,725(100)	79.6
	법상제한대상	74,908	49,542	25,366	66.1
	법상제한제외대상	90,482	82,123	8,359	90.8

주 : ( )내는 98.4/4분기중 해소대상(99.3월 이후 만기도래분)

B. 해소방법

(단위 : 억 원, %)

	현대	삼성	대우	LG	SK	합계
계열사보증 해소금액	63,356	13,776	46,883	4,840	2,810	131,665(100%)
원차입금 상환	623	1,175	2,342	410	51	4,601(3.5%)
담보대출전환	5,885	111	1,084	-	4	7,084(5.4%)
차입이자율 인상	25,444	7,045	29,069	2,337	1,173	65,068(49.4%)
우량피보증사	27,065	5,214	2,932	1,791	-	37,002(28.1%)
계열주 입보	26	-	268	-	-	294(0.2%)
기타	4,313	231	11,188	302	1,582	17,616(13.4%)

자료 : 금융감독위원회, 《5대계열 채무보증 해소실적 점검결과》, 1999.2.

4.2.8. 5대재벌의 채무보증이 급격히 해소된 결과 1997년 말과 1998년 말 사이에 재벌그룹의 부채비율이 크게 하락하였지만, 5대재벌의 부채절대액은 오히려 증가하였다. 〈표 9-18〉에서 보듯이 5대재벌의 경우 부채비율은 1997년 말 472.9%에서 1998년 말 335.0%로 감소하였지만, 부채총액은 221조 4,000억 원에서 234조 5,000억 원으로 13조 1,000억 원 증가하였다. 반면 6~30대 재벌의 경우 동기간에 부채비율은 616.8%에서 497.7%로 감소하였고, 부채총액도 136조 원에서 132조 4,000억 원으로 3조 6,000억 원 감소하였다. 5대재벌의 부채비율이 크게 감소했음에도 불구하고 부채규모가 오히려 늘어난 것은 5대재벌이 자산재평가나 유상증자 등을 통하여 부채비율을 감소시켰기 때문이며, 특히 동기간에 현대와 대우의 부채규모가 급격히 증가했기 때문이다.

4.2.9. 그룹별로는 현대가 61조 7천억 원에서 72조 5천억 원으로 10조 8천억 원(17.5%) 증가하였고, 대우는 42조 7천억 원에서 59조 8천억 원으로 17조 1천억 원(40.0%)이나 증가하였다. 반면 삼성그룹은 50조 1천억 원에서 43조 1천억 원으로 7조 원(14.0%)이 감소했고, LG그룹은 42조 9천억 원에서 36조 3천억 원으로 6조 6천억 원(15.4%), SK그룹은 23조 9천억 원에서 22조 6천억 원으로 1조 3천억 원(5.4%)이 각각 감소하였다.

4.2.10. 한편 30대 재벌 전체에서 차지하는 5대재벌의 자기자본비율 및 부채총액비율은 1997년 말 67.9%와 61.9%에서 1998년 말 72.5%와 63.9%로 각각 증가하였다. 이는 곧 동기간에 있어서 5대재벌로의 경제력집중이 더욱 심화되었음을 나타내는 것이다.

〈표 9-18〉 재벌그룹의 부채비율 변동현황

(단위 : 조 원, %)

	1997년 말				1998년 말				5대	6~30대
	전체(a)	5대(b)	6~30대(c)	b/a	전체(d)	5대(e)	6~30대(f)	e/d	(e-b)	(f-c)
자기자본	68.9	46.8 (46.9)	22.1	67.9	96.6	70.0 (58.3)	26.6	72.5	23.2 (11.4)	4.5
비율(%)	16.2	17.5	14.0		20.8	23.0	16.7		5.5	2.7
부채총액	357.4	221.4 (220.4)	136.0	61.9	366.9	234.5 (225.1)	132.4	63.9	13.1 (4.7)	△3.6
비율(%)	518.9	472.9 (470.2)	616.8		379.8	335.0 (386.0)	497.7		△137.9 (△84.2)	△119.1

자료 : 공정거래위원회, 《'99년도 대규모기업집단 지정》, 1999.4; 금융감독위원회, 《5대그룹 구조조정 추진상황 점검》, 1999.4.

주 1) 금융·보험업 영위회사 제외.

2) 5대재벌의 경우 ( )안의 수치는 금융감독위원회 자료임.

4.3. 기업투자 및 부동산 취득규제

4.3.1. 1990년 5월 8일 '부동산투기 억제를 위한 특별보완대책'을 마련하여 정부는 대기업의 비업무용부동산을 처분하도록 유도하고 대기업이 부동산을 신규로 취득할 때 공장부지 및 건물 등 생산활동에 직접 소요되는 부동산만을 취득하도록 하였다. 그러나 1994년 1월 20일에는 기업의 경쟁력강화를 위한 규제완화의 조치로서 11~30대 재벌기업에 대한 기업투자 및 부동산취득 승인 관련제도를 폐지하였다.

4.3.2. 한편 1995년 4월 15일에는 10대 재벌에 대한 기업투자승인 관련제도를 폐지하여 모든 대기업들이 주거래은행의 사전승인이나 재무구조개선을 위한 자구노력의무 등의 제약없이 자유롭게 투자를 확대할 수 있도록 하였으며, 10대 재벌에 대한 부동산취득규제도 1997년 8월 1일 법개정을 통하여 폐지하였다. 또한 5·8 비업무용부동산이 대부분 매각됨에 따라 5·8 비업무용부동산 처분의 사후관리제를 1998년 7월 24일 폐지하였다.

4.4. 업종전문화 유도

4.4.1. 1994년 1월 20일 정부는 30대 재벌의 업종전문화를 주력업체방식에서 주력업종방식으로 변경하였다. 상공자원부의 '대규모기업집단의 업종전문화시책 추진방안'에 따르면 주력기업은 전업률(계열기업이 영위하는 주된 업종의 매출액 또는 부가가치액을 당해 계열기업의 총매출액 또는 총부가가치액으로 나눈 백분율)이 70% 이상이고 주력업종내에서 매출액 비중이 10% 이상인 기업이 선정될 수 있도록 하였다. 일단 주력기업으로 선정되면 해당 기업은 정부의 여신한도 관리대상에서 제외되었다.

4.4.2. 1995년 4월 1일 공정거래법개정을 통하여 정부는 업종전문화시책을 지원하였다. 상장된 비주력기업이 주력기업의 신주를 취득·소유하거나 상위 1대에서 5대재벌에 속한 회사 이외의 상장된 주력기업이 관련업종의 비주력기업(전업률 70% 이하)의 신주를 취득·소유하는 경우에는 최장 7년간 출자총액의 제한규정을 적용하지 않도록 하였다.

4.4.3. 한편 1998년 이후 정부의 업종전문화시책은 이른바 재벌기업간의 빅딜(사업교환)을 통하여 좀더 강화된 형태로 추진되고 있다. 〈표 9-19〉에서 보듯이 5대 재벌기업의 구조조정은 1998년 7월 26일 정·재계 간담회에서 재벌그룹이 자율적으로 마련한 구조조정안에 그 근거를 두고 있다. 이와 같은 구조조정안은 1998년 12월 7일의 '5대그룹 구조조정 추진 합의문'에서 재차 강조되었다. 이 합의문에 따르면 5대 재벌그룹들은 7개 중복투자 업종 구조조정에 대하여 실효성있는 계획을 확정해 12월 15일까지 재무구조개선약정에 반영하도록 하였다. 구체적으로 석유화학·항공기·철도차량 분야는 신설법인에 참여

〈표 9-19〉 5대재벌의 빅딜(사업교환) 내용

업 종	합의내용	비 고
반도체	- 현대전자(반도체)와 LG반도체를 일원화하고 지분비율은 추후 논의하기로 함.	- 현대·LG간 주식양수도가격협상 완료(99. 4. 22) - 통합법인 출범예정(99. 10. 1)
석유화학	- 삼성종합화학과 현대석유화학을 통합한 후 외국자본을 유치하여 국제경쟁력을 강화. - SK와 LG가 중심이 되어 울산 및 여천석유화학단지의 구조조정방안을 2차로 논의·확정키로 함.	- 현대석유화학과 삼성종합화학이 동일지분으로 통합키로 함(99. 3) - 통합법인 설립예정(99. 6월말)
자동차	- 기아의 국제입찰이 유찰되어 기아가 구조조정의 대상이 될 경우 현대, 대우, 삼성이 자동차구조조정을 논의키로 함.	- 현대자동차와 기아가 주식인수계약 체결(98. 12. 1) - 삼성자동차와 대우전자(오리온전기 제외)의 사업맞교환 발표(98. 12. 7) - 대우자동차의 삼성자동차인수에 따른 양수도계약체결 예정(99. 5)
항공기	- 삼성, 대우, 현대 3사가 통합하여 별도 독립법인화한 후 외국자본을 유치하여 국제경쟁력을 강화.	- 현대우주항공, 삼성항공, 대우중공업 3사는 출자자산평가방식과 출자자산축소에 관한 합의서에 서명(99. 3. 18) - 통합법인 설립예정(99. 6월말)
철도차량	- 현대, 대우, 한진 3사가 통합하여 별도 독립법인을 신설한 후 외국자본을 유치하여 국제경쟁력을 강화.	- 현대정공, 대우중공업, 한진중공업이 4:4:2로 통합키로 합의(98. 10. 19) - 통합법인 설립예정(99. 6월말)
발전설비 및 선박용엔진	- 현대중공업과 한국중공업의 발전설비는 일원화. - 삼성의 선박용엔진 및 보일러 설비는 한국중공업에 이관.	- 한국중공업이 현대중공업의 발전설비, 삼성중공업의 발전설비와 선박용엔진 사업부문을 인수하도록 양해각서 교환(98. 12. 7) - 통합후 한국중공업을 민영화(99년 하반기)
정유	- 현대가 한화의 정유부문을 인수.	- 현대가 한화에너지 발행주식의 38.817%, 한화에너지프라자의 발행주식 100%를 인수하는 주식양수도 방식으로 타결(99. 4. 2)

자료 : 국정감사자료; 주요일간지; 금융감독위원회, 《5대그룹 구조조정 추진상황 점검》, 1999. 4.

하는 기업에 순자산비율대로 50% 이내의 지분을 주고 나머지는 외국인의 투자를 유치하며, 발전설비·선박용엔진은 현대중공업과 삼성중공업의 합의에 따라 자산·부채 일체를 한국중공업에 양도하도록 하였으며, 반도체는 12월 25일까지 핵심경영주체를 선정하도록 하였다.

4.4.4. 자동차부문의 경우 1998년 10월 19일 국제입찰에서 기아가 현대자동차에 낙찰되어 1998년 12월 1일 현대자동차와 기아 사이에 주식인수계약이 체결되었다. 그러나 나머지 부문에서는 자산가치의 재평가, 부채의 처리방안, 인수조건 등을 둘러싸고 당사자간의 이해가 상충하여 이행이 부진하였으나, 최근 정부의 구조조정방침이 강도높게 추진되어 재벌기업간의 빅딜이 마무리단계에 접어들었다. 정유부문의 경우 1999년 4월 2일 현대가 한화에너지 발행주식의 38.817%, 한화에너지프라자의 발행주식 100%를 인수하는 주식양수도방식으로 타결되었으며, 항공기의 경우 1999년 3월 18일 현대우주항공, 삼성항공, 대우중공업 사이에 출자자산평가방식과 출자자산축소에 대하여 합의하여 항공기제작 3사의 통합법인인 한국항공우주산업(주) (가칭)이 빠르면 오는 6월 말 정식출범할 전망이다.

4.4.5. 반도체의 경우 1999년 4월 23일 현대그룹과 LG그룹 사이에 반도체 빅딜의 양수도 가격 및 지불조건에 대한 기본 합의서가 체결되었다. 양 재벌은 LG가 보유하고 있는 LG반도체 주식을 2조 5,600억 원에 현대에 양도키로 하되 1조 5,600억 원은 상호협의하는 기일에 지급하고 나머지 1조 원은 2002년까지 5차례에 걸쳐 균등분할 지급하며, 대금의 일부는 현대가 보유중인 유가증권으로 지불하기로 하였다.

4.4.6. 석유화학은 1999년 3월 현대석유화학과 삼성종합화학이 동일지분으로 통합을 결의한 이후 실사를 완료하여 6월 말 통합법인을 설립할 예정이지만, 양사가 과다부채 해소에 대한 분명한 해결방안을 제시하지 못하여 통합법인 발족이 계속 지지부진한 상태에 있다. 철도차량은 1998년 10월 19일 현대정공, 대우중공업, 한진중공업이 4 : 4 : 2의 비율로 통합하기로 합의한 후 6월 말 통합법인의 출범을 목표로 추진중에 있다. 발전설비 및 선박용엔진의 경우 현대중공업과 삼성중공업이 발전설비부문을 한국중공업에 이관후 1999년 하반기에 민영화하기로 하였으나, 1999년 3월 8일 현대가 발전설비를 한국중공업에 이관하는 대가로 한국중공업의 20% 지분내에서 주식을 요구하고 있어 협상이 진행중이다.

4.4.7. 삼성자동차와 대우전자의 빅딜은 삼성자동차의 SM5 생산과 판매조건을 둘러싸고 합의에 도달하지 못한 상태에서, 1999년 3월 22일 삼성과 대우의 협상에서 대우는 SM5를 연간 3만 대씩 2년간 생산하되 생산량의 50%를 삼성이 책임지고 판매할 것을 요구하였지만 삼성이 이를 거부하였으나, 최근 1999년 5월중 양수도계약의 체결을 위하여 삼성자동차에 대한 실사가 진행중에 있다.

5. 기업의 지배구조

5.1. 지주회사의 설립

5.1.1. 지주회사의 설립제한은 기업의 지배구조에 대한 규제조치로서 작용하였다. 즉, 공정거래법 제8조(지주회사의 설립금지 등)는 누구든지 주식의 소유를 통하여 국내회사의 사업내용을 지배하는 것을 주된 사업으로 하는 회사(지주회사)를 설립할 수 없으며 이미 설립된 회사는 국내에서 지주회사로 전환해서는 안된다고 규정하였다.

5.1.2. 그러나 1999년 1월의 법개정을 통해 정부는 지주회사의 설립을 제한적으로 허용하였다. 즉, 개정된 공정거래법 제8조(지주회사설립 · 전환의 신고)에 의하면 다음의 조건을 충족시킬 경우에 재벌기업은 타회사를 지배할 목적으로 주식을 취득할 수 있게 되었다.

- 지주회사의 부채비율을 100% 이내로 제한
- 자회사에 대한 지분율은 50% 이상일 것
- 손자회사는 원칙적으로 금지
- 금융 · 비금융자회사의 동시소유를 금지
- 30대 기업집단소속회사는 지주회사와 자회사의 채무보증을 사전에 해소할 것

5.1.3. 순수지주회사의 허용은 재벌로 하여금 주식보유를 통해 다른 회사를 합법적으로 지배할 수 있는 제도적 장치를 마련하는 것으로서, 재벌의 선단식경영을 고착화시켜 경제력 집중을 심화시킬 우려가 있다. 따라서 순수지주회사의 허용과 더불어 경제력집중을 억제하기 위한 제도적 장치의 마련이 동시에 요구되고 있으나 이에 대한 제도개선이 매우 미흡한 상태에 있다.

5.2. 인수 · 합병(M&A)의 활성화

5.2.1. 1997년 1월 13일의 개정된 증권거래법은 기업 인수 · 합병(M&A)의 공정성을 높이기 위하여 공개매수신고자가 항상 공시하여야 하는 특별관계인의 범위를 확대하고(증권거래법 제21조), 공개매수의 요건 · 기간 · 절차 · 제재조치 등(증권거래법 제21조의 2, 3, 제22조, 제23조, 제23조의 2, 제24조, 제24조의 2, 제25조, 제25조의 2, 3, 제26조)을 규정하였다.

- 증권거래법 제21조(공개매수의 적용대상)
  1. 의결권있는 주식 기타 대통령령이 정하는 유가증권(주식 등)을 대통령령이 정하는 기간 동안 유가증권시장 및 협회중개시장 밖에서 대통령령이 정하는 수 이상의 자로부터 매수·교환·입찰 기타 유상양수(매수 등)를 하고자 하는 자는 당해매수 등을 한 후에 본인과 그 특별관계자가 보유하게 되는 주식 등의 수의 합계가 당해 주식 등의 총수의 100분의 5 이상이 되는 경우(본인과 그 특별관계자가 보유하는 주식 등의 수의 합계가 당해 주식 등의 총수의 100분의 5 이상인 자가 당해 주식 등의 매수 등을 하는 경우를 포함한다)에는 공개매수하여야 한다. 다만 그 유형 기타 사정을 감안하여 대통령령이 정하는 매수 등에 관하여는 그러하지 아니하다.
  2. 주식 등의 매수 등을 하고자 하는 자는 당해 매수 등을 한 후에 본인과 그 특별관계자가 보유하게 되는 주식 등의 수의 합계가 당해 주식 등의 총수의 100분의 25 이상이 되는 경우(본인과 그 특별관계자가 보유하는 주식 등의 수의 합계가 당해 주식 등의 총수의 100분의 25 이상인 자가 당해 주식 등의 매수 등을 하는 경우를 포함한다)에는 제1항의 규정에 불구하고 대통령령이 정하는 수 이상의 주식 등을 공개매수하여야 한다. 다만 그 유형 기타 사정을 감안하여 대통령령이 정하는 매수 등에 관하여는 그러하지 아니하다.

5.2.2. 그러나 기업간 자율적인 인수·합병(M&A)의 필요성이 증대함에 따라 1998년 2월 24일 증권거래법의 개정을 통하여 발행주식총수의 25% 이상을 취득하고자 할 때 대통령령이 정하는 주식수(현행 50%)를 초과하여 공개매수하도록 하는 의무공개매수제도를 폐지하였다. 또한 종전에는 상장법인과 합병하고자 하는 비상장법인에 대하여는 합병주주총회일로부터 3개월 전에 금융감독위원회에 사전등록하도록 하였으나 기업의 구조조정을 지원하기 위하여 1998년 2월 1일 증권거래법 개정을 통하여 동 규정을 폐지하였다.

5.2.3. 한편 1998년 12월 28일의 상법개정을 통하여 소규모합병(존속회사가 합병으로 인하여 발행하는 신주의 총수가 그 회사의 발행주식총수의 5% 이하인 합병)의 경우에는 주주총회절차를 생략할 수 있도록 하고, 회사합병시 채권자의 이의제출기간을 2월에서 1월로 단축함으로써 인수·합병(M&A)의 활성화를 지원하였다. 또한 회사합병단계에서 주가차를 조절하고 고가주의 유통성을 회복시키기 위하여 주식분할제도를 도입하며, 주식분할을 자유롭게 하고 신주발행시 기업자금조달의 편의를 돕기 위하여 일주의 최저액면금액을 종전의 5,000원에서 100원으로 인하하였다. 그러나 적대적 M&A에 대한 방어장치로서 주식회사에 한하여 주주총회결의로 회사분할을 할 수 있도록 하되 분할전 회사의 주주 및 채권자들에 대하여 보호장치를 마련하였다.

5.2.4. 1998년 12월 28일 법인세법 개정으로 합병법인이 피합병법인의 이월결손금을 승계하여 공제받을 수 있도록 하고, 법인이 분할하는 경우 법인세 및 특별부가세를 과세이연하도

록 하는 등 기업의 합병 및 분할에 대한 지원제도를 마련하였다.

5.2.5. 이와 같은 일련의 조치는 기업의 인수 및 합병을 활성화시킴으로써 기업의 지배경영구조를 개선시키려는 정책으로 평가되지만, 동시에 정부는 적대적 M&A에 대한 기업의 경영권방어 차원에서 1998년 2월 24일 증권거래법 제189조의 2를 개정하여 상장기업이 자기주식을 취득할 수 있는 한도를 발행주식총수의 10%에서 3분의 1로 확대하였으며, 같은해 5월 25일에는 제한규정을 폐지하였다.

- 증권거래법 제189조의 2 (자기주식의 취득)
  1. 주권상장법인은 유가증권시장을 통하여 당해 법인의 명의와 계산으로 자기주식을 취득할 수 있다. 이 경우 그 취득금액은 상법 제462조 제1항의 규정에 의한 이익배당을 할 수 있는 한도 안에서 대통령령이 정하는 금액 이하이어야 한다. 〈개정 1998. 5. 25〉
  2. 주권상장법인이 대통령령이 정하는 금전의 신탁계약 등에 의하여 자기주식을 취득하는 경우에는 제1항의 규정에 의하여 자기주식을 취득한 것으로 본다. 이 경우 제1항의 취득금액의 적용에 관하여는 대통령령으로 정한다. 〈개정 1998. 5. 25〉

5.2.6. 이와 같이 증권거래법이 우선 적용되는 상장회사에는 자사주취득이 허용되나 상법의 적용을 받는 일반주식회사에는 금지된다. 상법 제341조(자기주식의 취득)는 "회사는 자기의 계산으로 자기의 주식을 취득하지 못한다"고 하여 자사주보유를 원칙적으로 부정하고 있으며, 상법 제369조(의결권) 2항에 의하여 자사주는 의결권이 없다. 또한 공정거래법 제9조(상호출자의 금지 등)에서는 동일재벌의 계열사간의 직접상호출자는 금지되고 있지만, 1998년 2월 법개정을 통해 제10조(출자총액의 제한)가 폐지됨으로써 간접상호출자는 허용되고 있다.[3]

5.2.7. 자사주취득의 금지가 일차적으로 재벌에 의한 경제력집중의 방지를 목표로 하기 때문에 정부가 최근 증권거래법의 개정을 통하여 상장회사에게 자사주취득을 허용한 조치는 명백히 경제력집중 방지에 역행하는 조치이다. 따라서 재벌그룹은 출자총액의 제한을 받지 않는 가운데 자사주취득이 가능하게 됨으로써 직·간접적인 수단을 동원하여 그들의 경제력을 더욱 팽창시킬 수 있게 되었다.

---

3) 좀더 자세한 내용은 이규억(1999), "재벌개혁과 빅딜정책의 평가와 과제," 한국국제경제학회 하계정책세미나 자료, 한국 경제개혁 정책의 평가와 과제, 1999. 6. 참조.

5.3. 결합재무제표의 작성

5.3.1. 1998년 2월 24일의 개정된 외감법은 기업집단결합재무제표의 도입시기를 현행 2000년 1월 1일 이후 시작되는 사업연도에서 1999년 1월 1일 이후 시작되는 사업연도로 1년 앞당겼다.

5.3.2. 1998년 4월 24일에 개정된 외감법시행령은 공정거래위원회가 지정하는 대규모기업집단 및 당해 대규모기업집단에 속하는 회사를 결합재무제표를 작성해야 하는 기업집단 및 그 소속회사로 지정하였다. 이 경우 대규모기업집단은 직전연도에 지정된 대규모기업집단과 그 해외계열사를 포함한다. 다만 청산중에 있는 회사나 합병절차가 진행중인 회사는 결합재무제표 작성의무에서 제외되었다.

5.4. 이사 및 감사제도

5.4.1. 1998년 12월 28일의 상법개정은 주식회사의 지배경영구조와 관련하여 중요한 조치들을 포괄하고 있다. 먼저 회사에 대한 영향력을 이용하여 이사의 업무집행을 지시하거나 경영권을 사실상 행사하는 지배주주 등을 사실상의 이사로 보아 회사 및 제3자에 대하여 이사와 연대배상책임을 부담하도록 하였다. 이때 사실상의 이사는 구체적으로 회사에 대한 자신의 영향력을 이용하여 이사에게 업무집행을 지시한 자, 이사의 이름으로 직접 업무를 집행한 자, 이사가 아니면서 명예회장, 회장, 사장, 부사장, 전무, 상무, 기타 회사의 업무를 집행할 권한이 있는 것으로 인정될 만한 명칭을 사용하여 회사의 업무를 집행한 자를 포괄한다.

5.4.2. 둘째, 이사의 충실의무조항을 신설하여 이사의 책임강화를 통해 건전한 기업운영을 촉진시키고자 하였다. 즉, 이사에게 법령과 정관의 규정에 따라 회사를 위하여 충실히 그 직무를 수행할 의무를 명시적으로 부과하였다.

5.4.3. 셋째, 주주의 적극적인 경영참여와 경영감시를 강화하기 위하여 발행주식총수의 3% 이상의 주식을 보유한 주주에게 주주총회의 목적사항(의제 또는 의안)을 이사에게 제안할 수 있는 권한을 부여하였다.

5.4.4. 넷째, 소수주주의 이익을 대표하는 이사의 선임이 가능하도록 하기 위하여 2인 이상 이사의 선임시 의결권있는 발행주식총수의 3% 이상의 주식을 보유한 주주의 청구가 있는 경우에 1주마다 선임할 이사의 수만큼 의결권을 갖도록 하고 이를 이사후보자 1인에게 집중하여 행사할 수 있는 집중투표의 방법에 의하여 이사를 선임할 수 있도록 하였다.

5.4.5. 한편 1998년 12월 유가증권의 상장규정을 개정하여 상장법인의 사외이사를 종전 1명에

서 전체임원의 25% 이상으로 증가시켰다.

5.4.6. 1996년 12월 30일 주식회사의 외부감사에 관한 법률(이하 외감법)을 개정하여 외부감사의 신뢰성, 독립성, 기업경영의 투명성을 높이려 하였다. 첫째, 회계법인에 대한 공시제도를 도입함으로써 외부감사의 신뢰성을 제고하였다. 둘째, 상장법인에 대하여 3개 사업연도단위로 외부감사인을 선임하도록 함으로써 외부감사인의 독립성을 제고하였다. 셋째, 소유와 경영이 미분리된 회사, 산업합리화대상기업, 기타 공정한 감사가 필요하다고 인정하는 회사에 대하여는 증권관리위원회가 외부감사인을 선임하도록 함으로써 기업경영의 투명성제고를 위한 기반을 마련하였다.

5.4.7. 1997년 1월 13일 증권거래법을 개정하여 기업의 공시제도를 강화하였다. 구체적으로 증권거래법 191조의 11(주권상장법인의 선임·해임 등), 191조의 12(주식상장법인의 감사의 자격 등)를 신설하여 상장기업의 감사선임·해임시 대주주 본인과 그 특수관계인의 지분을 포함하여 3% 이상에 대하여는 의결권 행사를 제한하고, 일정규모 이상 상장기업의 경우 감사 1인을 상근하도록 하였다.

5.4.8. 1998년 2월 24일 외감법 개정은 상장법인과 대규모기업집단 소속회사에 대한 외부감사의 공신력을 제고하기 위하여 외부감사인선임위원회의 설치를 의무화하였다. 1998년 4월 24일에 개정된 외감법시행령에 따르면 감사인선임위원회는 감사 2인 이내, 다른 법령의 규정에 의해 선임된 사외이사가 있는 회사의 경우에는 사외이사 중 2인 이내, 지배주주 및 그와 특수관계가 있는 주주를 제외한 주주 중에서 의결권있는 주식을 가장 많이 소유한 주주 2인, 지배주주 및 그와 특수관계가 있는 주주를 제외한 채권자 중 채권액이 가장 많은 2인으로 구성된다. 한편 재무제표의 신뢰성과 기업경영의 투명성을 제고하기 위하여 외부감사인 및 회사의 회계관계인에 대한 벌칙을 강화하였다.

5.5. 소수주주의 권익보호

5.5.1. 1997년 1월 13일에 개정된 증권거래법은 소수주주의 권익보호를 위하여 상장기업의 소수주주권 행사요건을 완화하였다. 대표소송제기권 및 이사해임청구권 등을 행사할 수 있는 소수주주의 범위는 발행주식총수의 1% 이상의 주식보유자로, 회계장부열람권, 주주총회소집청구권 등을 행사할 수 있는 소수주주의 범위는 1년 이상 발행주식총수의 3% 이상의 주식소유자로 하였다.

5.5.2. 1998년 2월 24일에 개정된 증권거래법은 대표소송제기권을 행사할 수 있는 상장기업 소수주주의 지분비율을 발행주식총수의 1% 이상에서 0.05% 이상으로, 이사해임청구권, 감사해임청구권 등을 행사할 수 있는 소수주주의 지분비율을 발행주식총수의 1% 이상

에서 0.5% 이상으로, 회계장부열람권을 행사할 수 있는 소수주주의 지분비율을 발행주식총수의 3% 이상에서 1% 이상으로 완화하였다.

5.5.3. 1998년 5월 25일에 개정된 증권거래법으로 인하여 6개월 전부터 계속하여 주권상장법인의 발행주식총수의 0.01% 이상에 해당하는 주식을 대통령령이 정하는 바에 의하여 보유한 자는 대표소송제기권을 행사할 수 있게 되었다.

5.5.4. 1998년 12월 28일 개정된 상법에서는 소수주주권의 강화를 통하여 주주들의 효율적 경영감시를 유도하고 기업경영의 투명성을 보장하기 위하여 대표소송의 당사자요건을 발행주식총수의 5% 이상을 가진 주주에서 1% 이상의 주식을 가진 주주로 완화하였다. 소수주주의 각종 권리와 그 행사요건이 〈표 9-20〉과 〈표 9-21〉에 요약되어 있다.

5.5.5. 한편 소수주주의 권익보호와 관련하여 소액주주운동이 재벌기업의 주주총회를 통해 전개되었다. 1999년 3월의 주주총회에서 최대 관심사는 '집중투표제'의 도입이었다. 〈표 9-22〉에서 나타나듯이 참여연대는 삼성전자, SK텔레콤, ㈜대우, 현대중공업, LG반도체의 주주총회에 참가하여 집중투표제의 도입을 공통으로 요구하였으나 "주총에서 결의하면 집중투표제를 도입하지 않을 수 있다"는 상법의 단서 조항에 따라 기업들은 집중투표제 배제 조항을 정관에 신설했다. 특히 SK텔레콤의 경우 공기업인 한국통신이 반대한 결과 집중투표제의 도입이 무산되었다. 그러나 삼성전자가 사외이사추천위원회를 도입하고, SK텔레콤이 감사협의회제도를 도입하는 등 소액주주의 요구가 부분적으로 관철되었다.

〈표 9-20〉 소수주주권의 내용

소수주주권	내 용
대표소송제기권	- 대표소송이란 회사가 이사에 대한 책임추궁을 게을리할 경우 주주가 회사를 위하여 이사의 책임을 추궁하기 위해 제기하는 소이다.
이사해임청구권	- 이사, 감사, 청산인이 그 직무에 관하여 부정행위 또는 법령이나 정관에 위반한 중대한 사실이 있음에도 불구하고 주주총회에서 그 해임을 부결한 때에는 총회결의가 있은 날로부터 1월 내에 그 이사의 해임을 법원에 청구할 수 있다.
위법행위의 유지청구권	- 이사가 법령 또는 정관에 위반한 행위를 하여 이로 인해 회사에 회복할 수 없는 손해가 생길 염려가 있는 경우에는 감사 또는 소수주주는 회사를 위하여 이사에 대하여 그 행위를 유지할 것을 청구할 수 있다.
회계장부열람권	- 소수주주는 이유를 붙인 서면으로 회계의 장부와 서류의 열람 또는 등사를 청구할 수 있다. 회사는 주주의 청구가 부당함을 증명하지 아니하면 이를 거부하지 못한다.
임시주주총회소집청구권	- 소수주주는 회의의 목적사항과 소집의 이유를 기재한 서면을 이사회에 제출하여 임시총회의 소집을 청구할 수 있다. 회의의 목적사항이 주주총회의 권한에 속하는 결의사항이어야 함은 물론이다.
검사인선임청구권	- 회사의 업무집행에 관하여 의심이 있을 때에는 소수주주권자는 그 업무와 재산상태를 조사하게 하기 위하여 법원에 검사인선임을 청구할 수 있다.
주주제안권	- 소수주주는 이사에 대하여 일정한 사항을 주주총회의 목적사항으로 할 것을 제안할 수 있다.

자료 : 참여연대, 《참여연대 소액주주운동》, 1998.

〈표 9-21〉 소수주주권 행사지분

소수주주권	상법(비상장기업)	증권거래법(상장기업)	
	필요지분	필요지분	보유기간
주주대표소송제기권	1%	0.01%	6개월 이상
이사의 불법행위 유지청구권	1%	0.5%(0.25%)	
이사, 감사의 해임청구권	3%	0.5%(0.25%)	
주주총회 주주제안권	3%	1%(0.5%)	6개월 이상
회계장부 열람청구권	3%	1%(0.5%)	
주주총회 소집청구권	3%	3%(1.5%)	
검사인 선임청구권	3%	3%(1.5%)	
청산인해임청구권	3%	0.5%(0.25%)	

자료 : 장하성(1999), 457쪽.

주 1) 상법상의 필요지분은 1999년 시행 기준요건이다.

2) 상장법인은 상법의 규정에도 불구하고 증권거래법의 적용을 받으며, ( )안의 숫자는 자본금 1,000억 원 이상의 상장법인에 적용된다.

〈표 9-22〉 1999년 5대기업 주총쟁점

회 사	참여연대 주요 요구사항	회사쪽 대응
공통요구	- 부당내부거래 회수 및 관련임직원 문책 - 소액(소수) 주주 권리 존중 - 경영진으로부터 독립한 사외이사 및 감사선임 - 대표이사와 이사회의장 분리 - 주주권익침해하는 신주인수권 및 전환사채배정 금지	- 집중투표제 배제
삼성전자	- 이사의 충실의무 및 경영진의 책임을 정관에 구체적으로 명시 - 내부거래 300억 원 이상때 이사회승인 명시 - 이재용(이건희 회장 아들) 씨에게 배정한 전환사채 매입 소각 - 삼일회계법인 교체	- 정관에 명시를 거부 - 매출액 5%(1조 원) 이상때 승인 - 제3자 신주인수 엄격히 - 사외이사추천위원회 이사 2명 선임권 - 삼일회계법인 교체부결
SK텔레콤	- 감사위원회 설치 - 사외이사 스톡옵션 도입 - 주식액면분할	- 감사협의회제도 도입 - 주식액면분할 계획중
(주) 대우	- 감사보고서에 해외법인에 대한 지급보증액, 자본잠식부분을 반영 - 스톡옵션을 통해 1인에게 부여할 수 있는 옵션의 한도를 5%에서 1%로 하향조정 - 산동회계법인 교체	- 연결재무제표를 작성하여 해외법인의 재무상황을 반영 - 스톡옵션에 대한 논의를 차기주총으로 연기 - 산동회계법인의 교체안 무시
현대중공업	- 기아차 지원 중지 - 계열사 지급보증 및 출자회수 계획 공개 - 이사 및 감사의 손해배상 회사보전 금지 - 스톡옵션부여한도를 발행주식총수의 5%, 1인에 대한 부여한도를 1%로 축소 - 정몽준, 김형벽 이사의 선임 반대 및 시차임기제의 폐지	- 스톡옵션에 대한 수정동의안 거부 - 선임반대 및 시차임기제 부결
LG반도체	- 삼일회계법인 교체	- 교체하지 않음

자료 : 《한겨레신문》, 1999년 3월 20일자외 주요일간지.

5.6. 주식에 대한 의결권 제한

5.6.1. 1986년 12월 30일 공정거래법 개정을 통하여 제7조의 5(금융·보험회사의 의결권 제한)가 신설되었으며, 1992년 12월 8일과 1996년 12월 30일의 두 차례에 걸친 부분적인 개정을 통하여 다음과 같이 확정되었다.

- 공정거래법 제11조(금융회사 또는 보험회사의 의결권 제한)
  대규모기업집단에 속하는 회사로서 금융업 및 보험업을 영위하는 회사는 취득 또는 소유하고 있는 국내계열회사주식에 대하여 의결권을 행사할 수 없다. 다만 금융업 또는 보험업을 영위하는 회사가 금융업 또는 보험업을 영위하기 위하여서나 보험자산의 효율적인 운용·관리를 위하여 관계법령에 의한 승인 등을 얻어 주식을 취득 또는 소유하고 있는 경우에는 그러하지 아니하다.

5.6.2. 1997년 1월 13일 증권거래법 개정을 통하여 공개매수의 요건을 이행하지 않은 주식과 대량보유(본인과 그 특별관계자가 보유하게 되는 주식 등의 수의 합계가 당해 주식 등의 총수의 100분의 5 이상인 경우)를 신고하지 않은 주식에 대하여는 의결권행사를 제한하도록 하였다.

- 증권거래법 제21조의 3 (의결권 제한 등)
  제21조 제1항·제2항 또는 제21조의 2 제1항의 규정에 위반하여 주식 등의 매수 등을 한 경우에는 당해 주식(당해 주식 등과 관련한 권리행사 등으로 취득한 주식을 포함한다)에 대한 의결권을 대통령령이 정하는 기간 동안 행사할 수 없으며, 위원회는 당해 주식 등(당해 주식 등과 관련한 권리행사 등으로 취득한 주식을 포함한다)의 처분을 명할 수 있다.
- 증권거래법 제200조의 3 (위반주식 등의 의결권행사 제한)
  제200조의 2 제1항 및 제3항의 규정에 위반하여 주식 등의 대량보유상황 및 그 변동내용을 보고(그 정정보고를 포함한다)하지 아니한 자는 대통령령이 정하는 기간 동안 의결권있는 발행주식총수의 100분의 5를 초과하는 부분 중 위반분에 대하여 그 의결권을 행사할 수 없으며, 금융감독위원회는 당해 위반분의 처분을 명할 수 있다. 〈1998. 1. 18 부분개정〉

6. 소 결

6.1. 최근 재벌에 대한 정부정책의 변화를 볼 때 몇 가지 주목할 만한 사실이 발견된다. 먼저 소유구조의 개선과 관련하여 상속세 및 증여세법은 공익법인에 대한 자기내부거래를 규제하고, 증여의제의 범위와 대상을 지속적으로 확대시키면서 소유구조를 개선시키는 방향으로 개정되었다. 특히 1998년 12월의 상속세 및 증여세법 개정은 변칙증여에 대해 기존의 열거주의에 의한 과세방식을 포괄주의로 전환시킴으로써 사실상 재벌이 법적으로 변칙증여 할 수 있는 수단을 근본적으로 차단하였다.

6.2. 기업의 지배경영구조를 개선하는 방향으로 정책이 전개되었다. 1996년 12월 30일 외감법의 개정을 통하여 회계법인에 대한 공시제도의 도입, 상장법인에 대하여 3개 사업연도단위로 외부감사인의 선임, 필요한 경우 증권관리위원회에 의한 외부감사인의 선임 등 외부감사의 신뢰성, 독립성, 투명성을 높이려 하였다. 1998년 2월 24일의 개정된 외감법은 기업집단결합재무제표의 도입시기를 현행 2000년 1월 1일 이후 시작되는 사업연도에서 1999년 1월 1일 이후 시작되는 사업연도로 1년 앞당겼다. 또한 1998년 12월 28일 상법의 개정을 통하여 사실상의 이사제도를 도입하고, 이사의 충실의무조항을 신설하며, 상장법인의 사외이사수를 증가시키는 등 기업의 지배경영구조를 개선하는 방향으로 제도의 변화가 있었다.

6.3. 소수주주의 권한을 강화시키는 방향으로 정책의 변화가 있었다. 1997년 1월 이후 수차례에 걸친 증권거래법의 개정을 통하여 상장기업의 소수주주권 행사요건을 완화하였다. 특히 1998년 12월 28일 상법의 개정을 통하여 이사선임시 집중투표제의 방식을 도입하여 소수주주의 권리를 강화하였다. 그러나 1999년 3월의 주주총회에서 재벌기업은 한결같이 "주총에서 결의하면 집중투표제를 도입하지 않을 수 있다"는 상법의 단서조항을 이용하여 집중투표제 배제조항을 정관에 신설했다. 따라서 소수주주의 권한을 강화시키는데 매우 중요한 집중투표제는 사문화되고 있는 실정이다.

6.4. 한편 외견상 재벌의 채무보증과 부채비율이 급격히 감소하였지만, 계열사보증의 해소금액 내역에서 차입이자율 인상과 우량피보증사에 의한 방법이 커다란 비중을 차지하여 실질적인 채무보증의 해소가 이루어지지 않았음을 보이고 있다. 5대재벌의 채무보증이 1998년 9월 말 21조 3,659억 원에서 동년 12월 말 6조 2,663억 원으로 15조 996억 원 감소하여 70.7%의 해소율을 보였지만, 원차입금상환을 통한 해소가 6.4%에 불과하고, 차입이자율 인상과 우량피보증사에 의한 방법이 각각 46.2%와 27.4%를 차지하였다.

6.5. 또한 재벌기업의 독점 및 불공정거래에 대한 정부의 개선노력에도 불구하고 여전히 재

벌기업에 의한 부당내부거래는 지속적으로 전개되었다. 5대재벌에 대한 부당내부거래행위의 조사 결과 1997년 4월 1일부터 1998년 3월 31일의 기간에 5대재벌 소속 88개사가 43개사에 대하여 5조 5,190억 원의 지원성거래를 하였음이 밝혀졌다.

6.6. 특히 1997년 말 이후 구조조정의 과정에서 5대재벌로의 경제력집중이 더욱 심화되었다. 이와 같은 변화는 여러 측면에서 나타난다.

■ 30대 재벌 전체에서 차지하는 5대재벌의 자기자본비중 및 부채총액의 비중은 1997년 말 67.9%와 61.9%에서 1998년 말 72.5%와 63.9%로 각각 증가하였고, 더욱이 동기간에 5대재벌의 부채총액은 13조 1억 원 증가하였다.

■ 30대 재벌에서 계열사간 기업결합은 1998년에 53.3%(73건)로 비계열사간의 기업결합 46.7%(64건)를 앞지르고 있으나, 5대재벌에서 이 비중은 각각 44.9%와 55.1%를 나타내 5대재벌의 경우에는 비계열사간의 기업결합이 보다 활발히 진행되고 있고, 이는 곧 5대재벌기업이 하위그룹의 재벌기업에 비해 구조조정의 과정을 통하여 상대적으로 기업확장노력에 주력하였음을 나타내는 것이다.

■ 〈표 9-23〉에서 보듯이 5대재벌의 자산총액이 1997년 말 273조 1천억 원에서 1998년 말 310조 9천억 원으로 13.8% 증가한 반면, 6~30대 재벌의 자산총액은 동기간에 162조 2천억 원에서 161조 9천억 원으로 0.2% 감소하였고, 이를 반영하여 30대 재벌의 자산총액 가운데 5대재벌의 비중이 동기간에 62.7%에서 65.8%로 증가하였다.

〈표 9-23〉 재벌그룹의 자산총액 변동현황

(단위 : 조 원, %)

	1997년 말				1998년 말				f-c
	전체(a)	5대(b)	6~30대	c=b/a	전체(d)	5대(e)	6~30대	f=e/d	
자산총액 (증가율)	435.3 (24.9)	273.1 (35.2)	162.2 (10.8)	62.7	472.8 (8.6)	310.9 (13.8)	161.0 (△0.2)	65.8	3.1

자료 : 공정거래위원회, 《1999년도 대규모기업집단 지정》, 1999.4.

6.7. 자산변동의 구체적 내용을 재벌그룹별로 보면, 대우그룹은 (주)대우 등 4개사의 부채증가와 자산재평가 등으로 자산총액이 25.2조 원 증가하였으며, 현대그룹은 현대자동차(주)의 기아자동차(주) 인수로 기아관련 13개사가 계열회사에 편입됨에 따라 15.3조 원 증가하였고, SK그룹은 SK(주) 및 SK증권(주) 등의 자산재평가 및 유상증자로 자산총액이 3.5조 원 증가하였다. 반면, 삼성그룹은 삼성전자 등의 차입금감소와 친족분리에 의한 계열사의 감소로 자산총액이 2.9조 원 감소하였으며, LG그룹은 LG칼텍스정유의 외화차입금 상환에 따른 부채감소 등으로 자산총액이 3.3조 원 감소하였다. 이와 같이 현

대와 대우를 중심으로 자산총액이 급격히 증가한 것은 동기간에 부채규모와 출자총액이 급격히 증가하였기 때문이다. 1997년 말에서 1998년 말 사이에 현대와 대우의 부채규모는 각각 10조 8천억 원과 17조 1천억 원 증가하였으며, 1998년 4월에서 1999년 4월 사이에 출자총액은 각각 3조 9,800억 원과 3조 1,310억 원 증가하였다. 따라서 최근 들어 5대재벌을 중심으로 경제력집중이 심화되는 가운데 특히 현대와 대우로의 집중이 두드러지고 있다.

■ 최근 재벌그룹은 계열회사의 지분율을 증대시키는 방식으로 출자총액을 팽창시켰다. 출자총액은 5대재벌을 중심으로 급격히 증가하였다. 1998년 4월부터 1999년 4월까지 30대 재벌의 출자총액은 12.2조 원 증가하였으며, 이 가운데 94.3%에 해당하는 11.5조원이 5대재벌에 집중되었다. 더욱이 출자총액의 증대는 계열회사에 대한 유상증자 참여방식을 중심으로 전개되어 5대재벌의 내부지분율이 동기간에 46.6%에서 53.5%로 6.9%나 증가하였다. 이는 곧 상호출자방식을 통하여 계열회사에 대한 재벌총수의 지배력을 더욱 강화하고 동시에 경제력집중을 심화시키는 것으로써 재벌개혁에 명백히 역행하는 결과이다.

6.8. 1990년대 중반 이후 정부의 재벌정책은 기업의 지배경영구조 및 재무구조의 개선에 중심을 두고 추진되어 왔으나, 여전히 재벌기업에 의한 부당내부거래행위는 지속되고 있으며, 실질적인 채무보증의 해소가 이루어지지 않고 있다. 더욱이 1998년 이후 5대재벌을 중심으로 출자총액이 증가하는 가운데, 현대와 대우를 중심으로 부채규모가 급격히 증가하면서 경제력 집중이 심화되고, 재벌의 내부지분율이 증가되어 재벌총수의 지배력은 강화되고 있다. 이와 같은 변화를 통해 최근 정부의 재벌개혁정책은 전반적으로 실패했다고 평가할 수 있으며, 향후 한국의 재벌은 지주회사를 근간으로 계열기업에 대한 지배를 더욱 강화하면서 경제력을 집중시켜 나갈 것으로 전망된다. 따라서 재벌에 대한 출자총액 제한의 폐지, 자사주취득의 허용, 지주회사의 설립에 대한 전면적인 재검토가 요구되며, 앞으로 정부의 재벌정책은 5대재벌에 의한 경제력집중을 억제시키고 소유와 경영을 실질적으로 분리시키는 방향으로 보다 강도높게 추진되어야 할 것이다.

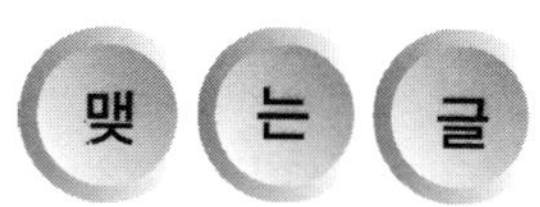

IMF 위기 이후의 재벌개혁

평가와 전망

김 균

1. 왜 재벌개혁인가?

1.1. 재벌이란 지극히 한국적 현상이다. 재벌은 계열사간 상호출자에 의해서 일종의 기업집단을 이루고 있고, 그룹내 소유지분이 7~8%에 불과한 재벌총수가 재벌그룹 전체에 대한 절대적 지배권을 행사한다. 경영, 인사, 재무 등 그룹내의 모든 의사결정이 총수 한 사람에게 집중되어 있는 것이다. 그러나 봉건 전제군주나 독재자에게서나 겨우 비교의 예를 찾을 수 있는 이 총수의 절대적 권한은 법적 근거가 없다. 회사법이나 증권거래법 등 회사조직 관련규정을 다 찾아보아도 총수 또는 회장이라는 직책이나 그 권한을 언급하고 있는 규정은 없다. 유추해석을 통해 그 존재를 법적으로 정당화할 수 있는 규정도 없다. 총수라는 존재는 간단히 말해 불법이다. 또 재벌총수가 불법적 존재이기 때문에 총수에게는 권한만 있지 어떠한 법적 책임도 없다. 민주사회에서는 권리와 의무가 한 묶음이고 권한에는 책임이 반드시 수반된다. 하지만 재벌총수는 권리만 있고 의무는 없는, 무한정한 권한을 행사하면서도 아무런 책임을 질 필요가 없는, 민주사회의 기이한 예외이다.

1.2. 그런데도 우리 사회는 재벌총수의 존재를 사실상 인정한다. 그것은 재벌총수가 우리 사회를 지배하는 엄연한 현실적 힘, 그것도 막강한 힘이기 때문이다. 재벌이 국민경제에서 차지하는 비중은 엄청나다. 30대재벌이 전산업 매출에서 차지하는 비중은 50%를 훨씬 상회한다. 또 제조업 부문에서 30대 재벌은 종업원의 13.8%, 총자산의 52.5%, 부가가치의 36.6%를 차지하고 있다(1996년 기준). 따라서 상품시장지배도 엄청나다. 그

뿐만 아니라 금융산업에서 30대재벌은 50% 수준의 점유율을 보이고 있다. 이러한 경제력 집중은 다른 나라에서는 찾아보기 힘들다. 이와 함께 재벌은 언론을 직접 소유하거나 아니면 광고제공 등을 수단으로 언론에 커다란 영향을 끼치고 있으며, 또 재벌과 정치권력은 유착관계에 놓여있다. 그러니까 재벌은 경제적 권력이면서 동시에 일정한 사회적 지배력까지 행사하는 사회적 권력인데, 이 경제적·사회적 권력이 총수 한 사람에게 집중되어 있는 것이다. 이런 힘을 지녔기 때문에 재벌총수를 현실적으로 용인하지 않을 수 없는 것이다. 또 이 때문에 현 정부 재벌개혁의 목표 중의 하나가 비합법적 총수체제의 혁파이면서도 대통령과 5대재벌 총수가 마주앉아 재벌개혁 5대 과제를 상호 합의하는 역설적 상황이 벌어지기도 하는 것이다.

1.3. 하지만 재벌총수가 향유하는 이러한 경제적·사회적 지배력은 과연 공정하고 정당한 것일까. 먼저 총수의 재벌그룹내의 절대적 지배권을 보자. 《한국5대재벌백서》 제3장에서 보았듯이, 총수의 그룹내 지배력은 기본적으로 소유에서 나온다. 그러나 최대주주이긴 하지만 총수의 지분은 얼마 되지 않기 때문에 소유만으로는 총수의 전제군주와도 같은 '절대적' 지배력이 설명되지 않는다. 거기에 상호출자, 위장지분분산, 비서실 조직 등의 각종 편법들이 더해져야만 총수 한 사람에게 기업지배권이 집중되는 재벌의 지배경영구조가 현실적으로 가능하게 된다. 그런데 여기서 총수가 재벌기업을 절대적으로 지배한다는 말은 기업경영에 직접 참여하지 않는 다른 수많은 외부주주들이 기업지배와 경영에 관여하거나 감시할 권리가 전적으로 무시됨을 뜻한다. 현재의 재벌체제하에서 외부주주들은 총수를 견제할 장치도, 책임을 물을 방법도 없는 것이다. 사유재산제도와 시장경제가 성립되기 위한 최소한의 공정성 내지 정의란 돈의 등가성에 기초한 1원1표주의 원칙이라는 점에 비추어 볼 때, 얼마 되지 않는 지분으로 절대적 지배권을 행사한다는 것은 남의 권리를, 더 따져보면 절대적 지배권의 행사가 결국에는 총수의 경제적 이득으로 귀결되므로, 사실상 남의 돈을 훔치는 것과 마찬가지인 것이다. 다른 한편, 재벌과 그 총수의 사회적 지배력은 민주사회의 원리에 어긋난다. 민주사회에서의 모든 공적 권력은 선거 등의 민주적 절차에 의해서 정당화된다. 하지만 재벌총수들의 사회적 지배력은 어떠한 민주적 절차에 의한 것도 아니다. 그리고 과거 경험에 비추어 보면 재벌은 우리 사회의 민주화를 가로막는 구조적 힘 중의 하나였다고 보는 게 옳을 것이다. 총수라는 존재 자체가 합법적이지도 않지만 재벌총수의 사회적 권력은 민주사회에서는 정당화될 수 없는 부당한 힘인 것이다.

1.4. 그러므로 재벌체제와 재벌총수는 공정성의 관점에서는 전혀 정당화될 수 없다. 십분 양보하여 재벌의 경제력 집중과 그로 인한 부의 불평등 측면은 무시하더라도, 재벌총수의 절대적 기업지배권은 사유재산제도와 시장경제의 공정성 기준을 위배하며, 또 총수의

사회적 지배력은 민주사회의 원리에 어긋난다. 그럼에도 불구하고 지금껏 우리 사회에서 재벌과 그 총수의 존재를 용인해온 이유는 무엇일까. 재벌이 현실적으로 힘이 있으니까 그럴 수밖에 없지 않느냐는 설명은 피상적이다. 재벌이 갖는 현실적 힘이 어디에서 나오는가를 설명해야 하는 것이다. 그것은 재벌체제의 효율성이다. 이 점을 좀더 따져보자.

1.5. 재벌의 발생 기원은 멀리 미군정하의 적산불하에까지 거슬러 올라가지만, 재벌이 현재와 같은 거대 기업집단 조직으로 성장하면서 한국경제의 중심축의 하나로 자리잡게 되는 것은 1960, 70년대 고도성장기이다. 이 시대는 흔히 한국형 발전모형, 동아시아 발전모형, 또는 발전국가 모형 등으로 정형화되곤 한다. 어떤 이름으로 부르든지간에 이 시대의 발전모형에서 재벌체제는 고도성장을 가능케 한 성공적 제도였음은 분명하다. 그러나 이 '고도성장의 견인차'인 재벌체제는 권위주의적 국가를 전제하지 않으면 불가능한 제도였다. 권위주의적 국가가 억압적 노동통제를 통해서 강제된 노사협력 환경을 제공하고, 관치금융, 정책적 특혜 등을 수단으로 미성숙한 시장을 주도할 수 있었다는 환경 속에서 재벌체제는 효율적으로 작동하였던 것이다. 재벌체제의 효율성 신화는 여기에 기인한다. 그러나 1980년대 후반, 특히 90년대에 접어들면서 이 환경적 조건은 근본적으로 바뀐다. 먼저 우리 사회의 민주화 운동은 권위주의 국가를 퇴각시킨다. 이에 따라 권위주의적 국가권력이 제공하였던 강요된 사회적 통합이라는 재벌체제 작동의 전제가 무너지게 된다.

이와 함께 그간의 고도성장은 상대적 덜 발달되었던 시장경제를 심화시켜 과거와 같이 국가가 더 이상 시장을 주도할 수 없게 된다. 요컨대 과거의 발전모형을 작동케 한 환경적 조건들이 소멸되면서 재벌체제의 효율성 역시 대부분 소진되어 버린 것이다. 그러므로 1990년대는 민주화와 시장경제의 발달이라는 새로운 시대적 조건에 맞는 새로운 한국경제 발전모형을 탐색하고 확립해야 마땅한 시기였다. 또 그 속에서 재벌체제의 개혁이 추진되어야 했었다. 그러나 1990년대는 거꾸로 흘러갔다. 민주화 조건에 걸맞은 새로운 사회적 통합 방식 대신에 집단이기주의가 사회를 분열시켰고, 국가는 시장주의적 환상에 빠져 스스로를 무력화시키면서 관료주의에 매몰되었으며, 이를 기회로 재벌은 그 비효율성의 덩치를 재빠르게 키워나갔던 것이다. 이런 의미에서 지난 1990년대는 잃어버린 10년이며, 현재 진행되고 있는 개혁은 따라서 지연된 개혁인 것이다.

2. IMF 위기 이후 재벌개혁의 성격

2.1. 재벌체제의 비효율성은 IMF 위기를 초래한 구조적 요인 중의 하나였다. 재벌의 무분별한 과잉투자와 과다차입은 금융기관에 막대한 부실채권을 안겨주어 금융의 총체적 부실화라는, 언제라도 터질 수 있는 화약고를 만들었고, 여기에 해외 단기자본의 유출이라는 뇌관이 작동하여 폭발한 것이 IMF 위기였다. 재앙과도 같은 위기의 한복판에 내던져지게 되어서야 비로소 우리 사회의 무의식 속에 굳건히 자리잡고 있던 재벌불패의 신화가 깨어지게 되고 뒤늦게나마 지난 10년간 지체되었던 재벌개혁의 공감대가 형성되는 것이다.

2.2. 현 정부의 재벌개혁을 편의상 제도개혁과 구조조정이라는 두 차원으로 나누어 생각해보자. 이 두 차원이 현실 정책에서도 반드시 명쾌하게 구분되지는 아니지만 개념적으로 볼 때, 앞의 것은 비효율적이고 공정하지도 못한 지금까지의 재벌체제를 공정하고 또 시장규율이 작동하는 새로운 제도적 틀과 시장질서 속에 가두는 과제이고, 뒤의 것은 위기 속에서 확연하게 드러난 재벌의 과잉설비투자와 과다차입을 해소하는 과정이다.

2.3. 먼저 제도개혁부터 살펴보자. 현정부의 재벌개혁정책은 기본적으로 재벌을 시장의 울타리에 가두어 시장의 힘으로 재벌개혁을 달성한다는 시장주의 내지는 신자유주의적 해법이다. 시장경쟁은 비효율적 기업을 퇴출시키고 효율적 기업의 성공을 보장함으로써 기업내부의 조직과 경영을 효율적으로 보장한다. 그러므로 제도적·법적 정비를 통해 공정하고 엄격한 시장질서를 만들어내면 정경유착, 관치금융 등과 같은 불공정한 게임규칙 하에서 형성된 현재의 재벌체제는 냉혹한 시장규율에 의해 해체되거나 재편될 수밖에 없다는 것이다. IMF 체제 이후의 각종 법률의 개정과 정부정책(《한국5대재벌백서》 제9장 참조)은 시장을 제대로 작동시키게끔 만들기 위한 구체적인 제도적 장치에 해당된다. ① 결합재무제표의 도입, 회계감사의 강화, 불성실 공시에 대한 규제강화 등의 경영 투명성 확보를 위한 각종 방안들은 기업경영과 관련된 정보의 흐름을 투명하게 만들어 시장 참여자들간의 정보공유와 공정한 경쟁을 가능케 하는, 시장존립의 최소한의 전제이다. 현실 속의 어떠한 시장도 근본적으로는 정보비대칭성을 극복할 수는 없지만, 따라서 기업관련정보가 어느 수준까지 투명하게 공개되어야 하는지에 대한 이론적 해답은 없지만, 적어도 시장경쟁의 규율이 작동할 수 있고 또 다른 시장참여자들의 이익을 부당하게 침해하지 않는 수준의 정보공개는 시장성립의 필수조건인 것이다. 특히 기업자체가 거래의 대상이라고 봐야 하는 주식시장의 경우, 기업이라는 상품에 대한 정보가 투명하게 공개되지 못한다는 것은 극단적 경우에는 정보비대칭성으로 인한 투기와 사기

가 들끓는 카지노 같은 시장이 되어버린다는 것을 의미한다. 그러므로 주식시장의 과도한 투기화를 막기 위해서도 투명한 기업정보의 흐름을 보장하는 장치가 필요불가결하다고 할 것이다. ② 적대적 M&A의 허용, 외국인 인수합병 제한 완화, 구조조정시 기업결합 규제 완화 등은 기업(경영권) 시장의 창출을 위한 조치들이다. 제도적으로 과잉보호된 재벌기업의 경영권이 재벌총수의 방만하고 무책임한 경영에 일정 정도 기여한 것도 사실이라는 점을 고려한다면, 기업경영권 시장의 허용은 일단 긍정적으로 평가할 만하다. 그러나 미국의 경험을 보면, M&A 위협에 대한 다양한 편법적 경영권보호전략들이 효율적 경영을 오히려 역행하는 경우도 적지 않다. 그런 점에서 M&A 시장은 불완전하며 위험하기도 한 제도이다. ③ 퇴출 및 부실기업 정리강화 조치는 시장적 조절에 의한 기업의 진입과 퇴출을 신속히 하기 위한 제도보완이다. ④ IMF 체제 이후의 제도개혁 중 마지막으로 들 수 있는 것이 기업지배구조 개선조치들이다. 사외이사 선임의무화, 대표소송권 등 소액주주권 강화, 지배대주주를 사실상의 이사로 간주하는 조치 등은 총수 한 사람의 전횡적 경영지배를 견제하기 위한 제도개선들이다.

2.4. IMF 체제 이후 이렇듯 재벌을 시장질서 속에 가두어 시장 힘에 의해서 재벌체제를 개혁하기 위해서 수많은 법과 제도가 바뀌었다. 새로운 제도와 법이 어떤 시장을 창출하여 재벌을 구체적으로 어떻게 변모시킬 것인가는 꽤 시간이 흘러야만 알 수 있을 것이다. 법제도, 시장, 그리고 재벌기업 상호간의 진화적 적응의 산물이 무엇이 될 것인가를 사전적으로 파악하는 데에는 분명한 한계가 있는 것이다. 법과 제도도 그 적용효과에 따라 시행착오적 수정과정을 거칠 것이고, 재벌도 법제도적 환경변화에 따른 변신을 계속 도모할 것이기 때문이다(예를 들면 정부는 외국인 인수합병 제한을 완화하면서 국내기업의 경영권을 보호하고 또 전략적 제휴를 저해하지 않는다는 차원에서 총액출자제한을 폐지하였는데, 재벌은 이 틈새를 이용해서 계열사간 상호출자를 강화하여 구조조정 압력을 비껴가고 총수의 지배권을 더욱 견고히 하였다. 이는 아무도 예상치 못했던 결과이다. 이제 정부는 다시 총액출자제한을 검토하고 있다). 하지만 새로운 법제도의 틀이 지향하는 시장형태가 크게 보아 어떤 것인가를 살펴보는 것은 가능할 것이다. 우선 주목해야 할 바는 앞에서 검토한 재벌개혁을 위한 각종 조치들이 기본적으로 주식시장을 전제로 하고 있다는 점이다. M&A나 소액주주 권한 강화, 주주중심의 기업지배구조 개선 등은 재벌을 담으려는 시장틀이 주주자본주의로 알려진 영미형임을 짐작케 한다. 이는 현재 진행되고 있는 경제개혁의 전반적 방향이 영미형 자본주의라는 점과도 정합적이다. 현정부는 노동시장의 유연화를 위하여 정리해고제를 도입하였고, 금융자본시장을 전면 개방하였으며, 금융시장의 중심축도 은행에서 주식시장으로 빠르게 옮겨가고 있다. 또 외국인 직접투자 노력을 아끼지 않고 있으며, 공기업 민영화를 적극 추진하고 있다. 이러한 개혁방향은 1980년대 영국

의 신자유주의 노선과 정확하게 일치한다. 신자유주의적 개혁이 IMF와 금융자본시장의 요구에 하나하나 순응하는 과정에서 이미 우리 사회에는 실업자 급증, 빈부격차의 심화, 고용 불안정 등과 같은 신자유주의의 폐해가 점점 더 뚜렷해지고 있는데, 과연 이런 식의 개혁으로 사회적 통합이 가능할지 또 그대로 방치해야 하는지 의문스럽다.

2.5. 재벌개혁 관련 입법조치 및 제도도입이 98년 상반기에 집중적으로 이루어졌다면, 정부가 재벌의 구조조정에 적극적으로 개입하기 시작하는 것은 98년 후반기부터이다. 정부는 5대재벌에 대해서는 자율적 구조조정을, 나머지 30대 재벌에 대해서는 워크아웃 방식을 각각 택하고 있다. 뒤의 것이 훨씬 강력한 방식이긴 하지만, 이 둘은 모두 채권자인 은행금융기관을 동원해서 기업구조조정을 타율적으로 강제한다는 점에서 사실상 동일하다. 금융구조조정 과정에서 시중은행의 최대지배주주가 되면서 정부는 국가의 공적 권력과 채권은행의 권한을 동시에 지닌 채 구조조정에 개입하게 되는 것이다. 이 힘을 바탕으로 정부는 5대재벌과 자율적 사업교환(빅딜), 재무구조 개선, 핵심사업 강화 등을 포함하는 구조조정에 대한 합의를 채택하고 1998년 말부터 분기별 점검에 나서게 된다. 이러한 정부 정책이 30대재벌의 구조조정을 압박하여 일정한 성과를 거둔 것은 사실이다. 그러나 5대 재벌의 경우 그 성과는 그리 긍정적이지 않다. 첫째, 빅딜과 구조조정의 원래 목표가 재벌의 과잉중복 투자의 해소였지만 실제 진행된 것을 보면, 부실기업 인수합병에 대출금 출자전환, 대출금 상환유예, 조세감면 등의 각종 지원만 있었지 5대 재벌의 부실기업 퇴출은 거의 없었다. 삼성자동차의 청산이 실제로 집행된다면 그것이 유일한 경우일 것이다. 둘째, 5대재벌의 재무구조가 수치상으로는 분명히 개선되었다. 상호지보가 빠른 속도로 해소되고 있고 또 자본부채비율도 크게 개선된 것으로 나타난다. 그러나 자세히 살펴보면 상호지보 해소의 대부분은 지불보증이 필요없는 우량채권으로의 전환에 의해서 이루어진 것이고, 자본부채비율의 개선 역시 상호출자의 확대를 통한 가공자본의 창출, 자산재평가 등에 의한 것이지 부채 절대액이 크게 감소했거나 신규자본을 대량으로 유치했기 때문은 아닌 것이다. 그러므로 5대재벌의 재무구조가 실질적으로 크게 개선되었다고 평가하기는 곤란하다. 셋째, 그간의 구조조정에도 불구하고 5대재벌의 경제력 집중이 한층 강화되었다. 특히 현대그룹은 빅딜과정을 거치면서 자동차와 반도체 부문을 확장하였고, 또 사실상의 은행소유로까지 나아가 거대공룡 재벌이 되었는데, 이는 재벌개혁의 원래 목표와는 완전히 배반되는 결과이다. 그리고 5대재벌의 소유구조도 전혀 개선되지 않았으며 재벌총수의 그룹내 일인지배도 여전하다(최근 삼성자동차와 대우 사태에서 재벌총수들이 사재출연, 경영일선에서 후퇴 등의 방식으로나마 경영책임실패 책임의 일단을 지게된 것은 전횡적 총수 일인지배체제의 일각을 무너뜨렸다는 점에서 IMF 체제 이후 재벌개혁의 최대의 성과라고 할 것이다). 이렇게 볼 때, 1998년 말부터의 예

상을 훨씬 상회하는 빠른 경기회복에도 불구하고 구조조정은 여전히 진행형이지 일단락된 것이 아니라고 할 것이다.

3. 재벌개혁과 한국경제의 미래

3.1. 재벌개혁은 21세기 한국경제의 틀을 짜는 핵심적 개혁과제이다. 현재 진행되고 있는 신자유주의적 개혁은 우리 사회를 극단적 경쟁 사회, 20 대 80 사회로 변모시키고 있다. 더구나 글로벌라이제이션 추세는 이 변화를 더욱 가속화시킬 것이다. 하지만 이런 방향의 개혁이 바람직한 것일까. 이 개혁이 가져다줄 사회는 과연 살 만한 사회일까. 폴라니는 시장을 자유시장(*free market*)과 사회적 시장(*social market*)으로 구분한다. 앞의 것은 사회적·공동체적 영역과 완전히 분리된 채 오히려 시장이 사회적·공동체적 영역을 전일적으로 지배하는 시장을 말하고, 뒤의 것은 사회적 가치의 규제를 받는 시장, 즉 공동체 속에 터잡고 있는 시장을 말한다. 그런데 자유시장은 사회와 공동체를 지배하지만 종국에는 공동체의 반격으로 붕괴되고 만다. 자유시장의 무한정한 경쟁이 사회의 공동체성 자체를 파열시키기 때문에 인간의 사회적 본성은 일정 한계를 넘어서면 이에 반발하기 마련인 것이다. 또 시장주의자들의 주장과는 달리 사회적 시장이 오히려 인간본성에 적합한 보편적 시장형태라는 것이 폴라니의 견해이다. 현재로서는 글로벌라이제이션이 전파하는 신자유주의가 전세계적 보편기준인 것처럼 보이지만, 세계사의 긴 눈으로 볼 때 19세기와 금세기 초의 자유방임주의가 오히려 예외적 시대였다고 해석될 수도 있는 것이다. 물론 한국과 같은 작은 나라가 세계사적 조류를 전면적으로 거슬러 흐를 수는 없을 것이다. 그렇다고 해서 신자유주의의 폐해를 생생한 현실로 목도하면서도 폴라니의 경고는 경청할 필요조차 없는 것일까.

3.2. 현재 총수 일인지배를 지양할 수 있는 기업지배구조의 개선문제가 재벌개혁의 다음과제로 설정되고 있다. 이 기업지배구조가 주주 중심의 영미형으로 짜느냐, 아니면 기업에 이해를 둔 종업원, 채권자, 하청업자, 지역주민 등의 이해관계자 중심으로 짜느냐는 21세기 한국경제가 자유시장으로 나아갈지 아니면 사회적 시장으로 나아갈지를 말해줄 것이다. 왜냐하면 기업지배구조는 단순한 기업내부조직상의 문제가 아니라 금융시스템을 주식시장 중심으로 하느냐 아니면 은행 중심으로 짜느냐의 문제, 기업의 사회적 책임을 어디까지로 한정하느냐의 문제, 종업원의 경영참여 문제, 노사관계 등과 그대로 연관되기 때문이다. 이런 점에서 기업지배구조 문제는 재벌개혁 차원에서도 핵심적 과제이지

만 새로운 발전모형의 선택이라는 차원에서도 엄청나게 중요한 문제인 것이다. 그렇기 때문에 외국금융자본과 국제기구의 직·간접적인 요구에 따라 타율적으로 기업지배구조 논의가 진행되고 있는 현재 상황은 결코 바람직하지 못하며, 좀더 적극적으로 대안적 제도를 검토하고 모색해야 마땅할 것이다.

참고문헌

■ 자 료

공정거래위원회 독점정책과(1997. 6. 20), "부당한 자금·자산·인력 지원행위의 심사지침 제정", 각년도.

공정거래위원회 조사기획과(1998. 11. 13), "5대 기업집단의 부당내부거래 2차 조사결과".

공정거래위원회 조사기획과(1998. 7. 30), "5대 기업집단의 부당내부거래 조사결과".

공정거래위원회 조사기획과(1999. 2. 6), "6대 이하 기업집단의 부당지원행위에 대해 181억원의 과징금 부과".

공정거래위원회, "대규모기업집단 주식소유 현황", 각년도.

공정거래위원회, "대규모기업집단 채무보증 현황", 각년도.

공정거래위원회, 《공정거래백서》, 각년도.

공정거래위원회, "대규모기업집단 지정 및 소속회사 현황"(www. ftc. go. kr/보도자료).

금융감독원, 《금융통계월보》, 각호.

대한민국 국회, 《국회 국정감사 자료집》, 각년도.

매일경제신문사, 《회사연감》, 각년도.

보험감독원, 《보험조사월보》, 각호.

보험협회, 《보험조사월보》, 각호.

상공부·중소기업협동조합중앙회, 《중소기업실태조사보고서》, 각호.

신산업경영원(1999), 《한국 30대 재벌 재무분석》.

은행감독원(1996), "편중여신관리제도 현황", 《감독업무정보》 제148호.

은행감독원(1998. 8. 24), "한길종합금융주식회사에 대한 부분검사 결과".

은행감독원, 《감독업무정보》, 각호.

일본 중소기업청, "중소기업백서", 1992년판.

재정경제부 금융정책국 금융정책과(1998. 11. 7), "정기국회 제출예정 금융관련 법률안 입법예고".

재정경제원 금융정책과(1997. 7. 11), "여신관리제도 개편".

재정경제원 금융정책과(1997. 7. 4), "선별금융제도 개선".

재정경제원 금융정책실 자금시장과(1996), "종합금융회사 업무운용지침 개정".

재정경제원 금융정책실 자금시장과(1997. 7. 11), "종합금융회사에 대한 행정규제 완화".

재정경제원 금융정책실(1996. 12. 30), "은행법 시행령 개정".

재정경제원 금융정책실(1998. 2. 6), "은행법 시행령 개정".
재정경제원 외화자금과(1997. 3. 14), "은행의 해외차입규제 폐지 및 기업 해외차입 확대".
재정경제원(1997), "여신관리규정 개정 내용", 《국회 국정감사 요구자료》.
재정경제원(1997), "여신관리규정 개정 내용", 국회 국정감사 제출 자료.
재정경제원, 《재정금융통계》, 각호.
중소기업진흥공단, 《중소기업 경제 · 경영지표》, 각호.
증권감독원 검사 2국(1998. 8. 25), "한남투신의 전 · 현 대주주 및 경영진의 위법행위에 대한 검찰 통보".
증권감독원, 《증권통계연보》, 각호.
통계청, 《한국의 주요경제지표》, 각호.
한국신용평가정보주식회사, KIS-Line 기업정보.
한국신용평가정보주식회사, 《상장기업분석》, 각호.
한국신용평가정보주식회사, 《한국기업총람》, 각년도.
한국은행 조사제2부(1995), 《통화금융통계 해설》.
한국은행(1992), 《우리나라의 자금순환》.
한국은행(1996), 《알기 쉬운 경제지표 해설》.
한국은행, 《경제통계연보》, 각호.
한국은행, 《기업경영분석》, 각년도.
한국은행, 《자금순환》, 각호.

■ 국내문헌

강철규(1995) "재벌의 금리차 지대와 소유구조", 《한국의 대기업-누가 소유하고 누가 지배하는가》, 기업구조연구회 편(제5장), 포스코경영연구소.
강철규 · 최정표 · 장지상(1991), 《재벌》, 비봉출판사.
구석모(1997), "기업 효율성 제고를 위한 재벌조직 개혁의 방향 및 과제", 미발표 논문.
권오승(1995), "대규모기업집단에 대한 법적 규제", 기업구조연구회 편, 《한국의 대기업 누가 소유하며 누가 지배하는가》, 포스코경영연구소.
김건우(1997), 《소유구조와 자본구조의 관계》, 한국조세연구원.
김경중(1993), 《한국의 경제지표》, 매일경제신문사.
김대환 · 김균(1999), 《한국재벌개혁론》, 나남출판.
김동원(1998), "경제위기의 원인과 금융구조 분석", 한국경제학회, 《경제학연구》 제46집 제4호.
김상조(1993), "설비자금의 동원 및 배분체계에 관한 연구", 서울대학교 박사학위 논문.
김상조(1999), "재벌 개혁을 위한 금융개혁의 방향과 과제", 김대환 · 김균 공편, 《한국재벌개혁론》, 나남출판.
김시환(1993), "금융중개의 행태 분석과 시사점", 한국은행, 《조사월보》 1월호.
김인영(1998), 《한국의 경제성장》, 한국경제연구원 자유기업센터.

김정국 · 유인금(1998), 《결합 및 연결회계제도 연구》, 한국증권연구원.

남상우(1984), "이중금융구조하의 기업재무구조", 《한국개발연구》, 가을호.

문종진(1990) "기업지배구조 논의의 대두와 대응방향", 《경제분석》 1(2), 한국은행.

박경서(1997), 《은행의 소유 · 지배구조에 대한 연구》, 한국금융연구원.

박영철 · 콜 D. C. (1984), 《한국의 금융발전 : 1945~1980》, 한국개발연구원.

박중구 · 주현(1997), "한국 자동차산업의 도급관계와 활성화방안", 산업연구원.

박찬일(1995), 《금융제도의 국제비교》, 한국경제연구원.

박홍재(1997), "재벌연구의 반성과 과제", 《한국경제의 위기와 개혁과제》, 조원희 편, 풀빛.

백낙기 외(1996), "하도급거래 구조변화 분석과 발전방안", 산업연구원.

소병희(1995), "한국기업의 소유집중과 경제 효율성", 기업구조연구회 편, 《한국의 대기업 누가 소유하며 누가 지배하는가》, 포스코경영연구소.

양원근(1992), 《대기업집단의 효율성 분석》, 산업연구원.

OECD(1998), 《OECD 한국경제보고서, 1997/1998》, 한국개발연구원.

원동철(1996), 《기업이론과 한국기업》, 한국경제연구원.

원진연(1996), "금융규제와 은행의 수익성 및 안정성", 서울대학교 박사학위논문.

유승민 외(1994), "우리나라 자동차산업의 당면과제와 산업조직정책", 한국개발연구원.

유승민(1992), "우리나라 기업집단의 소유·경영구조와 정책대응", 《한국개발연구》 14(1), 한국개발연구원.

유승민(1996), "재벌의 공과 : 재벌논쟁에 대한 비판", 《한국경제의 진로와 대기업집단》, 기아경제연구소.

이경태(1991), 《산업정책의 이론과 현실》, 산업연구원.

이규억(1999), "재벌개혁과 빅딜정책의 평가와 과제", 한국국제경제학회 하계정책세미나 자료, 한국 경제개혁 정책의 평가와 과제.

이규억 · 박병형(1993), 《기업결합-경제적 효과와 규제》, 한국개발연구원.

이규억 · 윤창호(1992), 《산업조직론》, 법문사.

이규억 · 이재형(1990), 《기업집단과 경제력 집중》, 한국개발연구원.

이기영(1994), 《정책금융제도의 현황, 효과분석 및 개선방향》, 한국조세연구원.

이영기(1996), 《한국 기업소유지배구조》, 한국개발연구원.

이윤호(1994), "순서적 자금조달 가설에 따른 기업규모별 고정투자 행태 및 재무적 특성 분석", 서울대학교 박사학위논문."

이윤호(1996), "기업지배구조와 합리적 재벌정책의 모색", 참여사회연구소 발표문.

이윤호(1998), "경제적 관점에서 본 우리나라 부패구조와 대책", 《한국부패학회보》 제2호.

이재우(1998), "신제도학파 기업이론과 재벌", 《한국기업의 이해와 과제》, 신기업이론연구회 편, 삼성경제연구소.

이재형(1996), "기업집단의 현황과 특성", 《KDI정책연구》 18(3-4), 한국개발연구원.

이재형(1996), "우리나라 재벌의 현황과 특징", 《한국경제의 진로와 대기업집단》, 한국 산업조직학회 편, 기아경제연구소.
이재형・유승민(1994), "대사업체와 재벌사업체의 성장과 생산성", 《한국개발연구》 16(3), 한국개발연구원.
이재희(1992), "재벌정책의 인식과 대안", 《사회경제평론》 제5집.
임웅기(1995), "세계 여러나라의 소유구조와 지배구조", 기업구조연구회 편.
임웅기・윤봉한(1989), 《한국의 증권시장》, 제2판, 세경사.
장지상(1995), "경제력집중", 변형윤 편저, 《한국경제론》, 제3판, 유풍출판사.
재정경제부・한국개발연구원(1998), 《국민과 함께 내일을 연다》, 대한민국정부.
전인우(1996), 《한국기업집단의 다각화 결정요인》, 한국경제연구원.
정광선(1994), 《기업경쟁력과 지배구조》, 한국금융연구원.
정균화(1998), "우리나라 재벌기업의 소유구조 결정요인", 재무관리연구, 25(2).
정병휴・양영식(1992), 《한국 재벌부문의 경제분석》, 한국개발연구원.
정윤모・손영락(1998), 《의결권행사제도의 개선방안연구》, 한국증권연구원.
조동성(1997), 《한국재벌》, 매일경제신문사.
조영삼 외(1998), "새로운 경제환경하에서의 대・중소기업간 관계", 산업연구원 세미나발표문.
조영삼 외(1997), "대・중소기업간 협력강화 종합대책", 산업연구원, 1997.
조영삼 외(1996), "중소기업의 거래관행에 관한 실태조사", 산업연구원, 1996.
조윤제, "광복 이후 우리나라의 금융정책에 대한 평가 및 앞으로의 정책과제", 한국조세연구원, 《광복 후 50년간의 조세 및 금융정책의 발전과 정책 방향》, 한국조세연구원.
조 철(1998), "자동차 부품조달체제의 현황과 개선방향", 산업연구원.
좌승희(1998), 《진화론적 재벌론》, 비봉출판사.
주 현(1998), "수・위탁거래 공정화", "새로운 대・중소기업 협력체계", 대・중소기업 및 정부 협력체계 정립을 위한 대토론회 발표문, 산업연구원・중소기업협동조합중앙회.
중소기업정책연구회 편(1991), "경쟁과 협력 : 중소기업과 대기업관계에 관한 정책추이와 발전방향", 상공부.
중소기업협동조합중앙회, "수탁기업체협의회 운영 및 위탁대기업의 협력중소기업 지원실태 보고서", 각년판.
중소기업협동조합중앙회, "중소기업 실태조사보고", 각년판.
최승노(1995), 《1995년 30대 기업집단》, 한국경제연구원.
최승노(1996), 《1996년 30대 기업집단》, 한국경제연구원.
최승노(1997), 《1997년 한국의 대규모기업집단》, 자유기업센터.
최승노(1998), 《1998년 한국의 대규모기업집단》, 자유기업센터.
최진배(1996), 《해방 이후 한국의 금융정책》, 경성대학교 출판부.
한국경제연구원(1995), 《한국의 기업집단》, 한국경제연구원.
한국산업리스(주) 기획팀(1997. 12), "리스산업의 역사", 《리스금융》 제7권 제2호.
한국자동차공업협동조합, 《자동차공업편람》, 각년판.

한상진(1988), 《한국사회와 관료적 권위주의》, 문학과지성사.
한상진(1988), 《한국사회와 관료적 권위주의》, 문학과지성사.
홍장표(1993), "한국에서의 하청계열화에 관한 연구", 서울대학교 박사학위논문.
황인학(1998), 《시장구조와 경쟁효율》, 한국경제연구원.

■ 국외문헌

Akerlof, G. A. (1970), "The Market for 'Lemons' : Quality and Market Mechanism," *Quarterly Journal of Economics*, Vol. 84.

Brealey, R. A. and S. C. Myers(1991), *Principles of Corporate Finance*, 4th ed., McGraw-Hill, Inc..

Calomiris, C. W. and R. G. Hubbard(1990), "Firm Heterogeneity, Internal Finance, and 'Credit Rationing'," *The Economic Journal*, Vol. 100(March).

Cho, Yoon Je(1986), "Inefficiencies from Financial Liberalization in the Absence of Well Functioning Equity Markets," *Journal of Money, Credit, and Banking*, Vol. 18, No. 2.

Fama, E. F. (1985), "What's Different about Banks," *Journal of Monetary Economics*, Vol. 15.

Fazzari, S. M., R. G. Hubbard, and B. C. Peterson(1988), "Financing Constraints and Corporate Investment," *Brookings Papers on Economic Activity*.

Fourin(1996), 《日本の自動車部品産業》.

Gertner, R. H., D. S. Scharfstein, and J. C. Stein(1994), "Internal Versus External Capital Markets," *Quarterly Journal of Economics*, Vol. 108, November.

Hubbard, R. G., A. K. Kashyap, and T. M. Whited(1995), "Internal Finance and Firm Investment," *Journal of Money, Credit, and Banking*, Vol. 27 No. 3.

Jaffee, D. M. and F. Modigliani(1976), "Imperfect Information, Uncertainty, and Credit Rationing", *Quarterly Journal of Economics*, Vol. 90(November).

Jensen, M. C. and W. H. Meckling(1976), "Theory of the Firm : Managerial Behavior, Agency Costs and Ownership Structure," *Journal of Financial Economics*, Vol. 3.

Lamont, O. (1997), "Cash Flow and Investment : Evidence from Internal Capital Markets," *Journal of Finance*, Vol. 52, No. 1.

McKinnon, R. I. and D. J. Mathieson(1981), "How to Manage a Repressed Economy," *Essays in International Finance*, No. 145, Princeton University Press.

Montgomery, Cynthia A. (1994), "Corporate Diversification", *Journal of Economic Perspective*, Vol. 8, No. 3, Summer.

Myers, S. C. and N. S. Majluf(1984), "Corporate Financing and Investment Decisions When Firms Have Information the Investors Do Not Have," *Journal of Financial Economics*, Vol. 13.

Myers, S. C. and N. S. Majluf (1984), "Corporate Financing and Investment Decisions When Firms Have Information the Investors Do Not Have," *Journal of Financial Economics*, Vol. 13.

Myers, S. C. (1984), "The Capital Structure Puzzle," *The Journal of Finance*, Vol. 39, No. 3 (July).

Shaw, E. S. (1973), *Financial Deepening in Economic Development*, Oxford University Press.

Shleifer, A. and R. W. Vishney (1997), "A Survey of Corporate Governance," *Journal of Finance*, Vol. 52, No. 2.

Stiglitz, J. E. and A. Weiss (1981), "Credit Rationing in Markets with Imperfect Information", *American Economic Review*, Vol. 71, No. 3 (June).

Williamson, O. E. (1985), *The Economic Institutions of Capitalism ; Firms, Markets, Relational Contracting*, The Free Press.

부 록

1. 부 표
2. 1995～1997년 5대재벌 관련 주요 기사

제 1, 2 장 자료설명

■ 공정거래위원회(이하 공정위)는 '독점규제 및 공정거래에 관한 법률'에 따라 금융·보험업을 제외한 그룹별 자산총계를 기준으로 상위 30대그룹을 대규모기업집단으로 선정하여 매년 4월에 발표한다. 이 백서의 제1장에서는 이 중에서 상위 5개 기업집단, 즉 현대, 삼성, LG, 대우, SK를 대상으로 각 기업집단의 경제활동 규모와 구성을 분석한다.

■ 기업과 관련된 자료는 분석목적 등에 따라 다양할 수 있지만, 이 백서의 제1장에서는 상위 5대 기업집단 각각의 경제활동 규모와 각 기업집단이 진출해 있는 산업과 그 구성이 어떠한가를 파악하고자 한다. 이때, 분석기간은 1995~1997년, 3개년을 대상으로 한다. 따라서 해당 재벌과 관련된 역사적인 분석이라기보다는, 최근의 IMF 위기가 발생하기 이전까지의 현황에 대한 분석이라고 할 수 있다.

■ 이와 같은 분석목적에 따라, 주로 사용한 자료는 다음과 같다.

우선 공정위의 대규모 기업집단과 관련된 각종 보도자료 및 발간자료를 이용하였다. 특히, 매년 4월에 발표되는 "대규모 기업집단 지정" 발표 자료를 통하여, 분석대상 재벌의 소속계열사 범위를 파악하고, 해당 재벌의 전체적인 규모를 이후 설명할 재무자료와 비교하기 위한 하나의 준거로 이용하였다. 그리고 분석기간 3개년 동안의 자료를 일관성 있게 구성하기 위하여, 매월 발표되는 소속계열사 변동현황 자료와 《회사연감》(매일경제신문사)을 이용하였다.

■ 다음으로는 한국신용평가(주) (이하 한신평)의 KIS-Line에서 제공하는 재무자료를 이용하였다. 한신평에서는 공정위가 매년 4월에 발표하는 30대 그룹 소속계열사 중에서 금융업을 제외하고, 외감 이상의 법인(또한 일부 '일반' 법인 포함)을 기준으로 합산재무제표를 작성·발표하고 있다(대상 기업목록에 대해서는 〈부표 계열사 변동현황〉 참조). 이에 이 백서

에서도 한신평의 합산재무제표 대상이 되는 기업들의 자료를 기본적으로 이용하였다. 이때 5대 재벌의 경제활동의 규모 및 구성을 진출하고 있는 업종에 따라 해당 재벌의 특징과 타 재벌과의 차이점 등을 분석하기 위하여, 전체 산업을 금융업을 포함, 총 16개 산업으로 구분하였다.

■ 하지만 일부 기업들에 대한 자료는 한국공인회계사회에서 비치·열람하고 있는 감사보고서를 코딩하여 데이터셋을 구성하였다. 이들 기업들의 목록은 아래와 같으며, 데이터셋 구성에서 이러한 조합과정은 자료의 일관성에 일정정도의 문제점을 제기할 수 있을 것이다. 하지만 주요 항목에 대해서 공정위 혹은 한신평이 발표하고 있는 총액을 비교했을 때 그 차이가 1% 정도에 한하고 있으며, 또한 그 오차를 연도·그룹별로 검토했을 때 일부분에서만 발생하고 있기 때문에 전체적인 결과에는 큰 영향을 주지 않는다고 판단되어 그대로 사용하였다. 여하튼 이후 연구에서도 기초 자료의 중요성은 간과할 수 없는 문제이며, 이들 자료, 특히 상장 이하 법인에 대한 자료에 대한 접근이 자유로울때 보다 발전된 연구가 가능할 것이다. 따라서 앞으로 자료공개의 범위가 더욱 확대되어야 한다는 것은 매우 시급한 문제임이 분명하다.

■ 감사보고서를 이용한 기업들은 다음과 같다.

- 1994년 : 삼성생명서비스, 삼성지게차, 삼성클뢰크너, 삼성투자자문, 삼테크, 신세계건설, 신세계백화점, 제일냉동식품, 제일시바가이기, 조선호텔, 하이크리에이션, 한국신에츠, 현대투자자문, LG미디어, 호유판매, 성요사, LG포스타, LG투자자문, 대한텔레콤, 홍국상사, 유공에라스토머, 선경투자신탁운용.
- 1995년 : 삼성투자자문, 신세계건설, 신세계백화점, 조선호텔, 해운대개발, 현대투자자문, LG정유유통, LG투자자문, 홍국상사, 유공에라스토머.
- 1996년 : 보광환경개발, 삼성투자신탁운용, 한국내화, 울산화학, 후성산업, 대성아이피, 대성종합물산, 포항정밀화학, 한독종합건설, LG투자자문, 대광석유, 삼양석유, 영남석유, 영동석유, 오륜에너지, 홍국상사,

■ 공정위가 발표하는 소속계열사는 각 법인의 구분형태(상장, 등록, 외감, 일반 및 중소)에 관계없이 모든 계열사를 포함하고 있으며, 이들 계열사를 모두 분석하는 것이 본래의 취지에 적합하지만, 상장 이하 법인의 감사·사업 보고서 등의 관련자료들은 구하기 쉽지 않은 것이 현실이다. 따라서 KIS-Line의 재무자료를 이용할 수 없었던 일부 계열사들의 자료는 《회사연감》(매일경제신문사)과 한국공인회계사회에서 소장하고 있는 감사보고서를 참조하여 기본 데이터셋을 구축하였다. 그럼에도 불구하고 대부분의 일반·중소법인에 대해서는 분석할 수 없었는데, 이들 법인의 경제활동 규모나 비중은 매우 작기 때문에 분석결과가 크게 영향을 받지는 않을 것이다. 하지만 각 재벌이 새로운 사업에 진출하고자 할 때는 비교

적 작은 규모로 시작하는 경향이 있음을 고려한다면, 자료의 부족은 또 다른 분석결과를 낳을 수도 있을 것이다.

■ 공정위가 발표한 5대 재벌의 소속계열사는 1995년 206개사, 1996년 264개사, 1997년 257개사였지만, 분석대상 기업수는 각각 164, 191, 189개사이다. 즉, 제외된 기업수는 1995년 42개사, 1996년 73개사, 1997년 68개사이다.

■ 소속 계열사의 재무자료 이외에도 기초적인 자료, 즉 연혁, 종업원수, 관련회사 등 해당 재벌의 현황과 관련된 자료는 한국신용평가(주)와 《회사연감》, 공정거래위원회, 금융감독위원회, 각 그룹의 홈페이지의 자료 등을 참조·이용하였다.

■ 또한 한국은행의 《기업경영분석》에서는 금융 및 보험업을 제외한 전산업의 재무자료를 표본추출 기업을 대상으로 매년 조사·작성하고 있다. 이때 작성방식은 기본적으로는 중분류를 기준으로 하고 있고, 소분류 혹은 세분류, 그리고 대기업/중소기업으로 구분하고 있다. 이 백서에서는 표준산업분류상의 중분류 산업의 전체 규모와 구성 등에 대해서는 《기업경영분석》을 이용하여, 경제 전체 수준에서 5대 재벌이 차지하는 비중과 각각의 재벌이 해당 산업에서 차지하는 비중 등을 분석하였다. 이때 비교하고자 하는 산업에 따라 일부는 그대로, 일부는 합산하여 사용하였다.

■ 이 백서에서 분석하고 있는 항목에서 부가가치를 제외하고 있다는 것이 가장 눈에 띈다. 그 이유는 부가가치를 구성하고 있는 모든 항목들에 대한 자료를 접근할 수 없었기 때문이다. 특히 제조원가명세서에 관련된 사항이 부족한 데서 비롯된다. 이와 관련된 항목에 대한 정보는 《대규모 기업집단》(최승로, 한국경제연구원)을 참고하기 바란다.

〈부표 1-1〉 현대 : 계열사 변동현황

	1994	1995	1996	1997
목재, 종이, 인쇄, 출판	현대문화신문* 현대종합목재산업*	현대문화신문* 현대종합목재산업*	현대문화신문* 현대종합목재산업*	현대문화신문* 현대리바트*
화학, 섬유, 석탄, 고무	현대정유* 현대석유화학*	현대정유* 현대석유화학*	현대정유* 현대석유화학* 석수화학* 울산화학* 포항정밀화학*	현대정유* 현대석유화학*
비금속광물			한국내화*	동서산업*
제1차금속	인천제철* 현대강관* 현대알루미늄공업*	인천제철* 현대강관* 현대알루미늄공업*	인천제철* 현대강관* 현대알루미늄공업*	인천제철* 현대강관* 현대알루미늄공업*
조립, 금속, 기계, 장비	현대엘리베이터* 현대자동차* 현대정공* 케피코* 현대미포조선* 현대중공업* 현대기술개발* 현대야크항공	현대엘리베이터* 현대자동차* 현대정공* 케피코* 현대미포조선* 현대중공업* 현대우주항공*	현대엘리베이터* 현대자동차* 현대정공* 케피코* 현대미포조선* 현대중공업* 현대우주항공* 한국프랜지공업* 후성산업*	현대엘리베이터* 현대자동차* 현대정공* 케피코* 현대미포조선* 현대중공업* 현대우주항공* 한국프랜지공업* 서한산업
전자, 정밀	현대전자산업*	현대전자산업*	현대전자산업* 대성아이피*	현대전자산업* 신대한*
전기, 가스업			현대에너지	현대에너지
건설업	고려산업개발* 현대건설* 현대산업개발* 현대엔지니어링 현대중기산업* 한국알라스카개발 현대존브라운엔지니어링	고려산업개발* 현대건설* 현대산업개발* 현대엔지니어링* 현대중기산업*	고려산업개발* 현대건설* 현대산업개발* 현대엔지니어링* 현대중기산업*	고려산업개발* 현대건설* 현대산업개발* 현대엔지니어링* 현대중기산업*
도소매 및 숙박업	현대자동차써비스* 현대테크시스템* 세일석유* 영진석유 현대미디어시스템 금강개발산업* 한무쇼핑* 현대자원개발	현대자동차써비스* 현대포스시스템* 현대정유판매* 한국물류센타* 현대미디어시스템* 금강개발산업* 한무쇼핑* 현대자원개발*	현대자동차써비스* 현대세가엔터테이먼트* 현대정유판매* 한국물류센타* 현대미디어시스템* 금강개발산업* 한무쇼핑* 현대자원개발 대성종합물산*	현대자동차써비스* 현대세가엔터테이먼트* 현대정유판매* 한국물류* 티죤코리아* 금강개발산업* 한무쇼핑* 현대자원개발 주리원백화점*
운수창고 및 통신업	현대물류* 선일상선* 한.소해운* 현대상선* 동해해운	현대물류* 선일상선* 한소해운* 현대상선* 동해해운	현대물류* 선일상선* 한소해운* 현대상선* 동해해운	현대물류* 선일상선* 한소해운* 현대상선* 동해해운 인천공항외항사터미널
서비스, 기타	현대정보기술* 현대경제사회연구원* 금강기획* 서울프러덕션	현대정보기술* 현대경제사회연구원* 금강기획* 서울프러덕션 현대유니콘스*	현대정보기술* 현대경제사회연구원* 금강기획* 서울프러덕션 현대유니콘스 다이아몬드베이츠	현대정보기술* 현대경제사회연구원* 금강기획* 서울프로덕션 현대유니콘스 다이아몬드베이츠* 울산방송* 현대방송* 동서관광개발*
무역업	대한알루미늄공업* 현대종합상사*	대한알루미늄공업* 현대종합상사*	대한알루미늄공업* 현대종합상사*	대한알루미늄공업* 현대종합상사*
금융업	현대종합금융 강원은행 현대할부금융 현대해상화재보험 현대증권 현대투자자문*	현대종합금융 현대파이낸스 현대할부금융 현대해상화재보험 현대증권 현대투자자문*	현대종합금융 현대파이낸스 현대할부금융 현대해상화재보험 현대증권 현대투자자문* 현대선물	현대종합금융 현대파이낸스 현대할부금융 현대해상화재보험 현대증권 현대투자자문* 현대선물* 현대기술투자 울산종합금융 국민투자신탁운용 국민투자신탁증권
계열기업수	48개	46개	57개	62개

자료 : 공정거래위원회, "대규모 기업집단 지정", 각연도, 한국신용평가 합산재무제표 대상 업체.
주 : * 는 분석대상 계열사

〈부표 1-2〉 삼성 : 계열사 변동현황

		1995	1996	1997
음식료품	제일냉동식품*	제일냉동식품	제일냉동식품	
	제일제당	제일제당	제일제당	
			삼일농수산	
			스파클	
섬유, 의복, 가죽	제일모직*	제일모직*	제일모직*	제일모직*
	하이크리에이션*			
목재, 종이, 인쇄, 출판	중앙일보사*	중앙일보사*	중앙일보사*	중앙일보사*
			미디어피아	중앙이코노미스트
				중앙엠앤비
화학, 섬유, 석탄, 고무	대한정밀화학*	대한정밀화학*	대한정밀화학*	대한정밀화학*
	삼성정밀화학*	삼성정밀화학*	삼성정밀화학*	삼성정밀화학*
	삼성석유화학*	삼성석유화학*	삼성석유화학*	삼성석유화학*
	제일합섬	삼성에스엠	삼성에스엠*	삼성에스엠*
	삼성종합화학*	삼성종합화학*	삼성종합화학*	삼성종합화학*
	제일시바가이기*	한덕화학*	대도제약*	대도제약*
	한국신에츠*		한덕화학*	한덕화학*
비금속광물	삼성코닝*	삼성코닝*	삼성코닝*	삼성코닝*
		삼성코닝정밀유리*	삼성코닝정밀유리*	삼성코닝정밀유리*
조립, 금속, 기계, 장비	광주전자*	광주전자*	광주전자*	광주전자*
	삼성자동차	삼성자동차*	삼성자동차*	삼성자동차*
	삼성중공업*	삼성중공업*	삼성중공업*	삼성중공업*
	삼성항공산업*	삼성항공산업*	삼성항공산업*	삼성항공산업*
	삼성지게차*	포항강재공업*	포항강재공업*	포항강재공업*
	삼성클뢰크너*		한일가전*	한일가전*
			삼성상용차*	삼성상용차*
전자, 정밀	삼성전자*	삼성전자*	삼성전자*	삼성전자*
	삼성전관*	삼성전관*	삼성전관*	삼성전관*
	삼성전기*	삼성전기*	삼성전기*	삼성전기*
	삼성시계*	삼성시계*	삼성시계*	삼성시계*
		스테코*	스테코*	스테코
	스템코	스템코	스템코*	스템코*
	아이에스티	한국디.엔.에스*	한국디.엔.에스*	한국디.엔.에스*
	삼성의료기기*	삼성GE의료기기*	삼성GE의료기기*	삼성GE의료기기*
	한일전선*	한일전선*	한일전선*	한일전선*
	삼성에머슨전기		이천전기공업*	이천전기*
	한국전산		아산전자*	아산전자*
			서울통신기술*	서울통신기술*
건설업	디자인신세계*	디자인신세계*	디자인신세계	중앙디자인*
	삼성건설	제일제당건설	제일제당건설	
	한국알라스카개발		중앙디자인*	
도소매 및 숙박업	호텔신라*	호텔신라*	호텔신라*	호텔신라*
	연포레져개발*	연포레져개발*	연포레져개발*	연포레져개발*
	제일선물	제일선물	제일선물	보광훼미리마트*
	삼테크*	해운대개발*	해운대개발	서해리조트
	서현개발	광주신세계백화점	광주신세계백화점	
	신세계대전역사	신세계대전역사	신세계대전역사	
	신세계백화점*	신세계백화점*	신세계백화점	
	조선호텔*	조선호텔*	조선호텔	
			신세계인터내셔널	
			신세계푸드시스템	
			보광훼미리마트*	
			서해리조트*	
운수, 통신			호림	

		1995	1996	1997
서비스, 기타	대경빌딩* 삼성생명서비스* 삼성데이타시스템* 중앙개발* 삼성경제연구소*	대경빌딩* 삼성생명서비스* 삼성데이터시스템* 중앙개발* 삼성경제연구소*	대경빌딩* 삼성생명서비스* 삼성데이터시스템* 중앙개발* 삼성경제연구소*	대경빌딩* 삼성생명서비스* 삼성SDS* 삼성에버랜드* 삼성경제연구소*
	삼성엔지니어링* 제일기획* 제일보젤* 삼성라이온즈* 에스원**	삼성엔지니어링* 제일기획* 제일보젤* 삼성라이온즈* 제일씨앤씨	삼성엔지니어링* 제일기획* 제일보젤* 삼성라이온즈* 휘닉스커뮤니케이션즈 에스원* 보광* 무진개발* 제주개발공사 제일골든빌리지 제일씨앤씨 보광환경개발*	삼성엔지니어링* 제일기획* 제일보젤* 삼성라이온즈* 휘닉스커뮤니케이션즈 에스원* 보광* 무진개발* 보광환경개발* 중앙일보뉴미디어
무역업	삼성물산*	삼성물산*	삼성물산*	삼성물산*
금융업	삼성투자자문* 삼성신용카드 삼성생명보험 삼성화재해상보험 삼성증권	삼성투자자문* 삼성카드 삼성할부금융 삼성생명보험 삼성화재해상보험 삼성증권 신세계투자금융 신세계상호신용금고	삼성제이피모간투자신탁운용* 삼성카드 삼성할부금융 삼성생명보험 삼성화재해상보험 삼성증권 신세계파이낸스 신세계투자금융 보광창업투자 신세계상호신용금고 삼성선물	삼성투자신탁운용 삼성카드 삼성할부금융 삼성생명보험 삼성화재해상보험 삼성증권 보광창업투자 삼성선물*
계열기업수	55개	55개	80개	61개

자료 : 공정거래위원회, "대규모 기업집단 지정", 각연도, 한국신용평가 합산재무제표 대상 업체

주 1) * 는 분석대상 계열사

2) 에스원**의 경우, 95년도 공정위발표에서는 삼성그룹의 소속계열사가 아니지만, 한신평의 합산재무제표대상기업으로 포함되어 있음.

〈부표 1-3〉 대우 : 계열사 변동현황

	1994	1995	1996	1997
화학, 섬유, 석탄, 고무	코람프라스틱*	코람프라스틱*	코람프라스틱*	코람프라스틱*
비금속광물				한일대우시멘트 한국전기초자*
제1차금속	경남금속*	경남금속*	경남금속*	경남금속*
조립, 금속, 기계, 장비	대우중공업* 대우자동차* 대우기전공업* 대우정밀공업*	대우중공업* 대우자동차* 대우기전공업* 대우정밀공업* 한국자동차연료시스템*	대우중공업* 대우자동차* 대우기전공업* 대우정밀공업* 한국자동차연료시스템*	대우중공업* 대우자동차* 대우기전공업* 대우정밀공업* 한국자동차연료시스템* 쌍용자동차*
전자, 정밀	대우모터공업* 한국산업전자* 대우전자부품* 오리온전기* 오리온전기부품* 대우통신* 대우전자*	대우모터공업* 한국산업전자* 대우전자부품* 오리온전기* 오리온전기부품* 대우통신* 대우전자*	대우모터공업* 한국산업전자* 대우전자부품* 오리온전기* 오리온전기부품* 대우통신* 대우전자*	대우모터공업* 한국산업전자* 대우전자부품* 오리온전기* 오리온전기부품* 대우통신* 대우전자*
건설업	경남기업*	경남기업*	경남기업* 광주제2순환도로 한독종합건설*	경남기업* 광주제2순환도로
도소매 및 숙박업	대우개발*	대우개발*	대우개발* 우리자동차판매*	대우개발* 대우자판* 대우전자서비스
서비스, 기타	대우정보시스템* 대우경제연구소* 대우투자자문* 동우공영*	대우정보시스템* 대우경제연구소* 대우투자자문* 동우공영*	대우정보시스템* 대우경제연구소* 대우투자자문* 동우공영* 서호레저* 일산역사	대우정보시스템* 대우경제연구소* 대우투자자문* 동우공영* 대우레저* 유화개발 대우에스티반도체설계 대우제우스 경남시니어타운
무역업	대우*	대우*	대우*	대우*
금융업	한국할부금융 대우증권	대우할부금융 대우증권 다이너스클럽코리아 대우전자창업투자	대우할부금융 대우증권 다이너스클럽코리아 대우창업투자	대우할부금융 대우증권 다이너스클럽코리아 대우창업투자 대우선물
계열기업수	22	25	30	37

자료 : 공정거래위원회, '대규모 기업집단 지정', 각연도,
한국신용평가 합산재무제표 대상 업체.
주 : * 는 분석대상 계열사

〈부표 1-4〉 LG : 계열사 변동현황

	1994	1995	1996	1997
화학, 섬유, 석탄, 고무	호남정유*	호남정유*	LG칼텍스정유*	LG칼텍스정유*
	LG석유화학*	LG석유화학*	LG석유화학*	LG석유화학*
	LG화학*	LG화학*	LG화학*	LG화학*
	LG-MMA*	LG MMA*	LG MMA*	LG MMA*
	LG얼라이드시그널*	LG얼라이드시그널*	LG얼라이드시그널*	LG얼라이드시그널*
비금속광물	LG오웬스코닝*	LG오웬스코닝*	LG오웬스코닝*	LG오웬스코닝*
제1차금속	LG금속*	LG금속*	LG금속*	LG금속*
조립, 금속, 기계, 장비			LG에너지	LG에너지*
전자, 정밀	LG산전*	LG산전*	LG산전*	LG산전*
	LG전선*	LG전선*	LG전선*	LG전선*
	LG마이크론*	LG마이크론*	LG마이크론*	LG마이크론*
	LG반도체*	LG반도체*	LG반도체*	LG반도체*
	LG정밀*	LG정밀*	LG정밀*	LG정밀*
	LG정보통신*	LG정보통신*	LG정보통신*	LG정보통신*
	LG전자*	LG전자*	LG전자*	LG전자*
	LG전자부품*	LG전자부품*	LG전자부품*	LG전자부품*
	LG포스타*	LG포스타*	LG포스타*	LG포스타*
	LG하니웰*	LG하니웰*	LG하니웰*	LG하니웰*
	LG실트론*	실트론*	실트론*	실트론*
	성요사*	성요사*	성요사	
	국제전선			
	금성계전			
	금성기전			
전기, 가스업	호유에너지*	원전에너지*	원전에너지*	원전에너지*
		호유에너지*	LG칼텍스가스*	LG칼텍스가스*
				극동도시가스*
건설업	LG건설*	LG건설*	LG건설*	LG건설*
	LG기공*	LG기공*	LG기공*	LG기공*
도소매 및 숙박업	세방석유*	세방석유*	LG정유판매*	LG정유판매*
	LG백화점*	LG백화점*	LG백화점*	LG백화점*
	LG유통*	LG유통*	LG유통*	LG유통*
	한국홈쇼핑*	한국홈쇼핑*	LG홈쇼핑*	LG홈쇼핑*
	한무개발*	한무개발*	한무개발*	한무개발*
	호유판매*	호유판매*		
운수창고 및 통신업	호유해운*	호유해운*	호유해운*	호유해운*
			LG텔레콤*	LG텔레콤*
				LG인터넷*
서비스, 기타	LG소프트웨어*	LG소프트웨어*	LG소프트*	LG소프트*
	LG히다찌*	LG히다찌*	LG히다찌*	LG히다찌*
	LG-EDS시스템*	LG EDS 시스템*	LG EDS 시스템*	LG EDS 시스템*
	LG경제연구원	LG경제연구원	LG경제연구원	LG경제연구원*
	LG엔지니어링*	LG엔지니어링*	LG엔지니어링*	LG엔지니어링*
	LG애드*	LG애드*	LG애드*	LG애드*
	LG레저*	LG레저*	LG레저*	LG레저*
	LG스포츠*	LG스포츠*	LG스포츠*	LG스포츠*
	LG미디어*	LG미디어*		LG이엔씨*
				LG돔
				LG교통정보
무역업	LG상사*	LG상사*	LG상사*	LG상사*
금융업	부민상호신용금고	부민상호신용금고	부민상호신용금고	부민상호신용금고
	LG종합금융	LG종합금융	LG종합금융	LG종합금융
	LG투자자문*	LG투자자문*	LG투자신탁운용*	LG투자신탁운용
	LG신용카드	LG신용카드	LG신용카드	LG신용카드
	럭키화재해상보험	럭키화재해상보험	럭키화재해상보험	LG화재해상보험
	LG증권	LG증권	LG증권	LG증권
	서울선물	서울선물	LG선물	LG선물*
	LG할부금융	LG할부금융	LG할부금융	LG창업투자
			LG창업투자	
계열기업수	50	48	49	51

자료 : 공정거래위원회, "대규모 기업집단 지정", 각연도, 한국신용평가 합산재무제표 대상 업체.
주 : * 는 분석대상 계열사

〈부표 1-5〉 SK : 계열사 변동현황

	1994	1995	1996	1997
섬유, 의복, 가죽	선경인더스트리*	SK인더스트리*	SK인더스트리*	SK케미칼*
	경성고무공업사*	경성고무공업사*	경성고무공업사*	경성고무공업사
화학, 섬유, 석탄, 고무	유공*	유공*	유공*	SK*
	유공하이몬트	유공몬텔	유공몬텔	유공몬텔
	유공옥시케미칼*	유공옥시케미칼*	유공옥시케미칼*	유공옥시케미칼*
	선경유씨비*	선경유씨비*	선경유씨비*	SK유씨비*
	선경제약*	선경제약*	선경제약*	SK제약*
	SKC*	SKC*	SKC*	SKC*
	유공에라스토머*	유공에라스토머*	유공에라스토머*	동륭케미칼
				SK엔제이씨
조립, 금속, 기계, 장비			스피드메이트	스피드메이트
전자, 정밀				대구전력
전기, 가스업	구미도시가스*	구미도시가스*	구미도시가스*	구미도시가스*
	대한도시가스*	대한도시가스*	대한도시가스*	대한도시가스*
	중부도시가스*	중부도시가스*	중부도시가스*	중부도시가스*
	청주도시가스*	청주도시가스*	청주도시가스*	청주도시가스*
	포항도시가스*	포항도시가스*	포항도시가스*	포항도시가스*
	유공가스*	유공가스*	유공가스*	SK가스*
건설업	선경건설*	선경건설*	선경건설*	SK건설*
	서해개발*	서해개발*	서해개발*	SK임업*
	대한도시가스엔지니어링	대한도시가스엔지니어링	대한도시가스엔지니어링	중원*
				대한도시가스엔지니어링
도소매 및 숙박업	흥국상사*	흥국상사*	흥국상사*	SK에너지판매*
	선경유통*	선경유통*	선경유통*	SK유통*
	워커힐*	워커힐*	워커힐*	워커힐*
	와이씨앤씨*	와이씨엔씨*	와이씨엔씨*	SK컴퓨터통신*
	선경정보시스템	선경정보시스템	국일에너지*	국일에너지*
	유공훅스	유공훅스	유공훅스	SK훅스
			대광석유*	
			삼양석유*	
			삼일사*	
			영남석유*	
			영동석유*	
			오륜에너지*	
운수창고 및 통신업	선경창고*	선경창고*	선경창고*	SK창고*
	경진해운*	경진해운*	경진해운*	경진해운*
	대한텔레콤*	대한텔레콤*	대한텔레콤*	대한텔레콤*
	유공해운*	유공해운*	유공해운*	SK해운*
			SK텔레콤*	SK텔레콤*
			이리듐코리아	이리듐코리아
			한국M&M 네트워크*	양산국제물류
				한국이동통신*
서비스, 기타	선경경제연구소	선경경제연구소	선경경제연구소	SK경제연구소
			흥진유업	흥진유업
			대한도시가스서비스	대한도시가스서비스
			부산정보단지개발	마이티브이
무역업	선경*	선경*	선경*	SK상사*
금융업	선경투자자문*	선경투자자문	선경투자신탁운용	SK투자신탁운용
	선경증권	선경증권	선경증권	SK증권
			한국M&M파이낸스	SK캐피탈
				SK생명보험
계열기업수	32	32	46	45

자료 : 공정거래위원회, "대규모 기업집단 지정", 각연도, 한국신용평가 합산재무제표 대상 업체.
주 : * 는 분석대상 계열사

〈부표 1-6〉 파생그룹 현황 : 현대와 삼성(1997)

그룹명	한 라	한 솔	제일제당	새 한	신세계
동일인	정인영	이인희	이재현	이재관	이명희
소속계열사	한라건설	한솔제지	스파클	대경인더스트리	신세계백화점
	만도기계	한솔포렘	제주개발공사	새한	광주신세계백화점
	한라중공업	한솔파텍	씨제이골든빌리지	신영인더스트리	신세계건설
	한라시멘트	한솔화학	제일냉동식품	디지탈미디어	신세계대전역사
	한라공조	한솔무역	제일씨앤씨	새한건설	신세계푸드시스템
	한라콘크리트	한솔건설	제일제당	새한디엔시	신세계인터내셔날
	한라해운	한솔개발	제일제당건설	새한로직스	조선호텔
	한라자원	클럽칠백	제일선물	새한마텍	해운대개발
	마이스터	한솔전자	삼일농수산	새한미디어	신세계종합금융
	한라특장차	한솔텔레콤		새한에이켐	신세계상호신용금고
	캄코	한솔흥진		새한전자	신세계파이낸스
	한라산업기술	경보		새한정보시스템	
	한라정보시스템	한솔씨에스엔		새한텔레콤	
	한라펄프제지	한솔PCS		제일시바가이기	
	한라일렉트로닉스	한솔		새한버진메가스토아	
	마르코폴로호텔	한솔상호신용금고		한국Cable TV새로넷방송	
	목포신항만	한솔창업투자			
	한라창업투자	한솔파이낸스			
		한솔종합금융			
총계	18	19	9	16	11

자료 : 공정거래위원회, "대규모 기업집단 지정", 1998.
한국신용평가, 《한국기업총람》, 1998.

〈부표 1-7a〉 현대 : 일반현황(1995)

(단위 : 백만원)

기업명	자산총계	자기자본	부채	매출액	당기순이익
고려산업개발	697,662	151,841	545,822	432,368	5,325
금강개발산업	699,507	158,954	540,552	835,701	11,068
금강기획	169,105	14,375	154,729	115,909	-13,458
대한알루미늄공업	671,405	55,808	615,598	446,572	-69,316
선일상선	23,065	351	22,714	27,611	241
인천제철	1,116,957	366,728	750,228	1,426,605	21,681
케피코	138,952	40,997	97,955	157,106	6,209
티존코리아	8,147	783	7,363	12,509	-613
한국물류	52,446	8,134	44,312	7,128	-4,939
한무쇼핑	142,586	23,000	119,586	284,750	8,685
한소해운	11,481	3,447	8,033	11,304	604
현대강관	398,562	109,431	289,132	414,407	3,786
현대건설	5,948,335	845,302	5,103,033	3,847,304	10,877
현대경제사회연구원	11,630	9,675	1,954	8,336	-58
현대리바트	422,237	26,328	395,908	447,956	-36,384
현대문화신문	131,497	2,486	129,011	54,965	-22,675
현대물류	46,525	-247	46,772	47,850	-4,624
현대미포조선	225,540	67,123	158,417	257,794	5,648
현대산업개발	1,742,497	269,729	1,472,767	1,545,728	41,168
현대상선	1,729,509	384,167	1,345,343	1,633,229	24,258
현대석유화학	1,750,038	426,610	1,323,428	616,580	75,729
현대세가엔터테인먼트	7,568	2,607	4,962	10,675	-498
현대알루미늄공업	93,175	12,289	80,885	97,528	150
현대엔지니어링	151,562	55,538	96,024	163,189	3,067
현대엘리베이터	200,589	57,744	142,845	221,112	3,070
현대우주항공	42,007	20,706	21,300	7,341	-9,114
현대유니콘스	3,221	-3,610	6,831	9,595	107
현대자동차	7,548,997	1,642,190	5,906,807	10,339,186	156,670
현대자동차써비스	3,321,095	435,247	2,885,848	5,300,935	31,573
현대자원개발	4,871	328	4,543	785	237
현대전자산업	4,048,984	1,274,765	2,774,219	3,902,129	825,506
현대정공	2,088,805	311,178	1,777,628	1,985,924	17,741
현대정보기술	107,611	25,822	81,789	171,763	105
현대정유	1,693,893	60,739	1,633,154	1,148,368	-44,964
현대정유판매	668,145	56,951	611,193	739,276	-7,764
현대종합상사	373,652	115,192	258,459	16,742,346	11,916
현대중공업	6,363,942	1,862,431	4,501,510	3,910,453	27,221
현대중기산업	46,946	6,481	40,466	86,108	1,255
현대투자자문	6,779	5,110	1,670	1,400	85

자료 : 한국신용평가 KIS-Line 재무자료

〈부표 1-7b〉 현대 : 일반현황(1996)

(단위 : 백만원)

기업명	자산총계	자기자본	부채	매출액	당기순이익
현대리바트	386,194	3,144	383,050	451,830	-22,631
현대문화신문	137,218	-31,322	168,540	71,613	-31,942
현대석유화학	2,275,197	461,769	1,813,429	588,706	23,982
현대정유	2,463,158	272,557	2,190,601	2,490,610	22,052
후성정밀화학	11,936	2,788	9,147	12,162	1,128
울산화학	51,638	15,280	36,358	48,094	926
후성테크	28,700	6,862	21,837	73,184	1,418
한국내화	36,763	15,556	21,207	37,674	1,708
인천제철	1,382,064	442,079	939,985	1,510,929	13,482
현대강관	498,693	140,529	358,164	453,995	-9,559
현대알루미늄공업	111,656	17,621	94,035	116,590	331
한국프랜지공업	167,819	47,295	120,524	199,245	3,204
현대미포조선	269,925	59,535	210,390	261,069	-7,588
현대엘리베이터	211,871	73,230	138,641	247,511	4,816
현대정공	2,338,031	313,749	2,024,282	2,450,650	21,238
현대자동차	7,998,652	1,638,250	6,360,402	11,489,835	86,803
케피코	156,883	47,320	109,564	185,058	8,323
현대중공업	7,618,881	1,881,013	5,737,868	4,685,422	27,216
현대우주항공	142,958	39,581	103,377	5,855	-19,009
후성정공	11,547	1,288	10,259	5,176	-712
후성산업	6,680	556	6,123	17,101	507
현대전자산업	6,263,500	1,440,333	4,823,167	3,167,241	72,009
고려산업개발	749,075	155,560	593,514	520,967	6,445
현대건설	7,094,796	983,148	6,111,648	4,732,077	34,184
현대산업개발	1,991,031	369,766	1,621,265	1,658,955	20,850
현대엔지니어링	204,923	62,219	142,704	277,701	6,706
현대중기산업	49,330	5,248	44,082	90,753	-1,233
금강개발산업	939,098	157,561	781,536	1,055,017	11,470
현대자동차써비스	4,201,493	509,725	3,691,768	5,850,011	31,762
현대정유판매	771,447	75,868	695,579	1,154,497	-18,883
티존코리아	13,479	1,286	12,192	24,281	503
한국물류	61,463	3,934	57,529	47,535	-6,270
한무쇼핑	165,047	31,200	133,848	308,193	8,200
현대세가엔터테인먼트	6,180	5,290	890	8,544	260
후성물산	22,122	6,498	15,624	52,113	1,246
현대상선	2,291,893	320,204	1,971,688	2,138,061	17,911
선일상선	20,785	569	20,217	23,801	175
한소해운	13,011	4,645	8,367	15,710	1,497
현대물류	53,229	85	53,144	66,926	-3,168
금강기획	204,873	-3,871	208,744	141,312	-18,247
현대경제사회연구원	11,761	8,417	3,344	9,762	-1,259
현대정보기술	273,456	39,020	234,436	272,661	-11,801
현대투자자문	7,242	5,125	2,116	1,862	16
현대종합상사	460,625	152,919	307,705	20,552,842	12,297
대한알루미늄공업	619,613	-38,435	658,049	395,958	-104,345

자료 : 한국신용평가 KIS-Line 재무자료

〈부표 1-7c〉 현대 : 일반현황(1997)

(단위 : 백만원)

기업명	자산총계	자기자본	부채	매출액	당기순이익
대리바트	390,605	-25,547	416,151	514,598	-45,795
대문화신문	175,125	-103,688	278,813	76,732	-74,232
대석유화학	3,775,220	479,320	3,295,901	709,220	10,721
대정유	3,270,196	299,479	2,970,717	3,098,018	11,253
서산업	306,210	64,777	241,432	174,441	-5,724
천제철	1,946,438	536,149	1,410,288	1,675,433	4,811
대강관	1,155,521	144,585	1,010,936	514,918	3,709
대알루미늄공업	144,081	23,540	120,541	158,602	-81
국프랜지공업	218,219	49,185	169,034	188,722	108
대미포조선	451,645	90,810	360,835	360,923	12,064
대엘리베이터	237,205	82,629	154,576	262,552	6,011
대정공	2,759,944	437,638	2,322,305	2,604,016	5,919
대자동차	10,002,061	1,695,405	8,306,656	11,661,984	46,482
피코	187,811	34,883	152,928	169,124	-12,436
대중공업	9,206,758	2,062,649	7,144,109	5,889,146	207,538
대우주항공	487,312	17,341	469,971	98,444	-22,357
대전자산업	10,764,160	1,365,920	9,398,240	3,490,984	-183,543
대한	11,894	1,081	10,813	10,026	44
려산업개발	908,159	166,386	741,773	586,368	7,390
대건설	9,456,770	1,252,911	8,203,859	5,607,426	14,051
대산업개발	2,905,248	457,984	2,447,263	2,132,288	20,495
대엔지니어링	259,665	75,204	184,462	379,445	13,155
대중기산업	77,110	10,558	66,551	112,708	311
강개발산업	1,076,291	203,101	873,190	1,227,249	12,448
리원	228,372	30,042	198,330	144,214	351
대자동차써비스	4,460,604	501,093	3,959,511	5,553,837	5,205
대정유판매	782,773	52,461	730,311	1,520,029	-23,400
존코리아	18,599	6,962	11,637	14,597	-1,850
국물류	62,942	1,295	61,647	123,721	-2,640
무쇼핑	163,354	36,853	126,501	340,460	7,176
대세가엔터테인먼트	7,769	5,440	2,329	10,029	150
대상선	3,861,356	404,922	3,456,434	3,095,158	8,543
일상선	22,097	704	21,393	25,613	134
소해운	64,123	5,062	59,061	19,986	718
대물류	79,247	7,276	71,971	136,983	-2,809
강기획	254,144	1,630	252,514	182,887	5,501
이아몬드베이츠	7,699	524	7,175	4,280	17
서관광개발	61,616	5,466	56,150	0	35
산방송	30,344	27,631	2,713	3,305	-2,396
대경제사회연구원	10,989	8,427	2,562	10,918	10
대방송	63,025	-5,068	68,093	12,235	-15,068
대정보기술	392,378	38,222	354,156	363,472	-798
대투자자문	6,578	5,161	1,417	2,033	36
대선물	10,123	10,032	91	29	32
대종합상사	1,000,271	202,237	798,034	25,041,352	8,000
한알루미늄공업	634,063	-97,920	731,983	372,511	-108,759

료 : 한국신용평가 KIS-Line 재무자료

〈부표 1-8a〉 삼성 : 일반현황 (1995)

(단위 : 백만원)

기업명	자산총계	자기자본	부채총계	매출액	당기순이익
광주전자	229,927	40,993	188,934	166,336	3,727
대경빌딩	26,084	19,551	6,533	5,414	2,915
대한정밀화학	61,624	14,448	47,177	30,937	2,076
디자인신세계	9,619	573	9,047	34,642	157
삼성경제연구소	6,892	5,876	1,016	10,251	53
삼성라이온즈	52,769	-3,830	56,599	22,479	-973
삼성물산	5,287,482	1,194,746	4,092,736	19,253,806	20,461
삼성생명서비스	9,309	1,750	7,559	57,984	481
삼성석유화학	454,652	129,426	325,226	621,157	27,998
삼성시계	96,747	4,591	92,156	53,934	-21,076
삼성에버랜드	557,180	152,291	404,889	293,679	-4,248
삼성엔지니어링	425,602	67,909	357,693	731,098	15,975
삼성자동차	757,308	321,798	435,510	0	-702
삼성전관	2,104,231	999,871	1,104,360	1,932,389	101,624
삼성전기	1,290,496	550,587	739,909	1,343,679	35,245
삼성전자	13,561,817	5,481,661	8,080,157	16,189,836	2,505,391
삼성정밀화학	369,688	132,563	237,125	311,264	976
삼성종합화학	1,624,538	340,859	1,283,679	678,187	77,134
삼성중공업	4,615,672	1,027,095	3,588,577	2,920,678	41,761
삼성지이의료기기	29,635	13,281	16,354	36,995	2,535
삼성코닝	652,012	195,242	456,770	606,051	30,296
삼성코닝정밀유리	6,807	6,392	416	0	-8
삼성투자신탁운용	6,960	5,517	1,443	1,706	284
삼성항공산업	1,717,404	413,047	1,304,358	1,157,948	8,357
삼성SDS	403,363	46,230	357,133	551,845	9,900
스테코	24,538	24,372	166	7	372
신세계백화점	840,994	222,080	618,915	1,109,004	14,101
연포레저개발	8,628	2,457	6,171	3	-85
제일기획	214,495	18,639	195,856	234,628	561
제일모직	1,307,588	410,072	897,516	902,726	16,066
제일보젤	21,097	530	20,568	11,845	77
조선호텔	59,181	12,706	46,475	55,538	-1,355
중앙일보사	598,819	116,450	482,369	404,645	259
포항강재공업	105,911	30,001	75,911	201,840	12,464
한국디엔에스	36,043	2,410	33,633	30,897	1,453
한덕화학	5,909	2,668	3,241	0	168
한일전선	59,602	-7,984	67,586	66,703	-9,010
해운대개발	33,963	4,498	29,465	18,921	-1,910
호텔신라	472,391	215,463	256,927	248,838	5,493

자료 : 한국신용평가 KIS-Line 재무자료

〈부표 1-8b〉 삼성 : 일반현황(1996)

(단위 : 백만원)

기업명	자산총계	자기자본	부채총계	매출액	당기순이익
광주전자	283,878	41,527	242,351	186,673	2,252
대경빌딩	26,921	20,412	6,509	5,756	3,510
대도제약	12,670	-5,107	17,777	1,103	-6,159
대한정밀화학	68,434	17,092	51,342	35,784	2,644
무진개발	89,315	164	89,151	0	-121
보광	370,305	8,941	361,364	42,657	512
보광환경개발	58,512	5,308	53,473	0	-261
보광훼미리마트	158,255	6,225	152,030	159,794	1,237
삼성경제연구소	7,206	5,872	1,334	15,835	-5
삼성라이온즈	58,326	-4,087	62,413	25,177	-229
삼성물산	5,991,842	1,293,868	4,697,973	24,131,753	30,845
삼성상용차	353,878	99,866	254,012	0	-134
삼성생명서비스	12,088	3,396	8,692	82,173	396
삼성석유화학	363,687	117,771	245,916	485,844	2,834
삼성시계	88,457	7,675	80,782	50,431	-16,916
삼성에버랜드	838,765	158,172	680,593	453,115	-3,839
삼성에스엠	86,114	17,835	68,279	22,755	-602
삼성엔지니어링	755,608	115,904	639,703	1,083,240	17,602
삼성자동차	2,156,555	564,707	1,591,848	0	-21,649
삼성전관	2,662,225	1,207,072	1,455,153	2,460,642	164,036
삼성전기	1,801,941	656,475	1,145,465	1,489,468	35,470
삼성전자	15,838,458	5,025,452	10,813,006	15,874,544	165,501
삼성정밀화학	521,879	191,382	330,497	364,482	1,787
삼성종합화학	2,028,081	331,109	1,696,971	754,987	2,266
삼성중공업	5,342,739	813,673	4,529,065	3,255,713	-298,008
삼성지이의료기기	38,039	18,054	19,985	47,062	4,773
삼성코닝	853,671	226,008	627,663	586,699	42,125
삼성코닝정밀유리	59,038	5,223	53,815	1,070	-624
삼성투자신탁운용	7,092	5,551	1,541	2,202	34
삼성항공산업	2,065,742	438,027	1,627,715	1,313,464	-65,290
삼성SDS	480,376	72,810	407,566	745,157	7,346
서울통신기술	42,777	7,397	35,380	68,905	2,724
서해리조트	6,545	5,873	672	329	-208
스테코	41,756	24,537	17,218	2,293	165
스템코	27,638	25,900	1,737	0	1,593
아산전자	12,372	4,060	8,311	15,635	52
에스원	181,760	107,197	74,563	216,081	7,087
연포레저개발	10,181	2,348	7,832	0	-109
이천전기	127,205	-43,276	170,481	64,074	-36,415
제일기획	131,881	25,442	106,439	287,713	1,831
제일모직	1,481,414	435,784	1,045,631	983,514	39,560
제일보젤	25,493	683	24,810	14,792	180
중앙디자인	27,290	1,725	25,565	87,480	119
중앙일보사	659,547	118,607	540,939	420,573	289
포항강재공업	143,755	33,718	110,037	212,540	5,417
한국디엔에스	59,788	9,825	49,963	53,199	3,613
한덕화학	8,104	727	7,377	659	-1,942
한일가전	46,616	-6,208	52,824	82,941	-2,027
한일전선	68,224	-14,666	82,890	74,711	-6,682
호텔신라	490,154	208,489	281,665	233,078	-6,715

자료 : 한국신용평가 KIS-Line 재무자료

〈부표 1-8c〉 삼성 : 일반현황(1997)

(단위 : 백만원)

기업명	자산총계	자기자본	부채총계	매출액	당기순이익
제일모직	1,720,986	436,451	1,284,535	1,009,833	2,000
중앙일보사	719,805	118,227	601,578	431,210	416
삼성정밀화학	690,588	274,286	416,302	432,971	1,628
삼성종합화학	2,865,753	348,639	2,517,114	1,044,433	5,514
삼성석유화학	459,456	108,161	351,294	455,226	5,902
대한정밀화학	70,847	21,618	49,229	37,957	3,926
삼성에스엠	103,619	15,557	88,061	46,727	-3,904
대도제약	11,630	-9,959	21,589	2,915	-6,139
한덕화학	11,758	1,327	10,431	4,108	-1,400
삼성코닝정밀유리	85,601	2,407	83,195	23,309	-3,361
삼성코닝	1,035,010	232,602	802,408	694,307	17,953
광주전자	322,713	43,650	279,062	197,034	405
포항강재공업	190,755	36,312	154,444	240,361	4,294
한일가전	44,210	-9,564	53,773	62,259	-3,356
삼성중공업	6,093,633	708,641	5,384,992	3,953,213	-95,524
삼성항공산업	2,373,958	453,721	1,920,237	1,578,105	7,155
삼성상용차	899,331	100,087	799,245	157,361	221
삼성자동차	3,393,636	820,912	2,572,724	0	612
서울통신기술	61,984	13,523	48,461	106,828	6,576
한국디엔에스	90,325	10,745	79,580	39,100	1,165
스템코	31,918	20,652	11,266	373	-5,248
아산전자	14,769	3,780	10,989	15,908	-280
이천전기	113,802	-62,514	176,315	59,204	-38,806
삼성전관	3,764,483	1,302,722	2,461,761	2,638,657	104,147
삼성전기	2,625,128	692,151	1,932,977	1,749,864	38,287
삼성전자	23,065,517	5,829,941	17,235,576	18,465,359	123,505
삼성시계	78,927	1,102	77,825	33,596	-6,573
삼성지이의료기기	55,437	19,715	35,722	57,182	1,661
한일전선	70,730	-21,376	92,106	81,278	-6,709
중앙디자인	29,081	246	28,835	63,711	-1,591
호텔신라	542,413	191,848	350,565	268,241	-14,730
연포레저개발	10,037	2,086	7,951	455	-78
보광훼미리마트	197,680	10,348	187,331	172,945	123
에스원	259,909	154,603	105,306	252,587	10,288
제일기획	299,626	26,616	273,009	297,927	1,778
대경빌딩	27,805	21,264	6,541	5,855	3,432
무진개발	252,671	-628	253,299	0	-841
보광	380,040	9,931	370,109	59,256	1,016
삼성SDS	533,895	78,694	455,201	840,208	7,917
삼성경제연구소	7,886	5,917	1,969	17,015	23
삼성생명서비스	17,433	6,107	11,325	92,974	1,211
삼성에버랜드	980,498	143,797	836,701	554,994	-14,639
제일보젤	31,021	943	30,078	15,179	287
삼성라이온즈	55,437	-3,800	59,237	25,484	301
삼성엔지니어링	735,101	178,716	556,385	875,241	6,406
보광환경개발	87,589	4,653	82,936	0	-386
삼성선물	8,647	8,505	142	43	-391
삼성물산	7,912,484	1,098,203	6,814,281	29,734,730	31,608

자료 : 한국신용평가 KIS-Line 재무자료

〈부표 1-9a〉 대우 : 일반현황(1995)

(단위 : 백만원)

기업명	자산총계	자기자본	부채총계	매출액	당기순이익
경남금속	41,865	-5,601	47,466	49,165	-5,129
경남기업	1,060,046	171,063	888,983	400,376	10,864
대우	8,742,635	1,416,377	7,326,258	15,024,667	60,353
대우개발	255,772	115,911	139,861	86,186	2,162
대우경제연구소	7,655	4,938	2,717	7,009	-197
대우기전공업	382,161	116,911	265,250	475,087	24,563
대우모터공업	40,076	912	39,164	100,625	11,647
대우자동차	4,910,441	581,481	4,328,961	3,470,479	10,519
대우전자	3,473,492	749,619	2,723,873	3,126,000	47,166
대우전자부품	208,221	85,581	122,640	171,775	4,087
대우정밀공업	334,410	145,404	189,006	225,020	6,638
대우정보시스템	40,864	8,998	31,866	86,880	969
대우중공업	8,733,710	2,743,127	5,990,583	3,963,039	125,412
대우통신	939,548	312,048	627,499	802,532	10,933
대우투자자문	7,759	5,436	2,323	3,166	342
동우공영	15,313	1,316	13,997	27,942	308
오리온전기	872,086	299,499	572,587	751,175	21,139
오리온전기부품	48,967	15,013	33,954	84,503	2,355
코람프라스틱	54,315	13,428	40,887	72,298	2,276
한국산업전자	16,305	-7,225	23,530	20,347	-1,129
한국자동차연료시스템	5,351	3,182	2,169	0	-17

자료 : 한국신용평가 KIS-Line 재무자료

〈부표 1-9b〉 대우 : 일반현황(1996)

(단위 : 백만원)

기업명	자산총계	자기자본	부채총계	매출액	당기순이익
경남금속	58,378	-5,896	64,274	53,639	-39
경남기업	1,069,992	221,637	848,355	505,918	5,182
대우	9,251,290	1,814,800	7,436,490	19,012,320	72,803
대우개발	249,253	115,900	133,353	90,691	1,361
대우경제연구소	10,323	7,109	3,215	9,292	370
대우기전공업	488,389	139,112	349,277	589,678	25,763
대우레저	70,347	1,276	69,071	0	0
대우모터공업	47,218	9,994	37,224	115,055	9,082
대우자동차	5,272,423	769,769	4,502,655	4,365,485	51,885
대우자판	1,926,080	146,914	1,779,166	2,166,591	20,943
대우전자	3,664,022	765,135	2,898,887	3,570,162	48,472
대우전자부품	217,034	89,492	127,542	216,969	4,967
대우정밀공업	526,753	148,075	378,678	271,455	3,161
대우정보시스템	58,969	10,172	48,797	135,406	1,175
대우중공업	8,928,856	2,774,179	6,154,677	5,148,513	73,163
대우통신	1,081,168	318,531	762,638	842,788	12,249
대우투자자문	8,716	5,626	3,089	4,494	691
동우공영	17,629	1,460	16,169	34,921	144
오리온전기	1,114,482	309,099	805,382	904,247	12,649
오리온전기부품	44,573	17,073	27,500	88,357	4,046
코람프라스틱	58,324	14,778	43,546	84,484	1,123
한국산업전자	17,598	-6,318	23,915	25,079	907
한국자동차연료시스템	12,331	958	11,373	3,953	-2,223
한독종합건설	9,061	4,347	4,714	8,490	14

자료 : 한국신용평가 KIS-Line 재무자료

〈부표 1-9c〉 대우 : 일반현황(1997)

(단위 : 백만원)

기업명	자산총계	자기자본	부채총계	매출액	당기순이익
경남금속	97,096	2,317	94,779	85,426	3,095
경남기업	1,286,035	259,360	1,026,675	464,074	3,458
대우	14,222,273	2,751,469	11,470,804	24,009,206	53,886
대우개발	243,416	116,645	126,771	92,386	2,035
대우경제연구소	12,463	9,472	2,991	10,994	863
대우기전공업	790,747	184,395	606,351	815,486	19,252
대우레저	126,036	1,639	124,397	0	363
대우모터공업	40,516	13,666	26,851	94,537	3,672
대우자동차	8,513,448	1,039,367	7,474,081	5,797,741	251,165
대우자판	1,778,444	161,953	1,616,490	3,681,069	15,030
대우전자	4,063,613	814,530	3,249,083	3,857,740	41,474
대우전자부품	289,758	100,704	189,054	230,919	638
대우정밀공업	735,656	153,022	582,633	635,897	6,386
대우정보시스템	58,647	11,876	46,772	178,231	1,704
대우중공업	11,807,143	2,827,378	8,979,765	5,576,713	94,732
대우통신	1,475,287	323,046	1,152,241	1,150,174	7,696
대우투자자문	7,706	5,715	1,991	4,278	88
동우공영	22,564	1,448	21,115	43,096	167
쌍용자동차	3,986,282	-150,934	4,137,216	1,441,578	-313,321
오리온전기	1,525,383	313,445	1,211,938	964,441	6,014
오리온전기부품	58,985	16,223	42,761	79,600	739
코람프라스틱	71,055	15,522	55,532	80,686	744
한국산업전자	17,227	-10,524	27,751	20,874	-4,206
한국자동차연료시스템	23,018	1,462	21,556	21,050	-2,696
한국전기초자	490,729	40,419	450,309	237,724	-59,798

자료 : 한국신용평가 KIS-Line 재무자료

〈부표 1-10a〉 LG : 일반현황(1995)

(단위 : 백만원)

기업명	자산총계	자기자본	부채총계	매출액	당기순이익
성요사	3,497	3,832	7,329	10,644	3,142
실트론	218,722	40,407	178,315	124,518	10,016
엘지이디에스시스템	80,681	13,140	67,540	206,385	5,526
원전에너지	41,857	-5,189	47,046	27,424	-4,618
한무개발	180,338	-60,688	241,026	74,278	-12,425
호유해운	186,116	116,063	70,053	112,024	2,006
LG건설	1,543,545	271,401	1,272,143	1,476,731	12,404
LG금속	816,285	159,384	656,901	1,383,976	41,831
LG기공	64,481	11,046	53,435	102,437	2,291
LG레저	99,423	2,188	97,235	19,345	8,370
LG마이크론	139,125	22,435	116,690	78,904	2,889
LG미디어	15,964	3,238	12,726	8,782	-2,397
LG반도체	4,159,569	1,374,476	2,785,094	2,516,816	780,697
LG백화점	108,261	37,829	70,432	99,615	-2,371
LG산전	1,470,857	297,290	1,173,567	1,135,490	28,569
LG상사	1,249,777	259,844	989,933	10,447,828	12,978
LG석유화학	626,629	135,754	490,876	437,045	53,262
LG소프트	25,108	-8,479	33,586	41,852	165
LG스포츠	8,530	-1,139	9,669	16,885	-239
LG애드	194,997	23,792	171,205	149,383	9,156
LG얼라이드시그널	12,318	2,514	9,804	12,443	274
LG엔지니어링	285,692	32,960	252,732	483,594	12,390
LG엠엠에이	92,657	25,283	67,375	57,538	11,508
LG오웬스코닝	91,731	28,057	63,675	41,288	2,303
LG유통	418,031	50,626	367,404	647,641	2,365
LG전선	955,601	245,516	710,085	1,320,797	10,070
LG전자	6,010,910	1,452,607	4,558,303	6,591,710	73,513
LG전자부품	128,925	26,913	102,012	251,913	-5,110
LG정밀	200,005	21,128	178,877	170,875	5,632
LG정보통신	410,330	144,307	266,023	512,733	22,183
LG정유유통	931,366	8,192	923,174	1,398,098	881
LG정유판매	890,543	39,299	851,244	1,622,004	213
LG칼텍스가스	237,413	37,378	200,035	546,090	7,838
LG칼텍스정유	4,205,976	1,124,196	3,081,780	4,456,248	157,463
LG투자신탁운용	8,053	6,052	2,001	2,854	691
LG포스타	23,916	7,611	16,306	58,915	927
LG하니웰	74,459	14,041	60,418	103,096	3,348
LG홈쇼핑	14,819	9,115	5,704	1,315	-5,855
LG화학	3,900,687	1,121,875	2,778,812	3,315,731	91,164
LG히다찌	11,079	6,315	4,765	18,925	2,364

자료 : 한국신용평가 KIS-Line 재무자료

〈부표 1-10b〉 LG : 일반현황(1996)

(단위 : 백만원)

기업명	자산총계	자기자본	부채총계	매출액	당기순이익
실트론	377,759	66,989	310,770	222,419	26,582
엘지이디에스시스템	114,060	18,195	95,865	306,032	10,017
원전에너지	42,647	-8,013	50,660	50,063	-2,824
한무개발	173,750	-68,578	242,328	82,288	-7,907
호유해운	251,468	112,150	139,318	174,958	2,982
LG건설	1,808,674	276,718	1,531,956	1,831,907	14,172
LG금속	975,590	163,171	812,419	1,619,632	7,387
LG기공	76,849	13,731	63,117	137,896	2,638
LG레저	93,976	1,984	91,992	12,999	-203
LG마이크론	179,565	29,484	150,081	107,488	2,907
LG반도체	5,064,655	1,470,216	3,594,439	2,009,878	91,978
LG백화점	259,786	44,107	215,678	111,891	-13,721
LG산전	1,670,084	320,052	1,350,031	1,587,641	30,901
LG상사	1,388,501	263,501	1,125,000	14,041,138	20,987
LG석유화학	729,933	138,343	591,590	484,022	2,589
LG소프트	34,881	-4,006	38,887	64,059	1,473
LG스포츠	10,215	-1,916	12,131	20,201	-777
LG애드	198,319	28,905	169,413	203,663	7,113
LG얼라이드시그널	11,515	2,646	8,868	16,131	133
LG엔지니어링	314,063	39,862	274,201	545,173	7,060
LG엠엠에이	93,926	25,704	68,222	53,813	2,821
LG오웬스코닝	125,561	43,301	82,259	43,364	3,233
LG유통	540,581	58,986	481,595	773,625	8,359
LG전선	1,228,887	294,793	934,094	1,438,747	20,887
LG전자	6,841,834	1,469,551	5,372,284	7,502,451	49,921
LG전자부품	131,135	20,483	110,652	245,121	-5,484
LG정밀	184,516	27,131	157,385	221,872	6,003
LG정보통신	674,507	288,291	386,216	824,437	34,005
LG정유판매	2,073,236	47,087	2,026,149	2,013,886	194
LG칼텍스가스	433,053	118,036	315,017	634,737	6,939
LG칼텍스정유	5,481,576	1,120,818	4,360,758	5,567,069	12,222
LG텔레콤	215,182	202,016	13,166	0	2,016
LG투자신탁운용	10,962	9,316	1,646	3,533	264
LG포스타	30,068	12,647	17,421	70,093	5,366
LG하니웰	88,174	20,493	67,681	133,084	6,752
LG홈쇼핑	13,720	3,160	10,560	14,331	-10,954
LG화학	5,069,255	1,448,619	3,620,636	3,464,291	3,313
LG히다찌	17,024	8,748	8,276	19,237	2,733

자료 : 한국신용평가 KIS-Line 재무자료

〈부표 1-10c〉 LG : 일반현황(1997)

(단위 : 백만원)

기업명	자산총계	자기자본	부채총계	매출액	당기순이익
극동도시가스	253,979	72,844	181,135	237,075	-22,975
실트론	499,421	52,562	446,858	227,670	-14,426
엘지이디에스시스템	223,326	23,060	200,266	391,243	9,730
원전에너지	40,974	-6,604	47,578	66,729	-1,671
한무개발	258,040	-33,017	291,057	84,834	590
호유해운	317,403	120,473	196,930	250,513	1,429
LG건설	2,103,615	264,865	1,838,750	2,107,675	15,951
LG경제연구원	8,230	5,993	2,237	8,735	2
LG금속	1,767,752	13,528	1,754,224	2,019,293	-147,289
LG기공	99,486	16,135	83,351	145,922	1,711
LG레저	97,797	2,420	95,377	11,428	435
LG마이크론	275,401	50,329	225,072	185,383	21,845
LG반도체	7,830,625	1,334,938	6,495,687	2,007,409	-289,720
LG백화점	448,866	70,714	378,152	250,265	-23,285
LG산전	2,154,255	330,802	1,823,453	1,675,045	12,893
LG상사	2,033,260	221,714	1,811,546	15,583,769	-55,088
LG석유화학	734,140	128,168	605,972	727,591	-10,175
LG선물	17,253	11,840	5,413	6,480	2,466
LG소프트	74,092	13,424	60,668	100,362	430
LG스포츠	11,519	-2,368	13,887	24,038	-451
LG애드	284,059	29,884	254,174	198,772	1,779
LG얼라이드시그널	12,339	2,062	10,277	15,599	-584
LG에너지	17,824	16,433	1,391	0	1,247
LG엔지니어링	505,345	5,450	499,895	511,752	-39,755
LG엠엠에이	107,470	26,201	81,270	65,693	1,697
LG오웬스코닝	182,151	33,118	149,033	55,493	-11,172
LG유통	620,556	68,793	551,763	790,701	12,867
LG이엔씨	25,420	1,235	24,186	32,065	-3,650
LG인터넷	19,850	15,319	4,532	0	319
LG전선	1,570,421	292,552	1,277,869	1,592,405	502
LG전자	8,840,296	1,527,458	7,312,838	9,239,733	91,577
LG전자부품	156,403	13,086	143,317	241,671	-8,343
LG정밀	301,155	68,740	232,416	288,229	124
LG정보통신	1,922,064	442,202	1,479,862	1,948,632	66,240
LG정유판매	2,179,570	41,553	2,138,017	4,722,847	-5,534
LG칼텍스가스	658,411	166,269	492,142	860,111	12,934
LG칼텍스정유	7,049,712	1,110,963	5,938,749	7,202,368	17,767
LG텔레콤	1,171,340	386,654	784,686	36,601	-20,408
LG포스타	34,461	12,664	21,797	69,124	237
LG하니웰	105,240	21,218	84,022	147,092	1,025
LG홈쇼핑	19,145	-904	20,049	73,376	-4,065
LG화학	6,163,008	1,445,448	4,717,560	4,114,448	6,444
LG히다찌	17,797	8,076	9,721	26,632	-672

자료 : 한국신용평가 KIS-Line 재무자료

〈부표 1-11a〉 SK : 일반현황(1995)

(단위 : 백만원)

기업명	자산총계	자산총계	부채총계	매출액	당기순이익
경성고무공업사	6,682	6,682	75,472	575	-9,603
경진해운	52,185	52,185	50,776	33,449	501
구미도시가스	28,183	28,183	21,932	26,352	1,803
대한도시가스	192,757	192,757	88,836	187,458	8,603
대한텔레콤	11,309	11,309	4,127	45,330	1,969
워커힐	136,355	136,355	88,271	91,637	873
중부도시가스	17,385	17,385	8,928	6,153	-342
청주도시가스	22,825	22,825	14,553	18,433	1,148
포항도시가스	15,386	15,386	12,336	11,585	-891
흥국상사	794,495	794,495	688,062	1,440,633	168
SK	7,292,336	7,292,336	5,258,274	6,593,342	105,309
SK가스	244,289	244,289	200,543	554,140	6,145
SK건설	1,242,522	1,242,522	1,151,622	1,244,532	-480
SK상사	952,475	952,475	643,323	4,046,086	8,890
SK에라스토머	79,726	79,726	44,967	26,894	601
SK옥시케미칼	428,607	428,607	323,862	183,957	33,234
SK유씨비	12,508	12,508	8,540	20,076	942
SK유통	143,199	143,199	200,764	361,806	-13,961
SK임업	14,729	14,729	10,792	12,152	116
SK제약	21,363	21,363	29,050	13,638	-829
SK창고	16,308	16,308	11,917	6,445	191
SK컴퓨터통신	40,086	40,086	31,641	59,473	1,027
SK케미칼	1,152,767	1,152,767	791,033	857,397	11,012
SK해운	702,039	702,039	674,578	738,513	2,343
SKC	644,829	644,829	555,685	626,487	9,463

자료 : 한국신용평가 KIS-Line 재무자료

〈부표 1-11b〉 SK : 일반현황(1996)

(단위 : 백만원)

기업명	자산총계	자기자본	부채총계	매출액	당기순이익
경성고무공업사	6,011	-78,055	84,065	573	-9,264
경진해운	62,690	-1,576	64,266	36,629	-2,986
구미도시가스	38,102	9,643	28,459	42,347	2,869
국일에너지	12,853	192	12,660	10,650	160
대광석유	219,721	3,778	215,943	406,425	217
대한도시가스	221,039	120,953	100,086	232,427	12,482
대한텔레콤	50,987	17,951	33,037	70,911	11,769
삼양석유	424,664	9,839	414,825	814,718	135
영남석유	328,233	2,228	326,004	597,729	144
영동석유	99,389	966	98,422	226,055	95
오륜에너지	69,820	3,567	66,252	66,907	46
워커힐	139,872	51,631	88,241	100,204	3,546
중부도시가스	27,984	8,584	19,400	11,466	-1,311
청주도시가스	24,281	10,445	13,836	25,665	1,462
포항도시가스	18,244	4,624	13,620	18,924	1,341
한국이동통신	23,944	23,304	640	0	1,776
흥국상사	915,181	106,805	808,375	1,771,576	229
SK	9,739,476	2,104,217	7,635,259	8,322,127	75,702
SK가스	288,259	100,263	187,996	703,878	8,877
SK건설	1,394,191	109,509	1,284,682	1,625,389	4,528
SK상사	1,080,816	355,470	725,346	4,687,345	8,377
SK에너지판매	641,760	734	641,026	1,029,571	-2,882
SK에라스토머	57,915	29,461	28,455	20,657	-5,299
SK옥시케미칼	453,221	72,124	381,097	201,049	26,000
SK유씨비	11,214	4,480	6,734	23,828	1,543
SK유통	147,062	-57,566	204,628	595,184	-1
SK임업	21,500	4,084	17,416	16,187	156
SK제약	26,811	-11,197	38,008	16,327	-3,699
SK창고	20,451	4,614	15,837	7,839	143
SK컴퓨터통신	63,957	10,138	53,820	94,519	993
SK케미칼	1,253,559	305,978	947,582	672,527	-54,229
SK텔레콤	3,258,609	1,050,986	2,207,623	2,676,025	227,642
SK해운	748,575	31,003	717,571	760,714	4,105
SKC	808,239	218,381	589,858	670,407	21,345

자료 : 한국신용평가 KIS-Line 재무자료

〈부표 1-11c〉 SK : 일반현황(1997)

(단위 : 백만원)

기업명	자산총계	자기자본	부채총계	매출액	당기순이익
경진해운	94,401	-3,479	97,880	36,085	-1,903
구미도시가스	45,583	13,293	32,290	58,555	4,578
국일에너지	36,861	3,551	33,310	43,761	115
대한도시가스	345,292	230,613	114,679	257,156	14,165
대한텔레콤	81,055	31,338	49,717	85,361	13,529
에스케이컴퓨터통신	133,632	11,139	122,493	170,618	1,001
워커힐	147,341	49,473	97,868	99,273	683
중부도시가스	35,491	6,223	29,268	22,433	230
중원	28,079	-12,935	41,014	7,392	-2,705
청주도시가스	27,460	10,563	16,897	32,555	1,941
포항도시가스	23,533	5,160	18,373	32,442	1,880
한국이동통신	25,842	25,435	407	0	2,131
SK	12,649,458	2,120,254	10,529,204	10,756,534	20,217
SK가스	703,612	147,489	556,123	921,818	10,395
SK건설	1,692,864	160,461	1,532,404	1,456,684	19,888
SK상사	1,448,829	350,898	1,097,931	5,997,498	7,951
SK에너지판매	2,644,174	93,400	2,550,774	2,662,987	186
SK옥시케미칼	623,248	93,517	529,731	261,043	21,392
SK유씨비	15,402	4,938	10,464	21,038	1,058
SK유통	296,479	-45,578	342,057	1,018,819	11,988
SK임업	18,054	4,360	13,693	17,058	285
SK제약	29,985	-11,194	41,179	24,032	-136
SK창고	23,140	4,742	18,398	8,510	-483
SK케미칼	1,471,734	303,859	1,167,875	745,144	6,023
SK텔레콤	4,103,311	1,315,554	2,787,757	3,512,005	113,607
SK해운	1,306,380	-12,438	1,318,818	1,136,600	-43,441
SKC	914,886	293,662	621,224	681,989	21,112

자료 : 한국신용평가 KIS-Line 재무자료

〈부표 1-12a〉 현대 : 자산총계, 상위 10위 기업

(단위 : 십억 원)

95년			96년			97년		
	총액	그룹내비중		총액	그룹내비중		총액	그룹내비중
현대자동차	7,549	17.6%	현대자동차	7,999	15.2%	현대전자산업	10,764	14.9%
현대중공업	6,364	14.8%	현대중공업	7,619	14.4%	현대자동차	10,002	13.8%
현대건설	5,948	13.9%	현대건설	7,095	13.4%	현대건설	9,457	13.1%
현대전자산업	4,049	9.4%	현대전자산업	6,264	11.9%	현대중공업	9,207	12.7%
현대자동차써비스	3,321	7.7%	현대자동차써비스	4,201	8.0%	현대자동차써비스	4,461	6.2%
현대정공	2,089	4.9%	현대정유	2,463	4.7%	현대상선	3,861	5.3%
현대석유화학	1,750	4.1%	현대정공	2,338	4.4%	현대석유화학	3,775	5.2%
현대산업개발	1,742	4.1%	현대상선	2,292	4.3%	현대정유	3,270	4.5%
현대상선	1,730	4.0%	현대석유화학	2,275	4.3%	현대산업개발	2,905	4.0%
현대정유	1,694	3.9%	현대산업개발	1,991	3.8%	현대정공	2,760	3.8%
계	36,236	84.4%		44,537	84.4%		60,462	83.5%

자료 : 한국신용평가 KIS-Line 재무자료

〈부표 1-12b〉 현대 : 자기자본, 상위 10위 기업

(단위 : 십억 원)

95년			96년			97년		
	총액	그룹내비중		총액	그룹내비중		총액	그룹내비중
현대중공업	1,862	20.9%	현대중공업	1,881	19.3%	현대중공업	2,063	19.3%
현대자동차	1,642	18.4%	현대자동차	1,638	16.8%	현대자동차	1,695	15.9%
현대전자산업	1,275	14.3%	현대전자산업	1,440	14.8%	현대전자산업	1,366	12.8%
현대건설	845	9.5%	현대건설	983	10.1%	현대건설	1,253	11.7%
현대자동차써비스	435	4.9%	현대자동차써비스	510	5.2%	인천제철	536	5.0%
현대석유화학	427	4.8%	현대석유화학	462	4.7%	현대자동차써비스	501	4.7%
현대상선	384	4.3%	인천제철	442	4.5%	현대석유화학	479	4.5%
인천제철	367	4.1%	현대산업개발	370	3.8%	현대산업개발	458	4.3%
현대정공	311	3.5%	현대상선	320	3.3%	현대정공	438	4.1%
현대산업개발	270	3.0%	현대정공	314	3.2%	현대상선	405	3.8%
계	7,818	87.8%		8,360	85.8%		9,194	86.2%

자료 : 한국신용평가 KIS-Line 재무자료

〈부표 1-12c〉 현대 : 부채총계 상위 10대 기업

(단위 : 십억 원)

95년			96년			97년		
	총액	그룹내비중		총액	그룹내비중		총액	그룹내비중
현대자동차	5,907	17.4%	현대자동차	6,360	14.8%	현대전자산업	9,398	15.2%
현대건설	5,103	15.0%	현대건설	6,112	14.2%	현대자동차	8,307	13.5%
현대중공업	4,502	13.2%	현대중공업	5,738	13.3%	현대건설	8,204	13.3%
현대자동차써비스	2,886	8.5%	현대전자산업	4,823	11.2%	현대중공업	7,144	11.6%
현대전자산업	2,774	8.2%	현대자동차써비스	3,692	8.6%	현대자동차써비스	3,960	6.4%
현대정공	1,778	5.2%	현대정유	2,191	5.1%	현대상선	3,456	5.6%
현대정유	1,633	4.8%	현대정공	2,024	4.7%	현대석유화학	3,296	5.3%
현대산업개발	1,473	4.3%	현대상선	1,972	4.6%	현대정유	2,971	4.8%
현대상선	1,345	4.0%	현대석유화학	1,813	4.2%	현대산업개발	2,447	4.0%
현대석유화학	1,323	3.9%	현대산업개발	1,621	3.8%	현대정공	2,322	3.8%
계	28,724	84.5%		36,346	84.4%		51,505	83.4%

자료 : 한국신용평가 KIS-Line 재무자료

〈부표 1-12d〉 현대 : 매출액, 상위 10대 기업

(단위 : 십억 원)

95년			96년			97년		
	총액	그룹내비중		총액	그룹내비중		총액	그룹내비중
현대종합상사	16,742	29.1%	현대종합상사	20,553	30.2%	현대종합상사	25,041	31.8%
현대자동차	10,339	18.0%	현대자동차	11,490	16.9%	현대자동차	11,662	14.8%
현대자동차써비스	5,301	9.2%	현대자동차써비스	5,850	8.6%	현대중공업	5,889	7.5%
현대중공업	3,910	6.8%	현대건설	4,732	7.0%	현대건설	5,607	7.1%
현대전자산업	3,902	6.8%	현대중공업	4,685	6.9%	현대자동차써비스	5,554	7.1%
현대건설	3,847	6.7%	현대전자산업	3,167	4.7%	현대전자산업	3,491	4.4%
현대정공	1,986	3.5%	현대정유	2,491	3.7%	현대정유	3,098	3.9%
현대상선	1,633	2.8%	현대정공	2,451	3.6%	현대상선	3,095	3.9%
현대산업개발	1,546	2.7%	현대상선	2,138	3.1%	현대정공	2,604	3.3%
인천제철	1,427	2.5%	현대산업개발	1,659	2.4%	현대산업개발	2,132	2.7%
계	50,634	88.1%		59,216	87.1%		68,174	86.6%

자료 : 한국신용평가 KIS-Line 재무자료

〈부표 1-12e〉 현대 : 당기순이익 : 상위 10대 기업

(단위 : 십억 원)

95년			96년			97년		
	총액	그룹내비중		총액	그룹내비중		총액	그룹내비중
현대전자산업	826	76.5%	현대자동차	87	46.7%	현대중공업	208	−232.0%
현대자동차	157	14.5%	현대전자산업	72	38.7%	현대자동차	46	−52.0%
현대석유화학	76	7.0%	현대건설	34	18.4%	현대산업개발	20	−22.9%
현대산업개발	41	3.8%	현대자동차써비스	32	17.1%	현대건설	14	−15.7%
현대자동차써비스	32	2.9%	현대중공업	27	14.6%	현대엔지니어링	13	−14.7%
현대중공업	27	2.5%	현대석유화학	24	12.9%	금강개발산업	12	−13.9%
현대상선	24	2.2%	현대정유	22	11.9%	현대미포조선	12	−13.5%
인천제철	22	2.0%	현대정공	21	11.4%	현대정유	11	−12.6%
현대정공	18	1.6%	현대산업개발	21	11.2%	현대석유화학	11	−12.0%
현대종합상사	12	1.1%	현대상선	18	9.6%	현대상선	9	−9.5%
계	1,233	114.3%		358	192.5%		357	−398.7%

자료 : 한국신용평가 KIS-Line 재무자료

〈부표 1-13a〉 삼성 : 자산총계, 상위 10대 기업

(단위 : 십억 원)

	95년			96년			97년	
	총액	그룹내비중		총액	그룹내비중		총액	그룹내비중
삼성전자	13,562	35.6%	삼성전자	15,838	33.6%	삼성전자	23,066	36.4%
삼성물산	5,287	13.9%	삼성물산	5,992	12.7%	삼성물산	7,912	12.5%
삼성중공업	4,616	12.1%	삼성중공업	5,343	11.3%	삼성중공업	6,094	9.6%
삼성전관	2,104	5.5%	삼성전관	2,662	5.7%	삼성전관	3,764	5.9%
삼성항공산업	1,717	4.5%	삼성자동차	2,157	4.6%	삼성자동차	3,394	5.3%
삼성종합화학	1,625	4.3%	삼성항공산업	2,066	4.4%	삼성종합화학	2,866	4.5%
제일모직	1,308	3.4%	삼성종합화학	2,028	4.3%	삼성전기	2,625	4.1%
삼성전기	1,290	3.4%	삼성전기	1,802	3.8%	삼성항공산업	2,374	3.7%
신세계백화점	841	2.2%	제일모직	1,481	3.1%	제일모직	1,721	2.7%
삼성자동차	757	2.0%	삼성코닝	854	1.8%	삼성코닝	1,035	1.6%
계	33,108	86.8%		40,223	85.4%		54,851	86.5%

자료 : 한국신용평가 KIS-Line 재무자료

〈부표 1-13b〉 삼성 : 자기자본, 상위 10대 기업

(단위 : 십억 원)

	95년			96년			97년	
	총액	그룹내비중		총액	그룹내비중		총액	그룹내비중
삼성전자	5,482	44.9%	삼성전자	5,025	40.5%	삼성전자	5,830	43.3%
삼성물산	1,195	9.8%	삼성물산	1,294	10.4%	삼성전관	1,303	9.7%
삼성중공업	1,027	8.4%	삼성전관	1,207	9.7%	삼성물산	1,098	8.2%
삼성전관	1,000	8.2%	삼성중공업	814	6.6%	삼성자동차	821	6.1%
삼성전기	551	4.5%	삼성전기	656	5.3%	삼성중공업	709	5.3%
삼성항공산업	413	3.4%	삼성자동차	565	4.5%	삼성전기	692	5.1%
제일모직	410	3.4%	삼성항공산업	438	3.5%	삼성항공산업	454	3.4%
삼성종합화학	341	2.8%	제일모직	436	3.5%	제일모직	436	3.2%
삼성자동차	322	2.6%	삼성종합화학	331	2.7%	삼성종합화학	349	2.6%
신세계백화점	222	1.8%	삼성코닝	226	1.8%	삼성정밀화학	274	2.0%
계	10,962	89.7%		10,992	88.5%		11,966	89.0%

자료 : 한국신용평가 KIS-Line 재무자료

〈부표 1-13c〉 삼성 : 부채총계, 상위 10대 기업

(단위 : 십억 원)

	95년			96년			97년	
	총액	그룹내비중		총액	그룹내비중		총액	그룹내비중
삼성전자	8,080	31.2%	삼성전자	10,813	31.2%	삼성전자	17,236	34.5%
삼성물산	4,093	15.8%	삼성물산	4,698	13.6%	삼성물산	6,814	13.6%
삼성중공업	3,589	13.8%	삼성중공업	4,529	13.1%	삼성중공업	5,385	10.8%
삼성항공산업	1,304	5.0%	삼성종합화학	1,697	4.9%	삼성자동차	2,573	5.1%
삼성종합화학	1,284	5.0%	삼성항공산업	1,628	4.7%	삼성종합화학	2,517	5.0%
삼성전관	1,104	4.3%	삼성자동차	1,592	4.6%	삼성전관	2,462	4.9%
제일모직	898	3.5%	삼성전관	1,455	4.2%	삼성전기	1,933	3.9%
삼성전기	740	2.9%	삼성전기	1,145	3.3%	삼성항공산업	1,920	3.8%
신세계백화점	619	2.4%	제일모직	1,046	3.0%	제일모직	1,285	2.6%
중앙일보사	482	1.9%	삼성에버랜드	681	2.0%	삼성에버랜드	837	1.7%
계	22,193	85.6%		29,283	84.5%		42,961	85.9%

자료 : 한국신용평가 KIS-Line 재무자료

〈부표 1-13d〉 삼성 : 매출액, 상위 10대 기업

(단위 : 십억 원)

	95년			96년			97년	
	총액	그룹내비중		총액	그룹내비중		총액	그룹내비중
삼성물산	19,254	38.3%	삼성물산	24,132	42.7%	삼성물산	29,735	44.4%
삼성전자	16,190	32.2%	삼성전자	15,875	28.1%	삼성전자	18,465	27.6%
삼성중공업	2,921	5.8%	삼성중공업	3,256	5.8%	삼성중공업	3,953	5.9%
삼성전관	1,932	3.8%	삼성전관	2,461	4.4%	삼성전관	2,639	3.9%
삼성전기	1,344	2.7%	삼성전기	1,489	2.6%	삼성전기	1,750	2.6%
삼성항공산업	1,158	2.3%	삼성항공산업	1,313	2.3%	삼성항공산업	1,578	2.4%
신세계백화점	1,109	2.2%	삼성엔지니어링	1,083	1.9%	삼성종합화학	1,044	1.6%
제일모직	903	1.8%	제일모직	984	1.7%	제일모직	1,010	1.5%
삼성엔지니어링	731	1.5%	삼성종합화학	755	1.3%	삼성엔지니어링	875	1.3%
삼성종합화학	678	1.3%	삼성SDS	745	1.3%	삼성SDS	840	1.3%
계	46,219	91.9%		52,092	92.2%		61,890	92.5%

자료 : 한국신용평가 KIS-Line 재무자료

〈부표 1-13e〉 삼성 : 당기순이익, 상위 10대 기업

(단위 : 십억 원)

	95년			96년			97년	
	총액	그룹내비중		총액	그룹내비중		총액	그룹내비중
삼성전자	2,505	86.4%	삼성전자	166	207.2%	삼성전자	124	66.5%
삼성전관	102	3.5%	삼성전관	164	205.4%	삼성전관	104	56.1%
삼성종합화학	77	2.7%	삼성코닝	42	52.7%	삼성전기	38	20.6%
삼성중공업	42	1.4%	제일모직	40	49.5%	삼성물산	32	17.0%
삼성전기	35	1.2%	삼성전기	35	44.4%	삼성코닝	18	9.7%
삼성코닝	30	1.0%	삼성물산	31	38.6%	에스원	10	5.5%
삼성석유화학	28	1.0%	삼성엔지니어링	18	22.0%	삼성SDS	8	4.3%
삼성물산	20	0.7%	삼성SDS	7	9.2%	삼성항공산업	7	3.9%
제일모직	16	0.6%	에스원	7	8.9%	서울통신기술	7	3.5%
삼성엔지니어링	16	0.6%	포항강재공업	5	6.8%	삼성엔지니어링	6	3.4%
계	2,872	99.1%		515	644.8%		354	190.4%

자료 : 한국신용평가 KIS-Line 재무자료

〈부표 1-14a〉 대우 : 자산총계, 상위 10대 기업

(단위 : 십억 원)

95년			96년			97년		
	총액	그룹내비중		총액	그룹내비중		총액	그룹내비중
대우	8,743	29.0%	대우	9,251	27.0%	대우	14,222	27.5%
대우중공업	8,734	28.9%	대우중공업	8,929	26.1%	대우중공업	11,807	22.8%
대우자동차	4,910	16.3%	대우자동차	5,272	15.4%	대우자동차	8,513	16.5%
대우전자	3,473	11.5%	대우전자	3,664	10.7%	대우전자	4,064	7.9%
경남기업	1,060	3.5%	대우자판	1,926	5.6%	쌍용자동차	3,986	7.7%
대우통신	940	3.1%	오리온전기	1,114	3.3%	대우자판	1,778	3.4%
오리온전기	872	2.9%	대우통신	1,081	3.2%	오리온전기	1,525	2.9%
대우기전공업	382	1.3%	경남기업	1,070	3.1%	대우통신	1,475	2.9%
대우정밀공업	334	1.1%	대우정밀공업	527	1.5%	경남기업	1,286	2.5%
대우개발	256	0.8%	대우기전공업	488	1.4%	대우기전공업	791	1.5%
계	29,704	98.4%		33,323	97.4%		49,449	95.6%

자료 : 한국신용평가 KIS-Line 재무자료

〈부표 1-14b〉 대우 : 자기자본, 상위 10대 기업

(단위 : 십억 원)

95년			96년			97년		
	총액	그룹내비중		총액	그룹내비중		총액	그룹내비중
대우중공업	2,743	40.5%	대우중공업	2,774	36.2%	대우중공업	2,827	31.4%
대우	1,416	20.9%	대우	1,815	23.7%	대우	2,751	30.6%
대우전자	750	11.1%	대우자동차	770	10.0%	대우자동차	1,039	11.5%
대우자동차	581	8.6%	대우전자	765	10.0%	대우전자	815	9.0%
대우통신	312	4.6%	대우통신	319	4.2%	대우통신	323	3.6%
오리온전기	299	4.4%	오리온전기	309	4.0%	오리온전기	313	3.5%
경남기업	171	2.5%	경남기업	222	2.9%	경남기업	259	2.9%
대우정밀공업	145	2.1%	대우정밀공업	148	1.9%	대우기전공업	184	2.0%
대우기전공업	117	1.7%	대우자판	147	1.9%	대우자판	162	1.8%
대우개발	116	1.7%	대우기전공업	139	1.8%	대우정밀공업	153	1.7%
계	6,651	98.1%		7,407	96.5%		8,828	98.0%

자료 : 한국신용평가 KIS-Line 재무자료

〈부표 1-14c〉 대우 : 부채총계, 상위 10대 기업

(단위 : 십억 원)

95년			96년			97년		
	총액	그룹내비중		총액	그룹내비중		총액	그룹내비중
대우	7,326	17.1%	대우	7,436	28.0%	대우	11,471	49.0%
대우중공업	5,991	14.0%	대우중공업	6,155	23.2%	대우중공업	8,980	38.4%
대우자동차	4,329	10.1%	대우자동차	4,503	17.0%	대우자동차	7,474	31.9%
대우전자	2,724	6.4%	대우전자	2,899	10.9%	쌍용자동차	4,137	17.7%
경남기업	889	2.1%	대우자판	1,779	6.7%	대우전자	3,249	13.9%
대우통신	627	1.5%	경남기업	848	3.2%	대우자판	1,616	6.9%
오리온전기	573	1.3%	오리온전기	805	3.0%	오리온전기	1,212	5.2%
대우기전공업	265	0.6%	대우통신	763	2.9%	대우통신	1,152	4.9%
대우정밀공업	189	0.4%	대우정밀공업	379	1.4%	경남기업	1,027	4.4%
대우개발	140	0.3%	대우기전공업	349	1.3%	대우기전공업	606	2.6%
계	23,053	53.9%		25,916	97.7%		40,925	174.8%

자료 : 한국신용평가 KIS-Line 재무자료

〈부표 1-14d〉 대우 : 매출액, 상위 10대 기업

(단위 : 십억 원)

95년			96년			97년		
	총액	그룹내비중		총액	그룹내비중		총액	그룹내비중
대우	15,025	51.9%	대우	19,012	49.7%	대우	24,009	48.4%
대우중공업	3,963	13.7%	대우중공업	5,149	13.5%	대우자동차	5,798	11.7%
대우자동차	3,470	12.0%	대우자동차	4,365	11.4%	대우중공업	5,577	11.2%
대우전자	3,126	10.8%	대우전자	3,570	9.3%	대우전자	3,858	7.8%
대우통신	803	2.8%	대우자판	2,167	5.7%	대우자판	3,681	7.4%
오리온전기	751	2.6%	오리온전기	904	2.4%	쌍용자동차	1,442	2.9%
대우기전공업	475	1.6%	대우통신	843	2.2%	대우통신	1,150	2.3%
경남기업	400	1.4%	대우기전공업	590	1.5%	오리온전기	964	1.9%
대우정밀공업	225	0.8%	경남기업	506	1.3%	대우기전공업	815	1.6%
대우전자부품	172	0.6%	대우정밀공업	271	0.7%	대우정밀공업	636	1.3%
계	28,410	98.1%		37,377	97.7%		47,930	96.7%

자료 : 한국신용평가 KIS-Line 재무자료

〈부표 1-14e〉 대우 : 당기순이익 상위 10대 기업

(단위 : 십억 원)

95년			96년			97년		
	총액	그룹내비중		총액	그룹내비중		총액	그룹내비중
대우중공업	125	37.4%	대우중공업	73	21.0%	대우자동차	251	188.6%
대우	60	18.0%	대우	73	20.9%	대우중공업	95	71.1%
대우전자	47	14.1%	대우자동차	52	14.9%	대우	54	40.5%
대우기전공업	25	7.3%	대우전자	48	13.9%	대우전자	41	31.1%
오리온전기	21	6.3%	대우기전공업	26	7.4%	대우기전공업	19	14.5%
대우모터공업	12	3.5%	대우자판	21	6.0%	대우자판	15	11.3%
대우통신	11	3.3%	오리온전기	13	3.6%	대우통신	8	5.8%
경남기업	11	3.2%	대우통신	12	3.5%	대우정밀공업	6	4.8%
대우자동차	11	3.1%	대우모터공업	9	2.6%	오리온전기	6	4.5%
대우정밀공업	7	2.0%	경남기업	5	1.5%	대우모터공업	4	2.8%
계	329	98.2%		332	95.5%		499	374.9%

자료 : 한국신용평가 KIS-Line 재무자료

〈부표 1-15a〉 LG : 자산총계, 상위 10대 기업

(단위 : 십억 원)

	95년			96년			97년	
	총액	그룹내비중		총액	그룹내비중		총액	그룹내비중
LG전자	6,011	19.9%	LG전자	6,842	18.5%	LG전자	8,840	17.3%
LG칼텍스정유	4,206	14.0%	LG칼텍스정유	5,482	14.8%	LG반도체	7,831	15.3%
LG반도체	4,160	13.8%	LG화학	5,069	13.7%	LG칼텍스정유	7,050	13.8%
LG화학	3,901	12.9%	LG반도체	5,065	13.7%	LG화학	6,163	12.0%
LG건설	1,544	5.1%	LG정유판매	2,073	5.6%	LG정유판매	2,180	4.3%
LG산전	1,471	4.9%	LG건설	1,809	4.9%	LG산전	2,154	4.2%
LG상사	1,250	4.1%	LG산전	1,670	4.5%	LG건설	2,104	4.1%
LG전선	956	3.2%	LG상사	1,389	3.7%	LG상사	2,033	4.0%
LG정유유통	931	3.1%	LG전선	1,229	3.3%	LG정보통신	1,922	3.8%
LG정유판매	891	3.0%	LG금속	976	2.6%	LG금속	1,768	3.5%
계	25,319	84.0%		31,602	85.3%		42,044	82.1%

자료 : 한국신용평가 KIS-Line 재무자료

〈부표 1-15b〉 LG : 자기자본 상위 10대 기업

(단위 : 십억 원)

	95년			96년			97년	
	총액	그룹내비중		총액	그룹내비중		총액	그룹내비중
LG전자	1,453	20.5%	LG반도체	1,470	18.1%	LG전자	1,527	18.1%
LG반도체	1,374	19.4%	LG전자	1,470	18.1%	LG화학	1,445	17.2%
LG칼텍스정유	1,124	15.8%	LG화학*	1,449	17.8%	LG반도체	1,335	15.8%
LG화학	1,122	15.8%	LG칼텍스정유	1,121	13.8%	LG칼텍스정유	1,111	13.2%
LG산전	297	4.2%	LG산전	320	3.9%	LG정보통신	442	5.2%
LG건설	271	3.8%	LG전선	295	3.6%	LG텔레콤	387	4.6%
LG상사	260	3.7%	LG정보통신	288	3.5%	LG산전	331	3.9%
LG전선	246	3.5%	LG건설	277	3.4%	LG전선	293	3.5%
LG금속	159	2.2%	LG상사	264	3.2%	LG건설	265	3.1%
LG정보통신	144	2.0%	LG텔레콤	202	2.5%	LG상사	222	2.6%
계	6,451	90.8%		7,155	88.0%		7,358	87.3%

자료 : 한국신용평가 KIS-Line 재무자료

〈부표 1-15c〉 LG : 부채총계 상위 10대 기업

(단위 : 십억 원)

	95년			96년			97년	
	총액	그룹내비중		총액	그룹내비중		총액	그룹내비중
LG전자	4,558	19.8%	LG전자	5,372	18.6%	LG전자	7,313	17.1%
LG칼텍스정유	3,082	13.4%	LG칼텍스정유	4,361	15.1%	LG반도체	6,496	15.2%
LG반도체	2,785	12.1%	LG화학	3,621	12.5%	LG칼텍스정유	5,939	13.9%
LG화학	2,779	12.1%	LG반도체	3,594	12.4%	LG화학	4,718	11.0%
LG건설	1,272	5.5%	LG정유판매	2,026	7.0%	LG정유판매	2,138	5.0%
LG산전	1,174	5.1%	LG건설	1,532	5.3%	LG건설	1,839	4.3%
LG상사	990	4.3%	LG산전	1,350	4.7%	LG산전	1,823	4.3%
LG정유유통	923	4.0%	LG상사	1,125	3.9%	LG상사	1,812	4.2%
LG정유판매	851	3.7%	LG전선	934	3.2%	LG금속	1,754	4.1%
LG전선	710	3.1%	LG금속	812	2.8%	LG정보통신	1,480	3.5%
계	19,124	83.0%		24,728	85.6%		35,311	82.5%

자료 : 한국신용평가 KIS-Line 재무자료

〈부표 1-15d〉 LG : 매출액 상위 10대 기업

(단위 : 십억 원)

	95년			96년			97년	
	총액	그룹내비중		총액	그룹내비중		총액	그룹내비중
LG상사	10,448	26.1%	LG상사	14,041	30.1%	LG상사	15,584	26.7%
LG전자	6,592	16.4%	LG전자	7,502	16.1%	LG전자	9,240	15.8%
LG칼텍스정유	4,456	11.1%	LG칼텍스정유	5,567	11.9%	LG칼텍스정유	7,202	12.3%
LG화학	3,316	8.3%	LG화학	3,464	7.4%	LG정유판매	4,723	8.1%
LG반도체	2,517	6.3%	LG정유판매	2,014	4.3%	LG화학	4,114	7.1%
LG정유판매	1,622	4.0%	LG반도체	2,010	4.3%	LG건설	2,108	3.6%
LG건설	1,477	3.7%	LG건설	1,832	3.9%	LG금속	2,019	3.5%
LG정유유통	1,398	3.5%	LG금속	1,620	3.5%	LG반도체	2,007	3.4%
LG금속	1,384	3.5%	LG산전	1,588	3.4%	LG정보통신	1,949	3.3%
LG전선	1,321	3.3%	LG전선	1,439	3.1%	LG산전	1,675	2.9%
계	34,530	86.1%		41,077	88.0%		50,621	86.8%

자료 : 한국신용평가 KIS-Line 재무자료

〈부표 1-15e〉 LG : 당기순이익 상위 10대 기업

(단위 : 십억 원)

	95년			96년			97년	
	총액	그룹내비중		총액	그룹내비중		총액	그룹내비중
LG반도체	781	58.0%	LG반도체	92	26.1%	LG전자	92	−24.3%
LG칼텍스정유	157	11.7%	LG전자	50	14.2%	LG정보통신	66	−17.6%
LG화학	91	6.8%	LG정보통신	34	9.7%	LG마이크론	22	−5.8%
LG전자	74	5.5%	LG산전	31	8.8%	LG칼텍스정유	18	−4.7%
LG석유화학	53	4.0%	실트론	27	7.6%	LG건설	16	−4.2%
LG금속	42	3.1%	LG상사	21	6.0%	LG칼텍스가스	13	−3.4%
LG산전	29	2.1%	LG전선	21	5.9%	LG산전	13	−3.4%
LG정보통신	22	1.6%	LG건설	14	4.0%	LG유통	13	−3.4%
LG상사	13	1.0%	LG칼텍스정유	12	3.5%	LG EDS시스템	10	−2.6%
LG건설	12	0.9%	LG EDS시스템	10	2.8%	LG화학	6	−1.7%
계	1,274	94.7%		312	88.5%		268	−71.1%

자료 : 한국신용평가 KIS-Line 재무자료

〈부표 1-16a〉 SK : 자산총계 상위 10대 기업

(단위 : 십억 원)

	95년			96년			97년	
	총액	그룹내비중		총액	그룹내비중		총액	그룹내비중
SK	7,292	51.1%	SK	9,739	14.5%	SK	12,649	43.7%
SK건설	1,243	8.7%	SK텔레콤	3,259	4.9%	SK텔레콤	4,103	14.2%
SK케미칼	1,153	8.1%	SK건설	1,394	2.1%	SK에너지판매	2,644	9.1%
SK상사	952	6.7%	SK케미칼	1,254	1.9%	SK건설	1,693	5.8%
흥국상사	794	5.6%	SK상사	1,081	1.6%	SK케미칼	1,472	5.1%
SK해운	702	4.9%	흥국상사	915	1.4%	SK상사	1,449	5.0%
SKC	645	4.5%	SKC	808	1.2%	SK해운	1,306	4.5%
SK옥시케미칼	429	3.0%	SK해운	749	1.1%	SKC	915	3.2%
SK가스	244	1.7%	SK에너지판매	642	1.0%	SK가스	704	2.4%
대한도시가스	193	1.4%	SK옥시케미칼	453	0.7%	SK옥시케미칼	623	2.2%
계	13,647	95.7%		20,294	30.3%		27,558	95.1%

자료 : 한국신용평가 KIS-Line 재무자료

〈부표 1-16b〉 SK : 자기자본, 상위 10대 기업

(단위 : 십억 원)

	95년			96년			97년	
	총액	그룹내비중		총액	그룹내비중		총액	그룹내비중
SK	2,034	62.1%	SK	2,104	45.5%	SK	2,120	40.8%
SK케미칼	362	11.0%	SK텔레콤	1,051	22.7%	SK텔레콤	1,316	25.3%
SK상사	309	9.4%	SK상사	355	7.7%	SK상사	351	6.8%
흥국상사	106	3.2%	SK케미칼	306	6.6%	SK케미칼	304	5.8%
SK옥시케미칼	105	3.2%	SKC	218	4.7%	SKC	294	5.7%
대한도시가스	104	3.2%	대한도시가스	121	2.6%	대한도시가스	231	4.4%
SK건설	91	2.8%	SK건설	110	2.4%	SK건설	160	3.1%
SKC	89	2.7%	흥국상사	107	2.3%	SK가스	147	2.8%
워커힐	48	1.5%	SK가스	100	2.2%	SK옥시케미칼	94	1.8%
SK가스	44	1.3%	SK옥시케미칼	72	1.6%	SK에너지판매	93	1.8%
계	3,292	100.5%		4,545	98.2%		5,110	98.4%

자료 : 한국신용평가 KIS-Line 재무자료

〈부표 1-16c〉 SK : 부채총계, 상위 10대 기업

(단위 : 십억 원)

	95년			96년			97년	
	총액	그룹내비중		총액	그룹내비중		총액	그룹내비중
SK	5,258	47.8%	SK	7,635	42.3%	SK	10,529	44.3%
SK건설	1,152	10.5%	SK텔레콤	2,208	12.2%	SK텔레콤	2,788	11.7%
SK케미칼	791	7.2%	SK건설	1,285	7.1%	SK에너지판매	2,551	10.7%
흥국상사	688	6.3%	SK케미칼	948	5.2%	SK건설	1,532	6.4%
SK해운	675	6.1%	흥국상사	808	4.5%	SK해운	1,319	5.5%
SK상사	643	5.9%	SK상사	725	4.0%	SK케미칼	1,168	4.9%
SKC	556	5.1%	SK해운	718	4.0%	SK상사	1,098	4.6%
SK옥시케미칼	324	2.9%	SK에너지판매	641	3.5%	SKC	621	2.6%
SK유통	201	1.8%	SKC	590	3.3%	SK가스	556	2.3%
SK가스	201	1.8%	삼양석유	415	2.3%	SK옥시케미칼	530	2.2%
계	10,488	95.4%		15,972	88.4%		22,692	95.5%

자료 : 한국신용평가 KIS-Line 재무자료

〈부표 1-16d〉 SK : 매출액, 상위 10대 기업

(단위 : 십억 원)

	95년			96년			97년	
	총액	그룹내비중		총액	그룹내비중		총액	그룹내비중
SK	6,593	38.3%	SK	8,322	31.3%	SK	10,757	35.8%
SK상사	4,046	23.5%	SK상사	4,687	17.7%	SK상사	5,997	19.9%
흥국상사	1,441	8.4%	SK텔레콤	2,676	10.1%	SK텔레콤	3,512	11.7%
SK건설	1,245	7.2%	흥국상사	1,772	6.7%	SK에너지판매	2,663	8.9%
SK케미칼	857	5.0%	SK건설	1,625	6.1%	SK건설	1,457	4.8%
SK해운	739	4.3%	SK에너지판매	1,030	3.9%	SK해운	1,137	3.8%
SKC	626	3.6%	삼양석유	815	3.1%	SK유통	1,019	3.4%
SK가스	554	3.2%	SK해운	761	2.9%	SK가스	922	3.1%
SK유통	362	2.1%	SK가스	704	2.7%	SK케미칼	745	2.5%
대한도시가스	187	1.1%	SK케미칼	673	2.5%	SKC	682	2.3%
계	16,650	96.8%		23,064	86.8%		28,890	96.1%

자료 : 한국신용평가 KIS-Line 재무자료

〈부표 1-16e〉 SK : 당기순이익, 상위 10대 기업

(단위 : 십억 원)

	95년			96년			97년	
	총액	그룹내비중		총액	그룹내비중		총액	그룹내비중
SK	105	62.6%	SK텔레콤	228	67.7%	SK텔레콤	114	50.3%
SK옥시케미칼	33	19.8%	SK	76	22.5%	SK옥시케미칼	21	9.5%
SK케미칼	11	6.5%	SK옥시케미칼	26	7.7%	SKC	21	9.4%
SKC	9	5.6%	SKC	21	6.4%	SK	20	9.0%
SK상사	9	5.3%	대한도시가스	12	3.7%	SK건설	20	8.8%
대한도시가스	9	5.1%	대한텔레콤	12	3.5%	대한도시가스	14	6.3%
SK가스	6	3.7%	SK가스	9	2.6%	대한텔레콤	14	6.0%
SK해운	2	1.4%	SK상사	8	2.5%	SK유통	12	5.3%
대한텔레콤	2	1.2%	SK건설	5	1.3%	SK가스	10	4.6%
구미도시가스	2	1.1%	SK해운	4	1.2%	SK상사	8	3.5%
계	189	112.2%		401	119.3%		254	112.7%

자료 : 한국신용평가 KIS-Line 재무자료

〈부표 1-17〉 당기순이익 적자 기업 : 현대

(단위 : 십억 원)

1995		1996		1997	
기업명	총액	기업명	총액	기업명	총액
현대리바트	-36,384	현대리바트	-22,631	현대리바트	-45,795
현대문화신문	-22,675	현대문화신문	-31,942	현대문화신문	-74,232
현대정유	-44,964	현대강관	-9,559	동서산업	-5,724
현대우주항공	-9,114	현대미포조선	-7,588	현대알루미늄공업	-81
현대정유판매	-7,764	현대우주항공	-19,009	케피코	-12,436
티존코리아	-613	후성정공	-712	현대우주항공	-22,357
한국물류	-4,939	현대중기산업	-1,233	현대전자산업	-183,543
현대세가엔터테인먼트	-498	현대정유판매	-18,883	현대정유판매	-23,400
현대물류	-4,624	한국물류	-6,270	티존코리아	-1,850
금강기획	-13,458	현대물류	-3,168	한국물류	-2,640
현대경제사회연구원	-58	금강기획	-18,247	현대물류	-2,809
대한알루미늄공업	-69,316	현대경제사회연구원	-1,259	울산방송	-2,396
		현대정보기술	-11,801	현대방송	-15,068
		대한알루미늄공업	-104,345	현대정보기술	-798
				대한알루미늄공업	-108,759
합계	-214,407	합계	-256,647	합계	-501,888

자료 : 한국신용평가 KIS-Line 재무자료

〈부표 1-18〉 당기순이익 적자 기업 : 삼성

(단위 : 십억 원)

1995		1996		1997	
기업명	총액	기업명	총액	기업명	총액
삼성코닝정밀유리	-8	삼성에스엠	-602	삼성에스엠	-3,904
삼성자동차	-702	대도제약	-6,159	대도제약	-6,139
삼성시계	-21,076	한덕화학	-1,942	한덕화학	-1,400
한일전선	-9,010	삼성코닝정밀유리	-624	삼성코닝정밀유리	-3,361
연포레저개발	-85	한일가전	-2,027	한일가전	-3,356
조선호텔	-1,355	삼성중공업	-298,008	삼성중공업	-95,524
해운대개발	-1,910	삼성항공산업	-65,290	스템코	-5,248
삼성에버랜드	-4,248	삼성상용차	-134	아산전자	-280
삼성라이온즈	-973	삼성자동차	-21,649	이천전기	-38,806
		이천전기	-36,415	삼성시계	-6,573
		삼성시계	-16,916	한일전선	-6,709
		한일전선	-6,682	중앙디자인	-1,591
		호텔신라	-6,715	호텔신라	-14,730
		서해리조트	-208	연포레저개발	-78
		연포레저개발	-109	무진개발	-841
		무진개발	-121	삼성에버랜드	-14,639
		삼성경제연구소	-5	보광환경개발	-386
		삼성에버랜드	-3,839	삼성선물	-391
		삼성라이온즈	-229		
		보광환경개발	-261		
합계	-39,366	합계	-467,936	합계	-203,957

자료 : 한국신용평가 KIS-Line 재무자료

〈부표 1-19〉 당기순이익 적자 기업 : 대우

(단위 : 십억 원)

1995		1996		1997	
기업명	총액	기업명	총액	기업명	총액
경남금속	-5,129	경남금속	-39	한국전기초자	-59,798
한국자동차연료시스템	-17	한국자동차연료시스템	-2,223	쌍용자동차	-313,321
한국산업전자	-1,129			한국자동차연료시스템	-2,696
대우경제연구소	-197			한국산업전자	-4,206
합계	-6,471	합계	-2,262	합계	-380,022

자료 : 한국신용평가 KIS-Line 재무자료

〈부표 1-20〉 당기순이익 적자 기업 : LG

(단위 : 십억 원)

1995		1996		1997	
기업명	총액	기업명	총액	기업명	총액
LG전자부품	-5,110	LG전자부품	-5,484	LG석유화학	-10,175
원전에너지	-4,618	원전에너지	-2,824	LG얼라이드시그널	-584
LG백화점	-2,371	LG백화점	-13,721	LG오웬스코닝	-11,172
LG홈쇼핑	-5,855	LG홈쇼핑	-10,954	LG금속	-147,289
한무개발	-12,425	한무개발	-7,907	실트론	-14,426
LG스포츠	-239	LG레저	-203	LG전자부품	-8,343
LG미디어	-2,397	LG스포츠	-777	LG반도체	-289,720
				극동도시가스	-22,975
				원전에너지	-1,671
				LG백화점	-23,285
				LG정유판매	-5,534
				LG홈쇼핑	-4,065
				LG텔레콤	-20,408
				LG스포츠	-451
				LG히다찌	-672
				LG이엔씨	-3,650
				LG엔지니어링	-39,755
				LG상사	-55,088
합계	-33,015	합계	-41,871	합계	-659,264

자료 : 한국신용평가 KIS-Line 재무자료

〈부표 1-21〉 당기순이익 적자 기업 : SK

(단위 : 십억 원)

1995		1996		1997	
기업명	총액	기업명	총액	기업명	총액
경성고무공업사	-9,603	SK케미칼	-54,229	SK제약	-136
SK제약	-829	경성고무공업사	-9,264	중원	-2,705
중부도시가스	-342	SK제약	-3,699	SK창고	-483
포항도시가스	-891	SK에라스토머	-5,299	SK해운	-43,441
SK건설	-480	중부도시가스	-1,311	경진해운	-1,903
SK유통	-13,961	SK에너지판매	-2,882		
		SK유통	-1		
		경진해운	-2,986		
합계	-26,106	합계	-79,671	합계	-48,668

자료 : 한국신용평가 KIS-Line 재무자료

〈부록그림 1-1〉 주력산업 현황 : 현대

(단위 : 십억원)

현대
- 주력산업
  - 조립, 기계
  - 건 설
  - 도소매
- 비주력산업
  - 전 자
  - 가 스

조립, 기계

	매출액	당기순이익	자기자본	자산총계
현대엘리베이터	263	6	83	237
현대자동차	11,662	46	1,695	10,002
현대정공	2,604	6	438	2,760
케피코	169	-12	35	188
한국프랜지공업	189	0.1	49	218
현대미포조선	361	12	91	452
현대중공업	5,889	208	2,063	9,207
현대우주항공	98	-22	17	487
서한산업	-	-	-	-

건 설

	매출액	당기순이익	자기자본	자산총계
고려산업개발	586	7	166	908
현대건설	5,607	14	1,253	9,457
현대산업개발	2,132	20	458	2,905
현대엔지니어링	379	13	75	260
현대중기산업	113	0.3	10	77

도소매

	매출액	당기순이익	자기자본	자산총계
현대자동차써비스	5,554	5	501	4,461
현대세가엔터테인먼트	10	0.1	5	8
현대정유판매	1,520	-23	52	783
티존코리아	15	-2	7	18
한국물류	124	-3	1	63
금강개발산업	1,227	12	203	1,076
주리원백화점	144	0.3	30	228
한무쇼핑	340	7	37	163
현대자원개발	-	-	-	-

전 자

	매출액	당기순이익	자기자본	자산총계
현대전자산업	3,491	-184	1,366	10,764
신대한	10	0.04	1	12

가 스

	매출액	당기순이익	자기자본	자산총계
현대에너지	-	-	-	-

제1차 금속

	매출액	당기순이익	자기자본	자산총계
인천제철	1,675	5	536	1,946
현대강관	515	4	144	1,155
현대알루미늄공업	159	-0.08	23	144

목 재

	매출액	당기순이익	자기자본	자산총계
현대문화신문	77	-74	-104	175
현대리바트	515	-46	-25	391

무 역

	매출액	당기순이익	자기자본	자산총계
현대종합상사	25,041	8	202	1,000
대한알루미늄공업	373	-109	-98	634

운수, 통신

	매출액	당기순이익	자기자본	자산총계
현대상선	3,095	9	405	3,861
현대물류	137	-3	7	79
선일상선	26	0.1	0.7	22
한소해운	20	0.7	5	64
동해해운	-	-	-	-
인천공항외항사터미널	-	-	-	-

서비스, 기타

	매출액	당기순이익	자기자본	자산총계
현대정보기술	363	-0.8	38	392
현대경제사회연구원	11	0.01	8	11
금강기획	183	6	2	254
다이아몬드베이츠	4	0.01	0.5	8
서울프로덕션	-	-	-	-
울산방송	3	-2	28	30
현대방송	12	-15	-5	63
동서관광개발	0	0.03	5	62
현대유니콘스	-	-	-	-

화학

	매출액	당기순이익	자기자본	자산총계
현대정유	3,098	11	299	3,270
현대석유화학	709	11	479	3,775

비금속광물

	매출액	당기순이익	자기자본	자산총계
동서산업	174	-6	65	306

〈부록그림 1-2〉 주력산업 현황 : 삼성

(단위 : 십억원)

삼 성

주력산업

전 자

	매출액	당기순이익	자기자본	자산총계
삼성전자	18,465	12	5,830	23,065
이천전기	59	-4	-62	114
한일전선	81	-0.7	-21	71
삼성전관	2,639	10	1,303	3,764
스테코	-	-	-	-
스템코	0.4	-0.5	20	32
아산전자	16	-0.02	3	15
한국디엔에스	39	0.1	11	90
삼성전기	1,750	4	692	2,625
서울통신기술	107	0.6	13	62
삼성GE의료기기	57	0.1	20	55
삼성시계	34	-0.7	1	79

조 립

	매출액	당기순이익	자기자본	자산총계
포항강재공업	240	0.4	36	191
광주전자	197	0.04	44	323
한일가전	62	-0.3	-9	44
삼성상용차	157	0.02	100	899
삼성자동차	0	0.06	821	3,394
삼성중공업	3,953	-9	709	6,094
삼성항공산업	1,578	0.7	454	2,374

비주력산업

재 목

	매출액	당기순이익	자기자본	자산총계
중앙이코노미스트	-	-	-	-
중앙일보사	431	0.04	118	720
중앙엠앤비	-	-	-	-

비금속광물

	매출액	당기순이익	자기자본	자산총계
삼성코닝	694	2	233	1,035
삼성코닝정밀유리	23	-0.3	2	86

건설업

	매출액	당기순이익	자기자본	자산총계
중앙디자인	64	-0.2	0.2	29

화 학

	매출액	당기순이익	자기자본	자산총계
대한정밀화학	38	-.0.4	22	71
삼성정밀화학	433	0.1	274	690
삼성석유화학	455	0.6	108	459
삼성에스엠	47	-0.4	15	104
삼성종합화학	1,044	0.5	349	2,866
대도제약	3	-0.6	-10	12
한덕화학	4	-0.1	1	12

도소매

	매출액	당기순이익	자기자본	자산총계
보광훼미리마트	173	0.01	10	198
서해리조트	-	-	-	-
연포레저개발	0.5	-0.008	2	10
호텔신라	268	-1	192	542

의 류

	매출액	당기순이익	자기자본	자산총계
제일모직	1,010	0.2	436	1,721

서비스

	매출액	당기순이익	자기자본	자산총계
대경빌딩	6	0.3	21	28
삼성생명서비스	93	0.1	6	17
삼성SDS	840	0.8	79	534
중앙일보뉴미디어	-	-	-	-
삼성경제연구소		0.002	6	8
삼성엔지니어링	875	0.6	179	735
제일기획	298	0.2	27	300
휘닉스커뮤니케이션즈	-	-	-	-
에스원	253	1	155	260
중앙컬처미디어	-	-	-	-
삼성에버랜드	555	-1	144	980
무진개발	0	-0.08	-0.6	253
보광	59	0.1	10	380
삼성라이온즈	25	0.03	-4	55
제일보젤	15	0.03	0.9	31

무 역

	매출액	당기순이익	자기자본	자산총계
삼성물산	29,735	3	1,098	7,912

〈부록그림 1-3〉 주력산업 현황 : 대우

((단위 : 십억원))

대우	업종	기업	매출액	당기순이익	자기자본	자산총계
주력산업	조립, 기계	대우중공업	5,577	95	2,827	11,807
		대우자동차	5,798	251	1,039	8,513
		쌍용자동차	1,442	-313	-150	3,986
		대우기전공업	815	19	184	791
		대우정밀공업	636	6	153	736
		한국자동차연료시스템	21	-3	1	23
	전 자	대우전자	3,858	41	814	4,064
		대우통신	1,150	8	323	1,475
		오리온전기	964	6	313	1,525
		오리온전기부품	80	0.7	16	59
		대우전자부품	231	0.6	100	289
		한국산업전자	21	-4	-10	17
		대우모터공업	95	4	13	40
비주력산업	화 학	코람프라스틱	81	0.7	15	71
	제1차 금속	경남금속	85	3	2	97
	비금속광물	한국전기초자	238	-60	40	491
		한일대우시멘트	-	-	-	-
	건 설	경남기업	464	3	259	1,286
		광주제2순환도로	-	-	-	-
	도소매	대우자판	3,681	15	161	1,778
		대우전자서비스	-	-	-	-
		대우개발	92	2	116	243

서비스, 기타

	매출액	당기순이익	자기자본	자산총계
유화개발	-	-	-	-
대우정보시스템	178	2	11	59
대우에스티반도체설계	-	-	-	-
대우경제연구소	11	0.8	9	12
대우투자자문	4	0.08	5	8
동우공영	43	0.2	1	22
경남시니어타운	-	-	-	-
대우제우스	-	-	-	-
대우레저	0	0.4	1	126

무 역

	매출액	당기순이익	자기자본	자산총계
대우	24,009	54	2,751	14,222

〈부록그림 1-4〉 주력산업 현황 : LG

(단위 : 십억원)

LG
- 주력산업
  - 화학
  - 전자
- 비주력산업
  - 가스
  - 비금속광물
  - 제1차 금속
  - 조립, 기계
  - 건설

화학

	매출액	당기순이익	자기자본	자산총계
LG칼텍스정유	7,202	18	1,111	7,050
LG석유화학	728	-10	128	734
LG화학	4,114	6	1,445	6,163
LG엠엠에이	66	2	26	107
LG얼라이드시그널	16	-0.6	2	12

전자

	매출액	당기순이익	자기자본	자산총계
LG반도체	2,007	-290	1,335	7,831
LG산전	1,675	13	331	2,154
LG전자	9,240	92	1,527	8,840
0.LG전선	1,592	0.5	292	1,570
실트론	228	-14	52	499
LG마이크론	185	22	50	275
LG정밀	288	0.1	69	301
LG정보통신	1,949	66	442	1,922
LG전자부품	242	-8	13	156
LG포스타	69	0.2	13	34
LG하니웰	147	1	21	105

가스

	매출액	당기순이익	자기자본	자산총계
극동도시가스	237	-23	73	254
원전에너지	67	-2	-7	41
LG칼텍스가스	860	13	166	658

비금속광물

	매출액	당기순이익	자기자본	자산총계
LG오웬스코닝	55	-11	33	182

제1차 금속

	매출액	당기순이익	자기자본	자산총계
LG금속	2,019	-147	13	1,768

조립, 기계

	매출액	당기순이익	자기자본	자산총계
LG에너지	0	1	16	18

건설

	매출액	당기순이익	자기자본	자산총계
LG건설	2,108	16	265	2,104
LG기공	146	2	16	99

도소매

	매출액	당기순이익	자기자본	자산총계
LG정유판매	4,723	-6	41	2,179
LG백화점	250	-23	71	449
LG유통	791	13	69	620
LG홈쇼핑	73	-4	-0.9	19
한무개발	85	0.5	-33	258

운수, 통신

	매출액	당기순이익	자기자본	자산총계
LG텔레콤	37	-20	387	1,171
LG인터넷	0	0.3	15	20
호유해운	251	0.1	120	317

서비스, 기타

	매출액	당기순이익	자기자본	자산총계
LG교통정보	-	-	-	-
LG소프트	100	0.4	13	74
LG히다찌	27	-0.7	8	18
LG-EDS시스템	391	10	23	223
LG경제연구원	9	0.002	6	8
LG엔지니어링	512	-40	5	505
LG이엔씨	32	-4	1	25
LG애드	199	2	30	284
LG레저	11	0.4	2	98
LG스포츠	24	-0.5	-2	11

무 역

	매출액	당기순이익	자기자본	자산총계
LG상사	15,584	-55	222	2,033

〈부록그림 1-5〉 주력산업 현황 : SK

(단위 : 십억 원)

S K

- 주력산업
  - 화 학
  - 운수, 통신
- 비주력산업
  - 건 설
  - 섬 유
  - 조립, 기계
  - 전 자

화 학

	매출액	당기순이익	자기자본	자산총계
SK	10,757	20	2,120	12,649
SKC	682	21	294	915
유공몬텔	-	-	-	-
동륭케미칼	-	-	-	-
SK옥시케미칼	261	21	93	623
SK유씨비	21	1	5	15
SK앤제이씨	-	-	-	-
SK제약	24	-0.1	-11	30

운수, 통신

	매출액	당기순이익	자기자본	자산총계
SK텔레콤	3,512	114	1,315	4,103
SK해운	1,137	-43	-12	1,306
양산국제물류	-	-	-	-
SK창고	9	-0.5	5	23
경진해운	36	-2	-3	94
대한텔레콤	85	14	31	81
이리듐코리아	-	-	-	-
한국이동통신	0	2	25	25

건 설

	매출액	당기순이익	자기자본	자산총계
SK건설	1,457	20	160	1,693
SK임업	17	0.2	4	18
대한도시가스엔지니어링	-	-	-	-
중원	7	-0.3	-13	28

섬 유

	매출액	당기순이익	자기자본	자산총계
SK케미칼	745	6	304	1,472
경성고무공업사	-	-	-	-

조립, 기계

	매출액	당기순이익	자기자본	자산총계
스피드메이트	-	-	-	-

전 자

	매출액	당기순이익	자기자본	자산총계
대구전력	-	-	-	-

도소매

	매출액	당기순이익	자기자본	자산총계
국일에너지	44	0.1	3	37
SK에너지판매	2,663	0.2	93	2,644
SK컴퓨터통신	171	1	11	134
SK유통	1,019	12	-45	296
워커힐	99	0.7	49	147
흥진유업	-	-	-	-

서비스, 기타

	매출액	당기순이익	자기자본	자산총계
SK경제연구소	-	-	-	-
마이티브이	-	-	-	-
대한도시가스서비스	-	-	-	-

가 스

	매출액	당기순이익	자기자본	자산총계
SK가스	922	10	147	704
구미도시가스	59	4	13	45
대한도시가스	257	14	231	345
중부도시가스	22	0.2	6	35
청주도시가스	33	2	10	27
포항도시가스	32	2	5	23

무 역

	매출액	당기순이익	자기자본	자산총계
SK상사	5,997	8	351	1,449

〈부표 2-1〉 현대 : 엔트로피다각화지수

1995			1996			1997		
기업명	그룹내 비중(Pi)	Pi * ln(1/Pi)	기업명	그룹내 비중(Pi)	Pi * ln(1/Pi)	기업명	그룹내 비중(Pi)	Pi * ln(1/Pi)
현대문화신문	0.000956	0.006649	현대문화신문	0.001054	0.007223	현대문화신문	0.000975	0.006761
현대정유	0.019982	0.078188	현대정유	0.036643	0.121162	현대정유	0.039374	0.127362
현대석유화학	0.010729	0.048653	후성정밀화학	0.000179	0.001544	현대석유화학	0.009014	0.042446
인천제철	0.024824	0.091747	울산화학	0.000708	0.005133	동서산업	0.002217	0.013550
현대강관	0.007211	0.035565	후성테크	0.001077	0.007358	인천제철	0.021294	0.081968
현대알루미늄공업	0.001697	0.010825	현대석유화학	0.008661	0.041132	현대강관	0.006544	0.032913
현대엘리베이터	0.003847	0.021393	한국내화	0.000554	0.004156	현대알루미늄공업	0.002016	0.012511
현대전자산업	0.067899	0.182630	인천제철	0.022230	0.084613	현대엘리베이터	0.003337	0.019029
현대자동차	0.179906	0.308597	현대강관	0.006679	0.033455	신대한	0.000127	0.001143
현대정공	0.034556	0.116287	현대알루미늄공업	0.001715	0.010924	현대전자산업	0.044369	0.138219
케피코	0.002734	0.016135	현대엘리베이터	0.003642	0.020448	현대자동차	0.148219	0.282959
현대미포조선	0.004486	0.024254	후성산업	0.000252	0.002085	현대정공	0.033096	0.112802
현대중공업	0.068044	0.182874	현대전자산업	0.046598	0.142879	한국프랜지공업	0.002399	0.014470
현대우주항공	0.000128	0.001145	후성정공	0.000076	0.000722	케피코	0.002149	0.013203
현대리바트	0.007795	0.037838	현대자동차	0.169045	0.300493	현대미포조선	0.004587	0.024700
고려산업개발	0.007523	0.036787	현대정공	0.036055	0.119801	현대중공업	0.074848	0.194029
현대건설	0.066945	0.181011	한국프랜지공업	0.002931	0.017097	현대우주항공	0.001251	0.008362
현대산업개발	0.026896	0.097251	케피코	0.002723	0.016080	현대리바트	0.006540	0.032896
현대엔지니어링	0.002840	0.016651	현대미포조선	0.003841	0.021364	고려산업개발	0.007452	0.036511
현대중기산업	0.001498	0.009744	현대중공업	0.068935	0.184372	현대건설	0.071268	0.188240
현대자동차써비스	0.092239	0.219839	현대우주항공	0.000086	0.000806	현대산업개발	0.027100	0.097784
현대자원개발	0.000014	0.000153	현대리바트	0.006648	0.033328	현대엔지니어링	0.004823	0.025726
현대정유판매	0.012864	0.056000	고려산업개발	0.007665	0.037336	현대중기산업	0.001432	0.009380
티존코리아	0.000218	0.001835	현대건설	0.069621	0.185518	현대자동차써비스	0.070587	0.187119
현대종합상사	0.291324	0.359296	현대산업개발	0.024407	0.090622	현대세가엔터테인먼트	0.000127	0.001143
대한알루미늄공업	0.007771	0.037745	현대엔지니어링	0.004086	0.022472	현대정유판매	0.019319	0.076245
한무쇼핑	0.004955	0.026297	현대중기산업	0.001335	0.008837	티존코리아	0.000186	0.001594
한국물류	0.000124	0.001116	현대자동차써비스	0.086069	0.211093	현대종합상사	0.318264	0.364372
금강개발산업	0.014542	0.061522	후성물산	0.000767	0.005500	대한알루미늄공업	0.004734	0.025343
현대세가엔터테인먼트	0.000186	0.001596	현대세가엔터테인먼트	0.000126	0.001129	한국물류	0.001572	0.010150
현대물류	0.000833	0.005904	현대정유판매	0.016986	0.069223	금강개발산업	0.015598	0.064897
현대상선	0.028419	0.101191	티존코리아	0.000357	0.002835	주리원	0.001833	0.011551
선일상선	0.000480	0.003671	현대종합상사	0.302385	0.361669	한무쇼핑	0.004327	0.023552
한소해운	0.000197	0.001679	대한알루미늄공업	0.005826	0.029975	현대물류	0.001741	0.011061
현대투자자문	0.000024	0.000259	한국물류	0.000699	0.005081	현대상선	0.039338	0.127281
현대정보기술	0.002989	0.017373	금강개발산업	0.015522	0.064657	선일상선	0.000326	0.002614
현대경제사회연구원	0.000145	0.001282	한무쇼핑	0.004534	0.024468	한소해운	0.000254	0.002103
금강기획	0.002017	0.012517	현대물류	0.000985	0.006817	현대투자자문	0.000026	0.000273
현대유니콘스	0.000167	0.001452	현대상선	0.031456	0.108812	현대선물	0.000000	0.000005
			선일상선	0.000350	0.002786	현대정보기술	0.004620	0.024842
			한소해운	0.000231	0.001935	현대경제사회연구원	0.000139	0.001233
			현대투자자문	0.000027	0.000288	금강기획	0.002324	0.014096
			현대정보기술	0.004012	0.022138	다이아몬드베이츠	0.000054	0.000534
			현대경제사회연구원	0.000144	0.001271	울산방송	0.000042	0.000423
			금강기획	0.002079	0.012840	현대방송	0.000156	0.001364
						동서관광개발	0.000000	0.000000

자료 : 한국신용평가 KIS-Line 재무자료
주 : Pi는 그룹내 매출액 비중

〈부표 2-2〉 삼성 : 엔트로피 다각화 지수

1995			1996			1997		
기업명	그룹내 비중(Pi)	Pi * ln(1/Pi)	기업명	그룹내 비중(Pi)	Pi * ln(1/Pi)	기업명	그룹내 비중(Pi)	Pi * ln(1/Pi)
제일모직	0.017948	0.072155	제일모직	0.017409	0.070518	제일모직	0.015096	0.063301
중앙일보사	0.008045	0.038799	중앙일보사	0.007444	0.036479	중앙일보사	0.006446	0.032516
대한정밀화학	0.000615	0.004548	대한정밀화학	0.000633	0.004665	대한정밀화학	0.000567	0.004241
삼성정밀화학	0.006188	0.031469	삼성정밀화학	0.006451	0.032538	삼성정밀화학	0.006472	0.032622
삼성종합화학	0.013483	0.058064	삼성종합화학	0.013364	0.057667	삼성종합화학	0.015613	0.064944
삼성석유화학	0.012350	0.054266	삼성석유화학	0.008600	0.040900	삼성석유화학	0.006805	0.033958
한덕화학	0.000000	0.000000	삼성에스엠	0.000403	0.003148	삼성에스엠	0.000699	0.005076
삼성코닝정밀유리	0.000000	0.000000	대도제약	0.000020	0.000212	대도제약	0.000044	0.000438
삼성코닝	0.012049	0.053243	한덕화학	0.000012	0.000133	한덕화학	0.000061	0.000596
포항강재공업	0.004013	0.022144	삼성코닝정밀유리	0.000019	0.000206	삼성코닝정밀유리	0.000348	0.002774
광주전자	0.003307	0.018889	삼성코닝	0.010385	0.047432	삼성코닝	0.010379	0.047411
한일전선	0.001326	0.008786	포항강재공업	0.003762	0.021003	포항강재공업	0.003593	0.020225
한국디엔에스	0.000614	0.004543	광주전자	0.003304	0.018875	광주전자	0.002945	0.017164
스테코	0.000000	0.000002	한일가전	0.001468	0.009577	한일가전	0.000931	0.006496
삼성전관	0.038419	0.125215	이천전기	0.001134	0.007692	이천전기	0.000885	0.006222
삼성전기	0.026714	0.096774	한일전선	0.001322	0.008765	한일전선	0.001215	0.008156
삼성전자	0.321879	0.364875	한국디엔에스	0.000942	0.006561	한국디엔에스	0.000584	0.004351
삼성지이의료기기	0.000736	0.005307	스테코	0.000041	0.000410	스템코	0.000006	0.000067
삼성시계	0.001072	0.007332	스템코	0.000000	0.000000	아산전자	0.000238	0.001984
삼성자동차	0.000000	0.000000	아산전자	0.000277	0.002267	삼성전관	0.039444	0.127518
삼성중공업	0.058068	0.165269	삼성전관	0.043554	0.136488	서울통신기술	0.001597	0.010284
삼성항공산업	0.023022	0.086822	서울통신기술	0.001220	0.008183	삼성전기	0.026158	0.095310
디자인신세계	0.000689	0.005014	삼성전기	0.026364	0.095853	삼성전자	0.276033	0.355319
삼성물산	0.382795	0.367581	삼성전자	0.280985	0.356697	삼성지이의료기기	0.000855	0.006039
신세계백화점	0.022049	0.084105	삼성지이의료기기	0.000833	0.005906	삼성시계	0.000502	0.003815
호텔신라	0.004947	0.026265	삼성시계	0.000893	0.006268	삼성상용차	0.002352	0.014237
연포레저개발	0.000000	0.000001	삼성상용차	0.000000	0.000000	삼성자동차	0.000000	0.000000
조선호텔	0.001104	0.007518	삼성자동차	0.000000	0.000000	삼성중공업	0.059095	0.167157
해운대개발	0.000376	0.002966	삼성중공업	0.057627	0.164454	삼성항공산업	0.023591	0.088392
삼성투자신탁운용	0.000034	0.000349	삼성항공산업	0.023249	0.087450	중앙디자인	0.000952	0.006625
대경빌딩	0.000108	0.000984	중앙디자인	0.001548	0.010019	삼성물산	0.444495	0.360404
삼성생명서비스	0.001153	0.007799	삼성물산	0.427140	0.363344	보광훼미리마트	0.002585	0.015403
삼성SDS	0.010972	0.049509	보광훼미리마트	0.002828	0.016597	호텔신라	0.004010	0.022130
삼성경제연구소	0.000204	0.001732	호텔신라	0.004126	0.022652	연포레저개발	0.000007	0.000081
삼성엔지니어링	0.014535	0.061502	서해리조트	0.000006	0.000070	삼성선물	0.000001	0.000009
제일기획	0.004665	0.025039	연포레저개발	0.000000	0.000000	대경빌딩	0.000088	0.000818
제일보젤	0.000236	0.001967	삼성투자신탁운용	0.000039	0.000396	삼성생명서비스	0.001390	0.009143
삼성에버랜드	0.005839	0.030030	대경빌딩	0.000102	0.000936	삼성SDS	0.012560	0.054978
삼성라이온즈	0.000447	0.003447	삼성생명서비스	0.001454	0.009502	삼성경제연구소	0.000254	0.002105
			삼성SDS	0.013190	0.057089	삼성엔지니어링	0.013084	0.056736
			삼성경제연구소	0.000280	0.002293	제일기획	0.004454	0.024112
			삼성엔지니어링	0.019174	0.075817	제일보젤	0.000227	0.001904
			제일기획	0.005093	0.026889	에스원	0.003776	0.021066
			제일보젤	0.000262	0.002159	보광환경개발	0.000000	0.000000
			에스원	0.003825	0.021289	삼성에버랜드	0.008296	0.039756
			보광환경개발	0.000000	0.000000	무진개발	0.000000	0.000000
			삼성에버랜드	0.008020	0.038704	보광	0.000886	0.006226
			무진개발	0.000000	0.000000	삼성라이온즈	0.000381	0.002999
			보광	0.000755	0.005428			
			삼성라이온즈	0.000446	0.003439			

자료 : 한국신용평가 KIS-Line 재무자료
주 : Pi는 그룹내 매출액 비중

〈부표 2-3〉 대우 : 엔트로피 다각화 지수

1995			1996			1997		
기업명	그룹내 비중(Pi)	Pi * ln(1/Pi)	기업명	그룹내 비중(Pi)	Pi * ln(1/Pi)	기업명	그룹내 비중(Pi)	Pi * ln(1/Pi)
코람프라스틱	0.002497	0.014966	코람프라스틱	0.002209	0.013508	코람프라스틱	0.001628	0.010450
경남금속	0.001698	0.010832	경남금속	0.001402	0.009213	한국전기초자	0.004795	0.025608
대우중공업	0.136901	0.272227	대우중공업	0.134609	0.269942	경남금속	0.001723	0.010966
대우모터공업	0.003476	0.019681	대우모터공업	0.003008	0.017467	대우중공업	0.112493	0.245782
한국산업전자	0.000703	0.005103	한국산업전자	0.000656	0.004806	대우모터공업	0.001907	0.011942
대우전자부품	0.005934	0.030423	대우전자부품	0.005673	0.029340	한국산업전자	0.000421	0.003273
오리온전기	0.025949	0.094756	오리온전기	0.023642	0.088532	대우전자부품	0.004658	0.025010
오리온전기부품	0.002919	0.017037	오리온전기부품	0.002310	0.014023	오리온전기	0.019455	0.076645
대우통신	0.027723	0.099401	대우통신	0.022035	0.084066	오리온전기부품	0.001606	0.010331
대우전자	0.107986	0.240350	대우전자	0.093342	0.221360	대우통신	0.023201	0.087319
대우자동차	0.119886	0.254303	대우자동차	0.114136	0.247717	대우전자	0.077818	0.198699
대우정밀공업	0.007773	0.037755	대우정밀공업	0.007097	0.035118	쌍용자동차	0.029079	0.102875
대우기전공업	0.016412	0.067448	대우기전공업	0.015417	0.064325	대우자동차	0.116951	0.250977
한국자동차연료시스템	0.000000	0.000000	한국자동차연료시스템	0.000103	0.000949	대우정밀공업	0.012827	0.055878
경남기업	0.013831	0.059207	한독종합건설	0.013227	0.057214	대우기전공업	0.016450	0.067567
대우	0.519018	0.340381	경남기업	0.000222	0.001867	한국자동차연료시스템	0.000425	0.003297
대우개발	0.002977	0.017318	대우자판	0.056646	0.162627	경남기업	0.009361	0.043728
대우정보시스템	0.003001	0.017433	대우	0.497080	0.347461	대우자판	0.074254	0.193080
대우경제연구소	0.000242	0.002016	대우개발	0.002371	0.014332	대우	0.484311	0.351139
대우투자자문	0.000109	0.000997	대우정보시스템	0.003540	0.019979	대우개발	0.001864	0.011713
동우공영	0.000965	0.006702	대우경제연구소	0.000243	0.002022	대우정보시스템	0.003595	0.020235
			대우투자자문	0.000118	0.001063	대우경제연구소	0.000222	0.001866
			동우공영	0.000913	0.006390	대우투자자문	0.000086	0.000808
			대우레저	0.000000	0.000000	동우공영	0.000869	0.006127
						대우레저	0.000000	0.000000

자료 : 한국신용평가 KIS-Line 재무자료
주 : Pi는 그룹내 매출액 비중

〈부표 2-4〉 LG : 엔트로피 다각화 지수

1995			1996			1997		
기업명	그룹내 비중(Pi)	Pi * ln(1/Pi)	기업명	그룹내 비중(Pi)	Pi * ln(1/Pi)	기업명	그룹내 비중(Pi)	Pi * ln(1/Pi)
LG칼텍스정유	0.111172	0.244209	LG칼텍스정유	0.119329	0.253678	LG칼텍스정유	0.123445	0.258242
LG화학	0.082719	0.206161	LG화학	0.074256	0.193084	LG화학	0.070520	0.187008
LG석유화학	0.010903	0.049268	LG석유화학	0.010375	0.047396	LG석유화학	0.012471	0.054676
LG엠엠에이	0.001435	0.009397	LG엠엠에이	0.001153	0.007803	LG엠엠에이	0.001126	0.007644
LG얼라이드시그널	0.000310	0.002507	LG얼라이드시그널	0.000346	0.002756	LG얼라이드시그널	0.000267	0.002200
LG오웬스코닝	0.001030	0.007085	LG오웬스코닝	0.000929	0.006489	LG오웬스코닝	0.000951	0.006618
LG금속	0.034527	0.116218	LG금속	0.034716	0.116666	LG금속	0.034610	0.116414
LG산전	0.028328	0.100957	LG산전	0.034031	0.115041	LG에너지	0.000000	0.000000
LG전선	0.032951	0.112452	LG전선	0.030839	0.107289	LG산전	0.028709	0.101934
성요사	0.000266	0.002186	실트론	0.004767	0.025487	LG전선	0.027293	0.098285
실트론	0.003106	0.017937	LG마이크론	0.002304	0.013992	실트론	0.003902	0.021642
LG마이크론	0.001968	0.012265	LG반도체	0.043081	0.135476	LG마이크론	0.003177	0.018275
LG반도체	0.062788	0.173797	LG정보통신	0.017672	0.071319	LG반도체	0.034406	0.115932
LG정보통신	0.012791	0.055757	LG정밀	0.004756	0.025436	LG정보통신	0.033399	0.113530
LG정밀	0.004263	0.023266	LG전자	0.160813	0.293888	LG정밀	0.004940	0.026234
LG전자	0.164447	0.296854	LG전자부품	0.005254	0.027578	LG전자	0.158364	0.291843
LG전자부품	0.006285	0.031861	LG포스타	0.001502	0.009767	LG전자부품	0.004142	0.022726
LG포스타	0.001470	0.009587	LG하니웰	0.002853	0.016715	LG포스타	0.001185	0.007983
LG하니웰	0.002572	0.015337	LG칼텍스가스	0.013605	0.058466	LG하니웰	0.002521	0.015084
LG칼텍스가스	0.013624	0.058526	원전에너지	0.001073	0.007337	LG칼텍스가스	0.014742	0.062167
원전에너지	0.000684	0.004986	LG건설	0.039267	0.127121	극동도시가스	0.004063	0.022372
LG건설	0.036841	0.121617	LG기공	0.002956	0.017214	원전에너지	0.001144	0.007747
LG기공	0.002556	0.015255	LG정유판매	0.043167	0.135660	LG건설	0.036124	0.119962
LG정유판매	0.040465	0.129784	LG상사	0.300969	0.361388	LG기공	0.002501	0.014984
LG정유유통	0.034879	0.117050	LG백화점	0.002398	0.014469	LG정유판매	0.080947	0.203498
LG상사	0.260647	0.350463	LG유통	0.016582	0.067978	LG상사	0.267098	0.352607
LG백화점	0.002485	0.014904	LG홈쇼핑	0.000307	0.002485	LG백화점	0.004289	0.023384
LG유통	0.016157	0.066654	한무개발	0.001764	0.011183	LG유통	0.013552	0.058291
LG홈쇼핑	0.000033	0.000339	호유해운	0.003750	0.020948	LG홈쇼핑	0.001258	0.008399
한무개발	0.001853	0.011657	LG텔레콤	0.000000	0.000000	한무개발	0.001454	0.009500
호유해운	0.002795	0.016433	LG투자신탁운용	0.000076	0.000719	호유해운	0.004294	0.023403
LG투자신탁운용	0.000071	0.000680	LG소프트	0.001373	0.009050	LG텔레콤	0.000627	0.004626
LG소프트	0.001044	0.007167	LG히다찌	0.000412	0.003214	LG인터넷	0.000000	0.000000
LG히다찌	0.000472	0.003616	LG-EDS시스템	0.006560	0.032974	LG선물	0.000111	0.001011
LG미디어	0.000219	0.001846	LG엔지니어링	0.011686	0.051994	LG소프트	0.001720	0.010949
LG-EDS시스템	0.005149	0.027129	LG애드	0.004365	0.023722	LG히다찌	0.000456	0.003511
LG엔지니어링	0.012064	0.053295	LG레저	0.000279	0.002281	LG-EDS시스템	0.006706	0.033561
LG애드	0.003727	0.020841	LG스포츠	0.000433	0.003354	LG경제연구원	0.000150	0.001318
LG레저	0.000483	0.003685				LG이엔씨	0.000550	0.004125
LG스포츠	0.000421	0.003274				LG엔지니어링	0.008771	0.041543
						LG애드	0.003407	0.019358
						LG레저	0.000196	0.001672
						LG스포츠	0.000412	0.003211

자료 : 한국신용평가 KIS-Line 재무자료
주 : Pi는 그룹내 매출액 비중

〈부표 2-5〉 SK : 엔트로피 다각화 지수

1995			1996			1997		
기업명	그룹내 비중(Pi)	Pi * ln(1/Pi)	기업명	그룹내 비중(Pi)	Pi * ln(1/Pi)	기업명	그룹내 비중(Pi)	Pi * ln(1/Pi)
SK케미칼	0.049830	0.149446	SK케미칼	0.025324	0.093091	SK케미칼	0.024782	0.091636
경성고무공업사	0.000033	0.000345	경성고무공업사	0.000022	0.000232	SK	0.357748	0.367739
SK	0.383188	0.367565	SK	0.313371	0.363626	SK옥시케미칼	0.008682	0.041209
SK옥시케미칼	0.010691	0.048520	SK옥시케미칼	0.007571	0.036971	SK유씨비	0.000700	0.005083
SK유씨비	0.001167	0.007880	SK유씨비	0.000897	0.006295	SK제약	0.000799	0.005700
SK제약	0.000793	0.005659	SK제약	0.000615	0.004546	SKC	0.022682	0.085878
SKC	0.036410	0.120623	SKC	0.025244	0.092878	SK가스	0.030658	0.106840
SK에라스토머	0.001563	0.010099	SK에라스토머	0.000778	0.005569	대한도시가스	0.008553	0.040724
SK가스	0.032205	0.110645	SK가스	0.026505	0.096223	구미도시가스	0.001947	0.012155
대한도시가스	0.010895	0.049238	대한도시가스	0.008752	0.041471	청주도시가스	0.001083	0.007393
구미도시가스	0.001532	0.009927	구미도시가스	0.001595	0.010271	중부도시가스	0.000746	0.005372
청주도시가스	0.001071	0.007326	청주도시가스	0.000966	0.006709	포항도시가스	0.001079	0.007371
중부도시가스	0.000358	0.002838	중부도시가스	0.000432	0.003345	SK건설	0.048447	0.146663
포항도시가스	0.000673	0.004917	포항도시가스	0.000713	0.005164	중원	0.000246	0.002043
SK건설	0.072329	0.189974	SK건설	0.061204	0.170977	SK임업	0.000567	0.004241
SK임업	0.000706	0.005124	SK임업	0.000610	0.004512	SK에너지판매	0.088567	0.214686
흥국상사	0.083726	0.207657	SK에너지판매	0.038769	0.126004	국일에너지	0.001455	0.009507
에스케이컴퓨터통신	0.003456	0.019589	국일에너지	0.000401	0.003137	에스케이컴퓨터통신	0.005675	0.029347
SK상사	0.235148	0.340386	오륜에너지	0.002519	0.015075	SK상사	0.199469	0.321563
SK유통	0.021027	0.081206	영동석유	0.008512	0.040571	SK유통	0.033885	0.114692
워커힐	0.005326	0.027881	영남석유	0.022508	0.085392	워커힐	0.003302	0.018864
SK해운	0.042920	0.135131	삼양석유	0.030678	0.106889	SK해운	0.037802	0.123816
SK창고	0.000375	0.002955	대광석유	0.015304	0.063965	SK창고	0.000283	0.002312
경진해운	0.001944	0.012136	흥국상사	0.066709	0.180609	경진해운	0.001200	0.008071
대한텔레콤	0.002634	0.015646	에스케이컴퓨터통신	0.003559	0.020067	SK텔레콤	0.116804	0.250809
			SK상사	0.176503	0.306130	대한텔레콤	0.002839	0.016649
			SK유통	0.022412	0.085124	한국이동통신	0.000000	0.000000
			워커힐	0.003773	0.021054			
			SK해운	0.028645	0.101769			
			SK창고	0.000295	0.002399			
			경진해운	0.001379	0.009084			
			SK텔레콤	0.100766	0.231254			
			대한텔레콤	0.002670	0.015822			
			한국이동통신	0.000000	0.000000			

자료 : 한국신용평가 KIS-Line 재무자료
주 : Pi는 그룹내 매출액 비중

〈부표 2-6〉 국민경제 대비 산업별 5대 재벌의 비중 : 자산총계

	1995						1996						1997					
	현대	삼성	LG	대우	SK	합계	현대	삼성	LG	대우	SK	합계	현대	삼성	LG	대우	SK	합계
농수산업						0.0%						0.0%						0.0%
광업						0.0%						0.0%						0.0%
섬유 의복		2.2%			1.9%	4.1%		2.1%			1.8%	4.0%		2.1%			1.8%	3.9%
목재 종이	2.6%	2.8%				5.3%	2.2%	2.8%				5.0%	2.0%	2.6%				4.6%
화학 석유	5.2%	3.8%	13.3%	0.1%	12.7%	35.0%	6.0%	3.8%	14.1%	0.1%	13.7%	37.7%	7.4%	4.4%	14.9%	0.1%	15.0%	41.8%
비금속광물	-	3.4%	0.5%	-		3.9%	0.2%	4.5%	0.6%	-		5.2%	1.2%	4.5%	0.7%	2.0%		8.5%
제1차금속	4.1%		2.1%	0.1%		6.4%	4.8%		2.4%	0.1%		7.3%	6.5%		3.6%	0.2%		10.3%
조립 금속	18.4%	8.2%	-	15.9%		42.5%	19.1%	10.5%	-	15.4%		45.1%	18.9%	10.7%	0.0%	20.8%		50.4%
전자 정밀	6.6%	28.0%	22.5%	9.1%		66.2%	8.6%	28.4%	22.5%	8.4%		67.9%	10.2%	28.5%	22.5%	7.1%		68.4%
전기 가스업			0.9%		1.7%	2.6%			1.2%		1.6%	2.8%			1.9%		2.4%	4.2%
건설업	9.0%	0.0%	1.7%	1.1%	1.3%	13.1%	9.5%	0.0%	1.8%	1.0%	1.3%	13.6%	9.3%	0.0%	1.5%	0.9%	1.2%	12.9%
도소매	9.2%	2.7%	4.8%	0.5%	2.1%	19.3%	9.5%	1.0%	4.7%	3.3%	4.7%	23.2%	9.1%	1.0%	4.7%	2.7%	4.4%	22.0%
운수창고	4.6%		0.5%		5.4%	10.5%	5.1%		1.0%		23.5%	29.7%	6.2%		2.3%		25.5%	34.0%
서비스 기타	2.1%	12.0%	5.1%	0.5%		19.6%	2.8%	17.2%	4.5%	0.9%		25.4%	3.8%	16.6%	5.7%	1.0%		27.2%
무역업	5.3%	26.8%	6.3%	44.2%	4.8%	87.4%	4.1%	22.8%	5.3%	35.2%	4.1%	71.5%	4.2%	20.4%	5.2%	36.7%	3.7%	70.3%

자료 : 한국신용평가 KIS-Line 재무자료

〈부표 2-7〉 국민경제 대비 산업별 5대 재벌의 비중 : 자기자본

	1995						1996						1997					
	현대	삼성	LG	대우	SK	합계	현대	삼성	LG	대우	SK	합계	현대	삼성	LG	대우	SK	합계
농수산업						0.0%						0.0%						0.0%
광업						0.0%						0.0%						0.0%
섬유 의복		3.2%			2.3%	5.6%		3.2%			1.7%	4.9%		2.9%			2.0%	4.9%
목재 종이	0.6%	2.5%				3.1%	-0.6%	2.3%				1.8%	-2.7%	2.5%				-0.2%
화학 석유	2.7%	3.4%	13.2%	0.1%	12.4%	31.8%	3.7%	3.3%	13.4%	0.1%	11.9%	32.4%	3.7%	3.7%	13.0%	0.1%	12.0%	32.6%
비금속광물	-	3.7%	0.5%	-		4.2%	0.3%	4.0%	0.8%	0.1%		5.1%	1.1%	4.1%	0.6%	0.7%		6.5%
제1차금속	3.8%		1.2%	0.0%		5.0%	4.8%		1.3%	0.1%		6.1%	5.6%		0.1%	0.0%		5.8%
조립 금속	20.8%	9.5%	-	18.6%		48.9%	20.6%	10.0%	-	0.1%		49.7%	21.6%	10.4%	0.1%	19.6%		51.7%
전자 정밀	6.5%	36.0%	18.6%	7.4%		68.5%	6.9%	33.3%	19.3%	0.1%		66.8%	6.0%	34.1%	18.1%	6.9%		65.0%
전기 가스업			0.2%		1.2%	1.5%			0.6%		1.4%	1.9%			1.3%		2.2%	3.5%
건설업	7.3%	0.0%	1.5%	0.9%	0.5%	10.3%	9.8%	0.0%	1.8%	1.4%	0.7%	13.7%	10.1%	0.0%	1.4%	1.3%	0.8%	13.7%
도소매	8.4%	5.6%	1.0%	1.4%	1.3%	17.8%	7.7%	2.2%	0.8%	2.6%	1.3%	14.6%	7.8%	1.9%	1.4%	2.6%	1.0%	14.8%
운수창고	4.0%		1.2%		1.0%	6.2%	3.3%		3.2%		23.8%	30.3%	3.8%		4.7%		29.1%	37.5%
서비스 기타	1.2%	7.6%	1.9%	0.5%		11.2%	1.0%	11.1%	2.1%	0.5%		14.8%	2.0%	13.6%	2.1%	0.6%		18.3%
무역업	4.2%	29.7%	6.5%	35.2%	7.7%	83.2%	2.0%	22.7%	4.6%	31.8%	6.2%	67.4%	1.7%	17.7%	3.6%	44.3%	5.7%	72.9%

자료 : 한국신용평가 KIS-Line 재무자료

〈부표 2-8〉 국민경제 대비 산업별 5대 재벌의 비중 : 부채총계

	1995						1996						1997					
	현대	삼성	LG	대우	SK	합계	현대	삼성	LG	대우	SK	합계	현대	삼성	LG	대우	SK	합계
농수산업						0.0%						0.0%						0.0%
광업						0.0%						0.0%						0.0%
섬유 의복		1.9%			1.8%	3.7%		1.9%			1.9%	3.7%		1.9%			1.7%	3.7%
목재 종이	3.1%	2.8%				5.9%	2.9%	2.9%				5.8%	3.0%	2.6%				5.5%
화학 석유	6.1%	3.9%	13.3%	0.1%	12.8%	36.2%	6.7%	4.0%	14.3%	0.1%	14.4%	39.5%	8.5%	4.7%	15.4%	0.1%	15.9%	44.5%
비금속광물	-	3.3%	0.5%	-		3.8%	0.1%	4.6%	0.6%	-		5.3%	1.3%	4.7%	0.8%	2.4%		9.1%
제1차금속	4.3%		2.5%	0.2%		7.0%	4.8%		2.8%	0.2%		7.9%	6.8%		4.7%	0.3%		11.8%
조립 금속	17.8%	7.9%	-	15.2%		40.8%	18.8%	10.7%	-	14.4%		43.9%	18.4%	10.8%	0.0%	21.0%		50.1%
전자 정밀	6.6%	24.3%	24.3%	9.9%		65.2%	9.2%	26.5%	23.7%	8.9%		68.3%	11.4%	26.9%	23.8%	7.2%		69.3%
전기 가스업			1.5%		2.1%	3.6%			1.7%		1.7%	3.5%			2.3%		2.4%	4.7%
건설업	9.4%	0.0%	1.7%	1.1%	1.5%	13.7%	9.4%	0.0%	1.8%	0.9%	1.4%	13.6%	9.2%	0.0%	1.5%	0.8%	1.2%	12.7%
도소매	9.4%	2.1%	5.5%	0.3%	2.2%	19.6%	9.8%	0.8%	5.4%	3.5%	5.3%	24.8%	9.3%	0.9%	5.3%	2.7%	4.9%	23.2%
운수창고	4.8%		0.2%		7.2%	12.3%	5.6%		0.4%		23.4%	29.5%	6.7%		1.8%		24.5%	33.1%
서비스 기타	2.4%	13.8%	6.4%	0.5%		23.0%	3.5%	19.4%	5.3%	1.1%		29.3%	4.3%	17.5%	6.7%	1.1%		29.6%
무역업	5.6%	26.0%	6.3%	46.6%	4.1%	88.5%	4.7%	22.8%	5.5%	36.2%	3.5%	72.7%	4.7%	20.9%	5.6%	35.2%	3.4%	69.8%

자료 : 한국신용평가 KIS-Line 재무자료

〈부표 2-9〉 국민경제 대비 산업별 5대 재벌의 비중 : 매출액

	1995						1996						1997					
	현대	삼성	LG	대우	SK	합계	현대	삼성	LG	대우	SK	합계	현대	삼성	LG	대우	SK	합계
농수산업						0.0%						0.0%						0.0%
광업						0.0%						0.0%						0.0%
섬유 의복		1.5%			1.4%	2.8%		1.5%			1.0%	2.5%		1.3%			1.0%	2.2%
목재 종이	2.4%	2.0%				4.4%	2.4%	1.9%				4.4%	2.5%	1.8%				4.3%
화학 석유	3.1%	2.9%	14.6%	0.1%	13.1%	33.8%	4.8%	2.5%	14.3%	0.1%	13.8%	35.4%	5.0%	2.7%	16.1%	0.1%	15.6%	39.4%
비금속광물	-	4.5%	0.3%	-		4.8%	0.3%	4.1%	0.3%	-		4.7%	1.1%	4.5%	0.4%	1.5%		7.5%
제1차금속	6.2%		4.5%	0.2%		10.9%	6.8%		5.3%	0.2%		12.2%	6.4%		5.5%	0.2%		12.2%
조립 금속	21.3%	5.6%	-	10.2%		37.1%	21.7%	5.6%	-	11.5%		38.8%	20.7%	6.0%	0.0%	13.9%		40.7%
전자 정밀	6.0%	30.0%	19.6%	7.7%		63.3%	4.6%	29.2%	20.8%	8.3%		62.9%	4.2%	28.1%	21.3%	7.7%		61.4%
전기 가스업			4.6%		6.4%	11.0%			4.7%		7.1%	11.7%			7.1%		8.1%	15.2%
건설업	6.9%	0.0%	1.8%	0.5%	1.4%	10.6%	7.2%	0.1%	2.0%	0.5%	1.6%	11.4%	6.9%	0.0%	1.8%	0.4%	1.2%	10.2%
도소매	9.1%	1.8%	4.8%	0.1%	2.5%	18.3%	8.8%	0.4%	3.1%	2.3%	5.9%	20.5%	7.5%	0.4%	4.9%	3.2%	3.3%	19.3%
운수창고	5.6%		0.4%			6.0%	6.3%		0.5%			6.7%	7.4%		0.7%			8.1%
서비스 기타	2.8%	17.2%	8.5%	1.1%	0.07	37.0%	2.9%	20.2%	8.0%	1.3%	0.24	56.4%	3.0%	16.0%	6.9%	1.2%	0.25	52.2%
무역업	20.5%	22.9%	12.4%	17.9%	4.8%	78.6%	20.0%	23.0%	13.4%	18.1%	4.5%	79.0%	19.5%	22.9%	12.0%	18.5%	4.6%	77.4%

자료 : 한국신용평가 KIS-Line 재무자료

〈부록그림 2-1〉 현대의 상호지급보증 현황 : 1997년

(단위 : 억원, 백만 달러)

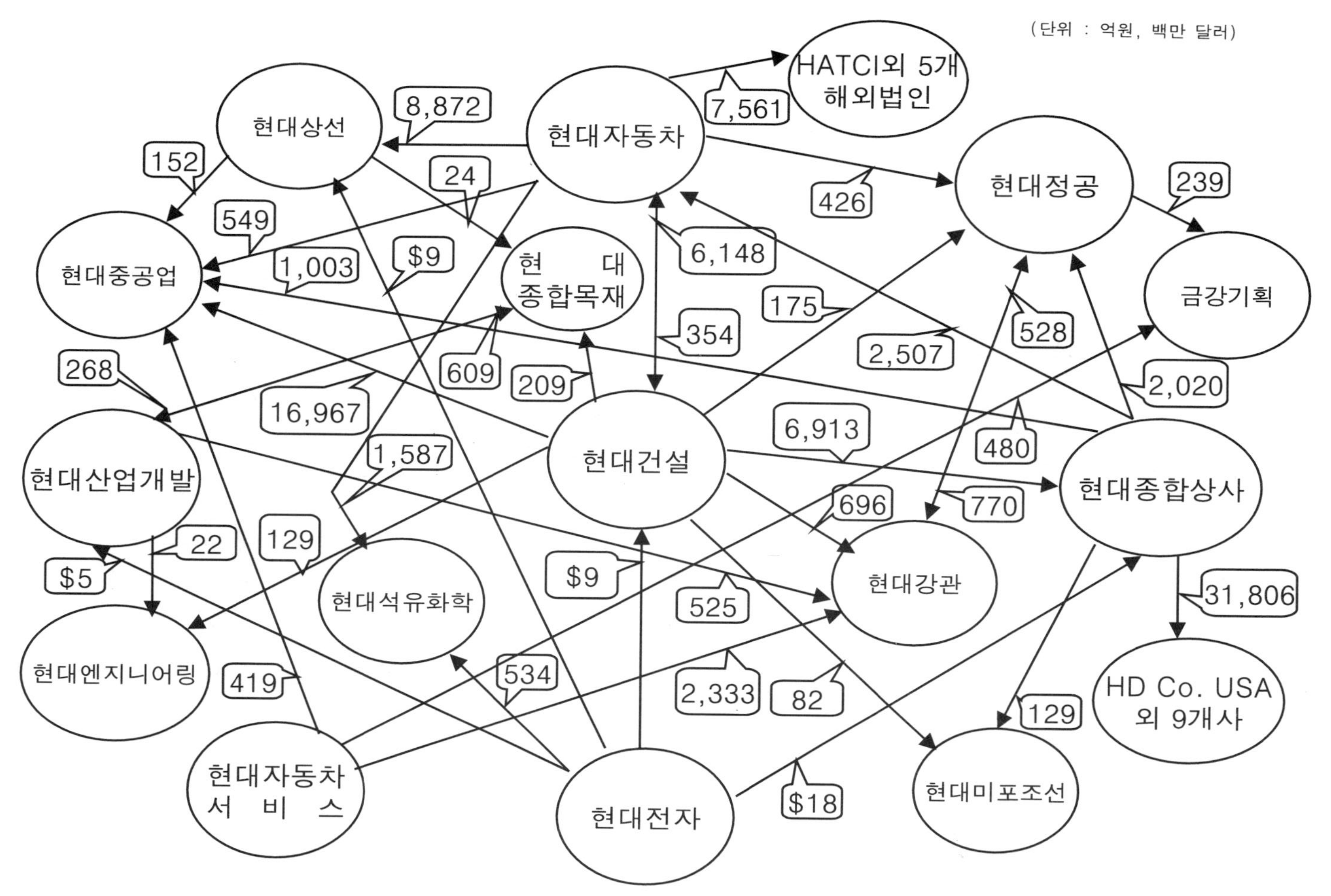

〈부록그림 2-2〉 삼성의 상호지급보증 현황 : 1997년

(단위 : 억원, 백만 달러)

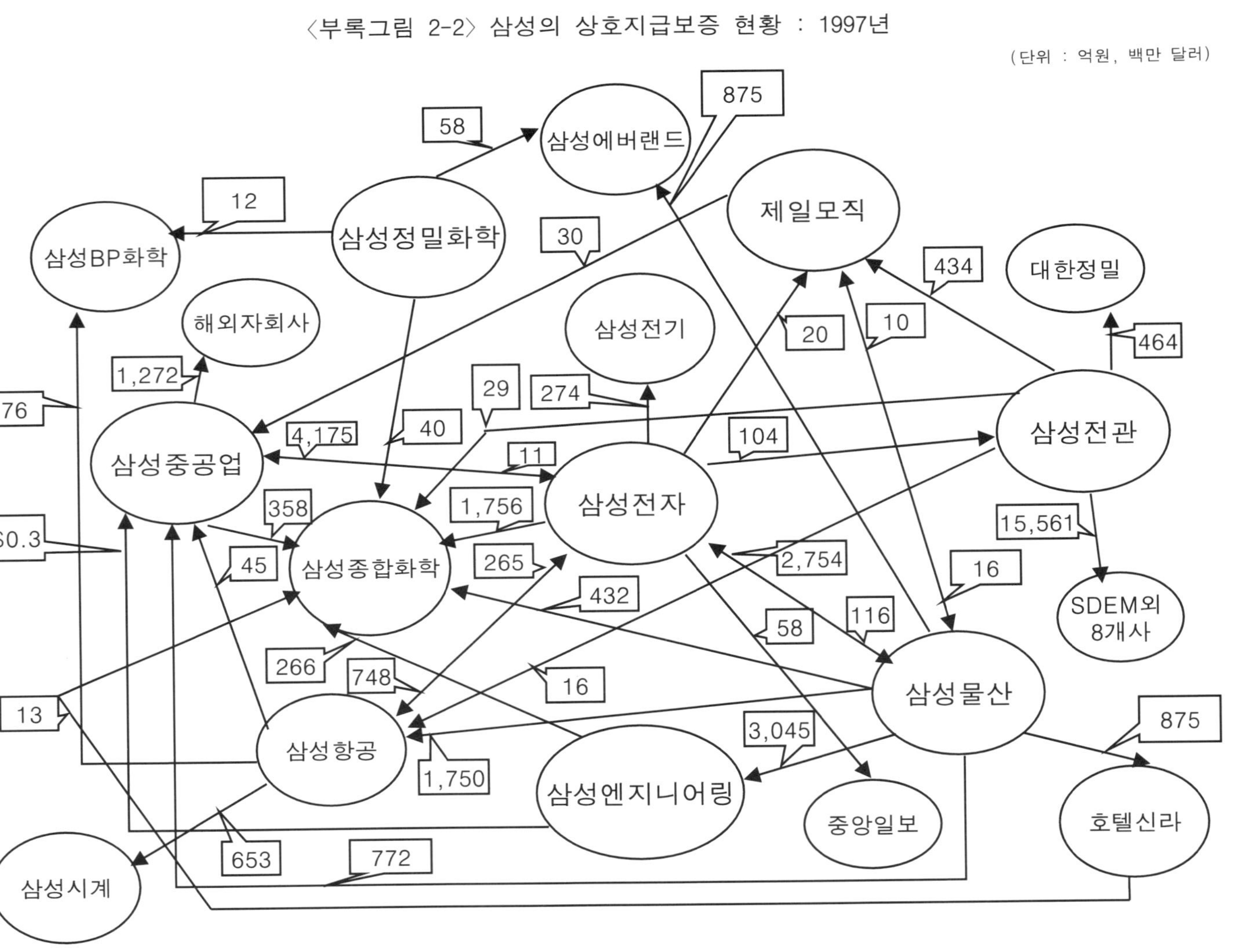

〈부록그림 2-3〉 대우의 상호지급보증 현황 : 1997년

(단위 : 억원)

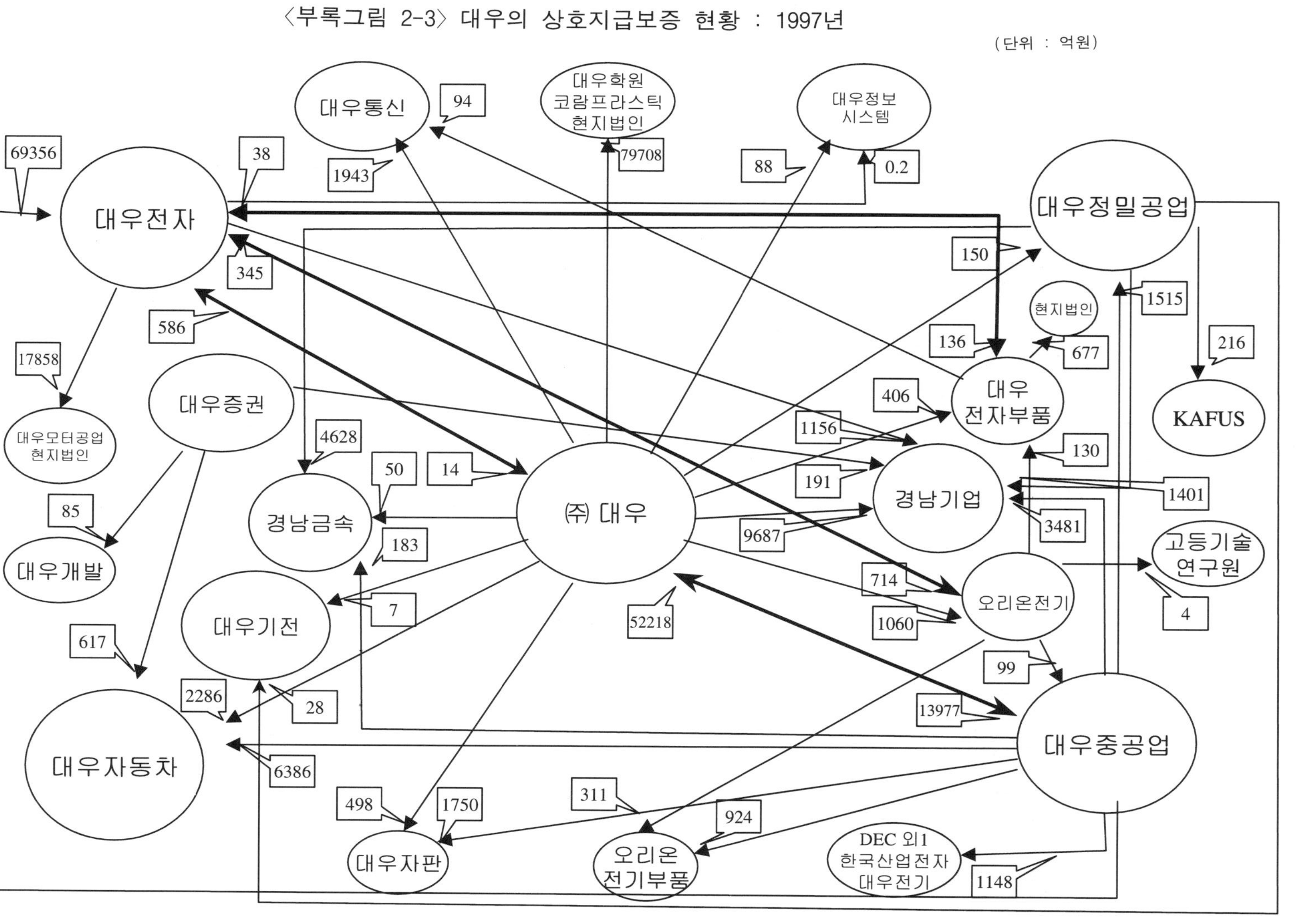

〈부록그림 2-4〉 LG의 상호지급보증 현황 : 1997년

(단위 : 억원, 백만 달러)

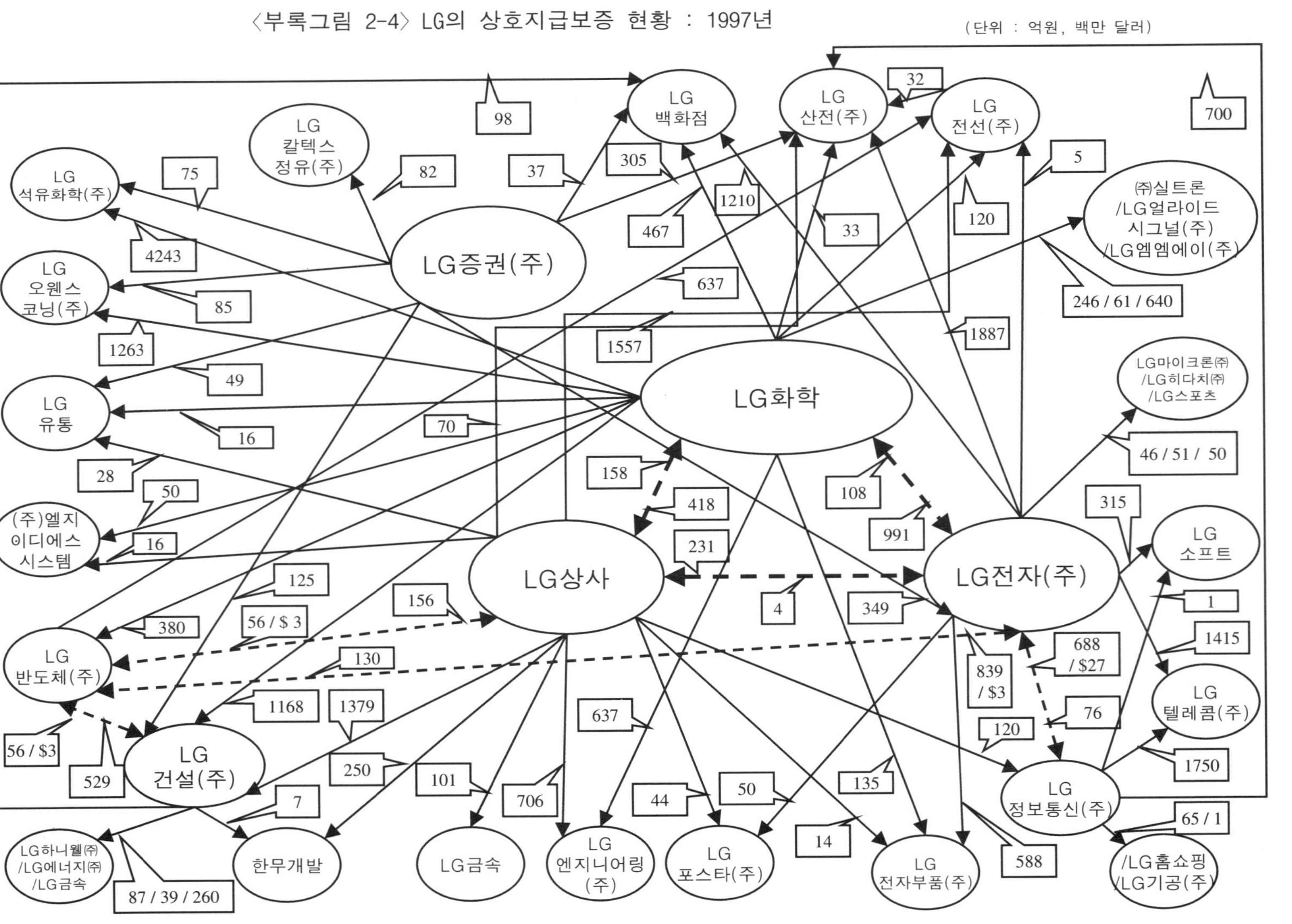

〈부록그림 2-5〉 SK의 상호지급보증 현황 : 1997년

(단위 : 억원)

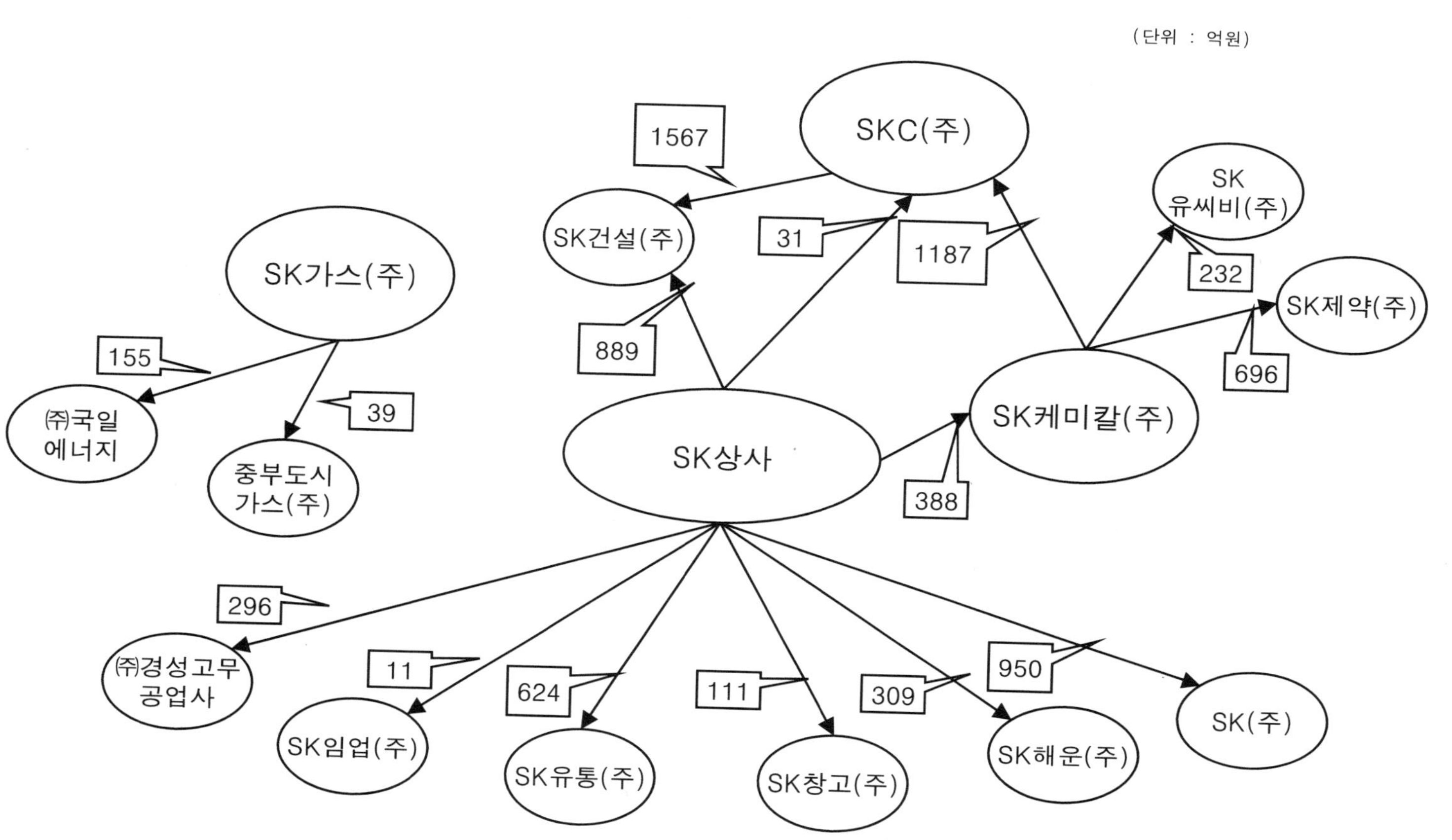

〈부록그림 2-6a〉 현대종합상사 내부거래 현황(1997년 매출기준)

(단위 : 억원)

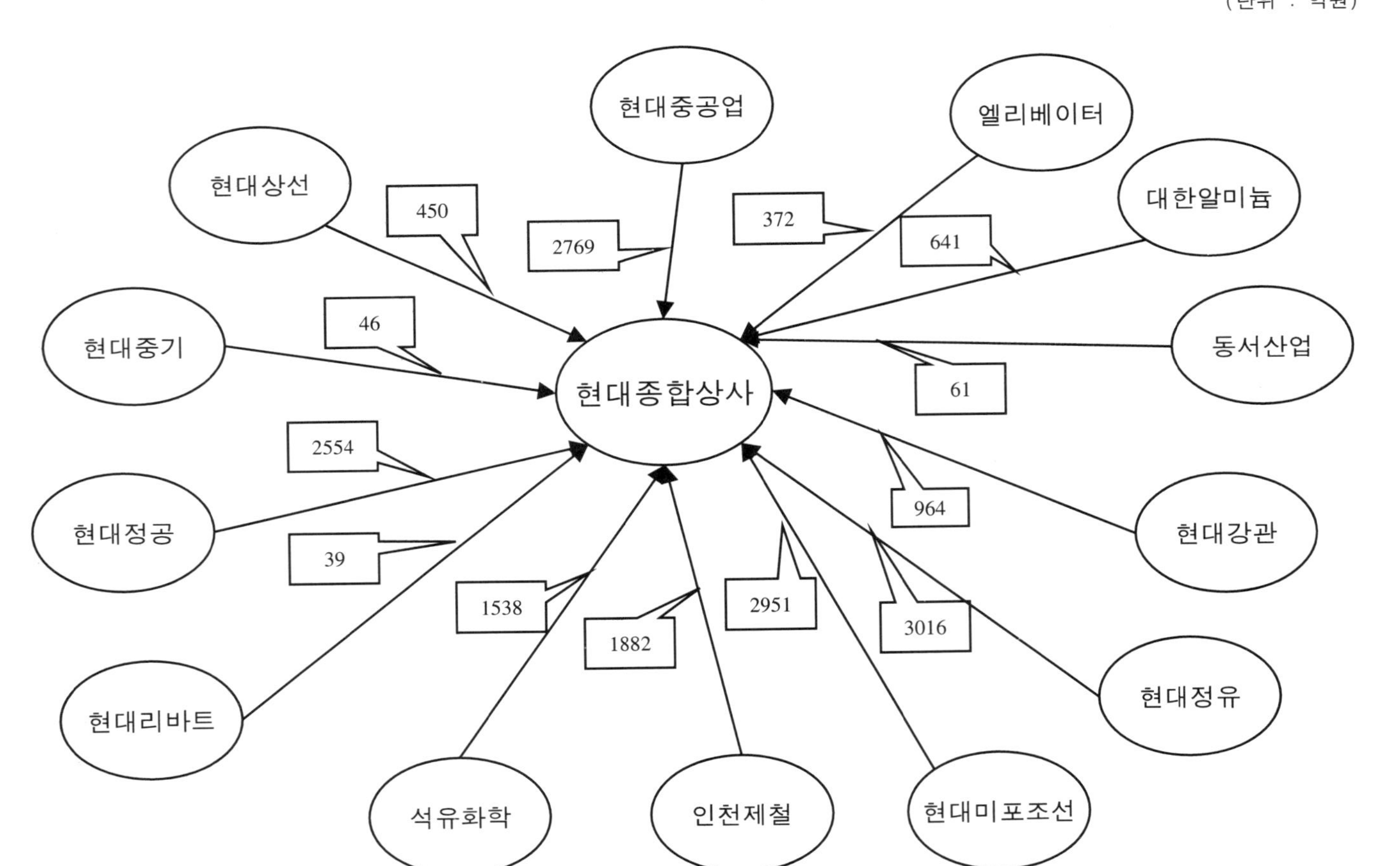

자료 : 한국신용평가 KIS-Line
주 : 매출액 기준 10억 미만 거래 제외.

〈부록그림 2-6b〉 현대전자 내부거래 현황(1997년 매출기준)

(단위 : 억원)

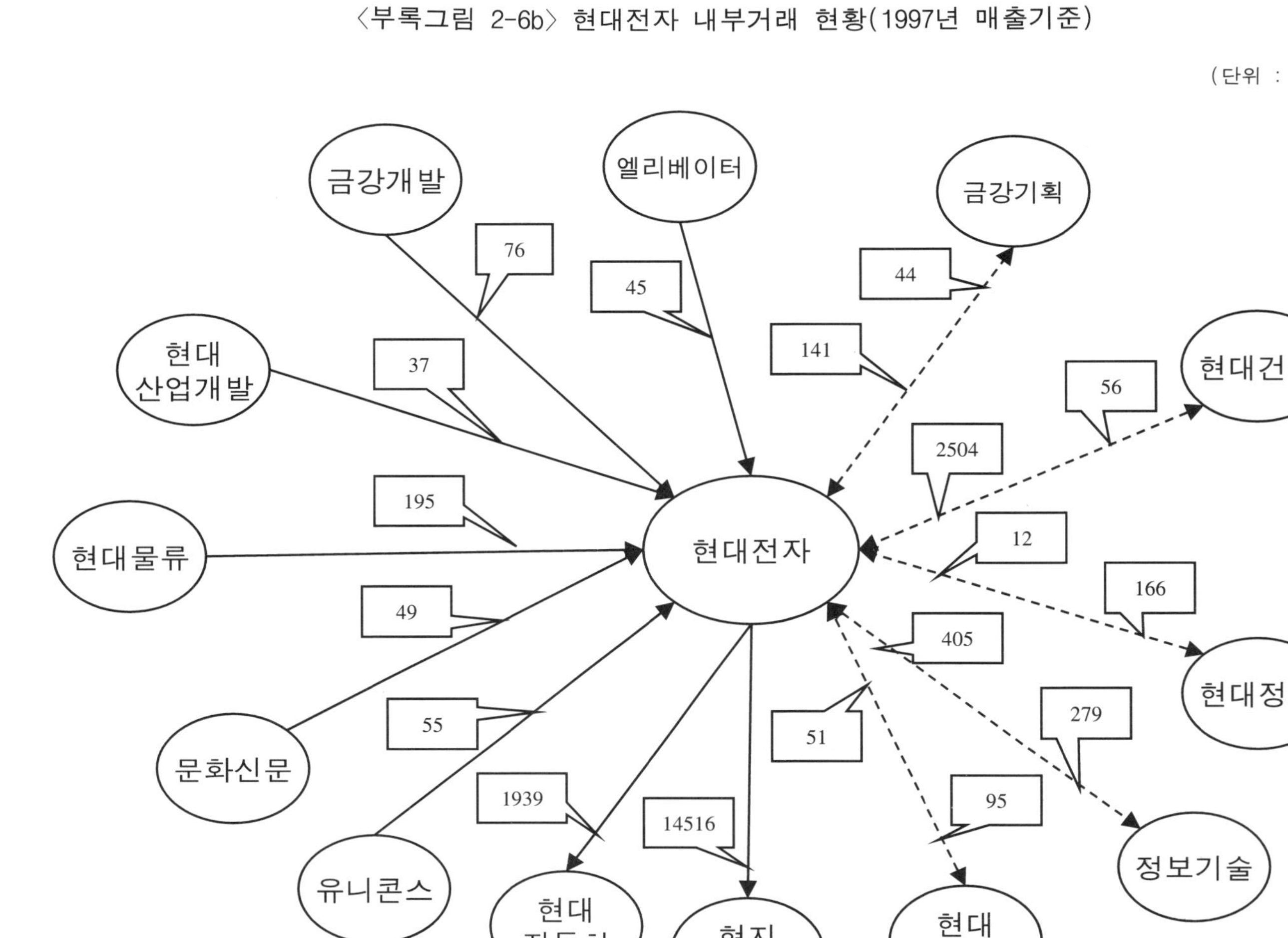

자료 : 한국신용평가 KIS-Line
주 : 매출액 기준 10억 미만 거래 제외.

〈부록그림 2-6c〉 현대자동차 내부거래 현황(1997년 매출기준)

(단위 : 억원)

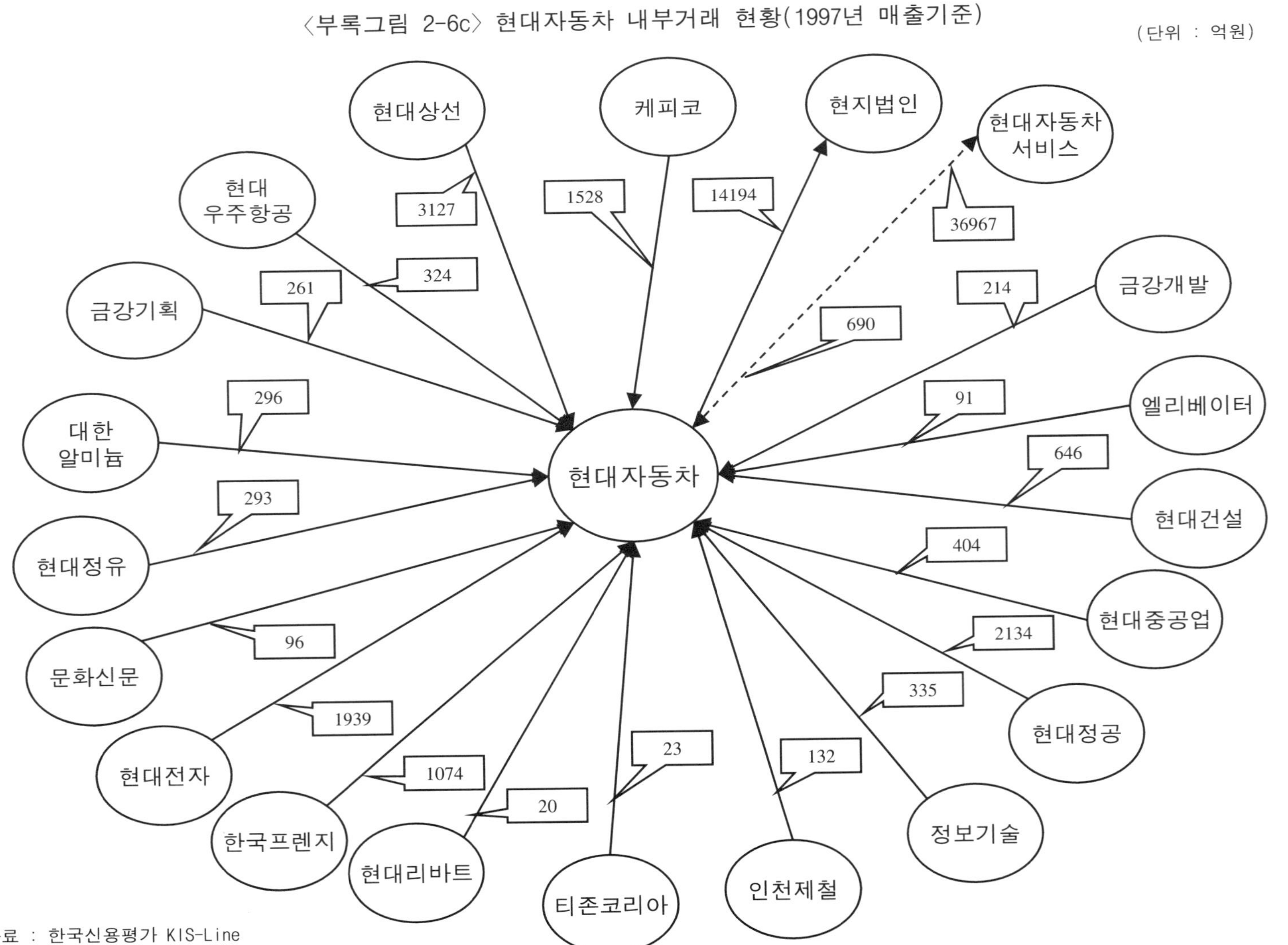

자료 : 한국신용평가 KIS-Line
주 : 매출액 기준 10억 미만 거래 제외.

〈부록그림 2-6d〉 현대(기타) 내부거래 현황(1997년 매출기준)

(단위 : 억원)

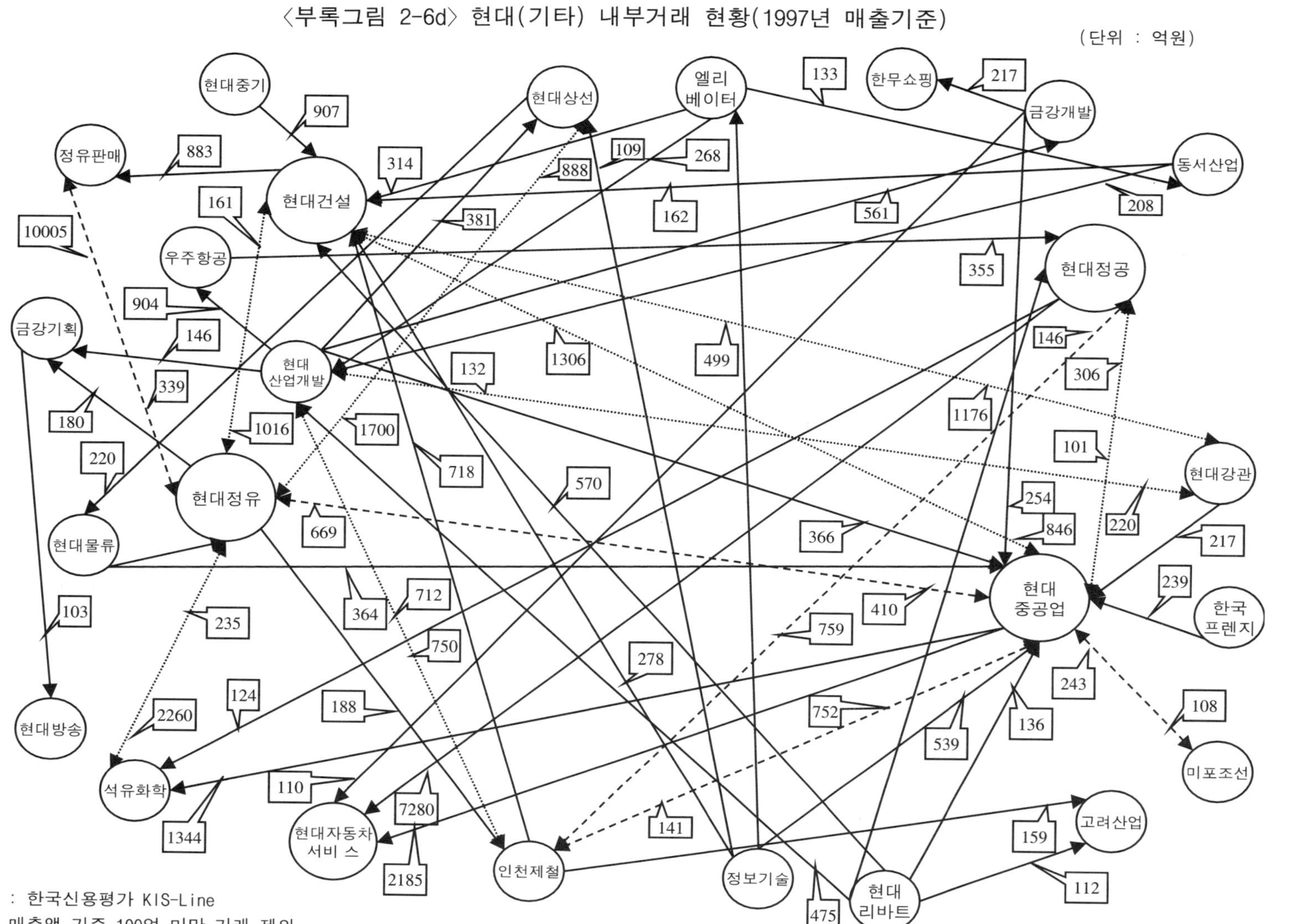

자료 : 한국신용평가 KIS-Line

주 : 매출액 기준 100억 미만 거래 제외.

〈부록그림 2-7a〉 삼성전자 내부거래 현황(1997년 매출기준)

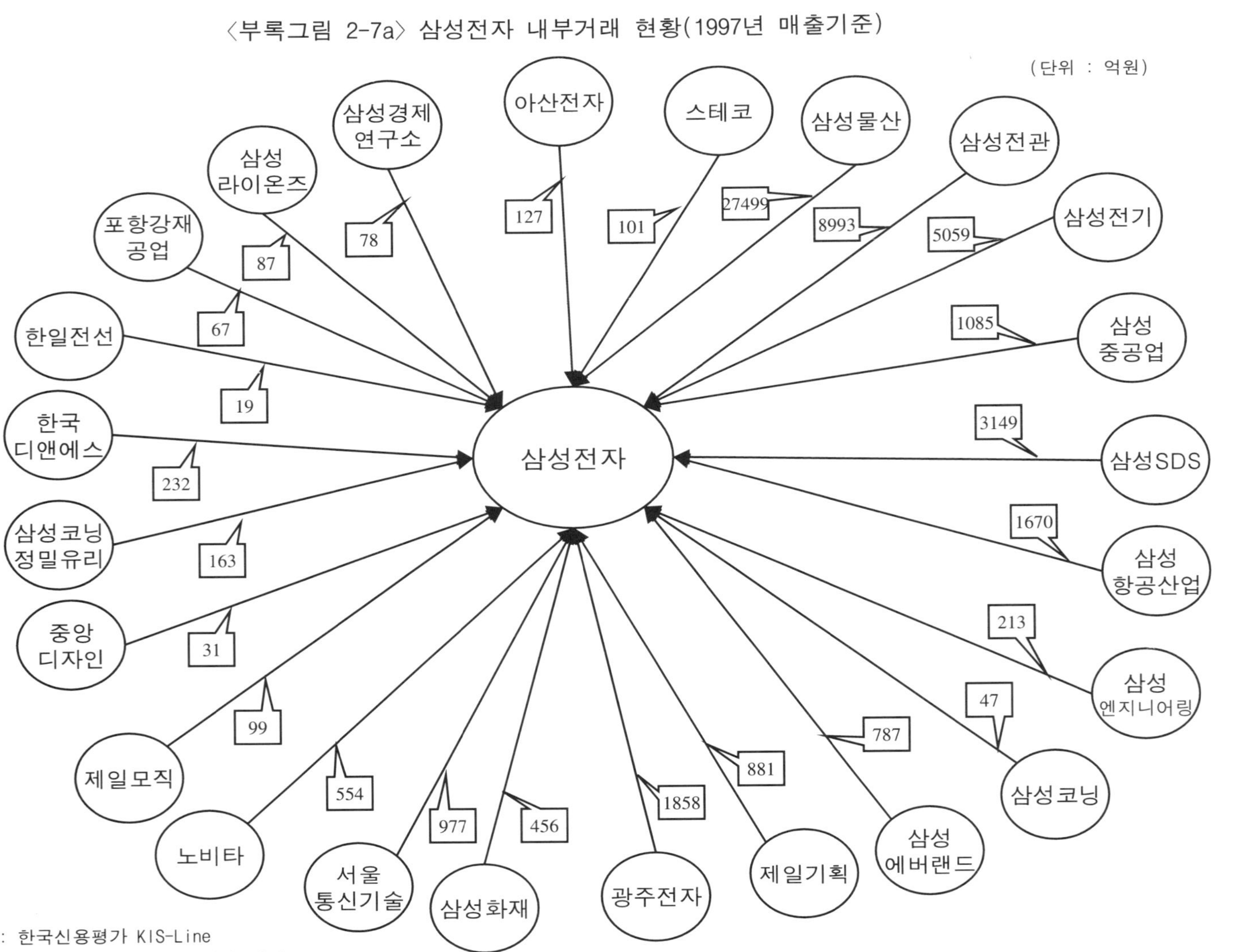

자료 : 한국신용평가 KIS-Line
주 : 매출액 기준 10억 미만 거래 제외.

〈부록그림 2-7b〉 삼성물산 내부거래 현황(1997년 매출기준)

(단위 : 억원)

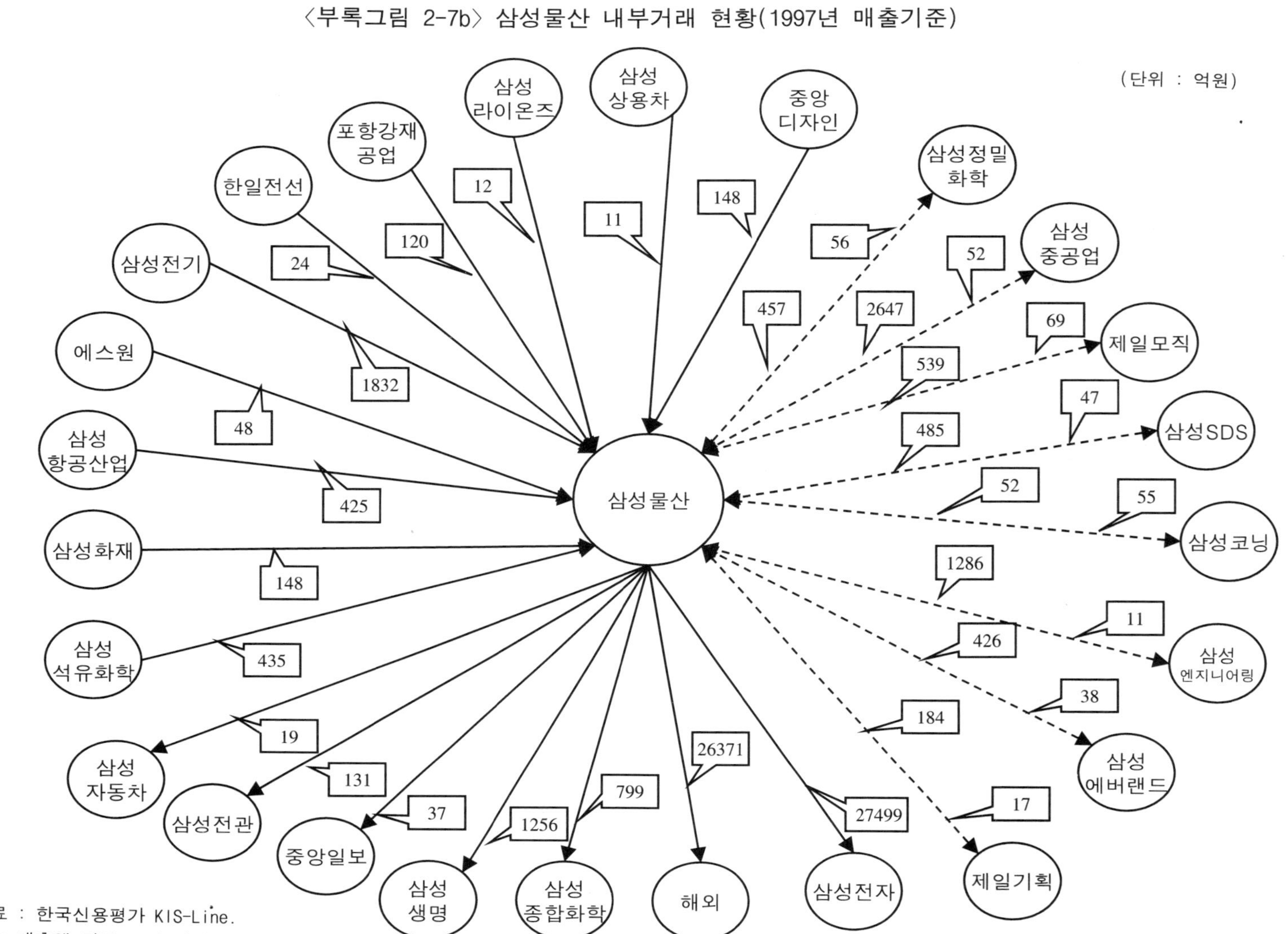

자료 : 한국신용평가 KIS-Line.
주 : 매출액 기준 10억 미만 거래 제외.

〈부록그림 2-7c〉 삼성전관 내부거래 현황(1997년 매출기준)

(단위 : 억원)

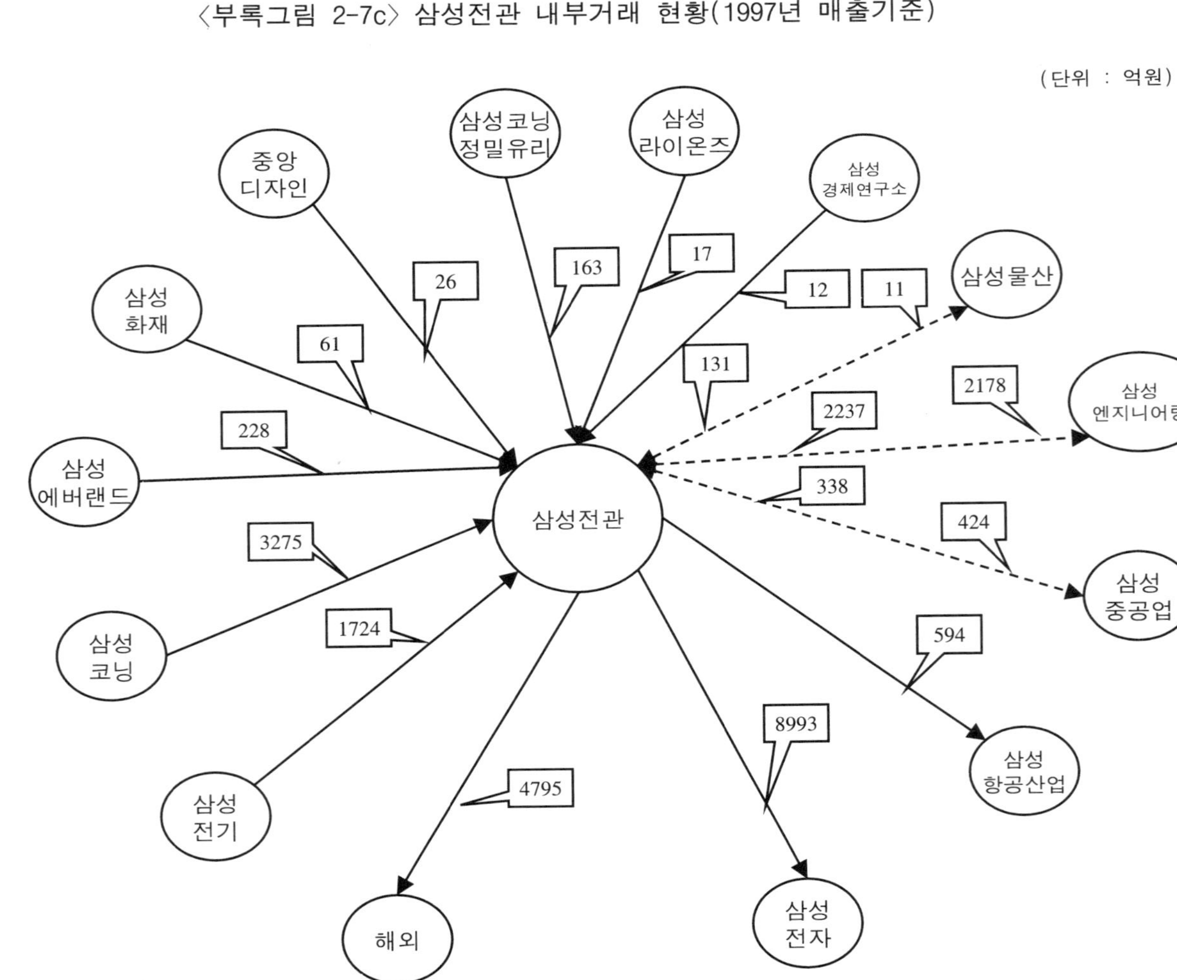

자료 : 한국신용평가 KIS-Line.

주 : 매출액 기준 10억 미만 거래 제외.

〈부록그림 2-7d〉 삼성그룹(기타) 내부거래 현황(1997년 매출기준)

(단위 : 억원)

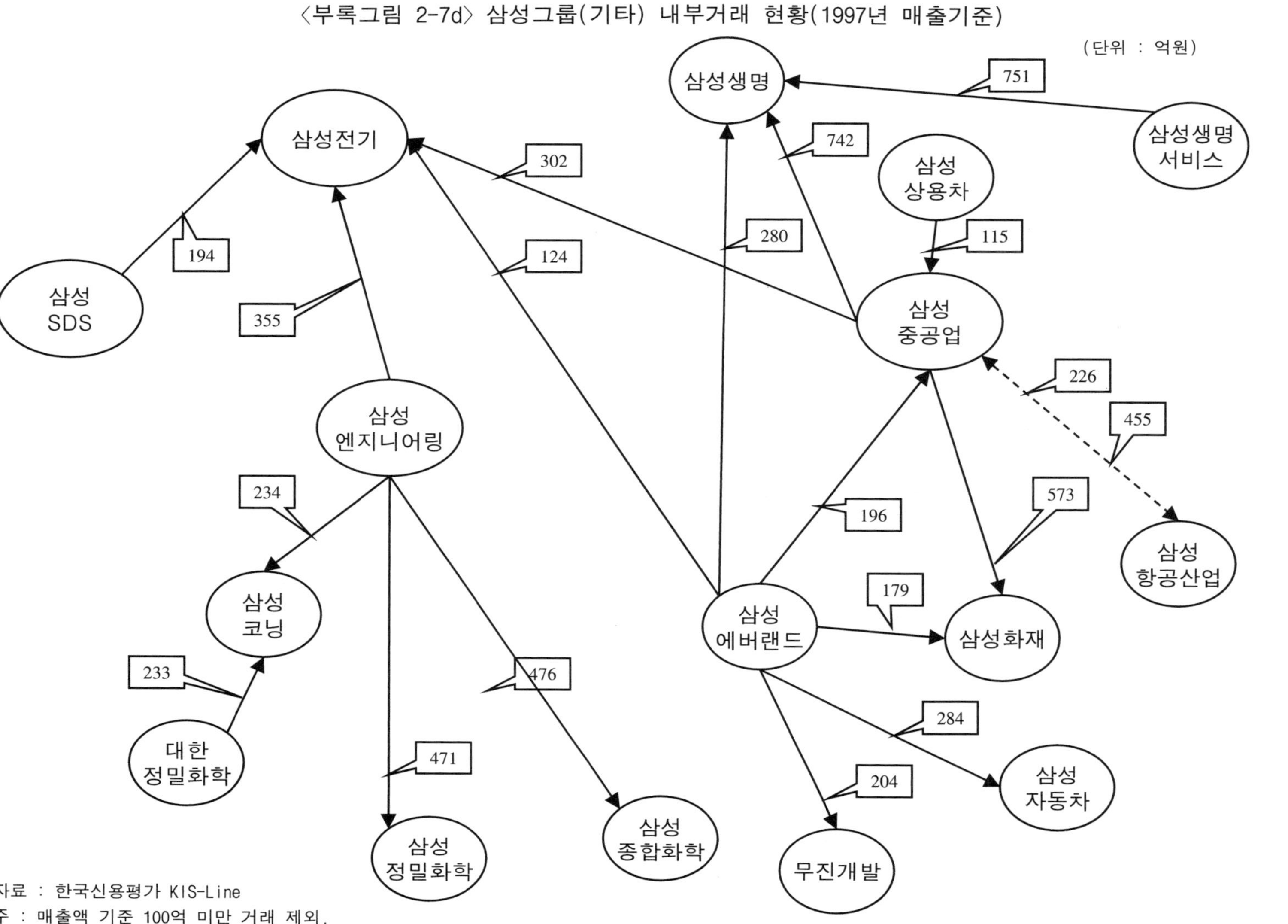

자료 : 한국신용평가 KIS-Line

주 : 매출액 기준 100억 미만 거래 제외.

〈부록그림 2-8〉 대우그룹 내부거래 현황(1997.매출기준)

(단위 : 억원)

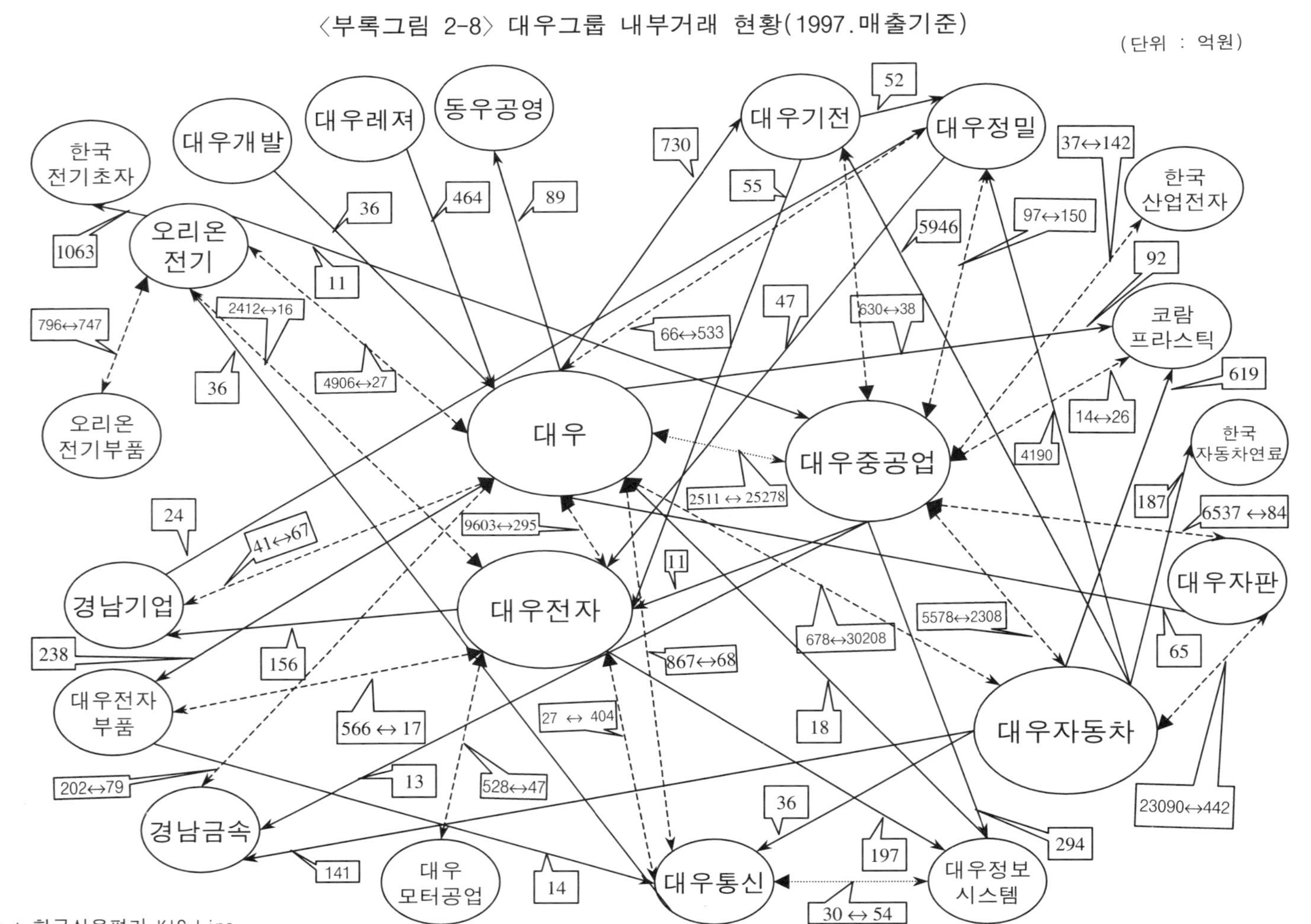

자료 : 한국신용평가 KIS-Line

주 : 매출액 기준 10억 미만 거래 제외.

〈부록그림 2-9a〉 LG전자 내부거래 현황(1997년 매출기준)

(단위 : 억원)

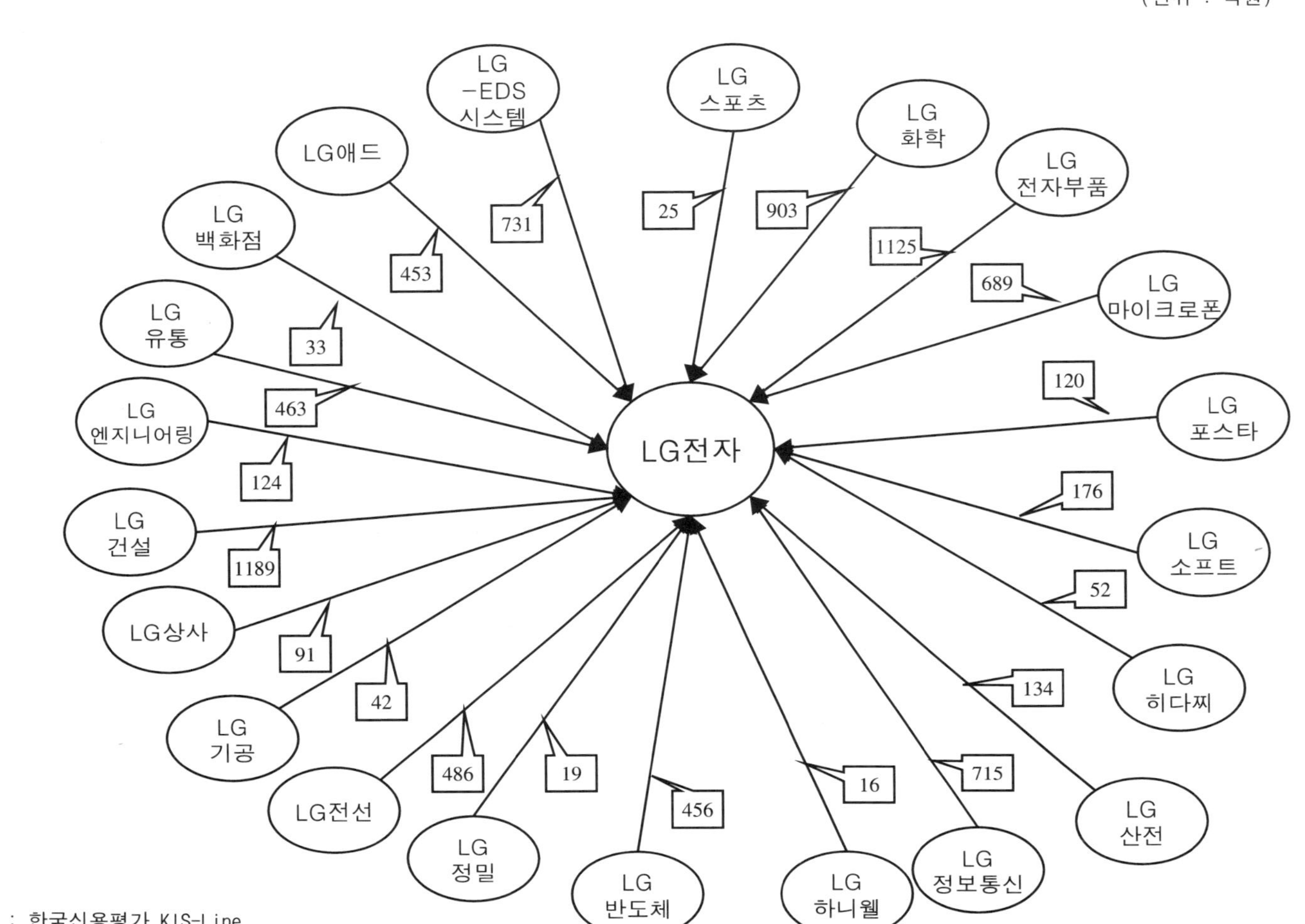

자료 : 한국신용평가 KIS-Line
주 : 매출액 기준 10억 미만 거래 제외.

〈부록그림 2-9b〉 LG상사 내부거래 현황(1997년 매출기준)

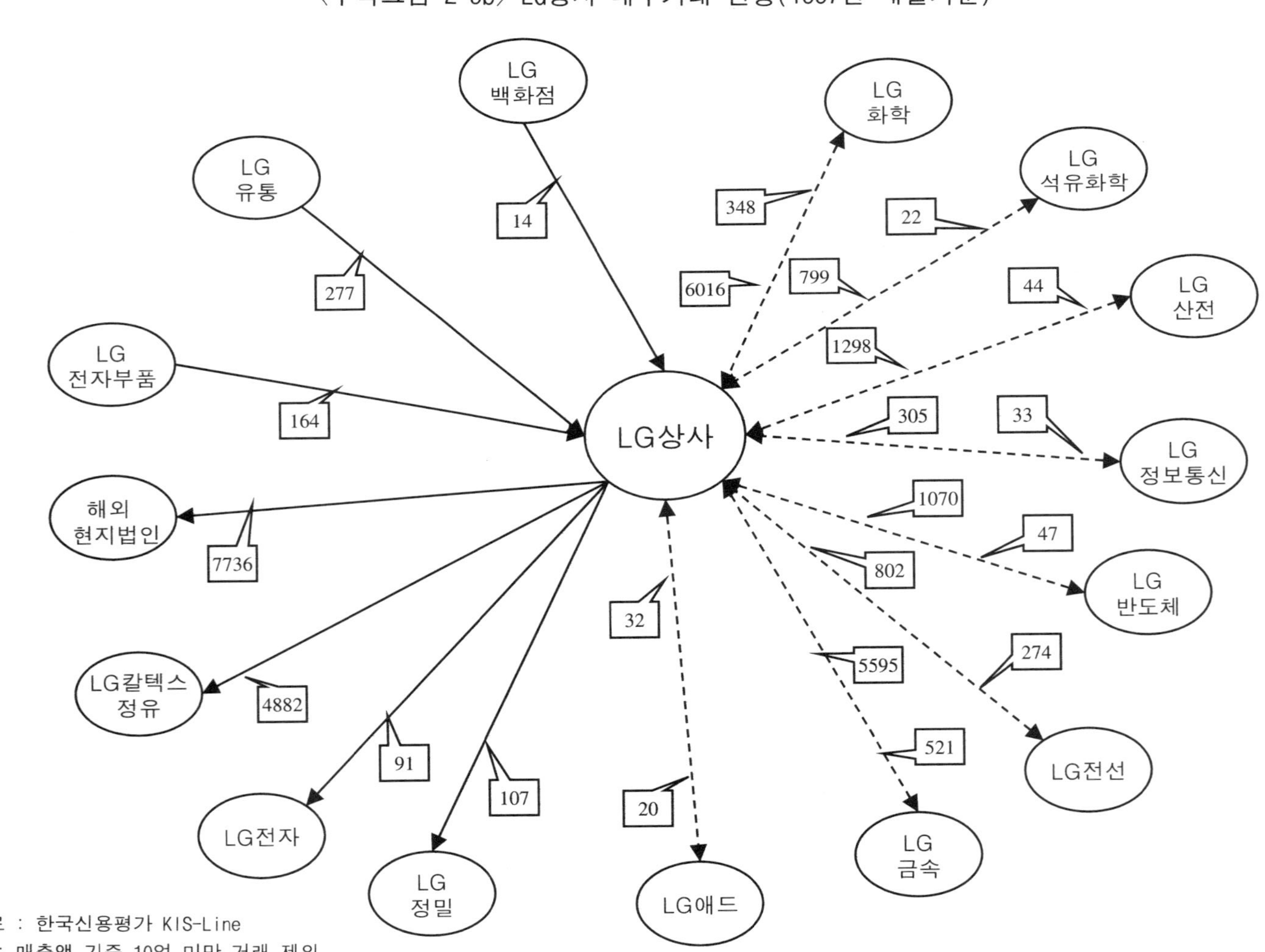

자료 : 한국신용평가 KIS-Line

주 : 매출액 기준 10억 미만 거래 제외.

〈부록그림 2-9c〉 LG-CALTEX 정유 내부거래 현황(1997년 매출기준)

(단위 : 억원)

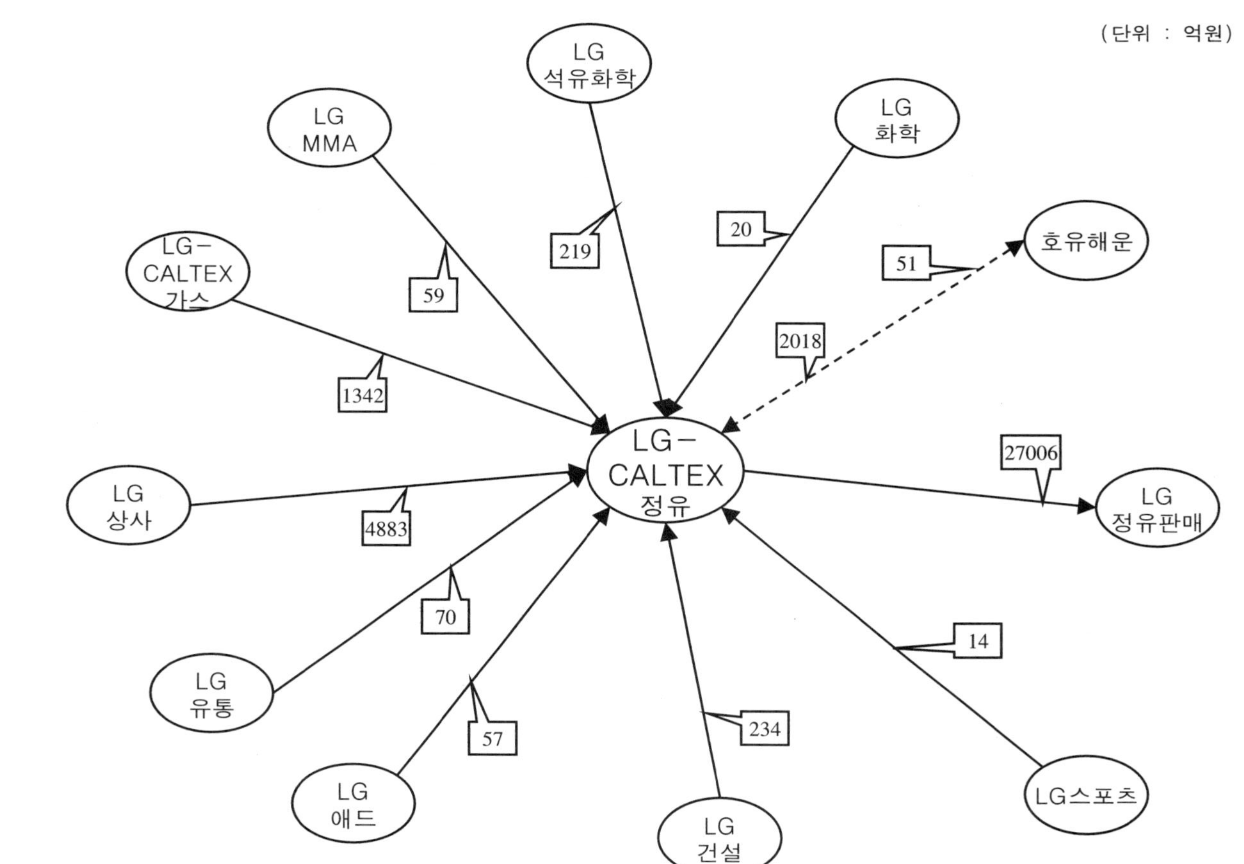

자료 : 한국신용평가 KIS-Line 재무자료
주 : 매출액 기준 10억 미만 거래는 제외

〈부록그림 2-9d〉 LG그룹(기타) 내부거래 현황(1997년 매출기준)

(단위 : 억원)

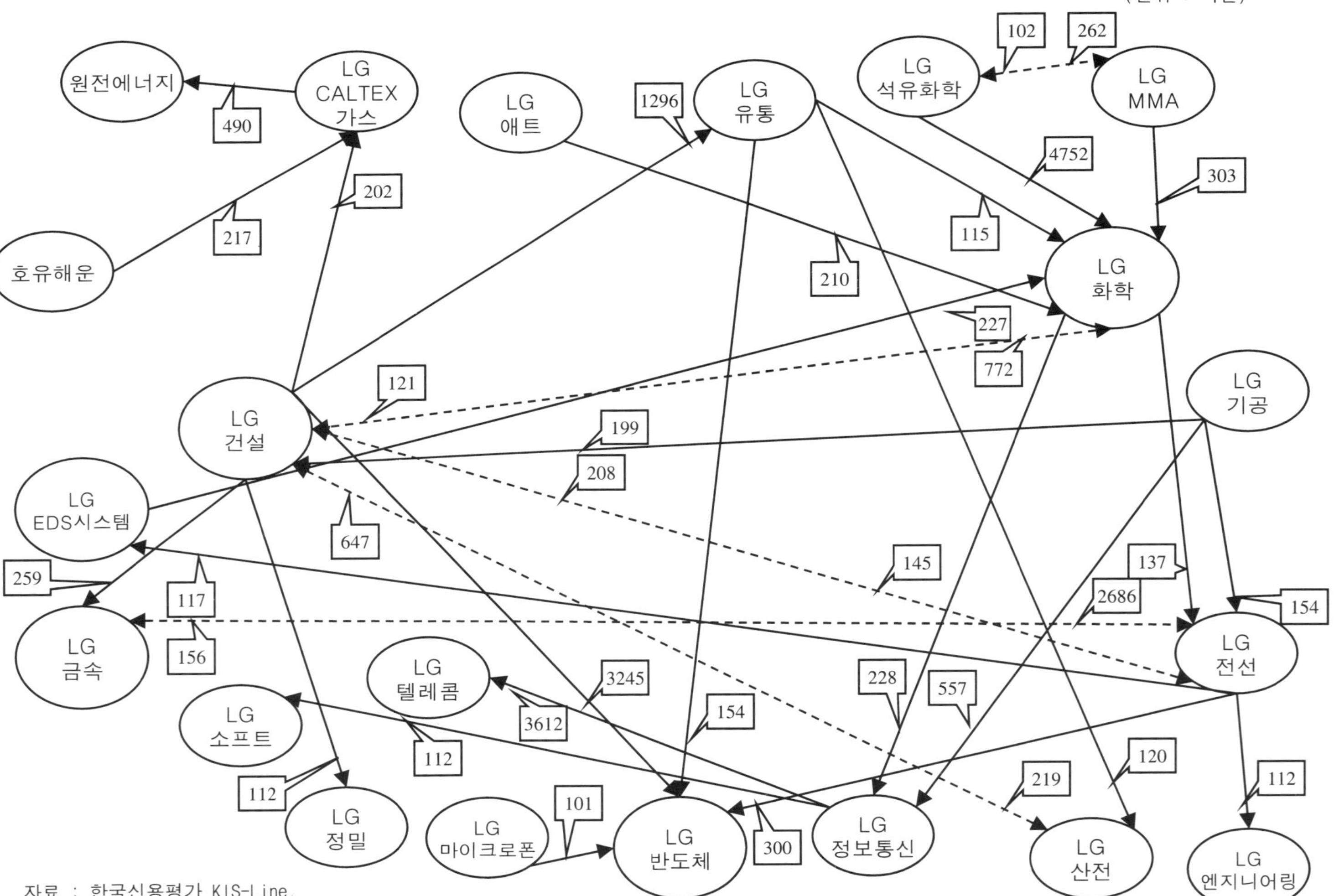

자료 : 한국신용평가 KIS-Line.

주 : 매출액 기준 100억 미만 거래 제외.

〈부록그림 2-10〉 SK그룹 내부거래 현황(1997년 매출기준)

(단위 : 억원)

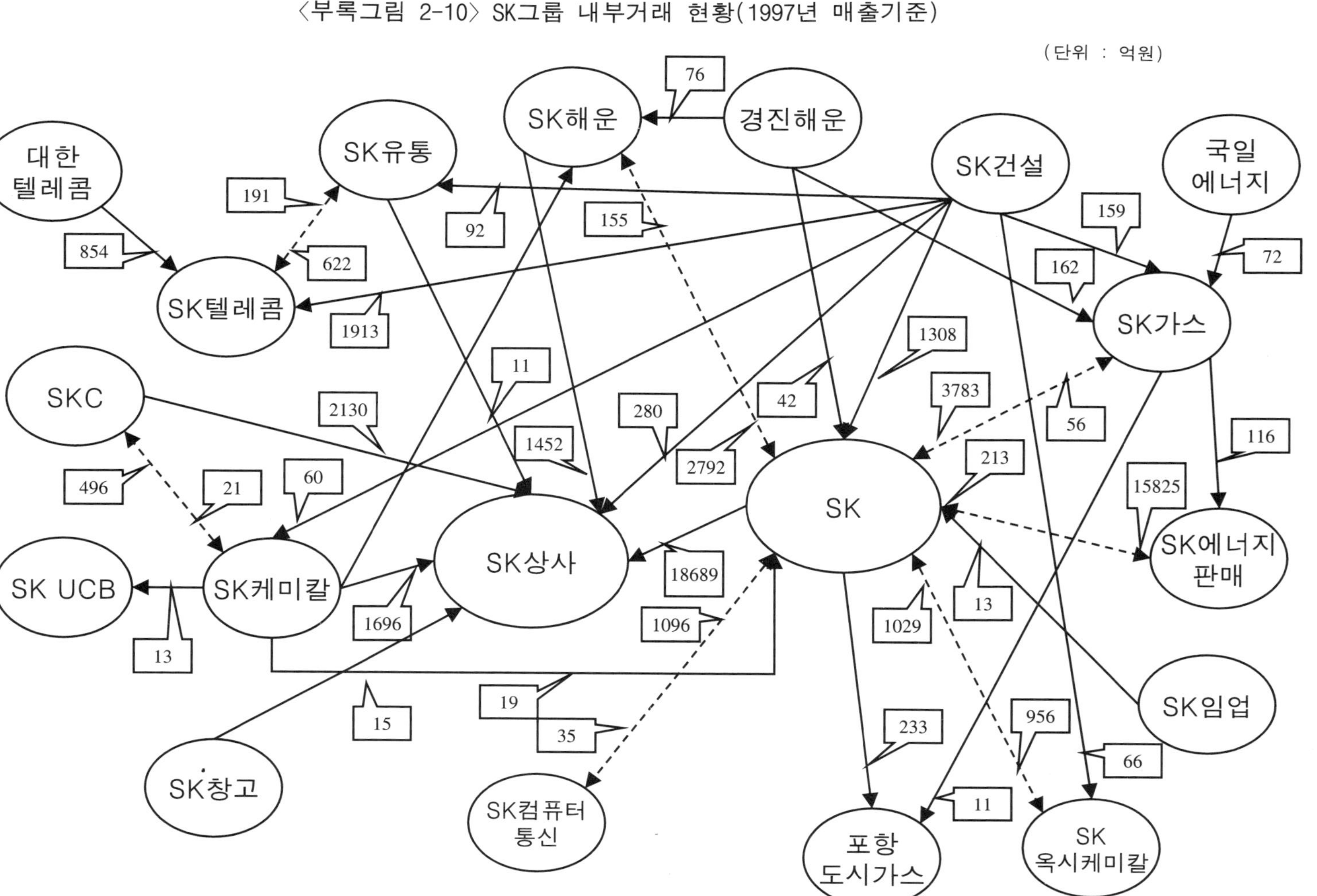

자료 : 한국신용평가 KIS-Line
주 : 매출액 기준 10억 미만 거래 제외.

제 3 장 자료설명

1. 사업보고서

한국증권거래소에 주식을 상장한 기업들은 증권거래법 및 상장법인공시규정에 따라서 매년 사업보고서를 공시하는데, 이 사업보고서는 인터넷(http://203.235.1.232)을 통해 열람할 수 있다. 아래의 〈표〉에 정리되어 있듯이 이 사업보고서에는 '주식에 관한 사항'으로서 '5% 이상 주주의 주식소유 현황'과 '최대주주 및 그 특수관계인의 주식소유 현황'이 들어있다. '특수관계인'의 내용은 증권거래법시행령 제10조의 3 제2항에 규정되어 있는데, 최대주주가 개인일 경우에는 일정한 범위의 친인척을 가리키며, 본인 및 친인척이 30% 이상을 출자하거나 사실상 경영권을 행사하는 기업도 포함한다. 최대주주가 법인일 경우에는 30% 이상의 지분과 사실상의 경영권이 특수관계인을 규정하는 기준이 된다.

사업보고서의 '주식에 관한 사항'에는 소유규모별 분포와 소유자형태별 분포도 밝혀져 있다. 소유규모별 분포는 모든 주주를 소액주주, 최대주주, 기타주주로 나누어 각각의 주주수와 주식수를 나열한다. 소유자형태별 분포는 금융 및 보험부문을 여러 형태로 나누면서 '기타 법인'과 구분하며, 법인이 아닌 주주들을 개인과 외국인으로 구분한다. 이와 함께 '지배구조 및 관계회사 등의 현황'의 일부로서 '타법인 출자현황'이 보고되며, 계열회사 상호간의 출자를 요약한 표도 '지배구조의 개요'라는 이름으로 제공된다.

따라서 사업보고서의 '주식에 관한 사항'은 재벌체제의 소유구조를 파악하는 데 많은 도움이 될 수 있다. 특히 '최대주주 및 그 특수관계인의 주식소유 현황'으로부터 재벌이 직접·간접으로 소유하는 주식의 비율을 각 계열기업에 대해 계산할 수 있다. 간접소유, 즉 계열기업을 통한 소유는 그 내용을 '타법인 출자 현황'으로부터도 파악할 수 있는데 이렇게 파악된 내용은 '지배구조의 개요'와 비교해 볼 수 있다.

그러나 사업보고서가 기업의 소유구조를 충실히 드러낸다고 말할 수는 없다. 우선 사업보고서의 진실성에 의문을 제기하지 않을 수 없다. 증권거래법 및 관련 법규에 의하면 상장기업이 공시 의무를 이행하지 않거나 허위내용을 공시하더라도 별다른 제재를 받지 않는다. 어떤 공공기관도 공시내용의 진위를 확인하거나 보증하지 않으며, 증권거래소가 '불성실공시'의 사실을 알더라도 이것을 게재하거나 금융감독원에 통보하는 일 밖에 하지 않는다. 바로 이러한 이유로 한국증권거래소는 공시된 내용을 제공하면서 "정보내용의 진실성이나 정확성을 확인하거나 보증할 수 없음"을 미리 밝히며, "제공된 자료에 대한 의문사항이 있는 이용자께서는 당해 상장회사로 직접 문의"하라고 덧붙인다.

사업보고서를 그대로 사용할 수 없는 이유는 그 이외에도 많다. 삼성의 예를 들면, 삼성전자의 1998년도 사업보고서에는 삼성생명이 '특수관계인'에 포함되어 있지 않다. 그러나 삼성생명은 1997년 12월 31일 현재 삼성전자의 보통주 8.2%를 보유하고 있으며, 삼성생명의 대주주는 이건희(10.0%)와 그의 매제 이종기(5.0%)이다. 삼성화재도 삼성전자 보통주 1.7%를 보유하고 있으며, 삼성화재의 최대주주는 삼성생명(9.8%)이다. 삼성증권이 보유하고 있는 주식은 언급조차 되지 않고 있다. 시티뱅크가 보유하고 있는 삼성전자 보통주 7.1%와 우선주 47.8%에 대해서도 의심하지 않을 수 없다.

2. KIS-LINE 기업정보

사업보고서만으로는 소유구조를 밝히기 어려운 다른 이유는 주식이 상장되지 않은 계열회사의 존재이다. 증권거래법은 상장회사에 대해서만 공시의무를 부과하고 있는데, 5대 재벌의 계열회사 중에는 비상장회사의 수가 적지 않다. 삼성의 예를 들면, 61개 중 13개만이 상장되어 있다. 현대의 경우에는 현대중공업, 현대엔지니어링 등 37개 계열회사가 주식이 상장되지 않고 있다. 그런데 한국신용평가주식회사의 KIS-LINE 기업정보는 상장회사뿐만 아니라 '주식회사의 외부감사에 의한 법률'이 적용되는 모든 회사, 즉 자산총액이 70억 원을 초과하는 모든 회사에 대한 정보를 제공하고 있다. KIS-LINE에 포함된 소유구조 관련 정보는 아래의 〈표〉에 정리되어 있다.

소유구조를 파악하기 위해 사업보고서나 KIS-LINE의 자료를 사용할 때 주의해야 할 사항이 있다. 주식에는 보통주와 우선주가 있으며, 의결권은 보통주에만 부여된다. 따라서 경영권과 관련하여 소유구조를 파악하려면 우선주는 무시하는 것이 적절하다. 그렇지만 KIS-LINE의 '주요주주' 현황은 보통주와 우선주를 구분하지 않고 있다. '소유주식수'는 보통주와 우선주를 합한 것이며, '지분율'도 전체 주식에 대한 비율이다. 그런데 재벌이 직접 혹은 간접으로 소유하고 있는 주식의 대부분은 보통주이므로, 이 '지분율'을 사용하여 재벌의 내부지분율을 계산하면 보통주만을 대상으로 계산할 경우보다 낮게 나타난다. 즉, 재벌의 지배력을 실제보다 약하게 보이도록 한다. 그렇지만 이 문제는 KIS-LINE에 의존하는 한 피할 수 없는 것이다. 사업보고서는 대부분 보통주와 우선주를 구분한다.

3. 공정거래위원회와 금융감독원의 비공개 자료

사업보고서나 KIS-LINE의 자료보다 더 적절한 자료가 없지는 않다. 공정거래법 13조의 제1항과 동법 시행령 제20조에 의하면, '대규모기업집단'은 매년 4월 말까지 '주식소유현황'을 주어진 서식에 맞추어 공정거래위원회에 신고해야 한다. 이 가운데 '소속회사의 대주주 현황'은 각 계열기업에 대해 특수관계인과 소속회사가 보유하는 주식의 수와 비율을 기재하도록 되어 있는데, 특수관계인을 친족, 비영리법인, 사용인, 자기주식의 네 유형으로 나눈다. '소속회사별 기업집단내부 출자지분 구성비율'도 제출하는데 이것은 각 계열기업에 대해 작성된 표들을 하나의 표로 요약한 것이다. 이와 함께 제출하는 '소속회사의 주식소유명세서'는 사업보고서에 포함되는 '타법인 출자 현황'과 그 내용이 같다(아래의 〈표〉 참고).

소유구조와 관련한 자료는 은행감독원에도 있다. '계열기업군에 대한 여신관리시행절차' 제2조 제1항 및 제3조 제1항에 따라서 재벌은 매년 4월 '계열기업군 현황'을 '주거래은행'을 통해 은행감독원에 보고하는데, 여기에는 '주식분포상황표'와 '보유주식명세표'가 포함된다(아래의 〈표〉 참고). 은행감독원은 1998년에 증권감독원, 보험감독원과 함께 금융감독원으로 통합되었다.

공정거래위원회와 금융감독원에 제출되는 이러한 자료는 재벌의 소유구조를 파악하는 데 유용하게 사용될 수 있다. 그러나 공정거래위원회와 금융감독원은 재벌이 제출한 어떠한 자료도 공개하지 않고 있다. 단지 공정거래위원회가 재벌별 평균만 공개할 뿐이다. 각 재벌 계열회사별로는 발표하지 하지 않는다. 공정거래위원회는 필자의 수차례에 걸친 자료제공 요청도 거부하였다. 공정거래위원회나 금융감독원이 이러한 방침을 바꾸지 않고 있기 때문에 우리는 증권거래소에 공시된 사업보고서와 한국신용평가주식회사가 제공하는 자료에 의존할 수밖에 없다. 이미 존재하고 있으며 정부기관이 확보하고 있는 표를 만들기 위하여 우리는 많은 시간과 노력을 들여야 하는 것이다.

4. 국정감사자료

공정거래위원회나 금융감독원이 국민과 연구자에게는 재벌 관련 자료를 제공하지 않지만, 국회의원의 요구는 거부하지 못하는 듯하다. 이 백서 집필진은 그 중 일부를 입수하여 사용하였는데, 소유구조와 관련해서는 "소속회사별 기업집단내부 출자지분 구성비율"(1998)을 주요한 참고자료로 사용하였다. 이 자료에서 '기업집단'이라는 용어가 사용되는 것으로 보아 공정거래위원회가 작성하여 제출한 것이라고 추정된다. 그런데 이 표에서도 일부 '소속회사'는 검은 줄로 지워져 있다. 비상장회사에 대한 자료는 국회에도 제출하지 않는다는 것이 공정거래위원회의 방침인 듯하다. 비상장회사의 내부지분 구성은 아무도 공정거래위원회로부터 제공받을 수 없는 정보인 것이다. 그러나 이 정보는 한국신용평가주식회사가 제공하는 자료를 가공하면 얻을 수 있는 것이며, 한국신용평가주식회사는 누구에게나 일정한 요금을 받고 자료를 제공한다.

백서 집필진이 입수한 국정감사자료에는 "10대 계열의 금융회사 및 출자지분 현황"도 들어 있다. '계열'이라는 용어는 금융감독원이 사용하는 것이다. 이 자료와 함께 "30대 재벌소유 금융기관이 보유한 상장법인 주식수, 지분율"도 입수되었는데, 이것은 "증권거래법 제200조의 2 제1항에 의거 '증권감독원'에 접수된 보고서의 내용을 근거로 작성"되었다. 이 두 자료는 재벌 금융·보험회사의 내부지분 구성과 계열회사 출자 내역을 확인하는 데 사용되었다.

"6대생보사 주주명부"와 "손해보험사 주주명부"도 입수되었는데, 이것은 보험감독원이 작성했으리라고 추정된다. 이 가운데 "6대생보사 주주명부"는 긴요하게 사용되었다. 삼성의 지주회사인 삼성생명보험은 비상장회사이므로 사업보고서를 공시하지 않는다. 어떤 이유에서인지 KIS-LINE 기업정보에도 삼성생명보험의 주식분포는 제대로 기재되어 있지 않다. 오직 신세계백화점의 주식지분만 기재되어 있다. 그런데 "6대생보사 주주명부"에는 이건희를 포함한 22명의 개인, 삼성문화재단과 삼성에버랜드를 포함한 4개 법인의 주식지분이 밝혀져 있는 것이다.

다시 말하건대, 이러한 자료들을 이렇게 어렵게 구해야 하는 현실이 안타깝다. 기업경영의 투명성을 높이겠다는 대통령과 공정거래위원장의 공언(公言)이 공언(空言)으로 느껴진다.

〈표〉 소유구조 관련 자료

자료보유기관	증권거래소	한국신용평가(주)	공정거래위원회	은행감독원
자료명	· 사업보고서 · 반기보고서	· KIS-LINE 기업정보	· 주식소유현황	· 계열기업군현황
소유구조 관련항목	· 최대주주 및 그 특수관계인의 주식소유 현황 · 5%이상 주주의 주식소유 현황	· 주요주주현황	· 소속회사의 대주주 현황 · 소속회사별 기업집단 내부 출자지분 구성비율	· 주식분포상황표
	· 타법인 출자 현황 · 지배구조의 개요	· 타법인출자현황	· 소속회사의 주식소유 명세서	· 보유주식명세표
	· 소유자별 분포 · 소액주주, 최대주주 및 기타주주 분포	· 주식소유형태별분포 · 주식소유규모별분포		
관련법규	· 증권거래법 제186조의 2, 3 · 상장법인공시규정	· 외부감사법	· 공정거래법 제13조 제1항 · 동법 시행령 제20조	· 계열기업군에 대한 여신관리시행절차 제2조 제1항, 제3조 제1항
비 고	· 상장기업과 등록기업에 국한 · 불성실공시에 대한 감시와 처벌 없음	· 모든 외부감사 대상 기업 포함	· 비공개	· 비공개

〈부표 3-1〉 현대 : 계열회사 출자현황

계열회사				출자회사											
순위	이름	구분	자본총계	현대중공업	현대건설	현대자동차	현대상선	현대정공	현대산업개발	현대차써비스	인천제철	현대전자산업	현대종합상사	현대엘리베이터	현대강관
1	현대중공업	등록	2,062.6		10.37		0.70			1.20					
2	현대자동차	상장	1,695.4	13.98	5.36				1.10						
3	현대전자산업	상장	1,365.9	2.22	20.89	8.04	19.78	5.71		0.76				3.93	
4	현대건설	상장	1,259.1							1.04	1.40		0.35		0.69
5	인천제철	상장	536.1	22.20		7.82						7.82	1.17		
6	현대자동차써비스	상장	501.1					8.71			1.13				
7	현대석유화학	등록	479.3	39.00	6.91	12.66		0.76	6.30	5.30	5.50		8.50		
8	현대산업개발	상장	458.0	0.01	31.02										
9	현대정공	상장	437.6	11.41							6.91				
10	현대상선	상장	404.9*		0.05					0.86					10.42
11	현대증권	상장	391.5	6.52		12.18	5.00	0.47	1.90	0.28	0.99				0.20
12	현대정유	등록	299.5	22.50	4.84	5.06		3.05	3.40		5.50				
13	금강개발산업	상장	203.1												
14	현대종합상사	상장	202.2	5.30		6.60				1.28					
15	현대종합금융	상장	198.5	9.60	6.20				0.70						
16	고려산업개발	상장	166.4	2.19	17.95				21.94						
17	현대해상화재보험	상장	151.6	9.52											
18	현대강관	상장	144.6					12.59							
19	현대할부금융	외감	138.5		13.33	36.12				36.10		10.30			
20	현대미포조선	상장	90.8	45.41											
21	현대엘리베이터	상장	82.6	2.41			7.13						7.51		
22	현대엔지니어링	등록	75.2	43.00					42.80						
23	동서산업	상장	64.8												
24	현대정유판매	등록	52.5	62.20											
25	한국프렌지공업	상장	49.2												
26	울산종합금융	상장	38.1	42.20						0.20					
27	현대정보기술	외감	38.2				18.00					80.00		2.00	
28	한무쇼핑^^	외감	37.9												
29	케피코	등록	34.9			50.00									
30	주리원	상장	30.0												
31	울산방송	외감	27.6												
32	현대알루미늄공업	등록	23.5			34.57									
33	현대파이낸스	외감	20.3												
34	현대우주항공	외감	17.3	40.70				6.16	8.50						
35	현대중기산업	외감	10.6		93.00										
36	현대선물	외감	10.0										15.00		
37	현대경제사회연구원	외감	8.4			100.00									
38	현대물류	외감	7.3				47.64					27.50			
39	티존코리아	외감	7.0										50.00		
40	현대세가엔터테인먼트	외감	5.4				7.70					41.50			
41	한소해운	외감	5.1				91.00								
42	동서관광개발	외감	5.0												
43	금강기획	외감	1.6				83.33								
44	한국물류	외감	1.0												
45	신대한	등록	1.1												
46	선일상선	외감	0.7				100.00								
47	다이아몬드베이츠	외감	1.0												
	합계		11,843.3	7.56	7.18	3.15	2.77	1.31	1.17	1.11	0.85	0.77	0.53	0.46	0.44
48	현대유니콘스	외감	−2			25.00				20.00		55.00			
49	현대방송	외감	−5										50.00	50.00	
50	현대리바트	상장	−26	7.80	30.20										
51	대한알루미늄공업	상장	−98										11.30		
52	현대문화신문	외감	−104			23.62		2.80							
53	국민투자신탁증권	외감	−998									21.60			

주 1) 공정거래위원회가 1998년 4월 기준으로 선정한 현대 계열회사 62개 중 9개 중소 계열회사 제외(현대선물, 현대에너지, 현대기술투자, 인천공항터미널, 서울프로덕션, 국민투자신탁운용, 동해해운, 서한산업).

2) 감자료 '금융기관이 보유한 상장법인 주식수, 지분율'의 현대 관련 수치는 의심스러운 점이 많아 무시하고, 사업보고서와 KIS-LINE에만 의존.

3) 현대차서비스와 현대종합금융은 사업보고서를 공시하지 않음.

									D	E	F	
고려산업개발	금강개발산업	현대종합금융	현대엔지니어링	주리원	현대미포조선	한소해운	동서산업	기타	소계	자기주식	우리사주	비 고
									12.27		10.40	
0.70									21.14	7.77		미쓰비시상사(6.6) 미쓰비시자동차(6.6)
	0.79								62.12	2.36	2.44	
									3.48	0.29	2.02	
									39.01	1.91	1.29	
									9.84	1.38		
0.50	1.60				1.00				88.03			
									31.03	4.31	7.41	
			1.16						19.48	1.17	0.87	
4.77	2.99								19.09	1.63	4.97	
					0.50	1.82			29.86	0.48	5.68	
									44.35			아말가메이티드(26.3)
										5.25	2.87	
									13.18	8.38	6.38	서울은행투신(9.1)
									16.50			
									42.08	3.78	5.15	
									9.52	3.96	4.96	
			2.56						15.15		0.13	제일은행(5.4)
4.10									99.95			
									45.41			증시안정기금(5.4) 가오사끼중공업(5.0)
									17.05	0.43	2.72	
10.90									96.70			
										8.66	3.40	제일생명(5.8)
									62.20			아말가메이티드(37.8)
											1.55	
									42.40			
									100.00			
												한국무역협회(45.9)
									50.00			R. Bosch(25.0) 미쯔비시전기(25.0)
										0.21		
				30.00					30.00			
									34.57			신세기창업투자(38.4)
		100.00							100.00			
3.90									59.26			
								5.00	98.00			기타: 대한알루미늄(5.0)
		50.00						35.00	100.00			기타: 현대증권(20.0) 현대해상화재(15.0
									100.00			기타계열사 포함
									75.14			
									50.00			
									49.20			SEGA LTD(25.0)
									91.00			
							100.00		100.00			기타: 동서산업(100.0)
									83.33			
									100.00			
0.41	0.26	0.21	0.07	0.07	0.06	0.06	0.04	0.03	28.49	2.23	3.38	
									100.00			
									100.00			
									38.00			
3.30			3.60						18.20			
									26.42			
									21.60			대한교원공제조합(13.3)

4) 자기주식과 우리사주조합 보유주식은 상장회사에 대해서만 조사.

5) 현대차서비스와 고려산업개발의 자기주식 비율은 국감자료 "소속회사별 기업집단내부 출자지분 구성비율"에서 확인.

6) 국민투자신탁증권의 내부지분율 구성은 1998년 국정감사자료 "10대계열의 금융회사 및 출자지분 현황"에서 확인. KIS-LINE 기업정보에는 현대증권 지분만 기재.

〈부표 3-2〉 삼성 : 계열회사 출자현황

계열회사				출자회사												
순위	이름	구분	자본총계	삼성전자	삼성생명	삼성물산	삼성전기	삼성전관	삼성화재	삼성증권	삼성중공업	제일모직	삼성항공	중앙일보	삼성에버랜드	삼성정밀화학
1	삼성전자	상장	5,829.9		8.70	4.45			2.08	0.01		0.61		0.45	0.15	
2	삼성전관	상장	1,302.7	10.87	5.39				3.19	0.01					0.28	
3	삼성물산	상장	1,098.2		6.15					12.60		0.08				
4	삼성자동차	외감	820.9	30.60			8.80	10.80			3.60				1.80	
5	삼성중공업	상장	708.6	18.92	4.92		2.56					0.60	0.07			
6	삼성전기	상장	692.2	20.27	6.31					0.03						
7	삼성생명	등록	533.1												2.25	
8	삼성항공산업	상장	453.7	8.13	7.75	10.14						0.12			0.33	
9	제일모직	상장	436.5		2.20											
10	삼성종합화학	등록	348.6	3.80		37.80	10.30	10.40				0.90	25.90			
11	삼성정밀화학	상장	274.3	9.31	3.40	6.20	0.29	12.74			0.21	3.51				
12	삼성코닝	등록	232.6	48.40	1.00											
13	호텔신라	상장	191.8	5.50	6.68											
14	삼성증권	상장	187.0		9.86	1.32			4.95							
15	삼성엔지니어링	상장	178.7		6.50			6.20	1.40	9.95		16.00				
16	삼성카드	외감	161.0	54.40		14.40	21.50									
17	에스원	상장	154.6		9.95	11.39			1.00	0.13						
18	삼성에버랜드	외감	143.8			1.80						5.00		17.10		
19	삼성할부금융	외감	121.0	74.70		25.00					0.30					
20	중앙일보사	외감	118.2			3.90	2.50					8.50				
21	삼성석유화학	외감	108.2	9.90		10.00						16.40				
22	삼성상용차	외감	100.1								100.00					
23	삼성SDS	외감	78.7	29.90		25.30	11.70									
24	삼성화재해상보험	상장	60.0		9.95											
25	광주전자	등록	43.7	95.00								5.00				
26	포항강재공업	등록	36.3				38.00				3.00					
27	삼성투자신탁운용	외감	28.9		10.00				3.30	16.70						
28	제일기획	상장	26.6	5.10	1.40	2.60						2.80		1.60		
29	스테코	외감	24.5	51.00												
30	대한정밀화학	외감	21.6					50.00								
31	대경빌딩	외감	21.3			43.60		6.40								
32	스템코	외감	20.7				50.00									
33	삼성지이의료기기	외감	19.7	34.00			10.00									
34	삼성에스엠	외감	16.0													80.00
35	서울통신기술	외감	13.5	33.30												
36	한국디엔에스	외감	10.7	43.70												
56	삼성선물	외감	10.4		80.00	10.00			10.00							
37	보광훼미리마트	외감	10.3													
38	보광창업투자	외감	10.0													
39	보광	외감	9.9													
40	삼성생명서비스	외감	6.1		100.00											
41	서해리조트	외감	5.9											31.70	68.30	
42	삼성경제연구소	외감	5.9	30.00	30.00	10.00	10.00				10.00	10.00				
43	아산전자	외감	3.8	60.00												
44	삼성코닝정밀유리	외감	2.4	9.60	1.00											
45	연포레저개발	외감	2.1												100.00	
46	한덕화학	외감	1.3													50.00
47	삼성시계	외감	1.1	100.00												
48	제일보젤	외감	0.9													
49	중앙디자인	외감	0.2												50.00	
	합계		14,688.5	7.86	5.88	3.93	1.37	1.25	1.21	1.10	0.90	0.82	0.62	0.36	0.32	0.09
50	무진개발	외감	−0.6												100.00	
51	삼성라이온스	외감	−3.8	27.50		7.50						15.00				
52	한일가전	외감	−9.6	100.00												
53	대도제약	외감	−10.0													
54	한일전선	외감	−21.4				78.70									
55	이천전기	외감	−62.5	85.30				9.80								

주 1) 공정거래위원회가 지정한 삼성 계열회사 61개 중 6개(중앙이코노미스트, 중앙일보뉴미디어, 중앙엠엔비, 중앙컬쳐미디어, 휘닉스커뮤니케이션)는 자산총액 70억 원 미만으로 외부감사법이 적용되지 않으며, KIS-LINE 기업정보에서 소유구조를 확인할 수 없어 제외.

2) 자기주식 비율은 상장회사에 대해서만 조사.

3) 삼성생명, 삼성화재, 삼성증권, 삼성카드가 보유하는 계열회사 주식은 증권감독원이 국회에 제출한 국정감사자료에서 확인. 단, 삼성생명이 보유하는 제일모직, 삼성코닝, 제일기획, 삼성정밀 주식은 삼성전자의 1988년도 반기보고서에 포함된 "지배구조의 개요"에서 확인. 삼성증권이 보유하는 삼성화재 주식, 삼성카드가 보유하는 삼성엔지니어링 주식 등도 "지배구조의 개요"에서 확인. 삼성증권이 보유하는 삼성물산 주식은 삼성물산의 1998년도 사업보고서에 포함된 "주식의 분포"의 주석에서 확인.

삼성카드	호텔신라	삼성할부금융	기타	위성 계열 제일제당	신세계백화점	D 소계	E 자기주식	F 우리사주	비고
				1.80		18.25	3.52	3.55	CITY BANK(7.1)
0.03						19.77	2.89		NEC(7.7), 자사주펀드(215억원) 제외
				2.52		21.35	2.32	11.27	
						55.60			
			0.28	1.11		28.46		7.61	98년7월 자기주식 매입(11.19)
				0.17		26.78	1.42	6.76	
				11.50	14.50	28.25			
				1.01		27.48	0.03	8.99	조흥은행(5.3)
						2.20	3.00	8.39	서울은행(8.4)
			0.30	2.85		92.25			
	2.48		0.95	0.66		39.75			
						49.40			코닝인터내쇼날(50.0)
				1.96		14.14	1.34	7.22	
5.16		2.28				23.57	0.01	1.08	
1.40				2.85		44.30		11.05	국제엔지니어링(5.3)
					4.60	94.90			
						22.47		6.92	SECOM(25.3) 98년4월 자기주식 매입(6.79)
						23.90			
						100.00			
				14.71	0.20	29.81			
					4.00	40.30			AMOKO(35.0)
						100.00			
						66.90			
1.66						11.61	3.98		
						100.00			
						41.00			포항제철(49.0)
						30.00			
					7.00	20.50		10.00	태평양(12.0)
						51.00			
						50.00			칼리-chemie(48.0) Solvay SA(2.0)
						50.00			신한은행(50.0)
						50.00			Toray(50.0)
						44.00			GE(51.0)
						80.00			
						33.30			
						43.70			
						100.00			
			3.00			3.00			기타: 보광(3.0)
			10.00			10.00			기타: 보광(10.0)
						100.00			
						100.00			
						100.00			
						60.00			
						10.60			코닝인터내셔날(50.0)
						100.00			
						50.00			덕산(50.0)
						100.00			
			70.00			70.00			기타: 제일기획(70.0)
						50.00			
0.09	0.05	0.03	0.05	1.67	0.62	28.23	2.02	3.80	
						100.00			
				15.00	14.50	79.50			
						100.00			
						78.70			
						95.10			

4) 삼성생명의 주식분포는 1998년 9월 정기국회 국정감사 자료 "6대 생보사 주주명부"(보유주식 1%이상)에서 확인. 주주와 이건희와의 관계는 《삼성 60년사》 등에서 확인. KIS-LINE 기업정보에는 신세계백화점(11.5%)만이 삼성생명의 주요주주로 기재.

5) 삼성투자신탁운용의 주식분포는 국정감사자료 "10대 계열의 금융회사 및 출자지분 현황"과 삼성전자 반기보고서의 "소유구조개요" 등에서 확인. KIS-LINE 기업정보에는 이와 다르게 기재.

6) 삼성증권의 주식분포는 1998년도 반기보고서에서 확인. 1997년도 사업보고서에는 삼성생명과 삼성화재만을 '최대주주 및 그 특수관계인'으로 기재. KIS-LINE 기업정보는 보통주와 우선주를 구분하지 않고 합계(10.0%)만을 기재하며, 삼성문화재단을 '주요주주'에서 누락. 공정거래위원회가 제출한 국정감사자료 "소속회사별 기업집단내부 출자지분 구성비율"도 보통주와 우선주를 구분하지 않음.

〈부표 3-3〉 대우 : 계열회사 출자현황

계열회사				출자회사							
순위	이름	구분	자본총계	㈜대우	대우전자	대우중공업	대우통신	오리온전기	대우자동차	대우정밀	대우자판
1	대우중공업	상장	2,827.4	29.14	5.29		1.12	1.12		2.30	0.04
2	㈜대우	상장	2,751.5		0.44			1.84			0.40
3	대우자동차	등록	1,039.4	37.00	23.00		8.46				
4	대우증권	상장	929.1		3.10	6.85	0.20		0.10		
5	대우전자	상장	814.5					2.04			
6	대우통신	상장	323.0		5.65						
7	오리온전기	상장	313.4				6.88				0.38
8	경남기업	상장	259.4	4.65	4.65	2.33	2.33			1.55	
9	대우기전공업	등록	184.4	7.60		6.10	11.07		24.70		
10	대우차판매	상장	162.0						19.10		
11	대우정밀공업	상장	153.0					4.06			
12	대우할부금융	외감	117.5			30.00			45.00		25.00
13	대우개발	외감	116.6	39.00							
14	대우전자부품	상장	100.7	8.46		19.15					
15	한국전기초자	상장	40.4		5.11			46.02			
16	대우창업투자	외감	33.0		100.00						
17	다이너스클럽코리아	외감	23.1		39.90			39.90			
18	오리온전기부품	외감	16.2					80.00			
19	코람프라스틱	외감	15.5			30.00					
20	대우모터공업	외감	13.7		100.00						
21	대우정보시스템	외감	11.9		47.60	44.40	7.94				
22	대우선물	중소	10.0					20.00			
23	대우경제연구소	외감	9.5			34.30		3.50	16.50		
24	대우투자자문	외감	5.7								
25	경남금속	외감	2.3	32.40		21.70				45.00	
26	대우레저	외감	1.6								
27	한국자동차연료시스템	외감	1.5							51.00	
28	동우공영	외감	1.4			50.00					
	합계		10,277.7	12.54	5.09	1.46	1.66	1.44	1.28	0.69	0.42
29	한국산업전자	외감	−10.5			71.70					
30	쌍용자동차	상장	−151.0						26.98		

주 1) 공정거래위원회가 1998년 4월 기준으로 지정한 대우의 계열회사 37개 중 9개(경남시니어타운, 광주 제2순환도로, 대우에스티반도체설계, 대우전자서비스, 대우제우스, 유화개발, 한일대우시멘트) 제외. 이들은 자산총액이 70억 원 미만이며, KIS-LINE 기업정보에서 소유구조 확인할 수 없음.

2) 대우증권의 내부지분 구성은 국정감사자료 "10대계열의 금융회사 및 출자지분 현황"과 "소속회사별 기업집단내부 출자지분 구성비율"을 참고하여 보완. 사업보고서와 KIS-LINE에는 김우중과 대우전자의 지분이 누락.

3) 대우통신의 내부지분 구성은 국정감사자료 "소속회사별 기업집단내부 출자지분 구성비율"과 공시된 '지분현황'을 참고

사					D	E	F	비고
대우개발	대우조선	대우전자부품	경남기업	대우증권	소계	자기주식	우리사주	
0.84					39.85		0.18	산업은행(11.2) 자사주펀드(410억원)
					2.68	4.34	1.10	
					68.46			ARTEC Ltd.(26.0)
					10.25	2.85	0.13	
		0.41			2.45	1.73	0.47	자사주펀드(50억원)
				0.01	5.66		2.08	
				0.01	7.27	2.81	0.53	자사주펀드(30억원)
1.68	3.63			1.12	21.94	1.15	2.66	자사주펀드(10억원)
					49.47			
					19.10	0.84		97.12 – 98.3 대우자동차 6.5% 매수
				0.85	4.91		3.34	교보증권(8.6) 서울은행투신(7.2)
					100.00			
					39.00			
					27.61	0.51	0.08	98.1-3 자기주식 취득->3.42
				0.26	51.39		5.00	한국유리공업(5.7) TECHNEGLAS(10.
					100.00			
				20.00	99.80			
					80.00			
					30.00			박유정(29.0) 전수분(3.0)
					100.00			
					99.94			
			20.00	60.00	100.00			
				35.70	90.00			
				100.00	100.00			
					99.10			
					51.00			
					50.00			
0.27	0.09	0.03	0.02	0.23	25.24	1.69	0.61	
					71.70			
					26.98			

하여 보완. 사업보고서에는 대우재단의 지분이 누락.

4) 공익재단법인 보유지분은 국정감사자료 "1997년 8월 말 현재 공익법인의 상장회사 주식 보유현황"을 참고하여 보완.

5) 대우증권 보유지분은 증권감독원이 제출한 국정감사자료 "30대재벌소유 금융기관이 보유한 상장법인 주식수, 지분율"을 참고해 보완.

6) 쌍용자동차 내부지분 구성은 1998년도 반기보고서에서 확인.

7) 자기주식과 우리사주조합 보유주식은 상장회사에 대해서만 확인. 자기주식은 자사주펀드로 취득한 주식을 포함하지 않음.

〈부표 3-4〉 LG : 계열회사 출자현황

계열회사				출자회사												
순위	이름	구분	자본총계	LG전자	LG화학	LG상사	LG전선	LG산전	LG유통	LG건설	LG칼텍스	LG반도체	LG정보통신	LG화재	LG칼텍스정유	호유해운
1	LG전자	상장	1,527.5		7.05	0.43	0.11							2.12		1.26
2	LG화학	상장	1,445.4			0.18		1.00						1.86		1.21
3	LG반도체	상장	1,334.9	46.32		8.61	5.87	6.88		3.61						
4	LG칼텍스정유	등록	1,111.0		5.00				13.09							
5	LG증권	상장	586.2		6.15	0.77			0.59	3.43						
6	LG정보통신	상장	442.2	17.40				2.73								
7	LG종합금융	상장	439.4		8.57	8.02				5.08						
8	LG텔레콤	외감	386.7	5.03								9.05	14.40			
9	LG산전	상장	330.8	25.84						0.04						
10	LG전선	상장	292.6		0.49	3.21		0.50		2.84						
11	LG건설	상장	264.9	9.68	12.65									0.13		
12	LG상사	상장	221.7					1.75		1.00						0.40
13	LG칼텍스가스	상장	166.3												35.70	
14	LG신용카드	외감	138.0	38.90	22.13					9.96						
15	LG석유화학	외감	128.2		100.00											
16	호유해운	외감	120.5								100.00					
17	LG동	외감	101.9	30.00	30.00		20.00					20.00				
18	LG화재해상보험	상장	84.4			0.11	1.71	1.30		0.85						
19	극동도시가스	상장	72.8	23.00			9.50									
20	LG백화점	외감	70.7	15.00	7.27	18.20	15.00	32.73								
21	LG유통	외감	68.8	4.26	4.26											
22	LG정밀	외감	68.7	48.89	9.00		23.56						6.00			
23	실트론	등록	52.6		28.79											
24	LG마이크론	외감	50.3	50.00												
25	LG정유판매	외감	41.6													48.11
26	LG오웬스코닝	등록	33.1		62.08											
27	LG창업투자	외감	31.5	50.00			50.00									
28	LG투자신탁운용	외감	30.4													
29	LG애드	등록	29.9													
30	LG MMA	외감	26.2		50.00											
31	LG-EDS시스템	외감	23.1	10.00	10.00											
32	LG하니웰	외감	21.2	25.00												
33	부민상호신용금고	외감	21.1													
34	LG에너지	외감	16.4			30.00	20.00			5.00		40.00				
35	LG기공	외감	16.1													
36	LG인터넷	일반	15.3	66.67			33.33									
37	LG금속	상장	13.5		9.42		19.44			0.31		0.97				
38	LG소프트	외감	13.4	58.33				18.67					16.00			
39	LG전자부품	외감	13.1	50.00												
40	LG포스타	외감	12.7	50.00												
41	LG선물	일반	12.5			20.00	20.00									
42	LG히다찌	외감	8.1	85.00												
43	LG경제연구원	중소	6.0													
44	LG엔지니어링	등록	5.5	6.00	6.00	2.67	20.00	20.00								
45	LG레저	외감	2.4													
46	LG얼라이드시그널	외감	2.1		50.00											
47	LG이엔씨	외감	1.2							38.99						
	합계		9,902.8	10.71	5.34	1.96	1.68	1.53	1.50	1.18	1.22	0.63	0.63	0.60	0.60	0.58
48	LG홈쇼핑	외감	-0.9												25.40	
49	LG스포츠	외감	-2.4	15.20	20.00	5.00	9.00	10.80		5.00			5.00			
50	원전에너지	외감	-6.6													
51	한무개발	외감	-33.0							35.06			5.08			

주 1) 공정거래위원회가 1998년 4월 기준으로 지정한 LG계열회사 52개 중 1개(LG교통정보) 제외.

2) 자기주식과 우리사주 보유주식은 상장회사에 대해서만 조사. 자기주식 비율은 자사주펀드로 취득한 주식을 포함하지 않음. LG증권의 자기주식 비율은 국감자료에서 확인.

LG종금	LG신용카드	LG증권	LG정밀	LG백화점	LG마이크론	LG전자부품	LG석유화학	LG금속	기타 6개사	D 소계	E 자기주식	F 우리사주	비고
0.16										11.13		1.02	
									0.07	4.32		1.23	서울은행(5.5) 삼성생명(4.8)
									0.04	71.33		2.50	산업은행(5.4)
										18.09			
4.90			0.52						0.02	16.38	4.42		
										20.13		5.94	
	4.21		5.26	5.26	5.26	4.39	4.71		3.77	54.53	0.17	0.17	
										28.48			
									1.07	26.95		3.06	
		4.03								11.07		6.23	히다찌전선(9.9)
										22.46		8.25	증시안정기금(5.5)
										3.15			증시안정기금(6.6)
										35.70		5.80	서울증권(9.6)
3.03										74.02			
										100.00			
										100.00			
										100.00			
0.98		5.00				2.46			0.52	12.93	0.96		외환은행(7.3) 현대해상(4.6) 한투(2.3)
									18.50	51.00		5.80	기타: LG정유(18.5)
			1.80					10.00		100.00			
										8.52			
										87.45			
										28.79			
										50.00			
	51.89									100.00			
										62.08			
										100.00			
		30.00								30.00			
										50.00			
										20.00			
			10.00							35.00			YAMATAKE(10.0) 하니웰(40.0)
49.50										49.50			
										95.00			
										100.00			
										30.14			
										93.00			
										50.00			
										50.00			
		40.00						20.00		100.00			
										85.00			
		99.90								99.90			
										54.67			
										50.00			
									22.00	60.99			기타: LG엔지니어링(22.0)
0.47	0.40	0.36	0.30	0.23	0.23	0.22	0.21	0.10	0.36	31.05	0.28	1.59	
		15.70							7.14	48.24			
		5.00	20.00					5.00		100.00			
									100.00	100.00			기타: LG칼텍스가스(100.0)
								5.08		45.22			

〈부표 3-5〉 SK : 계열회사 출자현황

계열회사				출자회사								
순위	이름	구분	자본총계	SK㈜	SK상사	SK텔레콤	SK케미칼	SK건설	SKC	SK에너지판매	SK증권	SK가스
1	㈜SK	상장	2,120.3		13.78		2.73	0.94	0.97			
2	SK텔레콤	상장	1,315.6	18.53			1.64		0.21	1.06		
3	SK상사	상장	350.9			4.07					0.96	
4	SK케미칼	상장	303.9						7.12			
5	SKC	상장	293.7	2.27	3.27			7.92				
6	대한도시가스	상장	230.6	25.08		9.92						
7	SK건설	등록	160.5		0.48							
8	SK가스	상장	147.5	38.91						2.38		
9	SK옥시케미칼	외감	93.5	100.00								
10	SK에너지판매	등록	93.4	43.43								
11	SK증권	상장	80.8					19.63	8.72	16.92		11.28
12	SK캐피탈	외감	51.7			100.00						
13	워커힐	외감	49.5		1.59		0.25		7.50			
14	대한텔레콤	외감	31.3									
15	SK투자신탁운용	외감	30.4								30.00	
16	한국이동통신	외감	25.4			100.00						
17	구미도시가스	등록	13.3	70.80								
18	SK컴퓨터통신	외감	11.1	100.00								
19	청주도시가스	등록	10.6	68.60								
20	중부도시가스	외감	6.2	100.00								
21	양산국제물류센타	중소	5.8									
22	이리듐코리아	중소	5.3			100.00						
23	포항도시가스	외감	5.2	100.00								
24	SK UCB	외감	4.9				50.00					
25	SK창고	외감	4.7		100.00							
26	SK임업	외감	4.4	0.41								
27	국일에너지	외감	3.6									100.00
28	스피드메이트	일반	3.2							100.00		
29	대한도시가스서비스		2.7									
30	대한도시가스엔지니어링	일반	2.2									
31	대구전력	중소	2.0	35.00		34.00						
32	SK훅스		0.9	50.00								
33	SK경제연구소		0.6								99.99	
34	흥진유업		0.3							100.00		
35	동륭케미칼	일반	0.0									100.00
	합계		5,465.8	9.88	5.64	2.20	1.50	1.08	1.02	0.63	0.24	0.23
36	유공몬텔		−0.8	50.00								
37	경진해운	외감	−3.5									
38	마이티브이	외감	−8.9									
39	SK제약	외감	−11.2				49.00					
40	SK해운	외감	−12.4	29.12	24.57				9.59			
41	중원	외감	−12.9									
42	SK유통	외감	−45.6		1.22							
43	경성고무공업사	외감	−78.0		64.07							
44	SK생명보험	외감	−84.0		3.38				3.38			17.73

주 1) 공정거래위원회가 1998년 4월 기준으로 지정한 SK계열회사 45개 중 1개(SK엔제이씨)는 자료부족으로 주식분포를 조사할 수 없어 제외.

2) (주)SK 등의 사업보고서에는 우선주를 포함한 모든 주식에 대한 비율이 기재. 국감자료 "소속회사별 기업집단내부 출자지분 구성비율"(1998)도 같음.

사								비 고
SK해운	SK옥시케미칼	SK유통	대한도시가스	기타	소계	자기주식	우리사주	
				0.02	18.44	3.36	4.31	98.1-3 자기주식 추가취득->9.9
	0.01			0.01	21.46	0.03	0.23	한국통신(18.4) CITIBANK(10.4) 타이거펀드(6.5)
					5.03	2.51	6.54	
					7.12		0.69	
3.96					17.42	1.89	8.42	
					35.00			황순필외2(23.2) 노승현외1(6.8)
				4.24	4.72			기타: 워커힐(4.24)
					41.29		6.86	삼성증권(12.1) LG칼텍스정유(8.4) 현대중공업(8.4) 쌍용정유(6.6)
					100.00			
					43.43			
	14.10	14.10			84.75	0.32	0.21	98.3 유상증자 3천억원
					100.00			
				0.25	9.59			
					30.00			
					100.00			
					70.80			
					100.00			
					68.60			
					100.00			
					100.00			
					100.00			
					50.00			UCBS.A.(50.0)
					100.00			
					0.41			
					100.00			
					100.00			
			100.00		100.00			
			100.00		100.00			
					69.00			
					50.00			
					99.99			
					100.00			
					100.00			
0.21	0.21	0.21	0.09	0.14	23.28	1.58	2.83	
					50.00			
								임형기(35.5)
								시사영어사(31.7) 서울음반(14.7) 코리아데일리(11.1)
					49.00			
					63.28			
								이도선(55.0)
					1.22			
					64.07			영남방직(1.0) 이용일(33.4) 이해명(1.0)
				7.60	24.49			한국석유공업(19.9) 한국급유(19.8) 안국상사(19.7)

3) (주)SK 등의 사업보고서에 포함된 '지배구조의 개요'에는 SK증권에 대한 계열회사 출자가 대부분 누락. 국감자료 "10대 계열의 금융회사 및 출자지분 현황"에도 SKC의 출자만 기재.

4) (주)SK와 SK상사의 자기주식은 자사주펀드로 취득한 주식 포함.

〈부표 4-1〉 분석 대상 계열회사 (1997년 12월 31일 현재)

가. 현대

일련번호	회 사 명	일련번호	회 사 명	일련번호	회 사 명
	상 장 회 사		비 상 장 회 사		비 상 장 회 사
1	고려산업개발	22	국민투자신탁운용	43	현대물류
2	금강개발산업	23	국민투자신탁증권	44	현대방송
3	동서산업	24	금강 기획	45	현대석유화학
4	대한알루미늄공업	25	다이아몬드베이츠	46	현대선물
5	인천제철	26	동서관광개발	47	현대세가엔터테인먼트
6	한국프랜지공업	27	동해해운	48	현대알루미늄
7	현대강관	28	서울프로덕션	49	현대우주항공
8	현대건설	29	서한산업	50	현대유니콘스
9	현대리바트	30	선일상선	51	현대에너지
10	현대미포조선	31	신대한	52	현대엔지니어링
11	현대산업개발	32	울산방송	53	현대자원개발
12	현대상선	33	인천공항외항사터미널	54	현대정보기술
13	현대엘리베이터	34	주리원백화점	55	현대정유
14	현대자동차	35	케피코	56	현대정유판매
15	현대자동차써비스	36	티존코리아	57	현대중기산업
16	현대전자산업	37	한국물류센터	58	현대중공업
17	현대정공	38	한무쇼핑	59	현대투자자문
18	현대종합금융	39	한소해운	60	현대파이낸스
19	현대종합상사	40	현대경제사회연구원	61	현대할부금융
20	현대증권	41	현대기술투자		
21	현대해상화재보험	42	현대문화신문		

나. 삼성

일련번호	회 사 명	일련번호	회 사 명	일련번호	회 사 명
	상 장 회 사		비 상 장 회 사		비 상 장 회 사
1	삼성물산	20	보광창업투자	40	삼성투자신탁운용
2	삼성엔지니어링	21	보광환경개발	41	삼성할부금융
3	삼성전기	22	보광훼미리마트	42	서울통신기술
4	심성전관	23	삼성경제연구소	43	서해리조트
5	삼성전자	24	삼성라이온즈	44	스테코
6	삼성정밀화학	25	삼성상용차	45	스템코
7	삼성중공업	26	삼성석유화학	46	아산전자
8	삼성증권	27	삼성선물	47	연포레저개발
9	삼성항공산업	28	삼성시계	48	이천전기공업
10	삼성화재해상보험	29	삼성생명보험	49	중앙디자인
11	에스원	30	삼성생명서비스	50	중앙일보사
12	제일모직	31	삼성에버랜드	51	중앙엠엔비
13	호텔신라	32	삼성에스디에스	52	제일기획
비 상 장 회 사		33	삼성에스엠	53	제일보젤
14	광주전자	34	삼성자동차	54	포항강재공업
15	대경빌딩	35	삼성종합화학	55	한국디엔에스
16	대도제약	36	삼성GE의료기기	56	한덕화학
17	대한정밀화학	37	삼성카드	57	한일가전
18	무진개발	38	삼성코닝	58	한일전선
19	보광	39	삼성코닝정밀유리	59	휘닉스커뮤니케이션즈

다. LG

일련번호	회 사 명 상 장 회 사	일련번호	회 사 명 비 상 장 회 사	일련번호	회 사 명 비 상 장 회 사
1	극동도시가스	18	한우개발	36	LG ENC
2	LG 건설	19	호유해운	37	LG 인터넷
3	LG 금속	20	LG 경제연구원	38	LG 애드
4	LG 반도체	21	LG 교통정보	39	LG 에너지
5	LG 산전	22	LG 기공	40	LG 엔지니어링
6	LG 상사	23	LG 돔	41	LG MMA
7	LG 전선	24	LG 레저	42	LG 전자부품
8	LG 전자	25	LG 마이크론	43	LG 정밀
9	LG 정보통신	26	LG 백화점	44	LG 정유판매
10	LG 종합금융	27	LG 석유화학	45	LG 창업투자
11	LG 증권	28	LG 선물	46	LG 칼텍스정유
12	LG-Caltex 가스	29	LG 소프트	47	LG 투자신탁운용
13	LG 화재해상보험	30	LG 스포츠	48	LG 텔레콤
14	LG 화학	31	LG 신용카드	49	LG 포스타
비 상 장 회 사		32	LG 얼라이드시그널	50	LG 하니웰
15	부민상호신용금고	33	LG 오웬스코닝	51	LG 할부금융
16	실트론	34	LG 유통	52	LG 홈쇼핑
17	원전에너지	35	LG EDS 시스템	53	LG 히다찌

라. 대우

일련번호	회 사 명 상 장 회 사	일련번호	회 사 명 비 상 장 회 사	일련번호	회 사 명 비 상 장 회 사
1	경남기업	11	경남금속	21	대우자동차
2	대우	12	광주제2순환도로	22	대우정보시스템
3	대우자판	13	다이너스클럽	23	대우창업투자
4	대우전자	14	동우공영	24	대우투자자문
5	대우전자부품	15	대우경제연구소	25	대우할부금융
6	대우정밀공업	16	대우기전공업	26	오리온전기부품
7	대우중공업	17	대우개발	27	코람프라스틱
8	대우증권	18	대우레저	28	한국산업전자
9	대우통신	19	대우모터공업	29	한국자동차연료
10	오리온전기	20	대우선물	30	한일대우시멘트

마. SK

일련번호	회 사 명 상 장 회 사	일련번호	회 사 명 비 상 장 회 사	일련번호	회 사 명 비 상 장 회 사
1	대한도시가스	15	대한도시가스서비스	30	SK 경제연구소
2	SK	16	대한도시가스엔지니어링	31	SK 생명보험
3	SKC	17	대한텔레콤	32	SK 옥시케미칼
4	SK 가스	18	스피드메이드	33	SK 유씨비
5	SK 상사	19	양산국제물류센타	34	SK 유통
6	SK 증권	20	유공몬텔	35	SK 임업
7	SK 케미칼	21	이리듐코리아	36	SK 에너지판매
8	SK 텔레콤	22	워커힐	37	SK 제약
상 장 회 사		23	중부도시가스	38	SK 창고
9	경성고무공업사	24	중원	39	SK 컴퓨터통신
10	경진해운	25	청주도시가스	40	SK 케피탈
11	구미도시가스	26	포항도시가스	41	SK 투자신탁운용
12	국일에너지	27	한국이동통신	42	SK 훅스
13	동륭케미칼	28	흥진유업	43	SK 해운
14	대구전력	29	SK 건설		

출처 : 각재벌 상장회사 <사업보고서>의 '관계회사 현황'

〈부표 4-2〉 선경그룹의 '운영위원회' 규정

제 1 조(설치목적) 선경관계회사(이하 '관계회사'라 한다)의 종합적인 운영에 관한 기본방침의 협의와 회장의 경영의사 결정을 보좌하기 위하여 운영위원회(이하 '위원회'라 칭한다)를 둔다.

제 2 조(구성) 위원회의 위원은 회장과 회장이 지명하는 관계회사 임원으로 구성한다.

제 3 조(관계회사 및 투자회사의 정의)

① 이 규정에서 관계회사라 함은 다음의 회사를 말한다.

주식회사 선경 인더스트리
선경건설 주식회사
선경증권 주식회사
주식회사 선경유통
서해개발 주식회사
주식회사 SKC
유공해운 주식회사
주식회사 워커힐
대한 텔레콤 주식회사

단, 투자회사 중 관계회사에 준하는 대우를 할 수 있는 회사는 위원회에서 정한다.

② ①항에서 정한 관계회사에서 출자한 회사 중 경영지배권을 행사할 수 있는 회사를 '투자회사'라 한다.

제 4 조(의장) ① 위원회의 의장은 회장이 된다.

② 의장의 유고시 의장이 지명한 위원이 대행한다.

제 5 조(회의소집) ① 위원회는 의장이 소집한다.

② 위원회는 정기회의와 임시회의로 구분한다.

③ 정기회의는 매월 제3주 화요일에 개최함을 원칙으로 하고, 의장의 필요에 따라 임시회의를 소집할 수 있다. 단 개최일이 휴일일 경우에는 그 주의 목요일로 한다.

제 6 조(소집통지) 의장은 최소한 회의 1일 전에 회의시간, 장소, 의안을 각 위원에게 통지하여야 한다. 단, 긴급한 사유가 있을 경우에는 예외로 한다.

제 7 조(의안의 제안) ① 위원회에 부의(附議)할 의안은 회장, 운영위원 및 경영기획실장이 제안한다.

② 의안은 회의 3일 전에 이를 사무국에 접수시켜야 한다

단, 긴급한 사항은 예외로 한다.

제 8 조(협의 및 보고사항) ① 위원회에서 협의할 사항은 다음과 같다.

1. 관계회사의 종합적인 경영기본방침
2. 관계회사의 공통의 중요사항
3. 관계회사간의 중요협조사항
4. 경영기획실 예산 및 사업계획
5. 홍보실 예산 및 사업계획
6. 경영기획실 및 홍보실 운영규정 개발

② 관계회사는 다음의 사항을 위원회에 보고하여야 한다.

1. 전년도 결산내용 및 신년도 사업계획
2. 상반기 결산내용
3. 신규사업에의 투자

4. 임원인사
5. 중요한 조직의 개편
6. 중요한 제도(규정)의 시행
7. 중요한 재산의 취득과 처분
8. 증자, 주식의 변동, 사채발행, 차관도입
9. 기타 관계회사에 영향을 미치는 중요사항

③ 위원회에서 협의 또는 보고된 사항 중 관계회사에 중요한 영향을 미치는 사항은 회장의 별도지시를 받는다.

제 9 조(의사록) ① 사무국은 위원회의 의사록을 작성, 비치한다.

② 위원회에서 협의 또는 보고된 사항 중 필요한 사항은 사무국을 통하여 해사(該社)에 문서로서 통보한다. 단, 기밀엄수상 문제가 있을 경우에는 예외로 한다.

제 10 조(의견의 진술) 경영기획실장은 위원회에 참석하여 필요한 경우 의견을 진술할 수 있다.

제 11 조(사무국) 위원회의 사무국은 경영기획실로 한다.

출처 : 《선경40년사》, 1993:1107~1108.

〈부표 4-3〉 선경그룹 '본부 경영 기획실' 운영규정

제 1 조(목적) 이 규정은 본부 경영기획실(이하 '기획실'이라 한다)의 운영에 관한 기본적인 사항에 관하여 정함을 목적으로 한다.

제 2 조(지위) 기획실은 회장의 전속기구로서 선경관계회사(이하 '관계회사'라 한다)로부터 독립하여 그 기능을 수행하며, 편의상 주식회사 선경인더스티리에 소속케 한다.

제 3 조(대외관계) 기획실은 기능을 수행할 경우 관계회사에 대하여 '경영기획실'로, 대외에 대하여는 '주식회사 선경인더스트리'의 명의로 행한다.

제 4 조(기능) 기획실은 관계회사로부터 독립된 기구로서 관계회사가 SKMS에 입각하여 효율적인 경영을 하도록 회장과 운영위원회를 보좌하는 기능을 가지며 이는 다음과 같다.

1. 관계회사의 경영관리 전분야에 관하여
   가. 경영관리실태의 정확한 파악 및 개선책의 연구개발
   나. 경영관리방안에 관한 연구개발
2. 선경인의 자세가 투철한 경영자 양성
3. 관계회사의 장기경영계획 수립 및 조정
4. 인력 및 조직개발
5. 조사연구(정책시책, 경제동향, 업계조사, 법규조사)
6. 경영위원회에서 정한 관계회사의 공통업무 수행
   가. 연수원 운영

나. 여신관리

다. Corporate Planning Group(이하 C. P. Group) 운영에 관한 주요사항 관장

마. 지역경영기획실이 없는 대외지역의 경영기획실 기능 수행

바. 기타 주요사항

7. 경영기법의 개발

8. 경영위원회 사무국업무

9. 회장의 특명사항

제5조(기구) 기획실에는 국외 각 지역별 경영기획실, C. P. Group, 인력관리위원회, R&D 위원회, 그리고 5개부와 부단위 Super Excellent 추진팀을 두고 특정업무를 위하여 임시조직을 둘 수 있으며 조직도는 별표와 같다.

제6조(직제) 기획실에는 실장, 부장, 담당을 둔다. 단, 필요에 따라 약간의 임원을 둘 수 있다.

가. 실장

① 기획실에는 실장을 두고 관계회사의 임원 중에서 회장이 임명한다.

② 실장은 회장을 보좌하며 기획실의 상시업무를 통할한다.

나. 부장

① 각 부에는 부장을 두고 관계회사의 10급 및 9급 사원으로 보함을 원칙으로 하며, 필요에 따라 8급 사원으로 보할 수 있다.

② 10급 및 9급 사원에게는 소속사의 부장과 동일한 대우를 한다. 단, 인사권 및 예산권은 제외한다.

③ 8급 및 7급 사원에게는 소속사의 과장과 동일한 대우를 한다.

2. 기획실에는 특정업무의 처리 또는 실의 자문에 응하게 하기 위하여 전문위원과 고문을 둘 수 있으며 필요에 따라 전문위원회를 구성할 수 있다.

3. 전문위원회의 운영에 관한 사항은 위원회별 운영규정 등이 정하는 바에 의한다.

제7조(경영개발위원) 관계회사 임원을 기획실 활동에 참여시켜 본인의 경영자질 향상과 기획실기능의 원활한 수행을 도모하게 함으로써 회장의 경영방침이 관계회사에 철저히 반영되게 하기 위하여 기획실에 '경영개발위원'을 둔다.

1. 임면

가. 경영개발위원은 회장이 임면한다.

나. 경영개발위원의 임기는 1년 이상을 원칙으로 한다.

2. 임무 : 경영개발위원은 다음의 임무를 수행한다.

가. 회장의 경영방침을 관계회사 임직원에게 확인한다.

나. 기획실의 업무가 원활히 수행되도록 한다.

다. 경영관리의 정적요소와 동적요소 중 기획실에서 위촉하는 1개부문 이상에 관하여 연구개발한다.

라. 기획실장의 요청이 있을 경우에는 기획실의 특수업무 수행에 참여한다.

3. 근무 : 경영개발위원은 기획실에 비상근으로 근무한다.

제8조(업무분장) 기획실은 회장의 임무가 원활히 수행될 수 있도록 회장을 보좌하며 각부별 업무내용은 다음과 같다. 단, 회장의 임무 및 기획실 운영요령은 별제로 정한다.

1. 1부
   가. 인사관리방안에 관한 연구개발
   나. 조직관리방안에 관한 연구개발
   다. 의욕관리방안에 관한 연구개발
   라. 정보관리방안에 관한 연구개발
   마. 관리역량관리방안에 관한 연구개발
   바. Coordination 관리방안에 관한 연구개발
   사. Communication 관리방안에 관한 연구개발
   아. 인력개발 및 인재관리
   자, 교육훈련의 기본방침 수립 및 연수원 운영
   차. 인력관리위원회의 사무국업무
   카, 경영관리실태 조사 · 분석(가~사의 부문별)
   타. 회장의 특명사항
2. 2부
   가. 관계회사의 장기경영계획수립 및 조정
   나. 기획관리방안에 관한 연구개발
   다. 연구개발관리방안에 관한 연구개발
   라. 안전관리방안에 관한 연구개발
   마. 신규사업의 조사연구
   바. 관계회사의 업종조사 및 전망파악
   사. 정책시책, 경제동향, 업계조사, 법규조사 등 정보수집, 분석
   아. 공업소유권 종합관리 및 조정
   자. C. P. Group의 사무국업무
   차. R&D 위원회의 사무국업무
   카. 경영관리실태 조사 · 분석(나~라의 부문별)
   타. 회장의 특명사항
3. 3부
   가. 재무관리방안에 관한 연구개발
   나. 관계회사의 여신관리
   다. 장기 재무구조 개선방안 연구
   라. 경영평가제도의 연구개발
   마. 금융정책 및 경제시책의 조사 · 분석
   바. 관계회사의 사업계획 및 예산의 검토 조정
   사. 경제력집중 규제에 대한 대응책 강구
   아. 세법 및 조세정책의 조사 · 분석
   자. 타기업의 재무상태 및 경영성과 조사 · 분석
   차. 경영관리실태의 종합
   카. 경영관리실태 조사 · 분석(가~다의 부문별)

타. 회장의 특명사항

4. 4부
   가. 마케팅 관리방안에 관한 연구개발
   나. 생산관리방안에 관한 연구개발
   다. 구매관리방안에 관한 연구개발
   라. PR관리방안에 관한 연구개발
   마. 경영관리실능 조사 · 분석(가~라의 부문별)
   바. 회장의 특명사항
5. 5부
   가. 경영기본방침의 정립 및 확산
   나. 선경인의 자세관리방안에 관한 연구개발
   다. 실원의 자질향상방안에 관한 연구개발
   라. 선경새마을운동의 기본방향 설정
   마. 운영위원회의 사무국업무
   바. 기획실의 사업국업무
   사. 경영관리 실능조사 · 분석(나~라의 부문별)
   아. 지역경영기획실이 없는 국외지역의 경영기획실 사무국 업무
   자. 회장의 특명사항
6. Super Excellent 추진팀
   가. Super Excellent 추진에 관한 기본방침의 수립
   나. 관계회사의 Super Excellent 추진 실능의 파악 및 지원
   다. Super Excellent 추진에 관한 그룹 사무국의 역할
   라. SKMS의 실천방안 개발

제 9 조(충원)

1. 기획실 실원은 관계회사의 임직원 중에서 파견된 요원으로서 충원한다.
2. 기획실 요원은 실장이 제청하여 회장이 결정한다. 단, 실장은 회장의 결정 전에 관련회사의 승인을 득한다.
3. 실원의 소속은 기획실 파견근무전의 소속 관계각사로 함을 원칙으로 한다.
4. 필요에 따라 관계회사의 임직원외 기획실이 직접 신규 채용할 수 있다. 단, 소속은 관계회사와 협의하여 정한다.

제 10 조(인사관리)

1. 실장은 실원에 대한 인사관리를 하고 관계 각사에 대하여 인사제청권을 갖는다.
2. 관계각사는 실원에 대한 실장의 인사제청에 대하여 우선적으로 조치하여야 한다. 단, 여기서 인사제청사항은 실원에 대한 지정 승진, 승급, 관계회사와의 전환배치 등을 말한다.

제 11 조(연수원)

1. 관계회사의 경영자 양성과 경영관리 능력개발을 위한 교육훈련을 계획 실시하기 위하여 1부 소속으로 연수원을 둔다.
2. 연수원에는 담당책임자 및 적정의 담당을 둔다.

3. 연수원은 다음과 같은 업무를 수행한다.
   가. 관계회사의 경영자의 경영관리 능력 개발을 위한 교육훈련의 계획수립
   나. 교육훈련의 과정, 교재 및 방법의 연구개발
   다. 교육훈련의 실시 및 평가
   라. 교육훈련의 사전, 사후관리
   마. 연수원운영 및 기타 관리에 관한 제사항
4. 연수원운영의 체계화와 능률화를 기하기 위하여 실장의 전결사항으로 연수원운영에 필요한 사항을 내규로서 정할 수 있다.

제 12 조(C. P. Group)
1. 해외에서 신규사업의 기회를 포착하고, 관계회사의 신규 또는 해외진출을 촉진시키기 위한 전진기지로서의 역할을 수행할 목적으로 기획실에 C. P. Group을 둘 수 있다.
2. C. P. Group의 경영은 C. P. Group 관리규정이 정하는 바에 의한다.

제 13 조(지역별 경영기획실)
1. 해외 각 지역에서 선경의 모든 사업활동이 안정과 성장을 지속적으로 이룰 수 있도록 인도하기 위하여 필요시 각 지역에 경영기획실을 설치, 운영할 수 있다.
2. 지역별 경영기획실의 운영은 각 지역 경영기획실 운영규정이 정하는 바에 의한다.
3. 지역별 경영기획실은 다음과 같은 기능을 갖는다.
   가. SKMS를 그 지역에 맞도록 개발하여 확산시킨다.
   나. 그 지역내에 있는 그룹내 관계회사의 경영활동 단위에 대한 경영활동 실능을 조사·분석한다.

제 14 조(협조) 관계회사는 기획실의 업무수행을 위한 필요사항에 대하여 적극 협조하여야 한다.

제 15 조(기밀엄수) 기획실 실원은 업무수행상 취득한 관계회사에 관한 일절의 기밀사항을 엄수하여야 한다.

제 16 조(예산편성 및 집행)
1. 기획실은 업무수행에 필요한 경비에 대하여 자체예산을 가지며 이는 운영위원회의 승인을 얻어 편성하고 실장의 책임하에 집행한다.
2. 경비부담은 운영위원회에서 정하는 분담기준에 따라 관계회사에서 분담한다. 단, 관계회사의 개별적인 경비는 당해사의 부담으로 한다.

제 17 조(기획실 내규제정) 실장은 기획실의 업무를 원활히 하기 위하여 실장전결사항으로 실의 업무수행에 관한 내규를 제정할 수 있다.

출처 : 《선경40년사》, 1993:1111~1115.

〈부표 4-4〉 현대그룹의 임원 규모(명), 1997년 5월 현재

	그룹	상장회사	고려산업개발	금강개발산업	대한알루미늄공업	인천제철	현대강관	현대건설	현대리바트	현대미포조선	현대산업개발	현대상선	현대엘리베이터	현대자동차	현대자동차써비스	현대전자산업	현대정공
임원合			15	23	4	22	14	114	8	12	35	23	8	71	40	93	48
A. 명예회장	1*													1*			
B. 회장	1*			1*		1*	1*	1*			1*	1*	1*	1*	1*	1*	1*
C. 부회장	1*													1			1
D. 사장			1	1	1	1	1	2	1	1	1	1	1	1	1	1	1
E. 부사장			2	1		3	1	9		1	4	2		4	3	7	4
F. 전무이사			4	5	1	5	2	26	1	3	5	5	2	11	9	17	10
G. 상무이사			3	7	1	7	5	32	5	3	14	7	1	24	10	35	13
H. 이사			5	8	1	5	4	44	1	4	10	7	3	28	16	32	18
	현대종합금융	현대종합상사	현대증권	현대해상화재보험	비상장회사	국민투자신탁증권	금강기획	동해해운	선일상선	케피코	한국물류센터	한무쇼핑	현대경제사회연구원	현대기술투자	현대문화신문	현대물류	현대석유화학
임원合	8	36	12	13		7	13	1	2	2	4	1	3	3	4	2	16
A																	
B	1	1*				1	1*				1						
C																	
D	1*	1	1			1	1			1		1	1	1	1		1*
E	1	3	1	2			3		1		1			1	1	1	1
F	1	12	1	1		2	1			1				1			3
G	3	9	5	5		2	4	1	1		2		1				5
H	1	10	4	5		1	3						1		2	1	6
	현대선물	현대세가엔터테인먼트	현대알루미늄	현대우주항공	현대유니콘스	현대에너지	현대엔지니어링	현대자원개발	현대정보기술	현대정유	현대정유판매	현대중기산업	현대중공업	현대투자자문	현대파이낸스	현대할부금융	
임원合	1	1	6	12	3	2	17	1	19	9	3	3	104	3	1	5	
A																	
B			1	1*	1		1*		1*					1		1*	
C																	
D	1		1	1	1	1	1	1	1	1*			3	1	1	1	
E		1		3			1		2	1			7			1	
F							2		2		1	1	17				
G			2	3			7		7	4	1	1	37	1			
H			2	4	1	1	5		6	3	1	1	40			2	

자료 : 《현대 50년사》, 1997; 1092~1095

주 1) * 표시는 정주영가 가족구성원

2) 97년말 현재 계열회사는 61개이며, 빠진 회사에 대한 임원은 출처에 없음.

〈부표 4-5〉 LG 그룹의 임원 규모(명), 1997년 10월경

	그룹	회장실	상장회사	극동도시가스	LG 건설	LG 금속	LG 반도체	LG 산전	LG 상사	LG 전선	LG 전자	LG 정보통신	LG 종합금융	LG 증권	LG-Caltex 가스	LG 화재해상보험	LG 화학	
임원合		16		4	56	17	39	37	41	40	138	25	11	21	7	21	83	
A. 명예회장	1*																	
B. 회장	1*				1*		1*		1									
C. 부회장					1	1*	1	1									1	
D. 사장		1		1	1	1		1	2	2	1*,1	1	1	1	1	1	2	
E. 부사장		1			4		2	3	1*	1	7	1	1	1		1*	6	
F. 전무이사		4			1*,6	2	1*,2	3	3	6	10	3	1	1*,3	1	2	9	
G. 상무이사		1*		1	7	4	9	10	7	6	24	4	3	3	4	2	15	
H. 이사		4		2	13	3	1*,6	9	13	8	1*,35	7	1	5		5	16	
I. 이사대우		5			22	6	16	10	14	17	59	9	4	7	1	10	34	

	비상장회사	실트론	원전에너지	한우개발	호유해운	LG 경제연구원	LG 기공	LG 레저	LG 마이크론	LG 백화점	LG 석유화학	LG 선물	LG 소프트	LG 스포츠	LG 신용카드	LG 오웬스코닝	LG 유통	LG EDS시스템
임원合		4	1	3	3	8	7	2	4	6	5	1	4	4	10	3	15	15
A																		
B						1												
C																	1*	
D		1	1	1	1	1	1	1	1	1	1	1	1	1	1	1	1	1
E							1								1	1		1
F					1		3				1			1	2		3	1
G		2		1			1			1	1		2	1	2		3	3
H				1	1	3	1		1	3	1		1		1	1	2	7
I		1				3		1	2	1	1			1	3		5	2

	LG ENC	LG 인터넷	LG 애드	LG 에너지	LG 엔지니어링	LG MMA	LG 전자부품	LG 정밀	LG 정유판매	LG 창업투자	LG 칼텍스정유	LG 투자신탁운용	LG 텔레콤	LG 포스타	LG 하니웰	LG 할부금융	LG 홈쇼핑	LG 히다찌
임원合	2	2	14	3	29	1	8	13	11	3	54	3	11	3	5	5	1	2
A																		
B																		
C																		
D	1	1	1	1	1	1*	1	1	1	1	1*	1	1	1	1	1	1	1
E					3						2					1		
F			1	1	4			1*	1		6	1	1					
G	1		5		6		2	3	4	1	1*,15		4	1	1			
H			1		7		2	3			12	1	1	1	1			
I		1	6	1	8		3	5	5	1	17		4		2	3		1

자료 : 《LG 50년사》, 1997; 35-38.

주 1) * 표시는 구본무가 가족구성원.

2) 97년말 현재 계열회사는 53개이며, 빠진 회사에 대한 임원은 출처에 없음.

3) 시점표시가 없으며, 출처 발행년월을 택함.

〈부표 4-6〉 현대그룹 상장회사의 임원규모(명), 1997년 12월 말경

		고려산업개발	금강개발산업	동서산업	대한알루미늄공업	인천제철	한국프랜지공업	현대강관	현대건설	현대리바트	현대미포조선	현대산업개발	현대상선	현대엘리베이터	현대자동차	현대자동차써비스	현대전자산업	현대정공	현대종합금융	현대종합상사	현대증권	현대해상화재보험
임원수		13	10(0)	10	5(0)	26(5)	13(1)	16(2)	129(3)	8(0)	11(2)	9(1)	10(4)	11(0)	61(7)	16(2)	77	51(1)	5(1)	40	12(3)	13(1)
유형A	의결/집행기구 임원	11	9	7	4	24(4)	12(0)	15(1)	127(2)	7	9(1)	8(1)	8(3)	10	59(6)	14	76	49	4(1)	39	10(2)	12(1)
	감사	2	1	3(②)	1	2(1)	1(1)	1(1)	2(1)	1	2(1)	1	2(1)	1	2(1)	2(2)	1	2(1)	1	1(1)	2(1)	1
유형B	정주영 일가		1	3(2)		1	2	2(1)	2			1	1	1	3(1)	1	2	1	1	2		
	전문경영인	13	9	7	5	25(5)	11(1)	14(1)	127(3)	8	11(2)	8(1)	9(4)	10	58(6)	15(2)	75	50(1)	4(1)	38	12(3)	13(1)
의결/집행기구 임원(a+b+c+d)		11	9(0)	7	4(0)	24(4)	12(0)	15(1)	127(2)	8	9(1)	8(1)	8(3)	10	59(6)	14	76	49	4(1)	39	10(2)	12(1)
Ⅰ.의결기구(이사회)이사(등기임원)						8(4)			11(2)					7			9	22	4(1)	9(3)		
	대표이사(a)	1	2	2	1	1	1	1	4	1	1	2(1)		1		2	2		2	2	1	1
	이사(b)					5(2)			5					6			7	(22)	2(1)	4		
	사외이사(c)					2(2)			2(2)				3(3)		3(3)					3(3)	2(2)	1(1)
Ⅱ.집행기구(경영진) 임원		11	9	7	4	22(2)	12	15(1)	125	7	9(1)	8(1)	5	10	56(3)	14	76	49	4	36	7(0)	11(0)
유형A	등기임원(a,b)					6(2)			9					7			9	22	4	6		
	미등기임원(d)					16			116					3			67	27		30		
유형B	명예회장								①a						①							
	회장		①a	①a		①b	①	①	①a			①a	①	①b	①	①a	①a	①b	①a	①a		
	부회장						①											1b				
	사장	1a	1a	1a	1a	1a	1a	1a	2a		1a	1a	1	1a	1	1a	1a	1b	1a	1a		
	부사장	4	2	1		1b, 3d		1	3b, 6		1	2	3		5	5	4b, 2	3b		1b, 2		1a,1
	전무이사	1	3	1	1	1b, 2d		4	1b, 20	1	1	1		2b	6	7	15	11b, 3	1b	2b, 9	1	1
	상무이사	2	2	1	1	4d	4	3	37	3	2			1b	15		1b, 23	2b, 11		9	1	3
	이사	3		2	1	(2b),7d	3	5(①)	1b, 53	3	4(1)	3		2b, 3	27(2,①)		①b,1b, 27	3b, 12		①b, 10	5	5
	이사대우						2															
	고문																	1	1b			

자료 : 회사 1. 〈연차보고서〉, 17쪽. 2. 〈사업보고서〉, 89쪽 ; 〈영업보고서〉, 19쪽. 3. 〈사업보고서〉, 61쪽; 〈영업보고서〉, 16쪽. 4. 〈영업보고서〉, 28쪽. 5. 〈사업보고서〉, 57쪽. 6. 〈사업보고서〉, 55쪽. 7. 〈사업보고서〉, 57쪽 ; 〈연차보고서〉, 20쪽. 8. 〈사업보고서〉, 81쪽. 9. 〈사업보고서〉, 74쪽. 10. 〈사업보고서〉, 45쪽 ; 〈영업보고서〉, 18쪽. 11. 〈사업보고서〉, 80쪽 ; 〈연차보고서〉, 20쪽. 12. 〈사업보고서〉, 65쪽. 13. 〈사업보고서〉, 113쪽. 14. 〈사업보고서〉, 65쪽. 15. 〈사업보고서〉, 54쪽 ; 〈연차보고서〉, 20쪽. 16. 〈사업보고서〉, 117-120쪽. 17. 〈사업보고서〉, 87-88쪽. 18. 〈사업보고서〉, 82쪽 ; 〈영업보고서〉,11쪽. 19. 〈사업보고서〉, 75-76쪽 ; 〈영업보고서〉,18쪽. 20. 〈사업보고서〉, 73쪽. 21. 〈사업보고서〉, 63쪽 ; 〈영업보고서〉, 11쪽.

주 1) 괄호 안의 숫자는 비상근 임원수. 2) 동그라미 표시는 정주영가 가족구성원 수. 3) '회사 ''의 i에 따른 회사며은 〈부표 4-1〉 참조. 4) 시점 - 표시없음(회사 1, 2, 3, 4, 9, 10,12, 14, 16, 20, 21), 회사 5 - 98.3.21 현재 ; 6 - 주총(98. 3.13) 이전 ; 9, 15 - 97. 12. 31 현재 ; 8 - 98. 3.30 현재 ; 11- 주총 이전 ; 13 - 주총 (98.3.27)이전 ; 17 - 98. 3. 13 현재 ; 18 - 98. 3. 31 현재 ; 19 - 등기임원은 표시없음, 미등기임원은 97. 12.31.현재. 5) 회사 5, 12, 20 의 비상근 감사는 사외임. 6) 회사 14의 사외이사는 출처에 명확한 표시가 없으나 현직(교수, 변호사)으로 판단함. 7) 회사 17의 Ⅱ B에 b표시가 있는 사람은 등기임원임(대표이사, 이사 등 구분이 안되어 있음). 8) 회사 18의 비상근등기이사 1인이 상근 고문임.

〈부표 4-7〉 삼성그룹 상장회사의 임원규모(명), 1997년 12월 말경

	삼성물산	삼성엔지니어링	삼성전기	삼성전관	삼성전자	삼성정밀화학	삼성중공업	삼성증권	삼성항공산업	삼성화재해상보험	에스원	제일모직	호텔신라
임원合	91(10)	16(7)	28(7)	22(11)	59(8)	12(5)	37(9)	13(4)	27(7)	37(4)	26(10)	12(5)	19(11)
유형A 의결/집행기구 임원	89(8)	14(5)	26(5)	18(8)	57(6)	10(3)	35(7)	12(4)	25(5)	35(3)	22(7)	9(3)	15(8)
감사	2(2)	2(2)	2(2)	4(3)	2(2)	2(2)	2(2)	1	2(2)	2(1)	4(3)	3(2)	4(3)
유형B 이건희 일가	1		1(1)	2(1)	1		1(1)	1(1)	1(1)	1		1(1)	1(1)
전문경영인	90(10)	16(7)	27(6)	20(10)	58(8)	12(5)	36(8)	12(3)	26(6)	36(4)	26(10)	11(4)	18(10)
의결/집행기구 임원(a+b+c+d)	89(8)	14(5)	26(5)	18(8)	57(6)	10(3)	35(7)	12(4)	25(5)	35(3)	22(7)		15(8)
Ⅰ 의결기구(이사회)이사 (등기임원)						7(0)		10(4)			12(7)		
대표이사(a)	8	1	1	1	12	1	3	1	2	2	2	1	2
이사(b)						6		9(4)			9(6)		
사외이사(c)				2(2)							1(1)		1(1)
Ⅱ. 집행기구(경영진) 임원	89(8)	13(5)	26(5)	①,15 (①.5)	57(6)	9(3)	35(7)	11(4)	25(5)	35(3)	19(6)	9(3)	14(7)
유형A 등기임원(a,b)						6		9(4)			9(6)		
미등기임원(d)						(3)		2			10		
유형B 그룹회장	①												
회장	1a				①a, 2a								
부회장	1a,(1)						1a		1a	①a			
사장	3a,(1)		1a		5a		1a			1		1a	1a
부사장	3a,10	1	2		4a, 8		1a, 3		1a,2	1a,2			1a
전무이사	18	1	4		25		7	1b	4	2			1
상무이사	11(1)	6	8		3	5b	13	1b, 1d	11	7	1b	4	
이사	7(4)	(5)	11(①,4)		9(6)	1b,(3d)	9(①,6)	7b(4),1d	(①,4)	8(3)	8b(6),10d	4(①,2)	11(①,6)
이사보	(1)									11			
자문역	10									1			
상담역	1									1			
고문	19								1				
경영고문	1												

자료 : 회사 1. 〈사업보고서〉, 88-89쪽 ; 〈영업보고서〉, 17-18쪽. 2. 〈사업보고서〉, 쪽수없음; 〈영업보고서〉, 20쪽. 3. 〈사업보고서〉, 78쪽 ; 〈영업보고서〉, 쪽수없음(이사및 감사현황). 4. 〈사업보고서〉, 59쪽. 5. 〈사업보고서〉, 117-122쪽 ; 〈영업보고서〉, 34-35쪽. 6. 〈사업보고서〉, 62쪽 ; 〈영업보고서〉, 21쪽. 7. 〈사업보고서〉, 83-84쪽 ; 〈영업보고서〉, 16-17쪽. 8. 〈사업보고서〉, 60쪽 ; 〈영업보고서〉, 12쪽. 9. 〈사업보고서〉, 79-82쪽 ; 〈영업보고서〉, 15쪽. 10. 〈사업보고서〉, 67-69쪽. 11. 〈사업보고서〉, 61-62쪽. 12. 〈사업보고서〉, 48쪽 ; 〈영업보고서〉, 19쪽. 13. 〈사업보고서〉, 66쪽.

주 1) 괄호 안의 숫자는 비상근 임원수.
2) 동그라미 표시 숫자는 이건희가 가족구성원 수.
3) '회사 i'의 i에 따른 회사명칭은 〈부표 4-1〉 참조.
4) 시점 - 표시없음(1, 3, 5, 6); 회사 2, 7, 9, 12 - 97. 12. 31. 현재; 8 - 주총(98. 6. 29) 이전; 4,10 - 98.3.31 현재; 11 - 98.3.21 현재; 13 - 98.3.27 현재
5) 회사 4,11,13 - 감사 중 비상근 1인은 사외임.

〈부표 4-8〉 대우 그룹 상장회사의 임원 규모(명), 1997년 12월 말경

	경남기업	대우	대우자판	대우전자	대우전자부품	대우정밀공업	대우중공업	대우증권	대우통신	오리온전기
임원合	14(1)	24	14(2)	13(5)	8(2)	7(2)	28	10(2)	16(1)	9(2)
유형A 의결/집행기구 임원	12	22	13(2)	11(4)	6	5	26	8(1)	14	7(1)
감사	2(1)	2	1	2(1)	2(2)	2(2)	2	2(1)	2(1)	2(1)
유형B 김우중 일가										
전문경영인	14(1)	24	14(2)	13(5)	8(2)	7(2)	28	10(2)	16(1)	9(2)
의결/집행기구 임원(a+b+c+d)	12	22	13(2)	11(4)	6	5	26	8(1)	14	7(1)
Ⅰ.의결기구(이사회)이사(등기임원)			6(2)							
대표이사(a)	1	4	2		1	1	5		2	1
이사(b)			4(2)							
사외이사(c)										
Ⅱ.집행기구(경영진) 임원	12		13(2)	11(4)		5	26	8(1)	14	
유형A 등기임원(a,b)			6(2)							
미등기임원(d)			7							
유형B 회장				1			2a	1	1a	
사장		4a, 4	1a	1		1a	3a, 1	1	1a	
부사장	3		1a,(1b)	1		2	6	1	2	
전무이사	1		1	3			11		2	
상무이사	3		1b	1	2	2		1	4	
이사	5		1b,(1b),6	(4)	3		3	4(1)	4	

자료 : 회사 1. 〈영업보고서〉, 13쪽. 2. 〈사업보고서〉, 72-3쪽. 3. 〈사업보고서〉, 73쪽. 4. 〈영업보고서〉, 19쪽. 5. 〈사업보고서〉, 63쪽 ; 〈영업보고서〉, 11쪽. 6. 〈사업보고서〉, 70쪽 ; 〈영업보고서〉, 13쪽. 7. 〈사업보고서〉, 98쪽 ; 〈영업보고서〉, 31쪽. 8. 〈사업보고서〉, 94쪽 ; 〈연차보고서〉, 11쪽. 9. 〈사업보고서〉, 69쪽 ; 〈영업보고서〉, 18쪽. 10. 〈사업보고서〉,50쪽 ; 〈영업보고서〉, 9쪽

주 1) 괄호 안의 숫자는 비상근 임원수.
2) 회사7(대우중공업)- 상임;비상임 표시없음.
3) 이하 '회사 i'의 i에 따른 회상명칭은 〈부표 4-1〉 참조.
4) 회사 1, 2, 6, 7 - 97. 12. 31 현재; 3 - 98. 3. 27 현재(주주총회는 98. 3. 28 개최됨); 5 - 주총(98. 3. 13) 이전 현재 8 - 주총(98. 5. 30) 이전 현재; 4, 9, 10 - 시점 표시없음.

〈부표 4-9〉 LG 그룹 상장회사의 임원 규모(명), 1997년 12월 말경

	극동도시가스	LG 건설	LG 금속	LG 반도체	LG 산전	LG 상사	LG 전선	LG 전자	LG 정보통신	LG 종합금융	LG 증권	LG-Caltex 가스	LG 화재해상보험	LG 화학
임원合	11(7)	37(6)	13(5)	12(4)	41(5)	16(5)	20(7)	144(6)	30(4)	13(4)	17(4)	13(4)	25(3)	12(5)
유형A 의결/집행기구 임원	10(6)	35(4)	11(3)	10(2)	39(4)	14(3)	18(5)	142(4)	29(3)	11(3)	15(3)	12(3)	23(2)	10(3)
감사	1(1)	2(2)	2(2)	2(2)	2(1)	2(2)	2(2)	2(2)	1(1)	2(1)	2(1)	1(1)	2(1)	2(2)
유형B 구본무 일가	1(1)	3	1(1)	3(1)	1(1)	4(2)	1	5(2)	2(2)		1	2(1)	1	2(1)
전문경영인	10(6)	34(6)	12(4)	9(3)	40(4)	12(3)	19(7)	139(4)	28(2)	13(4)	16(4)	11(3)	24(3)	10(4)
의결/집행기구 임원(a+b+c+d)	10(6)	35(4)	11(3)	10(2)	39(4)	②,12 (②,1)	18(5)	142(4)	29(3)	11(3)	15(3)	12(3)	23(2)	10(3)
Ⅰ.의결기구(이사회)이사 (등기임원)					8(4)			21(4)	14(3)			10(3)	9(2)	
대표이사(a)	1	1	1	2	1	3	3	3	1	1	2(1)	1		3
이사(b)					6(3)			18(4)	13(3)			9(3)		
사외이사(c)					1(1)									
Ⅱ.집행기구(경영진) 임원	10(6)	35(4)	11(3)	10(2)	38(3)		18(5)	142(4)	29(3)	11(3)	14(2)	12(3)	23(2)	10(3)
유형A 등기임원(a,b)					6(3)			21(4)	14(3)			10(3)	9(2)	
미등기임원(d)					32			121	15			2	14	
유형B 회장		②		①			①a	①a,1b						①a
부회장				1a										1a
사장	1a	1a	1a	① a.(1.1)	1a	2a	2a	①a,1	1a	1a	1a	1a	①b	1a
부사장		3		2	1b,2		1	1a,5b,1	1		1	1b		3
전무이사	1	①,6	2		5		4	3b,6	3b,1		①,2	4b	1b	1
상무이사	2	5	4	3	1b, 7		3	2b,22	3b,3	2	2		2b	
이사	(①,5)	17(4)	4(①,2)		11(3b)		7(5)	7b(② ,2), 1,90	7b(②,1), 10	4(3)	7(2)	4b(①,2)	5b(2)	3(①,2)
이사대우					1b,9					4			12	
자문역												1	1	
고문												①	1	

자료 : 회사 1. 〈사업보고서〉, 53쪽 ; 〈영업보고서〉, 18쪽. 2. 〈사업보고서〉, 63-66쪽 ; 〈영업보고서〉, 이사 및 감사 현황. 3. 〈사업보고서〉, 58쪽 ; 〈영업보고서〉, 14쪽. 4. 〈사업보고서〉, 65쪽 ; 〈영업보고서〉, 13쪽. 5. 〈사업보고서〉, 68-70쪽. 6. 〈사업보고서〉, 62-63쪽 ; 〈영업보고서〉, 12쪽. 7. 〈사업보고서〉, 79-80쪽 ; 〈영업보고서〉, 17쪽. 8. 〈사업보고서〉, 59-65쪽 ; 〈경영보고서〉, 7쪽. 9. 〈사업보고서〉, 48-49쪽 ; 〈영업보고서〉, 30쪽. 10. 〈사업보고서〉, 87쪽 ; 〈영업보고서〉, 이사 및 감사 현황. 11. 〈사업보고서〉, 68-69쪽 ; 〈영업보고서〉, 13쪽. 12. 〈사업보고서〉, 41-92쪽 ; 〈영업보고서〉, 15쪽. 13. 〈사업보고서〉, 35-36쪽 ; 〈영업보고서〉, 22쪽. 14. 〈사업보고서〉, 93-96쪽 ; 〈영업보고서〉, 17쪽

주 1) 괄호 안의 숫자는 비상근 임원수.

2) 동그라미 표시의 숫자는 구본무가 가족구성원 수.

3) 이하 '회사I'의 I에 따른 회사명칭은 〈부표 4-1〉 참조.

4) 시점 - 회사 1, 2, 3, 7, 8, 9, 12 - 97. 12. 31. 현재; 10 - 98. 3. 31 현재; 4, 5, 6, 11, 13 - 표시없음; 14 - 주총(98. 3. 26) 이전.

〈부표 4-10〉 SK 그룹 상장회사의 임원 규모(명), 1997년 12월 말경

	대한도시가스	SK	SKC	SK 가스	SK 상사	SK 증권	SK 케미칼	SK 텔레콤
임원合	12(3)	20(2)	25(2)	9(1)	17(1)	12(2)	18(2)	43(6)
유형A 의결/집행기구 임원	10(2)	18(1)	24(2)	7	15	10(1)	17(1)	40(4)
감사	2(1)	2(1)	1	2(1)	2(1)	2(1)	1(1)	3(2)
유형B 최종현 일가		1	3(2)		1		3(1)	
전문경영인	12(3)	19(2)	22	9(1)	16(1)	12(2)	15(1)	43(6)
의결/집행기구 임원(a+b+c+d)	10	18(1)	24(2)	7	15	10(1)	17(1)	40(4)
Ⅰ.의결기구(이사회)이사(등기임원)	8(2)		19(2)			4(1)		12(4)
대표이사(a)	3	2	1	1	2	1	4(1)	2
이사(b)	3	?(1)	18(2)			3(1)		7(1)
사외이사(c)	2(2)							3(3)
Ⅱ.집행기구(경영진) 임원	8	17	24(2)	7	15	9	17(1)	36
유형A 등기임원(a,b)	6		19(2)			3		8
미등기임원(d)	2		5			6		28
유형B 회장	1a		(①b)		①a		(①a)	
부회장			(①b)				①a	1a
사장	1a	1a	1a	1a	1a		1a	1a
부사장	1a	①a,1	1b		1	1a	1a	3b
전무이사		6	4b		2		3	2b, 3d
상무이사	2b, 2d	4	5b	2	7	2b	6, ①	4d
이사	1b	4	5b, ①b	3	3	1d	3	1b
이사대우			5d	1		5d		21d

자료 : 회사 1, 〈사업보고서〉, 66쪽 ; 〈영업보고서〉, 9쪽.
2. 〈사업보고서〉, 76-77쪽; 〈영업보고서〉, 23쪽.
3. 〈사업보고서〉, 83-84쪽 ; 〈영업보고서〉, 19쪽.
4. 〈사업보고서〉, 35쪽 ; 〈영업보고서〉, 9쪽.
5. 〈사업보고서〉, 90-91쪽 ; 〈영업보고서〉, 12쪽.
6. 〈사업보고서〉, 62쪽 ; 〈영업보고서〉, 10쪽.
7. 〈사업보고서〉, 80-81쪽.
8. 〈사업보고서〉, 84-86쪽; 〈영업보고서〉, 13쪽.

주 1) 괄호안의 숫자는 비상근 임원수.
2) 동그라미 임원은 최종현일가 가족구성원을 가리킴.
3) 이하 '회사 I'의 I에 따른 회사명칭은 〈부표 4-1〉 참조
4) 회사2의 임원I중 (b)의 비상근 이사 1인의 등기/미등기 유무의 표시는 없으나, 담당업무가 없는것으로 보아 등기이사인 것으로 보임.
5) 임원 II의 유형 A중 등기임원 : 1,3은 a+b (두 비상근이사의 직책이 회장, 부회장이므로 포함), 6,8은 a+b-비상근 이사 (비상근이사의 담당업무 없으므로 제외).
6) 2, 4, 5, 7은 1997년 12월 31일 현재 ; 회사 6,8은 1998년 3월 31일 현재; 1은 시점표시 없으나 결산일 (1997.12.31) 혹은 〈사업보고서〉 제출일(1998.3.31) 현재일 것임.
7) 8에는 임원의 등기/미등기 년월이 표시되어 있으나 무엇을 의미하는지 명확하지 않음. 98년 3월 표시가 포함되어 있어 98년 3월 31일 현재인 것으로 간주함. 출처 86쪽의 주에 '이외 대우 이사 총 19명'의 표시가 있으나 명확하지 않아 제외함. 출처 86쪽의 주에 '이외 대우 이사 총 19명'의 표시가 있으나 명확하지 않아 제외함.

〈부표 4-11〉 총수 가족 구성원들의 상장계열회사에 대한 지분(%)

현대	고려산업개발	금강개발산업	동서산업	대한알루미늄공업	인천제철	한국프랜지공업	현대강관	현대건설	현대리바트	현대미포조선	현대산업개발
A. 동일인-정주영	4.98				2.33			2.34			3.85
B. 친족							0.20				
배우자-변중석											
혈족 1촌-정몽구	3.08						5.53	0.63			9.89
정몽근		29.7									
정몽헌	2.94							5.09			
정몽준											
정몽윤	3.08										
정몽일											
2촌-정세영											
정상영											
정은희			3.87								
정유희			3.67								
정일선	2.19										
정문선	2.19										
정대선	0.79										
3촌-정몽규											
정몽혁											
기타 김영주						21.76		0.21			
김윤수						23.31					
김근수		0.17									
현영원											
김문희											
이영복			1.27								
장정자								0.41			

	현대엘	현대	현대	현대전	현대	현대종	현대종	현대	현대해	현대	
A. 동일인-정주영				1.06						16.82	
B. 친족											
배우자-변중석											
혈족1촌-정몽구			9.56	0.12	8.71					0.95	
정몽근				0.60							
정몽헌	21.23			10.96			0.01			18.41	
정몽준	0.61			0.12					0.34	0.66	
정몽윤				0.12					16.46		
정몽일						4.27					
2촌-정세영		2.32								0.66	
정상영										0.01	
정은희											
정유희											
정일선											
정문선											
정대선											
3촌-정몽규		1.41		1.80	0.81					0.35	
정몽혁				0.36							
기타 김영주											
김윤수											
김근수											
현영원										0	
김문희										0	
이영복											
장정자										0.03	

삼성	삼성물산	삼성엔지니어링	삼성전기	삼성전관	삼성전자	삼성정밀화학	삼성중공업	삼성증권	삼성항공산업	삼성화재해상보험	에스원	제일모직	호텔신라
A. 동일인-이건희	2.14				2.82			0.78		0.31			
B. 친족													
배우자-홍라희					0.79								
혈족 1촌-이재용					0.74								
기타 이재성	0												
이재호	0												
이재준	0												
정용진	0												
오유덕	0.02												
이지현	0												
조필제	0												

대우	경남기업	대우	대우자판	대우전자	대우전자부품	대우정밀공업	대우중공업	대우증권	대우통신	오리온전기
A. 동일인-김우중						11.75	6.87	1.39		1.00
B. 친족										
배우자-정희자		0					0			
혈족 2촌-김관중		0					0			
김성중		0								
3촌-김선영							0			
김선경		0	0.03							
김선윤							0			
김선욱							0			
김선민		0								
김수지		0								
4촌-김영중		0								
김재중		0								
5촌-김선훈		0								
7촌-김재호		0								
인척 2촌-박용주		0								
왕숙이		0.01								
3촌-김남천		0								
서지원		0								
정원제		0								
정혜승		0								
4촌-김정애		0		0.11			0			

LG	극동도시가스	LG 건설	LG 금속	LG 반도체	LG 산전	LG 상사	LG 전선	LG 전자	LG 정보통신	LG 종합금융	LG 증권	LG-Caltex 가스	LG 화재해상보험	LG 화학
A. 동일인-구본무				0.19	0.69	0.10		0.20	0.25	0.13			0.33	0.22
B. 친족														
배우자-김영식		0.11			0.19	0.11				0.02			0.24	0.11
혈족 1촌-구연경		0.01			0.02	0			0.02	0.01			0.15	0.02
구자경					0.24	2.73	2.49	4.35		0.03				0.15
2촌-구훤미		0.03			0.10								0.16	0.08
구본능		0.15		0.05	0.24				0.06	0.01				0.17
구본준		0.04		0.65	0.29				1.02	0.20			0.20	0.23
구미정		0.04			0.17								0.19	0.07
구본식		0.09			0.34				0.06	0.02				0.13
3촌-구자숙														
구자학					0								0.02	0
구자두		0								0				0.01
구자일														
구자혜					0.01				0.05				0.45	0.03
구자영					0								0.25	0.05
구순자		0.01			0.09								0.24	0.05
구자극		0.05		0.33	0.79	0.14			0.06	0.18			0.16	0.20
4촌-구본걸		0.04			0.30				0.10	0.07			0.42	0.06
구본순		0.03			0.26					0.01			0.05	0.04
구은영					0.04								0.04	0.03
구본진					0.05								0.09	0.04
구본성		0			0.49				0.86	0.01			1.01	0.12
구미현		0.06			0.07								0.06	0.03
구명진					0.07								0.04	0.06
구지은		0.01			0.02								0.02	0.05
구혜란		0.06			0.03								0.04	0.03
구혜선		0			0								0.04	0.02
구본천		0.31			0.29				0.03	0.02			0.05	0.08
구본완		0.14			0.06				0.02				0.07	0.05
구본길													0.01	
구은미													0.01	0.02
구본현					0.04									0
구본우														
구미란														
구태회					0.01								0.09	0
구평회					0								0.23	0.02
구두회					0.01								0.14	0.03
5촌-구위숙														
구영희		0.04											0.04	0.01
구자원				0.07	0.08				0					0.19
구자애														
구자성														
구선희		0.09			0.04								0.04	0.01
구자훈		0.18		0.13	0.22				1.25	0.25			0.16	0.02
구자준		0.06		0.23	0.09				1.40	0.08			0.24	0.05
구자윤														
구형우		0.12			0.25				0.03	0.10			0.26	0.02
구자희														
구자헌		0.01			0.21					0			0.16	0.02
구자섭		0		0.05	0.51				0					0.03
구자민		0.04			0.53				0.02	0			0.14	0.06

LG	극동도시가스	L G 건설	L G 금속	LG 반도체	L G 산전	L G 상사	L G 전선	LG 전자	LG 정보통신	LG 종합금융	L G 증권	LG-Caltex 가스	LG 화재해상보험	L G 화학
구명희														
구근희		0.08			0.06								0.04	0.03
구자홍		0.06			0.01		0.02		1.72				0.85	0.01
구자엽		0.04		0.13	0.07				0.93	0.25			0	0.01
구자명		0.09		0.18	0.12				0.03					0.02
구자철														0
구혜정		0.04			0					0			0.02	0.05
구자열		0			0.66				0.03				0.01	0.10
구자용		0			0.18				0.88	0.20			0.75	0.11
구자균		0.01			0.30				0.06				0.03	0.09
구혜원		0.03			0.13								0.02	0.05
구은정		0.05			0.13								0.04	0.05
구지희		0.11			0.01								0.03	0.03
구자은					0.04					0.01			0.05	0.04
구재희		0.01			0.02					0			0.04	0.02
6촌-구지연		0.03			0.04								0.04	0
구지정		0.05			0.04								0.06	0
구본상		0.05			0.08				0.01	0.02			0.12	0.07
구본엽		0.05			0.08				0.03				0.16	0.07
구본희		0.04		0.03	0				0.10				0.04	0.01
구본주				0.03	0.01				0.13				0.04	0
구본미		0.04		0.03	0.02				0.12				0.04	0
구본욱		0.01		0.13					0.42				0.05	0.02
구현정					0.01								0.04	0.01
구윤정		0.01			0.01								0.04	0
기타-구광모					0								0.07	
구진영														
구하영														
유희영					0								0	0.02
유웅선		0.02			0.10								0.05	0.01
유준선					0.03								0.05	0.01
박미나					0.24				0.02				0.16	0.07
김화중		0.17			0.56				0.03				0.10	0.01
김은미		0.02			0.01								0.05	
최병민		0			0.37				1.43					0.06
이선용		0.09			0.06				0				0.03	0.05
이지용		0.01			0.04				0.02				0	0.04
허동수		0.12		0.92		0.10			0.08				0.02	0.05
허창수		0.14		0.77	0.77	0.09	0.09	0.01	0.17	0.14			0.25	0.12
허정수		0.15		0.14	0.32	0.18			0.30	0.16			0.13	0.12
허승조		0.02			0.38	0.14			1.15				0	0.06
김선혜					0.03								0.18	0.06
김선정					0.02								0.05	0.01
최현수					0									
이숙희					0.01									
이재연					0.05								0.27	0.01
이혜정					0								0.03	0.02
이욱진					0.05								0.06	0.04
조아란					0									
이의숙													0.08	
홍승해														0

SK	대한도 시가스	SK	SKC	SK 가스	SK 상사	SK 증권	SK 케미칼	SK 텔레콤
A. 동일인-최종현		0.06	24.81		3.20	3.69	6.81	
B. 친족								
혈족 1촌-최태원		0.07			0.01	0.06		
최재원		0.08	6.96			0.06		
3촌-최윤원					0.90		1.84	
최신원					0.67		0.68	
최정원					0.11		0.12	
최혜원					0.12		0.12	
최지원					0.12		0.12	
최예정					0.12		0.12	
최창원					0.26		0.67	
기타 노순애					0.01			
고광천							0.05	
한상구							0.05	
이동욱							0.05	

자료 : 각 그룹 상장회사 〈사업보고서〉 의 '타법인출자현황', '주식의 분포'.

주 1) 0 = 0.01% 이하.

2) LG : 혈족1촌 구자경 - 2.73%는 구자경 포함 51명의 지분;
2.49%는 구자경 포함 61명의 지분
4.35%는 'LG 연암문화재단 외' 지분.

3) 대우 : 혈족3촌 김선경의 0.03%는 다른 4명 친족 지분 포함; 인척 4촌 김정애의 0.11%는 친척, 사용인 지분 포함.

제 5 장 자료설명

5대재벌의 비금융업 재무분석에서 활용한 5대재벌 자료의 원천과 한계는 기본적으로 본 백서 1장의 자료설명과 같다. 한신평에서는 그룹별 합산재무제표까지만 제공하고 있기 때문에 그룹별로 업종별 합산재무제표를 도출하기 위하여 각 업종군에 속하는 계열사들의 재무제표를 합산하였으나, 1장의 자료설명에서 언급한 여러 제약과 아울러 기초자료로 쓰인 한신평의 1994년 전산자료가 1995~1997년 자료와 비교할 때 계정과목코드(*code*) 등 여러 가지 면에서 차이가 많아 횡렬비교가 어려웠기 때문에 결과적으로 그룹전체의 1995년 재무비율 중 1994년 수치가 수식에 포함되는 재무비율이 한신평의 그것과 상이하게 되었다. 이를 비교하면 아래와 같다.

한편 5대재벌제외의 비율은 한국은행의 《기업경영분석》의 재무자료를 이용하되 어업과 광업을 제외한 나머지 업종을 본 백서가 채택하고 있는 업종분류기준에 따라 재구성한 뒤 각 업종별 합산재무제표를 작성하고 여기에서 5대재벌의 합산재무제표의 수치를 차감하여 도출한 5대재벌을 제외한 기업들의 합산재무제표를 토대로 산출한 것이다.

1995년 재무비율 비교

재무비율	현 대		삼 성		대 우		L G		S K	
	산출비율	한신평	산출비율	한신평	산출비율	한신평	산출비율	한신평	산출비율	한신평
부채비율	381.77	381.77	212.25	212.27	345.46	345.46	324.55	324.91	335.52	335.52
유동비율	90.03	90.03	112.25	112.25	113.73	113.73	96.95	96.95	93.52	93.52
금융비용부담율	3.93	3.93	2.61	2.61	5.71	5.71	3.33	3.33	5.15	5.29
매출액순이익률	1.88	1.88	5.76	5.76	1.16	1.16	3.36	3.34	0.98	0.97
총자본경상이익률	3.55	3.69	11.17	11.17	1.77	1.78	6.33	6.53	2.05	2.05
자기자본순이익률	12.85	13.27	30.18	30.31	4.95	5.02	21.28	21.60	5.52	5.51
매출액증가율	21.42	26.89	33.62	32.6	43.39	43.88	32.30	45.79	18.79	18.74
총자산증가율	9.31	183.94	56.21	54.32	19.25	20.31	27.37	38.10	13.46	13.45
유형고정자산증가율	-0.62	15.09	30.45	31.05	21.00	24.43	30.16	39.69	148.21	19.3
총자본회전율	1.40	1.46	1.61	1.60	1.04	1.05	1.49	1.54	1.28	1.28
자기자본회전율	6.84	7.07	5.24	5.26	4.28	4.33	6.34	6.47	5.64	5.68
유형고정자산회전율	3.78	4.83	3.94	4.71	4.02	5.15	4.07	4.81	4.14	4.00

주 : 음영표시는 1% 또는 1회 이상 차이나는 비율을 나타냄.

〈부표 5-1a〉 현대 재무비율 : 안정성

업 종	부채비율			유동비율			금융비용부담율		
	1995	1996	1997	1995	1996	1997	1995	1996	1997
섬유,의복,가죽	–	–	–	–	–	–	–	–	–
목재,출판,종이,인쇄	1,821.72	-1,957.52	-537.75	91.71	70.23	59.31	11.22	9.43	9.49
화학,석유,석탄,고무	606.67	536.23	804.65	60.10	61.88	57.85	13.01	6.74	6.24
비금속광물	–	136.32	372.71	–	136.64	78.62	–	3.43	13.80
1차금속	229.35	231.94	360.91	78.55	80.24	83.31	4.20	3.78	4.15
조립금속,기계장비	314.98	361.34	426.80	79.90	83.75	91.48	4.38	5.10	5.76
전자,정밀	217.63	334.86	688.30	129.44	80.20	85.08	5.58	7.90	11.95
전기,가스	–	–	–	–	–	–	–	–	–
건설	546.18	540.20	593.16	125.86	119.84	121.87	9.84	8.96	7.55
도소매,숙박	614.92	680.97	712.27	68.86	66.54	73.01	2.03	5.08	5.47
운수,창고,통신	366.98	630.84	863.44	70.88	66.38	82.52	5.53	4.70	4.49
서비스,기타	480.76	921.41	809.43	119.96	88.00	85.35	1.29	2.80	6.29
무역	511.15	843.57	1,466.69	94.58	69.75	76.37	0.52	0.49	0.53
비금융업 계	381.77	441.77	578.45	90.03	85.63	89.84	3.93	4.26	4.49

〈부표 5-1b〉 현대 재무비율 : 수익성

업 종	매출액순이익률			총자본경상이익률			자기자본순이익률		
	1995	1996	1997	1995	1996	1997	1995	1996	1997
섬유,의복,가죽	–	–	–	–	–	–	–	–	–
목재,출판,종이,인쇄	-11.74	-10.43	-20.30	-8.67	-10.15	-21.14	-176.99	-17,149.06	152.50
화학,석유,석탄,고무	1.74	1.54	0.58	0.95	1.25	0.38	6.87	7.94	2.86
비금속광물	–	4.53	-3.28	–	10.86	-3.17	–	21.96	-14.25
1차금속	1.32	0.20	0.36	2.36	0.51	0.61	5.29	0.78	1.29
조립금속,기계장비	1.23	0.64	1.15	1.95	1.68	1.30	5.27	3.08	5.68
전자,정밀	21.16	2.27	-5.24	27.23	1.55	-2.12	95.77	5.30	-13.07
전기,가스	–	–	–	–	–	–	–	–	–
건설	1.02	0.92	0.63	1.16	0.94	1.13	4.31	4.61	3.13
도소매,숙박	0.52	0.33	-0.03	1.58	1.05	0.19	5.88	3.83	-0.31
운수,창고,통신	1.19	0.73	0.20	1.92	1.20	0.45	6.06	4.60	1.77
서비스,기타	-4.31	-7.35	-2.18	-7.00	-7.86	-1.95	-27.57	-62.54	-17.95
무역	-0.33	-0.44	-0.40	-5.59	-7.86	-7.17	-31.12	-64.49	-92.10
비금융업 계	1.88	0.27	-0.11	3.55	0.92	0.10	12.85	1.99	-0.88

〈부표 5-1c〉 현대 재무비율 : 성장성

업 종	매출액증가율			총자산증가율			유형고정자산증가율		
	1995	1996	1997	1995	1996	1997	1995	1996	1997
섬유,의복,가죽	–	–	–	–	–	–	–	–	–
목재,출판,종이,인쇄	8.69	4.08	12.97	−4.90	−5.48	8.08	6.73	−0.78	8.50
화학,석유,석탄,고무	23.08	82.03	18.50	12.25	40.26	45.85	18.70	38.69	45.12
비금속광물	–	–	363.02	–	–	732.93	–	–	601.51
1차금속	17.12	7.38	12.85	6.06	23.85	62.92	3.48	28.75	78.22
조립금속,기계장비	18.16	15.81	8.64	17.26	13.93	24.46	21.92	22.41	11.51
전자,정밀	87.15	−18.83	10.54	23.81	54.69	72.05	−6.70	80.20	39.28
전기,가스	–	–	–	–	–	–	–	–	–
건설	−10.25	19.85	21.12	−16.80	17.49	34.87	−55.11	12.27	10.20
도소매,숙박	20.05	18.19	5.11	30.71	26.02	10.04	44.01	32.64	27.26
운수,창고,통신	19.37	30.49	46.03	12.57	31.39	69.27	7.23	36.49	11.78
서비스,기타	178.13	38.63	36.08	271.90	66.70	68.28	203.69	346.99	68.68
무역	31.22	21.87	21.31	17.23	3.37	51.29	−1.04	1.90	−2.62
비금융업 계	21.42	18.27	15.76	9.31	23.04	37.12	−0.62	33.27	25.81

〈부표 5-1d〉 현대 재무비율 : 활동성

업 종	총자산회전율			자기자본회전율			유형고정자산회전율		
	1995	1996	1997	1995	1996	1997	1995	1996	1997
섬유,의복,가죽	–	–	–	–	–	–	–	–	–
목재,출판,종이,인쇄	0.89	0.97	1.09	15.07	1,644.86	−7.51	3.06	3.10	3.37
화학,석유,석탄,고무	0.54	0.78	0.64	3.94	5.15	4.95	0.81	1.14	0.95
비금속광물	–	2.05	1.02	–	4.84	4.34	–	4.46	2.58
1차금속	1.24	1.16	0.90	4.00	3.82	3.60	3.19	2.94	2.12
조립금속,기계장비	1.10	1.10	1.00	4.29	4.82	4.95	3.10	2.94	2.74
전자,정밀	1.07	0.61	0.41	4.53	2.33	2.49	1.97	1.18	0.85
전기,가스	–	–	–	–	–	–	–	–	–
건설	0.64	0.78	0.74	4.25	5.01	4.98	2.52	4.59	5.01
도소매,숙박	1.66	1.53	1.38	11.20	11.51	10.97	8.79	7.57	6.14
운수,창고,통신	1.01	1.07	1.02	5.09	6.29	8.82	1.47	1.56	1.87
서비스,기타	1.62	1.07	0.87	6.40	8.51	8.23	13.45	4.53	2.81
무역	17.75	19.71	18.72	93.19	146.76	232.30	40.55	49.22	59.93
비금융업 계	1.40	1.42	1.26	6.84	7.29	7.71	3.78	3.84	3.45

〈부표 5-2a〉 삼성 재무비율 : 안정성

업 종	부채비율			유동비율			금융비용부담율		
	1995	1996	1997	1995	1996	1997	1995	1996	1997
섬유,의복,가죽	218.87	239.94	294.31	85.01	88.13	97.59	8.80	8.64	10.55
목재,출판,종이,인쇄	414.23	456.08	508.83	51.39	59.11	54.25	6.67	8.23	8.66
화학,석유,석탄,고무	305.90	360.48	454.70	64.48	60.10	56.66	9.58	9.06	8.58
비금속광물	226.74	294.72	376.84	74.63	76.32	83.29	4.99	6.70	8.72
1차금속	-	-	-	-	-	-	-	-	-
조립금속,기계장비	305.16	423.50	518.37	92.03	79.90	70.53	7.13	9.45	9.88
전자,정밀	143.37	200.34	283.76	163.06	149.89	120.08	2.53	2.88	4.14
전기,가스	-	-	-	-	-	-	-	-	-
건설	1,579.45	1,481.58	11,716.47	105.49	94.79	86.93	0.00	0.42	1.63
도소매,숙박	209.52	198.35	267.20	48.36	34.57	39.87	4.88	6.57	7.23
운수,창고,통신	-	-	-	-	-	-	-	-	-
서비스,기타	448.16	478.95	478.85	74.35	68.53	66.43	3.07	4.02	4.17
무역	342.56	363.10	620.49	123.24	109.52	85.16	0.40	1.15	0.79
비금융업 계	212.25	279.18	371.58	112.25	101.94	88.61	2.61	3.17	3.51

〈부표 5-2b〉 삼성 재무비율 : 수익성

업 종	매출액순이익률			총자본경상이익률			자기자본순이익률		
	1995	1996	1997	1995	1996	1997	1995	1996	1997
섬유,의복,가죽	1.78	4.02	0.20	1.73	4.45	-1.29	4.28	9.35	0.46
목재,출판,종이,인쇄	0.06	0.07	0.10	0.11	0.47	2.09	0.22	0.25	0.35
화학,석유,석탄,고무	6.60	0.05	0.27	5.71	0.38	0.28	20.62	0.13	0.77
비금속광물	5.00	7.06	2.03	7.43	6.80	4.08	17.93	19.18	6.26
1차금속	-	-	-	-	-	-	-	-	-
조립금속,기계장비	1.48	-7.51	-1.39	1.24	-3.66	-0.67	4.38	-19.88	-4.16
전자,정밀	13.31	1.57	0.94	21.84	2.15	1.09	48.08	4.54	2.95
전기,가스	-	-	-	-	-	-	-	-	-
건설	0.45	0.14	-2.50	2.56	0.66	-4.44	35.25	10.36	-161.44
도소매,숙박	1.13	-1.47	-3.33	0.99	-0.56	-2.09	3.88	-1.70	-6.87
운수,창고,통신	-	-	-	-	-	-	-	-	-
서비스,기타	1.30	1.14	0.54	2.43	2.03	0.94	8.34	8.10	2.83
무역	0.11	0.13	0.11	0.97	1.07	0.24	2.69	2.48	2.64
비금융업 계	5.76	0.14	0.28	11.17	0.74	0.50	30.18	0.65	1.44

〈부표 5-2c〉 삼성 재무비율 : 성장성

업 종	매출액증가율			총자산증가율			유형고정자산증가율		
	1995	1996	1997	1995	1996	1997	1995	1996	1997
섬유,의복,가죽	18.88	8.95	2.68	9.19	13.29	16.17	13.82	9.43	6.05
목재,출판,종이,인쇄	28.46	3.94	2.53	13.42	10.14	9.14	2.40	−0.10	9.66
화학,석유,석탄,고무	69.03	1.47	21.54	24.84	22.75	36.41	0.96	30.27	28.42
비금속광물	31.87	−3.02	22.09	41.85	38.54	22.78	38.34	49.75	15.08
1차금속	−	−	−	−	−	−	−	−	−
조립금속,기계장비	49.45	13.59	22.51	51.09	39.95	28.14	38.09	52.48	32.67
전자,정밀	40.47	2.78	15.08	48.40	20.96	44.04	36.92	33.64	22.45
전기,가스	−	−	−	−	−	−	−	−	−
건설	−	152.52	−27.17	35.85	183.70	6.56	79.53	1,545.29	69.40
도소매,숙박	19.89	−72.55	12.32	18.75	−53.00	12.78	22.14	−42.01	9.08
운수,창고,통신	−	−	−	−	−	−	−	−	−
서비스,기타	37.31	54.82	2.11	37.75	76.57	20.83	35.85	143.40	26.87
무역	23.61	25.33	23.22	320.51	13.32	32.05	86.50	46.96	63.44
비금융업 계	33.62	12.32	18.41	56.21	23.40	34.76	30.45	37.29	26.70

〈부표 5-2d〉 삼성 재무비율 : 활동성

업 종	총자산회전율			자기자본회전율			유형고정자산회전율		
	1995	1996	1997	1995	1996	1997	1995	1996	1997
섬유,의복,가죽	0.72	0.71	0.63	2.41	2.33	2.32	1.64	1.60	1.52
목재,출판,종이,인쇄	0.72	0.67	0.63	3.46	3.58	3.64	1.40	1.44	1.41
화학,석유,석탄,고무	0.72	0.59	0.55	3.12	2.58	2.83	0.99	0.86	0.81
비금속광물	1.08	0.75	0.71	3.59	2.72	3.08	1.92	1.28	1.22
1차금속	−	−	−	−	−	−	−	−	−
조립금속,기계장비	0.72	0.57	0.52	2.97	2.65	2.99	1.56	1.21	1.06
전자,정밀	1.37	1.06	0.92	3.61	2.89	3.15	3.67	2.79	2.52
전기,가스	−	−	−	−	−	−	−	−	−
건설	4.15	4.74	2.26	77.96	76.13	64.63	516.38	116.33	33.36
도소매,숙박	1.10	0.38	0.62	3.42	1.16	2.07	1.98	0.63	0.92
운수,창고,통신	−	−	−	−	−	−	−	−	−
서비스,기타	1.29	1.25	0.90	6.40	7.08	5.23	3.67	2.88	1.83
무역	5.88	4.28	4.28	25.27	19.39	24.86	40.04	31.22	24.54
비금융업 계	1.61	1.33	1.21	5.24	4.59	5.17	3.94	3.30	2.98

〈부표 5-3a〉 대우 재무비율 : 안정성

업 종	부채비율			유동비율			금융비용부담율		
	1995	1996	1997	1995	1996	1997	1995	1996	1997
섬유,의복,가죽	–	–	–	–	–	–	–	–	–
목재,출판,종이,인쇄	–	–	–	–	–	–	–	–	–
화학,석유,석탄,고무	304.48	294.67	357.76	86.59	92.56	103.43	2.28	2.31	3.28
비금속광물	–	–	1,114.09	–	–	55.74	–	–	9.99
1차금속	−847.43	-1,090.08	4,090.76	69.57	86.49	90.55	2.83	5.27	5.75
조립금속,기계장비	300.16	297.40	537.69	106.76	100.15	88.21	8.75	7.74	10.35
전자,정밀	284.67	311.58	375.51	113.20	125.04	132.40	6.64	7.23	8.23
전기,가스	–	–	–	–	–	–	–	–	–
건설	519.68	377.49	395.85	127.88	129.14	124.14	8.44	9.37	7.35
도소매,숙박	120.66	727.71	625.72	51.30	78.24	72.02	6.61	2.40	1.28
운수,창고,통신	–	–	–	–	–	–	–	–	–
서비스,기타	246.06	547.27	654.28	153.67	57.98	77.89	0.08	0.32	0.67
무역	517.25	409.77	416.90	123.43	131.92	120.11	3.75	3.34	3.67
비금융업 계	345.46	345.75	474.70	113.73	110.73	100.98	5.71	5.13	6.05

〈부표 5-3b〉 대우 재무비율 : 수익성

업 종	매출액순이익률			총자본경상이익률			자기자본순이익률		
	1995	1996	1997	1995	1996	1997	1995	1996	1997
섬유,의복,가죽	–	–	–	–	–	–	–	–	–
목재,출판,종이,인쇄	–	–	–	–	–	–	–	–	–
화학,석유,석탄,고무	3.15	1.33	0.92	5.65	2.50	1.36	18.57	7.96	4.91
비금속광물	–	–	−25.15	–	–	−24.15	–	–	−295.89
1차금속	−10.43	−0.07	3.62	−13.83	0.22	4.07	168.91	0.67	−172.91
조립금속,기계장비	2.05	1.46	0.39	1.82	1.39	0.41	4.69	4.09	1.41
전자,정밀	1.90	1.60	0.88	2.69	2.11	1.23	6.71	6.24	3.65
전기,가스	–	–	–	–	–	–	–	–	–
건설	2.71	1.01	0.75	1.59	0.59	0.29	7.32	2.62	1.42
도소매,숙박	2.51	0.99	0.45	2.05	1.91	0.94	1.88	11.78	6.30
운수,창고,통신	–	–	–	–	–	–	–	–	–
서비스,기타	1.14	1.29	1.35	1.40	2.42	2.06	1.85	10.27	11.42
무역	0.40	0.38	0.22	1.14	0.89	0.71	4.25	4.51	2.36
비금융업 계	1.16	0.91	0.27	1.77	1.38	0.52	4.95	4.81	1.60

〈부표 5-3c〉 대우 재무비율 : 성장성

업 종	매출액증가율			총자산증가율			유형고정자산증가율		
	1995	1996	1997	1995	1996	1997	1995	1996	1997
섬유,의복,가죽	–	–	–	–	–	–	–	–	–
목재,출판,종이,인쇄	–	–	–	–	–	–	–	–	–
화학,석유,석탄,고무	27.68	16.86	-4.50	40.64	7.38	21.83	27.61	7.07	-5.66
비금속광물	–	–	–	–	–	–	–	–	–
1차금속	6.41	9.10	59.26	47.11	39.44	66.32	108.80	62.77	51.87
조립금속,기계장비	64.43	27.61	37.67	22.96	6.00	69.79	29.26	17.98	44.35
전자,정밀	24.98	13.96	11.03	15.58	10.49	20.77	14.15	17.09	11.69
전기,가스	–	–	–	–	–	–	–	–	–
건설	17.67	28.48	-9.78	-4.24	1.79	19.18	-10.77	37.91	129.28
도소매,숙박	27.16	2,519.08	67.17	14.63	750.50	-7.06	2.88	131.30	6.29
운수,창고,통신	–	–	–	–	–	–	–	–	–
서비스,기타	-20.17	47.29	28.51	-74.07	131.85	37.01	-97.03	1,251.02	75.14
무역	42.70	26.54	26.28	22.85	5.82	53.73	6.82	101.89	26.73
비금융업 계	43.39	32.13	29.61	19.25	13.29	51.28	21.00	26.77	39.11

〈부표 5-3d〉 대우 재무비율 : 활동성

업 종	총자산회전율			자기자본회전율			유형고정자산회전율		
	1995	1996	1997	1995	1996	1997	1995	1996	1997
섬유,의복,가죽	–	–	–	–	–	–	–	–	–
목재,출판,종이,인쇄	–	–	–	–	–	–	–	–	–
화학,석유,석탄,고무	1.56	1.50	1.25	5.90	5.99	5.33	3.92	3.94	3.75
비금속광물	–	–	0.97	–	–	11.76	–	–	1.85
1차금속	1.40	1.07	1.10	-16.19	-9.33	-47.73	5.70	3.50	3.57
조립금속,기계장비	0.62	0.70	0.70	2.28	2.80	3.62	1.55	1.61	1.68
전자,정밀	0.97	0.98	0.94	3.53	3.90	4.16	4.35	4.28	4.17
전기,가스	–	–	–	–	–	–	–	–	–
건설	0.37	0.48	0.39	2.70	2.59	1.91	22.98	26.32	12.44
도소매,숙박	0.36	1.86	1.80	0.75	11.92	13.94	0.50	7.86	9.13
운수,창고,통신	–	–	–	–	–	–	–	–	–
서비스,기타	0.72	1.55	1.20	1.63	7.95	8.48	1.41	4.97	2.49
무역	1.89	2.11	2.05	10.57	11.77	10.52	29.64	24.05	20.03
비금융업 계	1.04	1.19	1.15	4.28	5.29	5.95	4.02	4.28	4.15

[부표 5-4a] LG 재무비율 : 안정성

업 종	부채비율			유동비율			금융비용부담율		
	1995	1996	1997	1995	1996	1997	1995	1996	1997
섬유,의복,가죽	–	–	–	–	–	–	–	–	–
목재,출판,종이,인쇄	–	–	–	–	–	–	–	–	–
화학,석유,석탄,고무	266.79	316.14	418.52	95.43	98.47	103.98	5.09	5.77	5.62
비금속광물	226.95	189.97	450.01	121.59	79.19	92.43	15.89	11.96	13.80
1차금속	412.15	497.89	12,966.98	100.86	96.07	82.38	2.24	2.36	2.58
조립금속,기계장비	–	–	8.47	–	–	1,206.08	–	–	–
전자,정밀	278.12	309.72	471.31	99.81	84.94	86.29	4.70	5.42	5.84
전기,가스	767.59	332.36	310.03	103.65	103.88	108.39	2.59	2.17	2.70
건설	469.32	549.17	684.02	147.31	119.43	140.86	6.50	6.16	4.24
도소매,숙박	2,914.43	3,511.34	2,296.51	66.13	60.29	60.33	2.06	1.89	1.32
운수,창고,통신	60.36	48.54	188.76	564.36	964.67	91.29	0.87	2.62	2.54
서비스,기타	834.48	684.95	1,177.44	102.14	120.47	109.93	2.20	2.39	3.11
무역	380.97	426.94	817.07	102.53	81.22	92.31	0.51	0.48	0.71
비금융업 계	324.55	355.65	507.78	96.95	90.62	92.45	3.33	3.58	3.66

〈부표 5-4b〉 LG 재무비율 : 수익성

업 종	매출액순이익률			총자본경상이익률			자기자본순이익률		
	1995	1996	1997	1995	1996	1997	1995	1996	1997
섬유,의복,가죽	–	–	–	–	–	–	–	–	–
목재,출판,종이,인쇄	–	–	–	–	–	–	–	–	–
화학,석유,석탄,고무	3.79	0.22	0.12	4.73	0.31	0.21	13.94	0.82	0.56
비금속광물	5.58	7.46	−20.13	2.46	2.98	−7.26	9.25	9.06	−29.24
1차금속	3.02	0.46	−7.29	6.88	0.85	−9.85	29.51	4.58	−166.71
조립금속,기계장비	–	–	–	–	–	19.54	–	–	15.18
전자,정밀	7.27	1.88	−0.67	10.41	2.71	−0.27	30.54	7.04	−2.89
전기,가스	0.56	0.60	−1.01	1.94	1.79	4.04	9.68	5.79	−6.84
건설	0.93	0.85	0.78	2.39	2.37	2.01	5.23	5.87	6.18
도소매,숙박	−0.45	−0.80	−0.33	−0.58	−0.64	−0.36	−12.45	−28.42	−16.75
운수,창고,통신	1.79	2.86	−6.50	0.22	2.52	−1.72	2.07	2.32	−4.46
서비스,기타	3.80	2.36	−2.26	7.35	4.81	−1.70	58.63	30.90	−29.67
무역	0.12	0.15	−0.35	1.98	2.73	−1.70	5.62	8.02	−22.71
비금융업 계	3.36	0.75	−0.65	6.33	1.68	−0.40	21.28	4.62	−4.56

〈부표 5-4c〉 LG 재무비율 : 성장성

업 종	매출액증가율			총자산증가율			유형고정자산증가율		
	1995	1996	1997	1995	1996	1997	1995	1996	1997
섬유,의복,가죽	-	-	-	-	-	-	-	-	-
목재,출판,종이,인쇄	-	-	-	-	-	-	-	-	-
화학,석유,석탄,고무	22.34	15.78	26.50	22.65	28.83	23.54	21.26	37.64	0.66
비금속광물	40.38	5.03	27.97	-4.26	36.88	45.07	-8.62	38.53	13.84
1차금속	37.37	17.03	24.68	31.86	19.52	81.20	-4.67	25.85	148.20
조립금속,기계장비	-	-	-	-	-	-	-	-	-
전자,정밀	37.22	11.55	22.69	57.67	19.39	43.83	68.12	29.21	22.46
전기,가스	35.93	19.40	69.96	33.07	70.34	100.41	60.21	146.92	117.32
건설	45.04	24.74	14.41	15.36	17.26	16.84	-44.92	20.10	44.56
도소매,숙박	33.14	-22.04	97.66	25.34	20.36	15.19	8.69	44.74	33.76
운수,창고,통신	-96.00	56.18	64.10	-89.87	150.73	223.28	-90.07	141.56	428.72
서비스,기타	72.72	23.93	11.63	37.53	8.77	59.40	3.03	4.24	19.47
무역	94.88	34.39	10.99	26.34	11.10	46.44	6.87	26.29	57.32
비금융업 계	32.30	16.39	25.06	27.37	22.87	38.30	30.16	33.70	22.93

〈부표 5-4d〉 LG 재무비율 : 활동성

업 종	총자산회전율			자기자본회전율			유형고정자산회전율		
	1995	1996	1997	1995	1996	1997	1995	1996	1997
섬유,의복,가죽	-	-	-	-	-	-	-	-	-
목재,출판,종이,인쇄	-	-	-	-	-	-	-	-	-
화학,석유,석탄,고무	1.03	0.95	0.95	3.68	3.73	4.45	2.45	2.18	2.37
비금속광물	0.44	0.40	0.36	1.66	1.22	1.45	0.61	0.56	0.58
1차금속	1.93	1.81	1.47	9.76	10.04	22.86	6.76	7.17	4.61
조립금속,기계장비	-	-	0.00	-	-	0.00	-	-	0.00
전자,정밀	1.14	0.95	0.88	4.20	3.74	4.32	2.69	2.09	2.04
전기,가스	2.35	1.81	1.63	17.24	9.63	6.80	12.65	7.07	5.32
건설	1.05	1.13	1.10	5.62	6.88	7.89	13.67	21.81	18.70
도소매,숙박	1.68	1.07	1.80	27.83	35.43	51.07	5.86	3.58	5.12
운수,창고,통신	0.11	0.54	0.29	1.16	0.81	0.69	0.36	1.83	0.67
서비스,기타	1.50	1.54	1.27	15.43	13.12	13.11	6.87	8.22	8.19
무역	9.33	10.64	9.11	45.25	53.66	64.23	77.49	89.09	68.85
비금융업 계	1.49	1.39	1.32	6.34	6.13	7.05	4.07	3.59	3.52

〈부표 5-5a〉 SK 재무비율 : 안정성

업 종	부채비율			유동비율			금융비용부담율		
	1995	1996	1997	1995	1996	1997	1995	1996	1997
섬유,의복,가죽	295.79	452.63	384.35	70.01	52.29	68.29	8.72	11.48	10.29
목재,출판,종이,인쇄	–	–	–	–	–	–	–	–	–
화학,석유,석탄,고무	275.36	359.03	469.05	89.37	81.90	81.69	7.09	6.79	6.74
비금속광물	–	–	–	–	–	–	–	–	–
1차금속	–	–	–	–	–	–	–	–	–
조립금속,기계장비	–	–	–	–	–	–	–	–	–
전자,정밀	–	–	–	–	–	–	–	–	–
전기,가스	199.85	142.78	185.71	100.97	102.93	112.81	2.32	1.83	2.38
건설	1,225.69	1,146.28	1,044.93	93.69	92.69	95.40	8.81	6.51	7.44
도소매,숙박	957.09	2,214.59	2,809.72	101.11	82.58	66.58	2.06	1.47	1.17
운수,창고,통신	1,833.22	269.82	313.92	79.13	145.13	97.41	4.01	3.17	3.13
서비스,기타	–	–	–	–	–	–	–	–	–
무역	208.09	204.05	312.89	128.37	125.21	135.12	1.97	1.50	1.69
비금융업 계	335.52	390.51	457.65	93.52	91.63	85.60	5.15	4.14	4.35

〈부표 5-5b〉 SK 재무비율 : 수익성

업 종	매출액순이익률			총자본경상이익률			자기자본순이익률		
	1995	1996	1997	1995	1996	1997	1995	1996	1997
섬유,의복,가죽	0.16	-9.43	0.81	0.60	-0.91	0.23	0.48	-24.38	2.27
목재,출판,종이,인쇄	–	–	–	–	–	–	–	–	–
화학,석유,석탄,고무	1.99	1.25	0.54	2.73	1.37	0.80	7.17	4.94	2.59
비금속광물	–	–	–	–	–	–	–	–	–
1차금속	–	–	–	–	–	–	–	–	–
조립금속,기계장비	–	–	–	–	–	–	–	–	–
전자,정밀	–	–	–	–	–	–	–	–	–
전기,가스	2.05	2.49	2.50	6.57	6.88	5.15	11.00	12.01	9.94
건설	-0.03	0.29	1.18	0.33	0.62	1.06	-0.38	4.49	13.16
도소매,숙박	-0.61	0.05	0.35	-0.69	0.41	0.53	-10.85	2.26	11.44
운수,창고,통신	0.61	6.83	1.75	1.23	14.75	2.98	12.12	41.56	6.71
서비스,기타	–	–	–	–	–	–	–	–	–
무역	0.22	0.18	0.13	1.55	1.16	1.07	3.17	2.52	2.25
비금융업 계	0.98	1.27	0.75	2.05	3.01	1.33	5.52	8.50	4.60

〈부표 5-5c〉 SK 재무비율 : 성장성

업 종	매출액증가율			총자산증가율			유형고정자산증가율		
	1995	1996	1997	1995	1996	1997	1995	1996	1997
섬유,의복,가죽	28.72	−21.55	10.70	8.02	8.64	16.84	2.43	27.55	6.35
목재,출판,종이,인쇄	−	−	−	−	−	−	−	−	−
화학,석유,석탄,고무	13.28	23.98	26.91	11.73	30.87	28.26	423.45	38.11	3.30
비금속광물	−	−	−	−	−	−	−	−	−
1차금속	−	−	−	−	−	−	−	−	−
조립금속,기계장비	−	−	−	−	−	−	−	−	−
전자,정밀	−	−	−	−	−	−	−	−	−
전기,가스	28.11	28.68	28.05	38.54	18.64	91.12	12.41	42.92	60.62
건설	34.90	30.63	−9.77	9.24	12.60	22.84	−35.09	−3.13	−11.10
도소매,숙박	26.97	192.47	−30.07	21.69	174.88	6.40	9.36	200.98	9.82
운수,창고,통신	24.66	331.22	34.53	37.32	432.75	35.26	65.08	284.03	26.65
서비스,기타	−	−	−	−	−	−	−	−	−
무역	16.61	15.85	27.95	5.93	13.47	34.05	−12.64	7.06	0.12
비금융업 계	18.79	54.34	13.22	13.46	59.12	27.61	148.21	66.25	10.64

〈부표 5-5d〉 SK 재무비율 : 활동성

업 종	총자산회전율			자기자본회전율			유형고정자산회전율		
	1995	1996	1997	1995	1996	1997	1995	1996	1997
섬유,의복,가죽	0.77	0.56	0.55	2.89	2.58	2.80	1.40	0.95	0.91
목재,출판,종이,인쇄	−	−	−	−	−	−	−	−	−
화학,석유,석탄,고무	0.93	0.95	0.93	3.60	3.96	4.78	3.05	1.89	2.04
비금속광물	−	−	−	−	−	−	−	−	−
1차금속	−	−	−	−	−	−	−	−	−
조립금속,기계장비	−	−	−	−	−	−	−	−	−
전자,정밀	−	−	−	−	−	−	−	−	−
전기,가스	1.79	1.82	1.47	5.37	4.83	3.97	4.45	4.46	3.72
건설	1.04	1.23	0.94	13.07	15.75	11.16	9.05	15.26	14.81
도소매,숙박	1.92	2.74	1.26	17.83	48.07	32.71	8.66	12.09	5.37
운수,창고,통신	1.22	1.44	0.98	19.95	6.09	3.84	1.79	2.56	1.92
서비스,기타	−	−	−	−	−	−	−	−	−
무역	4.37	4.61	4.74	14.41	14.11	16.98	46.15	55.38	68.47
비금융업 계	1.28	1.44	1.16	5.64	6.72	6.12	4.14	3.37	2.90

제 6, 7 장 자료설명

■ 5대 재벌의 금융업 소유와 경영에 대한 주된 자료원은 먼저 각 금융기업의 감사보고서 및 사업보고서이다. 이로부터 개별 금융기업의 공표된 재무자료 및 비재무적 기업정보(사업내용, 주주구성, 관계회사 등)를 얻을 수 있다. 이들 자료는 한국신용평가정보주식회사의 KIS-Line에 전자자료화되어 있다. KIS-Line에서는 비금융보험업에 대한 재벌별 합산재무제표는 작성되고 있으나, 특정 금융업종에 속하는 기업들의 개개 재무수치를 합한 집계자료는 제공되지 않고 있다. 다만 업종 전체의 재무비율은 KIS-Line에서 입수 가능하다. 금융권별 또는 금융업종별 집계자료는 한국은행 《경제통계연보》를 비롯하여 각종 정부기관 및 업종별 협회가 발간하는 자료집으로부터 파악할 수 있다. 특히 1999년부터 금융감독원이 발간하기 시작한 《금융통계월보》에는 각 금융업종별 집계성 자료가 대부분 망라되어 있다.

■ 5대 재벌의 자본구성 및 자금조달과 관련된 1차 자료원은 각 재벌의 합산재무제표이다. 합산재무제표는 한국신용평가정보주식회사의 내부기준에 따라 작성되고 있으며, 전자자료화되어 KIS-Line에서 제공되고 있다. 각 재벌별 합산재무제표는 계정과목이 동일한 비금융보험업 계열사만을 대상으로 작성된다.

전 비금융기업에 대한 재무자료는 한국은행이 매년 표본대상기업을 대상으로 조사하여 작성하는 《기업경영분석》 책자에 제공되고 있다. 이 책자상의 모집단은 재벌의 비금융기업이 포함되는 모집단과 동일하다고 할 수 있으며, 따라서 비교기준으로 이용할 수 있다.

■ 정부작성 공식통계 책자들에서는 대기업, 중소기업 구분 통계는 작성되지만 재벌과 비재벌 구분 통계는 작성되지 않는다. 재벌관련 자료는 각종 관련법규에 근거하여 기업들로부터 제시받아 해당 정부기관들이 작성하고 있으며, 그 가운데 일부는 발표되고 있다. 발표된 자료 — 통상 언론 보도자료 형식을 띠고 있음 — 는 한국개발연구원 경제정보센터 홈페이지(epic. kdi. re. kr) 내의 관련 정부기관 페이지로 들어가서 입수할 수 있다.

■ 발표자료 작성의 기초가 된 세부자료 또는 정부기관이 발표하지 않은 자료 중 일부가 국

정감사시 국회의 요구에 의해 국회에 제출된다. 사실 재벌관련 분석시 유용한 자료들의 상당 부분이 국정감사 요구자료 형태로만 입수가능하다. 국정감사 자료가 재벌과 관련한 새로운 추가적 정보를 상당히 제공하는 원천임에도 불구하고, 연구자료로서는 적지 않은 문제점들을 안고 있다. 먼저 자료제출 요구가 없을 경우에는 제출되지 않을 뿐 아니라 제출요구 내용이 달라지면 제출되는 자료의 내용도 변하기 때문에, 자료의 시계열의 일관성을 확보하기가 쉽지 않다. 또 제출된 자료가 정확히 어떻게 작성되었는지가 — 특히 자료작성시 포괄대상범위, 대상기간이나 시점 등 — 불명료한 경우가 있다. 또 이들 자료간에 불일치가 발생하는 경우도 있으며, 정부공식발표 자료와 일치하지 않는 경우도 있다.

■ 국정감사자료 사용시 자료의 정확성을 기하기 위해 몇 가지 주의를 기울였다. 먼저 정부공식통계와 일치하지 않을 경우 그 불일치 이유가 파악된 경우거나 또는 불일치의 정도가 무시될 수 있는 정도 — 통계상 불일치 수준 — 라고 판단될 경우에만 당해 자료를 사용하였다. 그렇지 못한데도 부득이 당해 자료를 사용할 경우에는 자료의 문제점 또는 한계점을 밝혔다. 부실하거나 미비점이 있다고 여겨지는 국정감사 자료 내용이 다른 정보원천으로부터 보완가능한 경우에는 보완을 행하였다. 재벌 계열사의 내부지분소유 내용에 대한 보완이 대표적이다. 각 기업의 감사보고서 주석사항 또는 사업보고서에 나타난 주주와 지분율을 KIS-Line 기업정보에서 확인하여 국정감사자료에서 빠진 부분을 보충해 넣었다.

■ 각 자료사용시 제한점이나 주의점 등은 각 표의 부속 주(註)에 자세히 밝혀 놓았다.

〈부표 6-1〉 5대 재벌의 비은행금융기업 계열사 주요 자료

(단위 : 백만원)

재벌명	금융업종	회사명	설립일	계열소속	상장 여부	총자산	영업수익	자본총액
현대	증권	국민투자신탁증권	1982.06	O	–	n.a	n.a	−1,119,341
		국민투자신탁운용	n.a	O	–	n.a	n.a	4,200
		현대증권	1962.06	O	O	2,064,859,869	421,875,073	391,461
	종합금융	현대종합금융	1976.12	O	O	3,530,973,099	522,918,959	198,539
		울산종합금융	1981.10	O	O	442,113,532	63,975,232	38,144
	보험	현대해상화재보험	1955.03	O	O	2,347,361,649	2,071,319,358	151,645
	기타	현대할부금융	1993.12	O	–	1,839,860,429	179,891,022	138,514
		현대파이낸스	1996.02	O	–	440,821,498	54,203,699	20,320
		현대기술투자	1997.04	O	–	n.a	n.a	30,594
		현대선물	1997.01	O	–	10,123,245	–	4,852
		연합기계할부금융	1995.12	–	–			108,804
		기협파이낸스	1995.10	–	–			30,947
	소계			계열사수	상장사수			계열사 자본총액 합계
				10개사	5개사			−141,072
삼성	증권	삼성투자신탁운용	n.a	O	–	n.a	n.a	28,300
		삼성증권	1982.01	O	O	1,096,797,577	246,654,760	187,005
	보험	삼성생명보험	1957.05	O	–	33,164,994,886	19,308,901,541	533,074
		삼성화재해상보험	1952.01	O	O	4,738,986,481	3,913,756,201	60,491
	기타	삼성카드	1983.03	O	–	3,257,628,401	654,221,044	160,760
		삼성할부금융	1995.02	O	–	1,313,300,941	210,685,893	138,757
		보광창업투자	1989.06	O	–	17,736,237	5,843,929	9,401
		삼성선물	1992.11	O	–	n.a	n.a	3,896
		연합기계할부금융	1995.12	–	–			108,804
		기협파이낸스	1995.10	–	–			30,947
	소계			8개사	2개사			1,121,684
대우	증권	대우증권	1970.09	O	O	2,529,533,051	572,372,310	929,061
		한국투자신탁	1974.07	–	–			−1,418,500
		대한투자신탁	1977.01	–	–			−1,028,200
	보험	교보생명보험	1958.08	–	–			523,326
	종합금융	한국종합금융	1976.04	–	–			228,360
		금호종합금융	1974.06	–	–			50,600
	기타	다이너스클럽코리아	1984.06	O	–	287,278,758	57,795,170	23,118
		대우할부금융	1994.02	O	–	2,753,259,041	194,293,889	117,472
		쌍용할부금융	1994.04	–	–			58,529
		연합기계할부금융	1995.12	–	–			108,804
		기협파이낸스	1995.10	–	–			30,947
		한국증권금융	1955.10	–	–			231,295
		대우창업투자	1996.02	O	–	33,276,327	4,264,556	33,043
		대우선물	1997.05	O	–	–	187,000	10,029
	소계			5개사	1개사			1,112,723
LG	증권	LG증권	1969.01	O	O	1,717,251,949	370,659,055	586,175
		LG투자신탁운용	1988.03	O	–			31,895
	종합금융	LG종합금융	1973.05	O	O	4,176,455,477	788,303,074	439,386
	보험	LG화재해상보험	1959.01	O	O	2,190,688,321	1,971,155,327	84,379
	기타	부민상호신용금고	na	O	–	309,668,538	474,207,764	21,537
		LG캐피탈	1985.03	O	–	138,020,363	475,909,204	138,020
		LG창업투자	1996.07	O	–	36,182,042	3,812,938	31,538
		LG선물	1992.08	O	–	17,252,980	6,479,516	11,840
		연합기계할부금융	1995.12	–	–			108,804
	소계			8개사	3개사			1,344,770
SK	증권	SK증권	1955.07	O	O	1,475,197,304	160,119,696	80,759
		SK투자신탁운용	1997.03	O		32,263,007	1,592,015	31,037
	보험	SK생명보험	1988.03	O		570,264,896	429,285,606	−73,509
	기타	SK캐피탈	1995.08	O		57,262,000	–	50
		기협파이낸스	1995.10	–				30,947
	소계			4개사	1개사			38,337
총계				35개사	12개사			3,476,442

자료: 한국신용평가정보(주), KIS-Line 기업정보.

주 : 각 계열사의 자기자본은 1998년 8월에 가장 가까운 직전 결산 시점에서의 값.

〈부표 6-2〉 5대 재벌의 비은행금융기업 계열사 지분 보유

재벌명	금융업종	회사명	계열소속	지분확인시점	자본총액(S)	내부지분율	계열사보유 내부지분율
현대	증권	국민투자신탁증권	O	97.12.31	−1119341	38.6	38.6
		국민투자신탁운용	O	97.12.31	4200	30.0	30.0
		현대증권	O	98.03.31	391461	30.3	30.3
	종합금융	현대종합금융	O	98.03.31	198539	20.1	15.8
		울산종합금융	O	98.09.30	38144	79.6	79.6
	보험	현대해상화재보험	O	98.09.30	151645	31.8	9.9
	기타	현대할부금융	O	97.12.31	138514	100.0	100.0
		현대파이낸스	O	97.12.31	20320	100.0	100.0
		현대기술투자	O	97.12.31	30594	70.0	51.6
		현대선물	O	98.03.31	4852	100.0	100.0
		연합기계할부금융	−	97.12.31	108804	19.9	−
		기협파이낸스	−	97.12.31	30947	10.3	−
	소계		계열사수		계열사 자본총액 합계	평균	평균
			10개사		−141072	43.29	38.44
삼성	증권	삼성투자신탁운용	O	98.03.31	28300	30.0	30.0
		삼성증권	O	98.09.30	187005	31.0	30.2
	보험	삼성생명보험	O	98.07.31	533074	72.9	12.4
		삼성화재해상보험	O	98.03.31	60491	20.6	15.7
	기타	삼성카드	O	97.12.31	160760	90.4	90.4
		삼성할부금융	O	97.12.31	138757	100.0	100.0
		보광창업투자	O	97.12.31	9401	49.8	10.0
		삼성선물	O	98.03.31	3896	100.0	100.0
		연합기계할부금융	−	97.12.31	108804	19.9	−
		기협파이낸스	−	97.12.31	30947	17.2	−
	소계		8개사		1121684	67.77	38.27
대우	증권	대우증권	O	98.09.30	929061	14.4	11.9
		한국투자신탁	−	97.12.31	−1418500	6.8	−
		대한투자신탁	−	97.12.31	−1028200	9.9	−
	보험	교보생명보험	−	98.07.31	523326	35.0	−
	종합금융	한국종합금융	−	98.03.31	228360	22.9	−
		금호종합금융	−	98.03.31	50600	7.3	−
	기타	다이너스클럽코리아	O	97.12.31	23118	99.8	99.8
		대우할부금융	O	97.12.31	117472	100.0	100.0
		쌍용할부금융	−	97.12.31	58529	48.5	−
		연합기계할부금융	−	97.12.31	108804	20.0	−
		기협파이낸스	−	97.12.31	30947	12.0	−
		한국증권금융	−	98.03.31	231295	6.2	−
		대우창업투자	O	97.12.31	33043	100.0	100.0
		대우선물	O	97.12.31	10029	100.0	100.0
	소계		5개사		1112723	28.52	26.44
LG	증권	LG증권	O	98.03.31	586175	11.2	11.2
		LG투자신탁운용	O	98.03.31	31895	100.0	100.0
	종합금융	LG종합금융	O		439386	52.2	50.9
	보험	LG화재해상보험	O	98.09.30	84379	20.2	11.2
	기타	부민상호신용금고	O	98.06.30	21537	97.7	49.5
		LG캐피탈	O		138020	74.0	74.0
		LG창업투자	O	97.12.31	31538	100.0	100.0
		LG선물	O	98.03.31	11840	100.0	100.0
		연합기계할부금융	−	97.12.31	108804	5.0	−
	소계		8개사		1344770	37.96	36.20
SK	증권	SK증권	O	98.09.30	80759	86.0	81.8
		SK투자신탁운용	O	98.03.31	31037	30.0	30.0
	보험	SK생명보험	O	98.03.31	−73509	70.6	32.1
	기타	SK캐피탈	O	97.12.31	50	100.0	100.0
		기협파이낸스	−	97.12.31	30947	10.3	−
	소계		4개사		38337	70.47	67.43
총계			35개사		3476442	44.70	34.00

재벌명	금융업종	회사명	금융보험계열사 보유지분율	비금융보험계열사 내부지분율	기타
현대	증권	국민투자신탁증권	현대증권(16.9)	현대전자산업(21.6)	
		국민투자신탁운용	국민투자증권(30.0)		
		현대증권	–	현대자동차(12.2), 현대중공업(6.5), 현대상선(5.0), 현대산업개발(1.9), 한소해운(1.8), 인천제철(1.0), 현대정공 외 4개 계열사	
	종합금융	현대종합금융	–	현대중공업(9.6), 현대건설(6.2)	
		울산종합금융	현대종금(0.1)	현대중공업(76.3), 현대해상화재(3.0), 현대정공(0.2),	
	보험	현대해상화재보험	현대해상(4.0), 국민투자신탁증권(3.5), 현대종금(0.4)	현대중공업(2.0)	정몽윤(21.0), 정몽준(0.3)
	기타	현대할부금융	–	현대차서비스(36.1), 현대자동차(36.1), 현대건설(13.3), 현대전자산업(10.3), 고려산업개발(4.1)	
		현대파이낸스	현대종금(100.0)	–	–
		현대기술투자	–	현대전자산업(36.6),	
		현대선물	현대종금(50.0), 현대증권(20.0), 현대해상(15.0)	현대종합상사(15.0)	
		연합기계할부금융	n.a		
		기협파이낸스	–	현대자동차(10.4)	
	소계				
삼성	증권	삼성투자신탁운용	삼성증권(16.7), 삼성생명(10.0),		
		삼성증권	삼성생명(10.0), 삼성화재(10.0), 삼성카드(5.2), 삼성할부금융(3.0)	삼성물산(1.3)	이건희(0.8)
	보험	삼성생명보험	삼성생명(8.7), 삼성카드(1.4)	삼성에버랜드(2.25), 신세계(14.50), 제일제당(11.50)	이건희(10.0), 이종기(5.0), 이수빈 등 20인 (33.88),
		삼성화재해상보험	삼성생명(10.0), 삼성화재(4.0), 삼성카드(1.7)		삼성문화재단(3.4), 삼성공제회(0.6), 삼성복지재단(0.45), 이건희(0.4)
	기타	삼성카드	–	삼성전자(54.4), 삼성전기(21.5), 삼성물산(14.4)	
		삼성할부금융	–	삼성전자(74.7), 삼성물산(25.0), 삼성중공업(0.3)	
		보광창업투자	–	보광(10.0)	홍석현(13.0), 홍석조(6.5), 홍석준(6.5), 홍라영(6.5), 홍석규(6.5), 신연균(0.8)
		삼성선물	삼성생명(80.0), 삼성화재(10.0)	삼성물산(10.0)	–
		연합기계할부금융	n.a		
		기협파이낸스	n.a		
	소계				

재벌명	금융업종	회사명	금융보험계열사 보유지분율	비금융보험계열사 내부지분율	기타
대우	증권	대우증권	–	대우중공업(8.8), 대우전자(3.1)	김우중(1.4), 대우재단(1.1)
		한국투자신탁	n.a	n.a	대우재단(0.29), 대우의료재단(0.06)
		대한투자신탁	n.a		
	보험	교보생명보험	–	대우(24.0)	김우중(11.0)
	종합금융	한국종합금융	대우증권(4.9)	대우전자(6.3), 오리온전기(6.1), 대우(3.0), 대우중공업(1.9), 대우자동차(0.7)	
		금호종합금융	–	대우(7.3)	
	기타	다이너스클럽코리아	대우증권(20.0)	대우전자(39.9), 오리온전기(39.9)	
		대우할부금융	–	대우자동차(45.0), 대우중공업(7.0), 대우자판(25.0)	
		쌍용할부금융	n.a		
		연합기계할부금융	n.a		
		기협파이낸스	n.a		
		한국증권금융	대우증권(6.2)		
		대우창업투자	–	대우전자(100.0)	
		대우선물	대우증권(60.0)	오리온전기(20.0), 경남기업(20.0)	
	소계				
LG	증권	LG증권	LG종금(3.3)	LG화학(4.2), LG상사	
		LG투자신탁운용	LG증권(100.0)		
	종합금융	LG종합금융	LG신용카드(4.2)	LG화학(8.6), LG상사 (8.0),	구자훈(0.2) 외 특수관계인 6인(1.1)
	보험	LG화재해상보험	LG증권(5.0), LG종금(1.0)	LG전자부품(2.5), LG산전(1.3), LG건설(0.9), LG기공(0.5)	
	기타	부민상호신용금고	LG종금(49.5)		
		LG캐피탈	LG종금(3.0)	LG전자(38.9), LG화학(22.1), LG건설(10.0)	
		LG창업투자	–	LG전자(50.0), LG전선(50.0)	
		LG선물	LG증권(40.0)	LG전선(20.0), LG금속(20.0), LG상사(20.0)	
		연합기계할부금융	n.a		
	소계				
SK	증권	SK증권	–	SK건설(19.0), SK에너지판매(16.3), SK옥시케미칼(13.6), SK유통(13.6), SK가스(10.9),	최종현(4.0), 최태원(0.1), 최재원(0.1)
		SK투자신탁운용	SK증권(30.0)		
	보험	SK생명보험	SK캐피탈(7.6),	SK가스(17.7), SK상사 (3.4), SKC(3.4)	미확인
	기타	SK캐피탈	–	SK텔레콤(100.0)	
		기협파이낸스	n.a		
	소계				
총계					

자료 : 재정경제원 제출 국정감사 요구자료, 〈10대 계열기업군의 제2금융권 주식보유 현황〉(97년말 현재) ; 〈10대 계열의 금융회사 및 출자지분 현황〉 ; 한국신용평가정보(주), KIS-Line 기업정보.

주 1) 각 계열사의 자기자본은 1998.8월에 가장 가까운 직전 결산 시점에서의 값.

2) 소속업체는 1998.8.24 현재. 출자계열사의 지분율은 1998.8.24일 현재에 가까운 결산 시점에서 파악된 자료. 출자지분은 KIS-Line 기업정보의 기업별 '주요주주구성'에서 확인하여 보충함. KIS-Line 기업정보에서 확인이 불가능할 경우 국정감사 자료(97년말 현재)를 그대로 사용함.

3) 평균지분율 계산시 자본총액이 음인 기업은 제외하고 계산함.

〈부표 6-3〉 현대종금과 LG 종금의 합산 재무제표

(단위: 백만원)

		1995.3	1996.3	1997.3	1998.3
LG종금	자산총계	1,539,661	2,255,659	2,925,455	4,176,455
현대종금	자산총계	2,268,726	2,665,774	3,298,643	3,530,973
합계		3,808,389	4,921,435	6,224,100	7,707,431
LG종금	유가증권	97,537	272,627	533,279	619,986
현대종금	유가증권	275,786	323,665	422,978	508,458
합계		373,322	596,292	956,257	1,128,444
LG종금	리스자산	386,771	725,564	971,682	1,234,136
현대종금	리스자산	922,071	1,125,233	1,225,721	1,483,526
합계		1,308,841	1,850,797	2,197,403	2,717,662
LG종금	단기원화대출금	869,224	1,034,447	1,333,698	1,631,742
현대종금	원화단기대출금	502,706	590,262	1,031,925	591,851
합계		1,371,931	1,624,709	2,365,622	2,223,593
LG종금	장기원화대출금	125,440	201,880	72,520	29,093
현대종금	원화장기대출금	239,176	274,235	151,590	149,982
합계		364,616	476,115	224,110	179,075
LG종금	원화총대출금	2,869,301	3,451,298	4,803,765	4,476,279
현대종금	원화총대출금	741,882	864,497	1,183,514	741,832
합계		3,611,184	4,315,795	5,987,279	5,218,111
LG종금	외화단기대출금	32,757	20,119	18,707	15,129
현대종금	유동성외화장기대출금	46,418	60,739	60,546	104,964
합계		79,175	80,859	79,253	120,092
LG종금	외화장기대출금	50,641	141,206	215,564	304,698
현대종금	외화장기대출금	140,901	185,652	188,056	219,240
합계		191,542	326,858	403,620	523,938
LG종금	외화대출금합계	83,398	161,325	234,271	319,827
현대종금	외화대출금합계	208,992	302,923	374,071	544,883
합계		292,390	464,248	608,342	864,710
		–	–	–	–
현대종금	유동성금융리스채권	85,130	110,516	160,990	216,763

(단위: 백만원)

〈부표7-1〉 5대 재벌의 자본 구성

연도	재벌명	총자본	자기자본	자본금	자본잉여금	이익잉여금	타인자본	차입금	관계사차입금	사채	금융리스부채
1995년	현대	42,909,522	8,906,731	3,019,631	3,073,334	2,642,766	34,002,791	13,704,605	79,649	4,744,711	548,596
	삼성	38,146,979	12,215,909	2,815,940	4,506,425	4,950,972	25,931,070	11,322,170	9,000	4,667,824	279,847
	대우	30,190,991	6,777,417	3,617,703	2,226,499	934,645	23,413,574	10,619,376	12	4,999,736	70,080
	LG	30,138,274	7,092,944	2,620,958	2,235,588	2,255,943	23,045,330	8,315,180	60,202	4,799,644	579,536
	SK	14,265,345	3,275,458	952,356	1,871,927	386,087	10,989,887	3,818,075	175,512	3,487,648	369,407
	5대 재벌 합계	155,651,111	38,268,459	13,026,588	13,913,773	11,170,413	117,382,652	47,779,406	324,375	22,699,563	1,847,466
	비금융업 전체	615,260,920	151,690,673	57,716,223	46,322,542	47,490,514	463,570,247	255,625,740	n.a	64,984,082	n.a
	5대 재벌 이외	459,609,809	113,422,214	44,689,635	32,408,769	36,320,101	346,187,595	207,846,334	n.a	42,284,519	n.a
1996년	현대	52,795,378	9,743,178	3,593,977	3,629,891	2,749,101	43,052,259	18,317,488	98,470	7,361,117	931,898
	삼성	47,072,897	12,414,292	3,589,947	4,705,952	4,771,278	34,658,604	16,314,793	–	7,061,722	374,230
	대우	34,203,209	7,673,223	3,852,408	2,806,067	1,105,130	26,529,986	10,737,983	12	6,349,804	132,181
	LG	37,029,847	8,126,724	3,009,189	2,875,367	2,440,130	28,902,762	11,765,639	1,751	6,198,521	33,087
	SK	22,692,291	4,620,511	1,080,550	2,398,814	1,162,363	18,071,779	5,435,742	208,454	4,891,033	754,997
	5대 재벌 합계	193,793,622	42,577,928	15,126,071	16,416,091	12,228,002	151,215,390	62,571,645	308,687	31,862,197	2,226,393
	비금융업 전체	713,101,889	163,700,646	63,985,373	56,517,717	46,049,807	549,401,243	314,895,292	n.a	80,929,377	n.a
	5대 재벌 이외	519,308,267	121,122,718	48,859,302	40,101,626	33,821,805	398,185,853	252,323,647	n.a	49,067,180	n.a
1997년	현대	72,396,111	10,670,753	3,593,977	3,629,891	2,749,101	61,725,358	29,446,019	1,720,900	11,355,822	1,435,365
	삼성	63,435,562	13,451,566	3,589,947	4,705,952	4,771,278	49,983,996	27,037,795	10,557	28,643,260	497,265
	대우	51,743,525	9,003,617	3,852,408	2,806,067	1,105,130	42,739,908	20,075,423	–	10,363,426	339,998
	LG	51,173,268	8,385,468	3,009,189	2,875,367	2,440,130	42,787,800	19,950,185	30,791	9,839,286	27,421
	SK	28,966,129	5,194,300	1,080,550	2,398,814	1,162,363	23,771,828	8,862,799	3,330	5,861,335	900,894
	5대 재벌 합계	267,714,595	46,705,704	15,126,071	16,416,091	12,228,002	221,008,890	105,372,221	1,765,578	66,063,129	3,200,943
	비금융업 전체	910,044,115	173,460,398	71,569,586	59,310,778	40,706,833	736,583,717	455,136,977	n.a	111,800,415	n.a
	5대 재벌 이외	642,329,520	126,754,694	56,443,515	42,894,687	28,478,831	515,574,827	349,764,756	n.a	45,737,286	n.a

자료 : 한국신용평가 KIS-Line 재무자료(합산재무제표); 한국은행, <기업경영분석>, 각년호.

주 1) 금융기관 계열사 제외.

2) 자기자본= 자본금+잉여금+자본조정.

〈부표7-2〉 5대 재벌의 원천별 자금조달 규모(순증 기준)

(단위: 백만원)

연도	재벌명	자금조달액	자기자금	내부자금	유상증자	타인자금	사채	차입금	국내 차입금	외화차입금	매입채무
1994년	현대	4,379,509	2,804,770	2,618,730	186,040	1,574,739	1,507,863	73,959	−335,749	409,708	−7,083
	삼성	6,878,177	4,828,896	3,875,451	953,445	2,049,281	345,297	1,351,797	717,896	633,901	352,187
	대우	2,017,289	1,134,948	989,487	145,461	882,341	984,225	−367,622	−643,601	275,979	265,738
	LG	4,004,927	2,299,107	2,003,976	295,131	1,705,820	244,981	710,155	299,085	411,070	750,684
	SK	1,951,569	787,388	594,528	192,860	1,164,181	704,675	343,338	466,477	−123,139	116,168
	5대 재벌 합계	19,231,471	11,855,109	10,082,172	1,772,937	7,376,362	3,787,041	2,111,627	504,108	1,607,519	1,477,694
	5대 재벌 이외	68,780,997	32,491,345	29,797,513	2,693,832	36,289,652	3,666,844	20,826,791	n.a	n.a	11,796,017
	비금융업 전체	88,012,468	44,346,454	39,879,685	4,466,769	43,666,014	7,453,885	22,938,418	n.a	n.a	13,273,711
1995년	현대	9,604,145	4,928,724	4,492,140	436,584	4,675,421	1,323,789	2,475,954	2,227,875	248,079	875,678
	삼성	12,729,479	8,371,394	6,583,423	1,787,971	4,358,085	1,269,783	2,791,115	1,063,379	1,727,736	297,187
	대우	5,167,897	1,413,271	1,371,742	41,529	3,754,626	1,307,242	1,827,685	1,187,437	640,248	619,699
	LG	7,946,162	3,995,633	3,550,443	445,190	3,950,529	1,030,076	2,274,026	773,709	1,500,317	646,427
	SK	2,174,118	1,260,496	945,665	314,831	913,622	850,172	−186,065	−281,516	95,451	249,515
	5대 재벌 합계	37,621,801	19,969,518	16,943,413	3,026,105	17,652,283	5,781,062	9,182,715	4,970,884	4,211,831	2,688,506
	5대 재벌 이외	71,931,255	32,679,472	31,435,528	1,243,944	39,251,782	2,250,592	27,481,221	31,314,424	−3,833,203	9,519,969
	비금융업 전체	109,553,056	52,648,990	48,378,941	4,270,049	56,904,065	8,031,654	36,663,936	36,285,308	378,628	12,208,475
1996년	현대	12,097,810	4,418,227	3,464,313	953,914	7,679,583	2,496,605	4,161,112	3,028,491	1,132,621	1,021,866
	삼성	13,361,377	5,376,170	4,334,924	1,041,246	7,985,207	2,727,835	4,643,362	3,348,643	1,294,719	614,010
	대우	4,773,641	1,855,886	1,567,638	288,248	2,917,755	1,299,955	456,971	−116,429	573,400	1,160,829
	LG	8,316,216	3,336,628	2,716,483	620,145	4,979,588	1,312,955	2,775,727	1,852,300	923,427	890,906
	SK	5,229,984	2,137,584	1,880,423	257,161	3,092,400	1,024,928	1,246,338	957,914	288,424	821,134
	5대 재벌 합계	43,779,028	17,124,495	13,963,781	3,160,714	26,654,533	8,862,278	13,283,510	9,070,919	4,212,591	4,508,745
	5대 재벌 이외	68,427,661	26,930,833	25,759,495	1,171,338	41,496,828	6,181,474	29,354,318	n.a	n.a	5,961,036
	비금융업 전체	112,206,689	44,055,328	39,723,276	4,332,052	68,151,361	15,043,752	42,637,828	n.a	n.a	10,469,781
1997년	현대	16,109,661	4,483,684	4,103,677	380,007	11,625,977	3,830,734	6,976,696	7,557,713	−581,017	818,547
	삼성	13,829,255	6,120,023	5,431,955	688,068	7,709,232	3,202,152	3,821,654	4,221,990	−400,336	685,426
	대우	10,031,826	2,069,420	2,059,720	9,700	7,962,406	3,469,719	4,010,881	4,427,568	−416,687	481,806
	LG	12,917,610	3,742,099	3,290,972	451,127	9,175,511	3,487,139	4,323,871	4,709,912	−386,041	1,364,501
	SK	5,591,776	2,695,597	2,408,264	287,333	2,896,179	461,234	1,743,357	1,768,589	−25,232	691,588
	5대 재벌 합계	58,480,128	19,110,823	17,294,588	1,816,235	39,369,305	14,450,978	20,876,459	22,685,772	−1,809,313	4,041,868
	5대 재벌 이외	123,977,408	27,769,235	26,267,342	1,501,893	96,208,173	6,250,005	77,683,043	n.a	n.a	12,275,125
	비금융업 전체	182,457,536	46,880,058	43,561,930	3,318,128	135,577,478	20,700,983	98,559,502	n.a	n.a	16,316,993

자료 : 한국신용평가 KIS-Line 재무자료(합산재무제표); 한국은행, <기업경영분석>, 각호.

주 1) 금융기관 계열사 제외.
2) 비금융업 '자금조달액'은 '자금원천 총액-타인자금 기타' 항목을 뺀 값임.
3) 비금융업 전체중 '사채+차입금'은 '타인자금-매입채무-기타'임.
4) 비금융업 전체 자료에서는 유동성사채가 사채에 포함되어 있지 않음.
5) 내부자금 = 당기순이익-배당금의 지급+자산상각비+충당금.
6) 자기자금 = 내부자금 + 유상증자.

〈부표7-3〉 5대 재벌의 계열사간 자금 내부거래

(단위 : 백만원)

연도	재벌명	총자본	자기자본	차입금	차입금+자기자본	관계회사대여금	관계회사차입금	관계회사유가증권	주식	사채	출자금
1994년	현대	36,074,089	7,360,220	15,921,109	23,281,329	5,461	13,869	1,455,890	1,303,355	30,000	122,535
	삼성	24,717,818	6,914,032	10,480,355	17,394,387	34,683	2,900	673,864	545,965	–	127,899
	대우	25,094,156	6,579,192	12,544,569	19,123,761	36,688	12	2,031,462	1,989,233	–	42,229
	LG	21,823,149	7,092,944	9,521,440	16,614,384	816	20,336	1,296,715	1,219,785	–	76,930
	SK	12,573,483	2,778,556	6,721,784	9,500,340	204,075	153,653	818,008	818,008	–	–
	5대 재벌 합계	120,282,695	30,724,944	55,189,257	85,914,201	281,723	190,770	6,275,939	5,876,346	30,000	369,593
1995년	현대	42,909,522	8,906,731	13,704,605	22,611,336	69,862	79,649	1,606,709	1,554,609	48,000	4,100
	삼성	38,146,979	12,215,909	11,322,170	23,538,079	56,551	9,000	1,290,630	1,144,263	12,100	134,267
	대우	30,190,991	6,777,417	10,619,376	17,396,793	65,386	12	2,377,426	2,334,505	–	42,921
	LG	30,138,274	7,092,944	8,315,180	15,408,124	80,876	60,202	1,819,134	1,711,117	–	108,017
	SK	14,265,345	3,275,458	3,818,075	7,093,533	50,944	175,512	849,851	849,851	–	–
	5대 재벌 합계	155,651,111	38,268,459	47,779,406	86,047,865	323,619	324,375	7,943,750	7,594,345	60,100	289,305
1996년	현대	52,795,378	9,743,178	18,317,488	28,060,666	60,445	98,470	1,930,147	1,874,739	50,767	4,641
	삼성	47,072,897	12,414,292	16,314,793	28,729,085	25,486	–	1,923,315	1,750,749	12,800	159,766
	대우	34,203,209	7,673,223	10,737,983	18,411,206	104,592	12	2,859,795	2,807,652	–	52,143
	LG	37,029,847	8,126,724	11,765,639	19,892,363	2,821	1,751	2,375,701	2,177,149	–	198,552
	SK	22,692,291	4,620,511	5,435,742	10,056,253	225,155	208,454	918,575	872,966	–	42,909
	5대 재벌 합계	193,793,622	42,577,928	62,571,645	105,149,573	418,499	308,687	10,007,533	9,483,255	63,567	285,781
1997년	현대	72,396,111	10,670,753	29,446,019	40,116,772	69,862	79,649	3,402,005	3,270,260	124,508	7,237
	삼성	63,435,562	13,451,566	27,037,795	40,489,361	56,551	9,000	4,249,044	4,234,843	13,500	701
	대우	51,743,525	9,003,617	20,075,423	29,079,040	65,386	12	2,931,866	2,912,046	–	19,820
	LG	51,173,268	8,385,468	19,950,185	28,335,653	80,876	60,202	3,518,458	3,250,415	10,020	258,023
	SK	28,966,129	5,194,300	8,862,799	14,057,099	50,944	175,512	1,043,962	1,043,962	–	–
	5대 재벌 합계	267,714,595	46,705,704	105,372,221	152,077,925	323,619	324,375	15,145,335	14,711,526	148,028	285,781

자료 : 한국신용평가 KIS-Line 재무자료.

주 1) 금융기관 계열사 제외.

2) 출자금이란 주식회사 이외의 형태를 취하는 법인기업의 자본금을 의미함.

〈부표 7-4〉 5대 재벌의 이자발생타인자금 조달

1994년		현대	삼성	대우	LG	SK	합계
재무활동	당좌차월	882,584	1,760,163	144,098	2,055,266	44,132	4,886,243
현금유입	단기차입금	11,559,769	18,713,451	824,368	4,362,355	5,727,614	41,187,557
	사채	1,322,261	820,332	1,373,587	1,190,426	890,167	5,596,773
	전환사채 등	231,000	168,947	132,194	–	285,388	817,529
	장기차입금	516,358	661,700	1,150,558	251,116	225,674	2,805,406
	외화장기차입금	712,827	1,132,248	482,122	640,400	80,905	3,048,502
	유상증자	185,072	945,185	145,450	248,260	191,503	1,715,470
	자본잉여금증가	338	–	11	46,871	1,357	48,577
	이익잉여금증가	2,446	–	632	37	28	3,143
재무활동	당좌차월	958,689	1,525,346	141,702	1,994,116	24,665	4,644,518
현금유출	단기차입금	10,975,654	18,357,244	1,552,311	4,005,601	5,257,763	40,148,573
	유동성사채	720,123	505,515	521,556	929,640	216,730	2,893,564
	유동성장기차입금	491,958	337,443	366,551	187,774	72,328	1,456,054
	유동성외화장기차입금	285,686	487,187	50,264	227,043	11,913	1,062,093
	사채	39,500	41,594	–	15,805	254,100	350,999
	전환사채	5,898	96,876	–	–	1	102,775
	장기차입금	148,036	197,385	702,031	182,161	176,187	1,405,800
	외화장기차입금	17,433	11,160	155,879	2,287	192,131	378,890

1995년		현대	삼성	대우	LG	SK	합계
재무활동	당좌차월	3,557,529	58,103	75,515	786,539	123,232	4,600,918
현금유입	단기차입금	19,821,991	13,325,369	2,553,906	4,695,559	2,793,067	43,189,892
	사채	1,864,282	2,004,682	1,917,258	2,095,660	1,288,312	9,170,194
	전환사채 등	218,048	145,591	176,834	–	176,999	717,472
	장기차입금	1,919,042	717,777	1,781,066	408,396	413,014	5,239,295
	외화장기차입금	835,220	2,181,568	989,463	1,808,842	244,394	6,059,487
	유상증자	436,584	1,787,971	41,529	445,190	305,986	3,017,260
	자본잉여금증가	75	607	42	–	8,845	9,569
	이익잉여금증가	31	274	2	2	27	336
재무활동	당좌차월	3,574,422	356,533	102,212	766,631	189,493	4,989,291
현금유출	단기차입금	19,199,050	12,289,585	1,332,110	4,048,632	3,065,986	39,935,363
	유동성사채	607,229	792,490	711,850	1,060,584	175,487	3,347.640
	유동성장기차입금	392,367	338,422	299,965	253,967	141,278	1,425,999
	유동성외화장기차입금	377,920	443,468	114,225	298,481	9,632	1,243,726
	사채	145,691	88,000	75,000	5,000	431,628	745,319
	전환사채 등	5,621	–	–	–	8,024	13,645
	장기차입금	740,068	53,330	1,488,763	47,555	214,072	2,543,788
	외화장기차입금	209,221	10,364	234,990	10,044	139,311	603,930

1996년		현대	삼성	대우	LG	SK	합계
재무활동	당좌차월	4,020,513	782,091	192,334	752,851	163,221	5,911,010
현금유입	단기차입금	45,740,201	28,494,467	5,251,837	8,782,691	8,133,471	96,402,667
	사채	3,357,746	3,276,001	2,571,254	2,737,802	1,798,898	13,741,701
	전환사채 등	150,000	276,491	40,200	–	–	466,691
	장기차입금	1,867,512	1,569,498	1,460,818	659,260	1,083,071	6,640,159
	외화장기차입금	1,953,495	1,720,524	1,129,221	1,217,392	423,882	6,444,514
	유상증자	953,914	1,041,246	288,248	620,145	287,333	3,190,886
	자본잉여금증가	125,114	160	81,987	1	17,328	224,590
	이익잉여금증가	1	–	1,254	–	283	1,538
재무활동	당좌차월	4,187,229	708,520	157,301	684,543	145,968	5,883,561
현금유출	단기차입금	42,761,586	26,043,120	6,203,187	7,280,594	7,846,186	90,134,673
	유동성사채	921,813	764,567	960,534	1,453,943	112,000	4,212,857
	유동성장기차입금	1,112,488	674,380	681,285	336,230	129,676	2,934,059
	유동성외화장기차입금	482,351	333,109	290,882	281,732	6,664	1,394,738
	사채	84,100	60,000	351,500	4,000	629,274	1,128,874
	전환사채 등	5,228	–	–	–	32,696	37,924
	장기차입금	538,432	71,393	1,108,866	41,135	300,019	2,059,845
	외화장기차입금	338,523	92,696	264,939	12,233	128,794	837,185

1997년		현대	삼성	대우	LG	SK	합계
재무활동	당좌차월	11,256	1,549	–	8,855	35,975	57,635
현금유입	단기차입금	62,606,994	30,312,158	50,157,707	21,525,681	9,772,636	174,375,176
	사채	5,094,190	4,182,882	4,872,180	5,346,642	1,726,935	21,222,829
	전환사채 등	445,727	30,000	616,486	98,543	25,000	1,215,756
	장기차입금	4,370,147	3,065,780	1,035,691	2,276,563	381,124	11,129,305
	외화장기차입금	845,746	57,873	437,874	227,158	140,385	1,709,036
	유상증자	380,007	688,068	9,700	451,127	296,850	1,825,752
	자본잉여금증가	–	–	–	–	1,519	1,519
	이익잉여금증가	–	–	–	–	–	–
재무활동	당좌차월	35,543	13,549	–	–	51,974	101,066
현금유출	단기차입금	57,527,298	27,941,768	46,209,605	18,535,058	7,863,747	158,077,476
	유동성사채	1,131,598	724,073	1,791,972	1,669,098	68,319	5,385,060
	유동성장기차입금	1,262,282	570,601	807,501	516,265	212,557	3,369,206
	유동성외화장기차입금	909,294	422,964	340,672	406,475	65,126	2,144,531
	사채	556,896	286,657	5,000	288,318	1,004,205	2,141,076
	전환사채	20,356	–	221,975	–	197,069	439,400
	신주인수권부사채	15,333	–	–	–	21,105	36,438
	장기차입금	605,561	631,579	108,724	49,864	292,868	1,688,596
	외화장기차입금	517,469	35,245	513,889	206,724	100,491	1,373,818

제 9 장 자료설명

1.1. 재벌의 경제력집중 억제와 관련된 법규 및 제도는 '독점규제 및 공정거래에 관한 법률'(이하 공정거래법), '상속세 및 증여세법', '여신관리제도'를 중심으로 마련되었으며, 재벌의 지배경영구조 및 재무구조의 개선과 관련된 법규 및 제도는 '여신관리제도'를 포함하여 상법, 은행법, 증권거래법, 주식회사의 외부감사에 관한 법률(이하 외감법), 법인세법, 조세감면법 등에 다양한 형태로 나타나 있다.

1.2. 먼저 소유구조의 개선과 관련하여 출자규제는 공정거래법 제9조(상호출자의 금지 등)와 제10조(출자총액의 제한)에 규정되어 있다. 상속 및 증여는 자산소유와 관련하여 중요한 수단이며 상속세 및 증여세법과 그 시행령을 통하여 규제하고 있다. 그 주요내용은 상속세 및 증여세법 제13조(상속세 과세가액), 제32조(증여의제 과세대상), 제40조(전환사채이익에 대한 증여의제), 제47조(증여세 과세가액), 제48조(공익법인 등이 출연받은 재산에 대한 과세가액 불산입 등), 제49조(공익법인 등의 주식 등의 보유기준), 제53조(증여재산공제), 제63조(유가증권 등의 평가), 그리고 상속세 및 증여세법시행령 제31조의 4(실권주의 배정 등에 대한 증여의제), 제31조의 5(신종사채 등에 대한 증여의제), 제54조(비상장주식의 평가) 등에 나타나 있다.

1.3. 반독점 및 공정거래에 관한 규제는 공정거래법에서 포괄적으로 규정하고 있으며, 구체적으로 기업결합의 제한은 공정거래법 제7조(기업결합의 제한)와 제12조(기업결합의 신고)에 나타나 있다. 시장지배적 지위의 남용금지는 공정거래법 제3조(독과점적 시장구조 의 개선), 제3조의 2(시장지배적 지위의 남용금지), 제4조(시장지배적 사업자의 추정)에, 부당한 공동행위의 제한은 공정거래법 제19조(부당한 공동행위의 금지)와 제32조(부당한 국제계약의 체결제한)에, 불공정거래행위의 금지는 공정거래법 제23조(불공정거래행위의 금지), 제29조(재판매가격유지행위의 제한), 제30조(재판매가격유지계약의 수정)에 나타나 있다.

1.4. 재벌기업에 대한 금융규제는 다양한 경로를 통해 추진되어 왔다. 먼저 계열기업군에 대

한 여신한도는 은행법 제35조(동일한 개인, 법인 및 계열기업군에 대한 여신한도), 여신관리제도상의 여신 바스켓(*Basket*) 관리제도 및 주거래은행제도, 여신위원회제도, 전담심사역제도, 부실징후 조기경보체제 등을 통하여 관리되어 왔다. 상호지급보증의 제한은 공정거래법 제10조의 2(계열회사에 대한 채무보증의 제한)와 제10조의 3(기존채무보증의 해소)에서 규정하고 있으며, 기업투자 및 부동산취득의 규제와 관련해서는 여신관리제도상의 5·8 부동산투기억제를 위한 특별보완대책 및 10대계열에 대한 기업투자승인제도, 그리고 조세특례제한법 제43조(구조조정대상 부동산의 취득자에 대한 양도소득세등의 감면) 등이 있다. 재벌기업의 업종전문화 유도는 IMF 이전에는 여신관리제도상의 '30대 계열기업군의 업종전문화방안'을 중심으로 추진되었으나, 이후 1998년에 합의된 '7·26 구조조정합의안'에 의해서 추진되고 있다.

1.5. 기업의 지배경영구조와 관련된 정책으로는 지주회사의 설립규제, 인수 및 합병(M&A) 정책, 사실상의 이사제도, 사외이사 및 감사제도, 소수주주의 권익보호 장치 등이 있다. 먼저 지주회사의 설립은 공정거래법 제8조(지주회사 설립·전환의 신고), 제8조의 2(지주회사의 행위 제한 등), 제8조의 3(채무보증제한대규모기업집단의 지주회사 설립제한)을 통해 규제되고 있다. 인수 및 합병과 관련해서는 상법 제232조(채권자의 이익), 제329조(자본의 구성, 주식의 권면액), 제341조(자기주식의 취득), 제527조의 3(신설합병의 창립총회), 제530조의 2(회사의 분할·분할합병), 증권거래법 제21조(공개매수의 적용대상), 제189조의 2(자기주식의 취득), 제190조의 2(주권상장법인의 합병 등), 법인세법 제44조(합병평가차익상당액의 손금산입), 제45조(합병시 이월결손금의 승계), 제46조(분할평가차익상당액의 손금산입), 제49조(합병 및 분할시의 자산·부채의 승계 등), 제80조(합병에 의한 청산소득금액의 계산), 제81조(분할에 의한 청산소득금액의 계산) 등에 포괄적으로 규정되어 있다.

1.6. 한편 결합재무제표의 작성은 주식회사의 외부감사법 제1조의 3(결합재무제표 작성 기업집단의 범위 등)에 규정되어 있고, 이사 및 감사제도는 상법 제382조의 3(이사의 충실의무), 제401조의 2(업무집행지시자등의 책임), 증권거래법 제191조의 11(주권상장법인의 감사의 선임·해임 등), 제191조의 12(주권상장법인의 감사의 자격 등), 그리고 주식회사의 외부감사에 관한 법률에 포괄적으로 나타나 있다. 소수주주의 권익은 상법 제363조의 2(주주제안권), 제382조의 2(누적투표), 제403조(주주의 대표소송)와 증권거래법 제191조의 13(주권상장법인의 소수주주권 행사)에 의해 보호되고 있으며, 주식에 대한 의결권 제한은 상법 제369조(의결권), 공정거래법 제11조(금융회사 또는 보험회사의 의결권 제한), 증권거래법 제21조의 3(의결권 제한 등), 제200조의 3(위반주식 등의 의결권행사 제한)에 의해서 규정되고 있다.

■ 제9장 부 표

〈부표 9-1〉 재벌정책 및 법규의 변천

일 자	조 치	주요 내용
1994.1.20	여신규제의 완화	- 11~30대 재벌기업에 대한 기업투자 및 부동산 취득 승인 관련제도 폐지 - '업종전문화시책' 지원을 위한 주력업체제도의 변경
1994.9.1	부실여신 사전예방 및 사후관리 강화	- 부실징후 조기경보체제 강화 - 부실기업관리의 실효성 제고 - 여신심사기능의 선진화
1994.12.22	공정거래법 개정	- 30대 재벌기업에 속하는 회사의 타기업 출자한도액 하향조정(순자산의 40%에서 25% 이내) - 재벌기업의 타기업에 대한 출자한도액 인하(순자산액의 45%에서 25%로) - 부당한 공동행위에 대한 과징금 규모인상(매출액의 1%에서 5%로)
1994.12.31	은행법 개정	- 거액여신총한도제 도입 - 동일인에 대한 대출은 은행자기자본의 15%, 지급보증은 30%로 각각 하향조정
1995.4.1	공정거래법시행령 개정	- 소유분산우량기업의 기준 완화 - 소유분산 및 재무구조가 우량한 재벌기업에 대해서 졸업제 적용 - 비주력기업에 의한 주력기업의 신주취득 허용
1995.4.10	경제력집중 관련규제의 완화	- 10대 재벌에 대한 기업투자승인 관련제도 폐지
1995.6.1	편중여신 억제기능의 보강	- 은행별 거액여신총한도제의 시행
1996.7.1	바스켓 관리제 완화	- 11~30대 계열에 대한 바스켓 관리제 폐지
1996.8.1	주거래은행제도 개편	- 관리대상의 선정기준을 대출금기준 30대 계열에서 2,500억원 이상 계열로 변경
1996.12.30	외감법 개정	- 기업공시제도의 도입 - 외부감사인 선임절차 개선 및 독립성 제고
	공정거래법 개정	- 재벌계열사 채무보증한도액 하향조정(자기자본의 200%에서 100%로) - 재벌계열사 중 금융업 또는 보험업을 영위하는 회사를 채무보증한도액 관리대상에서 제외 - 금융회사 또는 보험회사의 의결권 제한 - 기업결합제한의 심사기준 명시 - 부당한 공동행위의 금지 - 독과점적 시장구조의 개선
1997.1.13	증권거래법 개정	- 상장기업의 감사선임·해임시 대주주의 권한 제한 - 상장기업의 소수주주권 행사요건 완화 - 우리사주에 대한 지분 명시(20%) - 공개매수 신고시 특별관계자의 범위를 확대 - 자본시장육성에 관한 법률 폐지

일 자	조 치	주 요 내 용
1997. 2. 20	보험산업 신규진입제도 변경	- 5대 재벌에 조건부로 생명보험업 진출 허용 - 6~10대 재벌에 대한 생명보험업 지분참여기준(50%) 폐지
1997. 8. 1	여신관리제도 개편	- 동일계열기업군 여신한도제 도입(은행자기자본의 45%) - 바스켓 관리제의 폐지시기(2000. 7. 31) 확정 - 주력업체 대출금을 관리대상에 포함 - 10대 계열 및 주거래계열에 대한 대여금·가지급금 규제 폐지
1997. 12. 3	IMF와의 주요 합의내용	- 금융시스템에 대한 포괄적인 구조조정 촉진 - 기업간 상호지급보증의 축소 - 독립외부감사의 강화 - 결합재무제표의 도입
1998. 1. 13	김대중 대통령 당선자와 4대 재벌 총수의 합의내용	- 기업경영의 투명성 제고 - 기업간 상호지급보증의 해소 - 재무구조의 획기적 개선 - 핵심부문의 설정과 중소기업의 협력관계 강화 - 지배주주(사실상의 지배주주 포함) 및 경영진의 책임강화
1998. 2. 1	증권거래법 개정	- 상장법인과 비상장법인의 합병시 금융감독위원회에 대한 사전등록의 폐지 - 공시의무의 위반 또는 허위신고에 대하여 최고 5억원까지 과징금부과
1998. 2. 24	공정거래법 개정	- 30대 재벌기업의 출자총액제한 폐지 - 신규채무보증의 금지 - 기존채무보증 해소시한 제시
	증권거래법 개정	- 상장기업의 소수주주권 행사요건 완화 - 의무공개매수제도의 폐지 - 상장기업의 자기주식취득한도 확대(발행주식총수의 10%에서 3분의 1로)
	외감법 개정	- 결합재무제표의 조기도입(1999년 1월 1일)
1998. 3. 2	OECD의 정책권고	- 지주회사의 합법화 - 적대적 인수·합병(M&A)의 허용
1998. 4. 1	여신관리규정 개편	- 계열사의 신규채무보증에 의한 여신취급 금지
1998. 5. 25	증권거래법 개정	- 소수주주의 대표소송제기권 요건완화(발행주식총수의 0.05% 이상 → 0 .01% 이상) - 상장기업의 자기주식취득한도 폐지
1998. 6. 12	바스켓 관리제 폐지	- 5대 및 10대 재벌에 대한 바스켓 관리제의 조기폐지
1998. 6. 15	기업결합심사기준의 완화	- 기업결합의 심사기준완화 및 예외조건의 확대
1998. 7. 24	여신관리규정 개편	- 비업무용부동산 처분 사후관리제 폐지

일 자	조 치	주 요 내 용
1998. 8. 22	법인세법시행규칙 개정	- 기업간 구조조정을 위하여 매각 또는 취득하는 부동산을 비업무용부동산에서 제외
1998. 9. 16	조세감면규제법 개정	- 구조조정부동산에 대하여 5년간의 양도차익에 대한 양도소득세 또는 특별부가세를 감면
1998. 12	유가증권의 상장규정 개정	- 상장법인의 사외이사수 증가(1명에서 전체임원의 25% 이상으로)
1998. 12. 22	여신심사 및 사후관리의 자율적 추진	- 여신위원회제도 및 전담심사역제도의 도입 - 계열기업군단위 여신심사체제 구축 - 부실징후 조기경보체제
1998. 12. 28	상법 개정	- 주주제안제도의 신설 - 집중투표제의 도입 - 업무집행지사자(사실상의 이사)의 책임강화 - 회사합병절차의 간소화 - 소수주주의 대표소송 요건완화(발행주식총수의 5% 이상 → 1% 이상) - 이사의 충실의무 신설 - 회사분할제도의 도입
	법인세법 개정	- 합병법인이 피합병법인의 이월결손금을 승계 - 법인이 분할하는 경우 법인세 및 특별부가세를 과세이연
	상속세 및 증여세법 개정	- 상속세와 증여세의 합산과세기간 및 증여재산 제기간을 5년에서 10년으로 연장 - 증여의제제도의 조정
1998. 12. 31	법인세법시행령 개정	- 부당내부거래시 세제상 규제대상의 범위에 당해 법인의 경영에 대하여 사실상 영향력을 행사하는 자와 재벌의 계열사를 추가
1999. 1. 6	공정거래법 개정	- 지주회사의 설립 및 전환을 제한적으로 허용 - 공정거래위원회에 2년간 한시적으로 금융거래정보요구권을 허용 - 기업결합의 제한대상 축소 - 기업결합에 대한 시정조치 불이행시 이행강제금 부과 - 독과점적 시장구조의 개선책 강화 - 시장지배적 사업자의 범위 확대(수요자, 금융업 또는 보험업을 포함) - 부당한 공동행위에 당연위법원칙을 적용 - 불공정거래행위를 포괄적으로 규정

■ 부록 2

1995~1997년 5대재벌 관련 주요 기사 *

1995년

950103 · 재경원, 공시유보제도 도입과 유가증권 일일매매제도 완화를 포함한 증권거래법 개정 방침.
· 럭키금성그룹(회장 구자경), LG그룹으로 그룹명칭 변경.

950105 · 삼성전자, ATM 교환시스템 핵심기술 보유 및 개발 전문 회사인 미 IGT사 지분 100%를 9백만 달러에 인수

950110 · 국세청, 세정개혁방안을 일선 세무서에 시달. 소득세 신고납부제로의 전환, 각종 신고기준(소득세 서면신고 기준, 부가세 면세사업자신고 기준율, 무기장자 표준소득률, 부가세 과세특례표준신고율)을 단계적으로 폐지 방침. 또한 1백대 대규모 기업집단의 친인척 자산의 전산관리강화.

950112 · 통일원, 대우그룹, 동양그룹, (주)신원, 한화그룹의 방북 승인. 대우그룹 방북 투자조사단 평양 입성. 남포 시범사업 논의.

950114 · 공정거래위원회 : 경쟁제한적 요소를 포함하는 54개 법령 개선과 1백 개 대형 공공공사를 선정, 3월부터 하도급실태조사 방침.

950118 · 현대그룹(현대정보기술)-IBM, 정보서비스 합작회사 설립 합의, 현대정보기술의 신정식 전무를 대표이사로 내정.

950119 · 은감원, 1995년도 은행감독방향을 금융통화운영위원회에 보고. 은행산업의 겸업화와 다각화에 대한 적극지원을 목적으로 자기자본의 20% 이내의 자회사 주식취득에 대한 승인제 폐지. 경영우수은행의 금융업 및 금융유관업종으로의 진출 자유화(예정).

950120 · (주)대우, 52억 달러 규모의 중국 북경대공원 공사 수주.

950120 · 삼성, 일본 반도체 장비업체 유니온광학 39억 원에 인수.

950127 · 재경원, 사회간접자본 시설 확충을 위한 민간자본 유치사업 추진 방향 발표, 10대 재벌의 부동산 취득과 기업투자에 대한 규제의 8월 이후 부분적 해제 예정. 1종시설사업 참여에 필요한

---

* 이 기사일지는 《매일경제신문》과 《동아일보》 상에서 보도된 1995~1997년 사이의 기사를 검색·정리한 것이며, 《중앙일보》와 《한국경제신문》 등 기타 일간지를 부분적으로 참고하여 작성한 일지임.

10대 재벌의 은행승인제도 폐지 방침.

950129 · 한화그룹, 정보통신사업 추진본부 설립. 재벌, 정보통신분야 집중사업 강화.

950201 · 통산부, 중소기업의 사업영역보호 및 기업간 협력증진에 관한 법률시행령 및 시행규칙 마련(4월 입법예고, 7월 시행). 대기업자의 실질적인 지배관계에 있는 중소기업자는 중소기업 범위에서 제외, 또 납품대금지급 지연업체 이자율 상향조정(18.5% → 22.5%)..

950204 · 한국은행, 미 AT&T사의 계열사인 GIS사의 비메모리 반도체 사업부문 인수를 위한 현대전자의 3억 4천만 달러 규모의 해외투자신청 승인.

950206 · 전경련, 주력기업을 출자총액제한 대상에서 제외시켜줄 것을 통상산업부에 요청.

950211 · 공정거래위, 대우에 과징금. 대우중공업(구 대우조선)에 대한 (주)대우의 출자총액한도(순자산의 40%) 초과분 1천 3백억 원 미해소.

950213 · 경제 5단체장(전경련, 대한상의, 무역협회, 기협중앙회, 경총) 노사안정 공동선언. 노총 이외의 단체와는 협상거부 발표. ▪ 주요내용 : 합리적 노동운동 지지, 주요 공산품 가격인상 억제, 중소기업에 대한 거래관행 개선 및 하청단가 인상, 경영성과의 일정비율 사내 근로복지기금에 출연, 인력개발투자 확대, 경영정보의 공유 및 노사협의회 운영 활성화, 대기업의 협력적 노사관계 솔선수범.

950213 · 공정거래위, 30대 재벌 대주주 및 친인척, 계열사 등의 주식이동상황에 대한 감독위해 데이터베이스 구축 계획.

950213 · 경제 5단체, 노사협력 재계선언 7개항 발표. 합리적 노동운동 지지, 주요 공산품가격 인상억제로 물가안정 추구, 중소기업에 대한 거래관행개선 및 하청단가 인상, 경영성과의 일정비율을 사내근로복지 기금에 출연 등

950215 · 대우그룹, 그룹경영구조를 각사 회장제로 개편. 주력사별 자율경영체제 확립의 일환.

950215 · 현대전자, 미 AT&T GIS 사의 비메모리 반도체 사업부문 인수작업 마무리. 심비오스 로직 새 회사 설립.

950218 · 재계, 경영구조 개혁 단행. 삼성의 소그룹장회의, 현대의 그룹운영위원회, 대우의 회장단간담회가 그룹의 최고의사결정기구로 등장. 그룹의 인사·임금·투자 등은 계열사 자율로 이관.

950220 · 재경원, 중앙은행제도 개편 및 금융감독기관 통합방안 발표. 금융통화운영위원회의장이 한국은행 총재 겸직, 은행·증권·보험감독원을 금융감독원으로 통폐합, 한은에서 분리(예정).

950221 · 대우그룹의 대우통신, 대우전자, 오리온전기, LG그룹의 LG전선, LG상사, 금호그룹의 금호건설, 해태그룹의 해태전자는 공정거래위에 소유분산 우량기업 지정 신청

- 소유분산 우량기업 지정요건 : 동일인과 특수관계인의 지분율 8% 미만, 계열사를 포함한 내부지분율 15% 미만. 자기자본 비율 20% 이상인 상장사는 소유분산우량기업으로 지정하여 출자에 제한을 두지 않는다.
- 소유분산 우량집단 지정요건 : 동일인 및 특수관계인 지분율 10% 미만, 계열사 포함 내부지분율 20% 미만. 그룹 전체의 평균 자기자본 비율 20% 이상, 자본금 기준 계열사 공개비율 60% 이상인 그룹은 대규모 기업집단 지정대상에서 제외하고 소속 계열사들에 대

해서는 총액출자, 상호출자금지, 채무보증제한 등을 일체 적용하지 않는다.

950222 · LG그룹, 구본무 신임 그룹회장 취임. 구자경 회장을 명예회장으로, 허준구 LG전선사장은 LG전선 명예회장으로, 구태회 그룹고문, 구평회 LG상사회장, 허신구 LG석유화학회장, 구두회 호유에너지 회장은 그룹 창업고문으로 각각 추대.

950223 · 재경원, 은행증자 완전자율화, 금융행정심판제 도입 및 은행의 주식담보대출 자유화를 내용으로 하는 은행법-증권거래법 개정안 발표.

950225 · 한국은행법, 은행법 등의 개정안과 금융감독원법 제정(원)안 국무회의 통과, 28일 국회상정.

950227 · LG그룹, 21세기형 경영체제 구축을 위한 실체혁신방안 발표. 대주주의 지분율(5% 3%), 법인지분율(34% 16.5%)을 1999년까지 낮추기로 발표.

950228 · 정부, 현대자동차에 대한 해외증권 발행 규제 등 금융제재 해제(예정). 현대자동차, 2/4분기중 해외주식 예탁증서(DR) 9천만 달러 발행 신청서 제출.

950304 · 덕산그룹 계열 12개사 부도.

950310 · 공정거래위, 부당내부거래로 유공사장 고발, 유공 5건, 선경 2건, 선경인더스트리 1건.

950310 · 한국이동통신의 런던 증권거래소 상장안(1억 5천만 달러 주식예탁증서(DR)) 증권관리위원회 승인.

950315 · 증감원, 현대상선-LG반도체의 기업공개허용 결정.

950330 · 공정거래위, 대우전자, 롯데제과, 삼성전자, 미원, 호남정유, 신성, 임광토건, 쌍용건설, 신세계백화점, 태화쇼핑을 공정거래제도 자율준수 모범업체로 선정.

950330 · 경-노총, 노사화합과 산업평화를 촉구하는 노사 공동선언문 7개항 발표. 단위사업장 노사간 자율협상, 대기업간 중소기업 및 계층간 임금격차 완화, 생산성 향상 노력, 사용자의 부당노동행위와 노조의 불법행위 근절 등

950331 · LG그룹, LG 공정문화 추진위원회 발족. 계열사와 협력업체간 공정거래 추진.

950331 · 은감원, 30대 재벌의 대출금한도비율을 1996년 3월 말까지 5대 재벌까지는 5.27%, 30대 그룹전체로는 9.88%로 1994년보다 각각 0.41% 포인트, 0.71% 포인트씩 낮추어 적용키로 발표.

950331 · 은감원, 은행법시행령 개정안 발표. 은행이 동일인 지급보증한도(30%)를 초과해 승인할 수 있는 한도를 60%에서 35%로 축소. 동일인 대출과 지급보증한도 초과승인을 합한 예외 인정범위도 자기자본의 55%로 제한(예정).

950401 · 공정거래위, 소유분산 우량기업으로 금호건설(내부지분율 9.2%)과 LG상사(6.7%), LG전선(13.9%), 대우전자(6.0%), 대우통신(7.2%), 오리온전기(11.6%) 선정.

950403 · 재경원, 할부금융업 인가기준 확정발표, 5~6월 인가신청서 접수, 7월부터 내인가, 1996년 1월부터 본인가를 거쳐 영업 허용.

950404 · LG산전, 금성계전과 금성기전의 9월 1일자 합병을 위한 합병신고서 증감원에 제출.

950406 · 전기통신사업법 발효, 개인용 컴퓨터 통신서비스 사업이 등록제에서 신고제로, 현대, 삼성, LG 사업참가 본격화 예상.

950410 · 재경원, '1995년도 1차 증권업무 규제완화 방안' 발표. 투신사의 동일종목 투자한도 10%로 증가.
950411 · 재경원, 개정 상호신용금고법 시행령 공포. 동일인 여신한도(자기자본의 5%에서 10%로) 확대, 신용관리기금 개별금고에 대한 검사권, 자료제출명령권 시정, 징계명령권 행사 가능.
950422 · 경총과 노총, 산업평화정착 추진협의회 발족, 사업장에 대한 조사위원회와 안정화 지원책 강구.
950422 · 동서산업, 남제주 관광개발 인수 및 골프장 사업진출.
950423 · LG정보통신, 6월 19~20일 공개(예정).
950429 · 현대, 그룹 분리 일환으로 강원은행주식 대량매각 시작.
950504 · 은감원, 금융전업기업가제도 도입과 금융기관 자회사 출자방안에 관한 세부시행방안에 따른 금융전업기업 신청서 접수 시작.
950509 · LG건설, LG엔지니어링, 회장직제 신설. 구자학 LG반도체 회장이 겸임.
950513 · LG화학 자회사인 LG실트론(구 동양전자금속) 공장 가동.
950518 · 대우그룹, 한국종합금융 경영권 확보. 대우증권, 대우중공업, 동우개발, 오리온전기가 총 14.89%의 지분율 확보.
950520 · 대우, 한국종합금융 주식인수 공시. 최대주주로 경영권 장악.
950601 · 서울지검 형사4부, (주)유공과 대표이사 조규향 씨 독점규제 및 공정거래법 위반혐의로 약식처리. 공정거래위 시정명령 불이행.
950602 · 현대자동차-삼성전자 런던증권거래소 상장안(현대 : 2억 9천만 달러, 삼성 : 1억 5천만 달러 주식예탁증서 (DR)) 증권관리위원회 승인.
950612 · 외환은행, 조흥은행, 계열별 여신관리제도 도입 시행. 30대 재벌기업군은 물론 모든 계열기업군 포함.
950617 · 유원건설 한보 인수. 주거래 제일은행과 주당 1원에 계약.
950628 · 공정거래위, 불공정거래행위의 유형 및 기준고시 개정발표(7월 예정). 불공정행위 유형과 기준 확대.
950707 · 선경증권, 국제상사 51만주 6월중에 매도.
950708 · 은감원, 계열별 여신관리제 적극 추진(9월 예정).
950709 · 공정거래위, 30대 재벌의 각종 비영리공익법인(재단 등)의 주식지분 의결권 행사 금지 검토.
950712 · 선경-쌍용, 인천투자금융 지분경쟁. 선경증권 6.54%, 선경 2.7%, SKM 4.9%, 쌍용투자증권 4.8%, 쌍용할부금융 4.8%.
950725 · 금융소득 종합과세 부과기준 완화, 종합토지세 세율인하(예정).
950727 · 공정거래위, 30대 그룹 계열사간 채무보증한도 법정초과분에 대해 최고 10%까지 과징금 부과, 강제이행 명령 방침 발표.
950728 · 영광 5,6호기 원자력발전소 건설사업, 현대건설과 대림산업 컨소시엄으로 낙찰.
950731 · 공정거래위, 제일합섬, 제일 시바가이기 삼성그룹서 제외. 삼성계열사 53개로 축소.
950802 · 재경원, 공정거래위, 중소기업에 대한 추가지원대책 검토. 하도급법상 어음결제기간을 60일에서 45일 또는 30일로 단축, 여신금지업종 완화.

950807 · 현대-삼성 유람선사업 채비.

950811 · 재경원, 증권업과 투신업의 상호진출을 내용으로 하는 증권산업 개편방안 발표. 10대그룹 계열 증권사는 3개 이상의 다른 금융기관과 공동출자형식으로만 설립 가능. 은행과 보험회사도 합작 파트너로 참여 가능. 관련법률 개정안 11월 국회 제출(예정).

950811 · 통산부, 10대 재벌 전계열사 어음거래관행을 분기별로 조사, 공표하기로 발표(예정).

950811 · 현대정유, 총 65만 톤 규모의 유화제품을 생산할 수 있는 BTX공장 건설 계획 발표.

950814 · 농림수산부, 현대건설의 서산간척지 준공 인가.

950817 · 경남도의 정무 부지사에 삼성전관 김훈 전무 임용.

950821 · 현대상선 등 5개사, 기업공개.

950823 · 재경원, 10대그룹 계열증권사의 기존 투신사주식매입을 통한 경영권 확보 불허 방침 발표.

950825 · 선경그룹, SK그룹으로 그룹명칭 확정. 1996년 1월 전 계열사에 적용.

950828 · 재경원, 대기업의 중소기업 지원방안 구체화를 위한 신경제회의 추진.

950829 · 재경원, 종합금융회사에 관한 법률개정안 입법예고. 1996년 7월부터 투금사와 종금사의 업무영역 통합, 일정요건 갖춘 투금사의 종금사 전환 허용.

950830 · 재경원, 21개 할부금융업체 사업인가.

950901 · LG전자, LG화학 런던증권거래소 상장안(전자 : 7천 5백만 달러, 화학 : 6천 5백만 달러의 주식예탁증서(DR)) 증권관리위원회 승인.

950915 · LG 증권, 교보생명이 보유한 국투지분 인수. 개별기업으로는 최대 주주로 부상.

950915 · 공정거래위, 공공사업자(정부투자기관, 정부출자기관 등) 불공정거래행위 처벌지침 발표. 공사비 지연, 하도급법 위반, 불평등 계약.

950923 · 정부, 미 제니스전자 인수를 위해 7천만 달러 국내 조달 조건으로 LG전자에 대해 해외직접투자 승인.

950928 · 공보처, 보도전문채널을 제외한 모든 방송분야에 대기업과 언론사의 참여를 허용하는 통합방송법안 최종안 발표. 방송시설 미보유사도 무선방송 실시 가능.

950929 · 대우증권, 국투주식 추가매입. LG증권 제치고 다시 개별기업 최대주주로 부상

951007 · SKC, 한국후지쓰, 중앙아미시스, 멀티미디어 공동사업 전개.

951010 · 정부, 현대-삼성의 항공기개발사업 공식승인.

951012 · 현대전자, 256메가 싱크로너스 D램 세계 최초 개발.

951018 · 증감원, 기업회계기준 개정시안 마련. 투자유가증권에 대한 시가평가제도 도입(예정).

951019 · 공정거래위, 현대전자산업(주) 대리점 부당거래 적발. 시정명령과 과징금(1억 1천 5백만 원) 부과.

951024 · 삼성, 국내최대규모 언론재단 설립. 이수성 서울대 총장 초대이사장으로 추대.

951030 · 삼성전자, '98 방콕 아시아 경기대회 스폰서십' 계약 체결.

951103 · 대우, 비자금 1백억 실명전환. 검찰, 노씨 소명자료서 사실확인.

951103 · 현대전자, 미 맥스터사 주식 100% 인수.

951107 · 한보계열사 14개로 통폐합. 철강 부산 당진공장 이전 백지화.
951107 · 한보계열사 축소 및 통폐합 발표.
951110 · 경제 5단체, 민노총 설립에 대한 경제계의 입장 발표. 급진과격 세력의 법외 단체로 간주하여 노조전임자 파견을 허용치 않는다는 입장 표명
951114 · 대우그룹, 폴란드의 구영자동차업체 FSO사 인수(1억 4천만 달러) 계약체결.
951120 · 대우통신, 세진 컴퓨터랜드 보유주식 51% 인수 합의.
951121 · 국무회의, 통합방송법 수정안 의결. 대기업과 언론사들의 위성방송사업 허용, 프로그램 편성권은 종합유선방송국업자(SO)가 행사(예정).
951129 · 재경원, 31개 할부금융사 설립허가. 현대, 대우 등 대주주로 참여.
951201 · 통산부, 창업지원 업무운용규정과 창업사업계획 승인에 관한 통합업무 처리지침 개정안 확정. 소유분산상태가 양호한 기업에 한해 창업투자회사 설립 허용. 대우, LG 등 가능.
951202 · 해외투자심의위원회, 삼성전자와 현대전자의 미국 반도체투자사업 허가.
951205 · 김영삼 대통령, 통합방송법안 폐기 결정.
951219 · LG, 데이콤 주식 28% 확보에 따라 경영권 장악.
951223 · 현대, 러-미사와 제휴, 헬기 생산 및 항공기 개조사업 진출 발표.
951229 · 재경원, 할부금융사 31개 설립허용. 자동차, 가전제품, 주택 등 대상.
951229 · 정태수 한보그룹 총회장 구속. 소유-경영 분리, 중기 지원 보완 등 대기업체 경영혁신 방안 잇따라 발표.

1996년

960103 · 현대, 민간업체 처음으로 사외이사제도입 발표
960104 · 희성그룹 공식 출범. 6개 계열사로 LG에서 분리. 회장 구본릉씨.
960106 · 건설교통부 공정거래위, 하도급대금 직불제도 도입 방침. (건설업법 시행령)(예정).
960110 · 재경원, 20개 일반 할부금융사에 대해 할부금융업 시행인가.
960115 · 삼성할부금융 개업. 삼성, LG, 아남 등 할부금융사, 계열사 가전팀 등 판매조직 흡수추진.
960118 · SK, 해운 항만청에 울산 신항만 개발사업계획서 제출.
960118 · SK, 울산 신항만 건설계획 발표(해운 항만청에 사업의향서 제출).
960118 · 우성그룹 부도.
960119 · 현대전자, 체신금융망 구축업체로 선정. 정보통신부와 계약체결.
960124 · 대우, 외국기업과 합작으로 프랑스, 영국 등에 10억 달러 규모의 주문형 반도체 공장 설립 추진 발표
960125 · 현대, 사외이사 첫 선임.
960201 · 대우증권, 보유중인 국투지분 금강에 전량 매각. 신규 투신사 신설을 통한 투신업진출에 주력키로 방향 확정.

960203 · 금강, 국투주식 대량 인수. 9.5% 지분 확보.
960204 · 삼성그룹, 제일모직, 삼성물산, 삼성전자, 공정거래위에 소유분산 우량기업 지정 신청.
960208 · 금강기획, 초현대식 대형영화관 신축 및 영상산업 진출 발표.
960210 · 은감원, 동일계열별 여신관리제도 도입 연기. 30대 재벌기업군에 대한 바스켓여신관리제도가 10대 재벌기업군으로 축소.
960221 · 현대, 국민투신 인수 포기. 보유중인 국민투신 지분 전량 매각키로 결정. 국민투신, 100% 유상증자 유보.
960222 · 공정거래위, 형제, 자매 등 총수들의 인척관계에 있는 가벌에 의한 기업지배 금지 방침.
960223 · 경제 5단체, 해외투자기업 행동강령 10개항 채택. 기본자세, 올바른 노사관계 확립, 사업장 노사협력 분위기 조성, 고용증진 및 노무조건 개선 등
960227 · 전경련, 기업윤리헌장 의결. 기업의 사회적 책임, 정당한 이윤창출, 기업 상호간 공정경쟁, 대-중소기업간 보완 협력 등 8개항의 실천 강령 마련
960228 · 공정거래위, 금융분야 경쟁촉진을 위한 13개 단기과제 발표. 금융지주회사 허용, 5대 재벌의 생보사 소유금지제도 폐지, 은행, 보험, 투신의 신상품개발 승인제 또는 사전보고제 폐지, 은행, 증권, 리스, 종금, 상호신용금고의 점포신설 인가제 폐지, 정부의 각종 준칙과 업무방법서 등에 의한 규제 폐지.
960305 · 정보근 씨 한보그룹 회장 취임.
960311 · 현대증권, 투신사 신설 부국증권과 합작키로 합의. 10대 재벌 계열증권사의 경우 투신 신설시 4대 주주 이상의 컨소시엄 중 한 곳을 증권사로 참여시키는 규정 이행.
960324 · 은감원, 상호신용금고의 금고출자자의 동일계열기업 범위규정. 발행주식의 30%미만 소유자도 제2출자자와의 격차가 큰 경우, 지배주주가 분명하지 않은 업체는 인사권, 업무집행과정에서의 통제권을 고려하여 동일계열기업으로 구분. 한편, 출자자측이 보유한 지분이 10% 미만인 경우, 그리고 양측간에 채무보증이나 자금대차관계가 없는 경우 친인척 소유회사를 독립경영체로 분류. 또한 친인척, 계열기업의 임원까지 포함해 임원의 과반수를 차지하거나 이들의 합계지분이 출연금의 50%를 넘는 조합 혹은 단체도 특수관계인에 포함.
960327 · 한국통신, LG-EDS, SDS, 쌍용정보통신 등 통합 고객정보시스템 개발 3개사 확정.
960330 · 대우중공업, 통산부에 스위드니크사(폴란드)의 민수용헬기 스콜 16인승(W-SOKOL) 기술도입서 제출 계획.
960401 · 기업회계기준 시행연기. 금전채권의 현가평가방침에 은행이 반발.
960401 · 삼성중공업, 사업구조조정 경영혁신방안 발표. 제철설비 등 한계사업 정리. 해외 거점을 중국 동남아 등으로 확장.
960408 · 국내 금융사 기관투자가들이 한국은행으로부터 외화를 대출하여 해외증권투자를 할 수 있는 제도(역스와프) 시행.
960410 · 공정거래위, 현대정공, 대우자동차, 한진차 전동차구매 담합혐의 조사.
960410 · 현대, 국민투신주식 대거 매각.

960411 · 경동 보일러, LG전자의 보일러 사업인수 발표.

960425 · 공정거래위, 30대 재벌의 위장계열사에 대한 실태조사 착수. 케이블 TV 지역방송 실질지배 여부 조사.

960425 · 정부, 여신관리대상 계열기업군을 현행 30대 재벌에서 10대 재벌로 축소 방침. 소유주주권의 행사요건 완화(소유지분 5% 이하로) 방침.

960427 · 공정거래위, 불공정거래조사시 사전설명제 도입 방침.

960427 · 통일원, 삼성전자, 대우전자, 태창 등을 남북한간 경제협력사업자로 추가 승인.

960430 · 공정거래위, 대기업그룹 계열사간의 부당내부거래 적용대상(상품이나 용역의 거래이외에 자금이나 정보제공까지) 확대. 금융보험회사의 다른 회사 주식소유 상한선을 10%선으로 제한 방침(예정).

960430 · 경총, 노사개혁 대책회의에서 복수노조 허용과 제삼자 개입금지조항 철폐에 대해 우려 표명.

960501 · 정부, 그룹총수들의 방북불허방침 발표.

960502 · LG, 보람은행 경영권 확보. 대주주 두산, 코오롱 주권 위임에 합의. 코오롱, 보람증권 인수 합의.

960503 · 공정거래위, 30대 재벌의 계열사간 채무보증한도를 1999년 초까지 100% 이내, 2002년 초까지는 완전 해소 방침(자기자본 기준) (예정).

960503 · 정부, 금융기관 인수·합병 구조조정에 관한 법률 제정 방침(예정).

960506 · 공정거래위, 업무쇄신계획 발표. 공정거래법 위반사건을 심사조정위원회에서 처리.

960508 · 하나, 보람은행 등 20개 금융기관 유상증자 발표.

960510 · 재경원, 공정거래위의 계열사 채무보증규제 단계적 폐지 계획에 이견(일정 및 방법).

960511 · 통산부, '공업배치법 시행령 개정안' 입법예고. 부산지역내 대기업공장 허용. 수도권 첨단공장 증설은 기존 공장의 연결부지만 가능.

960513 · 재경원, 5대 재벌을 제외한 나머지 그룹 생보사 소유나 지분참여 허용 발표. 6~10대 재벌 50% 미만, 11대 이후 그룹 무제한.

960514 · 전경련, 계열사간 채무보증 단계적 해소, 여신관리제도, 총액출자 제한제도 개선 주장.

960514 · 전경련, 계열사간 채무보증 단계적 해소, 여신관리제도, 총액출자제한제도, 경영권 양도 상속세 중과 등 제도와 규제를 국제기준에 맞게 개선 철폐해야 한다는 의견 개진.

960516 · 정부, '기업경영 민주화 방안' 도입 결정. 증권거래법 개정을 통해 1% 소액주주의 대표 소송권과 주주제안제도, 대주주의 회사 돈 차용금지 등의 내용 도입(예정).

960528 · 현대, 공정거래위의 명령에 따라 국민투신 지분 93만여 주 추가로 처분, 2.2%로 낮추기로 결정.

960603 · 은행에 대한 해외DR발행 허용에 따라 3/4분기 해외증권 발행신청 물량 13억 2천만 달러로 사상 최대치 기록.

960610 · LG, 한솔, PCS 신규사업자로 선정.

960702 · 1996년 하반기 경제운영방향 확정 발표. 정리해고제, 변형근로제, 파견근무제 도입 방침.

960702 · 전경련, 1996년 세제개선에 대한 의견 발표. 법인세율 25%로 인하, 재무구조의 개선과 투자유인을 위해 결손금에 대한 소급공제 요청

960705 · 공정거래위, 삼성물산 소유분산 우량기업으로 지정.

960708 · 은감원, 9월부터 일반은행에 대한 상시감시체제 도입. OECD 가입에 따른 대응책의 일환.

960712 · 재경원, 감독업무규제 회계제도분야 개선안 마련. 위험자산 총액을 자기자본 대비 일정률 이내로 관리하는 총자기자본 규제제도 도입(예정).

960718 · SKC, 일본 세가(SEGA)사와 제휴, 국내 PC게임시장 진출.

960719 · 대우자동차, 우즈베크 공화국에 해외 현지공장으로는 가장 규모가 큰 연산 20만대 규모의 자동차 공장 준공식 거행.

960723 · 전경련, 변형근로시간제와 정리해고제를 도입하고 근로자파견법을 제정해 줄 것을 정부에 건의

960803 · 재계조직 슬림화 박차. 한계사업정리, 기구통폐합, 경비절감, 채용축소. 삼성전자, SKI 명예퇴직제 도입 예정.

960806 · 공정거래위, 독점규제 및 공정거래에 관한 법률 개정안 마련. 친족독립경영회사 개념 도입. 또 기업결합 신고대상이 되는 기업집단의 총보유지분(대기업 계열 금융, 보험사의 지분 합산) 기준 변경(20% → 10%).

960807 · 공정거래위, 하도급거래 공정화에 관한 법률 개정안 마련. 하도급 공사금액(4개월) 지급보증, 불이행시 과징금 부과(하도급거래금액의 2배 이내) (예정).

960809 · 재경원, 외부감사제도 개선안 마련. 합동 회계사무소 폐지. 회계법인만이 상장법인에 대한 회계감사. 법률을 위반하거나 분식회계의 정도가 심한 회사는 증관위가 외부감사인 지정(예정).

960812 · 한국가스공사, LNG 운반선 건조 조선업체로 현대중공업(2), 대우중공업(2), 삼성중공업(1), 한진중공업(1) 최종 결정.

960815 · LG전자 디지털 피아노 사업, 한국전자서 인수.

960816 · 현대, 제철업 진출 지원업무를 위한 환경연구원 개설 예정 발표.

960823 · 공정거래위, 한보철강공업(한보그룹 계열) 채무보증제한 위반 혐의로 과징금(6억 5천 8백만 원)과 시정명령.

960831 · 신 대기업정책 일부 수정, 사외이사제, 연결재무제표 도입 보류, 소액주주권한 일정정도 제한.(권한행사가능 보유 주식수를 1-3만주에서 10~30만주로 상향조정) (예정).

960903 · 선경인더스트리, 전사원 대상으로 명예퇴직제 실시.

960908 · 공정거래위, 친족독립경영회사 백지화. 연결재무제표 도입 재추진.

961001 · 외국인 주식투자한도 18%에서 20%로 확대. 공공법인의 투자한도 15%, 동일인한도 5%로 각각 확대시행.

961002 · 재경원, 금융산업의 구조개선에 관한 법률안 입법 예고. 동일 기업집단 소속 금융기관들이 다른 기업 주식 20% 이상을 소유할 경우 재경원 장관의 승인 필요.

961006 · 정부, 경쟁력 10% 높이기 실천방안 마련. 총액임금제 조기정착, 금리인하, 토지생산성 재

평가를 통한 공장용지 가격인하, 각종 규제철폐, 물류비용 획기적 개선 등.

961014 · 경제장관회의, 연결재무제표 도입 백지화 최종 결론.

961017 · 대우전자, 프랑스의 톰슨 멀티미디어(TV)사 인수 합의.

961025 · 미디어밸리 추진위, 삼성 및 현대 그룹 계열사와 삼보컴퓨터 3개사가 출자, 미디어밸리(주)를 설립한다고 발표

961028 · 중소기업청, 창업투자사의 투자환경개선과 투자재원확대를 유도하는 것을 내용으로 하는 중소기업 창업지원업무 운용규정 개정안 의결. 10대 재벌의 창업투자설립 전면 허용. 창업투자 지원대상 확대.

961111 · 전경련, 공정거래법상 사업부제 방식의 신규사업 진출규제와 관련하여 규제신설방침 철회촉구.

961113 · 한화, 10대그룹 중 처음으로 주력계열사에 대해 연봉제 적용계획 발표. 근무업적 4단계로 평가.

961113 · 전경련, 농지법 시행령 개정안에 대한 의견 표명. 기업활동 위축 우려에 따라 물류시설, 공장, 공동주택에 대해서 규제강화 방침 철회 건의.

961114 · 삼성항공, 네덜란드 포커사의 중형항공기 부문 1억 5천만 달러에 인수키로 최종 합의. 네덜란드 정부, 5억 7천만 달러의 자금지원 약속.

961115 · 삼성항공, 포커사(네덜란드) 중형항공기 부문 인수 최종 확정(1억 5천만 달러).

961115 · 정부, 현대의 일관제철소 건설 불허 최종 확정.

961122 · SKC, MBC 프로덕션과 영상사업 전략적 제휴.

961122 · SKC, 공정거래법상 출자총액제한 규정 위반 적발.

961123 · 대우자동차, 앤드리아사(폴란드 디젤엔진 생산업체) 인수 합의.

961123 · 서울은행 합병설 대두.

961126 · OECD 가입 국회비준 통과

961128 · 전경련, 기업에 부과되는 각종 부담금의 관리-규제에 관한 기본법제정 및 적정성 여부에 대한 심의가 이루어질 수 있도록 심의위원회 설치 주장.

961129 · 삼성항공의 포커사 인수시기 연장요청에 대해 포커사 부품공급업체들의 거부에 따라 포커사 인수협상 결렬.

961203 · LG상사, LG유통의 슈퍼센터 할인점사업을 인수하여 유통업 진출계획 발표. LG유통은 편의점과 슈퍼 사업에만 전념.

961203 · 노사관계개혁 추진위, 노동법 개정안 입법예고. 노조 파업시 대체근로 허용, 정리해고 허용, 상급단체의 복수노조와 정치활동 허용, 1999년부터 교원의 단결권과 제한적 교섭권 인정, 2002년부터 개별사업장 복수노조 허용, 노조전임자 임금지급 금지.

961204 · 대우그룹, 프랑스 톰슨사 인수 차질. 프랑스 민영화계획 잠정 중단.

961205 · 국회 재경위, 은행법개정안 중 비상임이사의 구성비를 대주주 50%, 소액주주 30%, 금융전문가 20%로 하는 수정안 통과. 따라서 소액주주는 비상임이사회에 참석, 의사결정 참여 가능.

961206 · 50대 재벌 위장계열사 총 97개. 공정거래위 실사결과 발표. 한국프랜지공업, 한국이동통신

등은 각각 현대, SK등에 편입.

961207 · 공정거래위 실사결과 발표, 한국프랜지공업, 보광, 우리자동차판매, 한국이동통신, 기산을 현대, 삼성, 대우, 기아그룹으로 편입. 위장계열사 자진 미신고자 정주영 회장과 한승준 기아자동차 부회장을 허위자료 제출 혐의로 고발.

961212 · 증감원, 장기외화부채에 대한 평가손실을 당기순이익으로 반영하지 않고 매 사업연도 말에 자본에서 차감하는 식으로 표시되다가 부채를 상환할 때 일시에 부채로 계상하는 내용의 회계기준 확정. 12월 법인 시행(예정).

961213 · 재경원, 금융분야 규제완화방안 확정. 기업합병시기와 조건에 대한 증감원의 행정지도 폐지. 기업의 자율적 결정 유도(1997년 4월 시행예정).

961219 · 전경련, 재경원에 M&A 확대에 따른 경영권안정을 위한 제도 개선 의견 제출. M&A 시장 과열과 관련, 기업 인수자의 자금출처조사, 10% 이상 주식소유제한 및 5% 이상 취득시 보고의무 엄격적용 등 주장.

961230 · 재경원, 국민투신을 증권사로 전환시키기로 결정. CP매매 중개 등 종합증권업을 취급하는 투자은행으로 탄생(예정).

1997년

970106 · 현대, 서산에 환경설비 산업단지 조성계획 발표.

970109 · OECD, 한국 노동법개정 문제 공식 거론 예정. BIAC(OECD 산하 사용자 대표기구), 한국의 노동시장 상황을 논의하기 위한 전경련 등 재계대표자 파견요청.

970120 · 공보처, 위성방송에 대기업과 언론사들의 참여 허가방침, 3월 초 성남, 분당, 수도권지역을 포함한 전국적으로 유선방송사(CATV) 추가 허가 방침.

970120 · 공정거래위, 올해 주요업무계획 발표. 계열분리 요건완화(비상장의 경우 현행 3%에서 10%로).

970122 · 금융개혁위원회, 대통령직속 자문기관으로 발족.

970122 · 전경련, 기업의 정상적인 경제활동을 왜곡시킬 우려가 있는 국민주택채권, 도시철도채권 등 준 조세성격이 강한 강제성 채권제도 폐지 요구.

970123 · 한보철강 및 모기업 (주)한보 부도.

970128 · 한보철강 및 (주)한보, 법정관리(회사정리절차 개시)와 회사재산 보전처분결정 신청. 은행단, 한보철강 관리단 파견.

970131 · 법원, 한보그룹 회사재산 보전처분 결정.

970131 · 삼성전자, 미 AST주식 100% 매입계획 공식발표.

970131 · 정태수 씨 특정범죄 가중처벌법상 사기, 횡령, 배임혐의로 구속.

970201 · 한보그룹 계열사 상아제약 최종 부도.

970209 · 재경원, 금융기관 합병 및 전환에 관한 법률 적용대상 추가 개정안 입법예고. 신용카드, 할부금융, 신기술사업금융, 시설대여회사 등 여신전문 금융기관에도 합전법 적용.

970213 · 은감원, 은행의 신탁계정에도 동일인 대출한도 적용, 개별기업이 아닌 동일계열 기업군별 여신심사제도 도입 추진(예정).

970214 · 전경련, 편법 M&A의 징후가 있는 주식매집행위와 시세조종 등에 대한 엄격한 제재 요청. 외국인 투자가들의 부당한 시세차익 추구나 경영권 위협에 대한 강력한 대책마련 촉구.

970217 · 경제 5단체, 복수노조 도입문제에 대해 절대불가 방침에서 다소 완화 방침. 정리해고제, 무노동무임금 원칙 및 노조전임자에 대한 임금지급 금지 등에 대한 법제화 요청.

970218 · 재경원, 보험사 설립에 대한 진입장벽 완화방안을 금융산업발전 심의위원회, 보험심의위원회, 금융개혁위원회에 상정. 현대, LG, 대우그룹의 생명보험업 참여 가능(예정).

970218 · 재경원, 보험산업 신규진입제도 개선방안 마련. 모든 재벌그룹 생보사 진출 가능, 그러나 진입금지였던 5대 재벌은 생보사 신설시 기존의 부실 생보사 1개를, 인수방식인 경우 2개를 인수할 것을 의무화, 또한 신설 기준은 자동승인 방식(예정).

970219 · 금융개혁안에 대해서 재경원은 총리실 산하에 금융감독위원회를 설치하는 데에는 찬성 그러나 금융감독체계 일원화 방안 추진. 한편 한국은행은 은행감독권 보유 주장.

970224 · 경총, 긴급 노무담당 임원회의에서 무노동무임금 및 노조전임자에 대한 임금지급 원칙을 노동관계법에 포함시켜야 한다는 법개정을 정치권에 요구.

970225 · LG건설, 종합리조트-호텔 등 관광레저업 진출계획 발표.

970225 · 금융개혁위원회, 증권, 종합금융, 상호신용금고 등의 은행업 진출 허용.

970225 · 경총, 김창성 전방(주) 회장을 신임회장으로 추대

970306 · 전경련, 기업의 시설투자 촉진을 위해 임시투자세액 공제 및 금리인하 등 제도적 지원 강화요청.

970311 · LG그룹, LG칼텍스정유를 통해 극동도시가스(1996. 12. 24. 상장) 주식 28% 매입, 인수하여 도시가스사업에 진출.

970311 · 공정거래위, 계열사간 채무보증제한 예외 확대. 대기업이 중소기업에 사업일부를 매각한 대금으로 법정관리를 신청한 회사 인수, 사업구조조정을 목적으로 중소기업의 주식을 20% 범위내에서 취득한 경우, 모그룹과 분리되는 기업간의 매입, 매출비중이 최근 1년간 50%미만이면 기업집단 계열분리 허용(예정).

970312 · 경제차관회의, 계열분리요건(분리기업이 모그룹 계열의 비상장사 주식을 소유할 수 있는 한도를 당초 10%미만에서 15%미만으로) 완화 결정(예정). 제일제당과 신세계가 삼성과의 분리가 당초 예상보다 용이해짐.

970312 · 은감원, 여신특별약관제도 활성화하기로 방침. 여신특별약관제도란 은행이 특정업체에 여신을 취급하면서 특별계약을 맺는 것을 말한다. 주로 부실 우려기업에 대해 은행이 신규사업금지, 증자, 계열사에 대한 담보제공금지 등을 통해 일정수준 재무비율을 유지하도록 하는 제도.

970314 · 삼성정밀화학, 중소제약업체인 대도제약 인수를 위한 기업결합 신고서 공정거래위에 제출.

970320 · 삼성항공, 대한항공, 대우중공업, 현대우주항공 등 국내 항공 4사, AIR사의 70인승급 중형

항공기 공동개발에 가서명.

970321 · 한일그룹, 건설사업 본격화 자금활용을 위해 수원공장부지 일부 삼성물산에 매각.

970324 · 한국이동통신(대표 서정욱), SK텔레콤(3. 21 사명 개정)으로 공식 출범.

970325 · 금융개혁위원회, 금융기관이 아닌 일반기업들의 보험, 증권 등 은행을 제외한 해외금융업 진출 허용, 10대 재벌 계열기업군의 부동산 투자규제로 남아있는 주거래은행제도 폐지(예정).

970326 · LG그룹, LG전자를 중심으로 극동도시가스 장홍성 회장 소유주식 1백 38만주를(23%) 매입하여 경영권 장악.

970326 · 제일제당, 케이블TV 방송 M-NET 주식인수 합의.

970327 · 현대종합상사, 대우, 선경, 한솔화학, 한솔텔레컴, 영우통상, 해태전자 등 7개 회사, 공정거래위에 의해 소유분산 우량기업으로 새로 지정.

970328 · 금융개혁위, 여신규모 기준 5대 재벌의 은행 비상임이사회 참여를 각 1개 은행에 한해 허용 방침 발표.

970328 · 황보근 씨 횡령혐의로 구속. 정씨 일가 재산 압류.

970402 · SKC, 한국주강, 영창실업 공모주청약(6월 19, 20일 예정)을 위한 주간사 계획서 증감원에 제출.

970402 · 현대종합상사, 금강기획으로부터 현대방송 인수 및 현대 엘리베이터와 함께 현대장송 주식회사를 설립키로 결정.

970403 · 현대, 그룹내 정보산업분야를 소프트웨어와 하드웨어로 나누고 현대정보기술과 현대전자에 각각 통합하는 사업조정 마무리. 일 아도전자와 합작, PC 유통업체 설립(예정).

970404 · 현대프랜지공업, 기아 기산, 계열사 분리 신청.

970406 · 현대, 한진, 생보업 진출 보류 및 창업투자회사 진출 결정.

970407 · LG그룹, 인터넷 기반 PC통신 서비스사업 진출계획 발표.

970407 · 전경련, 기업입장에서 본 금융개혁의 핵심과제 발표. 통화관리방식 개선, 해외금융 자유화, 기업금융 규제 완화, 금융기관의 책임경영체제 확립 등 강조.

970408 · 현대금속(자물쇠 제조업체), 세현기업(자동차 소음기 생산) 인수.

970409 · 현대정보기술(HIT), 인터넷 서비스명 개칭. (아미넷신비로), 종합통신서비스로 발전 계획.

970410 · 공정거래위, 불공정 M&A 규제대상에 외국인도 내국인과 똑같이 포함.

970414 · 금융개혁위원회, 단기개혁 확정안 및 중기개혁 방향 제시 발표.

970416 · 진로, 계열사 수 줄이기로 결정. 7~12개사 매각-통폐합.

970417 · 공정거래위, 제일제당, 신세계 삼성계열사에서 제외.

970418 · 선경그룹, 지방자치단체와의 합작회사인 부산정보단지개발을 계열사에서 분리해줄 것을 공정거래위에 요청.

970419 · (주)진로, 남부터미널 부지 8,472평 LG그룹이 매입키로 가계약 체결(1997년 초에 5,528평은 이미 프랑스 파리바은행 계열 해외투자법인인 제스먼드코리아사가 매입).

970421 · 김현철 청문회 본격 돌입. 한보특위 개시.

970422 · 공정거래위, 현대그룹의 한국프랜지공업과 기아그룹의 기산, 대경화성, 케이티의 계열분리 신청 불허.

970422 · 금융개혁위원회, 17차 전체회의. 중앙은행 독립방안, 금융기관 신설요건 완화 및 산업자본의 은행진출 등 신규진입, 인수, 합병, 금융지주회사 등에 대해 논의. 다음달 23일 중기개혁과제 2차 보고서 제출 예정.

970423 · 전경련, 민간에서 본 규제개혁 10대 핵심과제 선정. 동일인 여신한도와 10대 재벌 계열기업군 여신관리, 거액여신 관리제도를 동일인 여신한도 관리제도로 통합, 단일화할 것을 촉구. 주거래은행제도 및 10대 계열 기업군에 대한 부동산 취득 승인제도 폐지 주장.

970425 · 정부, 준조세성 부담금 축소방안 검토(예정). 준조세성 부담금을 불가피하게 신설할 경우, 기한을 정하여 징수하는 부담금 일몰제 도입. 부담금 법률주의 적용. 준조세 심의 위원회 설치 등.

970428 · 전경련, 부실채권 정리기금 신설 반대 의견 제기.

970429 · 삼성전자, 미 3DO 사의 하드웨어부문 인수를 통한 AGT라는 현지 독립법인 설립 발표.

970502 · 금융개혁위원회, 개인이 특수관계인을 임원 등으로 선임해 사실상 경영권을 지배하는 기업체를 계열기업으로 분류, 결합재무제표작성 의무화 발표.

970503 · 재경원, 산업은행 등 일부 특수은행을 제외한 일반은행들은 의무적으로 여신위원회를 두도록 하는 방침발표.

970504 · 금융개혁위원회, 은감원을 한은에서 분리. 증권, 보험감독원과 통합하여 금융감독원으로 총리실 산하에 두는 방안 검토.

970509 · 금융개혁위원회, 감독기관의 합병권고를 받고도 일정기간 내에 이행하지 않은 금융기관 인가취소 의무화(예정).

970510 · 현대, 정보통신 및 멀티미디어, 우주항공 분야에 투자액의 50% 이상을 집중시키는 방침결정.

970513 · 공정거래위, 경제규제개혁 방안 마련. 회사채 발행물량 월별 조정제도 10월까지 단계적으로 완전폐지. 화물터미널 혹은 창고시설에 대한 교통유발부담금 면제, 물류센터의 도시계획시설에 포함. 전기사업 경쟁체제로 개선(예정).

970514 · 금융개혁위원회, 중앙은행제도 개선과제 정식 건의. 한국은행 연내 독립, 총리실 산하 금융통화위원회 설립, 금통위의장이 한국은행 총재를 겸임, 일반은행과 특수은행 은행신탁계정에 대한 건전성규제와 편중여신규제 등 일부 은감원 기능을 금통위에 부여.

970515 · 전경련, 독립적으로 규제개혁을 전담하는 대통령 직속 규제심사원 설치제안.

970517 · 금융개혁위원회, 산업자본의 은행소유지분한도를 현행대로 4%대로 억제 방침 발표.

970517 · 김현철 씨, 알선수재 및 조세포탈 혐의로 구속.

970518 · 재경원, 채권시장 개방일정 조기화, 대기업 발행 무보증전환사채(CB)와 중소기업 발행 3년 만기 중기채권에 대한 외국인 투자 6월부터 허용(외국인투자는 CB상장금액의 30%, 1인당 한도는 6%, 중기채는 외국인 취득한도만 50%로 제한).

970520 · 정부, 유상증자 배당금 요건 폐지라는 재계의 건의 수용 불가.

970520 · 한국 항공우주산업 진흥협회, 항공업계 단일 법인에서 현대 제외.

970521 · 공정거래위, 기업결합신고 위반에 대해 벌점제를 도입. 최근 3년간의 벌점 합계가 10점이 넘는 기업은 무조건 검찰에 고발키로 함.

970527 · 증권관리위원회, SKC, 한국주강, 영창실업 기업공개 승인.

970528 · SK그룹, 중앙생명에 핵심인원(김한기(전 유공 감사담당이사) 상무, 김유평(전 유공 금융팀장) 이사) 파견.

970529 · 전경련, 부도방지협약이 기업의 연쇄부도를 막는 효과적인 수단으로 정착될 수 있도록 보완대책 강구 건의. 이를 위하여 채권단 금융기관에 단기 저리 자금을 지원하는 인센티브 제공 주장.

970530 · 공정거래위, 5월중 대규모기업집단 계열회사 발표. 현대기술투자(현대), 대우선물(대우), 경인해운(한화), 인천공항개발, 인천공항외항사터미널, 인천공항에너지(이상 금호). 제외된 회사는 선경그룹의 부산정보단지개발, 신호스틸과 합병한 극동산업(신호그룹).

970602 · 법원, '구체적 청탁이나 대가성이 없었더라도 자신의 직무와 전체적 포괄적으로 대가관계에 있는 돈'을 뇌물의 개념으로 규정. 자금세탁방지법으로 처벌 가능.

970603 · 경제 5단체, 경제계 간접비용 줄이기운동 추진 계획 발표. 비자금 조성 및 리베이트 제공 지양, 과다한 접대문화의 불식 노력, 불공정한 내부거래 지양, 경영투명성 제고를 통한 기업의 대내외 신인도 제고 등 결의.

970604 · 은감원, 은행연합회, 신용정보 이용 및 보호법 시행령, 업무운용지침 개정, 검사, 감독 강화하기로 발표. 할부금융사의 기업여신과 증권사의 회사채지급보증 정보를 은행연합회가 집중 관리 방침.

970605 · 현대, 캐나다 CIBC 은행에 보유중인 국민투신 지분 31% 매각 결정. 합작 승인 신청서 재경원에 제출.

970605 · 전경련, 한계사업을 정리하고 신규업종으로 전환하기 위한 자산 매각의 경우 법인세, 특별부가세 등 각종 세 부담의 경감 요청. 대규모 기업집단 계열사의 출자총액 확대 요청.

970607 · 재경원, 부채비율이 2배를 초과하는 기업에 대해 차입금이자에 대해 손비를 인정하지 않는 방식의 차입경영 규제방침(예정). 유예기간을 2~3년으로 연장해 기업에 재무구조 개선 시간 부여 방침.

970609 · 공정거래위, 한국상장회사협의회의 우선주에 대한 최저배당률 규정 공정거래법 위반 판정, 시정명령.

970610 · 삼성, 기아보고서 파문. 검찰 수사 개시.

970610 · 유럽집행위, 삼성전자의 미 AST-리서치사 인수 승인.

970611 · 전경련, 세제개편건의안 발표. 일반법인과 공공법인의 법인세율 차등적용 철폐, 세액공제비율 15%로 확대, 투자세액공제 확대 등 주장.

970613 · 자동차 노조연맹, 삼성자동차사업 포기 요구 항의 집회.

970615 · 금융개혁법 확정. 대통령 재가.

970616 · 금융개혁방안 최종안 발표. 은행과 제2금융권에 대한 감독권을 신설되는 금융감독원으로 일원화.

970618 · 공정거래위, 위법공표 발표. 부품업체에 부당한 압력을 행사한 현대, 기아, 대우 등 자동차 제조 및 판매업체 7개사에게 법위반 사실을 1개 중앙일간지에 공표하도록 명령.

970620 · 정부의 중앙은행제도 및 금융감독체계 개편안에 대한 반발 확산. 3개 감독기관 노조, 전국사무노조연맹, 전국금융노조연맹 시위.

970620 · 한국은행, 금융개혁위원회의 금융감독체계 개편방안에 대해 강력 반발.

970623 · 기아 자구노력책 발표, 7,950억 원치 부동산 매각계획, 정부의 지원요청.

970623 · 재경원, 동일계열여신한도제 7월부터 도입 예정. 특정은행에서 대출(지급보증 포함) 액수가 은행 자기자본의 50%를 초과하면 신규대출이 불가능해지고 초과대출분을 3~5년내에 갚아야 한다(여신관리규정 개정안).

970624 · 제일은행, 산업은행, 기아지원결정 발표.

970625 · 공정거래위, 하도급법 위반행위에 대한 과징금 부과기준 제정. 하도급법 위반 업체는 최고 하도급 금액의 2배까지 과징금 부과. 계약서 미교부 혹은 폐기, 물품 등의 부당결제 청구, 부당 대물변제, 부당 경영간섭, 부당 수령거부, 보복조치, 탈법행위.

970627 · 전경련, 정부의 차입경영 규제강화 움직임에 대한 입장 정리. 차입금 과다법인에 대한 지급이자 손비 부인제도 등을 통한 정부 간섭보다는, 주식발행 및 구조조정 여건을 먼저 조성해 줄 것을 요청.

970630 · 재경원, 기업재무구조개선 방안 발표, 2000년부터 모든 재벌그룹은 계열사에 대한 채무보증이 현행 1백%에서 완전 폐지되며, 30대 그룹은 차입금이 자기자본의 5배를 초과한 부분의 지급이자는 손비로 인정받지 못함, 이와 관련해서 법인세법과 조세감면규제법 개정안을 9월 정기국회에 제출 방침(예정).

970707 · 전경련, 이미 존재하고 있는 기조실의 기능 등을 합리적으로 수용할 수 있는 지주회사 설립허용 건의.

970710 · 금통위, 동일계열기업군 여신한도제 도입을 주 내용으로 하는 '금융기관 감독규정' 승인. 한 재벌에 대한 은행의 자기자본 45% 이상 대출 불가.

970711 · 부도방지협약 대상 재벌그룹 63개로 증가. 거평, 영풍 등 16사 편입.

970711 · 은감원, 주거래은행제도 적용, 부도방지협약 대상기업집단 확대(51개 63개 그룹) 8월 1일 시행 예정.

970715 · 기아, 부실징후 기업의 정상화촉진과 부실채권의 효율적 정리를 위한 금융기관 협약(부도유예협약) 적용대상으로 지정. 제일은행 서여의도 지점의 2,768억 원의 어음은 최종부도처리.

970722 · 시중은행, 주거래은행 추가지정 기피.

970722 · 재경원, 기업의 접대비 한도를 1인당 5만 원으로 제한하고 골프장, 증기탕 등 고급유흥업소 지출접대비를 손비로 인정하지 않기로 법인세법 개정안 확정(예정).

970723 · 정부, 기아회생을 위한 재정융자 혹은 국가채무보증을 하지 않을 방침, 또 한국은행의 특별융자 유보.

970724 · 은감원, 기아그룹에 대한 그룹별 여신한도 초과를 그룹별 여신한도제도의 예외로 인정.

970724 · 현대금속, 자동차부품 제조업체 삼현인수 합의.
970725 · 진로, 유통-인더스트리즈 포기. 4개사는 정상화 모색.
970726 · LG그룹, 데이콤 주 4.03% 매각. 현재 4.99% 보유.
970728 · 포항제철, 동국제강, 한보철강 분할인수 결정. 법인은 제외 자산만 인수.
970728 · 전경련, 부도유예 및 구조조정 대상기업에 대해 정리해고를 예외적으로 인정해주는 방안촉구.
970729 · 공정거래위, LG건설의 철마개발(주)에 대한 출자금은 향후 20년간 출자총액 제한규정 미적용 발표(철마산터널공사, 인천시의 민자유치 사업).
970730 · 삼성전기, 동국종합전자의 케이블TV 컨버터 설비 인수 합의. 일본 파이오니아사와도 제휴 합의.
970731 · 정부, 금융세제제도 정비방침 마련. 합병차익에 대한 과세이연, 부채상환을 위한 부동산 매각시 특별 부가세 면제, M&A를 위한 자산매각시 특별 부가세의 50% 감면, 기업통합 및 업종전환을 위한 업무용부동산 매각시 양도세 감면 요건 완화 등(예정).
970731 · 현대, 대우, 기아 등 자동차 3사, 기아특수강의 경영정상화를 위해 공동 경영 결정. 정부, 반대 입장 공식 표명.
970801 · 여신한도개편 시행. 대기업 그룹에 대한 대출한도, 은행 자기자본의 45%로 제한. 신탁대출한도 전년말 은행별 신탁대출 잔액의 5%로 제한. 10대 재벌의 계열사 부동산 취득규제 폐지.
970805 · 은감원, 주거래은행지정에 있어서 직권조정 추진.
970806 · 공정거래위, '부당한 자금, 자산, 인력지원 행위의 심사지침' 발표. 내부거래 10억 원 이상 처벌.
970813 · 전경련, 물류부문 규제완화 개선과제 정부에 건의. 물류산업의 산업 재분류 요청(서비스업 제조업), 종합토지세 부과시 0.3% 세율의 분리과세 허용, 교통유발부담금의 면제, 유통합리화자금 제공.
970818 · 재경원, 외국인의 국내기업에 대한 적대적 M&A 허용 방침 결정. 전경련이나 국내 기업들의 공동대응 규제.
970819 · 은행연합회, 금융기관 여신체제의 선진화방안 수정하여 다음달부터 시행 발표. 계열기업군별 여신심사기준의 대상업체 대폭 축소(63개), 업종별 대출한도 삭제. 계열기업별 여신심사 평가시 당좌비율을 심사기준에 삽입, 사업구조, 산업지위, 신용위험도 등 비재무적 요인 심사기준에 포함.
970821 · 정부, 구조조정을 위해 부실기업이 보유자산이나 계열사를 매각할 때 특별부가세 완전면제.
970822 · 재경원, 대기업 외화증권 발행금액한도 소요자금의 80%에서 90%로 완화 방침. 상업차관 도입한도 및 금융기관의 외화 대출한도도 각각 70%에서 90%로 확대(예정).
970826 · 은행연합회, 계열기업군별 여신심사제도 시행을 각 은행의 자율에 맡기기로 결정.
970827 · 법원, 한보철강 회사정리절차 개시 결정.
970827 · 재경원, 부도유예협약 폐지 발표(예정).
970829 · 증권 감독원, 유상증자 요건완화(배당성향 배제), 특별증자 한도 5대 재벌 계열사에만 적용.

최근 3년간 주당 평균배당금이 400원 이상이고 전년도 감사 의견이 적정 또는 한정이면 유상증자 가능.

970904 · 재계, 구조조정을 위해 공정거래법상의 출자총액제한제도 폐지 혹은 완화, 자금조달 규제의 완화와 정리해고제 조기시행, 가칭 기업구조조정 특별법 제정을 정부에 요청.

970904 · 전경련, 공정거래법상 경제력집중 억제를 목적으로 지정하는 대규모 기업집단을 현행 30대 그룹에서 5대 재벌로 축소해 줄 것을 건의.

970908 · 진로그룹 6개 계열사(진로쿠어스맥주, (주)진로, 진로종합식품, 진로건설, 진로인더스트리즈, 진로종합유통) 화의신청서 제출.

970909 · 공정거래위, 대규모기업집단 발표. 서한산업(현대), 엘지이엔씨(LG), 두미종합개발(효성) 편입, 한독종합건설(대우), 한용양향 및 아신(아남) 제외.

970920 · 한보에너지, 상아제약 법정관리 결정.

970922 · 기아그룹 4개 계열사(기아, 아시아자동차, 기아특수강, 트레이드) 화의신청서 제출.

970924 · 기아중공업, 기아전기, 기아전자, 대경화성 추가 화의 신청(기산(법정관리신청), 삼안건설기술공사를 제외하고, 총 13개사 화의신청).

970925 · 선경, 중앙생명 공식 인수로 생보업진출 발표. 회사명 SK생명.

970925 · 재경원, 포괄보증제도 도입, 시행. 부도어음 할인액 당좌대출보증으로 자동 전환.

970927 · 대우증권, 기아그룹이 정리절차에 들어감에 따라 보유중이던 기산 사모 전환사채(CB) 160억 원 규모를 기아 우리사주갖기회에 재 매각. 기아 지원금 회수.

970930 · 서울지법, 기아 14개 계열사에 재산보전처분 결정.

971006 · 기아그룹은 화의를 선택하겠다는 최종입장을 제일은행에 제출.

971008 · 재경원, 기업퇴출 관련제도 개선방안 발표. 의무공개매수제도 완화, 부실사 인수 땐 출자제한 예외(예정).

971008 · 재경원, 상업차관 금리규정 완화 또는 폐지방침 발표(예정).

971013 · 대농 중공업 화의신청.

971013 · 대우, 미 도널드 트럼프사와 5,200만 달러 규모의 부동산 계약 체결.

971014 · 삼성전자, 대기업 최초로 주식액면분할 발표. 증권거래법 개정(예정).

971017 · 정보통신부, 전기통신 사업법 시행령과 시행규칙 개정안을 입법예고하고 1998년 1월 1일부터 시행키로 결정. 전국 전화사업자의 주요 주주사인 대기업의 경영참여 제한.

971018 · 재경원, 외국환 관리규정 개정안 마련. 상업차관에 대한 금리제한 해제. 일정 기준하에 기업의 해외금융업 진출 허용.

971019 · 재경원, 성업공사 설립 및 부실채권 정리기금 운용방안 발표. 4조 5천억 원 규모의 은행권 부실채권 매입 결정.

971021 · 현대건설, 진로종합유통 소유의 서초 터미널 1,800억 원에 매입키로 합의.

971023 · 정부, 3조 5천억 원 규모의 기아부동산 매입 등 경영정상화를 위한 대책 마련 착수. 기아자동차에 대한 수출 환어음 한도 증액. 대손충당금 적립완화.

971024 · 산업은행, 기아자동차와 아시아자동차에 대한 법정관리신청서 제출(서울민사지법).

971029 · 김선홍 기아그룹 회장 사표제출.

971029 · 재경원, 금융시장 안정대책 발표. 1만 달러 외화 매입 희망자는 해외결제를 위한 실수용 증빙서류 첨부시만 허용. 외국인 국내 무보증 장기채 구입 가능. 무보증 전환사채에 대한 외국인 투자한도 확대.

971031 · 경총, 노조의 정치활동 및 정치자금 기부 반대 공동 성명.

971106 · 대우와 프랑스의 SGS톰슨, 반도체 합작사 설립.

971110 · 공정거래위, 하도급저가심사제 폐지 방침. 10억 원 이상 건설공사의 의무하도급제도 폐지 방침(예정).

971111 · 은감원, 외환은행 등 3~4개 은행에 대해 환투기 근절을 위해 외환부문 특별검사 착수.

971113 · 국회 재경위, 5대 재벌 은행경영 참여 불허. 1인당 접대비 5만원 한도 규정 삭제.

971113 · 전경련, 금융실명제시행 전면 유보 주장. 상업차관 전면허용 및 채권시장개방 주장

971114 · 금융개혁법안 재경위통과. 재경원 소속의 금융감독위원회와 무자본 특수법인인 금융감독원 설치. 은행, 증권, 보험 감독업무 담당. 한국은행, 통화 신용만 관장. 종금사의 대주주 계열여신한도 100%에서 50%로 완화. 상호신용금고의 동일인 대출한도 20%로 상향조정.

971118 · 건설교통부, 전문건설업체, 공정거래위의 10억 이상 공사 의무하도급 폐지추진에 반발.

971118 · 재경원, 한은, IMF구제금융 공론화.

971119 · 경제팀 경질. 임창렬 부총리 임명.

971119 · 현대금속, 동성철강 법정관리신청.

971120 · 기아그룹, 대규모 기업집단에서 제외. 회사 정리절차 개시 신청.

971120 · 상공회의소, 금융기관 차입한도 철폐 등을 요구하는 원활한 외환확보를 위한 외국환 관리규정 개선방안 건의문 제출

971123 · 재경원, 12개 종금사(LG, 삼양, 금호, 한솔, 경남, 한길, 고려, 영남, 신세계, 경일, 대한, 삼삼)에 대해 외화수급 안정명령.

971126 · 삼성, 동양투신 인수결정 1998년 1월 승인(예정).

971129 · 공정거래위, 기아회사 정리절차 개시 신청 접수. 대규모 기업집단 지정 대상에서 제외.

971205 · 고려증권, 최종 부도처리.

971209 · 엘칸토 그룹, 화의신청.

971212 · 동서증권, 법정관리 신청.

971216 · M&A 활성화 방안 발표. M&A를 위한 의무공개매수 주식수 하향조정. 국내증권사에 대한 외국인 소유지분 제한 철폐(예정).

971217 · 법원, 삼성전자 전환사채 주식처분 및 상장금지 가처분결정.

971218 · 삼성 이건희 회장의 장남 이재용 씨가 증권거래소를 상대로 낸 주식처분 및 상장금지 가처분 신청은 받아들이고, 신주발행 무효확인 청구소송은 기각.

971222 · 금융 개혁법안 국회통과.

971222 · 금융종합과세 무기한 유보 3당 합의.

971223 · 재경원, 국내대기업의 1개 은행에 대한 은행지분 4% 초과취득 허용 발표. 국내산업자본의 은행소유 허용.

971225 · SK 텔레콤과 대한텔레콤 부당내부거래 적발, 대한텔레콤 매출액(1995년 : 28억 원, 1997년 : 7백 9억 원).

필자소개

(게재순)

■ 김대환

서울대 경제학과 및 동대학원 졸업. 영국 옥스퍼드대학 대학원 경제학 박사. 참여사회연구소 소장, 학술단체협의회 공동대표 역임. 현재 인하대 경제통상학부 교수. 저서로 《한국재벌개혁론》(공편), 《발전경제학》, *The Korean Peninsula in Transition*(공저) 등.

■ 권혁진

고려대 경제학과 및 동대학원 졸업. 현재 고려대 경제학과 박사과정. 논문으로 "우리나라의 1991·1996년 소득분배상태" 등.

■ 정중호

고려대 경제학과 및 동대학원 졸업. 고려대 경제연구소 연구원 역임. 현재 고려대 경제학과 박사과정.

■ 김진방

서울대 경제학과 졸업. 미국 듀크대학 경제학 박사. 현재 인하대학교 경제통상학부 교수. 논문으로 "Empirical Model Particularities and Belief in the Natural Rate Hypothesis", "Newmarch, Cairnes and Jevons on the Gold Question and Statistics", "한국 재벌의 지배구조 : 현황과 논의", "'신자유주의자'의 재벌론에 대한 비판적 검토" 등.

■ 김동운

고려대 경제학과 및 동대학원 경제학 석·박사. 영국 글래스고대학 수학. 현재 부산 동의대 경제학과 교수. 논문으로 "The British Multinational Enterprise in the United States : The Case of J & P Coats", "두산그룹의 형성과정, 1952~1996년" 등.

■ 신금석

연세대 경영학과 졸업. 현재 공인회계사, 신금석회계사무소 소장.

■ 이윤호

서울대 사회교육과 졸업. 서울대 대학원 경제학 석·박사. 현재 순천대 사회교육과 교수, 참여사회연구소 연구위원. 저서 및 논문으로 《부정부패의 사회학》(공저), "순서적 자금조달 가설에 따른 기업규모별 고정투자 행태 및 재무적 특성 분석", "종업원지주를 활용한 노동자 경영참여" 등.

■ 조영삼

고려대 경제학과 및 동대학원 경제학 석·박사. 현재 산업연구원(KIET) 중소·벤처기업센터 수석연구원. 저서 및 논문으로 《대·중소기업간 협력 강화 종합대책》(공저), 《중소기업의 거래관행에 관한 실태조사》(공저), "일본적 생산방식하 하청제 전개의 구조와 특성에 관한 연구" 등.

■ 강병구

인하대 경제학과 졸업. 미국 뉴욕주립대학 경제학 석·박사. 현재 인하대 강사. 저서 및 논문으로 《노동시간 단축과 노동조합의 정책과제》, "Frontier Education Production Functions and the Sources of Public Education Inefficiency", "관료적 비효율의 원인과 통제방안", "DJ 노믹스에 대한 비판적 고찰", "노동시간 단축 실태조사 결과분석" 등.

■ 김 균

고려대 경제학과 및 동대학원 졸업. 미국 듀크대학 경제학 박사. 현재 고려대 경제학과 교수. 저서로 *Equilibrium Business Cycle Theory in Historical Perspective*, 《한국재벌개혁론》(공편), 《자유헌정론 Ⅰ·Ⅱ》(역), 《경제학원론》(공저), 《조절이론과 마르크스 경제학의 재해석》(역) 등.

나남신서 701

한국5대재벌백서

1999년 8월 25일 발행
1999년 8월 25일 1 쇄

편 자 : **참여연대 참여사회연구소 경제분과**

발행인 : **趙 相 浩**

발 행 처 : (주)나 남 출 판

137-070 서울시 서초구 서초동 1364-39 지훈빌딩 501호

전화 : (02) 3473-8535 (代), FAX : (02) 3473-1711

등록 : 제1-71호 (79. 5. 12)

홈페이지 : http://www.nanamcom.co.kr

천리안, 하이텔 ID : nanamcom

ISBN 89-300-3701-1

값 25,000 원